U0625614

中華古籍保護計劃

ZHONG HUA GU JI BAO HU JI HUA CHENG GUO

·成果·

四川大學圖書館古籍普查登記目錄

全國古籍普查登記目錄

國家圖書館出版社
National Library of China Publishing House

圖書在版編目（CIP）數據

四川大學圖書館古籍普查登記目錄/四川大學圖書館編. —北京：國家圖書館出版社，2024.6

（全國古籍普查登記目録）

ISBN 978 – 7 – 5013 – 8076 – 3

Ⅰ.①四…　Ⅱ.①四…　Ⅲ.①院校圖書館—古籍—圖書館目録—成都　Ⅳ.①Z838

中國國家版本館 CIP 數據核字（2024）第 038552 號

書　　　名	四川大學圖書館古籍普查登記目録
著　　　者	四川大學圖書館　編
責任編輯	潘雲俠
助理編輯	霍　瑋

出版發行　國家圖書館出版社（北京市西城區文津街 7 號　　100034）
　　　　　（原書目文獻出版社 北京圖書館出版社）
　　　　　010 – 66114536　63802249　nlcpress@ nlc. cn（郵購）

網　　　址	http://www.nlcpress.com
排　　　版	京荷（北京）科技有限公司
印　　　裝	河北三河弘翰印務有限公司
版次印次	2024 年 6 月第 1 版　2024 年 6 月第 1 次印刷

開　　　本	787×1092　1/16
印　　　張	45.75
字　　　數	1140 千字
書　　　號	ISBN 978 – 7 – 5013 – 8076 – 3
定　　　價	520.00 圓

版權所有　侵權必究

本書如有印裝質量問題,請與讀者服務部(010 – 66126156)聯繫調換。

《全國古籍普查登記目録》

工作委員會

主　任：周和平

副主任：張永新　詹福瑞　劉小琴　李致忠　張志清

委　員（按姓氏筆畫排序）：

于立仁　王水喬　王　沛　王紅蕾　王筱雯

方自今　尹壽松　包菊香　任　競　全　勤

李西寧　李　彤　李忠昊　李春來　李　培

李曉秋　吳建中　宋志英　努　木　林世田

易向軍　周建文　洪　琰　倪曉建　徐欣禄

徐　蜀　高文華　郭向東　陳荔京　陳紅彦

張　勇　湯旭岩　楊　揚　賈貴榮　趙　嬿

鄭智明　劉洪輝　歷　力　鮑盛華　韓　彬

魏存慶　鍾海珍　謝冬榮　謝　林　應長興

《全國古籍普查登記目録》

序　言

　　全國古籍普查登記工作是"中華古籍保護計劃"的首要任務,是全面開展古籍搶救、保護和利用工作的基礎,也是有史以來第一次由政府組織、參加收藏單位最多的全國性古籍普查登記工作。

　　2007年國務院辦公廳發布《關於進一步加強古籍保護工作的意見》(國辦發[2007]6號),明確了古籍保護工作的首要任務是對全國公共圖書館、博物館和教育、宗教、民族、文物等系統的古籍收藏和保護狀況進行全面普查,建立中華古籍聯合目録和古籍數字資源庫。2011年12月,文化部下發《文化部辦公廳關於加快推進全國古籍普查登記工作的通知》(文辦發[2011]518號),進一步落實了全國古籍普查登記工作。根據文化部2011年518號文件精神,國家古籍保護中心擬訂了《全國古籍普查登記工作方案》,進一步規範了古籍普查登記工作的範圍、内容、原則、步驟、辦法、成果和經費。目前進行的全國古籍普查登記工作的中心任務是通過每部古籍的身份證——"古籍普查登記編號"和相關信息,建立古籍總臺賬,全面瞭解全國古籍存藏情況,開展全國古籍保護的基礎性工作,加强各級政府對古籍的管理、保護和利用。

　　《全國古籍普查登記工作方案》規定了全國古籍普查登記工作的三個主要步驟:一、開展古籍普查登記工作;二、在古籍普查登記基礎上,編纂出版館藏古籍普查登記目録,形成《全國古籍普查登記目録》;三、在古籍普查登記工作基本完成的前提下,由省級古籍保護中心負責編纂出版本省古籍分類聯合目録《中華古籍總目》分省卷,由國家古籍保護中心負責編纂出版《中華古籍總目》統編卷。

　　在黨和政府領導下,在各地區、各有關部門和全社會共同努力下,古籍普查登記工作得以扎實推進。古籍普查已在除臺、港、澳之外的全國各省級行政區域開展,普查内容除漢文古籍外,還包括各少數民族文字古籍,特別是於2010年分別啓動了新疆古籍保護和西藏古籍保護專項,因地制宜,開展古籍普查登記工作;國家古籍保護中心研製的"全國古籍普查登記平臺"已覆蓋到全國各省級古籍保護中心,并進一步研發了"中華古籍索引庫",爲及時展現古籍普查成果提供有力支持;截至目前,已有11375部古籍進入《國家珍貴古籍名録》,浙江、江蘇、山東、河北等省公布了省級《珍貴古籍名録》,古籍分級保護機制初步形成。

《全國古籍普查登記目録》是古籍普查工作的階段性成果,旨在摸清家底,揭示館藏,反映古籍的基本信息。原則上每申報單位獨立成册,館藏量少不能獨立成册者,則在本省範圍内幾個館目合并成册。無論獨立成册還是合并成册,均編製獨立的書名筆畫索引附於書後。著録的必填基本項目有:古籍普查登記編號、索書號、題名卷數、著者(含著作方式)、版本、册數及存缺卷數。其他擴展項目有:分類、批校題跋、版式、裝幀形式、叢書子目、書影、破損狀況等。有條件的收藏單位多著録的一些擴展項目,也反映在《全國古籍普查登記目録》上。目録編排按古籍普查登記編號排序,内在順序給予各古籍收藏單位較大自由度,可按分類排列古籍普查登記編號,也可按排架號、按同書名等排列古籍普查登記編號,以反映各館特色。

此次全國古籍普查登記工作,克服了古籍數量多、普查人員少、普查難度大等各種困難,也得到了全國古籍保護工作者的極大支持。在古籍普查登記過程中,國家古籍保護中心、各省古籍保護中心爲此舉辦了多期古籍普查、古籍鑒定、古籍普查目録審校等培訓班,全國共 1600 餘家單位參加了培訓,爲古籍普查登記工作培養了大量人才。同時在古籍普查登記工作中,也鍛煉了普查員的實踐能力,爲將來古籍保護事業發展奠定了良好的基礎。

《全國古籍普查登記目録》的出版,將摸清我國古籍家底,爲古籍保護和利用工作提供依據,也將是古籍保護長期工作的一個里程碑。

國家古籍保護中心

2013 年 10 月

《全國古籍普查登記目錄》

編纂凡例

一、收録範圍爲我國境内各收藏機構或個人所藏，産生於 1912 年以前，具有文物價值、學術價值和藝術價值的文獻典籍，包括漢文古籍和少數民族文字古籍以及甲骨、簡帛、敦煌遺書、碑帖拓本、古地圖等文獻。其中，部分文獻的收録年限適當延伸。

二、以各收藏機構爲分册依據，篇幅較小者，適當合并出版。

三、一部古籍一條款目，複本亦單獨著録。

四、著録基本要求爲客觀登記、規範描述。

五、著録款目包括古籍普查登記編號、索書號、題名卷數、著者、版本、册數、存缺卷等。古籍普查登記編號的組成方式是：省級行政區劃代碼—單位代碼—古籍普查登記順序號。

六、以古籍普查登記編號順序排序。

《四川大學圖書館古籍普查登記目錄》
編委會

主　　編：蘭利瓊　　張盛强

副主編：李咏梅　　丁　偉

編　　委：宋桂梅　　王飛朋　　沈玉嬌

《四川大學圖書館古籍普查登記目録》
前　言

一

　　四川大學文獻收藏的淵源可以追溯至清康熙年間創辦的錦江書院。據《錦江書院紀略》記載，清咸豐八年（1858）監院李承熙進行清點，共有官發、各府州廳縣捐贈和寄存書籍、法帖 2830 册，四川總督鄂山等捐置書板 9304 片，另有拓片若干，均存於書院藏書之室和文翁祠。

　　清光緒元年（1875），尊經書院創立，四川總督吴棠、學政張之洞和山長薛焕等積極擘畫書院藏書事業，院内設尊經閣度藏書籍，通過調撥、購置、捐置、徵集等手段充實館藏。四川學政張之洞捐出俸銀爲書院購置書籍 200 餘部，奠定尊經書院的藏書基礎。尊經書院設立尊經書局，山長親自主持刻書事業，刷印各類書籍百餘種，校勘精審，成爲尊經書院藏書的重要組成部分。光緒二十二年（1896），四川總督鹿傳霖創立四川中西學堂，成爲四川大學的起點。光緒二十八至二十九年（1902—1903），中西學堂與錦江書院、尊經書院合并，成立四川通省大學堂（後易名爲四川高等學堂），書籍亦隨之并入。光緒三十二年（1905），四川高等學堂統計，藏書總量近 35000 册，其中舊學圖書共 564 部 24011 册。四川高等學堂幾經演變，1926 年重組爲國立成都大學。

　　清宣統元年（1909），湖南趙啓霖出任四川提學使者并主持創辦四川存古學堂事務，離任之前捐資 400 圓供學堂購置圖書。張之洞、趙啓霖前後兩任學政均有捐書義舉，澤被當時，嘉惠來學。同時崇寧羅氏、德清傅氏，將家藏書籍寄存學堂，以供學子使用，其中崇寧羅氏藏書以四川方志爲主，且多善本。學堂監督謝無量提請將錦江、尊經兩書院的刻書板片調撥至存古學堂，設立存古書局。

　　民國元年（1912），存古學堂更名爲四川國學館，隨後并入四川國學院，存古書局也成爲四川國學院的附設機構。1914 年，四川國學院停辦，改組專辦四川國學學校。四川國學院（以及四川國學學校）以研究國學、發揚國粹、溝通古今、切於實用爲宗旨,大規模購置、徵集國學典籍以及鄉邦文獻,其中劉師培捐洋 120 圓購書 35 種并碑拓 200 餘種,四川官書局捐置局版官書 34 種 657 冊。此時的存古書局由崇寧羅元黼主持,不僅新刊《六譯館叢書》《唐詩紀事》等重要典籍,還在社會上徵集到部分書板,刻書業務蓬勃發展。四川國學學校在 1927 年改組成爲公立四川大學中國文學院。

　　1931 年,國立成都大學、國立成都師範大學和公立四川大學合并爲國立四川大學。至此,錦江書院、尊經書院、中西學堂、存古學堂、四川國學院,諸家藏書百川匯海,館藏規模初具。1936 年《圖書概況》中,已經把董邦達領銜繪製的《清初四川通省山水形勝全圖》(即《四川全圖》)、張之洞批點《麗廔叢録》、王闓運稿本《公羊箋》《禮記箋》、趙大瑄未刊稿本《易筌》、張森楷批點《史通通釋》、胡廣等纂《春秋集傳大全》、不著撰者《荀子佚文》8 種文獻列爲"重要及珍貴圖籍"。1938 年,爲躲避日軍轟炸,國立四川大學遷往峨眉异地辦學,爲安全起見,館藏古籍隨同遷往,1943 年古籍隨圖書館遷回至位於望江樓附近的新校區圖書館(今爲校史館),古籍雖經播遷,在圖書館前輩精心護持之下安全無虞。此外,國立四川大學時期,蒙文通、聞宥、丁山、周癸叔、林思進、趙少咸等學者推薦購買古籍,書上寫有"文院某某先生介紹",也是學校圖書館采購古籍的一種途徑。存古書局後來成爲國立四川大學的附設出版機構,1942 年圖書館主任孫心磐曾經負責整理館藏書板(此時尚有四萬餘片),修殘補闕,刷印舊籍,印製書籍 25 種 7881 冊,紓解學校書荒的同時,還流通至西南諸省。

二

　　華西協合大學創辦於 1910 年,是四川大學圖書館古籍收藏的另一重要源頭。華西協合大學創辦伊始,學生祇有 11 人,僅有《格雷解剖學》等數冊外文教材可用。華西協合大學圖書館正式成立於 1914 年,初期收藏不甚豐富,且多以西文書籍爲主。爲充實館藏,圖書館中文部主任程芝軒曾向羅氏好一齋、唐仲威商借 26400 冊中文古籍寄存,以滿足教學科研的需求。1931 年,華西協合大學得到哈佛燕京學會資助 30 萬美圓,用以發展本校東方文化研究事業。校方在息金中劃撥專項經費,以華西協合大學哈佛燕京學社的名義購置書籍。哈佛燕京學社持續購書多年,所購古籍既多且精,在館藏善本古籍占有較大比重。根據《華西協合大學校刊》記載,1938 年暑假,圖書館中文部在北平各大書局一次性采購中文古籍 120 多種。1945 年寒假,圖書館購得大批省內外縣志,凡 30 餘種 300 餘冊。1951 年,華西協合大學又先後接收唐棣之藏書 8000 餘冊,楊厹罳藏書 2700 餘冊,周蓁池藏書 3000 餘冊,曾彥適捐書 900 餘冊,合計接收捐贈古籍近 15000 冊。對於不易購求之書,圖書館前輩多方抄録,以完備館藏：《［嘉靖］四川總志》抄於北京圖書館，《［同治］營山縣志》抄自寧波天一閣，《［天啓］成都府志》在美國國會圖書館拍攝，《［康熙］成都府志》抄自東方文化事業委員會，以及多種鄉土志，均係圖書館前輩抄寫錄副。足見文獻徵集不易，值得後人珍視。

1952 年，隨着全國高等學校院系調整，四川省內祇保留一所綜合性大學——四川大學。"規模宏大，科學完備"且"醫、牙兩科成績特著"的華西協合大學成爲醫藥衛生類專業院校——四川醫學院（後改名爲華西醫科大學），博物館劃撥四川大學，中文類圖書（尤其是古籍綫裝書）以及部分工作人員隨之并入四川大學圖書館。

20 世紀後半期，古籍又有所增長，主要包括林思進先生藏書入藏，且書上多有林先生批注；陳廷傑先生所藏拓片 150 件，拓印精良，用紙考究，頗具藝術觀賞價值；接收徐中舒、孫次舟兩位先生藏書，其中包括綫裝古籍 18000 餘册，均爲兩位先生習用之書；華西醫科大學與四川大學合并後，原藏 10000 餘册醫學古籍綫裝書等亦被接收。此外，民國時期國立四川大學、華西協合大學印製的講義教材以及學生的畢業論文，多以豎行排版、綫裝裝訂，成爲本館古籍特藏資源的重要組成部分。四川大學圖書館遠紹錦江書院之文脉，涓滴以求，衆流匯海，百年積聚，終具規模。目前，館藏 1949 年以前出版的古籍綫裝書約 26.8 萬册，擷衆家之長，包羅宏富。除了以《四川全圖》爲代表的 1100 餘種善本書籍以外，圖書館還收藏有相對完備的巴蜀地區方志資源、數量衆多的清代以來四川人士詩文作品集、清末以來四川社會發展史料以及近代書院文獻，形成了圖書館古籍收藏體系的鮮明特色。此外，傳世稀少的稿抄文獻，王闓運、林思進、周岸登、徐中舒等著名學者收藏并批注過的書籍具有重要的學術價值，尚待進一步挖掘。

三

本館所藏古籍的整理、編目，由來已久。《錦江書院紀略》裏面就記載了咸豐年間監院李承熙盤點圖書、登記造册的成果。張之洞在督學四川時候，編撰了目錄學經典著作《書目答問》，按經、史、子、集、叢等分類，著錄了各類著作兩千餘種。同時他在《四川省城尊經書院記·説惜書第十七》中規定，"書院所儲之書，監院有籍"，"凡書必責掌書者題其前額，違者罰，不如此不能檢不能讀也"。1936 年度《國立四川大學一覽》記載，圖書館國學圖書編目采用四部分類法，"由部分類，由類分屬，并附相當號碼以便檢查，現已將經史子集四部賬簿式目錄製成"。1941 年，圖書館主任孫心磐帶領圖書館同仁整理遷往峨眉的圖書，編製《國立四川大學藏書簡目初編》（油印稿），“新舊圖書編製爲一貫”，古籍也統一采用國立中央大學圖書館圖書分類法編排。1951 年，華西協合大學將館藏方志編目，出版《華西大學圖書館四川方志目錄》一書，收録四川地區方志 338 種 450 部。

20 世紀 80 年代，卿三祥、李榮慧兩位老師編製了《四川大學圖書館綫裝書目錄》十二巨册。90 年代，陳力館長先後主持編製了《四川大學圖書館善本書目》《四川大學圖書館藏方志書目》《四川大學圖書館藏叢書目錄》。其中《四川大學圖書館善本書目》著録善本古籍 1147 種，基本反映了館藏古籍的精華。2004 年，由北京大學圖書館牽頭，聯合北京師範大學圖書館、南京大學圖書館、四川大學圖書館，以“高校古文獻資源庫”爲項目名稱，共同申報 CALIS 二期建設“專題特色庫”子項目中的三級項目，開啓了本館古籍聯機編目的進程。2007 年，中華古籍保護計劃啓動，四川大學圖書館加入全國古籍普查計劃，後來因爲庫房改造、修復室建設，古籍普查工作時斷時續，至 2019 年，完成了囊括館藏全部古籍綫裝書的《普查登記目錄（草目）》，摸清家底，登記古籍綫裝書約 26.8 萬册。隨後，又啓動館藏碑帖拓片資料的普查登記工作，并于 2023 年完成該項工作。在對館藏古籍進行普查登記的同時，積極申報《國家珍貴古籍名録》，四川大學圖書館共有 48 部入選。2010 年，四川省公布第一批《四川省珍貴古籍名録》，四川大學圖書館共有 121 部古籍入選。

四

中華古籍保護計劃啓動以來，四川大學高度重視古籍特藏文獻的存藏條件保障工作，按照國家標準（GB/T 30227—2013）改造古籍特藏書庫，庫房内安裝温濕度控制設施，安裝紅外監控、攝像監控設備，安裝自動滅火系統以及煙感報警系統，安裝空氣净化機、防紫外綫燈具、窗簾，定制樟木書盒、書櫃存儲古籍，形成全方位立體保護網。

由於四川地區濕熱多雨，歷經數百年的古籍大多有不同程度的破損。爲了更好的對古籍進行搶救性保護，圖書館於 2006 年設置專職古籍修復崗位并成立古籍修復室，經過十多年的發展，修復條件大爲改善。目前修復室工作面積 225 平米（含殺蟲滅菌室一間），系統配備了環境及水控制設備、檔案采集與管理設備、環境監測與消防安全設備、檢測設備、文獻預處理設備、各類型文獻修復專用設備，并分批次購置了文獻修復所需各類耗材。2014 年獲批“四川省古籍修復中心四川大學分中心”，2016 年成爲“國家級古籍修復技藝傳習中心四川古籍修復中心傳習所”，2022 年“許衛紅技能人才創新工作室”榮獲四川大學首批勞模（職工技能人才）創新工作室，

2023 年榮獲首批"四川省教科文衛體系統五一巾幗創新工作室"。同時古籍修復隊伍日益壯大，修復技藝逐漸提高，圖書館承擔了四川省文化與旅游廳的重點修復項目，修復作品榮獲首屆四川省古籍修復技藝大賽一等獎，并在全國古籍修復技藝大賽中斬獲三等獎。截至 2023 年底，纍計修復各類文獻近 3000 冊。

圖書館一直重視館藏古籍特藏資源的數字化和開發利用，不斷推進古籍的再生性保護进程，選取珍稀資源進行再造、出版，服務學界，遴選出館藏 60 餘種稀見方志，影印出版《四川大學圖書館館藏珍稀四川地方志叢刊》正、續編；選取以《芥子園畫傳》《四川全圖》爲代表的館藏珍稀文獻進行仿真複製；搶救性修復、數字化、仿真複製朱德元帥在校期間《世界坤輿圖》、唐代敦煌寫經《大般若波羅蜜多經》等一批稀見的輿圖資料。圖書館還堅持特色選題，持續開展古籍數字化工作，截至 2022 年 3 月，纍計掃描"張之洞捐俸置書""館藏珍稀地方志""館藏名人信札"等專題古籍綫裝書5400 餘冊 78 萬多幅，同時對館藏民國時期原版報刊、民國時期畢業論文、縮微膠捲進行數字化，并建立專題資料庫，提供綫上文獻服務；參與"大學數字圖書館數字合作計劃"（CADAL），有計畫有步驟地開展特色古籍館藏的數字化。

四川大學圖書館參與全國古籍普查工作，經過逐冊清點核查、規範著錄，依據古籍普查的收錄範圍，編成此《四川大學圖書館古籍普查登記目錄》，收錄 1912 年以前出版的古籍 11259 部 139127 冊，館藏古籍絕大部分薈萃於此。

四川大學圖書館古籍目録之編撰，時間延續百餘年，參與人員難以備列，此目之成，凝聚衆人心血。然而書囊無底，識見有限，古籍編目沒有止境，隨着古籍影像發布日多，參考比照更加便利，原有結論也應與時俱進。惟盼同業以及專家、讀者不吝指正，以便繼續修訂。

四川大學圖書館
2023 年 12 月

目　録

1

510000－2741－0000001　1

[道光]安岳縣志十六卷首一卷　(清)濮瑗修
(清)周國頤纂　清道光二十一年(1841)刻
本　八冊

510000－2741－0000002　2

[道光]安岳縣志十六卷首一卷　(清)濮瑗修
(清)周國頤纂　清道光二十一年(1841)刻
本　七冊

510000－2741－0000003　3

[道光]安岳縣志十六卷首一卷　(清)濮瑗修
(清)周國頤纂　清道光二十一年(1841)刻
本　七冊　缺二卷(七至八)

510000－2741－0000004　4

[道光]安岳縣志十六卷首一卷　(清)濮瑗修
(清)周國頤纂　清道光二十一年(1841)刻
本　一冊　存二卷(五至六)

510000－2741－0000005　5

[道光]巴州志十卷首一卷　(清)朱錫穀修
(清)陳一津等纂　清道光十三年(1833)刻本
四冊

510000－2741－0000006　6

[道光]巴州志十卷首一卷　(清)朱錫穀修
(清)陳一津等纂　清道光十三年(1833)刻本
四冊

510000－2741－0000007　7

[道光]巴州志十卷首一卷　(清)朱錫穀修
(清)陳一津等纂　清道光十三年(1833)刻本
四冊

510000－2741－0000008　8

[道光]巴州志十卷首一卷　(清)朱錫穀修
(清)陳一津等纂　清道光十三年(1833)刻本
四冊

510000－2741－0000009　9

[道光]巴州志十卷首一卷　(清)朱錫穀修
(清)陳一津等纂　清道光十三年(1833)刻本
四冊

510000－2741－0000010　10

[道光]保寧府志六十二卷圖考一卷　(清)黎
學錦修　(清)史觀等纂　清道光元年(1821)
刻二十二年(1842)補刻本　十六冊

510000－2741－0000011　11

[道光]保寧府志六十二卷圖考一卷　(清)黎
學錦修　(清)史觀等纂　清道光元年(1821)
刻二十二年(1842)補刻本　十五冊　存五十
九卷(一至四十一、四十五至六十二)

510000－2741－0000012　12

[道光]保寧府志六十二卷圖考一卷　(清)黎
學錦修　(清)史觀等纂　清道光元年(1821)
刻二十二年(1842)補刻本　十六冊

510000－2741－0000013　13

[道光]保寧府志六十二卷圖考一卷　(清)黎
學錦修　(清)史觀等纂　清道光元年(1821)
刻二十二年(1842)補刻本　十六冊

510000－2741－0000014　14

[道光]保寧府志六十二卷圖考一卷　(清)黎
學錦修　(清)史觀等纂　清道光元年(1821)
刻二十二年(1842)補刻本　十六冊

510000－2741－0000015　15

[道光]補輯石砫廳志十二卷　(清)王槐齡纂
修　清道光二十三年(1843)刻本　二冊

510000－2741－0000016　16

[道光]補輯石砫廳志十二卷　(清)王槐齡纂
修　清道光二十三年(1843)刻本　四冊

510000－2741－0000017　17

[道光]補輯石砫廳志十二卷　(清)王槐齡纂
修　清道光二十三年(1843)刻本　四冊

510000－2741－0000018　18

[道光]補輯石砫廳志十二卷　(清)王槐齡纂
修　清道光二十三年(1843)刻本　四冊

510000－2741－0000019　19

[道光]長清縣志十六卷首四卷末二卷　(清)
徐德城纂　(清)舒化民修　清道光十五年
(1835)刻本　八冊

510000－2741－0000020　20

四川大學圖書館古籍普查登記目錄

[道光]承德府志六十卷 （清）海忠等纂修
清道光十一年(1831)刻本 二十四冊

510000－2741－0000021 21
[道光]城口廳志二十卷首一卷 （清）劉紹文
修 （清）洪錫疇纂 清道光二十四年(1844)
刻本(卷一至四爲鈔補) 十七冊

510000－2741－0000022 22
[道光]大同縣志二十卷首一卷末一卷 （清）
黎中輔修 （清）楊霖纂 清道光十年(1830)
刻本 八冊

510000－2741－0000023 23
[道光]大竹縣志四十卷 （清）翟璭修
（清）王懷孟等纂 清道光二年(1822)刻本
六冊

510000－2741－0000024 24
[道光]大竹縣志四十卷 （清）翟璭修
（清）王懷孟等纂 清道光二年(1822)刻本
六冊

510000－2741－0000025 25
[道光]大竹縣志四十卷 （清）翟璭修
（清）王懷孟等纂 清道光二年(1822)刻本
六冊

510000－2741－0000026 26
[道光]德陽縣新志十二卷首一卷末一卷
（清）裴顯忠等修 （清）劉碩輔纂 清道光十
七年(1837)刻本 五冊

510000－2741－0000027 27
[道光]德陽縣新志十二卷首一卷末一卷
（清）裴顯忠等修 （清）劉碩輔纂 清道光十
七年(1837)刻本 五冊

510000－2741－0000028 28
[道光]德陽縣新志十二卷首一卷末一卷
（清）裴顯忠等修 （清）劉碩輔纂 清道光十
七年(1837)刻本 十冊

510000－2741－0000029 29
[道光]德陽縣新志十二卷首一卷末一卷
（清）裴顯忠等修 （清）劉碩輔纂 清道光十

七年(1837)刻本 六冊

510000－2741－0000030 30
[道光]德陽縣新志十二卷首一卷末一卷
（清）裴顯忠等修 （清）劉碩輔纂 清道光十
七年(1837)刻本 六冊

510000－2741－0000031 31
[道光]汾陽縣志十四卷首一卷 （清）周貽綵
修 （清）曹樹穀纂 清道光三十年(1850)刻
本 八冊

510000－2741－0000032 32
[道光]鄜州志五卷首一卷 （清）吳鳴捷修
（清）譚瑀纂 清道光十三年(1833)刻本
六冊

510000－2741－0000033 33
[道光]富順縣志三十八卷 （清）張利貞修
（清）黃靖圖纂 清道光七年(1827)刻本 一
冊 存七卷(六至十二)

510000－2741－0000034 34
[道光]廣順州志十二卷首一卷末一卷 （清）
金臺主修 （清）但明倫總纂 清道光二十六
年(1846)刻本 四冊

510000－2741－0000035 35
[道光]貴陽府志八十八卷餘編二十卷 （清）
周作楫修 清道光二十年(1840)刻本 五
十冊

510000－2741－0000036 36
[道光]濟寧直隸州志十卷首一卷末一卷
（清）徐宗幹修 （清）許瀚纂 清咸豐九年
(1859)刻本 二十冊

510000－2741－0000037 37
[道光]江安縣志二卷首一卷 （清）高學濂纂
修 清道光九年(1829)刻本 二冊

510000－2741－0000038 38
[道光]江北廳志八卷首一卷 （清）福珠朗阿
修 （清）宋煊等纂 清道光二十四年(1844)
刻本 五冊 缺四卷(五至八)

510000－2741－0000039 39

四川大學圖書館古籍普查登記目錄

[道光]江北廳志八卷首一卷　（清）福珠朗阿修　（清）宋煊等纂　清道光二十四年(1844)刻本　八冊

510000－2741－0000040　40

[道光]江北廳志八卷首一卷　（清）福珠朗阿修　（清）宋煊等纂　清道光二十四年(1844)刻本　八冊

510000－2741－0000041　41

[道光]江北廳志八卷首一卷　（清）福珠朗阿修　（清）宋煊等纂　清道光二十四年(1844)刻本　八冊

510000－2741－0000042　42

[道光]江北廳志八卷首一卷　（清）福珠朗阿修　（清）宋煊等纂　清道光二十四年(1844)刻本　七冊　缺一卷(三)

510000－2741－0000043　43

[道光]江油縣志四卷首一卷　（清）桂星纂修　清道光二十年(1840)刻本　四冊

510000－2741－0000044　44

[道光]金縣志十三卷首一卷　（清）恩福修（清）冒葉纂　清道光二十四年(1844)刻本　六冊

510000－2741－0000045　45

[道光]夔州府志三十六卷首一卷　（清）恩成修　（清）劉德銓纂　清光緒十七年(1891)刻本　二十四冊

510000－2741－0000046　46

[道光]夔州府志三十六卷首一卷　（清）恩成修　（清）劉德銓纂　清光緒十七年(1891)刻本　二十二冊　存三十二卷(五至三十六)

510000－2741－0000047　47

[道光]連山綏猺廳志一卷　（清）姚柬之編集　清光緒三年(1877)刻本　一冊

510000－2741－0000048　48

[道光]鄰水縣志六卷首一卷　（清）廖寅修（清）蔣夢蘭纂　清道光元年(1821)刻本　六冊

510000－2741－0000049　49

[道光]鄰水縣志六卷首一卷　（清）廖寅修（清）蔣夢蘭纂　清道光元年(1821)刻本　六冊

510000－2741－0000050　50

[道光]鄰水縣志六卷首一卷　（清）廖寅修（清）蔣夢蘭纂　清道光元年(1821)刻本　六冊

510000－2741－0000051　51

[道光]留壩廳志十卷　（清）賀仲瑊修（清）蔣湘南纂　清道光二十二年(1842)刻本　四冊

510000－2741－0000052　52

[道光]隆昌縣志四十一卷首一卷　（清）張聘三等修　（清）耿履端等纂　清道光三年(1823)刻本　三冊　存十二卷(二十五至三十六)

510000－2741－0000053　53

[道光]隆昌縣志四十一卷首一卷　（清）張聘三等修　（清）耿履端等纂　清道光三年(1823)刻本　六冊

510000－2741－0000054　54

[道光]龍安府志十卷　（清）鄧存咏等纂修　清道光二十二年(1842)刻本　十冊

510000－2741－0000055　55

[道光]龍安府志十卷　（清）鄧存咏等纂修　清道光二十二年(1842)刻本　八冊

510000－2741－0000056　56

[道光]茂州志四卷首一卷　（清）楊迦懌等修（清）劉輔廷纂　清道光十一年(1831)刻本　四冊

510000－2741－0000057　57

[道光]茂州志四卷首一卷　（清）楊迦懌等修（清）劉輔廷纂　清道光十一年(1831)刻本　四冊

510000－2741－0000058　58

[道光]茂州志四卷首一卷　（清）楊迦懌等修

四川大學圖書館古籍普查登記目錄

（清）劉輔廷纂　清道光十一年(1831)刻本
一冊

510000－2741－0000059　59

[道光]綿竹縣志四十六卷　（清）劉慶遠等纂
清道光二十九年(1849)刻本　十冊

510000－2741－0000060　60

[道光]綿竹縣志四十六卷　（清）劉慶遠等纂
清道光二十九年(1849)刻本　十冊

510000－2741－0000061　61

[道光]南部縣志三十卷首一卷　（清）王瑞慶
等修　（清）徐暢達等纂　清道光二十九年
(1849)刻本　八冊　存二十八卷(一至二十
七、三十)

510000－2741－0000062　62

[道光]南部縣志三十卷首一卷　（清）王瑞慶
等修　（清）徐暢達等纂　清同治九年(1870)
增刻本　十冊

510000－2741－0000063　63

[道光]南部縣志三十卷首一卷　（清）王瑞慶
等修　（清）徐暢達等纂　清同治九年(1870)
增刻本　二十冊

510000－2741－0000064　64

[道光]南川縣志十二卷首一卷　（清）魏崧等
修　（清）康作霖等纂　清咸豐元年(1851)增
修刻本　六冊

510000－2741－0000065　65

[道光]南川縣志十二卷首一卷　（清）魏崧等
修　（清）康作霖等纂　清咸豐元年(1851)增
修刻本　五冊　存九卷(一至七、十一至十
二)

510000－2741－0000066　66

[道光]南江縣志三卷　（清）胡炳修　（清）
彭暎纂　清道光七年(1827)刻本　一冊

510000－2741－0000067　67

[道光]南江縣志三卷　（清）胡炳修　（清）
彭暎纂　清道光七年(1827)刻本　三冊

510000－2741－0000068　68

[道光]內江縣志要四卷附續增一卷　（清）王
果纂輯　（清）黃德仁等續增　清光緒十二年
(1886)補刻本　四冊

510000－2741－0000069　69

[道光]內江縣志要四卷附續增一卷　（清）王
果纂輯　（清）黃德仁等續增　清道光二十五
年(1845)續修刻本　六冊

510000－2741－0000070　70

[道光]蓬溪縣志十六卷首一卷　（清）吳章祁
等修　（清）顧士英纂　清道光二十五年
(1845)刻本　八冊

510000－2741－0000071　71

[道光]蓬溪縣志十六卷首一卷　（清）吳章祁
等修　（清）顧士英纂　清道光二十五年
(1845)刻本　八冊

510000－2741－0000072　72

[道光]邛州志二十卷首一卷　（清）董用威修
（清）魯一同纂　清咸豐元年(1851)刻本
四冊

510000－2741－0000073　73

[道光]綦江縣志十二卷首一卷　（清）宋灝總
修　（清）羅星編輯　清同治二年(1863)刻本
十二冊

510000－2741－0000074　74

[道光]瓊州府志四十四卷首一卷　（清）明誼
修　（清）張岳崧纂　清道光二十一年(1841)
刻本　二十冊

510000－2741－0000075　75

[道光]仁壽縣新志八卷　（清）馬百齡修
（清）魏崧纂　清道光十八年(1838)刻本　六
冊　存六卷(一、三至七)

510000－2741－0000076　76

[道光]榮縣志三十八卷首一卷　（清）王培荀
纂修　清道光二十五年(1845)刻本　八冊

510000－2741－0000077　77

[道光]榮縣志三十八卷首一卷　（清）王培荀
纂修　清道光二十五年(1845)刻本　六冊

四川大學圖書館古籍普查登記目錄

510000－2741－0000078　78

[道光]榮縣志三十八卷首一卷　（清）王培荀纂修　清道光二十五年（1845）刻光緒三年（1877）重印本　八冊

510000－2741－0000079　79

[道光]石泉縣志十卷　（清）趙德林等修（清）張沆等纂　清道光十四年（1834）刻本六冊

510000－2741－0000080　80

[道光]石泉縣志十卷　（清）趙德林等修（清）張沆等纂　清道光十四年（1834）刻本六冊

510000－2741－0000081　81

[道光]石泉縣志十卷　（清）趙德林等修（清）張沆等纂　清道光十四年（1834）刻本六冊

510000－2741－0000082　82

[道光]石泉縣志十卷　（清）趙德林等修（清）張沆等纂　清道光十四年（1834）刻本六冊

510000－2741－0000083　83

[道光]石泉縣志十卷　（清）趙德林等修（清）張沆等纂　清道光十四年（1834）刻本六冊

510000－2741－0000084　84

[道光]石泉縣志十卷　（清）趙德林等修（清）張沆等纂　清道光十四年（1834）刻本六冊

510000－2741－0000085　85

[道光]滕縣志十四卷首一卷　（清）王政等修（清）黃來麟纂　清刻本　八冊

510000－2741－0000086　86

[道光]通江縣志十五卷　（清）錫檀修（清）陳石麟等纂　清道光二十八年（1848）刻本　十冊　缺二卷（十四至十五）

510000－2741－0000087　87

[道光]通江縣志十五卷　（清）錫檀修（清）陳石麟等纂　清道光二十八年（1848）刻本　六冊　缺四卷（十至十二、十四）

510000－2741－0000088　88

[道光]通江縣志十五卷　（清）錫檀修（清）陳石麟等纂　清道光二十八年（1848）刻本　八冊　缺二卷（六、十）

510000－2741－0000089　89

[道光]尉氏縣志二十卷首一卷　（清）劉厚滋等修　（清）王觀潮纂　清道光十一年（1831）刻本　八冊

510000－2741－0000090　90

[道光]武陟縣志三十六卷　（清）王榮陛修（清）方履籛纂　清道光九年（1829）刻本八冊

510000－2741－0000091　91

[道光]武陟縣志三十六卷　（清）王榮陛修（清）方履籛纂　清道光九年（1829）刻本十四冊

510000－2741－0000092　92

[道光]武陟縣志三十六卷　（清）王榮陛修（清）方履籛纂　清道光九年（1829）刻本八冊

510000－2741－0000093　93

[道光]新都縣志十八卷　（清）張奉書等修（清）張懷泃等纂　清道光二十四年（1844）刻本　十冊

510000－2741－0000094　94

[道光]新津縣志四十卷首一卷　（清）王夢庚原稿　（清）陳霽學修　（清）葉芳模纂　清道光九年（1829）刻本　六冊

510000－2741－0000095　95

[道光]新津縣志四十卷首一卷　（清）王夢庚原稿　（清）陳霽學修　（清）葉芳模纂　清道光九年（1829）刻本　六冊

510000－2741－0000096　96

[道光]新寧縣志六卷　（清）黃位斗修（清）孫代芳纂　清道光十五年（1835）刻本

四川大學圖書館古籍普查登記目錄

六冊

510000－2741－0000097　　97

[道光]續增德陽縣志一卷　（清）王陞元修
（清）廖家驤纂　清道光五年（1825）刻本
一冊

510000－2741－0000098　　98

[道光]鄢陵縣志十八卷　（清）何鄂聯等纂修
清道光十三年(1833)刻本　四冊

510000－2741－0000099　　99

[道光]永川縣志十二卷　（清）胡筠修
（清）李墉等纂　清道光二十三年（1843）刻本
五冊

510000－2741－0000100　　100

[道光]永川縣志十二卷　（清）胡筠修
（清）李墉等纂　清道光二十三年（1843）刻本
五冊

510000－2741－0000101　　101

[道光]永州府志十八卷首一卷　（清）呂恩湛
纂修　清道光八年（1828）刻同治六年（1867）
印本　三十二冊

510000－2741－0000102　　102

[道光]岳池縣志四十四卷　（清）白汝衡等修
（清）熊世璁纂　清道光三十年（1850）刻本
九冊　存四十一卷(三至四十三)

510000－2741－0000103　　103

[道光]樂至縣志十六卷首一卷　（清）裴顯忠
纂修　清道光二十年（1840）刻本　四冊

510000－2741－0000104　　104

[道光]樂至縣志十六卷首一卷　（清）裴顯忠
纂修　清道光二十年（1840）刻同治八年
（1869）補刻本　四冊

510000－2741－0000105　　105

[道光]樂至縣志十六卷首一卷　（清）裴顯忠
纂修　清道光二十年（1840）刻同治八年
（1869）補刻本　四冊

510000－2741－0000106　　106

[道光]樂至縣志十六卷首一卷　（清）裴顯忠

纂修　清道光二十年（1840）刻同治八年
（1869）補刻本　四冊

510000－2741－0000107　　107

[道光]樂至縣志十六卷首一卷　（清）裴顯忠
纂修　清道光二十年（1840）刻同治八年
（1869）補刻本　四冊

510000－2741－0000108　　108

[道光]樂至縣志十六卷首一卷　（清）裴顯忠
纂修　清道光二十年（1840）刻同治八年
（1869）補刻本　四冊

510000－2741－0000109　　109

[道光]樂至縣志十六卷首一卷　（清）裴顯忠
纂修　清道光二十年（1840）刻同治八年
（1869）補刻本　四冊

510000－2741－0000110　　110

[道光]樂至縣志十六卷首一卷　（清）裴顯忠
纂修　清道光二十年（1840）刻同治八年
（1869）補刻本　四冊

510000－2741－0000111　　111

[道光]雲夢縣志略十二卷首一卷末一卷
（清）呂錫麟修　清道光二十年（1840）刻本
六冊

510000－2741－0000112　　112

[道光]鎮原縣志二十二卷首一卷　（清）李從
圖等修　清道光二十七年（1847）刻本　十冊

510000－2741－0000113　　113

[道光]中江縣新志八卷首一卷　（清）楊霈修
（清）李福源纂　清道光十九年（1839）刻本
四冊

510000－2741－0000114　　114

**[道光]中江縣新志八卷首一卷附補遺一卷續
編一卷**　（清）楊霈修　（清）李福源纂　清道
光十九年（1839）刻同治五年（1866）增刻本
八冊

510000－2741－0000115　　115

**[道光]中江縣新志八卷首一卷附補遺一卷續
編一卷**　（清）楊霈修　（清）李福源纂　清道

四川大學圖書館古籍普查登記目録

光十九年(1839)刻同治五年(1866)增刻本
八冊

510000－2741－0000116　116

[道光]中江縣新志八卷首一卷附補遺一卷續
編一卷　(清)楊霈修　(清)李福源纂　清道
光十九年(1839)刻同治五年(1866)增刻本
八冊

510000－2741－0000117　117

[道光]忠州直隸州志八卷首一卷　(清)吳友
簠修　(清)熊履青纂　清道光六年(1826)刻
本　二十冊

510000－2741－0000118　118

[道光]忠州直隸州志八卷首一卷　(清)吳友
簠修　(清)熊履青纂　清道光六年(1826)刻
本　八冊

510000－2741－0000119　119

[道光]忠州直隸州志八卷首一卷　(清)吳友
簠修　(清)熊履青纂　清道光六年(1826)刻
本　八冊

510000－2741－0000120　120

[道光]重慶府志九卷　(清)王夢庚修
(清)寇宗纂　清道光二十三年(1843)刻本
十二冊

510000－2741－0000121　121

[道光]重慶府志九卷　(清)王夢庚修
(清)寇宗纂　清道光二十三年(1843)刻本
二十四冊

510000－2741－0000122　122

[道光]重慶府志九卷　(清)王夢庚修
(清)寇宗纂　清道光二十三年(1843)刻本
十二冊

510000－2741－0000123　123

[道光]重慶府志九卷　(清)王夢庚修
(清)寇宗纂　清道光二十三年(1843)刻本
十二冊

510000－2741－0000124　124

[道光]重慶府志九卷　(清)王夢庚修

(清)寇宗纂　清道光二十三年(1843)刻本
十二冊

510000－2741－0000125　125

[道光]重修略陽縣志四卷　(清)譚瑀修　清
光緒三十年(1904)刻本　四冊

510000－2741－0000126　126

[道光]重修略陽縣志四卷　(清)譚瑀修
[光緒]新續略陽縣志一卷　(清)桂超修　清
光緒三十年(1904)刻本　五冊

510000－2741－0000127　127

[道光]重修昭化縣志四十八卷　(清)紹齡等
纂修　清同治三年(1864)刻本　六冊

510000－2741－0000128　128

[道光]重修昭化縣志四十八卷　(清)紹齡等
纂修　清同治三年(1864)刻本　六冊

510000－2741－0000129　129

[道光]重修昭化縣志四十八卷　(清)紹齡等
纂修　清同治三年(1864)刻本　七冊　存三
十八卷(一至三十八)

510000－2741－0000130　130

[道光]鄒平縣志十八卷　(清)羅宗瀛總修
清道光十六年(1836)刻本　八冊

510000－2741－0000131　131

[道光]遵義府志四十八卷　(清)平翰等修
(清)鄭珍等纂　清道光二十一年(1841)刻本
二十冊

510000－2741－0000132　132

[道光]遵義府志四十八卷　(清)平翰等修
(清)鄭珍等纂　清道光二十一年(1841)刻本
二十冊

510000－2741－0000133　133

[道光]遵義府志四十八卷　(清)平翰等修
(清)鄭珍等纂　清道光二十一年(1841)刻本
二十冊

510000－2741－0000134　134

[道光]遵義府志四十八卷　(清)平翰等修
(清)鄭珍等纂　清道光二十一年(1841)刻本

四川大學圖書館古籍普查登記目錄

二十冊

510000－2741－0000135　135

[光緒]巴東縣志十六卷首一卷　（清）廖恩樹修　（清）蕭佩聲纂　清光緒六年(1880)刻本　六冊

510000－2741－0000136　136

[光緒]補纂仁壽縣原志六卷末一卷　（清）翁植修　（清）陳韶湘纂　清光緒七年(1881)刻本　七冊

510000－2741－0000137　137

[光緒]補纂仁壽縣原志六卷末一卷　（清）翁植修　（清）陳韶湘纂　清光緒七年(1881)刻本　七冊

510000－2741－0000138　138

[光緒]常山縣志六十八卷　（清）李瑞鐘修　（清）朱昌泰纂　清光緒十二年(1886)刻本　十二冊

510000－2741－0000139　139

[光緒]大寧縣志八卷首一卷末一卷　（清）高維岳修　（清）魏遠猷等纂　清光緒十二年(1886)刻本　八冊

510000－2741－0000140　140

[光緒]大寧縣志八卷首一卷末一卷　（清）高維岳修　（清）魏遠猷等纂　清光緒十二年(1886)刻本　八冊

510000－2741－0000141　141

[光緒]大足縣志八卷　（清）王德嘉等修　（清）高雲從等纂　清光緒元年(1875)刻本　六冊

510000－2741－0000142　142

[光緒]大足縣志八卷　（清）王德嘉等修　（清）高雲從等纂　清光緒元年(1875)刻本　五冊

510000－2741－0000143　143

[光緒]丹稜縣志十卷首一卷　（清）顧汝蕚修　（清）朱文瀚等纂　清光緒十八年(1892)刻本　四冊

510000－2741－0000144　144

[光緒]丹稜縣志十卷首一卷　（清）顧汝蕚修　（清）朱文瀚等纂　清光緒十八年(1892)刻本　四冊

510000－2741－0000145　145

[光緒]丹稜縣志十卷首一卷　（清）顧汝蕚修　（清）朱文瀚等纂　清光緒十八年(1892)刻本　四冊

510000－2741－0000146　146

[光緒]丹徒縣志六十卷　（清）何紹章修　（清）呂耀斗纂　清光緒五年(1879)刻本　三十二冊

510000－2741－0000147　147

[光緒]德陽縣志續編十卷首一卷末一卷　（清）鈕傳善修　（清）李炳靈纂　清光緒三十一年(1905)刻本　八冊

510000－2741－0000148　148

[光緒]德陽縣志續編十卷首一卷末一卷　（清）鈕傳善修　（清）李炳靈纂　清光緒三十一年(1905)刻本　三冊

510000－2741－0000149　149

[光緒]德陽縣志續編十卷首一卷末一卷　（清）鈕傳善修　（清）李炳靈纂　清光緒三十一年(1905)刻本　三冊

510000－2741－0000150　150

[光緒]德陽縣志續編十卷首一卷末一卷　（清）鈕傳善修　（清）李炳靈纂　清光緒三十一年(1905)刻本　三冊

510000－2741－0000151　151

[光緒]墊江縣志十卷　（清）謝必鏗等修　（清）李炳靈纂　清光緒二十六年(1900)刻本　八冊

510000－2741－0000152　152

[光緒]墊江縣志十卷　（清）謝必鏗等修　（清）李炳靈纂　清光緒二十六年(1900)刻本　六冊

510000－2741－0000153　153

[光緒]定遠縣志六卷　（清）姜由範等修
（清）王鏞等纂　清光緒元年(1875)刻本
六冊

510000－2741－0000154　154

[光緒]定遠縣志六卷　（清）姜由範等修
（清）王鏞等纂　清光緒元年(1875)刻本
六冊

510000－2741－0000155　155

[光緒]定遠縣志六卷　（清）姜由範等修
（清）王鏞等纂　清光緒元年(1875)刻本
六冊

510000－2741－0000156　156

[光緒]東安縣志八卷　（清）黃心菊修
（清）席寶田等纂　清光緒二年(1876)刻本
四冊

510000－2741－0000157　157

[光緒]東鄉縣志十二卷首一卷　（清）如柏纂
修　清光緒二十八年(1902)刻本　六冊

510000－2741－0000158　158

[光緒]東鄉縣志十二卷首一卷　（清）如柏纂
修　清光緒二十八年(1902)刻本　六冊

510000－2741－0000159　159

[光緒]東鄉縣志十二卷首一卷　（清）如柏纂
修　清光緒二十八年(1902)刻本　八冊

510000－2741－0000160　160

[光緒]奉節縣志三十六卷首一卷　（清）曾秀
翹修　（清）楊德坤等纂　清光緒十九年
(1893)刻本　八冊

510000－2741－0000161　161

[光緒]奉節縣志三十六卷首一卷　（清）曾秀
翹修　（清）楊德坤等纂　清光緒十九年
(1893)刻本　八冊

510000－2741－0000162　162

[光緒]奉節縣志三十六卷首一卷　（清）曾秀
翹修　（清）楊德坤等纂　清光緒十九年
(1893)刻本　八冊

510000－2741－0000163　163

[光緒]奉節縣志三十六卷首一卷　（清）曾秀
翹修　（清）楊德坤等纂　清光緒十九年
(1893)刻本　八冊

510000－2741－0000164　164

[光緒]奉節縣志三十六卷首一卷　（清）曾秀
翹修　（清）楊德坤等纂　清光緒十九年
(1893)刻本　八冊

510000－2741－0000165　165

[光緒]奉節縣志三十六卷首一卷　（清）曾秀
翹修　（清）楊德坤等纂　清光緒十九年
(1893)刻本　八冊

510000－2741－0000166　166

[光緒]鳳縣志十卷　（清）朱子春修　（清）
段澍霖纂　清光緒十八年(1892)刻本　四冊

510000－2741－0000167　167

[光緒]佛坪廳志二卷　（清）劉煐等修　清光
緒九年(1883)刻本　一冊

510000－2741－0000168　168

[光緒]扶溝縣志十六卷首一卷　（清）熊燦等
修　（清）張文楷纂　清光緒十九年(1893)刻
本　六冊

510000－2741－0000169　169

[光緒]富平縣志稿十卷首一卷　（清）樊增祥
修　（清）劉錕　（清）譚麟纂　清光緒十七年
(1891)刻本　十冊

510000－2741－0000170　170

[光緒]富平縣志稿十卷首一卷　（清）樊增祥
修　（清）劉錕　（清）譚麟纂　清光緒十七年
(1891)刻本　十冊

510000－2741－0000171　171

[光緒]富順縣志五卷首一卷　（清）段玉裁纂
輯　清光緒八年(1882)刻本　五冊

510000－2741－0000172　172

[光緒]富順縣志五卷首一卷　（清）段玉裁纂
輯　清光緒八年(1882)刻本　五冊

510000－2741－0000173　173

[光緒]富順縣志五卷首一卷　（清）段玉裁纂

四川大學圖書館古籍普查登記目錄

輯　清光緒八年(1882)刻本　五冊

510000－2741－0000174　174

[光緒]富順縣志五卷首一卷　（清）段玉裁纂
輯　清光緒八年(1882)刻本　五冊

510000－2741－0000175　175

[光緒]富順縣志五卷首一卷　（清）段玉裁纂
輯　清光緒八年(1882)刻本　五冊

510000－2741－0000176　176

[光緒]富順縣志五卷首一卷　（清）段玉裁纂
輯　清光緒八年(1882)刻本　五冊

510000－2741－0000177　177

[光緒]富順縣志五卷首一卷　（清）段玉裁纂
輯　清光緒八年(1882)刻本　五冊

510000－2741－0000178　178

[光緒]光化縣志八卷　（清）鍾桐山主修
（清）段映斗等纂　清光緒十年(1884)刻本
十六冊

510000－2741－0000179　179

[光緒]廣安州新志四十三卷首一卷　（清）周
克堃撰　清光緒十一年(1885)刻民國十六年
(1927)重印本　二十冊

510000－2741－0000180　180

[光緒]廣安州新志四十三卷首一卷　（清）周
克堃撰　清光緒十一年(1885)刻民國十六年
(1927)重印本　十冊

510000－2741－0000181　181

[光緒]廣安州新志四十三卷首一卷　（清）周
克堃撰　清光緒十一年(1885)刻民國十六年
(1927)重印本　十冊

510000－2741－0000182　182

[光緒]廣安州志十三卷首一卷　（清）顧懷壬
鑒定　（清）周克堃主修　清光緒十三年
(1887)刻本　六冊

510000－2741－0000183　183

[光緒]廣安州志十三卷首一卷　（清）顧懷壬
鑒定　（清）周克堃主修　清光緒十三年
(1887)刻本　十二冊

510000－2741－0000184　184

[光緒]合州志十六卷首一卷　（清）費兆鉞續
修　（清）程業修續纂　清光緒四年(1878)刻
本　四冊　存十卷(一至十)

510000－2741－0000185　185

[光緒]合州志十六卷首一卷　（清）費兆鉞續
修　（清）程業修續纂　清光緒四年(1878)刻
本　八冊

510000－2741－0000186　186

[光緒]合州志十六卷首一卷　（清）費兆鉞續
修　（清）程業修續纂　清光緒四年(1878)刻
本　七冊　缺一卷(十二)

510000－2741－0000187　187

[光緒]菏澤縣志二十卷　（清）凌壽柏撰
（清）宋明在纂　清光緒六年(1880)刻本　十
冊　缺六卷(一至六)

510000－2741－0000188　188

[光緒]洪雅縣續志十二卷首一卷　（清）郭世
棻纂修　清光緒十年(1884)刻本　四冊

510000－2741－0000189　189

[光緒]黃州府志四十卷首一卷　（清）英啓纂
修　清光緒十年(1884)刻本　四十冊

510000－2741－0000190　190

[光緒]黃州府志四十卷首一卷　（清）英啓纂
修　清光緒十年(1884)刻本　六十冊

510000－2741－0000191　191

[光緒]惠州府志四十五卷首一卷　（清）劉溎
年修　清光緒七年(1881)刻本　二十冊

510000－2741－0000192　192

[光緒]會理州續志二卷　（清）蔣金生等續修
　　清光緒三十一年(1905)刻本　一冊

510000－2741－0000193　193

[光緒]嘉定縣志三十二卷首一卷　（清）程其
珏修　清光緒八年(1882)刻本　十六冊

510000－2741－0000194　194

[光緒]簡州續志十四卷　（清）易家霖修
（清）傅爲霖等纂　清光緒二十三年(1897)刻

四川大學圖書館古籍普查登記目錄

本　四冊

510000－2741－0000195　195

[光緒]簡州續志十四卷　（清）易家霖修
(清)傅爲霖等纂　清光緒二十三年(1897)刻
本　二冊

510000－2741－0000196　196

[光緒]江津縣志十二卷首一卷附志存一卷
(清)王煌修　（清）袁方城等纂　清光緒元年
(1875)刻本　八冊

510000－2741－0000197　197

[光緒]江津縣志十二卷首一卷附志存一卷
(清)王煌修　（清）袁方城等纂　清光緒元年
(1875)刻本　十一冊

510000－2741－0000198　198

[光緒]江津縣志十二卷首一卷附志存一卷
(清)王煌修　（清）袁方城等纂　清光緒元年
(1875)刻本　八冊

510000－2741－0000199　199

[光緒]縉雲縣志十六卷首一卷末一卷　（清）
何乃容等修　（清）潘樹棠纂　清光緒七年
(1881)刻本　十冊

510000－2741－0000200　200

[光緒]縉雲縣志十六卷首一卷末一卷　（清）
何乃容等修　（清）潘樹棠纂　清光緒七年
(1881)刻本　十二冊

510000－2741－0000201　201

[光緒]京山縣志二十七卷首一卷　（清）沈星
標修　（清）曾憲德纂　清光緒八年(1882)刻
本　二十八冊

510000－2741－0000202　202

[光緒]井研縣志四十二卷首一卷　（清）葉桂
年等修　（清）吳嘉謨纂　清光緒二十六年
(1900)刻本　十二冊

510000－2741－0000203　203

[光緒]井研縣志四十二卷首一卷　（清）葉桂
年等修　（清）吳嘉謨纂　清光緒二十六年
(1900)刻本　十二冊

510000－2741－0000204　204

[光緒]井研縣志四十二卷首一卷　（清）葉桂
年等修　（清）吳嘉謨纂　清光緒二十六年
(1900)刻本　十二冊

510000－2741－0000205　205

[光緒]井研縣志四十二卷首一卷　（清）葉桂
年等修　（清）吳嘉謨纂　清光緒二十六年
(1900)刻本　十二冊

510000－2741－0000206　206

[光緒]井研縣志四十二卷首一卷　（清）葉桂
年等修　（清）吳嘉謨纂　清光緒二十六年
(1900)刻本　十二冊

510000－2741－0000207　207

[光緒]井研縣志四十二卷首一卷　（清）葉桂
年等修　（清）吳嘉謨纂　清光緒二十六年
(1900)刻本　七冊　存二十四卷(一至二、十
二至二十二、二十八至三十八)

510000－2741－0000208　208

[光緒]浪穹縣志略十三卷　（清）周沆纂修
清光緒二十九年(1903)刻本　六冊

510000－2741－0000209　209

[光緒]雷波廳志三十六卷首一卷　（清）秦雲
龍等修　（清）萬科進纂　清光緒十九年
(1893)刻本　六冊

510000－2741－0000210　210

[光緒]雷波廳志三十六卷首一卷　（清）秦雲
龍等修　（清）萬科進纂　清光緒十九年
(1893)刻本　四冊　存二十六卷(一至二十
五、首一卷)

510000－2741－0000211　211

[光緒]雷波廳志三十六卷首一卷　（清）秦雲
龍等修　（清）萬科進纂　清光緒十九年
(1893)刻本　六冊

510000－2741－0000212　212

[光緒]利川縣志十四卷首一卷　（清）黃世崇
纂修　清光緒二十年(1894)刻本　四冊

510000－2741－0000213　213

四川大學圖書館古籍普查登記目錄

[光緒]利川縣志十四卷首一卷　（清）黃世崇纂修　清光緒二十年(1894)刻本　八冊

510000－2741－0000214　214

[光緒]梁山縣志十卷首一卷　（清）朱言詩纂修　清光緒二十年(1894)刻本　十二冊

510000－2741－0000215　215

[光緒]梁山縣志十卷首一卷　（清）朱言詩纂修　清光緒二十年(1894)刻本　十二冊

510000－2741－0000216　216

[光緒]麟遊縣新志草十卷　（清）王贊襄裁定　（清）彭洵撰次　清光緒九年(1883)刻本　八冊

510000－2741－0000217　217

[光緒]婁縣續志二十卷　（清）汪坤厚修　（清）張雲望纂　清光緒五年(1879)刻本　六冊

510000－2741－0000218　218

[光緒]鹿邑縣志十六卷首一卷　（清）于滄瀾等修　清光緒二十二年(1896)刻本　六冊

510000－2741－0000219　219

[光緒]鹿邑縣志十六卷首一卷　（清）于滄瀾等修　清光緒二十二年(1896)刻本　二十冊

510000－2741－0000220　220

[光緒]米脂縣志十二卷　（清）高照煦編纂　清光緒三十三年(1907)鉛印本　三冊　缺二卷(十一至十二)

510000－2741－0000221　221

[光緒]沔縣志四卷　（清）孫銘鐘　（清）羅桂銘修　（清）彭齡纂　清光緒九年(1883)刻本　四冊

510000－2741－0000222　222

[光緒]名山縣志十五卷　（清）趙懿修　（清）趙怡纂　清光緒十八年(1892)刻本　十冊

510000－2741－0000223　223

[光緒]名山縣志十五卷　（清）趙懿修　（清）趙怡纂　清光緒十八年(1892)刻本　二

冊　存八卷(八至十五)

510000－2741－0000224　224

[光緒]名山縣志十五卷　（清）趙懿修　（清）趙怡纂　清光緒十八年(1892)刻二十三年(1897)重校刻本　六冊

510000－2741－0000225　225

[光緒]名山縣志十五卷　（清）趙懿修　（清）趙怡纂　清光緒十八年(1892)刻二十三年(1897)重校刻本　四冊

510000－2741－0000226　226

[光緒]南川縣志十二卷首一卷　（清）黃際飛等修　（清）周厚光等纂　清光緒二年(1876)刻本　十二冊

510000－2741－0000227　227

[光緒]南川縣志十二卷首一卷　（清）黃際飛等修　（清）周厚光等纂　清光緒二年(1876)刻本　十二冊

510000－2741－0000228　228

[光緒]南匯縣志二十二卷首一卷末一卷　（清）顧思賢修　（清）張文虎等纂　清光緒五年(1879)刻本　十二冊

510000－2741－0000229　229

[光緒]南陽縣志十二卷首一卷　（清）潘守廉等纂　清光緒三十年(1904)刻本　八冊

510000－2741－0000230　230

[光緒]內江縣志十六卷　（清）彭泰士修　（清）曾慶昌纂　清光緒三十一年(1905)刻本　十二冊

510000－2741－0000231　231

[光緒]內江縣志十六卷　（清）彭泰士修　（清）曾慶昌纂　清光緒三十一年(1905)刻本　十二冊

510000－2741－0000232　232

[光緒]寧遠縣志八卷　（清）張大煦修　（清）歐陽澤闓纂　清光緒二年(1876)刻本　八冊

510000－2741－0000233　233

四川大學圖書館古籍普查登記目錄

[光緒]寧遠縣志八卷　（清）張大煦修
（清）歐陽澤闓纂　清光緒二年(1876)刻本
四册

510000－2741－0000234　234

[光緒]彭水縣志四卷首一卷　（清）莊定域修
（清）支承祜纂　清光緒元年(1875)刻本
四册

510000－2741－0000235　235

[光緒]彭水縣志四卷首一卷　（清）莊定域修
（清）支承祜纂　清光緒元年(1875)刻本
四册

510000－2741－0000236　236

[光緒]彭水縣志四卷首一卷　（清）莊定域修
（清）支承祜纂　清光緒元年(1875)刻本
四册

510000－2741－0000237　237

[光緒]蓬溪縣續志十四卷　（清）周學銘修
（清）熊祥謙纂　清光緒二十五年(1899)刻本
四册

510000－2741－0000238　238

[光緒]蓬溪縣續志十四卷　（清）周學銘修
（清）熊祥謙纂　清光緒二十五年(1899)刻本
四册

510000－2741－0000239　239

[光緒]蓬溪縣續志十四卷　（清）周學銘修
（清）熊祥謙纂　清光緒二十五年(1899)刻本
四册

510000－2741－0000240　240

[光緒]蓬溪縣續志十四卷　（清）周學銘修
（清）熊祥謙纂　清光緒二十五年(1899)刻本
四册

510000－2741－0000241　241

[光緒]蓬州志十五卷　（清）方旭修　（清）
張禮杰纂　清光緒二十三年(1897)刻本
三册

510000－2741－0000242　242

[光緒]蓬州志十五卷　（清）方旭修　（清）

張禮杰纂　清光緒二十三年(1897)刻本
三册

510000－2741－0000243　243

[光緒]蓬州志十五卷　（清）方旭修　（清）
張禮杰纂　清光緒二十三年(1897)刻本
六册

510000－2741－0000244　244

[光緒]蓬州志十五卷　（清）方旭修　（清）
張禮杰纂　清光緒二十三年(1897)刻本
六册

510000－2741－0000245　245

[光緒]蓬州志十五卷　（清）方旭修　（清）
張禮杰纂　清光緒二十三年(1897)刻本
三册

510000－2741－0000246　246

[光緒]平遠州志二十卷　（清）徐豐玉修
（清）諶厚光纂　清光緒十六年(1890)刻本
四册

510000－2741－0000247　247

[光緒]平遠州志二十卷　（清）徐豐玉修
（清）諶厚光纂　清光緒十六年(1890)刻本
四册

510000－2741－0000248　248

[光緒]屏山縣續志二卷首一卷　（清）張九章
修　（清）陳藩垣等纂　清光緒二十四年
(1898)刻本　二册

510000－2741－0000249　249

[光緒]屏山縣續志二卷首一卷　（清）張九章
修　（清）陳藩垣等纂　清光緒二十四年
(1898)刻本　二册

510000－2741－0000250　250

[光緒]屏山縣續志二卷首一卷　（清）張九章
修　（清）陳藩垣等纂　清光緒二十四年
(1898)刻本　二册

510000－2741－0000251　251

[光緒]蒲江縣志五卷　（清）孫清士修
（清）解瑱纂　清光緒四年(1878)刻本　五册

四川大學圖書館古籍普查登記目錄

510000－2741－0000252　252

[光緒]蒲江縣志五卷　（清）孫清士修
（清）解璜纂　清光緒四年(1878)刻本　五冊

510000－2741－0000253　253

[光緒]蒲江縣志五卷　（清）孫清士修
（清）解璜纂　清光緒四年(1878)刻本　五冊

510000－2741－0000254　254

[光緒]蘄州志三十卷　（清）封蔚初修
（清）陳廷揚纂　清光緒八年(1882)刻本　十
六冊

510000－2741－0000255　255

[光緒]遵江縣志四卷　（清）顏嗣徽纂修　清
光緒十七年(1891)刻本　四冊

510000－2741－0000256　256

[光緒]潛江縣志續二十卷首一卷　（清）史致
謨修　（清）劉恭冕纂　清光緒五年(1879)刻
本　八冊

510000－2741－0000257　257

[光緒]黔江縣志五卷首一卷　（清）張九章修
（清）陳藩垣纂　清光緒二十年(1894)刻本
二冊

510000－2741－0000258　258

[光緒]黔江縣志五卷首一卷　（清）張九章修
（清）陳藩垣纂　清光緒二十年(1894)刻本
五冊

510000－2741－0000259　259

[光緒]黔江縣志五卷首一卷　（清）張九章修
（清）陳藩垣纂　清光緒二十年(1894)刻本
五冊

510000－2741－0000260　260

[光緒]青神縣志五十四卷首一卷　（清）郭世
棻修　（清）文筆超等纂　清光緒三年(1877)
刻本　六冊

510000－2741－0000261　261

[光緒]青神縣志五十四卷首一卷　（清）郭世
棻修　（清）文筆超等纂　清光緒三年(1877)
刻本　六冊

510000－2741－0000262　262

[光緒]青神縣志五十四卷首一卷　（清）郭世
棻修　（清）文筆超等纂　清光緒三年(1877)
刻本　六冊　存四十八卷(一至四、六至三十
九、四十二、四十六至五十四)

510000－2741－0000263　263

[光緒]慶符縣志五十五卷　（清）孫定揚修
（清）胡錫祜纂　清光緒二年(1876)刻本
四冊

510000－2741－0000264　264

[光緒]慶符縣志五十五卷　（清）孫定揚修
（清）胡錫祜纂　清光緒二年(1876)刻本
四冊

510000－2741－0000265　265

[光緒]曲江縣志十六卷　（清）張希京修
（清）馮翼之纂　清光緒元年(1875)刻本
八冊

510000－2741－0000266　266

[光緒]榮昌縣志二十二卷　（清）文康原本
（清）施學煌續修　（清）敖冊賢續纂　清光緒
十年(1884)刻本　八冊

510000－2741－0000267　267

[光緒]榮昌縣志二十二卷　（清）文康原本
（清）施學煌續修　（清）敖冊賢續纂　清光緒
十年(1884)刻本　八冊

510000－2741－0000268　268

[光緒]榮昌縣志二十二卷　（清）文康原本
（清）施學煌續修　（清）敖冊賢續纂　清光緒
十年(1884)刻本　八冊

510000－2741－0000269　269

[光緒]榮昌縣志二十二卷　（清）文康原本
（清）施學煌續修　（清）敖冊賢續纂　清光緒
十年(1884)刻本　八冊

510000－2741－0000270　270

[光緒]三原縣新志八卷　（清）焦雲龍修
（清）賀瑞麟纂　清光緒五年(1879)刻本
四冊

510000－2741－0000271　271

[光緒]善化縣志三十四卷首一卷　（清）吳兆熙修　（清）張先掄纂　清光緒三年(1877)刻本　二十冊

510000－2741－0000272　272

[光緒]射洪縣志十八卷首一卷　（清）張尚滋總纂　（清）胡文魁等編輯　清光緒刻本　八冊

510000－2741－0000273　273

[光緒]射洪縣志十八卷首一卷　（清）張尚滋總纂　（清）胡文魁等編輯　清光緒刻本　十冊

510000－2741－0000274　274

[光緒]射洪縣志十八卷首一卷　（清）張尚滋總纂　（清）胡文魁等編輯　清光緒刻本　十冊

510000－2741－0000275　275

[光緒]射洪縣志十八卷首一卷　（清）張尚滋總纂　（清）胡文魁等編輯　清光緒刻本　十冊

510000－2741－0000276　276

[光緒]射洪縣志十八卷首一卷　（清）張尚滋總纂　（清）胡文魁等編輯　清光緒刻本　十冊

510000－2741－0000277　277

[光緒]雙流縣志二卷　（清）彭琬修　（清）吳特仁增訂　清光緒刻民國二十一年(1932)修補印本　四冊

510000－2741－0000278　278

[光緒]雙流縣志四卷首一卷　（清）彭琬等纂修　清光緒三年(1877)刻本　八冊

510000－2741－0000279　279

[光緒]雙流縣志四卷首一卷　（清）彭琬等纂修　清光緒三年(1877)刻本　八冊

510000－2741－0000280　280

[光緒]順天府志一百三十卷　（清）萬青藜等修　（清）張之洞等纂　清光緒十年至十二年

(1884－1886)刻本　六十四冊

510000－2741－0000281　281

[光緒]松江府續志四十卷首一卷圖一卷（清）博潤修　（清）姚光發纂　清光緒十年(1884)刻本　二十四冊

510000－2741－0000282　282

[光緒]松江府續志四十卷首一卷圖一卷（清）博潤修　（清）姚光發纂　清光緒十年(1884)刻本　二十二冊　缺二卷(一至二)

510000－2741－0000283　283

[光緒]遂昌縣志十二卷外編四卷首一卷（清）胡壽海修　（清）褚成允纂　清光緒二十二年(1896)刻本　十二冊

510000－2741－0000284　284

[光緒]遂寧縣志六卷首一卷　（清）孫海修（清）李星根纂　清光緒五年(1879)刻本六冊

510000－2741－0000285　285

[光緒]遂寧縣志六卷首一卷　（清）孫海修（清）李星根纂　清光緒五年(1879)刻本六冊

510000－2741－0000286　286

[光緒]太平縣志十卷首一卷　（清）楊汝偕纂輯　清光緒十九年(1893)刻本　四冊

510000－2741－0000287　287

[光緒]太平縣志十卷首一卷　（清）楊汝偕纂輯　清光緒十九年(1893)刻本　四冊

510000－2741－0000288　288

[光緒]太平縣志十卷首一卷　（清）楊汝偕纂輯　清光緒十九年(1893)刻本　四冊

510000－2741－0000289　289

[光緒]太平縣志十卷首一卷　（清）楊汝偕纂輯　清光緒十九年(1893)刻本　一冊　存八卷(一至八)

510000－2741－0000290　290

[光緒]泰興縣志二十六卷首一卷末一卷（清）楊激雲修　（清）顧曾烜纂　清光緒十二

四川大學圖書館古籍普查登記目録

年(1886)刻本　十二冊

510000－2741－0000291　291

[光緒]通州志十卷首一卷末一卷　（清）高建勳修　（清）王維珍纂　清光緒刻本　二十四冊

510000－2741－0000292　292

[光緒]銅梁縣志十六卷首一卷　（清）韓清桂修　（清）陳昌編輯　清光緒元年(1875)刻本　八冊

510000－2741－0000293　293

[光緒]銅梁縣志十六卷首一卷　（清）韓清桂修　（清）陳昌編輯　清光緒元年(1875)刻本　八冊

510000－2741－0000294　294

[光緒]銅梁縣志十六卷首一卷　（清）韓清桂修　（清）陳昌編輯　清光緒元年(1875)刻本　八冊

510000－2741－0000295　295

[光緒]威遠縣志三編四卷　（清）吳增輝修（清）吳容纂　清光緒三年(1877)刻本　四冊

510000－2741－0000296　296

[光緒]威遠縣志三編四卷　（清）吳增輝修（清）吳容纂　清光緒三年(1877)刻本　四冊

510000－2741－0000297　297

[光緒]文水縣志十二卷首一卷末一卷　（清）范啓堃修　（清）陰步霞纂　清光緒九年(1883)刻本　六冊

510000－2741－0000298　298

[光緒]巫山縣志三十二卷首一卷　（清）連山等修　（清）李友梁等纂　清光緒十九年(1893)刻本　八冊

510000－2741－0000299　299

[光緒]巫山縣志三十二卷首一卷　（清）連山等修　（清）李友梁等纂　清光緒十九年(1893)刻本　八冊

510000－2741－0000300　300

[光緒]烏程縣志三十六卷　（清）潘玉璿等修

（清）汪曰楨等纂　清光緒五年(1879)刻本十二冊

510000－2741－0000301　301

[光緒]無錫金匱縣志四十卷首一卷附殉難紳民表二卷列女姓氏錄四卷　（清）裴大中修（清）秦緗業纂　清光緒七年(1881)刻本　十八冊

510000－2741－0000302　302

[光緒]武昌縣志二十六卷首一卷末一卷（清）鍾桐山主修　（清）柯逢時纂　清光緒十一年(1885)刻本　二十二冊

510000－2741－0000303　303

[光緒]武昌縣志二十六卷首一卷末一卷（清）鍾桐山主修　（清）柯逢時纂　清光緒十一年(1885)刻本　十冊

510000－2741－0000304　304

[光緒]西藏圖考八卷首一卷　（清）黃沛翹纂　清光緒刻本　一冊

510000－2741－0000305　305

[光緒]西昌縣志四卷　（清）胡薇元修（清）鄭宗瑞纂　清光緒二十二年(1896)刻本二冊　存二卷(一至二)

510000－2741－0000306　306

[光緒]西充縣志十四卷圖一卷　（清）高培穀修　（清）劉藻等纂　清光緒二年(1876)刻本六冊

510000－2741－0000307　307

[光緒]西充縣志十四卷圖一卷　（清）高培穀修　（清）劉藻等纂　清光緒二年(1876)刻本六冊

510000－2741－0000308　308

[光緒]西充縣志十四卷圖一卷　（清）高培穀修　（清）劉藻等纂　清光緒二年(1876)刻本六冊

510000－2741－0000309　309

[光緒]湘陰縣圖志三十六卷　（清）郭嵩燾等纂修　清光緒六年(1880)刻本　十六冊

四川大學圖書館古籍普查登記目錄

510000－2741－0000310　310

[光緒]新修潼川府志三十卷　（清）阿麟修
（清）王龍勳纂　清光緒二十三年(1897)刻本
　十五冊　缺一卷(七)

510000－2741－0000311　311

[光緒]新修潼川府志三十卷　（清）阿麟修
（清）王龍勳纂　清光緒二十三年(1897)刻本
　十六冊

510000－2741－0000312　312

[光緒]新修潼川府志三十卷　（清）阿麟修
（清）王龍勳纂　清光緒二十三年(1897)刻本
　十六冊

510000－2741－0000313　313

[光緒]興文縣志六卷首一卷　（清）江亦顯修
（清）黃相堯纂　清光緒十三年(1887)刻本
　四冊

510000－2741－0000314　314

[光緒]興文縣志六卷首一卷　（清）江亦顯修
（清）黃相堯纂　清光緒十三年(1887)刻本
　二冊　存二卷(一至二)

510000－2741－0000315　315

[光緒]興文縣志六卷首一卷　（清）江亦顯修
（清）黃相堯纂　清光緒十三年(1887)刻本
　四冊

510000－2741－0000316　316

[光緒]興文縣志六卷首一卷　（清）江亦顯修
（清）黃相堯纂　清光緒十三年(1887)刻本
　四冊

510000－2741－0000317　317

[光緒]秀山縣志十四卷首一卷　（清）王壽松
修　（清）李稽勛等纂　清光緒十七年(1891)
刻本　四冊

510000－2741－0000318　318

[光緒]秀山縣志十四卷首一卷　（清）王壽松
修　（清）李稽勛等纂　清光緒十七年(1891)
刻本　四冊

510000－2741－0000319　319

[光緒]秀山縣志十四卷首一卷　（清）王壽松
修　（清）李稽勛等纂　清光緒十七年(1891)
刻本　四冊

510000－2741－0000320　320

[光緒]秀山縣志十四卷首一卷　（清）王壽松
修　（清）李稽勛等纂　清光緒十七年(1891)
刻本　四冊

510000－2741－0000321　321

[光緒]秀山縣志十四卷首一卷　（清）王壽松
修　（清）李稽勛等纂　清光緒十七年(1891)
刻本　四冊

510000－2741－0000322　322

[光緒]秀山縣志十四卷首一卷　（清）王壽松
修　（清）李稽勛等纂　清光緒十七年(1891)
刻本　四冊

510000－2741－0000323　323

[光緒]秀山縣志十四卷首一卷　（清）王壽松
修　（清）李稽勛等纂　清光緒十七年(1891)
刻本　三冊　存十二卷(三至十四)

510000－2741－0000324　324

[光緒]秀山縣志十四卷首一卷　（清）王壽松
修　（清）李稽勛等纂　清光緒十七年(1891)
刻本　八冊

510000－2741－0000325　325

[光緒]盱眙縣志稿十七卷首一卷　（清）王錫
元修　（清）高延第纂　清光緒十七年(1891)
刻本　八冊

510000－2741－0000326　326

[光緒]敘州府志四十三卷首一卷末一卷
（清）王麟祥修　（清）邱晉成纂　清光緒二十
二年(1896)刻本　二十八冊

510000－2741－0000327　327

[光緒]敘州府志四十三卷首一卷末一卷
（清）王麟祥修　（清）邱晉成纂　清光緒二十
二年(1896)刻本　二十八冊

510000－2741－0000328　328

[光緒]敘州府志四十三卷首一卷末一卷

四川大學圖書館古籍普查登記目錄

(清)王麟祥修　(清)邱晉成纂　清光緒二十二年(1896)刻本　二十八冊

510000－2741－0000329　329
[光緒]續輯均州志十六卷首一卷　(清)馬雲龍等修　(清)賈洪詔纂　清光緒十年(1884)均州志局刻本　十六冊

510000－2741－0000330　330
[光緒]續修安岳縣志四卷　(清)陳其寬修　(清)鄒宗垣等纂　清光緒二十三年(1897)刻本　四冊

510000－2741－0000331　331
[光緒]續修安岳縣志四卷　(清)陳其寬修　(清)鄒宗垣等纂　清光緒二十三年(1897)刻本　四冊

510000－2741－0000332　332
[光緒]續修安岳縣志四卷　(清)陳其寬修　(清)鄒宗垣等纂　清光緒二十三年(1897)刻本　四冊

510000－2741－0000333　333
[光緒]續修安岳縣志四卷　(清)陳其寬修　(清)鄒宗垣等纂　清光緒二十三年(1897)刻本　四冊

510000－2741－0000334　334
[光緒]續修安岳縣志四卷　(清)陳其寬修　(清)鄒宗垣等纂　清光緒二十三年(1897)刻本　十冊

510000－2741－0000335　335
[光緒]續修酆都縣志四卷首一卷　(清)田秀栗修　(清)徐其岱纂　(清)蔣履泰續纂　清光緒十九年(1893)增刻本　六冊

510000－2741－0000336　336
[光緒]續修酆都縣志四卷首一卷　(清)田秀栗修　(清)徐其岱纂　(清)蔣履泰續纂　清光緒十九年(1893)增刻本　六冊

510000－2741－0000337　337
[光緒]續修酆都縣志四卷首一卷附典禮備考八卷　(清)田秀栗修　(清)徐其岱纂

(清)蔣履泰續纂　清光緒十九年(1893)增刻本　八冊

510000－2741－0000338　338
[光緒]續修酆都縣志四卷首一卷附典禮備考八卷　(清)田秀栗修　(清)徐其岱纂　(清)蔣履泰續纂　清光緒十九年(1893)增刻本　八冊

510000－2741－0000339　339
[光緒]續修井研縣志二卷　(清)王琅然修　(清)廖錫藩纂　清光緒八年(1882)刻本　二冊

510000－2741－0000340　340
[光緒]續修平利縣志十卷　(清)楊孝寬修　(清)李聯芳纂　清光緒二十三年(1897)刻本　四冊

510000－2741－0000341　341
[光緒]續修敍永永寧廳縣合志五十四卷首一卷　(清)鄧元鏸等修　(清)萬慎等纂　清宣統鉛印本　十二冊

510000－2741－0000342　342
[光緒]續修敍永永寧廳縣合志五十四卷首一卷　(清)鄧元鏸等修　(清)萬慎等纂　清宣統鉛印本　十二冊

510000－2741－0000343　343
[光緒]續增樂至縣志四卷首一卷　(清)胡書雲主修　(清)李星根纂　清光緒九年(1883)刻本　四冊

510000－2741－0000344　344
[光緒]續增樂至縣志四卷首一卷　(清)胡書雲主修　(清)李星根纂　清光緒九年(1883)刻本　四冊

510000－2741－0000345　345
[光緒]續增樂至縣志四卷首一卷　(清)胡書雲主修　(清)李星根纂　清光緒九年(1883)刻本　四冊

510000－2741－0000346　346
[光緒]續增樂至縣志四卷首一卷　(清)胡書

四川大學圖書館古籍普查登記目録

雲主修 （清）李星根纂 清光緒九年(1883)
刻本 四冊

510000－2741－0000347 347
[光緒]續增樂至縣志四卷首一卷 （清）胡書
雲主修 （清）李星根纂 清光緒九年(1883)
刻本 四冊

510000－2741－0000348 348
[光緒]鹽亭縣志續編四卷 （清）邢錫晉續修
（清）趙宗藩續纂 清光緒八年(1882)刻本
四冊

510000－2741－0000349 349
[光緒]鹽亭縣志續編四卷 （清）邢錫晉續修
（清）趙宗藩續纂 清光緒八年(1882)刻本
四冊

510000－2741－0000350 350
[光緒]鹽亭縣志續編四卷 （清）邢錫晉續修
（清）趙宗藩續纂 清光緒八年(1882)刻本
四冊

510000－2741－0000351 351
[光緒]鹽源縣志十二卷首一卷 （清）辜培源
等修 （清）曹永賢纂 清光緒二十年(1894)
刻本 六冊

510000－2741－0000352 352
[光緒]鹽源縣志十二卷首一卷 （清）辜培源
等修 （清）曹永賢纂 清光緒二十年(1894)
刻本 六冊

510000－2741－0000353 353
[光緒]儀隴縣志六卷 （清）曹紹樾修
(清)胡輯瑞纂 清光緒三十三年(1907)增刻
本 六冊

510000－2741－0000354 354
[光緒]翼城縣志二十八卷 （清）王耀章纂修
清光緒七年(1881)刻本 八冊

510000－2741－0000355 355
[光緒]鄞縣志七十五卷 （清）張恕等纂修
清光緒三年(1877)刻本 三十四冊

510000－2741－0000356 356
[光緒]應城縣志十四卷首一卷 （清）羅縉等
修 （清）王承禧纂 清光緒八年(1882)刻本
八冊

510000－2741－0000357 357
[光緒]應城縣志十四卷首一卷 （清）羅縉等
修 （清）王承禧纂 清光緒八年(1882)刻本
十二冊

510000－2741－0000358 358
[光緒]永川縣志十卷首一卷 （清）許曾蔭等
修 （清）馬慎修等纂 清光緒二十年(1894)
刻本 十冊

510000－2741－0000359 359
[光緒]永川縣志十卷首一卷 （清）許曾蔭等
修 （清）馬慎修等纂 清光緒二十年(1894)
刻本 十冊

510000－2741－0000360 360
[光緒]永川縣志十卷首一卷 （清）許曾蔭等
修 （清）馬慎修等纂 清光緒二十年(1894)
刻本 十冊

510000－2741－0000361 361
[光緒]榆次縣續志四卷 （清）吳師祁修
(清)黃汝梅纂 清光緒十一年(1885)刻本
二冊

510000－2741－0000362 362
[光緒]餘姚縣志二十七卷首一卷末一卷
(清)周炳麟修 （清）邵友濂纂 清光緒二十
五年(1899)刻民國二十四年(1935)重印本
十四冊 缺二卷(十七至十八)

510000－2741－0000363 363
[光緒]岳池縣志二十卷首一卷 （清）何其泰
等修 （清）吳新德纂 清光緒元年(1875)刻
本 十冊

510000－2741－0000364 364
[光緒]岳池縣志二十卷首一卷 （清）何其泰
等修 （清）吳新德纂 清光緒元年(1875)刻
本 十冊

四川大學圖書館古籍普查登記目錄

510000－2741－0000365　365

[光緒]岳池縣志二十卷首一卷　（清）何其泰
等修　（清）吳新德纂　清光緒元年(1875)刻
本　九冊

510000－2741－0000366　366

[光緒]越嶲廳全志十二卷　（清）馬忠良修
（清）馬湘纂　清光緒三十二年(1906)鉛印本
十冊

510000－2741－0000367　367

[光緒]越嶲廳全志十二卷　（清）馬忠良修
（清）馬湘纂　清光緒三十二年(1906)鉛印本
六冊

510000－2741－0000368　368

[光緒]越嶲廳全志十二卷　（清）馬忠良修
（清）馬湘纂　清光緒三十二年(1906)鉛印本
六冊

510000－2741－0000369　369

[光緒]越嶲廳全志十二卷　（清）馬忠良修
（清）馬湘纂　清光緒三十二年(1906)鉛印本
一冊　存三卷(十至十二)

510000－2741－0000370　370

[光緒]越嶲廳全志十二卷　（清）馬忠良修
（清）馬湘纂　清光緒三十二年(1906)鉛印本
五冊　缺一卷(六)

510000－2741－0000371　371

[光緒]增修崇慶州志十二卷　（清）沈恩培輯
清光緒三年(1877)刻本　十冊

510000－2741－0000372　372

[光緒]增修崇慶州志十二卷　（清）沈恩培輯
清光緒三年(1877)刻本　八冊

510000－2741－0000373　373

[光緒]增修崇慶州志十二卷　（清）沈恩培輯
清光緒三年(1877)刻本　八冊

510000－2741－0000374　374

[光緒]增修崇慶州志十二卷　（清）沈恩培輯
清光緒三年(1877)刻本　八冊

510000－2741－0000375　375

[光緒]增修崇慶州志十二卷　（清）沈恩培輯
清光緒三年(1877)刻本　八冊

510000－2741－0000376　376

[光緒]增修崇慶州志十二卷　（清）沈恩培輯
清光緒三年(1877)刻本　十冊

510000－2741－0000377　377

[光緒]增修灌縣志十四卷首一卷　（清）莊思
恒修　（清）鄭珶山纂　清光緒十二年(1886)
刻本　十冊

510000－2741－0000378　378

[光緒]增修灌縣志十四卷首一卷　（清）莊思
恒修　（清）鄭珶山纂　清光緒十二年(1886)
刻本　十冊

510000－2741－0000379　379

[光緒]增修灌縣志十四卷首一卷　（清）莊思
恒修　（清）鄭珶山纂　清光緒十二年(1886)
刻本　十冊

510000－2741－0000380　380

[光緒]增修灌縣志十四卷首一卷　（清）莊思
恒修　（清）鄭珶山纂　清光緒十二年(1886)
刻木　十冊

510000－2741－0000381　381

[光緒]直隸瀘州志十二卷　（清）田秀栗等修
（清）華國清纂　清光緒八年(1882)刻本
十二冊

510000－2741－0000382　382

[光緒]直隸瀘州志十二卷　（清）田秀栗等修
（清）華國清纂　清光緒八年(1882)刻本
十二冊

510000－2741－0000383　383

[光緒]直隸瀘州志十二卷　（清）田秀栗等修
（清）華國清纂　清光緒八年(1882)刻本
十二冊

510000－2741－0000384　384

[光緒]直隸瀘州志十二卷　（清）田秀栗等修
（清）華國清纂　清光緒刻本　十二冊

510000－2741－0000385　385

四川大學圖書館古籍普查登記目錄

[光緒]直隸瀘州志十二卷　(清)田秀栗等修
(清)華國清纂　清光緒刻本　十二冊

510000－2741－0000386　386
[光緒]重修長壽縣志十卷　(清)張永熙修
(清)周澤溥等纂　清光緒元年(1875)刻本
十冊

510000－2741－0000387　387
[光緒]重修長壽縣志十卷　(清)張永熙修
(清)周澤溥等纂　清光緒元年(1875)刻本
四冊

510000－2741－0000388　388
[光緒]重修長壽縣志十卷　(清)張永熙修
(清)周澤溥等纂　清光緒元年(1875)刻本
四冊

510000－2741－0000389　389
[光緒]重修華亭縣志二十四卷首一卷末一卷
　(清)楊開第修　(清)姚光發纂　清光緒四
年(1878)刻本　九冊　缺二卷(十四至十五)

510000－2741－0000390　390
[光緒]重修江油縣志二十四卷首一卷附轉班
鼓譜一卷丁祭樂譜一卷丁祭舞譜一卷　(清)
武丕文修　(清)歐培槐等纂　清光緒二十九
年(1903)刻本　二十二冊

510000－2741－0000391　391
[光緒]重修江油縣志二十四卷首一卷附轉班
鼓譜一卷丁祭樂譜一卷丁祭舞譜一卷　(清)
武丕文修　(清)歐培槐等纂　清光緒二十九
年(1903)刻本　六冊

510000－2741－0000392　392
[光緒]重修江油縣志二十四卷首一卷附轉班
鼓譜一卷丁祭樂譜一卷丁祭舞譜一卷　(清)
武丕文修　(清)歐培槐等纂　清光緒二十九
年(1903)刻本　九冊

510000－2741－0000393　393
[光緒]重修寧羌州志五卷　(清)馬毓華修
(清)鄭書香纂　清光緒十四年(1888)刻本
五冊

510000－2741－0000394　394
[光緒]重修寧羌州志五卷　(清)馬毓華修
(清)鄭書香纂　清光緒十四年(1888)刻本
五冊

510000－2741－0000395　395
[光緒]重修彭縣志十三卷首一卷末一卷
(清)張龍甲修　(清)呂調陽纂　清光緒四年
(1878)刻本　十冊

510000－2741－0000396　396
[光緒]重修彭縣志十三卷首一卷末一卷
(清)張龍甲修　(清)呂調陽纂　清光緒四年
(1878)刻本　十冊

510000－2741－0000397　397
[光緒]重修彭縣志十三卷首一卷末一卷
(清)張龍甲修　(清)呂調陽纂　清光緒四年
(1878)刻民國六年(1917)印本　十冊

510000－2741－0000398　398
[光緒]重修彭縣志十三卷首一卷末一卷
(清)張龍甲修　(清)呂調陽纂　清光緒四年
(1878)刻民國六年(1917)印本　十冊

510000－2741－0000399　399
[光緒]重修彭縣志十三卷首一卷末一卷
(清)張龍甲修　(清)呂調陽纂　清光緒四年
(1878)刻民國六年(1917)印本　十冊

510000－2741－0000400　400
[光緒]重修彭縣志十三卷首一卷末一卷
(清)張龍甲修　(清)呂調陽纂　清光緒四年
(1878)刻民國六年(1917)印本　八冊

510000－2741－0000401　401
[光緒]資州直隸州志三十卷首四卷　(清)劉
炯纂修　(清)張懷渭等纂　(清)黃濟等增修
　(清)王宗泗等纂　(清)羅廷權再續修
(清)何衰等續纂　清嘉慶二十年(1815)刻同
治三年(1864)增刻光緒二年(1876)續增刻本
　二十四冊

510000－2741－0000402　402
[弘治]大明興化府志五十四卷　(明)陳效修
　(明)周瑛纂　清同治十年(1871)刻本　十

四川大學圖書館古籍普查登記目錄

八冊　缺十二卷(二、十五至十六、二十二至二十四、二十七至二十八、三十三至三十四、四十三至四十四)

510000－2741－0000403　403

[嘉靖]高陵縣志七卷　(明)呂柟纂修　**呂涇野先生續傳一卷**　(明)楊九式撰　清嘉慶三年(1798)刻本　二冊

510000－2741－0000404　404

[嘉慶]安縣志三十卷首一卷　(清)楊英燦纂修　清嘉慶十七年(1812)刻本　二冊

510000－2741－0000405　405

[嘉慶]寶豐縣志二十四卷　(清)陸蓉修　(清)武億纂　清嘉慶二年(1797)刻本　四冊

510000－2741－0000406　406

[嘉慶]長寧縣志十二卷　(清)曹秉讓修　(清)楊庚等纂　清嘉慶十三年(1808)刻本　八冊

510000－2741－0000407　407

[嘉慶]長山縣志十六卷首一卷　(清)倪企望修　(清)徐果行等纂　清嘉慶六年(1801)刻本　十冊

510000－2741－0000408　408

[嘉慶]成都縣志六卷首一卷　(清)王泰雲等修　(清)衷以壎等纂　清嘉慶二十一年(1816)刻本　六冊

510000－2741－0000409　409

[嘉慶]成都縣志六卷首一卷　(清)王泰雲等修　(清)衷以壎等纂　清嘉慶二十一年(1816)刻本　四冊　存四卷(一、三至四、六)

510000－2741－0000410　410

[嘉慶]崇寧縣志四卷　(清)劉壇等纂修　清嘉慶二十一年(1816)刻本　四冊

510000－2741－0000411　411

[嘉慶]崇寧縣志四卷　(清)劉壇等纂修　清嘉慶二十一年(1816)刻本　四冊

510000－2741－0000412　412

[嘉慶]崇寧縣志四卷　(清)劉壇等纂修　清

嘉慶二十一年(1816)刻本　四冊

510000－2741－0000413　413

[嘉慶]達縣志五十二卷　(清)魯鳳輝修　(清)王廷偉纂　清嘉慶二十年(1815)刻本　五冊

510000－2741－0000414　414

[嘉慶]達縣志五十二卷　(清)魯鳳輝修　(清)王廷偉纂　清嘉慶二十年(1815)刻本　六冊

510000－2741－0000415　415

[嘉慶]達縣志五十二卷　(清)魯鳳輝修　(清)王廷偉纂　清嘉慶二十年(1815)刻本　六冊

510000－2741－0000416　416

[嘉慶]大足縣志八卷　(清)張澍修　(清)李型廉等纂　清嘉慶二十三年(1818)刻道光十六年(1836)增補刻本　六冊

510000－2741－0000417　417

[嘉慶]大足縣志八卷　(清)張澍修　(清)李型廉等纂　清嘉慶二十三年(1818)刻道光十六年(1836)增補刻本　六冊

510000－2741－0000418　418

[嘉慶]德陽縣志五十四卷首一卷　(清)吳經世修　(清)廖家騏纂　清嘉慶二十年(1815)刻本　四冊

510000－2741－0000419　419

[嘉慶]德陽縣志五十四卷首一卷　(清)吳經世修　(清)廖家騏纂　清嘉慶二十年(1815)刻本　一冊　存七卷(四十八至五十四)

510000－2741－0000420　420

[嘉慶]東流縣志三十卷　(清)吳簴等修　(清)李兆洛纂　清嘉慶二十三年(1818)刻本　八冊

510000－2741－0000421　421

[嘉慶]東鄉縣志三十三卷　(清)徐陳謨纂修　清嘉慶二十年(1815)刻本　五冊

510000－2741－0000422　422

四川大學圖書館古籍普查登記目錄

[嘉慶]東鄉縣志三十三卷 （清）徐陳謨纂修
清嘉慶二十年(1815)刻道光補刻本 十二冊

510000－2741－0000423 423
[嘉慶]峨眉縣志十卷首一卷 （清）王燮修
（清）張希緗纂 清嘉慶十八年(1813)刻本
六冊

510000－2741－0000424 424
[嘉慶]峨眉縣志十卷首一卷 （清）王燮修
（清）張希緗纂 清嘉慶十八年(1813)刻宣統
三年(1911)修補印本 四冊

510000－2741－0000425 425
[嘉慶]峨眉縣志十卷首一卷 （清）王燮修
（清）張希緗纂 清嘉慶十八年(1813)刻宣統
三年(1911)修補印本 四冊

510000－2741－0000426 426
[嘉慶]峨眉縣志十卷首一卷 （清）王燮修
（清）張希緗纂 清嘉慶十八年(1813)刻宣統
三年(1911)修補印本 四冊

510000－2741－0000427 427
[嘉慶]高縣志五十四卷首一卷 （清）盧耀修
（清）王秉剛纂 清嘉慶十八年(1813)刻本
四冊

510000－2741－0000428 428
[嘉慶]高縣志五十四卷首一卷 （清）盧耀修
（清）王秉剛纂 清嘉慶十八年(1813)刻本
四冊

510000－2741－0000429 429
[嘉慶]韓城縣續志五卷 （清）陸耀通纂
（清）冀蘭泰修 清嘉慶二十三年(1818)刻本
一冊

510000－2741－0000430 430
[嘉慶]漢南續修郡志三十二卷首一卷 （清）
鄭炳然纂 （清）嚴如熤修 清嘉慶十九年
(1814)刻本 十六冊

510000－2741－0000431 431
[嘉慶]漢州志四十卷首一卷 （清）劉長庚修

（清）張懷泗纂 清嘉慶二十二年(1817)刻
本 十四冊

510000－2741－0000432 432
[嘉慶]漢州志四十卷首一卷 （清）劉長庚修
（清）張懷泗纂 清嘉慶二十二年(1817)刻
本 十二冊

510000－2741－0000433 433
[嘉慶]漢州志四十卷首一卷 （清）劉長庚修
（清）張懷泗纂 清嘉慶二十二年(1817)刻
本 十二冊

510000－2741－0000434 434
[嘉慶]漢州志四十卷首一卷 （清）劉長庚修
（清）張懷泗纂 清嘉慶二十二年(1817)刻
本 十二冊

510000－2741－0000435 435
[嘉慶]合江縣志五十四卷 （清）秦湘修
（清）楊致道纂 清嘉慶十八年(1813)刻本
十八冊

510000－2741－0000436 436
[嘉慶]合江縣志五十四卷 （清）秦湘修
（清）楊致道纂 清嘉慶十八年(1813)刻本
八冊

510000－2741－0000437 437
[嘉慶]洪雅縣志二十五卷首一卷 （清）王好
音修 （清）張柱等纂 清嘉慶十八年(1813)
刻本 六冊

510000－2741－0000438 438
[嘉慶]洪雅縣志二十五卷首一卷 （清）王好
音修 （清）張柱等纂 清嘉慶十八年(1813)
刻本 七冊

510000－2741－0000439 439
[嘉慶]洪雅縣志二十五卷首一卷 （清）王好
音修 （清）張柱等纂 清嘉慶十八年(1813)
刻本 六冊

510000－2741－0000440 440
[嘉慶]洪雅縣志二十五卷首一卷 （清）王好
音修 （清）張柱等纂 清嘉慶十八年(1813)

刻本 六冊

510000－2741－0000441 441
[嘉慶]洪雅縣志二十五卷首一卷 （清）王好音修 （清）張柱等纂 清嘉慶十八年(1813)刻本 一冊 存六卷(八至十三)

510000－2741－0000442 442
[嘉慶]華陽縣志四十四卷 （清）吳鞏修 （清）潘時彤纂 清嘉慶二十一年(1816)刻本 二十冊

510000－2741－0000443 443
[嘉慶]華陽縣志四十四卷 （清）吳鞏修 （清）潘時彤纂 清嘉慶二十一年(1816)刻本 十六冊

510000－2741－0000444 444
[嘉慶]華陽縣志四十四卷 （清）吳鞏修 （清）潘時彤纂 清嘉慶二十一年(1816)刻本 十六冊

510000－2741－0000445 445
[嘉慶]夾江縣志十二卷首一卷 （清）王佐纂修 清嘉慶十八年(1813)刻本 八冊

510000－2741－0000446 446
[嘉慶]夾江縣志十二卷首一卷 （清）王佐纂修 清嘉慶十八年(1813)刻本 四冊

510000－2741－0000447 447
[嘉慶]夾江縣志十二卷首一卷 （清）王佐纂修 清嘉慶十八年(1813)刻本 四冊

510000－2741－0000448 448
[嘉慶]夾江縣志十二卷首一卷 （清）王佐纂修 清嘉慶十八年(1813)刻本 四冊

510000－2741－0000449 449
[嘉慶]犍爲縣志十卷 （清）王夢庚等纂修 清嘉慶二十一年(1816)刻本 四冊

510000－2741－0000450 450
[嘉慶]犍爲縣志十卷 （清）王夢庚等纂修 清嘉慶二十一年(1816)刻本 四冊

510000－2741－0000451 451
[嘉慶]犍爲縣志十卷 （清）王夢庚等纂修

清嘉慶二十一年(1816)刻本 四冊

510000－2741－0000452 452
[嘉慶]江安縣志六卷 （清）趙模修 （清）鄒存仁等纂 清嘉慶十七年(1812)刻本 六冊

510000－2741－0000453 453
[嘉慶]江安縣志六卷 （清）趙模修 （清）鄒存仁等纂 清嘉慶十七年(1812)刻本 六冊

510000－2741－0000454 454
[嘉慶]江安縣志六卷 （清）趙模修 （清）鄒存仁等纂 清嘉慶十七年(1812)刻本 六冊

510000－2741－0000455 455
[嘉慶]江津縣志二十二卷 （清）曾受一等修 （清）王家駒纂 清嘉慶十七年(1812)刻本 二十六冊 存十九卷(一至十九)

510000－2741－0000456 456
[嘉慶]江津縣志二十二卷 （清）曾受一等修 （清）王家駒纂 清嘉慶十七年(1812)刻本 八冊 存十八卷(一至十八)

510000－2741－0000457 457
[嘉慶]介休縣志十四卷 （清）徐品山修 （清）熊兆占纂 清嘉慶二十四年(1819)刻本 八冊

510000－2741－0000458 458
[嘉慶]金堂縣志九卷首一卷末一卷 （清）謝惟傑修 （清）陳一津 （清）黃烈纂 清嘉慶十六年(1811)刻本 八冊

510000－2741－0000459 459
[嘉慶]金堂縣志九卷首一卷末一卷 （清）謝惟傑修 （清）陳一津 （清）黃烈纂 清嘉慶十六年(1811)刻道光二十四年(1844)補刻本 八冊

510000－2741－0000460 460
[嘉慶]金堂縣志九卷首一卷末一卷 （清）謝惟傑修 （清）陳一津 （清）黃烈纂 清嘉慶

四川大學圖書館古籍普查登記目錄

十六年(1811)刻道光二十四年(1844)補刻本
八冊

510000－2741－0000461　461
[嘉慶]金堂縣志九卷首一卷末一卷　（清）謝
惟傑修　（清）陳一津　（清）黃烈纂　清嘉慶
十六年(1811)刻道光二十四年(1844)補刻本
八冊

510000－2741－0000462　462
[嘉慶]金堂縣志九卷首一卷末一卷　（清）謝
惟傑修　（清）陳一津　（清）黃烈纂　清嘉慶
十六年(1811)刻本　二冊　存三卷(三下至
五)

510000－2741－0000463　463
[嘉慶]井研縣志十卷　（清）張寧陽等修
(清)陳獻瑞纂修　清嘉慶元年(1796)刻本
六冊

510000－2741－0000464　464
[嘉慶]井研縣志十卷　（清）張寧陽等修
(清)陳獻瑞纂修　清嘉慶元年(1796)刻本
十二冊

510000－2741－0000465　465
[嘉慶]梁山縣志十八卷首一卷　（清）符永培
纂輯　清嘉慶十三年(1808)刻本　十六冊

510000－2741－0000466　466
[嘉慶]梁山縣志十八卷首一卷　（清）符永培
纂輯　清嘉慶十三年(1808)刻本　九冊　缺
一卷(首一卷)

510000－2741－0000467　467
[嘉慶]羅江縣志三十六卷　（清）李桂林纂修
清嘉慶二十年(1815)刻本　四冊

510000－2741－0000468　468
[嘉慶]羅江縣志三十六卷　（清）李桂林纂修
清嘉慶二十年(1815)刻本　四冊

510000－2741－0000469　469
[嘉慶]羅江縣志三十六卷　（清）李桂林纂修
清嘉慶二十年(1815)刻本　三冊

510000－2741－0000470　470

[嘉慶]羅江縣志三十六卷　（清）李桂林纂修
清嘉慶二十年(1815)刻本　四冊

510000－2741－0000471　471
[嘉慶]羅江縣志三十六卷　（清）李桂林纂修
清嘉慶二十年(1815)刻本　四冊

510000－2741－0000472　472
[嘉慶]羅江縣志三十六卷　（清）李桂林纂修
清嘉慶二十年(1815)刻本　四冊

510000－2741－0000473　473
[嘉慶]羅江縣志三十六卷　（清）李桂林纂修
清嘉慶二十年(1815)刻本　四冊

510000－2741－0000474　474
[嘉慶]羅江縣志三十六卷　（清）李桂林纂修
清嘉慶二十年(1815)刻本　四冊

510000－2741－0000475　475
[嘉慶]馬邊廳志略六卷首一卷　（清）周斯才
纂修　清嘉慶十二年(1807)刻本　六冊

510000－2741－0000476　476
[嘉慶]馬邊廳志略六卷首一卷　（清）周斯才
纂修　清嘉慶十二年(1807)刻本　六冊

510000－2741－0000477　477
[嘉慶]馬邊廳志略六卷首一卷　（清）周斯才
纂修　清嘉慶十二年(1807)刻本　五冊

510000－2741－0000478　478
[嘉慶]眉州屬志十九卷　（清）涂長發修
(清)王昌年纂　清嘉慶五年(1800)刻本　十
一冊

510000－2741－0000479　479
[嘉慶]眉州屬志十九卷　（清）涂長發修
(清)王昌年纂　清嘉慶五年(1800)刻本　十
一冊

510000－2741－0000480　480
[嘉慶]眉州屬志十九卷　（清）涂長發修
(清)王昌年纂　清嘉慶五年(1800)刻本　十
一冊

510000－2741－0000481　481
[嘉慶]眉州屬志十九卷　（清）涂長發修

四川大學圖書館古籍普查登記目錄

（清）王昌年纂　清嘉慶五年（1800）刻本　十一冊

510000－2741－0000482　482
[嘉慶]眉州屬志十九卷　（清）涂長發修（清）王昌年纂　清嘉慶五年（1800）刻本十冊

510000－2741－0000483　483
[嘉慶]綿竹縣志四十四卷　（清）沈瓖等纂修清嘉慶十八年（1813）刻本　六冊

510000－2741－0000484　484
[嘉慶]綿竹縣志四十四卷　（清）沈瓖等纂修清嘉慶十八年（1813）刻本　六冊

510000－2741－0000485　485
[嘉慶]綿竹縣志四十四卷　（清）沈瓖等纂修清嘉慶十八年（1813）刻本　六冊　缺一卷（四十四）

510000－2741－0000486　486
[嘉慶]納谿縣志十卷　（清）趙炳然等纂　清嘉慶十八年（1813）刻本　四冊

510000－2741－0000487　487
[嘉慶]納谿縣志十卷　（清）趙炳然等纂　清嘉慶十八年（1813）刻本　四冊

510000－2741－0000488　488
[嘉慶]納谿縣志十卷　（清）趙炳然等纂　清嘉慶十八年（1813）刻本　四冊

510000－2741－0000489　489
[嘉慶]納谿縣志十卷　（清）趙炳然等纂　清嘉慶十八年（1813）刻本　六冊

510000－2741－0000490　490
[嘉慶]納谿縣志十卷　（清）趙炳然等纂　清嘉慶十八年（1813）刻本　四冊

510000－2741－0000491　491
[嘉慶]南充縣志八卷首一卷　（清）袁鳳孫修（清）陳榕等纂　清嘉慶十八年（1813）刻本六冊

510000－2741－0000492　492
[嘉慶]南充縣志八卷首一卷　（清）袁鳳孫修

（清）陳榕等纂　清咸豐七年（1857）增刻本六冊

510000－2741－0000493　493
[嘉慶]南充縣志八卷首一卷　（清）袁鳳孫修（清）陳榕等纂　清咸豐七年（1857）增刻本六冊

510000－2741－0000494　494
[嘉慶]南充縣志八卷首一卷　（清）袁鳳孫修（清）陳榕等纂　清咸豐七年（1857）增刻本八冊

510000－2741－0000495　495
[嘉慶]南溪縣志十卷首一卷　（清）胡之富修（清）包字纂　清嘉慶十八年（1813）刻本四冊

510000－2741－0000496　496
[嘉慶]彭山縣志六卷　（清）史欽義等纂修清嘉慶十九年（1814）刻本　六冊

510000－2741－0000497　497
[嘉慶]彭山縣志六卷　（清）史欽義等纂修清嘉慶十九年（1814）刻本　六冊

510000－2741－0000498　498
[嘉慶]彭山縣志六卷　（清）史欽義等纂修清嘉慶十九年（1814）刻本　五冊　缺一卷（六）

510000－2741－0000499　499
[嘉慶]彭山縣志六卷　（清）史欽義等纂修清嘉慶十九年（1814）刻本　六冊

510000－2741－0000500　500
[嘉慶]彭縣志四十二卷　（清）王鍾鈁纂　清嘉慶十九年（1814）刻本　十二冊

510000－2741－0000501　501
[嘉慶]彭縣志四十二卷　（清）王鍾鈁纂　清嘉慶十九年（1814）刻本　三冊

510000－2741－0000502　502
[嘉慶]郫縣志四十四卷　（清）朱鼎臣等修（清）盛大器等纂　清嘉慶十七年（1812）刻本七冊　缺十二卷（六至十七）

510000 – 2741 – 0000503　503

[嘉慶]青神縣志五十四卷　（清）顏謹修
（清）謝智涵纂　清嘉慶二十年(1815)刻本
五冊　存四十六卷(九至五十四)

510000 – 2741 – 0000504　504

[嘉慶]青神縣志五十四卷　（清）顏謹修
（清）謝智涵纂　清嘉慶二十年(1815)刻本
一冊　存七卷(四十八至五十四)

510000 – 2741 – 0000505　505

[嘉慶]清溪縣志四卷　（清）劉傳經修
（清）陳一泗纂　清嘉慶五年(1800)刻本
四冊

510000 – 2741 – 0000506　506

[嘉慶]清溪縣志四卷　（清）劉傳經修
（清）陳一泗纂　清嘉慶五年(1800)刻本
四冊

510000 – 2741 – 0000507　507

[嘉慶]清溪縣志四卷　（清）劉傳經修
（清）陳一泗纂　清嘉慶五年(1800)刻本
四冊

510000 – 2741 – 0000508　508

[嘉慶]邛州直隸州州志四十六卷首一卷
（清）吳鞏修　（清）王來遴纂　清嘉慶十七年
(1812)刻本　十二冊

510000 – 2741 – 0000509　509

[嘉慶]邛州直隸州州志四十六卷首一卷
（清）吳鞏修　（清）王來遴纂　清嘉慶十七年
(1812)刻本　十二冊

510000 – 2741 – 0000510　510

[嘉慶]邛州直隸州州志四十六卷首一卷
（清）吳鞏修　（清）王來遴纂　清嘉慶十七年
(1812)刻本　十二冊

510000 – 2741 – 0000511　511

[嘉慶]渠縣志五十二卷首一卷　（清）李雲驤
等纂集　（清）王來遴續纂　清嘉慶十七年
(1812)刻本　八冊

510000 – 2741 – 0000512　512

[嘉慶]仁壽縣志六卷首二卷末一卷　（清）姚
令儀纂修　（清）李元續纂修　清嘉慶八年
(1803)刻本　六冊　存六卷(一至五、首下)

510000 – 2741 – 0000513　513

[嘉慶]三臺縣志八卷　（清）沈昭興纂修　清
嘉慶二十年(1815)刻本　八冊

510000 – 2741 – 0000514　514

[嘉慶]三臺縣志八卷　（清）沈昭興纂修　清
嘉慶二十年(1815)刻本　七冊　存七卷(一
至五、七至八)

510000 – 2741 – 0000515　515

[嘉慶]三臺縣志八卷　（清）沈昭興纂修　清
嘉慶二十年(1815)刻本　七冊　存七卷(一
至六、八)

510000 – 2741 – 0000516　516

[嘉慶]三臺縣志八卷　（清）沈昭興纂修　清
嘉慶二十年(1815)刻本　七冊　存七卷(一
至七)

510000 – 2741 – 0000517　517

[嘉慶]山陰縣志三十卷　（清）徐元梅掌修
清嘉慶八年(1803)刻本　八冊　缺一卷(三
十)

510000 – 2741 – 0000518　518

[嘉慶]山陰縣志三十卷　（清）徐元梅掌修
清嘉慶八年(1803)刻本　八冊

510000 – 2741 – 0000519　519

[嘉慶]射洪縣志十八卷首一卷　（清）聶厚盟
總纂　（清）田澍川等編輯　清嘉慶刻本
八冊

510000 – 2741 – 0000520　520

[嘉慶]涉縣志八卷　（清）戚學標纂修　清嘉
慶四年(1799)刻本　四冊

510000 – 2741 – 0000521　521

[嘉慶]什邡縣志五十四卷　（清）紀大奎修
（清）林時春等纂　清道光十六年(1836)刻本
十冊

510000 – 2741 – 0000522　522

四川大學圖書館古籍普查登記目錄

[嘉慶]什邡縣志五十四卷　（清）紀大奎修
（清）林時春等纂　清道光十六年(1836)刻本
　十二冊

510000－2741－0000523　523
[嘉慶]雙流縣志四卷首一卷　（清）汪士侃纂
修　清嘉慶十九年(1814)刻本　四冊

510000－2741－0000524　524
[嘉慶]雙流縣志四卷首一卷　（清）汪士侃纂
修　清嘉慶十九年(1814)刻本　四冊

510000－2741－0000525　525
[嘉慶]順慶府志十卷增一卷　（清）李成林等
修　（清）羅承順纂　清嘉慶十三年(1808)刻
本　八冊

510000－2741－0000526　526
[嘉慶]順慶府志十卷增一卷　（清）李成林等
修　（清）羅承順纂　清嘉慶十三年(1808)刻
本　十四冊

510000－2741－0000527　527
[嘉慶]松江府志八十四卷　（清）宋如林修
（清）莫晉纂　清嘉慶二十二年(1817)松江府
學明倫堂刻本　三十九冊　缺二卷(八十二
至八十四)

510000－2741－0000528　528
[嘉慶]松潘直隸廳志　（清）□□編　清稿本
　二冊

510000－2741－0000529　529
[嘉慶]威遠縣志六卷　（清）陳汝秋纂修　清
嘉慶十八年(1813)刻本　六冊

510000－2741－0000530　530
[嘉慶]威遠縣志六卷　（清）陳汝秋纂修　清
嘉慶十八年(1813)刻本　六冊

510000－2741－0000531　531
[嘉慶]威遠縣志六卷　（清）陳汝秋纂修　清
嘉慶十八年(1813)刻本　四冊　存四卷(一
至四)

510000－2741－0000532　532
[嘉慶]溫江縣志三十六卷　（清）李紹祖等修

（清）徐文貢纂　清嘉慶二十年(1815)刻本
六冊

510000－2741－0000533　533
[嘉慶]溫江縣志三十六卷　（清）李紹祖等修
　（清）徐文貢纂　清嘉慶二十年(1815)刻本
六冊

510000－2741－0000534　534
[嘉慶]溫江縣志三十六卷　（清）李紹祖等修
　（清）徐文貢纂　清嘉慶二十年(1815)刻本
六冊

510000－2741－0000535　535
[嘉慶]汶志紀略四卷　（清）李錫書纂修　清
嘉慶十年(1805)刻光緒增刻本　四冊

510000－2741－0000536　536
[嘉慶]汶志紀略四卷　（清）李錫書纂修　清
嘉慶十年(1805)刻光緒增刻本　四冊

510000－2741－0000537　537
[嘉慶]汶志紀略四卷　（清）李錫書纂修　清
嘉慶十年(1805)刻光緒增刻本　二冊

510000－2741－0000538　538
[嘉慶]翁源縣新志十二卷首一卷末一卷
（清）謝崇俊等修　清嘉慶二十五年(1820)刻
本　六冊

510000－2741－0000539　539
[嘉慶]武階備志二十二卷　（清）吳鵬翱纂修
　清嘉慶十三年(1808)刻本　八冊

510000－2741－0000540　540
[嘉慶]湘潭縣志四十卷　（清）張雲璈等修
（清）周系英纂　清嘉慶二十三年(1818)刻本
　十二冊　缺十一卷(八至十一、十九至二十
二、二十六至二十七、三十三)

510000－2741－0000541　541
[嘉慶]新都縣志五十四卷首一卷補遺一卷
（清）孫真儒等修　（清）李覺樅等纂　清嘉慶
二十一年(1816)刻本　六冊

510000－2741－0000542　542
[嘉慶]新都縣志五十四卷首一卷補遺一卷

(清)孫真儒等修 （清)李覺楗等纂　清嘉慶
二十一年(1816)刻本　十冊

510000－2741－0000543　543
[嘉慶]新繁縣志四十三卷首一卷　（清)顧德
昌等修　（清)張粹德等纂　清嘉慶十九年
(1814)刻本　四冊

510000－2741－0000544　544
[嘉慶]新繁縣志四十三卷首一卷　（清)顧德
昌等修　（清)張粹德等纂　清嘉慶十九年
(1814)刻本　八冊

510000－2741－0000545　545
[嘉慶]新修江寧府志五十六卷　（清)呂燕昭
修　（清)姚鼐纂　清光緒六年(1880)刻本
二十一冊

510000－2741－0000546　546
[嘉慶]續眉州志略不分卷　（清)戴三錫修
(清)王之俊等纂　清嘉慶十七年(1812)刻本
　一冊

510000－2741－0000547　547
[嘉慶]續眉州志略不分卷　（清)戴三錫修
(清)王之俊等纂　清嘉慶十七年(1812)刻本
　一冊

510000－2741－0000548　548
[嘉慶]續眉州志略不分卷　（清)戴三錫修
(清)王之俊等纂　清嘉慶十七年(1812)刻本
　一冊

510000－2741－0000549　549
[嘉慶]續眉州志略不分卷　（清)戴三錫修
(清)王之俊等纂　清嘉慶十七年(1812)刻本
　一冊

510000－2741－0000550　550
[嘉慶]續眉州志略不分卷　（清)戴三錫修
(清)王之俊等纂　清嘉慶十七年(1812)刻本
　一冊

510000－2741－0000551　551
[嘉慶]濬縣志二十二卷附補遺一卷濬縣金石
錄二卷　（清)熊象階修　（清)武穆淳纂　清

嘉慶刻本　六冊

510000－2741－0000552　552
[乾隆]雅州府志十六卷　（清)曹掄彬修
(清)曹掄翰纂　清光緒十三年(1887)刻本
十冊

510000－2741－0000553　553
[乾隆]雅州府志十六卷　（清)曹掄彬修
(清)曹掄翰纂　清光緒十三年(1887)刻本
十冊　缺二卷(二、十六)

510000－2741－0000554　554
[乾隆]雅州府志十六卷　（清)曹掄彬修
(清)曹掄翰纂　清光緒十三年(1887)刻本
十二冊

510000－2741－0000555　555
[乾隆]雅州府志十六卷　（清)曹掄彬修
(清)曹掄翰纂　清光緒十三年(1887)刻本
十二冊

510000－2741－0000556　556
[乾隆]雅州府志十六卷　（清)曹掄彬修
(清)曹掄翰纂　清嘉慶十六年(1811)刻本
十六冊

510000－2741－0000557　557
[嘉慶]宜賓縣志五十四卷首一卷　（清)劉元
熙修　（清）李世芳等纂　清嘉慶十七年
(1812)刻本　四冊　存五十三卷(一至五十
三)

510000－2741－0000558　558
[嘉慶]宜賓縣志五十四卷首一卷　（清）劉元
熙修　（清）李世芳等纂　清嘉慶十七年
(1812)刻本　十冊

510000－2741－0000559　559
[嘉慶]樂山縣志十六卷首一卷　（清)龔傳黻
纂修　清嘉慶十七年(1812)刻本　六冊

510000－2741－0000560　560
[嘉慶]樂山縣志十六卷首一卷　（清)龔傳黻
纂修　清嘉慶十七年(1812)刻本　六冊

510000－2741－0000561　561

四川大學圖書館古籍普查登記目錄

[嘉慶]樂山縣志十六卷首一卷　（清）龔傳黻
纂修　清嘉慶十七年(1812)刻本　八冊

510000－2741－0000562　562
[嘉慶]樂山縣志十六卷首一卷　（清）龔傳黻
纂修　清嘉慶十七年(1812)刻本　四冊　缺
五卷(四至七、十三)

510000－2741－0000563　563
[嘉慶]直隸瀘州志十二卷　（清）沈昭興總纂
　清嘉慶二十五年(1820)刻本　十冊

510000－2741－0000564　564
[嘉慶]直隸綿州志五十四卷　（清）李在文
（清）范紹泗修　（清）潘相等纂　清嘉慶十九
年(1814)刻本　十冊　缺十二卷(一至五、二
十八至三十四上)

510000－2741－0000565　565
[嘉慶]直隸敘永廳志四十七卷　（清）周偉業
纂修　清嘉慶十七年(1812)刻本　六冊

510000－2741－0000566　566
[嘉慶]直隸敘永廳志四十七卷　（清）周偉業
纂修　清嘉慶十七年(1812)刻本　六冊

510000－2741－0000567　567
[嘉慶]重修揚州府志七十二卷　（清）阿克當
阿修　清嘉慶十五年(1810)刻本　四十八冊

510000－2741－0000568　568
[江楚會奏變法三摺]不分卷　（清）劉坤一
（清）張之洞撰　清末木活字印本　一冊

510000－2741－0000569　569
[康熙]城固縣志十卷　（清）王穆纂修　清光
緒四年(1878)刻本　四冊

510000－2741－0000570　570
[康熙]城固縣志十卷　（清）王穆纂修　清光
緒四年(1878)刻本　八冊

510000－2741－0000571　571
[康熙]茌平縣志五卷　（清）王世臣等修
（清）孫克緒纂　清康熙四十九年(1710)刻本
五冊

510000－2741－0000572　572

[康熙]峨眉山志十八卷　（清）蔣超纂　清康
熙十一年(1672)刻本　八冊

510000－2741－0000573　573
[康熙]封丘縣續志一卷　（清）王賜魁修
（清）宋作賓纂　清康熙十九年(1680)刻本
一冊

510000－2741－0000574　574
[康熙]河州志六卷　（清）王全臣等纂修　清
康熙四十六年(1707)刻本　四冊

510000－2741－0000575　575
[康熙]開封府志四十卷　（清）管竭忠纂修
清刻本　十二冊

510000－2741－0000576　576
[康熙]靈壽縣志十卷末一卷　（清）陸隴其修
（清）傅維楩纂　清康熙二十五年(1686)刻
本　四冊

510000－2741－0000577　577
[康熙]南陽縣志六卷首一卷　（清）張光祖等
修　（清）宋景愈纂　清康熙三十二年(1693)
刻本　六冊

510000－2741－0000578　578
[康熙]南陽縣志六卷首一卷　（清）張光祖等
修　（清）宋景愈纂　清康熙三十二年(1693)
刻本　六冊

510000－2741－0000579　579
[康熙]內鄉縣志十二卷　（清）寶鼎望纂修
清康熙三十二年(1693)刻本　四冊

510000－2741－0000580　580
[康熙]潛江縣志二十卷首一卷　（清）劉煥修
（清）朱載震纂　清光緒五年(1879)刻本
八冊

510000－2741－0000581　581
[康熙]汝陽縣志十卷　（清）邱天英修
（清）李根茂纂　清康熙二十九年(1690)刻本
八冊

510000－2741－0000582　582
[康熙]商邱縣志二十卷　（清）劉德昌修

四川大學圖書館古籍普查登記目録

(清)葉澐纂　清康熙四十四年(1705)刻本
六冊

510000－2741－0000583　583
[康熙]上蔡縣志十五卷　(清)楊廷望修
(清)張沐纂　清康熙二十九年(1690)刻本
七冊　缺一卷(九)

510000－2741－0000584　584
[康熙]堂邑縣志二十卷　(清)盧承琰修
(清)劉淇纂　清光緒十八年(1892)刻本
六冊

510000－2741－0000585　585
[劉衡]名宦錄一卷行述傳一卷　(清)□□撰
清道光刻本　一冊

510000－2741－0000586　586
[隆慶]華州志二十四卷　(明)李可久修
(明)張光孝撰　續華州志四卷　(清)馮昌奕
修　(清)劉遇奇纂　清光緒八年(1882)刻本
六冊　缺二卷(續華州志三至四)

510000－2741－0000587　587
[乾隆]巴縣志十七卷首一卷　(清)王爾鑑修
(清)王世沿纂　清嘉慶二十五年(1820)刻
本　十二冊

510000－2741－0000588　588
[乾隆]巴縣志十七卷首一卷　(清)王爾鑑修
(清)王世沿纂　清嘉慶二十五年(1820)刻
本　十二冊

510000－2741－0000589　589
[乾隆]常昭合志十二卷首一卷　(清)王錦等
修　(清)言如泗纂　清光緒二十四年(1898)
木活字印本　十四冊

510000－2741－0000590　590
[乾隆]陳州府志三十卷　(清)崔應階等修
(清)姚之琅纂　清乾隆十二年(1747)刻本
二十冊

510000－2741－0000591　591
[乾隆]淳化縣志三十卷　(清)萬廷樹修
(清)洪亮吉纂　清乾隆四十九年(1784)刻本

十冊

510000－2741－0000592　592
[乾隆]淳化縣志三十卷　(清)萬廷樹修
(清)洪亮吉纂　清乾隆四十九年(1784)刻本
四冊

510000－2741－0000593　593
[乾隆]大同府志三十二卷首一卷　(清)吳輔
宏修　(清)王飛藻纂　清乾隆四十一年
(1776)刻本　十六冊

510000－2741－0000594　594
[乾隆]鄧州志二十四卷首一卷末一卷　(清)
蔣光祖修　(清)姚之琅纂　清乾隆二十年
(1755)刻本　四冊　存二十三卷(一至二十
二、首一卷)

510000－2741－0000595　595
[乾隆]狄道州志十六卷　(清)呼延華國等修
(清)吳鎮纂　清光緒鉛印本　七冊　缺二
卷(四至五)

510000－2741－0000596　596
[乾隆]扶溝縣志十二卷　(清)七十一等修
(清)郝廷松等纂　清乾隆二十七年(1762)刻
本　五冊

510000－2741－0000597　597
[乾隆]高平縣志二十二卷末一卷　(清)傅德
宜修　(清)戴純纂　清乾隆三十九年(1774)
刻本　八冊

510000－2741－0000598　598
[乾隆]鞏縣志二十卷首一卷　(清)李述武纂
修　清刻本　六冊

510000－2741－0000599　599
[乾隆]歸德府志三十六卷首一卷　(清)陳錫
輅等修　(清)查其昌纂　清乾隆十九年
(1754)刻本　十冊

510000－2741－0000600　600
[乾隆]歸善縣志十八卷首一卷　(清)章壽彭
等修　(清)陸飛纂　清乾隆四十八年(1783)
刻本　七冊

四川大學圖書館古籍普查登記目録

510000－2741－0000601　601

[乾隆]海豐縣志十卷末一卷　（清）于卜熊修（清）史本纂　清乾隆十五年(1750)刻本九冊

510000－2741－0000602　602

[乾隆]韓城縣志十六卷　（清）傅應奎修（清）錢坫纂　清乾隆四十九年(1784)刻本六冊

510000－2741－0000603　603

[乾隆]河南府志一百十六卷首四卷　（清）施誠纂修　（清）裴希純纂　清乾隆四十四年(1779)刻本　二十四冊

510000－2741－0000604　604

[乾隆]許州志十六卷　（清）甄汝舟等（清）談起行纂　清乾隆十年(1745)刻本　十二冊

510000－2741－0000605　605

[乾隆]輝縣志十二卷首一卷末一卷　（清）文兆奭修　（清）楊喜榮纂　清乾隆二十二年(1757)刻本　八冊

510000－2741－0000606　606

[乾隆]獲嘉縣志十六卷首一卷　（清）吳喬齡纂修　清乾隆二十一年(1756)刻本　六冊

510000－2741－0000607　607

[乾隆]吉安府志七十四卷　（清）高晉等總裁（清）盧崧監修　清乾隆四十一年(1776)刻本　三十二冊

510000－2741－0000608　608

[乾隆]絳縣志十四卷　（清）拉昌阿纂修　清乾隆三十五年(1770)刻本　四冊

510000－2741－0000609　609

[乾隆]金山志十卷續二卷　（清）盧見曾纂修（清）釋秋崖續纂　清光緒二十七年(1901)刻本　六冊

510000－2741－0000610　610

[乾隆]歷城縣志五十卷首一卷　（清）胡德琳修　（清）李文藻纂　清乾隆三十六年(1771)刻本　十六冊

510000－2741－0000611　611

[乾隆]鄆縣志二十三卷首一卷　（清）林愈蕃纂修　（清）段維翰纂　清乾隆三十一年(1766)刻本　四冊

510000－2741－0000612　612

[乾隆]潞安府志四十卷首一卷　（清）張淑渠修　（清）姚學甲纂　清乾隆三十五年(1770)刻本　二十四冊

510000－2741－0000613　613

[乾隆]南召縣志四卷　（清）陳之煁修（清）張睿纂　清乾隆十一年(1746)刻本四冊

510000－2741－0000614　614

[乾隆]屏山縣志八卷首一卷[嘉慶]續編屏山縣志不分卷　（清）張曾敏修　（清）陳琦纂（清）敬大科續纂　清乾隆四十三年(1778)刻嘉慶五年(1800)續刻本　四冊

510000－2741－0000615　615

[乾隆]屏山縣志八卷首一卷[嘉慶]續編屏山縣志不分卷　（清）張曾敏修　（清）陳琦纂（清）敬大科續纂　清乾隆四十三年(1778)刻嘉慶五年(1800)續刻本　四冊

510000－2741－0000616　616

[乾隆]屏山縣志八卷首一卷[嘉慶]續編屏山縣志不分卷　（清）張曾敏修　（清）陳琦纂（清）敬大科續纂　清乾隆四十三年(1778)刻嘉慶五年(1800)續刻本　四冊

510000－2741－0000617　617

[乾隆]屏山縣志八卷首一卷[嘉慶]續編屏山縣志不分卷　（清）張曾敏修　（清）陳琦纂（清）敬大科續纂　清乾隆四十三年(1778)刻嘉慶五年(1800)續刻本　四冊

510000－2741－0000618　618

[乾隆]蒲城縣志十五卷　（清）張心鏡修（清）吳泰來纂　清乾隆四十七年(1782)刻本六冊

510000－2741－0000619　619

[乾隆]清水縣志十六卷　（清）朱超纂修　清乾隆六十年(1795)刻本　十冊

510000－2741－0000620　620

[乾隆]確山縣志四卷　（清）周之瑚修（清）嚴克崶纂　清刻本　四冊

510000－2741－0000621　621

[乾隆]紹興府志八十卷　（清）李亨特總裁（清）徐嵩纂　清乾隆五十七年(1792)刻本　四十六冊　缺四卷(十九至二十、五十至五十一)

510000－2741－0000622　622

[乾隆]沈邱縣志十二卷　（清）何源洙修（清）魯之璠纂　清乾隆十一年(1746)刻本　四冊

510000－2741－0000623　623

[乾隆]石屏州續志二卷　（清）呂纘先等纂　清乾隆四十五年(1780)刻本　一冊

510000－2741－0000624　624

[乾隆]石屏州志八卷　（清）管學宣纂修　清乾隆二十四年(1759)刻本　七冊

510000－2741－0000625　625

[乾隆]汜水縣志二十二卷　（清）許勉燉修（清）禹殿鰲纂　清乾隆九年(1744)刻本　六冊　缺四卷(十九至二十二)

510000－2741－0000626　626

[乾隆]泰安府志三十卷前一卷首二卷　（清）顏希深修　（清）成城等纂　清乾隆二十五年(1760)刻本　二十冊

510000－2741－0000627　627

[乾隆]天津縣志二十四卷　（清）朱奎揚修（清）吳廷華纂　清乾隆四年(1739)刻本　八冊

510000－2741－0000628　628

[乾隆]桐柏縣志八卷首一卷　（清）鞏敬緒修（清）李南暉纂　清乾隆十八年(1753)刻本　四冊

510000－2741－0000629　629

[乾隆]衛輝府志五十三卷首一卷　（清）德昌纂修　清乾隆刻本　二十四冊

510000－2741－0000630　630

[乾隆]溫縣志十二卷首一卷　（清）王其華等修　（清）苗于京纂　清乾隆二十四年(1759)刻本　四冊

510000－2741－0000631　631

[乾隆]聞喜縣志十二卷首一卷　（清）李遵唐纂修　清乾隆三十一年(1766)刻本　六冊

510000－2741－0000632　632

[乾隆]閿鄉縣志十二卷　（清）梁溥纂修　清乾隆刻本　八冊

510000－2741－0000633　633

[乾隆]梧州府志二十四卷首一卷　（清）吳九齡修　（清）史鳴皋纂　清同治十二年(1873)刻本　十六冊

510000－2741－0000634　634

[乾隆]武安縣志二十卷圖一卷　（清）蔣光祖修　（清）夏兆豐纂　清乾隆四年(1739)刻本　四冊　缺五卷(十六至二十)

510000－2741－0000635　635

[乾隆]武昌縣志十卷首一卷　（清）邵遐齡修　（清）談有典纂　清乾隆二十八年(1763)刻本　十冊

510000－2741－0000636　636

[乾隆]武鄉縣志六卷首一卷　（清）白鶴修（清）史傳遠纂　清乾隆五十五年(1790)刻本　六冊

510000－2741－0000637　637

[乾隆]舞陽縣志十二卷圖一卷　（清）丁永琪纂　（清）李轍纂　清乾隆十年(1745)刻本　四冊

510000－2741－0000638　638

[乾隆]西和縣志四卷　（清）邱大英等纂修　清乾隆三十六年(1771)刻本　四冊

510000－2741－0000639　639

四川大學圖書館古籍普查登記目錄

[乾隆]西寧府新志四十卷　（清）楊應琚纂修
清乾隆二十七年(1762)刻本　十二冊

510000－2741－0000640　640
[乾隆]邠陽縣全志四卷　（清）席奉乾修　清
乾隆三十四年(1769)刻本　四冊

510000－2741－0000641　641
[乾隆]邠陽縣全志四卷　（清）席奉乾修　清
乾隆三十四年(1769)刻本　四冊

510000－2741－0000642　642
[乾隆]襄陽府志四十卷首一卷　（清）陳鍔纂
修　清乾隆二十五年(1760)刻本　三十冊

510000－2741－0000643　643
[乾隆]祥符縣志二十二卷　（清）張淑載修
（清）魯曾煜纂　清乾隆四年(1739)刻本　十
二冊

510000－2741－0000644　644
[乾隆]項城縣志十卷　（清）張爲旦纂修　清
乾隆刻本　六冊

510000－2741－0000645　645
[乾隆]新城縣志一卷續修十三卷　（清）方懋
祿等修　（清）夏之翰纂　清乾隆十六年
(1751)刻本　十一冊

510000－2741－0000646　646
[乾隆]新野縣志九卷首一卷　（清）徐金位纂
修　清乾隆刻本　四冊

510000－2741－0000647　647
[乾隆]新鄭縣志三十一卷　（清）黃本誠纂修
清乾隆刻本　十二冊

510000－2741－0000648　648
[乾隆]興安府志三十卷　（清）李國麒纂修
清乾隆五十三年(1788)刻本　八冊

510000－2741－0000649　649
[乾隆]興平縣志八卷　（清）胡蛟齡編次　清
乾隆元年(1736)刻本　八冊

510000－2741－0000650　650
[乾隆]續修文縣志不分卷　（清）孫纚纂修
（清）何渾編輯　清乾隆二十七年(1762)刻本
四冊

510000－2741－0000651　651
[乾隆]鹽亭縣志八卷　（清）張松孫等修
（清）胡光琦等纂　清乾隆五十一年(1786)刻
本　八冊

510000－2741－0000652　652
[乾隆]鹽亭縣志八卷　（清）張松孫等修
（清）胡光琦等纂　清乾隆五十一年(1786)刻
本　八冊

510000－2741－0000653　653
[乾隆]鄖城縣志十八卷　（清）傅豫纂修　清
乾隆刻本　六冊

510000－2741－0000654　654
[乾隆]偃師縣志三十卷首一卷　（清）湯毓倬
修　（清）孫星衍　（清）武億纂　清乾隆五十
四年(1789)刻本　十六冊

510000－2741－0000655　655
[乾隆]掖縣志八卷首一卷　（清）張思勉修
（清）于始瞻纂　清乾隆刻本　八冊

510000－2741－0000656　656
[乾隆]滎澤縣志十四卷　（清）崔淇修
（清）王博纂　清乾隆刻本　四冊

510000－2741－0000657　657
[乾隆]永寧縣志八卷首一卷　（清）張楷纂修
清乾隆五十五年(1790)刻本　八冊

510000－2741－0000658　658
[乾隆]盂縣志十卷首一卷末一卷　（清）胡予
翼　（清）馬廷俊修　（清）吳森纂　清乾隆四
十九年(1784)刻本　八冊

510000－2741－0000659　659
[乾隆]榆次縣志十四卷首一卷　（清）錢之青
修　（清）王系纂　清乾隆十五年(1750)刻本
五冊

510000－2741－0000660　660
[乾隆]榆次縣志十四卷首一卷　（清）錢之青
修　（清）王系纂　清乾隆十五年(1750)刻本
四冊

510000－2741－0000661　661

[乾隆]裕州志六卷　（清）宋名立纂修　清乾隆刻本　四冊

510000－2741－0000662　662

[乾隆]鎮安縣志十卷首一卷末一卷　（清）聶燾纂　清乾隆二十年(1755)刻本　二冊　存四卷(一至三、首一卷)

510000－2741－0000663　663

[乾隆]正寧縣志十四卷　（清）折遇蘭撰　清乾隆二十八年(1763)刻本　六冊

510000－2741－0000664　664

[乾隆]重修固始縣志二十六卷首一卷　（清）謝聘修　（清）洪亮吉纂　清乾隆五十一年(1786)刻本　十六冊

510000－2741－0000665　665

[乾隆]重修靈寶縣志六卷　（清）周慶增等纂修　清乾隆十二年(1747)刻本　六冊

510000－2741－0000666　666

[乾隆]重修肅州新志三十卷　（清）黃文煒纂修　清乾隆二年(1737)刻本　六冊　存十八卷(河西一卷、肅州十五卷、沙州衛二卷)

510000－2741－0000667　667

[順治]封丘縣志九卷首一卷　（清）余繽修（清）李嵩陽纂　清順治十六年(1659)刻本　五冊

510000－2741－0000668　668

[同治]安縣志三十二卷首一卷　（清）楊英纂修　（清）余天鵬續修　（清）陳嘉繡續纂　清同治三年(1864)刻本　六冊

510000－2741－0000669　669

[同治]巴縣志四卷　（清）霍爲棻等修（清）熊家彥等纂　清同治六年(1867)刻本　六冊

510000－2741－0000670　670

[同治]巴縣志四卷　（清）霍爲棻等修（清）熊家彥等纂　清同治六年(1867)刻本　六冊

510000－2741－0000671　671

[同治]璧山縣志十卷首一卷末一卷　（清）寇用平修　（清）陳錦堂纂　清同治四年(1865)刻本　六冊

510000－2741－0000672　672

[同治]璧山縣志十卷首一卷末一卷　（清）寇用平修　（清）陳錦堂纂　清同治四年(1865)刻本　六冊

510000－2741－0000673　673

[同治]璧山縣志十卷首一卷末一卷　（清）寇用平修　（清）陳錦堂纂　清同治四年(1865)刻本　六冊

510000－2741－0000674　674

[同治]璧山縣志十卷首一卷末一卷　（清）寇用平修　（清）陳錦堂纂　清同治四年(1865)刻本　五冊　存八卷(一至二、五至十)

510000－2741－0000675　675

[同治]長沙縣志三十六卷首一卷　（清）劉采邦修　（清）袁繼翰纂　清同治十年(1871)刻本　二十冊

510000－2741－0000676　676

[同治]長興縣志三十二卷　（清）趙定邦修（清）丁寶書纂　清同治十二年(1873)刻本　十六冊

510000－2741－0000677　677

[同治]崇陽縣志十二卷首一卷　（清）高佐廷修　（清）傅燮鼎纂　清同治五年(1866)木活字印本　十二冊

510000－2741－0000678　678

[同治]大邑縣志二十卷　（清）趙霦等纂修　清同治六年(1867)刻本　八冊

510000－2741－0000679　679

[同治]大邑縣志二十卷　（清）趙霦等纂修　清同治六年(1867)刻光緒二年(1876)增修本　八冊

510000－2741－0000680　680

[同治]當陽縣志十八卷首一卷末一卷　（清）

四川大學圖書館古籍普查登記目録

阮恩光修 （清）王柏心纂 清同治五年
(1866)刻本 十冊

510000－2741－0000681 681
[同治]當陽縣志十八卷首一卷末一卷 （清）
阮恩光修 （清）王柏心纂 清同治五年
(1866)刻本 十六冊

510000－2741－0000682 682
[同治]德陽縣志四十四卷首一卷 （清）何慶
恩修 （清）劉宸楓訓纂 清同治十三年
(1874)刻本 十六冊

510000－2741－0000683 683
[同治]德陽縣志四十四卷首一卷 （清）何慶
恩修 （清）劉宸楓訓纂 清同治十三年
(1874)刻本 十六冊

510000－2741－0000684 684
[同治]東華續録一百卷 （清）王先謙編 清
光緒二十四年(1898)文瀾書局石印本 二十
四冊

510000－2741－0000685 685
[同治]富順縣志三十八卷 （清）羅廷權等修
（清）呂上珍等纂 清同治十一年(1872)刻
本 八冊

510000－2741－0000686 686
[同治]富順縣志三十八卷 （清）羅廷權等修
（清）呂上珍等纂 清同治十一年(1872)刻
本 十二冊

510000－2741－0000687 687
[同治]富順縣志三十八卷 （清）羅廷權等修
（清）呂上珍等纂 清同治十一年(1872)刻
本 十八冊

510000－2741－0000688 688
[同治]高平縣志八卷 （清）龍汝霖纂修 清
同治六年(1867)刻本 十二冊

510000－2741－0000689 689
[同治]高縣志五十四卷首一卷 （清）敖立榜
等修 （清）曾毓佐等纂 清同治五年(1866)
刻本 八冊

510000－2741－0000690 690
[同治]珙縣志十五卷首一卷 （清）姚廷章修
（清）鄧香樹纂 清光緒九年(1883)增刻本
八冊

510000－2741－0000691 691
[同治]珙縣志十五卷首一卷 （清）姚廷章修
（清）鄧香樹纂 清光緒九年(1883)增刻本
八冊 存十二卷(一至十二)

510000－2741－0000692 692
[同治]珙縣志十五卷首一卷 （清）姚廷章修
（清）鄧香樹纂 清同治八年(1869)刻本
八冊

510000－2741－0000693 693
[同治]谷城縣志八卷 （清）承印纂修 清同
治六年(1867)刻本 十二冊

510000－2741－0000694 694
[同治]歸州志十卷 （清）余思訓修 （清）
陳鳳鳴纂 清同治五年(1866)刻本 八冊

510000－2741－0000695 695
[同治]桂陽直隸州志二十七卷首一卷 （清）
汪敦灝修 王闓運纂 清同治七年(1868)刻
本 二十冊

510000－2741－0000696 696
[同治]桂陽直隸州志二十七卷首一卷 （清）
汪敦灝修 王闓運纂 清同治七年(1868)刻
本 十三冊

510000－2741－0000697 697
[同治]貴溪縣志十卷首一卷 （清）楊長杰等
修 （清）黃聯珏纂 清同治十年(1871)刻本
十四冊

510000－2741－0000698 698
[同治]海豐縣志續編二卷 （清）蔡逢恩修
（清）林光斐纂 清同治十二年(1873)刻本
三冊

510000－2741－0000699 699
[同治]衡陽縣志十二卷 （清）羅慶蘅修
（清）彭玉麟纂 清同治十三年(1874)刻本

四川大學圖書館古籍普查登記目録

六冊

510000－2741－0000700　700
[同治]湖州府志九十六卷　（清）宗源瀚等主修　（清）陸心源纂　清同治十三年(1874)刻本　四十冊

510000－2741－0000701　701
[同治]會理州志十二卷　（清）鄧仁垣等修　（清）吳鍾崙纂　清同治十三年(1874)刻本　六冊

510000－2741－0000702　702
[同治]會理州志十二卷　（清）鄧仁垣等修　（清）吳鍾崙纂　清同治十三年(1874)刻本　八冊

510000－2741－0000703　703
[同治]會理州志十二卷　（清）鄧仁垣等修　（清）吳鍾崙纂　清同治十三年(1874)刻本　八冊

510000－2741－0000704　704
[同治]會理州志十二卷　（清）鄧仁垣等修　[光緒]會理州續志二卷　（清）蔣金生等續修　（清）徐昱續纂　清光緒三十一年(1905)刻本　九冊

510000－2741－0000705　705
[同治]會理州志十二卷　（清）鄧仁垣等修　[光緒]會理州續志二卷　（清）蔣金生等續修　（清）徐昱續纂　清光緒三十一年(1905)刻本　九冊

510000－2741－0000706　706
[同治]畿輔通志三百卷首一卷　（清）李鴻章等修　（清）黃彭年等纂　清光緒十年(1884)刻本　十冊　存十一卷(二十五至三十五)

510000－2741－0000707　707
[同治]即墨縣志十二卷　（清）林溥修　（清）周翕礦纂　清同治十二年(1873)刻本　八冊

510000－2741－0000708　708
[同治]嘉定府志四十八卷首一卷　（清）文良

等修　（清）陳堯采纂　清同治三年(1864)刻本　二十二冊

510000－2741－0000709　709
[同治]嘉定府志四十八卷首一卷　（清）文良等修　（清）陳堯采纂　清同治三年(1864)刻本　十六冊

510000－2741－0000710　710
[同治]監利縣志十二卷首一卷　（清）徐兆英修　（清）王柏心纂　清同治十一年(1872)刻本　十冊

510000－2741－0000711　711
[同治]劍州志十卷　（清）李榕等編次　清同治十二年(1873)刻本　四冊

510000－2741－0000712　712
[同治]劍州志十卷　（清）李榕等編次　清同治十二年(1873)刻本　四冊

510000－2741－0000713　713
[同治]劍州志十卷　（清）李榕等編次　清同治十二年(1873)刻本　四冊

510000－2741－0000714　714
[同治]劍州志十卷　（清）李榕等編次　清同治十二年(1873)刻本　四冊

510000－2741－0000715　715
[同治]劍州志十卷　（清）李榕等編次　清同治十二年(1873)刻本　四冊

510000－2741－0000716　716
[同治]劍州志十卷　（清）李榕等編次　清同治十二年(1873)刻本　四冊

510000－2741－0000717　717
[同治]江夏縣志八卷首一卷　（清）王庭禎等修　（清）彭崧毓纂　清同治八年(1869)刻光緒七年(1881)重印本　八冊

510000－2741－0000718　718
[同治]荊門直隸州志十二卷首一卷　（清）恩榮修　（清）張圻纂　清同治七年(1868)明倫堂刻本　二十六冊

510000－2741－0000719　719

四川大學圖書館古籍普查登記目錄

[同治]筠連縣志十六卷　（清）程熙春主修
（清）文爾炘纂　清同治十二年(1873)刻本
六冊

510000－2741－0000720　720
[同治]筠連縣志十六卷　（清）程熙春主修
（清）文爾炘纂　清同治十二年(1873)刻本
六冊

510000－2741－0000721　721
[同治]筠連縣志十六卷　（清）程熙春主修
（清）文爾炘纂　清同治十二年(1873)刻本
六冊

510000－2741－0000722　722
[同治]來鳳縣志三十二卷　（清）李勗主修
（清）張鈞纂　清同治五年(1866)刻本　八冊

510000－2741－0000723　723
[同治]隆昌縣志四十二卷首一卷　（清）覺羅
國歡等增修　（清）晏菜續纂　清同治十三年
(1874)刻本　十冊

510000－2741－0000724　724
[同治]隆昌縣志四十二卷首一卷　（清）覺羅
國歡等增修　（清）晏菜續纂　清同治十三年
(1874)刻本　十冊

510000－2741－0000725　725
[同治]南溪縣志八卷　（清）福倫修　（清）
胡元翔纂　清同治十三年(1874)刻本　八冊

510000－2741－0000726　726
[同治]南溪縣志八卷　（清）福倫修　（清）
胡元翔纂　清同治十三年(1874)刻本　八冊

510000－2741－0000727　727
[同治]南溪縣志八卷　（清）福倫修　（清）
胡元翔纂　清同治十三年(1874)刻本　八冊

510000－2741－0000728　728
[同治]南溪縣志八卷　（清）福倫修　（清）
胡元翔纂　清同治十三年(1874)刻本　八冊

510000－2741－0000729　729
[同治]南溪縣志八卷　（清）福倫修　（清）
胡元翔纂　清同治十三年(1874)刻本　七冊

存六卷(一至六)

510000－2741－0000730　730
[同治]南漳縣志集鈔二十六卷首一卷　（清）
沈兆元修　（清）胡正楷纂　清同治四年
(1865)刻本　十六冊

510000－2741－0000731　731
[同治]內江縣志十五卷首一卷　（清）張兆蘭
主修　（清）黃覺纂修　清同治十年(1871)刻
本　十冊

510000－2741－0000732　732
[同治]郫縣志四十四卷　（清）陳慶熙等修
（清）高升之纂　清同治九年(1870)刻本
八冊

510000－2741－0000733　733
[同治]郫縣志四十四卷　（清）陳慶熙等修
（清）高升之纂　清同治九年(1870)刻本
八冊

510000－2741－0000734　734
[同治]清泉縣志十卷首一卷末一卷　（清）王
開運修　（清）張修府纂　清同治八年(1869)
刻民國二十四年(1935)補刻本　四冊

510000－2741－0000735　735
[同治]渠縣志五十二卷首一卷　（清）何慶恩
修　（清）賈振麟纂　清同治三年(1864)刻本
十二冊

510000－2741－0000736　736
[同治]渠縣志五十二卷首一卷　（清）何慶恩
修　（清）賈振麟纂　清同治三年(1864)刻本
十二冊

510000－2741－0000737　737
[同治]渠縣志五十二卷首一卷　（清）何慶恩
修　（清）賈振麟纂　清同治三年(1864)刻
十二冊

510000－2741－0000738　738
[同治]渠縣志五十二卷首一卷　（清）何慶恩
修　（清）賈振麟纂　清同治三年(1864)刻本
十二冊

510000－2741－0000739　739

[同治]曲周縣志二十卷　（清）存祿修
（清）劉自立纂　清同治八年(1869)刻本
六冊

510000－2741－0000740　740

[同治]仁化縣志八卷首一卷　（清）陳鴻等修
（清）劉鳳輝纂　清同治十二年(1873)刻本
八冊

510000－2741－0000741　741

[同治]仁壽縣志十五卷首一卷　（清）羅廷權
等修　（清）馬凡若纂　清同治五年(1866)刻
本　十四冊

510000－2741－0000742　742

[同治]仁壽縣志十五卷首一卷　（清）羅廷權
等修　（清）馬凡若纂　清同治五年(1866)刻
本　十二冊

510000－2741－0000743　743

[同治]三水縣志十二卷　（清）姜桐岡修
（清）郭四維纂　清同治十一年(1872)刻本
八冊

510000－2741－0000744　744

[同治]上海縣志三十二卷圖說一卷敘錄一卷
　（清）應寶時等修　（清）俞樾纂　清同治十
年(1871)刻本　十六冊

510000－2741－0000745　745

[同治]蘇州府志一百五十卷首三卷　（清）李
銘皖修　（清）馮桂芬纂　清光緒八年(1882)
刻本　八十冊

510000－2741－0000746　746

[同治]湘鄉縣志二十三卷首一卷末一卷
（清）齊德五修　（清）黃楷盛纂　清同治十三
年(1874)刻本　二十四冊

510000－2741－0000747　747

[同治]襄陽縣志七卷首一卷　（清）吳耀斗修
（清）李士彬纂　清同治十三年(1874)刻本
十六冊

510000－2741－0000748　748

[同治]象州志二卷　（清）李世椿修　（清）
鄭獻甫纂　清同治九年(1870)刻本　二冊

510000－2741－0000749　749

[同治]新繁縣志十六卷首一卷　（清）張文珍
修　（清）楊益豫等纂　清同治十二年(1873)
刻本　八冊

510000－2741－0000750　750

[同治]新繁縣志十六卷首一卷　（清）張文珍
修　（清）楊益豫等纂　清同治十二年(1873)
刻本　八冊

510000－2741－0000751　751

[同治]新繁縣志十六卷首一卷　（清）張文珍
修　（清）楊益豫等纂　清同治十二年(1873)
刻本　八冊

510000－2741－0000752　752

[同治]新繁縣志十六卷首一卷　（清）張文珍
修　（清）楊益豫等纂　清同治十二年(1873)
刻本　八冊

510000－2741－0000753　753

[同治]新甯縣志八卷　（清）復成修　（清）
周紹鑾纂　清同治八年(1869)刻本　八冊

510000－2741－0000754　754

[同治]新甯縣志八卷　（清）復成修　（清）
周紹鑾纂　清同治八年(1869)刻本　八冊

510000－2741－0000755　755

[同治]新修麻陽縣志十四卷首一卷　（清）姜
鍾琇修　（清）王振玉纂　清同治十三年
(1874)刻本　十冊

510000－2741－0000756　756

[同治]興山縣志十卷首一卷　（清）伍繼勛主
修　（清）范昌棣纂　清同治四年(1865)刻本
六冊

510000－2741－0000757　757

[同治]徐州府志二十五卷　（清）吳世熊總修
（清）方駿謨纂　清同治十三年(1874)刻本
十二冊

510000－2741－0000758　758

四川大學圖書館古籍普查登記目錄

[同治]續漢州志二十四卷首一卷補志一卷
（清）張超修 （清）曾履中等纂 清同治八年
（1869）刻本 八冊

510000－2741－0000759 759
[同治]續漢州志二十四卷首一卷補志一卷
（清）張超修 （清）曾履中等纂 清同治八年
（1869）刻本 八冊

510000－2741－0000760 760
[同治]續漢州志二十四卷首一卷補志一卷
（清）張超修 （清）曾履中等纂 清同治八年
（1869）刻本 六冊

510000－2741－0000761 761
[同治]續金堂縣志八卷首一卷末一卷 （清）
王樹桐修 （清）米繪裳等纂 清同治六年
（1867）刻本 二冊

510000－2741－0000762 762
[同治]續金堂縣志八卷首一卷末一卷 （清）
王樹桐修 （清）米繪裳等纂 清同治六年
（1867）刻本 二冊

510000－2741－0000763 763
[同治]續金堂縣志八卷首一卷末一卷 （清）
王樹桐修 （清）米繪裳等纂 清同治六年
（1867）刻本 二冊 缺一卷(八)

510000－2741－0000764 764
[同治]續天津縣志二十卷首一卷 （清）吳惠
元修 （清）蔣玉虹 （清）俞樾纂 清刻本
八冊

510000－2741－0000765 765
[同治]續修慈利縣志十四卷首一卷 （清）稽
有慶等修 （清）魏湘纂 清同治八年（1869）
刻本 十三冊 缺一卷(十)

510000－2741－0000766 766
[同治]續修羅江縣志二十四卷 （清）馬傳業
修 （清）劉正慧等纂 清同治四年（1865）刻
本 二冊

510000－2741－0000767 767
[同治]續修羅江縣志二十四卷 （清）馬傳業

修 （清）劉正慧等纂 清同治四年（1865）刻
本 二冊

510000－2741－0000768 768
[同治]續修羅江縣志二十四卷 （清）馬傳業
修 （清）劉正慧等纂 清同治四年（1865）刻
本 二冊

510000－2741－0000769 769
[同治]續修羅江縣志二十四卷 （清）馬傳業
修 （清）劉正慧等纂 清同治四年（1865）刻
本 二冊

510000－2741－0000770 770
[同治]續修羅江縣志二十四卷 （清）馬傳業
修 （清）劉正慧等纂 清同治四年（1865）刻
本 二冊

510000－2741－0000771 771
[同治]續修羅江縣志二十四卷 （清）馬傳業
修 （清）劉正慧等纂 清同治四年（1865）刻
本 二冊

510000－2741－0000772 772
[同治]續修什邡縣志五十四卷 （清）傅華桂
修 （清）王璽尊等纂 清同治四年（1865）刻
本 四冊

510000－2741－0000773 773
[同治]續修什邡縣志五十四卷 （清）傅華桂
修 （清）王璽尊等纂 清同治四年（1865）刻
本 四冊

510000－2741－0000774 774
[同治]續修什邡縣志五十四卷 （清）傅華桂
修 （清）王璽尊等纂 清同治四年（1865）刻
本 一冊 存二十二卷(十七至三十八)

510000－2741－0000775 775
[同治]續增黔江縣志一卷 （清）張銳堂修
（清）程尚川等纂 清同治三年（1864）刻本
一冊

510000－2741－0000776 776
[同治]續纂江寧府志十五卷附勘誤一卷
（清）蔣啓勛修 （清）汪士鐸纂 清同治十三

四川大學圖書館古籍普查登記目錄

年(1874)刻本　十九冊

510000－2741－0000777　777
[同治]續纂揚州府志二十四卷　(清)方濬頤修　(清)錢振倫纂　清同治十三年(1874)刻本　八冊

510000－2741－0000778　778
[同治]宣恩縣志二十卷首一卷　(清)張金瀾修　(清)張金圻纂　清同治二年(1863)刻本　六冊

510000－2741－0000779　779
[同治]宜昌府志十六卷首一卷　(清)聶光鑾等修　(清)王柏心纂　清同治五年(1866)刻本　十六冊

510000－2741－0000780　780
[同治]宜昌府志十六卷首一卷　(清)聶光鑾等修　(清)王柏心纂　清同治五年(1866)刻本　十六冊

510000－2741－0000781　781
[同治]宜昌府志十六卷首一卷　(清)聶光鑾等修　(清)王柏心纂　清同治五年(1866)刻本　十六冊

510000－2741－0000782　782
[同治]宜城縣志十卷　(清)程啓安修　(清)張炳鐘纂　清同治五年(1866)刻本　十六冊

510000－2741－0000783　783
[同治]宜城縣志十卷　(清)程啓安修　(清)張炳鐘纂　清同治五年(1866)刻本　八冊

510000－2741－0000784　784
[同治]宜都縣志四卷首一卷末一卷　(清)崔培元等修　(清)龔紹仁　(清)朱甘霖纂　清同治五年(1866)刻民國二十三年(1934)修補印本　四冊

510000－2741－0000785　785
[同治]儀隴縣志六卷　(清)曹紹樾等修　(清)胡輯瑞纂　清同治十年(1871)刻本

六冊

510000－2741－0000786　786
[同治]儀隴縣志六卷　(清)曹紹樾等修　(清)胡輯瑞纂　清同治十年(1871)刻本　四冊　存四卷(一至四)

510000－2741－0000787　787
[同治]營山縣志三十卷　(清)翁道均修　(清)熊予藩等纂　清同治九年(1870)刻本　八冊

510000－2741－0000788　788
[同治]營山縣志三十卷　(清)翁道均修　(清)熊予藩等纂　清同治九年(1870)刻光緒十五年(1889)增刻本　八冊

510000－2741－0000789　789
[同治]營山縣志三十卷　(清)翁道均修　(清)熊予藩等纂　清同治九年(1870)刻本　八冊

510000－2741－0000790　790
[同治]營山縣志三十卷　(清)翁道均修　(清)熊予藩等纂　清同治九年(1870)刻光緒十五年(1889)增刻本　八冊

510000－2741－0000791　791
[同治]榆次縣志十六卷首一卷末一卷　(清)俞世銓纂修　清同治二年(1863)刻本　八冊

510000－2741－0000792　792
[同治]遠安縣志八卷首一卷　(清)鄭燡林修　(清)周葆恩纂　清同治五年(1866)刻本　十二冊

510000－2741－0000793　793
[同治]樂昌縣志十二卷首一卷　(清)徐寶符修　(清)李穩纂　清同治十年(1871)刻本　六冊

510000－2741－0000794　794
[同治]鄖縣志十卷首一卷　(清)周瑞修　(清)余灝廷纂　清同治五年(1866)刻本　八冊

510000－2741－0000795　795

四川大學圖書館古籍普查登記目錄

[同治]郿陽志八卷首一卷　（清）吳葆儀修　（清）王嚴恭纂　清同治九年(1870)刻本　二十冊

510000－2741－0000796　796

[同治]棗陽縣志三十卷首一卷末一卷　（清）張聲正修　（清）史策先纂　清同治四年(1865)刻本　十六冊

510000－2741－0000797　797

[同治]增修合江縣志五十四卷首一卷　（清）秦湘修　（清）楊致道纂　（清）瞿樹蔭等續修　（清）羅增垣等續纂　清同治十年(1871)刻本　十二冊

510000－2741－0000798　798

[同治]增修合江縣志五十四卷首一卷　（清）秦湘修　（清）楊致道纂　（清）瞿樹蔭等續修　（清）羅增垣等續纂　清同治十年(1871)刻本　十二冊

510000－2741－0000799　799

[同治]增修合江縣志五十四卷首一卷　（清）秦湘修　（清）楊致道纂　（清）瞿樹蔭等續修　（清）羅增垣等續纂　清同治十年(1871)刻本　十冊

510000－2741－0000800　800

[同治]增修萬縣志三十六卷　（清）王玉鯨等主修　（清）范泰衡纂修　清同治五年(1866)刻本　六冊

510000－2741－0000801　801

[同治]增修萬縣志三十六卷　（清）王玉鯨等主修　（清）范泰衡纂修　清同治五年(1866)刻民國十五年(1926)修補印本　十冊

510000－2741－0000802　802

[同治]增修萬縣志三十六卷附典禮備考八卷　（清）王玉鯨等主修　（清）范泰衡纂修　清同治五年(1866)刻本　八冊

510000－2741－0000803　803

[同治]增修酉陽直隸州志二十二卷首一卷末一卷　（清）王鱗飛等修　（清）馮世瀛　（清）冉崇文纂　清同治三年(1864)刻本　二十四冊

510000－2741－0000804　804

[同治]增修酉陽直隸州志二十二卷首一卷末一卷　（清）王鱗飛等修　（清）馮世瀛　（清）冉崇文纂　清同治三年(1864)刻本　二十四冊

510000－2741－0000805　805

[同治]彰明縣志五十七卷首二卷　（清）何慶恩等修　（清）李朝棟纂　清同治十三年(1874)刻本　十冊

510000－2741－0000806　806

[同治]彰明縣志五十七卷首二卷　（清）何慶恩等修　（清）李朝棟纂　清同治十三年(1874)刻本　十冊

510000－2741－0000807　807

[同治]彰明縣志五十七卷首二卷　（清）何慶恩等修　（清）李朝棟纂　清同治十三年(1874)刻本　十冊

510000－2741－0000808　808

[同治]彰明縣志五十七卷首二卷　（清）何慶恩等修　（清）李朝棟纂　清同治十三年(1874)刻本　八冊

510000－2741－0000809　809

[同治]彰明縣志五十七卷首二卷　（清）何慶恩等修　（清）李朝棟纂　清同治十三年(1874)刻本　八冊

510000－2741－0000810　810

[同治]直隸理番廳志六卷　（清）周祚嶧修　（清）吳羹梅纂　清同治刻本　六冊

510000－2741－0000811　811

[同治]直隸理番廳志六卷　（清）周祚嶧修　（清）吳羹梅纂　清同治刻本　六冊

510000－2741－0000812　812

[同治]直隸理番廳志六卷　（清）周祚嶧修　（清）吳羹梅纂　清同治刻本　五冊　缺卷三之後半部分

510000－2741－0000813　813

[同治]直隸綿州志五十五卷　（清）文棨
（清）董貽清修　（清）伍肇齡纂　清同治十二
年(1873)刻本　二十冊

510000－2741－0000814　814
[同治]直隸綿州志五十五卷　（清）文棨
（清）董貽清修　（清）伍肇齡纂　清同治十二
年(1873)刻本　二十冊

510000－2741－0000815　815
[同治]直隸綿州志五十五卷　（清）文棨
（清）董貽清修　（清）伍肇齡纂　清同治十二
年(1873)刻本　二十冊

510000－2741－0000816　816
[同治]直隸綿州志五十五卷　（清）文棨
（清）董貽清修　（清）伍肇齡纂　清同治十二
年(1873)刻本　十九冊

510000－2741－0000817　817
[同治]直隸松潘廳紀略不分卷　（清）何遠慶
纂修　清同治十二年(1873)刻本　一冊

510000－2741－0000818　818
[同治]忠州直隸州志十二卷首一卷　（清）侯
若源修　（清）柳福培纂　清同治十二年
(1873)刻本　十冊

510000－2741－0000819　819
[同治]重修成都縣志十六卷首一卷　（清）李
玉宣等修　（清）衷興鑑等纂　清同治十二年
(1873)刻本　十六冊

510000－2741－0000820　820
[同治]重修成都縣志十六卷首一卷　（清）李
玉宣等修　（清）衷興鑑等纂　清同治十二年
(1873)刻本　十六冊

510000－2741－0000821　821
[同治]重修成都縣志十六卷首一卷　（清）李
玉宣等修　（清）衷興鑑等纂　清同治十二年
(1873)刻本　十六冊

510000－2741－0000822　822
[同治]重修成都縣志十六卷首一卷　（清）李
玉宣等修　（清）衷興鑑等纂　清同治十二年

(1873)刻本　十五冊　存十四卷(二至十五)

510000－2741－0000823　823
[同治]重修成都縣志十六卷首一卷　（清）李
玉宣等修　（清）衷興鑑等纂　清同治十二年
(1873)刻本　十五冊　存十四卷(一、三至十
五)

510000－2741－0000824　824
[同治]重修涪州志十六卷首一卷涪州義勇彙
編一卷　（清）呂紹衣等主修　（清）王應元等
總纂　清同治九年(1870)刻本　八冊

510000－2741－0000825　825
[同治]重修涪州志十六卷首一卷涪州義勇彙
編一卷　（清）呂紹衣等主修　（清）王應元等
總纂　清同治九年(1870)刻本　八冊

510000－2741－0000826　826
[同治]重修涪州志十六卷首一卷涪州義勇彙
編一卷　（清）呂紹衣等主修　（清）王應元等
總纂　清同治九年(1870)刻本　四冊　存八
卷(七至十四)

510000－2741－0000827　827
[咸淳]重修毗陵志三十卷　（宋）史能之纂修
　清嘉慶二十五年(1820)刻本　六冊

510000－2741－0000828　828
[咸豐]廣安州志八卷　（清）王兆僖修
（清）廖朝翼纂　清咸豐十年(1860)刻本
八冊

510000－2741－0000829　829
[咸豐]濟寧直隸州續志四卷　（清）盧朝安等
纂修　清咸豐九年(1859)刻本　八冊

510000－2741－0000830　830
[咸豐]開縣志二十七卷　（清）李肇奎等修
（清）陳崐纂　清咸豐三年(1853)刻本　六冊

510000－2741－0000831　831
[咸豐]開縣志二十七卷　（清）李肇奎等修
（清）陳崐纂　清咸豐三年(1853)刻本　六冊

510000－2741－0000832　832
[咸豐]開縣志二十七卷　（清）李肇奎等修

四川大學圖書館古籍普查登記目錄

（清）陳崑纂　清咸豐三年(1853)刻本　六冊

510000－2741－0000833　833

[咸豐]開縣志二十七卷　（清）李肇奎等修
（清）陳崑纂　清咸豐三年(1853)刻本　六冊

510000－2741－0000834　834

[咸豐]開縣志二十七卷　（清）李肇奎等修
（清）陳崑纂　清咸豐三年(1853)刻本　六冊

510000－2741－0000835　835

[咸豐]開縣志二十七卷　（清）李肇奎等修
（清）陳崑纂　清咸豐三年(1853)刻本　六冊

510000－2741－0000836　836

[咸豐]閬中縣志八卷　（清）徐繼鏞等修
（清）李惺纂　清咸豐元年(1851)刻本　二冊

510000－2741－0000837　837

[咸豐]閬中縣志八卷　（清）徐繼鏞等修
（清）李惺纂　清咸豐元年(1851)刻本　四冊

510000－2741－0000838　838

[咸豐]冕寧縣志十二卷首一卷末一卷　（清）
李英粲修　（清）李昭纂　清咸豐七年(1857)
刻本　四冊

510000－2741－0000839　839

[咸豐]冕寧縣志十二卷首一卷末一卷　（清）
李英粲修　（清）李昭纂　清咸豐七年(1857)
刻本　四冊　缺序、凡例及卷首天文圖考

510000－2741－0000840　840

[咸豐]黔江縣志四卷首一卷　（清）張紹齡纂
修　清咸豐元年(1851)刻本　四冊

510000－2741－0000841　841

[咸豐]天全州志八卷首一卷　（清）陳松齡纂
修　清咸豐八年(1858)刻本　八冊

510000－2741－0000842　842

[咸豐]天全州志八卷首一卷　（清）陳松齡纂
修　清咸豐八年(1858)刻本　八冊

510000－2741－0000843　843

[咸豐]天全州志八卷首一卷　（清）陳松齡纂
修　清咸豐八年(1858)刻本　八冊

510000－2741－0000844　844

[咸豐]雲陽縣志十二卷　（清）江錫麒等修
（清）陳崑纂　清咸豐四年(1854)刻本　十
二冊

510000－2741－0000845　845

[咸豐]雲陽縣志十二卷　（清）江錫麒等修
（清）陳崑纂　清咸豐四年(1854)刻本　十
二冊

510000－2741－0000846　846

[咸豐]雲陽縣志十二卷　（清）江錫麒等修
（清）陳崑纂　清咸豐四年(1854)刻本　十
二冊

510000－2741－0000847　847

[咸豐]雲陽縣志十二卷　（清）江錫麒等修
（清）陳崑纂　清咸豐四年(1854)刻本　十
二冊

510000－2741－0000848　848

[咸豐]重修簡州志十四卷　（清）濮瑗修
（清）陳治安纂　清咸豐三年(1853)刻本
十冊

510000－2741－0000849　849

[咸豐]重修簡州志十四卷　（清）濮瑗修
（清）陳治安纂　清咸豐三年(1853)刻本
八冊

510000－2741－0000850　850

[咸豐]重修梓潼縣志六卷　（清）張香海修
（清）楊曦纂　清咸豐八年(1858)刻本　六冊

510000－2741－0000851　851

[咸豐]重修梓潼縣志六卷　（清）張香海修
（清）楊曦纂　清咸豐八年(1858)刻本　六冊

510000－2741－0000852　852

[咸豐]重修梓潼縣志六卷　（清）張香海修
（清）楊曦纂　清咸豐八年(1858)刻本　六冊
缺一卷(四)

510000－2741－0000853　853

[咸豐]資陽縣志四十八卷首二卷　（清）何華
元編輯　清咸豐十年(1860)刻本　十冊

四川大學圖書館古籍普查登記目錄

510000－2741－0000854　854

[咸豐]資陽縣志四十八卷首二卷　（清）何華
元編輯　清咸豐十年(1860)刻本　十冊

510000－2741－0000855　855

[咸豐]重修梓潼縣志六卷　（清）張香海修
（清）楊曦纂　清咸豐八年(1858)刻本　六冊

510000－2741－0000856　856

[咸豐]重修梓潼縣志六卷　（清）張香海修
（清）楊曦纂　清咸豐八年(1858)刻本　六冊

510000－2741－0000857　857

[宣統]峨眉縣續志十卷圖一卷　（清）朱榮邦
纂修　清宣統三年(1911)刻本　五冊

510000－2741－0000858　858

[宣統]峨眉縣續志十卷圖一卷　（清）朱榮邦
纂修　清宣統三年(1911)刻本　五冊

510000－2741－0000859　859

[宣統]峨眉縣續志十卷圖一卷　（清）朱榮邦
纂修　清宣統三年(1911)刻本　十冊

510000－2741－0000860　860

[宣統]重修涇陽縣志十六卷首一卷末一卷
（清）劉懋官纂修　清宣統三年(1911)鉛印本
四冊

510000－2741－0000861　861

[宣統三年]四川歲出預算清冊　（□）□□編
清末刻本　一冊

510000－2741－0000862　862

[雍正]寧波府志三十六卷　（清）曹秉仁等修
（清）萬經纂　清道光二十六年(1846)刻本
十六冊

510000－2741－0000863　863

[雍正]泰順縣志十卷　（清）朱國源修
（清）朱廷琦等纂　清刻本　六冊

510000－2741－0000864　864

[正德]朝邑縣志二卷　（明）王道等修
（明）韓邦靖纂　清刻本　一冊

510000－2741－0000865　865

[正德]武功縣志三卷首一卷　（明）康海撰

（清）孫景烈評註　（清）瑪星阿參訂　清安康
張鵬䢘刻本　二冊

510000－2741－0000866　866

[正德]武功縣志三卷首一卷　（明）康海撰
（清）孫景烈評註　（清）瑪星阿參訂　清安康
張鵬䢘刻本　二冊

510000－2741－0000867　867

[正德]武功縣志三卷首一卷　（明）康海撰
（清）孫景烈評註　（清）瑪星阿參訂　清安康
張鵬䢘刻本　二冊

510000－2741－0000868　868

[正德]武功縣志三卷首一卷　（明）康海撰
（清）孫景烈評註　（清）瑪星阿參訂　清安康
張鵬䢘刻本　一冊

510000－2741－0000869　869

[正德]武功縣志三卷首一卷　（明）康海撰
（清）孫景烈評註　（清）瑪星阿參訂　清乾隆
二十六年(1761)刻本　一冊

510000－2741－0000870　870

[正德]武功縣志三卷首一卷　（明）康海撰
（清）孫景烈評註　（清）瑪星阿參訂　清乾隆
二十六年(1761)刻本　一冊

510000－2741－0000871　871

[正德]武功縣志三卷首一卷　（明）康海撰
（清）孫景烈評註　（清）瑪星阿參訂　清同治
十二年(1873)湖北崇文書局刻本　一冊

510000－2741－0000872　872

[正德]武功縣志三卷首一卷　（明）康海撰
（清）孫景烈評註　（清）瑪星阿參訂　清同治
十二年(1873)湖北崇文書局刻本　一冊

510000－2741－0000873　873

唐堂集五十卷補遺二卷續八卷冬錄一卷
（清）黃之雋撰　清乾隆刻本　二冊　存十一
卷(三至七、十九至二十四)

510000－2741－0000874　874

四書章句集注十九卷　（宋）朱熹章句　清道
光九年(1829)刻本　六冊

四川大學圖書館古籍普查登記目錄

510000－2741－0000875　875

阿育王舍利瑞應集一卷　（清）釋妙然錄　禮釋迦牟尼佛真身舍利塔寶號一卷　（清）釋元賢譔　舍利塔號一卷略注一卷　清刻本　一冊

510000－2741－0000876　876

安酒意齋尺牘不分卷　（清）顧印愚撰　手稿本　五冊

510000－2741－0000877　877

安瀾紀要二卷　（清）徐端撰　清道光十二年至二十九年(1832－1849)錢塘許氏刻彙印敏果齋七種本　二冊

510000－2741－0000878　878

安平雅頌一卷　（清）蔡成輅等撰　清道光刻本　一冊

510000－2741－0000879　879

安岳縣鄉土志不分卷　（清）高銘箴修　（清）張光溥等纂　清末抄本　一冊

510000－2741－0000880　880

八編類纂二百八十五卷附圖二卷六經圖不分卷　（明）陳仁錫纂評　清光緒七年(1881)刻本　一百冊

510000－2741－0000881　881

八編類纂二百八十五卷附圖二卷六經圖不分卷　（明）陳仁錫纂評　清光緒七年(1881)刻本　八十冊

510000－2741－0000882　882

八編類纂二百八十五卷附圖二卷六經圖不分卷　（明）陳仁錫纂評　清光緒七年(1881)刻本　一百冊

510000－2741－0000883　883

八代詩選二十卷　王闓運撰　清光緒七年(1881)四川尊經書局刻本　八冊

510000－2741－0000884　884

八代詩選二十卷　王闓運撰　清光緒七年(1881)四川尊經書局刻本　六冊

510000－2741－0000885　885

八代詩選二十卷　王闓運撰　清光緒七年(1881)四川尊經書局刻本　八冊

510000－2741－0000886　886

八代詩選二十卷　王闓運撰　清光緒七年(1881)四川尊經書局刻本　六冊　缺四卷(十七至二十)

510000－2741－0000887　887

八代詩選二十卷　王闓運撰　清光緒七年(1881)四川尊經書局刻本　六冊

510000－2741－0000888　888

八代詩選二十卷　王闓運撰　清光緒七年(1881)四川尊經書局刻本　八冊

510000－2741－0000889　889

八代詩選二十卷　王闓運撰　清光緒七年(1881)四川尊經書局刻本　六冊

510000－2741－0000890　890

八代文粹二百二十卷目錄十八卷　（清）簡槩　（清）陳崇哲編　清光緒十一年(1885)富順考雋堂刻本　八十冊

510000－2741－0000891　891

八代文粹二百二十卷目錄十八卷　（清）簡槩　（清）陳崇哲編　清光緒十一年(1885)富順考雋堂刻本　七十九冊　缺二卷(目錄一至二)

510000－2741－0000892　892

八代文粹二百二十卷目錄十八卷　（清）簡槩　（清）陳崇哲編　清光緒十一年(1885)富順考雋堂刻本　八十冊

510000－2741－0000893　893

八代文粹二百二十卷目錄十八卷　（清）簡槩　（清）陳崇哲編　清光緒十一年(1885)富順考雋堂刻本　八十冊

510000－2741－0000894　894

八代文粹二百二十卷目錄十八卷　（清）簡槩　（清）陳崇哲編　清光緒十一年(1885)富順考雋堂刻本　八十冊

510000－2741－0000895　895

四川大學圖書館古籍普查登記目錄

八家四六文鈔八卷　(清)吳鼒輯　(清)許貞幹注　清光緒十七年(1891)刻本　十六冊

510000－2741－0000896　896
八家四六文注八卷　(清)吳鼒輯　(清)許貞幹注　(清)陳衍注　清光緒十八年(1892)上海圖書集成印書局鉛印本　八冊

510000－2741－0000897　897
八旗文經五十六卷作者考三卷敘錄一卷　(清)盛昱　(清)楊鍾羲編　清光緒二十七年(1901)武昌刻本　十二冊

510000－2741－0000898　898
八旗文經五十六卷作者考三卷敘錄一卷　(清)盛昱　(清)楊鍾羲編　清光緒二十七年(1901)武昌刻本　十二冊

510000－2741－0000899　899
八旗文經五十六卷作者考三卷敘錄一卷　(清)盛昱　(清)楊鍾羲編　清光緒二十七年(1901)武昌刻本　十二冊

510000－2741－0000900　900
八史經籍志十種三十卷　(清)張壽榮編　清光緒八年(1882)刻本　十六冊

510000－2741－0000901　901
八史經籍志十種三十卷　(清)張壽榮編　清光緒八年(1882)刻本　十五冊　缺一種一卷(前漢書藝文志一卷)

510000－2741－0000902　902
八史經籍志十種三十卷　(清)張壽榮編　清光緒八年(1882)刻本　十一冊　缺一種一卷(補遼金元藝文志一卷)

510000－2741－0000903　903
八史經籍志十種三十卷　(清)張壽榮編　清光緒八年(1882)刻本　十六冊

510000－2741－0000904　904
八史經籍志十種三十卷　(清)張壽榮編　清光緒八年(1882)刻本　十六冊

510000－2741－0000905　905
八宗綱要二卷　(明)釋凝然述　清宣統三年

(1911)揚州藏經院刻本　一冊

510000－2741－0000906　906
巴里客餘生詩草六卷　(清)延清撰　清光緒二十七年(1901)石印本　二冊

510000－2741－0000907　907
白華詩集十六卷　(清)張開東撰　(清)杜光德選　附錄一卷　(清)張兆騫編次　清乾隆五十三年(1788)刻本　八冊

510000－2741－0000908　908
白芙堂算學叢書　(清)丁取忠輯　清光緒十七年(1891)鴻文書局石印本　八冊

510000－2741－0000909　909
白芙堂算學叢書　(清)丁取忠輯　清同治十三年(1874)長沙荷花池精舍刻本　三十二冊

510000－2741－0000910　910
白芙堂算學叢書　(清)丁取忠輯　清同治十三年(1874)長沙荷花池精舍刻本　十九冊

510000－2741－0000911　911
白芙堂算學叢書　(清)丁取忠輯　清光緒二十二年(1896)石印本　八冊

510000－2741－0000912　912
白鶴山房詩鈔十四卷　(清)葉紹本撰　清道光二年(1822)刻本　四冊

510000－2741－0000913　913
白鶴堂晚年自訂詩稿二卷晚年詩續刻一卷白鶴堂詩戊戌草一卷白鶴堂文稿一卷雪夜詩談三卷附明人詩話補一卷國朝詩話補一卷　(清)彭端淑著　清同治六年(1867)彭效宗刻本　六冊

510000－2741－0000914　914
白鶴堂晚年自訂詩稿二卷晚年詩續刻一卷白鶴堂詩戊戌草一卷白鶴堂文稿一卷雪夜詩談三卷附明人詩話補一卷國朝詩話補一卷　(清)彭端淑著　清同治六年(1867)彭效宗刻本　六冊

510000－2741－0000915　915
白鶴堂晚年自訂詩稿二卷晚年詩續刻一卷戊

戌草一卷 （清）彭端淑撰 清同治六年
(1867)彭效宗刻本 一冊

510000－2741－0000916 916
白鵠山房詩選四卷詩鈔三卷應試詩賦鈔二卷
駢體文鈔二卷續鈔二卷掛笠吟一卷風鷗集一
卷 （清）徐熊飛撰 清嘉慶刻本 五冊

510000－2741－0000917 917
白虎通德論二卷 （漢）班固纂集 （明）俞元
符校 明俞元符刻本 四冊

510000－2741－0000918 918
白虎通德論四卷 （漢）班固撰 清光緒元年
(1875)湖北崇文書局刻本 二冊

510000－2741－0000919 919
白虎通疏證十二卷 （清）陳立撰 清光緒元
年(1875)淮南書局刻本 四冊

510000－2741－0000920 920
白虎通疏證十二卷 （清）陳立撰 清光緒元
年(1875)淮南書局刻本 四冊

510000－2741－0000921 921
白華絳柎閣詩集十卷 （清）李慈銘撰 清光
緒十六年(1890)刻本 四冊

510000－2741－0000922 922
白華山人詩集十四卷 （清）厲志撰 清道光
十六年(1836)刻本 四冊

510000－2741－0000923 923
白鹿書院志十九卷 （清）毛德琦纂 （清）周
兆蘭續纂 清乾隆六十年(1795)刻同治十年
(1871)修補印本 八冊

510000－2741－0000924 924
白沙子全集十卷首一卷末一卷古詩教解二卷
（明）陳獻章撰 清乾隆三十六年(1771)碧
玉樓刻本 十冊

510000－2741－0000925 925
白石道人詩集二卷集外詩一卷諸賢酬贈詩一
卷詩說一卷白石道人歌曲四卷別集一卷
(宋)姜夔撰 清乾隆鮑氏知不足齋刻本
二冊

510000－2741－0000926 926
白石道人詩集二卷詩說一卷諸賢酬贈詩詞補
遺一卷白石道人詩詞評論一卷補遺一卷白石
道人集外詩一卷白石道人逸事一卷逸事補遺
一卷附錄諸賢酬贈詩一卷 （宋）姜夔著 清
光緒十年(1884)娛園刻本 一冊

510000－2741－0000927 927
白石道人詩集二卷詩說一卷諸賢酬贈詩詞補
遺一卷白石道人詩詞評論一卷補遺一卷白石
道人集外詩一卷白石道人逸事一卷逸事補遺
一卷附錄諸賢酬贈詩一卷 （宋）姜夔撰 清
光緒十年(1884)娛園刻本 一冊

510000－2741－0000928 928
白氏長慶集七十一卷 （唐）白居易撰 明萬
曆三十四年(1606)馬氏寶儉堂刻本 三十
六冊

510000－2741－0000929 929
白氏長慶集七十一卷 （唐）白居易撰 明萬
曆三十四年(1606)馬氏寶儉堂刻本 十八冊

510000－2741－0000930 930
白田草堂存稿二十四卷附一卷 （清）王懋竑
撰 清乾隆刻本 六冊

510000－2741－0000931 931
白下瑣言十卷 （清）甘熙撰 清光緒十六年
(1890)傅繩祖刻民國十五年(1926)江寧甘氏
修補印本 四冊

510000－2741－0000932 932
白香山詩長慶集二十卷後集十七卷別集一卷
補遺二卷 （唐）白居易撰 （清）汪立名編訂
清康熙四十一年至四十二年(1702－1703)
汪立名一隅草堂刻本 十冊

510000－2741－0000933 933
白香山詩長慶集二十卷後集十七卷別集一卷
補遺二卷 （唐）白居易撰 （清）汪立名編訂
清康熙四十一年至四十二年(1702－1703)
汪立名一隅草堂刻本 十冊

510000－2741－0000934 934
白香山詩長慶集二十卷後集十七卷別集一卷

四川大學圖書館古籍普查登記目錄

補遺二卷　（唐）白居易撰　（清）汪立名編訂
清康熙四十一年至四十二年（1702－1703）
汪立名一隅草堂刻本　十冊

510000－2741－0000935　935
白香山詩長慶集二十卷後集十七卷別集一卷
補遺二卷　（唐）白居易撰　（清）汪立名編訂
清康熙四十一年至四十二年（1702－1703）
汪立名一隅草堂刻本　十冊

510000－2741－0000936　936
白香山詩長慶集二十卷後集十七卷別集一卷
補遺二卷　（唐）白居易撰　（清）汪立名編訂
清宣統三年（1911）石印本　十二冊

510000－2741－0000937　937
白雨齋詞話八卷詞存一卷詩鈔一卷　（清）陳
廷焯著　清光緒二十年（1894）刻本　四冊

510000－2741－0000938　938
白雨齋詞話八卷詞存一卷詩鈔一卷　（清）陳
廷焯著　清光緒二十年（1894）刻本　四冊

510000－2741－0000939　939
白雨齋詞話八卷詞存一卷詩鈔一卷　（清）陳
廷焯著　清光緒二十年（1894）刻本　四冊

510000－2741－0000940　940
百尺梧桐閣遺稿十卷　（清）汪懋麟撰　清康
熙五十四年（1715）汪文蓍刻本　四冊

510000－2741－0000941　941
百末詞六卷　（清）尤侗撰　清刻本　一冊

510000－2741－0000942　942
百末詞六卷　（清）尤侗撰　清刻本　一冊

510000－2741－0000943　943
百鳥圖說一卷　（□）□□輯　清光緒八年
（1882）益智書會刻本　一冊

510000－2741－0000944　944
百三家文鈔不分卷　（清）楊禎　（清）甯緗鈔
清光緒抄本　二十八冊

510000－2741－0000945　945
百獸圖說一卷附論一卷　（□）□□輯　清光
緒八年（1882）益智書會刻本　一冊

510000－2741－0000946　946
百藥山房詩鈔一卷　（清）羅維靜撰　清道光
八年（1828）刻本　一冊

510000－2741－0000947　947
百藥山房詩鈔一卷　（清）羅維靜撰　清道光
八年（1828）刻本　一冊

510000－2741－0000948　948
百藥山房詩鈔一卷　（清）羅維靜撰　清道光
八年（1828）刻本　一冊

510000－2741－0000949　949
百柱堂全集　（清）王柏心著　清光緒二十四
年（1898）成山唐氏貴陽刻本　二十冊

510000－2741－0000950　950
百柱堂全集　（清）王柏心著　清光緒十九年
（1893）王傳喬刻本　二十冊

510000－2741－0000951　951
柏梘山房詩集十卷續集二卷柏梘山房文集十
六卷續集一卷柏梘山房駢體文二卷　（清）梅
曾亮撰　清光緒二十七年（1901）朱慶元鉛印
本　六冊

510000－2741－0000952　952
柏梘山房詩集十卷續集二卷柏梘山房文集十
六卷續集一卷柏梘山房駢體文二卷　（清）梅
曾亮撰　清光緒二十七年（1901）朱慶元鉛印
本　六冊

510000－2741－0000953　953
柏梘山房文集十六卷續集一卷詩集十卷續集
二卷駢體文二卷　（清）梅曾亮撰　清咸豐六
年（1856）刻同治三年（1864）補刻本　十冊

510000－2741－0000954　954
柏堂遺書　（清）方宗誠撰　清光緒桐城方氏
刻本　四十七冊

510000－2741－0000955　955
拜經樓藏書題跋記五卷附錄一卷　（清）吳壽
暘撰　清光緒刻式訓堂叢書本　三冊

510000－2741－0000956　956
拜經樓藏書題跋記五卷附錄一卷　（清）吳壽

四川大學圖書館古籍普查登記目錄

暘撰　清光緒刻式訓堂叢書本　　三冊

510000－2741－0000957　957

拜經樓藏書題跋記五卷附錄一卷　　（清）吳壽暘撰　清光緒刻式訓堂叢書本　　三冊

510000－2741－0000958　958

拜石山房詞鈔四卷　（清）顧翰著　清光緒十五年(1889)仁和許氏刻本　一冊

510000－2741－0000959　959

拜鵑樓校刻五種　（清）沈宗畸編　清光緒、宣統間番禺沈氏刻本　四冊

510000－2741－0000960　960

稗海　（明）商濬輯　（清）李孝源重訂　明萬曆商氏半野堂刻清康熙振鷺堂重編修補乾隆重訂本　九十九冊

510000－2741－0000961　961

稗海　（明）商濬輯　（清）李孝源重訂　明萬曆商氏半野堂刻清康熙振鷺堂重編修補乾隆重訂本　八十冊

510000－2741－0000962　962

班馬字類二卷　（宋）婁機撰　清光緒九年(1883)後知不足齋刻本　二冊

510000－2741－0000963　963

般若波羅蜜多心經註解一卷　（唐）玄奘譯（明）釋宗泐　（明）釋如玘註　金剛般若波羅蜜經註解一卷　（後秦）釋鳩摩羅什譯　（明）釋宗泐　（明）釋如玘註　清光緒二年(1876)長沙刻經處刻本　一冊

510000－2741－0000964　964

般若燈論十五卷　（唐）波羅頗蜜多羅譯　清光緒二十四年(1898)金陵刻經處刻本　三冊

510000－2741－0000965　965

板橋集六編　（清）鄭燮撰　清刻本　二冊

510000－2741－0000966　966

板橋詩鈔三卷詞鈔一卷小唱一卷題畫一卷家書一卷　（清）鄭燮撰　清乾隆十四年(1749)司徒文膏刻本　二冊

510000－2741－0000967　967

板橋詩鈔三卷詞鈔一卷　（清）鄭燮撰　清刻本　二冊

510000－2741－0000968　968

半廠叢書初編十一種　（清）譚獻編　清同治至光緒刻本　二十冊

510000－2741－0000969　969

半廠叢書初編十一種　（清）譚獻編　清同治至光緒刻本　十六冊

510000－2741－0000970　970

半廠叢書初編十一種　（清）譚獻編　清同治至光緒刻本　十六冊

510000－2741－0000971　971

半塘定稿二卷賸稿一卷　（清）王鵬運撰　清光緒三十一年(1905)刻本　一冊

510000－2741－0000972　972

半巖廬遺集不分卷　（清）邵懿辰撰　清光緒三十四年(1908)刻本　二冊

510000－2741－0000973　973

半巖廬遺集不分卷　（清）邵懿辰撰　清光緒三十四年(1908)刻本　四冊

510000－2741－0000974　974

保富述要一卷　（英國）布來德著　（英國）傅蘭雅口譯　（清）徐家寶筆述　清末上海江南製造總局刻本　二冊

510000－2741－0000975　975

保甲書四卷末一卷　（清）徐棟輯　清同治四年(1865)江忠濬四川刻本　二冊

510000－2741－0000976　976

保全生命論一卷附一卷　（英國）古蘭肥勒撰　（英國）秀耀春口譯　（清）趙元益筆述　清光緒二十七年(1901)上海製造局刻本　一冊

510000－2741－0000977　977

保全生命論一卷附一卷　（英國）古蘭肥勒撰　（英國）秀耀春口譯　（清）趙元益筆述　清光緒二十七年(1901)上海製造局刻本　一冊

510000－2741－0000978　978

葆真山人養性編一卷　（清）柯懷經撰　清光

四川大學圖書館古籍普查登記目錄

緒十七年(1891)北學草堂刻本　一冊

510000－2741－0000979　979

寶藏論一卷　(後秦)僧肇著　清光緒二十三年(1897)金陵刻經處刻本　一冊

510000－2741－0000980　980

寶瓠齋雜俎　(清)易順鼎撰　清光緒十年(1884)刻本　二冊　存四種九卷(經義莛撞四卷,讀經瑣記一卷,讀老札記二卷、補遺一卷,淮南許注鉤沉一卷)

510000－2741－0000981　981

寶繪錄二十卷　(明)張泰階輯　清光緒六年(1880)雙峰書屋刻本　六冊

510000－2741－0000982　982

寶奎堂集十二卷　(清)陸錫熊撰　清道光二十九年(1849)陸成沆刻本　四冊

510000－2741－0000983　983

寶綸堂集十卷拾遺一卷　(明)陳洪綬著　清光緒十四年(1888)會稽董氏取斯堂木活字印本　八冊

510000－2741－0000984　984

寶綸堂文鈔八卷　(清)齊召南撰　清嘉慶二年(1797)無錫秦瀛刻本　四冊

510000－2741－0000985　985

抱沖齋詩集三十六卷附眠琴僊館詞一卷　(清)斌良撰　**年譜一卷**　(清)法良撰　清光緒五年(1879)湘南薇垣官署刻本　十二冊

510000－2741－0000986　986

抱犢山房集六卷首一卷末一卷附續離騷一卷　(清)嵇永仁撰　清同治刻本　六冊

510000－2741－0000987　987

抱蘭軒叢書　(清)陳太初撰　清嘉慶八年(1803)抱蘭軒木活字印本　十六冊

510000－2741－0000988　988

抱璞詩草三卷　(清)賀以彝撰　清光緒十四年(1888)岳池賀氏刻本　一冊

510000－2741－0000989　989

抱潤軒文集十卷　(清)馬其昶撰　清宣統元

年(1909)安徽官紙印刷局石印本　一冊

510000－2741－0000990　990

抱素堂遺詩六卷補遺一卷　(清)孫清元撰　清宣統三年(1911)鉛印本　一冊

510000－2741－0000991　991

抱郟山房詩稿初集二卷二集二卷三集七卷駢體文初集二卷續集二卷再續集二卷散體文二卷酬酢文一卷　(清)尹恭保撰　清光緒刻本　十冊

510000－2741－0000992　992

鮑參軍集二卷　(南朝宋)鮑照著　**辨偽考異一卷**　(清)胡鳳丹纂述　清末刻六朝四家全集本　一冊

510000－2741－0000993　993

鮑參軍集二卷　(南朝宋)鮑照著　**辨偽考異一卷**　(清)胡鳳丹纂述　清末刻六朝四家全集本　一冊

510000－2741－0000994　994

鮑爵軍門戰功紀略一卷　(清)金國均等纂輯　清同治六年(1867)刻本　一冊

510000－2741－0000995　995

碑版文廣例十卷　(清)王芑孫輯　清道光二十一年(1841)桐涇橋吳學圃刻本　四冊

510000－2741－0000996　996

碑版文廣例十卷　(清)王芑孫輯　清道光二十一年(1841)桐涇橋吳學圃刻本　六冊

510000－2741－0000997　997

碑版文廣例十卷　(清)王芑孫輯　清道光二十一年(1841)桐涇橋吳學圃刻本　四冊

510000－2741－0000998　998

碑傳集一百六十卷首二卷末二卷　(清)錢儀吉纂錄　(清)黃彭年編訂　清光緒十九年(1893)江蘇書局刻本　六十冊

510000－2741－0000999　999

碑傳集一百六十卷首二卷末二卷　(清)錢儀吉纂錄　(清)黃彭年編訂　清光緒十九年(1893)江蘇書局刻本　六十冊

四川大學圖書館古籍普查登記目錄

510000－2741－0001000　1000

碑傳集一百六十卷首二卷末二卷　（清）錢儀吉纂錄　（清）黃彭年編訂　清光緒十九年(1893)江蘇書局刻本　六十冊

510000－2741－0001001　1001

碑傳集一百六十卷首二卷末二卷　（清）錢儀吉纂錄　（清）黃彭年編訂　清光緒十九年(1893)江蘇書局刻本　四十六冊

510000－2741－0001002　1002

北江詩話六卷　（清）洪亮吉撰　清光緒三年(1877)授經堂刻本　一冊

510000－2741－0001003　1003

北夢瑣言二十卷　（宋）孫光憲纂　清同治十三年(1874)仁壽刻本　四冊

510000－2741－0001004　1004

北夢瑣言二十卷逸文四卷附錄不分卷　（宋）孫光憲纂　（清）繆荃孫校刊　清光緒二十五年(1899)雲自在龕刻本　三冊

510000－2741－0001005　1005

北齊書五十卷　（唐）李百藥撰　宋刻宋元明遞修本　十二冊

510000－2741－0001006　1006

北史一百卷　（唐）李延壽撰　明萬曆南京國子監刻本　六十冊

510000－2741－0001007　1007

北堂書鈔一百六十卷首一卷　（隋）虞世南撰　（清）孔廣陶校註　清光緒十四年(1888)南海孔氏刻本　二十四冊

510000－2741－0001008　1008

北堂書鈔一百六十卷首一卷　（隋）虞世南撰　（清）孔廣陶校註　清光緒十四年(1888)南海孔氏刻本　二十冊

510000－2741－0001009　1009

北堂書鈔一百六十卷首一卷　（隋）虞世南撰　（清）孔廣陶校註　清光緒十四年(1888)南海孔氏刻本　二十冊

510000－2741－0001010　1010

北堂書鈔一百六十卷首一卷　（隋）虞世南撰　（清）孔廣陶校註　清光緒十四年(1888)南海孔氏刻本　二十冊

510000－2741－0001011　1011

北學編四卷　（清）魏一鰲輯　清同治七年(1868)刻本　二冊

510000－2741－0001012　1012

北學編四卷補遺一卷　（清）魏一鰲輯　清光緒十四年(1888)尊經書院刻本　一冊

510000－2741－0001013　1013

北學編四卷補遺一卷　（清）魏一鰲輯　清光緒十四年(1888)尊經書院刻本　一冊

510000－2741－0001014　1014

北學編四卷補遺一卷　（清）魏一鰲輯　清光緒十四年(1888)尊經書院刻本　一冊

510000－2741－0001015　1015

北洋公牘類纂二十五卷　（清）甘厚慈輯　清光緒三十三年(1907)京城益森印刷有限公司鉛印本　二十冊

510000－2741－0001016　1016

北墅閒抄四卷　（清）婁謙撰　清道光十年(1830)刻本　二冊

510000－2741－0001017　1017

北墅閒抄四卷　（清）婁謙撰　清道光十年(1830)刻本　四冊

510000－2741－0001018　1018

北隅掌錄二卷　（清）黃士珣撰　清道光二十五年(1845)錢塘汪氏振綺堂刻本　二冊

510000－2741－0001019　1019

北隅掌錄二卷　（清）黃士珣撰　清道光二十五年(1845)錢塘汪氏振綺堂刻本　一冊

510000－2741－0001020　1020

北嶽山房文集十四卷首一卷　（清）閻鎮珩著　清光緒三十一年(1905)刻本　六冊

510000－2741－0001021　1021

備急灸法一卷　（宋）聞人耆年述　**鍼灸擇日編集一卷**　（明）全循義撰　（明）金義孫撰

四川大學圖書館古籍普查登記目錄

清光緒十六年(1890)上杭羅氏刻本　二册

510000－2741－0001022　1022

備急灸法一卷　(宋)聞人耆年述　鍼灸擇日編集一卷　(明)全循義撰　(明)金義孫撰　清光緒十七年(1891)江寧藩署刻本　二册

510000－2741－0001023　1023

備用藥物一卷經驗簡便良方一卷　(□)□□撰　清光緒三十一年(1905)成都官報書局鉛印本　一册

510000－2741－0001024　1024

本草崇原集說三卷　(清)張志聰註釋　(清)高世栻纂輯　(清)仲學輅集說　本草經讀附錄集說一卷　□□撰　清宣統二年(1910)刻本　四册

510000－2741－0001025　1025

本草崇原三卷　(清)張志聰註釋　(清)高世栻纂集　清乾隆刻本　五册

510000－2741－0001026　1026

本草從新十八卷首一卷　(清)吳儀洛輯　清刻本　二册　存三卷(一至二、六)

510000－2741－0001027　1027

本草綱目五十二卷本草綱目圖三卷　(明)李時珍撰　清刻本　三十册

510000－2741－0001028　1028

本草綱目五十二卷首一卷　(明)李時珍撰　清光緒十一年(1885)合肥張氏味古齋刻本　四十册

510000－2741－0001029　1029

本草綱目五十二卷首一卷圖三卷奇經八脈考一卷瀕湖脈學一卷脈訣考證一卷　(明)李時珍撰　本草萬方針錢八卷　(清)蔡烈先撰　本草綱目拾遺十卷　(清)趙學敏撰　清光緒十一年(1885)合肥張氏味古齋刻本　四十八册

510000－2741－0001030　1030

本草綱目五十二卷圖三卷　(明)李時珍撰　清芥子園刻本　五十二册

510000－2741－0001031　1031

本草彙纂十卷　(清)屠道和輯　清光緒二十九年(1903)思賢書局刻本　八册

510000－2741－0001032　1032

本草簡明圖說四卷　(清)高承炳撰　清光緒十八年(1892)上海古香閣石印本　四册

510000－2741－0001033　1033

本草經疏輯要十卷　(清)吳世鎧纂　清光緒十年(1884)刻本　六册

510000－2741－0001034　1034

本草類方十卷附諸症歌訣一卷　(清)年希堯纂輯　(清)黃曉峰校刊　清乾隆十七年(1752)刻本　十六册

510000－2741－0001035　1035

本草求真九卷本草求真主治二卷　(清)黃澍繡纂　清乾隆三十八年(1773)綠圃齋刻四十三年(1778)修補印本　十册

510000－2741－0001036　1036

本草求真九卷本草求真主治二卷脈理求真三卷　(清)黃澍繡纂　清乾隆三十八年(1773)綠圃齋刻本　十二册

510000－2741－0001037　1037

本草求真十一卷本草求真圖一卷　(清)黃澍繡纂　清刻本　十一册

510000－2741－0001038　1038

本草三家合註六卷　(清)郭汝聰集註　(清)李佐堯校　清刻本　五册

510000－2741－0001039　1039

本草三家合註六卷　(清)郭汝聰集註　(清)李佐堯校　清刻本　一册　存一卷(一)

510000－2741－0001040　1040

本草三家合註六卷　(清)郭汝聰集註　神農本草經百種錄一卷　(清)徐靈胎著　清刻本　五册　存六卷(一、三至六,神農本草經百種錄一卷)

510000－2741－0001041　1041

本草述鉤元三十二卷　(清)楊時泰輯　清道

四川大學圖書館古籍普查登記目錄

光二十二年(1842)毗陵涵雅堂刻本　十二冊

510000－2741－0001042　1042

本草述三十二卷首一卷　(清)劉若金著　清嘉慶十五年(1810)還讀山房刻光緒二年(1876)姑蘇來青閣印本　二十四冊

510000－2741－0001043　1043

本草述三十二卷首一卷　(清)劉若金著　清嘉慶十五年(1810)還讀山房刻光緒二年(1876)姑蘇來青閣印本　十六冊

510000－2741－0001044　1044

本草述三十二卷首一卷　(清)劉若金著　清嘉慶十五年(1810)還讀山房刻光緒二年(1876)姑蘇來青閣印本　二十四冊

510000－2741－0001045　1045

本草萬方針線八卷　(清)蔡烈先輯　清光緒十四年(1888)上海鴻寶書局石印本　二冊

510000－2741－0001046　1046

本草問答二卷　(清)唐宗海撰　清光緒三十四年(1908)上海千頃堂書局石印本　一冊

510000－2741－0001047　1047

本草原始合雷公炮製十二卷　(明)李中立撰　清咸豐元年(1851)刻本　四冊

510000－2741－0001048　1048

本朝應制和聲集一集六卷二集三卷首一卷補編一卷　(清)沈德潛輯　(清)王居正評定　清乾隆十三年(1748)京都永魁齋刻本　九冊

510000－2741－0001049　1049

本經疏證十二卷續疏六卷疏要八卷　(清)鄒澍撰　(清)常州長年醫局校栞　清咸豐八年(1858)日升山房刻本　十二冊

510000－2741－0001050　1050

本事詩前集六卷後集六卷　(清)徐釚輯　清光緒十四年(1888)邵武徐氏刻本　六冊

510000－2741－0001051　1051

本事詩前集六卷後集六卷　(清)徐釚輯　清乾隆二十二年(1757)汪肯堂校刻本　四冊

510000－2741－0001052　1052

本事詩前集六卷後集六卷　(清)徐釚輯　清乾隆二十二年(1757)汪肯堂校刻本　二冊　存六卷(本事詩前集六卷)

510000－2741－0001053　1053

本韻一得二十卷　(清)龍為霖撰　清乾隆十六年(1751)刻本　十冊

510000－2741－0001054　1054

比雅十卷　(清)洪亮吉著　清光緒五年(1879)授經堂刻本　二冊

510000－2741－0001055　1055

比竹餘音四卷　(清)鄭文焯撰　清光緒二十八年(1902)吳興沈氏刻本　一冊

510000－2741－0001056　1056

筆花醫鏡四卷　(清)汪涵暾著　清光緒七年(1881)內江官廨刻本　三冊

510000－2741－0001057　1057

筆算便覽五卷　(清)紀大奎撰　清同治十一年(1872)刻本　一冊

510000－2741－0001058　1058

筆算數學三卷　(美國)狄考文輯　(清)鄒立文譯　清宣統元年(1909)鉛印本　一冊

510000－2741－0001059　1059

苾芻館詞集五種　(清)胡延撰　清光緒、宣統間刻本　一冊

510000－2741－0001060　1060

皕宋樓藏書源流考一卷　(日本)島田翰撰　清光緒三十三年(1907)京師刻本　一冊

510000－2741－0001061　1061

皕宋樓藏書志一百二十卷續志四卷　(清)陸心源撰　清光緒八年(1882)歸安陸氏十萬卷樓刻本　三十二冊

510000－2741－0001062　1062

皕宋樓藏書志一百二十卷續志四卷　(清)陸心源撰　清光緒八年(1882)歸安陸氏十萬卷樓刻本　三十二冊

510000－2741－0001063　1063

碧血錄五卷　(清)莊仲方著論　(清)夏鸞翔

四川大學圖書館古籍普查登記目錄

繪圖　清光緒八年（1882）上海同文書局石印本　五冊

510000－2741－0001064　1064

碧腴齋詩存八卷　（清）胡德琳著　清刻隨園三十種本　一冊

510000－2741－0001065　1065

避暑錄話二卷　（宋）葉夢得撰　明毛氏汲古閣刻津逮秘書本　二冊

510000－2741－0001066　1066

編註醫學入門內集七卷首一卷　（明）李梴編纂　清末上海校經山房石印本　九冊

510000－2741－0001067　1067

邊事彙鈔十二卷　（清）朱克敬編輯　清光緒六年（1880）長沙刻本　十二冊

510000－2741－0001068　1068

邊事續鈔八卷　（清）朱克敬編輯　清光緒六年（1880）長沙刻本　四冊

510000－2741－0001069　1069

扁鵲心書三卷扁鵲心書神方一卷　（戰國）扁鵲撰　（宋）竇材重集　清刻本　六冊

510000－2741－0001070　1070

徧行堂集十六卷　（清）釋今釋撰　清宣統三年（1911）上海國學扶輪社鉛印本　八冊

510000－2741－0001071　1071

變法自強奏議彙編二十卷　（清）毛佩之彙纂　清光緒二十七年（1901）上海書局石印本　十冊

510000－2741－0001072　1072

變雅堂詩集十卷補遺一卷變雅堂文集四卷遺集附錄一卷　（清）杜濬撰　清同治九年（1870）刻本　八冊

510000－2741－0001073　1073

變雅堂詩集十卷補遺一卷變雅堂文集四卷遺集附錄一卷　（清）杜濬撰　清同治九年（1870）刻本　七冊　缺一卷（文集四）

510000－2741－0001074　1074

表異錄二十卷　（明）王志堅輯　清光緒二年

（1876）陳氏刻本　二冊

510000－2741－0001075　1075

表異錄二十卷　（明）王志堅輯　清康熙漱六閣刻乾隆最宜草堂修補印本　四冊

510000－2741－0001076　1076

表異錄二十卷　（明）王志堅輯　清光緒二年（1876）陳氏刻本　一冊

510000－2741－0001077　1077

別雅五卷　（清）吳玉搢撰　清道光二十九年（1849）小蓬萊山館刻本　五冊

510000－2741－0001078　1078

賓退錄十卷　（宋）趙與峕撰　清乾隆十七年（1752）存恕堂刻本　五冊

510000－2741－0001079　1079

冰壺山館詩鈔六十卷　（清）王夢庚撰　清道光刻本　十二冊

510000－2741－0001080　1080

冰壺山館詩鈔六十卷　（清）王夢庚撰　清道光刻本　十八冊

510000－2741－0001081　1081

兵部公牘二卷　（清）黃雲鵠撰　清同治十一年（1872）刻本　二冊

510000－2741－0001082　1082

兵船礮法六卷　（美國）金楷理口譯　（清）朱恩錫筆述　清末上海製造局刻本　三冊

510000－2741－0001083　1083

兵船汽機六卷附一卷　（英國）息尼德撰（英國）傅蘭雅口譯　（清）華備鈺筆述　清同治、光緒間江南製造局刻本　八冊

510000－2741－0001084　1084

兵法七種　（清）胡林翼選　清光緒二十四年（1898）刻本　四冊

510000－2741－0001085　1085

兵鏡類編四十卷首一卷　（清）李蕊輯　清光緒刻本　十二冊

510000－2741－0001086　1086

四川大學圖書館古籍普查登記目錄

兵書寶鏡　（□）□□輯　清光緒二十七年(1901)刻本　四冊

510000－2741－0001087　1087

炳燭編四卷　（清）李賡芸撰　清光緒四年(1878)宏達堂刻本　二冊

510000－2741－0001088　1088

炳燭編四卷　（清）李賡芸撰　清同治十一年(1872)吳縣潘氏刻滂喜齋叢書本　一冊

510000－2741－0001089　1089

炳燭編四卷　（清）李賡芸撰　清光緒四年(1878)宏達堂刻本　二冊

510000－2741－0001090　1090

炳燭編四卷　（清）李賡芸撰　清光緒四年(1878)宏達堂刻本　二冊

510000－2741－0001091　1091

炳燭齋文集初刻一卷續刻一卷　（清）顧大韶著　清宣統元年(1909)上海國學扶輪社鉛印本　二冊

510000－2741－0001092　1092

病理撮要一卷　（清）尹端模譯　清光緒十八年(1892)刻本　二冊

510000－2741－0001093　1093

波斯史不分卷　（日本）北村三郎編著　（清）趙必振譯　清光緒二十九年(1903)上海廣智書局鉛印本　一冊

510000－2741－0001094　1094

波斯史不分卷　（日本）北村三郎編著　（清）趙必振譯　清光緒二十九年(1903)上海廣智書局鉛印本　一冊

510000－2741－0001095　1095

蓋山文錄八卷詩錄二卷　（清）顧雲撰　清光緒十五年(1889)刻本　四冊

510000－2741－0001096　1096

伯利探路記一卷　（清）曹廷傑著　清光緒二十三年(1897)湖南新學書局刻本　一冊

510000－2741－0001097　1097

泊如齋重修宣和博古圖錄三十卷　（宋）王黼

等撰　明萬曆十六年(1588)泊如齋刻本　十六冊

510000－2741－0001098　1098

博物新編三集　（英國）合信著　清咸豐五年(1855)刻本　一冊

510000－2741－0001099　1099

博物要覽十二卷　（清）谷應泰撰　（清）李調元輯　清光緒三十年(1904)抄本　四冊

510000－2741－0001100　1100

補讀書齋遺稿十卷外稿一卷　（清）沈維鐈撰　清光緒元年(1875)刻二十五年(1899)增刻本　四冊

510000－2741－0001101　1101

補讀書齋遺稿十卷外稿一卷年譜一卷　（清）沈維鐈撰　（清）沈宗涵　（清）沈宗濟編　清光緒元年(1875)刻二十五年(1899)增刻本　五冊

510000－2741－0001102　1102

補紅樓夢四十八回　（清）嫏嬛山樵撰　清嘉慶二十五年(1820)刻本　十六冊

510000－2741－0001103　1103

補後漢書藝文志考十卷首一卷　（清）曾樸纂　清光緒二十一年(1895)常熟曾氏木活字印本　六冊

510000－2741－0001104　1104

補後漢書藝文志考十卷首一卷　（清）曾樸纂　清光緒二十一年(1895)常熟曾氏木活字印本　六冊

510000－2741－0001105　1105

補後漢書藝文志四卷　（清）侯康撰　清刻菜香室叢書本　二冊

510000－2741－0001106　1106

補寰宇訪碑錄五卷　（清）趙之謙撰　清同治三年(1864)刻本　二冊

510000－2741－0001107　1107

補晉兵志一卷　（清）錢儀吉撰　清光緒貴筑楊氏刻訓纂堂叢書本　一冊

510000－2741－0001108　　1108

補晉書經籍志四卷　（清）吳士鑑纂　清光緒二十一年(1895)錢塘吳氏刻含嘉室舊著朱印本　四冊

510000－2741－0001109　　1109

補晉書藝文志四卷補遺一卷附錄一卷　（清）丁國鈞撰　清光緒廣雅書局刻廣雅書局叢書本　二冊

510000－2741－0001110　　1110

補籬遺稿八卷　（清）姚福均著　清光緒三十一年(1905)木活字印本　四冊

510000－2741－0001111　　1111

補三國疆域志二卷　（清）洪亮吉撰　清光緒四年(1878)授經堂刻本　一冊

510000－2741－0001112　　1112

補三國疆域志二卷　（清）洪亮吉撰　清光緒四年(1878)授經堂刻本　一冊

510000－2741－0001113　　1113

補三國藝文志四卷　（清）侯康撰　清刻菜香室叢書本　二冊

510000－2741－0001114　　1114

補宋書刑法志一卷補宋書食貨志一卷晉宋書故一卷　（清）郝懿行撰　清嘉慶刻本　一冊

510000－2741－0001115　　1115

補續全蜀藝文志五十六卷　（明）杜應芳（明）胡永詔輯　明萬曆刻本　二十冊　存五十四卷(二至五十、五十二至五十六)

510000－2741－0001116　　1116

補學軒詩集八卷　（清）鄭獻甫撰　清咸豐十年(1860)刻本　四冊

510000－2741－0001117　　1117

補學軒文集駢體二卷續刻散體四卷　（清）鄭獻甫撰　清咸豐十一年(1861)刻本　十二冊

510000－2741－0001118　　1118

補學軒文集四卷　（清）鄭獻甫撰　清咸豐十一年(1861)刻本　四冊

510000－2741－0001119　　1119

補學軒文集四卷　（清）鄭獻甫撰　清咸豐十一年(1861)刻本　三冊　存三卷(一至三)

510000－2741－0001120　　1120

補竹山房詩草四卷　（清）章藩撰　清咸豐七年(1857)刻本　二冊

510000－2741－0001121　　1121

補注黃帝內經素問二十四卷黃帝內經靈樞十二卷　（唐）啟玄子注　（清）黃以周總校　黃帝內經素問遺篇一卷　（明）劉溫舒原本　清光緒三年(1877)浙江書局刻二十二子本　十冊

510000－2741－0001122　　1122

補注黃帝內經素問二十四卷黃帝內經靈樞十二卷　（唐）啟玄子注　（清）黃以周總校　黃帝內經素問遺篇一卷　（明）劉溫舒原本　清光緒三年(1877)浙江書局刻二十二子本　十冊

510000－2741－0001123　　1123

補注黃帝內經素問二十四卷黃帝內經靈樞十二卷　（唐）啟玄子注　（清）黃以周總校　黃帝內經素問遺篇一卷　（明）劉溫舒原本　清光緒三年(1877)浙江書局刻二十二子本　十冊

510000－2741－0001124　　1124

補註黃帝內經素問二十四卷黃帝內經靈樞十二卷　（唐）王冰注　黃帝內經素問遺篇一卷　（明）劉溫舒原本　清光緒二十三年(1897)新化三味書室刻本　十二冊

510000－2741－0001125　　1125

補註瘟疫論四卷　（明）吳有性著　（清）洪天錫補註　清刻本　四冊

510000－2741－0001126　　1126

補註瘟疫論四卷　（明）吳有性著　（清）洪天錫補註　清道光二年(1822)綠杉野屋刻本　四冊

510000－2741－0001127　　1127

不慊齋漫存九卷　（清）徐賡陛撰　清光緒八年(1882)南海官署刻本　七冊

510000－2741－0001128　1128

不慊齋漫存九卷　（清）徐賡陛撰　清光緒八
年(1882)南海官署刻本　六冊　缺三卷(四、
八至九)

510000－2741－0001129　1129

不藥良方二卷續集十卷　（清）王玷桂輯　清
光緒七年(1881)紹志堂刻本　十二冊

510000－2741－0001130　1130

步兵斥候論一卷　（清）王鴻年譯述　清光緒
二十八年(1902)南洋公學譯書院鉛印本
一冊

510000－2741－0001131　1131

才調集十卷　（五代）韋縠輯　清康熙四十三
年(1704)汪文珍垂雲堂刻本　四冊

510000－2741－0001132　1132

采風記五卷紀程感事詩一卷時務論一卷
（清）宋育仁撰　清光緒二十三年(1897)成都
刻本　三冊

510000－2741－0001133　1133

采風記五卷紀程感事詩一卷時務論一卷
（清）宋育仁撰　清光緒二十三年(1897)成都
刻本　三冊

510000－2741－0001134　1134

采風記五卷紀程感事詩一卷時務論一卷
（清）宋育仁撰　清光緒二十三年(1897)成都
刻本　三冊

510000－2741－0001135　1135

采菽堂古詩選三十八卷補遺四卷　（清）陳祚
明輯　清康熙刻本　十六冊

510000－2741－0001136　1136

采香詞二卷　（清）杜文瀾撰　清咸豐十一年
(1861)曼陀羅華閣刻本　一冊

510000－2741－0001137　1137

採集歷朝詩話一卷辨偽考異四卷　（清）胡鳳
丹編　清同治九年(1870)永康胡氏退補齋刻
本　一冊

510000－2741－0001138　1138

彩繪星占圖不分卷　（□）□□撰　彩繪本
五冊

510000－2741－0001139　1139

菜根譚一卷　（明）洪應明撰　清同治四年
(1865)刻本　一冊

510000－2741－0001140　1140

蔡氏九儒書九卷首一卷　（明）蔡有鷁輯　清
同治七年(1868)三餘書屋刻本　六冊

510000－2741－0001141　1141

蔡氏九儒書九卷首一卷　（清）蔡有鷁輯　清
光緒十二年(1886)刻本　六冊

510000－2741－0001142　1142

蔡孝廉詩文録四卷　（清）蔡復午撰　清道光
十二年(1832)蔡成輅成都刻本　二冊

510000－2741－0001143　1143

蔡中郎集二卷　（漢）蔡邕著　（明）張溥評
清咸豐五年(1855)木活字印本　二冊

510000－2741－0001144　1144

蔡中郎集十卷外紀一卷外集四卷列傳一卷年
表一卷　（漢）蔡邕撰　清光緒十六年(1890)
番禺陶氏刻本　五冊

510000－2741－0001145　1145

蔡中郎集十卷外紀一卷外集四卷列傳一卷年
表一卷　（漢）蔡邕撰　清光緒十六年(1890)
番禺陶氏刻本　八冊

510000－2741－0001146　1146

蔡忠烈公遺集不分卷　（明）蔡道憲撰　清道
光鄧顯鶴刻本　四冊

510000－2741－0001147　1147

蔡子洪範皇極名數九卷首二卷　（清）張兆鹿
註釋　清光緒二十三年(1897)張氏金陵刻本
五冊

510000－2741－0001148　1148

殘局類選二卷　（清）錢長澤撰　清乾隆三十
五年(1770)暗香書屋刻本　二冊

510000－2741－0001149　1149

蠶叢計陸一卷　（清）張桂林著　清光緒二十

四川大學圖書館古籍普查登記目録

二年(1896)成都森榮齋刻本　一冊

510000－2741－0001150　1150

蠶桑萃編十五卷首一卷　(清)衛傑編　清光
緒刻本　八冊

510000－2741－0001151　1151

蠶尾集十卷續集二卷後集二卷　(清)王士禛
撰　清康熙刻王漁洋遺書本　六冊

510000－2741－0001152　1152

倉頡篇三卷　(清)孫星衍輯　續本一卷
(清)任大椿輯　補本二卷　(清)陶方琦輯
續補本一卷　龔道耕輯　清光緒二十三年
(1897)成都龔氏刻本　二冊

510000－2741－0001153　1153

倉頡篇三卷　(清)孫星衍輯　續本一卷
(清)任大椿輯　補本二卷　(清)陶方琦輯
續補本一卷　龔道耕輯　清光緒二十三年
(1897)成都龔氏刻本　二冊

510000－2741－0001154　1154

倉頡篇三卷　(清)孫星衍輯　續本一卷
(清)任大椿輯　補本二卷　(清)陶方琦輯
續補本一卷　龔道耕輯　清光緒二十三年
(1897)成都龔氏刻本　一冊

510000－2741－0001155　1155

倉頡篇三卷　(清)孫星衍輯　續本一卷
(清)任大椿輯　補本二卷　(清)陶方琦輯
續補本一卷　龔道耕輯　清光緒二十三年
(1897)成都龔氏刻本　二冊

510000－2741－0001156　1156

倉頡篇三卷　(清)孫星衍輯　續本一卷
(清)任大椿輯　補本二卷　(清)陶方琦輯
續補本一卷　龔道耕輯　清光緒二十三年
(1897)成都龔氏刻本　二冊

510000－2741－0001157　1157

倉頡篇三卷　(清)孫星衍輯　續本一卷
(清)任大椿輯　補本二卷　(清)陶方琦輯
續補本一卷　龔道耕輯　清光緒二十三年
(1897)成都龔氏刻本　二冊

510000－2741－0001158　1158

倉頡篇三卷　(清)孫星衍輯　續本一卷
(清)任大椿輯　補本二卷　(清)陶方琦輯
續補本一卷　龔道耕輯　清光緒二十三年
(1897)成都龔氏刻本　二冊

510000－2741－0001159　1159

倉頡篇三卷　(清)孫星衍輯　續本一卷
(清)任大椿輯　補本二卷　(清)陶方琦輯
續補本一卷　龔道耕輯　清光緒二十三年
(1897)成都龔氏刻本　二冊

510000－2741－0001160　1160

倉頡篇三卷　(清)孫星衍輯　續本一卷
(清)任大椿輯　補本二卷　(清)陶方琦輯
續補本一卷　龔道耕輯　清光緒二十三年
(1897)成都龔氏刻本　二冊

510000－2741－0001161　1161

倉頡篇三卷　(清)孫星衍輯　續本一卷
(清)任大椿輯　補本二卷　(清)陶方琦輯
續補本一卷　龔道耕輯　清光緒二十三年
(1897)成都龔氏刻本　二冊

510000－2741－0001162　1162

倉頡篇三卷　(清)孫星衍輯　續本一卷
(清)任大椿輯　補本二卷　(清)陶方琦輯
續補本一卷　龔道耕輯　清光緒二十三年
(1897)成都龔氏刻本　二冊

510000－2741－0001163　1163

倉頡篇三卷　(清)孫星衍輯　續本一卷
(清)任大椿輯　補本二卷　(清)陶方琦輯
續補本一卷　龔道耕輯　清光緒二十三年
(1897)成都龔氏刻本　一冊　存三卷(補本
二卷、續補本一卷)

510000－2741－0001164　1164

倉頡篇三卷　(清)孫星衍輯　續本一卷
(清)任大椿輯　補本二卷　(清)陶方琦輯
續補本一卷　龔道耕輯　清光緒二十三年
(1897)成都龔氏刻本　一冊

510000－2741－0001165　1165

倉頡篇三卷　(清)孫星衍輯　續本一卷

四川大學圖書館古籍普查登記目錄

（清）任大椿輯　**補本二卷**（清）陶方琦輯
續補本一卷　龔道耕輯　清光緒二十三年
（1897）成都龔氏刻本　二冊

510000－2741－0001166　1166
倉頡篇三卷（清）孫星衍輯　**續本一卷**
（清）任大椿輯　**補本二卷**（清）陶方琦輯
續補本一卷　龔道耕輯　清光緒二十三年
（1897）成都龔氏刻本　二冊

510000－2741－0001167　1167
倉頡篇三卷（清）孫星衍輯　**續本一卷**
（清）任大椿輯　**補本二卷**（清）陶方琦輯
續補本一卷　龔道耕輯　清光緒二十三年
（1897）成都龔氏刻本　一冊　存三卷（補本
二卷、續補本一卷）

510000－2741－0001168　1168
倉頡篇三卷（清）孫星衍輯　**續本一卷**
（清）任大椿輯　**補本二卷**（清）陶方琦輯
續補本一卷　龔道耕輯　清光緒十六年
（1890）江蘇書局刻本　二冊

510000－2741－0001169　1169
倉頡篇三卷（清）孫星衍學　**倉頡篇續本一
卷**（清）任大椿學　**倉頡篇補本二卷**（清）
陶方琦學　**倉頡篇補本續一卷**　龔道耕撰
清光緒二十三年（1897）成都龔氏校刻本
二冊

510000－2741－0001170　1170
倉頡篇校證三卷補遺一卷（清）梁章鉅撰
清光緒五年（1879）蘇州寶華山房刻本　二冊

510000－2741－0001171　1171
蒼莨集（清）孫鼎臣撰　清咸豐刻本　八冊

510000－2741－0001172　1172
蒼崖先生金石例十卷（元）潘昂霄撰　**金石
例札記一卷**（清）繆荃孫撰　清光緒南陵徐
氏刻隨盦徐氏叢書本　四冊

510000－2741－0001173　1173
蒼崖先生金石例十卷（元）潘昂霄撰　**金石
例札記一卷**（清）繆荃孫撰　清光緒南陵徐
氏刻隨盦徐氏叢書本　二冊

510000－2741－0001174　1174
滄江虹月詞三卷（清）汪初撰　清嘉慶九年
（1804）汪氏振綺堂刻光緒十五年（1889）汪曾
唯補刻印本　二冊

510000－2741－0001175　1175
滄江虹月詞三卷（清）汪初撰　清嘉慶九年
（1804）汪氏振綺堂刻光緒十五年（1889）汪曾
唯補刻印本　一冊

510000－2741－0001176　1176
滄浪小志二卷（清）宋犖編　清光緒十年
（1884）江蘇書局刻本　一冊

510000－2741－0001177　1177
滄溟詩集十四卷（明）李攀龍撰　清光緒三
十三年（1907）渭南嚴氏刻本　四冊

510000－2741－0001178　1178
滄溟先生集三十卷（明）李攀龍撰　清道光
二十七年（1847）景福堂刻本　八冊

510000－2741－0001179　1179
滄溟先生集三十卷（明）李攀龍撰　**附録一
卷**　明隆慶六年（1572）刻本　八冊　存十三
卷（一至十三）

510000－2741－0001180　1180
滄溟先生集十四卷（明）李攀龍撰　**附録一
卷**　清光緒二十一年（1895）長沙張氏湘雨樓
刻本　六冊

510000－2741－0001181　1181
滄桑豔二卷附録一卷（清）游毅之論文
（清）丁傳靖填詞　（清）石淩漢正拍　清光緒
三十二年（1906）豹隱廬刻本　一冊

510000－2741－0001182　1182
藏書紀事詩六卷（清）葉昌熾撰　清光緒二
十三年（1897）長沙學使署刻本　十二冊

510000－2741－0001183　1183
藏輶隨記一卷（清）陶思曾撰　清宣統元年
（1909）四川官印刷局鉛印本　一冊

510000－2741－0001184　1184
藏輶隨記一卷（清）陶思曾撰　清宣統元年

(1909)四川官印刷局鉛印本　一冊

510000－2741－0001185　1185

藏輶隨記一卷　（清）陶思曾撰　清宣統元年
(1909)四川官印刷局鉛印本　一冊

510000－2741－0001186　1186

藏園九種曲　（清）蔣士銓填詞　清刻本
六冊

510000－2741－0001187　1187

藏園九種曲　（清）蔣士銓填詞　清刻本
十冊

510000－2741－0001188　1188

曹氏墨林二卷又一卷　（清）曹素功輯　清康
熙至乾隆曹氏藝粟齋刻本　三冊

510000－2741－0001189　1189

曹氏族譜不分卷　（清）曹興傑編　清光緒三
十二年(1906)致遠堂刻本　二冊

510000－2741－0001190　1190

草窗詞二卷草窗詞補二卷　（宋）周密撰　清
光緒二十六年(1900)朱祖謀無著盫刻本
一冊

510000－2741－0001191　1191

草窗詞二卷草窗詞補二卷　（宋）周密撰　清
光緒二十六年(1900)朱祖謀無著盫刻本
一冊

510000－2741－0001192　1192

草廬經略四卷　（明）黃之瑞著述　（清）骨仙
刪定　（清）岳鍾琪校正　清刻本　四冊

510000－2741－0001193　1193

**草廬吳文正公集四十九卷道學基統一卷外集
三卷首一卷**　（元）吳澄撰　（清）萬璜編　清
乾隆二十一年(1756)崇仁縣萬璜刻本　二
十冊

510000－2741－0001194　1194

草木子四卷　（明）葉子奇撰　清光緒元年
(1875)潘紹詒處州府署刻本　二冊

510000－2741－0001195　1195

草堂詩餘五卷　（明）楊慎批點　明吳興閔暎

璧刻朱墨套印本　五冊

510000－2741－0001196　1196

草堂詩餘五卷　（宋）何士信輯　（明）楊慎批
點　（清）宋澤元校訂　清光緒十三年(1887)
懺花盫刻本　三冊

510000－2741－0001197　1197

冊府元龜一千卷　（宋）王欽若等輯　明崇禎
刻本　二百七十一冊　缺八十二卷(五十四
至五十七、七十三至七十六、九十二至一百
四、一百二十五至一百二十七、一百四十至一
百四十六、二百二至二百九、四百二十五至四
百二十七、四百七十至四百七十二、四百八十
二至四百八十四、五百三至五百五、五百十三
至五百十六、五百七十八至五百八十一、五百
九十一至五百九十二、五百九十六至六百十、
六百五十九至六百六十二、八百四十三至八
百四十四)

510000－2741－0001198　1198

冊府元龜一千卷　（宋）王欽若等輯　明崇禎
十五年(1642)黃國琦刻本　一百七十二冊

510000－2741－0001199　1199

冊府元龜一千卷　（宋）王欽若等輯　清康熙
五繡堂刻本　二百四十七冊

510000－2741－0001200　1200

冊府元龜一千卷　（宋）王欽若等輯　清康熙
五繡堂刻本　二百三十冊

510000－2741－0001201　1201

策學備纂三十二卷　（清）蔡啓盛　（清）吳潁
炎輯　清光緒十三年(1887)點石齋石印本
十二冊　缺二十一卷(五、七至二十五、二十
八)

510000－2741－0001202　1202

策學備纂三十二卷首一卷　（清）蔡啓盛
(清)吳潁炎輯　清光緒十四年(1888)點石齋
石印本　四十八冊

510000－2741－0001203　1203

測地繪圖十一卷附一卷附表一卷　（英國）富
路瑪撰　（英國）傅蘭雅口譯　（清）徐壽筆述

四川大學圖書館古籍普查登記目錄

清光緒二十二年(1896)石印本　一冊

510000－2741－0001204　1204

測地繪圖十一卷附一卷附表一卷　（英國）富路瑪撰　（英國）傅蘭雅口譯　（清）徐壽筆述　清末上海江南製造總局刻本　四冊

510000－2741－0001205　1205

測海集六卷　（清）彭紹升輯　清刻本　三冊

510000－2741－0001206　1206

測海集六卷　（清）彭紹升撰　清光緒二年(1876)刻本　二冊

510000－2741－0001207　1207

測候叢談四卷　（美國）金楷理口譯　（清）華蘅芳筆述　清末上海江南製造總局刻本　二冊

510000－2741－0001208　1208

測候叢談四卷　（美國）金楷理口譯　（清）華蘅芳筆述　清末上海江南製造總局刻本　二冊

510000－2741－0001209　1209

測圓海鏡通釋四卷附算學叢話一卷喻利算法一卷　（清）劉嶽雲撰　清光緒二十二年(1896)尊經書局刻本　一冊

510000－2741－0001210　1210

測繪海圖全法八卷附一卷　（英國）華爾敦著　（英國）傅蘭雅口譯　（清）趙元益筆述　清光緒二十五年(1899)上海江南製造局刻本　六冊

510000－2741－0001211　1211

測量新編　（清）徐啟書輯刊　清光緒二十四年(1898)清泉徐啟書校刻本　一冊

510000－2741－0001212　1212

測圓海鏡通釋四卷附算學叢話一卷喻利算法一卷　（清）劉嶽雲撰　清光緒二十二年(1896)尊經書局刻本　一冊

510000－2741－0001213　1213

岑嘉州詩集四卷　（唐）岑參撰　清光緒十年(1884)遂寧書局刻本　一冊

510000－2741－0001214　1214

岑襄勤公勳德介福圖四十幀　（清）岑春榮等輯　清光緒十七年(1891)石印本　一冊

510000－2741－0001215　1215

岑襄勤公奏稿三十卷首一卷　（清）岑毓英撰　清光緒二十三年(1897)武昌督糧官署止復園刻本　二十九冊　缺二卷(二十三、三十)

510000－2741－0001216　1216

曾惠敏公全集　（清）曾紀澤撰　清光緒二十年(1894)上海石印本　四冊

510000－2741－0001217　1217

曾惠敏公遺集　（清）曾紀澤撰　清光緒十九年(1893)江南製造總局鉛印本　八冊

510000－2741－0001218　1218

曾惠敏使西日記二卷　（清）曾紀澤撰　清光緒二十三年(1897)成都志古堂校刻本　一冊

510000－2741－0001219　1219

曾太僕左夫人詩稿合刻　（清）曾詠　（清）左錫嘉撰　清光緒十七年(1891)刻本　四冊

510000－2741－0001220　1220

曾文定公全集二十卷　（宋）曾鞏撰　（清）彭期編　清康熙三十二年(1693)彭氏刻本　十二冊

510000－2741－0001221　1221

曾文正公大事記四卷　（清）王定安撰　清同治十三年(1874)錢寶忠齋刻本　二冊

510000－2741－0001222　1222

曾文正公全集十三種一百五十六卷首一卷　（清）曾國藩撰　清同治至光緒傳忠書局刻本　一百二十八冊

510000－2741－0001223　1223

曾文正公手書日記不分卷　（清）曾國藩撰　清宣統元年(1909)上海中國圖書公司影印本　四十冊

510000－2741－0001224　1224

曾文正公文鈔四卷附刻一卷　（清）曾國藩撰　（清）張瑛編校　清同治十一年(1872)刻本　四冊

四川大學圖書館古籍普查登記目錄

510000－2741－0001225　1225

曾文正公雜著鈔一卷　(清)曾國藩撰　(清)蔣德鈞節編　清光緒十五年(1889)蔣氏求實齋刻本　一冊

510000－2741－0001226　1226

曾文正公奏議十卷首一卷末一卷　(清)曾國藩撰　(清)薛福成輯　清刻本　九冊

510000－2741－0001227　1227

曾文正公奏議十卷首一卷末一卷補編四卷　(清)曾國藩撰　(清)薛福成輯　清同治十二年(1873)刻本　十五冊

510000－2741－0001228　1228

曾忠襄公全集　(清)曾國荃撰　(清)蕭榮爵編輯　清光緒二十九年(1903)刻本　六十四冊

510000－2741－0001229　1229

曾子家語六卷　(清)曾國荃審定　(清)王定安編輯　清光緒十六年(1890)金陵刻本　二冊

510000－2741－0001230　1230

茶譜輯解四卷　(□)□□輯解　清同治元年(1862)陶唐氏刻本　四冊

510000－2741－0001231　1231

查浦詩鈔十二卷　(清)查嗣瑮撰　清康熙六十一年(1722)刻本　四冊

510000－2741－0001232　1232

禪林寶訓筆說三卷　(清)釋智祥述　清光緒十九年(1893)刻本　三冊

510000－2741－0001233　1233

躔離引蒙不分卷　(清)賈步緯算述　清光緒十八年(1892)江南製造總局刻暨鉛印本　二冊

510000－2741－0001234　1234

躔離引蒙不分卷　(清)賈步緯算述　清光緒十八年(1892)江南製造總局刻暨鉛印本　二冊

510000－2741－0001235　1235

躔離引蒙三卷　(清)賈步緯算述　清光緒二十二年(1896)璣衡堂石印本　三冊

510000－2741－0001236　1236

讒書五卷　(唐)羅隱撰　清刻本　一冊

510000－2741－0001237　1237

讒書五卷　(唐)羅隱撰　清刻本　一冊

510000－2741－0001238　1238

產科不分卷　(英國)密爾撰　(清)舒高第口譯　(清)鄭昌棪筆述　清光緒上海機器製造總局鉛印本　四冊

510000－2741－0001239　1239

產寶諸方一卷　(宋)□□撰　清光緒四年(1878)刻本　一冊

510000－2741－0001240　1240

產後編二卷　(清)傅山著　清末刻本　一冊

510000－2741－0001241　1241

產科心法二卷　(清)汪喆纂　清道光九年(1829)刻本　一冊

510000－2741－0001242　1242

昌黎先生集四十卷韓集遺文一卷　(唐)韓愈撰　(唐)李漢輯　清光緒十五年(1889)萃文堂刻本　八冊

510000－2741－0001243　1243

昌黎先生集四十卷外集十卷遺文一卷　(唐)韓愈撰　(唐)李漢輯　**韓集點勘四卷**　(清)陳景雲撰　清同治八年(1869)江蘇書局刻本　十一冊

510000－2741－0001244　1244

昌黎先生集四十卷外集十卷遺文一卷　(唐)韓愈撰　(唐)李漢輯　**韓集點勘四卷**　(清)陳景雲撰　清同治八年(1869)江蘇書局刻本　十冊　缺四卷(九至十二)

510000－2741－0001245　1245

昌黎先生集四十卷外集十卷遺文一卷　(唐)韓愈撰　(唐)李漢輯　**韓集點勘四卷**　(清)陳景雲撰　清同治八年(1869)江蘇書局刻本　十一冊

510000－2741－0001246　1246

昌黎先生集四十卷外集十卷遺文一卷　(唐)

四川大學圖書館古籍普查登記目錄

韓愈撰　（唐）李漢輯　**韓集點勘四卷**　（清）
陳景雲撰　清同治八年(1869)江蘇書局刻本
　十一冊

510000－2741－0001247　1247
昌黎先生集四十卷外集十卷遺文一卷韓集點
勘四卷　（唐）韓愈撰　（唐）李漢輯　**韓集點**
勘四卷　（清）陳景雲撰　清宣統二年(1910)
上海集成圖書公司鉛印本　八冊

510000－2741－0001248　1248
昌黎先生集四十卷外集十卷遺文一卷　（唐）
韓愈撰　（唐）李漢輯　**韓集點勘四卷**　（清）
陳景雲撰　清同治八年(1869)江蘇書局刻本
　十一冊

510000－2741－0001249　1249
昌黎先生詩集注十一卷　（唐）韓愈著　（清）
顧嗣立刪補　（清）何焯　（清）朱彝尊評　**年**
譜一卷　清光緒九年(1883)廣州翰墨園三色
套印本　四冊

510000－2741－0001250　1250
昌黎先生詩集注十一卷　（唐）韓愈著　（清）
顧嗣立刪補　（清）何焯　（清）朱彝尊評　**年**
譜一卷　清道光十六年(1836)膺德堂刻朱墨
套印本　八冊

510000－2741－0001251　1251
昌黎先生詩集注十一卷　（唐）韓愈著　（清）
顧嗣立刪補　（清）何焯　（清）朱彝尊評　**年**
譜一卷　清道光十六年(1836)膺德堂刻二十
五年(1845)朱墨套印本　六冊

510000－2741－0001252　1252
昌黎先生詩集注十一卷　（唐）韓愈著　（清）
顧嗣立刪補　（清）何焯　（清）朱彝尊評　**年**
譜一卷　清道光十六年(1836)膺德堂刻二十
五年(1845)朱墨套印本　六冊

510000－2741－0001253　1253
昌黎先生詩集注十一卷　（唐）韓愈著　（清）
顧嗣立刪補　（清）何焯　（清）朱彝尊評　**年**
譜一卷　清道光十六年(1836)膺德堂刻二十
五年(1845)朱墨套印本　十二冊

510000－2741－0001254　1254
昌黎先生詩集注十一卷　（唐）韓愈著　（清）
顧嗣立刪補　（清）何焯　（清）朱彝尊評　**年**
譜一卷　清光緒九年(1883)廣州翰墨園刻朱
墨套印本　四冊

510000－2741－0001255　1255
昌黎先生詩增注證訛十一卷　（唐）韓愈撰
（清）顧嗣立刪補　（清）黃鉞增注證訛　**年譜**
一卷　清道光二十八年(1848)黃中民刻咸豐
七年(1857)四明鮑氏二客軒印本　四冊

510000－2741－0001256　1256
昌黎先生詩增注證訛十一卷　（唐）韓愈撰
（清）顧嗣立刪補　（清）黃鉞增注證訛　**年譜**
一卷　清道光二十八年(1848)黃中民刻咸豐
七年(1857)四明鮑氏二客軒印本　四冊

510000－2741－0001257　1257
昌黎先生詩增注證訛十一卷　（唐）韓愈撰
（清）顧嗣立刪補　（清）黃鉞增注證訛　**年譜**
一卷　清道光二十八年(1848)黃中民刻咸豐
七年(1857)四明鮑氏二客軒印本　四冊

510000－2741－0001258　1258
長安宮詞一卷　（清）胡延撰　清光緒二十八
年(1902)刻本　一冊

510000－2741－0001259　1259
長安志二十卷長安志圖三卷　（宋）宋敏求撰
　清乾隆四十九年(1784)刻本　三冊

510000－2741－0001260　1260
長恩書室叢書　（清）莊肇麟編　清咸豐四年
(1854)新昌莊氏過客軒刻本　十六冊

510000－2741－0001261　1261
長江礮臺芻議一卷　（清）姚錫光撰　清光緒
二十六年(1900)皖城官舍木活字印本　一冊

510000－2741－0001262　1262
長江圖說十二卷首一卷　（清）馬徵麟撰　清
同治十年(1871)湖北崇文書局刻本　五冊

510000－2741－0001263　1263
長江圖說十二卷首一卷　（清）馬徵麟撰　清

同治十年(1871)湖北崇文書局刻本　四冊
缺五卷(一至二、六至八)

510000－2741－0001264　1264
長離閣集一卷　(清)王采薇撰　清光緒八年
(1882)蘼蕪吟館刻本　一冊

510000－2741－0001265　1265
長離閣集一卷　(清)王采薇撰　清光緒八年
(1882)蘼蕪吟館刻本　一冊

510000－2741－0001266　1266
長離閣集一卷　(清)王采薇撰　清光緒八年
(1882)蘼蕪吟館刻本　一冊

510000－2741－0001267　1267
長沙方歌括六卷　(清)陳念祖著　清光緒二
十四年(1898)刻本　三冊

510000－2741－0001268　1268
長沙方歌括六卷　(清)陳念祖著　清光緒十
五年(1889)刻本　三冊

510000－2741－0001269　1269
長沙方歌括六卷　(清)陳念祖著　清刻本
三冊

510000－2741－0001270　1270
長沙府嶽麓誌八卷首一卷　(清)趙寧纂修
清咸豐十一年(1861)刻本　六冊

510000－2741－0001271　1271
長生殿傳奇四卷　(清)洪昇填詞　清光緒十
六年(1890)上海文瑞樓鉛印本　一冊　存二
卷(一至二)

510000－2741－0001272　1272
長水集三卷　(明)鄒迪光撰　明刻本　二冊

510000－2741－0001273　1273
長園積微錄一卷附繡佛齋詞一卷　(清)王麐
撰　清光緒嘉州聖泉山館刻本　一冊

510000－2741－0001274　1274
**長園積微錄一卷附繡佛齋詞一卷長園雜著二
卷**　(清)王麐撰　清光緒嘉州聖泉山館刻本
二冊

510000－2741－0001275　1275
長園雜著二卷　(清)王麐撰　清光緒嘉州聖
泉山館刻本　一冊

510000－2741－0001276　1276
常山貞石志二十四卷　(清)沈濤撰　清光緒
二十三年(1897)刻本　十冊

510000－2741－0001277　1277
常惺惺齋詩集十一卷文集十卷　(清)李炳奎
著　(清)陳偉勳選　清宣統二年(1910)鉛印
本　四冊

510000－2741－0001278　1278
常惺惺齋詩集十一卷文集十卷　(清)李炳奎
著　(清)陳偉勳選　清宣統二年(1910)鉛印
本　四冊

510000－2741－0001279　1279
常惺惺齋詩集十一卷文集十卷　(清)李炳奎
著　(清)陳偉勳選　清宣統二年(1910)鉛印
本　三冊　缺六卷(詩集一至六)

510000－2741－0001280　1280
常州先哲遺書　(清)盛宣懷輯　清光緒武進
盛氏刻本　六十四冊

510000－2741－0001281　1281
暢園叢書甲函六種　(清)張邁編　清光緒二
十年(1894)四明刻本　四冊

510000－2741－0001282　1282
暢園叢書甲函六種　(清)張邁編　清光緒二
十年(1894)四明刻本　四冊

510000－2741－0001283　1283
晁具茨先生詩集十五卷　(宋)晁沖之撰　清
同治七年(1868)武林聚文堂刻本　四冊

510000－2741－0001284　1284
巢經巢詩鈔後集四卷　(清)鄭珍撰　清光緒
二十年(1894)貴筑高氏資州官廨刻本　二冊

510000－2741－0001285　1285
巢經巢遺文五卷　(清)鄭珍撰　清光緒十九
年(1893)貴筑高氏資州官署刻本　二冊

510000－2741－0001286　1286

四川大學圖書館古籍普查登記目録

巢經巢遺文五卷 （清）鄭珍撰 清光緒十九年(1893)貴筑高氏資州官署刻本 四冊

510000－2741－0001287 1287

朝天録一卷 （清）方濬頤撰 清光緒四年(1878)刻本 一冊

510000－2741－0001288 1288

朝天録一卷 （清）方濬頤撰 清光緒四年(1878)刻本 一冊

510000－2741－0001289 1289

朝鮮近世史二卷 （日本）林泰輔編修 （清）劉世珩校譯 清光緒二十九年(1903)鴻寶書局石印本 二冊

510000－2741－0001290 1290

掣鯨堂詩集九卷 （清）費錫璜撰 清光緒九年(1883)汗青簃刻本 二冊

510000－2741－0001291 1291

掣鯨堂詩選九卷 （清）費錫璜撰 清道光古棠書屋刻本 一冊

510000－2741－0001292 1292

臣鑒録二十卷 （清）蔣伊編輯 清雲南刻本 十冊

510000－2741－0001293 1293

宸垣識略十六卷 （清）吳長元撰 清乾隆五十三年(1788)池北草堂刻本 八冊

510000－2741－0001294 1294

陳伯玉文集三卷詩集二卷附録一卷 （唐）陳子昂撰 清道光十七年(1837)刻本 四冊 缺一卷(詩集二)

510000－2741－0001295 1295

陳伯玉文集三卷詩集二卷首一卷附録一卷 （唐）陳子昂撰 清咸豐四年(1854)刻本 四冊

510000－2741－0001296 1296

陳伯玉文集三卷詩集二卷首一卷附録一卷 （唐）陳子昂撰 清咸豐四年(1854)刻本 四冊

510000－2741－0001297 1297

陳伯玉文集三卷詩集二卷首一卷附録一卷 （唐）陳子昂撰 清咸豐四年(1854)刻本 四冊

510000－2741－0001298 1298

陳伯玉文集三卷詩集二卷首一卷附録一卷 （唐）陳子昂撰 清咸豐四年(1854)刻本 四冊

510000－2741－0001299 1299

陳伯玉文集三卷詩集二卷首一卷附録一卷 （唐）陳子昂撰 清咸豐四年(1854)刻本 四冊

510000－2741－0001300 1300

陳伯玉文集三卷詩集二卷首一卷附録一卷 （唐）陳子昂撰 清咸豐四年(1854)刻本 四冊

510000－2741－0001301 1301

陳大士稿六卷 （明）陳際泰撰 （清）呂留良評 清初刻本 十冊

510000－2741－0001302 1302

陳迦陵文集六卷 （清）陳維崧撰 清康熙二十六年(1687)陳宗石患立堂刻本 二冊

510000－2741－0001303 1303

陳檢討集二十卷 （清）陳維崧撰 （清）程師恭註 清刻本 八冊

510000－2741－0001304 1304

陳檢討集二十卷 （清）陳維崧撰 （清）程師恭註 清同治六年(1867)刻本 六冊

510000－2741－0001305 1305

陳眉公訂正夢溪補筆談二卷 （宋）沈括撰 （明）陳繼儒訂正 明刻本 四冊

510000－2741－0001306 1306

陳明卿太史考古詳訂遵韻海篇朝宗十二卷 （明）陳仁錫撰 （明）譚元春訂 明刻本 六冊

510000－2741－0001307 1307

陳上陽真人金丹大要一卷 （元）陳致虛著 （清）陶素耜訂 清刻本 一冊

四川大學圖書館古籍普查登記目録

510000－2741－0001308　1308

陳少陽集十卷首一卷　(宋)陳東撰　(清)劉
德麟重輯　清光緒十六年(1890)刻本　四冊

510000－2741－0001309　1309

陳氏毛詩五種　(清)陳奐撰　清道光、咸豐
間吳門南園陳氏掃葉山莊刻本　十二冊

510000－2741－0001310　1310

陳氏族譜不分卷　(清)陳鎮基修撰　清光緒
十八年(1892)刻二十年(1894)修訂本　一冊

510000－2741－0001311　1311

陳氏族譜不分卷　(清)陳鎮基修撰　清光緒
十八年(1892)刻本　一冊

510000－2741－0001312　1312

陳文恭公手剳節要三卷　(清)陳宏謀撰　清
道光三十年(1850)津門徐澤醇蜀中刻本　一冊

510000－2741－0001313　1313

陳文恭公手剳節要三卷　(清)陳宏謀撰　清
光緒八年(1882)合肥張氏刻本　一冊

510000－2741－0001314　1314

陳臥子先生安雅堂稿十八卷　(清)陳子龍撰
　清宣統二年(1910)上海時中書局鉛印本
八冊

510000－2741－0001315　1315

陳修園公餘醫錄六種合刻　(清)陳念祖著
清光緒二十九年(1903)成都多文堂刻本　六冊

510000－2741－0001316　1316

陳修園先生晚餘三書　(清)陳念祖著　清咸
豐九年(1859)刻本　二冊

510000－2741－0001317　1317

陳忠裕公全集三十卷首一卷末一卷　(明)陳
子龍撰　(清)王昶輯　**年譜三卷**　(清)王昶
輯　清嘉慶八年(1803)簳山草堂刻本　十冊

510000－2741－0001318　1318

晨風閣叢書　(清)沈宗畸編　清光緒三十四
年至宣統三年(1908－1911)國學萃編社鉛印
本　四冊

510000－2741－0001319　1319

晨風閣叢書　(清)沈宗畸編　清宣統元年
(1909)番禺沈氏刻本　十六冊

510000－2741－0001320　1320

晨風閣叢書　(清)沈宗畸編　清宣統元年
(1909)番禺沈氏刻本　一冊　存三種三卷
(出圍城記一卷、西域水道記校補一卷、寒山
金石林部目一卷)

510000－2741－0001321　1321

稱謂錄三十二卷　(清)梁章鉅撰　清光緒元
年至十年(1875－1884)梁恭辰刻本　八冊

510000－2741－0001322　1322

檉華館全集　(清)路德撰　清光緒七年
(1881)解梁刻本　十冊

510000－2741－0001323　1323

檉華館全集　(清)路德撰　清光緒七年(1881)
解梁刻本　九冊　缺一卷(駢體文一卷)

510000－2741－0001324　1324

成都通覽不分卷　(清)傅崇榘撰　清宣統二
年(1910)通俗報社石印本　八冊

510000－2741－0001325　1325

成方切用二十六卷　(清)吳儀洛編　清道光
二十七年(1847)瓶花書屋刻本　五冊

510000－2741－0001326　1326

成山老人自撰年譜六卷　(清)唐炯撰　清宣
統二年(1910)京師鉛印本　二冊

510000－2741－0001327　1327

成山廬稿十二卷　(清)唐炯著　清光緒三十
四年(1908)貴陽刻本　六冊

510000－2741－0001328　1328

成唯識論十卷　(唐)玄奘奉詔譯　清光緒二
十二年(1896)金陵刻經處刻本　二冊

510000－2741－0001329　1329

承志錄三卷首一卷　(明)彭純一著　(清)陶
素耜校　附集一卷　(清)陶素耜撰　清刻本
一冊

510000－2741－0001330　1330

城鎮鄉地方自治章程施行細則　四川諮議局

四川大學圖書館古籍普查登記目錄

編　清宣統鉛印本　一冊

510000 - 2741 - 0001331　1331

潄霞閣詩略一卷　（清）武謙撰　清末抄本
一冊

510000 - 2741 - 0001332　1332

澄懷園文存十五卷　（清）張廷玉撰　清光緒
十七年(1891)張紹文雲間官舍刻本　八冊

510000 - 2741 - 0001333　1333

澄懷園文存十五卷　（清）張廷玉撰　清光緒
十七年(1891)張紹文雲間官舍刻本　八冊

510000 - 2741 - 0001334　1334

池北偶談二十六卷　（清）王士禎撰　清康熙
三十九年(1700)臨汀郡署刻本　六冊

510000 - 2741 - 0001335　1335

池北偶談二十六卷　（清）王士禎撰　清康熙
三十九年(1700)臨汀郡署刻本　八冊　存二
十三卷(一至三、七至二十六)

510000 - 2741 - 0001336　1336

池北偶談二十六卷　（清）王士禎著　清光緒
二十年(1894)桐陰山館刻本　八冊

510000 - 2741 - 0001337　1337

池北偶談二十六卷　（清）王士禎著　清光緒
二十年(1894)桐陰山館刻本　八冊

510000 - 2741 - 0001338　1338

池上草堂筆記近錄六卷續錄六卷三錄六卷四
錄六卷　（清）梁恭辰撰　清同治十年(1871)
太倉趙崇慶刻本　八冊

510000 - 2741 - 0001339　1339

池上草堂筆記近錄六卷續錄六卷三錄六卷四
錄六卷　（清）梁恭辰撰　清同治十年(1871)
太倉趙崇慶刻本　八冊

510000 - 2741 - 0001340　1340

池上草堂筆記近錄六卷續錄六卷三錄六卷四
錄六卷　（清）梁恭辰撰　清同治十年(1871)
太倉趙崇慶刻本　八冊

510000 - 2741 - 0001341　1341

池上草堂筆記近錄六卷續錄六卷三錄六卷四

錄六卷　（清）梁恭辰撰　清同治十年(1871)
太倉趙崇慶刻本　八冊

510000 - 2741 - 0001342　1342

池上草堂筆記近錄六卷續錄六卷三錄六卷四
錄六卷　（清）梁恭辰撰　清同治十年(1871)
太倉趙崇慶刻本　八冊

510000 - 2741 - 0001343　1343

池上草堂筆記近錄六卷續錄六卷三錄六卷四
錄六卷　（清）梁恭辰撰　清同治十年(1871)
太倉趙崇慶刻光緒十六年(1890)補刻本
八冊

510000 - 2741 - 0001344　1344

邠庵訂定譚子詩歸十卷　（明）譚元春撰　明
崇禎嶽歸堂刻本　四冊

510000 - 2741 - 0001345　1345

恥堂存稿八卷　（宋）高斯得撰　清光緒元年
(1875)鶴山祠堂刻本　四冊

510000 - 2741 - 0001346　1346

赤水玄珠三十卷醫旨緒餘二卷醫案五卷
（明）孫一奎輯　清光緒十四年至十七年
(1888 - 1891)佛鎮字林書局校刻本　二十七
冊　缺七卷(七、九、十二至十四、二十八至二
十九)

510000 - 2741 - 0001347　1347

沖虛至德真經八卷　（周）列御寇撰　（晉）張
湛注　（唐）殷敬順釋文　清嘉慶九年(1804)
刻本　二冊

510000 - 2741 - 0001348　1348

崇百藥齋文集二十卷續集四卷三集十二卷
（清）陸繼輅撰　附五眞閣吟藁一卷　（清）錢
惠尊撰　清光緒四年(1878)興國州署刻本
十二冊

510000 - 2741 - 0001349　1349

崇百藥齋文集二十卷續集四卷三集十二卷合
肥學舍劄記十二卷　（清）陸繼輅撰　附五眞
閣吟藁一卷　（清）錢惠尊撰　清光緒四年
(1878)興國州署刻本　十六冊

四川大學圖書館古籍普查登記目錄

510000－2741－0001350　1350

崇德堂文鈔一卷　（清）強望泰著　清同治四年(1865)成都刻本　一冊

510000－2741－0001351　1351

崇寧縣鄉土志不分卷　（清）□□編　清末抄本　一冊

510000－2741－0001352　1352

崇祀名宦錄不分卷　（清）吳棠撰　清同治十二年(1873)成都刻本　一冊

510000－2741－0001353　1353

崇文書局彙刻書三十三種　（清）崇文書局編　清光緒元年(1875)湖北崇文書局刻本　五十冊

510000－2741－0001354　1354

崇文總目五卷　（宋）王堯臣編次　（清）錢東垣輯釋　**補遺一卷**　（清）錢東垣蒐錄　**附錄一卷**　（清）錢侗錄　清光緒八年(1882)常熟後知不足齋刻本　八冊

510000－2741－0001355　1355

崇文總目五卷　（宋）王堯臣編次　（清）錢東垣輯釋　**補遺一卷**　（清）錢東垣蒐錄　**附錄一卷**　（清）錢侗錄　清光緒八年(1882)常熟後知不足齋刻本　五冊

510000－2741－0001356　1356

崇禎五十宰相傳一卷　（清）曹溶撰　清宣統三年(1911)鉛印本　一冊

510000－2741－0001357　1357

酬世錦囊家禮纂要續編五卷　（清）謝梅林（清）鄒可庭輯　清刻本　一冊　缺二卷(四至五)

510000－2741－0001358　1358

疇人傳四十六卷　（清）阮元撰　清光緒八年(1882)海鹽張氏常惺齋刻本　十冊

510000－2741－0001359　1359

疇人傳四十六卷續六卷　（清）阮元撰　（清）羅士琳續補　清光緒八年(1882)海鹽張氏常惺齋刻本　十二冊

510000－2741－0001360　1360

籌藏芻議一卷附錄一卷　（清）姚錫光撰　清宣統二年(1910)刻本　一冊

510000－2741－0001361　1361

籌海蠡言一卷　（清）鍾體志撰　清光緒十一年(1885)刻本　一冊

510000－2741－0001362　1362

籌蒙芻議二卷　（清）姚錫光撰　清光緒三十四年(1908)京師寓齋刻本　二冊

510000－2741－0001363　1363

籌蜀篇二卷　（清）黃英撰　清光緒二十八年(1902)榮縣旭川書院刻本　二冊

510000－2741－0001364　1364

出使日記續刻十卷　（清）薛福成撰　清光緒二十七年(1901)石印本　十冊

510000－2741－0001365　1365

出使英法義比四國日記八卷治平六策一卷　（清）薛福成纂著　清光緒二十三年(1897)成都志古堂刻本　六冊　缺三卷(七至八、治平六策一卷)

510000－2741－0001366　1366

出使英法義比四國日記六卷　（清）薛福成纂著　清光緒十八年(1892)刻庸盦全集本　六冊

510000－2741－0001367　1367

出使英法義比四國日記六卷　（清）薛福成纂著　清刻本　六冊

510000－2741－0001368　1368

出蜀記一卷　（清）方濬頤著　清光緒九年(1883)刻本　一冊

510000－2741－0001369　1369

初白詩鈔不分卷　（清）查慎行撰　清光緒趙熙抄本　二冊

510000－2741－0001370　1370

初潭集十二卷　（明）李贄纂　（明）王克安重訂　明末刻本　十二冊

510000－2741－0001371　1371

四川大學圖書館古籍普查登記目錄

初唐四傑集 （清）項家達輯 清乾隆四十六年(1781)星渚項氏刻本 十冊

510000－2741－0001372 1372

初唐四傑文集 （清）□□輯 清同治十二年(1873)鄒氏叢雅居刻本 十冊

510000－2741－0001373 1373

初學記三十卷 （唐）徐堅等輯 校勘記三十卷 （清）黃加焜撰 清光緒十四年(1888)黃氏刻蘊石齋叢書本 十六冊

510000－2741－0001374 1374

初學記三十卷 （唐）徐堅等輯 校勘記三十卷 （清）黃加焜撰 清光緒十四年(1888)黃氏刻蘊石齋叢書本 十六冊

510000－2741－0001375 1375

初學記三十卷 （唐）徐堅等輯 校勘記三十卷 （清）黃加焜撰 清刻本 十六冊 缺三卷(一、十六至十七)

510000－2741－0001376 1376

初學記三十卷 （唐）徐堅等輯 明嘉靖十年(1531)錫山安國桂坡館刻本 二十四冊

510000－2741－0001377 1377

初學記三十卷 （唐）徐堅等輯 校勘記三十卷 （清）黃加焜撰 清光緒十四年(1888)黃氏刻蘊石齋叢書本 七冊 存七卷(一至三、七至十)

510000－2741－0001378 1378

初學記三十卷 （唐）徐堅等輯 校勘記三十卷 （清）黃加焜撰 清光緒十四年(1888)黃氏刻蘊石齋叢書本 十六冊

510000－2741－0001379 1379

初學記三十卷附校勘補遺 （唐）徐堅等輯 清刻本 十六冊

510000－2741－0001380 1380

初月樓文鈔十卷詩鈔四卷 （清）吳德旋著 清光緒九年(1883)木活字印本(詩鈔爲刻本) 四冊

510000－2741－0001381 1381

樗巢詩選五卷 （清）李必恒著 清嘉慶十四年(1809)夏氏半舫齋刻本 二冊

510000－2741－0001382 1382

樗繭譜一卷 （清）鄭珍纂 （清）莫友芝註 清光緒七年(1881)遵義華氏瀘州刻本 一冊

510000－2741－0001383 1383

樗繭譜一卷 （清）鄭珍纂 （清）莫友芝註 清光緒七年(1881)遵義華氏瀘州刻本 一冊

510000－2741－0001384 1384

楚辭八卷首一卷末一卷 （清）屈復撰 清乾隆三年(1738)刻本 四冊

510000－2741－0001385 1385

楚辭八卷首一卷末一卷 （清）屈復撰 清乾隆三年(1738)刻本 四冊

510000－2741－0001386 1386

楚辭補注四卷 （宋）洪興祖撰 清光緒十一年(1885)汗青簃刻本 四冊

510000－2741－0001387 1387

楚辭初學讀本審音十卷 （清）強望泰撰 清同治五年(1866)崇德堂刻本 四冊

510000－2741－0001388 1388

楚辭燈四卷 （清）林雲銘撰 清刻本 四冊

510000－2741－0001389 1389

楚辭燈四卷 （清）林雲銘撰 清康熙挹奎樓刻本 四冊

510000－2741－0001390 1390

楚辭集注八卷 （宋）朱熹集注 清聽雨齋刻朱墨套印本 八冊

510000－2741－0001391 1391

楚辭集注八卷楚辭後語六卷楚辭辯證二卷 （宋）朱熹集注 清光緒八年(1882)江蘇書局刻本 四冊

510000－2741－0001392 1392

楚辭集注八卷辨證二卷 （宋）朱熹注 離騷草木疏四卷 （宋）吳仁傑撰 離騷箋二卷 （清）龔景瀚撰 離騷集傳一卷 （清）錢杲之撰 清光緒三年(1877)湖北崇文書局刻本

三冊

510000－2741－0001393　1393

楚辭集注八卷辨證二卷　（宋）朱熹注　離騷
草木疏四卷　（宋）吳仁傑撰　離騷箋二卷
（清）龔景翰撰　離騷集傳一卷　（清）錢杲之
撰　清光緒三年（1877）湖北崇文書局刻本
四冊

510000－2741－0001394　1394

赤水玄珠三十卷醫旨緒餘二卷醫案五卷
（明）孫一奎撰　明末刻本　三十冊

510000－2741－0001395　1395

楚辭十卷　（戰國）屈原撰　（清）王萌評注
清乾隆慎修堂刻本　四冊

510000－2741－0001396　1396

楚辭十七卷　（漢）王逸章句　清同治十一年
（1872）金陵書局刻本　四冊

510000－2741－0001397　1397

楚辭十七卷　（漢）王逸章句　清同治十一年
（1872）金陵書局刻本　六冊

510000－2741－0001398　1398

楚辭十七卷　（戰國）屈原撰　（漢）劉向編集
（漢）王逸章句　明萬曆刻本　四冊

510000－2741－0001399　1399

楚辭十七卷　（戰國）屈原撰　（漢）王逸章句
（宋）洪興祖補註　清初毛氏汲古閣刻本
五冊

510000－2741－0001400　1400

楚辭釋十一卷　（漢）王逸章句　王闓運注
清光緒十二年（1886）成都尊經書局刻本
二冊

510000－2741－0001401　1401

楚辭釋十一卷　（漢）王逸章句　王闓運注
清光緒十二年（1886）成都尊經書局刻本
二冊

510000－2741－0001402　1402

楚辭釋十一卷　（漢）王逸章句　王闓運注
清光緒十二年（1886）成都尊經書局刻本

二冊

510000－2741－0001403　1403

楚辭釋十一卷　（漢）王逸章句　王闓運注
清光緒十二年（1886）成都尊經書局刻本
二冊

510000－2741－0001404　1404

楚辭釋十一卷　（漢）王逸章句　王闓運注
清光緒十二年（1886）成都尊經書局刻本
二冊

510000－2741－0001405　1405

楚辭釋十一卷　（漢）王逸章句　王闓運注
清光緒十二年（1886）成都尊經書局刻本
二冊

510000－2741－0001406　1406

楚辭釋十一卷　（漢）王逸章句　王闓運注
清光緒十二年（1886）成都尊經書院刻本
二冊

510000－2741－0001407　1407

楚辭釋十一卷　（漢）王逸章句　王闓運注
清光緒十二年（1886）成都尊經書院刻本
二冊

510000－2741－0001408　1408

楚辭釋十一卷　（漢）王逸章句　王闓運注
清光緒十二年（1886）成都尊經書院刻本
二冊

510000－2741－0001409　1409

楚辭札記二卷　（清）武延緒撰　清光緒二十
九年（1903）永年武氏刻本　一冊

510000－2741－0001410　1410

楚辭章句十七卷　（漢）王逸章句　清光緒九
年（1883）長沙書堂山館刻本　四冊

510000－2741－0001411　1411

楚辭章句十七卷　（漢）王逸章句　清刻本
二冊

510000－2741－0001412　1412

楚遊草四卷　（清）蓉溪外史（孫桐生）著　清
咸豐刻本　一冊

四川大學圖書館古籍普查登記目錄

510000－2741－0001413　1413

儲遯菴文集十二卷　（清）儲方慶撰　（清）儲
欣評　附錄一卷　（清）魏象樞撰　清康熙四
十二年(1703)儲氏家刻本　八冊

510000－2741－0001414　1414

儲遯菴文集十二卷　（清）儲方慶撰　（清）儲
欣評　附錄一卷　（清）魏象樞撰　清光緒二
年(1876)刻本　六冊

510000－2741－0001415　1415

處分則例圖要六卷　（清）蔡逢年等撰　清同
治十二年(1873)增修刻本　二冊

510000－2741－0001416　1416

川漢鐵路總公司集股章程六章　（清）□□編
　清光緒鉛印本　一冊

510000－2741－0001417　1417

川漢鐵路總公司集股章程六章　（清）□□編
　清光緒鉛印本　一冊

510000－2741－0001418　1418

川漢鐵路總公司集股章程六章　（清）□□編
　清光緒鉛印本　一冊

510000－2741－0001419　1419

川路公司第一次股東會查賬報告一卷　（清）
郭成書　（清）陳一夔撰　清宣統元年(1909)
鉛印本　一冊

510000－2741－0001420　1420

川路公司第一次股東會查賬報告一卷　（清）
郭成書　（清）陳一夔撰　清宣統元年(1909)
鉛印本　一冊

510000－2741－0001421　1421

船山詩草二十卷　（清）張問陶撰　清刻本
八冊

510000－2741－0001422　1422

船山詩草二十卷　（清）張問陶撰　清嘉慶刻
本　六冊

510000－2741－0001423　1423

船山詩草二十卷　（清）張問陶撰　清嘉慶刻
本　三冊

510000－2741－0001424　1424

船山詩草二十卷　（清）張問陶撰　清宣統二
年(1910)上海埽葉山房石印本　六冊

510000－2741－0001425　1425

船山詩草二十卷補遺六卷　（清）張問陶撰
清刻本　九冊　缺三卷(十八至二十)

510000－2741－0001426　1426

船山詩草二十卷補遺六卷　（清）張問陶撰
清刻本　十冊

510000－2741－0001427　1427

船山詩草二十卷補遺六卷　（清）張問陶撰
清刻本　八冊

510000－2741－0001428　1428

船山詩草二十卷補遺六卷　（清）張問陶撰
清同治十三年(1874)刻本　十冊

510000－2741－0001429　1429

船山遺書　（清）王夫之撰　清同治四年
(1865)湘鄉曾國荃金陵刻本　一百冊

510000－2741－0001430　1430

船山遺書　（清）王夫之撰　清同治四年
(1865)湘鄉曾國荃金陵刻本　一百二十冊

510000－2741－0001431　1431

船山遺書　（清）王夫之撰　清同治四年
(1865)湘鄉曾氏金陵節署刻本　一百六十冊

510000－2741－0001432　1432

船山遺書　（清）王夫之撰　清同治四年
(1865)湘鄉曾國荃金陵刻本　二十冊　存五
種十八卷(周易内傳二至六、周易内傳發例
一、周易大象解一、周易稗疏一至四、周易外
傳一至七)

510000－2741－0001433　1433

船塢論略一卷　（英國）傅蘭雅輯譯　（清）鍾
天緯筆述　清末上海江南製造總局鉛印本
一冊

510000－2741－0001434　1434

圌山境詩不分卷　（清）覺瑞修撰　清道光二
十五年(1845)刻本　一冊

四川大學圖書館古籍普查登記目錄

510000－2741－0001435　1435

圖山境詩不分卷 （清）覺瑞修撰　清道光二十五年(1845)刻本　一冊

510000－2741－0001436　1436

圖山境詩不分卷 （清）覺瑞修撰　清道光二十五年(1845)刻本　二冊

510000－2741－0001437　1437

傳經表二卷 （清）洪亮吉撰　清光緒五年(1879)授經堂刻本　一冊

510000－2741－0001438　1438

傳經表二卷 （清）洪亮吉撰　清光緒五年(1879)華陽宏達堂刻本　一冊

510000－2741－0001439　1439

傳習錄三卷 （明）王陽明著　清宣統二年(1910)成都國學研究會刻本　三冊

510000－2741－0001440　1440

傳習錄三卷 （明）王陽明著　清宣統二年(1910)成都國學研究會刻本　三冊

510000－2741－0001441　1441

傳音快字一卷 （清）蔡錫勇著　清光緒三十一年(1905)武昌湖北官書局刻本　一冊

510000－2741－0001442　1442

瘡瘍經驗全書六卷 （宋）竇漢卿輯　清宏道堂刻本　六冊

510000－2741－0001443　1443

瘡瘍經驗全書十三卷 （宋）竇漢卿輯　清康熙桐川陳氏浩然樓刻乾隆十五年(1750)五雲樓重校本　十二冊

510000－2741－0001444　1444

吹網錄六卷 （清）葉廷琯撰　清同治八年(1869)刻本　六冊

510000－2741－0001445　1445

吹網錄六卷 （清）葉廷琯撰　清同治八年(1869)刻本　三冊

510000－2741－0001446　1446

吹網錄六卷 （清）葉廷琯撰　清同治八年(1869)刻本　六冊

510000－2741－0001447　1447

春草堂集 （清）謝堃撰　清道光二十年(1840)曲邑奎文齋刻道光二十五年(1845)印本　十六冊

510000－2741－0001448　1448

春草堂琴譜六卷 （清）曹尚絅　（清）蘇璟（清）戴源訂　（清）祝鳳喈加評　（清）薛文光校正　清同治五年(1866)雙清館刻本　六冊

510000－2741－0001449　1449

春暉閣詩鈔選六卷 （清）蔣湘南撰　清同治八年(1869)馬氏家塾刻本　三冊

510000－2741－0001450　1450

春暉堂叢書十二種 （清）徐渭仁輯　清道光、咸豐間上海徐渭仁刻同治九年至十年(1870－1871)徐允臨補刻彙印本　十二冊

510000－2741－0001451　1451

春暉堂叢書十二種 （清）徐渭仁輯　清道光、咸豐間上海徐渭仁刻同治九年至十年(1870－1871)徐允臨補刻彙印本　十二冊

510000－2741－0001452　1452

春暉堂叢書十二種 （清）徐渭仁輯　清道光、咸豐間上海徐渭仁刻同治九年至十年(1870－1871)徐允臨補刻彙印本　十八冊

510000－2741－0001453　1453

春暉小草不分卷 （清）傅光弼著　清光緒十一年(1885)湖北省垣刻本　一冊

510000－2741－0001454　1454

春酒堂詩六卷 （清）周容撰　清初刻本二冊

510000－2741－0001455　1455

春酒堂文集一卷 （清）周容撰　清宣統二年(1910)上海國學扶輪社鉛印本　一冊

510000－2741－0001456　1456

春秋比二卷 （清）郝懿行輯　清光緒八年(1882)崇寧譚氏刻本　一冊

510000－2741－0001457　1457

四川大學圖書館古籍普查登記目録

春秋比二卷　（清）郝懿行輯　清光緒八年
(1882)譚氏刻十六年(1890)尊經書局校印本
　一冊

510000－2741－0001458　1458

春秋比二卷　（清）郝懿行輯　清光緒八年
(1882)譚氏刻十六年(1890)尊經書局校印本
　一冊

510000－2741－0001459　1459

春秋比二卷　（清）郝懿行輯　清光緒八年
(1882)譚氏刻十六年(1890)尊經書局校印本
　二冊

510000－2741－0001460　1460

春秋比二卷　（清）郝懿行輯　清光緒八年
(1882)譚氏刻十六年(1890)尊經書局校印本
　二冊

510000－2741－0001461　1461

春秋比二卷　（清）郝懿行輯　清光緒八年
(1882)譚氏刻十六年(1890)尊經書局校印本
　二冊

510000－2741－0001462　1462

春秋比二卷　（清）郝懿行輯　清光緒八年
(1882)譚氏刻十六年(1890)尊經書局校印本
　一冊

510000－2741－0001463　1463

春秋比二卷　（清）郝懿行輯　清光緒八年
(1882)譚氏刻十六年(1890)尊經書局校印本
　一冊

510000－2741－0001464　1464

春秋辨疑四卷　（宋）蕭楚撰　清刻武英殿聚
珍版叢書本　二冊

510000－2741－0001465　1465

春秋別典十五卷　（明）薛虞畿撰　清道光、
同治間南海伍氏刻本　三冊

510000－2741－0001466　1466

春秋不傳十二卷　（清）湯啟祚撰　清嘉慶二
十四年(1819)湯士瀛刻本　四冊

510000－2741－0001467　1467

春秋長歷一卷　（晉）杜預撰　清道光成都龍
萬育變堂刻本　一冊

510000－2741－0001468　1468

春秋鈔六卷首一卷　（清）朱軾輯　清乾隆元
年(1736)刻朱文端公藏書本　一冊　存六卷
（一至五、首一卷）

510000－2741－0001469　1469

春秋程傳補二十卷　（清）孫承澤撰　清康熙
刻本　四冊

510000－2741－0001470　1470

春秋大事表五十卷春秋綱領一卷讀春秋偶筆
一卷春秋輿圖一卷附錄一卷　（清）顧棟高輯
　清光緒十四年(1888)陝西求友齋刻本　二
十四冊

510000－2741－0001471　1471

春秋大事表五十卷春秋綱領一卷讀春秋偶筆
一卷春秋輿圖一卷附錄一卷　（清）顧棟高撰
　清光緒十四年(1888)陝西求友齋刻本　二
十四冊

510000－2741－0001472　1472

春秋大事表五十卷春秋綱領一卷讀春秋偶筆
一卷春秋輿圖一卷附錄一卷　（清）顧棟高撰
　清乾隆十二年(1747)萬卷樓刻本　二十
四冊

510000－2741－0001473　1473

春秋董氏學八卷附傳一卷　康有爲撰　清末
刻萬木草堂叢書本　三冊

510000－2741－0001474　1474

春秋董氏學八卷附傳一卷　康有爲撰　清末
上海大同譯書局刻本　六冊

510000－2741－0001475　1475

春秋繁露十七卷附錄一卷　（漢）董仲舒撰
（明）孫鑛評　明天啓五年(1625)花齋刻本
四冊

510000－2741－0001476　1476

春秋繁露義證十七卷首一卷考證一卷　（漢）
董仲舒撰　（清）蘇興學　清宣統二年(1910)

四川大學圖書館古籍普查登記目錄

刻本　四冊

510000－2741－0001477　1477

春秋繁露義證十七卷首一卷考證一卷　（漢）
董仲舒撰　（清）蘇輿學　清宣統二年(1910)
刻本　六冊

510000－2741－0001478　1478

春秋繁露義證十七卷首一卷考證一卷　（漢）
董仲舒撰　（清）蘇輿學　清宣統二年(1910)
刻本　八冊

510000－2741－0001479　1479

春秋公羊傳箋十一卷　王闓運撰　清光緒十
一年(1885)成都尊經書局刻本　六冊

510000－2741－0001480　1480

春秋公羊傳箋十一卷　王闓運撰　清光緒十
一年(1885)成都尊經書局刻本　六冊

510000－2741－0001481　1481

春秋公羊傳箋十一卷　王闓運撰　清光緒十
一年(1885)成都尊經書局刻本　六冊

510000－2741－0001482　1482

春秋公羊傳箋十一卷　王闓運撰　清光緒十
一年(1885)成都尊經書局刻本　六冊

510000－2741－0001483　1483

春秋公羊傳十一卷　（漢）何休學　（唐）陸德
明音義　清光緒八年(1882)錦江書局刻本
四冊

510000－2741－0001484　1484

春秋公羊傳十一卷　（漢）何休學　（唐）陸德
明音義　清同治七年(1868)湖北崇文書局刻
本　四冊

510000－2741－0001485　1485

春秋公羊傳十一卷　（漢）何休學　（唐）陸德
明音義　清同治七年(1868)湖北崇文書局刻
本　四冊

510000－2741－0001486　1486

春秋公羊傳十一卷　（漢）何休學　（唐）陸德
明音義　清同治十一年(1872)山東書局刻本
四冊

510000－2741－0001487　1487

春秋公羊傳註疏二十八卷附考證　（漢）何休
學　（唐）陸德明音義　清刻本　八冊

510000－2741－0001488　1488

春秋公羊經傳解詁十二卷　（漢）何休撰
（唐）陸德明音義　**重刊宋紹熙公羊傳注附音
本校記一卷**　（清）魏彥撰　清道光四年
(1824)揚州汪氏問禮堂刻本　二冊

510000－2741－0001489　1489

春秋公羊經傳解詁十二卷　（漢）何休撰
（唐）陸德明音義　**重刊宋紹熙公羊傳注附音
本校記一卷**　（清）魏彥撰　清道光四年
(1824)揚州汪氏問禮堂刻本　八冊

510000－2741－0001490　1490

春秋穀梁傳十二卷　（晉）范寧集解　（唐）陸
德明音義　清光緒二十二年(1896)新化三味
堂刻本　二冊

510000－2741－0001491　1491

春秋穀梁傳十二卷　（晉）范寧集解　（唐）陸
德明音義　清光緒八年(1882)錦江書局刻本
四冊

510000－2741－0001492　1492

春秋胡傳三十卷　（宋）胡安國撰　明毛氏汲
古閣刻本　六冊

510000－2741－0001493　1493

春秋燼餘四卷　（清）李光地著　（清）李清植
編輯　清道光八年(1828)李維迪刻本　四冊

510000－2741－0001494　1494

春秋會要四卷　（清）姚彥渠輯　清光緒十四
年(1888)刻本　二冊

510000－2741－0001495　1495

春秋會義二十六卷　（宋）杜諤撰　清光緒十
八年(1892)問經精舍校刻本　十二冊

510000－2741－0001496　1496

春秋集傳大全三十七卷　（明）胡廣　（明）楊
榮等撰　明永樂內府刻本　二十六冊　存二
十七卷(一至七、十二至十九、二十四至二十

四川大學圖書館古籍普查登記目錄

五、二十八至三十七）

510000－2741－0001497　1497

春秋集解十二卷　（宋）蘇轍撰　抄本　四冊

510000－2741－0001498　1498

春秋箋例三十卷首一卷　（清）趙儀吉撰　清嘉慶二十二年(1817)盪雲樓刻本　十二冊

510000－2741－0001499　1499

春秋經傳集解三十卷　（晉）杜預撰　清同治十三年(1874)刻本　十一冊　缺十卷(七至八、十一至十二、十五至十六、二十一至二十四)

510000－2741－0001500　1500

春秋經傳集解三十卷　（晉）杜預撰　清同治成都書局刻相臺五經本　十四冊

510000－2741－0001501　1501

春秋經傳集解三十卷　（晉）杜預撰　清同治成都書局刻相臺五經本　十六冊

510000－2741－0001502　1502

春秋經傳集解三十卷　（晉）杜預撰　清末成都書局刻相臺五經本　十六冊

510000－2741－0001503　1503

春秋經傳集解三十卷　（晉）杜預撰　清刻相臺五經本　十四冊

510000－2741－0001504　1504

春秋經傳集解三十卷　（晉）杜預撰　清刻本　十四冊

510000－2741－0001505　1505

春秋經傳解詁箋十一卷　王闓運箋　清光緒抄本　四冊

510000－2741－0001506　1506

春秋困學録十二卷　（清）楊宏聲撰　清乾隆三十一年(1766)刻本　四冊

510000－2741－0001507　1507

春秋例表不分卷　（清）王代豐撰　清光緒七年(1881)成都尊經書院刻本　二冊

510000－2741－0001508　1508

春秋例表不分卷　（清）王代豐撰　清光緒七年(1881)成都尊經書院刻本　一冊

510000－2741－0001509　1509

春秋例表不分卷　（清）王代豐撰　清光緒七年(1881)成都尊經書院刻本　一冊

510000－2741－0001510　1510

春秋前編補說□□卷　（□）□□撰　清刻本　一冊　存一卷(三)

510000－2741－0001511　1511

春秋三卷　（□）□□撰　清光緒七年(1881)尊經書院刻本　一冊

510000－2741－0001512　1512

春秋三卷　（□）□□撰　清光緒七年(1881)尊經書院刻本　一冊

510000－2741－0001513　1513

春秋三卷　（□）□□撰　清光緒七年(1881)尊經書院刻本　一冊

510000－2741－0001514　1514

春秋三卷　（□）□□撰　清光緒七年(1881)尊經書局刻本　一冊

510000－2741－0001515　1515

春秋三卷　（□）□□撰　清光緒七年(1881)尊經書院刻本　一冊

510000－2741－0001516　1516

春秋三卷　（□）□□撰　清光緒七年(1881)尊經書院刻本　一冊

510000－2741－0001517　1517

春秋三卷　（□）□□撰　清光緒七年(1881)尊經書局刻本　一冊

510000－2741－0001518　1518

春秋十六卷首一卷陸氏三傳釋文音義十六卷　（□）□□輯　清同治十年(1871)刻本　十四冊

510000－2741－0001519　1519

春秋十六卷首一卷陸氏三傳釋文音義十六卷　（□）□□輯　清嘉慶十年(1805)刻本　十二冊　缺六卷(春秋十四至十六、陸氏三傳釋

四川大學圖書館古籍普查登記目錄

文音義十四至十六）

510000－2741－0001520　1520

春秋釋奠儀制録二卷　（清）徐暢達輯　清咸豐二年（1852）刻本　二冊

510000－2741－0001521　1521

春秋釋例十五卷　（晉）杜預撰　清同治十二年（1873）粵東書局刻古經解彙函本　十二冊

510000－2741－0001522　1522

春秋釋例十五卷　（晉）杜預撰　清同治十二年（1873）粵東書局刻古經解彙函本　十冊

510000－2741－0001523　1523

春秋釋四卷　（清）黃式三撰　清同治、光緒間刻儆居遺書本　一冊

510000－2741－0001524　1524

春秋疏略五十卷　（清）張沐撰　清康熙三十五年（1696）張氏敦臨堂刻本　十六冊

510000－2741－0001525　1525

春秋屬辭辨例編六十卷首二卷　（清）張應昌撰　清同治十二年（1873）江蘇書局刻本　三十二冊

510000－2741－0001526　1526

春秋說署十二卷　（清）郝懿行撰　清道光七年（1827）趙鳳崖刻郝氏遺書本　三冊

510000－2741－0001527　1527

春秋提綱十卷春秋析疑二十卷　（清）劉景伯撰　清咸豐九年（1859）新都官署刻本　十冊

510000－2741－0001528　1528

春秋圖表二卷　廖平撰　清光緒二十七年（1901）刻本　二冊

510000－2741－0001529　1529

春秋圖表二卷　廖平撰　清光緒二十七年（1901）刻本　二冊

510000－2741－0001530　1530

春秋圖表二卷　廖平撰　清光緒二十七年（1901）刻本　一冊

510000－2741－0001531　1531

春秋圖表二卷　廖平撰　清光緒二十七年（1901）刻本　二冊

510000－2741－0001532　1532

春秋疑問十二卷　（明）姚舜牧著　明萬曆三十一年（1603）刻清順治十三年（1656）重修本　四冊

510000－2741－0001533　1533

春秋左傳杜林彙參三十卷　（清）周正思纂（清）林德光批點　清嵩山書屋刻本　十二冊

510000－2741－0001534　1534

春秋左傳杜注校勘記一卷　（清）黎庶昌録　清光緒二十年（1894）貴陽陳氏刻本　一冊

510000－2741－0001535　1535

春秋左傳杜注校勘記一卷　（清）黎庶昌録　清光緒二十年（1894）貴陽陳氏刻本　一冊

510000－2741－0001536　1536

春秋左傳杜注校勘記一卷　（清）黎庶昌録　清光緒二十年（1894）貴陽陳氏刻本　一冊

510000－2741－0001537　1537

春秋左傳杜注校勘記一卷　（清）黎庶昌録
孟子外書補注四卷　（清）陳矩撰　清光緒二十年（1894）貴陽陳氏刻本　一冊

510000－2741－0001538　1538

春秋左傳杜注校勘記一卷　（清）黎庶昌録
孟子外書補注四卷　（清）陳矩撰　清光緒二十年（1894）貴陽陳氏刻本　一冊

510000－2741－0001539　1539

春秋左傳杜注校勘記一卷　（清）黎庶昌録
孟子外書補注四卷　（清）陳矩撰　清光緒二十年（1894）貴陽陳氏刻本　一冊

510000－2741－0001540　1540

春秋左傳杜註三十卷首一卷　（清）姚培謙撰　清同治五年（1866）金陵書局刻本　十冊

510000－2741－0001541　1541

春秋左傳詁二十卷　（清）洪亮吉撰　清光緒四年（1878）授經堂刻本　十冊

510000－2741－0001542　1542

四川大學圖書館古籍普查登記目録

春秋左傳精義旁訓十八卷 （清）魏朝俊輯
清光緒十年(1884)新都墨耕堂刻本 十冊

510000－2741－0001543 1543

春秋左傳評苑三十卷首一卷 （明）穆文熙輯
明萬曆二十年(1592)刻本 八冊

510000－2741－0001544 1544

春秋左傳三十卷首一卷 （晉）杜預注 （唐）
陸德明音義 （宋）林堯叟附註 （清）馮李驊
集解 清同治七年(1868)崇文書局刻本 十
二冊

510000－2741－0001545 1545

春秋左傳三十卷首一卷 （晉）杜預注 （唐）
陸德明音釋 （宋）林堯叟附注 （清）馮李驊
集解 清同治七年(1868)崇文書局刻本 十
二冊

510000－2741－0001546 1546

春秋左傳五十卷 （晉）杜預注釋 （宋）林堯
叟注釋 （唐）陸德明音義 （明）鍾惺等評點
清光緒三十四年(1908)商務印書館石印本
十一冊

510000－2741－0001547 1547

春秋左傳五十卷 （晉）杜預註釋 （宋）林堯
叟註釋 （唐）陸德明音義 （明）鍾惺等評點
清刻本 四冊 存十五卷(一至三、十七至
十九、二十四至三十二)

510000－2741－0001548 1548

春秋左傳注疏六十卷附考證 （晉)杜預注
(唐)陸德明音義 （唐)孔穎達疏 清刻本
二十冊

510000－2741－0001549 1549

春秋左氏傳賈服註輯述二十卷 （清)李貽德
撰 清同治五年(1866)刻本 六冊

510000－2741－0001550 1550

春秋左氏傳賈服註輯述二十卷 （清)李貽德
撰 清同治五年(1866)刻本 六冊

510000－2741－0001551 1551

春融堂集六十八卷 （清)王昶撰 述菴先生

年譜二卷 （清)嚴榮撰 清嘉慶十二年
(1807)青浦王氏刻光緒十八年(1892)修補印
本 十四冊

510000－2741－0001552 1552

春融堂褉記八種 （清)王昶撰 清嘉慶十三
年(1808)青浦王氏塾南書舍刻本 六冊

510000－2741－0001553 1553

春雨樓叢書 （清)朱士端撰 清同治寶應朱
氏刻本 六冊

510000－2741－0001554 1554

春雨齋詩集十六卷桃花亭詞一卷 （清)蔣元
龍撰 （清)楊文蓀編 清嘉慶十一年(1806)
延澤堂刻本 四冊

510000－2741－0001555 1555

春在堂尺牘五卷 （清)俞樾撰 清光緒十年
(1884)成都志古堂刻本 四冊

510000－2741－0001556 1556

春在堂叢書 （清)俞樾撰 清同治十年
(1871)刻本 一百五十二冊

510000－2741－0001557 1557

春在堂刻書六種 （清)俞樾撰 清同治五年
至九年(1866－1870)刻本 二十四冊

510000－2741－0001558 1558

春在堂楹聯錄三卷 （清)俞樾撰 清光緒十
年(1884)成都志古堂刻本 二冊

510000－2741－0001559 1559

椿軒五種曲 （清)椿軒居士撰 清同治三年
(1864)刻本 十冊

510000－2741－0001560 1560

椿蔭軒古近體詩鈔不分卷 （清)敖冊賢撰
清光緒十三年(1887)京師刻本 二冊

510000－2741－0001561 1561

純齋文存一卷 （□)□□撰 清咸豐抄本
一冊

510000－2741－0001562 1562

淳化閣釋文十卷 （清)徐朝弼集釋 清刻本
一冊

四川大學圖書館古籍普查登記目錄

510000－2741－0001563　1563

淳化秘閣法帖考正十二卷　（清）王澍撰　清
雍正詩鼎齋刻本　四冊

510000－2741－0001564　1564

淳祐臨安志存六卷　（宋）施諤撰　清光緒七
年(1881)刻本　二冊

510000－2741－0001565　1565

淳祐臨安志輯逸八卷　（清）胡敬輯　清光緒
二十六年(1900)錢塘丁氏嘉惠堂刻本　四冊

510000－2741－0001566　1566

輟畊録三十卷　（元）陶宗儀撰　明毛氏汲古
閣刻津逮秘書本　四冊

510000－2741－0001567　1567

詞辨二卷介存齋論詞雜著一卷　（清）周濟撰
　清光緒四年(1878)刻本　一冊

510000－2741－0001568　1568

詞辨二卷介存齋論詞雜著一卷　（清）周濟撰
　清光緒四年(1878)刻本　一冊

510000－2741－0001569　1569

詞科掌録十七卷詞科餘話七卷　（清）杭世駿
編　清乾隆仁和杭氏道古堂刻本　八冊

510000－2741－0001570　1570

詞科掌録十七卷詞科餘話七卷　（清）杭世駿
編　清乾隆仁和杭氏道古堂刻本　八冊

510000－2741－0001571　1571

詞林正韻三卷發凡一卷　（清）戈載輯　清刻
本　一冊

510000－2741－0001572　1572

詞律二十卷　（清）萬樹撰　清康熙二十六年
(1687)萬樹堆絮園刻本　八冊

510000－2741－0001573　1573

詞律二十卷　（清）萬樹撰　**詞律拾遺八卷**
（清）徐本立纂　**詞律補遺一卷**　（清）杜文瀾
編　清同治、光緒間刻本　十六冊

510000－2741－0001574　1574

詞律二十卷　（清）萬樹撰　**詞律拾遺八卷**
（清）徐本立纂　**詞律補遺一卷**　（清）杜文瀾
編　清同治、光緒間刻本　十六冊

510000－2741－0001575　1575

詞律二十卷　（清）萬樹撰　**詞律拾遺八卷**
（清）徐本立纂　**詞律補遺一卷**　（清）杜文瀾
編　清同治、光緒間刻本　十六冊

510000－2741－0001576　1576

詞律二十卷　（清）萬樹撰　**詞律拾遺六卷**
（清）徐本立纂　**詞律補遺一卷**　（清）杜文瀾
編　清同治、光緒間刻本　十二冊

510000－2741－0001577　1577

詞選二卷　（清）張惠言録　**續詞選一卷**
（清）董毅輯　**附録一卷**　（清）鄭善長輯　清
刻本　一冊

510000－2741－0001578　1578

詞選二卷　（清）張惠言録　**續詞選一卷**
（清）董毅輯　**附録一卷**　（清）鄭善長輯　清
刻本　一冊

510000－2741－0001579　1579

詞選二卷　（清）張惠言録　**續詞選一卷**
（清）董毅輯　**附録一卷**　（清）鄭善長輯　清
同治十一年(1872)會稽章氏刻本　二冊

510000－2741－0001580　1580

詞學叢書　（清）秦恩復輯　清嘉慶、道光間
江都秦氏享帚精舍刻本　十冊

510000－2741－0001581　1581

詞學叢書　（清）秦恩復輯　清嘉慶、道光間
江都秦氏享帚精舍刻本　十冊

510000－2741－0001582　1582

詞學全書　（清）查培超輯　清乾隆十一年
(1746)致和堂刻本　五冊

510000－2741－0001583　1583

詞源二卷　（宋）張炎編　**詞旨一卷**　（元）陸
輔之述　**樂府指迷一卷**　（宋）沈義父撰　清
道光八年(1828)刻本　一冊

510000－2741－0001584　1584

詞源二卷　（宋）張炎編　**詞旨一卷**　（元）陸
輔之述　**樂府指迷一卷**　（宋）沈義父撰　清

四川大學圖書館古籍普查登記目録

道光八年(1828)刻本　一冊

510000－2741－0001585　1585

詞苑叢談十二卷　（清）徐釚撰　清康熙二十七年(1688)丁煒刻本　四冊

510000－2741－0001586　1586

詞苑英華　（明）毛晉輯　明末海虞毛氏汲古閣刻清乾隆十七年(1752)曲谿洪振珂重修印本　十六冊

510000－2741－0001587　1587

詞綜三十八卷　（清）朱彝尊纂　清刻本八冊

510000－2741－0001588　1588

詞綜三十八卷　（清）朱彝尊纂　明詞綜十二卷國朝詞綜四十八卷國朝詞綜二集八卷（清）王昶纂　清刻本　十一冊　缺七卷（詞綜一至七）

510000－2741－0001589　1589

詞綜三十八卷　（清）朱彝尊纂　明詞綜十二卷國朝詞綜四十八卷國朝詞綜二集八卷（清）王昶纂　清刻本　二十四冊

510000－2741－0001590　1590

詞綜三十八卷　（清）朱彝尊纂　明詞綜十二卷國朝詞綜四十八卷國朝詞綜二集八卷（清）王昶纂　清刻本　二十二冊　缺二十九卷（詞綜一至二十九）

510000－2741－0001591　1591

詞綜三十六卷　（清）朱彝尊撰　清康熙十七年(1678)休陽汪氏裘杼樓刻乾隆九年(1744)汪孟鋗修補印本　八冊　存三十四卷（一至二十四、二十七至三十六）

510000－2741－0001592　1592

慈湖先生遺書二十卷首一卷　（宋）楊簡撰補編一卷　（宋）楊簡撰　（清）馮可鏞輯　慈湖先生世系一卷　（清）馮可鏞　慈湖先生年譜二卷　（清）馮可鏞　（清）葉意深輯　清光緒馮氏毋自欺齋刻本　八冊

510000－2741－0001593　1593

慈溪黃氏日抄分類九十七卷古今紀要十九卷（宋）黃震撰　清耕餘樓刻本　三十二冊缺三卷(八十一、八十九、九十二)

510000－2741－0001594　1594

慈溪黃氏日抄分類九十七卷古今紀要十九卷（宋）黃震撰　清乾隆三十二年(1767)汪佩鍔校刻本　二十四冊

510000－2741－0001595　1595

慈溪黃氏日抄分類九十七卷古今紀要十九卷（宋）黃震撰　清乾隆三十二年(1767)汪佩鍔校刻本　三十二冊

510000－2741－0001596　1596

慈溪黃氏日抄分類九十七卷古今紀要十九卷（宋）黃震撰　清乾隆三十二年(1767)汪佩鍔校刻本　三十冊

510000－2741－0001597　1597

慈溪黃氏日抄分類九十七卷古今紀要十九卷（宋）黃震撰　清乾隆三十二年(1767)汪佩鍔校刻本　二十四冊

510000－2741－0001598　1598

辭賦標義十八卷　（明）俞王言撰　明萬曆二十九年(1601)休寧金氏渾樸居刻本　八冊

510000－2741－0001599　1599

此君園文集三十卷　（清）吳名鳳撰　清道光二十一年(1841)刻本　八冊

510000－2741－0001600　1600

此宜閣增訂金批西廂四卷首一卷末一卷（元）王實甫撰　（清）金聖嘆批　清乾隆六十年(1795)周氏此宜閣刻朱墨套印本　五冊缺一卷(一)

510000－2741－0001601　1601

賜誠堂文集十六卷　（明）管紹寧撰　（清）管繩萊編校　清光緒三年(1877)管氏宗祠刻本二冊

510000－2741－0001602　1602

賜葛堂文集六卷　（清）岳震川撰　清光緒五年(1879)勉紹堂刻本　五冊

四川大學圖書館古籍普查登記目錄

510000－2741－0001603　1603

賜葛堂文集六卷　（清）岳震川撰　清光緒五年(1879)勉紹堂刻本　四冊

510000－2741－0001604　1604

賜葛堂文集六卷　（清）岳震川撰　清光緒五年(1879)勉紹堂刻本　四冊

510000－2741－0001605　1605

從古堂款識學十六卷　（清）徐同柏撰　清光緒三十二年(1906)蒙學報館石印本　八冊

510000－2741－0001606　1606

從古堂款識學十六卷　（清）徐同柏撰　清光緒三十二年(1906)蒙學報館石印本　八冊

510000－2741－0001607　1607

叢碧山房詩初集十四卷二集六卷三集十一卷四集十卷　（清）龐塏撰　清康熙刻本　七冊

510000－2741－0001608　1608

叢睦汪氏遺書　（清）汪簠輯　清光緒十二年(1886)錢塘汪氏長沙刻本　四十六冊

510000－2741－0001609　1609

叢書雜義十二卷續集八卷三集六卷四集四卷　（清）鍾琦撰　清光緒二十八年(1902)刻本　八冊

510000－2741－0001610　1610

叢書雜義十二卷續集八卷三集六卷四集四卷　（清）鍾琦撰　清光緒二十八年(1902)刻本　六冊

510000－2741－0001611　1611

翠琅玕館叢書　（清）馮兆年編　清光緒羊城馮氏刻本　三十二冊

510000－2741－0001612　1612

翠屏詩社稿十卷　（清）馮譽驄輯　清光緒二十四年(1898)刻本　二冊

510000－2741－0001613　1613

翠微山房數學　（清）張作楠撰　清嘉慶、道光間刻光緒五年(1879)補刻本　二十四冊

510000－2741－0001614　1614

翠微山房數學　（清）張作楠撰　清嘉慶、道光間刻光緒五年(1879)補刻本　十六冊

510000－2741－0001615　1615

存悔齋集二十八卷外集四卷　（清）劉鳳誥撰　清道光十年至十七年(1830－1837)劉元喜、楊文蓀刻本　六冊

510000－2741－0001616　1616

存素堂詩稾十三卷　（清）錢寶琛撰　清同治七年(1868)錢鼎銘刻本　二冊

510000－2741－0001617　1617

存素堂文稾四卷補遺一卷　（清）錢寶琛撰　清同治九年(1870)錢鼎銘刻本　二冊

510000－2741－0001618　1618

存研樓文集十六卷　（清）儲大文著　清光緒元年(1875)靜遠堂刻本　八冊

510000－2741－0001619　1619

達觀樓集二十四卷　（明）鄒維璉撰　清道光二十六年(1846)四始堂刻本　六冊

510000－2741－0001620　1620

達生編一卷遂生編一卷福幼編一卷　（清）莊一夔著　清光緒三年(1877)刻本　一冊

510000－2741－0001621　1621

達縣志附錄二卷　（清）□□撰　清末刻本　二冊

510000－2741－0001622　1622

大般若波羅蜜多經卷廿二　（唐）釋玄奘譯　唐寫本　一冊　存一卷(二十二)

510000－2741－0001623　1623

大乘法界無差別論疏二卷　（唐）釋法藏撰　清光緒二十一年(1895)金陵刻經處刻本　一冊

510000－2741－0001624　1624

大乘法明門論一卷八識規矩頌一卷　（明）釋廣益纂釋　清光緒四年(1878)刻本　一冊

510000－2741－0001625　1625

大乘起信論二卷　（南朝梁）釋眞諦譯　（唐）實叉難陀譯　清光緒二十四年(1898)金陵刻經處刻本　一冊

四川大學圖書館古籍普查登記目録

510000－2741－0001626　1626

大乘起信論義記七卷大乘起信論別記一卷
（唐）釋法藏撰　清光緒二十三年至二十四年
（1897－1898）金陵刻經處刻本　二冊

510000－2741－0001627　1627

大戴禮記補注十三卷　（清）孔廣森撰　清同
治十三年（1874）淮南書局刻本　四冊

510000－2741－0001628　1628

大戴禮記補注十三卷　（清）孔廣森撰　清同
治十三年（1874）淮南書局刻本　四冊

510000－2741－0001629　1629

大戴禮記十三卷　（漢）戴德撰　清光緒二十
三年（1897）刻本　二冊

510000－2741－0001630　1630

大方廣圓覺脩多羅了義經二卷　（唐）佛陀多
羅譯　清同治八年（1869）金陵刻經處刻本
一冊

510000－2741－0001631　1631

大方廣圓覺脩多羅了義經近釋六卷　（明）通
潤述　清光緒十二年（1886）金陵刻經處刻本
二冊

510000－2741－0001632　1632

大方廣圓覺脩多羅了義經近釋六卷　（明）通
潤述　清光緒十二年（1886）金陵刻經處刻本
二冊

510000－2741－0001633　1633

大風集四卷　（清）汪緻著　清光緒二十二年
（1896）刻本　四冊

510000－2741－0001634　1634

**大佛頂如來密因修證了義諸菩薩萬行首楞嚴
經十卷**　（唐）般剌密諦譯　清光緒二十七年
（1901）刻本　二冊

510000－2741－0001635　1635

**大佛頂如來密因修證了義諸菩薩萬行首楞嚴
經文句十卷**　（唐）般剌密諦譯經　（明）智旭
文句　**玄義二卷**　（明）智旭撰述　清宣統元
年（1909）刻本　十冊

510000－2741－0001636　1636

**大佛頂如來密因修證了義諸菩薩萬行首楞嚴
經纂註十卷首一卷末一卷**　（唐）般剌密諦譯
　（唐）彌伽釋迦譯語　（唐）房融筆受　清光
緒三十四年（1908）金陵刻經處刻本　五冊

510000－2741－0001637　1637

大還閣琴譜六卷　（清）徐祺撰　清康熙十二
年（1673）蔡毓榮刻本　四冊

510000－2741－0001638　1638

大鶴山房全書　（清）鄭文焯撰　清光緒至民
國刻本　八冊

510000－2741－0001639　1639

大鶴山房全書　（清）鄭文焯撰　清光緒至民
國刻本　八冊

510000－2741－0001640　1640

大金國志四十卷　（宋）宇文懋昭撰　清嘉慶
二年（1797）掃葉山房校刻本　四冊

510000－2741－0001641　1641

大金集禮四十卷　（金）張暐撰　清光緒二十
一年（1895）廣雅書局刻本　四冊

510000－2741－0001642　1642

大明萬曆己丑重刊改併五音集韻十五卷
（金）韓道昭編　明萬曆十七年（1589）刻本
五冊

510000－2741－0001643　1643

大明一統志九十卷　（明）李賢　（明）萬安等
纂修　明天順五年（1461）刻本　四十冊

510000－2741－0001644　1644

大能寒軒詩鈔八卷前一卷後一卷　（清）吳爲
楫撰　清同治四年（1865）刻本　四冊

510000－2741－0001645　1645

大錢圖錄一卷續叢稿一卷　（清）鮑康著　**李
竹朋續泉說一卷**　（清）李佐賢撰　清光緒二
年（1876）刻本　二冊

510000－2741－0001646　1646

大清光緒三十年歲次甲辰航海通書　（清）江
南製造局譯改　（清）賈步緯　（清）火榮業算

校　清末石印本　一冊

510000－2741－0001647　1647

大清光緒新法令十三類　商務印書館編譯所編纂　清宣統元年(1909)商務印書館鉛印本　二十冊

510000－2741－0001648　1648

大清會典四卷　(清)托津等修　清同治十一年(1872)湖北崇文書局刻本　四冊

510000－2741－0001649　1649

大清會典四卷　(清)托津等修　清同治十一年(1872)湖北崇文書局刻本　四冊

510000－2741－0001650　1650

大清搢紳全書　(清)□□輯　清光緒二十八年(1902)榮録堂刻本　四冊

510000－2741－0001651　1651

大清搢紳全書　(清)□□輯　清光緒三十二年(1906)榮録堂刻本　四冊

510000－2741－0001652　1652

大清律例按語一百四卷　(清)律例館編纂　清道光二十七年(1847)海山仙館刻本　八十冊

510000－2741－0001653　1653

大清律例彙輯便覽四十卷附督捕則例二卷五軍道里表一卷三流道里表一卷　(清)湖北讞局彙輯　清同治十一年(1872)湖北讞局刻本　三十二冊

510000－2741－0001654　1654

大清律例彙輯便覽四十卷附督捕則例二卷五軍道里表一卷三流道里表一卷　(清)湖北讞局彙輯　清同治十一年(1872)湖北讞局刻本　三十二冊

510000－2741－0001655　1655

大清律例三十九卷督捕則例二卷三流道里表不分卷律例館校正洗冤録四卷檢骨格一卷　(清)唐紹祖等纂修　清道光二十五年(1845)刻本　二十六冊

510000－2741－0001656　1656

大清律例統纂集成四十卷末一卷督補則例附纂二卷　(清)姚潤輯　清道光十一年(1831)刻本　二十二冊

510000－2741－0001657　1657

大清律例增修統纂集成四十卷督捕則例附纂二卷　(清)陶駿增修　清光緒二十六年(1900)鉛印本　二十四冊

510000－2741－0001658　1658

大清史略十一卷　(日本)佐藤楚材編輯　清光緒二十八年(1902)益元書局刻本　八冊

510000－2741－0001659　1659

大清通禮五十四卷　(清)穆克登額等纂　清光緒九年(1883)江蘇書局刻本　十二冊

510000－2741－0001660　1660

大清通禮五十四卷　(清)穆克登額等纂　清光緒九年(1883)江蘇書局刻本　十二冊

510000－2741－0001661　1661

大清通禮五十四卷　(清)穆克登額等纂　清道光刻本　十六冊

510000－2741－0001662　1662

大清通禮五十四卷　(清)穆克登額等纂　清刻本　十二冊

510000－2741－0001663　1663

大清現行法制大意　(清)黎君初編輯　清宣統三年(1911)文倫書局鉛印本　四冊

510000－2741－0001664　1664

大清刑事民事訴訟法五章　(清)法律館稿　清光緒三十二年(1906)成都官報書局鉛印本　一冊

510000－2741－0001665　1665

大清刑事民事訴訟法五章　(清)法律館稿　清光緒三十二年(1906)成都官報書局鉛印本　一冊

510000－2741－0001666　1666

大清刑事民事訴訟法五章　(清)法律館稿　清光緒三十二年(1906)成都官報書局鉛印本　一冊

四川大學圖書館古籍普查登記目録

510000－2741－0001667　1667

大清宣統新法令不分卷　商務印書館編譯所編纂　清宣統元年至二年(1909－1910)上海商務印書館鉛印本　二十冊

510000－2741－0001668　1668

大清宣統新法令不分卷　商務印書館編譯所編纂　清宣統元年至二年(1909－1910)上海商務印書館鉛印本　二十冊

510000－2741－0001669　1669

大清一統志表不分卷　(清)□□編　清刻本　八冊

510000－2741－0001670　1670

大清一統志表不分卷　(清)□□編　清乾隆五十八年(1793)刻本　六冊

510000－2741－0001671　1671

大清一統志輯要五十卷　(清)洪亮吉撰　清光緒二十八年(1902)山左輿圖局鉛印本　十一冊　存四十五卷(一至二十六、三十二至五十)

510000－2741－0001672　1672

大清一統志四百二十四卷　(清)和珅等纂修　清光緒二十八年(1902)上海寶善齋石印本　六十冊

510000－2741－0001673　1673

大清一統志四百二十四卷　(清)和珅等纂修　清光緒二十三年(1897)杭州竹簡齋石印本　六十冊

510000－2741－0001674　1674

大清重刻龍藏彙記一卷　(清)釋趙盛輯　清同治九年(1870)金陵刻經處刻本　一冊

510000－2741－0001675　1675

大事記十二卷通釋三卷解題十二卷　(宋)呂祖謙撰　清刻本　十六冊

510000－2741－0001676　1676

大唐開元占經一百二十卷　(唐)釋悉達撰　清光緒恆德堂刻本　十六冊　缺十四卷(九十七至一百十)

510000－2741－0001677　1677

大唐開元占經一百二十卷　(唐)釋悉達撰　清光緒恆德堂刻本　二十冊

510000－2741－0001678　1678

大統春秋公羊補證十一卷附素王制作宗旨一卷大統凡例一卷黃帝學利益百目一卷　廖平撰　清光緒三十二年(1906)則柯軒刻本　十冊

510000－2741－0001679　1679

大興徐氏三種　(清)徐松撰　清道光刻本　八冊

510000－2741－0001680　1680

大興徐氏三種　(清)徐松撰　清道光刻本　八冊

510000－2741－0001681　1681

大興徐氏三種　(清)徐松撰　清道光刻本　六冊

510000－2741－0001682　1682

大學古本一卷　(明)來知德著　清刻本　一冊

510000－2741－0001683　1683

大學古本質言一卷　(清)劉沅著　清咸豐二年(1852)豫誠堂刻本　一冊

510000－2741－0001684　1684

大學古本質言一卷　(清)劉沅著　清咸豐二年(1852)豫誠堂刻本　一冊

510000－2741－0001685　1685

大學衍義補一百六十卷首一卷　(明)丘濬撰　明崇禎陳仁錫刻尚德堂印本　四十八冊

510000－2741－0001686　1686

大學衍義補一百六十卷首一卷　(明)邱濬著　(明)陳仁錫評閱　清同治十三年(1874)夔州府雲邑郭氏家塾刻本　四十冊

510000－2741－0001687　1687

大學衍義輯要六卷大學衍義補輯要十二卷首一卷　(清)陳宏謀纂輯　清道光二十二年(1842)寶恕堂刻本　十六冊

510000－2741－0001688　1688

大學衍義四十三卷　（宋）真德秀撰　明嘉靖六年(1527)司禮監刻本　二十册

510000－2741－0001689　1689

大學衍義四十三卷　（宋）真德秀撰　清同治十三年(1874)金陵書局刻本　八册

510000－2741－0001690　1690

大學衍義四十三卷　（宋）真德秀撰　**大學衍義補一百六十卷**　（明）丘濬撰　清同治十三年(1874)夔州府雲邑郭氏家塾刻本　四十册

510000－2741－0001691　1691

大學衍義四十三卷　（宋）真德秀撰　**大學衍義補一百六十卷**　（明）丘濬撰　清同治十三年(1874)夔州府雲邑郭氏家塾刻本　四十册

510000－2741－0001692　1692

大學衍義四十三卷　（宋）真德秀撰　**大學衍義補一百六十卷**　（明）丘濬撰　清同治十三年(1874)夔州府雲邑郭氏家塾刻本　四十八册

510000－2741－0001693　1693

大義覺迷録四卷　（清）世宗胤禛撰　清雍正刻本　四册

510000－2741－0001694　1694

大英國志八卷　（英國）慕維廉譯　清光緒七年(1881)刻本　四册

510000－2741－0001695　1695

大英治理印度新政考六卷　（英國）亨德偉良撰　（清）任保羅等譯　清光緒三十年(1904)商務印書館鉛印本　三册　存三卷(一、三至四)

510000－2741－0001696　1696

大元聖政國朝典章六十卷附新集不分卷　（元）□□撰　清光緒三十四年(1908)法律館刻本　二十四册

510000－2741－0001697　1697

大雲山房文稿初集四卷　（清）惲敬著　清嘉慶二十年(1815)盧旬宣南昌甲戌坊刻本

四册

510000－2741－0001698　1698

大雲山房文稿初集四卷二集四卷　（清）惲敬著　清光緒十四年(1888)官書處刻本　八册

510000－2741－0001699　1699

大雲山房文稿初集四卷二集四卷　（清）惲敬著　清光緒十四年(1888)官書處刻本　八册

510000－2741－0001700　1700

大雲山房文稿初集四卷二集四卷　（清）惲敬著　清光緒十四年(1888)官書處刻本　八册

510000－2741－0001701　1701

大雲山房文稿二集四卷　（清）惲敬著　清嘉慶二十一年(1816)宋揚光南海刻本　四册

510000－2741－0001702　1702

大雲山房文槀初集四卷二集四卷補編一卷言事二卷　（清）惲敬著　清同治八年(1869)惲念孫四川刻本　十册

510000－2741－0001703　1703

代耕堂稿三十五卷　（清）李嘉續撰　清光緒二十七年(1901)刻本　六册

510000－2741－0001704　1704

代數備旨不分卷　（美國）狄考文輯譯　清光緒三十四年(1908)上海美華書館鉛印本　一册

510000－2741－0001705　1705

代數備旨不分卷　（美國）狄考文選譯　清光緒二十八年(1902)上海美華書館鉛印本　一册

510000－2741－0001706　1706

代數難題解法十六卷　（英國）倫德編輯　(英國)傅蘭雅口譯　（清）華蘅芳筆譯　清刻本　六册

510000－2741－0001707　1707

代數難題解法十六卷　（英國）倫德編輯　(英國)傅蘭雅口譯　（清）華蘅芳筆譯　清光緒二十二年(1896)上海璣衡堂石印本　三册

510000－2741－0001708　1708

代數術二十五卷首一卷　（美國）華里司輯
（英國）傅蘭雅口譯　（清）華蘅芳筆述　清同
治十二年(1873)上海江南製造局刻本　六冊

510000－2741－0001709　1709

代微積拾級十八卷　（米利堅）羅密士撰
（英國）偉烈亞力口譯　（清）李善蘭筆述　清
咸豐九年(1859)墨海刻本　二冊　存十一卷
（一至九、十七至十八）

510000－2741－0001710　1710

代形合參三卷附一卷　（美國）羅密士原著
（美國）潘慎文譯文　（清）謝洪賚筆述　清宣
統二年(1910)上海美華書館鉛印本　一冊

510000－2741－0001711　1711

岱南閣叢書　（清）孫星衍輯　清乾隆、嘉慶
間刻嘉慶二十三年(1818)牛氏空山堂彙印本
三十六冊

510000－2741－0001712　1712

待鶴樓詩鈔一卷　（清）王懷曾著　清道光二
十六年(1846)刻本　一冊

510000－2741－0001713　1713

待堂文録一卷　（清）田明昶撰　清光緒十三
年(1887)刻本　一冊

510000－2741－0001714　1714

帶經堂集七編九十二卷　（清）王世禎撰
（清）程哲編　清康熙四十九年至五十年
(1710－1711)程氏原刻乾隆帶經堂修補印本
二十

510000－2741－0001715　1715

帶經堂詩話三十卷首一卷　（清）王士禎撰
清同治十二年(1873)廣州藏脩堂刻本　十冊

510000－2741－0001716　1716

帶經堂詩話三十卷首一卷　（清）王士禎撰
清同治十二年(1873)廣州藏脩堂刻本　十冊

510000－2741－0001717　1717

帶經堂詩話三十卷首一卷　（清）王士禎撰
清刻本　八冊

510000－2741－0001718　1718

貸園叢書初集　（清）周永年輯　清乾隆五十
四年(1789)歷城周氏竹西書屋刻本　十六冊

510000－2741－0001719　1719

貸園叢書初集　（清）周永年輯　清乾隆五十
四年(1789)歷城周氏竹西書屋刻本　十二冊

510000－2741－0001720　1720

戴東原集十二卷　（清）戴震撰　戴東原先生
年譜一卷覆校札記一卷（清）段玉裁撰　清
宣統二年(1910)渭南嚴氏成都刻本　六冊

510000－2741－0001721　1721

戴東原集十二卷　（清）戴震撰　戴東原先生
年譜一卷覆校札記一卷（清）段玉裁撰　清
宣統二年(1910)渭南嚴氏成都刻本　四冊

510000－2741－0001722　1722

戴東原集十二卷　（清）戴震撰　戴東原先生
年譜一卷覆校札記一卷（清）段玉裁撰　清
宣統二年(1910)渭南嚴氏成都刻本　六冊

510000－2741－0001723　1723

戴東原集十二卷　（清）戴震撰　戴東原先生
年譜一卷覆校札記一卷（清）段玉裁撰　清
宣統二年(1910)渭南嚴氏成都刻本　六冊

510000－2741－0001724　1724

戴東原集十二卷　（清）戴震撰　戴東原先生
年譜一卷覆校札記一卷（清）段玉裁撰　清
宣統二年(1910)渭南嚴氏成都刻本　六冊

510000－2741－0001725　1725

戴東原集十二卷　（清）戴震撰　戴東原先生
年譜一卷覆校札記一卷（清）段玉裁撰　清
宣統二年(1910)渭南嚴氏成都刻本　六冊

510000－2741－0001726　1726

戴東原集十二卷首一卷　（清）戴震撰　清光
緒十年(1884)戴段合刻本　六冊

510000－2741－0001727　1727

戴東原集十二卷首一卷　（清）戴震撰　清光
緒十年(1884)戴段合刻本　四冊

510000－2741－0001728　1728

戴東原文集十卷　（清）戴震撰　清乾隆曲阜

孔氏刻微波榭叢書本　三冊

510000－2741－0001729　1729
戴記舊本大學一卷　(明)錢一本輯　明萬曆
四十一年(1613)刻本　一冊

510000－2741－0001730　1730
戴南山集偶鈔二卷　(清)戴名世撰　清抄本
二冊

510000－2741－0001731　1731
戴南山文鈔六卷首一卷　(清)戴名世撰　清
宣統二年(1910)上海國學扶輪社鉛印本
三冊

510000－2741－0001732　1732
戴南山文鈔六卷首一卷　(清)戴名世撰　清
宣統二年(1910)上海國學扶輪社鉛印本
三冊

510000－2741－0001733　1733
戴南山文鈔六卷首一卷　(清)戴名世撰　清
宣統二年(1910)上海國學扶輪社鉛印本
三冊

510000－2741－0001734　1734
戴田有自定時文全集不分卷　(清)戴名世撰
清康熙刻本　十冊

510000－2741－0001735　1735
丹魁堂詩集七卷　(清)季芝昌撰　**茗韻軒遺
詩一卷**　(清)王甥稙撰　清同治四年(1865)
紫琅寓館刻本　三冊

510000－2741－0001736　1736
丹稜縣鄉土志二編　(清)張景旭修　(清)齊
肇橫等纂　清光緒三十一年(1905)鉛印本
三冊

510000－2741－0001737　1737
丹稜縣鄉土志二編　(清)張景旭修　(清)齊
肇橫等纂　清光緒三十二年(1906)鉛印本
一冊

510000－2741－0001738　1738
丹鉛總錄二十七卷　(明)楊慎撰　明嘉靖三
十三年(1554)梁佐刻本　十冊

510000－2741－0001739　1739
丹臺玉案六卷　(明)孫文胤著　清學餘堂刻
本　六冊

510000－2741－0001740　1740
丹溪先生心法三種　(元)朱震亨撰　(明)吳
勉學校　清刻本　五冊

510000－2741－0001741　1741
丹溪心法附餘二十四卷首一卷　(明)方廣類
集　清大文堂刻本　十二冊

510000－2741－0001742　1742
丹溪心法附餘二十四卷首一卷　(明)方廣輯
清宣統元年(1909)上海文瑞樓石印本　十
二冊

510000－2741－0001743　1743
丹溪心法七種　(明)方廣輯　清刻本　十冊

510000－2741－0001744　1744
單氏家乘不分卷　(清)單燦等修　清乾隆單
氏宗祠刻本　三冊

510000－2741－0001745　1745
淡香齋詩集三卷外集二卷北遊水陸紀程二卷
(清)鄭國楷著　(清)鄭國憲等編校　清道
光七年(1827)刻本　四冊

510000－2741－0001746　1746
彈指詞二卷　(清)顧貞觀撰　清乾隆四十九
年(1784)積書巖刻本　二冊

510000－2741－0001747　1747
澹靜齋全集　(清)龔景瀚撰　清道光六年
(1826)恩錫堂刻本　十二冊

510000－2741－0001748　1748
澹秋館遺詩一卷　(清)林毓麟撰　清宣統三
年(1911)成都鉛印本　一冊

510000－2741－0001749　1749
澹園詩草三卷　(清)傅光弼著　清光緒十六
年(1890)鄂渚書局刻本　一冊

510000－2741－0001750　1750
澹園詩草三卷　(清)傅光弼撰　清光緒十六
年(1890)鄂渚書局刻本　一冊

四川大學圖書館古籍普查登記目錄

510000 – 2741 – 0001751　　1751

滄園文一卷　（清）傅光弼著　清光緒二十四年(1898)鄂渚書局刻本　一冊

510000 – 2741 – 0001752　　1752

滄園文一卷　（清）傅光弼著　清光緒二十四年(1898)鄂渚書局刻本　一冊

510000 – 2741 – 0001753　　1753

澹遠軒詩稿二卷　（清）趙燮元著　清光緒刻本　一冊　存一卷(一)

510000 – 2741 – 0001754　　1754

澹遠軒文集二卷　（清）趙燮元著　清光緒刻本　二冊

510000 – 2741 – 0001755　　1755

澹遠軒文集二卷　（清）趙燮元著　清光緒刻本　一冊

510000 – 2741 – 0001756　　1756

澹齋集六卷　（清）傅爲霖撰　清宣統刻本　二冊　存三卷(澹齋文略一卷、鄂垣隨筆一卷、澹齋詩略一)

510000 – 2741 – 0001757　　1757

澹齋集六卷　（清）傅爲霖撰　清宣統刻本　三冊

510000 – 2741 – 0001758　　1758

澹齋集六卷　（清）傅爲霖撰　清宣統刻本　三冊

510000 – 2741 – 0001759　　1759

澹齋詩略一卷鄂垣隨筆一卷　（清）傅爲霖撰　清宣統刻本　一冊

510000 – 2741 – 0001760　　1760

憺園全集三十六卷　（清）徐乾學撰　清光緒九年(1883)嘉興金吳瀾鋤月吟館刻本　十六冊

510000 – 2741 – 0001761　　1761

憺園全集三十六卷　（清）徐乾學撰　清光緒九年(1883)嘉興金吳瀾鋤月吟館刻本　十六冊

510000 – 2741 – 0001762　　1762

當歸草堂叢書　（清）丁丙編　清同治二年至五年(1863 – 1866)錢塘丁氏刻本　十冊

510000 – 2741 – 0001763　　1763

當歸草堂醫學叢書初編　（清）丁丙輯　清光緒四年(1878)錢塘丁氏當歸草堂刻本　十冊

510000 – 2741 – 0001764　　1764

當歸草堂醫學叢書初編　（清）丁丙輯　清光緒四年(1878)錢塘丁氏當歸草堂刻本　十冊

510000 – 2741 – 0001765　　1765

當歸草堂醫學叢書初編　（清）丁丙輯　清光緒四年(1878)錢塘丁氏當歸草堂刻本　十冊

510000 – 2741 – 0001766　　1766

當歸草堂醫學叢書初編　（清）丁丙輯　清光緒四年(1878)錢塘丁氏當歸草堂刻本　十冊

510000 – 2741 – 0001767　　1767

蕩平髮逆圖記二十二卷首一卷　（清）杜文瀾撰　清光緒十七年(1891)上海書局石印暨鉛印本　四冊

510000 – 2741 – 0001768　　1768

道藏　（明）張宇初等編　明正統十年(1445)刻本　二千六百六十九冊

510000 – 2741 – 0001769　　1769

道德經二卷　（漢）河上公章句　道德經附錄一卷道德經釋文一卷道德經河上公章句校勘記一卷　清光緒二十年(1894)湖南學庫山房元記書局刻本　二冊

510000 – 2741 – 0001770　　1770

道德經二卷　（漢）河上公章句　道德經附錄一卷道德經釋文一卷道德經河上公章句校勘記一卷　清光緒二十年(1894)湖南學庫山房元記書局刻本　二冊

510000 – 2741 – 0001771　　1771

道德經二卷　（清）徐大椿注　清刻本　一冊

510000 – 2741 – 0001772　　1772

道德經會義四卷道德經要義一卷　（清）劉一明解　清道光十五年至十七年(1835 – 1837)湖南常德府武陵敬信堂刻本　二冊

四川大學圖書館古籍普查登記目錄

510000－2741－0001773　1773

道德經解一卷　（唐）純陽子注　清刻本
一冊

510000－2741－0001774　1774

道德經經緯八十一卷　（清）李正著　（清）柳
融傳　（清）龔震陽傳解　清同治四年(1865)
刻本　十二冊

510000－2741－0001775　1775

道德經妙門約二卷　（清）潘靜觀註　（清）顧
日融約　清嘉慶四年(1799)于陽海等刻十四
年(1809)印本　二冊

510000－2741－0001776　1776

道德經評註二卷　（漢）河上公註　（明）歸有
光批　（明）文震孟訂正　清抄本　一冊

510000－2741－0001777　1777

道德經釋辭二卷　（明）王一清註　明萬曆二
十九年(1601)刻本　二冊

510000－2741－0001778　1778

道法紀綱不分卷　（□）王天一真人著　清宣
統二年(1910)待鶴山房鉛印本　一冊

510000－2741－0001779　1779

道古堂文集四十八卷詩集二十六卷　（清）杭
世駿撰　清乾隆刻本　十冊

510000－2741－0001780　1780

**道古堂文集四十八卷詩集二十六卷外文一卷
外詩一卷軼事一卷**　（清）杭世駿撰　清光緒
十四年(1888)汪氏振綺堂校訂補刻本　十
六冊

510000－2741－0001781　1781

道齊正軌二十卷　（清）鄒鳴鶴纂述　（清）蘇
源生編校　清道光三十年(1850)刻本　八冊

510000－2741－0001782　1782

道書三種　（□）□□輯　清光緒成都學道街
刻本　一冊

510000－2741－0001783　1783

道統大成　（清）汪啟濩輯　清光緒二十六年
(1900)申江刻本　十冊　存四集九卷(坎集
一至三、離集一至四、震集一、兌集二)

510000－2741－0001784　1784

道咸同光四朝詩史甲集八卷　（清）孫雄輯
清宣統二年(1910)昭文孫雄刻本　五冊

510000－2741－0001785　1785

道援堂詩集十二卷詞一卷　（清）屈大均撰
清刻本　六冊

510000－2741－0001786　1786

道援堂詩集十二卷詞一卷　（清）屈大均撰
清刻本　八冊

510000－2741－0001787　1787

道援堂詩集十二卷詞一卷　（清）屈大均撰
清刻本　四冊

510000－2741－0001788　1788

道園學古錄二十卷　（元）虞集著　清刻本
八冊

510000－2741－0001789　1789

得心集醫案六卷　（清）謝星煥著　（清）謝甘
霖　（清）謝甘澍纂輯　清咸豐十一年(1861)
刻本　六冊

510000－2741－0001790　1790

得一錄八卷首一卷　（清）余治著　清同治八
年(1869)刻本　八冊

510000－2741－0001791　1791

德國陸軍考四卷　（法國）歐盟輯著　（清）吳
宗濂譯文　（清）潘元善執筆　清光緒二十七
年(1901)江南製造局鉛印本　四冊

510000－2741－0001792　1792

德國陸軍考四卷　（法國）歐盟輯著　（清）吳
宗濂譯文　（清）潘元善執筆　清光緒二十七
年(1901)江南製造局鉛印本　四冊

510000－2741－0001793　1793

德清俞蔭甫所著書　（清）俞樾撰　清同治十
年(1871)刻本　八十冊

510000－2741－0001794　1794

德清俞蔭甫所著書　（清）俞樾撰　清同治十
年(1871)刻本　一百六十冊

四川大學圖書館古籍普查登記目錄

510000 – 2741 – 0001795 1795

德陽縣鄉土志三卷 （清）□□纂 清末抄本
一冊

510000 – 2741 – 0001796 1796

德州田氏叢書 （清）田雯等撰 清康熙、乾
隆間刻本 十二冊

510000 – 2741 – 0001797 1797

德壯果公年譜三十二卷首二卷 （清）花沙納
纂 清咸豐刻本 十六冊

510000 – 2741 – 0001798 1798

登壇必究四十卷 （明）王鳴鶴編 明萬曆二
十七年(1599)刻本 二十八冊

510000 – 2741 – 0001799 1799

登壇必究四十卷 （明）王鳴鶴編 清刻本
四十冊

510000 – 2741 – 0001800 1800

等韻一得二卷 （清）勞乃宣撰 清光緒三十
二年(1906)錦城簡字師範學堂刻本 二冊

510000 – 2741 – 0001801 1801

鄧文肅公巴西集二卷 （元）鄧文原撰 清光
緒二十五年(1899)綿州吳朝品刻本 二冊

510000 – 2741 – 0001802 1802

鄧文肅公巴西集二卷 （元）鄧文原撰 清光
緒二十五年(1899)綿州吳朝品刻本 二冊

510000 – 2741 – 0001803 1803

鄧文肅公巴西集二卷 （元）鄧文原撰 清光
緒二十五年(1899)綿州吳朝品刻本 二冊

510000 – 2741 – 0001804 1804

鄧文肅公巴西集二卷 （元）鄧文原撰 清光
緒二十五年(1899)綿州吳朝品刻本 二冊

510000 – 2741 – 0001805 1805

狄梁公九諫不分卷 （唐）狄仁傑撰 清末沈
氏授經樓抄本 一冊

510000 – 2741 – 0001806 1806

笛漁小稿十卷 （清）朱昆田撰 清刻本
一冊

510000 – 2741 – 0001807 1807

地藏菩薩本願經三卷 （唐）實叉難陀譯 清
光緒三十年(1904)金陵刻經處刻本 一冊

510000 – 2741 – 0001808 1808

地理末學二卷首一卷 （清）紀大奎撰 清同
治九年(1870)四川刻本 四冊

510000 – 2741 – 0001809 1809

地理水法要訣五卷 （清）紀大奎著 清同治
十一年(1872)刻本 二冊

510000 – 2741 – 0001810 1810

地理元宗圖說二卷 （清）秦蕙田著 清咸豐
元年(1851)廣東撫署刻本 二冊

510000 – 2741 – 0001811 1811

地球新義二卷 廖平撰 清光緒二十五年
(1899)繁江兩峯精舍校刻本 二冊

510000 – 2741 – 0001812 1812

地文學問答十一章 （清）邵義譯述 清光緒
三十二年(1906)商務印書館鉛印本 一冊

510000 – 2741 – 0001813 1813

地學淺釋三十八卷 （英國）雷俠兒撰 （美
國）瑪高溫口譯 （清）華蘅芳筆述 （清）趙
宏繪圖 清同治十二年(1873)刻本 八冊

510000 – 2741 – 0001814 1814

地學淺釋三十八卷 （英國）雷俠兒撰 （美
國）瑪高溫口譯 （清）華蘅芳筆述 （清）趙
宏繪圖 清同治十二年(1873)刻本 八冊

510000 – 2741 – 0001815 1815

地學須知一卷 （英國）傅蘭雅撰 清光緒九
年(1883)刻本 一冊

510000 – 2741 – 0001816 1816

弟子職箋釋一卷史目表二卷 （清）洪亮吉撰
清光緒三年(1877)湖北洪氏授經堂刻本
一冊

510000 – 2741 – 0001817 1817

帝範四卷 （唐）李世民撰 清刻本 一冊

510000 – 2741 – 0001818 1818

帝鑑圖說不分卷 （明）張居正輯 清江陵鄧

四川大學圖書館古籍普查登記目錄

氏刻本　四冊

510000－2741－0001819　1819
帝鑑圖說不分卷　（明）張居正輯　清刻本
六冊

510000－2741－0001820　1820
帝京景物略八卷　（明）劉侗　（清）于奕正撰
　明崇禎刻本　八冊

510000－2741－0001821　1821
帝女花二卷　（清）黃燮清撰　清同治四年
(1865)刻本　一冊

510000－2741－0001822　1822
第六才子書西廂記八卷西廂詩二卷才子西廂
醉心篇一卷　（元）王實甫著　（清）嘉禾散人
點定　（清）金聖嘆評點　清道光二十九年
(1849)味蘭軒刻朱墨套印本　五冊

510000－2741－0001823　1823
第五才子書十二卷　（明）金人瑞　（明）李贄
鑒定　（明）羅貫中參訂　清藜照書屋刻本
十二冊

510000－2741－0001824　1824
第一才子書六十卷首一卷　（明）羅貫中著
（清）毛宗崗評　清善成堂刻朱墨套印本　二
十冊

510000－2741－0001825　1825
第一才子書六十卷一百二十回　（明）羅貫中
著　（清）毛宗崗評　清善成堂刻朱墨套印本
　二十冊

510000－2741－0001826　1826
第一才子書繡像三國志演義六十卷　（明）羅
貫中撰　（清）毛宗崗評　清刻本　二十冊

510000－2741－0001827　1827
棣懷堂隨筆六卷　（清）李象鵾撰　清道光刻
本　四冊

510000－2741－0001828　1828
滇補一卷　（清）程封輯　清刻本　一冊

510000－2741－0001829　1829
滇南草本三卷醫門肇要二卷　（明）楊林著

清光緒十三年(1887)刻本　六冊

510000－2741－0001830　1830
滇南草本三卷醫門肇要二卷　（明）楊林著
清光緒十三年(1887)刻本　五冊

510000－2741－0001831　1831
滇南文略四十七卷首一卷　（清）袁文揆
（清）張登瀛輯　清光緒二十六年(1900)刻本
　二十四冊

510000－2741－0001832　1832
滇秀集初編五卷　（清）許印芳編　清光緒二
十三年(1897)刻本　二冊

510000－2741－0001833　1833
滇軺紀程一卷荷戈紀程一卷　（清）林則徐撰
　清光緒三年(1877)刻本　一冊

510000－2741－0001834　1834
滇軺紀程一卷荷戈紀程一卷林文忠公政書蒐
遺一卷　（清）林則徐撰　清光緒三年至五年
(1877－1879)刻後印本　一冊

510000－2741－0001835　1835
典禮備要八卷　（清）呂紹衣等修　清刻本
二冊

510000－2741－0001836　1836
典禮備要八卷　（清）呂紹衣等修　清刻本
二冊

510000－2741－0001837　1837
典禮備要八卷　（清）呂紹衣等修　清刻本
二冊

510000－2741－0001838　1838
點石齋畫報　上海申報館編　清光緒十六年
(1890)點石齋石印本　一冊　存七號(二百
四十至二百四十六)

510000－2741－0001839　1839
電氣鍍金略法一卷　（英國）華特纂　（英國）
傅蘭雅口譯　（清）周郇筆述　清末上海江南
製造局刻本　一冊

510000－2741－0001840　1840
電氣鍍鎳一卷　（英國）傅蘭雅口譯　（清）徐

四川大學圖書館古籍普查登記目錄

華封筆述　清末上海江南製造局刻本　一冊

510000－2741－0001841　1841

電學測算十一章　（清）徐兆熊譯述　清末鉛印本　一冊

510000－2741－0001842　1842

電學測算十一章　（清）徐兆熊譯述　清末鉛印本　一冊

510000－2741－0001843　1843

電學綱目一卷　（英國）田大里輯　（英國）傅蘭雅口譯　（清）周郇筆述　清末上海江南製造局刻本　一冊

510000－2741－0001844　1844

電學十卷首一卷　（英國）瑙挨德著　（英國）傅蘭雅口譯　（清）徐建寅筆述　清末上海江南製造局刻本　六冊

510000－2741－0001845　1845

電學綱目一卷　（英國）傅蘭雅口譯　（清）周郇筆述　清末上海江南製造局刻本　一冊

510000－2741－0001846　1846

雕菰樓集二十四卷　（清）焦循撰　清道光四年(1824)阮福嶺南刻本　五冊

510000－2741－0001847　1847

蜨庵詩鈔八卷賦鈔二卷　（清）楊棨撰　清咸豐十年(1860)丹徒楊氏刻本　四冊

510000－2741－0001848　1848

蜨庵詩鈔八卷賦鈔二卷　（清）楊棨撰　清咸豐十年(1860)丹徒楊氏刻本　四冊

510000－2741－0001849　1849

疊山謝先生文章軌範七卷　（宋）謝枋得輯　清刻本　二冊

510000－2741－0001850　1850

疊雅十三卷附雙名録一卷　（清）史夢蘭撰　清同治四年(1865)刻止園叢書本　四冊

510000－2741－0001851　1851

丁亥入都紀程二卷　（清）黎庶昌撰　清光緒二十年(1894)川東道署刻本　一冊

510000－2741－0001852　1852

丁文誠公遺稿不分卷　（清）丁寶楨撰　清光緒二十年(1894)刻丁文誠公遺集本　一冊

510000－2741－0001853　1853

丁文誠公遺集　（清）丁寶楨撰　清光緒十九年至二十年(1893－1894)丁體常京師刻本二十八冊

510000－2741－0001854　1854

丁文誠公奏稿二十六卷首一卷　（清）丁寶楨著　清光緒二十二年(1896)南海羅氏成都刻本　二十七冊

510000－2741－0001855　1855

頂批金丹真傳六卷　（明）孫汝忠著　（明）張崇烈註　（明）李堪疏　清咸豐九年(1859)刻本　一冊

510000－2741－0001856　1856

鼎鐫諸方家彙編皇明名公文雋八卷　（明）袁宏道輯　（明）丘兆麟補　（明）吳從先釋（明）陳萬言彙評　明刻本　二冊　存二卷（七至八）

510000－2741－0001857　1857

定安策一卷　（清）劉愚著　清同治四年(1865)刻本　一冊

510000－2741－0001858　1858

定盦文集三卷補一卷續集四卷　（清）龔自珍撰　清同治七年(1868)刻本　四冊

510000－2741－0001859　1859

定國志安邦中集二十卷　（□）□□撰　清末刻本　二十四冊

510000－2741－0001860　1860

定山堂詩集四十三卷詩餘四卷　（清）龔鼎孳撰　清光緒九年(1883)聖彝書屋刻本　十六冊

510000－2741－0001861　1861

定山堂詩集四十三卷詩餘四卷古文小品二卷續集一卷古文補遺三卷浠川政譜二卷（清）龔鼎孳撰　芳草詞二卷　（清）龔士稚

撰　清光緒九年(1883)聖彝書屋刻本　二十三冊

510000 – 2741 – 0001862　1862
定香亭筆談四卷　(清)阮元記　(清)吳文溥錄　清光緒二十五年(1899)浙江書局刻本　四冊

510000 – 2741 – 0001863　1863
定香亭筆談四卷　(清)阮元記　(清)吳文溥錄　清光緒二十五年(1899)浙江書局刻本　四冊

510000 – 2741 – 0001864　1864
定香亭筆談四卷　(清)阮元記　(清)吳文溥錄　清光緒二十五年(1899)浙江書局刻本　四冊

510000 – 2741 – 0001865　1865
定香亭筆談四卷　(清)阮元記　(清)吳文溥錄　清光緒二十五年(1899)浙江書局刻本　三冊　缺一卷(四)

510000 – 2741 – 0001866　1866
定香亭筆談四卷　(清)阮元記　(清)吳文溥錄　清光緒二十五年(1899)浙江書局刻本　四冊

510000 – 2741 – 0001867　1867
定遠縣鄉土志不分卷　(清)何承道修　(清)李樹春等纂　清光緒三十一年(1905)抄本　二冊

510000 – 2741 – 0001868　1868
定正洪範集說一卷　(元)胡一中纂述　清康熙刻通志堂經解本　一冊

510000 – 2741 – 0001869　1869
訂正東醫寶鑑二十三卷目録二卷　(朝鮮)許浚撰　清光緒十六年(1890)刻本　八冊

510000 – 2741 – 0001870　1870
冬暄艸堂遺詩二卷　(清)陳豪撰　清宣統三年(1911)刻本　四冊

510000 – 2741 – 0001871　1871
東槎紀略五卷　(清)姚瑩著　清道光十二年(1832)刻本　二冊

510000 – 2741 – 0001872　1872
東槎紀略五卷　(清)姚瑩著　清道光十二年(1832)刻本　二冊

510000 – 2741 – 0001873　1873
東都事略一百三十卷　(宋)王偁撰　清光緒九年(1883)淮南書局刻本　八冊

510000 – 2741 – 0001874　1874
東都事略一百三十卷　(宋)王偁撰　清光緒九年(1883)淮南書局刻本　八冊

510000 – 2741 – 0001875　1875
東都事略一百三十卷　(宋)王偁撰　清乾隆六十年至嘉慶三年(1795 – 1798)刻本　十二冊

510000 – 2741 – 0001876　1876
東都事略一百三十卷　(宋)王偁撰　清乾隆六十年至嘉慶三年(1795 – 1798)刻本　十一冊　存一百十八卷(一至九十六、一百九至一百三十)

510000 – 2741 – 0001877　1877
東都事略一百三十卷　(宋)王偁撰　清振鷺堂刻本　八冊

510000 – 2741 – 0001878　1878
東方兵事紀略五卷　(清)姚錫光撰　清光緒二十三年(1897)武昌刻本　三冊

510000 – 2741 – 0001879　1879
東方時局論略不分卷　(朝鮮)鄧鏗著　清光緒十五年(1889)鉛印本　一冊

510000 – 2741 – 0001880　1880
東古文存一卷　(朝鮮)金正喜輯　清光緒福山王氏刻天壤閣叢書本　一冊

510000 – 2741 – 0001881　1881
東觀漢記二十四卷　(漢)劉珍撰　清乾隆六十年(1795)掃葉山房刻本　六冊

510000 – 2741 – 0001882　1882
東郭記二卷　(明)孫鍾齡填詞　(明)覺海釣徒正譜　清同治十一年(1872)經綸堂刻本

四川大學圖書館古籍普查登記目録

二冊

510000－2741－0001883　1883

東國史略六卷　（朝鮮）權近撰　清光緒十九年(1893)景蘇園刻本　二冊

510000－2741－0001884　1884

東漢會要四十卷　（宋）徐天麟撰　清光緒十年(1884)江蘇書局刻本　八冊

510000－2741－0001885　1885

東漢會要四十卷　（宋）徐天麟撰　清光緒十年(1884)江蘇書局刻本　八冊

510000－2741－0001886　1886

東漢會要四十卷　（宋）徐天麟撰　清光緒十年(1884)江蘇書局刻本　八冊

510000－2741－0001887　1887

東漢會要四十卷　（宋）徐天麟撰　清光緒五年(1879)嶺南學海堂刻本　八冊

510000－2741－0001888　1888

東漢會要四十卷　（宋）徐天麟撰　清光緒五年(1879)嶺南學海堂刻本　八冊

510000－2741－0001889　1889

東華錄天命朝一卷天聰朝十一卷崇德朝八卷順治朝三十六卷康熙朝一百一十卷雍正朝二十六卷東華續錄乾隆朝一百二十卷嘉慶朝五十卷道光朝六十卷咸豐朝一百卷同治朝一百卷　（清）王先謙　（清）潘頤福編　清末石印本　二十二冊

510000－2741－0001890　1890

東華續錄乾隆朝一百二十卷嘉慶朝五十卷道光朝六十卷咸豐朝一百卷同治朝一百卷　(清)王先謙　（清）潘頤福編　清末上海圖書集成書局鉛印本　三十一冊　存一百八十卷（乾隆朝一百二十卷、嘉慶朝五十卷、道光朝一至十）

510000－2741－0001891　1891

東晉疆域志四卷　（清）洪亮吉撰　清光緒四年(1878)湖北洪氏授經堂刻本　二冊

510000－2741－0001892　1892

東京夢華錄十卷　（宋）孟元老撰　明刻本　一冊

510000－2741－0001893　1893

東萊集註類編觀瀾文集甲集二十五卷乙集二十五卷　（宋）呂祖謙撰　（宋）林之奇編　清光緒十年(1884)巴陵方氏碧琳瑯館廣東刻本　十冊

510000－2741－0001894　1894

東萊呂先生左氏博議句解六卷　（宋）呂祖謙撰　（明）瞿景淳選　明刻本　六冊

510000－2741－0001895　1895

東萊先生古文關鍵二卷　（宋）呂祖謙編　清同治九年(1870)古閩晏湖張氏勵志書屋刻本　二冊

510000－2741－0001896　1896

東萊先生音註唐鑑二十四卷　（宋）范祖禹撰　（宋）呂祖謙註　清同治十三年(1874)刻本　四冊

510000－2741－0001897　1897

東萊先生音註唐鑑二十四卷　（宋）范祖禹撰　（宋）呂祖謙註　清同治十三年(1874)刻本　四冊

510000－2741－0001898　1898

東萊先生音註唐鑑二十四卷　（宋）范祖禹撰　（宋）呂祖謙註　清同治十三年(1874)刻本　四冊

510000－2741－0001899　1899

東萊先生音註唐鑑二十四卷　（宋）范祖禹撰　（宋）呂祖謙註　清同治十三年(1874)刻本　四冊

510000－2741－0001900　1900

東萊先生音註唐鑑二十四卷　（宋）范祖禹撰　（宋）呂祖謙註　清同治十三年(1874)刻本　四冊

510000－2741－0001901　1901

東里文集二十五卷東里別集三卷　（明）楊士奇著　清光緒三年(1877)楊覲光刻本　八冊

四川大學圖書館古籍普查登記目錄

510000 – 2741 – 0001902　1902

東林書院志二十二卷　（清）高崶等增輯　清光緒七年(1881)刻本　八冊

510000 – 2741 – 0001903　1903

東南紀事十二卷　（清）邵廷采撰　清光緒刻邵武徐氏叢書本　二冊

510000 – 2741 – 0001904　1904

東甌金石志十二卷　（清）戴咸弼輯　（清）孫詒讓校補　清光緒二十五年(1899)石印本　四冊

510000 – 2741 – 0001905　1905

東坡集八十四卷　（宋）蘇軾撰　清道光十二年(1832)眉山三蘇祠刻本　三十九冊　缺十四卷(一、四十三至四十四、五十六至六十一、七十三至七十七)

510000 – 2741 – 0001906　1906

東坡集八十四卷目錄二卷　（宋）蘇軾撰　年譜一卷　（宋）王宗稷撰　清道光十二年(1832)眉山三蘇祠刻本　四十冊

510000 – 2741 – 0001907　1907

東坡集選五十卷集餘一卷　（宋）蘇軾撰（明）陳夢槐選　年譜一卷　（宋）王宗稷撰外紀二卷　（明）王世貞編　外紀遺編一卷（明）璩之璞補　明刻本　三十冊

510000 – 2741 – 0001908　1908

東坡七集一百一十卷　（宋）蘇軾撰　清光緒三十四年至宣統元年(1908 – 1909)寶華盦刻本　四十八冊

510000 – 2741 – 0001909　1909

東坡七集一百一十卷　（宋）蘇軾撰　清光緒三十四年至宣統元年(1908 – 1909)寶華盦刻本　四十八冊

510000 – 2741 – 0001910　1910

東坡詩選十二卷　（宋）蘇軾撰　宋史本傳一卷　（元）脫脫撰　東坡先生墓誌銘一卷（宋）蘇轍撰　東坡先生年譜一卷　（宋）王宗稷撰　清初文盛堂刻本　六冊

510000 – 2741 – 0001911　1911

東坡事類二十二卷　（清）梁廷枏纂　清道光十年(1830)刻本　十二冊

510000 – 2741 – 0001912　1912

東坡先生編年詩五十卷附年表一卷　（宋）蘇軾撰　（清）查慎行補註　清乾隆二十六年(1761)查開香雨齋刻本　十六冊

510000 – 2741 – 0001913　1913

東坡先生編年詩五十卷附年表一卷　（宋）蘇軾撰　（清）查慎行補註　清乾隆二十六年(1761)查開香雨齋刻本　十六冊

510000 – 2741 – 0001914　1914

東坡先生編年詩五十卷附年表一卷　（宋）蘇軾撰　（清）查慎行補註　清乾隆二十六年(1761)查開香雨齋刻本　二十四冊

510000 – 2741 – 0001915　1915

東坡先生編年詩五十卷附年表一卷　（宋）蘇軾撰　（清）查慎行補註　清乾隆二十六年(1761)查開香雨齋刻道光十八年(1838)印本　二十四冊

510000 – 2741 – 0001916　1916

東坡先生全集七十五卷　（宋）蘇軾撰　宋史本傳一卷　（元）脫脫撰　東坡先生墓誌銘一卷　（宋）蘇轍撰　東坡先生年譜一卷　（宋）王宗稷撰　清初文盛堂修補重印項氏本　三十冊

510000 – 2741 – 0001917　1917

東坡先生全集七十五卷　（宋）蘇軾撰　宋史本傳一卷　（元）脫脫撰　東坡先生墓誌銘一卷　（宋）蘇轍撰　東坡先生年譜一卷　（宋）王宗稷撰　明崇禎項煜刻本　二十四冊

510000 – 2741 – 0001918　1918

東坡先生詩集註三十二卷　（宋）蘇軾撰（宋）王十朋集註　明末王永積刻本　七冊

510000 – 2741 – 0001919　1919

東坡先生詩集註三十二卷　（宋）蘇軾撰（宋）王十朋集註　明末王永積刻本　十冊

四川大學圖書館古籍普查登記目錄

510000－2741－0001920　1920

東坡樂府二卷　（宋）蘇軾撰　清光緒十四年(1888)刻本　二冊

510000－2741－0001921　1921

東坡樂府三卷　（宋）蘇軾撰　（清）朱祖謀編　清宣統三年(1911)刻本　二冊

510000－2741－0001922　1922

東三省政略十二卷附圖七十三幅　（清）徐世昌編輯　清宣統三年(1911)鉛印本　四十冊

510000－2741－0001923　1923

東塾讀書記二十五卷　（清）陳澧撰　清光緒八年(1882)刻本　四冊

510000－2741－0001924　1924

東塾讀書記二十五卷　（清）陳澧撰　清刻本　六冊

510000－2741－0001925　1925

東塾讀書記二十五卷　（清）陳澧撰　清光緒八年(1882)刻廣州林記書莊後印本　五冊

510000－2741－0001926　1926

東塾讀書記二十五卷　（清）陳澧撰　清刻本　六冊

510000－2741－0001927　1927

東塾集六卷　（清）陳澧撰　清光緒十八年(1892)羊城富文齋刻本　二冊

510000－2741－0001928　1928

東塾集六卷申範一卷　（清）陳澧撰　清光緒十八年(1892)羊城富文齋刻本　三冊

510000－2741－0001929　1929

東塾集六卷申範一卷　（清）陳澧撰　清光緒十八年(1892)羊城富文齋刻本　四冊

510000－2741－0001930　1930

東塾遺書　（清）陳澧撰　清光緒廣雅書局刻本　二冊

510000－2741－0001931　1931

東塾遺書　（清）陳澧撰　清光緒廣雅書局刻本　二冊　存四種八卷(水經注西南諸水考三卷、弧三角平視法一卷、摹印述一卷、三統

術詳說三卷)

510000－2741－0001932　1932

東淘吳野人先生詩集十二卷　（清）吳嘉紀撰　清嘉慶十九年(1814)繆中刻本　六冊

510000－2741－0001933　1933

東文課程□□卷　（日本）服部操編　清光緒三十三年(1907)四川成都遊學預備學堂鉛印本　一冊　存一卷(二)

510000－2741－0001934　1934

東武詩存十卷　（清）王廣言纂輯　清嘉慶二十五年(1820)化香閣刻本　十冊

510000－2741－0001935　1935

東西學書錄二卷坿中國人輯著書一卷東西國人舊譯著書一卷　（清）徐維則輯　清光緒二十五年(1899)石印本　二冊

510000－2741－0001936　1936

東嵒艸堂評訂唐詩鼓吹十卷　（金）元好問輯　（元）郝天挺註　（明）廖文炳補註　（清）朱三錫評　清康熙五十八年(1719)頤志堂刻本　十冊

510000－2741－0001937　1937

東嵒艸堂評訂唐詩鼓吹十卷　（金）元好問輯　（元）郝天挺註　（明）廖文炳補註　（清）朱三錫評　清刻本　四冊

510000－2741－0001938　1938

東垣十書　（明）□□輯　清刻本　十冊

510000－2741－0001939　1939

東垣十書　（明）□□輯　清光緒三十四年(1908)成都肇經堂刻本　十六冊

510000－2741－0001940　1940

東越儒林後傳一卷　（清）陳壽祺撰　清道光刻左海全集本　一冊

510000－2741－0001941　1941

東粵藩儲考十二卷　（清）高崇基總纂　（清）陳坤　（清）李祖榮編輯　清光緒木活字印本　十二冊

510000－2741－0001942　1942

東征集六卷 （清）藍鼎元撰 清光緒二十四年(1898)成都兩儀書局校刻本 二冊

510000－2741－0001943 1943

東周紀年一卷 （清）張坊撰 清乾隆二十三年(1758)刻本 一冊

510000－2741－0001944 1944

東周列國全志二十三卷 （明）馮夢龍撰 （清）蔡昇評點 清致和堂刻本 二十四冊

510000－2741－0001945 1945

東周列國全志二十三卷 （明）馮夢龍撰 （清）蔡昇評點 清咸豐四年(1854)書成山房刻朱墨套印本 十二冊

510000－2741－0001946 1946

東洲草堂詩鈔三十卷詩餘一卷 （清）何紹基撰 清同治六年(1867)長沙無園刻本 十冊

510000－2741－0001947 1947

東洲草堂詩選十一卷 （清）何紹基著 清同治八年(1869)宜章官廨刻本 六冊 存十卷(一至八、十至十一)

510000－2741－0001948 1948

東洲草堂文鈔二十卷 （清）何紹基撰 眠琴閣遺文一卷眠琴閣遺詩二卷 （清）何慶涵撰 浣月樓遺詩二卷 （清）李楣撰 清光緒刻本 六冊

510000－2741－0001949 1949

東洲草堂文鈔二十卷 （清）何紹基撰 眠琴閣遺文一卷眠琴閣遺詩二卷 （清）何慶涵撰 浣月樓遺詩二卷 （清）李楣撰 清光緒刻本 六冊

510000－2741－0001950 1950

東莊吟稿七卷 （清）呂留良著 清宣統三年(1911)鉛印風雨樓叢書本 一冊

510000－2741－0001951 1951

董方立遺書 （清）董祐誠撰 清同治八年(1869)四川成都刻本 二冊

510000－2741－0001952 1952

董方立遺書 （清）董祐誠撰 清同治八年(1869)四川成都刻本 四冊

510000－2741－0001953 1953

董方立遺書 （清）董祐誠撰 清同治八年(1869)四川成都刻本 四冊

510000－2741－0001954 1954

董方立遺書 （清）董祐誠撰 清同治八年(1869)四川成都刻本 二冊

510000－2741－0001955 1955

董方立遺書 （清）董祐誠撰 清同治八年(1869)四川成都刻本 四冊

510000－2741－0001956 1956

董文敏公畫禪隨筆四卷 （清）董其昌撰 （清）汪汝祿輯 清康熙十七年(1678)簣玉堂刻本 三冊

510000－2741－0001957 1957

董子春秋繁露十七卷 （漢）董仲舒撰 清光緒三年(1877)崇文書局刻本 二冊

510000－2741－0001958 1958

董子春秋繁露十七卷附錄一卷 （漢）董仲舒撰 清光緒二年(1876)浙江書局刻本 四冊

510000－2741－0001959 1959

董子春秋繁露十七卷附錄一卷 （漢）董仲舒撰 清光緒二年(1876)浙江書局刻本 二冊

510000－2741－0001960 1960

董子春秋繁露十七卷附錄一卷 （漢）董仲舒撰 清光緒二年(1876)浙江書局刻本 二冊

510000－2741－0001961 1961

洞天奧旨十六卷 （清）陳士鐸著 （清）陶式玉評 清善成堂刻本 六冊

510000－2741－0001962 1962

洞庭湖志十四卷 （清）夏世基原撰 （清）夏大觀補輯 （清）萬年淳再訂 清道光五年(1825)刻本 十二冊

510000－2741－0001963 1963

洞主仙師白喉治法忌表抉微一卷 （清）耐修子錄注 清光緒三十二年(1906)刻本 一冊

四川大學圖書館古籍普查登記目錄

510000 – 2741 – 0001964　1964

動物淺說　R. S. WILLIMS 譯　清光緒二十九年(1903)上海廣學會鉛印本　一冊

510000 – 2741 – 0001965　1965

動物淺說　R. S. WILLIMS 譯　清光緒二十九年(1903)上海美華書館鉛印本　一冊

510000 – 2741 – 0001966　1966

動物學詳考四卷　（英國)魏而斯原本　（清)宋傳典繙譯　清光緒三十三年(1907)上海美華書館鉛印本　一冊

510000 – 2741 – 0001967　1967

動物學詳考四卷　（英國)魏而斯原本　（清)宋傳典繙譯　清光緒三十三年(1907)上海美華書館鉛印本　一冊

510000 – 2741 – 0001968　1968

都市新談(品花寶鑑) 八卷六十回　（□)□□撰　清光緒三十二年(1906)香港石印書局石印本　四冊

510000 – 2741 – 0001969　1969

痘科辨證二卷　（清)陳堯道編集　清刻本三冊

510000 – 2741 – 0001970　1970

痘科類編釋意三卷　（明)翟良輯　清乾隆三十七年(1772)刻本　三冊

510000 – 2741 – 0001971　1971

痘疹慈航一卷　（清)劉廷柱著　清道光三十年(1850)刻本　一冊

510000 – 2741 – 0001972　1972

痘疹定論四卷　（清)朱純嘏著　（清)王相編纂　清道光九年(1829)信芳閣木活字印本二冊

510000 – 2741 – 0001973　1973

痘疹世醫心法十二卷碎金賦二卷　（明)萬全集　（明)趙燁校　清咸豐七年(1857)四川資州署刻本　四冊

510000 – 2741 – 0001974　1974

痘疹世醫心法十二卷碎金賦二卷　（明)萬全集　（明)趙燁校　清咸豐七年(1857)四川資州署刻本　四冊

510000 – 2741 – 0001975　1975

犢鼻山房小稟一卷東遊筆記二卷　（清)劉侃撰　清光緒九年(1883)都梁寄寓刻本　三冊

510000 – 2741 – 0001976　1976

犢山類藁　（清)周鎬撰　清光緒十年(1884)榮汝楫木活字印本　八冊

510000 – 2741 – 0001977　1977

讀杜心解六卷首二卷　（清)浦起龍撰　清雍正二年至三年(1724 – 1725)浦氏寧我齋刻本十二冊

510000 – 2741 – 0001978　1978

讀杜心解六卷首二卷　（清)浦起龍撰　清雍正二年至三年(1724 – 1725)浦氏寧我齋刻本十二冊

510000 – 2741 – 0001979　1979

讀杜心解六卷首二卷　（清)浦起龍撰　清雍正二年至三年(1724 – 1725)浦氏寧我齋刻本八冊

510000 – 2741 – 0001980　1980

讀杜心解六卷首二卷　（清)浦起龍撰　清雍正二年至三年(1724 – 1725)浦氏寧我齋刻本六冊

510000 – 2741 – 0001981　1981

讀漢摘腴一卷　（清)張桂林著　清光緒二十二年(1896)成都棗榮齋刻張氏雜著本　一冊

510000 – 2741 – 0001982　1982

讀畫齋叢書　（清)顧修輯　清嘉慶四年(1799)桐川顧氏刻本　六十四冊

510000 – 2741 – 0001983　1983

讀禮通考一百二十卷　（清)徐乾學撰　清光緒二十四年(1898)新化三味堂刻本　四十冊

510000 – 2741 – 0001984　1984

讀禮通考一百二十卷　（清)徐乾學撰　清光緒二十四年(1898)新化三味堂刻本　四十冊

510000 – 2741 – 0001985　1985

四川大學圖書館古籍普查登記目錄

讀禮通考一百二十卷　（清）徐乾學撰　清光緒二十四年(1898)新化三味堂刻本　四十冊

510000－2741－0001986　1986

讀禮通考一百二十卷　（清）徐乾學撰　清光緒七年(1881)江蘇書局刻本　三十二冊

510000－2741－0001987　1987

讀禮通考一百二十卷　（清）徐乾學撰　清康熙三十五年(1696)刻本　四十冊

510000－2741－0001988　1988

讀禮通考一百二十卷　（清）徐乾學撰　清光緒七年(1881)江蘇書局刻本　三十冊　存一百十二卷(一至八十一、九十至一百二十)

510000－2741－0001989　1989

讀孟子劄記二卷　（清）羅澤南著　清咸豐九年(1859)刻本　一冊

510000－2741－0001990　1990

讀詩鈔說四卷　（清）張澍撰　清光緒十三年(1887)成都刻本　四冊

510000－2741－0001991　1991

讀詩鈔說四卷　（清）張澍撰　清光緒十三年(1887)成都刻本　四冊

510000－2741－0001992　1992

讀詩鈔說四卷　（清）張澍撰　清光緒十三年(1887)成都刻本　四冊

510000－2741－0001993　1993

讀詩鈔說四卷　（清）張澍撰　清光緒十三年(1887)成都刻本　二冊

510000－2741－0001994　1994

讀詩鈔說四卷　（清）張澍撰　清光緒十三年(1887)成都刻本　二冊

510000－2741－0001995　1995

讀詩鈔說四卷　（清）張澍撰　清光緒十三年(1887)成都刻本　二冊

510000－2741－0001996　1996

讀詩鈔說四卷　（清）張澍撰　清光緒十三年(1887)成都刻本　二冊

510000－2741－0001997　1997

讀史兵略四十六卷　（清）胡林翼纂　清光緒二十一年(1895)儷峰書屋刻本　二十冊

510000－2741－0001998　1998

讀史兵略四十六卷　（清）胡林翼纂　清光緒二十一年(1895)儷峰書屋刻本　二十冊

510000－2741－0001999　1999

讀史兵略四十六卷　（清）胡林翼纂　清光緒二十一年(1895)儷峰書屋刻本　二十四冊

510000－2741－0002000　2000

讀史兵略四十六卷　（清）胡林翼纂　清咸豐十一年(1861)刻本　十六冊

510000－2741－0002001　2001

讀史大略六十卷　（清）沙張白撰　小沙子史略一卷　（清）沙晉撰　清道光二十五年(1845)刻本　十二冊

510000－2741－0002002　2002

讀史方輿紀要二卷　（清）顧祖禹著　（清）駱成驤抄讀　清光緒二十九年(1903)成都志古堂刻本　二冊

510000－2741－0002003　2003

讀史方輿紀要一百三十卷　（清）顧祖禹輯　清光緒二十五年(1899)慎記書莊石印本　三十二冊

510000－2741－0002004　2004

讀史方輿紀要一百三十卷　（清）顧祖禹撰　清道光成都龍萬育敷文閣刻本　七十四冊

510000－2741－0002005　2005

讀史方輿紀要一百三十卷附方輿全圖總說五卷　（清）顧祖禹撰　清光緒二十七年(1901)圖書集成局鉛印本　三十二冊

510000－2741－0002006　2006

讀史方輿紀要一百三十卷附輿圖要覽四卷　（清）顧祖禹撰　清道光成都龍萬育刻光緒五年(1879)蜀南桐華書屋薛氏家塾修補印本　九十冊

510000－2741－0002007　2007

四川大學圖書館古籍普查登記目錄

讀史方輿紀要一百三十卷附輿圖要覽四卷
(清)顧祖禹撰　清道光成都龍萬育刻光緒五年(1879)蜀南桐華書屋薛氏家塾修補印本
六十冊

510000－2741－0002008　2008
讀史方輿紀要一百三十卷附輿圖要覽四卷
(清)顧祖禹撰　清道光成都龍萬育刻光緒五年(1879)蜀南桐華書屋薛氏家塾修補印本
六十七冊　缺二卷(輿圖要覽一、四)

510000－2741－0002009　2009
讀史方輿紀要一百三十卷附輿圖要覽四卷
(清)顧祖禹撰　清刻本(有抄補)　六十一冊

510000－2741－0002010　2010
讀史方輿紀要一百三十卷附輿圖要覽四卷
(清)顧祖禹撰　清道光成都龍萬育刻光緒五年(1879)蜀南桐華書屋薛氏家塾修補印本
九十一冊　缺一卷(六十六)

510000－2741－0002011　2011
讀史鏡古編三十二卷　(清)潘世恩輯　清道光五年(1825)刻本　八冊

510000－2741－0002012　2012
讀書叢録二十四卷　(清)洪頤煊撰　清光緒十三年(1887)吳氏醉六堂刻本　六冊

510000－2741－0002013　2013
讀書叢録二十四卷　(清)洪頤煊撰　清光緒十三年(1887)吳氏醉六堂刻本　八冊

510000－2741－0002014　2014
讀書叢録二十四卷　(清)洪頤煊撰　清光緒十三年(1887)吳氏醉六堂刻本　八冊

510000－2741－0002015　2015
讀書脞録七卷　(清)孫志祖撰　清光緒十三年(1887)吳氏醉六堂刻本　三冊

510000－2741－0002016　2016
讀書後八卷　(明)王世貞撰　清末味菜廬木活字印本　四冊

510000－2741－0002017　2017
讀書紀數略五十四卷　(清)宮夢仁編纂　清

光緒六年(1880)懺花盦刻本　二十冊

510000－2741－0002018　2018
讀書紀數略五十四卷　(清)宮夢仁編纂　清光緒六年(1880)懺花盦刻本　十六冊

510000－2741－0002019　2019
讀書記疑十六卷　(清)王懋竑著　清同治十一年(1872)刻本　六冊

510000－2741－0002020　2020
讀書鏡五卷　(明)陳繼儒撰　明刻本　二冊

510000－2741－0002021　2021
讀書録十一卷續録十二卷　(明)薛瑄撰　明萬曆七年(1579)刻本　四冊

510000－2741－0002022　2022
讀書敏求記四卷　(清)錢曾撰　清乾隆六十年(1795)沈炎刻本　四冊

510000－2741－0002023　2023
讀書說四卷　(清)胡承諾著　[胡承諾]年譜一卷　(清)□□撰　清光緒十七年(1891)刻湖北叢書本　三冊

510000－2741－0002024　2024
讀書堂綵衣全集四十六卷　(清)趙士麟著
(清)李用楫　(清)梁永溥等録　(清)梁永淳　(清)汪光被等輯　(清)趙宸黼編　清光緒十九年(1893)浙江書局刻本　十二冊

510000－2741－0002025　2025
讀書堂杜工部詩集註解二十卷文集註解二卷
(唐)杜甫撰　(清)張溍註　杜工部編年詩史譜目一卷　清康熙三十七年(1698)張氏讀書堂刻本　十二冊

510000－2741－0002026　2026
讀書引十二卷　(清)王謨輯　清乾隆四十八年(1783)刻本　六冊

510000－2741－0002027　2027
讀書餘録二卷　(清)俞樾著　清光緒二十一年(1895)刻本　二冊

510000－2741－0002028　2028
讀書餘録二卷　(清)俞樾著　清光緒二十一

四川大學圖書館古籍普查登記目録

年(1895)刻本　二冊

510000－2741－0002029　2029

讀書雜識十二卷　（清）勞格著　（清）丁寶書
述　清光緒四年(1878)吳興丁氏刻月河精舍
叢抄本　六冊

510000－2741－0002030　2030

讀書雜釋十四卷　（清）徐鼒學　清咸豐十一
年(1861)刻本　四冊

510000－2741－0002031　2031

讀書雜志八十二卷餘編二卷　（清）王念孫撰
　清同治九年（1870）金陵書局刻本　二十
四冊

510000－2741－0002032　2032

讀書雜志八十二卷餘編二卷　（清）王念孫撰
　清同治九年（1870）金陵書局刻本　二十
四冊

510000－2741－0002033　2033

讀書雜志八十二卷餘編二卷　（清）王念孫撰
　清同治九年（1870）金陵書局刻本　二十
四冊

510000－2741－0002034　2034

讀書雜志八十二卷餘編二卷　（清）王念孫撰
　清同治九年（1870）金陵書局刻本　二十
四冊

510000－2741－0002035　2035

讀書雜志八十二卷餘編二卷　（清）王念孫撰
　清同治九年（1870）金陵書局刻本　二十
四冊

510000－2741－0002036　2036

讀說文雜識一卷　（清）許槤撰　清光緒七年
(1881)刻本　一冊

510000－2741－0002037　2037

讀通鑑論三十卷末一卷　（清）王夫之撰　清
光緒二十八年(1902)志古堂刻本　十八冊

510000－2741－0002038　2038

讀通鑑論三十卷末一卷　（清）王夫之撰　清
光緒二十八年(1902)志古堂刻本　十六冊

510000－2741－0002039　2039

讀通鑑論三十卷末一卷宋論十五卷　（清）王
夫之撰　清光緒二十八年(1902)志古堂刻本
　二十冊

510000－2741－0002040　2040

讀通鑑論三十卷末一卷宋論十五卷　（清）王
夫之撰　清光緒二十八年(1902)志古堂刻本
　二十冊

510000－2741－0002041　2041

讀孝經記一卷　（清）范泰衡撰　**孝經一卷**
清光緒十二年(1886)范運鵬范運鴻刻本
一冊

510000－2741－0002042　2042

讀選意籤一卷　（清）陳僅籤質　清道光二十
六年(1846)四明文則樓刻本　一冊

510000－2741－0002043　2043

讀雪山房唐詩三十四卷　（清）管世銘編　清
光緒十二年(1886)湖北官書處刻本　十二冊

510000－2741－0002044　2044

讀雪山房唐詩三十四卷　（清）管世銘著　清
光緒十二年(1886)湖北官書處刻本　十二冊

510000－2741－0002045　2045

讀易蒐十二卷　（清）鄭虞唐撰　清康熙刻本
　十二冊

510000－2741－0002046　2046

讀易通解十二卷　（清）丁敘忠述　清同治長
沙丁氏白芙堂刻本　十冊

510000－2741－0002047　2047

讀易通解十二卷　（清）丁敘忠述　清同治長
沙丁氏白芙堂刻本　十冊

510000－2741－0002048　2048

**讀周易記六卷讀大學中庸記不分卷讀尚書記
不分卷**　（清）范泰衡撰　清光緒刻本　九冊

510000－2741－0002049　2049

讀左補義五十卷首二卷　（清）姜炳璋輯　清
乾隆三十八年(1773)三多堂刻本　十六冊

510000－2741－0002050　2050

四川大學圖書館古籍普查登記目録

讀左補義五十卷首一卷 （清）姜炳璋輯 清同文堂刻本 十六冊

510000－2741－0002051 2051
堵文忠公集十卷 （明）堵允錫著 （清）周恭壽 （清）王琮等重校 堵文忠公年譜一卷附錄一卷 清光緒十三年(1887)刻本 四冊

510000－2741－0002052 2052
賭棋山莊筆記合刻 （清）謝章鋌撰 清光緒至民國刻本 二十冊

510000－2741－0002053 2053
篤素堂文集十六卷 （清）張英撰 清乾隆刻本 五冊

510000－2741－0002054 2054
杜工部草堂詩話四十卷外集一卷 （宋）蔡夢弼集錄 清光緒刻本 六冊 缺一卷(外集一卷)

510000－2741－0002055 2055
杜工部草堂詩箋二十二卷 （唐）杜甫撰 （宋）魯訔編 草堂詩話二卷 （宋）蔡夢弼會箋并撰 杜工部年譜二卷 （宋）趙子櫟撰 清光緒元年(1875)巴陵方氏碧琳瑯館刻本 五冊

510000－2741－0002056 2056
杜工部集二十卷 （唐）杜甫撰 （清）錢謙益箋註 附錄一卷年譜一卷諸家詩話一卷唱酬題詠附錄一卷 清康熙六年(1667)季振宜靜思堂刻本 四冊

510000－2741－0002057 2057
杜工部集二十卷 （唐）杜甫撰 （清）錢謙益箋註 附錄一卷年譜一卷諸家詩話一卷唱酬題詠附錄一卷 清康熙六年(1667)季振宜靜思堂刻本 十二冊

510000－2741－0002058 2058
杜工部集二十卷 （唐）杜甫撰 （清）錢謙益箋註 附錄一卷年譜一卷諸家詩話一卷唱酬題詠附錄一卷 清康熙六年(1667)季振宜靜思堂刻本 十冊

510000－2741－0002059 2059
杜工部集二十卷 （唐）杜甫撰 （清）錢謙益箋註 附錄一卷年譜一卷諸家詩話一卷唱酬題詠附錄一卷 清宣統三年(1911)時中書局石印本 八冊

510000－2741－0002060 2060
杜工部集二十卷 （唐）杜甫撰 （清）錢謙益箋註 附錄一卷年譜一卷諸家詩話一卷唱酬題詠附錄一卷 清宣統三年(1911)時中書局石印本 八冊

510000－2741－0002061 2061
杜工部集二十卷首一卷 （唐）杜甫撰 （明）王世貞評 （清）邵長蘅等評 清光緒二年(1876)廣東翰墨園刻六色套印本 十冊

510000－2741－0002062 2062
杜工部集二十卷首一卷 （唐）杜甫撰 （明）王世貞評 （清）邵長蘅等評 清光緒二年(1876)廣東翰墨園刻六色套印本 二十冊

510000－2741－0002063 2063
杜工部詩話一卷 （清）劉鳳誥著 清宣統元年(1909)上海掃葉山房石印本 一冊

510000－2741－0002064 2064
杜韓詩句集韻三卷 （清）汪文柏輯 清康熙四十六年(1707)練江汪氏古香樓刻光緒八年(1882)姑蘇來青閣印本 八冊

510000－2741－0002065 2065
杜韓詩句集韻三卷 （清）汪文柏輯 清刻本 十冊

510000－2741－0002066 2066
杜律單注十卷 （明）單復撰 （明）陳明輯 明嘉靖景姚堂刻本 十冊

510000－2741－0002067 2067
杜詩闡三十三卷 （清）盧元昌撰 清康熙刻本 八冊 存二十二卷(一至二十二)

510000－2741－0002068 2068
杜詩集說二十卷首一卷末一卷 （清）江浩然纂輯 清刻本 二十冊

四川大學圖書館古籍普查登記目錄

510000－2741－0002069　2069

杜詩鏡銓二十卷　（清）楊倫輯　**本傳一卷年
譜一卷附録二卷**　清乾隆九柏山房刻本
八冊

510000－2741－0002070　2070

杜詩鏡銓二十卷　（清）楊倫輯　**本傳一卷年
譜一卷附録二卷**　清同治十一年（1872）望三
益齋刻本　十冊

510000－2741－0002071　2071

杜詩鏡銓二十卷　（清）楊倫輯　**本傳一卷年
譜一卷附録二卷**　清同治十一年（1872）望三
益齋刻後印本　十冊

510000－2741－0002072　2072

杜詩鏡銓二十卷　（清）楊倫輯　**本傳一卷年
譜一卷附録二卷**　清同治十一年（1872）望三
益齋刻本　十冊

510000－2741－0002073　2073

杜詩鏡銓二十卷　（清）楊倫輯　**本傳一卷年
譜一卷附録二卷**　清同治十一年（1872）望三
益齋刻宣統元年（1909）印本　十冊

510000－2741－0002074　2074

杜詩鏡銓二十卷　（清）楊倫輯　**本傳一卷年
譜一卷附録二卷**　清同治十一年（1872）望三
益齋刻本　九冊

510000－2741－0002075　2075

杜詩鏡銓二十卷　（清）楊倫輯　**本傳一卷年
譜一卷附録二卷**　清同治十一年（1872）望三
益齋刻宣統元年（1909）印本　十一冊　缺二
卷（杜詩鏡銓一至二）

510000－2741－0002076　2076

杜詩論文五十六卷　（清）吳見思撰　（清）潘
眉評　清康熙十一年（1672）常州岱淵堂刻本
　四冊　存四十九卷（一至十三、十八至四十
八、五十二至五十六）

510000－2741－0002077　2077

杜詩偶評四卷　（清）沈德潛撰　清刻本
二冊

510000－2741－0002078　2078

杜詩偶評四卷　（清）沈德潛撰　清乾隆十二
年（1747）潘承松賦閑草堂刻本　四冊

510000－2741－0002079　2079

杜詩偶評四卷　（清）沈德潛撰　清乾隆十二
年（1747）潘承松賦閑草堂刻本　二冊

510000－2741－0002080　2080

杜詩詳釋二十四卷　（清）許寶善注　清嘉慶
七年（1802）許寶善自怡軒刻本　十二冊

510000－2741－0002081　2081

杜詩詳注二十五卷首一卷諸家詠杜附録二卷
（清）仇兆鰲輯注　清刻本　二十八冊

510000－2741－0002082　2082

杜詩詳注二十五卷首一卷諸家詠杜附録二卷
（清）仇兆鰲輯注　清刻本　二十八冊

510000－2741－0002083　2083

杜詩詳注二十五卷首一卷諸家詠杜附録二卷
（清）仇兆鰲輯注　清刻本　二十八冊

510000－2741－0002084　2084

杜詩詳註二十五卷首一卷諸家詠杜附録二卷
（清）仇兆鰲輯註　清刻本　十四冊

510000－2741－0002085　2085

杜詩詳註二十五卷首一卷諸家詠杜附録二卷
（清）仇兆鰲輯註　清刻本　十四冊

510000－2741－0002086　2086

杜詩詳註二十五卷首一卷諸家詠杜附録二卷
（清）仇兆鰲輯註　清刻本　十四冊

510000－2741－0002087　2087

杜主開明前志四卷後志八卷　（清）孫澍輯
清道光十四年（1834）刻本　二冊

510000－2741－0002088　2088

**度量權衡圖說一卷畫一度量權衡制度總表一
卷推行章程一卷**　（□）□□撰　清末鉛印本
一冊

510000－2741－0002089　2089

度隴記四卷　（清）董醇撰　清咸豐元年
（1851）刻本　四冊

四川大學圖書館古籍普查登記目録

510000－2741－0002090　2090

度隴記四卷　（清）董醇撰　清咸豐元年（1851）刻本　四冊

510000－2741－0002091　2091

端溪硯志三卷首一卷　（清）吳繩年撰　清乾隆二十六年（1761）恕園刻本　二冊

510000－2741－0002092　2092

段氏說文注訂八卷　（清）鈕樹玉著　清同治十三年（1874）湖北崇文書局刻本　二冊

510000－2741－0002093　2093

段氏說文注訂八卷　（清）鈕樹玉著　清同治五年（1866）碧螺山館刻本　四冊

510000－2741－0002094　2094

對策六卷　（清）陳鱣撰　清光緒五年（1879）刻本　二冊

510000－2741－0002095　2095

對山書屋墨餘錄十六卷　（清）毛祥麟撰　清同治九年（1870）刻本　四冊

510000－2741－0002096　2096

對雨樓叢書五種　（清）繆荃孫編　清光緒江陰繆氏刻本　四冊

510000－2741－0002097　2097

敦艮吉齋文存四卷詩存二卷　（清）徐子苓撰　劫餘小錄一卷　（清）徐元撰　清光緒十二年（1886）刻本　六冊

510000－2741－0002098　2098

敦夙好齋詩初編十二卷續編十一卷　（清）葉名澧著　清光緒十六年（1890）刻本　八冊

510000－2741－0002099　2099

燉煌洪氏南園支譜四卷首一卷末一卷　（□）□□編　清嘉慶十七年（1812）刻本　四冊

510000－2741－0002100　2100

鈍翁續稿五十六卷　（清）汪琬撰　姑蘇楊柳枝詞一卷　（清）周枝梀編次　（清）吳靖箋注　姑蘇楊柳枝詞補一卷　清康熙二十四年（1685）刻本　十冊

510000－2741－0002101　2101

遯盦古塼存八卷　（清）吳隱鑒藏　清宣統三年（1911）拓本　八冊

510000－2741－0002102　2102

多忠勇公勤勞錄四卷　（清）雷正綰纂輯　清光緒元年（1875）固原提署刻本　四冊

510000－2741－0002103　2103

俄國蠶食亞洲史畧二卷　（日本）佐藤弘著　清光緒二十八年（1902）上海廣智書局鉛印本　一冊

510000－2741－0002104　2104

俄國水師考一卷　（英國）百拉西撰　（英國）傅少蘭　（清）李嶽蘅譯　清末江南製造總局鉛印本　一冊

510000－2741－0002105　2105

俄國水師考一卷　（英國）百拉西撰　（英國）傅少蘭　（清）李嶽蘅譯　清末江南製造總局鉛印本　一冊

510000－2741－0002106　2106

俄羅斯史二卷　（日本）山本利喜雄著　（清）麥鼎華譯　清光緒二十九年（1903）上海廣智書局活版部鉛印本　二冊

510000－2741－0002107　2107

俄游彙編十二卷　（清）繆祐孫纂　清光緒十五年（1889）海上秀文書局石印本　四冊

510000－2741－0002108　2108

俄游彙編十二卷　（清）繆祐孫纂　清光緒十五年（1889）海上秀文書局石印本　四冊

510000－2741－0002109　2109

峨邊廳輿地圖不分卷附雜記與保甲團練章程　（清）姚建寅修　清光緒刻本　一冊

510000－2741－0002110　2110

峨眉山行紀一卷　（清）江錫齡撰　清同治十年（1871）刻本　一冊

510000－2741－0002111　2111

峨眉游記一卷　（清）宣維禮撰　清同治五年（1866）刻本　一冊

510000－2741－0002112　2112

四川大學圖書館古籍普查登記目錄

峨山圖志二卷　（清）黄綬英編　（清）譚鍾嶽繪圖　清光緒刻本　二冊

510000－2741－0002113　2113

峨山圖志二卷　（清）黄綬英編　（清）譚鍾嶽繪圖　清光緒刻本　二冊

510000－2741－0002114　2114

峨眉山志十二卷　（清）胡世安修　清道光十四年(1834)胡世安補刻本　四冊

510000－2741－0002115　2115

峨秀堂詩鈔十二卷　（清）朱世重撰　清同治九年(1870)刻藍印本　四冊

510000－2741－0002116　2116

蛾述集十六卷　（清）陳庭學纂輯　清嘉慶二十年(1815)陳氏刻本　四冊

510000－2741－0002117　2117

鄂國金佗稡編二十八卷續編三十卷　（宋）岳珂編　清光緒九年(1883)浙江書局刻本　十一冊　缺五卷(續編二十六至三十)

510000－2741－0002118　2118

鄂國金佗稡編二十八卷續編三十卷　（宋）岳珂撰　清光緒九年(1883)浙江書局刻本　十二冊

510000－2741－0002119　2119

鄂省丁漕水利合編不分卷　（清）林之望輯　清光緒元年(1875)刻本　十冊

510000－2741－0002120　2120

鄂宰四種　（清）王筠著　清光緒八年(1882)刻本　四冊

510000－2741－0002121　2121

惡核良方釋疑一卷　（清）勞守慎纂　清光緒二十九年(1903)刻本　一冊

510000－2741－0002122　2122

噩夢一卷　（清）王夫之著　清宣統二年(1910)成都寓廬刻本　一冊

510000－2741－0002123　2123

兒科醒十二卷　（清）芝嶼樵客著　清刻本　二冊

510000－2741－0002124　2124

耳食錄十一卷二編八卷　（清）樂鈞著　清同治十年(1871)味經堂刻本　十二冊

510000－2741－0002125　2125

爾雅補郭二卷　（清）翟灝學　清光緒八年(1882)卷施誃刻本　一冊

510000－2741－0002126　2126

爾雅補郭二卷　（清）翟灝學　清光緒八年(1882)卷施誃刻本　一冊

510000－2741－0002127　2127

爾雅補郭二卷　（清）翟灝學　清光緒八年(1882)卷施誃刻本　一冊

510000－2741－0002128　2128

爾雅補郭二卷　（清）翟灝學　清光緒八年(1882)卷施誃刻本　一冊

510000－2741－0002129　2129

爾雅補郭二卷　（清）翟灝學　清光緒八年(1882)卷施誃刻本　一冊

510000－2741－0002130　2130

爾雅補郭二卷　（清）翟灝學　清光緒八年(1882)卷施誃刻本　一冊

510000－2741－0002131　2131

爾雅讀本四卷　（晉）郭璞注　清光緒二十五年(1899)新都魏氏刻本　二冊

510000－2741－0002132　2132

爾雅二卷　（晉）郭璞注　清光緒六年(1880)成都書局刻本　一冊

510000－2741－0002133　2133

爾雅二卷　（晉）郭璞注　清光緒六年(1880)成都書局刻本　一冊

510000－2741－0002134　2134

爾雅古義十二卷　（清）黄奭輯　清道光甘泉黄氏刻光緒印本　六冊

510000－2741－0002135　2135

爾雅郭注存佚補訂二十卷　（清）王樹柟著　清光緒十八年(1892)文莫室刻本　五冊

四川大學圖書館古籍普查登記目録

510000 – 2741 – 0002136　2136

爾雅郭注佚存補訂二十卷　（清）王樹枏著
清光緒十八年(1892)文莫室刻本　六冊

510000 – 2741 – 0002137　2137

爾雅郭注佚存補訂二十卷　（清）王樹枏著
清光緒十八年(1892)文莫室刻本　五冊

510000 – 2741 – 0002138　2138

爾雅郭注義疏二十卷　（清）郝懿行撰　清光
緒十年(1884)榮縣蜀南閣刻本　八冊

510000 – 2741 – 0002139　2139

爾雅郭注義疏三卷　（清）郝懿行學　清光緒
十四年(1888)湖北官書處刻本　八冊

510000 – 2741 – 0002140　2140

爾雅郭注義疏三卷　（清）郝懿行學　清同治
四年(1865)刻本　八冊

510000 – 2741 – 0002141　2141

爾雅匡名二十卷　（清）嚴元照撰　清光緒十
六年(1890)廣雅書局刻本　四冊

510000 – 2741 – 0002142　2142

爾雅匡名二十卷　（清）嚴元照撰　清光緒十
一年(1885)陸氏守先閣刻本　六冊

510000 – 2741 – 0002143　2143

爾雅啓蒙十二卷　（清）姚正父撰　清咸豐二
年(1852)刻本　四冊

510000 – 2741 – 0002144　2144

爾雅三卷　（晉）郭璞注　（唐）陸德明音義
清同治七年(1868)湖北崇文書局刻本　三冊

510000 – 2741 – 0002145　2145

爾雅三卷　（晉）郭璞注　（唐）陸德明音義
清同治十一年(1872)山東書局刻本　三冊

510000 – 2741 – 0002146　2146

爾雅三卷　（晉）郭璞注　（唐）陸德明音義
清嘉慶二十二年(1817)順德張青選清芬閣刻
本　三冊

510000 – 2741 – 0002147　2147

爾雅三卷　（晉）郭璞註　（清）曾燠校　清嘉
慶六年(1801)藝學軒影宋刻本　三冊

510000 – 2741 – 0002148　2148

爾雅三卷　（晉）郭璞註　（清）曾燠校　清嘉
慶六年(1801)藝學軒影宋刻本　三冊

510000 – 2741 – 0002149　2149

爾雅三卷　（晉）郭璞註　（清）曾燠校　清嘉
慶六年(1801)藝學軒影宋刻本　三冊

510000 – 2741 – 0002150　2150

爾雅三卷　（晉）郭璞注　（唐）陸德明音義
清嘉慶二十二年(1817)順德張青選清芬閣刻
本　三冊

510000 – 2741 – 0002151　2151

爾雅疏十卷附校勘記十卷　（晉）郭璞注
（宋）邢昺等校定　清刻本　三冊　缺四卷
（爾雅疏一至四）

510000 – 2741 – 0002152　2152

爾雅疏十卷附校勘記十卷　（晉）郭璞注
（宋）邢昺等校定　清嘉慶二十年(1815)江西
南昌府學刻本　四冊

510000 – 2741 – 0002153　2153

爾雅疏十卷附校勘記十卷　（晉）郭璞注
（宋）邢昺等校定　清光緒十三年(1887)石印
本　一冊

510000 – 2741 – 0002154　2154

爾雅疏十卷附校勘記十卷　（晉）郭璞注
（宋）邢昺等校定　清光緒十八年(1892)湖南
寶慶務本書局刻本　四冊

510000 – 2741 – 0002155　2155

爾雅圖贊一卷　（晉）郭璞撰　（清）嚴可均集
　龔定盦說文段注刓一卷　（清）龔自珍撰
徐星伯說文段注一卷　（清）徐松撰　（清）劉
肇隅編校　朱氏結一廬書目一卷　（清）朱學
勤撰　清光緒、宣統間長沙葉氏刻本　一冊

510000 – 2741 – 0002156　2156

爾雅郭注義疏二十卷　（清）郝懿行學　清同
治四年(1865)刻本　八冊

510000 – 2741 – 0002157　2157

爾雅郭注義疏二十卷　（清）郝懿行撰　清光

四川大學圖書館古籍普查登記目録

緒十年(1884)榮縣蜀南閣刻本　八冊

510000－2741－0002158　2158

爾雅郭注義疏二十卷　(清)郝懿行撰　清光緒十三年(1887)湖北官書局刻本　八冊

510000－2741－0002159　2159

爾雅翼三十二卷　(宋)羅願撰　(元)洪焱祖釋　清光緒十年(1884)刻本　六冊

510000－2741－0002160　2160

爾雅正義二十卷　(清)邵晉涵撰　**釋文三卷**　(唐)陸德明撰　清乾隆五十三年(1788)面水層軒刻餘姚邵氏家塾本　十四冊

510000－2741－0002161　2161

爾雅直音二卷　(清)孫侣撰　清光緒九年(1883)成都脣詁經塾刻本　二冊

510000－2741－0002162　2162

爾雅注疏十一卷　(晉)郭璞注　(宋)邢昺疏　明崇禎元年(1628)汲古閣刻十三經注疏本　四冊

510000－2741－0002163　2163

爾雅注疏十一卷　(晉)郭璞注　(宋)邢昺疏　**爾雅音義二卷**　(唐)陸德明撰　清光緒二十一年(1895)渝城善成堂刻本　六冊

510000－2741－0002164　2164

二程全書　(宋)程頤　(宋)程顥撰　(宋)朱熹輯　清星沙娜嬛山館刻本　十六冊

510000－2741－0002165　2165

二家詞鈔五卷　(清)李慈銘　(清)樊增祥撰　清光緒二十八年(1902)刻本　二冊

510000－2741－0002166　2166

二經約旨二卷　(清)傅光弼撰　清光緒十八年(1892)湖北書局刻本　一冊

510000－2741－0002167　2167

二經約旨二卷　(清)傅光弼撰　清光緒十八年(1892)湖北書局刻本　一冊

510000－2741－0002168　2168

二林居集二十四卷　(清)彭紹升撰　清光緒七年(1881)刻本　六冊

510000－2741－0002169　2169

二林居集二十四卷　(清)彭紹升撰　清光緒七年(1881)刻本　六冊

510000－2741－0002170　2170

二曲集二十六卷　(清)李顒撰　清康熙刻本　八冊

510000－2741－0002171　2171

二曲集二十六卷四書反身錄十二卷歷年紀略一卷　(清)李顒撰　清同治五年(1866)趙必達刻本　十二冊

510000－2741－0002172　2172

二曲集四十六卷　(清)李顒著　清光緒三年(1877)石泉彭懋謙信述堂刻本　十六冊

510000－2741－0002173　2173

二曲全集　(清)李顒撰　清同治五年(1866)趙必達刻本　十二冊

510000－2741－0002174　2174

二曲先生全集二種　(清)李顒著　清小娜嬛山館刻光緒二十六年(1900)湖南荷花池印本　十冊

510000－2741－0002175　2175

二如亭群芳譜二十八卷首一卷　(明)王象晉纂輯　明刻清修補本　二十八冊

510000－2741－0002176　2176

二如亭群芳譜二十八卷首一卷　(明)王象晉纂輯　清刻本　十六冊

510000－2741－0002177　2177

二如亭群芳譜二十八卷首一卷　(明)王象晉纂輯　清刻本　二十四冊

510000－2741－0002178　2178

二如亭群芳譜二十八卷首一卷　(明)王象晉纂輯　(明)毛鳳苞較正　清刻本　二十四冊

510000－2741－0002179　2179

二十二子　(清)浙江書局輯　清光緒浙江書局刻本　七十八冊

510000－2741－0002180　2180

二十二子　(清)浙江書局輯　清光緒浙江書

四川大學圖書館古籍普查登記目錄

局刻本　八十三冊

510000－2741－0002181　2181
二十二子　（清)浙江書局輯　清光緒浙江書
局刻本　七十八冊　存二十一種

510000－2741－0002182　2182
二十二子　（清)浙江書局輯　清光緒浙江書
局刻本　三十一冊　存十六種

510000－2741－0002183　2183
二十二子　（清)浙江書局輯　清光緒浙江書
局刻本　三十二冊　存十一種

510000－2741－0002184　2184
二十四史　（□)□□輯　清光緒五年(1879)
湖北官書局彙印本　五百三十六冊

510000－2741－0002185　2185
二十四史　（□)□□輯　清光緒五年(1879)
湖北官書局彙印本　五百六十冊

510000－2741－0002186　2186
二十四史九通政典類要合編三百二十卷
(清)約雅堂主人輯　清光緒二十八年(1902)
石印本　六十冊

510000－2741－0002187　2187
二十一史緯三百三十卷首一卷　（清)陳允錫
刪修　清同治九年(1870)羅大春補刻本　一
百六十冊

510000－2741－0002188　2188
二水樓文集二十卷首一卷詩集十八卷　（清)
李茹旻撰　清光緒十七年(1891)味憩廬刻本
十冊

510000－2741－0002189　2189
二思堂叢書　（清)梁章鉅撰　清光緒元年
(1875)福州梁氏刻本　十四冊

510000－2741－0002190　2190
二思堂叢書　（清)梁章鉅撰　清光緒元年
(1875)福州梁氏刻本　十六冊

510000－2741－0002191　2191
二思堂文集四卷詩集二卷　（清)葉世倬著
清道光刻本　五冊

510000－2741－0002192　2192
二太史樂府聯璧四卷　（明)張吉士輯　明刻
本　二冊

510000－2741－0002193　2193
二瓦硯齋詩鈔十卷附引商集一卷　（清)金玉
麟撰　清咸豐元年(1851)刻本　六冊

510000－2741－0002194　2194
二瓦硯齋詩鈔十卷附引商集一卷　（清)金玉
麟撰　清咸豐元年(1851)刻本　二冊

510000－2741－0002195　2195
二希堂文集十一卷首一卷　（清)蔡世遠撰
清乾隆四十八年(1783)刻道光十七年(1837)
修補印本　六冊

510000－2741－0002196　2196
二鄉亭詞三卷　（清)宋琬撰　清康熙休寧孫
氏留松閣刻本　一冊

510000－2741－0002197　2197
二酉堂叢書　（清)張澍輯　清道光元年
(1821)武威張氏二酉堂刻本　十冊

510000－2741－0002198　2198
二酉堂叢書　（清)張澍輯　清道光元年
(1821)武威張氏二酉堂刻本　八冊

510000－2741－0002199　2199
二酉堂叢書　（清)張澍輯　清道光元年
(1821)武威張氏二酉堂刻本　十二冊

510000－2741－0002200　2200
二知軒詩續鈔十卷　（清)方濬頤撰　清同治
刻本　六冊

510000－2741－0002201　2201
二知軒文存三十四卷　（清)方濬頤撰　清光
緒四年(1878)刻本　十四冊

510000－2741－0002202　2202
貳臣傳十二卷逆臣傳四卷　（清)國史館編
清善成堂刻本　五冊

510000－2741－0002203　2203
貳臣傳十二卷逆臣傳四卷　（清)國史館編
清道光都城琉璃廠半松居士刻本　六冊

510000 – 2741 – 0002204　2204

貳臣傳十二卷逆臣傳四卷　（清）國史館編
清善成堂刻本　六冊

510000 – 2741 – 0002205　2205

法國水師考一卷　（美國）杜默能撰　（美國）
羅亨利　（美國）瞿昂來譯　清末江南製造總
局鉛印本　一冊

510000 – 2741 – 0002206　2206

法國新志四卷　（英國）該勒低輯　（英國）傅
紹蘭口譯　（清）潘松筆述　清光緒二十四年
(1898)製造局刻本　二冊

510000 – 2741 – 0002207　2207

法律名辭通釋十卷　（清）劉天佑編　清光緒
三十四年(1908)鉛印本　十冊

510000 – 2741 – 0002208　2208

法律醫學二十四卷首一卷附一卷　（英國）該
惠連　（英國）弗里愛撰　（英國）傅蘭雅口譯
（清）趙元益筆述　清光緒二十五年(1899)
江南製造局刻本　十冊

510000 – 2741 – 0002209　2209

法律醫學二十四卷首一卷附一卷　（英國）該
惠連　（英國）弗里愛撰　（英國）傅蘭雅口譯
（清）趙元益筆述　清光緒二十五年(1899)
江南製造局刻本　十冊

510000 – 2741 – 0002210　2210

法言疏證十三卷校補一卷勘誤一卷　（清）汪
榮寶撰　清宣統三年(1911)金薤琳瑯齋鉛印
本　四冊

510000 – 2741 – 0002211　2211

法因集三卷　（明）王穉登撰　（明）史兆斗校
明萬曆四十七年(1619)書林葉應祖刻本
一冊

510000 – 2741 – 0002212　2212

法苑珠林一百卷　（唐）釋道世撰　清刻本
三十冊

510000 – 2741 – 0002213　2213

法苑珠林一百卷　（唐）釋道世撰　清道光七

年(1827)刻本　五十冊

510000 – 2741 – 0002214　2214

番禺陳氏東塾叢書　（清）陳澧撰　清咸豐至
光緒刻本　九冊

510000 – 2741 – 0002215　2215

番禺陳氏東塾叢書　（清）陳澧撰　清咸豐至
光緒刻本　十冊

510000 – 2741 – 0002216　2216

番禺陳氏東塾叢書　（清）陳澧撰　清咸豐至
光緒刻本　九冊

510000 – 2741 – 0002217　2217

翻刻第七才子書六卷　（明）高則誠撰　（清）
毛宗崗評點　清刻本　四冊

510000 – 2741 – 0002218　2218

翻譯名義集二十卷　（宋）法雲編　清刻本
六冊

510000 – 2741 – 0002219　2219

樊川詩集四卷補遺一卷外集一卷　（唐）杜牧
撰　（清）馮集梧注　清光緒十六年(1890)湘
南書局刻本　四冊

510000 – 2741 – 0002220　2220

樊川詩集四卷補遺一卷外集一卷別集一卷
（唐）杜牧撰　（清）馮集梧注　清光緒十六年
(1890)湘南書局刻本　五冊

510000 – 2741 – 0002221　2221

樊川詩集四卷補遺一卷外集一卷別集一卷
（唐）杜牧撰　（清）馮集梧注　清光緒十六年
(1890)湘南書局刻本　四冊

510000 – 2741 – 0002222　2222

樊川文集二十卷外集一卷別集一卷　（唐）杜
牧撰　清光緒宜都楊守敬影宋刻本　六冊

510000 – 2741 – 0002223　2223

樊川文集二十卷外集一卷別集一卷　（唐）杜
牧撰　清光緒宜都楊守敬影宋刻本　八冊

510000 – 2741 – 0002224　2224

樊南文集補編十二卷　（清）錢振倫箋　（清）
錢振常注　玉谿生年譜訂誤一卷　（清）錢振

四川大學圖書館古籍普查登記目錄

倫撰　清同治五年(1866)望三益齋刻本
四冊

510000 – 2741 – 0002225　2225

樊山公牘三卷樊山批判十四卷附一卷　（清）
樊增祥撰　清光緒二十年至二十三年(1894 –
1897)刻本　十冊

510000 – 2741 – 0002226　2226

樊山集　（清）樊增祥撰　清光緒十九年
(1893)渭南縣署刻本　二十四冊

510000 – 2741 – 0002227　2227

樊山集二十八卷　（清）樊增祥撰　清光緒十
九年(1893)渭南縣署刻本　四冊　存二十二
卷(一至二十二)

510000 – 2741 – 0002228　2228

樊山集二十八卷續集□□卷　（清）樊增祥撰
　清光緒十九年(1893)渭南縣署刻本　十二
冊　存五十卷(樊山集二十八卷、續集一至二
十二)

510000 – 2741 – 0002229　2229

樊山政書二十卷　（清）樊增祥撰　清宣統二
年(1910)刻本　二十冊

510000 – 2741 – 0002230　2230

樊榭山房集十卷續集十卷　（清）厲鶚撰　清
乾隆刻本　四冊

510000 – 2741 – 0002231　2231

**樊榭山房集十卷續集十卷文集八卷集外詩一
卷集外詞一卷集外文一卷**　（清）厲鶚撰　**振
綺堂詩存一卷**　（清）汪憲撰　**松聲池館詩存
四卷**　（清）汪璐撰　清光緒十年(1884)錢塘
汪氏振綺堂刻本　十二冊

510000 – 2741 – 0002232　2232

范伯子詩集十九卷　（清）范當世撰　清光緒
三十四年(1908)刻本　四冊

510000 – 2741 – 0002233　2233

**范文正公言行錄三卷摘錄范文正公年譜言行
一卷**　（清）崔廷章輯　清光緒十三年(1887)
刻本　一冊

510000 – 2741 – 0002234　2234

范文忠公集十卷　（明）范景文著　清光緒五
年(1879)定州王氏謙德堂刻畿輔叢書本
四冊

510000 – 2741 – 0002235　2235

範世庸言類編二卷　（清）李雍撰　清光緒二
十三年(1897)刻本　一冊

510000 – 2741 – 0002236　2236

方山薛先生全集六十八卷　（明）薛應旂撰
明嘉靖刻本　二十冊　存六十六卷(一至五
十三、五十五至六十六、六十八)

510000 – 2741 – 0002237　2237

方氏墨譜六卷首一卷　（明）方于魯撰　明萬
曆方氏美蔭堂刻本　六冊　存四卷(一至四)

510000 – 2741 – 0002238　2238

方外詩選八卷　（清）釋含澈輯　清光緒三年
(1877)新繁龍藏寺綠天蘭若刻本　六冊

510000 – 2741 – 0002239　2239

方外詩選八卷　（清）釋含澈輯　清光緒三年
(1877)新繁龍藏寺綠天蘭若刻本　六冊

510000 – 2741 – 0002240　2240

方望溪文鈔六卷　（清）方苞著　清宣統二年
(1910)上海國學扶輪社鉛印本　五冊

510000 – 2741 – 0002241　2241

方言十三卷　（漢）揚雄紀　清刻本　一冊

510000 – 2741 – 0002242　2242

方輿紀要敘二卷　（清）顧祖禹著　清尊經廣
業書局刻本　一冊

510000 – 2741 – 0002243　2243

**方正學先生遜志齋集二十四卷外紀一卷拾補
一卷**　（明）方孝孺撰　明崇禎刻清康熙增修
本　十冊

510000 – 2741 – 0002244　2244

芳茂山人文集十二卷詩錄九卷　（清）孫星衍
撰　**長離閣集一卷**　（清）王才薇撰　清光緒
十一年(1885)長沙王氏刻本　八冊

510000 – 2741 – 0002245　2245

四川大學圖書館古籍普查登記目錄

芳茂山人文集十二卷詩録九卷 （清）孫星衍撰 長離閣集一卷 （清）王才薇撰 清光緒十一年(1885)長沙王氏刻本 十冊

510000－2741－0002246 2246

防海輯要十八卷首一卷 （清）俞昌會撰 清道光二十二年(1842)刻本 十二冊

510000－2741－0002247 2247

防河奏議十卷 （清）嵇曾筠撰 清雍正十一年(1733)刻本 八冊 存八卷(一至八)

510000－2741－0002248 2248

仿唐寫本說文解字木部箋異一卷 （清）莫友芝撰 清同治二年(1863)刻本 一冊

510000－2741－0002249 2249

仿唐寫本說文解字木部箋異一卷 （清）莫友芝撰 清同治二年(1863)刻本 一冊

510000－2741－0002250 2250

仿唐寫本說文解字木部箋異一卷 （清）莫友芝撰 清同治二年(1863)刻本 一冊

510000－2741－0002251 2251

訪樂堂詩一卷 （清）胡薇元撰 清光緒二十七年(1901)憶秋吟館刻本 一冊

510000－2741－0002252 2252

放言百首一卷 （清）史夢蘭著 （清）史履升箋注 清光緒十六年(1890)止園刻本 一冊

510000－2741－0002253 2253

飛鴻集眼科七十二症一卷 （□）□□撰 清刻本 一冊

510000－2741－0002254 2254

腓尼西亞史不分卷 （日本）北村三郎編 （清）趙必振譯 清光緒二十九年(1903)上海廣智書局鉛印本 一冊

510000－2741－0002255 2255

腓尼西亞史不分卷 （日本）北村三郎編 （清）趙必振譯 清光緒二十九年(1903)上海廣智書局鉛印本 一冊

510000－2741－0002256 2256

費氏古易訂文十二卷 （清）王樹枏撰 清光緒十七年(1891)青神刻本 四冊

510000－2741－0002257 2257

費氏古易訂文十二卷 （清）王樹枏撰 清光緒十七年(1891)青神刻本 四冊

510000－2741－0002258 2258

費氏古易訂文十二卷 （清）王樹枏撰 清光緒十七年(1891)青神刻本 四冊

510000－2741－0002259 2259

費氏詩鈔四卷 （清）釋含澈輯 清咸豐六年(1856)綠天蘭若刻本 一冊

510000－2741－0002260 2260

分類補注李太白詩二十五卷 （唐）李白撰 （宋）楊齊賢集注 （元）蕭士贇補注 明嘉靖二十五年(1546)玉几山人刻本 七冊 存十四卷(二、五至六、九、十三至二十、二十四至二十五)

510000－2741－0002261 2261

分類補注李太白詩二十五卷 （唐）李白撰 （宋）楊齊賢集注 （元）蕭士贇補注 明萬曆三十年(1602)許自昌合刻李杜全集本 一冊 存一卷(三)

510000－2741－0002262 2262

分類補注李太白詩二十五卷 （唐）李白撰 （宋）楊齊賢集注 （元）蕭士贇補注 明嘉靖二十五年(1546)玉几山人刻本 八冊 存十四卷(二至四、七至八、十三至十七、二十至二十三)

510000－2741－0002263 2263

分類補注李太白詩二十五卷 （唐）李白撰 （宋）楊齊賢集注 （元）蕭士贇補注 分類編次李太白文五卷 （唐）李白撰 明嘉靖二十二年(1543)郭雲鵬寶善堂刻本 十二冊

510000－2741－0002264 2264

分類補註李太白詩二十五卷 （唐）李白撰 （宋）楊齊賢集註 （元）蕭士斌補註 元建安余氏勤有堂刻本 十六冊

510000－2741－0002265 2265

分類詩腋八卷 （清）李楨編 清咸豐十一年（1861）刻本 四冊

510000－2741－0002266 2266

分類字錦六十四卷 （清）何焯 （清）陳鵬年等纂 （清）張廷玉等校勘 清刻本 六十四冊

510000－2741－0002267 2267

分類字錦六十四卷 （清）何焯 （清）陳鵬年等纂 （清）張廷玉等校勘 清刻本 五十七冊 缺七卷（三十三、三十五至三十六、三十九至四十一、六十四）

510000－2741－0002268 2268

分隸偶存二卷 （清）萬經撰 清乾隆三十七年（1772）刻本 二冊

510000－2741－0002269 2269

分韻字解五卷 （清）李世璋撰 清光緒抄本 五冊

510000－2741－0002270 2270

分撰兩戴記章句凡例一卷 廖平撰 清光緒十二年（1886）刻本 一冊

510000－2741－0002271 2271

分撰兩戴記章句凡例一卷 廖平撰 清光緒十二年（1886）刻本 一冊

510000－2741－0002272 2272

封泥考略十卷 （清）吳式芬 （清）陳介祺輯 清光緒三十年（1904）滬上石印本 十冊

510000－2741－0002273 2273

封泥考略十卷 （清）吳式芬 （清）陳介祺輯 清光緒三十年（1904）滬上石印本 十冊

510000－2741－0002274 2274

封泥考略十卷 （清）吳式芬 （清）陳介祺輯 清光緒三十年（1904）滬上石印本 十冊

510000－2741－0002275 2275

風俗通義十卷 （漢）應劭撰 （明）程榮校 明程榮校刻漢魏叢書本 四冊

510000－2741－0002276 2276

風雨樓叢書 （清）鄧實編 清宣統順德鄧氏鉛印本 八冊

510000－2741－0002277 2277

風雨樓祕笈留真十種 （清）鄧實編 清宣統元年至民國六年（1909－1917）順德鄧氏風雨樓影印本 十冊

510000－2741－0002278 2278

風雨吟草一卷 （清）席夔撰 清光緒二十九年（1903）四川省垣文倫書局鉛印本 一冊

510000－2741－0002279 2279

風雨吟草一卷 （清）席夔撰 清光緒二十九年（1903）四川省垣文倫書局鉛印本 一冊

510000－2741－0002280 2280

風雨吟草一卷 （清）席夔撰 清光緒二十九年（1903）四川省垣文倫書局鉛印本 一冊

510000－2741－0002281 2281

葑煙亭詞鈔四卷 （清）黎兆勳撰 清同治四年（1865）敦復堂刻本 一冊

510000－2741－0002282 2282

葑煙亭詞鈔四卷 （清）黎兆勳撰 清同治四年（1865）敦復堂刻本 一冊

510000－2741－0002283 2283

楓江艸堂詩彙三卷楓江漁唱一卷清湘瑤瑟譜一卷 （清）朱紫貴撰 清道光七年至八年（1827－1828）吳青霞齋刻本 二冊

510000－2741－0002284 2284

楓南山館遺集七卷末一卷 （清）莊受祺撰 清同治十三年至光緒元年（1874－1875）莊怡孫刻本 一冊

510000－2741－0002285 2285

楓山語錄一卷 （明）章懋撰 清嘉慶十三年（1808）張海鵬刻借月山房彙抄本 一冊

510000－2741－0002286 2286

馮氏錦囊秘錄 （清）馮兆張撰 清嘉慶十八年（1813）會成堂刻本 二十四冊

510000－2741－0002287 2287

馮氏錦囊秘錄 （清）馮兆張撰 清刻本 三十二冊

四川大學圖書館古籍普查登記目錄

510000－2741－0002288　2288

佛爾雅八卷　（清）周春譔　清宣統二年(1910)上海國學扶輪社鉛印本　二冊

510000－2741－0002289　2289

佛山忠義鄉志十四卷　（清）吳榮光纂修　清道光十一年(1831)刻本　七冊

510000－2741－0002290　2290

佛說阿彌陀經要解一卷　（後秦）鳩摩羅什譯　（明）智旭譯　清光緒十一年(1885)金陵刻經處刻本　一冊

510000－2741－0002291　2291

佛說阿彌陀經要解一卷　（後秦）釋鳩摩羅什譯　清道光十六年(1836)刻本　一冊

510000－2741－0002292　2292

佛說大阿彌陀經二卷　（□）□□著　清刻本　一冊

510000－2741－0002293　2293

佛說梵綱經菩薩心地品合注七卷　（後秦）鳩摩羅什譯　（明）釋智旭注　**玄義一卷**　（明）釋智旭述　**菩薩戒羯磨文釋一卷**　（唐）玄奘譯　（明）釋智旭述　**重定授菩薩戒法一卷**（明）釋智旭述　**菩薩戒本經一卷**　（北涼）曇無讖第二譯　**梵綱經懺悔行法一卷**　（明）釋智旭述　**毗尼後集問辯一卷**　（明）釋智旭述　清同治十三年(1874)金陵刻經處刻本　五冊

510000－2741－0002294　2294

佛說梵網經菩薩心地品合注七卷　（後秦）鳩摩羅什譯　（明）釋智旭注　**玄義一卷**　（明）釋智旭述　清同治十三年(1874)金陵刻經處刻本　四冊

510000－2741－0002295　2295

佛說觀無量壽佛經疏四卷　（唐）善導集記　清光緒二十年(1894)金陵刻經處刻本　二冊

510000－2741－0002296　2296

佛說四十二章經解一卷　（明）釋智旭著　**佛遺教經解一卷**　（明）釋智旭述　**八大人覺經畧解一卷**　西土聖賢集　（漢）釋安世高譯

（明）釋智旭解　清同治十年(1871)四川新都綠天蘭若刻本　一冊

510000－2741－0002297　2297

佛說四十二章經一卷　（漢）釋迦葉摩騰(漢)竺法蘭譯　**佛遺教經一卷**　（後秦）鳩摩羅什譯　**八大人覺經一卷**　（漢）安世高譯　清同治金陵刻經處刻本　一冊

510000－2741－0002298　2298

佛說無量壽經義疏六卷　（三國魏）康僧鎧譯　（隋）慧遠撰疏　清光緒二十年(1894)江蘇金陵刻經處刻本　二冊

510000－2741－0002299　2299

佛崖驗方抄一卷　（清）羅叔黌著　清道光八年(1828)刻本　一冊

510000－2741－0002300　2300

佛冤綱禪師語錄八卷　（清）釋性純等編　清刻本　二冊

510000－2741－0002301　2301

佛祖心燈一卷諸家宗派一卷附刺麻溯源一卷　（三國吳）守一編　清光緒十六年(1890)金陵刻經處刻本　一冊

510000－2741－0002302　2302

伏敬堂詩錄十五卷續錄四卷首一卷附錄一卷　（清）江湜撰　清同治福州刻本　四冊

510000－2741－0002303　2303

芙蓉碣傳奇二卷　（清）張雲驤填詞　（清）王以慜評點　（清）吳孝緒按拍　清光緒刻本　一冊

510000－2741－0002304　2304

芙蓉山館詩鈔八卷詩補鈔一卷詞二卷附鈔一卷文鈔八卷　（清）楊芳燦撰　清光緒十七年(1891)無錫劉繼增木活字印本　八冊

510000－2741－0002305　2305

芙蓉山館詩鈔八卷詩補鈔一卷詞二卷文鈔二卷　（清）楊芳燦撰　清刻本　二冊

510000－2741－0002306　2306

芙蓉山館文鈔二卷　（清）楊芳燦撰　清刻本

四川大學圖書館古籍普查登記目錄

四冊

510000 – 2741 – 0002307　2307

服膺集四卷　（清）朱搢撰　**聯語匯覽一卷**
清末抄本　五冊

510000 – 2741 – 0002308　2308

浮邱子十二卷　（清）湯鵬著　清同治四年
（1865）刻本　四冊

510000 – 2741 – 0002309　2309

浮邱子十二卷　（清）湯鵬著　清同治四年
（1865）刻本　八冊

510000 – 2741 – 0002310　2310

浮山此藏軒物理小識十二卷總論一卷　（清）
方以智撰　清潭陽天瑞堂刻本　四冊

510000 – 2741 – 0002311　2311

浮世萍蹤一卷　（清）鄒放撰　清抄本　一冊

510000 – 2741 – 0002312　2312

涪雅堂詩草二卷　（清）吳朝品撰　清光緒二
十七年（1901）綿州刻本　三冊

510000 – 2741 – 0002313　2313

涪州石魚題名記一卷　（清）錢保塘編　清光
緒二十一年（1895）什邡刻本　一冊

510000 – 2741 – 0002314　2314

涪州小學鄉土地理三卷　（清）賀守典　（清）
熊鴻謨纂　（清）鄒憲章審定　清光緒三十一
年（1905）涪州小學堂刻本　一冊

510000 – 2741 – 0002315　2315

涪州小學鄉土地理三卷　（清）賀守典　（清）
熊鴻謨纂　（清）鄒憲章審定　清光緒三十一
年（1905）涪州小學堂刻本　一冊

510000 – 2741 – 0002316　2316

涪州小學鄉土地理三卷　（清）賀守典　（清）
熊鴻謨纂　（清）鄒憲章審定　清光緒三十一
年（1905）涪州小學堂刻本　一冊

510000 – 2741 – 0002317　2317

鳧氏爲鍾圖說補義一卷　（清）鄭珍撰　（清）
陳矩補義　清光緒貴陽陳氏刻靈峰草堂叢書
本　一冊

510000 – 2741 – 0002318　2318

福惠全書三十二卷　（清）黃六鴻著　清光緒
十九年（1893）刻本　十二冊

510000 – 2741 – 0002319　2319

撫邊屯鄉土志　（清）劉文增　（清）周汝梅編
清末抄本　一冊

510000 – 2741 – 0002320　2320

撫豫宣化録四卷　（清）田文鏡撰　清雍正五
年（1727）田文鏡刻本　八冊

510000 – 2741 – 0002321　2321

簠齋傳古別録一卷　（清）陳介祺撰　清光緒
五年（1879）王懿榮刻本　一冊

510000 – 2741 – 0002322　2322

附鮚軒詩集八卷　（清）洪亮吉著　清光緒三
年（1877）刻本　二冊

510000 – 2741 – 0002323　2323

附釋文互註禮部韻略五卷　（宋）丁度等編
清光緒二年（1876）川東官舍刻本　五冊

510000 – 2741 – 0002324　2324

附釋文互註禮部韻略五卷　（宋）丁度等編
清光緒二年（1876）川東官舍刻本　五冊

510000 – 2741 – 0002325　2325

附釋音春秋左傳注疏六十卷附校勘記　（晉）
杜預注　（唐）陸德明音義　（唐）孔穎達疏
清嘉慶二十年（1815）江西南昌府學刻本　二
十四冊

510000 – 2741 – 0002326　2326

附釋音春秋左傳注疏六十卷附校勘記　（晉）
杜預注　（唐）陸德明音義　（唐）孔穎達疏
清同治十二年（1873）江西書局刻本　十二冊

510000 – 2741 – 0002327　2327

附釋音禮記注疏六十三卷附校勘記　（漢）鄭
玄注　（唐）陸德明音義　（唐）孔穎達等正義
清刻本　八冊

510000 – 2741 – 0002328　2328

附釋音禮記注疏六十三卷附校勘記　（漢）鄭
玄注　（唐）陸德明音義　（唐)孔穎達等正義

四川大學圖書館古籍普查登記目録

清嘉慶二年(1797)江西南昌府學刻本　二
十七冊

510000－2741－0002329　2329

附釋音尚書註疏二十卷附校勘記　(漢)孔安
國傳　(唐)陸德明音義　(唐)孔穎達疏　清
道光六年(1826)南昌府學據嘉慶二十年
(1815)刻本重校刻本　六冊

510000－2741－0002330　2330

附釋音儀禮疏五十卷附校勘記　(漢)鄭玄注
(唐)賈公彥疏　清嘉慶二十年(1815)刻本
十六冊

510000－2741－0002331　2331

附釋音周禮註疏四十二卷附校勘記　(漢)鄭
玄註　(唐)陸德明音義　(唐)賈公彥疏　清
嘉慶二十年(1815)刻本　十七冊　缺七卷
(五至十一)

510000－2741－0002332　2332

負圓詩存□□卷　(清)李永鎮藁　清末木活
字印本　一冊　存四卷(一至四)

510000－2741－0002333　2333

婦科精蘊五卷　(美國)妥瑪氏撰　(清)孔慶
高筆譯　(美國)嘉約翰校正　清光緒十五年
(1889)羊城博濟醫局刻本　五冊

510000－2741－0002334　2334

婦科五十卷　(美國)湯麥斯著　(清)舒高第
(清)鄭昌棪譯　清光緒二十六年(1900)鉛
印本　六冊

510000－2741－0002335　2335

婦科五十卷　(美國)湯麥斯著　(清)舒高第
(清)鄭昌棪譯　清光緒二十六年(1900)鉛
印本　六冊

510000－2741－0002336　2336

婦嬰三書十八卷　(□)□□撰　清同治元年
(1862)刻本　六冊

510000－2741－0002337　2337

婦嬰三書十八卷　(□)□□撰　清同治元年
(1862)刻本　六冊

510000－2741－0002338　2338

婦嬰新說一卷　(英國)合信氏著　(清)管茂
才撰　清咸豐八年(1858)刻本　一冊

510000－2741－0002339　2339

婦嬰至寶六卷　(清)拜松居士輯　清同治十
二年(1873)刻本　三冊

510000－2741－0002340　2340

傅鶉觚集五卷　(晉)傅元撰　(清)方濬師校
集　**傅子校勘記一卷**　(清)方濬師撰　清光
緒二年(1876)刻本　五冊

510000－2741－0002341　2341

傅青主男科二卷　(清)傅山著　清光緒二十
五年(1899)上海圖書集成印書局鉛印本
一冊

510000－2741－0002342　2342

傅青主女科二卷女科產後編二卷　(清)傅山
著　清光緒二十五年(1899)上海圖書集成印
書局鉛印本　一冊

510000－2741－0002343　2343

傅青主自書詩卷一卷　(清)傅山撰　清宣統
元年(1909)國學保存會影印本　一冊

510000－2741－0002344　2344

傅氏眼科審視瑤函六卷首一卷　(明)傅仁宇
纂輯　(明)林長生較補　(明)傅維藩編集
清刻本　四冊　存四卷(二、四至六)

510000－2741－0002345　2345

傅氏眼科審視瑤函六卷首一卷　(明)傅仁宇
纂輯　(明)林長生較補　(明)傅維藩編集
清刻本　五冊　存五卷(二至六)

510000－2741－0002346　2346

傅氏眼科審視瑤函六卷首一卷前賢醫案一卷
(明)傅仁宇纂輯　(明)林長生較補　清刻
本　一冊　存三卷(一、首一卷、前賢醫案一
卷)

510000－2741－0002347　2347

傅氏眼科審視瑤函六卷首一卷前賢醫案一卷
(明)傅仁宇纂輯　(明)林長生較補　清刻

四川大學圖書館古籍普查登記目錄

本　六冊

510000－2741－0002348　2348

傅徵君女科二卷産後編二卷　（清）傅山撰
清光緒二年(1876)傅氏大梁刻本　四冊

510000－2741－0002349　2349

傅中丞集一卷　（晉）傅咸著　清刻本　一冊

510000－2741－0002350　2350

傅子二卷　（清）錢保塘輯　清光緒八年
(1882)清風室刻本　二冊

510000－2741－0002351　2351

復初齋文集三十五卷首一卷　（清）翁方綱撰
清道光十六年(1836)刻光緒三年至四年
(1877－1878)李以烜重校補刻本　八冊

510000－2741－0002352　2352

復古編二卷校正一卷附録一卷　（宋）張有撰
曾樂軒稿一卷　（宋）張維撰　**安陸集一卷**
（宋）張先撰　清光緒八年(1882)淮南書局
刻本　三冊

510000－2741－0002353　2353

復堂類集文集四卷詩集九卷詞集二卷　（清）
譚獻撰　清光緒十一年(1885)刻本　四冊

510000－2741－0002354　2354

富順縣鄉土志不分卷　（清）陳運昌　（清）鄒
稷光　（清）歐陽鑄編　清末抄本　二冊

510000－2741－0002355　2355

富陽夏氏叢刻　（清）夏震武　（清）夏鼎武撰
清光緒刻本　四冊

510000－2741－0002356　2356

賦鈔箋略十五卷　（清）雷琳箋　（清）張杏濱
箋　清嘉慶二十二年(1817)張士林刻本
八冊

510000－2741－0002357　2357

賦法一卷　（清）姚文田編撰　清刻本　一冊

510000－2741－0002358　2358

賦話十卷　（清）李調元撰　清刻本　三冊
缺一卷(八)

510000－2741－0002359　2359

賦彙録要二十八卷　（清）吳光昭箋　（清）陳
書輯　清乾隆刻本　十二冊

510000－2741－0002360　2360

覆瓿集　（清）張文虎撰　清同治、光緒間刻
本　十二冊

510000－2741－0002361　2361

覆瓿集　（清）張文虎撰　清同治、光緒間刻
本　十二冊

510000－2741－0002362　2362

覆瓿集　（清）張文虎撰　清同治、光緒間刻
本　十冊

510000－2741－0002363　2363

覆校穆天子傳六卷補遺一卷　（晉）郭璞注
清道光十二年(1832)五經歲徧齋刻本　一冊

510000－2741－0002364　2364

陔餘叢考四十三卷　（清）趙翼撰　清乾隆五
十六年(1791)湛貽堂刻本　八冊

510000－2741－0002365　2365

陔餘叢考四十三卷　（清）趙翼撰　清光緒二
年至三年(1876－1877)大關唐氏壽考堂刻本
十五冊

510000－2741－0002366　2366

陔餘叢考四十三卷　（清）趙翼撰　清光緒二
年至三年(1876－1877)大關唐氏壽考堂刻本
十四冊

510000－2741－0002367　2367

改併五音集韻十五卷　（金）韓道昭撰　明成
化六年(1470)刻萬曆十七年(1589)修補印本
八冊

510000－2741－0002368　2368

溉堂前集九卷後集六卷續集六卷　（清）孫枝
蔚撰　清康熙刻本　八冊

510000－2741－0002369　2369

甘泉鄉人稿二十四卷餘稿二卷　（清）錢泰吉
撰　**皇清敕授修職郎誥封朝議大夫顯考警石
府君(錢泰吉)年譜一卷**　（清）錢應溥述　四

四川大學圖書館古籍普查登記目録

水子遺著一卷 （清）錢友泗撰 邠農偶吟稿一卷 （清）錢炳森撰 清同治十一年(1872)刻光緒十一年(1885)重修本 七冊

510000－2741－0002370 2370
甘泉鄉人稿二十四卷餘稿二卷 （清）錢泰吉撰 皇清敕授修職郎誥封朝議大夫顯考警石府君(錢泰吉)年譜一卷 （清）錢應溥述 四水子遺著一卷 （清）錢友泗撰 邠農偶吟稿一卷 （清）錢炳森撰 清同治十一年(1872)刻光緒十一年(1885)重修本 七冊

510000－2741－0002371 2371
甘泉鄉人稿二十四卷餘稿二卷 （清）錢泰吉撰 皇清敕授修職郎誥封朝議大夫顯考警石府君(錢泰吉)年譜一卷 （清）錢應溥述 四水子遺著一卷 （清）錢友泗撰 邠農偶吟稿一卷 （清）錢炳森撰 清同治十一年(1872)刻光緒十一年(1885)重修本 七冊

510000－2741－0002372 2372
感舊集十六卷 （清）王士禛輯 清乾隆十七年(1752)德州盧見曾雅雨堂刻本 八冊

510000－2741－0002373 2373
感應試驗藥方四卷 （清）文永周撰 清末刻本 三冊 存三卷（一、三至四）

510000－2741－0002374 2374
綱鑑擇語十卷 （清）司徒修選輯 清咸豐七年(1857)刻本 九冊 存九卷（一至九）

510000－2741－0002375 2375
皋鶴堂批評第一奇書金瓶梅一百回 （清）張竹坡評 清康熙三十四年(1695)皋鶴草堂刻本 三十冊

510000－2741－0002376 2376
高安三傳合編五十六卷 （清）朱軾訂 （清）蔡世遠等分訂 清光緒二十一年(1895)江蘇書局校刻本 十八冊

510000－2741－0002377 2377
高等代數學四卷 （日本）上野清著 譯書工會編譯 清光緒三十二年(1906)石印本 四冊

510000－2741－0002378 2378
高東井先生詩選四卷賽香詞一卷 （清）高文照著 （清）徐熊飛録 清道光十二年(1832)刻本 二冊

510000－2741－0002379 2379
高給諫遺詩一卷 （清）高栩撰 清光緒三十二年(1906)成都官書局石印本 一冊

510000－2741－0002380 2380
高厚蒙求四集 （清）徐朝俊輯 清嘉慶十二年(1807)雲間徐氏刻本 四冊

510000－2741－0002381 2381
高密遺書 （漢）鄭玄撰 （清）黃奭輯 清道光甘泉黃氏刻本 八冊

510000－2741－0002382 2382
高石齋經世邇言二卷 （清）劉光謨著 清光緒四川富順縣刻本 二冊

510000－2741－0002383 2383
高石齋文鈔三卷 （清）劉光謨撰 清光緒十年(1884)四川富順縣刻本 三冊

510000－2741－0002384 2384
高石齋文鈔三卷 （清）劉光謨撰 清光緒十年(1884)四川富順縣刻本 三冊

510000－2741－0002385 2385
高石齋文鈔三卷 （清）劉光謨撰 清光緒十年(1884)四川富順縣刻本 一冊 存一卷（一）

510000－2741－0002386 2386
高士傳三卷 （晉）皇甫謐著 清光緒三年(1877)湖北崇文書局刻本 一冊

510000－2741－0002387 2387
高士傳三卷 （晉）皇甫謐著 清光緒三年(1877)湖北崇文書局刻本 一冊

510000－2741－0002388 2388
高陶堂遺集 （清）高心夔撰 清光緒八年(1882)平湖朱氏經注經齋刻本 四冊

510000－2741－0002389 2389
高西園詩畫録不分卷 （清）高鳳翰撰 （清）

鄧元鏸編　清光緒刻本　一冊

510000－2741－0002390　2390

高西園詩畫録不分卷　（清）高鳳翰撰　（清）
鄧元鏸編　清光緒刻本　一冊

510000－2741－0002391　2391

高雅堂時文十二卷　（清）徐湘潭著　睦堂先
生試體詩一卷賦一卷　（清）王典等編輯　清
道光二十六年(1846)刻本　七冊

510000－2741－0002392　2392

高陽太傅孫文正公年譜五卷　（清）孫銓編輯
清乾隆孫氏刻本　四冊

510000－2741－0002393　2393

高子遺書十二卷附録一卷年譜一卷　（明）高
攀龍撰　（明）陳龍正編　清光緒二年(1876)
無錫東林書院刻本　四冊

510000－2741－0002394　2394

高子遺書十二卷附録一卷年譜一卷　（明）高
攀龍撰　（明）陳龍正編　清光緒二年(1876)
無錫東林書院刻本　八冊

510000－2741－0002395　2395

高宗純皇帝聖訓三百卷　（清）□□編　清刻
本　七十二冊

510000－2741－0002396　2396

誥授奉政大夫晉贈光禄大夫鄉賢王東園[應
鵑]先生傳一卷　（清）蘇廷玉撰　清刻本
一冊

510000－2741－0002397　2397

誥授光禄大夫誥授振威將軍太子少保兵部尚
書兼都察院右都御史四川總督先考仲良府君
行狀　（清）劉體乾等撰　（清）孫家鼒填諱
清光緒刻本　一冊

510000－2741－0002398　2398

誥授建威將軍福建陸路提督良臣江公年譜一
卷　（清）徐同善撰　清光緒五年(1879)刻本
一冊

510000－2741－0002399　2399

割圜八綫綴術四卷　（清）徐有壬撰　（清）吳

嘉善述草　（清）左潛補草　清同治十二年
(1873)荷池精舍刻本　二冊

510000－2741－0002400　2400

革除遺事節本六卷　（明）黃佐撰　清道光、
咸豐間南海伍氏文字歡娛室刻本　一冊

510000－2741－0002401　2401

格林礮操法一卷　（美國）傅蘭克令撰　（英
國）傅蘭雅譯　（清）徐建寅筆述　清末上海
江南製造總局刻本　一冊

510000－2741－0002402　2402

格林礮操法一卷　（美國）傅蘭克令撰　（英
國）傅蘭雅譯　（清）徐建寅筆述　清末上海
江南製造總局刻本　一冊

510000－2741－0002403　2403

格物探源六卷　（英國）韋廉臣撰　清光緒二
十七年(1901)刻　四冊

510000－2741－0002404　2404

格物探源六卷　（英國）韋廉臣撰　清光緒二
十七年(1901)刻　四冊

510000－2741－0002405　2405

格物探源六卷　（英國）韋廉臣撰　清光緒二
十七年(1901)刻本　二冊　存四卷(二、四至
六)

510000－2741－0002406　2406

格物質學一卷　申江中西書院撰　清光緒三
十三年(1907)上海美華書局鉛印本　一冊

510000－2741－0002407　2407

格物質學一卷　申江中西書院撰　清光緒三
十三年(1907)上海美華書局鉛印本　一冊

510000－2741－0002408　2408

格致鏡原一百卷　（清）陳元龍輯　清刻本
三十二冊

510000－2741－0002409　2409

格致鏡原一百卷　（清）陳元龍撰　清雍正刻
本　二十四冊

510000－2741－0002410　2410

格致鏡原一百卷　（清）陳元龍撰　清雍正刻

四川大學圖書館古籍普查登記目録

本　二十四冊

510000－2741－0002411　2411

格致鏡原一百卷 （清）陳元龍撰　清雍正刻
本　四十八冊

510000－2741－0002412　2412

格致啟蒙四卷 （英國）羅斯古篹 （美國）林
樂知 （清）鄭昌棪譯　清光緒五年（1879）上
海江南機器製造總局刻本　四冊

510000－2741－0002413　2413

格致啟蒙四卷 （英國）羅斯古篹 （美國）林
樂知 （清）鄭昌棪譯　清光緒五年（1879）上
海江南機器製造總局刻本　四冊

510000－2741－0002414　2414

格致小引一卷 （英國）赫施撰 （英國）羅亨
利 （清）瞿昂來譯　清光緒江南機器製造總
局刻本　一冊

510000－2741－0002415　2415

格致小引一卷 （英國）赫施撰 （英國）羅亨
利 （清）瞿昂來譯　清光緒江南機器製造總
局刻本　一冊

510000－2741－0002416　2416

各國交涉便法論六卷 （英國）費利摩羅巴德
著　清末江南製造局鉛印本　六冊

510000－2741－0002417　2417

**各國交涉公法論初集十六卷附校勘記一卷中
西紀年一卷** （英國）費利摩羅巴德著 （英
國）傅蘭雅口譯 （清）俞世爵筆述　清光緒
二十四年（1898）江南機器製造總局鉛印本
十五冊　缺一卷（十二）

510000－2741－0002418　2418

各國交涉公法論十六卷校勘記一卷 （英國）
費利摩羅巴德著 （英國）傅蘭雅口譯 （清）
俞世爵筆述　清光緒二十二年（1896）慎記書
莊石印本　八冊

510000－2741－0002419　2419

各國通商始末記二十卷 （清）彭玉麟定
（清）王之春撰　清光緒二十七年（1901）上海

日新社石印本　六冊

510000－2741－0002420　2420

各國約章纂要六卷首一卷附一卷 （清）勞乃
宣輯　清光緒十八年（1892）上海圖書集成局
鉛印本　二冊　存四卷（二至五）

510000－2741－0002421　2421

艮齋先生薛常州浪語集三十五卷 （宋）薛季
宣撰　清同治十年（1871）金陵書局刻本
六冊

510000－2741－0002422　2422

艮齋先生薛常州浪語集三十五卷 （宋）薛季
宣撰　清同治十年（1871）金陵書局刻本
六冊

510000－2741－0002423　2423

庚子都門紀事詩六卷首一卷詩補一卷 （清）
延清撰　清光緒二十八年（1902）刻本　二冊

510000－2741－0002424　2424

庚子教會受難記二卷 （英國）季理斐輯譯
（清）任廷旭筆述　清光緒二十七年（1901）鉛
印本　一冊　缺一卷（上）

510000－2741－0002425　2425

庚子銷夏記八卷 （清）孫承澤撰　清乾隆二
十六年（1761）鮑氏知不足齋刻本　四冊

510000－2741－0002426　2426

庚子銷夏記八卷 （清）孫承澤撰　清乾隆二
十六年（1761）鮑氏知不足齋刻本　四冊

510000－2741－0002427　2427

庚子銷夏記八卷附閒者軒帖考一卷 （清）孫
承澤撰　清乾隆刻本　五冊

510000－2741－0002428　2428

庚子銷夏記八卷附閒者軒帖考一卷 （清）孫
承澤撰　清乾隆二十六年（1761）鮑氏知不足
齋刻後印本　二冊

510000－2741－0002429　2429

**廣縵堂詩集四卷矢音集二卷雜俎一卷文集一
卷** （清）何彤雲撰　清咸豐九年（1859）四川
綠天蘭若刻本　四冊

四川大學圖書館古籍普查登記目錄

510000 – 2741 – 0002430　2430

更生齋集甲集四卷乙集四卷詩集八卷詩續十卷　（清）洪亮吉著　清光緒三年至四年（1877－1878）刻本　十二冊

510000 – 2741 – 0002431　2431

工部筆談四卷　（清）楊益豫著　清光緒二十一年（1895）潛西精舍刻本　四冊

510000 – 2741 – 0002432　2432

工程致富論略十三卷首一卷附圖一卷　（英國）瑪體生著　（英國）傅蘭雅　（清）鍾天緯譯　清光緒四年（1878）上海江南製造局鉛印本　八冊

510000 – 2741 – 0002433　2433

工業興國政相關論二卷　（英國）司旦離遮風司撰　（美國）衛理烏程　（清）王汝馳譯　清光緒二十六年（1900）上海江南製造局鉛印本　二冊

510000 – 2741 – 0002434　2434

工業與國政相關論二卷　（英國）司旦離遮風司撰　（美國）衛理烏程　（清）王汝馳譯　清光緒二十六年（1900）上海江南製造局鉛印本　二冊

510000 – 2741 – 0002435　2435

公車日記二卷价堂文集一卷价堂詩草三卷　（明）郭維藩撰　清咸豐四年（1854）文苑堂刻本　六冊

510000 – 2741 – 0002436　2436

公牘偶存一卷　（清）聶光鑾撰　清光緒十一年（1885）四川敘州汗青簃刻本　一冊

510000 – 2741 – 0002437　2437

公法會通十卷　（瑞士）步倫氏撰　（美國）丁韙良譯　清光緒上海美華書館鉛印本　五冊

510000 – 2741 – 0002438　2438

公法總論一卷　（英國）羅柏村撰　（英國）傅蘭雅　（清）汪振聲譯　清同治、光緒間江南製造總局鉛印本　一冊

510000 – 2741 – 0002439　2439

公羊春秋經傳驗推補正十一卷附擬大統春秋條例不分卷　廖平注　清光緒三十二年（1906）則柯軒刻本　十冊

510000 – 2741 – 0002440　2440

公羊春秋經傳驗推補正十一卷附擬大統春秋條例不分卷　廖平注　清光緒三十二年（1906）則柯軒刻本　九冊　缺一卷（一）

510000 – 2741 – 0002441　2441

公羊傳鈔一卷　（清）高梅亭集評　清乾隆五十三年（1788）刻本　一冊

510000 – 2741 – 0002442　2442

公羊春秋經傳驗推補正十一卷附擬大統春秋條例不分卷　廖平學　清光緒三十二年（1906）則柯軒刻本　十冊

510000 – 2741 – 0002443　2443

公羊春秋經傳驗推補正十一卷附擬大統春秋條例不分卷　廖平學　清光緒三十二年（1906）則柯軒刻本　五冊　存八卷（一至五、九至十一）

510000 – 2741 – 0002444　2444

公羊春秋經傳驗推補正十一卷附擬大統春秋條例不分卷　廖平學　清光緒三十二年（1906）則柯軒刻本　九冊　存九卷（一至五、八至十一）

510000 – 2741 – 0002445　2445

公羊春秋經傳驗推補正十一卷附擬大統春秋條例不分卷　廖平學　清光緒三十二年（1906）則柯軒刻本　四冊　存七卷（一、四至七、十至十一）

510000 – 2741 – 0002446　2446

公羊春秋經傳驗推補正十一卷附擬大統春秋條例不分卷　廖平學　清光緒三十二年（1906）則柯軒刻本　三冊　存六卷（二至三、六至九）

510000 – 2741 – 0002447　2447

公羊春秋經傳驗推補正十一卷附擬大統春秋條例不分卷　廖平學　清光緒三十二年（1906）則柯軒刻本　十冊

四川大學圖書館古籍普查登記目錄

510000－2741－0002448　2448

公羊春秋經傳驗推補正十一卷附擬大統春秋條例不分卷　廖平學　清光緒三十二年（1906）則柯軒刻本　十冊

510000－2741－0002449　2449

公羊春秋經傳驗推補正十一卷附擬大統春秋條例不分卷　廖平學　清光緒三十二年（1906）則柯軒刻本　六冊

510000－2741－0002450　2450

公羊春秋經傳驗推補正十一卷附擬大統春秋條例不分卷　廖平學　清光緒三十二年（1906）則柯軒刻本　十冊

510000－2741－0002451　2451

公羊箋十一卷　王闓運箋　清光緒十一年（1885）成都尊經書局刻本　六冊

510000－2741－0002452　2452

公羊箋十一卷　王闓運箋　清光緒十一年（1885）成都尊經書局刻本　十冊

510000－2741－0002453　2453

公餘紀事不分卷　（清）黎學錦撰　清道光元年（1821）刻本　一冊

510000－2741－0002454　2454

公餘雜箸一卷賓僚投贈集一卷　（清）聶光鑾撰　清光緒十一年（1885）四川敘州汗青簃校刻本　一冊

510000－2741－0002455　2455

功甫小集十一卷　（清）潘曾沂撰　清咸豐四年（1854）刻本　四冊

510000－2741－0002456　2456

功順堂叢書　（清）潘祖蔭輯　清光緒吳縣潘氏刻本　二十冊

510000－2741－0002457　2457

功順堂叢書　（清）潘祖蔭輯　清光緒吳縣潘氏刻本　三十一冊

510000－2741－0002458　2458

攻守礮法不分卷　（美國）金楷理口譯　（清）李鳳苞筆述　清末上海江南製造總局刻本　一冊

510000－2741－0002459　2459

攻守礮法不分卷　（美國）金楷理口譯　（清）李鳳苞筆述　清末上海江南製造總局刻本　一冊

510000－2741－0002460　2460

躬恥齋經世十八篇　（清）宗稷辰撰　清光緒二十七年（1901）會稽宗氏鉛印本　一冊

510000－2741－0002461　2461

躬恥齋詩鈔十四卷首一卷　（清）宗稷辰著　清咸豐秌杜軒刻本　七冊

510000－2741－0002462　2462

躬恥齋文鈔十九卷首一卷後編六卷　（清）宗稷辰撰　清咸豐元年（1851）越峴山館刻同治六年（1867）印本　十六冊

510000－2741－0002463　2463

躬厚堂詩錄十卷詩初錄四卷絳跗山館詞錄三卷　（清）張金鏞著　**梅花閣遺詩一卷**　（清）錢蘅生撰　清同治三年至光緒四年（1864－1878）刻本　四冊

510000－2741－0002464　2464

宮閨文選二十六卷附宮閨姓氏小錄一卷　（清）周壽昌輯訂　（清）蔣恭鑑編校　清道光二十六年（1846）刻本　八冊

510000－2741－0002465　2465

龔定盫先生集　（清）龔自珍撰　清光緒三十年（1904）四川官書局刻三十四年（1908）成都官書局印本　六冊

510000－2741－0002466　2466

龔定盫先生集　（清）龔自珍撰　清光緒三十年（1904）四川官書局刻本　六冊

510000－2741－0002467　2467

龔定盫先生集　（清）龔自珍撰　清光緒三十年（1904）四川官書局刻本　六冊

510000－2741－0002468　2468

龔定盫先生集　（清）龔自珍撰　清光緒三十年（1904）四川官書局刻三十四年（1908）成都

四川大學圖書館古籍普查登記目錄

官書局印本　六冊

510000－2741－0002469　2469

龔定盦先生集　（清）龔自珍撰　清光緒三十年(1904)四川官書局刻三十四年(1908)成都官書局印本　六冊

510000－2741－0002470　2470

龔端毅公奏疏八卷附一卷　（清）龔鼎孳撰　清光緒九年(1883)聖彝書屋刻本　四冊

510000－2741－0002471　2471

拱璧緣傳奇二十四回　（清）陸怡安編　（清）王柱臣評　清抄本　四冊

510000－2741－0002472　2472

碧溪詩話十卷　（宋）黃徹撰　清乾隆武英殿聚珍版印本　一冊

510000－2741－0002473　2473

勾股六術一卷　（清）項名達撰　清光緒二十三年(1897)上海璣衡堂石印本　一冊

510000－2741－0002474　2474

勾股六術一卷　（清）項名達撰　**行素軒算稿五種**　（清）華蘅芳撰　清光緒二十二年(1896)上海璣衡堂石印本　二冊

510000－2741－0002475　2475

緱山先生集二十七卷　（明）王衡撰　明萬曆四十五年(1617)王氏家刻本　十二冊

510000－2741－0002476　2476

峒嶁鑑撮四卷　（清）曠敏本編　清嘉慶二十三年(1818)刻本　四冊

510000－2741－0002477　2477

孤鴻編四卷首二卷　（清）殷增撰　清同治十年(1871)齊莊中正堂刻本　一冊

510000－2741－0002478　2478

姑蘇名賢小記二卷　（明）文震孟撰　清光緒八年(1882)長州蔣氏刻心矩齋叢書本　二冊

510000－2741－0002479　2479

菰中隨筆一卷　（清）顧炎武著　清道光十二年(1832)刻本　一冊

510000－2741－0002480　2480

菰中隨筆一卷　（清）顧炎武著　清道光十二年(1832)刻本　一冊

510000－2741－0002481　2481

古本大學大義一卷　（清）傅光弼著　清光緒十四年(1888)鄂渚刻本　一冊

510000－2741－0002482　2482

古籌算考釋六卷　（清）勞乃宣撰　（清）潘涌汾等校算　清光緒十二年(1886)完縣官舍刻本　六冊

510000－2741－0002483　2483

古芬閣書畫記十八卷　（清）杜瑞聯纂　清光緒七年(1881)太谷杜氏刻本　十六冊

510000－2741－0002484　2484

古夫于亭雜録五卷　（清）王士禛撰　清康熙刻王漁洋遺書本　二冊

510000－2741－0002485　2485

古格言十二卷　（清）梁章鉅輯　清抄本　二冊

510000－2741－0002486　2486

古格言十二卷　（清）梁章鉅輯　清光緒元年(1875)刻本　二冊

510000－2741－0002487　2487

古官制考四卷　（清）王寶仁輯　清道光八年(1828)舊香居刻本　一冊

510000－2741－0002488　2488

古懽録八卷　（清）王士禛撰　（清）朱從延校　清康熙三十九年(1700)快宜堂刻本　四冊

510000－2741－0002489　2489

古歡堂詩集十五卷　（清）田雯撰　清康熙刻本　四冊

510000－2741－0002490　2490

古今法制表十六卷　（清）孫榮編著　清光緒三十二年(1906)四川瀘州學正署刻本　十冊

510000－2741－0002491　2491

古今考三十八卷　（宋）魏了翁撰　（元）方回續　明萬曆十二年(1584)王圻刻本　十冊

四川大學圖書館古籍普查登記目錄

510000－2741－0002492 2492

古今類傳四卷 （清）董穀士 （清）董炳文輯
清未學齋刻本 四冊

510000－2741－0002493 2493

古今名醫萬方類編三十二卷 （清）曹繩彥集
清嘉慶五年(1800)睦華堂刻本 三十冊
存三十一卷(二至三十二)

510000－2741－0002494 2494

古今名媛彙詩二十卷 （明）鄭文昂撰 （清）
陸武增校 清抄本 五冊 存十一卷(二至
十二)

510000－2741－0002495 2495

古今錢略三十二卷首一卷末一卷 （清）倪模
述 清光緒三年至五年(1877－1879)望江倪
氏兩強勉齋刻本 十六冊 缺一卷(十四)

510000－2741－0002496 2496

古今錢略三十二卷首一卷末一卷 （清）倪模
述 清光緒三年至五年(1877－1879)望江倪
氏兩強勉齋刻本 十六冊

510000－2741－0002497 2497

**古今詩選五言十七卷七言十五卷五言今體詩
九卷七言今體詩九卷** （清）王士禎選 清同
治七年(1868)湘鄉曾氏刻本 十冊

510000－2741－0002498 2498

古今說海 （明）陸楫等輯 清刻本 十九冊

510000－2741－0002499 2499

古今偽書考一卷 （清）姚際恆著 清光緒三
年(1877)廣漢張氏刻本 一冊

510000－2741－0002500 2500

古今偽書考一卷 （清）姚際恆著 清光緒十
八年(1892)浙江書局刻本 一冊

510000－2741－0002501 2501

古今偽書考一卷 （清）姚際恆著 清光緒十
五年(1889)長沙經濟書堂刻本 一冊

510000－2741－0002502 2502

古今小品八卷 （明）陳天定評選 清末刻本
八冊

510000－2741－0002503 2503

古今姓氏書辯證四十卷目錄二卷 （宋）鄧名
世撰 清刻本 十二冊

510000－2741－0002504 2504

古今醫案按十卷 （清）俞震纂輯 （清）李齡
壽重校輯 清光緒九年(1883)吳江李氏校刻
本 十冊

510000－2741－0002505 2505

古今原始十四卷 （明）趙釴撰 明嘉靖四十
一年(1562)自刻本 四冊

510000－2741－0002506 2506

**古今韻會舉要三十卷禮部韻略七音三十六母
通考一卷** （宋）黃公紹編輯 （元）熊忠舉要
清光緒六年至九年(1880－1883)淮南書局
刻本 十冊

510000－2741－0002507 2507

**古今韻會舉要三十卷禮部韻略七音三十六母
通考一卷** （宋）黃公紹編輯 （元）熊忠舉要
清光緒六年至九年(1880－1883)淮南書局
刻本 十冊

510000－2741－0002508 2508

**古今韻會舉要三十卷禮部韻略七音三十六母
通考一卷** （宋）黃公紹編輯 （元）熊忠舉要
清光緒六年至九年(1880－1883)淮南書局
刻本 十冊

510000－2741－0002509 2509

古今韻考四卷 （清）李因篤撰 清光緒六年
(1880)福山王氏天壤閣刻本 一冊

510000－2741－0002510 2510

古今韻略五卷 （清）邵長蘅纂 清康熙三十
五年(1696)宋犖刻本 五冊

510000－2741－0002511 2511

古今韻略五卷 （清）邵長蘅纂 清康熙三十
五年(1696)宋犖刻本 四冊

510000－2741－0002512 2512

古今戰事圖說[平定粵匪之部]□□卷 （清）
陳曾壽纂 清光緒二十五年(1899)商務印書

館鉛印本　三冊　存三卷(一至三)

510000－2741－0002513　2513

古今中外音韻通例不分卷　(清)胡垣撰　清光緒十四年(1888)刻本　四冊

510000－2741－0002514　2514

古今中外音韻通例不分卷　(清)胡垣撰　清光緒十四年(1888)刻本　四冊

510000－2741－0002515　2515

古今注二卷　(晉)崔豹著　**博物志十卷**(晉)張華著　清刻函海本　一冊

510000－2741－0002516　2516

古經解彙函　(清)鍾謙鈞等輯　清同治十二年(1873)粵東書局刻本　三十五冊

510000－2741－0002517　2517

古經解彙函　(清)鍾謙鈞等輯　清同治十二年(1873)粵東書局刻本　六十二冊

510000－2741－0002518　2518

古經解彙函　(清)錢謙鈞等輯　清同治十二年(1873)粵東書局刻本　六十四冊

510000－2741－0002519　2519

古經解彙函　(清)錢謙鈞等輯　清光緒十五年(1889)湘南書局刻本　二十二冊

510000－2741－0002520　2520

古經解彙函　(清)鍾謙鈞等輯　清光緒十五年(1889)湘南書局刻本　四十冊

510000－2741－0002521　2521

古經解彙函　(清)鍾謙鈞等輯　清同治十二年(1873)粵東書局刻本　三十五冊

510000－2741－0002522　2522

古經解彙函　(清)鍾謙鈞等輯　清光緒十四年(1888)石印本　十九冊

510000－2741－0002523　2523

古經解彙函附小學彙函續附十種　(清)鍾謙鈞等輯　清光緒十四年(1888)上海蜚英館石印本　六冊　存十一種八十七卷(韓詩外傳十卷,毛詩草木鳥獸蟲魚疏二卷,春秋繁露一至九,春秋釋例七至十五,春秋微旨三卷,春

秋唊趙二先生集傳辯疑十卷,論語集解義疏十卷,論語筆解二卷,鄭志三卷、補遺一卷,說文解字六上至十五下,說文解字繫傳一至十八)

510000－2741－0002524　2524

古經天象考十二卷圖說一卷　(清)雷學淇撰　清末刻本　六冊

510000－2741－0002525　2525

古刻叢鈔不分卷　(元)陶宗儀撰　(清)孫星衍重編　清末刻本　一冊

510000－2741－0002526　2526

古刻叢鈔不分卷　(元)陶宗儀撰　(清)孫星衍重編　清光緒六年(1880)誦芬閣刻本　一冊

510000－2741－0002527　2527

古律經傳附考五卷　(清)紀大奎撰　清同治九年(1870)刻本　二冊

510000－2741－0002528　2528

古器具名二卷附古器總說一卷　(明)胡文煥撰　明萬曆二十一年(1593)刻格致叢書本　二冊

510000－2741－0002529　2529

古泉匯元集十四卷亨集十四卷利集十八卷貞集十四卷首四卷　(清)李佐賢編輯　清同治三年(1864)利津李氏石泉書屋刻本(第一冊抄配)　十五冊

510000－2741－0002530　2530

古泉匯元集十四卷亨集十四卷利集十八卷貞集十四卷首四卷　(清)李佐賢編輯　清同治三年(1864)利津李氏石泉書屋刻本　十六冊

510000－2741－0002531　2531

古泉書錄解題三卷　(清)黎尹驄撰　清光緒二十一年(1895)遵義黎氏刻本　一冊

510000－2741－0002532　2532

古泉書錄解題三卷　(清)黎尹驄撰　清光緒二十一年(1895)遵義黎氏刻本　一冊

510000－2741－0002533　2533

四川大學圖書館古籍普查登記目錄

古詩歸十五卷　（明）鍾惺　（明）譚元春輯
明萬曆四十五年(1617)刻本　五冊

510000－2741－0002534　2534
古詩箋[五言詩]十七卷[七言歌行鈔]十五卷
　（清）王士禛選　（清）聞人倓箋　清乾隆三
十一年(1766)芷蘭堂刻本　十冊

510000－2741－0002535　2535
古詩箋[五言詩]十七卷[七言歌行鈔]十五卷
　（清）王士禛選　（清）聞人倓箋　清乾隆三
十一年(1766)芷蘭堂刻本　十二冊

510000－2741－0002536　2536
古詩箋[五言詩]十七卷[七言歌行鈔]十五卷
　（清）王士禛選　（清）聞人倓箋　清乾隆三
十一年(1766)芷蘭堂刻松江文萃堂後印本
十六冊

510000－2741－0002537　2537
古詩箋[五言詩]十七卷[七言歌行鈔]十五卷
　（清）王士禛選　（清）聞人倓箋　清乾隆三
十一年(1766)芷蘭堂刻松江文萃堂後印本
十四冊

510000－2741－0002538　2538
古詩類苑一百三十卷　（明）張之象纂輯
(明)俞顯卿補訂　明萬曆三十年(1602)俞顯
謨、王穎、陳甲刻本　三十二冊

510000－2741－0002539　2539
古詩十九首說一卷　（清）朱筠口授　（清）徐
昆筆述　清光緒四年(1878)葛氏嘯園刻本
一冊

510000－2741－0002540　2540
古詩源十四卷　（清）沈德潛選　清刻本
四冊

510000－2741－0002541　2541
古詩源十四卷　（清）沈德潛選　清尊經閣刻
本　四冊

510000－2741－0002542　2542
古詩源十四卷　（清）沈德潛選　清刻本
四冊

510000－2741－0002543　2543
古詩源十四卷　（清）沈德潛撰　清刻本
四冊

510000－2741－0002544　2544
古事比五十二卷　（清）方中德撰　清康熙四
十五年(1706)書種齋刻本　十冊

510000－2741－0002545　2545
古書疑義舉例七卷　（清）俞樾撰　清光緒宏
達堂刻本　二冊

510000－2741－0002546　2546
古書疑義舉例七卷　（清）俞樾撰　清光緒宏
達堂刻本　二冊

510000－2741－0002547　2547
古苔精室詩存二卷　（清）邱晉成撰　清光緒
十六年(1890)刻本　一冊

510000－2741－0002548　2548
古苔精室詩存二卷　（清）邱晉成撰　清光緒
十六年(1890)刻本　一冊

510000－2741－0002549　2549
古苔精室雜著一卷詩續錄一卷　（清）邱晉成
著　清光緒二十一年(1895)刻本　一冊

510000－2741－0002550　2550
古棠書屋叢書　（清）孫澍　（清）孫鏶輯　清
道光鵝溪孫氏刻本　三十六冊

510000－2741－0002551　2551
古桐書屋六種　（清）劉熙載撰　清同治、光
緒間刻本　十冊

510000－2741－0002552　2552
古微書三十六卷　（明）孫瑴輯　清嘉慶十七
年(1812)禹航陳世望對山問月樓刻本　四冊

510000－2741－0002553　2553
古微堂集內集二卷外集八卷　（清）魏源著
清宣統元年(1909)上海國學扶輪社鉛印本
六冊

510000－2741－0002554　2554
古微堂集內集二卷外集八卷　（清）魏源著
清宣統元年(1909)上海國學扶輪社鉛印本

四川大學圖書館古籍普查登記目録

六冊

510000－2741－0002555　2555
古微堂集內集三卷外集七卷　（清）魏源著
清光緒四年(1878)淮南書局刻本　四冊

510000－2741－0002556　2556
古微堂集內集三卷外集七卷　（清）魏源著
清光緒四年(1878)淮南書局刻本　四冊

510000－2741－0002557　2557
古微堂詩集十卷　（清）魏源撰　清同治九年
(1870)刻本　四冊

510000－2741－0002558　2558
古文詞略二十卷　（清）梅曾亮輯　清光緒二
十五年(1899)成都志古堂刻本　六冊

510000－2741－0002559　2559
古文詞略二十卷　（清）梅曾亮輯　清光緒二
十五年(1899)成都志古堂刻本　六冊

510000－2741－0002560　2560
古文詞略二十卷　（清）梅曾亮輯　清光緒二
十五年(1899)成都志古堂刻本　六冊

510000－2741－0002561　2561
古文詞通義二十卷　（清）王葆心纂　清末湖
南官報書局鉛印本　一冊　存二卷(五至六)

510000－2741－0002562　2562
古文辭類纂七十四卷　（清）姚鼐纂集　清道
光合河康氏家塾刻本　十二冊

510000－2741－0002563　2563
古文辭類纂七十四卷　（清）姚鼐纂集　清道
光合河康氏家塾刻本　十二冊

510000－2741－0002564　2564
古文辭類纂七十四卷　（清）姚鼐纂集　清光
緒二十八年(1902)蜀東善成堂刻本　十二冊

510000－2741－0002565　2565
古文辭類纂七十四卷　（清）姚鼐纂集　清光
緒三十三年(1907)上海商務印書館鉛印本
八冊

510000－2741－0002566　2566

古文辭類纂七十四卷　（清）姚鼐纂集　清光
緒十八年(1892)湖南文章書局刻本　十冊

510000－2741－0002567　2567
古文辭類纂七十四卷　（清）姚鼐纂集　清光
緒二十六年(1900)新化三味書室刻本　十
四冊

510000－2741－0002568　2568
古文辭類纂七十四卷　（清）姚鼐纂集　**續古**
文辭類纂三十四卷　（清）王先謙纂集　清光
緒二十八年(1902)蜀東善成堂刻本　二十三
冊　缺四卷(古文辭類纂十九至二十二)

510000－2741－0002569　2569
古文辭類纂七十四卷　（清）姚鼐纂集　**續古**
文辭類纂三十四卷　（清）王先謙纂集　清光
緒三十三年(1907)上海商務印書館鉛印本
十二冊

510000－2741－0002570　2570
古文辭類纂七十五卷　（清）姚鼐纂集　清宣
統二年(1910)五色古文山房刻本　十四冊
缺二十卷(一至二十)

510000－2741－0002571　2571
古文辭類纂七十五卷　（清）姚鼐纂集　清同
治八年(1869)問竹軒刻本　十六冊

510000－2741－0002572　2572
古文辭類纂七十五卷　（清）姚鼐纂集　清同
治八年(1869)問竹軒刻本　十五冊　缺三卷
(七十三至七十五)

510000－2741－0002573　2573
古文辭類纂七十五卷　（清）姚鼐纂集　**校勘**
記一卷　（清）李承淵編　清光緒二十七年
(1901)滁州李氏求要堂刻本　十二冊

510000－2741－0002574　2574
古文辭類纂七十五卷　（清）姚鼐纂集　**姚選**
古文真本五色標記表十五卷　（清）吳摯甫講
授　（清）張剛編纂　清宣統二年(1910)五色
古文山房刻本　二十四冊

510000－2741－0002575　2575

四川大學圖書館古籍普查登記目錄

古文眉銓七十九卷 （清）浦起龍輯 清乾隆
三吳書院刻本 十六冊

510000－2741－0002576 2576

古文眉銓七十九卷 （清）浦起龍輯 清乾隆
三吳書院刻本 三十二冊

510000－2741－0002577 2577

古文尚書十卷 （宋）王應麟撰集 （清）孫星
衍補集 尚書逸文二卷 （清）江聲撰集
(清)孫星衍補訂 清光緒六年(1880)四川綿
竹墨池書舍刻本 四冊

510000－2741－0002578 2578

古文審八卷首一卷 （清）劉心源撰 清光緒
十七年(1891)嘉魚劉氏龍江樓刻本 四冊

510000－2741－0002579 2579

古文審八卷首一卷 （清）劉心源撰 清光緒
十七年(1891)嘉魚劉氏龍江樓刻本 四冊

510000－2741－0002580 2580

古文屠蘇集四卷 （清）席樹馨編次 清光緒
三十四年(1908)四川成都崇義堂刻本 四冊

510000－2741－0002581 2581

古文析觀詳解六卷 （清）林雲銘 （清）吳楚
材選評 清乾隆七年(1742)武林三餘堂刻本
十冊

510000－2741－0002582 2582

古文雅正十四卷 （清）蔡世遠選評 清道光
六年(1826)許乃普刻本 四冊

510000－2741－0002583 2583

古文雅正十四卷 （清）蔡世遠選評 清光緒
三十一年(1905)二銘書屋刻本 八冊

510000－2741－0002584 2584

古文淵鑒六十四卷 （清）徐乾學等輯 清康
熙古香齋刻四色套印本 二十四冊

510000－2741－0002585 2585

古文淵鑒六十四卷 （清）徐乾學等輯 清康
熙內府四色套印本 六十冊

510000－2741－0002586 2586

古文淵鑒六十四卷 （清）徐乾學等輯 清同
治十二年(1873)浙江書局刻本 三十二冊

510000－2741－0002587 2587

古文苑二十一卷 （宋）章樵註 清光緒十二
年(1886)江蘇書局刻本 四冊

510000－2741－0002588 2588

古文苑二十一卷 （宋）章樵註 清光緒十四
年(1888)蘊石齋刻本 六冊

510000－2741－0002589 2589

古文苑二十一卷 （宋）章樵註 清刻本
四冊

510000－2741－0002590 2590

古文苑九卷 （宋）韓元吉編次 清刻本
四冊

510000－2741－0002591 2591

函海 （清）李調元輯 清刻本 二冊 存三
種十七卷(金石古文一至十四、古文韻語一
卷、石鼓文音釋二卷)

510000－2741－0002592 2592

握機經三卷緯十五卷 （明）曹胤儒集註 明
刻本 一冊 存二卷(握機經一至二)

510000－2741－0002593 2593

古香山館存稿十六卷 （清）彭洋中撰 （清）
曾紀鳳編訂 清同治十三年(1874)湘鄉彭氏
刻本 六冊

510000－2741－0002594 2594

古香齋鑒賞袖珍春明夢餘錄七十卷 （清）孫
承澤著 清光緒九年(1883)廣州惜分陰館刻
本 二十四冊

510000－2741－0002595 2595

古香齋鑒賞袖珍春明夢餘錄七十卷 （清）孫
承澤著 清刻本 二十二冊

510000－2741－0002596 2596

古香齋袖珍十種 （清）□□編 清同治、光
緒間南海孔氏刻本 三百二十冊

510000－2741－0002597 2597

古學記問錄十五卷 （清）吳蔚文編輯 清同
治文瑞堂刻本 六冊

四川大學圖書館古籍普查登記目錄

510000 – 2741 – 0002598 　2598

古學記問録十五卷 　（清）吳蔚文編輯 　清同治文瑞堂刻本 　六冊

510000 – 2741 – 0002599 　2599

古學考一卷 　廖平撰 　清光緒二十三年（1897）尊經書局刻本 　一冊

510000 – 2741 – 0002600 　2600

古學考一卷 　廖平撰 　清光緒二十三年（1897）尊經書局刻本 　一冊

510000 – 2741 – 0002601 　2601

古學考一卷 　廖平撰 　清光緒二十三年（1897）尊經書局刻本 　一冊

510000 – 2741 – 0002602 　2602

古學考一卷 　廖平撰 　清光緒二十三年（1897）尊經書局刻本 　一冊

510000 – 2741 – 0002603 　2603

古學考一卷 　廖平撰 　清光緒二十三年（1897）尊經書局刻本 　一冊

510000 – 2741 – 0002604 　2604

古學考一卷 　廖平撰 　清光緒二十三年（1897）尊經書局刻本 　一冊

510000 – 2741 – 0002605 　2605

古學考一卷 　廖平撰 　清光緒二十三年（1897）尊經書局刻本 　一冊

510000 – 2741 – 0002606 　2606

古學考一卷 　廖平撰 　清光緒二十三年（1897）尊經書局刻本 　一冊

510000 – 2741 – 0002607 　2607

古學考一卷 　廖平撰 　清光緒二十三年（1897）尊經書局刻本 　一冊

510000 – 2741 – 0002608 　2608

古謠諺一百卷 　（清）杜文瀾輯 　清咸豐十一年（1861）曼陀羅華閣刻本 　十六冊

510000 – 2741 – 0002609 　2609

古音類表九卷 　（清）傅壽彤撰 　清光緒二年（1876）大梁臬署刻本 　四冊

510000 – 2741 – 0002610 　2610

古音類表九卷 　（清）傅壽彤撰 　清光緒二年（1876）大梁臬署刻本 　四冊

510000 – 2741 – 0002611 　2611

古音諧八卷首一卷 　（清）姚文田輯 　清道光二十五年（1845）刻本 　六冊

510000 – 2741 – 0002612 　2612

古音諧八卷首一卷 　（清）姚文田輯 　清道光二十五年（1845）刻蘇州振新書社印本 　六冊

510000 – 2741 – 0002613 　2613

古玉圖考不分卷 　（清）吳大澂編 　清光緒十五年（1889）上海同文書局石印本 　四冊

510000 – 2741 – 0002614 　2614

古玉圖譜一百卷 　（宋）龍大淵等輯 　（宋）劉松年繪圖 　清乾隆四十四年（1779）江氏康山草堂刻本 　十六冊

510000 – 2741 – 0002615 　2615

古緣萃録十八卷 　（清）邵松年輯 　清光緒三十年（1904）上海鴻文書局石印本 　六冊

510000 – 2741 – 0002616 　2616

古樂府三卷 　（明）何景明輯 　明崪西精舍刻本 　一冊

510000 – 2741 – 0002617 　2617

古韻發明不分卷切字肆考不分卷 　（清）張畊撰 　清道光六年（1826）芸心堂刻本 　四冊

510000 – 2741 – 0002618 　2618

古韻論二卷 　（清）胡秉虔著 　清光緒二年（1876）世澤樓刻本 　一冊

510000 – 2741 – 0002619 　2619

古韻論三卷 　（清）胡秉虔著 　清光緒二年（1876）世澤樓刻本 　一冊

510000 – 2741 – 0002620 　2620

古韻通說二十卷 　（清）龍啟瑞撰 　清光緒九年（1883）四川尊經書局刻本 　四冊

510000 – 2741 – 0002621 　2621

古韻通說二十卷 　（清）龍啟瑞撰 　清光緒九年（1883）四川尊經書局刻本 　三冊

四川大學圖書館古籍普查登記目録

510000－2741－0002622　2622

古韻通說二十卷　（清）龍啟瑞撰　清光緒九年(1883)四川尊經書局刻本　四冊

510000－2741－0002623　2623

古韻通說二十卷　（清）龍啟瑞撰　清光緒九年(1883)四川尊經書局刻本　四冊

510000－2741－0002624　2624

古籀拾遺三卷附宋政和禮器文字考一卷　（清）孫詒讓記　清光緒十六年(1890)刻本　四冊

510000－2741－0002625　2625

古籀拾遺三卷附宋政和禮器文字考一卷　（清）孫詒讓記　清光緒十六年(1890)刻本　二冊

510000－2741－0002626　2626

古籀拾遺三卷附宋政和禮器文字考一卷　（清）孫詒讓記　清光緒十六年(1890)刻本　二冊

510000－2741－0002627　2627

古籀餘論三卷　（清）孫詒讓撰　清光緒二十九年(1903)籀經樓刻本　二冊

510000－2741－0002628　2628

古籀餘論三卷　（清）孫詒讓撰　清光緒二十九年(1903)籀經樓刻本　二冊

510000－2741－0002629　2629

古籀餘論三卷　（清）孫詒讓撰　清光緒二十九年(1903)籀經樓刻本　一冊

510000－2741－0002630　2630

詁經精舍文集十四卷　（清）阮元訂　清嘉慶刻同治八年(1869)江蘇書局補刻本　八冊

510000－2741－0002631　2631

詁經精舍文續集八卷　（清）羅文俊手訂　清同治十二年(1873)成都錦江書院刻本　四冊

510000－2741－0002632　2632

穀詒堂集十卷　（清）李壽萱著　清光緒八年(1882)戎州學署刻本　四冊

510000－2741－0002633　2633

穀詒堂集十卷　（清）李壽萱著　清光緒八年(1882)戎州學署刻本　四冊

510000－2741－0002634　2634

穀詒堂集十卷　（清）李壽萱著　清光緒八年(1882)戎州學署刻本　四冊

510000－2741－0002635　2635

春秋穀梁註疏二十卷附考證　（晉）范寧撰　（唐）楊士勛疏　（唐）陸德明音義　清刻本　六冊

510000－2741－0002636　2636

穀玉類編五十卷　（清）汪兆舒輯　清乾隆二十三年(1758)資履堂刻本　十冊

510000－2741－0002637　2637

故唐律疏議三十卷　（唐）長孫無忌等撰　律音義跋一卷　（宋）孫奭撰　宋提刑洗冤集錄五卷　（宋）宋慈撰　唐律名例一卷　（元）王元亮撰　清光緒十七年(1891)刻本　八冊

510000－2741－0002638　2638

故唐律疏議三十卷　（唐）長孫無忌等撰　律音義跋一卷　（宋）孫奭撰　宋提刑洗冤集錄五卷　（宋）宋慈撰　唐律名例一卷　（元）王元亮撰　清光緒十七年(1891)刻本　八冊

510000－2741－0002639　2639

故唐律疏議三十卷　（唐）長孫無忌等撰　律音義跋一卷　（宋）孫奭撰　宋提刑洗冤集錄五卷　（宋）宋慈撰　唐律名例一卷　（元）王元亮撰　清光緒十七年(1891)刻本　八冊

510000－2741－0002640　2640

顧端文公遺書　（明）顧憲成撰　清光緒三年(1877)涇里宗祠刻本　十四冊

510000－2741－0002641　2641

顧端文公遺書　（明）顧憲成撰　清光緒三年(1877)涇里宗祠刻本　十八冊

510000－2741－0002642　2642

顧氏明朝四十家小說　（明）顧元慶輯　清宣統三年(1911)上海國學扶輪社鉛印本　八冊

510000－2741－0002643　2643

四川大學圖書館古籍普查登記目錄

顧氏音學五書　（清）顧炎武撰　清光緒十六年(1890)思賢講舍刻本　十四冊

510000－2741－0002644　2644

顧氏音學五書　（清）顧炎武撰　清光緒十六年(1890)思賢講舍刻本　十冊

510000－2741－0002645　2645

顧氏音學五書　（清）顧炎武撰　清光緒十六年(1890)思賢講舍刻本　十二冊

510000－2741－0002646　2646

顧氏音學五書　（清）顧炎武撰　清光緒十六年(1890)思賢講舍刻本　十二冊

510000－2741－0002647　2647

顧雙溪集九卷　（清）顧奎光著　清光緒二十一年(1895)木活字印本　二冊

510000－2741－0002648　2648

顧亭林先生年譜一卷　（清）張穆撰　清道光二十四年(1844)刻本　一冊

510000－2741－0002649　2649

顧亭林先生詩箋注十七卷　（清）徐嘉輯　顧詩箋注校補一卷　（清）李詳　（清）段朝端撰　清光緒二十三年(1897)徐氏味靜齋刻本　六冊

510000－2741－0002650　2650

顧亭林先生詩箋注十七卷　（清）徐嘉輯　顧詩箋注校補一卷　（清）李詳　（清）段朝端撰　清光緒二十三年(1897)徐氏味靜齋刻本　六冊

510000－2741－0002651　2651

顧亭林先生遺書　（清）顧炎武撰　清蓬瀛閣校刻本　八冊

510000－2741－0002652　2652

顧亭林先生遺書　（清）顧炎武撰　清蓬瀛閣校刻本　八冊

510000－2741－0002653　2653

顧亭林先生遺書　（清）顧炎武著　清刻本　六冊

510000－2741－0002654　2654

乖崖先生文集十二卷附錄一卷　（宋）張詠撰　清光緒八年(1882)獨山莫氏刻本　二冊

510000－2741－0002655　2655

官子譜三卷　（清）陶式玉編　清康熙刻本　三冊

510000－2741－0002656　2656

關帝志四卷　（清）張鎮輯　清乾隆二十一年(1756)刻本　四冊

510000－2741－0002657　2657

關氏易傳一卷　（北魏）關朗撰　（唐）趙蕤注　明毛氏汲古閣刻津逮秘書本　一冊

510000－2741－0002658　2658

關學編五卷首一卷　（明）馮從吾撰　（清）李元春續編　清朝邑趙蒲刻同治三原劉映菁補刻本　四冊

510000－2741－0002659　2659

關中金石記八卷　（清）畢沅撰　清乾隆四十六年(1781)刻本　四冊

510000－2741－0002660　2660

關中金石記八卷　（清）畢沅撰　關中金石記附記一卷　（清）蔡汝霖輯　清光緒三十四年(1908)渭南嚴氏成都刻宣統二年(1910)重修本　四冊

510000－2741－0002661　2661

關中金石記八卷　（清）畢沅撰　關中金石記附記一卷　（清）蔡汝霖輯　清光緒三十四年(1908)渭南嚴氏成都刻宣統二年(1910)重修本　四冊

510000－2741－0002662　2662

關中金石記八卷　（清）畢沅撰　關中金石記附記一卷　（清）蔡汝霖輯　清光緒三十四年(1908)渭南嚴氏成都刻宣統二年(1910)重修本　四冊

510000－2741－0002663　2663

關中金石記八卷　（清）畢沅撰　關中金石記附記一卷　（清）蔡汝霖輯　清光緒三十四年(1908)渭南嚴氏成都刻宣統二年(1910)重修

四川大學圖書館古籍普查登記目錄

本　四冊

510000 – 2741 – 0002664　2664

關中金石文字存逸考十二卷首一卷　（清）毛鳳枝撰　清光緒二十七年(1901)會稽顧氏刻本　十二冊

510000 – 2741 – 0002665　2665

觀古閣叢稿二卷　（清）鮑康撰　清同治十二年(1873)潘祖蔭刻本　一冊

510000 – 2741 – 0002666　2666

觀古閣叢刻　（清）鮑康撰　清同治至光緒觀古閣彙印本　十冊

510000 – 2741 – 0002667　2667

觀古堂書目叢刊　（清）葉德輝輯　清光緒至民國長沙葉氏觀古堂刻本　二十冊

510000 – 2741 – 0002668　2668

觀古堂書目叢刊　（清）葉德輝輯　清光緒至民國長沙葉氏觀古堂刻本　二十冊

510000 – 2741 – 0002669　2669

觀古堂所著書　（清）葉德輝撰　清光緒長沙葉氏刻本　八冊

510000 – 2741 – 0002670　2670

觀海贈言初編一卷　（清）洪良品等撰　清光緒十三年(1887)上海鴻文書局石印本　一冊

510000 – 2741 – 0002671　2671

觀妙齋藏金石文字考略十六卷　（清）李光暎撰　清雍正李氏觀妙齋刻本　八冊

510000 – 2741 – 0002672　2672

觀象廬叢書　（清）呂調陽撰　清光緒十四年(1888)葉長高刻本　六十冊

510000 – 2741 – 0002673　2673

觀自得齋別集六種　（清）徐士愷輯　清光緒十三年至二十年(1887 – 1894)石埭徐氏刻本　二冊

510000 – 2741 – 0002674　2674

觀自得齋叢書二十三種別集六種　（清）徐士愷輯　清光緒十三年至二十年(1887 – 1894)石埭徐氏刻本　二十四冊

510000 – 2741 – 0002675　2675

觀自得齋叢書二十三種別集六種　（清）徐士愷輯　清光緒十三年至二十年(1887 – 1894)石埭徐氏刻本　二十四冊

510000 – 2741 – 0002676　2676

管城碩記三十卷　（清）徐文靖撰　清刻本　三十冊

510000 – 2741 – 0002677　2677

管城碩記三十卷　（清）徐文靖撰　清刻本　十冊

510000 – 2741 – 0002678　2678

管城碩記三十卷　（清）徐文靖撰　清刻本　十二冊

510000 – 2741 – 0002679　2679

管窺輯要八十卷　（清）黃鼎撰　清刻本　三十二冊

510000 – 2741 – 0002680　2680

管窺輯要八十卷　（清）黃鼎撰　清順治刻本　四十七冊

510000 – 2741 – 0002681　2681

管子地員篇注四卷　（清）王紹蘭撰　（清）胡爀棻校刊　清光緒十七年(1891)浙江胡氏寄虹山館刻本　四冊

510000 – 2741 – 0002682　2682

管子二十四卷　（唐）房玄齡註　（明）劉績增註　（明）張榜等評　（明）朱養和輯訂　明天啓五年(1625)朱養純花齋刻本　八冊

510000 – 2741 – 0002683　2683

管子二十四卷　（唐）房玄齡註釋　（明）劉績增註　（明）朱養和輯訂　清嘉慶九年(1804)刻本　十冊

510000 – 2741 – 0002684　2684

管子二十四卷　（唐）房玄齡註釋　（明）劉績增註　（明）朱養和輯訂　清嘉慶九年(1804)刻本　四冊

510000 – 2741 – 0002685　2685

管子二十四卷　（周）管仲撰　明崇禎葛鼎刊

四川大學圖書館古籍普查登記目錄

合刻管韓二子本　　四冊

510000－2741－0002686　2686
管子二十四卷　（周）管仲撰　明吳中珩校刻本　　八冊

510000－2741－0002687　2687
管子二十四卷　（周）管仲撰　（唐）房玄齡注（明）劉績增注　清光緒二年(1876)浙江書局刻本　　三冊

510000－2741－0002688　2688
管子二十四卷　（周）管仲撰　（唐）房玄齡注（明）劉績增注　清光緒二年(1876)浙江書局刻本　　八冊

510000－2741－0002689　2689
管子纂二卷　（明）張榜輯　（明）吳貢校訂明刻本　　二冊

510000－2741－0002690　2690
館課詩檢存一卷　（清）江國霖撰　清咸豐十年(1860)刻本　　一冊

510000－2741－0002691　2691
館律分韻初編六卷　春暉閣主人輯　清光緒十四年(1888)上海漱六山莊石印本　　六冊

510000－2741－0002692　2692
貫華堂第六才子書西廂記八卷附圖　（元）王實甫撰　（清）金人瑞評　清康熙刻本(有抄配)　　六冊　存七卷(一至七、圖)

510000－2741－0002693　2693
貫華堂註釋第六才子書八卷　（元）關漢卿撰（清）金人瑞評　清乾隆三十四年(1769)刻本　　六冊　存六卷(一至六)

510000－2741－0002694　2694
灌記初稿四卷　（清）彭洵編　清光緒二十年(1894)刻本　　四冊

510000－2741－0002695　2695
灌記初稿四卷　（清）彭洵編　清光緒二十年(1894)刻本　　四冊

510000－2741－0002696　2696
灌江備考一卷　（清）王廷珤採輯　（清）李先

立編次　清抄本　　一冊

510000－2741－0002697　2697
灌江定考一卷　（清）王來通輯　清刻本二冊

510000－2741－0002698　2698
灌縣鄉土志不分卷　（清）鍾文虎修　（清）徐昱等纂　清光緒三十三年(1907)刻本　　二冊

510000－2741－0002699　2699
灌縣鄉土志不分卷　（清）鍾文虎修　（清）徐昱等纂　清光緒三十三年(1907)刻本　　二冊

510000－2741－0002700　2700
灌縣鄉土志不分卷　（清）鍾文虎修　（清）徐昱等纂　清光緒三十三年(1907)刻本　　二冊

510000－2741－0002701　2701
灌縣鄉土志不分卷　（清）鍾文虎修　（清）徐昱等纂　清光緒三十三年(1907)刻本　　二冊

510000－2741－0002702　2702
光緒財政通纂五十四卷　（清）杜翰藩編　清光緒三十一年(1905)成都文倫書局鉛印本七冊　存十八卷(三十二至四十九)

510000－2741－0002703　2703
光緒二十八年補行庚子辛丑恩正併科各省鄉試同年全錄　□□輯　清光緒二十八年(1902)刻本　　三冊

510000－2741－0002704　2704
光緒二十七年通商各關華洋貿易總冊二卷上海通商海關造冊處編譯　清光緒二十八年(1902)上海通商海關造冊處鉛印本　　一冊

510000－2741－0002705　2705
光緒二十四至二十九年綸音奏章　□□輯清光緒木活字印本　　十七冊

510000－2741－0002706　2706
光學二卷視學諸器圖說一卷　（英國）田大里輯　（美國）金楷理口譯　（清）趙元益筆述清末江南機器製造總局刻本　　二冊

510000－2741－0002707　2707
光學二卷視學諸器圖說一卷　（英國）田大里

四川大學圖書館古籍普查登記目錄

輯 （美國）金楷理口譯 （清）趙元益筆述
清末江南機器製造總局刻本 二冊

510000－2741－0002708 2708

廣百川學海 （明）馮可賓輯 明刻清初修補
印本 四十冊

510000－2741－0002709 2709

廣博物志五十卷 （明）董斯張纂 （明）楊鶴
訂 清光緒五年（1879）學海堂刻本 四十冊

510000－2741－0002710 2710

廣博物志五十卷 （明）董斯張纂 （明）楊鶴
訂 清光緒五年（1879）學海堂刻本 二十
四冊

510000－2741－0002711 2711

廣博物志五十卷 （明）董斯張纂 （明）楊鶴
訂 清光緒五年（1879）學海堂刻本 三十
三冊

510000－2741－0002712 2712

廣東新語二十八卷 （清）屈大均譔 清刻本
十冊

510000－2741－0002713 2713

廣東新語二十八卷 （清）屈大均譔 清刻本
十二冊

510000－2741－0002714 2714

廣東輿地全圖不分卷 （清）張人駿等撰 清
光緒二十三年（1897）廣州石經堂石印本
二冊

510000－2741－0002715 2715

廣廣事類賦三十二卷 （清）吳世旃撰註 清
刻本 六冊

510000－2741－0002716 2716

廣漢魏叢書 （明）何允中輯 清嘉慶刻本
一百冊

510000－2741－0002717 2717

廣湖南考古畧三十卷 （清）同德壘主人輯
清光緒十四年（1888）上海鴻寶齋石印本
六冊

510000－2741－0002718 2718

廣金石韻府五卷附玉篇字略一卷 （清）林尚
葵廣輯 清刻朱墨套印本 二冊

510000－2741－0002719 2719

廣陵詩事十卷 （清）阮元記 清光緒十六年
（1890）刻本 二冊

510000－2741－0002720 2720

廣陵通典十卷 （清）汪中撰 清同治八年
（1869）揚州書局刻本 二冊

510000－2741－0002721 2721

廣陵通典十卷 （清）汪中撰 清同治八年
（1869）揚州書局刻本 二冊

510000－2741－0002722 2722

廣潛研堂說文荅問疏證八卷 （清）承培元撰
清光緒廣雅書局刻本 一冊

510000－2741－0002723 2723

廣事類賦四十卷 （清）華希閔撰 清康熙三
十八年（1699）劍光閣刻本 六冊

510000－2741－0002724 2724

廣王二卷 （清）吳光耀撰 清宣統刻本
二冊

510000－2741－0002725 2725

廣王二卷 （清）吳光耀撰 清宣統刻本
二冊

510000－2741－0002726 2726

廣西輿圖九卷 （清）韓作棟裁正 （清）王效
宗糸輯 （清）盧士 （清）劉任繪圖 清刻本
八冊

510000－2741－0002727 2727

廣學興國說一卷 （美國）林樂知 （清）蔡爾
康著 清光緒二十九年（1903）鉛印本 一冊

510000－2741－0002728 2728

廣雅補疏四卷 （清）王樹枏撰 清光緒十六
年（1890）文莫室刻本 一冊

510000－2741－0002729 2729

廣雅補疏四卷 （清）王樹枏撰 清光緒十六
年（1890）文莫室刻本 一冊

四川大學圖書館古籍普查登記目錄

510000－2741－0002730　2730

廣雅書局叢書　(清)廣雅書局輯　清光緒廣雅書局刻本　五冊

510000－2741－0002731　2731

廣雅書局叢書　(清)廣雅書局輯　清光緒廣雅書局刻本　三百四十六冊

510000－2741－0002732　2732

廣雅補疏四卷　(清)王樹枏撰　清光緒十六年(1890)刻本　一冊

510000－2741－0002733　2733

廣雅疏證十卷博雅音十卷　(清)王念孫學　清光緒五年(1879)淮南書局刻本　八冊

510000－2741－0002734　2734

廣雅疏證十卷博雅音十卷　(清)王念孫學　清光緒五年(1879)淮南書局刻本　八冊

510000－2741－0002735　2735

廣雅疏證十卷博雅音十卷　(清)王念孫學　清光緒五年(1879)淮南書局刻本　八冊

510000－2741－0002736　2736

廣雅疏證十卷博雅音十卷　(清)王念孫學　清光緒五年(1879)淮南書局刻本　八冊

510000－2741－0002737　2737

廣雅疏證十卷博雅音十卷　(清)王念孫學　清光緒五年(1879)淮南書局刻本　八冊

510000－2741－0002738　2738

廣雅堂詩集一卷　(清)張之洞撰　清宣統二年(1910)四川官印刷局鉛印本　二冊

510000－2741－0002739　2739

廣雅堂詩集一卷　(清)張之洞撰　清宣統二年(1910)四川官印刷局鉛印本　一冊

510000－2741－0002740　2740

廣雁蕩山誌二十八卷首一卷末一卷　(清)曾唯撰　清乾隆五十五年(1790)刻嘉慶十三年(1808)增訂同治八年(1869)補刻本　八冊

510000－2741－0002741　2741

廣輿記二十四卷　(明)陸應陽纂　(清)蔡方炳增輯　清乾隆十五年(1750)三畏堂刻本

八冊

510000－2741－0002742　2742

廣輿記二十四卷附天下地輿全圖不分卷　(明)陸應陽纂　(清)蔡方炳增輯　清大文堂刻本　十二冊

510000－2741－0002743　2743

廣元遺山年譜二卷　(清)李光廷編次　清同治五年(1866)刻本　一冊

510000－2741－0002744　2744

廣韻五卷　(宋)陳彭年等撰　明司禮監刻本　五冊

510000－2741－0002745　2745

廣韻五卷　(宋)陳彭年等撰　清道光三十年(1850)新化鄧氏刻本　四冊

510000－2741－0002746　2746

廣韻五卷　(宋)陳彭年等撰　清康熙張氏刻澤存堂五種本　五冊

510000－2741－0002747　2747

廣韻五卷　(宋)陳彭年等撰　清康熙張氏刻澤存堂五種本　五冊

510000－2741－0002748　2748

廣韻五卷　(宋)陳彭年等撰　清康熙張氏刻澤存堂五種本　五冊

510000－2741－0002749　2749

廣韻五卷　(宋)陳彭年等撰　清刻小學彙函本　四冊　存四卷(一至四)

510000－2741－0002750　2750

廣韻五卷　(宋)陳彭年等撰　清道光三十年(1850)新化鄧氏刻本　四冊

510000－2741－0002751　2751

廣志繹五卷　(明)王士性著　清嘉慶二十二年(1817)臨海宋氏刻台州叢書本　四冊

510000－2741－0002752　2752

廣州人物傳二十四卷　(明)黃佐撰　清道光、咸豐間南海伍氏文字歡娛室刻本　四冊

510000－2741－0002753　2753

歸盦文彙八卷　（清）葉裕仁撰　清光緒八年(1882)蔣銘勳刻本　四冊

510000－2741－0002754　2754
歸查叢刻七種　（清）謝希傅撰　清光緒二十四年(1898)東山草堂鉛印本　四冊

510000－2741－0002755　2755
歸方評點史記合筆六卷　（明）歸有光　（清）方苞評點　（清）王拯纂　清光緒元年(1875)吳棠錦城節署刻本　四冊

510000－2741－0002756　2756
歸顧朱三先生年譜合刻　（清）金吳瀾輯　清光緒六年(1880)嘉興金氏刻本　六冊

510000－2741－0002757　2757
歸假庵先生詩一卷　（明）歸昌世撰　（清）潘道根補輯　清咸豐五年(1855)抄本　一冊

510000－2741－0002758　2758
歸潛志十八卷　（元）劉祁撰　清光緒十年(1884)湘遠堂刻本　四冊

510000－2741－0002759　2759
歸潛志十四卷　（元）劉祁撰　清光緒十年(1884)湘遠堂刻本　四冊

510000－2741－0002760　2760
歸石軒畫談十卷　（清）息柯居士著　清刻本　八冊

510000－2741－0002761　2761
歸餘鈔四卷　（清）高塘集評　清乾隆五十三年(1788)廣郡永邑培元堂刻本　八冊

510000－2741－0002762　2762
歸元恭文集一卷　（清）歸莊撰　清咸豐五年(1855)抄本　一冊

510000－2741－0002763　2763
歸元恭先生文續鈔七卷附錄一卷　（明）歸莊撰　（清）鄧實校錄　清光緒三十四年(1908)國學保存會鉛印國粹叢書本　二冊

510000－2741－0002764　2764
歸雲別集　（明）陳士元撰　清道光十三年(1833)應城吳毓梅刻本　二十三冊

510000－2741－0002765　2765
鬼谷子三卷附錄一卷篇目考一卷　（南朝梁）陶弘景註　清嘉慶十年(1805)江都秦氏石研齋刻本　二冊

510000－2741－0002766　2766
癸甲襄校錄五卷　（清）岳森撰　清光緒二十年(1894)尊經書院刻本　五冊

510000－2741－0002767　2767
癸巳存稿十五卷　（清）俞正燮撰　清光緒十年(1884)刻本　六冊

510000－2741－0002768　2768
癸巳存稿十五卷　（清）俞正燮撰　清光緒十年(1884)刻本　八冊

510000－2741－0002769　2769
癸巳存稿十五卷　（清）俞正燮撰　清光緒十年(1884)刻本　八冊

510000－2741－0002770　2770
癸巳存稿十五卷　（清）俞正燮撰　清光緒十年(1884)刻本　八冊

510000－2741－0002771　2771
癸巳存稿十五卷　（清）俞正燮撰　清光緒十年(1884)刻本　八冊

510000－2741－0002772　2772
癸巳存稿十五卷　（清）俞正燮撰　清光緒十年(1884)刻本　八冊

510000－2741－0002773　2773
癸巳存稿十五卷　（清）俞正燮撰　清光緒十年(1884)刻本　六冊

510000－2741－0002774　2774
癸巳類稿十五卷　（清）俞正燮撰　清道光十三年(1833)求日益齋刻本　六冊

510000－2741－0002775　2775
癸巳類稿十五卷　（清）俞正燮撰　清光緒五年(1879)刻本　十冊

510000－2741－0002776　2776
癸巳類稿十五卷　（清）俞正燮撰　清光緒五年(1879)刻本　十二冊

510000－2741－0002777　2777

癸巳類稿十五卷　（清）俞正燮撰　清光緒五年(1879)刻本　十一冊　存十四卷(一至十四)

510000－2741－0002778　2778

癸巳類稿十五卷　（清）俞正燮撰　清光緒五年(1879)刻本　十冊　存十四卷(一至十四)

510000－2741－0002779　2779

桂林霜二卷　（清）蔣士銓填詞　（清）張三禮評文　（清）楊迎鶴正譜　清刻本　二冊

510000－2741－0002780　2780

郭侍郎使西紀程不分卷　（清）郭嵩燾著　清光緒二十三年(1897)成都志古堂刻本　一冊

510000－2741－0002781　2781

郭侍郎使西紀程不分卷　（清）郭嵩燾著　清光緒二十三年(1897)成都志古堂刻本　一冊

510000－2741－0002782　2782

郭侍郎奏疏十二卷　（清）郭嵩燾著　清光緒十八年(1892)刻本　十二冊

510000－2741－0002783　2783

郭侍郎奏疏十二卷養知書屋文集二十八卷詩集十五卷　（清）郭嵩燾撰　清光緒十八年(1892)刻本　二十八冊

510000－2741－0002784　2784

郭侍郎奏疏十二卷養知書屋文集二十八卷詩集十五卷　（清）郭嵩燾撰　清光緒十八年(1892)刻本　二十八冊

510000－2741－0002785　2785

國策地名考二十卷　（清）程恩澤纂　（清）狄子奇箋　清咸豐三年(1853)南海伍氏刻粵雅堂叢書本　七冊

510000－2741－0002786　2786

國朝常州詞錄三十卷　（清）繆荃孫校輯　清光緒二十二年(1896)刻本　十冊

510000－2741－0002787　2787

國朝常州駢體文錄三十一卷附結一宦駢體文一卷　（清）屠寄輯　清末石印本　六冊

510000－2741－0002788　2788

國朝常州駢體文錄三十一卷附結一宦駢體文一卷　（清）屠寄輯　清光緒十六年(1890)廣東省富文齋刻本　八冊

510000－2741－0002789　2789

國朝詞綜四十八卷二集八卷　（清）王昶纂　清同治四年(1865)校刻本　十二冊

510000－2741－0002790　2790

國朝詞綜續編二十四卷　（清）黃燮清編纂　（清）張炳堃增訂　清同治十二年(1873)鄂垣刻本　八冊

510000－2741－0002791　2791

國朝詞綜續編二十四卷　（清）黃燮清編纂　（清）張炳堃增訂　清同治十二年(1873)鄂垣刻本　八冊

510000－2741－0002792　2792

國朝詞綜續編二十四卷　（清）黃燮清編纂　（清）張炳堃增訂　清同治十二年(1873)鄂垣刻本　八冊

510000－2741－0002793　2793

國朝滇南流寓詩略二卷　（清）袁文揆纂輯　清嘉慶五年(1800)肆雅堂刻本　一冊

510000－2741－0002794　2794

國朝滇南詩略二十四卷　（清）袁文揆纂輯　清光緒二十六年(1900)刻本　十二冊

510000－2741－0002795　2795

國朝古文選不分卷　（清）孫澍輯　清道光十四年(1834)刻本　一冊

510000－2741－0002796　2796

國朝閨閣詩鈔　（清）蔡殿齊輯　清道光二十四年(1844)娜嬛別館刻本　十冊

510000－2741－0002797　2797

國朝閨秀正始集二十卷附錄一卷補遺一卷題詞一卷國朝閨秀正始續集十卷附錄一卷補遺一卷紅香館軼詞一卷　（清）完顏惲珠輯　清道光紅香館刻咸豐十年(1860)印本　九冊缺四卷(續集四至七)

510000－2741－0002798　2798

國朝閨秀正始集二十卷附錄一卷補遺一卷題詞一卷　（清）完顏惲珠輯　清刻本　八冊

510000－2741－0002799　2799

國朝漢學師承記八卷國朝漢學經師經義一卷國朝宋學淵源記二卷附記一卷　（清）江藩纂　清刻本　四冊

510000－2741－0002800　2800

國朝漢學師承記八卷國朝經師經義目錄一卷國朝宋學淵源記二卷附記一卷　（清）江藩纂　清光緒二十二年(1896)刻本　四冊

510000－2741－0002801　2801

國朝漢學師承記八卷國朝經師經義目錄一卷國朝宋學淵源記二卷附記一卷　（清）江藩纂　清光緒二十二年(1896)成都志古堂刻本　四冊

510000－2741－0002802　2802

國朝杭郡詩輯三十二卷　（清）吳顥編　（清）吳振棫重編　清同治十三年(1874)丁氏刻本　十六冊

510000－2741－0002803　2803

國朝杭郡詩續輯四十六卷　（清）吳振棫編　清光緒二年(1876)丁氏刻本　十六冊

510000－2741－0002804　2804

國朝畫識十七卷墨香居畫識十卷　（清）馮金伯纂輯　清乾隆刻道光十一年(1831)增補刻本　十二冊

510000－2741－0002805　2805

國朝畫徵錄三卷明人附錄一卷續錄二卷　(清)張庚著　清刻本　三冊　缺三卷(明人附錄一卷、續錄二卷)

510000－2741－0002806　2806

國朝畫徵錄三卷首一卷續錄二卷　（清）張庚著　清同治八年(1869)刻本　二冊　缺二卷(續錄二卷)

510000－2741－0002807　2807

國朝畫徵錄三卷首一卷續錄二卷　（清）張庚著　清同治八年(1869)刻本　三冊

510000－2741－0002808　2808

國朝畫徵錄三卷明人附錄一卷續錄二卷　(清)張庚著　清刻本　二冊

510000－2741－0002809　2809

國朝畿輔詩傳六十卷　（清）陶樑輯　清道光十九年(1839)刻本　十六冊

510000－2741－0002810　2810

國朝金陵詞鈔八卷附一卷　（清）陳作霖輯　清光緒二十八年(1902)刻本　四冊

510000－2741－0002811　2811

國朝金陵詞鈔八卷附一卷　（清）陳作霖輯　清光緒二十八年(1902)刻本　四冊

510000－2741－0002812　2812

國朝金陵詩徵四十八卷　（清）朱緒曾編　清光緒十一年(1885)合肥張楚寶等刻本　二十四冊

510000－2741－0002813　2813

國朝歷科題名碑錄初集不分卷附洪武至崇禎各科　（清）李周望等編　清刻本　十五冊

510000－2741－0002814　2814

國朝歷科題名碑錄初集不分卷附洪武至崇禎各科　（清）李周望等編　清刻本　九冊

510000－2741－0002815　2815

國朝六家詩鈔八卷　（清）劉執玉輯　清乾隆三十二年(1767)詒燕樓刻本　六冊

510000－2741－0002816　2816

國朝六家詩鈔八卷　（清）劉執玉輯　清光緒十三年(1887)汗青簃刻本　六冊

510000－2741－0002817　2817

國朝名家詩鈔小傳四卷補遺一卷附錄一卷　(清)鄭方坤撰　清光緒十二年(1886)萬山草堂刻本　二冊

510000－2741－0002818　2818

國朝名人著述叢編　（清）□□輯　清光緒九年(1883)斐然山房刻本　六冊

四川大學圖書館古籍普查登記目錄

510000－2741－0002819　2819

國朝廿四家文鈔二十四卷 （清）徐斐然輯評
清道光十年(1830)刻本　十冊

510000－2741－0002820　2820

國朝駢體正宗十二卷 （清）曾燠選　清光緒
五年(1879)刻本　六冊

510000－2741－0002821　2821

國朝駢體正宗十二卷 （清）曾燠選　清嘉慶
十一年(1806)刻本　六冊

510000－2741－0002822　2822

國朝駢體正宗十二卷 （清）曾燠選　清嘉慶
十一年(1806)刻本　七冊　缺二卷(三至四)

510000－2741－0002823　2823

國朝駢體正宗十二卷 （清）曾燠選　清嘉慶
十一年(1806)刻本　四冊

510000－2741－0002824　2824

國朝駢體正宗十二卷續編八卷 （清）曾燠選
清光緒二十一年(1895)刻本　十二冊

510000－2741－0002825　2825

國朝全蜀貢舉備考九卷 （清）孫桐生輯
（清）趙增榮重輯　附國朝全蜀進士題名總錄
一卷　（清）趙增榮輯　清光緒九年(1883)刻
本　二冊

510000－2741－0002826　2826

國朝全蜀詩鈔六十四卷 （清）孫桐生輯　清
光緒五年(1879)長沙刻本　二十冊

510000－2741－0002827　2827

國朝全蜀詩鈔六十四卷 （清）孫桐生輯　清
光緒五年(1879)長沙刻本　二十冊

510000－2741－0002828　2828

國朝全蜀詩鈔六十四卷 （清）孫桐生輯　清
光緒五年(1879)長沙刻本　九冊　缺二十卷
(十三至十四、二十一至二十六、三十七至四
十二、五十九至六十四)

510000－2741－0002829　2829

國朝柔遠記二十卷 （清）王之春編　清光緒
十七年(1891)廣雅書局刻本　六冊

510000－2741－0002830　2830

國朝柔遠記二十卷 （清）王之春編　清光緒
十七年(1891)廣雅書局刻本　六冊

510000－2741－0002831　2831

國朝柔遠記十八卷附編二卷 （清）王之春編
清光緒二十二年(1896)湖北書局刻本
六冊

510000－2741－0002832　2832

國朝柔遠記十八卷附編二卷 （清）王之春編
清光緒二十二年(1896)湖北書局刻本
六冊

510000－2741－0002833　2833

國朝三家文鈔三十二卷 （清）宋犖　（清）許
汝霖輯　清康熙三十三年(1694)刻本　八冊

510000－2741－0002834　2834

國朝山左詩鈔六十卷 （清）盧見曾輯　清乾
隆二十三年(1758)盧氏雅雨堂刻本　二十冊

510000－2741－0002835　2835

國朝山左詩鈔六十卷 （清）盧見曾輯　清乾
隆二十三年(1758)盧氏雅雨堂刻本　二十冊

510000－2741－0002836　2836

國朝詩別裁集三十六卷 （清）沈德潛輯並評
清乾隆二十四年(1759)刻本　十八冊

510000－2741－0002837　2837

國朝詩人徵略六十卷二編六十四卷 （清）張
維屏輯　清道光十年(1830)刻本　十六冊

510000－2741－0002838　2838

國朝詩人徵略六十卷二編六十四卷 （清）張
維屏輯　清道光十年(1830)刻本　十六冊

510000－2741－0002839　2839

國朝十家四六文鈔 （清）王先謙輯　清光緒
十五年(1889)長沙王氏刻本　四冊

510000－2741－0002840　2840

國朝十家四六文鈔 （清）王先謙輯　清光緒
十五年(1889)長沙王氏刻本　四冊

510000－2741－0002841　2841

國朝事略八卷 （清）江楚編譯官書局編輯

清光緒三十二年(1906)江楚編譯官書局石印本　四冊

510000－2741－0002842　2842
國朝書畫家筆錄四卷　(清)竇鎮輯　清宣統三年(1911)木活字印本　八冊

510000－2741－0002843　2843
國朝蜀詩略十二卷　(清)張沅輯録　(清)蔡壽祺刪訂　清咸豐九年(1859)刻本　六冊

510000－2741－0002844　2844
國朝萬年書二卷　(□)□□撰　清光緒十三年(1887)刻本　二冊

510000－2741－0002845　2845
國朝文範不分卷　(清)張甄陶編　清刻本　八冊

510000－2741－0002846　2846
國朝文匯甲前集二十卷甲集六十卷乙集六十卷丙集三十卷丁集二十卷　(清)上海國學扶輪社輯　清宣統元年(1909)上海國學扶輪社石印本　一百一冊

510000－2741－0002847　2847
國朝文録八十二卷　(清)姚椿輯　清光緒二十六年(1900)掃葉山房石印本　十六冊

510000－2741－0002848　2848
國朝文録八十二卷　(清)姚椿輯　清咸豐元年(1851)刻本　三十一冊

510000－2741－0002849　2849
國朝文録八十二卷　(清)姚椿輯　清咸豐元年(1851)刻本　三十二冊

510000－2741－0002850　2850
國朝文録續編二十種　(清)李祖陶評　清刻本　十一冊

510000－2741－0002851　2851
國朝先正事略六十卷　(清)李元度纂　清刻本　二十四冊

510000－2741－0002852　2852
國朝先正事略六十卷　(清)李元度纂　清同治五年(1866)循陔艸堂刻本　二十二冊

510000－2741－0002853　2853
國朝先正事略六十卷　(清)李元度纂　清同治五年(1866)循陔艸堂刻本　二十四冊

510000－2741－0002854　2854
國朝先正事略六十卷　(清)李元度纂　清同治五年(1866)循陔草堂刻本　二十四冊

510000－2741－0002855　2855
國朝先正事略六十卷　(清)李元度纂　清同治五年(1866)循陔草堂刻本　二十三冊　缺二卷(三十三至三十四)

510000－2741－0002856　2856
國朝先正事略六十卷　(清)李元度纂　清同治五年(1866)循陔艸堂刻本　二十四冊

510000－2741－0002857　2857
國朝先正事略六十卷　(清)李元度纂　清同治五年(1866)循陔草堂刻本　二十四冊

510000－2741－0002858　2858
國朝掌故講義一卷　(清)趙炳麟撰　清宣統鉛印本　一冊

510000－2741－0002859　2859
國朝正雅集九十九卷首一卷　(清)符葆森輯　清咸豐七年(1857)刻本　三十二冊

510000－2741－0002860　2860
國朝正雅集九十九卷首一卷　(清)符葆森輯　清咸豐七年(1857)刻本　三十二冊

510000－2741－0002861　2861
國朝中州文徵五十四卷首一卷　(清)蘇源生編　清道光二十三年(1843)刻本　八冊　存十六卷(二至五、三十四、三十六至四十四、四十七至四十八)

510000－2741－0002862　2862
國朝中州文徵五十四卷首一卷　(清)蘇源生編　清道光二十三年(1843)刻本　三十冊

510000－2741－0002863　2863
國朝中州文徵五十四卷首一卷　(清)蘇源生編　清道光二十三年(1843)刻本　三十二冊

510000－2741－0002864　2864

四川大學圖書館古籍普查登記目録

國朝著述未刊書目一卷　（清）鄭文焯撰　清光緒十四年(1888)蘇州書局刻本　一冊

510000－2741－0002865　2865

國粹叢書第二集　（清）國學保存會編　清光緒三十三年(1907)國學保存會鉛印本　二冊

510000－2741－0002866　2866

國粹叢書第二集　（清）國學保存會編　清光緒三十三年(1907)國學保存會鉛印本　一冊

510000－2741－0002867　2867

國粹叢書四十九種　（清）國學保存會編　清光緒、宣統間鉛印本　二十六冊

510000－2741－0002868　2868

國史賢良祠王大臣小傳二卷循吏傳一卷文苑傳二卷　（□）□□輯　清刻本　三冊

510000－2741－0002869　2869

國學叢刊　（清）國學編輯社　清宣統三年(1911)石印本　二冊

510000－2741－0002870　2870

國學叢刊　（清）國學編輯社　清宣統三年(1911)石印本　三冊

510000－2741－0002871　2871

國語補音三卷札記一卷　（宋）宋庠撰　清光緒二年(1876)成都尊經書院刻本　一冊

510000－2741－0002872　2872

國語補音三卷札記一卷　（宋）宋庠撰　清光緒二年(1876)成都尊經書院刻本　一冊

510000－2741－0002873　2873

國語補音三卷札記一卷　（宋）宋庠撰　清光緒三年(1877)成都尊經書院刻本　一冊

510000－2741－0002874　2874

國語補音三卷札記一卷　（宋）宋庠撰　清光緒二年(1876)成都尊經書院刻本　一冊

510000－2741－0002875　2875

國語補音三卷札記一卷　（宋）宋庠撰　清光緒二年(1876)成都尊經書院刻本　一冊

510000－2741－0002876　2876

國語補音三卷札記一卷　（宋）宋庠撰　清光緒二年(1876)成都尊經書院刻本　一冊

510000－2741－0002877　2877

國語補音三卷札記一卷　（宋）宋庠撰　清光緒二年(1876)成都尊經書院刻本　一冊

510000－2741－0002878　2878

國語二十一卷　（三國吳）韋昭輯　校刊明道本韋氏解國語札記一卷　（清）黃丕烈撰　清光緒二十二年(1896)上海鴻寶齋石印本　三冊

510000－2741－0002879　2879

國語二十一卷　（三國吳）韋昭解　清光緒二年(1876)成都尊經書院刻本　五冊

510000－2741－0002880　2880

國語二十一卷　（三國吳）韋昭注　國語考異四卷　（清）汪遠孫撰　國語札記一卷　（清）黃丕烈撰　清光緒二年(1876)尊經書院刻本　四冊

510000－2741－0002881　2881

國語二十一卷　（三國吳）韋昭注　國語考異四卷　（清）汪遠孫撰　國語札記一卷　（清）黃丕烈撰　清光緒二年(1876)尊經書院刻本　五冊

510000－2741－0002882　2882

國語二十一卷　（三國吳）韋昭注　國語考異四卷　（清）汪遠孫撰　國語札記一卷　（清）黃丕烈撰　清光緒二年(1876)尊經書院刻本　五冊

510000－2741－0002883　2883

國語二十一卷　（三國吳）韋昭注　國語考異四卷　（清）汪遠孫撰　國語札記一卷　（清）黃丕烈撰　清光緒二年(1876)尊經書院刻本　五冊

510000－2741－0002884　2884

國語二十一卷　（三國吳）韋昭注　國語考異四卷　（清）汪遠孫撰　國語札記一卷　（清）黃丕烈撰　清光緒二年(1876)尊經書院刻本　五冊

四川大學圖書館古籍普查登記目録

510000－2741－0002885　2885

國語二十一卷 （三國吳）韋昭注 **國語考異四卷** （清）汪遠孫撰 **國語札記一卷** （清）黃丕烈撰 清光緒二年(1876)尊經書院刻本 五冊

510000－2741－0002886　2886

國語二十一卷 （三國吳）韋昭注 **國語考異四卷** （清）汪遠孫撰 **國語札記一卷** （清）黃丕烈撰 清光緒二年(1876)尊經書院刻本 四冊 缺四卷(國語一至四)

510000－2741－0002887　2887

國語九卷 （明）閔齊伋裁注 明萬曆四十七年(1619)閔氏刻清補修本 三冊

510000－2741－0002888　2888

國語九卷 （明）閔齊伋裁注 明萬曆四十七年(1619)閔氏刻本 四冊

510000－2741－0002889　2889

國語校注本三種二十九卷 （清）汪遠孫撰 清道光二十六年(1846)汪氏振綺堂刻本 六冊

510000－2741－0002890　2890

國語校注本三種二十九卷 （清）汪遠孫撰 清道光二十六年(1846)汪氏振綺堂刻本 六冊

510000－2741－0002891　2891

國語正義二十一卷 （清）董增齡撰集 清光緒六年(1880)會稽章氏式訓堂刻本 十冊

510000－2741－0002892　2892

果報録十二卷一百回 （清）[海蘭濤]撰 清木活字印本 十二冊

510000－2741－0002893　2893

裹紮新法一卷 （美國）嘉約翰口譯 （清）林湘東筆述 清光緒元年(1875)羊城博濟醫局刻本 一冊

510000－2741－0002894　2894

過庭録十六卷 （清）宋翔鳳撰 清光緒七年(1881)會稽章氏刻本 四冊

510000－2741－0002895　2895

過庭録十六卷 （清）宋翔鳳撰 清光緒七年(1881)會稽章氏刻本 四冊

510000－2741－0002896　2896

過庭録十六卷 （清）宋翔鳳撰 清光緒七年(1881)會稽章氏刻本 四冊

510000－2741－0002897　2897

過庭録十六卷 （清）宋翔鳳撰 清刻本 二冊 存十二卷(五至十六)

510000－2741－0002898　2898

孩童衛生編 （英國）傅蘭雅譯 清光緒十九年(1893)上海格致書室鉛印本 一冊

510000－2741－0002899　2899

還魂記二卷 （明）湯顯祖編 清光緒十二年(1886)同文書局石印本 四冊

510000－2741－0002900　2900

海藏老人陰證略例一卷 （元）王好古撰 清光緒五年(1879)歸安陸氏刻十萬卷樓叢書本 一冊

510000－2741－0002901　2901

海道圖說十五卷附長江圖說不分卷 （英國）金約翰輯 （英國）傅蘭雅口譯 （清）王德均筆述 清末上海江南製造總局刻本 十冊

510000－2741－0002902　2902

海道圖說十五卷附長江圖說不分卷 （英國）金約翰輯 （英國）傅蘭雅口譯 （清）王德均筆述 清末上海江南製造總局刻本 十冊

510000－2741－0002903　2903

海東金石苑四卷 （清）劉喜海著 清光緒七年(1881)二銘草堂刻本 四冊

510000－2741－0002904　2904

海東逸史十八卷 （清）翁洲老民撰 清光緒邵武徐氏刻本 一冊

510000－2741－0002905　2905

海防要覽二卷 （清）丁日昌 （清）李鴻章撰 清光緒十年(1884)刻本 一冊

510000－2741－0002906　2906

四川大學圖書館古籍普查登記目録

海風簫詞一卷　（清）顧復初撰　清同治四年(1865)錦城刻本　一冊

510000－2741－0002907　2907

海峰詩集十一卷　（清）劉大櫆撰　清刻本四冊

510000－2741－0002908　2908

海峰文集八卷　（清）劉大櫆撰　清乾隆刻本六冊

510000－2741－0002909　2909

海國圖志一百卷　（清）魏源撰　清咸豐二年(1852)古微堂刻本　二十三冊　缺四卷(三至四、八十、九十一)

510000－2741－0002910　2910

海國圖志一百卷　（清）魏源撰　清光緒二年(1876)平慶涇固道署刻本　三十二冊

510000－2741－0002911　2911

海國圖志一百卷　（清）魏源撰　清光緒六年(1880)邵陽急當務齋刻本　三十二冊

510000－2741－0002912　2912

海國圖志一百卷首一卷　（清）魏源撰　海國圖志續集二十五卷首一卷　（英國）麥高爾等輯　清光緒二十四年(1898)文賢閣石印本十六冊

510000－2741－0002913　2913

海國輿地釋名十卷首一卷　（清）陳士芑纂清光緒二十八年(1902)刻本　八冊

510000－2741－0002914　2914

海軍調度要言三卷　（英國）挈核甫撰　（清）舒高第　（清）鄭昌棪譯　清末上海江南機器製造總局刻本　二冊

510000－2741－0002915　2915

海軍學校章程彙纂　（日本）海軍機關學校等編　清光緒、宣統間石印本　一冊

510000－2741－0002916　2916

海客日譚六卷首一卷　（清）王芝著　清光緒二年(1876)石城刻本　四冊

510000－2741－0002917　2917

海客日譚六卷首一卷　（清）王芝著　清光緒二年(1876)石城刻本　四冊

510000－2741－0002918　2918

海陵文徵二十卷　（清）夏荃輯　清咸豐七年(1857)陳寶晉修補印本　十冊

510000－2741－0002919　2919

海龍戰守事蹟六卷　（清）依凌阿撰　清宣統二年(1910)奉天惠工有限公司鉛印本　二冊

510000－2741－0002920　2920

海録碎事二十二卷　（宋）葉廷珪撰　明萬曆二十六年(1598)劉鳳刻本　三十二冊

510000－2741－0002921　2921

海秋詩集二十六卷　（清）湯鵬撰　清道光十八年(1838)刻同治十二年(1873)補刻本十冊

510000－2741－0002922　2922

海虬記傳奇二卷　（清）陳烺填詞　清刻本一冊

510000－2741－0002923　2923

海日堂集七卷附補遺一卷　（清）程可則著清道光五年(1825)南海程氏刻本　四冊

510000－2741－0002924　2924

海山存稿二十卷　（清）周煌撰　清乾隆五十八年(1793)葆素家塾刻本　四冊

510000－2741－0002925　2925

海山仙館叢書　（清）潘仕成編　清道光二十五年至咸豐元年(1845－1851)番禺潘氏刻光緒十一年(1885)增刻彙印本　一百二十冊

510000－2741－0002926　2926

海山仙館叢書　（清）潘仕成編　清道光二十五年至咸豐元年(1845－1851)番禺潘氏刻光緒十一年(1885)增刻彙印本　三十八冊　存十三種一百二十二卷(一切經音義二十五卷，海録一卷，高僧傳十三卷，尺牘新鈔十二卷，揭曼碩詩三卷，翼梅八卷，幾何原本六卷，洞天清禄集一卷，隱居通議三十一卷，宋四六話十二卷，雲谷雜記四卷、首一卷、末一卷，菰中

四川大學圖書館古籍普查登記目録

隨筆一卷,靖康信傳録三卷)

510000－2741－0002927　2927

海叟詩集四卷集外詩一卷附録一卷　（明）袁
凱著　（清）曹炳曾重輯　清宣統三年(1911)
江西印刷局石印本　二冊

510000－2741－0002928　2928

海叟詩集四卷集外詩一卷附録一卷　（明）袁
凱著　（清）曹炳曾重輯　清宣統三年(1911)
江西印刷局石印本　二冊

510000－2741－0002929　2929

海塘輯要十卷首一卷附釋一卷　（英國）韋更
斯撰　（英國）傅蘭雅口譯　（清）趙元益筆述
清末上海江南製造總局刻本　二冊

510000－2741－0002930　2930

海外文編四卷　（清）薛福成撰　清光緒二十
四年(1898)四川志強學會刻本　四冊

510000－2741－0002931　2931

海虞錢氏家乘二卷　（清）錢謙益撰　清抄本
三冊

510000－2741－0002932　2932

海虞三陶先生集合刻　（清）楊沂孫輯　清光
緒七年(1881)海虞楊同福貴池縣署刻本
十冊

510000－2741－0002933　2933

海虞三陶先生集合刻　（清）楊沂孫輯　清光
緒七年(1881)海虞楊同福貴池縣署刻本
六冊

510000－2741－0002934　2934

海虞藝文志六卷　（清）姚福均輯　清光緒二
十三年(1897)常熟姚氏慕程齋刻本　二冊

510000－2741－0002935　2935

海愚詩鈔十二卷　（清）朱孝純撰　清乾隆五
十九年(1794)刻本　四冊

510000－2741－0002936　2936

海嶽軒叢刻　（清）杜俞撰　清光緒三十三年
(1907)蘇省刷印總局鉛印本　八冊

510000－2741－0002937　2937

海忠介公備忘集十卷首一卷　（明）海瑞著
清光緒三十年(1904)刻本　十二冊

510000－2741－0002938　2938

亥白詩草八卷　（清）張問安撰　清光緒七年
(1881)刻本　二冊

510000－2741－0002939　2939

亥白詩草八卷　（清）張問安撰　清光緒七年
(1881)刻本　二冊

510000－2741－0002940　2940

亥白詩草八卷　（清）張問安撰　清光緒七年
(1881)刻本　四冊

510000－2741－0002941　2941

亥白詩草八卷　（清）張問安撰　清光緒七年
(1881)刻本　四冊

510000－2741－0002942　2942

邯鄲記二卷　（明）湯顯祖撰　明刻本　二冊

510000－2741－0002943　2943

函海　（清）李調元輯　清乾隆綿州李氏萬卷
樓刻嘉慶十四年(1809)李鼎元重校印本　一
百六十冊

510000－2741－0002944　2944

涵泳篇一卷　（清）陳廣專節編　清光緒九年
(1883)四川成都刻本　一冊

510000－2741－0002945　2945

寒村詩文選三十六卷　（清）鄭梁撰　清康熙
刻二老閣修補印本　十三冊

510000－2741－0002946　2946

寒松閣詩集八卷詞集四卷駢體文一卷駢體文
牘一卷　（清）張鳴珂撰　清光緒嘉興張氏刻
本　六冊

510000－2741－0002947　2947

寒松閣詩集八卷詞集四卷駢體文一卷駢體文
牘一卷　（清）張鳴珂撰　清光緒嘉興張氏刻
本　四冊

510000－2741－0002948　2948

寒松閣詩集八卷詞集四卷駢體文一卷駢體文
牘一卷　（清）張鳴珂撰　清光緒嘉興張氏刻

四川大學圖書館古籍普查登記目録

本 四冊

510000－2741－0002949 2949

寒松堂全集十二卷 （清）魏象樞撰 清嘉慶
十五年（1810）刻本 十二冊

510000－2741－0002950 2950

寒松堂全集十二卷 （清）魏象樞撰 **寒松老
人年譜一卷** （清）魏象樞口授 （清）魏學誠
等録 清嘉慶十五年（1810）刻本 二十冊

510000－2741－0002951 2951

寒松堂全集十二卷 （清）魏象樞撰 **寒松老
人年譜一卷** （清）魏象樞口述 （清）魏學誠
等録 清嘉慶十五年（1810）刻本 十三冊

510000－2741－0002952 2952

寒疫合編歌括四卷 （清）王光甸編輯 清同
治二年（1863）刻本 四冊

510000－2741－0002953 2953

寒支初集十卷 （清）李世熊撰 清道光八年
（1828）木活字印本 十冊

510000－2741－0002954 2954

寒支初集十卷首一卷寒支二集四卷 （清）
李世熊撰 清同治十三年（1874）刻本 十
四冊

510000－2741－0002955 2955

韓筆酌蠡三十卷 （清）盧軒撰 清雍正十三
年（1735）刻本 六冊

510000－2741－0002956 2956

韓非子二十卷 （周）韓非撰 清嘉慶二十三
年（1818）全椒吳氏刻韓晏合編本 六冊

510000－2741－0002957 2957

韓非子二十卷 （周）韓非撰 清光緒元年
（1875）湖北崇文書局刻本 四冊

510000－2741－0002958 2958

韓非子二十卷 （周）韓非撰 **識誤三卷**
（清）顧廣圻撰 清光緒元年（1875）浙江書局
刻本 六冊

510000－2741－0002959 2959

韓非子集解二十卷首一卷 （清）王先慎撰

清光緒二十二年（1896）刻本 六冊

510000－2741－0002960 2960

韓非子集解二十卷首一卷 （清）王先慎撰
清光緒二十二年（1896）刻本 六冊

510000－2741－0002961 2961

韓非子集解二十卷首一卷 （清）王先慎撰
清光緒二十二年（1896）刻本 六冊

510000－2741－0002962 2962

韓非子集解二十卷首一卷 （清）王先慎撰
清光緒二十二年（1896）刻本 六冊

510000－2741－0002963 2963

韓非子集解二十卷首一卷 （清）王先慎撰
清光緒二十二年（1896）刻本 五冊 缺三卷
（十八至二十）

510000－2741－0002964 2964

韓非子集解二十卷首一卷 （清）王先慎撰
清光緒二十二年（1896）刻本 六冊

510000－2741－0002965 2965

韓柳二先生年譜八卷 （清）馬曰琯輯 清雍
正七年（1729）馬曰琯玲瓏山館影宋刻本
二冊

510000－2741－0002966 2966

韓南溪四種 （清）韓超撰 清宣統二年
（1910）鉛印本 一冊

510000－2741－0002967 2967

韓詩外傳十卷 （漢）韓嬰著 清光緒三年
（1877）湖北崇文書局刻本 二冊

510000－2741－0002968 2968

韓詩外傳十卷 （漢）韓嬰撰 （清）周廷寀
（清）周宗沅校注 **韓詩外傳補逸一卷校注拾
遺一卷** 清光緒元年（1875）望三益齋刻本
四冊

510000－2741－0002969 2969

韓魏公言行録一卷 （清）崔廷章編次 清光
緒十三年（1887）刻本 一冊

510000－2741－0002970 2970

汗簡七卷目録一卷 （宋）郭忠恕撰 （清）鄭

四川大學圖書館古籍普查登記目録

144

珍箋正　郭忠恕脩汙簡所得凡七十一家事蹟
一卷　(清)鄭珍箋　清光緒十六年(1890)黎
庶昌石印廣雅書局叢書本　二冊

510000－2741－0002971　2971
汙簡七卷目録一卷　(宋)郭忠恕撰　(清)鄭
珍箋正　郭忠恕脩汙簡所得凡七十一家事蹟
一卷　(清)鄭珍箋　清光緒十五年(1889)廣
雅書局刻本　四冊

510000－2741－0002972　2972
汙簡七卷目録一卷　(宋)郭忠恕撰　(清)鄭
珍箋正　郭忠恕脩汙簡所得凡七十一家事蹟
一卷　(清)鄭珍箋　清光緒十五年(1889)廣
雅書局刻本　四冊

510000－2741－0002973　2973
漢官六種　(清)孫星衍校集　清光緒六年
(1880)誦芬閣刻本　二冊

510000－2741－0002974　2974
漢官六種　(清)孫星衍校集　清光緒六年
(1880)誦芬閣刻本　四冊

510000－2741－0002975　2975
漢官七種　(清)孫星衍校集　清光緒六年
(1880)尊經書局重刻平津館本　二冊

510000－2741－0002976　2976
漢官儀二卷　(漢)應劭撰　清光緒六年
(1880)誦芬閣刻本　一冊

510000－2741－0002977　2977
漢官儀二卷　(漢)應劭撰　清光緒六年
(1880)誦芬閣刻本　一冊

510000－2741－0002978　2978
漢官儀二卷　(漢)應劭撰　清光緒六年
(1880)誦芬閣刻本　一冊

510000－2741－0002979　2979
漢官儀二卷　(漢)應劭撰　清光緒六年
(1880)誦芬閣刻本　一冊

510000－2741－0002980　2980
漢隸分韻七卷　(□)□□撰　清乾隆三十七
年(1772)辨志堂刻本　四冊

510000－2741－0002981　2981
漢上消閒集十六卷附漢上消閒社主詩鈔二卷
詩餘一卷文鈔二卷外編四卷　(清)宦應清輯
　清宣統三年(1911)鉛印本　七冊　缺二卷
(漢上消閒社主詩鈔二卷)

510000－2741－0002982　2982
漢上消閒社主詩餘一卷文鈔二卷外編四卷
(清)宦應清撰　清宣統三年(1911)鉛印本
一冊

510000－2741－0002983　2983
漢詩統箋一卷　(清)陳本禮箋訂　清嘉慶十
五年(1810)裛露軒刻本　一冊

510000－2741－0002984　2984
漢石經殘字考一卷　(清)翁方綱撰　干祿字
書一卷　(唐)顏元孫撰　清光緒九年(1883)
常熟鮑氏刻後知不足齋叢書本　一冊

510000－2741－0002985　2985
漢石經殘字一卷　(清)陳雪峰著　清末石印
本　一冊

510000－2741－0002986　2986
漢書地理志校本二卷　(清)汪遠孫撰　清道
光二十八年(1848)汪氏振綺堂刻本　二冊

510000－2741－0002987　2987
漢書蒙拾三卷　(清)杭世駿抄撮　清光緒十
年(1884)上海同文書局石印本　一冊

510000－2741－0002988　2988
漢書蒙拾三卷後漢書蒙拾二卷　(清)杭世駿
抄撮　清刻本　二冊

510000－2741－0002989　2989
漢書評林一百卷　(明)凌稚隆輯　明萬曆九
年(1581)凌稚隆刻本　二十冊

510000－2741－0002990　2990
漢書評林一百卷　(明)凌稚隆輯　清光緒十
七年(1891)星沙養翻書齋刻本　四十冊

510000－2741－0002991　2991
漢書疏證三十六卷後漢書疏證三十卷　(清)
沈欽韓撰　清光緒二十六年(1900)浙江官書

局刻本　四十冊

510000－2741－0002992　2992

漢書疏證三十六卷後漢書疏證三十卷　（清）沈欽韓撰　清光緒二十六年(1900)浙江官書局刻本　四十冊

510000－2741－0002993　2993

漢書一百卷　（漢）班固撰　（唐）顏師古注　清同治十一年(1872)成都書局刻本　三十二冊

510000－2741－0002994　2994

漢書一百卷　（漢）班固撰　（唐）顏師古注　清同治十一年(1872)成都書局刻本　三十二冊

510000－2741－0002995　2995

漢書一百卷　（漢）班固撰　（唐）顏師古注　清同治十一年(1872)成都書局刻本　三十二冊

510000－2741－0002996　2996

漢書一百卷　（漢）班固撰　（唐）顏師古注　清同治十一年(1872)成都書局刻本　三十二冊

510000－2741－0002997　2997

漢書一百卷　（漢）班固撰　（唐）顏師古注　清同治十一年(1872)成都書局刻本　十六冊　存六十卷(四十一至一百)

510000－2741－0002998　2998

漢書一百卷　（漢）班固撰　（唐）顏師古注　清同治十年(1871)成都書局刻本　三十二冊

510000－2741－0002999　2999

漢書一百卷　（漢）班固撰　（唐）顏師古注　清同治十年(1871)成都書局刻本　三十二冊

510000－2741－0003000　3000

漢書一百卷首一卷　（漢）班固撰　（唐）顏師古注　（清）王先謙補注　清光緒二十六年(1900)長沙王氏刻本　三十二冊

510000－2741－0003001　3001

漢書一百卷首一卷　（漢）班固撰　（唐）顏師古注　（清）王先謙補注　清光緒二十六年(1900)長沙王氏刻本　三十二冊

510000－2741－0003002　3002

漢書音義三卷　（隋）蕭該撰　清光緒十四年(1888)刻本　一冊

510000－2741－0003003　3003

漢書注校補五十六卷　（清）周壽昌撰　清光緒十年(1884)長沙周氏小對竹軒刻本　十三冊

510000－2741－0003004　3004

漢唐事箋十二卷後集八卷　（元）朱禮著　清道光二年(1822)山陰李澐刻本　六冊

510000－2741－0003005　3005

漢魏叢書　（明）何允中輯　清光緒二十年(1894)湖南藝文書局刻本　一百十二冊　缺六卷(神仙傳一至五、拾遺記一卷)

510000－2741－0003006　3006

漢魏六朝名家集一百一十種　（清）丁福保輯　清宣統三年(1911)上海文明書局鉛印本　十冊

510000－2741－0003007　3007

漢魏六朝志墓金石例三卷唐人墓志諸例一卷　（清）吳鎬撰　清光緒十年(1884)常熟鮑氏刻後知不足齋叢書本　一冊

510000－2741－0003008　3008

漢魏石經考三篇　（清）劉傳瑩著　清光緒十二年(1886)沌城黃氏試館刻本　二冊

510000－2741－0003009　3009

漢魏石經考三篇　（清）劉傳瑩著　清光緒十二年(1886)沌城黃氏試館刻本　一冊

510000－2741－0003010　3010

漢魏石經考三篇　（清）劉傳瑩著　清光緒十二年(1886)沌城黃氏試館刻本　一冊

510000－2741－0003011　3011

漢魏石經考三篇　（清）劉傳瑩著　清光緒十二年(1886)沌城黃氏試館刻本　一冊

510000－2741－0003012　3012

四川大學圖書館古籍普查登記目錄

漢魏遺書鈔　（清）王謨輯　清嘉慶三年
(1798)金溪王氏刻本　十冊

510000－2741－0003013　3013

漢魏遺書鈔　（清）王謨輯　清嘉慶揚州阮氏
琅嬛仙館刻本　十六冊

510000－2741－0003014　3014

漢魏音四卷　（清）洪亮吉學　清光緒三年
(1877)授經堂刻本　一冊

510000－2741－0003015　3015

漢魏音四卷　（清）洪亮吉學　清光緒四年
(1878)宏達堂刻本　一冊

510000－2741－0003016　3016

漢文典不分卷　（日本）豬狩幸之助著　（清）
王克昌譯　清光緒二十八年(1902)杭州東文
學社鉛印本　二冊

510000－2741－0003017　3017

漢西域圖考七卷　（清）李光廷撰　清同治九
年(1870)番禺李氏廣州富文齋刻本　二冊

510000－2741－0003018　3018

漢溪書法通解八卷　（清）戈守智撰　清乾隆
十五年(1750)霽雲閣刻本　四冊

510000－2741－0003019　3019

漢學商兌三卷　（清）方東樹撰　清同治十年
(1871)望三益齋刻本　四冊

510000－2741－0003020　3020

漢學商兌四卷　（清）方東樹撰　清光緒二十
六年(1900)浙江書局刻本　四冊

510000－2741－0003021　3021

漢學商兌四卷　（清）方東樹撰　清光緒二十
六年(1900)浙江書局刻本　四冊

510000－2741－0003022　3022

漢學商兌四卷　（清）方東樹撰　清光緒二十
六年(1900)浙江書局刻本　四冊

510000－2741－0003023　3023

漢學堂叢書　（清）黃奭輯　清道光甘泉黃氏
刻光緒印本　一百冊

510000－2741－0003024　3024

漢學諧聲二十四卷說文補考一卷又考一卷
（清）戚學標撰　清嘉慶九年(1804)涉縣官署
刻本　十二冊

510000－2741－0003025　3025

漢學諧聲二十四卷說文補考一卷　（清）戚學
標撰　清嘉慶九年(1804)涉縣官署刻本
八冊

510000－2741－0003026　3026

漢學諧聲二十四卷說文補考一卷　（清）戚學
標撰　清嘉慶九年(1804)涉縣官署刻本　十
三冊　存二十一卷(二至十九、二十三至二十
四,說文補考一卷)

510000－2741－0003027　3027

漢藝文志考證十卷　（宋）王應麟撰　清光緒
九年(1883)浙江書局刻玉海本　一冊

510000－2741－0003028　3028

漢藝文志考證十卷　（宋）王應麟撰　清光緒
九年(1883)浙江書局刻玉海本　二冊

510000－2741－0003029　3029

漢藝文志考證十卷　（宋）王應麟撰　清光緒
九年(1883)浙江書局刻玉海本　二冊

510000－2741－0003030　3030

漢制考四卷　（宋）王應麟撰　清光緒十年
(1884)成都志古堂刻本　二冊

510000－2741－0003031　3031

漢州紀事詩一卷續紀事詩一卷送別詩一卷巴
州邛州雜詩一卷　（清）蔡學海撰　清道光刻
本　一冊

510000－2741－0003032　3032

漢州水源冊一卷　（清）陳銛撰　清道光六年
(1826)刻本　一冊

510000－2741－0003033　3033

漢州贈言集一卷　（清）陳鳳樓著　清光緒十
年(1884)刻本　一冊

510000－2741－0003034　3034

撼龍十卷　（唐）楊益著　清京都琉璃廠刻本

四川大學圖書館古籍普查登記目錄

三冊

510000－2741－0003035　3035

翰林記二十卷　（明）黃佐撰　清道光十一年
(1831)南海伍氏粵雅堂文字歡娛室刻嶺南遺
書本　四冊

510000－2741－0003036　3036

翰林記二十卷　（明）黃佐撰　清道光十一年
(1831)南海伍氏粵雅堂文字歡娛室刻嶺南遺
書本　四冊

510000－2741－0003037　3037

翰林學士集一卷　（□）□□輯　清光緒十九
年(1893)貴陽陳氏影刻唐卷子本　一冊

510000－2741－0003038　3038

翰林學士集一卷　（□）□□輯　清光緒十九
年(1893)貴陽陳氏影刻唐卷子本　一冊

510000－2741－0003039　3039

翰林學士集一卷　（□）□□輯　清光緒十九
年(1893)貴陽陳氏影刻唐卷子本　一冊

510000－2741－0003040　3040

翰林學士集一卷　（□）□□輯　清光緒十九
年(1893)貴陽陳氏影刻唐卷子本　一冊

510000－2741－0003041　3041

翰林學士集一卷　（□）□□輯　清光緒十九
年(1893)貴陽陳氏影刻唐卷子本　一冊

510000－2741－0003042　3042

翰林學士集一卷　（□）□□輯　清光緒十九
年(1893)貴陽陳氏影刻唐卷子本　一冊

510000－2741－0003043　3043

翰林學士集一卷　（□）□□輯　清光緒十九
年(1893)貴陽陳氏影刻唐卷子本　一冊

510000－2741－0003044　3044

翰林學士集一卷　（□）□□輯　清光緒十九
年(1893)貴陽陳氏影刻唐卷子本　一冊

510000－2741－0003045　3045

翰林學士集一卷　（□）□□輯　清光緒十九
年(1893)貴陽陳氏影刻唐卷子本　一冊

510000－2741－0003046　3046

翰林學士集一卷　（□）□□輯　清光緒十九
年(1893)貴陽陳氏影刻唐卷子本　一冊

510000－2741－0003047　3047

翰林學士集一卷　（□）□□輯　清光緒十九
年(1893)貴陽陳氏影刻唐卷子本　一冊

510000－2741－0003048　3048

行朝錄十二卷末一卷　（清）黃宗羲著　清光
緒十九年(1893)徐氏鑄學齋刻紹興先正遺書
本　二冊

510000－2741－0003049　3049

行川必要一卷　（清）賀縉紳撰　清光緒四年
(1878)鉛印本　一冊

510000－2741－0003050　3050

行船免撞章程一卷附一卷　（英國）傅蘭雅譯
　（清）鍾天緯譯　清光緒二十一年(1895)鉛
印本　一冊

510000－2741－0003051　3051

行海要術四卷　（美國）金楷理口譯　（清）李
鳳苞筆述　清末上海江南製造局刻本　三冊

510000－2741－0003052　3052

行軍測繪十卷首一卷附圖一卷　（英國）連提
撰　（英國）傅蘭雅口譯　（清）趙元益筆述
清末上海江南製造局刻本　二冊

510000－2741－0003053　3053

行軍測繪一卷首一卷附圖一卷　（英國）連提
撰　（英國）傅蘭雅口譯　（清）趙元益筆述
清末上海江南製造局刻本　二冊

510000－2741－0003054　3054

行軍鐵路工程二卷　（英國）傅蘭雅譯　（清）
汪振聲譯　清末上海江南製造局刻本　一冊

510000－2741－0003055　3055

行軍鐵路工程二卷　（英國）傅蘭雅譯　（清）
汪振聲譯　清末上海江南製造局刻本　一冊

510000－2741－0003056　3056

行水金鑑一百七十五卷圖一卷　（清）傅澤洪
撰　清雍正三年(1725)淮陽道署刻後印本

四川大學圖書館古籍普查登記目錄

三十六冊

510000－2741－0003057　3057

行水金鑑一百七十五卷圖一卷　（清）傅澤洪撰　清雍正三年(1725)淮陽道署刻本　四十四冊　存一百六十二卷（一至一百十一、一百二十五至一百七十五）

510000－2741－0003058　3058

行素草堂金石叢書　（清）朱記榮輯　清光緒十四年(1888)吳縣朱氏彙印本　四十冊

510000－2741－0003059　3059

行素軒算稿　（清）華蘅芳撰　清光緒二十二年(1896)上海文瑞樓石印本　六冊

510000－2741－0003060　3060

杭大宗七種叢書　（清）杭世駿撰　清乾隆杭賓仁羊城刻本　四冊

510000－2741－0003061　3061

杭州藝文志十卷　（清）吳慶坻等纂　清光緒三十四年(1908)錢塘吳氏長沙刻本　六冊

510000－2741－0003062　3062

航海簡法四卷　（英國）那麗撰　（美國）金楷理口譯　（清）王德均筆述　清末上海江南機器製造總局刻本　二冊

510000－2741－0003063　3063

航海簡法四卷　（英國）那麗撰　（美國）金楷理口譯　（清）王德均筆述　清末上海江南機器製造總局刻本　一冊

510000－2741－0003064　3064

航海章程一卷　（美國）弗蘭克林纂　（清）鳳儀口譯　（清）徐家寶筆述　**航海章程初議紀錄一卷**　（美國）航海公會原本　（清）鳳儀口譯　（清）徐家寶筆述　清末上海江南機器製造總局刻本　一冊

510000－2741－0003065　3065

航海章程一卷　（美國）弗蘭克林纂　（清）鳳儀口譯　（清）徐家寶筆述　**航海章程初議紀錄一卷**　（美國）航海公會原本　（清）鳳儀口譯　（清）徐家寶筆述　清末上海江南機器製

造總局刻本　一冊

510000－2741－0003066　3066

郝氏遺書　（清）郝懿行撰　清嘉慶至光緒刻本　四十四冊

510000－2741－0003067　3067

郝氏遺書　（清）郝懿行撰　清嘉慶至光緒刻本　三十六冊

510000－2741－0003068　3068

郝文忠公陵川文集三十九卷附錄一卷　（元）郝經撰　（清）王鏐編訂　**郝文忠公年譜一卷**　（清）王汝楫　（清）秦萬壽輯　（清）張鶱補編　清乾隆三年(1738)刻道光修補印本　十六冊

510000－2741－0003069　3069

浩然齋雅談三卷　（宋）周密撰　清乾隆蘇州刻武英殿聚珍版叢書本　一冊

510000－2741－0003070　3070

浩然齋雅談三卷　（宋）周密撰　清刻本　三冊

510000－2741－0003071　3071

浩然齋雅談三卷　（宋）周密撰　清末仿武英殿聚珍版刻本　二冊

510000－2741－0003072　3072

合鐫增補士材三書　（明）李中梓撰　（清）尤乘增補　清刻本　六冊

510000－2741－0003073　3073

合聲簡字譜音註一卷　（清）曰愚公輯　清光緒三十二年(1906)錦城簡字師範學堂刻本　一冊

510000－2741－0003074　3074

合數述二卷　（清）林紹清撰　清末石印本　一冊　存一卷（上）

510000－2741－0003075　3075

何博士備論二卷　（宋）何去非撰　清光緒元年(1875)湖北崇文書局刻本　一冊

510000－2741－0003076　3076

何氏公羊春秋十論一卷　廖平述　清光緒十

四川大學圖書館古籍普查登記目錄

二年(1886)刻本　一冊

510000－2741－0003077　3077

何氏公羊春秋十論一卷續十論一卷再續十論
一卷　廖平述　清光緒十二年(1886)刻本
一冊

510000－2741－0003078　3078

何氏公羊春秋十論一卷續十論一卷再續十論
一卷春秋天子二伯方伯卒正附庸尊卑表一卷
分撰兩戴記章句一卷　廖平述　清光緒十二
年(1886)刻本　一冊

510000－2741－0003079　3079

何氏公羊解詁三十論一卷　廖平述　清光緒
十二年(1886)刻本　一冊

510000－2741－0003080　3080

何氏公羊解詁三十論一卷　廖平述　清光緒
十二年(1886)刻本　一冊

510000－2741－0003081　3081

何氏公羊解詁三十論坿尊卑表一卷儀注表一
卷　廖平述　清光緒十二年(1886)刻本
一冊

510000－2741－0003082　3082

何氏手澤合璧一卷　（元）何景福撰　清道光
二十一年(1841)刻本　一冊

510000－2741－0003083　3083

和名類聚鈔十卷　（日本）源順撰　清光緒二
十三年(1897)刻本　四冊

510000－2741－0003084　3084

和文漢譯讀本八卷　（日本）坪內雄藏編輯
（日本）長尾槇太郎譯校　清光緒三十二年
(1906)上海商務印書館鉛印本　八冊

510000－2741－0003085　3085

河東先生文集六卷　（唐）柳宗元撰　清宣統
二年(1910)上海會文堂粹記石印本　六冊

510000－2741－0003086　3086

河東重刻陽明先生文錄五卷外集九卷別錄十
卷　（明）王守仁撰　明嘉靖三十二年(1553)
河東書院刻本　二十冊

510000－2741－0003087　3087

河防志十二卷　（清）張鵬翮撰　清雍正三年
(1725)刻本　二十冊

510000－2741－0003088　3088

河洛精蘊九卷　（清）江永撰　清乾隆三十九
年(1774)刻本　四冊

510000－2741－0003089　3089

河洛精蘊九卷　（清）江永撰　清乾隆黃聖謙
刻本　四冊

510000－2741－0003090　3090

河洛理數七卷　（宋）陳搏著　清刻本　六冊

510000－2741－0003091　3091

河南程氏遺書　（宋）程顥　（宋）程頤撰
（宋）朱熹輯　清刻本　十六冊

510000－2741－0003092　3092

河南二程全書　（宋）程顥　（宋）程頤撰
（宋）朱熹輯　清星沙娜嬛山館刻本　十四冊

510000－2741－0003093　3093

河南續通省志□□卷　（□）□□纂　清刻本
一冊　存五卷(九至十三)

510000－2741－0003094　3094

河上易註八卷圖說二卷　（清）黎世序學　清
道光元年(1821)謙豫齋刻本　六冊

510000－2741－0003095　3095

賀蘭雪樵詩集四卷　（清）張榕端撰　清康熙
刻本　二冊

510000－2741－0003096　3096

鶡冠子三卷　（宋）陸佃解　清光緒元年
(1875)湖北崇文書局刻本　一冊

510000－2741－0003097　3097

鶡冠子三卷　（宋）陸佃解　清光緒元年
(1875)湖北崇文書局刻本　一冊

510000－2741－0003098　3098

鶴歸來二卷　（清）翟顥著　清末湖北官書處
刻本　二冊

510000－2741－0003099　3099

四川大學圖書館古籍普查登記目錄

鶴農遺稿一卷 （清）沈芝田撰 清光緒十七
年（1891）刻本 一冊

510000－2741－0003100 3100

鶴山文鈔三十二卷周禮折衷四卷師友雅言一
卷 （宋）魏了翁著 清同治十三年（1874）望
三益齋刻宣統二年（1910）官印刷局重修印本
十冊 缺五卷（周禮折衷四卷、師友雅言一
卷）

510000－2741－0003101 3101

鶴山文鈔三十二卷周禮折衷四卷師友雅言一
卷 （宋）魏了翁著 清同治十三年（1874）望
三益齋刻宣統二年（1910）官印刷局重修印本
十二冊

510000－2741－0003102 3102

鶴山文鈔三十二卷周禮折衷四卷師友雅言一
卷 （宋）魏了翁著 清同治十三年（1874）望
三益齋刻宣統二年（1910）官印刷局重修印本
十冊 缺五卷（周禮折衷四卷、師友雅言一
卷）

510000－2741－0003103 3103

鶴山文鈔三十二卷周禮折衷四卷師友雅言一
卷 （宋）魏了翁著 清同治十三年（1874）望
三益齋刻宣統二年（1910）官印刷局重修印本
十二冊 缺五卷（周禮折衷四卷、師友雅言
一卷）

510000－2741－0003104 3104

鶴山文鈔三十二卷周禮折衷四卷師友雅言一
卷 （宋）魏了翁著 清同治十三年（1874）望
三益齋刻宣統二年（1910）官印刷局重修印本
十冊 缺五卷（周禮折衷四卷、師友雅言一
卷）

510000－2741－0003105 3105

鶴山文鈔三十二卷周禮折衷四卷師友雅言一
卷 （宋）魏了翁著 清同治十三年（1874）望
三益齋刻宣統二年（1910）官印刷局重修印本
十冊 缺五卷（周禮折衷四卷、師友雅言一
卷）

510000－2741－0003106 3106

鶴山文鈔三十二卷周禮折衷四卷師友雅言一
卷 （宋）魏了翁著 清同治十三年（1874）望
三益齋刻宣統二年（1910）官印刷局重修本
十二冊

510000－2741－0003107 3107

鶴山文鈔三十二卷周禮折衷四卷師友雅言一
卷 （宋）魏了翁著 清同治十三年（1874）望
三益齋刻本 十一冊 缺一卷（師友雅言一
卷）

510000－2741－0003108 3108

鶴山文鈔三十二卷周禮折衷四卷師友雅言一
卷 （宋）魏了翁著 清同治十三年（1874）望
三益齋刻宣統二年（1910）官印刷局重修印本
十二冊

510000－2741－0003109 3109

鶴山文鈔三十二卷周禮折衷四卷師友雅言一
卷 （宋）魏了翁著 清同治十三年（1874）望
三益齋刻宣統二年（1910）官印刷局重修印本
十二冊

510000－2741－0003110 3110

鶴山文鈔三十二卷周禮折衷四卷師友雅言一
卷 （宋）魏了翁著 清同治十三年（1874）望
三益齋刻宣統二年（1910）官印刷局重修印本
十冊

510000－2741－0003111 3111

鶴山文鈔三十二卷周禮折衷四卷師友雅言一
卷 （宋）魏了翁著 清同治十三年（1874）望
三益齋刻宣統二年（1910）官印刷局重修印本
十二冊

510000－2741－0003112 3112

鶴山文鈔三十二卷周禮折衷四卷師友雅言一
卷 （宋）魏了翁著 清同治十三年（1874）望
三益齋刻宣統二年（1910）官印刷局重修印本
十二冊

510000－2741－0003113 3113

鶴山文鈔三十二卷周禮折衷四卷師友雅言一
卷 （宋）魏了翁著 清同治十三年（1874）望
三益齋刻宣統二年（1910）官印刷局重修印本

十二冊

510000－2741－0003114　3114

鶴山文鈔三十二卷周禮折衷四卷師友雅言一卷　(宋)魏了翁著　清同治十三年(1874)望三益齋刻宣統二年(1910)官印刷局重修印本　十二冊

510000－2741－0003115　3115

鶴山文鈔三十二卷周禮折衷四卷師友雅言一卷　(宋)魏了翁著　清同治十三年(1874)望三益齋刻宣統二年(1910)四川官印刷局重修印本　十二冊

510000－2741－0003116　3116

鶴徵錄八卷首一卷鶴徵後錄十二卷首一卷　(清)李集輯　(清)李富孫　(清)李遇孫續輯　清嘉慶十五年(1810)嘉興李氏刻同治十一年(1872)李同壽補刻本　六冊

510000－2741－0003117　3117

黑韃事略一卷　(宋)彭大雅撰　(宋)徐霆編　**元寇紀略二卷附年表一卷**　(日本)大橋順著　清光緒二十九年(1903)江蘇通州翰墨林編譯印書局鉛印本　一冊

510000－2741－0003118　3118

黑龍江述略六卷　(清)徐宗亮撰　清光緒石埭徐氏刻觀自得齋叢書本　四冊

510000－2741－0003119　3119

黑奴籲天錄四卷　(美)斯土活著　(清)林紓　(清)魏易譯　清光緒二十七年(1901)武林魏氏刻本　四冊

510000－2741－0003120　3120

恒軒所見所藏吉金錄不分卷　(清)吳大澂輯　清光緒十一年(1885)刻本　二冊

510000－2741－0003121　3121

恒言一卷　(清)劉沅撰　清刻本　一冊

510000－2741－0003122　3122

恒齋詩集十六卷　(清)周龍藻撰　清乾隆刻本　八冊

510000－2741－0003123　3123

弘簡錄二百五十四卷　(明)邵經邦撰　**續弘簡錄四十二卷**　(清)邵遠平撰　清康熙二十七年(1688)邵遠平刻修補印本　六十冊

510000－2741－0003124　3124

弘正四傑詩集　(清)張祖同輯　清光緒二十一年(1895)長沙張氏湘雨樓刻本　十六冊

510000－2741－0003125　3125

弘正四傑詩集　(清)張祖同輯　清光緒二十一年(1895)長沙張氏湘雨樓刻本　十六冊

510000－2741－0003126　3126

虹橋老屋遺稿文四卷詩五卷補遺文一卷補遺詩一卷詞賸一卷　(清)秦緗業撰　清光緒十五年(1889)刻三十一年(1905)秦厚基修補印本　四冊

510000－2741－0003127　3127

虹橋老屋遺稿文四卷詩五卷補遺文一卷補遺詩一卷詞賸一卷　(清)秦緗業撰　清光緒十五年(1889)刻本　四冊

510000－2741－0003128　3128

洪北江全集　(清)洪亮吉撰　清光緒三年至五年(1877－1879)洪用懃授經堂刻本　八十四冊

510000－2741－0003129　3129

洪北江全集　(清)洪亮吉撰　清光緒三年至五年(1877－1879)洪用懃授經堂刻本　五十六冊

510000－2741－0003130　3130

洪北江全集　(清)洪亮吉撰　清光緒三年至五年(1877－1879)洪用懃授經堂刻本　八十冊

510000－2741－0003131　3131

洪北江全集　(清)洪亮吉撰　清光緒洪用懃授經堂刻本　八十四冊

510000－2741－0003132　3132

洪北江全集　(清)洪亮吉撰　清光緒三年(1877)授經堂刻本　二十一冊　缺一種三卷(更生齋詩一至三)

四川大學圖書館古籍普查登記目錄

510000－2741－0003133　3133

洪度集一卷　（唐）薛濤撰　清光緒三十二年
(1906)貴陽陳矩刻靈峯草堂叢書本　一冊

510000－2741－0003134　3134

洪度集一卷　（唐）薛濤撰　清光緒三十二年
(1906)貴陽陳矩刻靈峯草堂叢書本　一冊

510000－2741－0003135　3135

洪度集一卷　（唐）薛濤撰　清光緒三十二年
(1906)貴陽陳矩刻靈峯草堂叢書本　一冊

510000－2741－0003136　3136

洪度集一卷　（唐）薛濤撰　清光緒三十二年
(1906)貴陽陳矩刻靈峯草堂叢書本　一冊

510000－2741－0003137　3137

洪度集一卷　（唐）薛濤撰　清光緒三十二年
(1906)貴陽陳矩刻靈峯草堂叢書本　一冊

510000－2741－0003138　3138

洪度集一卷　（唐）薛濤撰　清光緒三十二年
(1906)貴陽陳矩刻靈峯草堂叢書本　一冊

510000－2741－0003139　3139

洪度集一卷　（唐）薛濤撰　清光緒三十二年
(1906)貴陽陳矩刻靈峯草堂叢書本　一冊

510000－2741－0003140　3140

洪度集一卷　（唐）薛濤撰　清光緒三十二年
(1906)貴陽陳矩刻靈峯草堂叢書本　一冊

510000－2741－0003141　3141

洪度集一卷　（唐）薛濤撰　清光緒三十二年
(1906)貴陽陳矩刻靈峯草堂叢書本　一冊

510000－2741－0003142　3142

洪度集一卷　（唐）薛濤撰　清光緒三十二年
(1906)貴陽陳矩刻靈峯草堂叢書本　一冊

510000－2741－0003143　3143

洪氏晦木齋叢書　（清）洪汝奎輯　清同治至
宣統刻本　四冊

510000－2741－0003144　3144

洪武正韻十六卷　（明）樂韶鳳　（明）宋濂等
撰　明嘉靖二十七年(1548)衡藩刻藍印本
五冊

510000－2741－0003145　3145

紅豆樹館書畫記八卷　（清）陶樑編輯　清光
緒八年(1882)吳趨潘氏韠園刻本　六冊

510000－2741－0003146　3146

紅樓復夢一百回　（清）曹雪芹撰　（清）紅香
閣小和山樵南陽氏編輯　（清）款月樓武陵女
史月文氏校訂　清刻本　三十二冊

510000－2741－0003147　3147

紅樓夢傳奇八卷　（清）陳鍾麟填詞　清道光
十五年(1835)廣州汗青齋刻本　八冊　存七
卷(二至八)

510000－2741－0003148　3148

紅樓夢傳奇八卷　（清）陳鍾麟填詞　清道光
十五年(1835)廣州汗青齋刻本　十六冊

510000－2741－0003149　3149

紅樓夢賦一卷　（清）沈謙撰　清道光二十六
年(1846)晉熙何書丹刻本　一冊

510000－2741－0003150　3150

紅樓夢圖詠不分卷　（清）改琦繪　清光緒五
年(1879)刻本　四冊

510000－2741－0003151　3151

紅樓夢一百二十回　（清）曹雪芹　（清）高鶚
撰　清嘉慶十九年(1814)東觀閣刻本　二十
四冊

510000－2741－0003152　3152

紅樓夢一百二十回　（清）曹雪芹　（清）高鶚
撰　（清）王希廉評　清道光十二年(1832)王
希廉刻本　二十四冊

510000－2741－0003153　3153

紅樓夢一百二十回　（清）曹雪芹　（清）高鶚
撰　清光緒七年(1881)臥雲山館刻本　二
十冊

510000－2741－0003154　3154

紅樓夢一百二十回　（清）曹雪芹撰　（清）東
觀主人評　清同治元年(1862)寶文堂翻東觀
閣本　三十二冊

510000－2741－0003155　3155

四川大學圖書館古籍普查登記目錄

紅樓夢一百二十回 （清）曹雪芹 （清）高鶚撰 （清）王希廉評 清道光十二年(1832)王希廉刻本 二十冊

510000－2741－0003156 3156

紅粟山莊詩六卷續六卷詩餘一卷 （清）朱寶善著 清同治九年(1870)福州吳玉田刻本 四冊

510000－2741－0003157 3157

紅杏山房聞見隨筆二十八卷 （清）盧秉鈞纂述 清光緒十八年(1892)刻本 六冊

510000－2741－0003158 3158

紅雪樓九種曲 （清）蔣士銓撰 清乾隆蔣氏紅雪樓刻本 十三冊

510000－2741－0003159 3159

紅雪樓九種曲 （清）蔣士銓撰 清乾隆蔣氏紅雪樓刻本 十二冊

510000－2741－0003160 3160

紅餘籀室唫草初集三卷小紅餘籀室唫草初集一卷 （唐）李端臨撰 清光緒貴陽陳氏刻靈峰草堂叢書本 一冊

510000－2741－0003161 3161

鴻濛室詩鈔十卷文鈔二集二卷 （清）方玉潤著 清咸豐九年至十年(1859－1860)刻本 六冊

510000－2741－0003162 3162

鴻泥瑣記四卷 （清）丁筠著 （清）張慎儀編校 清末刻本 一冊

510000－2741－0003163 3163

鴻泥瑣記四卷 （清）丁筠著 （清）張慎儀編校 清末刻本 一冊

510000－2741－0003164 3164

鴻泥瑣記四卷 （清）丁筠著 （清）張慎儀編校 清末刻本 一冊

510000－2741－0003165 3165

鴻雪因緣圖記六卷 （清）麟慶撰 清道光二十七年(1847)揚州刻本 六冊

510000－2741－0003166 3166

侯鯖詞 （清）吳唐林輯 清光緒十一年(1885)杭州刻本 二冊

510000－2741－0003167 3167

侯鯖集十卷 （清）李友棠撰 清繡谷趙氏靜香閣刻本 四冊

510000－2741－0003168 3168

侯鯖集十卷 （清）李友棠撰 清繡谷趙氏靜香閣刻本 二冊

510000－2741－0003169 3169

侯鯖錄八卷 （宋）趙德麟撰 清知不足齋叢書本 二冊

510000－2741－0003170 3170

喉科秘鑰二卷附錄一卷 （□）鄭氏原輯 （清）許佐廷增訂 清光緒十二年(1886)川省刻本 一冊

510000－2741－0003171 3171

喉科秘旨二卷 （□）□□編 清同治十三年(1874)紅杏山房刻本 一冊 存一卷(上)

510000－2741－0003172 3172

喉症考辨一卷 （清）羅紹芳纂 白喉證驗一卷 （清）雷子木述 清同治七年(1868)刻本 一冊

510000－2741－0003173 3173

喉症全科紫珍集二卷 （□）燕山竇氏原本 （清）朱翔宇輯 清咸豐十一年(1861)刻本 二冊

510000－2741－0003174 3174

後漢紀三十卷 （晉）袁宏撰 清光緒二年(1876)嶺南述古堂刻本 八冊

510000－2741－0003175 3175

後漢紀三十卷 （晉）袁宏撰 清光緒二年(1876)嶺南述古堂刻本 八冊

510000－2741－0003176 3176

後漢書一百二十卷附考證 （南朝宋）范曄撰 （唐）李賢注 志三十卷 （晉）司馬彪續志 （南朝梁）劉昭注補 清光緒三十一年(1905)上海久敬齋石印本 七冊 缺十一卷

四川大學圖書館古籍普查登記目錄

510000－2741－0003177　3177

後漢書九十卷　（南朝宋）范曄撰　（唐）李賢
注　志三十卷　（晉）司馬彪續志　（南朝梁）
劉昭注補　清同治十年(1871)成都書局刻本
　二十八冊

510000－2741－0003178　3178

後漢書九十卷　（南朝宋）范曄撰　（唐）李賢
注　志三十卷　（晉）司馬彪續志　（南朝梁）
劉昭注補　清同治十年(1871)成都書局刻本
　二十八冊

510000－2741－0003179　3179

後漢書九十卷　（南朝宋）范曄撰　（唐）李賢
注　志三十卷　（晉）司馬彪續志　（南朝梁）
劉昭注補　清同治十年(1871)成都書局刻本
　二十八冊

510000－2741－0003180　3180

後漢書九十卷　（南朝宋）范曄撰　（唐）李賢
注　志三十卷　（晉）司馬彪續志　（南朝梁）
劉昭注補　清光緒二十九年(1903)五洲同文
局石印本　二十八冊

510000－2741－0003181　3181

後漢書疏證三十卷　（清）沈欽韓撰　清光緒
二十六年(1900)浙江官書局刻本　十六冊

510000－2741－0003182　3182

後漢書朔閏考五卷　（清）徐紹楨撰　清光緒
十七年(1891)刻本　二冊

510000－2741－0003183　3183

後漢書注補正八卷　（清）周壽昌學　清光緒
九年(1883)長沙周氏小對竹軒刻本　二冊

510000－2741－0003184　3184

後漢書注補正八卷　（清）周壽昌學　清光緒
九年(1883)長沙周氏小對竹軒刻本　二冊

510000－2741－0003185　3185

後漢書注又補一卷　（清）沈銘彝著　清同治
八年(1869)補刻本　一冊

510000－2741－0003186　3186

後紅樓夢三十二卷　（□）□□撰　清光緒十
四年(1888)藜照書屋刻本　十二冊

510000－2741－0003187　3187

後山先生集二十四卷首一卷　（宋）陳師道撰
　清光緒十一年(1885)廣州龍藏街萃文堂刻
本　四冊

510000－2741－0003188　3188

後蜀毛詩石經殘本一卷　（清）王昶撰　清光
緒十六年(1890)刻本　一冊

510000－2741－0003189　3189

後知不足齋叢書　（清）鮑廷爵輯　清光緒常
熟鮑氏刻本　四十冊

510000－2741－0003190　3190

候蟲吟草十六卷　（清）馮世瀛撰　清同治十
年(1871)馮氏味無味齋刻本　八冊

510000－2741－0003191　3191

胡澹庵先生文集三十二卷　（宋）胡銓撰　清
道光十三年(1833)刻本　十冊

510000－2741－0003192　3192

胡明經文録一卷　（清）胡啟心撰　清光緒二
十三年(1897)刻本　一冊

510000－2741－0003193　3193

胡文忠公遺集八十六卷首一卷　（清）胡林翼
撰　清同治六年(1867)刻本　三十二冊

510000－2741－0003194　3194

胡文忠公遺集八十六卷首一卷　（清）胡林翼
撰　清同治六年(1867)刻本　三十二冊

510000－2741－0003195　3195

胡文忠公遺集八十六卷首一卷　（清）胡林翼
撰　清同治六年(1867)刻本　三十冊

510000－2741－0003196　3196

胡文忠公遺集八十六卷首一卷　（清）胡林翼
撰　（清）曾國荃纂輯　（清）胡鳳丹重編　清
光緒二十七年(1901)上海圖書集成印書局鉛
印本　八冊

510000－2741－0003197　3197

壺盦五種曲　（清）胡薇元撰　清光緒至民國

四川大學圖書館古籍普查登記目録

刻玉津閣叢書本 一冊

510000－2741－0003198 3198

湖北叢書 （清）趙尚輔輯 清光緒十七年(1891)三餘草堂刻本 九十九冊

510000－2741－0003199 3199

湖北調查局調查問題 （□）□□輯 清光緒三十四年(1908)鉛印本 一冊

510000－2741－0003200 3200

湖船録一卷 （清）厲鶚輯 清道光二十七年(1847)錢塘汪氏刻本 一冊

510000－2741－0003201 3201

湖海樓叢書 （清）陳春編 清嘉慶蕭山陳氏湖海樓刻本 四十冊

510000－2741－0003202 3202

湖海樓叢書 （清）陳春輯 清嘉慶蕭山陳氏湖海樓刻本 三十二冊

510000－2741－0003203 3203

湖海樓叢書續編 （清）張之洞輯 清光緒九年(1883)刻本 二十四冊

510000－2741－0003204 3204

湖海樓全集 （清）陳維崧撰 清乾隆六十年(1795)浩然堂刻本 二十四冊

510000－2741－0003205 3205

湖海樓全集 （清）陳維崧撰 清乾隆六十年(1795)浩然堂刻本 十六冊

510000－2741－0003206 3206

湖海樓全集 （清）陳維崧撰 清乾隆六十年(1795)浩然堂刻本 十冊

510000－2741－0003207 3207

湖海詩傳四十六卷 （清）王昶輯 清嘉慶八年(1803)青浦王氏三泖漁莊刻同治四年(1865)綠蔭堂印本 十六冊

510000－2741－0003208 3208

湖海詩傳四十六卷 （清）王昶輯 清嘉慶八年(1803)青浦王氏三泖漁莊刻本 十六冊

510000－2741－0003209 3209

湖海詩傳四十六卷 （清）王昶輯 清嘉慶八年(1803)青浦王氏三泖漁莊刻本 十二冊

510000－2741－0003210 3210

湖海詩傳四十六卷 （清）王昶輯 清嘉慶八年(1803)青浦王氏三泖漁莊刻同治四年(1865)亦西齋印本 十六冊

510000－2741－0003211 3211

湖海文傳七十五卷 （清）王昶輯 清道光十七年(1837)青浦王氏刻本 十三冊 缺二卷(一至二)

510000－2741－0003212 3212

湖海文傳七十五卷 （清）王昶輯 清道光十七年(1837)清浦王氏刻同治五年(1866)修補印本 三十二冊

510000－2741－0003213 3213

湖南褒忠録初藁寇事序四卷殉陣十六卷殉城四卷殉防四卷殉勞六卷殉團六卷殉職一卷外紀三卷殉貞三卷 （清）郭嵩燾編 清同治十二年(1873)木活字印本 十六冊

510000－2741－0003214 3214

湖南苗防屯政考十五卷首一卷 （清）但湘良纂 清光緒九年(1883)刻本 十六冊

510000－2741－0003215 3215

湖南文徵一百九十卷首一卷姓氏傳四卷目録六卷 （清）羅汝懷編纂 清同治八年(1869)刻本 一百二十冊

510000－2741－0003216 3216

湖南陽秋十六卷續編十三卷 （清）王萬澍撰 清同治九年(1870)常寧唐訓方刻本 八冊

510000－2741－0003217 3217

湖唐林館駢體文二卷 （清）李慈銘著 清光緒十年(1884)刻本 一冊

510000－2741－0003218 3218

湖州詞徵二十四卷 （清）朱祖謀輯校 清宣統三年(1911)刻本 四冊

510000－2741－0003219 3219

湖州叢書 （清）陸心源輯 清光緒湖城義塾

四川大學圖書館古籍普查登記目録

刻本　二十冊

510000－2741－0003220　3220

湖州叢書　(清)陸心源輯　清光緒湖城義塾
刻本　二十四冊

510000－2741－0003221　3221

虎鈐經二十卷　(宋)許洞撰　清刻本　四冊

510000－2741－0003222　3222

許氏說文解字雙聲疊韻譜一卷　(清)鄧廷楨
撰　清光緒九年(1883)同文書局石印本
一冊

510000－2741－0003223　3223

許氏說文解字雙聲疊韻譜一卷　(清)鄧廷楨
撰　清光緒七年(1881)後知不足齋刻本
二冊

510000－2741－0003224　3224

許水南詩集二卷　(清)許儒龍著　清道光二
十四年(1844)郫縣孫氏刻古棠書屋叢書本
一冊

510000－2741－0003225　3225

許松濱先生全集四十三卷首一卷末一卷
(清)許錫祺著　清光緒十九年(1893)劉汝錫
等刻民國二十二年(1933)補刻本　八冊

510000－2741－0003226　3226

許松濱先生全集四十三卷首一卷末一卷
(清)許錫祺撰　清光緒十九年(1893)劉汝錫
等刻本　八冊

510000－2741－0003227　3227

許學叢刻　(清)許頌鼎　(清)許湜祥輯　清
光緒十三年(1887)海寧許氏古均閣刻本
四冊

510000－2741－0003228　3228

許學叢書　(清)張炳翔輯　清光緒長洲張氏
儀鄭廬刻本　二十四冊

510000－2741－0003229　3229

滬游雜記四卷　(清)葛元煦撰　清光緒二年
(1876)刻本　二冊

510000－2741－0003230　3230

護法論一卷　(宋)張商英撰　清刻本　一冊

510000－2741－0003231　3231

護法論一卷　(宋)張商英撰　三教平心論一
卷　(宋)劉謐撰　清刻本　一冊

510000－2741－0003232　3232

花簾詞一卷香南雪北詞一卷　(清)吳藻撰
清道光刻本　二冊

510000－2741－0003233　3233

花雨樓叢鈔十一種續鈔十一種附一種　(清)
張壽榮編　清光緒八年至十四年(1882－
1888)蛟川張氏花雨樓刻本　四十八冊

510000－2741－0003234　3234

花雨樓七種　(清)張壽榮編　清光緒蛟川張
氏花雨樓刻本　十二冊

510000－2741－0003235　3235

花燭閒談一卷　(清)于鬯撰　清光緒木活字
印本　一冊

510000－2741－0003236　3236

華藏室詩鈔一卷　(清)許延敬撰　清同治十
一年(1872)許善長刻本　一冊

510000－2741－0003237　3237

華峰文集六卷　(清)吳光耀撰　清末刻本
二冊

510000－2741－0003238　3238

華峰文集六卷　(清)吳光耀撰　清末刻本
二冊

510000－2741－0003239　3239

華氏中藏經三卷　(漢)華佗撰　(清)孫星衍
校　清光緒九年(1883)刻本　一冊

510000－2741－0003240　3240

華洋戰書一卷　(清)留心時事人輯　清光緒
十年(1884)京都三益魚刻本　一冊

510000－2741－0003241　3241

華陽國志十二卷　(晉)常璩撰　清光緒七年
(1881)廣漢刻本　四冊

510000－2741－0003242　3242

四川大學圖書館古籍普查登記目錄

華陽國志十二卷　（晉）常璩撰　清嘉慶十九年(1814)鄰水廖氏題襟館刻本　四冊

510000－2741－0003243　3243

華陽國志十二卷　（晉）常璩撰　附補華陽國志三州郡縣目録一卷　（清）廖寅撰　清光緒四年(1878)成都二酉山房刻本　四冊

510000－2741－0003244　3244

華陽國志十二卷　（晉）常璩撰　附補華陽國志三州郡縣目録一卷　（清）廖寅撰　清嘉慶十九年(1814)鄰水廖氏題襟館刻本　四冊

510000－2741－0003245　3245

華陽國志十二卷　（晉）常璩撰　附補華陽國志三州郡縣目録一卷　（清）廖寅撰　清嘉慶十九年(1814)鄰水廖氏題襟館刻本　四冊

510000－2741－0003246　3246

華陽國志十二卷　（晉）常璩撰　附補華陽國志三州郡縣目録一卷　（清）廖寅撰　清嘉慶十九年(1814)鄰水廖氏題襟館刻本　四冊

510000－2741－0003247　3247

華陽集四十卷　（宋）王珪撰　清刻武英殿聚珍版叢書本　十二冊

510000－2741－0003248　3248

華銀山志十八卷首一卷　（清）釋虎溪纂修　清同治三年(1864)刻本　四冊

510000－2741－0003249　3249

華嶽志八卷首一卷　（清）李榕纂輯　清道光十一年(1831)刻光緒九年(1883)補刻本　二冊

510000－2741－0003250　3250

華嶽志八卷首一卷　（清）李榕纂輯　清道光十一年(1831)刻光緒九年(1883)、三十年(1904)補刻本　四冊

510000－2741－0003251　3251

滑疑集八卷　（清）韓錫胙著　（清）端木百祿校訂　清同治十三年(1874)浙江處州府署刻本　四冊

510000－2741－0003252　3252

化學表不分卷　（清）江南製造局譯改　清末上海江南製造總局鉛印本　一冊

510000－2741－0003253　3253

化學分原八卷　（英國）蒲陸山撰　（英國）傅蘭雅口譯　（清）徐建寅筆述　清末江南製造局刻本　二冊

510000－2741－0003254　3254

化學分原八卷　（英國）蒲陸山撰　（英國）傅蘭雅口譯　（清）徐建寅筆述　清末江南製造局刻本　二冊

510000－2741－0003255　3255

化學工藝初集四卷二集四卷三集二卷　（英國）能智著　（英國）傅蘭雅譯　（清）汪振聲譯　清光緒二十四年(1898)上海江南製造總局鉛印本　十冊

510000－2741－0003256　3256

化學鑑原補編六卷附一卷　（英國）傅蘭雅口譯　（清）徐壽筆述　清末江南製造總局刻本　六冊

510000－2741－0003257　3257

化學鑑原補編六卷附一卷　（英國）傅蘭雅口譯　（清）徐壽筆述　清末上海江南製造總局刻本　六冊

510000－2741－0003258　3258

化學鑑原六卷　（英國）韋而司撰　（英國）傅蘭雅口譯　（清）徐壽筆述　清末上海江南製造總局刻本　四冊

510000－2741－0003259　3259

化學鑑原六卷　（英國）韋而司撰　（英國）傅蘭雅口譯　（清）徐壽筆述　清末上海江南製造總局刻本　四冊

510000－2741－0003260　3260

化學求數十五卷附表一卷　（德國）富里西尼烏司著　（英國）傅蘭雅口譯　（清）徐壽筆述　清末上海江南製造總局刻本　十四冊

510000－2741－0003261　3261

畫史彙傳七十二卷首一卷總目三卷附録二卷

四川大學圖書館古籍普查登記目録

（清）彭蘊燦編　清光緒五年(1879)京都善成堂書鋪刻本　二十四冊

510000－2741－0003262　3262

淮醲備要十卷　（清）李澄輯　清道光三年(1823)刻本　四冊

510000－2741－0003263　3263

淮海集十七卷後集二卷詞一卷　（宋）秦觀著　淮海集補遺一卷淮海集附纂考證一卷淮海集附纂補存疑一卷　（清）王敬之　（清）金長福篹輯　清道光十七年(1837)刻本　八冊

510000－2741－0003264　3264

淮海集四十卷後集六卷長短句三卷　（宋）秦觀撰　（明）徐渭評　詩餘一卷　（明）鄧章漢輯　明末武林段之錦刻本　六冊

510000－2741－0003265　3265

淮海英靈集甲集四卷乙集四卷丙集四卷丁集四卷戊集四卷壬集一卷癸集一卷　（清）阮元輯録　清嘉慶三年(1798)阮氏刻本　十冊

510000－2741－0003266　3266

淮軍平捻記十二卷　（清）周世澄撰　清光緒、宣統間刻本　六冊

510000－2741－0003267　3267

淮南鴻烈解二十一卷　（漢）劉安撰　（漢）高誘註　（明）茅坤等評　明光啓堂刻本　六冊

510000－2741－0003268　3268

淮南天文訓補注二卷　（清）錢塘綴述　清光緒三年(1877)湖北武昌崇文書局刻本　二冊

510000－2741－0003269　3269

淮南子二十一卷　（漢）劉安撰　（漢）高誘注　清嘉慶九年(1804)姑蘇王氏刻本　三冊

510000－2741－0003270　3270

淮南子二十一卷　（漢）劉安撰　（漢）高誘注　清嘉慶九年(1804)姑蘇王氏刻本　八冊

510000－2741－0003271　3271

淮南子二十一卷　（漢）劉安撰　（漢）高誘注　清嘉慶九年(1804)寶慶經綸堂刻本　六冊

510000－2741－0003272　3272

淮南子二十一卷　（漢）劉安撰　（漢）劉向校訂　（明）吳勉學校正　明吳勉學刻本　八冊

510000－2741－0003273　3273

淮南子二十一卷　（漢）劉安撰　（漢）高誘注　（清）莊逵吉校　清光緒二年(1876)浙江書局刻本　六冊

510000－2741－0003274　3274

槐廬叢書　（清）朱記榮編　清光緒三年至十五年(1877－1889)吳縣朱氏槐廬家塾刻本　八十冊

510000－2741－0003275　3275

槐廬叢書　（清）朱記榮編　清光緒三年至十五年(1877－1889)吳縣朱氏槐廬家塾刻本　三十二冊

510000－2741－0003276　3276

槐廳載筆二十卷　（清）法式善編　清嘉慶四年(1799)刻本　六冊　存十二卷(一至十二)

510000－2741－0003277　3277

槐軒全書　（清）劉沅撰　清刻本　四十九冊

510000－2741－0003278　3278

槐陰書屋詩艸二卷　（清）聶光鑾撰　清光緒十年至十一年(1884－1885)四川敘州汗青簃刻本　一冊

510000－2741－0003279　3279

槐陰書屋詩艸二卷試帖二卷制藝一卷　（清）聶光鑾撰　清光緒十年至十一年(1884－1885)四川敘州汗青簃刻本　四冊

510000－2741－0003280　3280

槐雲語録一卷　（清）李思棟撰　清光緒十二年(1886)四川成都槐雲書屋刻本　一冊

510000－2741－0003281　3281

懷豳雜爼　徐乃昌編　清光緒、宣統間南陵徐氏刻本　八冊

510000－2741－0003282　3282

懷古田舍梅統十三卷　（清）徐榮輯　清同治三年(1864)錦城刻本　四冊

510000－2741－0003283　3283

四川大學圖書館古籍普查登記目録

159

懷古田舍詩節鈔六卷梅統十三卷 （清）徐榮撰 清同治三年(1864)錦城刻本 十冊

510000－2741－0003284 3284

懷歸草堂詩一卷守閒堂詩集一卷課耕樓詩一卷 （明）呂潛著 （清）歐陽紹校刊 清光緒十五年(1889)刻本 二冊

510000－2741－0003285 3285

懷舊集十二卷續集六卷又續集二卷女士詩錄一卷 （清）吳翌鳳輯 清嘉慶十八年(1813)刻本 十冊

510000－2741－0003286 3286

懷舊集十二卷續集六卷又續集二卷女士詩錄一卷 （清）吳翌鳳輯 清嘉慶十八年(1813)刻本 十冊

510000－2741－0003287 3287

懷麓堂詩稿二十卷文稿三十卷詩後稿十卷文後稿三十卷懷麓堂稿雜記十卷 （明）李東陽撰 明李文正公年譜八卷 （清）法式善纂輯 （清）唐仲冕增補 清嘉慶八年至十四年(1803－1809)刻本 二十二冊

510000－2741－0003288 3288

懷麓堂詩稿二十卷文稿三十卷詩後稿十卷文後續稿三十卷文後續稿十卷 （明）李東陽撰 清康熙二十一年(1682)廖方達刻本(詩後稿卷六至十爲鈔補) 二十一冊 存七十五卷 (詩稿二十卷,文稿一至二十七,詩後稿十卷,文後稿十一至十四、二十七至三十,文後續稿十卷)

510000－2741－0003289 3289

懷清堂集二十卷 （清）湯右曾撰 清乾隆七年(1742)黃鐘刻本 十冊

510000－2741－0003290 3290

圜海圖考四卷釋星圖考一卷 （清）李錫書撰 清刻本 一冊

510000－2741－0003291 3291

寰宇訪碑錄十二卷 （清）孫星衍 （清）邢澍撰 清光緒九年(1883)江蘇書局刻本 四冊

510000－2741－0003292 3292

寰宇訪碑錄十二卷 （清）孫星衍 （清）邢澍撰 清光緒九年(1883)江蘇書局刻本 四冊

510000－2741－0003293 3293

寰宇貞石圖六卷 （清）楊守敬輯 清光緒宜都楊氏飛青閣石印本 六冊

510000－2741－0003294 3294

環天室古近體詩類選五卷後集一卷 （清）曾廣鈞撰 清宣統元年至二年(1909－1910)刻本 二冊

510000－2741－0003295 3295

宦海指南五種 （清）許乃普輯 清光緒十六年(1890)四川臬署刻本 四冊

510000－2741－0003296 3296

宦游紀略二卷 （清）高廷瑤書 清同治十二年(1873)高培穀成都刻本 一冊

510000－2741－0003297 3297

宦游紀略纂要二卷 （清）劉藻纂 清光緒十二年(1886)瀘州官舍刻本 一冊

510000－2741－0003298 3298

浣花草堂八景題略不分卷 （清）鏡峰編 （清）默嚴繪 清末刻本 一冊

510000－2741－0003299 3299

荒政輯要九卷首一卷 （清）汪志伊纂 清道光二十一年(1841)錢塘許乃釗刻本 四冊

510000－2741－0003300 3300

荒政輯要九卷首一卷 （清）汪志伊纂 清同治八年(1869)楚北崇文書局刻本 二冊

510000－2741－0003301 3301

皇朝大事紀年二卷 （清）黃之焱編 清光緒二十八年(1902)石印本 一冊

510000－2741－0003302 3302

皇朝大事紀年二卷 （清）黃之焱編 清光緒二十八年(1902)石印本 一冊

510000－2741－0003303 3303

皇朝大事紀年二卷 （清）黃之焱編 清光緒二十八年(1902)石印本 一冊

四川大學圖書館古籍普查登記目録

510000－2741－0003304　3304

皇朝藩部要略十八卷　（清）祁韻士纂　（清）毛嶽生編　**皇朝藩部世系表四卷**　（清）祁韻士纂　（清）宋景昌增輯　清光緒十年(1884)浙江書局校刻本　八冊

510000－2741－0003305　3305

皇朝藩部要略十八卷　（清）祁韻士纂　（清）毛嶽生編　**皇朝藩部世系表四卷**　（清）祁韻士纂　（清）宋景昌增輯　清光緒十年(1884)浙江書局校刻本　八冊

510000－2741－0003306　3306

皇朝藩部要略十八卷　（清）祁韻士纂　（清）毛嶽生編　**皇朝藩部世系表四卷**　（清）祁韻士纂　（清）宋景昌增輯　清光緒十年(1884)浙江書局校刻本　八冊

510000－2741－0003307　3307

皇朝藩屬輿地叢書　（清）浦□輯　清光緒二十九年(1903)金匱浦氏靜寄東軒石印本　四十五冊

510000－2741－0003308　3308

皇朝紀略一卷　（清）北鄉義塾編譯　清光緒二十七年(1901)上海普通學書室鉛印本　一冊

510000－2741－0003309　3309

皇朝祭器樂舞録二卷　（清）徐暢達撰　清同治十年(1871)楚北武昌崇文書局刻本　二冊

510000－2741－0003310　3310

皇朝京師中線地球全圖說一卷　（清）張秉樞述　清光緒、宣統間刻本　一冊

510000－2741－0003311　3311

皇朝經籍志六卷　（清）黃本驥輯　清道光二十五年(1845)刻本　二冊

510000－2741－0003312　3312

皇朝經世文編補一百二十卷　（清）賀長齡輯　（清）張鵬飛評梓　清刻本　八冊　存六卷（三十六至三十七、三十九、四十八至五十、一百十三）

510000－2741－0003313　3313

皇朝經世文編一百二十卷皇朝經世文編生存姓名一卷皇朝經世文編姓名總目二卷　（清）賀長齡輯　清刻本　六十九冊　存一百一卷（一至二十五、三十五、四十六至一百二十）

510000－2741－0003314　3314

皇朝經世文編一百二十卷皇朝經世文編生存姓名一卷皇朝經世文編姓名總目二卷　（清）賀長齡輯　清刻本　十七冊　存二十二卷（四十六至六十七）

510000－2741－0003315　3315

皇朝經世文編一百二十卷皇朝經世文編生存姓名一卷皇朝經世文編姓名總目二卷　（清）賀長齡輯　清刻本　二十一冊　存三十一卷（三十三至三十六、四十三至四十六、四十九至五十、五十三至七十一、一百至一百一）

510000－2741－0003316　3316

皇朝經世文編一百二十卷皇朝經世文編生存姓名一卷皇朝經世文編姓名總目二卷　（清）賀長齡輯　清末鉛印本　二十四冊

510000－2741－0003317　3317

皇朝經世文編一百二十卷皇朝經世文編生存姓名一卷皇朝經世文編姓名總目二卷　（清）賀長齡輯　清道光七年(1827)刻本　四十五冊　存六十六卷（一至二十四、三十四至四十二、五十一至六十八、一百六至一百二十）

510000－2741－0003318　3318

皇朝經世文編一百二十卷皇朝經世文編生存姓名一卷皇朝經世文編姓名總目二卷　（清）賀長齡輯　清光緒二十二年(1896)埽葉山房石印本　二十三冊

510000－2741－0003319　3319

皇朝經世文編一百二十卷姓名總目二卷目録一卷　（清）賀長齡輯　清道光七年(1827)刻本　八十冊

510000－2741－0003320　3320

皇朝經世文三編八十卷　（清）陳忠倚輯　清光緒二十七年(1901)上海書局石印本　十六冊

四川大學圖書館古籍普查登記目録

510000－2741－0003321　3321

皇朝經世文三編八十卷　（清）陳忠倚輯　清光緒二十四年(1898)石印本　十六冊

510000－2741－0003322　3322

皇朝經世文三編八十卷　（清）陳忠倚輯　清末浙省書局石印本　十六冊

510000－2741－0003323　3323

皇朝經世文新編二十一卷　（清）麥仲華輯　清光緒二十四年(1898)石印本　二十四冊

510000－2741－0003324　3324

皇朝經世文新編二十一卷　（清）麥仲華輯　清光緒二十四年(1898)石印本　三十二冊

510000－2741－0003325　3325

皇朝經世文新編二十一卷　（清）麥仲華輯　清光緒二十四年(1898)石印本　二十四冊

510000－2741－0003326　3326

皇朝經世文續編一百二十卷　（清）葛士濬輯　清光緒石印本　二十四冊

510000－2741－0003327　3327

皇朝經世文續編一百二十卷　（清）葛士濬輯　清光緒十七年(1891)廣百宋齋鉛印本　二十四冊

510000－2741－0003328　3328

皇朝經世文續編一百二十卷新增時務續編四十卷洋務續編八卷　（清）葛士濬輯　清光緒二十三年(1897)掃葉山房鉛印本　三十冊

510000－2741－0003329　3329

皇朝經世文續編一百二十卷姓名總目一卷　（清）管窺居士增輯　清光緒十四年(1888)增刻本　三十六冊

510000－2741－0003330　3330

皇朝類苑七十八卷　（宋）江少虞撰　清宣統三年(1911)武進董氏刻本　十二冊

510000－2741－0003331　3331

皇朝類苑七十八卷　（宋）江少虞撰　清宣統三年(1911)武進董氏刻本　十二冊

510000－2741－0003332　3332

皇朝禮器圖式十八卷　（清）允禄等撰　清乾隆武英殿刻本　十六冊

510000－2741－0003333　3333

皇朝駢文類苑十四卷首一卷　（清）姚燮選　清光緒十二年(1886)刻本　二十冊

510000－2741－0003334　3334

皇朝謚法考九卷　（清）鮑康輯　清光緒十五年(1889)成都志古堂刻本　二冊

510000－2741－0003335　3335

皇朝謚法考五卷續編一卷補編一卷　（清）鮑康輯　清末抄本　二冊

510000－2741－0003336　3336

皇朝謚法考五卷續編一卷補編一卷　（清）鮑康輯　清同治三年(1864)刻本　一冊

510000－2741－0003337　3337

皇朝瑣屑録四十四卷　（清）鍾琦撰　清光緒二十三年(1897)刻本　十二冊

510000－2741－0003338　3338

皇朝瑣屑録四十四卷　（清）鍾琦撰　清光緒二十三年(1897)刻本　十二冊

510000－2741－0003339　3339

皇朝瑣屑録四十四卷　（清）鍾琦撰　清光緒二十三年(1897)刻本　十冊

510000－2741－0003340　3340

皇朝通典一百卷　（清）嵇璜等撰　清光緒二十七年(1901)上海圖書集成局鉛印本　十二冊

510000－2741－0003341　3341

皇朝通志一百二十六卷　（清）嵇璜等撰　清光緒二十七年(1901)上海圖書集成局鉛印本　十二冊

510000－2741－0003342　3342

皇朝通志一百二十六卷　（清）嵇璜等撰　清光緒八年(1882)浙江書局刻本　三十二冊

510000－2741－0003343　3343

皇朝文獻通考三百卷　（清）嵇璜等撰　清光緒二十七年(1901)上海圖書集成局鉛印本

四川大學圖書館古籍普查登記目録

四十冊

510000－2741－0003344　3344

皇朝武功紀盛四卷　（清）趙翼撰　清乾隆陽湖趙氏湛怡堂刻本　一冊

510000－2741－0003345　3345

皇朝武功紀盛四卷　（清）趙翼撰　清光緒二年至三年(1876－1877)大關唐氏壽考堂刻本　一冊

510000－2741－0003346　3346

皇朝武功紀盛四卷　（清）趙翼撰　清光緒二年至三年(1876－1877)大關唐氏壽考堂刻本　一冊

510000－2741－0003347　3347

皇朝武功紀盛四卷　（清）趙翼撰　清光緒二年至三年(1876－1877)大關唐氏壽考堂刻本　一冊

510000－2741－0003348　3348

皇朝武功紀盛四卷　（清）趙翼撰　清光緒二年至三年(1876－1877)大關唐氏壽考堂刻本　一冊

510000－2741－0003349　3349

皇朝武功紀盛四卷　（清）趙翼撰　清光緒二年至三年(1876－1877)大關唐氏壽考堂刻本　一冊

510000－2741－0003350　3350

皇朝蓄艾文編八十卷　（清）于寶軒輯　清光緒二十九年(1903)上海官書局鉛印本　四十冊

510000－2741－0003351　3351

皇朝輿地畧不分卷　（清）六嚴繪　（清）馮焌光增補　清同治二年(1863)廣州寶華坊刻本　二冊

510000－2741－0003352　3352

皇朝輿地通考二十三卷　（清）通文主人輯　清光緒二十九年(1903)上海通文書局石印本　三十九冊　存二十卷(一至二十)

510000－2741－0003353　3353

皇朝輿地韻編二卷　（清）李兆洛輯　附校勘記一卷地志韻唐志補闕正誤考異一卷　（清）馬貞榆撰　清光緒四年(1878)順德馬貞榆刻本　二冊

510000－2741－0003354　3354

皇朝輿地韻編二卷　（清）李兆洛輯　增補一卷　（清）饒鼎達增補　清末刻本　二冊

510000－2741－0003355　3355

皇朝掌故彙編內編六十卷首一卷外編四十卷首一卷　（清）張壽鏞等編　清光緒二十八年(1902)鉛印本　六十冊

510000－2741－0003356　3356

皇朝中外壹統輿圖三十一卷首一卷　（清）胡林翼撰　（清）嚴樹森訂補　清同治二年(1863)湖北撫署刻本　二十冊

510000－2741－0003357　3357

皇朝中外壹統輿圖三十一卷首一卷　（清）胡林翼撰　（清）嚴樹森訂補　清同治二年(1863)湖北撫署刻本　二十四冊

510000－2741－0003358　3358

皇朝中外壹統輿圖十六卷　（清）胡林翼撰　(清)嚴樹森訂補　清光緒二十四年(1898)石印本　六冊

510000－2741－0003359　3359

皇極經世六十卷附編一卷補編一卷　（宋）邵雍撰　清咸豐元年(1851)洛陽安樂窩刻光緒十九年(1893)邵毓蒿補刻本　十六冊

510000－2741－0003360　3360

皇明經濟文錄四十一卷　（明）萬表輯　明嘉靖刻本　二十三冊　存三十四卷(一至九、十一至十三、十五至十六、十八至二十二、二十五至三十三、三十六至四十一)

510000－2741－0003361　3361

皇清誥授資政大夫例封光祿大夫禮部右侍郎蓮洲王公[炳瀛]行狀一卷　（清）蔡振武撰　清刻本　一冊

510000－2741－0003362　3362

四川大學圖書館古籍普查登記目錄

皇清經解續編一千四百三十卷 （清）王先謙
輯 清光緒十四年(1888)南菁書院刻本 三
百六十冊

510000－2741－0003363 3363

皇清經解續編一千四百三十卷 （清）王先謙
輯 清光緒十五年(1889)上海蜚英館縮印本
三十二冊

510000－2741－0003364 3364

皇清經解續編一千四百三十卷 （清）王先謙
輯 清光緒十四年(1888)南菁書院刻本 六
冊 存四種二十四卷(尚書歐陽夏侯遺說考
一卷、魯詩遺說考敘錄一卷、論語正義五至二
十四、釋穀一至二)

510000－2741－0003365 3365

皇清經解一百九十卷 （清）阮元輯 清光緒
十七年(1891)上海鴻寶齋石印本 二十六冊

510000－2741－0003366 3366

皇清經解一千四百八卷 （清）阮元輯 清道
光九年（1829）廣東學海堂刻咸豐十一年
(1861)補刻本 五百十冊

510000－2741－0003367 3367

皇清開國方略三十二卷首二卷 （清）阿桂等
撰 （清）孫汝霖輯 清光緒十三年(1887)廣
百宋齋鉛印本 六冊

510000－2741－0003368 3368

皇清開國方略三十二卷首一卷 （清）阿桂等
纂 清乾隆五十一年(1786)內府刻本 三十
二冊

510000－2741－0003369 3369

皇清職貢圖九卷 （清）傅恒等撰 清乾隆武
英殿刻本 八冊

510000－2741－0003370 3370

皇清奏議六十八卷首一卷 （清）琴川居士編
輯 清光緒二十八年(1902)雲間麗澤學會石
印本 八冊

510000－2741－0003371 3371

皇清奏議六十八卷首一卷 （清）琴川居士編

輯 清光緒二十八年(1902)雲間麗澤學會石
印本 八冊

510000－2741－0003372 3372

黃帝內經靈樞經十卷 （清）張志聰集註
(清)莫承藝參訂 清光緒三年(1877)浙江書
局刻二十二子本 一冊 存四卷(五至八)

510000－2741－0003373 3373

黃帝內經靈樞經十卷 （清）張志聰集註
(清)莫承藝參訂 清光緒三年(1877)浙江書
局刻二十二子本 十冊

510000－2741－0003374 3374

黃帝內經靈樞素問十卷 （清）張志聰集註
清刻本 六冊 存八卷(靈樞經一至五、素問
六至八上)

510000－2741－0003375 3375

黃帝內經靈樞註證發微九卷補遺一卷 （明）
馬蒔註 明天寶堂刻本 六冊

510000－2741－0003376 3376

黃帝內經素問二十四卷 （明）吳崐注 清刻
本 四冊

510000－2741－0003377 3377

黃帝內經素問二十四卷 （明）吳崐註 明萬
曆刻後印本 八冊

510000－2741－0003378 3378

黃帝內經素問二十四卷 （明）吳崐註 清刻
本 四冊

510000－2741－0003379 3379

黃帝內經素問二十四卷 （明）吳崐註 清刻
本 六冊

510000－2741－0003380 3380

黃帝內經素問二十四卷 （明）吳崐註 清刻
本 六冊

510000－2741－0003381 3381

黃帝內經素問九卷 （清）張志聰集註 （清）
莫承藝參訂 清刻本 九冊

510000－2741－0003382 3382

黃帝內經素問九卷 （清）高世栻註解 清光

四川大學圖書館古籍普查登記目錄

緒十三年(1887)浙江書局刻本　八冊

510000－2741－0003383　3383

黃帝內經素問九卷　(清)高世栻註解　清光
緒十三年(1887)浙江書局刻本　八冊

510000－2741－0003384　3384

黃帝內經素問九卷　(清)張志聰集註　清光
緒十六年(1890)浙江書局刻本　六冊

510000－2741－0003385　3385

黃帝內經素問九卷　(清)張志聰集註　清光
緒十六年(1890)浙江書局刻本　六冊

510000－2741－0003386　3386

黃帝內經素問九卷靈樞經十卷　(清)張志聰
集註　清刻本　十二冊

510000－2741－0003387　3387

黃帝內經素問註證發微九卷黃帝內經靈樞註
證發微九卷補遺一卷　(明)馬蒔註證　清光
緒五年(1879)刻本　二十四冊

510000－2741－0003388　3388

黃鵠山志十二卷首一卷　(清)胡鳳丹輯　清
同治十三年(1874)退補齋刻本　五冊　缺一
卷(六)

510000－2741－0003389　3389

黃君月三傳不分卷　(清)劉景伯撰　清咸豐
刻本　一冊

510000－2741－0003390　3390

黃梨洲先生南雷文約四卷　(清)黃宗羲撰
清乾隆慈溪鄭氏二老閣刻本　四冊

510000－2741－0003391　3391

黃梨洲先生年譜三卷　(清)黃炳垕編輯　清
同治十二年(1873)刻光緒十八年(1892)黃維
瀚補刻本　一冊

510000－2741－0003392　3392

黃陵詩鈔一卷　(清)杜俞撰　清光緒十七年
(1891)刻本　一冊

510000－2741－0003393　3393

黃嬭餘話八卷　(清)陳錫路撰　清乾隆三十
七年(1772)刻本　四冊

510000－2741－0003394　3394

黃青社先生伐檀集二卷　(宋)黃庶撰　清乾
隆三十年(1765)緝香堂刻本　二冊

510000－2741－0003395　3395

黃氏叢書　(清)黃奭撰　清道光甘泉黃氏刻
後印本　六冊　存三種三卷(莊子司馬彪注
一卷、李舟切韻一卷、河圖通緯一卷)

510000－2741－0003396　3396

黃氏醫書八種　(清)黃元御撰　清末刻本
十六冊

510000－2741－0003397　3397

黃氏醫書八種　(清)黃元御撰　清末刻本
十六冊

510000－2741－0003398　3398

黃氏醫書八種　(清)黃元御撰　清末至民國
刻本　十六冊

510000－2741－0003399　3399

黃氏醫書八種　(清)黃元御撰　清同治五年
(1866)刻本　十五冊

510000－2741－0003400　3400

黃氏醫書八種　(清)黃元御撰　清咸豐十年
(1860)長沙燮和精舍刻本　十二冊

510000－2741－0003401　3401

黃氏逸書考　(清)黃奭輯　清道光甘泉黃氏
刻民國補刻本　一百二十四冊

510000－2741－0003402　3402

黃書一卷　(清)王夫之撰　清光緒二十四年
(1898)周氏若屬軒木活字印本　一冊

510000－2741－0003403　3403

黃書一卷　(清)王夫之撰　清宣統二年
(1910)成都寓廬刻本　一冊

510000－2741－0003404　3404

黃庭經注解二卷　(清)李涵虛著　清末刻本
二冊

510000－2741－0003405　3405

黃漳浦集五十卷首一卷目二卷　(明)黃道周
撰　(清)陳壽祺重編　漳浦黃先生年譜二卷

四川大學圖書館古籍普查登記目錄

（明）莊起儔編　清道光刻本　二十四冊

510000－2741－0003406　3406
黃忠端公年譜四卷附補遺一卷　（明）莊起儔編　清道光刻本　四冊

510000－2741－0003407　3407
黃忠壯公遺集六卷首一卷附錄一卷　（清）黃淳熙著　清光緒元年(1875)劉愚醒予山房刻本　二冊　存二卷(三、五)

510000－2741－0003408　3408
黃忠壯公遺集六卷首一卷附錄一卷　（清）黃淳熙撰　清光緒元年(1875)劉愚醒予山房刻本　六冊

510000－2741－0003409　3409
黃琢山房集十卷　（清）吳璵撰　清乾隆刻本　十冊

510000－2741－0003410　3410
璜川吳氏四書學　（清）吳志忠輯　清嘉慶十六年(1811)刻本　二冊

510000－2741－0003411　3411
篁村集十二卷　（清）陸錫熊撰　清道光二十九年(1849)刻本　四冊

510000－2741－0003412　3412
篁村詩集十二卷　（清）秦邦碩撰　清咸豐六年(1856)刻本　七冊

510000－2741－0003413　3413
迴瀾紀要二卷　（清）徐端撰　清道光十二年至二十九年(1832－1849)錢塘許氏刻彙印敏果齋七種本　二冊

510000－2741－0003414　3414
洄溪醫案一卷　（清）王士雄編　清刻本　一冊

510000－2741－0003415　3415
悔過齋文集七卷札記一卷續集七卷補遺一卷　（清）顧廣譽撰　清光緒三年(1877)刻本　四冊

510000－2741－0003416　3416
悔餘菴集　（清）何栻撰　清同治四年(1865)

鳩江戎幄刻本　十冊

510000－2741－0003417　3417
悔餘菴集　（清）何栻撰　清同治四年(1865)鳩江戎幄刻本　十二冊

510000－2741－0003418　3418
晦庵先生朱文公文集一百卷別集七卷　（宋）朱熹撰　清刻本　四十冊

510000－2741－0003419　3419
晦庵先生朱文公文集一百卷別集七卷　（宋）朱熹撰　清刻本　十四冊　存五十三卷(一至五十三)

510000－2741－0003420　3420
晦明軒稿一卷　（清）楊守敬撰　清光緒二十七年(1901)鄰蘇園刻本　二冊

510000－2741－0003421　3421
惠迪志一卷　（清）傅光弼編　清光緒十七年(1891)鄂垣刻本　一冊

510000－2741－0003422　3422
惠迪志一卷　（清）傅光弼編　清光緒十七年(1891)鄂垣刻本　一冊

510000－2741－0003423　3423
會稽掇英總集二十卷附校正札記一卷　（宋）孔延之編　清道光元年(1821)刻本　四冊

510000－2741－0003424　3424
會心言四卷　（明）王納諫撰　明刻本　四冊

510000－2741－0003425　3425
彙輯二王實錄不分卷　（□）□□輯　清刻本　一冊

510000－2741－0003426　3426
彙輯輿圖備考全書十八卷　（明）潘光祖撰　明崇禎六年(1633)傅昌辰版築居刻本　十六冊

510000－2741－0003427　3427
彙刻書目二十卷　（清）顧修編　清刻本　十九冊　存十八卷(二至十九)

510000－2741－0003428　3428

四川大學圖書館古籍普查登記目錄

蕙襟集十二卷　（清）馮秀瑩著　清宣統三年（1911）大興馮恕刻本　二冊

510000－2741－0003429　3429

繪地法原一卷　（美國）金楷理口譯　（清）王德均筆述　清末上海江南機器製造總局刻本　一冊

510000－2741－0003430　3430

繪風亭評第七才子書琵琶記六卷　（元）高明撰　（清）陳方平等評　清映秀堂刻本　六冊

510000－2741－0003431　3431

繪圖鏡花緣一百回　（清）李汝珍撰　清光緒石印本　六冊

510000－2741－0003432　3432

繪圖評點兒女英雄傳四十回　（清）文康著（清）還讀我書室主人評　清光緒十八年（1892）上海書局石印本　八冊

510000－2741－0003433　3433

繪圖增像西遊記一百回　（明）吳承恩撰（清）陳士斌詮解　清光緒十五年（1889）上海廣百宋齋鉛印本　十冊

510000－2741－0003434　3434

活人精言四卷　（明）戈維城著　清嘉慶十六年（1811）刻本　二冊

510000－2741－0003435　3435

活人書二十卷　（明）徐鎔校正　清光緒二十三年（1897）刻本　六冊

510000－2741－0003436　3436

活人書二十卷　（明）徐鎔校正　清光緒二十三年（1897）刻本　六冊

510000－2741－0003437　3437

活人書二十卷　（明）徐鎔校正　清光緒二十三年（1897）刻本　六冊

510000－2741－0003438　3438

活人心法四卷　（清）王文選編輯　清同治三年（1864）刻本　四冊

510000－2741－0003439　3439

活幼心法大全八卷末一卷　（明）聶尚恒著

清同治八年（1869）刻本　二冊

510000－2741－0003440　3440

霍亂論二卷　（清）王士雄述　清光緒十七年（1891）蒲圻但氏刻本　一冊

510000－2741－0003441　3441

霍亂論二卷　（清）王士雄述　清咸豐元年（1851）吟春書屋刻本　一冊

510000－2741－0003442　3442

稽古日鈔八卷　（清）彭芝庭鑒定　（清）郁文等輯　清乾隆二十九年（1764）秋曉山房刻本　一冊

510000－2741－0003443　3443

稽古日鈔八卷　（清）彭芝庭鑒定　（清）郁文等輯　清乾隆二十九年（1764）秋曉山房刻本　四冊

510000－2741－0003444　3444

稽古右文之寶印譜不分卷　（清）端方輯　清末鈐印本　三冊

510000－2741－0003445　3445

稽瑞樓書目不分卷　（清）陳揆編　清光緒三年（1877）八囍齋刻本　二冊

510000－2741－0003446　3446

緝雅堂詩話二卷　（清）潘衍桐撰　清光緒十七年（1891）杭州刻本　一冊

510000－2741－0003447　3447

畿輔叢書　（清）王灝輯　清光緒五年（1879）定州王氏謙德堂刻本　四百五十二冊

510000－2741－0003448　3448

畿輔叢書　（清）王灝輯　清光緒五年（1879）定州王氏謙德堂刻本　四十三冊

510000－2741－0003449　3449

積風閣詩鈔一卷味無味齋詩鈔一卷　（清）朱騰撰　清光緒刻本　一冊

510000－2741－0003450　3450

積古齋鐘鼎彝器款識十卷　（清）阮元　（清）朱爲弼撰　清刻本　四冊

四川大學圖書館古籍普查登記目錄

510000－2741－0003451　3451

積古齋鐘鼎彝器款識十卷　（清）阮元　（清）朱爲弼撰　清嘉慶九年（1804）刻本　四冊

510000－2741－0003452　3452

積古齋鐘鼎彝器款識十卷　（清）阮元　（清）朱爲弼撰　清嘉慶九年（1804）刻本　八冊

510000－2741－0003453　3453

積古齋鐘鼎彝器款識十卷　（清）阮元　（清）朱爲弼撰　清光緒九年（1883）常熟鮑氏後知不足齋刻本　四冊

510000－2741－0003454　3454

積古齋鐘鼎彝器款識十卷　（清）阮元　（清）朱爲弼撰　清光緒九年（1883）常熟鮑氏後知不足齋刻本　四冊

510000－2741－0003455　3455

積較術三卷　（清）華蘅芳撰　清刻行素軒算稿本　一冊

510000－2741－0003456　3456

積學齋叢書　徐乃昌輯　清光緒南陵徐氏刻本　十六冊

510000－2741－0003457　3457

積學齋叢書　徐乃昌輯　清光緒南陵徐氏刻本　十四冊

510000－2741－0003458　3458

積學齋叢書　徐乃昌輯　清光緒南陵徐氏刻本　十六冊

510000－2741－0003459　3459

積學齋叢書　徐乃昌輯　清光緒南陵徐氏刻本　十四冊

510000－2741－0003460　3460

積學齋叢書　徐乃昌輯　清光緒南陵徐氏刻本　十六冊

510000－2741－0003461　3461

及見詩鈔十卷　（清）釋含澈輯　清咸豐六年（1856）綠天蘭若刻本　二冊　存九卷（一至八、十）

510000－2741－0003462　3462

及見詩續鈔八卷　（清）釋含澈輯　清光緒十九年（1893）四川潛西精舍刻本　八冊

510000－2741－0003463　3463

及見詩續鈔八卷　（清）釋含澈輯　清光緒十九年（1893）四川潛西精舍刻本　八冊

510000－2741－0003464　3464

及見詩續鈔八卷　（清）釋含澈輯　清光緒十九年（1893）四川潛西精舍刻本　八冊

510000－2741－0003465　3465

及時山房詩草十二卷　（清）王熙章著　清光緒二十四年（1898）刻本　三冊

510000－2741－0003466　3466

及時山房文草六卷　（清）王熙章著　清光緒二十六年（1900）刻本　三冊

510000－2741－0003467　3467

吉金所見録十六卷首一卷末一卷　（清）初尚齡輯　清道光七年（1827）萊陽初氏古香書舍刻本　四冊

510000－2741－0003468　3468

吉人詩抄一卷　（清）孫清士著　清光緒三十三年（1907）四川什邡馮譽驄鉛印本　一冊

510000－2741－0003469　3469

汲古閣珍藏秘本書目不分卷　（清）毛扆撰　清嘉慶吳縣黃丕烈刻本　二冊

510000－2741－0003470　3470

汲古堂印譜十二卷　（清）王潤翰輯　清嘉慶二十二年（1817）王氏汲古堂鈐印本　六冊

510000－2741－0003471　3471

汲冢周書輯要一卷逸書一卷　（清）郝懿行輯　清光緒八年（1882）東路廳署刻本　一冊

510000－2741－0003472　3472

急救應驗良方一卷　（清）費山壽纂輯　（清）徐榦選　清光緒華陽李承光刻本　一冊

510000－2741－0003473　3473

急就篇四卷　（漢）史游撰　（唐）顏師古解訓　（宋）王應麟補注　清光緒五年（1879）福山王氏成都刻本　二冊

四川大學圖書館古籍普查登記目録

510000－2741－0003474　3474

急就篇四卷　（漢）史游撰　（唐）顏師古解訓（宋）王應麟補注　清光緒五年(1879)福山王氏成都刻民國二年(1913)四川存古書局印本　二冊

510000－2741－0003475　3475

急就篇直音四卷　（清）王祖源撰　（清）錢保塘補音　清光緒六年(1880)福山王氏刻天壤閣叢書本　二冊

510000－2741－0003476　3476

急就探奇一卷　（清）陳本禮箋訂　清嘉慶十七年(1812)裛露軒刻本　一冊

510000－2741－0003477　3477

集千家註杜工部詩集二十卷杜工部文集二卷附錄一卷　（唐）杜甫撰　（宋）黃鶴補註　明嘉靖十五年(1536)玉几山人刻本　四十冊

510000－2741－0003478　3478

集虛齋學古文十二卷　（清）方楘如撰　清光緒十年(1884)淳安縣署刻本　四冊

510000－2741－0003479　3479

集韻十卷　（宋）丁度等修定　清光緒二年(1876)歸安姚覲元川東官舍刻本　十冊

510000－2741－0003480　3480

集韻考正十卷　（清）方成珪學　清光緒五年(1879)刻本　十冊

510000－2741－0003481　3481

集韻考正十卷　（清）方成珪學　清光緒五年(1879)刻本　十冊

510000－2741－0003482　3482

集韻考正十卷　（清）方成珪學　清光緒五年(1879)刻本　十冊

510000－2741－0003483　3483

集韻考正十卷　（清）方成珪學　清光緒五年(1879)刻本　十冊

510000－2741－0003484　3484

集韻考正十卷　（清）方成珪學　清光緒五年(1879)刻本　十冊

510000－2741－0003485　3485

集韻考正十卷　（清）方成珪學　清光緒五年(1879)刻本　十冊

510000－2741－0003486　3486

集韻十卷　（宋）丁度等修定　清光緒二年(1876)歸安姚覲元川東官舍刻本　十冊

510000－2741－0003487　3487

集韻十卷　（宋）丁度等修定　清光緒二年(1876)歸安姚覲元川東官舍刻本　十冊

510000－2741－0003488　3488

集韻十卷　（宋）丁度等修定　清康熙曹氏棟亭刻嘉慶十九年(1814)補刻本　十冊

510000－2741－0003489　3489

集韻十卷　（宋）丁度等修定　清康熙曹氏棟亭刻嘉慶十九年(1814)補刻本　十冊

510000－2741－0003490　3490

蕺山先生人譜一卷人譜類記二卷　（明）劉宗周撰　清道光八年(1828)崇慶楊國楨刻本　二冊

510000－2741－0003491　3491

蕺山先生人譜一卷人譜類記二卷　（明）劉宗周撰　清雍正四年(1726)洪正治教忠堂刻本　四冊

510000－2741－0003492　3492

蕺山先生人譜一卷人譜類記二卷　（明）劉宗周撰　清道光八年(1828)崇慶楊國楨刻本　二冊

510000－2741－0003493　3493

幾何原本十五卷　（意大利）利瑪竇口譯（明）徐光啟筆述　（清）李善蘭續述　清同治四年(1865)刻本　二冊　存三卷(一至三)

510000－2741－0003494　3494

幾何原本十五卷　（意大利）利瑪竇口譯（明）徐光啟筆受　（英國）偉烈亞力口譯（清）李善蘭筆受　清光緒二十二年(1896)上海積山書局石印本　四冊

510000－2741－0003495　3495

四川大學圖書館古籍普查登記目錄

麇山老屋詩集十六卷　（清）錢世錫撰　清刻
本　六冊

510000－2741－0003496　3496
季漢書六十卷正論一卷答問一卷　（明）謝陛
撰　明末鍾人傑刻本　二十冊

510000－2741－0003497　3497
紀公［紀大奎］行述一卷　（清）紀運薲等撰
清同治刻本　一冊

510000－2741－0003498　3498
紀慎齋先生全集　（清）紀大奎撰　清嘉慶十
三年(1808)刻本　四十四冊

510000－2741－0003499　3499
紀慎齋易學求雨圖說一卷附錄蟲脹脚氣兩症
經驗良方一卷　（清）勞守慎纂輯　清光緒三
十二年(1906)南海勞禮安堂刻本　一冊

510000－2741－0003500　3500
紀氏敬義堂家訓述錄一卷書紳錄一卷　（清）
紀大奎纂修　清同治十一年(1872)刻本
一冊

510000－2741－0003501　3501
紀事本末二百三十九卷　（清）廣雅書局輯
清光緒廣雅書局刻本　一百六十冊

510000－2741－0003502　3502
紀事本末五種　（清）□□輯　清光緒二十四
年(1898)思賢書局刻本　一百二十冊

510000－2741－0003503　3503
紀文達公文集十六卷首一卷詩集十六卷
(清)紀昀撰　（清）紀樹馨編校　清道光三十
年(1850)刻本　十三冊　缺一卷(文集九)

510000－2741－0003504　3504
紀文達公文集十六卷首一卷詩集十六卷
(清)紀昀撰　（清）孫樹馨編校　清道光三十
年(1850)刻本　十三冊　缺九卷(文集十至
十五、詩集十四至十六)

510000－2741－0003505　3505
紀文達公遺集詩十六卷　（清）紀昀撰　（清）
紀樹馨編校　清嘉慶十七年(1812)刻本

七冊

510000－2741－0003506　3506
紀文達公遺集十六卷首一卷　（清）紀昀撰
（清）紀樹馨編校　清宣統二年(1910)山海保
粹樓石印本　四冊

510000－2741－0003507　3507
紀文達公遺集十六卷首一卷　（清）紀昀撰
（清）紀樹馨編校　清宣統二年(1910)上海保
粹樓石印本　八冊

510000－2741－0003508　3508
紀文達公遺集文十六卷詩十六卷　（清）紀昀
撰　（清）紀樹馨編校　清嘉慶十七年(1812)
刻本　十八冊

510000－2741－0003509　3509
紀文達公遺集文十六卷詩十六卷　（清）紀昀
撰　（清）紀樹馨編校　清嘉慶十七年(1812)
刻本　十八冊

510000－2741－0003510　3510
紀文達公遺集文十六卷詩十六卷　（清）紀昀
撰　（清）孫樹馨編校　清嘉慶十七年(1812)
刻本　十七冊　缺二卷(詩十三至十四)

510000－2741－0003511　3511
紀効新書十八卷首一卷　（明）戚繼光撰　清
道光十年(1830)來鹿堂刻本　五冊

510000－2741－0003512　3512
紀元編三卷末一卷　（清）李兆洛　（清）六承
如編　清同治十年(1871)合肥李氏刻本
一冊

510000－2741－0003513　3513
紀元編三卷末一卷　（清）李兆洛　（清）六承
如編　清光緒十八年(1892)金陵書局刻本
三冊

510000－2741－0003514　3514
紀元編三卷末一卷　（清）李兆洛　（清）六承
如編　清道光、咸豐間刻粵雅堂叢書本
三冊

510000－2741－0003515　3515

四川大學圖書館古籍普查登記目錄

紀元編三卷末一卷　（清）李兆洛　（清）六承
如編　清道光、咸豐間刻粵雅堂叢書本
三冊

510000－2741－0003516　3516

紀元編三卷末一卷　（清）李兆洛　（清）六承
如編　清末刻本　三冊

510000－2741－0003517　3517

紀元通考十二卷　（清）葉維庚撰　清同治十
年(1871)刻本　四冊

510000－2741－0003518　3518

紀載彙編不分卷　（明）馮夢龍原本　清光緒
四年(1878)申報館仿聚珍版鉛印本　二冊

510000－2741－0003519　3519

記事珠十卷　（清）張以謙撰　清刻本（首冊
係鈔配）　十二冊

510000－2741－0003520　3520

寄龕文存四卷　（清）孫德祖著　清光緒十年
(1884)鄞翰墨林刻本　二冊

510000－2741－0003521　3521

寄青霞館弈選八卷續編八卷　（清）王存善編
清光緒二十一年(1895)仁和王氏刻掃葉山
房印本　十三冊　缺三卷（寄青霞館弈選三、
續編五至六）

510000－2741－0003522　3522

寄情草堂詩鈔三卷　（清）熊羆著　清光緒二
十八年(1902)刻本　一冊

510000－2741－0003523　3523

寄簃文存八卷　（清）沈家本撰　清光緒三十
三年(1907)修訂法律館鉛印　二冊

510000－2741－0003524　3524

寄園寄所寄十二卷　（清）趙吉士輯　清康熙
三十五年(1696)刻本　十四冊

510000－2741－0003525　3525

寄園寄所寄十二卷　（清）趙吉士輯　清刻本
十二冊

510000－2741－0003526　3526

寂園叢書　（清）陳瀏編　清宣統二年(1910)

鉛印本　四冊　存三種九卷（匋雅上中、孤園
山莊詩賸六卷、杯史一卷）

510000－2741－0003527　3527

濟顛大師醉菩提傳四卷　（清）墨浪子撰　清
刻本　四冊

510000－2741－0003528　3528

濟急法一卷　（英國）舍白辣撰　（英國）秀耀
春口譯　（清）趙元益筆述　清光緒二十九年
(1903)江南製造總局刻本　一冊

510000－2741－0003529　3529

濟世良方六卷首一卷補遺四卷　（□）□□輯
清光緒十年(1884)枕經書屋刻本　七冊
缺一卷（濟世良方二）

510000－2741－0003530　3530

濟陰綱目十四卷　（清）武之望輯註　（清）汪
淇箋釋　附保生碎事一卷　（清）汪淇論定
清刻本　十冊

510000－2741－0003531　3531

濟陰綱目十四卷　（清）武之望輯註　（清）汪
淇箋釋　附保生碎事一卷　（清）汪淇論定
清刻本　四冊

510000－2741－0003532　3532

繼雅堂詩集三十四卷　（清）陳僅撰　清道光
二十七年(1847)刻本　六冊

510000－2741－0003533　3533

佳山堂詩集十卷二集九卷　（清）馮溥撰　清
康熙刻本　七冊　存五卷（佳山堂詩集一至
三、二集一至二）

510000－2741－0003534　3534

迦陵詞全集三十卷　（清）陳維崧撰　清康熙
二十八年(1689)陳氏患立堂刻本　六冊

510000－2741－0003535　3535

家塾蒙求五卷　（清）康基淵纂輯　清光緒八
年(1882)汗青簃刻本　三冊

510000－2741－0003536　3536

嘉定錢氏潛研堂全書　（清）錢大昕撰　清光
緒十年(1884)長沙龍氏家塾刻本　八十冊

四川大學圖書館古籍普查登記目錄

510000－2741－0003537　3537

嘉定詩鈔二集十八卷　（清）莊爾保輯　清道光二十三年（1843）刻本　四冊

510000－2741－0003538　3538

嘉懿集初鈔四卷續鈔四卷　（清）高塏撰　清乾隆五十四年（1789）刻本　八冊

510000－2741－0003539　3539

嘉樂齋三蘇文範十八卷首一卷　（明）楊慎選　明天啓二年（1622）刻本　八冊

510000－2741－0003540　3540

夾江縣鄉土志不分卷　（清）□□編　清末抄本　二冊

510000－2741－0003541　3541

甲子會紀五卷　（明）薛應旂撰　（明）陳仁錫評閱　明天啓至崇禎陳仁錫刻通鑑全書本　四冊

510000－2741－0003542　3542

稼蓀山館偶存初集四卷　（清）胡粟海著　清道光二十三年（1843）稼蓀山館刻本　四冊

510000－2741－0003543　3543

稼軒長短句十二卷　（宋）辛棄疾撰　清光緒臨桂王氏四印齋刻本　六冊

510000－2741－0003544　3544

駱賓王文集十卷　（唐）駱賓王撰　**考異一卷**　（清）秦恩復撰　清嘉慶二十一年（1816）秦氏石研齋刻本　二冊

510000－2741－0003545　3545

駱公[秉章]年譜不分卷　（清）□□輯　清同治六年（1867）刻本　二冊

510000－2741－0003546　3546

駱文忠公[秉章]年譜二卷　（清）□□撰　清光緒二十一年（1895）都門刻本　一冊

510000－2741－0003547　3547

駱文忠公奏稿蜀中稿十一卷　（清）駱秉章撰　清光緒刻本　十冊

510000－2741－0003548　3548

駱文忠公奏議湘中稿十六卷續刻四川奏議十一卷附錄一卷　（清）駱秉章撰　清光緒刻本　二十八冊

510000－2741－0003549　3549

駱文忠公奏議湘中稿十六卷續刻四川奏議十一卷附錄一卷　（清）駱秉章撰　清光緒刻本　二十八冊

510000－2741－0003550　3550

駱文忠公奏議湘中稿十六卷續刻四川奏議十一卷附錄一卷　（清）駱秉章撰　清光緒刻本　二十八冊

510000－2741－0003551　3551

駱文忠公奏議湘中稿十六卷　（清）駱秉章撰　清光緒刻本　十四冊

510000－2741－0003552　3552

兼濟堂纂刻梅勿菴先生曆算全書　（清）梅文鼎撰　清雍正魏念庭刻乾隆十四年（1749）梅汝培補修本　二十九冊

510000－2741－0003553　3553

兼濟堂纂刻梅勿菴先生曆算全書　（清）梅文鼎撰　清雍正刻咸豐九年（1859）梅體萱補刻本　二十四冊

510000－2741－0003554　3554

兼濟堂纂刻梅勿菴先生曆算全書　（清）梅文鼎撰　（清）魏荔彤輯　清雍正刻咸豐九年（1859）梅體萱補刻本　二十四冊

510000－2741－0003555　3555

監本附釋音春秋公羊注疏二十八卷附校勘記　（漢）何休撰　（唐）陸德明音義　（唐）徐彥疏　清嘉慶刻本　十冊

510000－2741－0003556　3556

四書集注十九卷　（宋）朱熹撰　清同治六年（1867）湖北崇文書局刻本　六冊

510000－2741－0003557　3557

箋釋梅亭先生四六標準四十卷　（宋）李劉撰　（明）孫雲翼箋　明萬曆刻清乾隆六年（1741）修補印本　二十冊

510000－2741－0003558　3558

四川大學圖書館古籍普查登記目錄

箋釋梅亭先生四六標準四十卷　（宋）李劉撰
（明）孫雲翼箋　明萬曆刻清乾隆六年
(1741)修補印本　十冊

510000－2741－0003559　3559
箋注陶淵明集十卷　（晉）陶潛撰　清宣統三
年(1911)貴池劉氏刻本　四冊

510000－2741－0003560　3560
箋註陶淵明集六卷　（晉）陶潛撰　（宋）湯漢
等箋註　（明）張自烈評　總論一卷和陶一卷
（宋）蘇軾撰　律陶一卷　（明）王思任輯
律陶纂一卷　（明）黃槐開輯　明崇禎敦化堂
刻本　四冊

510000－2741－0003561　3561
麗瀺薈錄十四卷附爽鳩要錄二卷　（清）蔣超
伯著　清同治五年(1866)江都蔣氏刻本
六冊

510000－2741－0003562　3562
剪燈新話二卷剪燈餘話三卷覓燈因話二卷
（明）瞿祐等著　清刻本　五冊

510000－2741－0003563　3563
蹇氏忠勤錄不分卷　（□）□□輯　清光緒三
十三年(1907)四川官書局鉛印本　一冊

510000－2741－0003564　3564
簡明中西匯參醫學圖說二卷　（清）王有忠編
輯　清光緒三十二年(1906)上海廣益書局石
印本　一冊

510000－2741－0003565　3565
簡易庵算稿四卷　（清）劉彝程撰　（清）龔傑
繪圖　清光緒二十六年(1900)江南製造局刻
本　四冊

510000－2741－0003566　3566
簡易庵算稿四卷　（清）劉彝程撰　（清）龔傑
繪圖　清光緒二十六年(1900)江南製造局刻
本　四冊

510000－2741－0003567　3567
簡易醫訣四卷　（清）周雲章著　清宣統元年
(1909)刻本　四冊

510000－2741－0003568　3568
簡易醫訣四卷　（清）周雲章著　清宣統元年
(1909)刻本　四冊

510000－2741－0003569　3569
簡莊綴文六卷　（清）陳鱣撰　清光緒蔣氏心
矩齋刻民國十五年(1926)抱經堂補刻印本
四冊

510000－2741－0003570　3570
見道集十二卷　（清）黃治基輯　清光緒二十
九年(1903)刻本　四冊

510000－2741－0003571　3571
見葊錦官錄八種　（清）李錫書撰　清嘉慶二
十一年(1816)至道光蕊石山房刻本　十二冊

510000－2741－0003572　3572
見葊錦官錄八種　（清）李錫書撰　清嘉慶二
十一年(1816)至道光蕊石山房刻本　十四冊

510000－2741－0003573　3573
建安七子集　（清）楊逢辰輯　清光緒十六年
(1890)長沙楊氏坦園刻本　四冊

510000－2741－0003574　3574
建康實錄二十卷　（唐）許嵩撰　清光緒二十
八年(1902)甘氏刻本　六冊

510000－2741－0003575　3575
建文年譜四卷　（清）趙士喆纂修　（清）趙瀚
（清）趙濤音注　清道光二十九年(1849)木
活字印本　四冊

510000－2741－0003576　3576
建文年譜四卷　（清）趙士喆纂修　（清）趙瀚
（清）趙濤音注　清道光二十九年(1849)木
活字印本　四冊

510000－2741－0003577　3577
建文年譜四卷　（清）趙士喆纂修　（清）趙瀚
（清）趙濤音注　清咸豐四年(1854)陝西古
豳習勤堂刻本　四冊

510000－2741－0003578　3578
建炎以來朝野雜記四十卷　（宋）李心傳撰
清光緒十九年(1893)四川井研蕭氏刻本

四川大學圖書館古籍普查登記目錄

八冊

510000－2741－0003579　3579

建炎以來繫年要錄二百卷　（宋）李心傳撰
清光緒五年(1879)仁壽蕭氏刻本　四十二冊

510000－2741－0003580　3580

建炎以來繫年要錄二百卷　（宋）李心傳撰
清光緒五年(1879)仁壽蕭氏刻十一年(1885)
重校印本　六十冊

510000－2741－0003581　3581

建炎以來繫年要錄二百卷　（宋）李心傳撰
清光緒五年(1879)仁壽蕭氏刻本　三十九冊
存一百九十八卷(三至二百)

510000－2741－0003582　3582

漸西村舍彙刊四十四種　（清）袁昶編　清光
緒十六年至二十四年(1890－1898)桐廬袁氏
刻本　三十八冊

510000－2741－0003583　3583

劍閣芳華集二十卷附原目一卷　（明）費經虞
輯　（清）費密補　清抄本　十冊

510000－2741－0003584　3584

劍南詩鈔六卷　（宋）陸游撰　（清）楊大鶴選
清刻本　六冊

510000－2741－0003585　3585

劍南詩鈔六卷　（宋）陸游撰　清刻本　六冊

510000－2741－0003586　3586

劍南詩鈔六卷　（宋）陸游撰　（清）楊大鶴選
清刻本　八冊

510000－2741－0003587　3587

劍南詩鈔六卷　（宋）陸游撰　（清）楊大鶴選
清康熙二十四年(1685)刻本　四冊

510000－2741－0003588　3588

鑑止水齋集二十卷　（清）許宗彥撰　清咸豐
八年(1858)許延毅刻本　六冊

510000－2741－0003589　3589

鑑止水齋集二十卷　（清）許宗彥撰　清咸豐
八年(1858)許延毅刻本　六冊

510000－2741－0003590　3590

鑑止水齋集二十卷　（清）許宗彥撰　清咸豐
八年(1858)許延毅刻本　十六冊

510000－2741－0003591　3591

江楚兩制軍會奏變通政治全集　（清）劉坤一
（清）張之洞撰　清光緒二十七年(1901)上
海實善齋石印本　一冊

510000－2741－0003592　3592

江邨銷夏錄三卷　（清）高士奇撰　清康熙三
十二年(1693)高氏朗潤堂刻本　三冊

510000－2741－0003593　3593

江津縣鄉土志四卷　（清）□□編　清光緒抄
本　四冊

510000－2741－0003594　3594

江刻書目三種　（清）江標輯　清光緒二十三
年(1897)元和江氏靈鶼閣刻蘇州振新書社印
本　四冊

510000－2741－0003595　3595

江刻書目三種　（清）江標輯　清光緒二十三
年(1897)元和江氏靈鶼閣刻本　四冊

510000－2741－0003596　3596

江南製造局記十卷仿造克鹿卜礮說一卷
（□）□□編　清末石印本　九冊　缺一卷
(一)

510000－2741－0003597　3597

江寧金石記八卷江寧金石待訪目二卷　（清）
嚴觀編　清嘉慶九年(1804)刻本　六冊

510000－2741－0003598　3598

江上雲林閣藏書目四卷　（清）倪模輯　清道
光二十三年(1843)刻本　五冊

510000－2741－0003599　3599

江蘇海塘新志八卷　（清）李慶雲總纂　（清）
蔣師轍編輯　清光緒十六年(1890)刻本
四冊

510000－2741－0003600　3600

江蘇詩徵一百八十三卷　（清）王豫輯　清道
光元年(1821)焦山海西庵詩徵閣刻本　三冊

四川大學圖書館古籍普查登記目錄

存十六卷（一百七至一百二十二）

510000－2741－0003601　3601

江西詩徵九十四卷附刻一卷補遺一卷　（清）
曾燠編輯　清嘉慶九年（1804）刻本　六十冊

510000－2741－0003602　3602

江忠烈公遺集二卷附錄一卷　（清）江忠源撰
清同治三年（1864）四川藩署刻本　一冊

510000－2741－0003603　3603

江忠烈公遺集二卷附錄一卷　（清）江忠源撰
清同治三年（1864）四川藩署刻本　一冊

510000－2741－0003604　3604

江左十五子詩選十五卷　（清）宋犖輯　清康
熙四十二年（1703）刻本　十冊

510000－2741－0003605　3605

姜白石全集　（宋）姜夔撰　清宣統二年
（1910）掃葉山房石印本　三冊

510000－2741－0003606　3606

姜白石全集　（宋）姜夔撰　清宣統二年
（1910）掃葉山房石印本　三冊

510000－2741－0003607　3607

姜氏醫學叢書　（清）姜國伊撰　清光緒刻民
國茹古書局後印本　九冊

510000－2741－0003608　3608

姜先生全集　（清）姜宸英撰　清光緒十五年
（1889）馮氏毋自欺齋刻本　十八冊

510000－2741－0003609　3609

彊邨詞二卷　（清）朱祖謀撰　清光緒三十一
年（1905）刻本　一冊

510000－2741－0003610　3610

蔣士銓九種曲　（清）蔣士銓填詞　清乾隆蔣
氏紅雪樓刻本　八冊

510000－2741－0003611　3611

蔣通齋先生全集　（清）蔣超伯撰　清同治刻
民國二十二年（1933）揚州陳恆和書林印本
十二冊

510000－2741－0003612　3612

匠門書屋文集三十卷　（清）張大受撰　清雍
正七年（1729）顧詒祿刻本　八冊

510000－2741－0003613　3613

絳河笙詞稿一卷　（清）顧復初著　清光緒元
年（1875）安般息室刻本　一冊

510000－2741－0003614　3614

絳雪園古方選註不分卷　（清）王子接註　清
掃葉山房刻本　四冊

510000－2741－0003615　3615

絳雪園古方選註不分卷　（清）王子接註　清
掃葉山房刻本　四冊

510000－2741－0003616　3616

交食引蒙不分卷　（清）賈步緯算述　清光緒
二十年（1894）江南製造局刻暨鉛印本　一冊

510000－2741－0003617　3617

交食引蒙不分卷　（清）賈步緯算述　清光緒
二十年（1894）江南製造局刻暨鉛印本　一冊

510000－2741－0003618　3618

椒生隨筆八卷　（清）王之春撰　清光緒七年
（1881）上洋文藝齋刻本　四冊

510000－2741－0003619　3619

椒生隨筆八卷　（清）王之春撰　清光緒七年
（1881）上洋文藝齋刻本　四冊

510000－2741－0003620　3620

椒生隨筆八卷　（清）王之春撰　清光緒七年
（1881）上洋文藝齋刻本　四冊

510000－2741－0003621　3621

焦山志二十六卷首一卷　（清）吳雲撰　焦山
續志八卷　（清）陳任暘撰　清同治四年
（1865）刻本　十冊

510000－2741－0003622　3622

焦氏叢書　（清）焦循撰　清嘉慶、道光間江
都焦氏雕菰樓刻光緒二年（1876）衡陽魏氏補
刻本　六十冊

510000－2741－0003623　3623

焦氏遺書　（清）焦循撰　清嘉慶、道光間江
都焦氏雕菰樓刻光緒二年（1876）衡陽魏氏補

四川大學圖書館古籍普查登記目錄

刻本　四十册

510000－2741－0003624　3624

焦氏遺書　（清）焦循撰　清嘉慶、道光間江
都焦氏雕菰樓刻光緒二年(1876)衡陽魏氏補
刻本　四十册

510000－2741－0003625　3625

焦氏遺書　（清）焦循撰　清嘉慶、道光間江
都焦氏雕菰樓刻光緒二年(1876)衡陽魏氏補
刻本　四十册

510000－2741－0003626　3626

焦氏易林校略十六卷　（清）翟云升撰　清道
光東萊翟氏五經歲徧齋刻本　八册

510000－2741－0003627　3627

焦軫集詩草一卷　（清）盛繩祖著　清光緒七
年(1881)刻本　一册

510000－2741－0003628　3628

蕉盫琴譜四卷　（清）秦維瀚撰　清光緒三年
至四年(1877－1878)刻本　六册

510000－2741－0003629　3629

蕉心閣詞一卷　（清）周繼煦撰　清光緒二十
六年(1900)貴筑高晉年成都刻本　一册

510000－2741－0003630　3630

鷦鷯集四卷　（清）楊卓著　清道光八年
(1828)涵遠堂刻本　二册

510000－2741－0003631　3631

鷦鷯集四卷　（清）楊卓著　清道光八年
(1828)涵遠堂刻本　二册

510000－2741－0003632　3632

角山樓蘇詩評注彙鈔二十卷附錄三卷　（清）
趙克宜輯訂　清咸豐二年(1852)刻本　八册

510000－2741－0003633　3633

教觀綱宗一卷釋義一卷　（明）釋智旭撰　清
光緒三十三年(1907)錦垣大慈寺刻本　一册

510000－2741－0003634　3634

教育叢書初集　（日本）原亮三郎編　（清）沈
紘譯　清光緒二十七年(1901)刻本　十册

510000－2741－0003635　3635

教育叢書初集　（日本）原亮三郎編　（清）沈
紘譯　清光緒二十七年(1901)刻本　七册

510000－2741－0003636　3636

教育世界十八卷　（清）羅振玉輯　清光緒二
十七年(1901)刻本　四册

510000－2741－0003637　3637

教諭語一卷　（清）謝金鑾撰　清光緒二十二
年(1896)刻本　一册

510000－2741－0003638　3638

教種山蠶譜不分卷　（清）杜國棠輯印　清光
緒二十三年(1897)遵義杜國棠名山官署刻本
　一册

510000－2741－0003639　3639

斠經室集初刻　（清）尹彭壽撰　清光緒二十
一年(1895)諸城尹氏刻本　十二册

510000－2741－0003640　3640

疢瘶論疏一卷　（明）盧之頤撰　清光緒四年
(1878)錢塘丁氏刻本　一册

510000－2741－0003641　3641

絜齋集二十四卷附宋儒袁正獻公從祀錄六卷
　（宋）袁燮撰　清同治十一年(1872)四明袁
氏進修堂刻本　六册

510000－2741－0003642　3642

絜齋集二十四卷末一卷　（宋）袁燮撰　清刻
武英殿聚珍板叢書本　八册

510000－2741－0003643　3643

蛣蜣集八卷　（明）鄭若庸撰　明隆慶四年
(1570)胡迪刻本　八册

510000－2741－0003644　3644

結一廬朱氏賸餘叢書（結一廬叢書）四種
（清）朱澂編　清光緒二十一年(1895)仁和朱
氏刻本　十四册

510000－2741－0003645　3645

節孝先生集三十二卷　（宋）徐積撰　**事實一
卷**　（宋）李邴撰　清康熙三十五年(1696)丘
昇刻本　四册

四川大學圖書館古籍普查登記目錄

510000－2741－0003646　3646

鮚埼亭集三十八卷首一卷　（清）全祖望撰
清嘉慶史夢蛟借樹山房刻本　十二冊　存三
十六卷（一至二十八、三十二至三十八，首一
卷）

510000－2741－0003647　3647

鮚埼亭集三十八卷首一卷經史問答十卷
（清）全祖望撰　**全氏世譜一卷**　（清）董秉純
撰　清嘉慶史夢蛟借樹山房刻同治十一年
（1872）印本　十六冊

510000－2741－0003648　3648

解州丈清地糧里甲圖說三卷　（清）馬丕瑤撰
清光緒七年（1881）刻本　一冊

510000－2741－0003649　3649

介眉綴錦一卷附刻一卷　（清）馮椿年輯　清
同治十二年（1873）刻本　一冊

510000－2741－0003650　3650

介眉綴錦一卷附刻一卷　（清）馮椿年輯　清
同治十二年（1873）刻本　一冊

510000－2741－0003651　3651

介亭全集　（清）江潘源撰　清同治十三年
（1874）江潮刻本　六冊

510000－2741－0003652　3652

戒本經箋要一卷　（北涼）曇無讖第二譯
（明）智旭箋　清光緒六年（1880）金陵刻經處
刻本　一冊

510000－2741－0003653　3653

**芥子園畫傳初集五卷二集八卷三集四卷四集
四卷**　（清）王槩等輯　清康熙至嘉慶中彩色
套印本　二十一冊

510000－2741－0003654　3654

**芥子園畫傳初集五卷二集八卷三集四卷四集
四卷**　（清）王槩等輯　清刻彩色套印本　十
七冊

510000－2741－0003655　3655

**芥子園畫傳初集五卷二集八卷三集四卷四集
四卷**　（清）王槩等輯　清刻彩色套印本　十

六冊

510000－2741－0003656　3656

借菴詩文遺稿三卷　（清）釋巨超著　（清）釋
性源輯　清道光十九年（1839）刻本　一冊

510000－2741－0003657　3657

借箸篇一卷　（清）傅光彌著　清光緒二十二
年（1896）鄂垣書局刻本　一冊

510000－2741－0003658　3658

今古學考二卷　廖平述　清光緒十二年
（1886）成都刻本　一冊

510000－2741－0003659　3659

今古學考二卷　廖平述　清光緒十二年
（1886）成都刻本　一冊

510000－2741－0003660　3660

今古學考二卷　廖平述　清光緒十二年
（1886）成都刻本　一冊

510000－2741－0003661　3661

今古學考二卷　廖平述　清光緒十二年
（1886）成都刻本　一冊

510000－2741－0003662　3662

今古學考二卷　廖平述　清光緒十二年
（1886）成都刻本　二冊

510000－2741－0003663　3663

今古學考二卷　廖平述　清光緒十二年
（1886）成都刻本　一冊

510000－2741－0003664　3664

今古學考二卷　廖平述　清光緒十二年
（1886）成都刻本　二冊

510000－2741－0003665　3665

今古學考二卷　廖平述　清光緒十二年
（1886）成都刻本　一冊

510000－2741－0003666　3666

今古學考二卷　廖平述　清光緒十二年
（1886）成都刻本　一冊

510000－2741－0003667　3667

今古學考二卷附尊卑表儀注表　廖平述　清

四川大學圖書館古籍普查登記目錄

光緒十二年(1886)成都刻本　一冊　缺一卷
(上)

510000 – 2741 –0003668　3668
今古學考二卷附尊卑表儀注表　廖平述　清
光緒十二年(1886)成都刻本　一冊　缺一卷
(上)

510000 – 2741 –0003669　3669
今水經一卷　(清)黃宗羲撰　清光緒六年
(1880)會稽章氏刻本　一冊

510000 – 2741 –0003670　3670
今水經一卷表一卷　(清)黃宗羲撰　清光緒
二十二年(1896)新化三味堂刻本　一冊

510000 – 2741 –0003671　3671
今水經一卷表一卷　(清)黃宗羲撰　清光緒
三年(1877)湖北崇文書局刻本　一冊

510000 – 2741 –0003672　3672
今水經一卷表一卷　(清)黃宗羲撰　清光緒
三年(1877)湖北崇文書局刻本　一冊

510000 – 2741 –0003673　3673
今文尚書經說考三十二卷　(清)陳喬樅撰
清刻本　十八冊　缺一卷(一上)

510000 – 2741 –0003674　3674
今文尚書考證三十卷　(清)皮錫瑞撰　清光
緒二十三年(1897)師伏堂刻本　六冊

510000 – 2741 –0003675　3675
今文尚書三十卷　(清)孫星衍撰注　清光緒
五年(1879)成都刻官報書局印本　二冊

510000 – 2741 –0003676　3676
今文尚書三十卷　(清)孫星衍撰注　清光緒
五年(1879)成都刻官報書局印本　二冊

510000 – 2741 –0003677　3677
今文尚書三十卷　(清)孫星衍撰注　清光緒
五年(1879)成都刻官報書局印本　二冊

510000 – 2741 –0003678　3678
今文尚書一卷古文尚書三卷　(清)馬國翰輯
清末湘遠堂刻本　二冊

510000 – 2741 –0003679　3679
今文質疑不分卷　(清)曼叟撰　清同治三年
(1864)刻本　二冊

510000 – 2741 –0003680　3680
金川紀略二卷　(清)程穆衡撰　清抄本
二冊

510000 – 2741 –0003681　3681
金剛般若波羅蜜經一卷　(清)岳祥寶考正
清同治四年(1865)刻本　一冊

510000 – 2741 –0003682　3682
金剛決疑一卷　(後秦)鳩摩羅什譯　(明)釋
德清撰　清末寶光寺刻本　一冊

510000 – 2741 –0003683　3683
金剛決疑一卷般若波羅蜜多心經直說一卷
(明)釋德清撰　清刻本　一冊

510000 – 2741 –0003684　3684
金華叢書　(清)胡鳳丹輯　清同治、光緒間
永康胡氏退補齋刻民國補刻本　三百七十
五冊

510000 – 2741 –0003685　3685
金華叢書　(清)胡鳳丹輯　清同治、光緒間
永康胡氏退補齋刻民國補刻本　八十二冊
存二百四十八卷(洪武聖政記二卷,忠簡公集
七卷,東萊呂氏古易一卷、周易音訓二卷,元
真子三卷,浦陽人物記二卷,涉史隨筆二卷,
東萊呂氏文集二十卷,泊宅編三卷,駱丞集四
卷,辨誣考異二卷,螢雪叢說二卷,禪月集十
二卷、首一卷,詩集傳名物鈔八卷,王忠文公
集二十卷,詩疑二卷,尚書表注二卷,左氏傳
說二十卷、首一卷,禹貢集解二卷,籠川文集
三十卷、首一卷、末一卷、考異二卷,東萊先生
左氏博議二十卷,書疑九卷,蜀碑記十卷、首
一卷、辨誣考異一卷,明朝國初事跡一卷,九
靈山房集十九卷,增修東萊書說三十五卷)

510000 – 2741 –0003686　3686
金華遊錄一卷　(宋)謝翱撰　(清)徐沁輯校
　金華遊錄註二卷　(清)徐沁撰　謝皋羽先
生年譜一卷　(清)徐沁著　清息耕堂刻本

四川大學圖書館古籍普查登記目錄

一冊

510000－2741－0003687　3687

金鏡錄不分卷　（□）□□輯　清刻本　一冊

510000－2741－0003688　3688

金匱方歌括六卷　（清）陳念祖定　清光緒二十四年（1898）刻本　三冊

510000－2741－0003689　3689

金匱方歌括六卷　（清）陳念祖定　清光緒二十四年（1898）刻本　一冊　存三卷（一至三）

510000－2741－0003690　3690

金匱方歌括六卷　（清）陳念祖定　清刻本　三冊

510000－2741－0003691　3691

金匱心典三卷　（漢）張仲景著　（清）尤在涇集註　清刻本　一冊　存一卷（下）

510000－2741－0003692　3692

金匱要略方論本義二十二卷　（清）何炫（清）冀棟評定　（清）魏荔彤釋義　清康熙綠蔭堂刻本　八冊

510000－2741－0003693　3693

金匱要略方論三卷　（漢）張仲景著　（晉）王叔和撰次　（宋）林億校正　清光緒成都崇文齋刻本　一冊

510000－2741－0003694　3694

金匱要略淺註補正九卷　（漢）張仲景原文（清）唐宗海補正　（清）陳念祖淺註　清光緒三十四年（1908）千頃堂書局石印本　三冊

510000－2741－0003695　3695

金匱要略淺註十卷　（漢）張仲景原文　（清）陳念祖集註　清光緒二十四年（1898）刻本　五冊

510000－2741－0003696　3696

金匱要略淺註十卷　（漢）張仲景原文．（清）陳念祖集註　清光緒二十四年（1898）刻本　四冊

510000－2741－0003697　3697

金匱玉函經二註二十二卷　（元）趙以德衍義

（清）周揚俊補註　清道光十八年（1838）刻本　四冊

510000－2741－0003698　3698

金匱玉函經二註二十二卷　（元）趙以德衍義　（清）周揚俊補註　**附十藥神書一卷**　清道光十八年（1838）刻本　四冊

510000－2741－0003699　3699

金匱玉函經二註二十二卷　（元）趙以德衍義　（清）周揚俊補註　**附十藥神書一卷**　清同治二年（1863）刻本　四冊

510000－2741－0003700　3700

金陵癸甲紀事略一卷　（清）謝介鶴撰　（清）胡德璜評　清咸豐七年（1857）竹籟軒刻本　一冊

510000－2741－0003701　3701

金陵詩徵四十四卷　（清）朱緒曾編　清光緒十八年（1892）刻本　十六冊

510000－2741－0003702　3702

金陵通傳四十五卷補遺四卷姓名韻編一卷（清）陳作霖撰　清光緒三十年（1904）江寧陳氏瑞華館刻本　二十冊

510000－2741－0003703　3703

金詩選四卷　（清）顧奎光選輯　（清）陶玉禾參評　清乾隆十六年（1751）刻本　四冊

510000－2741－0003704　3704

金詩選四卷元詩選六卷補遺一卷　（清）顧奎光選輯　（清）陶玉禾參評　清乾隆十六年（1751）刻本　十二冊

510000－2741－0003705　3705

金石表一卷　（美國）代那撰　（美國）瑪高溫譯　清光緒九年（1883）江南製造總局鉛印本　一冊

510000－2741－0003706　3706

金石莂不分卷　（清）馮承輝撰　清嘉慶刻本　一冊

510000－2741－0003707　3707

金石叢書　（清）朱記榮輯　清光緒十四年

四川大學圖書館古籍普查登記目錄

（1888）朱氏槐廬刻本　　三十四冊

510000－2741－0003708　3708

金石叢書　（清）朱記榮輯　清光緒十四年
（1888）朱氏槐廬刻本　　四十冊

510000－2741－0003709　3709

金石萃編補略二卷　（清）王言撰　清光緒八
年（1882）刻本　　四冊

510000－2741－0003710　3710

金石萃編一百六十卷　（清）王昶撰　清嘉慶
十年（1805）青浦王氏經訓堂刻同治十年
（1871）補刻本　　六十四冊

510000－2741－0003711　3711

金石萃編一百六十卷　（清）王昶撰　清嘉慶
十年（1805）青浦王氏經訓堂刻同治十年
（1871）補刻本　　六十四冊

510000－2741－0003712　3712

金石萃編一百六十卷　（清）王昶撰　清嘉慶
十年（1805）青浦王氏經訓堂刻本　　六十四冊

510000－2741－0003713　3713

金石存十五卷　（清）吳玉搢纂　清嘉慶二十
四年（1819）山陽李氏聞妙香室刻本　　四冊

510000－2741－0003714　3714

金石訂例四卷　（清）鮑振方撰　清光緒十年
（1884）刻後知不足齋叢書本　　一冊

510000－2741－0003715　3715

金石聚十六卷　（清）張德容撰　清同治十一
年（1872）二銘草堂刻本　　十六冊

510000－2741－0003716　3716

金石聚十六卷　（清）張德容撰　清同治十一
年（1872）二銘草堂刻本　　十六冊

510000－2741－0003717　3717

金石例十卷　（元）潘昂霄撰　（清）王芑孫校
訂　清光緒四年（1878）讀有用書齋刻本
四冊

510000－2741－0003718　3718

金石録三十卷　（宋）趙明誠撰　清乾隆二十
七年（1762）雅雨堂叢書本　　三冊

510000－2741－0003719　3719

金石録三十卷　（宋）趙明誠撰　清乾隆二十
七年（1762）雅雨堂叢書本　　六冊

510000－2741－0003720　3720

金石録三十卷　（宋）趙明誠撰　（清）黃本驥
（清）蔣環重校　清道光湘陰蔣氏輯刻三長
物齋叢書本　　六冊

510000－2741－0003721　3721

金石契不分卷　（清）張燕昌撰　清光緒二十
二年（1896）劉氏聚學軒刻本　　四冊

510000－2741－0003722　3722

金石全例　（清）朱記榮輯　清光緒十八年
（1892）吳縣朱氏彙印本　　十六冊

510000－2741－0003723　3723

金石全例　（清）朱記榮輯　清光緒十八年
（1892）吳縣朱氏彙印本　　十四冊

510000－2741－0003724　3724

金石三例　（清）盧見曾輯　清刻本　　四冊

510000－2741－0003725　3725

金石三例　（清）盧見曾輯　清光緒四年
（1878）南海馮氏讀有用書齋刻本　　六冊

510000－2741－0003726　3726

金石識別十二卷　（美國）代那撰　（美國）瑪
高溫口譯　（清）華蘅芳筆述　（清）沙英繪圖
清末江南機器製造總局刻本　　六冊

510000－2741－0003727　3727

金石識別十二卷　（美國）代那撰　（美國）瑪
高溫口譯　（清）華蘅芳筆述　（清）沙英繪圖
清末江南機器製造總局刻本　　六冊

510000－2741－0003728　3728

金石識別十二卷　（美國）代那撰　（美國）瑪
高溫口譯　（清）華蘅芳筆述　（清）沙英繪圖
清末江南機器製造總局刻本　　六冊

510000－2741－0003729　3729

金石索十二卷　（清）馮雲鵬　（清）馮雲鵷輯
清光緒十九年（1893）上海積山書局石印本
二十四冊

510000 - 2741 - 0003730　3730

金石索十二卷　（清）馮雲鵬　（清）馮雲鵷輯
　清道光元年（1821）刻本　十一冊　缺一卷
（石索二）

510000 - 2741 - 0003731　3731

金石索十二卷　（清）馮雲鵬　（清）馮雲鵷輯
　清道光元年（1821）雙桐書屋刻本　十二冊

510000 - 2741 - 0003732　3732

金石圖不分卷　（清）牛運震集說　（清）褚峻
摹圖　清乾隆八年（1743）刻本　二冊

510000 - 2741 - 0003733　3733

金石圖不分卷　（清）牛運震集說　（清）褚峻
摹圖　清乾隆八年（1743）刻本　四冊

510000 - 2741 - 0003734　3734

金石圖說四卷　（清）牛運震集說　（清）褚駿
摹圖　清光緒二十一年（1895）貴池劉氏聚學
軒刻本　四冊

510000 - 2741 - 0003735　3735

金石圖說四卷　（清）牛運震集說　（清）褚駿
摹圖　清光緒二十一年（1895）貴池劉氏聚學
軒刻本　一冊　存一卷（甲下）

510000 - 2741 - 0003736　3736

金石文鈔八卷續鈔二卷　（清）趙紹祖輯　清
光緒十二年（1886）杭州朱氏抱經堂刻本
十冊

510000 - 2741 - 0003737　3737

金石文鈔八卷續鈔二卷　（清）趙紹祖輯　清
光緒十二年（1886）杭州朱氏抱經堂刻本
十冊

510000 - 2741 - 0003738　3738

金石屑不分卷　（清）鮑昌熙摹　（清）吳怡生
鉤　清光緒二年（1876）刻本　四冊

510000 - 2741 - 0003739　3739

金石續編二十一卷首一卷　（清）陸耀通纂
（清）陸增祥校訂　清同治十三年（1874）雙白
燕堂刻本　十六冊

510000 - 2741 - 0003740　3740

金石苑不分卷　（清）劉喜海輯　清道光二十
八年（1848）劉氏來鳳堂刻本　四冊

510000 - 2741 - 0003741　3741

金石苑不分卷　（清）劉喜海輯　清道光刻本
十一冊

510000 - 2741 - 0003742　3742

金石苑六卷　（清）劉喜海輯　清道光二十八
年（1848）劉氏來鳳堂刻本　六冊

510000 - 2741 - 0003743　3743

金石韻府五卷附正韻篆五卷學古編二卷吟齋
錄古四卷　（明）朱雲等撰　清抄本　十二冊

510000 - 2741 - 0003744　3744

金石摘不分卷　（清）陳善墀輯　清同治十二
年（1873）瀏陽縣學不求甚解齋刻本　四冊

510000 - 2741 - 0003745　3745

金史紀事本末五十二卷首一卷末一卷　（清）
李有棠編纂　清光緒二十九年（1903）李杉鄂
樓刻本　十二冊

510000 - 2741 - 0003746　3746

金史一百三十五卷　（元）脫脫等修　清光緒
十四年（1888）成都尊經書局刻本　二十四冊

510000 - 2741 - 0003747　3747

金史一百三十五卷　（元）脫脫等修　清光緒
十四年（1888）成都尊經書局刻本　二十四冊

510000 - 2741 - 0003748　3748

金史一百三十五卷　（元）脫脫等修　明嘉靖
八年（1529）南京國子監刻清順治、康熙、乾隆
間遞修本　二十冊

510000 - 2741 - 0003749　3749

金史語解十二卷　（清）高宗弘曆敕撰　清光
緒四年（1878）江蘇書局刻本　二冊

510000 - 2741 - 0003750　3750

金湯借箸十二籌十二卷　（明）李盤撰　清刻
本　八冊

510000 - 2741 - 0003751　3751

金堂縣鄉土志四卷　（清）劉肇烈纂修　（清）
陳嘉樹　（清）劉容光分纂　清光緒末抄本

四川大學圖書館古籍普查登記目錄

四册

510000－2741－0003752　3752

金陀祠事録八卷首一卷　（清）岳鑑輯　清嘉
慶二十三年（1818）刻本　十二册

510000－2741－0003753　3753

金文雅十六卷附作者考一卷　（清）莊仲方編
清光緒十七年（1891）江蘇書局刻本　四册

510000－2741－0003754　3754

金文雅十六卷附作者考一卷　（清）莊仲方編
清光緒十七年（1891）江蘇書局刻本　四册

510000－2741－0003755　3755

金文雅十六卷附作者考一卷　（清）莊仲方編
清光緒十七年（1891）江蘇書局刻本　四册

510000－2741－0003756　3756

金文雅十六卷附作者考一卷　（清）莊仲方編
清光緒十七年（1891）江蘇書局刻蘇州振新
書社經印本　四册

510000－2741－0003757　3757

金文雅十六卷附作者考一卷　（清）莊仲方編
清光緒十七年（1891）江蘇書局刻本　四册

510000－2741－0003758　3758

金文雅十六卷附作者考一卷　（清）莊仲方編
清光緒十七年（1891）江蘇書局刻本　四册

510000－2741－0003759　3759

金文雅十六卷附作者考一卷　（清）莊仲方編
清光緒十七年（1891）江蘇書局刻本　四册

510000－2741－0003760　3760

金文最六十卷首一卷　（清）張金吾輯　清光
緒二十一年（1895）蘇州書局刻本　十六册

510000－2741－0003761　3761

金文最六十卷首一卷　（清）張金吾輯　清光
緒二十一年（1895）蘇州書局刻本　十六册

510000－2741－0003762　3762

金文最六十卷首一卷　（清）張金吾輯　清光
緒二十一年（1895）蘇州書局刻本　十六册

510000－2741－0003763　3763

金文最六十卷首一卷　（清）張金吾輯　清光
緒二十一年（1895）蘇州書局刻本　十六册

510000－2741－0003764　3764

金文最六十卷首一卷　（清）張金吾輯　清光
緒二十一年（1895）蘇州書局刻本　十六册

510000－2741－0003765　3765

金文最一百二十卷首一卷　（清）張金吾輯
清光緒八年（1882）粵雅堂刻本　三十六册

510000－2741－0003766　3766

金元明八大家文選　（清）李祖陶輯　清道光
二十五年（1845）刻本　二十五册

510000－2741－0003767　3767

金源紀事詩八卷　（清）湯運泰著　（清）湯顯
業　（清）湯顯榦註　清同治十二年（1873）揚
州淮南書局刻本　四册

510000－2741－0003768　3768

金源紀事詩八卷　（清）湯運泰著　（清）湯顯
業　（清）湯顯榦註　清同治十二年（1873）淮
南書局刻本　四册

510000－2741－0003769　3769

金忠節公文集八卷　（明）金聲撰　（清）邵勳
編次　清道光刻本　四册

510000－2741－0003770　3770

津逮秘書　（明）毛晉輯　明崇禎毛氏汲古閣
刻本　一百二十六册

510000－2741－0003771　3771

錦官録河洛圖說四卷　（清）李錫書撰　清嘉
慶、道光間蕊石山房刻本　一册

510000－2741－0003772　3772

錦官録雜著一卷　（清）李錫書撰　清嘉慶、
道光間蕊石山房刻本　一册

510000－2741－0003773　3773

錦官録雜著一卷　（清）李錫書撰　清嘉慶、
道光間蕊石山房刻本　一册

510000－2741－0003774　3774

錦江脞記十三卷　（清）朱航撰　清道光十四
年（1834）刻本　二册　存六卷（一至六）

四川大學圖書館古籍普查登記目録

510000－2741－0003775　3775

錦江書院紀略不分卷　（清）李承熙撰　清咸豐八年(1858)刻本　三冊

510000－2741－0003776　3776

錦里新編十六卷首一卷　（清）張邦伸纂輯　清嘉慶五年(1800)敦彝堂刻本　六冊

510000－2741－0003777　3777

錦里新編十六卷首一卷　（清）張邦伸纂輯　清嘉慶五年(1800)敦彝堂刻本　八冊

510000－2741－0003778　3778

錦里新編十六卷首一卷　（清）張邦伸纂輯　清嘉慶五年(1800)敦彝堂刻本　八冊

510000－2741－0003779　3779

錦里新編十六卷首一卷　（清）張邦伸纂輯　清嘉慶五年(1800)敦彝堂刻本　八冊

510000－2741－0003780　3780

錦里新編十六卷首一卷　（清）張邦伸纂輯　清嘉慶五年(1800)敦彝堂刻本　八冊

510000－2741－0003781　3781

錦里新編十六卷首一卷　（清）張邦伸纂輯　清嘉慶五年(1800)刻民國二年(1913)四川成都存古書局修補印本　八冊

510000－2741－0003782　3782

錦里新編十六卷首一卷　（清）張邦伸纂輯　清嘉慶五年(1800)敦彝堂刻本　八冊

510000－2741－0003783　3783

錦里新編十六卷首一卷　（清）張邦伸纂輯　清嘉慶五年(1800)刻民國二年(1913)四川成都存古書局修補印本　八冊

510000－2741－0003784　3784

錦里新編十六卷首一卷　（清）張邦伸纂輯　清嘉慶五年(1800)敦彝堂刻本　八冊

510000－2741－0003785　3785

錦里新編十六卷首一卷　（清）張邦伸纂輯　清嘉慶五年(1800)敦彝堂刻本　八冊

510000－2741－0003786　3786

錦里新編十六卷首一卷　（清）張邦伸纂輯

清嘉慶五年(1800)敦彝堂刻本　八冊

510000－2741－0003787　3787

錦繡萬花谷前集四十卷後集四十卷續集四十卷別集三十卷　（□）□□輯　明嘉靖刻本十冊　存四十卷(續集四十卷)

510000－2741－0003788　3788

近光集二十八卷　（清）汪士鋐輯　（清）徐修仁註　清康熙五十八年(1719)刻本　十冊

510000－2741－0003789　3789

近思録集解十四卷　（宋）朱熹原編　（宋）葉采集解　清康熙刻本　四冊

510000－2741－0003790　3790

近思録十四卷考訂朱子世家一卷附近思録卷首校勘記一卷　（清）江永集注　清同治八年(1869)江蘇書局刻本　四冊

510000－2741－0003791　3791

近思録十四卷考訂朱子世家一卷　（清）江永集注　清光緒十五年(1889)金陵書局刻本四冊

510000－2741－0003792　3792

晉畧六十六卷　（清）周濟譔　清光緒三年(1877)荊溪周佐臣刻本　十冊

510000－2741－0003793　3793

晉石厂叢書十種　（清）姚慰祖編　清光緒七年(1881)歸安姚氏粵東藩署刻民國二十三年(1934)海虞瞿氏鐵琴銅劍樓重修印本　六冊

510000－2741－0003794　3794

晉書補傳贊一卷　（清）杭世駿撰　清刻本一冊

510000－2741－0003795　3795

晉書地理志新補正五卷　（清）畢沅輯　清乾隆四十八年(1783)刻經訓堂叢書本　一冊

510000－2741－0003796　3796

晉書輯本　（清）湯球輯　清光緒廣雅書局刻本　十冊

510000－2741－0003797　3797

晉太康三年地記一卷王隱晉書地道記一卷

四川大學圖書館古籍普查登記目録

（清）畢沅輯　清乾隆四十九年(1784)刻經訓堂叢書本　一冊

510000－2741－0003798　3798

進化論四卷　(英國)泰勒撰　(清)任保羅譯　清光緒二十九年(1903)上海美華書館鉛印本　四冊

510000－2741－0003799　3799

京畿金石考二卷　(清)孫星衍撰　清光緒十二年(1886)吳縣朱氏家塾刻本　二冊

510000－2741－0003800　3800

京畿金石考二卷　(清)孫星衍撰　清光緒十三年(1887)抱芳閣刻本　二冊

510000－2741－0003801　3801

京畿金石考二卷附輔行記一卷　(清)孫星衍撰　清同治滂喜齋刻本　一冊

510000－2741－0003802　3802

京口山水志十八卷首一卷末一卷　(清)楊棨撰　清光緒五年(1879)刻本　四冊

510000－2741－0003803　3803

京珊文抄一卷附文品一卷　(清)夏肇庸著　清刻本　一冊

510000－2741－0003804　3804

京珊文抄一卷附文品一卷　(清)夏肇庸著　清光緒九年(1883)射洪趙氏刻清江擢秀集本　一冊

510000－2741－0003805　3805

京師大學堂講義　(清)屠寄等著　清末鉛印本　八冊

510000－2741－0003806　3806

京師大學堂講義(中國地理志)　(清)鄒代鈞撰　清末鉛印本　一冊

510000－2741－0003807　3807

荊川先生右編四十卷　(明)唐順之編纂　(明)劉曰寧補遺　(明)朱國禎校定　明萬曆三十三年(1605)南京國子監刻本　六十冊

510000－2741－0003808　3808

荊駝逸史　(清)陳湖逸士編　清刻本　三十六冊

510000－2741－0003809　3809

荊駝逸史　(清)陳湖逸士編　清刻本　三十二冊

510000－2741－0003810　3810

涇川叢書　(清)趙紹祖　(清)趙繩祖輯　清道光十二年(1832)涇縣趙氏古墨齋刻本　二十四冊

510000－2741－0003811　3811

涇南直道録一卷　(清)瀘州士民編　清光緒二十八年(1902)瀘州刻本　一冊

510000－2741－0003812　3812

涇野先生文集三十八卷　(明)呂楠撰　(明)李楨編校　明萬曆二十年(1592)李禎刻本　六冊　存十四卷(一至十四)

510000－2741－0003813　3813

經傳考證八卷　(清)朱彬著　清道光寶應朱宜禄堂刻本　二冊

510000－2741－0003814　3814

經傳釋詞十卷　(清)王引之撰　清光緒二十一年(1895)上海鴻文書局石印本　一冊

510000－2741－0003815　3815

經傳釋詞十卷　(清)王引之撰　清嘉慶二十四年(1819)刻本　四冊

510000－2741－0003816　3816

經傳釋詞補一卷　(清)孫經世撰　清光緒十四年(1888)長洲蔣氏心矩齋刻本　一冊

510000－2741－0003817　3817

經傳釋詞再補一卷　(清)孫經世撰　清光緒十一年(1885)長洲蔣氏刻本　一冊

510000－2741－0003818　3818

經傳釋詞再補一卷　(清)孫經世撰　清光緒十一年(1885)長洲蔣氏刻本　一冊

510000－2741－0003819　3819

經詞衍釋十卷補遺一卷　(清)吳昌瑩著　清

四川大學圖書館古籍普查登記目録

末成都書局刻本 四冊

510000－2741－0003820 3820
經德堂全集 （清）龍啓瑞撰 清光緒經德堂
刻本 八冊

510000－2741－0003821 3821
經典釋文三十卷 （唐）陸德明撰 清康熙通
志堂刻本 十二冊

510000－2741－0003822 3822
經典釋文三十卷 （唐）陸德明撰 **考證三十
卷** （清）盧文弨綴輯 清同治十三年(1874)
成都尊經書局刻本 十冊

510000－2741－0003823 3823
經典釋文三十卷 （唐）陸德明撰 **考證三十
卷** （清）盧文弨綴輯 清同治十三年(1874)
成都尊經書院刻本 十冊

510000－2741－0003824 3824
經典釋文三十卷 （唐）陸德明撰 **考證三十
卷** （清）盧文弨綴輯 **孟子音義二卷** 清光
緒十五年(1889)湘南書局刻本(卷二十一至
二十二係補配) 二十四冊

510000－2741－0003825 3825
經典釋文三十卷 （唐）陸德明撰 **考證三十
卷** （清）盧文弨綴輯 **孟子音義二卷** 清同
治十三年(1874)成都尊經書院刻民國二年
(1913)存古書局修補印本 十二冊

510000－2741－0003826 3826
經典釋文三十卷 （唐）陸德明撰 **考證三十
卷** （清）盧文弨綴輯 **孟子音義二卷** 清同
治十三年(1874)成都尊經書院刻民國二年
(1913)存古書局修補印本 十二冊

510000－2741－0003827 3827
經典釋文三十卷 （唐）陸德明撰 **考證三十
卷** （清）盧文弨綴輯 **孟子音義二卷國語補
音三卷** 清同治十三年(1874)成都尊經書局
刻本 十一冊

510000－2741－0003828 3828
經典釋文三十卷 （唐）陸德明撰 **考證三十**

卷** （清）盧文弨綴輯 **孟子音義二卷國語補
音三卷** 清同治十三年(1874)成都尊經書院
刻民國二年(1913)存古書局修補印本 十
六冊

510000－2741－0003829 3829
經典釋文三十卷附考證三十卷 （唐）陸德明
撰 （清）盧文弨考證 清乾隆五十六年
(1791)抱經堂刻本 十二冊

510000－2741－0003830 3830
經典釋文三十卷附考證三十卷 （唐）陸德明
撰 （清）盧文弨考證 清乾隆五十六年
(1791)抱經堂刻本 十冊

510000－2741－0003831 3831
經典文字辨證書五卷 （清）畢沅撰 清乾隆
刻經訓堂叢書本 二冊

510000－2741－0003832 3832
經漢註解赫廳一卷 （清）余昭文輯 清光緒
十三年(1887)蓉城余昭文刻本 一冊

510000－2741－0003833 3833
經話甲編二卷 廖平撰 清光緒二十三年
(1897)成都尊經書局刻本 二冊

510000－2741－0003834 3834
經話甲編二卷 廖平撰 清光緒二十三年
(1897)成都尊經書局刻本 一冊

510000－2741－0003835 3835
經籍跋文一卷 （清）陳鱣著 清光緒會稽章
氏刻式訓堂叢書本 一冊

510000－2741－0003836 3836
經籍跋文一卷 （清）陳鱣著 清光緒會稽章
氏刻式訓堂叢書本 一冊

510000－2741－0003837 3837
經籍跋文一卷 （清）陳鱣著 清光緒會稽章
氏刻式訓堂叢書本 一冊

510000－2741－0003838 3838
經籍跋文一卷 （清）陳鱣著 清光緒會稽章
氏刻式訓堂叢書本 一冊

510000－2741－0003839 3839

四川大學圖書館古籍普查登記目錄

經籍跋文一卷 （清）陳鱣著 清光緒會稽章氏刻式訓堂叢書本 一冊

510000－2741－0003840 3840
經籍訪古志六卷補遺一卷 （日本）澀江全善 （日本）森立之撰 清光緒十一年(1885)鉛印本 八冊

510000－2741－0003841 3841
經籍訪古志六卷補遺一卷 （日本）澀江全善 （日本）森立之撰 清光緒十一年(1885)鉛印本 八冊

510000－2741－0003842 3842
經籍訪古志六卷補遺一卷 （日本）澀江全善 （日本）森立之撰 清光緒十一年(1885)鉛印本 八冊

510000－2741－0003843 3843
經籍訪古志六卷補遺一卷 （日本）澀江全善 （日本）森立之撰 清光緒十一年(1885)鉛印本 八冊

510000－2741－0003844 3844
經籍舉要一卷附吳晴舫學使告示六條一卷家塾課程一卷中江講院添設季課示一卷尊經閣募捐藏書章程一卷祀典錄一卷藏書目一卷中江講院建立經誼治事兩齋章程一卷 （清）龍啟瑞撰 清光緒十九年(1893)皖省于湖中江講院刻本 一冊

510000－2741－0003845 3845
經籍籑詁一百六卷首一卷 （清）阮元譔集 清嘉慶十七年(1812)揚州阮氏瑯環仙館刻光緒六年(1880)淮南書局補刻本 六十四冊

510000－2741－0003846 3846
經籍籑詁一百六卷首一卷附補遺 （清）阮元譔集 清光緒六年(1880)淮南書局刻本 四十冊

510000－2741－0003847 3847
經籍籑詁一百六卷首一卷附補遺 （清）阮元譔集 清光緒十四年(1888)鴻文書局石印本 十六冊

510000－2741－0003848 3848
經籍籑詁一百六卷首一卷附補遺 （清）阮元譔集 清光緒六年(1880)淮南書局刻本 四十八冊

510000－2741－0003849 3849
經籍籑詁一百六卷首一卷附補遺 （清）阮元譔集 清光緒十四年(1888)鴻文書局石印本 十五冊 缺六卷(一百一至一百六)

510000－2741－0003850 3850
經籍籑詁一百六卷首一卷附補遺 （清）阮元譔集 清光緒六年(1880)淮南書局刻本 四十八冊

510000－2741－0003851 3851
經濟文章 （清）亦可齋主人編 清光緒二十八年(1902)蜀刻本 一冊 存一卷(一)

510000－2741－0003852 3852
經絡歌訣一卷醫方湯頭歌括一卷 （清）汪昂編輯 保產機要一卷保生碎事一卷 清刻本 一冊

510000－2741－0003853 3853
經脈圖考四卷 （清）陳惠疇著 清末廣州登雲閣刻本 三冊

510000－2741－0003854 3854
經脈圖考四卷 （清）陳惠疇著 清光緒四年(1878)刻本 四冊

510000－2741－0003855 3855
經史百家簡編二卷 （清）曾國藩纂 清光緒十三年(1887)成都志古堂刻本 二冊

510000－2741－0003856 3856
經史百家雜鈔二十六卷 （清）曾國藩纂 清光緒二年(1876)傳忠書局刻本 二十六冊

510000－2741－0003857 3857
經史百家雜鈔二十六卷 （清）曾國藩纂 清光緒二年(1876)傳忠書局刻本 二十四冊

510000－2741－0003858 3858
經史百家雜鈔二十六卷 （清）曾國藩纂 清光緒二年(1876)傳忠書局刻本 二十六冊

四川大學圖書館古籍普查登記目錄

510000－2741－0003859　3859

經史百家雜鈔二十六卷　（清）曾國藩纂　清光緒三十二年(1906)商務印書館鉛印本　十二冊

510000－2741－0003860　3860

經史喻言八卷　（清）李光庭輯　清道光二十八年(1848)李氏刻本　八冊

510000－2741－0003861　3861

經史證類大觀本草三十一卷　（宋）唐慎微撰　札記二卷　（清）柯逢時撰　清光緒、宣統間武昌柯逢時刻本　二十冊

510000－2741－0003862　3862

經筍堂文鈔二卷　（清）雷鋐著　清嘉慶十六年(1811)寧化伊氏廣州刻本　二冊

510000－2741－0003863　3863

經穴考正一卷　（清）何仲皋撰　清光緒三十年(1904)四川高等國醫學院石印本　一冊

510000－2741－0003864　3864

經學不厭精五卷　（德國）花之安撰　清光緒二十四年(1898)上海鴻寶齋石印本　六冊　存二卷(十三經考證、十三經考理)

510000－2741－0003865　3865

經學不厭精五卷　（德國）花之安撰　清光緒二十四年(1898)上海鴻寶齋鉛印本　五冊　存二卷(十三經考證上、十三經考理)

510000－2741－0003866　3866

經學不厭精遺編二卷　（德國）花之安撰　清光緒二十九年(1903)德國傳福音總會鉛印本　一冊

510000－2741－0003867　3867

經訓比義三卷　（清）黃以周述　清光緒二十二年(1896)南菁講舍刻本　三冊

510000－2741－0003868　3868

經訓堂叢書　（清）畢沅輯　清乾隆鎮洋畢氏刻本　三十冊

510000－2741－0003869　3869

經訓堂叢書　（清）畢沅輯　清乾隆鎮洋畢氏

刻本　三十冊

510000－2741－0003870　3870

經義考三百卷　（清）朱彝尊錄　總目二卷　（清）盧見曾編　清光緒二十三年(1897)浙江書局刻本　五十冊

510000－2741－0003871　3871

經義考三百卷　（清）朱彝尊錄　總目二卷　（清）盧見曾編　清光緒二十三年(1897)浙江書局刻本　二十五冊　存一百四十四卷(一至一百三十二、一百六十九至一百七十四、二百六十二至二百六十七)

510000－2741－0003872　3872

經義考三百卷　（清）朱彝尊撰　總目二卷　（清）盧見曾編　清乾隆二十年(1755)修補印本　六十四冊

510000－2741－0003873　3873

經義考三百卷　（清）朱彝尊錄　總目二卷　（清）盧見曾編　清光緒二十三年(1897)浙江書局刻本　五十冊

510000－2741－0003874　3874

經義雜記三十卷叙錄一卷　（清）臧琳著　清嘉慶四年(1799)武進臧氏拜經堂刻本　十二冊

510000－2741－0003875　3875

經義齋集十八卷　（清）熊賜履著　清刻本　十冊

510000－2741－0003876　3876

經苑　（清）錢儀吉輯　清道光、咸豐間大梁書院刻同治七年(1868)印本　七十七冊

510000－2741－0003877　3877

經苑　（清）錢儀吉輯　清道光、咸豐間大梁書院刻同治七年(1868)印本　六十四冊

510000－2741－0003878　3878

經韻樓集十二卷　（清）段玉裁著　清光緒十年(1884)秋樹根齋重校刻本　六冊

510000－2741－0003879　3879

經韻樓叢書　（清）段玉裁撰　清乾隆、道光

四川大學圖書館古籍普查登記目錄

間金壇段氏刻本　　四十二冊

510000－2741－0003880　3880

經韻樓叢書　（清）段玉裁撰　清乾隆、道光間金壇段氏刻本　　五冊　存四種四十一卷（周禮漢讀考六卷、毛詩故訓傳三十卷、釋拜一卷、聲韻考四卷）

510000－2741－0003881　3881

經韻樓集十二卷　（清）段玉裁撰　清光緒十年(1884)秋樹根齋刻本　　八冊

510000－2741－0003882　3882

經韻樓集十二卷儀禮漢讀考一卷　（清）段玉裁撰　清道光元年(1821)刻本　　六冊

510000－2741－0003883　3883

經字異同四十八卷　（清）張維屏輯　清光緒五年(1879)清泉精舍刻本　　四冊

510000－2741－0003884　3884

精訂綱鑑廿四史通俗衍義二十六卷四十四回　（清）呂撫輯　清光緒十三年(1887)廣百宋齋刻本　　八冊

510000－2741－0003885　3885

精選黃眉故事十卷　（明）鄧志謨輯　清刻本　　六冊

510000－2741－0003886　3886

精選名儒草堂詩餘三卷　　（元）鳳林書院輯　清嘉慶十六年(1811)刻詞學叢書本　　三冊

510000－2741－0003887　3887

精選中外時務文編四十四卷　（清）養晦生彙輯　清光緒二十三年(1897)寶善書局石印本　　二十冊

510000－2741－0003888　3888

井礦工程三卷　（英國）白爾捺輯　（英國）傅蘭雅口譯　（清）趙元益筆述　清末江南機器製造總局刻本　　二冊

510000－2741－0003889　3889

井礦工程三卷　（英國）白爾捺輯　（英國）傅蘭雅口譯　（清）趙元益筆述　清末江南機器製造總局刻本　　二冊

510000－2741－0003890　3890

景德鎮陶録十卷　（清）藍浦著　（清）鄭廷桂補輯　清光緒十七年(1891)刻本　　四冊

510000－2741－0003891　3891

景德鎮陶録十卷　（清）藍浦著　（清）鄭廷桂補輯　清光緒十七年(1891)刻本　　四冊

510000－2741－0003892　3892

景德鎮陶録十卷　（清）藍浦著　（清）鄭廷桂補輯　清光緒十七年(1891)刻本　　四冊

510000－2741－0003893　3893

[景定]嚴州續志十卷　（宋）鄭瑤等撰　（清）胡念修校刊　清光緒二十六年(1900)刻本　　二冊

510000－2741－0003894　3894

景賢録前編二卷後編二卷　（清）林有仁輯　清光緒十八年(1892)刻本　　四冊

510000－2741－0003895　3895

景岳全書發揮四卷　（清）葉桂著　清光緒五年(1879)吳氏醉六堂刻本　　四冊

510000－2741－0003896　3896

景岳全書發揮四卷　（清）葉桂著　清光緒五年(1879)吳氏醉六堂刻本　　四冊

510000－2741－0003897　3897

景岳全書六十四卷　（明）張介賓撰　清刻本　　二十四冊

510000－2741－0003898　3898

景岳全書六十四卷　（明）張介賓撰　清刻本　　二十二冊　存五十八卷(七至六十四)

510000－2741－0003899　3899

景岳全書六十四卷　（明）張介賓撰　清康熙四十九年(1710)玉詔堂刻本　　二十八冊

510000－2741－0003900　3900

景岳全書六十四卷　（明）張介賓撰　清集古堂本　　二十四冊

510000－2741－0003901　3901

景岳全書六十四卷　（明）張介賓撰　清越郡聚文堂本　　二十四冊

四川大學圖書館古籍普查登記目録

510000 – 2741 – 0003902　3902

景岳新方砭四卷　（清）陳念祖撰　清光緒二十一年(1895)刻本　一冊

510000 – 2741 – 0003903　3903

儆季雜著五種附二種　（清）黃以周著　清光緒二十年至二十一年(1894 – 1895)江蘇南菁講舍刻本　十冊

510000 – 2741 – 0003904　3904

儆季雜著五種附二種　（清）黃以周著　清光緒二十年至二十一年(1894 – 1895)江蘇南菁講舍刻本　八冊　缺三卷(禮說一至三)

510000 – 2741 – 0003905　3905

儆季雜著五種附二種　（清）黃以周著　清光緒二十年至二十一年(1894 – 1895)江蘇南菁講舍刻本　十冊

510000 – 2741 – 0003906　3906

儆季雜著五種附二種　（清）黃以周著　清光緒二十年至二十一年(1894 – 1895)江蘇南菁講舍刻本　十冊

510000 – 2741 – 0003907　3907

儆居集二十二卷　（清）黃式三著　清光緒十四年(1888)續刻本　八冊

510000 – 2741 – 0003908　3908

儆居集二十二卷　（清）黃式三著　清光緒十四年(1888)續刻本　八冊

510000 – 2741 – 0003909　3909

徑中徑又徑四卷　（清）張師誠著　清光緒二十九年(1903)刻本　二冊

510000 – 2741 – 0003910　3910

淨土聖賢録九卷　（清）彭紹升撰　清嘉慶十三年(1808)釋幻拙等刻本　四冊

510000 – 2741 – 0003911　3911

敬恕堂文集紀年十卷　（清）耿介撰　清康熙四十八年(1709)刻本　八冊

510000 – 2741 – 0003912　3912

敬吾心室彝器款識不分卷　（清）朱善旂輯　清光緒三十四年(1908)石印本　二冊

510000 – 2741 – 0003913　3913

敬業堂詩集五十卷　（清）查慎行撰　清康熙刻本　二十四冊

510000 – 2741 – 0003914　3914

靖節先生集十卷附諸本序跋一卷末一卷　（晉）陶潛撰　清光緒九年(1883)江蘇書局刻本　四冊

510000 – 2741 – 0003915　3915

靖康傳信録三卷建炎進退志四卷建炎時政記三卷　（宋）李綱撰　清光緒十年(1884)邵武徐氏刻本　四冊

510000 – 2741 – 0003916　3916

靖康傳信録三卷建炎進退志四卷建炎時政記三卷　（宋）李綱撰　清光緒十年(1884)邵武徐氏刻本　二冊

510000 – 2741 – 0003917　3917

靖康要録十六卷　（宋）□□輯　清光緒十二年(1886)歸安陸氏刻十萬卷樓叢書本　十冊

510000 – 2741 – 0003918　3918

靖逆記二卷　（□）□□撰　京城殄賊恭紀一卷　（清）葉騰驤記　清木活字印本　二冊

510000 – 2741 – 0003919　3919

靜惕堂詩集四十四卷　（清）曹溶撰　清雍正三年(1725)李維鈞刻本　十冊

510000 – 2741 – 0003920　3920

靜軒集唐合編　（清）唐存一著　清同治、光緒間綿陽唐氏家祠刻本　八冊

510000 – 2741 – 0003921　3921

鏡花緣二十卷一百回　（清）李汝珍撰　清光緒石印本　二十冊

510000 – 2741 – 0003922　3922

鏡花緣二十卷一百回　（清）李汝珍撰　清刻本　二十冊

510000 – 2741 – 0003923　3923

鏡花緣二十卷一百回　（清）李汝珍著　清刻本　十二冊

510000 – 2741 – 0003924　3924

四川大學圖書館古籍普查登記目録

九曾詩初集四卷　（清）龔紹仁撰　清咸豐八年(1858)陽湖莊受祺刻本　二冊

510000－2741－0003925　3925

九宮譜定十二卷總論一卷　（清）東山釣史（清）駕湖逸者輯　清順治刻本　二冊　存五卷(一至五)

510000－2741－0003926　3926

九家集注杜詩三十六卷　（唐）杜甫撰　（宋）郭知達編注　清刻本　三十二冊

510000－2741－0003927　3927

九經補韻一卷附錄一篇　（宋）楊伯嵒撰（清）錢侗考證　清光緒十年(1884)常熟鮑氏校刻本　一冊

510000－2741－0003928　3928

九靈山房集十九卷　（元）戴良撰　清同治九年(1870)胡鳳丹退補齋刻本　六冊

510000－2741－0003929　3929

九數通考十一卷首一卷末一卷　（清）屈曾發輯　清光緒十四年(1888)上海點石齋印本　四冊　缺四卷(七至十)

510000－2741－0003930　3930

九數通考續集九卷　（清）顧觀光撰　清光緒二十二年(1896)石印本　四冊

510000－2741－0003931　3931

九水山房文存二卷　（清）畢亨著　清咸豐二年(1852)聊城楊氏海源閣刻本　二冊

510000－2741－0003932　3932

九通　（清）□□輯　清光緒浙江書局刻本七百三十九冊

510000－2741－0003933　3933

九通　（清）□□輯　清光緒二十七年(1901)上海圖書集成局鉛印本　二百九十三冊

510000－2741－0003934　3934

九通　（清）□□輯　清光緒二十八年(1902)上海鴻寶書局石印本　一百三十五冊　存七種一千三百三十卷(通典二百卷、考證一卷，欽定續通典一百五十卷，皇朝通典一百卷，通志二百卷、考證三卷,皇朝通志一百二十六卷,欽定續文獻通考二百五十卷,皇朝文獻通考三百卷)

510000－2741－0003935　3935

九通序錄四卷　（清）□□輯　清光緒二十八年(1902)會文學社石印本　四冊

510000－2741－0003936　3936

九畹古文六卷　（清）劉紹攽撰　清乾隆刻本六冊

510000－2741－0003937　3937

九煙先生遺集六卷　（清）黃周星著　清道光二十九年(1849)揚州寓館刻本　四冊

510000－2741－0003938　3938

九章算術九卷　（三國魏）劉徽注　（唐）李淳風等注釋　（清）戴震補圖　音義一卷　（唐）李籍撰　策算一卷　（清）戴震撰　清乾隆曲阜孔氏刻微波榭叢書本　八冊　存十卷(九章算術九卷、音義一卷)

510000－2741－0003939　3939

九章算術細草圖說九卷附海島算經細草圖說一卷　（三國魏）劉徽注　（唐）李淳風等注釋（清）李潢撰　清光緒十七年(1891)成都王氏刻本　八冊

510000－2741－0003940　3940

九章算術細草圖說九卷附海島算經細草圖說一卷　（三國魏）劉徽注　（唐）李淳風等注釋（清）李潢撰　清光緒十七年(1891)成都王氏刻本　八冊

510000－2741－0003941　3941

酒令叢鈔四卷　（清）俞敦培輯　清光緒四年(1878)萩雲軒刻本　二冊

510000－2741－0003942　3942

救偏瑣言十卷附瑣言備用良方一卷　（清）費啟泰撰　清文盛堂刻本　四冊

510000－2741－0003943　3943

救偏瑣言五卷附瑣言備用良方一卷　（清）費啟泰撰　清道光二十一年(1841)刻本　四冊

四川大學圖書館古籍普查登記目錄

510000 – 2741 – 0003944　3944

就正草古近體詩一卷　（清）段興宗撰　清抄本　一冊

510000 – 2741 – 0003945　3945

就正草古近體詩一卷　（清）段興宗撰　清光緒二十二年(1896)刻本　一冊

510000 – 2741 – 0003946　3946

舊唐書二百卷　（後晉）劉昫撰　（清）羅士琳（清）劉文淇撰　舊唐書逸文十二卷　（清）岑建功輯　清道光二十二年(1842)揚州岑氏懼盈軒刻本　八十冊

510000 – 2741 – 0003947　3947

舊唐書校勘記六十六卷　（清）羅士琳　（清）劉文淇撰　舊唐書逸文十二卷　（清）岑建功輯　清道光二十二年(1842)揚州岑氏懼盈軒刻同治十一年(1872)定遠方氏補刻本　二十四冊

510000 – 2741 – 0003948　3948

舊唐書逸文十二卷　（清）岑建功輯　清道光二十二年(1842)揚州岑氏懼盈軒刻同治十一年(1872)定遠方氏補刻本　四冊

510000 – 2741 – 0003949　3949

舊五代史一百五十卷　（宋）薛居正等撰　清席氏掃葉山房刻本　二十冊

510000 – 2741 – 0003950　3950

舊五代史一百五十卷目錄二卷　（宋）薛居正等撰　清刻武英殿聚珍版叢書本　十四冊

510000 – 2741 – 0003951　3951

居易錄文草一卷居易錄詩草一卷　（清）胡壽昌撰　（清）黃榕注　清光緒二十六年(1900)刻本　一冊

510000 – 2741 – 0003952　3952

居易錄文草一卷居易錄詩草一卷雪琴山館詩草一卷　（清）胡壽昌撰　（清）黃榕注　清光緒二十六年(1900)刻本　一冊

510000 – 2741 – 0003953　3953

居易軒詩遺鈔一卷文遺鈔一卷　（清）趙炳龍撰　清光緒十四年(1888)長沙刻本　一冊

510000 – 2741 – 0003954　3954

居易軒詩遺鈔一卷文遺鈔一卷　（清）趙炳龍撰　清光緒十四年(1888)長沙刻本　一冊

510000 – 2741 – 0003955　3955

居易軒詩遺鈔一卷文遺鈔一卷　（清）趙炳龍撰　清光緒十四年(1888)長沙刻本　一冊

510000 – 2741 – 0003956　3956

駒如詩草二卷　（清）隆昂撰　清光緒三十一年(1905)刻本　二冊

510000 – 2741 – 0003957　3957

句股六術一卷　（清）項名達集　（清）楊瑜良補算　清刻本　一冊

510000 – 2741 – 0003958　3958

句溪雜著六卷　（清）陳立撰　清光緒十四年(1888)廣雅書局刻本　一冊

510000 – 2741 – 0003959　3959

句溪雜著六卷　（清）陳立撰　清光緒十四年(1888)廣雅書局刻本　一冊

510000 – 2741 – 0003960　3960

聚學軒叢書　（清）劉世珩校刊　清光緒貴池劉氏刻本　八十九冊

510000 – 2741 – 0003961　3961

聚學軒叢書　（清）劉世珩校刊　清光緒二十二年(1896)刻本　四冊　存三種八卷(古墨齋金石跋六卷、涇川金石記一卷、讀史札記一卷)

510000 – 2741 – 0003962　3962

聚學軒叢書六十種　（清）劉世珩校刊　清光緒貴池劉氏刻本　一百冊

510000 – 2741 – 0003963　3963

鐫國朝名公翰藻超奇十四卷　（明）徐宗夔批選　（明）唐廷仁校梓　明萬曆唐廷仁刻本　十二冊

510000 – 2741 – 0003964　3964

鐫玉茗堂批點殘唐五代史演義傳六卷　（明）羅本編輯　（明）湯顯祖批評　清刻本　二冊

四川大學圖書館古籍普查登記目錄

510000 - 2741 - 0003965　3965

卷施閣集文甲集十卷　（清）洪亮吉撰　清光緒三年(1877)鄂垣刻本　三冊

510000 - 2741 - 0003966　3966

絕妙好詞箋七卷　（宋）周密輯　（清）查爲仁　（清）厲鶚箋　清道光八年(1828)杭州愛日軒刻本　四冊

510000 - 2741 - 0003967　3967

絕妙好詞箋七卷　（宋）周密輯　（清）查爲仁　（清）厲鶚箋　清道光八年(1828)杭州愛日軒刻本　四冊

510000 - 2741 - 0003968　3968

絕妙好詞箋七卷　（宋）周密輯　（清）查爲仁　（清）厲鶚箋　續鈔二卷　（清）余集鈔撮［卷上］　（清）徐楙補録［卷下］　清末民初上海掃葉山房石印　四冊

510000 - 2741 - 0003969　3969

絕妙好詞箋七卷　（宋）周密輯　（清）查爲仁　（清）厲鶚箋　絕妙好詞續鈔一卷　（宋）周密輯　（清）徐楙補録　絕妙好詞續鈔一卷　（宋）周密輯　（清）余集鈔撮　清同治十一年(1872)會稽章氏刻本　四冊

510000 - 2741 - 0003970　3970

璿笙吟館詩餘一卷　（清）崔瑛撰　清光緒三十二年(1906)華陰公廨刻本　一冊

510000 - 2741 - 0003971　3971

覺顚冥齋内言四卷　（清）唐才常撰　清光緒二十八年(1902)鉛印本　四冊

510000 - 2741 - 0003972　3972

覺非盒筆記八卷　（清）顧塈撰　清光緒葛氏刻本　二冊

510000 - 2741 - 0003973　3973

覺峰賸藁二卷　（清）余祥鐘著　清刻本　一冊

510000 - 2741 - 0003974　3974

覺生詩鈔十卷詠物詩鈔四卷詠史詩鈔三卷感舊詩鈔二卷覺生詩續鈔四卷覺生自訂年譜一卷　（清）鮑桂星撰　清同治刻本　八冊　缺二卷(覺生詩續鈔一至二)

510000 - 2741 - 0003975　3975

軍機故事二卷補遺一卷　（清）姚文棟輯　清光緒七年(1881)謨觴室刻本　一冊

510000 - 2741 - 0003976　3976

軍禮司馬法考徵二卷　（清）黃以周撰　清光緒十八年(1892)黃氏試館刻本　一冊

510000 - 2741 - 0003977　3977

軍人道德談　（清）徐炯著　清宣統三年(1911)鉛印本　一冊

510000 - 2741 - 0003978　3978

軍人道德談　（清）徐炯著　清宣統三年(1911)鉛印本　一冊

510000 - 2741 - 0003979　3979

軍樂稿四卷　（清）李映庚擬訂　（清）曹澐（清）陳嘉梁校譜　清宣統元年(1909)石印本　二冊

510000 - 2741 - 0003980　3980

筠廊偶筆二卷怪石賛一卷漫堂墨品一卷（清）宋犖撰　雪堂墨品一卷　（清）張仁熙撰　清康熙刻本　一冊

510000 - 2741 - 0003981　3981

筠廊偶筆二卷怪石賛一卷漫堂墨品一卷（清）宋犖撰　雪堂墨品一卷　（清）張仁熙撰　清康熙刻本　一冊

510000 - 2741 - 0003982　3982

筠清館金石録五卷　（清）吳榮光撰　清道光二十二年(1842)南海吳氏筠清館刻本　五冊

510000 - 2741 - 0003983　3983

攗古録金文三卷　（清）吳式芬撰　清光緒刻本　九冊

510000 - 2741 - 0003984　3984

攗古録金文三卷　（清）吳式芬撰　清光緒刻紅印本　九冊

510000 - 2741 - 0003985　3985

開地道轟藥法三卷附圖一卷　（英國）武備工程學堂編　（英國）傅蘭雅口譯　（清）汪振聲

四川大學圖書館古籍善本登記目録

筆述　清末江南製總局刻本　二冊

510000 – 2741 – 0003986　3986

開地道轟藥法三卷附圖一卷　（英國）武備工
程學堂編　（英國）傅蘭雅口譯　（清）汪振聲
筆述　清末江南製總局刻本　二冊

510000 – 2741 – 0003987　3987

開方別術一卷數根術解一卷　（清）華蘅芳學
　清光緒二十四年（1898）清泉徐氏刻本
一冊

510000 – 2741 – 0003988　3988

開方說三卷附跋一卷　（清）李銳著　（清）李
應南補　清同治十二年（1873）刻本　二冊

510000 – 2741 – 0003989　3989

開礦器法圖說十卷　（美國）俺特累著　（英
國）傅蘭雅口譯　（清）王樹善筆述　清光緒
二十五年（1899）上海江南製造局石印本
六冊

510000 – 2741 – 0003990　3990

開煤要法十二卷　（英國）士密德輯　（英國）
傅蘭雅口譯　（清）王德均筆述　（清）朱彝繪
圖　清末江南機器製造總局刻本　二冊

510000 – 2741 – 0003991　3991

開縣李尚書政書八卷首一卷　（清）李宗義撰
　清光緒十一年（1885）武昌刻本　五冊

510000 – 2741 – 0003992　3992

開縣李尚書政書八卷首一卷　（清）李宗義撰
　清光緒十一年（1885）武昌刻本　五冊

510000 – 2741 – 0003993　3993

**開有益齋讀書志六卷續志一卷開有益齋金石
文字記一卷**　（清）朱緒曾述　清光緒六年
（1880）金陵翁氏茹古閣刻本　四冊

510000 – 2741 – 0003994　3994

**開有益齋讀書志六卷續志一卷開有益齋金石
文字記一卷**　（清）朱緒曾述　清光緒六年
（1880）金陵翁氏茹古閣刻本　六冊

510000 – 2741 – 0003995　3995

楷法溯源十四卷目錄一卷　（清）潘存原輯

（清）楊守敬編　清光緒三年至四年（1877 –
1878）刻本　十五冊

510000 – 2741 – 0003996　3996

楷法溯源十四卷目錄一卷　（清）潘存原輯
（清）楊守敬編　清光緒三年至四年（1877 –
1878）刻本　十五冊

510000 – 2741 – 0003997　3997

楷法溯源十四卷目錄一卷　（清）潘存原輯
（清）楊守敬編　清光緒三年至四年（1877 –
1878）刻本　十五冊

510000 – 2741 – 0003998　3998

刊謬正俗八卷　（唐）顏師古撰　清光緒三年
（1877）湖北崇文書局刻本　一冊

510000 – 2741 – 0003999　3999

戡定新疆記八卷　（清）魏光燾撰　清光緒二
十五年（1899）鉛印本　二冊

510000 – 2741 – 0004000　4000

戡靖教匪述編十二卷　（清）石香村居士編輯
　清道光八年（1828）刻本　四冊

510000 – 2741 – 0004001　4001

戡靖教匪述編十二卷　（清）石香村居士編輯
歷代帝王諡號年譜一卷　（清）羅珍輯　清
道光六年（1826）寶全堂刻本　四冊

510000 – 2741 – 0004002　4002

**衎石齋紀事稿十卷續稿十卷旅逸小稿二卷刻
楮集四卷**　（清）錢儀吉著　清光緒六年
（1880）錢彝甫重校刻本　十冊　存二十卷
（紀事稿十卷、續稿十卷）

510000 – 2741 – 0004003　4003

**衎石齋紀事稿十卷續稿十卷旅逸小稿二卷刻
楮集四卷**　（清）錢儀吉著　清光緒六年
（1880）錢彝甫重校刻本　十二冊

510000 – 2741 – 0004004　4004

康對山先生集四十五卷首一卷　（明）康海撰
　清康熙五十一年（1712）貽穀堂刻本　十
二冊

510000 – 2741 – 0004005　4005

康濟譜二十五卷　（明)潘游龍輯　（明)金俊明評　清道光七年(1827)刻本　十二冊

510000－2741－0004006　4006

康熙甲子史館新刊古今通韻十二卷首一卷（清)毛奇齡撰　清康熙二十三年(1684)刻本　六冊

510000－2741－0004007　4007

康熙字典十二集檢字一卷辨似一卷等韻一卷備考一卷補遺一卷　（清)張玉書等纂　清刻本　四十冊

510000－2741－0004008　4008

康熙字典十二集檢字一卷辨似一卷等韻一卷備考一卷補遺一卷　（清)張玉書等纂　清道光七年(1827)刻本　四十冊

510000－2741－0004009　4009

康熙字典十二集檢字一卷辨似一卷等韻一卷備考一卷補遺一卷　（清)張玉書等纂　清刻本　四十冊

510000－2741－0004010　4010

康熙字典十二集檢字一卷辨似一卷等韻一卷備考一卷補遺一卷　（清)張玉書等纂　清光緒十六年(1890)鴻寶齋石印本　六冊

510000－2741－0004011　4011

康熙字典十二集檢字一卷辨似一卷等韻一卷備考一卷補遺一卷　（清)張玉書等纂　清道光七年(1827)刻本　四十冊

510000－2741－0004012　4012

康熙字典　（清)張玉書等纂　清康熙五十五年(1716)刻本　四十冊

510000－2741－0004013　4013

康熙字典十二集檢字一卷辨似一卷等韻一卷備考一卷補遺一卷　（清)張玉書等纂　清光緒十三年(1887)上海同文書局石印本　六冊

510000－2741－0004014　4014

康輶紀行十六卷　（清)姚瑩撰　清道光刻本　四冊　缺三卷(十二至十四)

510000－2741－0004015　4015

康輶紀行十六卷　（清)姚瑩撰　清道光刻本　六冊

510000－2741－0004016　4016

康輶紀行十六卷　（清)姚瑩撰　清同治六年(1867)刻本　十六冊

510000－2741－0004017　4017

抗希堂十六種　（清)方苞撰　清光緒二十四年(1898)嫏嬛閣刻本　六十四冊

510000－2741－0004018　4018

抗希堂十六種　（清)方苞撰　清康熙至嘉慶刻彙印本　四十八冊

510000－2741－0004019　4019

考訂朱子世家一卷　（清)江永著　清同治十三年(1874)涇縣黃田朱守謨刻本　一冊

510000－2741－0004020　4020

考工記二卷　（明)郭正域批點　明萬曆四十四年(1616)閔氏刻朱墨套印本　一冊

510000－2741－0004021　4021

考工記要十七卷附圖一卷　（英國)瑪體生著　（英國)傅蘭雅譯　（清)鍾天緯譯　（清)汪振聲校訂　清末江南製造總局刻本　八冊

510000－2741－0004022　4022

考工記要十七卷附圖一卷　（英國)瑪體生著　（英國)傅蘭雅譯　（清)鍾天緯譯　（清)汪振聲校訂　清末江南製造總局刻本　八冊

510000－2741－0004023　4023

考證南北音應用何韻拼字大略表一卷　（清)曰愚公製　清末刻本　一冊

510000－2741－0004024　4024

考辨隨筆二卷　（清)黃定宜著　清道光二十七年(1847)萍鄉文晟刻本　二冊

510000－2741－0004025　4025

考古正文印藪五卷　（明)張學禮等輯　明萬曆鈐印本　四冊

510000－2741－0004026　4026

珂雪詞二卷補遺一卷　（清)曹貞吉撰　清康

四川大學圖書館古籍普查登記目錄

熙刻本　二册

510000－2741－0004027　4027

柯山集五十卷　（宋）張耒撰　清乾隆三十九年(1774)武英殿聚珍版印本　十二册

510000－2741－0004028　4028

克虜伯礮說四卷操法四卷彈造法二卷彈附圖一卷附餅藥造法一卷表一卷　（美國）金楷理口譯　（清）李鳳苞筆述　清末江南製造總局刻本　五册

510000－2741－0004029　4029

克虜伯礮準心法一卷　（德國）布國軍政局撰　（美國）金楷理口譯　（清）李鳳苞筆述　清末上海江南製造總局刻本　一册

510000－2741－0004030　4030

克虜伯礮準心法一卷　（德國）布國軍政局撰　（美國）金楷理口譯　（清）李鳳苞筆述　清末江南製造總局刻本　一册

510000－2741－0004031　4031

課子隨筆節鈔六卷　（清）張師載輯　（清）夏錫疇鈔　（清）徐桐節鈔　課子隨筆續編一卷　（清）徐桐續編　清同治十年(1871)貴州刻本　四册

510000－2741－0004032　4032

課子隨筆節鈔六卷　（清）張師載輯　（清）夏錫疇鈔　（清）徐桐節鈔　課子隨筆續編一卷　（清）徐桐續編　清同治十年(1871)貴州刻本　四册

510000－2741－0004033　4033

空山堂全集　（清）牛運震撰　清嘉慶空山堂刻本　四十二册

510000－2741－0004034　4034

空同詩集三十四卷　（明）李夢陽撰　清光緒十五年(1889)渭南嚴氏刻二十六年(1900)印本　六册

510000－2741－0004035　4035

空同詩集三十四卷　（明）李夢陽撰　清光緒十五年(1889)渭南嚴氏刻二十六年(1900)印

本　十册

510000－2741－0004036　4036

孔氏大宗譜一卷　（清）孔憲璜録　（清）孔慶餘校補　清同治十二年(1873)刻本　一册

510000－2741－0004037　4037

孔子編年四卷　（清）狄子奇撰　清光緒十三年(1887)浙江書局刻本　一册

510000－2741－0004038　4038

孔子編年四卷　（清）狄子奇撰　清光緒十三年(1887)浙江書局刻本　一册

510000－2741－0004039　4039

孔子集語十七卷　（清）孫星衍編　清光緒三年(1877)浙江書局刻本　四册

510000－2741－0004040　4040

孔子集語十七卷　（清）孫星衍編　清光緒三年(1877)浙江書局刻本　二册

510000－2741－0004041　4041

孔子集語十七卷　（清）孫星衍編　清光緒三年(1877)浙江書局刻本　四册

510000－2741－0004042　4042

孔子集語十七卷　（清）孫星衍編　清光緒十年(1884)刻本　四册

510000－2741－0004043　4043

孔子家語十卷　（三國魏）王肅注　清刻本　二册　存六卷(三至八)

510000－2741－0004044　4044

孔子家語十卷　（三國魏）王肅注　清末上海同文書局石印本　五册

510000－2741－0004045　4045

孔子家語疏証十卷　（清）陳士珂輯　清光緒十七年(1891)三餘草堂刻本　八册

510000－2741－0004046　4046

礦學新編一卷夷圖一卷　（清）宋廣平撰　清光緒二十八年(1902)抄本　一册

510000－2741－0004047　4047

葵尊公奏疏一卷　（清）任宏嘉撰　清光緒十

四川大學圖書館古籍普查登記目録

四年(1888)刻本　一冊

510000－2741－0004048　4048

夔關則例一卷　(清)香遠堂編　清聚寶齋刻
藍印本　一冊

510000－2741－0004049　4049

夔門送行詩二卷續編一卷　(清)彭星聚輯
清光緒三十一年(1905)成都文倫書局鉛印本
一冊

510000－2741－0004050　4050

愧庵遺集　(清)楊甲仁撰　清同治三年
(1864)葉莖先刻本　八冊

510000－2741－0004051　4051

愧庵遺集　(清)楊甲仁著　清同治三年
(1864)葉莖先刻本　六冊

510000－2741－0004052　4052

簣山堂詩鈔十六卷　(清)王賡言撰　清嘉慶
十六年(1811)刻本　六冊

510000－2741－0004053　4053

昆明縣志十卷　(清)戴絅孫輯　清光緒三十
年(1904)刻本　十二冊

510000－2741－0004054　4054

昆明縣志十卷　(清)戴絅孫輯　清光緒三十
年(1904)刻本　六冊

510000－2741－0004055　4055

崑山郡志六卷　(元)楊譓撰　清光緒二十年
(1894)石埭徐氏刻本　一冊

510000－2741－0004056　4056

鯤溟先生詩集四卷奏疏一卷　(明)郭諫臣撰
清康熙五十二年(1713)郭鸞刻嘉慶十六年
(1811)郭一臨增刻本　四冊

510000－2741－0004057　4057

困學紀聞二十卷　(宋)王應麟撰　清同治九
年(1870)揚州書局刻本　四冊

510000－2741－0004058　4058

困學紀聞二十卷　(宋)王應麟撰　清同治九
年(1870)揚州書局刻本　六冊

510000－2741－0004059　4059

困學紀聞二十卷　(宋)王應麟撰　清同治九
年(1870)揚州書局刻本　四冊

510000－2741－0004060　4060

困學紀聞二十卷　(宋)王應麟撰　清光緒三
十年(1904)四川官書局刻本　十冊

510000－2741－0004061　4061

困學紀聞注二十卷　(宋)王應麟撰　(清)翁
元圻注　清道光五年(1825)餘姚守福堂刻本
十四冊

510000－2741－0004062　4062

困學紀聞注二十卷　(宋)王應麟撰　(清)翁
元圻注　清咸豐元年(1851)小嫏嬛山館刻本
十二冊

510000－2741－0004063　4063

括地志八卷　(清)孫星衍輯　清光緒十年
(1884)吳縣朱氏槐廬刻本　二冊

510000－2741－0004064　4064

喇叭吹法一卷　(美國)金楷理口譯　(清)蔡
錫齡筆述　清末上海江南機器製造總局刻本
一冊

510000－2741－0004065　4065

來鶴亭詩稿二卷　(清)張永亮著　清末成都
刻本　二冊

510000－2741－0004066　4066

來鶴亭詩稿四卷　(清)張永亮著　清同治六
年(1867)成都二仙庵刻本　四冊

510000－2741－0004067　4067

來瞿唐先生日錄內篇六卷外篇七卷　(明)來
知德撰　清道光十一年(1831)刻本　十四冊

510000－2741－0004068　4068

來瞿唐先生日錄內篇六卷外篇七卷　(明)來
知德撰　清道光十一年(1831)刻本　十四冊

510000－2741－0004069　4069

來瞿唐先生日錄內篇六卷外篇七卷首一卷末
一卷　(明)來知德撰　清道光十一年(1831)
刻本　十四冊

四川大學圖書館古籍普查登記目録

510000－2741－0004070　4070

來瞿唐先生日録內篇六卷外篇七卷　（明）來
知德撰　清道光十一年(1831)刻本　十四冊
　缺十七卷

510000－2741－0004071　4071

**來瞿唐先生日録內篇六卷外篇七卷來瞿唐先
生易註十五卷首一卷末一卷**　（明）來知德撰
　清道光十一年(1831)刻本　三十二冊

510000－2741－0004072　4072

**來瞿唐先生易注十五卷首一卷末一卷諸圖一
冊**　（明）來知德撰　清嘉慶十四年(1809)符
永培刻本　十九冊

510000－2741－0004073　4073

**來瞿唐先生易注十五卷首一卷末一卷諸圖一
冊**　（明）來知德撰　清嘉慶十四年(1809)符
永培刻本　二十二冊

510000－2741－0004074　4074

來瞿唐先生易註十五卷首一卷末一卷　（明）
來知德撰　清嘉慶十四年(1809)符永培刻本
　十冊

510000－2741－0004075　4075

來瞿唐先生易註十五卷首一卷末一卷　（明）
來知德撰　清嘉慶十四年(1809)符永培刻本
　十冊

510000－2741－0004076　4076

**來瞿唐先生易註十五卷首一卷末一卷諸圖一
冊**　（明）來知德撰　清嘉慶十四年(1809)符
永培刻本　十八冊　缺一卷(末一卷)

510000－2741－0004077　4077

**來瞿唐先生易註十五卷首一卷末一卷諸圖一
卷**　（明）來知德撰　清嘉慶十四年(1809)寧
遠堂本　二十冊

510000－2741－0004078　4078

賴古堂藏書　（清）周亮工　（清）周在都輯
清刻本　四冊

510000－2741－0004079　4079

賴古堂藏書　（清）周亮工　（清）周在都輯
清刻本　一冊　存五種五卷(人譜正續篇一
卷、陳子旅書一卷、釋冰書一卷、六研齋二筆
一卷、觀宅四十吉祥相一卷)

510000－2741－0004080　4080

賴古堂尺牘新鈔二選藏弆集十六卷　（清）周
在浚等輯　清道光十九年(1839)刻本　四冊

510000－2741－0004081　4081

賴古堂集二十四卷　（清）周亮工撰　清康熙
十四年(1675)周在浚刻本　六冊

510000－2741－0004082　4082

賴古堂集二十四卷　（清）周亮工撰　清道光
九年(1829)周鑾刻本　八冊

510000－2741－0004083　4083

賴古堂集二十四卷　（清）周亮工撰　清道光
九年(1829)周鑾刻本　六冊

510000－2741－0004084　4084

賴古堂詩集四卷　（清）周亮工撰　**墨井詩鈔
三卷**　（清）吳歷撰　清刻本　一冊

510000－2741－0004085　4085

蘭福堂詩集一卷　（清）胡延撰　清光緒二十
七年(1901)成都胡氏西安刻本　一冊

510000－2741－0004086　4086

蘭陵三秀集　（清）□□輯　清道光十六年
(1836)刻本　二冊

510000－2741－0004087　4087

蘭臺軌範八卷　（清）徐靈胎著　清刻本
八冊

510000－2741－0004088　4088

蘭苕館外集十卷　（清）許奉恩撰　清末抱芳
閣刻本　十冊

510000－2741－0004089　4089

蘭雪堂古事苑定本十二卷　（明）鄧志謨輯
清康熙二十五年(1686)蘭雪堂刻本　四冊

510000－2741－0004090　4090

蘭雪堂古事苑定本十二卷　（明）鄧志謨輯
清康熙二十五年(1686)蘭雪堂刻本　五冊
　缺二卷(三至四)

四川大學圖書館古籍普查登記目録

510000－2741－0004091　4091

攬青閣詩鈔二卷　（清）李貽德撰　清同治六年(1867)刻本　一冊

510000－2741－0004092　4092

郎潛紀聞十四卷　（清）陳康祺著　清光緒十年(1884)陳康祺刻民國三十一年(1942)校印本　四冊

510000－2741－0004093　4093

郎潛紀聞十四卷　（清）陳康祺著　清光緒十年(1884)陳康祺刻本　四冊

510000－2741－0004094　4094

郎潛紀聞十四卷　（清）陳康祺著　清光緒十年(1884)陳康祺刻本　四冊

510000－2741－0004095　4095

嬭嬛獺祭十二種　（清）□□輯　清光緒二十年(1894)文選樓石印本　十三冊

510000－2741－0004096　4096

朗仙詩録二卷　（清）趙世超著　清光緒刻本　一冊

510000－2741－0004097　4097

朗仙詩録二卷朗仙口義一卷朗仙文録二卷朗仙贅言一卷朗仙詩續録四卷　（清）趙世超著　清光緒刻本　三冊

510000－2741－0004098　4098

浪跡叢談十一卷　（清）梁章鉅撰　清刻本　四冊

510000－2741－0004099　4099

浪跡續談八卷　（清）梁章鉅撰　清刻本　二冊

510000－2741－0004100　4100

老學庵筆記十卷　（宋）陸游撰　清光緒三年(1877)湖北崇文書局刻本　二冊

510000－2741－0004101　4101

老學庵筆記十卷　（宋）陸游撰　清光緒三年(1877)湖北崇文書局刻本　二冊

510000－2741－0004102　4102

老學菴讀書記四卷　（清）彭蘊章撰　清同治

五年(1866)彭氏刻本　一冊

510000－2741－0004103　4103

老子參註四卷　（清）倪元坦註　清嘉慶、道光間刻本　一冊

510000－2741－0004104　4104

老子道德經二卷　（周）李耳撰　（三國魏）王弼注　老子道德音義一卷　（唐）陸德明撰　清光緒元年(1875)浙江書局刻本　二冊

510000－2741－0004105　4105

老子道德經二卷　（周）李耳撰　（三國魏）王弼注　老子道德音義一卷　（唐）陸德明撰　清光緒元年(1875)浙江書局刻本　一冊

510000－2741－0004106　4106

老子道德經二卷　（周）李耳撰　（三國魏）王弼注　老子道德音義一卷　（唐）陸德明撰　清光緒元年(1875)浙江書局刻本　一冊

510000－2741－0004107　4107

老子道德經解二卷首一卷　（明）釋德清撰　清光緒十二年(1886)金陵刻經處刻本　二冊

510000－2741－0004108　4108

老子道德經解二卷首一卷　（明）釋德清撰　清光緒十二年(1886)金陵刻經處刻本　二冊

510000－2741－0004109　4109

老子道德真經二卷音義一卷　（周）李耳撰　明閔齊伋刻三子合刊朱墨套印本　一冊

510000－2741－0004110　4110

老子翼八卷首一卷　（明）焦竑輯　清光緒二十一年(1895)桐廬袁氏刻漸西村舍叢刻本　四冊

510000－2741－0004111　4111

老子元翼二卷考異一卷附録一卷　（明）焦竑原輯　（清）郭乾泗重校　清刻本　五冊

510000－2741－0004112　4112

老子約説四卷　（清）紀大奎撰　（清）紀大婓評註　清同治九年(1870)四川什邡縣刻本　一冊

510000－2741－0004113　4113

四川大學圖書館古籍普查登記目録

老子約說四卷 （清）紀大奎撰 （清）紀大婁
評註 清同治九年（1870）四川什邡縣刻本
一冊

510000－2741－0004114 4114

斅經筆記一卷 （清）陳倬撰 清同治刻本
一冊

510000－2741－0004115 4115

老子章義二卷 （清）姚鼐撰 清同治九年
（1870）桐城吳氏刻本 一冊

510000－2741－0004116 4116

老子章義二卷 （清）姚鼐撰 清同治九年
（1870）桐城吳氏刻本 一冊

510000－2741－0004117 4117

老子章義二卷 （清）姚鼐撰 清同治九年
（1870）桐城吳氏刻本 一冊

510000－2741－0004118 4118

雷公炮製藥性解六卷 （明）李中梓撰 清刻
本 二冊

510000－2741－0004119 4119

類編草堂詩餘四卷 （明）武陵逸史編次
（明）昆石山人校輯 明萬曆二十年（1592）書
林張東川刻本 八冊

510000－2741－0004120 4120

類方準繩八卷 （明）王肯堂輯 清刻本 六
冊 存四卷（二至五）

510000－2741－0004121 4121

類經三十二卷附類經圖翼十一卷類經附翼四
卷 （明）張景岳類註 清道光二十年（1840）
宏道堂刻本 三十九冊 缺一卷（十四）

510000－2741－0004122 4122

類經三十二卷附類經圖翼十一卷類經附翼四
卷 （明）張景岳類註 清道光二十年（1840）
宏道堂刻本 四十冊

510000－2741－0004123 4123

類經三十二卷附類經圖翼十一卷類經附翼四
卷 （明）張景岳類註 清嘉慶四年（1799）金
閶萃英堂刻本 二十四冊

510000－2741－0004124 4124

類經三十二卷附類經圖翼十一卷類經附翼四
卷 （明）張景岳類註 清嘉慶四年（1799）金
閶萃英堂刻本 二十四冊

510000－2741－0004125 4125

類經纂要三卷末一卷 （清）虞庠輯 （清）王
廷俊增註 清同治六年（1867）刻本 四冊

510000－2741－0004126 4126

類雋三十卷 （明）鄭若庸輯 明萬曆六年
（1578）汪珙刻本 三十冊

510000－2741－0004127 4127

類林新詠三十六卷 （清）姚之駰撰 清康熙
四十六年（1707）刻本 十冊

510000－2741－0004128 4128

類篇十五卷 （宋）司馬光修纂 清光緒二年
（1876）川東官舍刻本 十四冊

510000－2741－0004129 4129

類書纂要三十三卷 （清）周魯輯 清康熙三
槐堂刻本 二十冊

510000－2741－0004130 4130

類證普濟本事方十卷 （宋）許叔微述 （清）
葉桂釋義 清嘉慶十八年（1813）刻本 四冊

510000－2741－0004131 4131

類證普濟本事方十卷 （宋）許叔微述 （清）
葉桂釋義 清末成都黎照書屋刻本 四冊

510000－2741－0004132 4132

類證治裁八卷首一卷附一卷 （清）林佩琴著
清光緒十年（1884）刻本 十冊

510000－2741－0004133 4133

楞伽阿跋多羅寶經註解四卷 （南朝宋）求那
跋陀羅譯 （明）宗泐 （明）如玘註 清光緒
四年（1878）長沙刻經處刻本 二冊

510000－2741－0004134 4134

冷廬雜識八卷 （清）陸以湉撰 清刻本
六冊

510000－2741－0004135 4135

冷吟仙館詩稿八卷詩餘一卷文存一卷附錄一

四川大學圖書館古籍普查登記目錄

卷　（清）左錫嘉著　清光緒十七年（1891）刻本　六冊

510000－2741－0004136　4136
梨州遺著彙刊　（清）黃宗羲撰　清宣統二年（1910）上海時中書局鉛印民國四年（1915）增印本　二十冊

510000－2741－0004137　4137
黎氏抄錄一卷　（清）□□輯　清末抄本　一冊

510000－2741－0004138　4138
黎氏鄉會試硃卷一卷　（清）□□輯　清末抄本　一冊

510000－2741－0004139　4139
黎氏奏疏與函稿不分卷　（清）黎庶昌撰　清末抄本　五冊

510000－2741－0004140　4140
黎文肅公遺書　（清）黎培敬撰　清光緒十七年（1891）湘潭黎氏刻本　十八冊

510000－2741－0004141　4141
黎文肅公遺書　（清）黎培敬撰　清光緒十七年（1891）湘潭黎氏刻本　二十冊

510000－2741－0004142　4142
離騷節解一卷正音一卷本韻一卷節指一卷　（清）張德純節解　清乾隆五十年（1785）刻朱墨套印本　一冊

510000－2741－0004143　4143
李長吉歌詩四卷首一卷外集一卷　（唐）李賀撰　（清）王琦彙解　清光緒四年（1878）宏達堂刻本　二冊

510000－2741－0004144　4144
李長吉歌詩四卷首一卷外集一卷　（唐）李賀撰　（清）王琦彙解　清乾隆錢塘王氏寶笏樓刻本　二冊

510000－2741－0004145　4145
李長吉歌詩四卷首一卷外集一卷　（唐）李賀撰　（清）王琦彙解　清光緒四年（1878）宏達堂刻本　四冊

510000－2741－0004146　4146
李長吉歌詩四卷首一卷外集一卷　（唐）李賀撰　（清）王琦彙解　清光緒四年（1878）宏達堂刻本　四冊

510000－2741－0004147　4147
李長吉集四卷外一卷　（唐）李賀撰　清宣統元年（1909）上海掃葉山房石印本　二冊

510000－2741－0004148　4148
李杜全集四十七卷　（唐）李白　（唐）杜甫撰　（明）許自昌輯　明萬曆三十年（1602）許自昌刻本　二十冊

510000－2741－0004149　4149
李杲先生集此事難知集二卷　（金）李杲撰　清刻本　一冊

510000－2741－0004150　4150
李涵虛所著書　（清）李涵虛著　清刻本　三冊

510000－2741－0004151　4151
李翰林集三十卷附札記一卷　（唐）李白撰　清光緒三十四年至宣統元年（1908－1909）貴池劉氏玉海堂影宋刻本　八冊

510000－2741－0004152　4152
李氏成書　（清）李文焻撰　清四爲堂刻本　三十二冊

510000－2741－0004153　4153
李氏蒙求補注六卷　（清）金三俊輯　清刻本　二冊

510000－2741－0004154　4154
李氏蒙求補注六卷　（清）金三俊輯　清光緒二年（1876）刻本　二冊

510000－2741－0004155　4155
李氏五種合刊　（清）李兆洛撰　清光緒十八年（1892）長沙竹素書局刻本　十五冊

510000－2741－0004156　4156
李氏五種合刊　（清）李兆洛撰　清光緒十四年（1888）掃葉山房刻本　十一冊　缺二卷（歷代地理沿革圖一卷、皇朝一統輿圖一卷）

四川大學圖書館古籍普查登記目錄

510000－2741－0004157　4157

李氏五種合刊　（清）李兆洛撰　清同治合肥李氏刻本　十冊

510000－2741－0004158　4158

李氏遺書　（清）李銳撰　清道光三年(1823)刻本　五冊

510000－2741－0004159　4159

李氏遺書　（清）李銳撰　清光緒十六年(1890)上海醉六堂刻本　一冊　存二種四卷（召誥日名考一卷、漢三統術三卷）

510000－2741－0004160　4160

李氏音鑑六卷首一卷　（清）李汝珍撰　清嘉慶十五年(1810)寶善堂刻本　六冊

510000－2741－0004161　4161

李氏音鑑六卷首一卷　（清）李汝珍撰　清嘉慶十五年(1810)寶善堂刻本　四冊

510000－2741－0004162　4162

李氏音鑑六卷首一卷　（清）李汝珍撰　清嘉慶十五年(1810)寶善堂刻本　四冊

510000－2741－0004163　4163

李恕谷先生年譜五卷　（清）馮辰纂　（清）惲鶴生訂　（清）孫鍇重訂　（清）劉調贊續纂　清道光十六年(1836)刻本　四冊

510000－2741－0004164　4164

李太白全集十六卷　（唐）李白撰　（清）李調元　（清）鄧在珩編訂　清乾隆二十九年(1764)刻道光十三年(1833)印本　六冊

510000－2741－0004165　4165

李太白全集十六卷　（唐）李白撰　（清）李調元　（清）鄧在珩編訂　清乾隆二十九年(1764)清廉學舍刻本　六冊

510000－2741－0004166　4166

李太白全集十六卷　（唐）李白撰　（清）李調元　（清）鄧在珩編訂　清乾隆二十九年(1764)刻道光十三年(1833)印本　六冊

510000－2741－0004167　4167

李太白文集三十六卷　（唐）李白撰　（清）王琦輯注　清刻本　十六冊

510000－2741－0004168　4168

李太白文集三十六卷　（唐）李白撰　（清）王琦輯注　清刻本　十四冊

510000－2741－0004169　4169

李太白文集三十六卷　（唐）李白撰　（清）王琦輯注　清刻本　十二冊

510000－2741－0004170　4170

李太白文集三十六卷　（唐）李白撰　（清）王琦輯注　清刻本　十六冊

510000－2741－0004171　4171

李太白文集三十六卷　（唐）李白撰　（清）王琦輯注　清乾隆刻本　十二冊

510000－2741－0004172　4172

李文恭公詩集八卷　（清）李星沅著　清同治四年(1865)刻本　八冊

510000－2741－0004173　4173

李文恭公文集十六卷　（清）李星沅著　清同治四年(1865)刻本　五冊

510000－2741－0004174　4174

李文清公遺書　（清）李棠階撰　清光緒八年(1882)河北道署刻本　四冊

510000－2741－0004175　4175

李文襄公奏疏十卷首一卷別録六卷　（清）李之芳撰　清康熙刻本　八冊

510000－2741－0004176　4176

李文忠公海軍函稿四卷　（清）李鴻章撰（清）吳汝綸編輯　清光緒二十八年(1902)蓮池書社鉛印本　二冊

510000－2741－0004177　4177

李文忠公朋僚函稿二十四卷　（清）李鴻章撰（清）吳汝綸編輯　清光緒二十八年(1902)蓮池書社排印本　十三冊

510000－2741－0004178　4178

李文忠公朋僚函稿二十四卷　（清）李鴻章撰（清）吳汝綸編輯　清光緒二十八年(1902)蓮池書社鉛印本　十二冊

四川大學圖書館古籍普查登記目録

510000－2741－0004179　4179

李文忠公朋僚函稿二十四卷　（清）李鴻章撰
（清）吳汝綸輯　清光緒二十八年(1902)蓮
池書社鉛印本　十二冊

510000－2741－0004180　4180

李文忠公全集一百四十五卷首一卷　（清）李
鴻章撰　清光緒三十一年(1905)金陵刻本
七十冊　存一百十一卷（電稿一至二十三、海
軍函稿一至四、遷移教堂函稿一卷、奏稿一至
六十三、譯署函稿一至二十）

510000－2741－0004181　4181

李文忠公外部函稿二十四卷　（清）李鴻章撰
（清）吳汝綸編輯　清光緒二十八年(1902)
蓮池書社鉛印本　十二冊

510000－2741－0004182　4182

李文忠公奏議二十卷　（清）李鴻章撰　清末
石印本　二十冊

510000－2741－0004183　4183

李文莊公全集十卷　（明）李騰芳撰　清光緒
二年(1876)湘潭李恩溥刻本　十冊

510000－2741－0004184　4184

李義山詩集三卷　（唐）李商隱撰　（清）朱鶴
齡註　（清）沈厚塽評　**詩譜一卷諸家詩評一
卷**　清同治九年(1870)廣州萃文堂刻本
四冊

510000－2741－0004185　4185

李義山詩集三卷　（唐）李商隱撰　（清）朱鶴
齡註　（清）沈厚塽評　**詩譜一卷諸家詩評一
卷**　清同治九年(1870)廣州倅署刻三色套印
本　四冊

510000－2741－0004186　4186

李義山詩集三卷　（唐）李商隱撰　（清）朱鶴
齡註　（清）沈厚塽評　**詩譜一卷諸家詩評一
卷**　清同治九年(1870)廣州倅署刻三色套印
本　四冊

510000－2741－0004187　4187

李義山詩集三卷　（唐）李商隱撰　（清）朱鶴
齡註　（清）沈厚塽評　**詩譜一卷諸家詩評一**

卷　清順治十六年（1659）刻乾隆十五年
(1750)光霽堂修補印本　四冊

510000－2741－0004188　4188

李義山詩集三卷　（唐）李商隱撰　（清）朱鶴
齡註　（清）沈厚塽評　**詩譜一卷諸家詩評一
卷**　清同治九年(1870)廣州倅署堂刻三色套
印本　四冊

510000－2741－0004189　4189

李義山文集十卷　（唐）李商隱撰　（清）徐樹
穀箋　（清）徐炯註　清康熙四十七年(1708)
徐氏花溪別墅刻本　四冊

510000－2741－0004190　4190

李義山文集十卷　（唐）李商隱撰　（清）徐樹
穀箋　（清）徐炯註　清康熙四十七年(1708)
徐氏花溪別墅刻乾隆三十五年(1770)愛日堂
印本　三冊

510000－2741－0004191　4191

李卓吾先生讀升菴集二十卷　（明）楊慎撰
(明)李贄評　明刻本　四冊

510000－2741－0004192　4192

理學逢源十二卷　（清）汪紱集　清光緒二十
三年(1897)刻本　十二冊

510000－2741－0004193　4193

理學逢源十二卷　（清）汪紱集　清光緒二十
三年(1897)刻本　十二冊

510000－2741－0004194　4194

理學宗傳二十六卷　（清）孫奇逢輯　清光緒
六年(1880)浙江書局刻本　十二冊

510000－2741－0004195　4195

理學宗傳二十六卷　（清）孫奇逢輯　清康熙
刻本　十六冊

510000－2741－0004196　4196

理學宗傳二十六卷　（清）孫奇逢輯　清光緒
六年(1880)浙江書局刻本　十二冊

510000－2741－0004197　4197

理瀹外治方要一卷　（清）吳尚先著　清光緒
九年(1883)江西書局刻本　一冊

四川大學圖書館古籍普查登記目録

510000－2741－0004198　4198

禮耕堂叢說一卷史論五答一卷貞貝居暇唱一卷　（清）施國祁撰　清宣統三年(1911)國學扶輪社鉛印本　一冊

510000－2741－0004199　4199

禮記二十卷　（漢）鄭玄注　**撫本禮記鄭注考異一卷**　（清）張敦仁撰　清同治九年(1870)楚北崇文書局刻本　八冊

510000－2741－0004200　4200

禮記二十卷考證二十卷　（漢）鄭玄注　（唐）陸德明音義　清末成都書局刻相臺五經本　八冊

510000－2741－0004201　4201

禮記二十卷考證二十卷　（漢）鄭玄注　（唐）陸德明音義　清末成都書局刻相臺五經本　八冊

510000－2741－0004202　4202

禮記二十卷考證二十卷　（漢）鄭玄注　（唐）陸德明音義　清末成都書局刻相臺五經本　八冊

510000－2741－0004203　4203

禮記集說十六卷　（元）陳澔撰　明刻本　十六冊

510000－2741－0004204　4204

禮記箋四十九卷　（清）郝懿行撰　清光緒八年(1882)東路廳署刻本　十冊

510000－2741－0004205　4205

禮記箋四十六卷　（漢）鄭玄注　王闓運箋　清光緒抄本　十冊　存三十三卷(一至十三、十七至三十六)

510000－2741－0004206　4206

禮記箋四十六卷　（漢）鄭玄注　王闓運箋　清光緒十一年(1885)成都尊經書院刻本　六冊

510000－2741－0004207　4207

禮記箋四十六卷　（漢）鄭玄注　王闓運箋　清光緒十一年(1885)成都尊經書院刻本

六冊

510000－2741－0004208　4208

禮記節本二卷　（□）□□撰　清光緒三十二年(1906)正蒙社刻本　二冊

510000－2741－0004209　4209

禮記節本四卷　（□）□□撰　清宣統三年(1911)存古書坊刻本　二冊

510000－2741－0004210　4210

禮記六十一卷尚書顧命解一卷　（清）孫希旦撰　清咸豐、同治間瑞安孫氏刻本　十六冊

510000－2741－0004211　4211

禮記六十一卷尚書顧命解一卷　（清）孫希旦撰　清咸豐、同治間瑞安孫氏刻本　二十冊

510000－2741－0004212　4212

禮記旁訓六卷　（清）魏朝俊輯　清光緒十年(1884)刻本　六冊

510000－2741－0004213　4213

禮記十卷　（元）陳澔集說　清揚州二郎廟惜字公局刻本　九冊　缺一卷(一)

510000－2741－0004214　4214

禮記十卷　（元）陳澔集說　清同治七年(1868)楚北崇文書局刻本　十冊

510000－2741－0004215　4215

禮記十卷　（元）陳澔集說　清同治七年(1868)楚北崇文書局刻本　十冊

510000－2741－0004216　4216

禮記十卷　（元）陳澔集說　（清）聖祖玄燁案　清刻本　十冊

510000－2741－0004217　4217

禮記述註二十八卷　（清）李光坡撰　清乾隆三十二年(1767)李氏清白堂刻本　十冊

510000－2741－0004218　4218

禮記體註四卷　（清）范翔撰　清刻本　四冊

510000－2741－0004219　4219

禮記訓纂四十九卷　（清）朱彬輯　清咸豐元年(1851)寶應朱氏宜祿堂刻本　八冊

203

510000 – 2741 – 0004220　4220

禮記要義三十三卷　（宋）魏了翁撰　清光緒
十二年(1886)江蘇書局刻本　八冊

510000 – 2741 – 0004221　4221

禮記要義三十三卷　（宋）魏了翁撰　清光緒
十二年(1886)江蘇書局刻本　八冊

510000 – 2741 – 0004222　4222

禮記約編□□卷　（清）汪基　（清）江永訂
清刻本　一冊　存二卷(八至九)

510000 – 2741 – 0004223　4223

禮記質疑四十九卷　（清）郭嵩燾撰　清光緒
十六年(1890)思賢講舍刻本　十冊

510000 – 2741 – 0004224　4224

禮記注疏六十三卷附考證　（漢）鄭玄注
（唐）孔穎達疏　（唐）陸德明音義　清刻本
二十冊

510000 – 2741 – 0004225　4225

禮記註疏六十三卷附考證　（漢）鄭玄註
（唐）孔穎達疏　（唐）陸德明音義　清四友堂
刻本　二十冊

510000 – 2741 – 0004226　4226

禮記纂言三十六卷　（元）吳澄撰　（清）朱軾
重訂　清康熙高安朱氏刻本　十冊

510000 – 2741 – 0004227　4227

禮經箋十七卷　（漢）鄭玄注　王闓運箋　清
光緒十一年(1885)成都尊經書局刻本　六冊

510000 – 2741 – 0004228　4228

禮經箋十七卷　（漢）鄭玄注　王闓運箋　清
光緒二十六年(1900)刻本　六冊

510000 – 2741 – 0004229　4229

禮經箋十七卷　（漢）鄭玄注　王闓運箋　清
光緒十一年(1885)成都尊經書局刻本　六冊

510000 – 2741 – 0004230　4230

禮經箋十七卷　（漢）鄭玄注　王闓運箋　清
光緒十一年(1885)成都尊經書局刻本　六冊

510000 – 2741 – 0004231　4231

禮經箋十七卷　（漢）鄭玄注　王闓運箋　清
光緒十一年(1885)成都尊經書局刻本　五冊
缺三卷(十二至十四)

510000 – 2741 – 0004232　4232

禮經釋例十三卷　（清）凌廷堪撰　清嘉慶十
四年(1809)阮元杭州刻本　八冊

510000 – 2741 – 0004233　4233

禮經校釋二十二卷　（清）曹元弼撰　清光緒
十八年(1892)刻本　十二冊

510000 – 2741 – 0004234　4234

禮經校釋二十二卷　（清）曹元弼撰　清光緒
十八年(1892)刻本　十二冊

510000 – 2741 – 0004235　4235

禮山園全集　（清）李來章撰　清康熙刻乾隆
印本　十六冊

510000 – 2741 – 0004236　4236

禮書綱目八十五卷首三卷　（清）江永編　清
嘉慶十五年(1810)鏤恩堂刻本　三十二冊

510000 – 2741 – 0004237　4237

禮書綱目八十五卷首三卷　（清）江永編　清
嘉慶十五年(1810)鏤恩堂刻本　三十四冊

510000 – 2741 – 0004238　4238

禮書通故五十卷　（清）黃以周述　清光緒十
九年(1893)定海黃氏試館刻本　三十二冊

510000 – 2741 – 0004239　4239

禮書通故五十卷　（清）黃以周述　清光緒十
九年(1893)定海黃氏試館刻本　三十二冊

510000 – 2741 – 0004240　4240

禮書通故五十卷　（清）黃以周述　清光緒十
九年(1893)定海黃氏試館刻本　三十二冊

510000 – 2741 – 0004241　4241

禮書通故五十卷　（清）黃以周述　清光緒十
九年(1893)定海黃氏試館刻本　三十二冊

510000 – 2741 – 0004242　4242

四川大學圖書館古籍普查登記目録

禮書通故五十卷 （清）黃以周述 清光緒十九年（1893）定海黃氏試館刻本 三十二冊

510000－2741－0004243 4243

禮書一百五十卷 （宋）陳祥道撰 清光緒二年（1876）廣州刻本 十七冊

510000－2741－0004244 4244

禮書一百五十卷 （宋）陳祥道撰 清光緒二年（1876）廣州刻本 十九冊

510000－2741－0004245 4245

利溥集三種 （清）王鴻驥輯 清宣統二年（1910）成都閑存齋刻本 十二冊

510000－2741－0004246 4246

利溥集四種 （清）王鴻驥輯 清宣統二年（1910）成都閑存齋刻本 十六冊

510000－2741－0004247 4247

荔牆叢刻十二種續刊二種 （清）汪曰楨編 清同治、光緒間烏程汪氏刻本 十六冊

510000－2741－0004248 4248

笠翁十種曲 （清）李漁撰 清刻本 二十冊

510000－2741－0004249 4249

笠翁十種曲 （清）李漁撰 清康熙世德堂刻本 二十冊

510000－2741－0004250 4250

笠翁一家言全集十六卷 （清）李漁撰 清刻本 十二冊

510000－2741－0004251 4251

笠翁一家言全集十六卷 （清）李漁撰 清刻本 十六冊

510000－2741－0004252 4252

笠翁一家言全集十六卷 （清）李漁撰 清康熙十一年（1672）芥子園刻本 十六冊

510000－2741－0004253 4253

笠澤叢書四卷補遺一卷續補遺一卷 （唐）陸龜蒙撰 清雍正九年（1731）陸鍾輝水雲書屋刻本 二冊

510000－2741－0004254 4254

痢證定論大全四卷 （清）孔毓禮著 （清）明仲傑評 失血治法一卷 清光緒三十四年（1908）刻本 三冊

510000－2741－0004255 4255

痢證匯參十卷 （清）吳道源纂輯 清光緒十七年（1891）三讓堂刻本 四冊

510000－2741－0004256 4256

歷朝紀事本末九種 （□）□□編 清光緒二十八年（1902）上海書局石印本 五十三冊 缺五卷（通鑑紀事本末一至五）

510000－2741－0004257 4257

歷朝名人詞選十三卷 （清）夏秉衡選 清宣統元年（1909）上海掃葉山房石印本 六冊

510000－2741－0004258 4258

歷代長術輯要十卷首一卷附古今推步諸術考二卷 （清）汪曰楨撰 清同治六年（1867）刻荔牆叢刻本 六冊

510000－2741－0004259 4259

歷代籌邊略八十四卷附目錄類編三卷 （清）陳麟圖輯 清光緒二十三年（1897）四川廣安州學署刻本 四十冊

510000－2741－0004260 4260

歷代籌邊略八十四卷附目錄類編三卷 （清）陳麟圖輯 清光緒二十三年（1897）四川廣安州學署刻本 四十冊

510000－2741－0004261 4261

歷代地理志韻編今釋二十卷 （清）李兆洛輯 （清）六嚴等編集 清光緒元年（1875）刻本 六冊

510000－2741－0004262 4262

歷代地理志韻編今釋二十卷 （清）李兆洛輯 （清）六嚴等編集 清光緒十八年（1892）金陵書局刻本 十冊

510000－2741－0004263 4263

歷代地理志韻編今釋二十卷 （清）李兆洛輯 （清）六嚴等編集 清光緒元年（1875）刻本 十冊

四川大學圖書館古籍普查登記目錄

510000 - 2741 - 0004264　4264

歷代地理志韻編今釋二十卷附皇朝輿地韻編
二卷皇明輿地圖一卷　（清）李兆洛輯　（清）
六嚴等編集　清光緒上海蜚英館石印本
八冊

510000 - 2741 - 0004265　4265

歷代帝王表不分卷　（清）齊召南編　清刻本
四冊

510000 - 2741 - 0004266　4266

歷代帝王年表三卷　（清）齊召南編　（清）阮
福續編　清末刻本　三冊

510000 - 2741 - 0004267　4267

歷代帝王年表四卷　（清）齊召南撰　清光緒
二十八年（1902）上海石印本　二冊

510000 - 2741 - 0004268　4268

歷代帝王年表一卷紀元同異考略一卷　（清）
黃大華撰　清光緒二十六年（1900）武昌黃氏
夢紅豆村刻本　一冊

510000 - 2741 - 0004269　4269

歷代帝王紹運圖一卷　（宋）諸葛深撰　清光
緒貴陽陳氏刻本　一冊

510000 - 2741 - 0004270　4270

歷代帝王紹運圖一卷　（宋）諸葛深撰　清光
緒貴陽陳氏刻本　一冊

510000 - 2741 - 0004271　4271

歷代都江堰功小傳二卷　（清）錢茂輯　清宣
統三年（1911）成都刻本　一冊

510000 - 2741 - 0004272　4272

歷代都江堰功小傳二卷　（清）錢茂輯　清宣
統三年（1911）成都刻本　一冊

510000 - 2741 - 0004273　4273

歷代都江堰功小傳二卷　（清）錢茂輯　清宣
統三年（1911）成都刻本　一冊

510000 - 2741 - 0004274　4274

歷代都江堰功小傳二卷　（清）錢茂輯　清宣
統三年（1911）成都刻本　一冊

510000 - 2741 - 0004275　4275

歷代都江堰功小傳二卷　（清）錢茂輯　清宣
統三年（1911）成都刻本　一冊

510000 - 2741 - 0004276　4276

歷代都江堰功小傳二卷　（清）錢茂輯　清宣
統三年（1911）成都刻本　一冊

510000 - 2741 - 0004277　4277

歷代都江堰功小傳二卷　（清）錢茂輯　清宣
統三年（1911）成都刻本　一冊

510000 - 2741 - 0004278　4278

歷代都江堰功小傳二卷　（清）錢茂輯　清宣
統三年（1911）成都刻本　一冊

510000 - 2741 - 0004279　4279

歷代都江堰功小傳二卷　（清）錢茂輯　清宣
統三年（1911）成都刻本　一冊

510000 - 2741 - 0004280　4280

歷代都江堰功小傳二卷　（清）錢茂輯　清宣
統三年（1911）成都刻本　一冊

510000 - 2741 - 0004281　4281

歷代都江堰功小傳二卷　（清）錢茂輯　清宣
統三年（1911）成都刻本　一冊

510000 - 2741 - 0004282　4282

歷代都江堰功小傳二卷　（清）錢茂輯　清宣
統三年（1911）成都刻本　一冊

510000 - 2741 - 0004283　4283

歷代都江堰功小傳二卷　（清）錢茂輯　清宣
統三年（1911）成都刻本　一冊

510000 - 2741 - 0004284　4284

歷代畫史彙傳七十二卷首一卷附録二卷
（清）彭蘊燦輯　清光緒五年（1879）京都善成
堂書鋪刻本　三十二冊

510000 - 2741 - 0004285　4285

歷代畫史彙傳七十二卷首一卷附録二卷
（清）彭蘊燦輯　清光緒五年（1879）京都善成
堂書鋪刻八年（1882）掃葉山房印本　三十
二冊

510000 - 2741 - 0004286　4286

歷代畫史彙傳七十二卷首一卷附録二卷

（清）彭蘊璨輯　清道光五年(1825)吳門尚志堂彭氏刻本　二十四冊

510000－2741－0004287　4287

歷代畫史彙傳七十二卷首一卷附錄二卷
（清）彭蘊璨輯　清光緒五年(1879)京都善成堂書鋪刻八年(1882)掃葉山房印本　三十二冊

510000－2741－0004288　4288

歷代紀元彙考八卷　（清）萬斯同編　（清）孫鏘校補　續編一卷　（清）李哲濬撰　清光緒二十三年(1897)瀹洲李氏刻本　二冊

510000－2741－0004289　4289

歷代名臣言行錄二十四卷　（清）朱桓編輯（清）潘永季校定　清光緒二十六年(1900)文瀾書局石印本　八冊

510000－2741－0004290　4290

歷代名臣言行錄二十四卷　（清）朱桓編輯（清）潘永季校定　清光緒元年(1875)刻本　三十二冊

510000－2741－0004291　4291

歷代名臣奏議三百二十卷　（明）黃淮等輯（明）張溥刪正　清聚英堂刻本　一百冊

510000－2741－0004292　4292

歷代名臣奏議三百十九卷　（明）黃淮等輯（明）張溥刪正　明崇禎刻清文德堂重印本八十冊

510000－2741－0004293　4293

歷代名臣奏議選三十卷　（清）趙承恩輯刊清光緒江西舊學山房刻本　二十六冊

510000－2741－0004294　4294

歷代名人年譜十卷附存疑及生卒年月無考一卷　（清）吳榮光撰　清光緒二年(1876)京都寶經書坊刻譚錫慶重校晉華書局印本　五冊

510000－2741－0004295　4295

歷代名人年譜十卷附存疑及生卒年月無考一卷　（清）吳榮光撰　清光緒元年(1875)南海張蔭桓刻本　十冊

510000－2741－0004296　4296

歷代名人年譜十卷附存疑及生卒年月無考一卷　（清）吳榮光撰　清光緒二年(1876)京都寶經書坊刻本　十冊

510000－2741－0004297　4297

歷代名人年譜十卷附存疑及生卒年月無考一卷　（清）吳榮光撰　清光緒元年(1875)南海張蔭桓刻本　十冊

510000－2741－0004298　4298

歷代名賢齒譜九卷歷代名媛齒譜三卷　（清）易宗涒纂輯　清雍正三年(1725)賜書堂刻乾隆六十年(1795)賜書堂續刻本　二十冊

510000－2741－0004299　4299

歷代名賢列女氏姓譜一百五十七卷　（清）蕭智漢纂輯　清乾隆五十七年(1792)聽濤山房刻嘉慶二十年(1815)印本　一百六十冊

510000－2741－0004300　4300

歷代名賢列女氏姓譜一百五十七卷　（清）蕭智漢纂輯　清乾隆五十七年(1792)聽濤山房刻嘉慶二十年(1815)印本　一百五十八冊

510000－2741－0004301　4301

歷代名媛圖說二卷　（□）□□編　清光緒五年(1879)上海點石齋石印本　二冊

510000－2741－0004302　4302

歷代名媛雜詠三卷　（清）邵颿撰　清抄本四冊

510000－2741－0004303　4303

歷代年號記略一卷附刻五種　（清）呂調陽撰　清光緒三十一年(1905)刻本　一冊

510000－2741－0004304　4304

歷代神仙通鑑二十二卷　（清）徐道述　（清）李理贊　清刻本　四十冊

510000－2741－0004305　4305

歷代史案二十卷首一卷　（清）洪亮吉編　清刻本　六冊

510000－2741－0004306　4306

歷代史案二十卷首一卷　（清）洪亮吉編　清

刻本　六冊

510000－2741－0004307　4307

歷代史表五十九卷　（清）萬斯同撰　清光緒
廣雅書局刻本　十冊

510000－2741－0004308　4308

歷代史論二卷　（明）顧充著　清光緒七年
(1881)新都賴氏刻本　一冊　存一卷(上)

510000－2741－0004309　4309

歷代史論二卷　（明）顧充著　清光緒七年
(1881)新都賴氏刻本　二冊

510000－2741－0004310　4310

歷代史論二十二卷　（明）張溥論正　（清）谷
應泰　（清）高士奇論正　清刻本　十二冊

510000－2741－0004311　4311

歷代史論十二卷宋史論三卷元史論一卷
（明）張溥論正　明史論四卷　（清）谷應泰論
正　左傳史論二卷　（清）高士奇論正　清光
緒二十七年(1901)成都書房刻本　八冊

510000－2741－0004312　4312

歷代史纂左編一百四十二卷　（明）唐順之輯
明嘉靖四十年(1561)胡宗憲刻本　九十冊
存一百二十五卷(三至八十七、一百三至一
百四十二)

510000－2741－0004313　4313

歷代通鑑纂要　（明）李東陽撰　清光緒二十
三年(1897)廣雅書局校刻本　二十八冊

510000－2741－0004314　4314

歷代仙史八卷　（清）王建章纂輯　（清）清嵐
增訂　清光緒七年(1881)常熟抱芳閣刻本
六冊

510000－2741－0004315　4315

歷代輿地圖　（清）楊守敬撰　清光緒三十二
年至民國元年(1906－1912)觀海堂刻朱墨套
印本　四十一冊

510000－2741－0004316　4316

歷代輿地沿革險要圖一卷　（清）楊守敬
（清）饒敦秩撰　清光緒五年(1879)東湖饒氏

刻本　一冊

510000－2741－0004317　4317

歷代載籍足徵録一卷　（清）莊述祖撰　補三
國藝文志四卷　（清）侯康撰　補後漢書藝文
志四卷　（清）侯康撰　補晉兵志一卷　（清）
錢儀吉撰　譙周古史考一卷　清刻本　四冊

510000－2741－0004318　4318

歷代載籍足徵録一卷附汲塚書篇目一卷
（清）莊述祖撰　清光緒貴筑楊氏刻訓纂堂叢
書本　一冊

510000－2741－0004319　4319

歷代職官表六卷　（清）高宗弘曆敕撰　清光
緒六年(1880)膺詁齋刻本　二冊

510000－2741－0004320　4320

歷代鐘鼎彝器款識法帖二十卷　（宋）薛尚功
撰　清嘉慶二年(1797)刻本　八冊

510000－2741－0004321　4321

歷代鐘鼎彝器款識法帖二十卷　（宋）薛尚功
撰　清光緒二十九年(1903)貴池劉氏玉海堂
刻本　四冊

510000－2741－0004322　4322

歷史哲學二編　（美國）威爾遜著　（清）羅伯
雅譯　清光緒二十九年(1903)上海廣智書局
鉛印本　二冊

510000－2741－0004323　4323

歷史哲學二編　（美國）威爾遜著　（清）羅伯
雅譯　清光緒二十九年(1903)上海廣智書局
鉛印本　二冊

510000－2741－0004324　4324

歷陽典録三十四卷補一卷　（清）陳廷桂纂
清嘉慶二十三年(1818)刻本　十二冊

510000－2741－0004325　4325

曆書　（明）朱載堉撰　明刻本　四冊

510000－2741－0004326　4326

曆象考成後編十卷　（清）顧琮等撰　清光緒
二十二年(1896)勵志書局刻本　十四冊

510000－2741－0004327　4327

四川大學圖書館古籍普查登記目録

曆象考成上編十六卷　（清）允祿等纂修　清
光緒二十四年(1898)杭省德記書莊石印本
十六冊

510000－2741－0004328　4328

隸辨八卷　（清）顧藹吉撰　清乾隆八年
(1743)黃晟刻本　八冊

510000－2741－0004329　4329

隸辨八卷　（清）顧藹吉撰　清乾隆八年
(1743)黃晟刻本　八冊

510000－2741－0004330　4330

隸辨八卷　（清）顧藹吉撰　清乾隆八年
(1743)黃晟刻本　八冊

510000－2741－0004331　4331

隸辨八卷　（清）顧藹吉撰　清乾隆八年
(1743)黃晟刻本　八冊

510000－2741－0004332　4332

隸法彙纂十卷　（清）項懷述編　清乾隆刻本
四冊

510000－2741－0004333　4333

隸篇十五卷隸篇續十五卷隸篇再續十五卷
(清)翟云升撰　清道光十七年(1837)刻本
十冊

510000－2741－0004334　4334

隸篇十五卷　（清)翟云升撰　清道光十七年
(1837)刻本　六冊　存十一卷(一至十一)

510000－2741－0004335　4335

隸篇十五卷隸篇續十五卷隸篇再續十五卷
(清)翟云升撰　清道光十七年(1837)刻本
十冊

510000－2741－0004336　4336

隸釋二十七卷　（宋)洪适撰　清同治十年
(1871)皖南洪氏晦木齋刻本　五冊

510000－2741－0004337　4337

隸釋二十七卷隸續二十一卷　（宋)洪适撰
汪本隸釋刊誤一卷　（清)黃丕烈撰　清同治
十年(1871)皖南洪氏晦木齋刻本　八冊

510000－2741－0004338　4338

隸釋二十七卷隸續二十一卷　（宋)洪适撰
汪本隸釋刊誤一卷　（清)黃丕烈撰　清同治
十年(1871)皖南洪氏晦木齋刻本　八冊

510000－2741－0004339　4339

隸釋二十七卷隸續二十一卷　（宋)洪适撰
汪本隸釋刊誤一卷　（清)黃丕烈撰　清同治
十年(1871)刻本　八冊

510000－2741－0004340　4340

隸釋二十七卷隸續二十一卷　（宋)洪适撰
汪本隸釋刊誤一卷　（清)黃丕烈撰　清同治
十年(1871)刻本　八冊

510000－2741－0004341　4341

隸韻十卷附碑目一卷　（宋)劉球撰　隸韻考
證二卷　（清)翁方綱撰　清嘉慶十五年
(1810)江都秦氏石研齋刻本　六冊

510000－2741－0004342　4342

隸韻十卷附碑目一卷　（宋)劉球撰　隸韻考
證二卷　（清)翁方綱撰　清嘉慶十五年
(1810)江都秦氏石研齋刻本　六冊

510000－2741－0004343　4343

隸韻十卷附碑目一卷　（宋)劉球撰　隸韻考
證二卷　（清)翁方綱撰　清嘉慶十五年
(1810)江都秦氏石研齋刻本　六冊

510000－2741－0004344　4344

麗廔叢書　（清)葉德輝輯　清光緒三十三年
至宣統元年(1907－1909)長沙葉氏刻本
八冊

510000－2741－0004345　4345

麗廔叢書　（清)葉德輝輯　清光緒三十三年
至宣統元年(1907－1909)長沙葉氏刻本
六冊

510000－2741－0004346　4346

麗矚亭詞二卷　（清)金椿撰　清光緒十一年
(1885)刻本　二冊

510000－2741－0004347　4347

連筠簃叢書十四種　（清)楊尚文編　清道光
二十七年至二十九年(1847－1849)靈石楊氏

四川大學圖書館古籍普查登記目錄

209

刻本　三十冊

510000－2741－0004348　4348

蓮社備覽　（清）汪善慶粂註　清光緒三十二年（1906）錦城大慈寺圓乘校刻本　一冊

510000－2741－0004349　4349

蓮溪吟稿八卷續刻三卷試帖一卷　（清）沈濂撰　清咸豐四年至六年（1854－1856）秀水沈氏始言堂刻本　四冊

510000－2741－0004350　4350

蓮洋集二十卷附錄一卷　（清）吳雯撰　清乾隆三十九年（1774）荊圃草堂刻本　八冊

510000－2741－0004351　4351

蓮洋集十二卷補遺一卷附錄一卷　（清）吳雯撰　（清）漁洋山人評定　清乾隆十五年（1750）臨汾劉組曾刻十七年（1752）宋弼增刻本（卷一係抄配）　六冊

510000－2741－0004352　4352

蓮洋集十二卷補遺一卷附錄一卷　（清）吳雯撰　（清）漁洋山人評定　清乾隆十五年（1750）臨汾劉組曾刻十七年（1752）宋弼增刻五十五年（1790）徐昆修補印本　六冊

510000－2741－0004353　4353

蓮子居詞話四卷　（清）吳衡照輯　清道光十二年（1832）錢塘汪氏振綺堂刻本　二冊

510000－2741－0004354　4354

蓮子居詞話四卷　（清）吳衡照輯　清道光十二年（1832）錢塘汪氏振綺堂刻同治六年（1867）印本　二冊

510000－2741－0004355　4355

廉石居藏書記內編二卷　（清）孫星衍撰　清光緒十二年（1886）刻本　一冊

510000－2741－0004356　4356

濂亭文集八卷遺詩二卷遺文五卷　（清）張裕釗撰　（清）查燕緒編次　清光緒八年（1882）蘇州查氏木漸齋刻本　二冊　缺七卷（遺詩二卷、遺文五卷）

510000－2741－0004357　4357

濂亭文集八卷遺詩二卷遺文五卷　（清）張裕釗撰　（清）查燕緒編次　清光緒八年（1882）蘇州查氏木漸齋刻本　一冊　缺七卷（遺詩二卷、遺文五卷）

510000－2741－0004358　4358

濂亭文集八卷遺詩二卷遺文五卷　（清）張裕釗著　清光緒八年（1882）蘇州查氏木漸齋刻本　四冊

510000－2741－0004359　4359

棟亭文鈔一卷詞鈔一卷詞鈔別集一卷　（清）曹寅撰　清康熙刻本　二冊

510000－2741－0004360　4360

鍊鋼要言一卷附錄試驗各法一卷附圖一卷　（清）徐家寶譯　清末江南製造總局刻本　一冊

510000－2741－0004361　4361

鍊鋼要言一卷附錄試驗各法一卷附圖一卷　（清）徐家寶譯　清末江南製造總局刻本　一冊

510000－2741－0004362　4362

練兵實紀九卷練兵實錄雜集六卷　（明）戚繼光著　清咸豐四年（1854）刻本　五冊

510000－2741－0004363　4363

鍊金新語不分卷　（英國）奧斯吞著　（清）舒高第　（清）鄭昌棪譯　清光緒十七年（1891）上海江南機器製造總局鉛印本　三冊

510000－2741－0004364　4364

鍊石編三卷圖一卷　（英國）亨利黎特撰　（清）舒高第　（清）鄭昌棪譯　清末江南製造局刻本　二冊

510000－2741－0004365　4365

鍊石編三卷圖一卷　（英國）亨利黎特撰　（清）舒高第　（清）鄭昌棪譯　清末江南製造局刻本　二冊

510000－2741－0004366　4366

鍊石新語一卷附圖一卷　（英國）奧斯吞著　（清）舒高第　（清）鄭昌棪譯　清末江南製造

四川大學圖書館古籍普查登記目錄

局鉛印本　三冊

510000－2741－0004367　4367
良方集腋二卷　（清）謝元慶編輯　清光緒刻
本　四冊

510000－2741－0004368　4368
梁書五十六卷　（唐）姚思廉著　清同治十三
年(1874)金陵書局刻本　六冊

510000－2741－0004369　4369
兩般秋雨盦隨筆八卷　（清）梁紹壬纂　清光
緒十年(1884)錢塘許氏吉華室刻本　五冊

510000－2741－0004370　4370
兩般秋雨盦隨筆八卷　（清）梁紹壬纂　清宣
統元年(1909)上海掃葉山房石印本　四冊

510000－2741－0004371　4371
兩當軒集二十二卷考異二卷附錄四卷　（清）
黃景仁著　清光緒二年(1876)黃氏家塾刻本
六冊

510000－2741－0004372　4372
兩當軒集二十二卷考異二卷附錄四卷　（清）
黃景仁撰　清光緒二年(1876)黃氏家塾刻本
六冊

510000－2741－0004373　4373
兩當軒詩鈔十四卷悔存詞鈔二卷　（清）黃景
仁著　清乾隆渭川趙氏刻嘉慶二十二年
(1817)侯官鄭炳文補刻本　四冊

510000－2741－0004374　4374
兩當軒詩鈔十四卷悔存詞鈔二卷　（清）黃景
仁著　清菭古山房刻本　四冊

510000－2741－0004375　4375
兩當軒詩鈔十四卷悔存詞鈔二卷　（清）黃景
仁著　清乾隆渭川趙氏刻嘉慶二十二年
(1817)侯官鄭炳文補刻本　四冊

510000－2741－0004376　4376
兩廣紀略一卷　（明）華復蠡撰　**東明聞見錄**
一卷　（明）瞿共美撰　清刻本　一冊

510000－2741－0004377　4377
兩廣鹽法志二十四卷外志六卷　（清）李侍堯

纂　清乾隆二十七年(1762)刻本　二十三冊

510000－2741－0004378　4378
兩漢策要十二卷　（宋）陶叔獻等編　清光緒
十三年(1887)上海同文書局石印本　八冊

510000－2741－0004379　4379
兩漢鴻文二十卷　（明）顧錫疇評選　明崇禎
六年(1633)刻秦漢鴻文本　十冊

510000－2741－0004380　4380
兩漢紀　（宋）王銍輯　清光緒二年(1876)嶺
南述古堂刻本　十六冊

510000－2741－0004381　4381
兩漢金石記二十二卷　（清）翁方綱撰　清乾
隆五十四年(1789)翁氏刻本　八冊

510000－2741－0004382　4382
兩漢金石記二十二卷　（清）翁方綱撰　清乾
隆五十四年(1789)翁氏刻本　八冊

510000－2741－0004383　4383
兩漢刊誤補遺十卷附錄一卷　（宋）吳仁杰撰
清光緒十八年(1892)寄傲軒刻本　二冊

510000－2741－0004384　4384
兩淮鹽法志五十六卷首四卷　（清）佶山修
（清）單渠纂　清同治九年(1870)揚州書局刻
本　三十二冊

510000－2741－0004385　4385
兩罍軒彝器圖釋十二卷　（清）吳雲撰　清同
治十二年(1873)刻本　六冊

510000－2741－0004386　4386
兩罍軒印考漫存九卷　（清）吳雲編　清光緒
刻本　四冊

510000－2741－0004387　4387
兩龍瑣誌八卷　（清）何品玉著　清光緒、宣
統間刻本　五冊

510000－2741－0004388　4388
兩同書二卷　（唐）羅隱撰　清末刻本　一冊

510000－2741－0004389　4389
兩同書二卷　（唐）羅隱撰　清刻本　一冊

四川大學圖書館古籍普查登記目錄

510000－2741－0004390　4390

兩浙防護陵寢祠墓録不分卷　（清）阮元輯
清會稽董氏取斯家塾木活字印本　四冊

510000－2741－0004391　4391

兩浙金石志十八卷補遺一卷　（清）阮元編
清光緒十六年(1890)浙江書局刻本　十二冊

510000－2741－0004392　4392

兩浙金石志十八卷補遺一卷　（清）阮元編
清光緒十六年(1890)浙江書局刻本　十二冊

510000－2741－0004393　4393

兩浙金石志十八卷補遺一卷　（清）阮元編
清光緒十六年(1890)浙江書局刻本　十二冊

510000－2741－0004394　4394

兩浙輶軒録四十卷補遺十卷　（清）阮元輯
清光緒十六年(1890)浙江書局刻本　三十
二冊

510000－2741－0004395　4395

兩浙輶軒續録五十四卷補遺六卷　（清）潘衍
桐訂　清光緒十七年(1891)浙江書局刻本
四十冊

510000－2741－0004396　4396

聊復集五卷　（清）汪必昌輯纂　清嘉慶十五
年(1810)刻本　五冊

510000－2741－0004397　4397

聊園詩存再續十二卷　（清）王增祺著　清光
緒二十八年(1902)成都聊園惜花居刻本
六冊

510000－2741－0004398　4398

聊園詩存再續十二卷　（清）王增祺著　清光
緒二十八年(1902)成都聊園惜花居刻本　一
冊　存二卷(十一至十二)

510000－2741－0004399　4399

聊園雜文略一卷　（清）王增祺著　清光緒二
十九年(1903)成都文倫書局鉛印本　一冊

510000－2741－0004400　4400

聊齋分詠四卷　（□）□□撰　清稿本　四冊

510000－2741－0004401　4401

聊齋先生文集二卷　（清）蒲松齡撰　清宣統
二年(1910)上海國學扶輪社鉛印本　二冊

510000－2741－0004402　4402

聊齋先生文集二卷　（清）蒲松齡撰　清宣統
三年(1911)刻本　二冊

510000－2741－0004403　4403

聊齋志異十二卷　（清）蒲松齡撰　清乾隆初
黃炎熙選抄本　十冊　存十卷(一、三至十
一)

510000－2741－0004404　4404

聊齋志異十六卷　（清）蒲松齡著　（清）何垠
注釋　清道光十九年(1839)花木長榮之館刻
二十三年(1843)印本　十六冊

510000－2741－0004405　4405

聊齋志異十六卷　（清）蒲松齡著　（清）王士
禎評　清乾隆三十一年(1766)趙起杲青柯亭
刻道光二年(1822)補刻本　十六冊

510000－2741－0004406　4406

聊齋志異新評十六卷　（清）蒲松齡著　（清）
王士禎評　（清）但明倫新評　清道光二十二
年(1842)但氏刻朱墨套印本　十六冊

510000－2741－0004407　4407

聊齋志異新評十六卷　（清）蒲松齡著　（清）
王士禎評　（清）但明倫新評　（清）呂湛恩注
清末民初鉛印本　八冊

510000－2741－0004408　4408

聊齋志異新評十六卷　（清）蒲松齡撰　（清）
王士禎評　（清）但明倫新評　清道光二十二
年(1842)但氏刻朱墨套印本　十六冊

510000－2741－0004409　4409

聊齋志異新評十六卷　（清）蒲松齡撰　（清）
王士禎評　（清）但明論新評　清道光二十二
年(1842)但氏刻朱墨套印本　十六冊

510000－2741－0004410　4410

聊齋志異注十六卷　（清）呂湛恩輯注　清道
光五年(1825)刻本　四冊

510000－2741－0004411　4411

遼金元三史語解　（清）高宗弘曆敕撰　清光緒四年(1878)江蘇書局刻本　十冊

510000－2741－0004412　4412

遼史紀事本末四十卷首一卷末一卷　（清）李有棠編纂　清光緒二十九年(1903)李氏鄂樓刻本　八冊

510000－2741－0004413　4413

遼史拾遺二十四卷　（清）厲鶚撰　遼史拾遺補五卷　（清）楊復吉撰　清光緒三年(1877)江蘇書局刻本　十冊

510000－2741－0004414　4414

遼史一百十六卷　（元）脫脫等撰　明萬曆南京國子監刻清順治、康熙、乾隆間遞修本　十六冊

510000－2741－0004415　4415

遼史一百十五卷　（元）托克托等修　清光緒尊經書局刻本　十冊

510000－2741－0004416　4416

遼史一百十五卷　（元）托克托等修　清光緒尊經書局刻本　十冊

510000－2741－0004417　4417

遼史一百十五卷　（元）托克托等撰　清光緒尊經書局刻本　十冊

510000－2741－0004418　4418

遼史語解十卷　（清）高宗弘曆敕撰　清光緒刻本　二冊

510000－2741－0004419　4419

廖氏族譜六卷　（清）廖春海等纂修　清光緒十二年(1886)刻本　八冊

510000－2741－0004420　4420

列朝詩集八十一卷　（清）錢謙益輯　清宣統二年(1910)鉛印本　三十二冊　存五十七卷(甲集前編十一卷、甲集二十二卷、乙集八卷、丙集十六卷)

510000－2741－0004421　4421

列朝詩集八十一卷　（清）錢謙益輯　清宣統二年(1910)上海國光印刷所鉛印本　五十六冊

510000－2741－0004422　4422

列朝詩集八十一卷　（清）錢謙益輯　清順治刻本　二十二冊　存三十三卷(甲集十卷、甲集前編一至二、五至十一,丙集十一至十六,丁集一至四,閏集一至四)

510000－2741－0004423　4423

列國陸軍制不分卷　（美國）歐瀯登著　（美國）林樂知　（清）瞿昂來譯　清末江南機器製造總局刻本　三冊

510000－2741－0004424　4424

列國歲計政要十二卷首一卷　（美國）歐瀯登著　（美國）林樂知　（清）鄭昌棪筆述　清光緒元年(1875)江南製造局刻本　六冊

510000－2741－0004425　4425

列女傳八卷　（漢）劉向撰　（清）梁端校注　清道光十七年(1837)錢塘汪氏振綺堂刻同治十三年(1874)補刻本　二冊

510000－2741－0004426　4426

列女傳補注八卷敘錄一卷校正一卷　（清）王照圓撰　清嘉慶至光緒刻郝氏遺書本　四冊

510000－2741－0004427　4427

列女傳補注八卷敘錄一卷校正一卷列仙傳校正本二卷列仙傳贊一卷夢書一卷　（清）王照圓撰　清嘉慶至光緒刻郝氏遺書本　五冊

510000－2741－0004428　4428

列女傳二卷　（漢）劉向著　（明）仇英繪圖　清光緒二十二年(1896)上海同文書局石印本　二冊

510000－2741－0004429　4429

列子八卷　（周）列御寇撰　（晉）張湛注（唐）殷敬順釋文　清光緒二年(1876)浙江書局刻本　二冊

510000－2741－0004430　4430

列子八卷　（周）列御寇撰　（晉）張湛注（唐）殷敬順釋文　清光緒二年(1876)浙江書局刻本　二冊

四川大學圖書館古籍普查登記目錄

510000－2741－0004431　4431

列子八卷　（周）列御寇撰　（晉）張湛注（唐）殷敬順釋文　清光緒二年(1876)浙江書局刻本　二冊

510000－2741－0004432　4432

列子八卷　（周）列御寇撰　（晉）張湛注（唐）殷敬順釋文　清光緒二年(1876)浙江書局刻本　二冊

510000－2741－0004433　4433

列子八卷　（周）列御寇撰　（晉）張湛注（唐）殷敬順釋文　清光緒二年(1876)浙江書局刻本　二冊

510000－2741－0004434　4434

列子八卷　（唐）盧重元解　清嘉慶八年(1803)秦氏石研齋刻本　四冊

510000－2741－0004435　4435

列子八卷　（唐）盧重元解　清嘉慶八年(1803)秦氏石研齋刻本　四冊

510000－2741－0004436　4436

列子釋文二卷　（唐）殷敬順撰　（宋）陳景文補遺　**列子釋文考異一卷**　（清）任大椿撰　清乾隆五十二年(1787)刻燕禧堂五種本一冊

510000－2741－0004437　4437

林和靖集四卷附拾遺一卷諸家詩話一卷酬唱題詠十三首　（宋）林逋撰　清同治十二年(1873)長洲朱氏刻本　一冊

510000－2741－0004438　4438

林和靖集四卷附拾遺一卷諸家詩話一卷酬唱題詠十三首　（宋）林逋撰　清同治十二年(1873)長洲朱氏刻本　二冊

510000－2741－0004439　4439

林蕙堂文集六卷　（清）吳綺撰　清康熙四十九年(1710)其椐堂刻本　十二冊

510000－2741－0004440　4440

林蕙堂文集十二卷續刻六卷亭皋詩鈔四卷藝香詞鈔四卷　（清）吳綺撰　清乾隆四十一年

(1776)衷白堂刻本　二十四冊

510000－2741－0004441　4441

林蕙堂文集續刻六卷　（清）吳綺撰　清乾隆四十一年(1776)衷白堂刻本　二冊　存四卷（一至四）

510000－2741－0004442　4442

林青山先生文集十三卷附錄一卷　（清）林愈蕃撰　清刻本　三冊　存六卷(一至二、五至八)

510000－2741－0004443　4443

林文忠公政書　（清）林則徐撰　清刻本十冊

510000－2741－0004444　4444

林文忠公政書　（清）林則徐撰　清刻本　十二冊

510000－2741－0004445　4445

林文忠公政書五種　（清）林則徐撰　清光緒二十四年(1898)天津文德堂石印本　六冊

510000－2741－0004446　4446

琳瑯秘室叢書　（清）胡挺編　清光緒十四年(1888)會稽董氏取斯家塾木活字印本　二十四冊

510000－2741－0004447　4447

臨川夢二卷　（清）明新正譜　（清）蔣士銓填詞　（清）錢世錫評校　清刻本　一冊

510000－2741－0004448　4448

臨潁縣續志八卷　（清）劉沆纂修　清乾隆刻本　一冊　缺四卷(五至八)

510000－2741－0004449　4449

臨陣傷科捷要四卷附圖一卷　（英國）帕脫編　（清）舒高第　（清）鄭昌棪譯　清同治、光緒間江南機器製造總局刻本　四冊

510000－2741－0004450　4450

臨證指南醫案十卷　（清）葉桂著　清道光二十四年(1844)刻朱墨套印本　十二冊

510000－2741－0004451　4451

臨證指南醫案十卷　（清）葉桂著　清乾隆三

四川大學圖書館古籍普查登記目錄

十三年(1768)刻本　十冊

510000－2741－0004452　4452
臨證指南醫案十卷　(清)葉桂著　(清)徐靈胎評　清光緒十四年(1888)蒲圻但氏刻本　十冊

510000－2741－0004453　4453
玲瓏山館叢書七十種　(清)□□編　清光緒十五年(1889)文選樓刻本　六十冊

510000－2741－0004454　4454
菱湖紀事詩三卷　(清)孫宗承著　清光緒十三年(1887)孫國培刻本　一冊

510000－2741－0004455　4455
蛉石齋詩鈔四卷　(清)黎恂撰　清同治四年(1865)敦復堂刻本　一冊

510000－2741－0004456　4456
凌忠介公奏疏六卷詩集二卷　(明)凌義渠著　清光緒四年(1878)凌福昌等刻本　八冊

510000－2741－0004457　4457
零錦集詞稿二卷附綠雪軒論詞一卷　(清)袁學瀾撰　清同治十一年(1872)刻文學山房印本　一冊

510000－2741－0004458　4458
零礫詩存三卷　(清)王懷孟撰　清刻本　一冊

510000－2741－0004459　4459
靈寶畢法三卷　(唐)鍾離權著　(唐)呂嵒傳　清刻本　一冊

510000－2741－0004460　4460
靈芬館詞七卷　(清)郭麐撰　清光緒五年(1879)許增娛園刻本　二冊

510000－2741－0004461　4461
靈峰草堂叢書　(清)陳矩編　清光緒貴陽陳氏刻本　八冊

510000－2741－0004462　4462
靈峰草堂叢書　(清)陳矩編　清光緒貴陽陳氏刻本　五冊

510000－2741－0004463　4463
靈峰草堂叢書　(清)陳矩編　清光緒貴陽陳氏刻靈峰草堂叢書本　一冊　存三種六卷(春秋左傳杜注校勘記一卷、孟子外書補注一卷、孟子弟子考補正四卷)

510000－2741－0004464　4464
靈峰草堂叢書　(清)陳矩編　清光緒貴陽陳氏刻本　一冊　存三種三卷(天全石錄一卷、洪度集一卷、翰林學士集一卷)

510000－2741－0004465　4465
靈峰草堂叢書　(清)陳矩編　清光緒貴陽陳氏刻國立四川大學印本　八冊　存五種八卷(陶靖節先生年譜一卷、春秋左傳杜注校勘記一卷、孟子外書補注四卷、孟子弟子考補正一卷、梟氏爲鍾圖說補義一卷)

510000－2741－0004466　4466
靈峰草堂集四卷　(清)陳矩著　清光緒十八年(1892)貴陽陳氏刻本　一冊

510000－2741－0004467　4467
靈峰草堂集四卷　(清)陳矩著　清光緒十八年(1892)貴陽陳氏刻本　一冊

510000－2741－0004468　4468
靈峰草堂集四卷　(清)陳矩著　清光緒十八年(1892)貴陽陳氏刻本　一冊

510000－2741－0004469　4469
靈峰草堂集四卷　(清)陳矩著　清光緒十八年(1892)貴陽陳氏刻本　一冊

510000－2741－0004470　4470
靈峰草堂集四卷　(清)陳矩著　清光緒十八年(1892)貴陽陳氏刻本　一冊

510000－2741－0004471　4471
靈峰草堂集四卷　(清)陳矩著　清光緒十八年(1892)貴陽陳氏刻本　一冊　存二卷(東瀛草一卷、東游文稿一卷)

510000－2741－0004472　4472
靈峰草堂集四卷　(清)陳矩撰　清光緒十八年(1892)貴陽陳氏刻本　一冊

510000 – 2741 – 0004473　4473

靈棋經二卷 （晉）顏幼明注 （南朝宋）何承
天注 （元）陳師凱解 （明）劉基解 清刻本
二冊

510000 – 2741 – 0004474　4474

靈棋經二卷 （晉）顏幼明注 （南朝宋）何承
天注 （元）陳師凱解 （明）劉基解 清刻本
二冊

510000 – 2741 – 0004475　4475

靈鶼閣叢書 （清）江標輯 清光緒元和江氏
湖南使院刻本 三十七冊

510000 – 2741 – 0004476　4476

靈鶼閣叢書 （清）江標輯 清光緒元和江氏
湖南使院刻本 三十二冊

510000 – 2741 – 0004477　4477

靈鶼閣叢書 （清）江標輯 清光緒元和江氏
湖南使院刻本 四十三冊

510000 – 2741 – 0004478　4478

靈鶼閣叢書 （清）江標輯 清光緒元和江氏
湖南使院刻本 二十六冊

510000 – 2741 – 0004479　4479

靈樞經□□卷 （清）張志聰集註 清刻本
三冊 存三卷（七至九）

510000 – 2741 – 0004480　4480

靈素集註節要十二卷 （清）陳念祖集註 清
同治十三年(1874)友文堂刻本 六冊

510000 – 2741 – 0004481　4481

靈巖山人詩集四十卷 （清）畢沅著 清刻本
七冊 存二十八卷（一至十二、十七至三十
二）

510000 – 2741 – 0004482　4482

靈隱子六卷 （唐）駱賓王撰 （明）陳魁士註
明萬曆二十四年(1596)陳大科刻本 六冊

510000 – 2741 – 0004483　4483

靈洲山人詩録六卷 （清）徐灝撰 清同治三
年(1864)朱熒刻本 四冊

510000 – 2741 – 0004484　4484

嶺南三大家詩選二十四卷 （清）王隼選 清
同治七年(1868)南海陳氏刻本 六冊

510000 – 2741 – 0004485　4485

嶺南三大家詩選二十四卷 （清）王隼選 清
同治七年(1868)南海陳氏刻本 五冊

510000 – 2741 – 0004486　4486

嶺南遺書 （清）伍元薇 （清）伍崇曜輯 清
道光、同治間南海伍氏粵雅堂文字歡娛室刻
本 八十冊

510000 – 2741 – 0004487　4487

嶺南遺書 （清）伍元薇 （清）伍崇曜輯 清
道光、同治間南海伍氏粵雅堂文字歡娛室刻
本 一百十冊

510000 – 2741 – 0004488　4488

嶺南遺書 （清）伍元薇 （清）伍崇曜輯 清
道光、同治間南海伍氏粵雅堂文字歡娛室刻
本 九十冊

510000 – 2741 – 0004489　4489

留春草堂詩鈔七卷附録一卷 （清）伊秉綬撰
清光緒二十三年(1897)無錫鄧元鏸刻本
二冊

510000 – 2741 – 0004490　4490

留春草堂詩鈔七卷附録一卷 （清）伊秉綬撰
清光緒二十三年(1897)無錫鄧元鏸刻本
二冊

510000 – 2741 – 0004491　4491

留春草堂詩鈔七卷附録一卷 （清）伊秉綬撰
清光緒二十三年(1897)無錫鄧元鏸刻本
二冊

510000 – 2741 – 0004492　4492

留春草堂詩鈔七卷附録一卷 （清）伊秉綬撰
清光緒二十三年(1897)無錫鄧元鏸刻本
二冊

510000 – 2741 – 0004493　4493

留荔盦尺牘叢殘四卷 （清）嚴籀撰 清咸豐
六年(1856)刻本 四冊

510000 – 2741 – 0004494　4494

留仙閣詩存一卷　（清）鄭德玉撰　清光緒二十年(1894)志經堂刻本　一冊

510000－2741－0004495　4495

留餘堂詩鈔八卷二集八卷附新安紀行草一卷　（清）夏之盛撰　清道光二十六年至二十七年(1846－1847)刻本　四冊

510000－2741－0004496　4496

琉球入學見聞録四卷附圖繪一卷　（清）潘相撰　清乾隆三十三年(1768)刻本　四冊

510000－2741－0004497　4497

榴榆山館詩鈔六卷補遺一卷　（清）張懷泗著　清道光十三年(1833)刻本　四冊

510000－2741－0004498　4498

劉端臨先生遺書　（清）劉臺拱撰　清道光十四年(1834)世德堂刻本　四冊

510000－2741－0004499　4499

劉給諫文集五卷　（宋）劉安上著　清同治十二年(1873)瑞安孫氏刻永嘉叢書本　二冊

510000－2741－0004500　4500

劉河間傷寒六書　（金）劉完素撰　劉河間傷寒三書　清宣統元年(1909)上海千頃堂石印本　八冊

510000－2741－0004501　4501

劉河間傷寒三書　（金）劉完素撰　明萬曆繡谷吳繼宗校刻清初步月樓印本　八冊

510000－2741－0004502　4502

劉河間傷寒三書　（金）劉完素撰　明萬曆繡谷吳繼宗校刻清初步月樓印本　六冊

510000－2741－0004503　4503

劉河間傷寒三書　（金）劉完素撰　清同德堂刻本　六冊

510000－2741－0004504　4504

劉河間醫學六書　（金）劉完素撰　清步月樓刻本　十二冊

510000－2741－0004505　4505

劉坤一四十年來大事記一卷　（清）□□編　清光緒二十九年(1903)石印本　一冊

510000－2741－0004506　4506

劉禮部集十二卷　（清）劉逢祿撰　清道光十年(1830)思誤齋刻本　八冊

510000－2741－0004507　4507

劉禮部集十二卷　（清）劉逢祿撰　清光緒十八年(1892)延暉承慶堂刻本　六冊

510000－2741－0004508　4508

劉禮部集十二卷　（清）劉逢祿撰　清光緒十八年(1892)延暉承慶堂刻本　六冊

510000－2741－0004509　4509

孟塗前集十卷後集二十二卷文集十卷駢體文二卷附諸家評語一卷　（清）劉開撰　清道光六年(1826)姚氏檗山草堂刻本　八冊　缺一卷(後集八)

510000－2741－0004510　4510

劉氏遺書八卷　（清）劉臺拱撰　清光緒十五年(1889)廣雅書局刻本　二冊

510000－2741－0004511　4511

劉隨州詩集五卷　（唐）劉長卿著　清光緒十年(1884)遂寧書局刻本　一冊

510000－2741－0004512　4512

劉文烈公全集十二卷　（明）劉理順撰　清光緒二十四年(1898)杞縣官廨補刻本　十二冊

510000－2741－0004513　4513

劉芷唐先生手稿不分卷　（清）劉沅撰　清末稿本　六冊

510000－2741－0004514　4514

劉中丞奏議二十卷　（清）劉蓉撰　清光緒十一年(1885)思賢講舍刻本　十冊

510000－2741－0004515　4515

劉中丞奏議二十卷　（清）劉蓉撰　清光緒十一年(1885)思賢講舍刻本　十冊

510000－2741－0004516　4516

劉子威集五十二卷　（明）劉鳳撰　明萬曆刻本　一冊　存四卷(十三至十六)

510000－2741－0004517　4517

柳河東詩集二卷　（唐）柳宗元撰　清光緒十

四川大學圖書館古籍普查登記目録

年(1884)遂寧書局刻本　一冊

510000－2741－0004518　4518

柳文惠公全集四十三卷別集二卷外集二卷補錄不分卷附錄不分卷年譜不分卷 （唐）柳宗元撰　（唐）劉禹錫編　（宋）穆脩訂　清同治七年(1868)刻本　四冊

510000－2741－0004519　4519

柳文惠公全集四十三卷別集二卷外集二卷補錄不分卷附錄不分卷年譜不分卷 （唐）柳宗元撰　（唐）劉禹錫編　（宋）穆脩訂　清同治七年(1868)刻本　十冊

510000－2741－0004520　4520

柳文惠公全集四十三卷別集二卷外集二卷補錄不分卷附錄不分卷年譜不分卷 （唐）柳宗元撰　（唐）劉禹錫編　（宋）穆脩訂　清同治七年(1868)刻本　十二冊

510000－2741－0004521　4521

柳文惠公全集四十三卷別集二卷外集二卷補錄不分卷附錄不分卷年譜不分卷 （唐）柳宗元撰　（唐）劉禹錫編　（宋）穆脩訂　清同治七年(1868)刻本　八冊

510000－2741－0004522　4522

柳文惠公全集四十三卷別集二卷外集二卷補錄不分卷附錄不分卷年譜不分卷 （唐）柳宗元撰　（唐）劉禹錫編　（宋）穆脩訂　清同治七年(1868)刻本　八冊

510000－2741－0004523　4523

柳文惠公全集四十三卷別集二卷外集二卷補錄不分卷附錄不分卷年譜不分卷 （唐）柳宗元撰　（唐）劉禹錫編　（宋）穆脩訂　清同治七年(1868)刻本　八冊

510000－2741－0004524　4524

六朝事迹編類十四卷 （宋）張敦頤撰　清光緒十三年(1887)刻本　四冊

510000－2741－0004525　4525

六朝事迹編類十四卷 （宋）張敦頤撰　清光緒十三年(1887)刻本　四冊

510000－2741－0004526　4526

六朝四家全集 （清）胡鳳丹輯　清光緒刻本　六冊

510000－2741－0004527　4527

六朝四家全集 （清）胡鳳丹輯　清光緒刻本　六冊

510000－2741－0004528　4528

六朝四家全集 （清）胡鳳丹輯　清同治九年(1870)永康胡氏退補齋刻本　六冊

510000－2741－0004529　4529

六朝唐賦讀本不分卷 （清）馬傳庚選注　清同治十三年(1874)京都玉燕書巢馬氏刻本　二冊

510000－2741－0004530　4530

六朝唐賦讀本不分卷 （清）馬傳庚選注　清光緒二年(1876)王氏京都松竹齋刻本　二冊

510000－2741－0004531　4531

六朝唐賦讀本不分卷 （清）馬傳庚選註　清同治十三年(1874)京都玉燕書巢馬氏刻本　二冊

510000－2741－0004532　4532

六朝文絜四卷 （清）許槤輯並評　清道光五年(1825)許氏刻朱墨套印本　二冊

510000－2741－0004533　4533

六朝文絜四卷 （清）許槤輯並評　清咸豐五年(1855)抄本　二冊

510000－2741－0004534　4534

六臣註文選六十卷 （南朝梁）蕭統輯　（唐）李善等註　清康熙梅墅石渠閣宋刻本　四十冊

510000－2741－0004535　4535

六家詩名物疏五十五卷提要三卷附引用書目一卷 （明）馮復京輯　明萬曆三十三年(1605)刻本　十二冊

510000－2741－0004536　4536

六經圖十二卷 （清）鄭之僑輯　清乾隆八年(1743)述堂刻本　六冊

四川大學圖書館古籍普查登記目錄

510000－2741－0004537　4537

六經圖考　(宋)楊甲撰　清刻本　六冊

510000－2741－0004538　4538

六經圖二十四卷　(清)鄭之僑編輯　清刻本
六冊　存十二卷(十三至二十四)

510000－2741－0004539　4539

六科準繩六種　(明)王肯堂輯　清光緒十八
年(1892)廣州石經堂刻本　三十二冊

510000－2741－0004540　4540

六醴齋醫書十種　(清)程永培輯　清光緒十
七年(1891)廣州藏修坐刻本　二十冊

510000－2741－0004541　4541

六醴齋醫書十種　(清)程永培輯　清末刻本
二十四冊

510000－2741－0004542　4542

六如居士全集七卷補遺一卷　(明)唐寅著
(清)唐仲冕編　清嘉慶六年(1801)長沙唐氏
刻本　四冊

510000－2741－0004543　4543

六如居士全集七卷補遺一卷外集六卷制藝一
卷畫譜三卷墨亭新賦一卷花塢聯吟三卷補一
卷　(明)唐寅著　(清)唐仲冕編　清嘉慶六
年(1801)長沙唐氏刻本　六冊

510000－2741－0004544　4544

六如居士全集七卷補遺一卷外集六卷制藝一
卷畫譜三卷墨亭新賦一卷花塢聯吟四卷補一
卷　(明)唐寅著　(清)唐仲冕編　清嘉慶六
年(1801)長沙唐氏刻本(增刻花塢聯吟第四
卷)　十六冊

510000－2741－0004545　4545

六書分類十二卷首一卷　(清)傅鸞祥撰　清
康熙四十四年(1705)聽松閣刻本　十四冊

510000－2741－0004546　4546

六書故三十三卷　(宋)戴侗撰　清乾隆四十
九年(1784)師竹齋刻本　十六冊

510000－2741－0004547　4547

六書舊義一卷　廖平撰　清光緒十三年

(1887)刻本　一冊

510000－2741－0004548　4548

六書舊義一卷　廖平撰　清光緒十三年
(1887)刻本　一冊

510000－2741－0004549　4549

六書舊義一卷　廖平撰　清光緒十三年
(1887)刻本　一冊

510000－2741－0004550　4550

六書舊義一卷　廖平撰　清光緒十三年
(1887)刻本　一冊

510000－2741－0004551　4551

六書舊義一卷　廖平撰　清光緒十三年
(1887)刻本　一冊

510000－2741－0004552　4552

六書舊義一卷　廖平撰　清光緒十三年
(1887)刻本　一冊

510000－2741－0004553　4553

六書舊義一卷　廖平撰　清光緒十三年
(1887)刻本　一冊

510000－2741－0004554　4554

六書舊義一卷　廖平撰　清光緒十三年
(1887)刻本　一冊

510000－2741－0004555　4555

六書舊義一卷　廖平撰　清光緒十三年
(1887)刻本　一冊

510000－2741－0004556　4556

六書通十卷　(明)閔齊伋撰　(清)畢弘述篆
訂　清光緒七年(1881)李希祁鉏經堂刻本
五冊

510000－2741－0004557　4557

六書通十卷　(明)閔齊伋撰　(清)畢弘述篆
訂　清刻本　六冊

510000－2741－0004558　4558

六書通十卷　(明)閔齊伋撰　(清)畢弘述篆
訂　清光緒四年(1878)繡谷留耕堂刻本
六冊

四川大學圖書館古籍普查登記目錄

510000－2741－0004559　4559

六書通十卷　(明)閔齊伋撰　(清)畢弘述篆
訂　清刻本　七冊

510000－2741－0004560　4560

六書系韻二十四卷首一卷附檢字二卷　(清)
李貞編輯　清光緒十六年(1890)長沙李貞刻
本　二十六冊

510000－2741－0004561　4561

六書音均表五卷　(清)段玉裁撰　清光緒三
年(1877)成都尊經書院刻本　二冊

510000－2741－0004562　4562

六書原始十五卷　(清)賀崧齡輯　(清)覺羅
炳成篆　清抄本　八冊

510000－2741－0004563　4563

六書原始十五卷　(清)賀崧齡輯　(清)覺羅
炳成篆　清同治三年(1864)四川劍州刻本
八冊

510000－2741－0004564　4564

六書正譌五卷　(元)周伯琦編注　清光緒元
年(1875)恭壽堂刻本　四冊

510000－2741－0004565　4565

六一山房詩集十卷續集十卷　(清)董沛撰
清光緒刻本　四冊

510000－2741－0004566　4566

六一山房續集十卷　(清)董沛撰　清光緒刻
本　一冊　存五卷(一至五)

510000－2741－0004567　4567

六藝綱目二卷附六藝發原一卷字源一卷
(元)舒天民撰　清光緒四年(1878)宏達堂刻
本　二冊

510000－2741－0004568　4568

六藝綱目二卷附六藝發原一卷字源一卷
(元)舒天民撰　清光緒四年(1878)宏達堂刻
本　一冊

510000－2741－0004569　4569

六藝綱目二卷附六藝發原一卷字源一卷
(元)舒天民撰　清光緒四年(1878)宏達堂刻

本　一冊

510000－2741－0004570　4570

六藝綱目二卷附六藝發原一卷字源一卷
(元)舒天民撰　清道光二十八年(1848)東武
劉喜海嘉蔭簃刻本　四冊

510000－2741－0004571　4571

六藝綱目二卷附六藝發原一卷字源一卷
(元)舒天民撰　清光緒七年(1881)汪氏籀書
簃刻本　二冊

510000－2741－0004572　4572

六子全書　(明)顧春輯　明嘉靖十二年
(1533)顧春世德堂刻本　四十冊

510000－2741－0004573　4573

六祖大師法寶壇經一卷附錄一卷　(唐)釋法
海等集　清光緒十五年(1889)刻本　一冊

510000－2741－0004574　4574

隆昌縣鄉土志不分卷　(清)胡用霖修　(清)
曾昭潛等纂　清末抄本　一冊

510000－2741－0004575　4575

隆平集二十卷　(宋)曾鞏編撰　清康熙四十
七年(1708)彭期七葉堂刻本　六冊

510000－2741－0004576　4576

龍壁山房詩草□□卷　(清)王拯撰　清刻本
四冊　存十卷(一至十)

510000－2741－0004577　4577

龍川文集三十卷補遺一卷附錄二卷　(宋)陳
亮撰　**龍川文集辨譌考異二卷**　(清)胡鳳丹
撰　清光緒元年(1875)湖北崇文書局刻本
十冊

510000－2741－0004578　4578

龍川文集三十卷補遺一卷首一卷末一卷
(宋)陳亮撰　**龍川文集辨譌考異二卷**　(清)
胡鳳丹撰　清同治七年(1868)胡鳳丹刻本
十二冊

510000－2741－0004579　4579

龍筋鳳髓判四卷附錄一卷　(唐)張鷟撰
(明)劉允鵬原注　(清)陳春補正　清光緒十

年(1884)汗青簃刻本　二冊

510000－2741－0004580　4580

龍筋鳳髓判四卷附錄一卷　（唐）張鷟撰
（明）劉允鵬注　清嘉慶十六年(1811)蕭山陳
氏湖海樓刻本　四冊

510000－2741－0004581　4581

龍龕手鑑四卷　（遼）釋行均撰　清虛竹齋刻
本　六冊

510000－2741－0004582　4582

龍威秘書　（清）馬俊良輯　清世德堂刻本
七十八冊

510000－2741－0004583　4583

龍威秘書　（清）馬俊良輯　清世德堂刻本
八十冊

510000－2741－0004584　4584

龍文鞭影二集二卷　（清）李暉吉　（清）徐瓚
輯　**訓蒙四字經二卷**　清光緒三年(1877)刻
本　二冊

510000－2741－0004585　4585

龍文鞭影二卷　（明）蕭良有輯　（明）楊臣諍
增訂　清光緒二十四年(1898)新都墨耕堂刻
本　四冊

510000－2741－0004586　4586

龍文鞭影四卷　（明）蕭良有輯　清光緒十三
年(1887)刻本　二冊

510000－2741－0004587　4587

龍溪詩草二卷補遺一卷　（清）鍾瑞廷著　清
光緒十六年(1890)紅雪山房刻本　一冊

510000－2741－0004588　4588

龍溪詩草二卷補遺一卷　（清）鍾瑞廷著　清
光緒十六年(1890)紅雪山房刻本　二冊

510000－2741－0004589　4589

龍洲集十四卷首一卷　（宋）劉過著　**玉淵吟
稿一卷**　（宋）劉子澄著　清光緒二十五年
(1899)蕭氏閒餘軒刻本　三冊

510000－2741－0004590　4590

龍莊遺書　（清）汪輝祖撰　清光緒八年至十

二年(1882－1886)山東書局刻本　六冊

510000－2741－0004591　4591

樓邨詩集二十五卷　（清）王式丹撰　清雍正
刻本　六冊　存十卷（一至十）

510000－2741－0004592　4592

樓山詩集六卷　（清）王恕撰　清光緒十九年
(1893)刻本　二冊

510000－2741－0004593　4593

樓山堂集二十六卷　（明）吳應箕撰　（明）張
自烈訂　清蟄園木活字印本　六冊

510000－2741－0004594　4594

陋軒詩集十二卷續集二卷　（清）吳嘉紀撰
清嘉慶十九年(1814)繆中刻道光二十年
(1840)泰州夏氏修補印本　八冊

510000－2741－0004595　4595

盧霽山遺草四卷首一卷　（清）盧紹坤撰　清
同治五年(1866)成都刻本　二冊

510000－2741－0004596　4596

盧陵周益國文忠公集　（宋）周必大撰　清道
光二十八年(1848)歐陽榮瀛堂別墅刻咸豐元
年(1851)續刻本　四十一冊

510000－2741－0004597　4597

盧山志十五卷　（清）毛德琦重訂　清康熙五
十九年(1720)刻本　十冊

510000－2741－0004598　4598

盧山志十五卷　（清）毛德琦重訂　清康熙五
十九年(1720)順德堂刻乾隆修補印本　十
六冊

510000－2741－0004599　4599

盧陽三賢集　（清）張樹聲輯　清光緒元年
(1875)合肥張氏毓秀堂刻本　五冊

510000－2741－0004600　4600

瀘州創建體仁堂稟批稿不分卷　（清）田秀栗
撰　清光緒刻本　一冊

510000－2741－0004601　4601

瀘州創建體仁堂稟批稿不分卷　（清）田秀栗
撰　清光緒刻本　一冊

四川大學圖書館古籍普查登記目錄

510000 – 2741 – 0004602　4602

瀘州九姓鄉志四卷　（清）任五采總裁　（清）
車登衢總纂　清光緒八年(1882)刻本　二冊

510000 – 2741 – 0004603　4603

鑪藏道里最新考一卷　（清）張其勤撰　清光
緒三十三年(1907)鉛印本　一冊

510000 – 2741 – 0004604　4604

魯詩遺説考六卷　（清）陳壽祺學　敍録一卷
（清）陳喬樅述並撰　清光緒八年(1882)刻
本　八冊

510000 – 2741 – 0004605　4605

陸陳兩先生詩文鈔　（清）陸世儀　（清）陳瑚
著　（清）葉裕仁輯　清同治九年至光緒二年
(1870 – 1876)蘇州安道書院刻本　四冊

510000 – 2741 – 0004606　4606

陸放翁全集　（宋）陸游撰　明毛氏汲古閣刻
本　四十八冊

510000 – 2741 – 0004607　4607

陸桴亭先生遺書　（清）陸世儀撰　（清）唐受
祺輯　清光緒二十五年(1899)太倉唐受祺京
師刻本　五冊

510000 – 2741 – 0004608　4608

陸桴亭先生遺書　（清）陸世儀撰　（清）唐受
祺輯　清光緒二十五年(1899)太倉唐受祺京
師刻本　二十冊

510000 – 2741 – 0004609　4609

陸象山先生文集三十六卷　（宋）陸九淵撰
（清）李紱點次　少湖徐先生學則辯一卷
（明）徐階著　陸梭山公家制一卷　陸象山先
生文集校勘畧一卷　清光緒七年(1881)義里
素位堂刻本　十六冊

510000 – 2741 – 0004610　4610

菉斐軒詞韻一卷　（宋）紹興二年内府審定
清光緒二十六年(1900)盛山官舍刻本　一冊

510000 – 2741 – 0004611　4611

菉斐軒詞韻一卷　（宋）紹興二年内府審定
清光緒二十六年(1900)盛山官舍刻本　一冊

510000 – 2741 – 0004612　4612

鹿忠節公集二十一卷　（明）鹿善繼撰　清刻
本　六冊

510000 – 2741 – 0004613　4613

鹿洲全集　（清）藍鼎元撰　清雍正十年
(1732)刻本　二十冊

510000 – 2741 – 0004614　4614

路史前紀九卷後紀十三卷國名紀七卷餘論十
卷發揮六卷　（宋）羅泌撰　（宋）羅蘋註　清
同治四年(1865)刻本　二十冊

510000 – 2741 – 0004615　4615

路史前紀九卷後紀十三卷國名紀七卷餘論十
卷發揮六卷　（宋）羅泌纂　（宋）羅蘋註　清
光緒二年(1876)紅杏山房修補印本　十六冊

510000 – 2741 – 0004616　4616

路史前紀九卷後記十三卷國名紀七卷餘論十
卷發揮六卷　（宋）羅泌纂　（宋）羅蘋註　清
光緒二年(1876)紅杏山房修補印本　二十冊

510000 – 2741 – 0004617　4617

孿史四十八卷　（清）王希廉撰　清光緒二年
(1876)申報館鉛印本　四冊

510000 – 2741 – 0004618　4618

欒城集四十八卷後集二十四卷三集十卷欒城
應詔集十二卷　（宋）蘇轍著　清道光十二年
(1832)眉山三蘇祠刻本　十二冊　存四十四
卷(欒城集二十五至三十七、四十至四十八,
三集十卷,欒城應詔集十二卷)

510000 – 2741 – 0004619　4619

鷥螄集一卷附補編一卷　（清）沈同芳輯　清
光緒、宣統間刻本　一冊

510000 – 2741 – 0004620　4620

倫風十六卷　（清）向廷賡撰　（清）吳道成編
次　清光緒二十六年(1900)成都向氏補刻本
二冊

510000 – 2741 – 0004621　4621

論公法一卷　（英國）羅柏林著　（英國）傅蘭
雅　（清）汪振聲譯　清末江南製造局鉛印本

四川大學圖書館古籍普查登記目録

一冊

510000－2741－0004622　4622

論衡三十卷　（漢）王充撰　明末刻本　九冊

510000－2741－0004623　4623

論衡三十卷　（漢）王充撰　明嘉靖十四年（1535）蘇獻可通津草堂刻本　十冊　缺十三卷（六至七、十至十一、十六至十七、二十二至二十三、二十六至三十）

510000－2741－0004624　4624

論理學綱要三篇緒論一篇結論一篇附録一篇　（日本）十時彌著　（清）田吳炤譯述　清光緒三十二年（1906）上海商務印書館鉛印本　一冊

510000－2741－0004625　4625

論語讀朱求是編二十卷　（清）林愈蕃輯　清乾隆三十五年（1770）補過齋刻本　十冊

510000－2741－0004626　4626

論語古訓十卷　（清）陳鱣述　清光緒九年（1883）浙江書局刻本　二冊

510000－2741－0004627　4627

論語後案二十卷　（清）黃式三學　清光緒九年（1883）浙江書局刻本　十冊

510000－2741－0004628　4628

論語後案二十卷　（清）黃式三學　清光緒九年（1883）浙江書局刻本　十冊

510000－2741－0004629　4629

論語後案二十卷　（清）黃式三學　清光緒九年（1883）浙江書局刻本　十冊

510000－2741－0004630　4630

論語後案二十卷　（清）黃式三學　清光緒九年（1883）浙江書局刻本　十冊

510000－2741－0004631　4631

論語集注旁證二十卷　（清）梁章鉅撰　清光緒十二年（1886）鉛印　四冊

510000－2741－0004632　4632

論語經正録二十卷　（清）王肇晉學　（清）王用誥述　**先府君（王用誥）年譜一卷**　（清）王

孝箴等述　清光緒二十年（1894）刻本　十一冊

510000－2741－0004633　4633

論語偶記一卷（皇清經解第一千三百二十七卷）　（清）方庶常著　清光緒七年（1881）成都瀹雅齋刻民國三年（1914）成都存古書局補刻本　一冊

510000－2741－0004634　4634

論語偶記一卷（皇清經解第一千三百二十七卷）　（清）方庶常著　清光緒七年（1881）成都瀹雅齋刻民國三年（1914）存古書局補修印本　一冊

510000－2741－0004635　4635

論語偶記一卷（皇清經解第一千三百二十七卷）　（清）方庶常著　清光緒七年（1881）成都瀹雅齋刻學海堂皇清經解本　一冊

510000－2741－0004636　4636

論語正義二十四卷　（清）劉寶楠學　（清）劉恭冕述　清同治五年（1866）刻本　九冊

510000－2741－0004637　4637

論語正義二十四卷　（清）劉寶楠學　（清）劉恭冕述　清同治五年（1866）刻本　六冊

510000－2741－0004638　4638

論語正義二十四卷　（清）劉寶楠學　（清）劉恭冕述　清同治五年（1866）刻本　六冊

510000－2741－0004639　4639

論語正義二十四卷　（清）劉寶楠學　（清）劉恭冕述　清同治五年（1866）刻本　六冊

510000－2741－0004640　4640

論語注疏解經二十卷附校勘記　（三國魏）何晏集解　（宋）邢昺疏　清刻本　二冊　存六卷（十一至十六）

510000－2741－0004641　4641

論語註疏二十卷附考證　（三國魏）何晏集解　（唐）陸德明音義　（宋）邢昺疏　清刻本　四冊

510000－2741－0004642　4642

四川大學圖書館古籍普查登記目録

論語註疏解經四卷　（三國魏）何晏集解
（宋）邢昺疏　清光緒二十三年（1897）點石齋
石印本　一冊

510000 – 2741 – 0004643　4643
螺江日記八卷續編四卷　（清）張文虎撰　清
光緒會稽徐氏八杉齋刻本　九冊　存十一卷
（螺江日記二至八、續編四卷）

510000 – 2741 – 0004644　4644
羅鄂州小集六卷附錄二卷　（宋）羅願撰　清
光緒十九年（1893）黟縣李氏刻本　二冊

510000 – 2741 – 0004645　4645
羅浮山志會編二十二卷首一卷　（清）宋廣業
纂輯　清康熙五十六年（1717）刻本　七冊
缺一卷（首一卷）

510000 – 2741 – 0004646　4646
羅公出處紀事一卷　（清）董清峻撰　清光緒
二十八年（1902）刻本　一冊

510000 – 2741 – 0004647　4647
羅公行狀一卷　（清）羅皮氏狀　附趨庭紀聞
一卷　（清）羅應旒撰　清光緒二十六年
（1900）崇寧刻本　一冊

510000 – 2741 – 0004648　4648
羅江縣鄉土志一卷　（清）□□編　清末抄本
　一冊

510000 – 2741 – 0004649　4649
羅江縣志十卷　（清）李調元纂　清嘉慶七年
（1802）刻本　四冊

510000 – 2741 – 0004650　4650
羅景山臺灣海防並開山日記不分卷　（清）羅
大春撰　清末石印本　一冊

510000 – 2741 – 0004651　4651
羅馬史二卷　（日本）占部百太郎著　清光緒
二十九年（1903）上海商務印書館鉛印本
二冊

510000 – 2741 – 0004652　4652
羅念菴先生文錄十八卷附錄一卷　（明）羅洪
先撰　（清）喻震孟纂　清光緒十二年（1886）

安齋刻本　十冊

510000 – 2741 – 0004653　4653
羅山遺書　（清）羅澤南著　清咸豐七年至同
治二年（1857 – 1863）大成堂刻本　八冊

510000 – 2741 – 0004654　4654
羅氏會約醫鏡二十卷　（清）羅國綱輯　清乾
隆五十四年（1789）大成堂刻本　十二冊

510000 – 2741 – 0004655　4655
羅豫章先生集十二卷首一卷末一卷　（宋）羅
從彥撰　清乾隆十一年（1746）刻本　四冊

510000 – 2741 – 0004656　4656
羅忠節公遺集　（清）羅澤南撰　清咸豐、同
治間長沙刻本　十二冊

510000 – 2741 – 0004657　4657
羅忠節公遺集　（清）羅澤南撰　清咸豐、同
治間長沙刻本　八冊　缺一種二卷（讀孟子
劄記二卷）

510000 – 2741 – 0004658　4658
蘿藦亭札記八卷　（清）喬松年鈔撮　清末刻
本　四冊

510000 – 2741 – 0004659　4659
洛陽伽藍記五卷　（北魏）楊衒之撰　清刻本
　一冊

510000 – 2741 – 0004660　4660
呂東萊先生文集二十卷首一卷　（宋）呂祖謙
撰　（清）王崇炳編輯　清同治七年（1868）永
康胡氏退補齋刻金華叢書本　十冊

510000 – 2741 – 0004661　4661
呂氏春秋二十六卷　（漢）高誘註　明宋邦義
刻本　五冊

510000 – 2741 – 0004662　4662
呂氏春秋二十六卷　（漢）高誘註　（明）陳世
寶訂正　（明）朱東光參補　明萬曆七年
（1579）張登雲刻本　五冊

510000 – 2741 – 0004663　4663
呂氏春秋二十六卷　（漢）高誘註　（明）黃甫
龍　（明）沈兆廷訂　明朱夢龍刻本　四冊

510000－2741－0004664　4664

呂氏春秋二十六卷　（漢）高誘註　（明）黃甫
龍　（明）沈兆廷訂　明朱夢龍刻本　十冊

510000－2741－0004665　4665

呂氏春秋二十六卷附考一卷　（秦）呂不韋撰
（漢）高誘注　（清）畢沅校　清光緒元年
(1875)浙江書局刻本　十冊

510000－2741－0004666　4666

呂氏春秋二十六卷附考一卷　（秦）呂不韋撰
（漢）高誘注　（清）畢沅校　清光緒元年
(1875)浙江書局刻本　八冊

510000－2741－0004667　4667

呂氏春秋二十六卷附考一卷　（秦）呂不韋撰
（漢）高誘注　（清）畢沅校　清光緒元年
(1875)浙江書局刻本　八冊　缺一卷(四)

510000－2741－0004668　4668

呂氏春秋二十六卷附考一卷　（秦）呂不韋撰
（漢）高誘注　（清）畢沅校　清光緒元年
(1875)浙江書局刻本　六冊

510000－2741－0004669　4669

呂氏春秋二十六卷附考一卷　（秦）呂不韋撰
（漢）高誘注　（清）畢沅校　清光緒元年
(1875)浙江書局刻本　六冊

510000－2741－0004670　4670

呂氏春秋二十六卷附考一卷　（秦）呂不韋撰
（漢）高誘注　（清）畢沅校　清光緒元年
(1875)浙江書局刻本　六冊

510000－2741－0004671　4671

呂氏家塾讀詩記三十二卷　（宋）呂祖謙撰
清嘉慶十六年(1811)刻本　十二冊

510000－2741－0004672　4672

呂氏家塾讀詩記三十二卷　（宋）呂祖謙撰
清同治十二年(1873)永康胡氏退補齋刻金華
叢書本　十二冊

510000－2741－0004673　4673

呂新吾全集　（明）呂坤撰　明萬曆刻清修補
印本　四十八冊

510000－2741－0004674　4674

呂新吾全集　（明）呂坤撰　明萬曆刻清修補
印本　三十七冊

510000－2741－0004675　4675

呂新吾先生去偽齋文集十卷　（明）呂坤撰
清康熙十三年(1674)呂慎多刻本　九冊

510000－2741－0004676　4676

郘亭詩鈔六卷　（清）莫友芝撰　清光緒十七
年(1891)刻本　一冊

510000－2741－0004677　4677

郘亭知見傳本書目十六卷　（清）莫友芝編
清宣統元年(1909)東京田中氏北京鉛印本
十冊

510000－2741－0004678　4678

履園叢話二十四卷　（清）錢泳輯　清道光十
八年(1838)述德堂刻本　八冊

510000－2741－0004679　4679

履園叢話二十四卷　（清）錢泳輯　清道光十
八年(1838)述德堂刻同治九年(1870)修補印
本　八冊

510000－2741－0004680　4680

律例便覽八卷律例便覽諸圖一卷　（清）蔡逢
年撰　清同治刻朱墨套印本　四冊

510000－2741－0004681　4681

律陶詩一卷　（明）王思任等纂　敦好齋律陶
纂一卷　（明）黃槐開纂　陶靖節詩話一卷
(清)胡鳳丹編纂　陶淵明詩集考異一卷
(清)胡鳳丹纂述　清刻本　一冊

510000－2741－0004682　4682

律音彙考八卷　（清）邱之稑撰　琴旨申邱一
卷　（清）劉人熙撰　清宣統三年(1911)瀏陽
禮樂局刻本　四冊

510000－2741－0004683　4683

律音彙考八卷　（清）邱之稑撰　琴旨申邱一
卷　（清）劉人熙撰　清光緒二十三年(1897)
刻本　四冊

510000－2741－0004684　4684

四川大學圖書館古籍普查登記目録

率祖堂叢書 （宋）金履祥撰 清雍正、乾隆間金華金氏刻光緒十三年（1887）鎮海謝駿德補刻本 三十冊

510000－2741－0004685 4685

綠蕚梅齋遺稿二卷題詞一卷附一卷 （清）馮朝彬撰 清咸豐六年（1856）什邡馮朝楨刻本 二冊

510000－2741－0004686 4686

綠天蘭臭集八卷 （清）釋含澈編次 清光緒十五年（1889）潛西精舍刻本 八冊

510000－2741－0004687 4687

綠天蘭若詩鈔一卷續一卷補遺一卷潛西精舍詩稿一卷 （清）釋含澈撰 清光緒潛西精舍刻本 四冊

510000－2741－0004688 4688

綠天蘭若詩鈔一卷續一卷續續一卷補遺一卷缽囊遊草一卷缽囊草一卷潛西精舍詩稿一卷潛西偶存一卷 （清）釋含澈撰 清光緒潛西精舍刻本 六冊

510000－2741－0004689 4689

綠雪堂古文鈔二卷綠雪堂駢文鈔一卷 （清）敖冊賢著 清光緒十三年（1887）京師刻本 三冊

510000－2741－0004690 4690

綠野仙蹤八十回 （清）李百川撰 清道光十年（1830）刻本 十冊

510000－2741－0004691 4691

綠野仙蹤八十回 （清）李百川撰 清道光十年（1830）刻本 二十冊

510000－2741－0004692 4692

綠野齋文集四卷 （清）劉鴻翱著 清道光七年（1827）刻本 四冊

510000－2741－0004693 4693

綠漪艸堂文集三十卷首一卷詩集二十卷首一卷首一卷綠漪艸堂外集二卷首一卷別集二卷首一卷研花館詞三卷 （清）羅汝懷著 清光緒九年（1883）長沙刻本 十六冊

510000－2741－0004694 4694

綠漪艸堂文集三十卷首一卷詩集二十卷首一卷首一卷綠漪艸堂外集二卷首一卷別集二卷首一卷研花館詞三卷 （清）羅汝懷著 清光緒九年（1883）長沙刻本 十八冊

510000－2741－0004695 4695

麻科活人全書四卷附錄一篇產寶一卷 （清）謝玉瓊撰 清光緒二十五年（1899）刻本 四冊

510000－2741－0004696 4696

馬太史匡庵詩前集六卷匡庵詩集六卷 （清）馬世俊著 清光緒二十一年（1895）木活字印本 四冊

510000－2741－0004697 4697

馬文莊公文集選十五卷 （明）馬自強撰 清道光二十六年（1846）馬氏刻本 四冊

510000－2741－0004698 4698

脈經十卷 （晉）王叔和撰 清道光二十九年（1849）刻本 四冊

510000－2741－0004699 4699

脈經十卷 （晉）王叔和撰 清道光二十三年（1843）刻本 四冊

510000－2741－0004700 4700

脈經真本十卷首一卷 （晉）王叔和撰 清道光十三年（1833）怡山館刻本 四冊

510000－2741－0004701 4701

脈訣刊誤集解二卷附錄一卷 （元）戴起宗撰 （明）朱升節鈔 （明）汪機補訂 清宣統元年（1909）借月山房刻本 二冊

510000－2741－0004702 4702

脈訣刊誤集解二卷附錄一卷 （元）戴起宗撰 （明）朱升節鈔 （明）汪機補訂 清宣統元年（1909）借月山房刻本 二冊

510000－2741－0004703 4703

脈訣考證一卷瀕湖脈學一卷奇經八脈考一卷 （明）李時珍撰 清同治五年（1866）刻本 一冊

四川大學圖書館古籍善本查登記目錄

226

510000 - 2741 - 0004704　4704

脈要圖注四卷　（清）賀昇平輯　清光緒二十七年(1901)新化三味書局刻本　二冊　存一卷(一上下)

510000 - 2741 - 0004705　4705

邁爾通史近世記二卷　（美國）邁爾撰　（清）莫佐廷口譯　（清）張在新筆述　清末成都府中學堂鉛印本　一冊

510000 - 2741 - 0004706　4706

邁堂文略四卷　（清）李祖陶撰　清同治七年(1868)敖陽尚友樓刻本　四冊

510000 - 2741 - 0004707　4707

邁堂文略四卷　（清）李祖陶撰　清同治七年(1868)敖陽尚友樓刻本　四冊

510000 - 2741 - 0004708　4708

蠻司合志十五卷末一卷　（清）毛奇齡撰　清光緒十六年(1890)會稽徐氏刻紹興先正遺書本　四冊

510000 - 2741 - 0004709　4709

滿漢字清文啓蒙四卷　（清）舞格著　清京都華英堂徐氏刻本　四冊

510000 - 2741 - 0004710　4710

滿洲旅行記二卷　（日本）小越平隆著　清光緒二十八年(1902)上海廣智書局鉛印本　二冊

510000 - 2741 - 0004711　4711

滿洲名臣傳四十八卷漢名臣傳三十二卷　(清)國史館編纂　清京都琉璃廠榮錦書坊刻本　七十四冊　缺六冊(滿洲名臣傳十一、十三、二十九、三十一,漢名臣傳二至三)

510000 - 2741 - 0004712　4712

滿洲名臣傳四十八卷漢名臣傳三十二卷　(清)國史館編纂　清京都琉璃廠榮錦書坊刻本　八十冊

510000 - 2741 - 0004713　4713

曼陀羅室意存集八卷續一卷　（清）趙庚吉著　清光緒三十年(1904)趙恩祐成都刻本

四冊

510000 - 2741 - 0004714　4714

縵雅堂駢體文八卷　（清）王詒壽著　清光緒六年(1880)刻本　四冊

510000 - 2741 - 0004715　4715

北宋鈔古本毛詩鄭箋殘本三卷　（漢）毛亨傳（漢）鄭玄箋　清光緒貴陽陳氏刻後印本　一冊

510000 - 2741 - 0004716　4716

北宋鈔古本毛詩鄭箋殘本三卷　（漢）毛亨傳（漢）鄭玄箋　清光緒貴陽陳氏刻後印本　一冊

510000 - 2741 - 0004717　4717

北宋鈔古本毛詩鄭箋殘本三卷　（漢）毛亨傳（漢）鄭玄箋　清光緒貴陽陳氏刻後印本　一冊

510000 - 2741 - 0004718　4718

北宋鈔古本毛詩鄭箋殘本三卷　（漢）毛亨傳（漢）鄭玄箋　清光緒貴陽陳氏刻後印本　一冊

510000 - 2741 - 0004719　4719

北宋鈔古本毛詩鄭箋殘本三卷　（漢）毛亨傳（漢）鄭玄箋　清光緒貴陽陳氏刻後印本　一冊

510000 - 2741 - 0004720　4720

毛詩傳箋通釋三十二卷　（清）馬瑞辰撰　清光緒十四年(1888)廣雅書局刻本　十六冊

510000 - 2741 - 0004721　4721

毛詩訂詁八卷附錄二卷　（清）顧棟高撰　清光緒二十二年(1896)江蘇書局刻本　四冊

510000 - 2741 - 0004722　4722

毛詩訂詁八卷附錄二卷　（清）顧棟高撰　清光緒二十二年(1896)江蘇書局刻本　四冊

510000 - 2741 - 0004723　4723

毛詩故訓傳(毛詩讀)三十卷　（清）王劼讀　清咸豐五年(1855)成都刻本　十冊

510000 - 2741 - 0004724　4724

毛詩二十卷附考證 （漢）鄭玄箋 清末刻相臺五經本 四冊

510000－2741－0004725 4725

毛詩二十卷附考證 （漢）鄭玄箋 清同治成都書局刻相臺五經本 四冊

510000－2741－0004726 4726

毛詩二十卷附考證 （漢）鄭玄箋 清同治成都書局刻相臺五經本 二冊

510000－2741－0004727 4727

毛詩二十卷附考證 （漢）鄭玄箋 清同治成都書局刻相臺五經本 四冊

510000－2741－0004728 4728

毛詩二十卷附考證 （漢）鄭玄箋 清同治成都書局刻相臺五經本 四冊

510000－2741－0004729 4729

毛詩二十卷附考證 （漢）鄭玄箋 清同治成都書局刻相臺五經本 二冊

510000－2741－0004730 4730

毛詩復古錄十二卷首一卷 （清）吳懋清著 清光緒二十年(1894)刻本 六冊

510000－2741－0004731 4731

毛詩詁訓傳二十卷 （漢）鄭玄箋 王闓運補箋 清光緒二十三年(1897)刻本 十冊

510000－2741－0004732 4732

毛詩故訓傳定本三十卷 （漢）毛亨傳 （清）段玉裁訂 清嘉慶二十一年(1816)七葉衍羊堂段氏校刻本 三冊

510000－2741－0004733 4733

毛詩故訓傳鄭箋三十卷 （漢）毛亨傳 （漢）鄭玄箋 清同治十一年(1872)丁壽祺刻本 四冊

510000－2741－0004734 4734

毛詩故訓傳鄭箋三十卷 （漢）毛亨傳 （漢）鄭玄箋 清光緒十七年(1891)緯蕭草堂刻本 四冊

510000－2741－0004735 4735

毛詩後箋三十卷 （清）胡承珙撰 清光緒十

六年(1890)廣雅書局刻本 十六冊

510000－2741－0004736 4736

毛詩稽古篇三十卷 （清）陳啓源撰 附考一卷 （清）費雲倬撰 清嘉慶十八年(1813)刻本 十二冊

510000－2741－0004737 4737

毛詩吟訂四卷 （清）苗夔撰 清咸豐元年(1851)壽陽祁氏刻苗氏說文四種本 二冊

510000－2741－0004738 4738

毛詩名物解二十卷 （宋）蔡卞撰 清康熙刻通志堂經解本 一冊

510000－2741－0004739 4739

毛詩名物圖說九卷 （清）徐鼎撰 清乾隆三十六年(1771)刻本 四冊

510000－2741－0004740 4740

毛詩序傳定本三十卷 （清）王劼撰 清同治三年(1864)巴縣王氏晚晴樓刻本 四冊

510000－2741－0004741 4741

毛詩要義二十卷 （宋）魏了翁撰 清光緒莫氏刻本 十二冊

510000－2741－0004742 4742

毛詩要義二十卷 （宋）魏了翁撰 清光緒十二年(1886)江蘇書局刻本 十二冊

510000－2741－0004743 4743

毛詩（北宋鈔古本毛詩鄭箋殘本三卷） （漢）鄭玄箋 清光緒貴陽陳氏刻靈峰草堂叢書本 一冊

510000－2741－0004744 4744

毛詩重言三篇毛詩雙聲疊韻說一卷 （清）王筠撰 清刻本 一冊

510000－2741－0004745 4745

毛詩注疏三十卷附考證 （漢）毛亨傳 （漢）鄭玄注 （唐）陸德明音義 （唐）孔穎達疏 清刻本 十二冊

510000－2741－0004746 4746

毛詩註疏 （漢）毛亨傳 （漢）鄭玄箋 （唐）陸德明音義 （唐）孔穎達疏 明崇禎三

四川大學圖書館古籍普查登記目録

年(1630)刻本　二十四冊　存十九卷(一至
十四、十六至二十)

510000－2741－0004747　4747
**毛詩註疏三十卷毛詩譜一卷毛詩譜考證一卷
毛詩註疏原目一卷**　(漢)鄭玄箋　(唐)陸德
明音義　(唐)孔穎達疏　清同治十年(1871)
廣東書局刻本　十四冊

510000－2741－0004748　4748
西河全集　(清)毛奇齡撰　清康熙間書留草
堂刻乾隆三十年(1765)陸體元補刻嘉慶間印
本　八十一冊

510000－2741－0004749　4749
茂陵絃二卷　(清)黃燮清填詞　(清)瞿世瑛
評文　(清)李光溥訂譜　清末刻本　一冊

510000－2741－0004750　4750
茂州鄉土志二卷　(清)謝鴻恩編　清末抄本
二冊

510000－2741－0004751　4751
懋功廳鄉土志不分卷　(清)興元編　清末抄
本　一冊

510000－2741－0004752　4752
懋功屯鄉土志不分卷　(清)□□纂修　清末
抄本　一冊

510000－2741－0004753　4753
懋功屯鄉土志略不分卷　(清)李增穠編　清
末抄本　一冊

510000－2741－0004754　4754
懋功屯志略不分卷　(清)興元編　清末抄本
一冊

510000－2741－0004755　4755
眉綠樓詞八卷　(清)顧文彬撰　清光緒十年
(1884)吳下刻本　四冊

510000－2741－0004756　4756
眉山詩案廣證六卷　(清)張鑑撰　清光緒十
年(1884)江蘇書局刻本　二冊

510000－2741－0004757　4757
梅窗碎錄六卷　(清)陳會芳著　(清)鄭啓瑞

彙　清同治刻本　六冊

510000－2741－0004758　4758
梅村集四十卷目錄二卷　(清)吳偉業撰
(清)顧湄　(清)周瓚編　清康熙刻本　十冊

510000－2741－0004759　4759
**梅村家藏藁五十八卷補一卷附梅邨先生樂府
三種四卷**　(清)吳偉業著　清宣統三年至民
國五年(1911－1916)武進董氏誦芬室刻本
八冊

510000－2741－0004760　4760
梅村詩集箋注十八卷　(清)吳偉業著　(清)
吳翌鳳箋註　清光緒十年(1884)湖北官書處
刻本　十二冊

510000－2741－0004761　4761
梅村詩集箋注十八卷　(清)吳偉業撰　(清)
吳翌鳳箋註　**吳梅村先生行狀一卷**　(清)顧
湄撰　清嘉慶十九年(1814)滄浪吟榭刻本
八冊

510000－2741－0004762　4762
梅村詩集箋注十八卷　(清)吳偉業撰　(清)
吳翌鳳箋註　**吳梅村先生行狀一卷**　(清)顧
湄撰　清嘉慶十九年(1814)滄浪吟榭刻本
八冊

510000－2741－0004763　4763
梅村文集二十卷　(清)吳偉業撰　清宣統二
年(1910)順德鄧氏風雨樓鉛印本　四冊

510000－2741－0004764　4764
梅村文集二十卷　(清)吳偉業撰　清宣統二
年(1910)順德鄧氏風雨樓鉛印本　四冊

510000－2741－0004765　4765
梅花夢傳奇二卷　(清)鳳仙博士評文　(清)
桃潭詞者填詞　(清)夢梅外史正譜　清光緒
十年(1884)成都龔氏刻本　二冊

510000－2741－0004766　4766
梅里志十八卷　(清)楊謙纂　(清)李富孫補
輯　(清)余楙續補　(清)李保宸參校　清光
緒三年(1877)刻本　六冊

510000 – 2741 – 0004767　4767

梅氏叢書輯要六十二卷　（清）梅文鼎撰　清光緒石印本　六冊

510000 – 2741 – 0004768　4768

梅氏叢書輯要六十二卷　（清）梅文鼎撰　清光緒石印本　二冊　存二十五卷（二十一至三十四、四十六至五十六）

510000 – 2741 – 0004769　4769

梅喜緣傳奇二卷　（清）陳烺填詞　清刻本　一冊

510000 – 2741 – 0004770　4770

梅崖居士文集三十卷首一卷　（清）朱士琇撰　清乾隆四十七年(1782)刻本　八冊

510000 – 2741 – 0004771　4771

梅崖居士文集三十卷外集八卷首一卷　（清）朱士琇撰　清乾隆四十七年(1782)刻本　十冊

510000 – 2741 – 0004772　4772

梅苑十卷　（宋）黃大輿輯　清康熙曹寅棟亭刻本　二冊

510000 – 2741 – 0004773　4773

美國水師考一卷　（英國）巴那比撰　（美國）克理　（英國）傅蘭雅　（清）鍾天緯譯　清末上海江南製造總局鉛印本　一冊

510000 – 2741 – 0004774　4774

美國水師考一卷　（英國）巴那比撰　（美國）克理　（英國）傅蘭雅　（清）鍾天緯譯　清末上海江南製造總局鉛印本　一冊

510000 – 2741 – 0004775　4775

美國提煉煤油法一卷　（清）孫士頤譯　清光緒三十一年(1905)上海江南製造局鉛印本　一冊

510000 – 2741 – 0004776　4776

美國鐵路彙考十三卷　（美國）柯理集　（英國）傅蘭雅口譯　（清）潘松筆述　清光緒二十五年(1899)上海江南製造局刻本　二冊

510000 – 2741 – 0004777　4777

美國憲法纂釋二十一卷附美國憲法一卷美國續增憲法一卷　（美國）海麗生著　（清）鄭昌棪等譯　清光緒三十三年(1907)江南製造局刻本　二冊

510000 – 2741 – 0004778　4778

美術叢書　（清）鄧實編　清宣統三年(1911)上海神州國光社鉛印本　四十冊

510000 – 2741 – 0004779　4779

美術叢書　（清）鄧實編　清宣統三年(1911)上海神州國光社鉛印本　十四冊

510000 – 2741 – 0004780　4780

蒙古史二卷　（日本）河野元三述　（清）歐陽瑞驊譯　清宣統三年(1911)江南圖書館鉛印本　二冊

510000 – 2741 – 0004781　4781

蒙古游牧記十六卷　（清）張穆撰　清同治六年(1867)壽陽祁氏刻本　四冊

510000 – 2741 – 0004782　4782

蒙寇志略一卷　（清）胡壽昌著　清光緒十六年(1890)成都刻本　一冊

510000 – 2741 – 0004783　4783

蒙學淺說十九章　（美國）威廉姆斯撰　清光緒二十四年(1898)商務印書館鉛印本　一冊

510000 – 2741 – 0004784　4784

蒙學珠算教科書　（清）文明書局編纂　清光緒二十九年(1903)上海文明書局鉛印本　一冊

510000 – 2741 – 0004785　4785

夢春廬詞一卷　（清）李賄德撰　**早花集一卷**　（清）吳筠撰　清同治六年(1867)朱蘭刻本　一冊

510000 – 2741 – 0004786　4786

蒙養集古錄一卷　（清）蹇詵輯　清光緒八年(1882)刻本　一冊

510000 – 2741 – 0004787　4787

蒙養日記故事四卷補編一卷　（清）計恬輯　清野鶴山房刻本　一冊

四川大學圖書館古籍普查登記目錄

510000－2741－0004788　4788

蒙齋集二十卷　（宋）袁甫撰　清刻武英殿聚珍版叢書本　六冊

510000－2741－0004789　4789

孟東野集十卷附錄一卷　（唐）孟郊撰　**追昔遊集三卷**　（唐）李紳撰　清宣統二年(1910)上海著易堂石印本　四冊

510000－2741－0004790　4790

孟塗文集十卷駢體文二卷　（清）劉開撰　清光緒十二年(1886)鎮海張壽榮刻本　四冊

510000－2741－0004791　4791

孟襄陽詩集二卷　（唐）孟浩然撰　清光緒十年(1884)遂寧書局刻本　一冊

510000－2741－0004792　4792

孟子弟子考補正一卷　（清）朱彝尊撰　（清）陳矩補正　清光緒貴陽陳氏刻靈峰草堂叢書本　一冊

510000－2741－0004793　4793

孟子弟子考補正一卷　（清）朱彝尊撰　（清）陳矩補正　清光緒貴陽陳氏刻靈峰草堂叢書本　一冊

510000－2741－0004794　4794

孟子弟子考補正一卷　（清）朱彝尊撰　（清）陳矩補正　清光緒貴陽陳氏刻靈峰草堂叢書本　一冊

510000－2741－0004795　4795

孟子弟子考補正一卷　（清）朱彝尊撰　（清）陳矩補正　清光緒貴陽陳氏刻靈峰草堂叢書本　一冊

510000－2741－0004796　4796

孟子弟子考補正一卷(附陳氏批校)　（清）朱彝尊撰　（清）陳矩補正　清光緒刻本　一冊

510000－2741－0004797　4797

四書集注十九卷　（宋）朱熹集註　清刻本　十一冊

510000－2741－0004798　4798

孟子外書補注四卷　（清）陳矩撰　清光緒貴陽陳氏刻靈峰草堂叢書本　一冊

510000－2741－0004799　4799

孟子外書補注四卷　（宋）劉攽原本　（清）陳矩補注　**孟子弟子考補正一卷**　（清）朱彝尊原本　（清）陳矩補正　清光緒貴陽陳氏刻靈峰草堂叢書本　一冊

510000－2741－0004800　4800

孟子音義二卷　（宋）孫奭撰　**孟子音義劄記一卷**　（清）繆荃孫錄　清光緒元年(1875)刻本　一冊

510000－2741－0004801　4801

孟子音義二卷　（宋）孫奭撰　**孟子音義劄記一卷**　（清）繆荃孫錄　清光緒元年(1875)刻本　一冊

510000－2741－0004802　4802

孟子雜記四卷　（明）陳士元著　（清）吳毓梅校刊　清道光十三年(1833)吳玉坪刻本　二冊

510000－2741－0004803　4803

孟子趙注補正六卷　（清）宋翔鳳撰　**孟子劉注一卷**　（漢）劉熙撰　（清）宋翔鳳輯　清光緒十七年(1891)廣雅書局刻本　二冊

510000－2741－0004804　4804

孟子正義三十卷　（清）焦循譔集　清刻本　十二冊

510000－2741－0004805　4805

孟子註疏十四卷　（漢）趙岐註　（宋）孫奭音義并疏　清刻本　六冊

510000－2741－0004806　4806

夢窗詞四卷夢窗詞補遺一卷　（宋）吳文英撰　**重校夢窗詞札記一卷**　（清）朱祖謀撰　清光緒三十四年(1908)歸安朱氏校刻本　二冊

510000－2741－0004807　4807

夢窗甲藁一卷乙藁一卷丙藁一卷丁藁一卷補遺一卷續補遺一卷　（宋）吳文英撰　清咸豐十一年(1861)秀水杜氏刻曼陀羅華閣叢書本　一冊

510000－2741－0004808　4808

四川大學圖書館古籍普查登記目錄

夢蕉亭雜記二卷　（清）陳夔龍撰　清宣統三年(1911)刻本　二冊

510000－2741－0004809　4809

夢甦齋詩集六卷海上寓公草一卷　（清）江國霖撰　清咸豐十年(1860)廣東刻本　二冊

510000－2741－0004810　4810

夢甦齋詩集六卷海上寓公草一卷　（清）江國霖撰　清咸豐十年(1860)廣東刻本　二冊

510000－2741－0004811　4811

夢硯齋遺稿八卷附存穉芙詩　（清）唐樹章撰　清同治四年(1865)綏定郡齋刻本　四冊

510000－2741－0004812　4812

夢園叢說內篇八卷外篇八卷　（清）方濬頤撰　清同治十三年(1874)刻本　四冊

510000－2741－0004813　4813

夢園叢說內篇八卷外篇八卷　（清）方濬頤撰　清同治十三年(1874)刻本　四冊

510000－2741－0004814　4814

夢園書畫錄二十五卷　（清）方濬頤輯訂（清）方臻朗編校　清光緒三年(1877)定遠方氏錦城柏署刻本　十二冊

510000－2741－0004815　4815

夢園書畫錄二十五卷　（清）方濬頤輯訂（清）方臻朗編校　清光緒三年(1877)定遠方氏錦城柏署刻本　十二冊

510000－2741－0004816　4816

夢月巖詩集二十卷詩餘一卷　（清）呂履恒撰　清雍正三年(1725)呂憲曾、呂宣曾刻本　十冊

510000－2741－0004817　4817

夢中緣四卷十五回　（清）李修行撰　清末文益堂刻本　四冊

510000－2741－0004818　4818

夢草閣叢稿七卷　（清）謝正縡撰　清刻本　二冊

510000－2741－0004819　4819

秘傳花鏡六卷圖一卷　（清）陳淏子訂輯　清

刻本　六冊

510000－2741－0004820　4820

秘傳眼科龍木總論十卷首一卷　（□）秦之濟撰　清刻本　四冊

510000－2741－0004821　4821

秘傳眼科龍木總論十卷首一卷　（□）秦之濟撰　清刻本　三冊

510000－2741－0004822　4822

秘書廿一種　（清）汪士漢輯　清新安汪氏刻本　三十二冊

510000－2741－0004823　4823

秘書廿一種　（清）汪士漢輯　清康熙七年(1668)新安汪氏據古今逸史刊版重編印本　十冊

510000－2741－0004824　4824

秘書廿一種　（清）汪士漢輯　清乾隆文盛堂刻本　十六冊

510000－2741－0004825　4825

密證錄一卷姚江釋毀錄一卷不譏錄一卷　（清）彭定求著　清光緒七年(1881)刻本　一冊

510000－2741－0004826　4826

綿津山人詩集十八卷楓香詞一卷　（清）宋犖撰　緯蕭草堂詩一卷　（清）宋至撰　清康熙刻本　三冊

510000－2741－0004827　4827

綿竹縣鄉土志不分卷　（清）田明理等修（清）黃尚毅纂　清光緒三十四年(1908)刻本　二冊

510000－2741－0004828　4828

綿竹縣鄉土志不分卷　（清）田明理等修（清）黃尚毅纂　清光緒三十四年(1908)刻本　二冊

510000－2741－0004829　4829

綿竹縣鄉土志不分卷　（清）田明理等修（清）黃尚毅纂　清光緒三十四年(1908)刻本　二冊

四川大學圖書館古籍普查登記目錄

510000－2741－0004830　4830

勉行堂文集六卷詩集二十四卷　（清）程晉芳撰　清嘉慶二十五年(1820)刻本　十六冊

510000－2741－0004831　4831

苗防備覽二十二卷　（清）嚴如熤輯　清刻本　八冊

510000－2741－0004832　4832

苗氏說文四種　（清）苗夔撰　清道光、咸豐間壽陽祁氏漢專亭刻本　六冊

510000－2741－0004833　4833

苗氏說文四種　（清）苗夔撰　清道光、咸豐間壽陽祁氏漢專亭刻本　四冊

510000－2741－0004834　4834

苗圖不分卷　（清）□□編繪　清彩繪本　一冊

510000－2741－0004835　4835

妙法蓮華經觀世音菩薩普門品一卷　（□）□□編　清末刻本　一冊

510000－2741－0004836　4836

妙法蓮華經科註七卷　（後秦）鳩摩羅什譯　（明）釋一如集註　明崇禎刻本　七冊

510000－2741－0004837　4837

妙法蓮華經通義二十卷　（明）釋德清述　清光緒三十四年(1908)金陵刻經處刻本　五冊

510000－2741－0004838　4838

妙法蓮華經文句記三十卷　（後秦）鳩摩羅什譯　（隋）智者大師說　（隋）灌頂記　（唐）湛然述　清光緒七年(1881)姑蘇刻經處刻本　三十冊

510000－2741－0004839　4839

妙法蓮華經玄義釋籤四十卷附法華玄義序釋籤一卷　（唐）湛然釋　清光緒七年(1881)昭慶律寺經房刻本　二十冊

510000－2741－0004840　4840

妙香軒集唐詩鈔（五言排律）四卷又一卷　（清）程祖潤著　清咸豐刻本　三冊

510000－2741－0004841　4841

繆武烈公遺集六卷首一卷　（清）繆梓撰　清光緒七年(1881)小峚山館刻本　四冊

510000－2741－0004842　4842

繆篆分韻五卷補一卷　（清）桂馥撰　清光緒歸安姚氏咫進齋刻本　四冊

510000－2741－0004843　4843

蠛蠓集五卷　（明）盧柟撰　明萬曆三十年(1602)張其忠刻清乾隆修補印本　五冊

510000－2741－0004844　4844

民種學二卷　（德國）哈伯蘭著　（英國）魯威譯　（清）林紓　（清）魏易譯　清光緒二十九年(1903)北京大學堂官書局鉛印本　一冊

510000－2741－0004845　4845

岷江源委三卷　（漢）桑欽撰　（北魏）酈道元注　（清）鍾登甲校勘　清光緒十五年(1889)樂道齋刻本　一冊

510000－2741－0004846　4846

岷陽方言二卷　（□）□□撰　清道光二十一年(1841)刻本　一冊

510000－2741－0004847　4847

敏果齋七種　（清）許乃釗編　清道光十二年至二十九年(1832－1849)錢塘許氏刻彙印本　二十四冊

510000－2741－0004848　4848

閩產錄要六卷　（清）郭柏蒼輯　清光緒十二年(1886)刻本　五冊

510000－2741－0004849　4849

閩都記三十三卷附圖六幅　（明）王應山纂輯　清道光十一年(1831)刻本　六冊

510000－2741－0004850　4850

名句文身表異錄二十卷　（明）王志堅撰　清康熙漱六閣刻乾隆最宜草堂修補印本　二冊

510000－2741－0004851　4851

名山勝概記四十八卷　（明）何鏜輯　明崇禎刻本　八十冊

510000－2741－0004852　4852

名學部甲八卷首一卷名學部乙七卷名學部丙

四川大學圖書館古籍普查登記目錄

十三卷　（英國）穆勒·約翰撰　（清）嚴復譯
清光緒三十一年（1905）金粟齋刻本　八冊

510000－2741－0004853　4853
名醫類案十二卷附錄一卷　（明）江瓘集　清
知不足齋刻本　十二冊

510000－2741－0004854　4854
名醫類案十二卷附錄一卷　（明）江瓘集　清
知不足齋刻本　十二冊

510000－2741－0004855　4855
名醫類案十二卷附錄一卷　（明）江瓘集　清
知不足齋刻本　十二冊

510000－2741－0004856　4856
名醫類案十二卷　（明）江瓘集　清同治十年
（1871）藏修堂刻本　十二冊

510000－2741－0004857　4857
名醫類案十二卷附錄一卷　（明）江瓘集　**續
名醫類案三十六卷**　（清）魏之琇編集　清光
緒二十二年（1896）畊餘堂鉛印本　二十冊

510000－2741－0004858　4858
名醫類案十二卷附錄一卷　（明）江瓘集　清
光緒二十二年（1896）畊餘堂鉛印本　六冊

510000－2741－0004859　4859
名原二卷　（清）孫詒讓撰　清光緒三十一年
（1905）刻本　一冊

510000－2741－0004860　4860
名媛詩歸三十六卷　（明）鍾惺輯　明刻本
十二冊

510000－2741－0004861　4861
明本排字九經直音二卷　（清）陸心源校　清
光緒七年（1881）吳興陸氏十萬卷樓刻本
二冊

510000－2741－0004862　4862
明辨齋叢書　（清）余肇鈞編　清咸豐、同治
間長沙余氏刻本　二十四冊

510000－2741－0004863　4863
明朝紀事本末八十卷　（清）谷應泰撰　清順
治十五年（1658）刻本　十四冊

510000－2741－0004864　4864
明臣奏議十二卷首一卷　（清）孫桐生輯　清
光緒十七年（1891）刻本　十二冊

510000－2741－0004865　4865
明臣奏議十二卷首一卷　（清）孫桐生輯　清
光緒十七年（1891）刻本　十二冊

510000－2741－0004866　4866
明臣奏議十二卷首一卷　（清）孫桐生輯　清
光緒十七年（1891）刻本　六冊

510000－2741－0004867　4867
明詞綜十二卷國朝詞綜四十八卷二集八卷
（清）王昶纂　清光緒二十八年（1902）金匱浦
氏重修本　十四冊

510000－2741－0004868　4868
**明大司馬盧公集十二卷附明大司馬雙印記一
卷**　（明）盧象昇撰　清光緒元年（1875）刻三
十四年（1908）重修印本　十冊

510000－2741－0004869　4869
明大政纂要六十三卷　（明）譚希思編輯　清
光緒二十一年（1895）湖南思賢書局刻本　二
十八冊

510000－2741－0004870　4870
明大政纂要六十三卷　（明）譚希思編輯　清
光緒二十一年（1895）湖南思賢書局刻本　二
十八冊

510000－2741－0004871　4871
明宮詞一卷　（清）程嗣章著　清宣統三年
（1911）上海掃葉山房石印本　一冊

510000－2741－0004872　4872
明宮史八卷　（清）劉若愚編述　清宣統二年
（1910）國學扶輪社鉛印本　二冊

510000－2741－0004873　4873
明季稗史彙編　（清）留雲居士輯　清都城琉
璃廠留雲居士刻本　十二冊　存七種十五卷
（烈皇小識八卷、行在陽秋二卷、江南聞見錄
一卷、粵游見聞一卷、續幸存錄一卷、求野錄
一卷、也是錄一卷）

四川大學圖書館古籍普查登記目錄

510000－2741－0004874　4874

明季稗史彙編　（清）留雲居士輯　清都城琉璃廠留雲居士刻本　十一冊　缺二種二卷（吳耿尚孔四王合傳一卷、揚州十日記一卷）

510000－2741－0004875　4875

明季稗史彙編　（清）留雲居士輯　清都城琉璃廠留雲居士刻本　十二冊

510000－2741－0004876　4876

明季稗史彙編　（清）留雲居士輯　清都城琉璃廠留雲居士刻本　十二冊

510000－2741－0004877　4877

明季稗史彙編　（清）留雲居士輯　清都城琉璃廠留雲居士刻本　十二冊

510000－2741－0004878　4878

明季北略二十四卷明季南略十八卷　（清）計六奇編輯　清光緒十三年(1887)上海圖書集成印書局鉛印本　十冊

510000－2741－0004879　4879

明季南略十八卷　（清）計六奇編輯　清都城琉璃廠半松居士刻本　八冊

510000－2741－0004880　4880

明季南略十八卷　（清）計六奇編輯　清都城琉璃廠半松居士刻本　八冊

510000－2741－0004881　4881

明季南略十八卷　（清）計六奇編輯　清都城琉璃廠半松居士刻本　十一冊　缺一卷(三)

510000－2741－0004882　4882

明季南略十八卷明季北略二十四卷　（清）計六奇編輯　清都城琉璃廠半松居士刻本　二十冊

510000－2741－0004883　4883

明紀六十卷　（清）陳鶴纂　清光緒二十八年(1902)新化三味書室刻本　三十二冊

510000－2741－0004884　4884

明紀六十卷　（清）陳鶴纂　清同治十年(1871)江蘇書局刻本　二十冊

510000－2741－0004885　4885

明紀六十卷　（清）陳鶴纂　清同治十年(1871)江蘇書局刻本　二十冊

510000－2741－0004886　4886

明紀六十卷　（清）陳鶴纂　清同治十年(1871)江蘇書局刻本　二十四冊

510000－2741－0004887　4887

明刻四子三十一卷　（明）黃之寀校　明刻本　六冊

510000－2741－0004888　4888

明閩中高傅二山人集　（清）郭柏蒼輯　清光緒七年(1881)福州郭氏沁泉山館刻本　四冊

510000－2741－0004889　4889

明人尺牘四卷國朝尺牘六卷　（清）梁同書輯　清光緒十七年(1891)刻本　一冊

510000－2741－0004890　4890

明儒學案六十二卷　（清）黃宗羲撰　清光緒十四年(1888)南昌縣學刻本　四十冊

510000－2741－0004891　4891

明儒學案六十二卷　（清）黃宗羲撰　清光緒十四年(1888)南昌縣學刻本　四十冊

510000－2741－0004892　4892

明儒學案六十二卷　（清）黃宗羲撰　清雍正十三年(1735)紫筠齋刻本　十六冊

510000－2741－0004893　4893

明三十家詩選初集八卷二集八卷　（清）汪端輯　清刻本　八冊

510000－2741－0004894　4894

明詩紀事甲籤三十卷乙籤二十二卷丙籤十二卷丁籤十七卷戊籤二十二卷己籤二十卷　（清）陳田輯　清光緒貴陽陳氏聽詩齋刻本　二十四冊

510000－2741－0004895　4895

明詩紀事甲籤三十卷乙籤二十二卷丙籤十二卷丁籤十七卷戊籤二十二卷己籤二十卷庚籤三十卷辛籤三十四卷　（清）陳田輯　清光緒貴陽陳氏聽詩齋刻本　三十八冊

510000－2741－0004896　4896

四川大學圖書館古籍普查登記目錄

明詩紀事三十卷 （清）陳田輯 清光緒二十
五年(1899)刻本 六冊

510000－2741－0004897 4897
明詩紀事乙籤二十二卷 （清）陳田輯 清光
緒三十年(1904)刻本 四冊

510000－2741－0004898 4898
明詩綜一百卷 （清）朱彝尊編 （清）汪森緝
評 清康熙刻乾隆吳氏清來堂印本 四十冊

510000－2741－0004899 4899
明詩綜一百卷 （清）朱彝尊輯 清康熙刻本
四十八冊

510000－2741－0004900 4900
明詩綜一百卷 （清）朱彝尊輯 清康熙刻乾
隆吳氏清來堂印本 四十冊

510000－2741－0004901 4901
明詩綜一百卷 （清）朱彝尊輯 清康熙刻乾
隆吳氏清來堂印本 四十冊

510000－2741－0004902 4902
明詩綜一百卷 （清）朱彝尊輯 清康熙刻本
三十冊 缺三卷(一至三)

510000－2741－0004903 4903
明詩綜一百卷 （清）朱彝尊輯 清康熙刻本
三十二冊

510000－2741－0004904 4904
明詩綜一百卷 （清）朱彝尊輯 （清）龔翔麟
緝評 清康熙刻本 四十冊

510000－2741－0004905 4905
明十五完人手帖不分卷 （清）朱彝尊鑒定
清光緒三十四年(1908)國學保存會石印本
一冊

510000－2741－0004906 4906
明史稿三百十卷目錄三卷 （清）王鴻緒撰
清乾隆敬慎堂刻本 七十二冊

510000－2741－0004907 4907
明史稿三百十卷目錄三卷附二卷 （清）王鴻
緒撰 清乾隆敬慎堂刻本 八十冊

510000－2741－0004908 4908
明史紀事本末八十卷 （清）谷應泰編輯 清
光緒二十四年(1898)湖南思賢書局刻本 二
十冊

510000－2741－0004909 4909
明史紀事本末八十卷 （清）谷應泰編輯 清
同治十三年(1874)江西書局刻本 二十冊

510000－2741－0004910 4910
明史紀事本末八十卷 （清）谷應泰編輯 清
同治十三年(1874)江西書局刻本 二十冊

510000－2741－0004911 4911
明史紀事本末八十卷 （清）谷應泰編著 清
刻本 二十冊

510000－2741－0004912 4912
明史紀事本末八十卷 （清）谷應泰編輯 清
光緒二十四年(1898)湖南思賢書局刻本 十
九冊 存七十七卷(四至八十)

510000－2741－0004913 4913
明史紀事本末八十卷 （清）谷應泰編輯 清
同治十三年(1874)江西書局刻本 六冊

510000－2741－0004914 4914
明史竊一百五卷 （明）尹守衡撰 清光緒十
二年(1886)刻東莞博物圖書館印本 十八冊

510000－2741－0004915 4915
明堂陰陽夏小正經傳考釋不分卷 （清）莊述
祖著 清光緒九年(1883)劉翽宸刻本 四冊

510000－2741－0004916 4916
明通鑑九十卷前編四卷附編六卷首一卷
（清）夏燮編輯 清光緒三十一年(1905)四川
珠江同馨書局刻本 六十冊

510000－2741－0004917 4917
明通鑑九十卷前編四卷附編六卷首一卷
（清）夏燮編輯 清光緒二十三年(1897)湖北
官書處刻本 三十八冊 缺六卷(四十一至
四十六)

510000－2741－0004918 4918
明文鈔六編 （清）高嵣輯 清道光十一年

四川大學圖書館古籍普查登記目錄

(1831)刻本 二十五冊

510000－2741－0004919 4919
明文在一百卷 （清）薛熙編 （清）何潔輯
清光緒十五年(1889)江蘇書局刻本 十冊

510000－2741－0004920 4920
明文在一百卷 （清）薛熙編 （清）何潔輯
清光緒十五年(1889)江蘇書局刻本 十冊

510000－2741－0004921 4921
明文在一百卷 （清）薛熙纂 （清）何潔輯
清光緒十五年(1889)江蘇書局刻本 十冊

510000－2741－0004922 4922
明文在一百卷 （清）薛熙纂 （清）何潔輯
清光緒十五年(1889)江蘇書局刻本 十冊

510000－2741－0004923 4923
明文在一百卷 （清）薛熙纂 （清）何潔輯
清光緒十五年(1889)江蘇書局刻本 十冊

510000－2741－0004924 4924
明文在一百卷 （清）薛熙纂 （清）何潔輯
清光緒十五年(1889)江蘇書局刻本 十冊

510000－2741－0004925 4925
明夷待訪錄一卷 （清）黃宗羲著 清光緒二
十四年(1898)上海著易堂石印本 一冊

510000－2741－0004926 4926
明夷待訪錄一卷 （清）黃宗羲著 清宣統三
年(1911)成都文倫書局鉛印本 一冊

510000－2741－0004927 4927
明齋小識十二卷 （清）諸聯輯著 清道光十
四年(1834)刻本 六冊

510000－2741－0004928 4928
明張文忠公全集四十八卷 （明）張居正撰
清光緒二十七年(1901)紅藤碧樹山館刻本
十六冊

510000－2741－0004929 4929
明州繫年錄七卷 （清）董沛撰 清光緒四年
(1878)刻本 三冊

510000－2741－0004930 4930

茗柯文初編一卷二編二卷三編一卷四編一卷
（清）張惠言撰 （清）董士錫編 清光緒七
年(1881)刻本 二冊

510000－2741－0004931 4931
鳴鶴堂文集十卷 （清）任源祥著 （清）瞿源
洙集評 清光緒十五年(1889)刻本 五冊

510000－2741－0004932 4932
鳴鶴堂文集十卷詩集十一卷 （清）任源祥著
（清）瞿源洙集評 清光緒十五年(1889)刻
本 十二冊

510000－2741－0004933 4933
瞑庵雜識四卷附錄一卷 （清）朱克敬著 清
光緒四年(1878)長沙刻本 四冊

510000－2741－0004934 4934
莫愁湖志六卷首一卷 （清）馬士圖纂修 清
光緒八年(1882)刻本 四冊

510000－2741－0004935 4935
秣陵集六卷 （清）陳文述撰 清光緒十年
(1884)淮南書局刻本 三冊

510000－2741－0004936 4936
墨池編二十卷 （宋）朱長文纂次 印典八卷
（清）朱象賢撰 清乾隆就閒堂刻本 八冊

510000－2741－0004937 4937
墨池編二十卷 （宋）朱長文纂次 印典八卷
（清）朱象賢撰 清乾隆就閒堂刻本 十冊

510000－2741－0004938 4938
墨耕堂集 （清）徐子來著 清光緒十六年
(1890)刻本 九冊

510000－2741－0004939 4939
墨耕堂詩鈔不分卷 （清）徐子來撰 清末抄
本 一冊

510000－2741－0004940 4940
墨林今話十八卷續編一卷 （清）蔣寶齡撰
清咸豐二年(1852)刻本 四冊

510000－2741－0004941 4941
墨林今話十八卷續編一卷 （清）蔣寶齡撰
清咸豐二年(1852)刻本 六冊

四川大學圖書館古籍普查登記目錄

510000 – 2741 – 0004942　4942

墨林今話十八卷續編一卷　（清）蔣寶齡撰
清咸豐二年(1852)刻本　四冊

510000 – 2741 – 0004943　4943

墨妙亭碑目考二卷附考一卷　（清）張鑑撰
清光緒十年(1884)江蘇書局刻本　二冊

510000 – 2741 – 0004944　4944

墨妙亭碑目考二卷附考一卷　（清）張鑑撰
清光緒十年(1884)江蘇書局刻本　一冊

510000 – 2741 – 0004945　4945

墨妙亭碑目考二卷附考一卷　（清）張鑑撰
清光緒十年(1884)江蘇書局刻本　二冊

510000 – 2741 – 0004946　4946

墨商三卷補遺一卷　（清）王景義撰　清宣統
二年(1910)刻本　二冊

510000 – 2741 – 0004947　4947

墨子經說解二卷　（清）張惠言述　清宣統元
年(1909)國學保存會影印本　一冊

510000 – 2741 – 0004948　4948

墨子批選二卷　（明）陳邦泰撰　明刻本
一冊

510000 – 2741 – 0004949　4949

墨子三卷　（周）墨翟撰　王闓運注　清光緒
三十年(1904)江西官書局刻本　四冊

510000 – 2741 – 0004950　4950

墨子三卷　（周）墨翟撰　王闓運注　清光緒
三十年(1904)江西官書局刻本　二冊

510000 – 2741 – 0004951　4951

墨子十六卷附篇目考一卷　（周）墨翟撰
（清）畢沅校注　清乾隆刻經訓堂叢書本
四冊

510000 – 2741 – 0004952　4952

墨子十六卷附篇目考一卷　（周）墨翟撰
（清）畢沅校注　清光緒二年(1876)浙江書局
刻本　六冊

510000 – 2741 – 0004953　4953

墨子閒詁十五卷目錄一卷附錄一卷後語二卷

（清）孫詒讓撰　清光緒、宣統間刻本
八冊

510000 – 2741 – 0004954　4954

墨子閒詁十五卷目錄一卷附錄一卷後語二卷

（清）孫詒讓撰　清光緒、宣統間刻本
八冊

510000 – 2741 – 0004955　4955

墨子閒詁十五卷目錄一卷附錄一卷後語二卷

（清）孫詒讓撰　清光緒、宣統間刻本
八冊

510000 – 2741 – 0004956　4956

墨子閒詁十五卷目錄一卷附錄一卷後語二卷

（清）孫詒讓撰　清光緒、宣統間刻本
八冊

510000 – 2741 – 0004957　4957

墨醉軒詩存二卷　（清）李義得撰　清光緒二
十二年(1896)墊江李氏家刻本　一冊

510000 – 2741 – 0004958　4958

墨醉軒詩存二卷　（清）李義得撰　清光緒二
十二年(1896)墊江李氏家刻本　一冊

510000 – 2741 – 0004959　4959

默齋公牘二卷附錄一卷　（清）俞德淵撰
（清）路德評選　清同治九年(1870)刻本
二冊

510000 – 2741 – 0004960　4960

默齋詩鈔五卷詩餘鈔一卷　（清）陸敬撰　清
嘉慶刻本　一冊

510000 – 2741 – 0004961　4961

牟子一卷　（漢）牟融撰　清嘉慶蘭陵孫氏刻
平津館叢書本　一冊

510000 – 2741 – 0004962　4962

木犀軒叢書二十七種續刻六種　（清）李盛鐸
編　清光緒德化李氏木犀軒刻本　四十冊

510000 – 2741 – 0004963　4963

目耕帖三十一卷　（清）馬國翰撰　清同治十
年(1871)濟南皇華館書局刻本　十六冊

510000 – 2741 – 0004964　4964

四川大學圖書館古籍普查登記目錄

牧令書二十三卷 （清）徐棟輯 清道光二十
八年（1848）楚興國李燁刻本 十二冊

510000－2741－0004965 4965
牧令書二十三卷末一卷保甲書四卷 （清）徐
棟撰 清同治四年（1865）江忠濬四川刻本
二十冊

510000－2741－0004966 4966
牧令書輯要十卷 （清）徐棟編 清同治八年
（1869）崇文書局刻本 十冊

510000－2741－0004967 4967
牧齋初學集詩注二十卷牧齋有學集詩注十四
卷 （清）錢謙益撰 （清）錢曾箋注 清刻本
十六冊

510000－2741－0004968 4968
穆堂初藁五十卷 （清）李紱撰 清乾隆五年
（1740）無怒軒刻本 二十四冊

510000－2741－0004969 4969
穆天子傳六卷 （晉）郭璞註 清嘉慶蘭陵孫
氏平津館刻本 三冊

510000－2741－0004970 4970
穆宗毅皇帝聖訓一百六十卷 （□）□□輯
清刻本 四十八冊

510000－2741－0004971 4971
穆宗毅皇帝聖訓一百六十卷 （□）□□輯
清末石印本 十六冊

510000－2741－0004972 4972
拿破崙本紀四卷 （英國）洛加德撰 （清）林
紓 （清）魏易譯 清光緒三十三年（1907）京
師官書局鉛印本 二冊

510000－2741－0004973 4973
納書楹曲譜續集四卷 （清）葉堂編 清刻本
二冊 存二卷（三至四）

510000－2741－0004974 4974
納書楹曲譜正集四卷續集四卷外集二卷納書
楹曲譜補遺四卷納書楹玉茗堂四夢曲譜
（清）葉堂編 清乾隆五十七年（1792）刻本
二十冊

510000－2741－0004975 4975
納書楹曲譜正集四卷續集四卷外集二卷納書
楹曲譜補遺四卷納書楹玉茗堂四夢曲譜
（清）葉堂編 清乾隆五十七年（1792）刻本
二十冊

510000－2741－0004976 4976
納書楹曲譜正集四卷續集四卷外集二卷納書
楹曲譜補遺四卷納書楹玉茗堂四夢曲譜
（清）葉堂編 清乾隆五十七年（1792）刻本
二十二冊

510000－2741－0004977 4977
耐庵類稿十卷 （清）陳偉著 清光緒二十二
年（1896）刻本 六冊

510000－2741－0004978 4978
耐庵類稿十卷 （清）陳偉著 清光緒二十二
年（1896）梅叔瀚等刻本 六冊

510000－2741－0004979 4979
耐菴先生文存六卷詩存三卷首一卷 （清）賀
長齡著 清咸豐十一年（1861）刻本 四冊

510000－2741－0004980 4980
耐菴奏議存稿十二卷公牘四卷文存六卷詩存
三卷 （清）賀長齡著 清光緒八年（1882）賀
克繩、賀克恭刻本 十二冊

510000－2741－0004981 4981
男科二卷 （清）傅山著 清同治五年（1866）
蜀中樂善堂刻本 二冊

510000－2741－0004982 4982
南北朝文鈔二卷 （清）彭兆蓀採輯 （清）徐
達源參校 清光緒八年（1882）紫雲室刻本
二冊

510000－2741－0004983 4983
南北詞名宮調彙録二卷 （清）汪汲撰 清乾
隆、嘉慶間古愚山房刻本 一冊

510000－2741－0004984 4984
南北史補志十四卷 （清）汪士鐸撰 清光緒
四年（1878）淮南書局刻本 六冊

510000－2741－0004985 4985

四川大學圖書館古籍普查登記目録

南部縣鄉土志不分卷　（清）王道履編　清末
抄本　五冊

510000－2741－0004986　4986

南部縣輿圖考不分卷　（清）袁用賓修　清光
緒二十二年(1896)刻本　四冊

510000－2741－0004987　4987

南藏　（□）□□編　明洪武五年至永樂元年
(1372－1403)刻本　十四冊

510000－2741－0004988　4988

南朝寺考六卷　（清）劉世珩撰　清光緒三十
三年(1907)貴池劉氏刻本　二冊

510000－2741－0004989　4989

南川公業圖說十二卷專經書院公業圖說一卷
　（清）張濤撰　清光緒刻本　八冊

510000－2741－0004990　4990

南川縣鄉土志不分卷　（清）□□纂　清末抄
本　一冊

510000－2741－0004991　4991

南邨草堂詩鈔二十四卷附錄一卷　（清）鄧顯
鶴撰　清咸豐元年(1851)刻本　八冊

510000－2741－0004992　4992

南邨草堂文鈔二十卷　（清）鄧顯鶴撰　清咸
豐元年(1851)刻本　六冊

510000－2741－0004993　4993

南渡錄四卷　（宋）辛棄疾述　清光緒六年
(1880)刻本　二冊

510000－2741－0004994　4994

南海桂氏經學叢書　（清）桂文燦撰　清咸豐
至光緒刻本　十冊

510000－2741－0004995　4995

南海先生戊戌奏稿不分卷　康有爲撰　（清）
麥仲華編　清宣統三年(1911)鉛印本　一冊

510000－2741－0004996　4996

南漢春秋十三卷　（清）劉應麟編輯　清道光
七年(1827)含章書屋刻本　四冊

510000－2741－0004997　4997

南漢書十八卷南漢書考異十八卷南漢文字畧
四卷南漢叢錄二卷　（清）梁廷枏撰　清道光
十年(1830)刻本　八冊

510000－2741－0004998　4998

南漢書十八卷南漢書考異十八卷南漢文字畧
四卷南漢叢錄二卷　（清）梁廷枏撰　清道光
十年(1830)刻本　八冊

510000－2741－0004999　4999

南華經解六卷　（清）宣穎撰　清末海清樓刻
本　三冊

510000－2741－0005000　5000

南華真經解三卷　（清）宣穎撰　清刻本
六冊

510000－2741－0005001　5001

南華真經旁註五卷　（明）方虛名輯註　（明）
孫平仲音校　明萬曆刻本　五冊

510000－2741－0005002　5002

南華真經評註十卷　（晉）郭象輯註　（明）歸
有光批閱　（明）文震孟訂正　明刻本　四冊

510000－2741－0005003　5003

南華真經評註五卷　（晉）向秀註　（晉）郭象
評　明刻清修本(卷三爲方虛名輯注本補配)
　八冊　存四卷(一至四)

510000－2741－0005004　5004

南江文鈔十二卷詩鈔四卷南江札記四卷
(清)邵晉涵撰　清嘉慶八年至道光十二年
(1803－1832)刻本　十二冊

510000－2741－0005005　5005

南江札記四卷　（清）邵晉涵撰　清刻本
二冊

510000－2741－0005006　5006

南江札記四卷　（清）邵晉涵撰　清刻本
二冊

510000－2741－0005007　5007

南疆繹史勘本三十卷首二卷　（清）溫睿臨撰
　（清）李瑤勘定　繹史摭遺十八卷繹史卹諡

四川大學圖書館古籍菁華登記目錄

考八卷　（清）李瑤輯　清北京琉璃廠半松居士刻本　八冊

510000－2741－0005008　5008

南疆繹史勘本三十卷首二卷　（清）溫睿臨撰　（清）李瑤勘定　繹史摭遺十八卷繹史卹謚考八卷　（清）李瑤輯　清北京琉璃廠半松居士刻本　十六冊

510000－2741－0005009　5009

南疆繹史勘本三十卷首二卷　（清）溫睿臨撰　（清）李瑤勘定　繹史摭遺十八卷繹史卹謚考八卷　（清）李瑤輯　清北京琉璃廠半松居士刻本　十九冊　缺二卷（首二卷）

510000－2741－0005010　5010

南燼紀聞錄一卷附阿計替傳一卷　（宋）辛棄疾撰　清抄本　一冊

510000－2741－0005011　5011

南菁書院叢書　（清）王先謙　（清）繆荃孫輯　清光緒十四年（1888）江陰南菁書院刻本　四十冊

510000－2741－0005012　5012

南菁書院叢書　（清）王先謙　（清）繆荃孫輯　清光緒十四年（1888）江陰南菁書院刻本　四十冊

510000－2741－0005013　5013

南菁文鈔二集六卷　（清）黃以周輯　清光緒二十年（1894）刻本　四冊

510000－2741－0005014　5014

南菁札記十四種　（清）溥良編　清光緒二十年（1894）江陰使署刻本　六冊

510000－2741－0005015　5015

南皮張宮保政書十二卷　（清）張之洞撰　（清）仰止廬主輯　清光緒二十七年（1901）上海圖書集成印書局鉛印本　六冊

510000－2741－0005016　5016

南齊書五十九卷　（南朝梁）蕭子顯撰　宋刻元明遞修本　十六冊

510000－2741－0005017　5017

南沙先生文集八卷　（明）熊過撰　清同治十二年（1873）刻光緒七年（1881）釜江書局印本　四冊

510000－2741－0005018　5018

南沙先生文集八卷　（明）熊過撰　清同治十二年（1873）刻光緒七年（1881）釜江書局印本　八冊

510000－2741－0005019　5019

南沙先生文集八卷　（明）熊過撰　清同治十二年（1873）刻本　八冊

510000－2741－0005020　5020

南山全集十六卷　（清）戴潛虛著　清光緒十九年（1893）印鴻堂木活字印本　八冊

510000－2741－0005021　5021

南山全集十六卷　（清）戴潛虛著　清光緒十九年（1893）印鴻堂木活字印本　八冊

510000－2741－0005022　5022

南史八十卷　（唐）李延壽撰　清光緒六年（1880）四川尊經書局刻本　十二冊

510000－2741－0005023　5023

南史八十卷　（唐）李延壽撰　清光緒六年（1880）四川尊經書局刻本　二十冊

510000－2741－0005024　5024

南史八十卷　（唐）李延壽撰　清光緒六年（1880）四川尊經書局刻本　十六冊

510000－2741－0005025　5025

南史八十卷　（唐）李延壽撰　明萬曆南京國子監刻明清遞修本　二十二冊

510000－2741－0005026　5026

南史識小録十四卷北史識小録十四卷　（清）沈名蓀　（清）朱昆田編　（清）張應昌補正　清同治十年（1871）武林吳氏清來堂刻本　十四冊

510000－2741－0005027　5027

南史識小録十四卷北史識小録十四卷　（清）沈名蓀　（清）朱昆田編　（清）張應昌補正　清同治十年（1871）武林吳氏清來堂刻本　十

四川大學圖書館古籍善本登記目錄

二冊

510000－2741－0005028　5028

南士遺吟録一卷　（清）鍾朝煦等輯　清宣統
三年(1911)刻本　一冊

510000－2741－0005029　5029

南士遺吟録一卷　（清）鍾朝煦等輯　清宣統
三年(1911)刻本　三冊

510000－2741－0005030　5030

南宋古蹟考二卷　（清）朱彭輯　清光緒七年
(1881)武林丁氏刻武林掌故叢編本　二冊

510000－2741－0005031　5031

南宋羣賢小集　（宋）陳起輯　（清）顧修重輯
清嘉慶六年(1801)石門顧氏讀畫齋刻本
三十二冊

510000－2741－0005032　5032

南宋書六十八卷　（明）錢士升撰　清嘉慶二
年(1797)掃葉山房刻宋遼金元別史本　六冊

510000－2741－0005033　5033

南宋書六十八卷　（明）錢士升撰　清嘉慶二
年(1797)掃葉山房刻宋遼金元別史本　八冊

510000－2741－0005034　5034

南宋文範七十卷作者考二卷外編四卷　（清）
莊仲方編　清光緒十四年(1888)江蘇書局刻
本　十六冊

510000－2741－0005035　5035

南宋文範七十卷作者考二卷外編四卷　（清）
莊仲方編　清光緒十四年(1888)江蘇書局刻
蘇州振新書社印本　十六冊

510000－2741－0005036　5036

南宋文範七十卷作者考二卷外編四卷　（清）
莊仲方編　清光緒十四年(1888)江蘇書局刻
本　十六冊

510000－2741－0005037　5037

南宋文範七十卷作者考二卷外編四卷　（清）
莊仲方編　清光緒十四年(1888)江蘇書局刻
本　十六冊

510000－2741－0005038　5038

南宋文録録二十四卷　（清）董兆熊輯　清光
緒十七年(1891)蘇州書局刻振新書社印本
六冊

510000－2741－0005039　5039

南宋文録録二十四卷　（清）董兆熊輯　清光
緒十七年(1891)蘇州書局刻本　六冊

510000－2741－0005040　5040

南宋文録録二十四卷　（清）董兆熊輯　清光
緒十七年(1891)蘇州書局刻本　六冊

510000－2741－0005041　5041

南宋文録録二十四卷　（清）董兆熊輯　清光
緒十七年(1891)蘇州書局刻本　六冊

510000－2741－0005042　5042

南宋樂府一卷　（清）章季英著　（清）趙葆燨
註　清光緒二年(1876)歸安趙氏成都刻本
一冊

510000－2741－0005043　5043

南宋樂府一卷　（清）章季英著　（清）趙葆燨
註　清光緒二年(1876)歸安趙氏成都刻本
一冊

510000－2741－0005044　5044

南宋樂府一卷　（清）章季英著　（清）趙葆燨
註　清光緒二年(1876)歸安趙氏成都刻本
一冊

510000－2741－0005045　5045

南宋樂府一卷　（清）章季英著　（清）趙葆燨
註　清光緒二年(1876)歸安趙氏成都刻本
一冊

510000－2741－0005046　5046

南宋樂府一卷　（清）章季英著　（清）趙葆燨
註　清光緒二年(1876)歸安趙氏成都刻本
一冊

510000－2741－0005047　5047

南宋雜事詩七卷　（清）沈嘉轍等撰　清同治
十一年(1872)淮南書局刻本　四冊

510000－2741－0005048　5048

南宋雜事詩七卷　（清）沈嘉轍等撰　清刻本

四川大學圖書館古籍普查登記目録

八冊

510000－2741－0005049　5049
南宋雜事詩七卷　（清）沈嘉轍等撰　清同治
十一年(1872)淮南書局刻本　二冊

510000－2741－0005050　5050
南唐書十八卷音釋一卷　（宋）陸游注　（元）
戚光音釋　明末毛氏汲古閣刻陸放翁全集本
四冊

510000－2741－0005051　5051
南天痕二十六卷附錄一卷　（清）凌雪纂修
清宣統三年(1911)石印本　六冊

510000－2741－0005052　5052
南溪書院志四卷　（□）□□編　清同治九年
(1870)刻本　三冊

510000－2741－0005053　5053
南邨草堂詩鈔十九卷　（清）鄧顯鶴撰　清刻
本　六冊

510000－2741－0005054　5054
南潯鎮志四十卷　（清）汪曰楨撰　清咸豐六
年(1856)刻本　十冊

510000－2741－0005055　5055
南雅堂醫書三十二種　（清）陳念祖著　清光
緒同心公記刻本　四十八冊

510000－2741－0005056　5056
南陽人物志十卷又八卷　（清）劉拱宸鑒定
(清)劉沛然編次　（清）馬至毅校訂　清同治
九年(1870)南陽府衙刻本　六冊

510000－2741－0005057　5057
南游草一卷　（清）江瀚著　清光緒二十五年
(1899)慎所立齋刻本　一冊

510000－2741－0005058　5058
南游草一卷　（清）江瀚著　清光緒二十五年
(1899)慎所立齋刻本　一冊

510000－2741－0005059　5059
南游草一卷　（清）江瀚著　清光緒二十五年
(1899)慎所立齋刻本　一冊

510000－2741－0005060　5060
南園前五先生詩五卷首一卷南園後五先生詩
二十五卷首一卷附南園花信詩一卷　（明）趙
介等撰　清同治九年(1870)南海陳氏刻本
八冊

510000－2741－0005061　5061
南園詩存二卷　（清）錢灃撰　清嘉慶刻本
一冊

510000－2741－0005062　5062
南嶽志八卷　（清）曠本敏纂　（清）高自位編
清乾隆十八年(1753)刻本　六冊

510000－2741－0005063　5063
南嶽總勝集三卷　（宋）陳田夫撰　清光緒三
十二年(1906)長沙葉氏刻本　三冊

510000－2741－0005064　5064
南畇文槀十二卷　（清）彭定求著　清光緒七
年(1881)彭祖賢刻本　六冊

510000－2741－0005065　5065
南畇文槀十二卷南畇小題文稿一卷　（清）彭
定求撰　清光緒七年(1881)彭祖賢刻本
七冊

510000－2741－0005066　5066
難經經釋二卷　（戰國）扁鵲著　（清）徐大椿
釋　清刻本　一冊

510000－2741－0005067　5067
難經經釋二卷　（戰國）扁鵲著　（清）徐大椿
釋　清刻徐靈胎十二種全集本　二冊

510000－2741－0005068　5068
訥盦叢稿　（清）顧鳴鳳撰　清宣統三年
(1911)刻本　六冊

510000－2741－0005069　5069
內江縣正堂羅度施政錄一卷　（清）羅度撰
清光緒刻本　一冊

510000－2741－0005070　5070
內科理法二十三卷　（英國）虎伯撰　（清）舒
高第口譯　（清）趙元益筆述　清末上海江南
製造總局刻本　十二冊

四川大學圖書館古籍普查登記目錄

510000－2741－0005071　5071

內科新說二卷　（英國）合信氏著　（清）管茂才撰　清咸豐八年（1858）刻本　一冊

510000－2741－0005072　5072

內則衍義十六卷　（清）世祖福臨撰　清刻本　八冊

510000－2741－0005073　5073

內則衍義十六卷　（清）世祖福臨撰　清刻本　八冊

510000－2741－0005074　5074

內則衍義十六卷　（清）世祖福臨撰　清刻本　八冊

510000－2741－0005075　5075

能改齋漫錄十八卷　（宋）吳曾撰　清刻武英殿聚珍版叢書本　十一冊

510000－2741－0005076　5076

尼羅海戰史十七章溫聖脫海戰史九章哥品杭海戰史二編十七章　（美國）耶特瓦德斯邊著　（日本）越山平三郎譯　清光緒二十九年（1903）上海商務印書館鉛印本　一冊

510000－2741－0005077　5077

擬兩晉南北史樂府二卷唐宋小樂府一卷　（清）洪亮吉撰　清光緒三年（1877）湖北洪氏授經堂刻本　一冊

510000－2741－0005078　5078

擬明代人物志十卷　（清）劉青芝撰　清乾隆刻本　六冊

510000－2741－0005079　5079

廿二史考異一百卷　（清）錢大昕學　清光緒八年（1882）龍氏家塾刻本　二十一冊　存八十九卷（一至十二、二十四至一百）

510000－2741－0005080　5080

廿二史劄記三十六卷補遺一卷　（清）趙翼撰　清光緒二年至三年（1876－1877）大關唐氏壽考堂刻本　十冊

510000－2741－0005081　5081

廿二史劄記三十六卷補遺一卷　（清）趙翼撰　清光緒二年至三年（1876－1877）大關唐氏壽考堂刻本　十三冊

510000－2741－0005082　5082

廿二史劄記三十六卷補遺一卷　（清）趙翼撰　清光緒二十五年（1899）益元書局刻本　十二冊

510000－2741－0005083　5083

廿二史劄記三十六卷補遺一卷　（清）趙翼撰　清嘉慶刻本　十二冊

510000－2741－0005084　5084

廿二史劄記三十六卷補遺一卷　（清）趙翼撰　清光緒二年至三年（1876－1877）大關唐氏壽考堂刻本　十二冊

510000－2741－0005085　5085

廿二史劄記三十六卷補遺一卷　（清）趙翼撰　**廿二史劄記識語二卷**　（清）鄒永修撰　清光緒二十六年（1900）新化西畬山館刻本　十六冊

510000－2741－0005086　5086

廿二史劄記三十六卷補遺一卷皇朝劄記述略四卷　（清）趙翼撰　清光緒二十八年（1902）廣雅書局刻本　十六冊

510000－2741－0005087　5087

廿二史劄記三十六卷補遺一卷　（清）趙翼撰　清光緒二年至三年（1876－1877）大關唐氏壽考堂刻四川官書局印本　十冊

510000－2741－0005088　5088

廿一史彈詞註十卷　（明）楊慎編著　（清）張三異增訂　**明紀彈詞註二卷類聚數考一卷**　清道光富平楊浚刻本　八冊

510000－2741－0005089　5089

廿一史考鑑錄二十六卷　（清）徐樹棠纂輯　（清）馬世儒參校　清光緒十三年（1887）簡州鳳梧書院刻本　二十冊

510000－2741－0005090　5090

廿一史四譜五十四卷　（清）沈炳震鈔　清同治十年（1871）武林吳氏清來堂補刻本　二十

四川大學圖書館古籍普查登記目錄

四冊

510000－2741－0005091　5091

廿一史四譜五十四卷　（清）沈炳震鈔　清同治十年(1871)武林吳氏清來堂刻本　十六冊

510000－2741－0005092　5092

廿一史約編八卷首一卷　（清）鄭元慶述　清刻本　七冊　缺一卷(木字號,即明史)

510000－2741－0005093　5093

廿一史戰略考三十三卷　（明）茅元儀原輯（清）黎庶昌刪定　清光緒二十五年(1899)成都志古堂刻本　十冊

510000－2741－0005094　5094

念庵羅先生集十三卷　（明）羅洪先撰　明嘉靖四十三年(1564)甄津刻本　六冊

510000－2741－0005095　5095

念昔齋痁言圖纂不分卷　（清）黃雲鵠撰　清光緒元年(1875)建南官廨刻本　一冊

510000－2741－0005096　5096

釀蜜集四卷　（清）浦起龍著　清光緒二十七年(1901)靜寄東軒家塾刻本　四冊

510000－2741－0005097　5097

鳥鼠山人小集十六卷後集二卷可泉擬涯翁擬古樂府二卷擬漢樂府八卷補遺一卷　（明）胡纘宗撰　**榮哀錄二卷**　明嘉靖刻清順治十三年(1656)周盛時修補印本　十六冊

510000－2741－0005098　5098

甯古塔記畧一卷　（清）吳桭臣著　清光緒桐廬袁氏刻漸西村舍彙刻本　一冊

510000－2741－0005099　5099

寧都三魏全集　（清）林時益輯　清道光二十五年(1845)寧都謝庭綬帔緓園書塾刻本　五十八冊

510000－2741－0005100　5100

寧遠府屬銅礦情形清冊不分卷　（清）□□撰　清光緒二十六年(1900)稿本　一冊

510000－2741－0005101　5101

凝園讀易管見十卷　（清）羅典定稿　清乾隆

三十一年(1766)明德堂刻後印本　五冊

510000－2741－0005102　5102

凝齋先生遺集八卷末一卷　（清）陳道撰　清光緒四年(1878)陳同恩刻本　四冊

510000－2741－0005103　5103

農務化學簡法三卷　（美國）固來納著　（英國）傅蘭雅口譯　（清）王樹善筆述　清光緒二十九年(1903)上海江南製造局刻本　一冊

510000－2741－0005104　5104

農務化學問答二卷　（英國）仲斯敦著　（英國）秀耀春口譯　（清）范熙庸筆述　清光緒二十五年(1899)江南製造總局刻本　二冊

510000－2741－0005105　5105

農務全書上編十六卷　（美國）施妥縷撰（清）舒高第口譯　（清）趙詒琛筆述　清光緒三十三年(1907)江南機器製造總局刻本　八冊

510000－2741－0005106　5106

農務土質論三卷附農務土質圖說一卷　（美國）金福蘭格令希蘭撰　（美國）衛理口譯（清）范熙庸筆述　清光緒二十六年(1900)製造局刻本　三冊

510000－2741－0005107　5107

農務要書簡明目錄一卷　（英國）傅蘭雅口譯　（清）王樹善筆述　清光緒二十七年(1901)上海製造局刻本　一冊

510000－2741－0005108　5108

農政全書六十卷　（明）徐光啟撰　清道光二十三年(1843)上海王氏曙海樓刻本　二十冊

510000－2741－0005109　5109

農政全書五十六卷　（明）徐光啟撰　清道光二十六年(1846)貴州刻本　二十冊

510000－2741－0005110　5110

弄丸心法八卷　（清）楊鳳庭撰　清宣統三年(1911)成都刻本　八冊

510000－2741－0005111　5111

弄丸心法八卷　（清）楊鳳庭撰　清宣統三年

四川大學圖書館古籍普查登記目錄

245

（1911）成都刻本　八冊

510000－2741－0005112　5112

女丹合編　（清）賀龍驤纂輯　（清）彭瀚然參訂　（清）閻永和校　清光緒三十二年（1906）二仙菴刻本　一冊

510000－2741－0005113　5113

女兒經一卷　（□）□□輯　清末志古堂刻本　一冊

510000－2741－0005114　5114

女兒經一卷　（□□）Dr. Willimso 撰　清光緒二十九年（1903）上海廣學會鉛印本　一冊

510000－2741－0005115　5115

女綱鑑一卷　（□）□□輯　清末嘉定儒興堂刻本　一冊

510000－2741－0005116　5116

女科二卷產後編二卷　（清）傅山著　清光緒三十一年（1905）成都官報書局鉛印本　二冊

510000－2741－0005117　5117

女科二卷產後編二卷　（清）傅山著　清光緒三十一年（1905）成都官報書局鉛印本　二冊

510000－2741－0005118　5118

女科輯要八卷　（清）周紀常纂輯　**附單養賢胎產全書一卷**　清宣統二年（1910）上海千頃堂書局石印本　二冊

510000－2741－0005119　5119

女科輯要二卷　（清）沈堯封輯　（清）徐政杰補註　清同治元年（1862）刻本　二冊

510000－2741－0005120　5120

女科經綸八卷　（清）蕭壎著　清光緒十六年（1890）掃葉山房刻本　四冊

510000－2741－0005121　5121

女科要略四卷　（清）潘霨輯　清光緒九年（1883）江西書局刻本　一冊

510000－2741－0005122　5122

女科要旨四卷　（清）陳念祖著　清同治四年（1865）刻本　一冊

510000－2741－0005123　5123

甌北集五十三卷　（清）趙翼撰　清光緒二年至三年（1876－1877）大關唐氏壽考堂刻四川官印刷局印本　九冊　存二十七卷（二十七至五十三）

510000－2741－0005124　5124

甌北集五十三卷　（清）趙翼撰　清嘉慶十七年（1812）湛貽堂刻本　八冊

510000－2741－0005125　5125

甌北全集　（清）趙翼撰　清光緒二年至三年（1876－1877）大關唐氏壽考堂刻本　二十九冊　存三種八十二卷（甌北詩鈔十七卷，甌北詩話十卷、續二卷,甌北詩集五十三卷）

510000－2741－0005126　5126

甌北全集　（清）趙翼撰　清光緒二年至三年（1876－1877）大關唐氏壽考堂刻四川官印刷局印本　六十冊

510000－2741－0005127　5127

甌北詩話十卷　（清）趙翼撰　清嘉慶十七年（1812）湛貽堂刻本　一冊　缺六卷（五至十）

510000－2741－0005128　5128

甌北詩話十卷　（清）趙翼撰　清光緒二年至三年（1876－1877）大關唐氏刻趙甌北全集本　三冊　存九卷（一至九）

510000－2741－0005129　5129

甌鉢羅室書畫過目考四卷首一卷附一卷　（清）李玉棻編輯　清末上海鴻文齋石印本　四冊

510000－2741－0005130　5130

甌鉢羅室書畫過目考四卷首一卷附一卷　（清）李玉棻編輯　清光緒二十三年（1897）刻本　四冊

510000－2741－0005131　5131

甌海軼聞　（清）孫衣言撰　清光緒刻本　二十冊

510000－2741－0005132　5132

甌香館集十二卷首一卷末一卷附錄一卷

（清）惲格著 （清）蔣光煦輯 清光緒元年
(1875)湖北崇文書局刻本 四冊

510000－2741－0005133 5133
歐羅巴通史不分卷 （日本）箕作元八 （日
本）峰岸米造合纂 （清）徐有成 （清）胡景
伊 （清）唐人傑譯 清末鉛印本 一冊

510000－2741－0005134 5134
歐美教育觀九章 （日本）育成會原本 （清）
呂烈煇譯 清光緒二十九年(1903)北京大學
堂官書局鉛印本 一冊

510000－2741－0005135 5135
歐陽南野先生文集三十卷 （明）歐陽德著
清道光十五年(1835)刻民國六年(1917)印本
四冊

510000－2741－0005136 5136
歐陽氏遺書一卷 （清）歐陽直撰 清同治十
年(1871)覺夢人刻本 一冊

510000－2741－0005137 5137
歐陽書考十二卷首一卷末一卷 （清）袁繼翰
纂 （清）王啓原訂 清光緒二十年(1894)述
歐之室刻本 四冊

510000－2741－0005138 5138
歐陽文公圭齋集十六卷首一卷末一卷 （元）
歐陽玄撰 （清）鄧顯鶴增訂 清道光二十六
年(1846)新化鄧氏南邨艸堂刻本 四冊

510000－2741－0005139 5139
歐陽文忠公全集七十卷 （宋）歐陽修撰 明
嘉靖三十四年(1555)陳珊刻萬曆元年(1573)
雷以仁重修本 二十四冊

510000－2741－0005140 5140
**歐陽文忠公全集一百五十三卷首一卷附錄五
卷** （宋）歐陽修撰 清光緒十九年(1893)澹
雅書局刻本 四十冊

510000－2741－0005141 5141
**歐陽文忠公全集一百五十三卷首一卷附錄五
卷** （宋）歐陽修撰 清光緒十九年(1893)澹
雅書局刻本 三十二冊

510000－2741－0005142 5142
**歐陽文忠公全集一百五十三卷首一卷附錄五
卷** （宋）歐陽修撰 清嘉慶二十五年(1820)
刻本 二十四冊

510000－2741－0005143 5143
歐州東方交涉記十二卷 （英國）麥高爾輯著
（美國）林樂知 （清）瞿昂來譯 清光緒二
十二年(1896)儲英館刻本 二冊

510000－2741－0005144 5144
歐州列國戰事本末二十二卷 （清）王樹枏撰
清末鉛印本 六冊

510000－2741－0005145 5145
鷗陂漁話六卷 （清）葉廷琯撰 清同治八年
至九年(1869－1870)刻本 三冊

510000－2741－0005146 5146
鷗陂漁話六卷 （清）葉廷琯撰 清同治八年
至九年(1869－1870)刻本 三冊

510000－2741－0005147 5147
鷗榭詩鈔四卷 （清）張啟辰撰 **雲南景東直
隸廳同知張君墓表一卷** （清）俞樾纂 清光
緒二十年(1894)刻本 二冊

510000－2741－0005148 5148
薄唐詩集十四卷 （清）王瑋慶著 清嘉慶二
十五年(1820)刻本 八冊

510000－2741－0005149 5149
藕香零拾三十九種 （清）繆荃孫輯 清光緒
二十二年至宣統二年(1896－1910)江陰繆氏
刻本 三十一冊

510000－2741－0005150 5150
藕香零拾三十九種 （清）繆荃孫輯 清光緒
二十二年至宣統二年(1896－1910)江陰繆氏
刻本 三十二冊

510000－2741－0005151 5151
藕香零拾三十九種 （清）繆荃孫輯 清光緒
二十二年至宣統二年(1896－1910)江陰繆氏
刻本 三十二冊

510000－2741－0005152 5152

四川大學圖書館古籍普查登記目錄

帕米爾圖說一卷 （清）許景澄撰 清光緒二十二年（1896）刻本 一冊

510000－2741－0005153 5153

潘方伯公遺稿六卷 （清）潘駿文撰 （清）潘學祖 （清）潘延祖編 清光緒二十二年（1896）都門刻本 六冊

510000－2741－0005154 5154

潘子全集 （清）潘相撰 清刻光緒十五年（1889）彙印本 五十六冊

510000－2741－0005155 5155

攀古廔彝器款識不分卷 （清）潘祖蔭輯 清同治十一年（1872）京師滂喜齋刻本 二冊

510000－2741－0005156 5156

攀古廔彝器款識不分卷 （清）潘祖蔭輯 沙南侯獲刻石釋文一卷 （清）張之洞釋文 清同治十一年（1872）京師滂喜齋刻本 三冊

510000－2741－0005157 5157

盤洲文集八十卷首一卷末一卷盤洲文集校記一卷 （宋）洪适撰 清同治刻本（校記爲光緒十年所刻） 十二冊

510000－2741－0005158 5158

柈湖詩錄六卷首一卷釣者風一卷 （清）吳敏樹著 清同治八年（1869）刻本 三冊

510000－2741－0005159 5159

柈湖文集十二卷首一卷 （清）吳敏樹著 清光緒十九年（1893）思賢講舍刻本 四冊

510000－2741－0005160 5160

柈湖文集十二卷首一卷 （清）吳敏樹撰 清光緒十九年（1893）思賢講舍刻本 四冊

510000－2741－0005161 5161

柈湖文集十二卷首一卷 （清）吳敏樹撰 清光緒十九年（1893）思賢講舍刻本 四冊

510000－2741－0005162 5162

柈湖文集十二卷首一卷 （清）吳敏樹撰 清光緒十九年（1893）思賢講舍刻本 四冊

510000－2741－0005163 5163

柈湖文集十二卷首一卷 （清）吳敏樹撰 清

光緒十九年（1893）思賢講舍刻本 四冊

510000－2741－0005164 5164

柈湖文錄八卷首一卷 （清）吳敏樹撰 清同治八年（1869）刻本 四冊

510000－2741－0005165 5165

柈湖文錄八卷首一卷 （清）吳敏樹撰 清同治八年（1869）刻本 四冊

510000－2741－0005166 5166

滂喜齋叢書五十種 （清）潘祖蔭編 清同治、光緒間吳縣潘氏京師刻本 三十二冊

510000－2741－0005167 5167

滂喜齋叢書五十種 （清）潘祖蔭編 清同治、光緒間吳縣潘氏京師刻本 二十四冊

510000－2741－0005168 5168

礮乘新法三卷首一卷礮乘新法圖一卷 （英國）製造官局撰 （清）舒高第口譯 （清）鄭昌棪筆述 清江南製造總局鉛印本 六冊

510000－2741－0005169 5169

礮乘新法三卷首一卷礮乘新法圖一卷 （英國）製造官局撰 （清）舒高第口譯 （清）鄭昌棪筆述 清江南製造總局鉛印本 六冊

510000－2741－0005170 5170

礮法昂度子落高低遠近畫譜一卷 （清）丁乃文撰 清光緒十四年（1888）上海江南製造鉛印本 一冊

510000－2741－0005171 5171

礮法昂度子落高低遠近畫譜一卷 （清）丁乃文撰 清光緒十四年（1888）江南製造局鉛印本 一冊

510000－2741－0005172 5172

培遠堂存稿摘鈔四卷 （清）陳宏謀編 清光緒六年（1880）蜀垣柏署刻本 四冊

510000－2741－0005173 5173

培遠堂偶存稿文集十卷 （清）陳宏謀著 （清）陳鍾珂 （清）陳蘭森編 清道光十七年（1837）刻本 八冊

510000－2741－0005174 5174

四川大學圖書館古籍普查登記目錄

培遠堂偶存稿文檄四十八卷文集十卷手札節要三卷 （清）陳宏謀著 （清）陳鍾珂 （清）陳蘭森編 清道光十七年(1837)刻本 四十二冊

510000－2741－0005175 5175
佩蘅詩鈔八卷 （清）寶鋆撰 清咸豐九年(1859)刻本 四冊

510000－2741－0005176 5176
佩蘅詩鈔八卷 （清）寶鋆撰 清咸豐九年(1859)刻本 四冊

510000－2741－0005177 5177
佩文詩韻釋要五卷 （清）周兆基撰 清光緒二十二年(1896)成都尊經書局刻本 二冊

510000－2741－0005178 5178
佩文詩韻釋要五卷 （清）周兆基撰 清光緒二十二年(1896)成都尊經書局刻本 一冊

510000－2741－0005179 5179
佩文詩韻釋要五卷 （清）周兆基撰 清光緒二十二年(1896)成都尊經書局刻本 一冊

510000－2741－0005180 5180
佩文詩韻釋要五卷 （清）周兆基撰 清宣統三年(1911)商務印書館影印本 二冊

510000－2741－0005181 5181
佩文詩韻釋要五卷 （清）周兆基撰 清宣統三年(1911)商務印書館影印本 二冊

510000－2741－0005182 5182
佩文詩韻釋要五卷 （清）周兆基撰 清宣統三年(1911)商務印書館影印本 一冊

510000－2741－0005183 5183
佩文詩韻釋要五卷 （清）周兆基撰 清宣統三年(1911)商務印書館影印本 二冊

510000－2741－0005184 5184
佩文韻府一百六卷 （清）張玉書 （清）蔡升元等輯 清道光刻本 九十四冊 缺一卷(一)

510000－2741－0005185 5185
佩文韻府一百六卷 （清）張玉書 （清）蔡升

元等輯 清光緒十三年(1887)上海點石齋石印本 六十冊

510000－2741－0005186 5186
佩文韻府一百六卷 （清）張玉書 （清）蔡升元等輯 清康熙五十年(1711)內府刻本 一百六十冊

510000－2741－0005187 5187
佩文韻府一百六卷 （清）張玉書 （清）蔡升元等輯 清刻本 九十五冊

510000－2741－0005188 5188
佩文韻府一百六卷佩文韻府拾遺一百六卷 （清）孫致彌等纂修 清光緒二十年(1894)上海點石齋石印本 六十冊

510000－2741－0005189 5189
佩文韻府一百六卷佩文韻府拾遺一百六卷 （清）孫致彌等纂修 清道光嶺南潘氏海山仙館刻本 一百四十冊

510000－2741－0005190 5190
佩文韻府一百六卷佩文韻府拾遺一百六卷 （清）孫致彌等纂修 清光緒十五年(1889)上海點石齋石印本 二十四冊

510000－2741－0005191 5191
佩文韻府一百六卷佩文韻府拾遺一百六卷 （清）孫致彌等纂修 清刻本 九十一冊

510000－2741－0005192 5192
佩文韻府一百六卷佩文韻府拾遺一百六卷 （清）孫致彌等纂修 清刻本 一百四十三冊

510000－2741－0005193 5193
佩文韻府一百六卷佩文韻府拾遺一百六卷 （清）孫致彌等纂修 清刻本 三十四冊

510000－2741－0005194 5194
佩文齋廣群芳譜一百卷 （清）劉灝等撰 清刻本 四十八冊

510000－2741－0005195 5195
佩文齋廣群芳譜一百卷目錄二卷 （清）劉灝等撰 清同治七年(1868)江左書林刻本 三十八冊

四川大學圖書館古籍普查登記目錄

510000－2741－0005196　5196

佩文齋廣群芳譜一百卷目録二卷　（清）劉灝
等撰　清同治七年(1868)江左書林刻本　三
十八冊　缺五卷(竹譜一至五)

510000－2741－0005197　5197

佩文齋書畫譜一百卷　（清）孫嶽頒　（清）宋
駿業等輯　清康熙靜永堂刻本　六十四冊

510000－2741－0005198　5198

佩文齋書畫譜一百卷　（清）孫嶽頒　（清）宋
駿業等輯　清康熙内府刻本　六十四冊

510000－2741－0005199　5199

佩文齋詠物詩選四百二十五卷　（清）張玉書
（清）汪霦等輯　清康熙四十六年(1707)内
府刻本　五十七冊

510000－2741－0005200　5200

佩觿三卷　（宋）郭忠恕撰　清康熙張氏刻澤
存堂五種本　三冊

510000－2741－0005201　5201

彭剛直公詩集八卷　（清）彭玉麟著　清光緒
十七年(1891)俞樾刻本　二冊

510000－2741－0005202　5202

彭剛直公詩集八卷　（清）彭玉麟撰　清光緒
十七年(1891)俞樾刻本　二冊

510000－2741－0005203　5203

彭剛直公奏稿八卷　（清）彭玉麟撰　清光緒
十七年(1891)俞樾刻本　八冊

510000－2741－0005204　5204

彭遊行紀一卷彭游詩草一卷重游五斗山行紀
一卷　（清）黄雲鵠撰　清光緒十二年(1886)
刻本　一冊

510000－2741－0005205　5205

彭遊行紀一卷彭游詩草一卷重游五斗山行紀
一卷　（清）黄雲鵠撰　清光緒十二年(1886)
刻本　一冊

510000－2741－0005206　5206

蓬窗日録八卷　（明）陳全之撰　明嘉靖四十
四年(1565)刻本　八冊

510000－2741－0005207　5207

批點聊齋志異十六卷　（清）蒲松齡著　（清）
王士禎評　（清）何守奇批點　清道光十五年
(1835)蔾照書屋刻本　四冊

510000－2741－0005208　5208

皮氏經學叢書　（清）皮錫瑞撰　清光緒思賢
書局刻本　十四冊

510000－2741－0005209　5209

皮氏經學叢書　（清）皮錫瑞撰　清光緒思賢
書局刻本　八冊

510000－2741－0005210　5210

毗盧大藏　（□）□□編　元延祐二年(1315)
建陽後山報恩寺萬壽堂陳覺琳刻本　一帙
存一卷(大寶積經卷第十四)

510000－2741－0005211　5211

毘陵薛墅吳氏族譜六卷世紀録十二卷　（清）
吳溶等纂修　清道光二十五年(1845)木活字
印本　十二冊

510000－2741－0005212　5212

毘陵左氏識字書不分卷　（清）左鎮纂輯　清
光緒十年(1884)嘉興刻本　二冊

510000－2741－0005213　5213

郫縣鄉土志不分卷　（清）黄德潤等修　（清）
姜士諤纂　清末鉛印本　一冊

510000－2741－0005214　5214

埤雅二十卷　（宋）陸佃撰　清康熙顧棫校刻
本　八冊

510000－2741－0005215　5215

脾胃論三卷　（金）李杲撰　清刻本　一冊

510000－2741－0005216　5216

辟疆園杜詩註解五言律十二卷七言律五卷
（唐）杜甫撰　（清）顧宸註　杜子美年譜一卷
清康熙二年(1663)顧氏辟疆園刻本　十二
冊　存十二卷(辟疆園杜詩註解五言律十二
卷)

510000－2741－0005217　5217

辟疆園宋文選三十卷　（清）顧宸輯　清順治

四川大學圖書館古籍普查登記目録

十八年(1661)顧氏辟疆園刻本　十四冊

510000－2741－0005218　5218

辟疆園遺集　(清)楊芳燦輯　清光緒十八年(1892)木活字印本　四冊

510000－2741－0005219　5219

辟礦仁術二卷　(清)劉光蕡撰　清光緒二十六年(1900)刻本　一冊

510000－2741－0005220　5220

駢體文鈔三十一卷　(清)李兆洛輯　清光緒七年(1881)尊經書局刻本　十冊

510000－2741－0005221　5221

駢體文鈔三十一卷　(清)李兆洛輯　清光緒七年(1881)尊經書局刻本　八冊　缺七卷(一至七)

510000－2741－0005222　5222

駢體文鈔三十一卷　(清)李兆洛輯　清光緒七年(1881)尊經書局刻民國存古書局重修印本　十冊

510000－2741－0005223　5223

駢體文鈔三十一卷　(清)李兆洛輯　清光緒七年(1881)尊經書局刻民國存古書局重修印本　十冊

510000－2741－0005224　5224

駢體文鈔三十一卷　(清)李兆洛輯　清光緒七年(1881)尊經書局刻民國存古書局重修印本　十冊

510000－2741－0005225　5225

駢體文鈔三十一卷　(清)李兆洛輯　清光緒七年(1881)尊經書局刻民國存古書局重修印本　十冊

510000－2741－0005226　5226

駢體文鈔三十一卷　(清)李兆洛輯　清光緒七年(1881)尊經書局刻本　十冊

510000－2741－0005227　5227

駢體文鈔三十一卷　(清)李兆洛輯　清光緒七年(1881)尊經書局刻本　十冊

510000－2741－0005228

駢體文鈔三十一卷　(清)李兆洛輯　清光緒三十四年(1908)刻本　八冊

510000－2741－0005229　5229

駢雅訓纂十六卷首一卷　(明)朱謀㙔撰　(清)魏茂林訓纂　清道光二十五年(1845)有不爲齋刻本　八冊

510000－2741－0005230　5230

駢雅訓纂十六卷首一卷　(明)朱謀㙔著　(清)魏茂林訓纂　清光緒七年(1881)成都瀹雅齋刻本　六冊

510000－2741－0005231　5231

駢雅訓纂十六卷首一卷　(明)朱謀㙔著　(清)魏茂林訓纂　清光緒七年(1881)成都瀹雅齋刻本　八冊

510000－2741－0005232　5232

駢雅訓纂十六卷首一卷　(明)朱謀㙔著　(清)魏茂林訓纂　清光緒七年(1881)成都瀹雅齋刻本　六冊

510000－2741－0005233　5233

駢雅訓纂十六卷首一卷　(明)朱謀㙔著　(清)魏茂林訓纂　清光緒七年(1881)成都瀹雅齋刻本　八冊

510000－2741－0005234　5234

駢雅訓纂十六卷首一卷　(明)朱謀㙔著　(清)魏茂林訓纂　清光緒七年(1881)成都瀹雅齋刻本　八冊

510000－2741－0005235　5235

片玉山房花箋錄二十卷　(清)孫兆溎輯　清同治四年(1865)刻本　十冊

510000－2741－0005236　5236

頻羅庵遺集十六卷　(清)梁同書撰　清嘉慶二十二年(1817)刻本　五冊

510000－2741－0005237　5237

品花寶鑑八卷六十回　(□)□□撰　清光緒三十四年(1908)幻中了幻齋刻本　二十冊

510000－2741－0005238　5238

平定關隴紀略十三卷　(清)易孔昭等輯　清

光緒十三年(1887)刻本　十三冊

510000 - 2741 - 0005239　5239

平定關隴紀略十三卷　(清)易孔昭纂輯　清光緒十三年(1887)刻本　十冊

510000 - 2741 - 0005240　5240

平定粵匪紀略十八卷附記四卷　(清)杜文瀾撰　清同治十年(1871)京都聚珍齋刻本　八冊

510000 - 2741 - 0005241　5241

平定粵匪紀略十八卷附記四卷　(清)杜文瀾撰　清同治十年(1871)京都聚珍齋刻本　六冊

510000 - 2741 - 0005242　5242

平江府磧砂延聖院大藏經　(□)□□編　宋紹定四年至元至治二年(1231 - 1322)平江府磧砂延聖院大藏經坊刻本　八帙　存八帙[賴一、賴二(不退轉法輪經一至二)、賴五(廣博嚴淨不退轉法輪經一)、賴九(入定不定印經一卷)、心四(阿毗達摩大毗婆沙論一百七十四)、交五(阿毗達磨品類足論五)、被九(道神足無極變化經二)、場七(金光明最勝王經七)]

510000 - 2741 - 0005243　5243

平津讀碑記八卷　(清)洪頤煊撰　清刻本　四冊

510000 - 2741 - 0005244　5244

平津館叢書　(清)孫星衍輯　清光緒十一年(1885)吳縣朱氏槐廬家塾刻本　五十冊

510000 - 2741 - 0005245　5245

平津館叢書　(清)孫星衍輯　清光緒十一年(1885)吳縣朱氏槐廬家塾刻本　四十七冊

510000 - 2741 - 0005246　5246

平津館鑒藏書籍記三卷續編一卷補遺一卷　(清)孫星衍撰　清光緒十一年(1885)木犀軒刻本　一冊

510000 - 2741 - 0005247　5247

平羅記略八卷　(清)徐保字纂　清道光九年

(1829)刻本　四冊

510000 - 2741 - 0005248　5248

平山堂圖志十卷首一卷　(清)趙之壁編　清光緒九年(1883)歐陽利見刻本　四冊

510000 - 2741 - 0005249　5249

平山堂圖志十卷首一卷　(清)趙之壁編　清光緒九年(1883)歐陽利見刻本　八冊

510000 - 2741 - 0005250　5250

平山堂圖志十卷首一卷　(清)趙之壁編　清光緒九年(1883)歐陽利見刻本　四冊

510000 - 2741 - 0005251　5251

平書訂十四卷　(清)李塨撰　清光緒五年(1879)定州王氏刻畿輔叢書本　二冊

510000 - 2741 - 0005252　5252

平灘紀畧六卷附蜀江指掌一卷　(清)李本忠撰　清道光二十年(1840)青蓮堂刻本　六冊

510000 - 2741 - 0005253　5253

平遠州續志八卷首一卷　(清)黃紹先纂　清光緒十六年(1890)刻本　六冊

510000 - 2741 - 0005254　5254

平遠州續志八卷首一卷　(清)黃紹先纂　清光緒十六年(1890)刻本　六冊

510000 - 2741 - 0005255　5255

泙漫子二卷　(清)朱壽湀撰　清光緒十七年(1891)青城刻本　二冊

510000 - 2741 - 0005256　5256

洴澼百金方十四卷　(清)袁宮桂編次　清刻本　十冊

510000 - 2741 - 0005257　5257

洴澼百金方十四卷　(清)袁宮桂編次　清刻本　九冊

510000 - 2741 - 0005258　5258

洴澼百金方十四卷　(清)袁宮桂編次　清刻本　十二冊

510000 - 2741 - 0005259　5259

洴澼百金方十四卷　(清)袁宮桂編次　清嘉

四川大學圖書館古籍普查登記目錄

慶抄本 八冊

510000－2741－0005260 5260

屏山文集四卷拾遺一卷 （清）汪溁著 清光緒二年(1876)青屏山房刻本 八冊

510000－2741－0005261 5261

屏山文集四卷拾遺一卷 （清）汪溁著 清光緒二年(1876)青屏山房刻本 四冊

510000－2741－0005262 5262

屏山先生文集二十卷 （宋）劉子翬撰 清光緒十二年(1886)刻本 四冊

510000－2741－0005263 5263

瓶花齋集十卷 （明）袁宏道著 清宣統三年(1911)抱殘守缺齋影印本 四冊

510000－2741－0005264 5264

瓶花齋集十卷 （明）袁宏道撰 清宣統三年(1911)抱殘守缺齋影印本 四冊

510000－2741－0005265 5265

缾笙館修簫譜 （清）舒位撰 清道光十三年(1833)錢塘汪氏振綺堂刻本 二冊

510000－2741－0005266 5266

缾水齋詩集十六卷別集二卷 （清）舒位撰 清宣統三年(1911)鉛印本 五冊

510000－2741－0005267 5267

缾水齋詩集十七卷別集二卷詩話一卷 （清）舒位撰 清光緒十二年(1886)刻本 六冊

510000－2741－0005268 5268

缾水齋詩集十七卷別集二卷詩話一卷 （清）舒位撰 清光緒十二年(1886)刻本 八冊

510000－2741－0005269 5269

評點春秋綱目左傳句解彙雋六卷 （清）韓葵重訂 清中末期刻本 一冊 存一卷(一)

510000－2741－0005270 5270

評論出像水滸傳二十卷 （元）施耐庵撰 清刻本 二十冊

510000－2741－0005271 5271

評論出像水滸傳二十卷七十回 （元）施耐菴撰 （清）王望如評 清順治十一年(1654)醉耕堂刻本 二十冊

510000－2741－0005272 5272

評選古詩源四卷 （清）沈德潛選 清光緒二十年(1894)上海圖書集成印書局鉛印本 四冊

510000－2741－0005273 5273

憑山閣增定留青全集二十四卷 （清）陳枚輯 清康熙刻本 二十五冊 存二十一卷(一下至六、九至十八、二十下至二十四)

510000－2741－0005274 5274

憑山閣增輯留青新集三十卷 （清）陳枚輯 （清）陳德裕增輯 清芸生堂刻本 十六冊

510000－2741－0005275 5275

憑山閣增輯留青新集三十卷 （清）陳枚輯 （清）陳德裕增輯 清文會堂刻本 十九冊 缺二卷(二至三)

510000－2741－0005276 5276

坡山小學史斷四卷 （宋）南宮靖一撰 清道光五年(1825)鑑懸堂刻本 三冊

510000－2741－0005277 5277

坡仙集十六卷 （宋）蘇軾撰 （明）李贄輯評 明萬曆二十八年(1600)刻本 十冊

510000－2741－0005278 5278

鄱陽集四卷末一卷 （宋）洪皓撰 清同治九年(1870)三瑞堂刻本 四冊

510000－2741－0005279 5279

蒲江縣鄉土志 （清）□□纂 清末抄本 二冊

510000－2741－0005280 5280

蒲亭夏山堂王氏祠塾倡和詩詞一卷 （清）□□輯 清光緒八年(1882)成都刻本 一冊

510000－2741－0005281 5281

普法戰紀二十卷 （清）王韜輯撰 （清）張宗良口譯 清光緒二十一年(1895)鉛印本 七冊

510000－2741－0005282 5282

四川大學圖書館古籍普查登記目錄

普法戰紀二十卷　（清）王韜輯撰　（清）張宗
良口譯　清光緒二十一年（1895）鉛印本
五冊

510000－2741－0005283　5283

普法戰紀二十卷　（清）王韜輯撰　（清）張宗
良口譯　清光緒二十一年（1895）鉛印本
八冊

510000－2741－0005284　5284

普天忠憤集十四卷首一卷　（清）孔廣德編
清光緒二十一年（1895）石印本　十二冊

510000－2741－0005285　5285

普通博物問答　（清）商務印書館編輯發行
清光緒二十八年（1902）鉛印本　一冊

510000－2741－0005286　5286

普通學問答二卷　（□）□□撰　清光緒二十
七年（1901）石印本　一冊

510000－2741－0005287　5287

曝書亭集八十卷　（清）朱彝尊撰　笛漁小稿
十卷　（清）朱昆田撰　曝書亭集詞註七卷
（清）朱彝尊撰　（清）李富孫纂　清嘉慶十九
年（1814）校經廡刻道光九年（1829）重校本
二十四冊

510000－2741－0005288　5288

曝書亭集八十卷　（清）朱彝尊撰　曝書亭集
詞注七卷　（清）朱彝尊撰　（清）李富孫纂
清嘉慶十九年（1814）校經廡刻道光九年
（1829）重校本　十九冊

510000－2741－0005289　5289

曝書亭集八十卷　（清）朱彝尊撰　笛漁小稿
十卷　（清）朱昆田撰　附錄一卷　清康熙五
十三年（1714）朱稻孫刻本　十冊

510000－2741－0005290　5290

曝書亭集詞註七卷　（清）朱彝尊撰　（清）李
富孫纂　清嘉慶十九年（1814）刻本　四冊

510000－2741－0005291　5291

曝書亭集詞註七卷　（清）朱彝尊撰　（清）李
富孫纂　清嘉慶十九年（1814）嘉興李富孫校

經廡刻道光九年（1829）補刻本　四冊

510000－2741－0005292　5292

曝書亭集詞註七卷　（清）朱彝尊撰　（清）李
富孫纂　清嘉慶十九年（1814）嘉興李富孫校
經廡刻道光九年（1829）補刻本　三冊

510000－2741－0005293　5293

曝書亭集詞註七卷　（清）朱彝尊撰　（清）李
富孫纂　清嘉慶十九年（1814）嘉興李富孫校
經廡刻道光九年（1829）補刻本　四冊

510000－2741－0005294　5294

曝書亭集二十三卷　（清）朱彝尊撰　（清）孫
銀槎輯注　清嘉慶五年（1800）刻本　十冊

510000－2741－0005295　5295

曝書亭集二十三卷　（清）朱彝尊撰　（清）孫
銀槎輯注　清嘉慶五年（1800）刻本　八冊

510000－2741－0005296　5296

曝書亭集詩注二十二卷　（清）朱彝尊撰
（清）楊謙注　清乾隆木山閣刻本　十六冊

510000－2741－0005297　5297

曝書亭外稿八卷　（清）馮登府編輯　清道光
二年（1822）刻本　三冊　缺三卷（五至七）

510000－2741－0005298　5298

曝書雜記三卷　（清）錢泰吉撰　清刻本
三冊

510000－2741－0005299　5299

曝書雜記三卷　（清）錢泰吉撰　清刻本　二
冊　存二卷（中、下）

510000－2741－0005300　5300

七家後漢書　（清）汪文臺輯　清光緒八年
（1882）太平崔國榜等刻本　六冊

510000－2741－0005301　5301

七家詩選七卷　（清）張熙宇評選　（清）張昶
註釋　清咸豐七年（1857）刻本　四冊

510000－2741－0005302　5302

七家試帖輯注彙鈔　（清）王植桂輯　清同治
九年（1870）刻本（京師琉璃廠藏板）　八冊

四川大學圖書館古籍普查登記目錄

510000－2741－0005303　5303

七經樓文鈔六卷　（清）蔣湘南撰　清道光二十七年(1847)刻本　五冊

510000－2741－0005304　5304

七經孟子考文並補遺二百卷　（日本）山井鼎輯　（日本）物觀補遺　清刻本　二冊　存三十五卷(春秋左傳注疏二十至四十、孟子十四卷)

510000－2741－0005305　5305

七經孟子考文並補遺二百卷　（日本）山井鼎輯　（日本）物觀補遺　清嘉慶儀徵阮氏小琅嬛仙館刻本　十二冊

510000－2741－0005306　5306

七經孟子考文並補遺二百卷　（日本）山井鼎撰　（日本）物觀補遺　清嘉慶儀徵阮氏小琅嬛仙館刻本　二十四冊

510000－2741－0005307　5307

七經緯書　（漢）鄭玄注　（三國魏）宋均注　清末湘遠堂刻本　七冊

510000－2741－0005308　5308

七省沿海全圖不分卷　（清）周北堂撰　清道光刻本　一冊

510000－2741－0005309　5309

七十家賦鈔六卷　（清）張惠言輯　清道光元年(1821)合河康紹鏞刻本　四冊

510000－2741－0005310　5310

七十家賦鈔六卷　（清）張惠言輯　清道光元年(1821)合河康紹鏞刻本　四冊

510000－2741－0005311　5311

七十家賦鈔六卷　（清）張惠言輯　清光緒四年(1878)宏達堂刻本　四冊

510000－2741－0005312　5312

七頌堂詩集十卷　（清）劉體仁著　清同治九年(1870)刻本　二冊

510000－2741－0005313　5313

七頌堂文集三卷　（清）劉體仁著　清同治七年(1868)刻本　二冊

510000－2741－0005314　5314

七星山人集二卷　（清）岳凌雲箸　清光緒十九年(1893)志經堂刻本　一冊

510000－2741－0005315　5315

七修類藁五十一卷續藁七卷　（明）郎瑛撰　清光緒六年(1880)廣州翰墨園刻本　十二冊

510000－2741－0005316　5316

七修類藁五十一卷續藁七卷　（明）郎瑛撰　清光緒六年(1880)廣州翰墨園刻本　十二冊

510000－2741－0005317　5317

七硯齋百物銘一卷附七硯齋雜著一卷　（清）馮譽驄著　清光緒二十九年(1903)刻本　一冊

510000－2741－0005318　5318

七硯齋集聯一卷　（清）馮譽驄撰　清光緒十四年(1888)避喧園刻本　一冊

510000－2741－0005319　5319

栖雲閣文集十五卷詩十六卷拾遺三卷　（清）高衍撰　清乾隆四十二年(1777)畏天齋刻本　十二冊

510000－2741－0005320　5320

戚大將軍練兵紀效合刻　（明）戚繼光撰　清光緒元年(1875)京都寶林堂刻本　十五冊

510000－2741－0005321　5321

戚林八音合訂四卷　（清）蔡士洋　（清）陳他輯　清刻本　四冊

510000－2741－0005322　5322

檠園三稿六卷　（清）衛道凝著　清光緒二十六年(1900)泉橋精舍刻本　六冊

510000－2741－0005323　5323

檠園三稿六卷　（清）衛道凝著　清光緒二十六年(1900)泉橋精舍刻本　六冊

510000－2741－0005324　5324

檠園四種　（清）龔禮撰　清咸豐五年(1855)刻本　四十一冊

510000－2741－0005325　5325

奇觚室吉金文述二十卷　（清）劉心源學　清

四川大學圖書館古籍普查登記目錄

255

光緒二十八年(1902)嘉魚劉氏石印本　十冊

510000－2741－0005326　5326

奇觚室吉金文述二十卷　（清）劉心源學　清光緒二十八年(1902)嘉魚劉氏石印本　十冊

510000－2741－0005327　5327

奇觚室樂石文述二卷　（清）劉心源學　清光緒貴陽陳矩刻本　二冊

510000－2741－0005328　5328

奇觚室樂石文述二卷　（清）劉心源學　清光緒貴陽陳矩刻本　二冊

510000－2741－0005329　5329

奇觚室樂石文述二卷　（清）劉心源學　清光緒貴陽陳矩刻本　二冊

510000－2741－0005330　5330

奇觚室樂石文述二卷　（清）劉心源學　清光緒貴陽陳矩刻本　二冊

510000－2741－0005331　5331

奇門三種六卷　（清）□□輯　清抄本　六冊

510000－2741－0005332　5332

淇竹山房集十卷　（清）吳應蓮著　清道光二十四年(1844)刻本　四冊

510000－2741－0005333　5333

弈潛齋集譜　（清）鄧元鏸輯　清光緒、宣統間弈潛齋刻本　十三冊

510000－2741－0005334　5334

[道光]綦江縣志十二卷首一卷　（清）宋灝總修　（清）羅星編輯　清道光六年(1826)刻本　一冊　存三卷(一至二、首一卷)

510000－2741－0005335　5335

[道光]綦江縣志十二卷首一卷　（清）宋灝總修　（清）羅星編輯　清同治二年(1863)刻本　八冊　存八卷(五至十二)

510000－2741－0005336　5336

齊乘六卷　（元）于欽撰　清乾隆四十六年(1781)刻本　四冊

510000－2741－0005337　5337

齊省堂增訂儒林外史五十六回　（清）吳敬梓撰　清同治十三年(1874)刻本　十六冊

510000－2741－0005338　5338

齊詩遺說考四卷　（清）陳壽祺學　（清）陳喬樅述　清道光、同治間陳氏刻本　四冊

510000－2741－0005339　5339

蘄春紀略一卷　（清）羅緗撰　清光緒二十五年(1899)四川省城呂德生刻本　一冊

510000－2741－0005340　5340

蘄春紀略一卷　（清）羅緗撰　清光緒二十五年(1899)四川省城呂德生刻本　一冊

510000－2741－0005341　5341

芑堂印說一卷　（清）張燕昌述　清光緒二十八年(1902)怡蘭堂刻本　一冊

510000－2741－0005342　5342

起黃二卷　（清）吳光耀撰　清宣統刻本　二冊

510000－2741－0005343　5343

起黃二卷　（清）吳光耀撰　清宣統刻本　二冊

510000－2741－0005344　5344

起信論直解二卷　（明）德清解　清光緒十六年(1890)金陵刻經處刻本　一冊

510000－2741－0005345　5345

啓東錄六卷　（清）林壽圖撰　清光緒、宣統間黃鵠山人歐齋刻本　二冊

510000－2741－0005346　5346

契丹國志二十七卷　（宋）葉隆禮撰　清嘉慶二年(1797)掃葉山房刻本　二冊

510000－2741－0005347　5347

契丹國志二十七卷　（宋）葉隆禮撰　清嘉慶二年(1797)掃葉山房刻本　二冊

510000－2741－0005348　5348

契丹國志二十七卷　（宋）葉隆禮撰　清嘉慶二年(1797)掃葉山房刻本　二冊

510000－2741－0005349　5349

四川大學圖書館古籍普查登記目錄

千家姓一卷 （□）□□輯 清刻本 一册

510000－2741－0005350 5350

千甓亭磚録六卷 （清）陸心源輯 清光緒七年(1881)吳興陸氏十萬卷樓刻本 四册

510000－2741－0005351 5351

千甓亭磚録六卷續録四卷 （清）陸心源纂 清光緒七年(1881)吳興陸氏十萬卷樓刻本 三册

510000－2741－0005352 5352

千字文同音集字六卷 （清）楊琮典撰 清宣統三年(1911)賀維翰抄本 七册

510000－2741－0005353 5353

攬雲閣詞一卷 （清）徐灝撰 清宣統三年(1911)南京刻民國十四年(1925)北京補刻朱印本 一册

510000－2741－0005354 5354

前敵須知四卷附圖一卷 （英國）克利賴著 （清）舒高第 （清）鄭昌棪譯 清末江南製造總局刻本 四册

510000－2741－0005355 5355

前漢紀三十卷 （漢）荀悦撰 清光緒二年(1876)嶺南述古堂刻本 八册

510000－2741－0005356 5356

前漢紀三十卷 （漢）荀悦撰 清光緒二年(1876)嶺南述古堂刻本 六册

510000－2741－0005357 5357

前漢紀三十卷 （漢）荀悦撰 清光緒二年(1876)嶺南述古堂刻本 八册

510000－2741－0005358 5358

前漢書八表八卷 （清）夏燮校 清光緒十六年(1890)當塗夏氏江城公所刻來青閣印本 六册

510000－2741－0005359 5359

前漢書一百卷 （漢）班固撰 明德藩最樂軒刻本 二十四册

510000－2741－0005360 5360

前漢書一百卷 （漢）班固撰 （唐）顏師古注

清光緒十四年(1888)上海鴻文書局石印本 十四册

510000－2741－0005361 5361

前明科場異聞録五卷 （清）呂相變輯 清光緒四年(1878)刻本 一册

510000－2741－0005362 5362

虔共室遺集一卷 （清）曾彦學 清光緒十七年(1891)成都張氏受經堂叢刻本 一册

510000－2741－0005363 5363

[乾道]臨安志三卷首一卷 （宋）周淙撰 乾道臨安志札記一卷 （清）錢保塘撰 清光緒四年(1878)會稽章氏刻式訓堂叢書本 二册

510000－2741－0005364 5364

[乾道]臨安志三卷首一卷 （宋）周淙撰 乾道臨安志札記一卷 （清）錢保塘撰 清光緒四年(1878)會稽章氏刻式訓堂叢書本 二册

510000－2741－0005365 5365

乾坤正氣集 （□）□□輯 清道光二十八年(1848)涇縣潘氏袁江節署刻同治五年(1866)新建吳坤修皖江印本 二百册

510000－2741－0005366 5366

乾隆府廳州縣圖志五十卷 （清）洪亮吉撰 清光緒二十三年(1897)新化三味書室刻本 二十四册

510000－2741－0005367 5367

乾隆府廳州縣圖志五十卷 （清）洪亮吉撰 清光緒二十三年(1897)新化三味書室刻本 二十册

510000－2741－0005368 5368

乾隆府廳州縣圖志五十卷 （清）洪亮吉撰 清光緒二十三年(1897)新化三味書室刻本 二十四册

510000－2741－0005369 5369

乾隆府廳州縣圖志五十卷 （清）洪亮吉撰 清光緒刻本 十二册

510000－2741－0005370 5370

乾隆上諭 （□）□□輯 清刻本 一百九册

四川大學圖書館古籍普查登記目録

存一百十卷(元年三、五至八,二年一、四,三年一、三至四,十一年二,十四年一,十五年三至四,十六年三至四,十七年一至四,二十年一至四,二十一年二至四,二十二年一至二、四,二十三年一至四,二十四年一至四,二十五年二至三,二十六年二至四,二十七年一至四,二十八年一至四,二十九年一至四,三十年一,三十一年一至四,三十二年一至四,三十三年一至四,三十四年一至四,三十五年一至四,三十六年二至四,三十七年三至四,三十八年二至三,三十九年三至四,四十年一,四十一年三至四,四十二年一至四,四十三年一至四,四十四年一,四十六年一、四,五十二年四,五十四年一至四,五十五年一、三至四,五十六年二至四)

510000－2741－0005371　5371
鈐山堂集四十卷　(明)嚴嵩撰　清嘉慶十一年(1806)嚴氏刻本　十冊

510000－2741－0005372　5372
鈐山堂集四十卷　(明)嚴嵩撰　清嘉慶十一年(1806)嚴氏刻本(有鈔補)　十冊

510000－2741－0005373　5373
潛夫論箋十卷　(漢)王符撰　(清)汪繼培箋　清光緒十七年(1891)思賢講舍刻本　四冊

510000－2741－0005374　5374
唐詩選六卷　王闓運纂　清光緒二年(1876)尊經書局刻本　三冊

510000－2741－0005375　5375
潛確居類書一百二十卷　(明)陳仁錫纂　明崇禎刻本　八十冊

510000－2741－0005376　5376
潛書二卷　(清)唐甄著　(清)王聞遠編　清蘇城謝文翰齋刻本　四冊

510000－2741－0005377　5377
潛書二卷　(清)唐甄撰　(清)王聞遠編　清光緒三十一年(1905)鄧氏刻本　四冊

510000－2741－0005378　5378
潛書二卷　(清)唐甄撰　(清)王聞遠編　清

光緒三十一年(1905)鄧氏刻本　四冊

510000－2741－0005379　5379
潛書二卷　(清)唐甄撰　(清)王聞遠編　清光緒三十一年(1905)鄧氏刻本　四冊

510000－2741－0005380　5380
潛溪録六卷首一卷　(明)宋濂撰　(清)丁立中編輯　(清)孫鏘增補　清宣統二年(1910)成都刻本　六冊

510000－2741－0005381　5381
潛溪録六卷首一卷　(明)宋濂撰　(清)丁立中編輯　(清)孫鏘增補　清宣統二年(1910)成都刻本　六冊

510000－2741－0005382　5382
潛溪録六卷首一卷　(明)宋濂撰　(清)丁立中編輯　(清)孫鏘增補　清宣統二年(1910)成都刻本　六冊

510000－2741－0005383　5383
潛溪録六卷首一卷　(明)宋濂撰　(清)丁立中編輯　(清)孫鏘增補　清宣統二年(1910)成都刻本　二冊　存三卷(一、六,首一卷)

510000－2741－0005384　5384
潛虛先生文集十四卷　(清)戴潛虛撰　(清)尤雲鶚編次　清道光五年(1825)木活字印本　八冊

510000－2741－0005385　5385
潛虛先生文集十四卷年譜一卷補遺一卷　(清)宋潛虛著　清光緒十八年(1892)刻本　八冊

510000－2741－0005386　5386
潛研堂全書　(清)錢大昕撰　清乾隆、嘉慶間刻道光二十年(1840)錢師光重修印本　五十五冊

510000－2741－0005387　5387
潛菴先生全集五卷附潛菴先生疏稿一卷湯文正公年譜一卷困學録一卷潛菴先生志學會約一卷　(清)湯斌著　(清)閻興邦評　清同治十年(1871)趙承恩刻本　六冊

四川大學圖書館古籍普查登記目録

510000－2741－0005388　5388

潛菴先生遺稿五卷疏稿一卷　（清）湯斌撰
清康熙刻本　八冊

510000－2741－0005389　5389

潛穎文四卷詩十卷　（清）何維棣撰　清光緒
二十七年(1901)何氏成都刻本　四冊

510000－2741－0005390　5390

潛穎文四卷詩十卷　（清）何維棣撰　清光緒
二十七年(1901)何氏成都刻本　四冊

510000－2741－0005391　5391

潛穎文四卷詩十卷　（清）何維棣撰　清光緒
二十七年(1901)何氏成都刻本　四冊

510000－2741－0005392　5392

潛園友朋書問十二卷　（清）陸心源輯　清光
緒石印本　一冊　存六卷(一至六)

510000－2741－0005393　5393

黔記四卷　（清）李宗昉編　清光緒十二年
(1886)刻本　一冊

510000－2741－0005394　5394

黔記四卷　（清）李宗昉編　清光緒十二年
(1886)刻本　一冊

510000－2741－0005395　5395

黔南識略三十二卷　（清）愛必達撰　清道光
二十七年(1847)安化羅繞典貴州府署刻本
四冊

510000－2741－0005396　5396

黔南識略三十二卷　（清）愛必達撰　清道光
二十七年(1847)安化羅繞典貴州府署刻本
十六冊

510000－2741－0005397　5397

黔南識略三十二卷　（清）愛必達撰　清道光
二十七年(1847)安化羅繞典貴州府署刻本
四冊

510000－2741－0005398　5398

黔詩紀略後編三十卷黔詩紀略補三卷　（清）
莫庭芝　（清）黎汝謙採詩　（清）陳田傳證
清宣統三年(1911)筱石氏京師刻本　八冊

510000－2741－0005399　5399

潛西偶存一卷　（清）釋含澈撰　清光緒刻本
一冊

510000－2741－0005400　5400

黔詩紀略三十三卷　（清）黎兆勳撰　（清）莫
友芝傳證　清同治十二年(1873)遵義唐氏夢
研齋金陵刻本　八冊

510000－2741－0005401　5401

潛園友朋書問十二卷　（清）陸心源輯　清光
緒石印本　二冊

510000－2741－0005402　5402

黔詩紀略三十三卷　（清）黎兆勳撰　（清）莫
友芝傳證　清同治十二年(1873)遵義唐氏夢
研齋金陵刻本　八冊

510000－2741－0005403　5403

黔詩紀略三十三卷　（清）黎兆勳撰　（清）莫
友芝傳證　清同治十二年(1873)遵義唐氏夢
研齋金陵刻本　八冊

510000－2741－0005404　5404

黔詩紀略三十三卷　（清）黎兆勳撰　（清）莫
友芝傳證　清同治十二年(1873)遵義唐氏夢
研齋金陵刻本　八冊

510000－2741－0005405　5405

黔史四卷　（清）猶法賢編　清光緒十四年
(1888)貴陽熊氏刻本　一冊

510000－2741－0005406　5406

黔史四卷　（清）猶法賢編　清光緒十四年
(1888)貴陽熊氏刻本　一冊

510000－2741－0005407　5407

黔書二卷　（清）田雯撰　清刻本　二冊

510000－2741－0005408　5408

黔語二卷　（清）吳振棫撰　清光緒貴陽陳氏
刻靈峰草堂叢書本　一冊

510000－2741－0005409　5409

黔語二卷　（清）吳振棫撰　清光緒貴陽陳氏
刻靈峰草堂叢書本　一冊

510000－2741－0005410　5410

四川大學圖書館古籍普查登記目錄

黔語二卷 （清）吳振棫撰　清光緒貴陽陳氏刻靈峰草堂叢書本　一冊

510000－2741－0005411　5411

黔語二卷 （清）吳振棫撰　清光緒貴陽陳氏刻靈峰草堂叢書本　一冊

510000－2741－0005412　5412

黔語二卷 （清）吳振棫撰　清光緒貴陽陳氏刻靈峰草堂叢書本　一冊

510000－2741－0005413　5413

錢敏肅公奏疏七卷 （清）錢鼎銘撰　清光緒六年(1880)存素堂刻本　四冊

510000－2741－0005414　5414

錢敏肅公奏疏七卷 （清）錢鼎銘撰　清光緒六年(1880)存素堂刻本　四冊

510000－2741－0005415　5415

錢南園先生遺集五卷 （清）錢灃撰　清光緒二十一年(1895)昆明施有奎刻本　二冊

510000－2741－0005416　5416

錢南園先生遺集五卷 （清）錢灃撰　清光緒十九年(1893)浙江書局刻本　二冊

510000－2741－0005417　5417

錢南園先生遺集五卷 （清）錢灃撰　清光緒十九年(1893)浙江書局刻本　二冊

510000－2741－0005418　5418

錢神誌七卷 （明）李世熊著　清道光六年(1826)木活字印本　七冊

510000－2741－0005419　5419

錢頤壽中丞全集 （清）錢寶琛撰　清同治、光緒間錢鼎銘刻本　十三冊

510000－2741－0005420　5420

錢頤壽中丞全集 （清）錢寶琛撰　清同治、光緒間錢鼎銘刻本　五冊

510000－2741－0005421　5421

瀘山守禦志二卷外編一卷 （清）孫振銓輯　清同治四年(1865)培本堂刻本　三冊

510000－2741－0005422　5422

遣愁集十二卷 （清）張貴勝撰　清刻本　五冊

510000－2741－0005423　5423

藊盒東遊日記一卷附錄一卷 （清）樓藜然述　清光緒三十三年(1907)鉛印本　一冊

510000－2741－0005424　5424

嶠雅二卷 （明）鄺露撰　清末鉛印本　一冊

510000－2741－0005425　5425

嶠雅二卷 （明）鄺露撰　清末影印本　二冊

510000－2741－0005426　5426

橋東詩草二十四卷附情禪謾語一卷 （清）邵葆祺著　清同治十二年(1873)邵承照刻本　六冊

510000－2741－0005427　5427

橋西雜記一卷 （清）葉名灃撰　蕙西先生遺稿一卷 （清）邵懿辰撰　清同治十年(1871)湝喜齋刻本　一冊

510000－2741－0005428　5428

橋西雜記一卷 （清）葉名灃撰　山房隨筆一卷 （清）蔣正子撰　清宣統三年(1911)國學扶輪社鉛印本　一冊

510000－2741－0005429　5429

樵說十二卷 （清）蜀西樵也(王增祺)撰　清光緒十八年(1892)石泉刻本　一冊　存四卷(一至四)

510000－2741－0005430　5430

樵說續十二卷 （清）蜀西樵也(王增祺)撰　清光緒二十七年(1901)成都聊園刻本　二冊　存六卷(一至三、十至十二)

510000－2741－0005431　5431

樵說續十二卷 （清）蜀西樵也(王增祺)撰　清光緒二十七年(1901)成都聊園刻本　四冊

510000－2741－0005432　5432

譙周古史考一卷 （三國蜀）譙周撰　清嘉慶十一年(1806)蘭陵孫氏刻平津館叢書本　一冊

510000－2741－0005433　5433

四川大學圖書館古籍普查登記目錄

峭帆樓叢書 （清）趙詒琛輯 清宣統至民國
新陽趙氏刻本 二十冊

510000－2741－0005434 5434

切問齋集十六卷 （清）陸燿撰 清乾隆五十
七年(1792)暉吉堂刻本 十冊

510000－2741－0005435 5435

切問齋文鈔三十卷 （清）陸燿輯 清道光五
年(1825)刻本 十冊

510000－2741－0005436 5436

切問齋文鈔三十卷 （清）陸燿輯 清乾隆四
十年(1775)刻本 八冊 存二十九卷(一至
二十九)

510000－2741－0005437 5437

切音新字一卷 （清）沈學撰 清光緒二十五
年(1899)上海石印本 一冊

510000－2741－0005438 5438

且甌集九卷 （清）項霱撰 清咸豐三年
(1853)刻本 二冊

510000－2741－0005439 5439

篋中詞六卷續四卷 （清）譚獻纂錄 清光緒
八年(1882)刻本 四冊

510000－2741－0005440 5440

秦川焚餘草六卷首一卷補遺一卷附刻一卷
（清）董平章撰 清光緒二十七年(1901)容齋
刻本 六冊

510000－2741－0005441 5441

秦漢書疏十八卷 （明）徐坤輯 明嘉靖三十
七年(1558)吳國倫刻本 十二冊 存十五卷
(西漢書疏一至六、東漢書疏一至九)

510000－2741－0005442 5442

秦漢文鈔十二卷 （明）馮有翼輯 （明）汪德
元訂 明刻本 六冊 存十卷(一至二、五至
十二)

510000－2741－0005443 5443

秦會要二十六卷 （清）孫楷箸 清光緒三十
一年(1905)湘潭孫氏刻本 四冊

510000－2741－0005444 5444

秦嘉徐淑詩文合鈔一卷附蘭陵女兒行一卷
（漢）秦嘉 （漢）徐淑撰 清光緒二年
(1876)蜀西雙流官廨刻本 一冊

510000－2741－0005445 5445

琴操二卷附補遺一卷 （漢）蔡邕撰 （清）孫
星衍校並輯補遺 清嘉慶十一年(1806)蘭陵
孫氏刻平津館叢書本 二冊

510000－2741－0005446 5446

琴鐸唱和集二卷 （清）許時中撰 清光緒二
十四年(1898)納谿刻本 二冊

510000－2741－0005447 5447

琴律譜一卷 （清）陳澧撰 清刻本 一冊

510000－2741－0005448 5448

琴學叢書 （清）楊宗稷撰 清宣統三年
(1911)至民國楊氏刻本 八冊

510000－2741－0005449 5449

琴學入門二卷 （清）張鶴輯 清同治六年
(1867)刻光緒七年(1881)印本 四冊

510000－2741－0005450 5450

琴隱園詩集三十六卷詞集四卷 （清）湯貽汾
撰 清光緒元年(1875)刻本 八冊

510000－2741－0005451 5451

琴隱園詩集三十六卷詞集四卷 （清）湯貽汾
撰 清光緒元年(1875)刻本 八冊

510000－2741－0005452 5452

青湖先生文集十四卷首一卷末一卷 （明）汪
應軫撰 清同治十三年(1874)廣州刻本
六冊

510000－2741－0005453 5453

青門詩十卷 （清）邵長蘅撰 清道光十年
(1830)信芳閣木活字排印國初十家詩抄本
六冊

510000－2741－0005454 5454

青萍軒文錄二卷 （清）薛福保撰 清光緒八
年(1882)刻本 一冊

510000－2741－0005455 5455

青邱高季迪先生詩集十八卷首一卷遺詩一卷

四川大學圖書館古籍普查登記目錄

扣舷集一卷鳧藻集五卷 （明）高啓撰 （清）金檀輯注 年譜一卷附錄一卷 清雍正六年（1728）金氏文瑞樓刻本 十八冊

510000－2741－0005456 5456

青邱高季迪先生詩集十八卷首一卷遺詩一卷扣舷集一卷鳧藻集五卷 （明）高啓撰 （清）金檀輯注 年譜一卷附錄一卷 清雍正六年（1728）金氏文瑞樓刻本 十二冊

510000－2741－0005457 5457

青山集三十卷青山續集五卷 （宋）郭祥正著 清道光九年（1829）刻本 十二冊

510000－2741－0005458 5458

青山書屋詩稿一卷 （清）曹汝愚撰 清同治八年（1869）刻本 一冊

510000－2741－0005459 5459

青藤書屋文集三十卷 （明）徐渭著 清宣統三年（1911）石印本 八冊

510000－2741－0005460 5460

青藤書屋文集三十卷 （明）徐渭著 清宣統三年（1911）石印本 八冊

510000－2741－0005461 5461

青溪舊屋文集十一卷 （清）劉文淇撰 清光緒九年（1883）刻本 八冊

510000－2741－0005462 5462

青照堂叢書 （清）李元春輯 清道光十五年（1835）朝邑劉際清等刻本 九十五冊

510000－2741－0005463 5463

清愛堂詩鈔七卷 （清）李廷芳著 清道光五年（1825）文寶齋刻本 二冊

510000－2741－0005464 5464

清白士集 （清）梁玉繩撰 清嘉慶刻本 十六冊

510000－2741－0005465 5465

清白士集 （清）梁玉繩撰 清嘉慶刻本 三冊 存二種十一卷（人表考九卷、呂子校補二卷）

510000－2741－0005466 5466

清朝史略十一卷 （日本）佐藤楚材編輯 清光緒二十八年（1902）上海書局石印本 六冊

510000－2741－0005467 5467

清芬集十卷 （清）劉寶楠輯 清道光十八年（1838）刻本 四冊

510000－2741－0005468 5468

清芬樓遺稿四卷 （清）任啓運撰 清光緒十四年（1888）家塾刻本 二冊

510000－2741－0005469 5469

清芬墨寶一卷 （清）鄧元鏸輯錄 清光緒二十六年（1900）刻本 一冊

510000－2741－0005470 5470

清漢對音字式一卷附敬避字樣一卷 （□）□□撰 清光緒十六年（1890）刻本 一冊

510000－2741－0005471 5471

清河書畫舫十二卷 （明）張丑撰 清刻本 十二冊

510000－2741－0005472 5472

清河書畫舫十二卷 （明）張丑撰 清乾隆二十八年（1763）池北草堂刻本 十二冊

510000－2741－0005473 5473

清季外交史料（自擬題名） （□）□□輯 清末刻本 七冊

510000－2741－0005474 5474

清涼山志十卷 （明）鎮澄纂修 清光緒十三年（1887）刻本 四冊

510000－2741－0005475 5475

清秘述聞十六卷槐廳載筆二十卷 （清）法式善編 清嘉慶四年（1799）刻本 六冊

510000－2741－0005476 5476

清秘述聞十六卷續十六卷補一卷 （清）法式善編 （清）王家相續編 （清）錢維福補編 清光緒十四年（1888）浙江錢氏江蘇刻本 八冊

510000－2741－0005477 5477

清末法令章程十四種 （□）□□輯 清末官印刷局鉛印本 四冊

四川大學圖書館古籍普查登記目録

510000－2741－0005478　5478

清末民初名人手札五卷　蕭永熙集　寫本
五冊

510000－2741－0005479　5479

清末名人手札三卷　(□)□□編　寫本
三冊

510000－2741－0005480　5480

清儀閣金石題識四卷　(清)陳其榮輯　(清)
徐世凱校　清光緒二十年(1894)刻本　四冊

510000－2741－0005481　5481

清儀閣題跋不分卷　(清)張廷濟撰　清光緒
刻本　四冊

510000－2741－0005482　5482

清異錄二卷　(宋)陶穀撰　清光緒二年
(1876)刻本　二冊

510000－2741－0005483　5483

清異錄二卷　(宋)陶穀撰　清光緒二年
(1876)刻本　一冊

510000－2741－0005484　5484

清異錄二卷　(宋)陶穀撰　清康熙漱六閣刻
乾隆最宜草堂修補印本　四冊

510000－2741－0005485　5485

清異錄二卷　(宋)陶穀撰　清康熙漱六閣刻
乾隆最宜草堂修補印本　二冊

510000－2741－0005486　5486

清輿圖不分卷　(清)□□輯　清抄本　四冊

510000－2741－0005487　5487

清真集二卷　(宋)周邦彥撰　**清真詞校後錄
要一卷**　(清)鄭文焯撰　清光緒二十六年
(1900)刻本　二冊

510000－2741－0005488　5488

清真啓蒙字母一卷　(清)江克編　清光緒三
十三年(1907)刻本　一冊

510000－2741－0005489　5489

清奏稿十卷　(□)□□輯　清抄本　十冊

510000－2741－0005490　5490

清尊集十六卷　(清)汪遠孫輯　清道光十九
年(1839)錢塘振綺堂刻本　六冊

510000－2741－0005491　5491

清尊集十六卷　(清)汪遠孫輯　清道光十九
年(1839)錢塘振綺堂刻本　四冊

510000－2741－0005492　5492

丘隅集十九卷　(明)喬世寧撰　明嘉靖刻本
八冊

510000－2741－0005493　5493

邱邦士先生文集十八卷　(清)邱維屏撰　清
光緒元年(1875)刻本　八冊

510000－2741－0005494　5494

邱邦士先生文集十八卷　(清)邱維屏撰　清
光緒元年(1875)刻本　八冊

510000－2741－0005495　5495

邱邦士先生文集十八卷　(清)邱維屏撰　清
光緒元年(1875)刻本　八冊

510000－2741－0005496　5496

邱邦士先生文集十八卷　(清)邱維屏撰　清
光緒元年(1875)刻本　八冊

510000－2741－0005497　5497

秋江集註六卷　(清)黃任著　(清)王元麟註
清道光二十三年(1843)長樂王氏東山家塾
刻本　六冊

510000－2741－0005498　5498

秋門草堂詩鈔四卷　(清)李寅熙撰　清嘉慶
十九年(1814)刻本　二冊

510000－2741－0005499　5499

秋蛩吟草四卷　(清)馮朝楨撰　清光緒十九
年(1893)什邡馮氏刻本　二冊

510000－2741－0005500　5500

秋蛩吟草四卷　(清)馮朝楨撰　清光緒十九
年(1893)什邡馮氏刻本　二冊

510000－2741－0005501　5501

秋審比校條款四卷　(清)沈家本撰　清光緒
三十二年(1906)刻本　四冊

四川大學圖書館古籍普查登記目錄

510000 – 2741 – 0005502　5502

秋審實緩比較條款不分卷　（清）謝信齋撰
清光緒十三年(1887)京都擷華書局鉛印本
二冊

510000 – 2741 – 0005503　5503

秋審實緩比較條款不分卷　（清）謝信齋撰
清光緒十三年(1887)京都擷華書局鉛印本
二冊

510000 – 2741 – 0005504　5504

秋審實緩比較條款不分卷　（清）謝信齋撰
清光緒十三年(1887)京都擷華書局鉛印本
二冊

510000 – 2741 – 0005505　5505

秋審實緩比較條款不分卷　（清）謝信齋撰
清光緒十三年(1887)京都擷華書局鉛印本
二冊

510000 – 2741 – 0005506　5506

秋水菴花影集五卷　（明）施紹莘撰　明末刻
本　八冊

510000 – 2741 – 0005507　5507

秋崖先生小藁文四十五卷詩三十八卷　（宋）
方岳撰　明嘉靖刻清光緒修補印本　八冊

510000 – 2741 – 0005508　5508

秋崖先生小藁文四十五卷詩三十八卷　（宋）
方岳撰　明嘉靖刻清光緒修補印本　十冊

510000 – 2741 – 0005509　5509

求古精舍金石圖初集四卷　（清）陳經輯　清
嘉慶陳氏說劍樓刻本　四冊

510000 – 2741 – 0005510　5510

求古精舍金石圖初集四卷　（清）陳經輯　清
嘉慶陳氏說劍樓刻本　三冊

510000 – 2741 – 0005511　5511

求古精舍金石圖初集四卷　（清）陳經輯　清
嘉慶陳氏說劍樓刻本　二冊

510000 – 2741 – 0005512　5512

求古錄禮說十六卷補遺一卷校勘記三卷
（清）金鶚撰　（清）王士駿輯　清光緒二年

(1876)刻本　十二冊

510000 – 2741 – 0005513　5513

求闕齋弟子記三十二卷　（清）王定安撰　清
光緒二年(1876)都門刻本　十六冊

510000 – 2741 – 0005514　5514

求闕齋讀書錄十卷　（清）曾國藩撰　（清）王
啓原編輯　清光緒二年(1876)傳忠書局刻本
三冊

510000 – 2741 – 0005515　5515

求實齋叢書十五種　（清）蔣德鈞編　清光緒
湘鄉蔣氏龍安郡署刻本　八冊

510000 – 2741 – 0005516　5516

求是於古齋示兒編一卷　（清）周耿光初稿
清末刻本　一冊

510000 – 2741 – 0005517　5517

求在我齋遺集一卷　（清）黃鋸著　清光緒二
十一年(1895)刻本　一冊

510000 – 2741 – 0005518　5518

求自得之室文鈔十二卷　（清）吳嘉賓撰　清
同治五年(1866)廣州刻本　五冊

510000 – 2741 – 0005519　5519

屈辭精義六卷　（清）陳本禮撰　清嘉慶刻本
二冊

510000 – 2741 – 0005520　5520

屈原賦注十二卷　（清）戴震撰　清光緒十七
年(1891)廣雅書局刻本　一冊　存四卷(一
至四)

510000 – 2741 – 0005521　5521

渠亭山人半部藁　（清）張貞撰　清康熙刻本
八冊

510000 – 2741 – 0005522　5522

瞿文懿公集十六卷　（明）瞿景淳撰　明萬曆
瞿汝稷刻本　十二冊

510000 – 2741 – 0005523　5523

曲話五卷　（清）梁廷枬撰　清刻本　二冊

510000 – 2741 – 0005524　5524

四川大學圖書館古籍普查登記目錄

取濾火油法一卷　（美國）日得烏特著　（英國）秀耀春譯　（美國）衛理譯　（清）汪振聲述　清光緒二十六年(1900)上海製造局刻本　一冊

510000－2741－0005525　5525
全本繡像鏡花緣二十卷一百回　（清）李汝珍著　清光緒九年(1883)刻本　二十二冊

510000－2741－0005526　5526
全地五大洲女俗通考十集二十一卷首一卷　（美國）林樂知輯譯　（清）任保羅譯述　清光緒二十九年(1903)上海美華書局鉛印本　二十一冊

510000－2741－0005527　5527
全地五大洲女俗通考十集二十一卷首一卷　（美國）林樂知輯譯　（清）任保羅譯述　清光緒二十九年(1903)上海美華書局鉛印本　二十一冊

510000－2741－0005528　5528
全地五大洲女俗通考十集二十一卷首一卷　（美國）林樂知輯譯　（清）任保羅譯述　清光緒二十九年(1903)上海華美書局鉛印本　二十一冊

510000－2741－0005529　5529
全滇紀要不分卷　（清）雲南課吏館編　清光緒三十一年(1905)雲南課吏館鉛印本　十冊

510000－2741－0005530　5530
全滇紀要不分卷　（清）雲南課吏館編　清光緒三十一年(1905)雲南課吏館鉛印本　十冊

510000－2741－0005531　5531
全滇紀要不分卷　（清）雲南課吏館編　清光緒三十一年(1905)雲南課吏館鉛印本　十冊

510000－2741－0005532　5532
全閩詩話十二卷　（清）鄭方坤編輯　清詩話軒刻本　十冊

510000－2741－0005533　5533
全上古三代秦漢三國晉南北朝文編目一百三卷　（清）嚴可均輯　（清）蔣壑校寫　清光緒

五年(1879)烏程蔣氏刻本　十六冊

510000－2741－0005534　5534
全上古三代秦漢三國晉南北朝文編目一百三卷　（清）嚴可均輯　（清）蔣壑校寫　清光緒五年(1879)烏程蔣氏刻本　十二冊

510000－2741－0005535　5535
全上古三代秦漢三國六朝文七百四十六卷　（清）嚴可均校輯　清光緒二十年(1894)黃岡王氏刻本　九十二冊

510000－2741－0005536　5536
全上古三代秦漢三國六朝文七百四十六卷　（清）嚴可均校輯　清光緒十三年(1887)廣州廣雅書局刻本　一百冊

510000－2741－0005537　5537
全上古三代秦漢三國六朝文七百四十六卷　（清）嚴可均校輯　清刻本　九十五冊

510000－2741－0005538　5538
全上古三代秦漢三國六朝文七百四十六卷　（清）嚴可均校輯　清光緒二十年(1894)黃岡王氏刻本　一百冊

510000－2741－0005539　5539
全上古三代秦漢三國六朝文七百四十六卷　（清）嚴可均校輯　清光緒二十年(1894)黃岡王氏刻本　一百冊

510000－2741－0005540　5540
全蜀節孝錄五卷　（清）羅定昌纂輯　清光緒十七年(1891)刻本　五冊

510000－2741－0005541　5541
全蜀土司記不分卷　（清）□□輯　清抄本　一冊

510000－2741－0005542　5542
全蜀秇文志六十四卷　（明）楊慎輯　清嘉慶二十二年(1817)刻本　十六冊

510000－2741－0005543　5543
全蜀秇文志六十四卷首一卷　（明）楊慎輯　清光緒十七年(1891)雨餘山房刻本　十六冊

510000－2741－0005544　5544

四川大學圖書館古籍普查登記目錄

全蜀藝文志六十四卷首一卷　（明）楊慎輯
清嘉慶讀月山房刻本　二十四冊

510000－2741－0005545　5545
全唐詩話八卷　（宋）尤袤撰　（清）孫濤續輯
　清乾隆三十九年（1774）孫濤清芬堂刻本
四冊

510000－2741－0005546　5546
全唐詩話八卷　（宋）尤袤撰　（清）孫濤續輯
　清乾隆三十九年（1774）孫濤清芬堂刻本
四冊

510000－2741－0005547　5547
全唐詩話六卷　（宋）尤袤撰　明毛氏汲古閣
刻津逮秘書本　五冊

510000－2741－0005548　5548
全唐詩十二函　（清）曹寅等輯　清刻本　一
百二十冊

510000－2741－0005549　5549
全唐詩十二函　（清）曹寅等輯　清刻本　一
百十冊　缺一函（一）

510000－2741－0005550　5550
全唐詩十二函　（清）曹寅等輯　清刻本　九
十冊　缺三函（三至五）

510000－2741－0005551　5551
全唐詩三十二卷　（清）曹寅等輯　清光緒十
三年（1887）上海同文書局石印本　三十二冊

510000－2741－0005552　5552
全唐詩三十二卷　（清）曹寅等輯　清光緒十
三年（1887）上海同文書局石印本　三十二冊

510000－2741－0005553　5553
全唐詩十二函　（清）曹寅等輯　清刻本　一
百二十冊

510000－2741－0005554　5554
羣學肄言十六卷　（英國）斯賓塞爾著　（清）
嚴復翻譯　清光緒二十九年（1903）上海文明
書局鉛印本　一冊　存四卷（十三至十六）

510000－2741－0005555　5555
全唐詩十二函　（清）曹寅等輯　清刻本　一

百冊

510000－2741－0005556　5556
全唐詩十二函　（清）曹寅等輯　清刻本　四
十八冊

510000－2741－0005557　5557
全唐文紀事一百二十二卷首一卷　（清）陳鴻
墀撰　清同治十二年（1873）巴陵方功惠廣州
刻本　二十五冊

510000－2741－0005558　5558
全唐文紀事一百二十二卷首一卷　（清）陳鴻
墀撰　清同治十二年（1873）巴陵方功惠廣州
刻本　三十二冊

510000－2741－0005559　5559
全唐文紀事一百二十二卷首一卷　（清）陳鴻
墀撰　清同治十二年（1873）巴陵方功惠廣州
刻本　三十二冊

510000－2741－0005560　5560
欽定全唐文一千卷首一卷目錄三卷　（清）董
誥等編　清刻本　四百八十八冊

510000－2741－0005561　5561
全體新論一卷　（英國）合信著　（清）陳修堂
撰　清咸豐元年（1851）惠愛醫館刻本　一冊

510000－2741－0005562　5562
全體新論一卷　（英國）合信著　（清）陳修堂
撰　清咸豐元年（1851）惠愛醫館刻本　三冊

510000－2741－0005563　5563
全體須知一卷　（英國）傅蘭雅著　清光緒二
十年（1894）刻本　一冊

510000－2741－0005564　5564
全體須知一卷　（英國）傅蘭雅著　清光緒二
十年（1894）刻本　一冊

510000－2741－0005565　5565
全五代詩一百卷補遺一卷　（清）李調元編
清乾隆四十五年（1780）刻本　十六冊

510000－2741－0005566　5566
全五代詩一百卷補遺一卷附錄一卷五代帝王
廟謚年諱譜一卷　（清）李調元編　清光緒七

四川大學圖書館古籍普查登記目錄

年(1881)廣漢刻本　二十二冊

510000－2741－0005567　5567

全謝山文鈔十六卷　(清)全祖望撰　清宣統
二年(1910)國學扶輪社鉛印本　八冊

510000－2741－0005568　5568

全謝山文鈔十六卷　(清)全祖望撰　清宣統
二年(1910)國學扶輪社鉛印本　八冊

510000－2741－0005569　5569

拳匪紀略八卷前編二卷後編二卷　(清)僑析
生撰　清光緒二十九年(1903)上洋書局石印
本　六冊

510000－2741－0005570　5570

拳匪紀略八卷前編二卷後編二卷　(清)僑析
生撰　清光緒二十九年(1903)上洋書局石印
本　六冊

510000－2741－0005571　5571

新刊權載之文集五十卷　(唐)權德輿撰　清
嘉慶十一年(1806)大興朱氏刻本　八冊

510000－2741－0005572　5572

勸學篇二卷　(清)張之洞撰　清光緒二十四
年(1898)兩湖書院刻本　一冊

510000－2741－0005573　5573

勸學篇二卷　(清)張之洞撰　清光緒二十四
年(1898)成都志古堂刻本　一冊

510000－2741－0005574　5574

勸學篇二卷　(清)張之洞撰　清光緒、宣統
間廣州廣雅書局刻本　一冊

510000－2741－0005575　5575

勸學篇二卷　(清)張之洞撰　清光緒刻本
一冊

510000－2741－0005576　5576

闕里述聞十四卷　(清)鄭曉如述　清同治七
年(1868)廣東刻本　八冊

510000－2741－0005577　5577

闕里文獻考一百卷首一卷末一卷　(清)孔繼
汾撰　清乾隆二十七年(1762)曲阜孔府刻本
八冊

510000－2741－0005578　5578

闕里文獻考一百卷首一卷末一卷　(清)孔繼
汾撰　清乾隆二十七年(1762)曲阜孔府刻本
八冊

510000－2741－0005579　5579

闕里文獻考一百卷首一卷末一卷　(清)孔繼
汾撰　清乾隆二十七年(1762)曲阜孔府刻本
八冊

510000－2741－0005580　5580

闕里志二十四卷　(明)孔胤植撰　明崇禎刻
清初修補本　十冊

510000－2741－0005581　5581

卻埽山巢集一卷食我實館吟稿三卷　(清)孔
昭焜撰　清道光刻本　一冊

510000－2741－0005582　5582

雀硯齋詩集八卷文集八卷　(清)張錫穀著
清刻本　七冊

510000－2741－0005583　5583

羣經大例講義一卷附三五學會凡例一卷三五
學會宗旨一卷　(清)□□撰　清末刻本
一冊

510000－2741－0005584　5584

羣經大例講義一卷附三五學會凡例一卷三五
學會宗旨一卷　(清)□□撰　清末刻本
一冊

510000－2741－0005585　5585

羣經凡例不分卷　廖平撰　清光緒二十三年
(1897)成都尊經書局刻本　二冊

510000－2741－0005586　5586

羣經凡例不分卷　廖平撰　清光緒二十三年
(1897)成都尊經書局刻本　二冊

510000－2741－0005587　5587

羣經異字同聲考十三卷　(清)丁顯纂　清光
緒刻本　五冊　存五卷(一至四、九)

510000－2741－0005588　5588

羣經字詁七十二卷　(清)段諤廷撰　(清)黃
本驥編訂　清道光二十九年(1849)刻本　二

四川大學圖書館古籍普查登記目錄

十冊

510000－2741－0005589　5589

羣書拾補初編三十七卷　（清）盧文弨撰　清
光緒十三年(1887)上海蜚英館石印本　八冊

510000－2741－0005590　5590

羣書拾補三十七卷補遺三卷　（清）盧文弨撰
清光緒十五年至十八年(1889－1892)徐氏
鑄學齋刻本　十冊

510000－2741－0005591　5591

羣書校補一百卷　（清）陸心源輯　清光緒刻
本　十六冊

510000－2741－0005592　5592

羣書校補一百卷　（清）陸心源輯　清光緒刻
本　二十三冊　缺一卷(尤褒文選考異一卷)

510000－2741－0005593　5593

羣書疑辨十二卷　（清）萬斯同纂　清嘉慶二
十一年(1816)甬上水氏供石亭刻本　四冊

510000－2741－0005594　5594

羣書札記十六卷　（清）朱亦棟學　清光緒四
年(1878)武林竹簡齋刻本　六冊

510000－2741－0005595　5595

羣書札記十六卷　（清）朱亦棟學　清光緒四
年(1878)武林竹簡齋刻本　十冊

510000－2741－0005596　5596

羣書札記十六卷　（清）朱亦棟學　清光緒四
年(1878)武林竹簡齋刻本　六冊

510000－2741－0005597　5597

羣書札記十六卷　（清）朱亦棟學　清光緒四
年(1878)武林竹簡齋刻本　六冊

510000－2741－0005598　5598

羣學肄言十六卷　（英國）斯賓塞爾造論
（清）嚴復翻譯　清光緒二十九年(1903)上海
文明書局鉛印本　四冊

510000－2741－0005599　5599

羣學肄言十六卷　（英國）斯賓塞爾造論
（清）嚴復翻譯　清末刻本　一冊　存四卷
(十三至十六)

510000－2741－0005600　5600

羣學肄言十六卷　（英國）斯賓塞爾造論
（清）嚴復翻譯　清光緒二十九年(1903)上海
文明書局鉛印本　四冊

510000－2741－0005601　5601

羣經平議三十五卷　（清）俞樾撰　清同治十
年(1871)刻本　十二冊

510000－2741－0005602　5602

羣經平議三十五卷　（清）俞樾撰　清同治十
年(1871)刻本　十六冊

510000－2741－0005603　5603

羣書拾補初編三十七卷　（清）盧文弨撰　清
光緒十三年(1887)上海蜚英館石印本　八冊

510000－2741－0005604　5604

羣學肄言十六卷　（英國）斯賓塞爾造論
（清）嚴復翻譯　清光緒二十九年(1903)上海
文明書局鉛印本　六冊

510000－2741－0005605　5605

郡齋話舊圖序目一卷　（清）高培穀撰　清光
緒十一年(1885)刻本　一冊

510000－2741－0005606　5606

然犀志二卷　（清）李調元著　清刻函海本
一冊

510000－2741－0005607　5607

穰梨館過眼録四十卷　（清）陸心源編　清光
緒十七年(1891)吳興陸氏家塾刻本　十二冊

510000－2741－0005608　5608

熱學揭要一卷　（美國）赫士口譯　（清）劉永
貴筆述　清光緒三十二年(1906)上海美華書
館鉛印本　一冊

510000－2741－0005609　5609

人表考九卷附録一卷　（清）梁玉繩撰　清光
緒十四年(1888)廣雅書局刻本　四冊

510000－2741－0005610　5610

人海記二卷　（清）查慎行撰　清光緒七年
(1881)刻本　二冊

510000－2741－0005611　5611

人鏡集五十四卷　（清）孟雲峰輯　清咸豐元年（1851）鶴山堂刻本　二十冊

510000－2741－0005612　5612

人鏡類纂四十六卷　（清）程之楨輯　（清）汪元善勘訂　清同治十二年（1873）刻本　二十冊

510000－2741－0005613　5613

人譜三卷人譜類記六卷　（明）劉宗周撰　清光緒元年（1875）湖北崇文書局刻本　三冊

510000－2741－0005614　5614

人譜三卷人譜類記六卷　（明）劉宗周撰　清光緒三年（1877）湖北崇文書局刻本　二冊

510000－2741－0005615　5615

人壽金鑑二十二卷　（清）程得齡輯　清光緒元年（1875）湖北崇文書局刻本　六冊

510000－2741－0005616　5616

仁宗睿皇帝聖訓一百十卷　（□）□□輯　清末石印本　十一冊　存八十八卷（十五至二十、二十九至一百十）

510000－2741－0005617　5617

仁宗睿皇帝聖訓一百十卷　（□）□□輯　清刻本　四十冊

510000－2741－0005618　5618

忍默宦摭筆一卷　（清）張慎儀撰　清末刻本　一冊

510000－2741－0005619　5619

任氏述記四卷　（清）任兆麟述　清光緒十年（1884）蜀西廖氏聞雲精舍刻本　四冊

510000－2741－0005620　5620

任渭長四種（存二種）　（清）任熊繪　（清）王齡輯　清咸豐至光緒蕭山王氏養龢堂刻本　四冊　存二種四卷（高士傳二卷、於越先賢傳二卷）

510000－2741－0005621　5621

日本訪書志十六卷補遺一卷　（清）楊守敬撰　清光緒二十三年（1897）楊氏鄰蘇園刻本　七冊　缺二卷（一至二）

510000－2741－0005622　5622

日本訪書志十六卷補遺一卷　（清）楊守敬撰　清光緒二十三年（1897）楊氏鄰蘇園刻本　八冊

510000－2741－0005623　5623

日本國志四十卷首一卷　（清）黃遵憲編纂　清光緒二十四年（1898）匯文書局刻本　十六冊

510000－2741－0005624　5624

日本國志四十卷首一卷　（清）黃遵憲編纂　清光緒二十四年（1898）浙江書局刻本　十冊

510000－2741－0005625　5625

日本國志四十卷首一卷　（清）黃遵憲編纂　清光緒二十四年（1898）上海圖書集成印書局鉛印本　四冊

510000－2741－0005626　5626

日本國志四十卷首一卷　（清）黃遵憲編纂　清光緒二十四年（1898）上海圖書集成印書局鉛印本　十冊

510000－2741－0005627　5627

日本國志四十卷首一卷　（清）黃遵憲編纂　清光緒十六年（1890）羊城富文齋刻本　十四冊

510000－2741－0005628　5628

日本食貨志六卷　（清）黃遵憲編纂　清光緒三十二年（1906）成都官報書局鉛印本　一冊

510000－2741－0005629　5629

日本食貨志六卷　（清）黃遵憲編纂　清光緒三十二年（1906）成都官報書局鉛印本　二冊

510000－2741－0005630　5630

日本食貨志六卷　（清）黃遵憲編纂　清光緒三十二年（1906）成都官報書局鉛印本　二冊

510000－2741－0005631　5631

日本維新三十年史十二編附錄一卷　（日）東京博文館編輯　清末鉛印本　五冊　缺一編（四）

510000－2741－0005632　5632

四川大學圖書館古籍普查登記目錄

日本維新三十年史十二編附録一卷 （日本）
東京博文館編輯 上海廣智書局譯印 清末
鉛印本 一冊 缺一卷(附録一卷)

510000－2741－0005633 5633

日本現勢論一卷 （日本）東邦協會原本 養
浩齋主人輯譯 清光緒二十九年(1903)鉛印
本 一冊

510000－2741－0005634 5634

日本學校源流一卷 （美國）路義思撰 （美
國）衛理口譯 （清）范熙庸筆述 清光緒二
十五年(1899)江南製造局刻本 一冊

510000－2741－0005635 5635

日本學校源流一卷 （美國）路義思撰 （美
國）衛理口譯 （清）范熙庸筆述 清光緒二
十五年(1899)江南製造局刻本 一冊

510000－2741－0005636 5636

日本學制大綱四卷附録一卷 （日本）泰東同
文局撰 （日本）橋本武譯 清光緒二十八年
(1902)鉛印本 一冊 存一卷(一)

510000－2741－0005637 5637

日本遊學指南一卷 （清）章宗祥編 清光緒
二十七年(1901)鉛印本 一冊

510000－2741－0005638 5638

日本源流考二十二卷 （清）王先謙撰 清光
緒二十八年(1902)思賢書局刻本 十冊

510000－2741－0005639 5639

日爾曼史一卷 （英國）沙安著 商務印書館
譯 清光緒二十九年(1903)商務印書館鉛印
本 一冊

510000－2741－0005640 5640

日慎齋詩草六卷外集一卷 （清）李嗣元著
清同治十年(1871)刻本 二冊

510000－2741－0005641 5641

日下舊聞四十二卷 （清）朱彝尊撰 清康熙
二十六年(1687)朱氏六峰閣刻修補印本 十
六冊

510000－2741－0005642 5642

日知薈說四卷 （清）高宗弘曆撰 清乾隆元
年(1736)内府刻本 六冊

510000－2741－0005643 5643

日知録集釋三十二卷 （清）顧炎武著 （清）
黃汝成集釋 刊誤二卷續刊誤二卷 （清）黃
汝成譔 清光緒元年(1875)湖北崇文書局刻
本 十六冊

510000－2741－0005644 5644

日知録集釋三十二卷 （清）顧炎武著 （清）
黃汝成集釋 刊誤二卷續刊誤二卷 （清）黃
汝成譔 清光緒刻本 十六冊

510000－2741－0005645 5645

日知録集釋三十二卷 （清）顧炎武著 （清）
黃汝成集釋 刊誤二卷續刊誤二卷 （清）黃
汝成譔 清同治十一年(1872)湖北崇文書局
刻本 十六冊

510000－2741－0005646 5646

日知録集釋三十二卷 （清）顧炎武著 （清）
黃汝成集釋 刊誤二卷續刊誤二卷 （清）黃
汝成譔 清同治十一年(1872)湖北崇文書局
刻本 十六冊

510000－2741－0005647 5647

日知録集釋三十二卷 （清）顧炎武著 （清）
黃汝成集釋 刊誤二卷續刊誤二卷 （清）黃
汝成譔 清道光十四年(1834)嘉定黃氏西谿
草廬刻本 十六冊

510000－2741－0005648 5648

日知録集釋三十二卷 （清）顧炎武著 （清）
黃汝成集釋 刊誤二卷續刊誤二卷 （清）黃
汝成譔 清光緒元年(1875)湖北崇文書局刻
本 九冊 存十九卷(一至七、十九至二十
六,刊誤二卷,續刊誤二卷)

510000－2741－0005649 5649

日知録集釋三十二卷 （清）顧炎武著 （清）
黃汝成集釋 刊誤二卷續刊誤二卷 （清）黃
汝成譔 清光緒元年(1875)湖北崇文書局刻
本 十六冊

510000－2741－0005650 5650

四川大學圖書館古籍普查登記目録

日知録三十二卷日知録之餘四卷 （清）顧炎武撰　清道光十二年(1832)鄂山四川刻本 十二冊

510000－2741－0005651　5651

日知録三十二卷日知録之餘四卷 （清）顧炎武撰　清道光十二年(1832)鄂山四川刻本 十四冊

510000－2741－0005652　5652

日知録三十二卷日知録之餘四卷 （清）顧炎武撰　清道光十二年(1832)鄂山四川刻本 十四冊

510000－2741－0005653　5653

日知録三十二卷日知録之餘四卷 （清）顧炎武撰　清道光十二年(1832)鄂山四川刻本 十五冊

510000－2741－0005654　5654

日知録之餘四卷 （清）顧炎武著　清道光鄂山刻本　一冊

510000－2741－0005655　5655

容城三賢文集 （清）張斐然輯　清道光十六年(1836)正義書院刻本　十二冊

510000－2741－0005656　5656

容城三賢文集 （清）張斐然輯　清道光十六年(1836)正義書院刻本　十二冊

510000－2741－0005657　5657

容臺文集九卷詩集四卷別集四卷 （明）董其昌撰　明崇禎三年(1630)董庭刻本　十二冊 存十三卷(容臺文集九卷、別集四卷)

510000－2741－0005658　5658

容齋千首詩不分卷 （清）李天馥著　清光緒十二年(1886)蒯氏鉛印本　六冊

510000－2741－0005659　5659

容齋隨筆十六卷續筆十六卷三筆十六卷四筆十六卷五筆十卷 （宋）洪邁撰　明崇禎三年(1630)馬元調刻本　二十四冊

510000－2741－0005660　5660

容齋隨筆十六卷續筆十六卷三筆十六卷四筆十六卷五筆十卷 （宋）洪邁撰　清光緒二十年(1894)衣江官廨刻本　二十四冊

510000－2741－0005661　5661

容齋隨筆十六卷續筆十六卷三筆十六卷四筆十六卷五筆十卷 （宋）洪邁撰　清光緒二十年(1894)衣江官廨刻本　十六冊

510000－2741－0005662　5662

容齋隨筆十六卷續筆十六卷三筆十六卷四筆十六卷五筆十卷 （宋）洪邁撰　清同治十一年(1872)刻光緒元年(1875)重印本　十四冊

510000－2741－0005663　5663

蓉村詩稿四卷 （清）夏肇庸著　（清）胡文魁選　清光緒九年(1883)射洪趙氏刻清江擢秀集本　二冊

510000－2741－0005664　5664

榕村講授三卷 （清）李光地輯　清乾隆元年(1736)李清植刻李文貞公全集本　三冊

510000－2741－0005665　5665

榕村譜録合考二卷 （清）李清馥纂輯　清道光六年(1826)李維迪刻本　二冊

510000－2741－0005666　5666

榕村全書 （清）李光地撰　清道光九年(1829)李維迪刻本　一百十冊

510000－2741－0005667　5667

榕村續集七卷 （清）李光地撰　清道光七年(1827)李維迪刻本　二冊

510000－2741－0005668　5668

融經館叢書十一種 （清）徐友蘭編　清光緒六年至十一年(1880－1885)會稽徐氏八杉齋刻本　三十六冊

510000－2741－0005669　5669

如皋冒氏叢書 （清）冒廣生輯　清光緒至民國如皋冒氏刻本　六冊

510000－2741－0005670　5670

如見其人集不分卷 （清）劉愚編　清末稿本 二冊

510000－2741－0005671　5671

四川大學圖書館古籍普查登記目録

如諫果室叢刻四種 （清）王延釗撰 清光緒
三十四年（1908）益森書館鉛印本 二冊

510000－2741－0005672 5672

如諫果室叢刻四種 （清）王延釗撰 清光緒
三十四年（1908）益森書館鉛印本 一冊

510000－2741－0005673 5673

如是山房增訂金批西廂四卷首一卷末一卷
（元）王實甫撰 清光緒二年（1876）如是山房
刻朱墨套印本 六冊

510000－2741－0005674 5674

儒禮大全十五卷首一卷 （清）□□撰 清同
治十三年（1874）茂林軒刻本 十六冊

510000－2741－0005675 5675

儒林宗派十六卷 （清）萬斯同撰 清宣統三
年（1911）上海國學扶輪社鉛印本 二冊

510000－2741－0005676 5676

儒門事親十五卷 （金）張子和著 清宣統二
年（1910）上海國學扶輪社石印本 六冊

510000－2741－0005677 5677

儒門醫學三卷附一卷 （英國）海得蘭撰
（英國）傅蘭雅口譯 （清）趙元益筆述 清末
上海江南製造總局刻本 二冊

510000－2741－0005678 5678

儒門醫學三卷附一卷 （英國）海得蘭撰
（英國）傅蘭雅口譯 （清）趙元益筆述 清末
上海江南製造總局刻本 四冊

510000－2741－0005679 5679

儒門醫學三卷附一卷 （英國）海得蘭撰
（英國）傅蘭雅口譯 （清）趙元益筆述 清末
上海江南製造總局刻本 二冊

510000－2741－0005680 5680

儒門語要六卷 （清）倪元坦輯著 清光緒三
十四年（1908）鉛印本 一冊

510000－2741－0005681 5681

儒門語要六卷 （清）倪元坦輯著 清光緒三
十四年（1908）鉛印本 一冊

510000－2741－0005682 5682

儒門語要六卷 （清）倪元坦輯著 清光緒三
十四年（1908）鉛印本 一冊

510000－2741－0005683 5683

儒門語要六卷 （清）倪元坦輯著 清光緒三
十四年（1908）鉛印本 一冊

510000－2741－0005684 5684

儒門語要六卷 （清）倪元坦輯著 清光緒三
十四年（1908）鉛印本 一冊

510000－2741－0005685 5685

儒門語要六卷 （清）倪元坦輯著 清光緒三
十四年（1908）鉛印本 一冊

510000－2741－0005686 5686

儒門語要六卷 （清）倪元坦輯著 清光緒三
十四年（1908）鉛印本 一冊

510000－2741－0005687 5687

儒門語要六卷 （清）倪元坦輯著 清光緒三
十四年（1908）鉛印本 一冊

510000－2741－0005688 5688

儒門語要六卷 （清）倪元坦輯著 清光緒三
十四年（1908）鉛印本 一冊

510000－2741－0005689 5689

入蜀文稿一卷 （清）陳矩撰 清宣統元年
（1909）貴陽陳氏鉛印本 一冊

510000－2741－0005690 5690

入蜀文稿一卷 （清）陳矩撰 清宣統元年
（1909）貴陽陳氏鉛印本 一冊

510000－2741－0005691 5691

入蜀文稿一卷 （清）陳矩撰 清宣統元年
（1909）貴陽陳氏鉛印本 一冊

510000－2741－0005692 5692

入蜀文稿一卷 （清）陳矩撰 清宣統元年
（1909）貴陽陳氏鉛印本 一冊

510000－2741－0005693 5693

入蜀文稿一卷 （清）陳矩撰 清宣統元年
（1909）貴陽陳氏鉛印本 一冊

510000－2741－0005694 5694

四川大學圖書館古籍普查登記目録

入湘紀程一卷湘中隨筆一卷　（清）陳克勔撰
清光緒十九年(1893)刻本　一冊

510000－2741－0005695　5695
瑞芍軒詩鈔四卷詞稿一卷　（清）許乃穀撰
清同治七年(1868)刻本　二冊

510000－2741－0005696　5696
瑞芝山房詩鈔八卷　（清）戴燮元編　清光緒
元年(1875)廣陵刻本　四冊

510000－2741－0005697　5697
瑞芝山房文鈔八卷　（清）戴燮元編　清光緒
元年(1875)廣陵刻本　六冊

510000－2741－0005698　5698
瑞芝室家傳一卷紫霞山館詩鈔一卷　（清）楊
彝珍撰　清刻本　一冊

510000－2741－0005699　5699
瑞竹亭合藁二卷王竹亭先生遺詩一卷附錄一
卷　（清）王愈擴　（清）王愈融著　清光緒三
十一年(1905)蕭氏趣園刻本　四冊

510000－2741－0005700　5700
閏楊先生集三十卷附𪩘花岡集八卷　（清）張
望著　清同治三年(1864)刻本　六冊

510000－2741－0005701　5701
弱水集二十二卷　（清）屈復著　（清）馮墣
（清）陳長鎮評　清乾隆七年(1742)刻本
四冊

510000－2741－0005702　5702
賽金丹二編　（□）□□輯　清同治九年
(1870)刻本　一冊

510000－2741－0005703　5703
三白寶海三卷　（元）釋幕講集　清乾隆五十
五年(1790)樂真堂刻本　二冊

510000－2741－0005704　5704
三才紀要不分卷　（□）□□輯　清末江南機
器製造總局刻本　一冊

510000－2741－0005705　5705
三才略三卷　（清）蔣德鈞輯　清光緒二十七
年(1901)益智書屋刻本　一冊

510000－2741－0005706　5706
三長物齋叢書　（清）黃本驥輯　清道光二十
六年(1846)刻光緒四年(1878)重修本　八
十冊

510000－2741－0005707　5707
三長物齋叢書　（清）黃本驥輯　清道光二十
六年(1846)刻光緒四年(1878)重修本　八
十冊

510000－2741－0005708　5708
三長物齋叢書　（清）黃本驥輯　清道光二十
六年(1846)刻光緒四年(1878)重修本　八
十冊

510000－2741－0005709　5709
三朝北盟會編二百五十卷　（宋）徐夢莘撰
清光緒三十四年(1908)成都唐鴻學刻本　四
十冊

510000－2741－0005710　5710
三朝北盟會編二百五十卷　（宋）徐夢莘撰
清光緒三十四年(1908)成都唐鴻學刻本　四
十冊

510000－2741－0005711　5711
三朝北盟會編二百五十卷　（宋）徐夢莘撰
清光緒三十四年(1908)成都唐鴻學刻本　四
十冊

510000－2741－0005712　5712
三朝北盟會編二百五十卷　（宋）徐夢莘撰
清光緒三十四年(1908)成都唐鴻學刻本　四
十冊

510000－2741－0005713　5713
三朝北盟會編二百五十卷　（宋）徐夢莘撰
清光緒三十四年(1908)成都唐鴻學刻本　四
十冊

510000－2741－0005714　5714
三朝北盟會編二百五十卷　（宋）徐夢莘撰
清光緒三十四年(1908)成都唐鴻學刻本　四
十冊

510000－2741－0005715　5715

四川大學圖書館古籍普查登記目錄

三朝北盟會編二百五十卷　（宋）徐夢莘撰
清光緒三十四年(1908)成都唐鴻學刻本　四十冊

510000－2741－0005716　5716
三藩紀事本末四卷　（清）楊陸榮撰　清刻本　四冊

510000－2741－0005717　5717
三藩紀事本末四卷　（清）楊陸榮撰　清康熙五十六年(1717)刻本　二冊

510000－2741－0005718　5718
三輔故事一卷　（□）□□撰　清道光元年(1821)刻二酉堂叢書本　一冊

510000－2741－0005719　5719
三輔黃圖六卷附補遺一卷　（漢）□□撰　清道光元年(1821)刻二酉堂叢書本　一冊

510000－2741－0005720　5720
三輔舊事一卷　（□）□□撰　清道光元年(1821)刻二酉堂叢書本　一冊

510000－2741－0005721　5721
三公奏議二十卷　（清）盛宣懷輯　清光緒二年(1876)武進盛氏思補樓木活字印本　十九冊

510000－2741－0005722　5722
三古圖四十二卷　（清）黃晟輯　清乾隆十七年(1752)天都黃氏亦政堂修補印本　三十二冊

510000－2741－0005723　5723
三國佛教畧史三卷　（日本）島地墨雷　（日本）生田得能著　（清）聽雲　（清）海秋譯　清宣統三年(1911)石印本　一冊

510000－2741－0005724　5724
三國畺域志補注十九卷首一卷　（清）洪亮吉撰　（清）謝鍾英補注　清末刻本　八冊

510000－2741－0005725　5725
三國郡縣表補正八卷　（清）吳增僅學　（清）楊守敬補正　清光緒三十三年(1907)鄂城刻本　四冊

510000－2741－0005726　5726
三國志六十五卷　（晉）陳壽撰　（南朝宋）裴松之注　明萬曆二十四年(1596)南京國子監刻本　二十四冊

510000－2741－0005727　5727
三國志六十五卷　（晉）陳壽撰　（南朝宋）裴松之注　清同治十年(1871)成都書局刻本　十四冊

510000－2741－0005728　5728
三國志六十五卷　（晉）陳壽撰　（南朝宋）裴松之注　清同治十年(1871)成都書局刻本　二冊　存十五卷(蜀志一至十五)

510000－2741－0005729　5729
三國志六十五卷　（晉）陳壽撰　（南朝宋）裴松之注　清同治十年(1871)成都書局刻本　二冊　存十五卷(蜀志一至十五)

510000－2741－0005730　5730
三國志質疑六卷　（清）徐紹楨撰　清光緒十二年(1886)羊城刻本　二冊

510000－2741－0005731　5731
三國志質疑六卷　（清）徐紹楨撰　清光緒十二年(1886)羊城刻本　二冊

510000－2741－0005732　5732
三國志注證遺四卷補四卷　（清）周壽昌學　清光緒刻本　一冊

510000－2741－0005733　5733
三合便覽不分卷附十二字頭一卷清文指要一卷蒙文指要一卷　（清）明福輯　（清）富俊增輯　清乾隆刻本　十二冊

510000－2741－0005734　5734
三合吏治輯要　（清）高鶚撰　（清）通瑞　（清）孟保譯　清咸豐七年(1857)刻本　一冊

510000－2741－0005735　5735
三湖漁人全集八卷　（清）劉士璋撰　清道光二年(1822)江陵劉氏刻本　四冊

510000－2741－0005736　5736
三家宮詞三卷二家宮詞二卷　（明）毛晉輯

四川大學圖書館古籍普查登記目錄

明毛氏綠君亭刻本　一冊

510000－2741－0005737　5737

三家醫案合刻三卷　（清）葉桂　（清）繆遵義　（清）薛雪著　（清）吳金壽纂　清末刻本　三冊

510000－2741－0005738　5738

三角數理十二卷　（英國）海麻士輯　清光緒二十二年(1896)上海機衡堂石印本　二冊

510000－2741－0005739　5739

三角數理十二卷　（英國）海麻士輯　（英國）傅蘭雅口譯　（清）華蘅芳筆述　清末江南製造總局刻本　五冊　缺二卷(十一至十二)

510000－2741－0005740　5740

三角數理十二卷　（英國）海麻士輯　（英國）傅蘭雅口譯　（清）華蘅芳筆述　清末江南製造總局刻本　五冊　缺二卷(十一至十二)

510000－2741－0005741　5741

三教平心論一卷　（宋）劉謐撰　**護法論一卷**　（宋）張商英撰　清刻本　一冊

510000－2741－0005742　5742

三教齊性集一卷附錄一卷　（清）愛新覺羅胤禛輯　清光緒元年(1875)錦城文殊院刻本　一冊

510000－2741－0005743　5743

三經合集　（□）□□輯　清同治十年(1871)綠天蘭若刻本　一冊

510000－2741－0005744　5744

三禮編繹二十六卷　（明）鄧元錫著　明萬曆三十三年(1605)刻本　十六冊

510000－2741－0005745　5745

三禮考注六十四卷　（元）吳澄考定　清乾隆二年(1737)刻本　二十冊

510000－2741－0005746　5746

三論玄義二卷　（隋）釋吉藏撰　清光緒二十五年(1899)金陵刻經處刻本　一冊

510000－2741－0005747　5747

三命通會十二卷　（明）萬民英著　清刻本

十冊　缺二卷(七、十)

510000－2741－0005748　5748

三秦記一卷　（□）□□撰　清道光元年(1821)刻二酉堂叢書本　一冊

510000－2741－0005749　5749

三山拙齋林先生尚書全解四十卷　（宋）林之奇撰　清刻本　八冊　存二十一卷(九至十一、十五至二十三、三十至三十八)

510000－2741－0005750　5750

三省邊防備覽十八卷　（清）嚴如熤輯　清道光九年(1829)安康張鵬翂來鹿堂刻本　八冊

510000－2741－0005751　5751

三省邊防備覽十八卷　（清）嚴如熤輯　清道光九年(1829)安康張鵬翂來鹿堂刻本　十六冊

510000－2741－0005752　5752

三省邊防備覽十八卷　（清）嚴如熤輯　清道光九年(1829)安康張鵬翂來鹿堂刻本　十二冊

510000－2741－0005753　5753

三省邊防備覽十四卷　（清）嚴如熤輯　清道光二年(1822)刻本　八冊

510000－2741－0005754　5754

三十樹梅花書屋詩鈔四卷　（清）李崧霖撰　清刻本　四冊

510000－2741－0005755　5755

三十五舉一卷　（元）吾丘衍撰　**校勘記一卷**　（清）姚覲元撰　**續一卷**　（清）桂馥撰　**再續一卷**　（清）姚晏撰　清光緒九年(1883)歸安姚氏刻本　一冊

510000－2741－0005756　5756

三書寶鑑　（清）□□輯　清道光、咸豐間來鹿堂刻本　二十四冊

510000－2741－0005757　5757

三水關紀事和詩三卷　（清）高維寅撰輯　清光緒三十年(1904)刻本　三冊

510000－2741－0005758　5758

三水關紀事和詩三卷三水關紀事和詩補一卷
（清）高維寅撰輯　清光緒三十年(1904)刻
本　四冊

510000－2741－0005759　5759

三水小牘二卷附逸文一卷　（□）□□輯　清
光緒十七年(1891)刻本　一冊

510000－2741－0005760　5760

三松堂集十六卷　（清）潘奕雋撰　清嘉慶八
年(1803)刻本　六冊

510000－2741－0005761　5761

三宋人集　（清）方功惠輯　清光緒七年
(1881)碧琳瑯館刻本　六冊

510000－2741－0005762　5762

三宋人集　（清）方功惠輯　清光緒七年
(1881)碧琳瑯館刻本　六冊

510000－2741－0005763　5763

三蘇全集　（宋）蘇洵　（宋）蘇軾　（宋）蘇
轍撰　清道光十二年(1832)眉州刻本　八冊
　存二十七卷(東坡集一至二、五十至五十
一、六十二至六十三,目錄二;嘉祐集一至二
十)

510000－2741－0005764　5764

三蘇全集　（宋）蘇洵　（宋）蘇軾　（宋）蘇
轍撰　清道光十二年(1832)眉州刻本　七十
四冊　缺十五卷(東坡集七十至八十四)

510000－2741－0005765　5765

三蘇全集　（宋）蘇洵　（宋）蘇軾　（宋）蘇
轍撰　清道光十二年(1832)眉州刻本　八
十冊

510000－2741－0005766　5766

三唐人集　（清）馮焌輯　清光緒南海馮氏讀
有用書齋刻本　六冊

510000－2741－0005767　5767

三通序不分卷　（清）□□輯　清刻本　一冊

510000－2741－0005768　5768

三通序三卷　（清）□□輯　清光緒二十九年
(1903)益元書局刻本　二冊

510000－2741－0005769　5769

三通序三卷　（清）□□輯　清光緒二十九年
(1903)刻本　二冊

510000－2741－0005770　5770

三通序三卷　（清）□□輯　清光緒二十九年
(1903)刻本　一冊　存二卷(上、中)

510000－2741－0005771　5771

三通序三卷　（清）□□輯　清光緒二十七年
(1901)成都書局刻本　一冊

510000－2741－0005772　5772

三通序三卷　（清）□□編　清宏達堂刻本
三冊

510000－2741－0005773　5773

三吳水利便覽不分卷　（明）童時明撰　明萬
曆四十一年(1613)刻本　一冊

510000－2741－0005774　5774

三惜齋全集八卷　（清）盧浙撰　清刻本　七
冊　缺一卷(二)

510000－2741－0005775　5775

三易洞璣十六卷　（明）黃道周輯　（清）鄭開
極重訂　清康熙三十二年(1693)刻本　八冊
　缺一卷(十六)

510000－2741－0005776　5776

三因極一病証方論十八卷　（宋）陳言編　清
道光二十三年(1843)青蓮華館刻本　十冊

510000－2741－0005777　5777

三魚堂日記□□卷　（清）陸隴其撰　清同治
九年(1870)浙江書局刻本　二冊　存六卷
(五至十)

510000－2741－0005778　5778

三魚堂文集十二卷外集六卷附錄一卷　（清）
陸隴其著　清光緒十五年(1889)涇陽柏氏柏
經正堂刻本　七冊　缺二卷(文集六至七)

510000－2741－0005779　5779

三指禪三卷　（清）周學霆撰　清光緒二十九
年(1903)文益書局刻本　三冊

510000－2741－0005780　5780

四川大學圖書館古籍普查登記目錄

三指禪三卷　（清）周學霆撰　清光緒二十九年(1903)文益書局刻本　三冊

510000－2741－0005781　5781

三字訣一卷　（清）張汝珍草創　清光緒三年(1877)刻本　一冊

510000－2741－0005782　5782

三字訣一卷　（清）張汝珍草創　清光緒三年(1877)刻本　一冊

510000－2741－0005783　5783

掃葉山房重校醫宗必讀十卷　（明）李中梓著　清光緒十四年(1888)刻本　六冊

510000－2741－0005784　5784

嗇菴隨筆六卷末一卷　（清）陸文衡著　清光緒二十三年(1897)石印本　二冊

510000－2741－0005785　5785

森圃存稿八卷　（清）孫世封撰　清嘉慶刻本　一冊

510000－2741－0005786　5786

紗籠詩集十六卷　（清）釋含澈編次　清同治十一年(1872)綠天蘭若校刻本　十五冊

510000－2741－0005787　5787

傷寒附翼二卷　（清）柯琴編　清刻本　二冊

510000－2741－0005788　5788

紗籠文選八卷　（清）釋含澈編次　清光緒十年(1884)新繁龍藏寺刻本　八冊

510000－2741－0005789　5789

痧喉正義一卷　（清）張振鋆輯　清光緒十五年(1889)刻本　一冊

510000－2741－0005790　5790

痧症全書三卷　（清）林森撰　（清）王凱編輯　清光緒四年(1878)刻本　三冊

510000－2741－0005791　5791

麗江詩草二十六卷　（清）蘇宗經著　清光緒十八年(1892)刻本　十冊

510000－2741－0005792　5792

山帶閣集三十三卷附錄一卷　（明）朱日藩撰

清道光十五年(1835)刻本　六冊

510000－2741－0005793　5793

山東軍興紀畧二十二卷　（清）管晏等撰　清末刻本　十冊

510000－2741－0005794　5794

山東考古錄一卷　（清）顧炎武著　清光緒八年(1882)山東書局刻本　一冊

510000－2741－0005795　5795

山東運河備覽十二卷附運河圖並說五水濟運圖並說泉河總圖並說禹王臺圖並說　（清）陸燿纂　清乾隆四十一年(1776)刻本　十二冊

510000－2741－0005796　5796

山谷詩集注二十卷　（宋）黃庭堅撰　（宋）任淵注　山谷外集詩注十七卷　（宋）史容注　山谷別集詩注二卷　（宋）史季溫注　清光緒二十一年至二十五年(1895－1899)義寧陳氏刻民國十二年(1923)印本　二十冊

510000－2741－0005797　5797

山谷詩集注二十卷　（宋）黃庭堅撰　（宋）任淵注　山谷外集詩注十七卷　（宋）史容注　山谷別集詩注二卷　（宋）史季溫注　清光緒二十一年至二十五年(1895－1899)義寧陳氏刻民國十二年(1923)印本　二十冊

510000－2741－0005798　5798

山谷詩集注二十卷　（宋）黃庭堅撰　（宋）任淵注　山谷外集詩注十七卷　（宋）史容注　山谷別集詩注二卷　（宋）史季溫注　清光緒二十一年至二十五年(1895－1899)義寧陳氏刻民國十二年(1923)印本　十八冊

510000－2741－0005799　5799

山谷詩內集注二十卷　（宋）任淵注　山谷詩外集注十七卷　（宋）史容注　山谷詩別集注二卷　（宋）史季溫注　外集補四卷別集補一卷　重刻山谷先生年譜十四卷　（宋）黃□撰　清光緒二年(1876)刻本　二十冊

510000－2741－0005800　5800

山谷詩內集注二十卷　（宋）任淵注　山谷詩外集注十七卷　（宋）史容注　山谷詩別集注

二卷　(宋)史季溫注　**外集補四卷別集補一卷　重刻山谷先生年譜十四卷**　(宋)黃□撰　清光緒二年(1876)刻本　二十冊

510000－2741－0005801　5801

山海經補註一卷　(明)楊慎撰　清光緒元年(1875)湖北崇文書局刻本　一冊

510000－2741－0005802　5802

山海經箋疏十八卷圖讚一卷訂譌一卷敘録一卷　(晉)郭璞傳　(清)郝懿行箋疏　清光緒七年(1881)刻本　四冊

510000－2741－0005803　5803

山海經箋疏十八卷圖讚一卷訂譌一卷敘録一卷　(晉)郭璞傳　(清)郝懿行箋疏　清光緒十八年(1892)五彩公司石印本　六冊

510000－2741－0005804　5804

山海經十八卷　(晉)郭璞傳　(明)蔣應鎬繪圖　清刻本　四冊

510000－2741－0005805　5805

山海經十八卷　(晉)郭璞傳　(清)畢沅校正　清光緒三年(1877)浙江書局刻本　三冊

510000－2741－0005806　5806

山海經十八卷　(晉)郭璞傳　(清)畢沅校正　清光緒三年(1877)浙江書局刻本　三冊

510000－2741－0005807　5807

山海經十八卷　(晉)郭璞傳　(清)郝懿行箋疏　**山海經圖贊一卷**　(晉)郭璞撰　**山海經訂譌一卷**　(清)郝懿行撰　清乾隆、嘉慶間武穆淳刻本　四冊

510000－2741－0005808　5808

山海經十八卷　(晉)郭璞註　清康熙項氏羣玉書堂刻本　二冊

510000－2741－0005809　5809

山海經十八篇　(晉)郭璞注　(清)畢沅校正　清光緒十九年(1893)鴻文書局石印本　一冊

510000－2741－0005810　5810

山憨山房雜箸二卷　(清)萬慎撰　清光緒三十年(1904)瀘州開智書局鉛印本　二冊

510000－2741－0005811　5811

山憨山房雜箸二卷　(清)萬慎撰　清光緒三十年(1904)瀘州開智書局鉛印本　一冊　存一卷(一)

510000－2741－0005812　5812

山居閒談五卷　(清)蕭智漢纂輯　清嘉慶刻本　五冊

510000－2741－0005813　5813

山門新語二卷　(清)周贇著　清光緒十九年(1893)刻本　六冊

510000－2741－0005814　5814

山門新語二卷　(清)周贇著　清光緒十九年(1893)刻本　二冊

510000－2741－0005815　5815

山門新語二卷　(清)周贇著　清光緒十九年(1893)刻本　二冊

510000－2741－0005816　5816

山木居士外集四卷　(清)魯仕驥撰　清乾隆四十七年(1782)刻本　二冊

510000－2741－0005817　5817

山堂肆考二百四十卷　(明)彭大翼撰　明萬曆二十三年(1595)金陵書林周顯刻四十七年(1619)重修本(首冊鈔配)　六十冊

510000－2741－0005818　5818

山堂肆考二百四十卷　(明)彭大翼撰　明萬曆刻本　十六冊　存四十八卷(商集一至四十八)

510000－2741－0005819　5819

山右石刻叢編四十卷　(清)胡聘之撰　清光緒二十五年(1899)刻本　四十冊

510000－2741－0005820　5820

山右石刻叢編四十卷　(清)胡聘之撰　清光緒二十五年(1899)刻本　三冊　存三卷(二十三、三十三至三十四)

510000－2741－0005821　5821

山志初集六卷山志二集六卷　(清)王弘撰

四川大學圖書館古籍普查登記目録

清光緒二十六年(1900)刻本　六冊

510000－2741－0005822　5822

刪除律例不分卷　(清)沈家本等編　清光緒三十一年(1905)成都官報書局鉛印本　一冊

510000－2741－0005823　5823

刪定二奇合傳四十回　(□)□□撰　清咸豐十一年(1861)刻本　九冊　缺四回(十八至二十一)

510000－2741－0005824　5824

刪定管荀　(清)方苞撰　清乾隆元年(1736)刻本　四冊

510000－2741－0005825　5825

刪定唐詩解二十四卷　(明)唐汝詢選釋(清)吳昌祺評定　清康熙四十年(1701)刻雍正、乾隆修補印本　十冊

510000－2741－0005826　5826

刪註脈訣規正二卷　(清)沈鏡刪註　清宣統元年(1909)成都同文會刻本　二冊

510000－2741－0005827　5827

刪註脈訣規正二卷　(清)沈鏡刪註　清宣統元年(1909)成都同文會刻本　二冊

510000－2741－0005828　5828

刪註脈訣規正二卷　(清)沈鏡刪註　(清)徐良臣參補　清藜照書屋刻本　二冊

510000－2741－0005829　5829

珊瑚網法書題跋二十四卷　(明)汪珂玉撰　清乾隆、嘉慶間刻本　八冊　存十八卷(一至十八)

510000－2741－0005830　5830

埏紘外乘二十五卷續編三卷補遺一卷　(美國)林樂知著　(清)嚴良勳譯　清光緒二十七年(1901)上海製造局刻本　八冊

510000－2741－0005831　5831

陝甘味經書院志一卷　(清)劉光蕡輯　清光緒二十年(1894)陝西味經書院刻本　一冊

510000－2741－0005832　5832

善本書室藏書志四十卷附錄一卷　(清)丁丙

輯　清光緒二十七年(1901)錢塘丁氏刻本十六冊

510000－2741－0005833　5833

善本書室藏書志四十卷附錄一卷　(清)丁丙輯　清光緒二十七年(1901)錢塘丁氏刻本十六冊

510000－2741－0005834　5834

善本書室藏書志四十卷附錄一卷　(清)丁丙輯　清光緒二十七年(1901)錢塘丁氏刻本十六冊

510000－2741－0005835　5835

善卷堂四六十卷　(清)陸繁弨撰　(清)吳自高注　清刻本　六冊

510000－2741－0005836　5836

商文毅公集十一卷　(明)商輅撰　(明)鄭應齡輯　明隆慶六年(1572)鄭應齡刻本　四冊

510000－2741－0005837　5837

商周彝器釋銘四卷　(清)呂調陽輯　清光緒二十年(1894)刻本　一冊　存一卷(一)

510000－2741－0005838　5838

傷寒辨證痘疹合編十卷末一卷　(清)陳堯道輯著　清末刻本　八冊

510000－2741－0005839　5839

傷寒撮要四卷　(清)王夢祖編輯并註　清咸豐元年(1851)瑞鶴堂刻本　四冊

510000－2741－0005840　5840

傷寒大成　(清)張璐等撰　清同德堂刻本八冊

510000－2741－0005841　5841

傷寒第一書四集四卷　(清)車宗輅　(清)胡憲豐述　**傷寒第一書附餘二卷**　(清)車宗輅述　清光緒十一年(1885)刻本　六冊

510000－2741－0005842　5842

傷寒發微論二卷傷寒百證歌五卷　(宋)許叔微述　清刻本　二冊

510000－2741－0005843　5843

傷寒方歌一卷　(清)甘席隆著　(清)王德宣

四川大學圖書館古籍普查登記目錄

校　清光緒十三年(1887)刻本　一冊

510000－2741－0005844　5844

傷寒九十論一卷　(宋)許叔微述　清光緒二十五年(1899)成都崇文齋刻本　一冊

510000－2741－0005845　5845

傷寒來蘇全集　(□)□□輯　清務本堂刻本　四冊

510000－2741－0005846　5846

傷寒來蘇全集　(□)□□輯　清宣統元年(1909)同文會刻本　四冊

510000－2741－0005847　5847

傷寒來蘇全集　(□)□□輯　清宣統元年(1909)同文會刻本　四冊

510000－2741－0005848　5848

傷寒六書　(明)陶華撰　清道光十三年(1833)刻本　四冊

510000－2741－0005849　5849

傷寒六書　(明)陶華撰　清敦化堂刻本　四冊

510000－2741－0005850　5850

傷寒論後條辨十五卷　(清)程應旄撰　清乾隆九年(1744)文茂堂刻本　三冊　存八卷(禮集四卷、書集四卷)

510000－2741－0005851　5851

傷寒論類方一卷　(清)徐大椿編釋　清刻本　二冊

510000－2741－0005852　5852

傷寒論淺註補正七卷首一卷　(漢)張仲景原文　(清)陳念祖淺註　(清)唐宗海補正　清光緒三十年(1904)上海千頃堂書局石印本　四冊

510000－2741－0005853　5853

傷寒論三註十八卷　(清)喻昌等註　清浙江書局刻本　八冊

510000－2741－0005854　5854

傷寒論三註十六卷　(清)周揚俊撰　清乾隆四十五年(1780)刻本　八冊

510000－2741－0005855　5855

傷寒論條辨八卷傷寒論本草鈔一卷傷寒論條辨或問一卷痙書一卷痙書或問一卷　(明)方有執著　清康熙浩然樓刻本　六冊

510000－2741－0005856　5856

傷寒全書　(□)□□輯　清步月樓刻本　八冊

510000－2741－0005857　5857

傷寒舌鑑一卷　(清)張登彙纂　清刻本　二冊

510000－2741－0005858　5858

傷寒舌鑑一卷　(清)張登彙纂　清刻本　一冊

510000－2741－0005859　5859

傷寒溫病條辨六卷　(清)楊璿撰　清光緒元年(1875)刻本　六冊

510000－2741－0005860　5860

上鄂督張宮保手摺　(清)廖正華撰　清末刻本　一冊

510000－2741－0005861　5861

上諭奏摺　(清)張百熙撰　清光緒二十八年(1902)四川學務處刻本　一冊

510000－2741－0005862　5862

尚絅堂詩集五十二卷箏船詞二卷賦一卷制藝不分卷　(清)劉嗣綰撰　清同治刻本　十三冊

510000－2741－0005863　5863

尚論張仲景傷寒論四卷首一卷後篇四卷　(清)喻昌著　清刻本　八冊

510000－2741－0005864　5864

尚論張仲景傷寒論重編三百九十七法四卷　(清)喻昌著　清刻本　四冊

510000－2741－0005865　5865

尚論張仲景傷寒論重編三百九十七法四卷首一卷　(清)喻昌著　清刻本　四冊

510000－2741－0005866　5866

尚史七十卷　(清)李鍇撰　清乾隆三十八年

四川大學圖書館古籍普查登記目錄

（1773）悅道樓刻本　二十四冊

510000－2741－0005867　5867

尚史七十卷　（清）李鍇撰　清乾隆三十八年
（1773）悅道樓刻本　二十四冊

510000－2741－0005868　5868

尚史七十卷目錄一卷世系圖一卷　（清）李鍇
撰　清嘉慶十九年(1814)萬象艸堂刻本　十
八冊

510000－2741－0005869　5869

尚書大傳七卷　（漢）鄭玄註　王闓運補註
清光緒十二年（1886）成都尊經書院刻本
一冊

510000－2741－0005870　5870

尚書大傳七卷　（漢）鄭玄註　王闓運補註
清光緒十二年（1886）成都尊經書院刻本
一冊

510000－2741－0005871　5871

尚書大傳七卷　（漢）鄭玄註　王闓運補註
清光緒十二年（1886）成都尊經書院刻本
一冊

510000－2741－0005872　5872

尚書大傳七卷　（漢）鄭玄註　王闓運補註
清光緒十二年（1886）成都尊經書院刻本
一冊

510000－2741－0005873　5873

尚書大傳七卷　（漢）鄭玄註　王闓運補註
清光緒十二年（1886）成都尊經書院刻本
一冊

510000－2741－0005874　5874

尚書大傳四卷　（漢）伏勝撰　（漢）鄭玄注
補遺一卷續補遺一卷考異一卷　（清）盧文弨
輯併撰　清光緒三年(1877)湖北崇文書局刻
本　一冊

510000－2741－0005875　5875

尚書十三卷附考證十三卷　（漢）孔安國注
清同治成都書局刻相臺五經本　二冊

510000－2741－0005876　5876

尚書地理今釋一卷　（清）蔣廷錫撰　清光緒
七年（1881）成都瀹雅齋刻本　一冊

510000－2741－0005877　5877

尚書二十八篇　（□）□□撰　清光緒九年
（1883）成都刻本　一冊

510000－2741－0005878　5878

尚書二十八篇　（□）□□撰　清光緒九年
（1883）成都刻本　一冊

510000－2741－0005879　5879

尚書二十八篇　（□）□□撰　清光緒九年
（1883）成都刻本　一冊

510000－2741－0005880　5880

尚書古文疏證八卷附朱子古文書疑一卷
（清）閻若璩撰　清嘉慶元年(1796)天津吳氏
刻本　十冊

510000－2741－0005881　5881

尚書古文疏證八卷附朱子古文書疑一卷
（清）閻若璩撰　清嘉慶元年(1796)天津吳氏
刻本　八冊

510000－2741－0005882　5882

尚書古文疏證八卷附朱子古文書疑一卷
（清）閻若璩撰　清乾隆眷息堂刻同治六年
(1867)錢塘汪氏振綺堂補刻本　八冊

510000－2741－0005883　5883

尚書古文疏證八卷附朱子古文書疑一卷
（清）閻若璩撰　清乾隆眷息堂刻同治六年
(1867)錢塘汪氏振綺堂補刻本　八冊

510000－2741－0005884　5884

尚書古文疏證八卷附朱子古文書疑一卷
（清）閻若璩撰　清乾隆眷息堂刻同治六年
(1867)錢塘汪氏振綺堂補刻本　八冊

510000－2741－0005885　5885

尚書古文疏證八卷附朱子古文書疑一卷
（清）閻若璩撰　清嘉慶元年(1796)天津吳氏
刻本　八冊

510000－2741－0005886　5886

尚書詁要四卷　（清）龍萬育輯　清道光五年

(1825)成都龍萬育敷文閣刻本　三册

510000－2741－0005887　5887

尚書後案三十卷尚書後辨一卷　（清）王鳴盛撰　清乾隆頤志堂刻本　八册

510000－2741－0005888　5888

尚書講義一卷　（清）黃家辰　（清）黃家岱撰　清光緒二十一年(1895)江蘇南菁講舍刻本　一册

510000－2741－0005889　5889

尚書孔傳參正三十六卷　（清）王先謙參正　清光緒三十年(1904)虛受堂刻本　六册

510000－2741－0005890　5890

尚書孔傳參正三十六卷　（清）王先謙參正　清光緒三十年(1904)虛受堂刻本　五册　缺二卷(五至六)

510000－2741－0005891　5891

尚書孔傳參正三十六卷　（清）王先謙參正　清光緒三十年(1904)虛受堂刻本　六册

510000－2741－0005892　5892

尚書啓幪五卷　（清）黃式三撰　清光緒十四年(1888)定海黃氏家塾刻本　四册

510000－2741－0005893　5893

尚書啓幪五卷　（清）黃式三撰　清光緒十四年(1888)定海黃氏家塾刻本　四册

510000－2741－0005894　5894

尚書詳解五十卷　（宋）陳經撰　清刻武英殿聚珍版叢書本　十二册

510000－2741－0005895　5895

尚書要義二十卷　（宋）魏了翁撰　清光緒十年(1884)江蘇書局本　六册

510000－2741－0005896　5896

尚書異讀考六卷　（清）趙佑撰　清乾隆刻清獻堂全編本　二册

510000－2741－0005897　5897

尚書質疑二卷　（清）趙佑撰　清乾隆刻清獻堂全編本　二册

510000－2741－0005898　5898

尚友錄二十二卷　（明）廖用賢輯　（清）張伯琮補輯　清康熙刻修補本　十二册

510000－2741－0005899　5899

少室山房筆叢四十八卷　（明）胡應麟撰　清光緒二十二年(1896)廣雅書局刻廣雅書局叢書本　六册

510000－2741－0005900　5900

少室山房筆叢四十八卷詩藪內編六卷外編八卷　（明）胡應麟撰　清光緒二十二年(1896)廣雅書局刻廣雅書局叢書本　十二册

510000－2741－0005901　5901

少微通鑑節要五十卷外紀四卷　（宋）江贄撰　**資治通鑑節要續編三十卷**　（明）張光啓撰　明正德九年(1514)司禮監刻本　四十册

510000－2741－0005902　5902

邵二泉先生分類集注杜詩二十三卷　（唐）杜甫撰　（明）邵寶集注　（明）過棟箋　清金陵讀書堂刻本　十六册

510000－2741－0005903　5903

邵氏聞見前錄二十卷後錄三十卷　（宋）邵伯溫撰　明毛氏汲古閣刻津逮秘書本　九册

510000－2741－0005904　5904

邵武徐氏叢書　（清）徐幹輯　清光緒邵武徐氏刻本　四十册

510000－2741－0005905　5905

邵武徐氏叢書　（清）徐幹輯　清光緒邵武徐氏刻民國六年(1917)浙江圖書館補修印本　四十册

510000－2741－0005906　5906

邵武徐氏叢書　（清）徐幹輯　清光緒邵武徐氏刻本　四十册

510000－2741－0005907　5907

邵武徐氏叢書　（清）徐幹輯　清光緒邵武徐氏刻本　三十七册

510000－2741－0005908　5908

邵子湘全集　（清）邵長蘅撰　清康熙青門草

四川大學圖書館古籍普查登記目録

堂刻光緒二十二年(1896)印本　十二冊

邵子湘全集　(清)邵長蘅撰　清康熙青門草
堂刻光緒二十二年(1896)印本　十二冊

510000－2741－0005910　5910

射洪縣鄉土志不分卷　(清)孫世奎纂　清末
抄本　一冊

510000－2741－0005911　5911

射山詩選一卷　(清)陸嘉淑著　清嘉慶十四
年(1809)海鹽張伯魁刻本　一冊

510000－2741－0005912　5912

身世金箴一卷　(清)蘗厓編　清光緒十三年
(1887)尊經書院刻本　一冊

510000－2741－0005913　5913

呻吟語六卷附錄一卷　(明)呂坤著　清光緒
南海羅氏成都冬青寄廬刻本　六冊

510000－2741－0005914　5914

呻吟語六卷附錄一卷　(明)呂坤著　清光緒
南海羅氏成都冬青寄廬刻本　六冊

510000－2741－0005915　5915

莘齋詩鈔七卷文鈔四卷詩餘一卷　(清)宦懋
庸撰　清光緒二十年(1894)川東道刻本　二
冊　缺二卷(文鈔一至二)

510000－2741－0005916　5916

深州風土記二十二卷附表五卷　(清)吳汝綸
撰　清光緒二十六年(1900)刻本　八冊

510000－2741－0005917　5917

神農本草備要醫方合編六卷　(清)汪昂輯
清刻本　六冊

510000－2741－0005918　5918

神農本草備要醫方合編六卷　(清)汪昂輯
清刻本　五冊　存五卷(一、三至六)

510000－2741－0005919　5919

神農本草備要醫方合編六卷　(清)汪昂輯
清刻本　六冊

510000－2741－0005920　5920

神農本草備要醫方合編六卷　(清)汪昂輯
清刻本　六冊

510000－2741－0005921　5921

神農本草經百種錄一卷　(清)徐大椿撰　清
刻本　一冊

510000－2741－0005922　5922

神農本草經讀四卷　(清)陳念祖著　清刻本
一冊　存二卷(一至二)

510000－2741－0005923　5923

神農本草三卷　(三國魏)吳普等述　清光緒
十一年(1885)尊經書院刻本　一冊

510000－2741－0005924　5924

神農本草三卷　(三國魏)吳普等述　清光緒
十一年(1885)尊經書院刻本　一冊

510000－2741－0005925　5925

神農本草三卷　(三國魏)吳普等述　清光緒
十一年(1885)尊經書院刻本　一冊

510000－2741－0005926　5926

神農本草三卷　(三國魏)吳普等述　清光緒
十一年(1885)尊經書院刻本　一冊

510000－2741－0005927　5927

神農本草三卷　(三國魏)吳普等述　清光緒
十一年(1885)尊經書院刻本　一冊

510000－2741－0005928　5928

神農本草三卷　(三國魏)吳普等述　清光緒
十一年(1885)尊經書院刻本　一冊

510000－2741－0005929　5929

神州國光集六集　(清)鄧實輯錄　清光緒三
十四年至民國八年(1908－1919)上海神州國
光社影印本　六冊

510000－2741－0005930　5930

沈歸愚詩文全集　(清)沈德潛撰　清乾隆教
忠堂刻本　二十冊

510000－2741－0005931　5931

沈氏經學六種　(清)沈淑撰　清光緒八年
(1882)虞山鮑氏後知不足齋刻本　七冊

四川大學圖書館古籍普查登記目錄

510000－2741－0005932　5932

沈氏三先生文集　（宋）□□輯　清光緒二年
(1876)浙江書局刻本　十冊

510000－2741－0005933　5933

沈氏尊生書五種　（清）沈金鰲撰　清同治十
三年(1874)湖北崇文書局刻本　十一冊

510000－2741－0005934　5934

沈氏尊生書六卷　（清）沈金鰲撰　清刻本
二冊

510000－2741－0005935　5935

沈文肅公政書七卷首一卷　（清）沈葆楨撰
清光緒六年(1880)吳門節署刻本　十二冊

510000－2741－0005936　5936

沈文肅公政書七卷首一卷　（清）沈葆楨撰
清光緒六年(1880)吳門節署刻本　一冊　存
二卷(一、首一卷)

510000－2741－0005937　5937

沈文肅公政書七卷首一卷　（清）沈葆楨撰
清光緒六年(1880)吳門節署刻本　十二冊

510000－2741－0005938　5938

沈文忠集十卷附文忠公自訂年譜一卷　（清）
沈兆霖撰　清同治刻本　四冊

510000－2741－0005939　5939

審音鑒古録　（□）□□撰　清道光十四年
(1834)王繼善刻本　十冊

510000－2741－0005940　5940

慎鸞交傳奇二卷　（清）李漁撰　清刻本
二冊

510000－2741－0005941　5941

慎其餘齋文集二十卷　（清）王贈芳撰　清咸
豐四年(1854)留香書屋刻本　六冊

510000－2741－0005942　5942

慎始基齋叢書　（清）盧靖輯　清光緒沔陽盧
氏刻民國十二年(1923)彙印本　八冊

510000－2741－0005943　5943

慎疾雛言一卷神農本草經百種録一卷　（清）
徐大椿撰　清刻本　一冊

510000－2741－0005944　5944

慎其餘齋文集二十卷　（清）王贈芳撰　清咸
豐四年(1854)留香書屋刻本　六冊

510000－2741－0005945　5945

升菴全蜀藝文志六十四卷首一卷　（明）楊慎
輯　清末刻本　十六冊

510000－2741－0005946　5946

升菴外集一百卷　（明）楊慎著　（明）焦竑編
清道光二十四年(1844)毘陵張奉書刻本
十八冊　存五十九卷(三至五十三、五十八至
五十九、九十五至一百)

510000－2741－0005947　5947

升菴外集一百卷　（明）楊慎著　（明）焦竑編
清道光二十四年(1844)毘陵張奉書刻本
三十二冊

510000－2741－0005948　5948

升菴外集一百卷　（明）楊慎著　（明）焦竑編
清道光二十四年(1844)毘陵張奉書刻本
二十四冊

510000－2741－0005949　5949

升菴外集一百卷　（明）楊慎著　（明）焦竑編
清道光二十四年(1844)毘陵張奉書刻本
二十四冊

510000－2741－0005950　5950

升菴外集一百卷　（明）楊慎著　（明）焦竑編
清道光二十四年(1844)毘陵張奉書刻本
二十四冊

510000－2741－0005951　5951

升菴外集一百卷　（明）楊慎著　（明）焦竑編
清道光二十四年(1844)毘陵張奉書刻本
二十四冊

510000－2741－0005952　5952

升菴外集一百卷　（明）楊慎著　（明）焦竑編
清道光二十四年(1844)毘陵張奉書刻本
二十四冊

510000－2741－0005953　5953

升菴外集一百卷　（明）楊慎著　（明）焦竑編

四川大學圖書館古籍普查登記目録

清道光二十四年(1844)毘陵張奉書刻本
二十四冊

510000－2741－0005954　5954
笙月詞五卷花影詞一卷 （清）王詒壽撰　清
同治十一年(1872)杭州刻本　一冊

510000－2741－0005955　5955
聲調三譜四卷 （清）王祖源等編　清光緒福
山王氏刻天壤閣叢書本　二冊

510000－2741－0005956　5956
聲調四譜圖說十二卷首一卷末一卷 （清）董
文渙編輯　清同治三年(1864)洪洞董氏刻本
六冊

510000－2741－0005957　5957
聲律啓蒙撮要二卷 （清）聶銑敏重訂 （清）
車萬育著 （清）夏大觀箋　清光緒九年
(1883)墨耕堂刻本　一冊

510000－2741－0005958　5958
聲律啓蒙撮要二卷 （清）聶銑敏重訂 （清）
車萬育著 （清）夏大觀箋　清光緒九年
(1883)墨耕堂刻本　一冊

510000－2741－0005959　5959
聲律通考十卷 （清）陳澧撰　清咸豐富文齋
刻本　二冊

510000－2741－0005960　5960
聲譜二卷 （清）單父時學　清光緒十八年
(1892)河南星使行臺刻本　二冊

510000－2741－0005961　5961
聲說二卷 （清）單父時學　清光緒十八年
(1892)河南星使行臺刻本　二冊

510000－2741－0005962　5962
聲學八卷 （英國）田大里著 （英國）傅蘭雅
口譯 （清）徐建寅筆述　清末江南製造總局
刻本　二冊

510000－2741－0005963　5963
聲學八卷 （英國）田大里著 （英國）傅蘭雅
口譯 （清）徐建寅筆述　清末江南製造總局
刻本　二冊

510000－2741－0005964　5964
聲學八卷 （英國）田大里著 （英國）傅蘭雅
口譯 （清）徐建寅筆述　清末江南製造總局
刻本　二冊

510000－2741－0005965　5965
聲學八卷 （英國）田大里著 （英國）傅蘭雅
口譯 （清）徐建寅筆述　清末江南製造總局
刻本　一冊　存四卷(一至四)

510000－2741－0005966　5966
聲學八卷 （英國）田大里著 （英國）傅蘭雅
口譯 （清）徐建寅筆述　清末江南製造總局
刻本　一冊　存四卷(一至四)

510000－2741－0005967　5967
繩鄉紀略不分卷 （清）張邦伸纂　清稿本
四冊

510000－2741－0005968　5968
省吾堂四種 （清）蔣光弼輯　清常熟蔣氏省
吾堂刻本　十冊

510000－2741－0005969　5969
省軒考古類編六卷 （清）柴紹炳選　清道光
五年(1825)刻本　三冊

510000－2741－0005970　5970
省軒考古類編十二卷 （清）柴紹炳撰　清雍
正四年(1726)澹成堂刻本　六冊

510000－2741－0005971　5971
省齋全集十二卷 （清）牛樹梅撰　清同治十
三年(1874)蓉城刻本　六冊

510000－2741－0005972　5972
盛京典制備考八卷首一卷 （清）崇厚編　清
光緒四年(1878)刻本　六冊

510000－2741－0005973　5973
盛京通志四十八卷首一卷 （清）呂耀曾等修
（清）雷以誠等校補　清咸豐二年(1852)刻
本　二十冊

510000－2741－0005974　5974
盛世危言十四卷 （清）鄭觀應著　清光緒二
十三年(1897)成都刻本　十冊

四川大學圖書館古籍普查登記目錄

510000－2741－0005975　5975

盛世危言十四卷　（清）鄭觀應著　清光緒二十一年(1895)鉛印本　八冊

510000－2741－0005976　5976

盛唐彙詩一百二十四卷詩人氏系履歷一卷目録二十二卷　（明）吳勉學輯　（明）江湛之校訂　明萬曆三十二年(1604)吳勉學刻四唐彙詩本　十六冊

510000－2741－0005977　5977

勝朝殉揚録三卷　（清）劉寶楠撰　清同治十年(1871)淮南書局刻本　二冊

510000－2741－0005978　5978

勝朝殉揚録三卷　（清）劉寶楠撰　清同治十年(1871)淮南書局刻本　二冊

510000－2741－0005979　5979

勝朝殉揚録三卷　（清）劉寶楠撰　清同治十年(1871)淮南書局刻本　二冊

510000－2741－0005980　5980

聖道代興不分卷　（美國）貝德禮撰　清光緒二十七年(1901)廣學會鉛印本　一冊

510000－2741－0005981　5981

聖跡圖不分卷　（明）張應登增補　明萬曆刻本　一冊

510000－2741－0005982　5982

聖濟總録二百卷　（宋）徽宗趙佶等撰　清乾隆汪氏燕遠堂刻本（卷四十四至四十五、五十二至五十四、七十二至七十三、一百七至一百九、一百十三至一百十五、一百八十八至一百九十為鈔配）　八十四冊　存一百九十七卷（一至一百九十四、一百九十六至一百九十八）

510000－2741－0005983　5983

聖教史記三卷附中西人地表一卷　（美國）謝衛樓纂　清光緒二十九年(1903)上海美華書館鉛印本　三冊

510000－2741－0005984　5984

聖廟祀典圖考五卷首一卷孔子聖跡圖一卷孟子聖跡圖一卷　（清）顧沅輯　清道光六年(1826)刻本　六冊

510000－2741－0005985　5985

聖廟儀注不分卷　（清）劉心農輯録　清光緒十年(1884)刻本　一冊

510000－2741－0005986　5986

聖廟儀注不分卷　（清）劉心農輯録　清光緒十年(1884)刻本　一冊

510000－2741－0005987　5987

聖廟儀注不分卷　（清）劉心農輯録　清光緒十年(1884)刻本　一冊

510000－2741－0005988　5988

聖宋文選全集三十二卷　（宋）□□撰　清光緒八年(1882)郯城于氏影宋刻本　八冊

510000－2741－0005989　5989

聖宋文選全集三十二卷　（宋）□□撰　清光緒八年(1882)郯城于氏影宋刻本　六冊

510000－2741－0005990　5990

聖宋文選全集三十二卷　（宋）□□撰　清光緒八年(1882)郯城于氏影宋刻本　六冊

510000－2741－0005991　5991

聖嘆秘書七種　（清）金人瑞撰　清光緒三十一年(1905)上海翰墨林書局鉛印本　一冊

510000－2741－0005992　5992

聖嘆秘書七種　（清）金人瑞撰　清光緒三十一年(1905)上海翰墨林書局鉛印本　一冊

510000－2741－0005993　5993

聖武記十四卷　（清）魏源撰　清道光二十六年(1846)古微堂刻本　十二冊

510000－2741－0005994　5994

聖武記十四卷　（清）魏源撰　清道光二十四年(1844)京都琉璃廠刻本　十冊

510000－2741－0005995　5995

聖武記十四卷　（清）魏源撰　清光緒五年(1879)刻本　九冊　缺一卷(八)

510000－2741－0005996　5996

四川大學圖書館古籍普查登記目録

聖武記十四卷　（清）魏源撰　清刻本　九冊
缺一卷(一)

510000－2741－0005997　5997

聖武記十四卷　（清）魏源撰　清道光二十六年(1846)古微堂刻本　六冊

510000－2741－0005998　5998

聖賢高士傳贊一卷　（清）嚴可均校輯　清光緒二十八年(1902)大關唐氏怡蘭堂刻本　一冊

510000－2741－0005999　5999

聖賢像贊四卷附明御製孝子傳一卷　（清）□□輯　清同治十二年(1873)四川渠縣學署刻本　四冊

510000－2741－0006000　6000

聖學宗傳十八卷　（明）周汝登撰　明萬曆刻本　八冊

510000－2741－0006001　6001

聖域述聞二十八卷　（清）黃本驥編　（清）龍光甸修　（清）黃宅中重訂　（清）王燕堂增刊　清咸豐二年(1852)刻本　二冊

510000－2741－0006002　6002

聖諭廣訓一卷　（清）□□輯　清光緒二十六年(1900)刻本　一冊

510000－2741－0006003　6003

聖諭像解二十卷　（清）梁延年編輯　清咸豐六年(1856)廣州味經堂書坊刻本　十冊

510000－2741－0006004　6004

聖諭像解二十卷　（清）梁延年編輯原本　清光緒二十八年(1902)石印本　十冊

510000－2741－0006005　6005

聖祖仁皇帝聖訓六十卷　（清）聖祖玄燁撰　清刻本　十二冊

510000－2741－0006006　6006

聖祖仁皇帝庭訓格言一卷　（清）聖祖玄燁撰　清光緒十五年(1889)四川鹽務總局刻本　一冊

510000－2741－0006007　6007

尸子二卷　（周）尸佼撰　清光緒十五年(1889)湘鄉蔣氏龍安郡署刻求實齋叢書本　一冊

510000－2741－0006008　6008

尸子二卷存疑一卷　（周）尸佼撰　（清）汪繼培輯　清光緒二十一年(1895)刻本　二冊

510000－2741－0006009　6009

失血大法一卷存疑一卷　（清）楊鳳庭撰　（清）劉楨文參訂　清末刻本　一冊

510000－2741－0006010　6010

施愚山先生全集六種九十六卷　（清）施閏章撰　清康熙四十七年(1708)曹棟亭刻乾隆施企曾等續刻本　二十冊

510000－2741－0006011　6011

施愚山先生全集六種九十六卷　（清）施閏章撰　清康熙四十七年(1708)曹棟亭刻乾隆施企曾等續刻本　二十冊

510000－2741－0006012　6012

施愚山先生學餘文集二十八卷　（清）施閏章撰　清康熙四十七年(1708)曹棟亭刻乾隆施企曾等續刻本　六冊

510000－2741－0006013　6013

施注蘇詩四十二卷總目二卷　（宋）蘇軾撰　（清）邵長蘅　（清）顧嗣立　（清）宋至刪補　蘇詩續補遺補註二卷　（清）馮景補注　清刻本　十六冊

510000－2741－0006014　6014

施注蘇詩四十二卷總目二卷　（宋）蘇軾撰　（清）邵長蘅　（清）顧嗣立　（清）宋至刪補　蘇詩續補遺補註二卷　（清）馮景補註　王注正訛一卷　（清）邵長衡撰　東坡先生年譜一卷　（宋）王宗稷撰　清刻本　十二冊

510000－2741－0006015　6015

施注蘇詩四十二卷總目二卷　（宋）蘇軾撰　（清）邵長蘅　（清）顧嗣立　（清）宋至刪補　蘇詩續補遺補注二卷　（清）馮景補註　王注正訛一卷　（清）邵長蘅撰　東坡先生年譜一卷　（宋）王宗稷撰　清康熙三十八年

四川大學圖書館古籍普查登記目錄

(1699)宋犖刻本　八冊

510000－2741－0006016　6016

施注蘇詩四十二卷總目二卷　(宋)蘇軾撰
(清)邵長蘅　(清)顧嗣立　(清)宋至刪補
　蘇詩續補遺補註二卷　(清)馮景補註　**王**
注正訛一卷　(清)邵長蘅撰　**東坡先生年譜**
一卷　(宋)王宗稷撰　清康熙三十八年
(1699)宋犖刻本　十冊

510000－2741－0006017　6017

師伏堂叢書　(清)皮錫瑞撰　清光緒善化皮
氏刻本　四十冊

510000－2741－0006018　6018

師伏堂詩草二卷駢文四卷　(清)皮錫瑞撰
清光緒三十年(1904)刻本　三冊

510000－2741－0006019　6019

師儉齋詩鈔□□卷　(清)蕭望崧著　清光緒
二十九年(1903)刻本　一冊　存一卷(上)

510000－2741－0006020　6020

師鑒五卷　(清)李庚乾輯　清光緒二十六年
(1900)成都刻本　二冊

510000－2741－0006021　6021

師嗇軒遺詩一卷家傳一卷　(清)敖貢賢撰
清光緒三十一年(1905)刻本　一冊

510000－2741－0006022　6022

師友雅言一卷　(宋)魏了翁撰　清刻本
一冊

510000－2741－0006023　6023

師鄭堂集六卷　(清)孫同康譔　清光緒十七
年(1891)無錫文苑閣木活字印本　四冊

510000－2741－0006024　6024

師鄭堂集六卷　(清)孫同康譔　清光緒十七
年(1891)無錫文苑閣木活字印本　四冊

510000－2741－0006025　6025

師竹山房遺稾一卷　(清)張德昇著　清光緒
十四年(1888)刻本　一冊

510000－2741－0006026　6026

詩比興箋四卷　(清)陳沆譔　清光緒九年

(1883)長州彭祖賢武昌刻本　四冊

510000－2741－0006027　6027

詩岑二十二卷　(清)朱庭柏　(清)楊梓等輯
清康熙積鳳樓刻本　四冊　存七卷(一至
七)

510000－2741－0006028　6028

詩法萃編十五卷　(清)許印芳選抄並校刊
清光緒二十一年(1895)樸學齋刻本　十冊

510000－2741－0006029　6029

詩古微上編三卷中編十卷下編二卷首一卷
(清)魏源輯　清光緒十一年(1885)楊守敬黃
岡學署刻本　八冊

510000－2741－0006030　6030

詩鵠約編十二卷　(清)王維峯　(清)王繩祖
編　清光緒八年(1882)東湖草堂刻本　十一
冊　缺一卷(上編下)

510000－2741－0006031　6031

詩緝三十六卷　(宋)嚴粲撰　清嘉慶十五年
(1810)谿上聽彝堂刻本　十二冊

510000－2741－0006032　6032

詩緝三十六卷　(宋)嚴燦撰　清嘉慶十五年
(1810)谿上聽彝堂刻本　十冊

510000－2741－0006033　6033

詩集傳音釋二十卷詩序一卷　(宋)朱熹集傳
　(元)許謙音釋　(元)羅復纂輯　**校勘札記**
一卷　(清)蔣光煦撰　清咸豐五年至七年
(1855－1857)海昌蔣氏衍芬草堂刻本　六冊

510000－2741－0006034　6034

詩紀一百三十卷前集十卷外集四卷別集十二
卷　(明)馮惟訥輯　明嘉靖三十九年(1560)
甄敬刻本　六十冊　存一百四十六卷(詩紀
一百三十卷、外集四卷、別集十二卷)

510000－2741－0006035　6035

詩紀一百三十卷前集十卷外集四卷別集十二
卷　(明)馮惟訥輯　明嘉靖三十九年(1560)
甄敬刻本　四十冊

510000－2741－0006036　6036

四川大學圖書館古籍普查登記目録

詩經八卷　（宋）朱熹集傳　清同治七年(1868)楚北崇文書局刻本　四冊

510000－2741－0006037　6037

詩經初學讀本一卷　（清）萬廷蘭編　清刻本　一冊

510000－2741－0006038　6038

詩經詁要六卷　（清）龍萬育輯　清道光八年(1828)成都龍萬育敷文閣刻本　五冊

510000－2741－0006039　6039

詩經恒解六卷　（清）劉沅撰　清末豫誠堂刻本　六冊

510000－2741－0006040　6040

詩經世本古義二十五卷首一卷後一卷　（明）何楷撰　清嘉慶嘉興周秉仁書三味齋刻本(首冊鈔配)　三十二冊

510000－2741－0006041　6041

詩經音義約編十卷首一卷　（清）戴元裔輯　清咸豐元年(1851)刻本　八冊　存八卷(一至八)

510000－2741－0006042　6042

詩林韶濩二十卷　（清）顧嗣立類選　清康熙弘文書屋刻本　十二冊

510000－2741－0006043　6043

詩林韶濩選二十卷　（清）顧嗣立原本　（清）周煌重選　清乾隆二十九年(1764)漱潤堂刻本　六冊

510000－2741－0006044　6044

詩倫二卷　（清）汪薇輯　清康熙五十六年(1717)寒木堂刻本　四冊

510000－2741－0006045　6045

詩牌彙鈔一卷　（清）馮朝楨等撰　清光緒十二年(1886)刻本　一冊

510000－2741－0006046　6046

詩人玉屑二十卷　（宋）魏慶之輯　清康熙處順堂刻本　四冊

510000－2741－0006047　6047

詩藪內篇六卷外篇六卷續編二卷雜篇六卷　（明）胡應麟撰　明萬曆四十六年(1618)江湛然刻少室山房四集本　六冊　存六卷(內篇六卷)

510000－2741－0006048　6048

詩所八卷　（清）李光地撰　清雍正六年(1728)刻本　八冊

510000－2741－0006049　6049

詩問七卷　（清）郝懿行撰　清光緒八年(1882)東路廳署刻本　六冊

510000－2741－0006050　6050

詩細十卷首一卷續一卷　（清）趙佑撰　清乾隆刻清獻堂全編本　六冊

510000－2741－0006051　6051

詩選三卷　（明）許少華輯　明嘉靖六年(1527)劉士元刻本　三冊

510000－2741－0006052　6052

詩學含英十四卷　（清）劉文蔚輯　清刻本　四冊

510000－2741－0006053　6053

詩義標準一百十四卷首一卷　（清）王錫光撰集　清宣統虛受堂刻本　五十冊　存一百七卷(一至六十七、七十六至一百十四,首一卷)

510000－2741－0006054　6054

詩餘偶鈔六卷　（清）王先謙編　清光緒十六年(1890)長沙王氏刻本　一冊

510000－2741－0006055　6055

詩緣前編四卷詩緣正編十卷　（清）王增祺輯　清光緒十六年(1890)韓城刻本　八冊

510000－2741－0006056　6056

詩緣前編續四卷詩緣正編續十卷　（清）王增祺輯　清光緒二十八年(1902)成都聊園刻本　四冊

510000－2741－0006057　6057

詩緣前編續四卷詩緣正編續十卷　（清）王增祺輯　清光緒二十八年(1902)成都聊園刻本　四冊

510000－2741－0006058　6058

四川大學圖書館古籍普查登記目録

詩緣正編十卷 （清）王增祺輯 清光緒十六年(1890)刻本 三冊

510000－2741－0006059 6059

詩韻合璧五卷 （清）湯文潞輯 （清）潘維城輯 清光緒六年(1880)刻本 五冊

510000－2741－0006060 6060

詩韻合璧五卷附虛字韻藪一卷 （清）湯文潞編 清光緒四年(1878)上海淞隱閣鉛印本 五冊

510000－2741－0006061 6061

詩韻合璧五卷附虛字韻藪一卷 （清）湯文潞編 清光緒四年(1878)上海淞隱閣鉛印本 四冊 缺一卷(四)

510000－2741－0006062 6062

詩韻集成不分卷 （清）余照輯 詞林典腋一卷 清光緒二十九年(1903)上海錦章圖書局石印本 二冊

510000－2741－0006063 6063

詩韻集成十卷 （清）余照輯 詞林典腋一卷 清刻本 四冊

510000－2741－0006064 6064

詩韻集成題考合刻十卷首一卷 （清）余照輯 （清）王文淵合編 （清）一適主人編次 清光緒十四年(1888)新都魏氏古香閣刻本 十冊

510000－2741－0006065 6065

詩韻集成題考合刻十卷首一卷 （清）余照輯 （清）王文淵合編 （清）一適主人編次 清光緒十四年(1888)新都魏氏古香閣刻本 十冊

510000－2741－0006066 6066

詩韻珠璣五卷 （清）余照輯 清嘉慶五年(1800)一枝山房刻本 四冊

510000－2741－0006067 6067

十八家詩鈔二十八卷首一卷 （清）曾國藩纂 清同治十三年(1874)傳忠書局刻本 二十八冊

510000－2741－0006068 6068

十八空論一卷 （陳）釋眞諦譯 百論二卷 (後秦)鳩摩羅什譯 廣百論一卷 （唐）釋玄奘譯 清宣統三年(1911)揚州張肇昌刻本 一冊

510000－2741－0006069 6069

十朝東華錄 （清）王先謙編 清光緒二十年(1894)上海積山書局石印本 六十四冊

510000－2741－0006070 6070

十朝聖訓 （□）□□輯 清末石印本 五十六冊 存五百二十二卷(太祖高皇帝聖訓一至四、太宗文皇帝聖訓一至六、世祖章皇帝聖訓一至六、聖祖仁皇帝聖訓一至六十、世宗憲皇帝聖訓一至三十六、高宗純皇帝聖訓一至三百、仁宗睿皇帝聖訓一至一百十)

510000－2741－0006071 6071

十二硯齋金石過眼錄十八卷續錄六卷 （清）汪鋆撰 清光緒元年(1875)刻民國二十年(1931)揚州陳恒和書林補刻本 八冊

510000－2741－0006072 6072

十國春秋一百十六卷 （清）吳任臣撰 清乾隆五十八年(1793)此宜閣刻本 十八冊

510000－2741－0006073 6073

十國春秋一百十六卷 （清）吳任臣撰 清乾隆五十八年(1793)此宜閣刻本 二十四冊

510000－2741－0006074 6074

十國春秋一百十六卷 （清）吳任臣撰 清乾隆五十八年(1793)此宜閣刻本 十五冊 存一百六卷(一至八十九、一百至一百十六)

510000－2741－0006075 6075

十國春秋一百十六卷 （清）吳任臣撰 清乾隆五十八年(1793)此宜閣刻本 十七冊 存七十二卷(八至二十、五十八至一百十六)

510000－2741－0006076 6076

十國雜事詩十七卷敘目二卷 （清）饒智元撰 清光緒十七年(1891)竹素齋刻本 四冊

510000－2741－0006077 6077

四川大學圖書館古籍普查登記目錄

十笏山房詩鈔五卷 （清）張懷溥著 清道光四年（1824）刻本 四冊

510000－2741－0006078 6078
十笏山房詩鈔五卷 （清）張懷溥著 清道光四年（1824）刻本 一冊 存三卷（一至三）

510000－2741－0006079 6079
十駕齋養新録二十卷餘録三卷 （清）錢大昕著 清嘉慶十年（1805）刻道光二十年（1840）重修印本 五冊 缺三卷（十駕齋養新録一至三）

510000－2741－0006080 6080
十駕齋養新録二十卷餘録三卷 （清）錢大昕撰 錢辛楣先生年譜一卷 清光緒二年（1876）浙江書局刻 八冊

510000－2741－0006081 6081
十駕齋養新録二十卷餘録三卷 （清）錢大昕撰 錢辛楣先生年譜一卷 清光緒二年（1876）浙江書局刻 八冊

510000－2741－0006082 6082
十駕齋養新録二十卷餘録三卷 （清）錢大昕撰 錢辛楣先生年譜一卷 清光緒二年（1876）浙江書局刻 八冊

510000－2741－0006083 6083
十經齋文集四卷 （清）沈濤撰 清道光二十四年（1844）刻本 四冊

510000－2741－0006084 6084
十九世紀歐洲政治史論一卷 （日本）酒井雄三郎著 （清）華文祺譯 清光緒二十八年（1902）教育世界出版所鉛印本 一冊

510000－2741－0006085 6085
十科策略箋釋十卷 （明）劉定之撰 呆齋公年譜一卷 （清）劉作梁撰 清雍正四年（1726）刻本 十冊

510000－2741－0006086 6086
十六國春秋一百卷 （北魏）崔鴻撰 （清）汪日桂重訂 清光緒十二年（1886）武昌湖北官書處刻本 八冊

510000－2741－0006087 6087
十六國春秋一百卷 （北魏）崔鴻撰 （清）汪日桂重訂 清竹素山房刻本 二十四冊

510000－2741－0006088 6088
十六國春秋一百卷 （北魏）崔鴻撰 （清）汪日桂重訂 清乾隆四十六年（1781）汪日桂欣托山房刻本 二十冊

510000－2741－0006089 6089
十六國疆域志十六卷 （清）洪亮吉撰 清光緒四年（1878）授經堂刻本 六冊

510000－2741－0006090 6090
十七史商榷一百卷 （清）王鳴盛述 清光緒六年（1880）太原王氏刻本 二十四冊

510000－2741－0006091 6091
十七史商榷一百卷 （清）王鳴盛述 清光緒六年（1880）太原王氏刻本 十五冊 存四十六卷（五十五至一百）

510000－2741－0006092 6092
十七史商榷一百卷 （清）王鳴盛述 清刻本 二十四冊

510000－2741－0006093 6093
十七史商榷一百卷 （清）王鳴盛述 清乾隆五十二年（1787）洞涇草堂刻本 二十四冊

510000－2741－0006094 6094
十七史商榷一百卷 （清）王鳴盛述 清光緒十九年（1893）廣雅書局刻本 十四冊

510000－2741－0006095 6095
十七史一千五百七十四卷 （明）毛晉編 明崇禎元年至十七年（1628－1644）毛氏汲古閣刻清修補印本 二百三十八冊 存一千一百十八卷（後漢書列傳四十至九十、志一至三，晉書一至二十、三十至八十二、九十六至一百三十，宋書一至十七、七十三至九十五，南齊書一至四十二、四十九至五十九，梁書五十六卷，陳書一至三十六，魏書一至一百十四，周書五十卷，北齊書五十卷，隋書八十五卷，北史一至九十七，南史八十卷，新唐書二百二十五卷，五代史七十四卷）

四川大學圖書館古籍普查登記目録

510000 – 2741 – 0006096　6096

十三峰書屋墨跡　（清）李榕撰　清末寫本
一冊

510000 – 2741 – 0006097　6097

十三峰書屋全集九卷　（清）李榕著　（清）楊
肇瑩編輯　清光緒十六年（1890）龍州書局刻
本　八冊

510000 – 2741 – 0006098　6098

十三峰書屋全集九卷　（清）李榕著　（清）楊
肇瑩編輯　清光緒十六年（1890）龍州書局刻
本　八冊

510000 – 2741 – 0006099　6099

十三峰書屋書札四卷　（清）李榕撰　清宣統
三年（1911）成都志古堂刻本　四冊

510000 – 2741 – 0006100　6100

十三峰書屋書札四卷　（清）李榕撰　清宣統
三年（1911）成都志古堂刻本　四冊

510000 – 2741 – 0006101　6101

十一經初學讀本　（清）萬廷蘭編　清光緒二
年（1876）四川學院衙門刻民國四川大學附設
存古書局印本　二十冊

510000 – 2741 – 0006102　6102

十三經古注　（明）金蟠　（明）葛鼐校訂　明
崇禎十二年（1639）永懷堂刻清同治八年
（1869）浙江書局校修印本　四十三冊

510000 – 2741 – 0006103　6103

十三經古注　（明）金蟠　（明）葛鼐校訂　明
崇禎十二年（1639）永懷堂刻清同治八年
（1869）浙江書局校修印本　四十冊

510000 – 2741 – 0006104　6104

十三經札記　（清）朱亦棟學　清光緒四年
（1878）武林竹簡齋刻本　八冊

510000 – 2741 – 0006105　6105

十三經札記　（清）朱亦棟學　清光緒四年
（1878）武林竹簡齋刻本　六冊

510000 – 2741 – 0006106　6106

十三經札記　（清）朱亦棟學　清光緒四年

（1878）武林竹簡齋刻本　五冊

510000 – 2741 – 0006107　6107

十三經註疏　（□）□□輯　明崇禎元年至十
二年（1628 – 1639）毛氏汲古閣刻本　六十一
冊　存一百六卷（尚書註疏一至二十、毛詩註
疏十至二十、周禮註疏一至四十、春秋公羊注
疏六至十一、論語註疏解經五至八、爾雅註疏
一至十一、孟子註疏解經一至十四）

510000 – 2741 – 0006108　6108

十三經註疏　（□）□□輯　明崇禎元年至十
二年（1628 – 1639）毛氏汲古閣刻清乾隆四十
年（1775）補刻本　一百二十冊

510000 – 2741 – 0006109　6109

十三經註疏　（□）□□輯　清刻本　六十三
冊　存一百五十四卷（尚書註疏九至十三，周
禮註疏四十一至四十二，儀禮註疏二至十二，
禮記註疏一至六、四十八至六十三，左傳註疏
五至九、四十三至六十，公羊註疏一至八、十
二至二十八，穀梁傳註疏一至九、十三至二
十，孝經註疏一至八，論語註疏一至十、十五
至二十，孟子註疏一至十四、爾雅一至十一）

510000 – 2741 – 0006110　6110

十三經註疏　（□）□□輯　清同治十年
（1871）廣東書局刻本　九十九冊　缺三種七
十三卷（周禮註疏四十二卷、爾雅註疏十一
卷、論語註疏二十卷）

510000 – 2741 – 0006111　6111

十三經註疏附校勘記　（□）□□輯　清光緒
十八年（1892）湖北南寶慶務本書局刻本　二
十五冊　存四十二卷（周易正義一至九、尚書
正義一至三、毛詩註疏一至二十四、周禮註疏
一至六）

510000 – 2741 – 0006112　6112

十三經註疏附校勘記　（□）□□輯　清光緒
十三年（1887）點石齋石印本　二十四冊

510000 – 2741 – 0006113　6113

十三經註疏附校勘記　（□）□□輯　清嘉慶
二十年（1815）江西南昌府學刻本　八十八冊

四川大學圖書館古籍普查登記目錄

存二百二十三卷(周易正義三至九,尚書正義六至二十,毛詩正義二至四、六至十五,周禮註疏四至二十、二十五至三十二、四十至四十二,儀禮註疏一至十二、十七至四十六,春秋左傳正義一至五十七,春秋公羊註疏二十八卷,春秋穀梁註疏一至十,孝經註疏九卷,孟子註疏解經十四卷)

510000－2741－0006114　6114

十三經註疏附校勘記　(□)□□輯　清嘉慶二十年(1815)江西南昌府學刻本　二十冊
存五十九卷(周易正義一、七至九,尚書註疏一至二、九至十四、十七至十八,禮記註疏四十三至四十六、五十三至五十九,毛詩註疏九、十三至十四、十七至十九,公羊註疏一至九、十五至二十七,論語註疏七至十二)

510000－2741－0006115　6115

十三經註疏附校勘記　(□)□□輯　清嘉慶二十年(1815)江西南昌府學刻本　四冊　存二十卷(論語註疏一至二十)

510000－2741－0006116　6116

十萬卷樓叢書五十一種　(清)陸心源編　清光緒歸安陸氏刻本　一百十二冊

510000－2741－0006117　6117

十一經初學讀本　(清)萬廷蘭編　清光緒二年(1876)四川學院衙門刻本　二十四冊　存一百一卷(書經初學讀本一至二、詩經初學讀本一至五、周禮初學讀本一至六、儀禮初學讀本一至十七、禮記初學讀本一至四十九、春秋左傳初學讀本一至十二、公羊傳初學讀本一至四、穀梁傳初學讀本一至四、爾雅初學讀本一、孝經初學讀本一)

510000－2741－0006118　6118

十一經初學讀本　(清)萬廷蘭編　清光緒二年(1876)四川學院衙門刻本　十四冊

510000－2741－0006119　6119

十一經音訓　(清)楊國楨撰　清道光十年(1830)大樑書院刻本　二十六冊

510000－2741－0006120　6120

十種古逸書　(清)茆泮林輯　清道光十四年(1834)梅瑞軒刻本　八冊

510000－2741－0006121　6121

十子全書　(清)浙江書局編　清光緒元年至三年(1875－1877)浙江書局刻本　三十四冊

510000－2741－0006122　6122

十子全書　(清)王子興編　清嘉慶九年(1804)姑蘇王氏聚文堂刻本　三十四冊

510000－2741－0006123　6123

十子全書　(清)王子興編　清嘉慶九年(1804)姑蘇王氏聚文堂刻本　四十冊

510000－2741－0006124　6124

石鼓文定本十卷地名考一卷　(清)古華山農(沈梧)述　清光緒十六年(1890)古華山館刻本　四冊

510000－2741－0006125　6125

石鼓文釋存一卷補注一卷　(清)張燕昌述　清光緒二十八年(1902)貴池劉氏刻本　一冊

510000－2741－0006126　6126

石鼓文釋存一卷補注一卷　(清)張燕昌述　清光緒二十八年(1902)貴池劉氏刻本　一冊

510000－2741－0006127　6127

石經彙函　(清)王秉恩輯　清光緒華陽王氏元尚居刻十六年(1890)四川尊經書局印本　八冊

510000－2741－0006128　6128

石經彙函　(清)王秉恩輯　清光緒華陽王氏元尚居刻十六年(1890)四川尊經書局印本　十六冊

510000－2741－0006129　6129

石經彙函　(清)王秉恩輯　清光緒華陽王氏元尚居刻十六年(1890)四川尊經書局印本　十五冊　存八種四十卷(石經考一卷、石經考異二卷、漢石經殘字考一卷、魏三體石經遺字考一卷、唐石經校文十卷、石經考文提要十三卷、石經補考十一卷、儀禮石經校勘記四)

510000－2741－0006130　6130

四川大學圖書館古籍普查登記目録

石經彙函 （清）王秉恩輯 清光緒華陽王氏元尚居刻十六年(1890)四川尊經書局印本 十六冊

510000－2741－0006131 6131

石經彙函 （清）王秉恩輯 清光緒華陽王氏元尚居刻十六年(1890)四川尊經書局印本 十六冊

510000－2741－0006132 6132

石經彙函 （清）王秉恩輯 清光緒華陽王氏元尚居刻十六年(1890)四川尊經書局印本 十六冊

510000－2741－0006133 6133

石經彙函 （清）王秉恩輯 清光緒華陽王氏元尚居刻十六年(1890)四川尊經書局印本 十六冊

510000－2741－0006134 6134

石經彙函 （清）王秉恩輯 清光緒華陽王氏元尚居刻十六年(1890)四川尊經書局印本 十六冊

510000－2741－0006135 6135

石經彙函 （清）王秉恩輯 清光緒華陽王氏元尚居刻十六年(1890)四川尊經書局印本 十六冊

510000－2741－0006136 6136

石臼前集八卷石臼後集七卷 （明）邢昉著 清光緒十八年(1892)刻本 六冊

510000－2741－0006137 6137

石菊影廬筆識二卷 （清）譚嗣同撰 清光緒二十八年(1902)上海石印本 一冊

510000－2741－0006138 6138

石龕詩二十一卷石龕詩餘偶存一卷 （清）劉楚英撰 清同治九年(1870)粵西鹺署刻本 四冊

510000－2741－0006139 6139

石龕詩十八卷石龕詩餘偶存一卷 （清）劉楚英撰 清同治九年(1870)粵西鹺署刻本 二冊

510000－2741－0006140 6140

石龕時文不分卷 （清）劉楚英著 清同治刻本 四冊

510000－2741－0006141 6141

石刻鋪敘二卷 （宋）曾宏父撰 鳳墅殘帖釋文二卷 （清）錢大昕撰 清刻本 一冊

510000－2741－0006142 6142

石林居士建康集八卷建康集補遺一卷 （宋）葉夢得箸 石林先生兩鎮建康紀年略一卷 （清）葉廷琯編 清道光二十四年(1844)吳中葉氏刻本 二冊

510000－2741－0006143 6143

石林遺書 （宋）葉夢得撰 清光緒、宣統間長沙葉德輝觀古堂刻本 十六冊

510000－2741－0006144 6144

石林奏議十五卷 （宋）葉夢得撰 清光緒十一年(1885)吳興陸氏皕宋樓刻本 四冊

510000－2741－0006145 6145

石墨鐫華八卷 （明）趙崡撰 明萬曆刻本 四冊

510000－2741－0006146 6146

石琴詩鈔十二卷 （清）李映棻撰 清同治三年(1864)天香堂刻本 八冊

510000－2741－0006147 6147

石琴詩鈔十二卷 （清）李映棻撰 清同治三年(1864)天香堂刻本 四冊 存八卷(三至十)

510000－2741－0006148 6148

石渠意見四卷拾遺二卷補闕一卷 （明）王恕撰 清道光二十六年(1846)宏道書院刻本 二冊

510000－2741－0006149 6149

石渠餘紀六卷 （清）王慶雲纂 清光緒十四年(1888)甯鄉黃氏刻本 六冊

510000－2741－0006150 6150

石山醫案 （□）□□輯 明末刻本 二十冊

510000－2741－0006151 6151

四川大學圖書館古籍普查登記目錄

石室存稿二卷詩餘附一卷　（清）沈裕雲撰
清道光十七年(1837)刻本　四冊

510000－2741－0006152　6152

石室秘籙六卷　（清）陳士鐸撰　清刻本
四冊

510000－2741－0006153　6153

石室秘籙六卷　（清）陳士鐸撰　清雍正八年
(1730)刻本　六冊

510000－2741－0006154　6154

石笥山房集六卷補遺一卷石笥山房詩集十一
卷石笥山房詩餘一卷石笥山房詩集補遺二卷
石笥山房詩集續補遺二卷　（清）胡天游著
清咸豐二年(1852)胡學醇刻本　十冊

510000－2741－0006155　6155

石笥山房文集六卷補遺一卷詩集十二卷補遺
二卷續補遺二卷　（清）胡天游著　清宣統二
年(1910)上海國學扶輪社石印本　十冊

510000－2741－0006156　6156

石笥山房文集六卷石笥山房詩集十二卷
（清）胡天游著　清道光二十六年(1846)刻本
八冊

510000－2741－0006157　6157

石笥山房文集五卷補遺一卷　（清）胡天游著
清宣統元年(1909)上海國學扶輪社鉛印本
四冊

510000－2741－0006158　6158

石頭記評贊一卷　（清）王雪香撰　清同治十
三年(1874)金陵刻本　一冊

510000－2741－0006159　6159

石遺室文集十二卷續集一卷三集一卷四集一
卷石遺室詩集十卷續集二卷補遺一卷朱絲詞
二卷　（清）陳衍撰　清光緒至民國刻本
十冊

510000－2741－0006160　6160

石柱記五卷　（唐）顏真卿撰　（清）朱彝尊補
（清）鄭元慶箋釋　清康熙四十一年(1702)
魚計亭刻本　二冊

510000－2741－0006161　6161

石柱廳鄉土志九章(地理)　（清）譚永泰編
清末民初抄本　一冊

510000－2741－0006162　6162

石柱廳鄉土志九章(歷史)　（清）楊應璣編
清末民初抄本　一冊

510000－2741－0006163　6163

石柱廳鄉土志十八章(格致)　（清）劉青雲編
清末民初抄本　一冊

510000－2741－0006164　6164

拾雅二十卷　（清）夏味堂撰　清嘉慶二十四
年(1819)刻本　十冊

510000－2741－0006165　6165

食舊德齋雜著不分卷　（清）劉嶽雲著　清光
緒二十二年(1896)四川尊經書院刻本　二冊

510000－2741－0006166　6166

食舊德齋雜著不分卷　（清）劉嶽雲著　清光
緒二十二年(1896)四川尊經書院刻本　二冊

510000－2741－0006167　6167

食事積微篇一卷　（清）陳溥輯　清光緒八年
(1882)刻本　一冊

510000－2741－0006168　6168

時方歌括二卷　（清）陳念祖著　清刻本
一冊

510000－2741－0006169　6169

時方妙用四卷　（清）陳念祖著　清刻本
二冊

510000－2741－0006170　6170

時務通考三十一卷首一卷　（清）王奇英輯
清光緒二十三年(1897)點石齋石印本　二
十冊

510000－2741－0006171　6171

實其文齋文鈔八卷詩鈔六卷制藝一卷兵部公
牘二卷完貞伏虎圖一卷　（清）黃雲鵠著　清
同治十一年(1872)成都刻本　十三冊　存十
五卷(實其文齋文鈔一至二、四至八,詩鈔一
至四,制藝一卷,兵部公牘二卷,完貞伏虎圖

四川大學圖書館古籍普查登記目錄

一卷）

510000－2741－0006172　6172

實其文齋文鈔八卷詩鈔六卷制藝一卷兵部公牘二卷完貞伏虎圖一卷　（清）黃雲鵠著　清同治十一年(1872)成都刻本　九冊　缺二卷（兵部公牘二卷）

510000－2741－0006173　6173

實學文導二卷　（清）傅雲龍輯　清光緒二十一年(1895)石印本　二冊

510000－2741－0006174　6174

實學文導二卷　（清）傅雲龍輯　清光緒二十一年(1895)石印本　二冊

510000－2741－0006175　6175

史存三十卷　（清）劉沅撰　清光緒刻本　四冊　存六卷（二十四至二十九）

510000－2741－0006176　6176

史記論文一百三十卷　（漢）司馬遷撰　（清）吳建思評點　清康熙二十六年(1687)尺木堂刻本　二十冊

510000－2741－0006177　6177

史記評林一百三十卷　（漢）司馬遷撰　（明）凌稚隆輯　明萬曆四年(1576)刻本　四十冊

510000－2741－0006178　6178

史記評林一百三十卷　（漢）司馬遷撰　（明）凌稚隆輯　（明）李光縉增補　明萬曆熊氏宏遠堂刻本　一冊　存四卷（六十七至七十）

510000－2741－0006179　6179

史記評林一百三十卷　（漢）司馬遷撰　（明）凌稚隆輯　（明）李光縉增補　明萬曆熊氏宏遠堂刻本　二十四冊

510000－2741－0006180　6180

史記評林一百三十卷　（明）凌稚隆輯　清刻本　五冊　存十九卷（一、七至九、五十二至五十六、七十七至八十一、一百六至一百十）

510000－2741－0006181　6181

史記索隱三十卷　（唐）司馬貞索隱　清光緒十九年(1893)廣雅書局刻本　四冊

510000－2741－0006182　6182

史記索隱三十卷　（唐）司馬貞索隱　清光緒十九年(1893)廣雅書局刻本　四冊

510000－2741－0006183　6183

史記選八卷　（清）儲欣選　清刻本　八冊

510000－2741－0006184　6184

史記一百三十卷　（漢）司馬光撰　（南朝宋）裴駰集解　（唐）司馬貞索隱　（唐）張守節正義　清同治十一年(1872)成都書局刻本　二十五冊　缺六卷（一百十至一百十五）

510000－2741－0006185　6185

史記一百三十卷　（漢）司馬遷撰　（明）歸有光評點　**附方望溪評點史記四卷**　（清）方苞評點　清光緒二年(1876)武昌張裕釗刻本　二十冊

510000－2741－0006186　6186

史記一百三十卷　（漢）司馬遷撰　（明）歸有光評點　**附方望溪評點史記四卷**　（清）方苞評點　清光緒二年(1876)武昌張裕釗刻本　二十冊

510000－2741－0006187　6187

史記一百三十卷　（漢）司馬遷撰　（南朝宋）裴駰集解　（唐）司馬貞索隱　（唐）張守節正義　清同治五年至九年(1866－1870)金陵書局刻本　二十冊

510000－2741－0006188　6188

史記一百三十卷　（漢）司馬遷撰　清刻本　四冊　存十七卷（八至十四、一百二十一至一百三十）

510000－2741－0006189　6189

史記一百三十卷　（漢）司馬遷撰　（南朝宋）裴駰集解　（唐）司馬貞索隱　（唐）張守節正義　清同治十一年(1872)成都書局刻本　二十六冊

510000－2741－0006190　6190

史記一百三十卷　（漢）司馬遷撰　（南朝宋）裴駰集解　（唐）司馬貞索隱　（唐）張守節正義　清同治十一年(1872)成都書局刻本　二

四川大學圖書館古籍普查登記目錄

十六冊

510000－2741－0006191　6191

史記一百三十卷　（漢）司馬遷撰　（南朝宋）裴駰集解　（唐）司馬貞索隱　（唐）張守節正義　清同治十一年(1872)成都書局刻本　二十五冊　缺十卷(六十至六十九)

510000－2741－0006192　6192

史記一百三十卷　（漢）司馬遷撰　（南朝宋）裴駰集解　（唐）司馬貞索隱　（唐）張守節正義　清同治十一年(1872)成都書局刻本　二十六冊

510000－2741－0006193　6193

史記一百三十卷　（漢）司馬遷撰　（南朝宋）裴駰集解　（唐）司馬貞索隱　（唐）張守節正義　清同治十一年(1872)成都書局刻本　三冊　存十一卷(一至二、二十五至二十七、一百二十三至一百二十八)

510000－2741－0006194　6194

史記一百三十卷　（漢）司馬遷撰　（南朝宋）裴駰集解　（唐）司馬貞索隱　（唐）張守節正義　明嘉靖十三年(1534)秦藩刻二十九年(1550)重修本　二十四冊

510000－2741－0006195　6195

史記一百三十卷　（漢）司馬遷撰　（南朝宋）裴駰集解　（唐）司馬貞索隱　（唐）張守節正義　清同治十一年(1872)成都書局刻本　二十六冊

510000－2741－0006196　6196

史記一百三十卷　（漢）司馬遷撰　（南朝宋）裴駰集解　（唐）司馬貞索隱　（唐）張守節正義　清同治十一年(1872)成都書局刻本　二十六冊

510000－2741－0006197　6197

史記一百三十卷附輯注　（漢）司馬遷撰　（明）葛鼐　（明）金蟠彙評　明崇禎金閶寶善堂刻本　二十四冊

510000－2741－0006198　6198

史記志疑三十六卷附錄三卷　（清）梁玉繩撰

清光緒十三年(1887)廣雅書局刻本　十九冊　存三十五卷(一至三十五)

510000－2741－0006199　6199

史記志疑三十六卷附錄三卷　（清）梁玉繩撰　清光緒十三年(1887)廣雅書局刻本　二十冊

510000－2741－0006200　6200

史略六卷　（宋）高似孫撰　清光緒九年(1883)虞山鮑氏刻本　二冊

510000－2741－0006201　6201

史目表二卷　（清）洪飴孫撰　清光緒四年(1878)宏達堂刻本　一冊

510000－2741－0006202　6202

史氏家譜不分卷　（清）史譜等修　清嘉慶史氏刻本　二冊

510000－2741－0006203　6203

史通二十卷　（唐）劉知幾撰　明萬曆五年(1577)張之象刻本　六冊

510000－2741－0006204　6204

史通故訓補二十卷　（清）黃叔琳補注　清乾隆十二年(1747)黃叔琳養素堂刻本　十二冊

510000－2741－0006205　6205

史通通釋二十卷　（清）浦起龍撰　清乾隆十七年(1752)浦氏求放心齋刻本　八冊

510000－2741－0006206　6206

史通通釋二十卷　（清）浦起龍撰　清光緒二十八年(1902)益友書局刻本　十冊

510000－2741－0006207　6207

史通通釋二十卷　（清）浦起龍撰　清光緒二十五年(1899)上海寶文書局石印本　四冊

510000－2741－0006208　6208

史通通釋二十卷　（清）浦起龍撰　清刻翰墨園印本　八冊

510000－2741－0006209　6209

史通削繁四卷　（清）紀昀撰　清道光十三年(1833)兩廣節署刻朱墨套印本　六冊

四川大學圖書館古籍普查登記目錄

510000－2741－0006210　6210

史通削繁四卷　（清）紀昀撰　清道光十三年(1833)兩廣節署刻朱墨套印本　四冊

510000－2741－0006211　6211

史通削繁四卷　（清）紀昀撰　清光緒元年(1875)湖北崇文書局刻本　四冊

510000－2741－0006212　6212

史通削繁四卷　（清）紀昀撰　清光緒元年(1875)李氏家塾刻本　四冊

510000－2741－0006213　6213

史通削繁四卷　（清）紀昀撰　清道光十三年(1833)兩廣節署刻朱墨套印本　四冊

510000－2741－0006214　6214

史姓韻編二十四卷　（清）汪輝祖輯　（清）馮祖憲重校　清光緒二十九年(1903)上海文瀾書局石印本　八冊

510000－2741－0006215　6215

史姓韻編六十四卷　（清）汪輝祖輯　清光緒十年(1884)慈谿耕餘樓書局鉛印本　十六冊

510000－2741－0006216　6216

史學叢書四十三種二百九十三卷　（清）□□輯　清光緒二十五年(1899)文瀾書局石印本　三十二冊

510000－2741－0006217　6217

史學叢書四十三種二百九十三卷　（清）□□輯　清光緒二十八年(1902)石印本　三十二冊

510000－2741－0006218　6218

史學叢書四十三種二百九十三卷　（清）□□輯　清光緒二十八年(1902)石印本　三十二冊

510000－2741－0006219　6219

史學叢書四十三種二百九十三卷　（清）□□輯　清光緒二十八年(1902)石印本　三十二冊

510000－2741－0006220　6220

史載之方二卷　（宋）史載之撰　清光緒二年(1876)吳興陸氏十萬卷樓刻本　四冊

510000－2741－0006221　6221

史忠正公集四卷首一卷末一卷　（明）史可法撰　清同治七年(1868)楚醴景萊書室刻本　二冊

510000－2741－0006222　6222

史忠正公集四卷首一卷末一卷　（明）史可法撰　清同治十年(1871)繡谷麗澤書屋刻本　一冊

510000－2741－0006223　6223

史忠正公集四卷首一卷末一卷　（明）史可法撰　清咸豐二年(1852)史致康刻本　二冊

510000－2741－0006224　6224

史忠正公文集四卷首一卷　（明）史可法撰　清同治十二年(1873)述荆堂刻本　二冊

510000－2741－0006225　6225

使俄草二卷　（清）王之春撰　清光緒二十一年(1895)上海文藝齋刻本　一冊

510000－2741－0006226　6226

使琉球記六卷　（清）李鼎元撰　清同治五年(1866)刻本　二冊

510000－2741－0006227　6227

使琉球記六卷　（清）李鼎元撰　清同治五年(1866)刻本　一冊

510000－2741－0006228　6228

使黔艸三卷　（清）何紹基撰　清咸豐十年(1860)刻本　一冊　存二卷(上、中)

510000－2741－0006229　6229

士材三書　（明）李中梓撰　（清）尤乘增訂　清刻本　六冊

510000－2741－0006230　6230

士禮居藏書題跋記六卷　（清）黃丕烈著　清光緒十年(1884)滂喜齋刻本　二冊

510000－2741－0006231　6231

士禮居叢書　（清）黃丕烈編　清光緒二十三年(1897)上海蜚英館石印本　三十冊

四川大學圖書館古籍普查登記目錄

510000－2741－0006232　6232

士庶備覽十四卷　（清）佟氏節鈔　清光緒十八年(1892)津門刻本　八冊

510000－2741－0006233　6233

世補齋醫書　（清）陸懋修撰　清光緒十年(1884)刻十二年(1886)山左書局重印本　十八冊

510000－2741－0006234　6234

世補齋醫書　（清）陸懋修撰　清光緒十年(1884)刻本　六冊

510000－2741－0006235　6235

世界近世史五編十九章　（日本）松平康國編著　（清）梁啓勳述譯　（清）梁啓超案語　清末上海廣智書局鉛印本　二冊

510000－2741－0006236　6236

世界萬國歷史問答三編　（清）邵百非譯　清光緒二十八年(1902)進化社鉛印本　一冊

510000－2741－0006237　6237

世說新語補二十卷附釋名一卷　（南朝宋）劉義慶撰　（南朝梁）劉孝標注　（明）何良俊增補　（明）王世懋評　（明）張文柱注　清葛氏嘯園刻本　八冊

510000－2741－0006238　6238

世說新語補二十卷附釋名一卷　（南朝宋）劉義慶撰　（南朝梁）劉孝標注　（明）何良俊增補　（明）王世懋評　（明）張文柱注　清海寧陳氏慎初堂刻本　八冊

510000－2741－0006239　6239

世說新語補二十卷附釋名一卷　（南朝宋）劉義慶撰　（南朝梁）劉孝標注　（明）何良俊增補　（明）王世懋評　（明）張文柱注　清乾隆二十七年(1762)黃汝琳刻本　十冊

510000－2741－0006240　6240

世說新語補二十卷附釋名一卷　（南朝宋）劉義慶撰　（南朝梁）劉孝標注　（明）何良俊增補　（明）王世懋評　（明）張文柱注　清乾隆二十七年(1762)黃汝琳刻本　六冊

510000－2741－0006241　6241

世說新語補二十卷附釋名一卷　（南朝宋）劉義慶撰　（南朝梁）劉孝標注　（明）何良俊增補　（明）王世貞刪定　（明）王世懋評　（明）張文柱校註　明刻本　十二冊

510000－2741－0006242　6242

世說新語補四卷　（明）何良俊撰　（明）王世貞刪定　（明）張文柱校註　（明）凌濛初考訂　明萬曆周氏博古堂刻清康熙修補印本　四冊

510000－2741－0006243　6243

世說新語六卷　（南朝宋）劉義慶撰　（南朝梁）劉孝標注　清光緒三年(1877)湖北崇文書局刻本　四冊

510000－2741－0006244　6244

世說新語六卷附佚文一卷校勘小識一卷引用書目一卷　（南朝宋）劉義慶撰　（南朝梁）劉孝標注　清光緒十七年(1891)思賢講舍刻本　四冊

510000－2741－0006245　6245

世說新語六卷附佚文一卷校勘小識一卷引用書目一卷　（南朝宋）劉義慶撰　（南朝梁）劉孝標注　清光緒十七年(1891)思賢講舍刻本　六冊

510000－2741－0006246　6246

世說新語六卷附佚文一卷校勘小識一卷引用書目一卷　（南朝宋）劉義慶撰　（南朝梁）劉孝標注　清光緒十七年(1891)思賢講舍刻本　五冊　缺三卷(卷上之上下、卷中之下)

510000－2741－0006247　6247

世說新語三卷　（南朝宋）劉義慶撰　（南朝梁）劉孝標注　明嘉靖十四年(1535)袁褧嘉趣堂刻本　六冊

510000－2741－0006248　6248

世說新語三卷　（南朝宋）劉義慶撰　（南朝梁）劉孝標注　清光緒二十二年(1896)長沙刻本　六冊

510000－2741－0006249　6249

四川大學圖書館古籍普查登記目錄

世說新語三卷　（南朝宋）劉義慶撰　（南朝梁）劉孝標注　（明）凌濛初訂　明萬曆三十七年(1609)周氏博古堂刻本　六冊

510000－2741－0006250　6250
世宗憲皇帝聖訓三十六卷　（□）□□□輯　清刻本　十冊

510000－2741－0006251　6251
式訓堂叢書　（清）章壽康編　清光緒會稽章氏刻本　三十二冊

510000－2741－0006252　6252
事類賦補遺十四卷　（清）張均編　清刻本　四冊

510000－2741－0006253　6253
事類賦三十卷　（宋）吳淑撰並註　清康熙劍光閣刻本　六冊

510000－2741－0006254　6254
事類賦三十卷　（宋）吳淑撰並註　清嘉慶五年(1800)刻本　六冊

510000－2741－0006255　6255
事文類聚前集六十卷後集五十卷續集二十八卷別集三十二卷　（宋）祝穆輯　新集三十六卷外集十五卷　（元）富大用輯　遺集十五卷　（元）祝淵輯　明萬曆三十二年(1604)唐富春刻本　一百冊

510000－2741－0006256　6256
事物異名錄四十卷　（清）厲荃輯　（清）關槐增輯　清乾隆五十三年(1788)刻本　十二冊

510000－2741－0006257　6257
事物原會四十卷　（清）汪汲撰　清嘉慶二年(1797)古愚山房刻本　八冊

510000－2741－0006258　6258
侍雪堂詩鈔八卷　（清）黎兆勳撰　清同治四年(1865)敦復堂刻本　二冊

510000－2741－0006259　6259
是程堂集十四卷二集四卷耶溪漁隱詞二卷　（清）屠倬撰　清嘉慶十九年至二十五年(1814－1820)刻本　六冊

510000－2741－0006260　6260
適可齋記言四卷記行六卷　（清）馬建忠撰　清光緒二十二年(1896)刻本　四冊

510000－2741－0006261　6261
適情雅趣八卷　（明）徐芝精選　清刻本　八冊

510000－2741－0006262　6262
謚忠文古廉文集十二卷　（明）李懋撰　（明）戴㦬編集　清刻本　五冊

510000－2741－0006263　6263
釋范一卷　廖平著　清光緒十一年(1885)刻本　一冊

510000－2741－0006264　6264
釋名疏證八卷　（漢）劉熙撰　（清）畢沅疏證　清乾隆五十四年(1789)鎮洋畢氏刻經訓堂叢書本　六冊

510000－2741－0006265　6265
釋名疏證八卷補遺一卷　（漢）劉熙撰　（清）畢沅疏證　清光緒十一年(1885)刻本　二冊

510000－2741－0006266　6266
釋名疏證八卷補遺一卷續釋名一卷校議一卷　（漢）劉熙撰　（清）畢沅疏證　清光緒二十年(1894)廣雅書局刻本　二冊

510000－2741－0006267　6267
釋名疏證八卷補遺一卷續釋名一卷校議一卷　（漢）劉熙撰　（清）畢沅疏證　清光緒二十年(1894)廣雅書局刻本　二冊

510000－2741－0006268　6268
釋名疏證補八卷附錄一卷　（漢）劉熙撰　（清）王先謙譔集　清光緒二十二年(1896)刻本　三冊

510000－2741－0006269　6269
釋名疏證補八卷附錄一卷　（漢）劉熙撰　（清）王先謙譔集　清光緒二十二年(1896)刻本　四冊

510000－2741－0006270　6270
釋名疏證補八卷附錄一卷　（漢）劉熙撰

四川大學圖書館古籍普查登記目錄

(清)王先謙選集　清光緒二十二年(1896)刻本　四冊

510000－2741－0006271　6271

釋名疏證補八卷附錄一卷　(漢)劉熙撰 (清)王先謙選集　清光緒二十二年(1896)刻本　四冊

510000－2741－0006272　6272

釋氏稽古略四卷　(元)釋覺岸編集　**釋鑑稽古略續集三卷**　(明)釋幻輪彙編　清光緒十二年(1886)刻本　五冊

510000－2741－0006273　6273

釋氏稽古略四卷　(元)釋覺岸編集　**釋鑑稽古略續集三卷**　(明)釋幻輪彙編　清光緒十二年(1886)刻本　五冊

510000－2741－0006274　6274

守默齋詩稿一卷守默齋雜著不分卷　(清)何應祺著　清同治十年(1871)刻本　四冊

510000－2741－0006275　6275

守山閣叢書　(清)錢熙祚編　清光緒十五年(1889)上海鴻文書局影印本　九十八冊　缺十冊(渾蓋通憲圖説二卷首一卷、圜容校義一卷、曉庵新法六卷)

510000－2741－0006276　6276

守山閣叢書　(清)錢熙祚編　清光緒十五年(1889)上海鴻文書局影印本　一百冊

510000－2741－0006277　6277

守中正齋叢書　(清)姜國伊撰　清同治、光緒間刻本　二十八冊

510000－2741－0006278　6278

守拙齋詩鈔二卷　(清)李蹇臣撰　清同治三年(1864)貴州刻本　一冊

510000－2741－0006279　6279

守拙齋訓語一卷　(清)李蹇臣撰　清光緒貴州刻本　一冊

510000－2741－0006280　6280

首棱嚴經疏二十卷　(宋)釋子璿集　清同治元年(1862)刻本　四冊

510000－2741－0006281　6281

受祺堂詩三十五卷　(清)李因篤撰　清康熙三十八年(1699)田少華刻本　十冊

510000－2741－0006282　6282

授經堂叢書(洪北江全集)　(清)洪亮吉撰　清光緒三年(1877)授經堂刻本　八十四冊

510000－2741－0006283　6283

授堂遺書　(清)武億撰　清嘉慶有竹石軒刻本　十六冊

510000－2741－0006284　6284

壽山堂易說三卷圖解一卷　題無極呂子著　清刻本　六冊

510000－2741－0006285　6285

壽身小補八卷　(清)黃兌楣輯　清光緒十四年(1888)佛鎮文華閣書局鉛印本　八冊

510000－2741－0006286　6286

書畫題跋記十二卷　(明)郁逢慶輯　清宣統三年(1911)順德鄧氏風雨樓鉛印本　八冊

510000－2741－0006287　6287

壽藤齋詩集三十五卷　(清)鮑倚雲撰　清嘉慶十三年(1808)歙縣鮑氏刻本　八冊

510000－2741－0006288　6288

瘦石文鈔十二卷外集一卷　(清)孫鎮撰　清道光十六年(1836)鷰溪村舍孫氏刻本　二冊

510000－2741－0006289　6289

瘦羊録　(清)熊士鵬撰　清嘉慶、道光間刻本　二十冊

510000－2741－0006290　6290

書傳音釋六卷　(元)鄒季友釋　清同治五年(1866)望三益齋刻本　六冊

510000－2741－0006291　6291

書古微十二卷　(清)魏源著　清光緒四年(1878)淮南書局刻本　四冊

510000－2741－0006292　6292

書畫鑑影二十四卷首一卷　(清)李佐賢編輯　清同治十年(1871)利津李氏刻本　八冊

四川大學圖書館古籍普查登記目錄

510000－2741－0006293　6293

書經六卷　（宋）蔡沈集傳　清同治七年(1868)楚北武昌崇文書局刻本　四冊

510000－2741－0006294　6294

書經評註□卷　（清）牛運震著　清抄本　一冊　存二卷(一至二)

510000－2741－0006295　6295

書林揚觶二卷　（清）方東樹著　清同治十年(1871)望三益齋刻本　二冊

510000－2741－0006296　6296

書目答問不分卷　（清）張之洞撰　清光緒刻本　一冊

510000－2741－0006297　6297

書目答問不分卷　（清）張之洞撰　清光緒刻本　一冊

510000－2741－0006298　6298

書目答問不分卷　（清）張之洞撰　清光緒刻本　一冊

510000－2741－0006299　6299

書目答問不分卷　（清）張之洞撰　清光緒刻本　一冊

510000－2741－0006300　6300

書目答問不分卷　（清）張之洞撰　清光緒刻本　一冊

510000－2741－0006301　6301

書目答問不分卷　（清）張之洞撰　清光緒刻本　一冊

510000－2741－0006302　6302

書目答問不分卷　（清）張之洞撰　清光緒刻本　一冊

510000－2741－0006303　6303

書目答問不分卷　（清）張之洞撰　清光緒刻本　一冊

510000－2741－0006304　6304

書目答問不分卷　（清）張之洞撰　清光緒刻本　一冊

510000－2741－0006305　6305

書目答問不分卷　（清）張之洞撰　清光緒刻本　一冊

510000－2741－0006306　6306

書目答問不分卷　（清）張之洞撰　清光緒刻本　一冊

510000－2741－0006307　6307

書目答問不分卷附國朝著述諸家姓名略一卷　（清）張之洞撰　清光緒刻本　一冊

510000－2741－0006308　6308

書目答問不分卷附輶軒語一卷　（清）張之洞撰　清光緒刻本　二冊

510000－2741－0006309　6309

書目答問四卷　（清）張之洞撰　清光緒十四年(1888)石印本　二冊

510000－2741－0006310　6310

淑艾錄十四卷　（清）祝洤撰　清乾隆二十二年(1757)刻本　二冊

510000－2741－0006311　6311

淑艾錄一卷　（清）張普編　清光緒三十年(1904)刻本　一冊

510000－2741－0006312　6312

舒文靖集二卷附錄三卷校勘記三卷事實冊一卷　（宋）舒璘撰　清光緒二十二年(1896)四明七千卷樓刻本　四冊

510000－2741－0006313　6313

舒文靖集二卷附錄三卷校勘記三卷事實冊一卷　（宋）舒璘撰　清光緒二十二年(1896)四明七千卷樓刻本　四冊

510000－2741－0006314　6314

舒藝室隨筆六卷　（清）張文虎撰　清同治十三年(1874)金陵冶城賓館刻本　六冊

510000－2741－0006315　6315

樞垣紀畧二十八卷　（清）梁章鉅撰　（清）朱智補撰　清光緒元年(1875)鉛印本　六冊

510000－2741－0006316　6316

蜀報　（清）朱山總編輯　清宣統二年(1910)

四川大學圖書館古籍普查登記目錄

鉛印本　一冊　存一期(第一年第二期)

510000－2741－0006317　6317

蜀碑存目一卷　(清)□□撰　清光緒五年
(1879)方雲卿抄本　一冊

510000－2741－0006318　6318

蜀碑記十卷首一卷辨譌考異一卷　(宋)王象
之撰　(清)胡鳳丹輯　清同治八年(1869)退
補齋刻本　一冊

510000－2741－0006319　6319

蜀碧四卷　(清)彭遵泗編述　清末肇經堂刻
本　一冊

510000－2741－0006320　6320

蜀碧四卷　(清)彭遵泗編述　清末肇經堂刻
本　二冊

510000－2741－0006321　6321

蜀碧四卷　(清)彭遵泗編述　清末肇經堂刻
本　二冊

510000－2741－0006322　6322

蜀碧四卷附記一卷　(清)彭遵泗撰　清嘉慶
二十年(1815)刻本　一冊

510000－2741－0006323　6323

蜀碧四卷附記一卷　(清)彭遵泗撰　清乾隆
四十二年(1777)白鶴堂刻本　二冊

510000－2741－0006324　6324

蜀程小紀一卷　(清)方濬頤撰　清光緒刻本
一冊

510000－2741－0006325　6325

蜀程小紀一卷　(清)方濬頤撰　清光緒刻本
一冊

510000－2741－0006326　6326

蜀道難不分卷　(□)□□撰　清末鉛印本
一冊

510000－2741－0006327　6327

蜀道驛程記二卷　(清)王士禎撰　清康熙刻
本　一冊

510000－2741－0006328　6328

蜀道驛程記二卷　(清)王士禎撰　清康熙刻
本　一冊

510000－2741－0006329　6329

蜀道驛程記二卷　(清)王士禎撰　清康熙刻
本　二冊

510000－2741－0006330　6330

蜀典十二卷　(清)張澍輯　清光緒二年
(1876)尊經書院刻本　四冊

510000－2741－0006331　6331

蜀典十二卷　(清)張澍輯　清光緒二年
(1876)尊經書院刻本　四冊

510000－2741－0006332　6332

蜀典十二卷　(清)張澍輯　清光緒二年
(1876)尊經書院刻本　四冊

510000－2741－0006333　6333

蜀典十二卷　(清)張澍輯　清光緒二年
(1876)尊經書院刻本　四冊

510000－2741－0006334　6334

蜀典十二卷　(清)張澍輯　清光緒二年
(1876)尊經書院刻本　四冊

510000－2741－0006335　6335

蜀典十二卷　(清)張澍輯　清光緒二年
(1876)尊經書院刻本　四冊

510000－2741－0006336　6336

蜀典十二卷　(清)張澍輯　清光緒二年
(1876)尊經書院刻本　三冊　缺四卷(四至
七)

510000－2741－0006337　6337

蜀典十二卷　(清)張澍輯　清光緒二年
(1876)尊經書院刻本　四冊

510000－2741－0006338　6338

蜀典十二卷　(清)張澍輯　清光緒二年
(1876)尊經書院刻本　四冊

510000－2741－0006339　6339

蜀典十二卷　(清)張澍輯　清光緒二年
(1876)尊經書院刻本　四冊

四川大學圖書館古籍普查登記目錄

510000－2741－0006340　6340

蜀典十二卷　（清）張澍輯　清光緒二年(1876)尊經書院刻本　四冊

510000－2741－0006341　6341

蜀典十二卷　（清）張澍輯　清光緒二年(1876)尊經書院刻本　四冊

510000－2741－0006342　6342

蜀古文詞舉隅一卷　（清）孫鏘輯　清光緒二十九年(1903)刻本　一冊

510000－2741－0006343　6343

蜀古文詞舉隅一卷　（清）孫鏘輯　清光緒二十九年(1903)刻本　一冊

510000－2741－0006344　6344

蜀故二十七卷　（清）彭遵泗纂輯　清道光刻本　六冊

510000－2741－0006345　6345

蜀故二十七卷　（清）彭遵泗纂輯　清光緒二十四年(1898)玉元堂刻本　六冊

510000－2741－0006346　6346

蜀故二十七卷　（清）彭遵泗纂輯　清光緒二十四年(1898)玉元堂刻本　八冊

510000－2741－0006347　6347

蜀故二十七卷　（清）彭遵泗纂輯　清光緒二十四年(1898)玉元堂刻本　八冊

510000－2741－0006348　6348

蜀故二十七卷　（清）彭遵泗纂輯　清光緒二十四年(1898)玉元堂刻本　六冊

510000－2741－0006349　6349

蜀故二十七卷　（清）彭遵泗纂輯　清光緒二十四年(1898)玉元堂刻本　十冊

510000－2741－0006350　6350

蜀龜鑑七卷首一卷　（清）劉景伯輯　清宣統三年(1911)刻本　四冊

510000－2741－0006351　6351

蜀龜鑑七卷首一卷　（清）劉景伯輯　清宣統三年(1911)刻本　四冊

510000－2741－0006352　6352

蜀鑑十卷　（宋）郭允蹈撰　附札記一卷（清）吳文昇撰　清光緒五年(1879)吳興吳氏貽穀堂成都刻本　二冊

510000－2741－0006353　6353

蜀鑑十卷　（宋）郭允蹈撰　附札記一卷（清）吳文昇撰　清光緒五年(1879)吳興吳氏貽穀堂成都刻本　三冊

510000－2741－0006354　6354

蜀鑑十卷　（宋）郭允蹈撰　附札記一卷（清）吳文昇撰　清光緒五年(1879)吳興吳氏貽穀堂成都刻本　二冊

510000－2741－0006355　6355

蜀鑑十卷　（宋）郭允蹈撰　附札記一卷（清）吳文昇撰　清光緒五年(1879)吳興吳氏貽穀堂刻七年(1881)吳文昇存仁堂補刻本　四冊

510000－2741－0006356　6356

蜀景匯覽十四卷　（清）鍾登甲編校　清光緒八年(1882)樂道齋刻本　十二冊

510000－2741－0006357　6357

蜀樵詩鈔四卷　（清）廖光著　清光緒二十七年(1901)刻本　二冊

510000－2741－0006358　6358

蜀詩十五卷　（清）費經虞輯　清道光鵞溪孫氏古棠書屋刻本　六冊

510000－2741－0006359　6359

蜀詩十五卷　（清）費經虞輯　清道光鵞溪孫氏古棠書屋刻本　四冊

510000－2741－0006360　6360

蜀詩十五卷　（清）費經虞輯　清道光鵞溪孫氏古棠書屋刻本　四冊

510000－2741－0006361　6361

蜀詩續鈔八卷　（清）李炳靈撰　（清）釋含澈選　清光緒二十三年(1897)潛西精舍刻本　八冊

510000－2741－0006362　6362

四川大學圖書館古籍普查登記目錄

蜀石經殘字一卷　（清）陳宗彝輯　清道光六年(1826)刻本　一冊

510000－2741－0006363　6363

蜀事答問一卷　（清）天眉撰　清末刻本　一冊

510000－2741－0006364　6364

蜀水經十六卷　（清）李元撰　清嘉慶五年(1800)傳經堂刻本　八冊

510000－2741－0006365　6365

蜀水考四卷　（清）陳登龍述　（清）朱錫穀補注　（清）陳一津分疏　清道光十三年(1833)刻本　二冊

510000－2741－0006366　6366

蜀水考四卷　（清）陳登龍述　（清）朱錫穀補注　（清）陳一津分疏　清道光十三年(1833)刻本　二冊

510000－2741－0006367　6367

蜀水考四卷　（清）陳登龍述　（清）朱錫穀補注　（清）陳一津分疏　清光緒十六年(1890)成都試院刻本　四冊

510000－2741－0006368　6368

蜀水考四卷　（清）陳登龍述　（清）朱錫穀補注　（清）陳一津分疏　清刻本　二冊

510000－2741－0006369　6369

蜀水考四卷　（清）陳登龍撰　（清）朱錫穀補注　（清）陳一津分疏　清光緒十六年(1890)成都試院刻本　二冊

510000－2741－0006370　6370

蜀水考四卷　（清）陳登龍撰　（清）朱錫穀補注　（清）陳一津分疏　清光緒十六年(1890)成都試院刻本　二冊

510000－2741－0006371　6371

蜀水考四卷　（清）陳登龍撰　（清）朱錫穀補注　（清）陳一津分疏　清光緒十六年(1890)成都試院刻二十二年(1896)成都書局印本　四冊

510000－2741－0006372　6372

蜀水考四卷　（清）陳登龍撰　（清）朱錫穀補注　（清）陳一津分疏　清刻本　四冊

510000－2741－0006373　6373

蜀水考四卷　（清）陳登龍撰　（清）朱錫穀補注　（清）陳一津分疏　清光緒五年(1879)綿竹楊氏清泉精舍刻本　二冊

510000－2741－0006374　6374

蜀燹述略四卷　（清）余鴻觀編輯　清光緒二十七年(1901)澷江學署刻本　四冊

510000－2741－0006375　6375

蜀秀集九卷　（清）譚宗浚編　清光緒五年(1879)成都試院刻本　八冊

510000－2741－0006376　6376

蜀秀集九卷　（清）譚宗浚編　清光緒五年(1879)成都試院刻本　八冊

510000－2741－0006377　6377

蜀秀集九卷　（清）譚宗浚編　清光緒五年(1879)成都試院刻本　八冊

510000－2741－0006378　6378

蜀學編二卷　（清）方守道初輯　（清）高賡恩覆輯　清光緒二十七年(1901)錦江書局刻本　二冊

510000－2741－0006379　6379

蜀學編二卷　（清）方守道初輯　（清）高賡恩覆輯　清光緒二十七年(1901)錦江書局刻本　一冊

510000－2741－0006380　6380

蜀學編二卷　（清）方守道初輯　（清）高賡恩覆輯　清光緒二十七年(1901)錦江書局刻本　一冊

510000－2741－0006381　6381

蜀遊鴻雪集初刻二卷　（清）何慶恩著　（清）賈振麟編次　清同治刻本　一冊　存一卷(上)

510000－2741－0006382　6382

蜀遊吟草五卷　（清）何書英撰　清同治五年(1866)碧琅書屋刻本　一冊　存一卷(二)

四川大學圖書館古籍普查登記目錄

510000－2741－0006383　6383

蜀輶日記四卷　（清）陶澍撰　清光緒七年
(1881)江州官舍刻本　四冊

510000－2741－0006384　6384

蜀輶日記四卷　（清）陶澍撰　清道光刻本
二冊

510000－2741－0006385　6385

蜀輶日記四卷　（清）陶澍撰　清光緒七年
(1881)江州官舍刻本　二冊

510000－2741－0006386　6386

蜀輶日記四卷　（清）陶澍撰　清光緒七年
(1881)江州官舍刻本　二冊

510000－2741－0006387　6387

蜀中名勝記三十卷　（明）曹學佺撰　清宣統
二年(1910)四川官印刷局刻本　八冊

510000－2741－0006388　6388

蜀中名勝記三十卷　（明）曹學佺撰　清宣統
二年(1910)四川官印刷局刻本　八冊

510000－2741－0006389　6389

蜀中名勝記三十卷　（明）曹學佺撰　清宣統
二年(1910)四川官印刷局刻本　八冊

510000－2741－0006390　6390

蜀中名勝記三十卷　（明）曹學佺撰　清宣統
二年(1910)四川官印刷局刻本　八冊

510000－2741－0006391　6391

述古叢鈔二十八種　（清）劉晚榮編　清同
治、光緒間古岡劉氏藏修書屋刻本　四十冊

510000－2741－0006392　6392

述古堂文集十二卷　（清）錢兆鵬著　清光緒
七年(1881)刻民國元年(1912)湖北官書處印
本　四冊

510000－2741－0006393　6393

述古堂文集十二卷　（清）錢兆鵬著　清光緒
七年(1881)刻本　四冊

510000－2741－0006394　6394

述學內篇三卷補遺一卷外篇一卷別錄一卷
（清）汪中撰　述學校勘記一卷　清同治八年

(1869)揚州書局刻本　二冊

510000－2741－0006395　6395

述學內篇三卷補遺一卷外篇一卷別錄一卷
（清）汪中撰　述學校勘記一卷　清同治八年
(1869)揚州書局刻本　二冊

510000－2741－0006396　6396

述學內篇三卷補遺一卷外篇一卷別錄一卷
（清）汪中撰　述學校勘記一卷　清同治八年
(1869)揚州書局刻本　二冊

510000－2741－0006397　6397

述朱質疑十六卷　（清）夏炘撰　清咸豐二年
(1852)刻本　四冊

510000－2741－0006398　6398

漱芳閣集十卷　（清）徐士芬撰　清咸豐二年
(1852)刻本　二冊

510000－2741－0006399　6399

漱芳書屋集古四卷　（清）孫思敬輯　清光緒
鈐印本　一冊

510000－2741－0006400　6400

漱六山房遺集八卷　（清）彭潤芳著　清光緒
二十四年(1898)集慶堂刻本　六冊

510000－2741－0006401　6401

漱六山房遺集八卷　（清）彭潤芳著　清光緒
二十四年(1898)集慶堂刻本　六冊

510000－2741－0006402　6402

漱玉詞一卷　（宋）李清照撰　清光緒七年
(1881)四印齋刻本　一冊

510000－2741－0006403　6403

數度衍二十三卷首三卷　（清）方中通撰　清
光緒十六年(1890)太原王氏成都刻本　八冊

510000－2741－0006404　6404

數書九章十八卷附考一卷　（宋）秦九韶撰
九章札記四卷　（清）宋景昌撰　清道光二十
二年(1842)宜稼堂刻本　八冊

510000－2741－0006405　6405

數書九章十八卷附考一卷　（宋）秦九韶撰
九章札記四卷　（清）宋景昌撰　清道光二十

四川大學圖書館古籍普查登記目録

二年(1842)宜稼堂刻本　八册

510000－2741－0006406　6406
數學教科書二卷　（清）葉懋宣編　清光緒三十一年(1905)鉛印本　二册

510000－2741－0006407　6407
數學精詳十一卷首一卷末一卷　（清）屈曾發輯　清同治學海堂刻本　五册

510000－2741－0006408　6408
數學精詳十一卷首一卷末一卷　（清）屈曾發輯　清末志古堂刻本　六册

510000－2741－0006409　6409
數學理九卷附一卷　（英國）棣麼甘撰　（英國）傅蘭雅口譯　（清）趙元益筆述　清同治、光緒間江南製造總局刻本　四册

510000－2741－0006410　6410
數學理九卷附一卷　（英國）棣麼甘撰　（英國）傅蘭雅口譯　（清）趙元益筆述　清光緒二十二年(1896)石印本　一册

510000－2741－0006411　6411
數學理九卷附一卷　（英國）棣麼甘撰　（英國）傅蘭雅口譯　（清）趙元益筆述　清同治、光緒間江南製造總局刻本　四册

510000－2741－0006412　6412
樹經堂詠史詩八卷　（清）謝啓昆著　（清）謝學崇　（清）謝學堈箋　清道光五年(1825)樹經堂刻本　八册

510000－2741－0006413　6413
樹蕙背遺詩一卷　（清）鄭淑昭撰　清光緒二十年(1894)京師刻本　一册

510000－2741－0006414　6414
樹滋堂詩草二卷　（清）黄載元撰　清抄本　一册

510000－2741－0006415　6415
霜紅龕集四十卷　（清）傅山撰　（清）丁寶銓排類　**附錄三卷傅青主先生年譜一卷**　（清）丁寶銓輯　清宣統三年(1911)山陽丁氏刻本　十二册

510000－2741－0006416　6416
雙白燕堂詩集八卷集唐詩二卷　（清）陸耀遹著　清同治六年(1867)陸子受刻本　四册

510000－2741－0006417　6417
雙白燕堂文集二卷外集八卷　（清）陸耀遹著　清光緒四年(1878)陸祐勤興國州署刻本　四册

510000－2741－0006418　6418
雙白燕堂文集二卷外集八卷詩集八卷　（清）陸耀遹著　清同治六年至光緒四年(1867－1878)刻本　十四册

510000－2741－0006419　6419
雙峯猥稿九卷首一卷末一卷　（宋）舒邦佐著　清咸豐八年(1858)刻本　四册

510000－2741－0006420　6420
雙峯猥稿九卷首一卷末一卷　（宋）舒邦佐著　清咸豐八年(1858)刻本　四册

510000－2741－0006421　6421
雙桂堂稿十卷續編十二卷　（清）紀大奎撰　清嘉慶十三年(1808)刻本　十册　缺一卷（續編七）

510000－2741－0006422　6422
雙桂堂時文稿一卷附錄一卷古文二卷詩稿一卷雙桂堂稿續編一卷　（清）紀大奎撰　清同治九年(1870)劉介臣、馮椿年什邡刻本　六册

510000－2741－0006423　6423
雙槐歲鈔十卷　（明）黄瑜撰　清道光十一年(1831)刻本　三册

510000－2741－0006424　6424
雙冷齋文集四卷又二卷　（清）張九章撰　清光緒二十一年(1895)刻本　五册

510000－2741－0006425　6425
雙冷齋文集四卷又二卷　（清）張九章撰　清光緒二十一年(1895)刻本　三册

510000－2741－0006426　6426
雙冷齋文集四卷又二卷雙冷齋文集續刻一卷

四川大學圖書館古籍普查登記目錄

（清）張九章撰　清光緒二十一年(1895)刻本　七冊

510000－2741－0006427　6427
雙梅景闇叢書　（清）葉德輝編　清光緒、宣統間長沙葉氏郋園刻本　五冊

510000－2741－0006428　6428
雙梅景闇叢書　（清）葉德輝編　清光緒、宣統間長沙葉氏郋園刻本　一冊　存四種四卷（鼓詞一卷、萬古愁曲一篇、乾嘉詩壇點將錄一卷、東林點將錄一卷）

510000－2741－0006429　6429
雙佩齋詩集八卷　（清）王友亮撰　**補梅書屋詩草一卷**　（清）王麟生撰　清嘉慶十年(1805)刻本　二冊

510000－2741－0006430　6430
雙佩齋詩集八卷金陵雜詠一卷文集四卷駢體文集一卷　（清）王友亮撰　**補梅書屋詩草一卷**　（清）王麟生撰　清嘉慶十年(1805)刻本　四冊

510000－2741－0006431　6431
雙滕書屋詩集十二卷試帖一卷　（清）何道生著　**月波舫遺稿一卷**　（清）何熙績撰　清道光刻本　四冊

510000－2741－0006432　6432
水道參考三卷首一卷　（清）胡祖翮撰　清同治十一年(1872)湖北崇文書局刻荊楚修疏指要本　一冊

510000－2741－0006433　6433
水道提綱二十八卷　（清）齊召南編錄　清光緒二十四年(1898)新化三昧書室刻本　八冊

510000－2741－0006434　6434
水道提綱二十八卷　（清）齊召南編錄　清光緒五年(1879)宏達堂刻本　五冊　缺四卷（一至四）

510000－2741－0006435　6435
水道提綱二十八卷　（清）齊召南編錄　清光緒五年(1879)宏達堂刻本　六冊

510000－2741－0006436　6436
水道提綱二十八卷　（清）齊召南編錄　清光緒五年(1879)宏達堂刻本　六冊

510000－2741－0006437　6437
水滸後傳八卷四十回　（明）陳忱著　（清）蔡奡評　清紹裕堂刻本　八冊

510000－2741－0006438　6438
水經釋地八卷　（清）孔繼涵撰　清光緒六年(1880)會稽章氏刻本　二冊

510000－2741－0006439　6439
水經四十卷　（漢）桑欽撰　（北魏）酈道元注　**山海經十八卷**　（晉）郭璞傳　清康熙項氏群玉書堂刻本　十二冊

510000－2741－0006440　6440
水經四十卷　（漢）桑欽撰　（北魏）酈道元注　清康熙項氏群玉書堂刻本　十冊

510000－2741－0006441　6441
水經四十卷　（漢）桑欽撰　（北魏）酈道元注　清古閩晏湖張氏勵志書屋刻本　十八冊

510000－2741－0006442　6442
水經五種　（□）□□輯　清光緒六年(1880)會稽章氏刻本　二十四冊

510000－2741－0006443　6443
水經注匯校四十卷首一卷　（北魏）酈道元撰　（清）楊希閔彙校　**水經注釋附錄二卷**　（清）趙一清錄　清光緒七年(1881)福州刻本　十冊

510000－2741－0006444　6444
水經注箋刊誤十二卷　（清）趙一清撰　清光緒六年(1880)會稽章氏刻本　九冊

510000－2741－0006445　6445
水經注釋四十卷首一卷附錄二卷水經注箋刊誤十二卷　（清）趙一清撰　清乾隆五十一年(1786)趙氏小山堂刻五十九年(1794)修改印本　二十四冊

510000－2741－0006446　6446
水經注釋四十卷首一卷附錄二卷　（清）趙一

四川大學圖書館古籍普查登記目錄

清録　清光緒六年(1880)會稽章氏刻本　十九冊

510000－2741－0006447　6447

水經注釋四十卷首一卷附録二卷水經注箋刊誤十二卷　（清）趙一清録　清光緒六年(1880)蛟川花雨樓張氏刻本　二十四冊

510000－2741－0006448　6448

水經注釋四十卷首一卷附録二卷水經注箋刊誤十二卷　（清）趙一清録　清光緒六年(1880)蛟川花雨樓張氏刻本　二十冊

510000－2741－0006449　6449

水經注疏要刪補遺四十卷　（清）楊守敬纂　清宣統元年(1909)刻本　四冊

510000－2741－0006450　6450

水經注疏要刪四十卷補遺一卷　（清）楊守敬纂　清光緒三十一年(1905)觀海堂刻本　六冊

510000－2741－0006451　6451

水經注疏要刪四十卷補遺一卷　（清）楊守敬纂　清光緒三十一年(1905)観海堂刻本　六冊

510000－2741－0006452　6452

水經注四十卷首一卷附録一卷　（北魏）酈道元撰　清光緒十八年(1892)思賢講舍刻本　二十冊

510000－2741－0006453　6453

水經注四十卷首一卷附録一卷　（北魏）酈道元撰　清光緒十八年(1892)思賢講舍刻本　二十冊

510000－2741－0006454　6454

水經注四十卷首一卷　（北魏）酈道元撰　**附録二卷**　（清）趙一清録　清光緒二十三年(1897)新化三味書室刻本　十六冊

510000－2741－0006455　6455

水經注四十卷首一卷　（北魏）酈道元撰　**附録二卷**　（清）趙一清録　清光緒二十三年(1897)新化三味書室刻本　十六冊

510000－2741－0006456　6456

水經注四十卷首一卷　（北魏）酈道元撰　**附録二卷**　（清）趙一清録　清光緒二十三年(1897)新化三味書室刻本　十六冊

510000－2741－0006457　6457

水經注四十卷首一卷　（北魏）酈道元撰　**附録二卷**　（清）趙一清録　清光緒二十三年(1897)新化三味書室刻本　十九冊　缺二卷（附録二卷）

510000－2741－0006458　6458

水經注圖說殘稾四卷　（清）董祐誠撰　清光緒六年(1880)會稽章氏刻本　一冊

510000－2741－0006459　6459

水經注圖四十卷補一卷　（清）楊守敬撰　清光緒三十一年(1905)觀海堂刻本　八冊

510000－2741－0006460　6460

水經注圖一卷附録一卷　（清）汪士鐸撰　清咸豐十一年(1861)刻本　一冊

510000－2741－0006461　6461

水經注西南諸水考三卷　（清）陳澧撰　清光緒湘鄉蔣氏龍安郡署刻求實齋叢書本　一冊

510000－2741－0006462　6462

水經注潁不分卷　（清）簡燊輯　清抄本　一冊

510000－2741－0006463　6463

水南詩集二卷　（清）許儒龍撰　**容齋詩集四卷**　（清）岳鍾琪撰　**竹有詩集二卷**　（清）何椿齡撰　清道光八年(1828)刻本　一冊

510000－2741－0006464　6464

水南詩集二卷水南文集二卷　（清）許儒龍著　清咸豐五年至六年(1855－1856)刻本　四冊

510000－2741－0006465　6465

水師保身法一卷　（法國）勒羅阿撰　（英國）伯克雷譯　（清）程鑾　（清）趙元益重譯　清末江南製造總局刻本　一冊

510000－2741－0006466　6466

四川大學圖書館古籍普查登記目録

水師保身法一卷　（法國）勒羅阿撰　（英國）伯克雷譯　（清）程鑾　（清）趙元益重譯　清末江南製造總局刻本　一冊

510000－2741－0006467　6467

水師保身法一卷　（法國）勒羅阿撰　（英國）伯克雷譯　（清）程鑾　（清）趙元益重譯　清末江南製造總局刻本　一冊

510000－2741－0006468　6468

水師操練十八卷首一卷附録一卷　（英國）戰船部撰　（英國）傅蘭雅口譯　（清）徐建寅筆述　清同治十三年（1874）江南製造局刻本　二冊

510000－2741－0006469　6469

水師章程十四卷續編六卷　（英國）水師兵部撰　（美國）林樂知口譯　（清）鄭昌棪筆述　清光緒五年（1879）江南製造局刻本　十六冊

510000－2741－0006470　6470

水田居文集五卷　（清）賀貽孫著　清勅書樓刻本　八冊

510000－2741－0006471　6471

水竹主人詩鈔十一卷嘯餘小草一卷　（清）周之楷著　清光緒十一年（1885）刻本　六冊

510000－2741－0006472　6472

說郛續四十六卷　（明）陶珽輯　清順治三年（1646）李際期宛委山堂刻本　三十六冊　存三十六卷（一至三十六）

510000－2741－0006473　6473

說郛一百二十卷　（元）陶宗儀輯　清順治三年（1646）李際期宛委山堂刻本　九十六冊

510000－2741－0006474　6474

說郛一百二十卷說郛續四十六卷　（元）陶宗儀輯　清順治三年（1646）李際期宛委山堂刻本　一百五冊　存一百四卷（說郛一至三、五至八、十至七十，說郛續一至三十六）

510000－2741－0006475　6475

說郛一百二十卷　（元）陶宗儀輯　清順治三年（1646）李際期宛委山堂刻本　一冊　存

目録

510000－2741－0006476　6476

說經堂詩草不分卷　（清）楊銳著　清光緒、宣統間刻本　一冊

510000－2741－0006477　6477

說經囈語一卷　（清）左寶森撰　清道光二十八年（1848）刻本　一冊

510000－2741－0006478　6478

說鈴　（清）吳震方輯　清康熙、雍正間刻本　二十冊

510000－2741－0006479　6479

說鈴　（清）吳震方輯　清康熙、雍正間刻本　十二冊

510000－2741－0006480　6480

說文本經答問二卷　（清）鄭知同撰　清光緒十六年（1890）廣雅書局刻本　一冊

510000－2741－0006481　6481

說文辨疑一卷　（清）顧廣圻撰　清光緒三年（1877）湖北崇文書局刻本　一冊

510000－2741－0006482　6482

說文辨疑一卷　（清）顧廣圻撰　清光緒三年（1877）湖北崇文書局刻本　一冊

510000－2741－0006483　6483

說文辨字正俗八卷　（清）李富孫撰　清嘉慶二十一年（1816）刻本　四冊

510000－2741－0006484　6484

說文辨字正俗八卷　（清）李富孫撰　清嘉慶二十一年（1816）刻本　四冊

510000－2741－0006485　6485

說文辨字正俗八卷　（清）李富孫撰　清嘉慶二十一年（1816）刻本　四冊

510000－2741－0006486　6486

說文部首讀本一卷　（清）嘯雲主人編　清末蜀西什邑富興堂刻本　一冊

510000－2741－0006487　6487

說文部首讀本一卷　（清）嘯雲主人編　清末

四川大學圖書館古籍普查登記目録

湖北武昌書局刻本　一冊

510000－2741－0006488　6488

說文測義七卷附二徐說文同異一卷　（清）董
詔輯　清道光四年（1824）謝玉珩刻本　二冊

510000－2741－0006489　6489

說文答問疏證六卷　（清）薛傳均撰　清道光
十八年（1838）刻本　一冊

510000－2741－0006490　6490

說文疊韻二卷首一卷末一卷　（清）劉熙載輯
　清光緒刻本　二冊

510000－2741－0006491　6491

說文段注撰要九卷　（清）馬壽齡撰　清光緒
九年（1883）金陵胡恩燮刻本　四冊

510000－2741－0006492　6492

**說文分韻易知錄五卷說文重文標目五卷說文
分畫易知錄一卷**　（清）許巽行編纂　清光緒
五年（1879）華亭許嘉德刻本　十冊

510000－2741－0006493　6493

說文古本考十四卷　（清）沈濤纂　清光緒十
年（1884）吳縣潘氏滂喜齋刻本　八冊

510000－2741－0006494　6494

說文古籀補十四卷附錄一卷　（清）吳大澂撰
　清光緒二十四年（1898）湖南刻本　二冊

510000－2741－0006495　6495

說文管見三卷　（清）胡秉虔撰　清同治十二
年（1873）世澤樓刻本　一冊

510000－2741－0006496　6496

說文管見三卷　（清）胡秉虔撰　清同治十二
年（1873）世澤樓刻本　一冊

510000－2741－0006497　6497

說文繫傳校錄三十卷　（清）王筠撰　清咸豐
七年（1857）安邱王氏刻本　四冊

510000－2741－0006498　6498

說文繫傳校錄三十卷　（清）王筠撰　清咸豐
七年（1857）安邱王氏刻本　三冊

510000－2741－0006499　6499

說文檢字二卷　（清）毛謨輯　清末刻本
二冊

510000－2741－0006500　6500

說文檢字二卷　（清）毛謨輯　清末刻本　一
冊　存一卷（上）

510000－2741－0006501　6501

說文檢字二卷　（清）毛謨輯　清末刻本
二冊

510000－2741－0006502　6502

說文檢字二卷　（清）毛謨著　清末刻本
一冊

510000－2741－0006503　6503

說文建首字讀一卷　（清）苗夔點定　清咸豐
元年（1851）理董居刻本　一冊

510000－2741－0006504　6504

說文建首字讀一卷　（清）苗夔點定　清咸豐
元年（1851）理董居刻本　一冊

510000－2741－0006505　6505

說文楬原二卷　（清）張行孚綴　清光緒十年
（1884）後知不足齋刻本　二冊

510000－2741－0006506　6506

說文楬原二卷　（清）張行孚綴　清光緒十八
年（1892）揚州刻本　一冊

510000－2741－0006507　6507

說文解字斠銓十四卷　（清）錢坫撰　清光緒
九年（1883）淮南書局刻本　六冊

510000－2741－0006508　6508

說文解字舊音一卷　（清）畢沅撰輯　清光緒
御風樓刻本　一冊

510000－2741－0006509　6509

說文解字句讀三十卷　（漢）許氏記　（清）王
筠撰集　清光緒八年（1882）四川尊經書局刻
本　十四冊

510000－2741－0006510　6510

說文解字句讀三十卷　（漢）許氏記　（清）王
筠撰集　清光緒八年（1882）四川尊經書局刻
本　十四冊

四川大學圖書館古籍普查登記目錄

510000－2741－0006511　6511
說文解字句讀三十卷　（漢）許氏記　（清）王
筠撰集　清光緒八年(1882)四川尊經書局刻
本　十四冊

510000－2741－0006512　6512
說文解字句讀三十卷　（漢）許氏記　（清）王
筠撰集　清光緒八年(1882)四川尊經書局刻
本　十四冊

510000－2741－0006513　6513
說文解字句讀三十卷　（漢）許氏記　（清）王
筠撰集　清光緒八年(1882)四川尊經書局刻
本　十四冊

510000－2741－0006514　6514
說文解字句讀三十卷　（漢）許氏記　（清）王
筠撰集　清光緒八年(1882)四川尊經書局刻
本　十四冊

510000－2741－0006515　6515
說文解字句讀三十卷補正一卷　（漢）許氏記
　（清）王筠撰集　清道光三十年(1850)刻同
治四年(1865)補刻彙印本　十五冊

510000－2741－0006516　6516
說文解字十五卷標目一卷　（漢）許慎記
（宋）徐鉉校定　清光緒二年(1876)川東官舍
刻本　八冊

510000－2741－0006517　6517
說文解字十五卷標目一卷　（漢）許慎記
（宋）徐鉉校定　清光緒二年(1876)川東官舍
刻本　八冊

510000－2741－0006518　6518
說文解字十五卷標目一卷　（漢）許慎記
（宋）徐鉉校定　清同治十年(1871)刻本
八冊

510000－2741－0006519　6519
說文解字十五卷　（漢）許慎記　（宋）徐鉉校
定　清同治十二年(1873)粵東書局刻本
五冊

510000－2741－0006520　6520

說文解字十五卷標目一卷　（漢）許慎記
（宋）徐鉉校定　清同治十年(1871)刻本
八冊

510000－2741－0006521　6521
說文解字十五卷標目一卷　（漢）許慎記
（宋）徐鉉校定　清同治十年(1871)刻本
六冊

510000－2741－0006522　6522
說文解字十五卷標目一卷　（漢）許慎記
（宋）徐鉉校定　清刻本　六冊

510000－2741－0006523　6523
說文解字十五卷標目一卷　（漢）許慎記
（宋）徐鉉校定　明毛氏汲古閣刻本　六冊

510000－2741－0006524　6524
說文解字通釋四十卷　（宋）徐鍇傳釋　（宋）
朱翱反切　清道光十九年(1839)刻本　二冊
存五卷(二十五至二十九)

510000－2741－0006525　6525
**說文解字通釋四十卷說文解字繫傳校勘記三
卷**　（宋）徐鍇傳釋　（宋）朱翱反切　清光緒
元年(1875)川東刻本　八冊

510000－2741－0006526　6526
**說文解字通釋四十卷說文解字繫傳校勘記三
卷**　（宋）徐鍇傳釋　（宋）朱翱反切　清光緒
元年(1875)川東刻本　五冊　缺十六卷(一
至十六)

510000－2741－0006527　6527
**說文解字通釋四十卷說文解字繫傳校勘記三
卷**　（宋）徐鍇傳釋　（宋）朱翱反切　清光緒
元年(1875)川東刻本　八冊

510000－2741－0006528　6528
**說文解字通釋四十卷說文解字繫傳校勘記三
卷**　（宋）徐鍇傳釋　（宋）朱翱反切　清光緒
元年(1875)川東刻本　八冊

510000－2741－0006529　6529
**說文解字通釋四十卷說文解字繫傳校勘記三
卷**　（宋）徐鍇傳釋　（宋）朱翱反切　清光緒

四川大學圖書館古籍普查登記目錄

元年(1875)川東刻本　八冊

510000－2741－0006530　6530
說文解字五音韻譜十二卷　(漢)許慎撰
(宋)李燾重編　明萬曆二十六年(1598)陳大
科刻本　八冊

510000－2741－0006531　6531
說文解字校錄十五卷附說文刊誤一卷說文玉
篇校錄一卷墓誌一卷　(漢)許慎記　(清)鈕
樹玉撰　清光緒十一年(1885)江蘇書局刻本
十四冊

510000－2741－0006532　6532
說文解字義證五十卷　(清)桂馥撰　清同治
九年(1870)湖北崇文書局刻本　三十二冊

510000－2741－0006533　6533
說文解字義證五十卷　(清)桂馥撰　清同治
九年(1870)湖北崇文書局刻本　三十二冊

510000－2741－0006534　6534
說文解字注匡謬八卷　(清)徐承慶撰　清光
緒九年(1883)歸安姚氏刻蘇州振新書社印本
四冊

510000－2741－0006535　6535
說文解字注十五卷六書音均表五卷　(清)段
玉裁撰　說文部目分韻一卷　(清)陳奐撰
清光緒三年(1877)成都尊經書院刻本　十
六冊

510000－2741－0006536　6536
說文解字注十五卷六書音均表五卷　(清)段
玉裁撰　說文部目分韻一卷　(清)陳奐撰
清光緒三年(1877)成都尊經書院刻本　十五
冊　缺五卷(六書音均表五卷)

510000－2741－0006537　6537
說文解字注十五卷六書音均表五卷　(清)段
玉裁撰　說文部目分韻一卷　(清)陳奐撰
清光緒三年(1877)成都尊經書院刻本　十
六冊

510000－2741－0006538　6538
說文解字注十五卷六書音均表五卷　(清)段

玉裁撰　說文部目分韻一卷　(清)陳奐撰
清同治六年至十一年(1867－1872)蘇州保息
局刻本　十六冊

510000－2741－0006539　6539
說文解字注十五卷六書音均表五卷　(清)段
玉裁撰　說文部目分韻一卷　(清)陳奐撰
清光緒三年(1877)成都尊經書院刻本　十
六冊

510000－2741－0006540　6540
說文解字注十五卷六書音均表五卷　(清)段
玉裁撰　說文部目分韻一卷　(清)陳奐撰
清光緒三年(1877)成都尊經書院刻本　十
六冊

510000－2741－0006541　6541
說文解字注十五卷六書音均表五卷　(清)段
玉裁撰　說文部目分韻一卷　(清)陳奐撰
清光緒三年(1877)成都尊經書院刻本　二十
三冊　缺一卷(說文解字注三)

510000－2741－0006542　6542
說文解字注十五卷六書音均表五卷　(清)段
玉裁撰　說文部目分韻一卷　(清)陳奐撰
清同治七年(1868)丁日昌刻本　三十冊　缺
二卷(說文解字注四上、八上)

510000－2741－0006543　6543
說文解字注十五卷六書音均表五卷　(清)段
玉裁撰　說文部目分韻一卷　(清)陳奐撰
清同治十一年(1872)崇文書局刻本　十四冊
缺五卷(六書音均表五卷)

510000－2741－0006544　6544
說文解字注十五卷六書音均表五卷　(清)段
玉裁撰　說文解字通檢十四卷首一卷末一卷
(清)黎永椿撰　說文解字注匡謬八卷
(清)徐承慶撰　清宣統二年(1910)上海蜚英
館石印本(再版,光緒十四年初版)　八冊

510000－2741－0006545　6545
說文解字注十五卷六書音均表五卷　(清)段
玉裁撰　說文解字通檢十四卷首一卷末一卷
(清)黎永椿撰　說文解字注匡謬八卷

四川大學圖書館古籍普查登記目錄

（清）徐承慶撰　清光緒三十四年(1908)上海
錦章書局石印本　八冊

510000－2741－0006546　6546
說文蟲箋十四卷　（清）潘奕雋述　清同治十
三年(1874)三松堂刻本　四冊

510000－2741－0006547　6547
說文拈字七卷附補遺一卷　（清）王玉樹撰
清嘉慶八年(1803)芳梫堂刻本　八冊

510000－2741－0006548　6548
說文聲系十四卷　（清）姚文田撰　清嘉慶九
年(1804)刻本　二冊

510000－2741－0006549　6549
說文釋例二十卷附補正　（清）王筠學　清同
治四年(1865)刻本　十冊

510000－2741－0006550　6550
說文釋例二十卷附補正　（清）王筠撰　清光
緒九年(1883)成都御風樓刻本　二十冊

510000－2741－0006551　6551
說文釋例二十卷附補正　（清）王筠撰　清光
緒九年(1883)成都御風樓刻本　二十冊

510000－2741－0006552　6552
說文釋例二十卷附補正　（清）王筠撰　清光
緒九年(1883)成都御風樓刻本　二十冊

510000－2741－0006553　6553
說文釋例二十卷附補正　（清）王筠撰　清同
治四年(1865)刻本　十四冊

510000－2741－0006554　6554
說文釋例二十卷附補正　（清）王筠撰　清光
緒九年(1883)成都御風樓刻本　二十冊

510000－2741－0006555　6555
說文釋例二十卷附補正　（清）王筠撰　清光
緒九年(1883)成都御風樓刻本　二十冊

510000－2741－0006556　6556
說文提要一卷　（清）陳建侯撰　清光緒七年
(1881)渝雅盫刻本　一冊

510000－2741－0006557　6557

說文通檢十四卷首一卷末一卷　（清）黎永椿
編　清光緒二年(1876)崇文書局刻本　二冊

510000－2741－0006558　6558
說文通檢十四卷首一卷末一卷　（清）黎永椿
編　清光緒四年(1878)宏達堂刻本　四冊

510000－2741－0006559　6559
**說文通訓定聲十八卷分部檢韻一卷古今韻準
一卷說雅十九篇**　（清）朱駿聲撰　**行述一卷**
　（清）朱孔彰撰　清道光二十八年(1848)黟
縣學舍刻同治九年(1870)朱孔彰修補印本
二十九冊　存二十一卷(說文通訓定聲十八
卷、分部檢韻一卷、古今韻準一卷、行述一卷)

510000－2741－0006560　6560
**說文通訓定聲十八卷分部檢韻一卷古今韻準
一卷說雅十九篇**　（清）朱駿聲撰　**行述一卷**
　（清）朱孔彰撰　清光緒十三年(1887)上海
積山書局石印本　八冊

510000－2741－0006561　6561
**說文通訓定聲十八卷分部檢韻一卷古今韻準
一卷說雅十九篇**　（清）朱駿聲撰　**行述一卷**
　（清）朱孔彰撰　清道光二十八年(1848)黟
縣學舍刻同治九年(1870)朱孔彰修補印本
三十一冊

510000－2741－0006562　6562
**說文通訓定聲十八卷分部檢韻一卷古今韻準
一卷說雅十九篇**　（清）朱駿聲撰　**行述一卷**
　（清）朱孔彰撰　清道光二十八年(1848)黟
縣學舍刻同治九年(1870)朱孔彰修補印本
二十三冊　存十九卷(說文通訓定聲十八卷、
分部檢韻一卷)

510000－2741－0006563　6563
**說文通訓定聲十八卷分部檢韻一卷古今韻準
一卷說雅十九篇**　（清）朱駿聲撰　**行述一卷**
　（清）朱孔彰撰　清道光二十八年(1848)黟
縣學舍刻本　二十四冊

510000－2741－0006564　6564
**說文通訓定聲十八卷分部檢韻一卷古今韻準
一卷說雅十九篇**　（清）朱駿聲撰　**行述一卷**

四川大學圖書館古籍普查登記目錄

（清）朱孔彰撰　清道光二十八年(1848)黟
縣學舍刻本　二十四册

510000－2741－0006565　6565
說文通訓定聲十八卷分部檢韻一卷古今韻準
一卷說雅十九篇　（清）朱駿聲撰　行述一卷
　（清）朱孔彰撰　清道光二十八年(1848)黟
縣學舍刻同治九年(1870)朱孔彰修補印本
二十四册

510000－2741－0006566　6566
說文通訓定聲十八卷分部檢韻一卷古今韻準
一卷說雅十九篇　（清）朱駿聲撰　行述一卷
　（清）朱孔彰撰　清道光二十八年(1848)黟
縣學舍刻同治九年(1870)朱孔彰修補印本
十六册

510000－2741－0006567　6567
說文通訓定聲十八卷分部檢韻一卷古今韻準
一卷說雅十九篇　（清）朱駿聲撰　行述一卷
　（清）朱孔彰撰　清道光二十八年(1848)黟
縣學舍刻同治九年(1870)朱孔彰修補印本
二十四册

510000－2741－0006568　6568
說文外編十六卷　（清）雷浚撰　劉氏碎金一
卷　（清）劉禧延撰　清光緒二年(1876)雷浚
刻本　六册

510000－2741－0006569　6569
說文外編十六卷　（清）雷浚撰　劉氏碎金一
卷　（清）劉禧延撰　清光緒二年(1876)雷浚
刻本　四册

510000－2741－0006570　6570
說文校勘記一卷　（清）惠棟撰　清抄本
一册

510000－2741－0006571　6571
說文校議十五卷　（清）姚文田　（清）嚴可均
撰　清同治十三年(1874)歸安姚氏刻本
四册

510000－2741－0006572　6572
說文校議十五卷　（清）姚文田　（清）嚴可均
撰　清同治十三年(1874)歸安姚氏刻本

五册

510000－2741－0006573　6573
說文校議十五卷　（清）姚文田　（清）嚴可均
撰　清同治十三年(1874)歸安姚氏刻本
四册

510000－2741－0006574　6574
說文校議十五卷　（清）姚文田　（清）嚴可均
撰　清同治十三年(1874)歸安姚氏刻本
五册

510000－2741－0006575　6575
說文校議十五卷　（清）姚文田　（清）嚴可均
撰　清同治十三年(1874)歸安姚氏刻本
五册

510000－2741－0006576　6576
說文新附考六卷附說文續考一卷　（清）鈕樹
玉撰　清同治十三年(1874)湖北崇文書局刻
本　一册

510000－2741－0006577　6577
說文新附考六卷附說文續考一卷　（清）鈕樹
玉撰　清同治十三年(1874)湖北崇文書局刻
本　六册

510000－2741－0006578　6578
說文新坿考六卷　（清）鄭珍記　說文經字考
一卷　（清）陳壽祺譔　清光緒七年(1881)刻
本　三册

510000－2741－0006579　6579
說文新坿考六卷　（清）鄭珍記　說文經字考
一卷　（清）陳壽祺譔　清光緒七年(1881)刻
本　三册

510000－2741－0006580　6580
說文新坿考六卷　（清）鄭珍記　說文經字考
一卷　（清）陳壽祺譔　清光緒七年(1881)刻
本　三册

510000－2741－0006581　6581
說文新坿考六卷　（清）鄭珍記　說文經字考
一卷　（清）陳壽祺譔　清光緒七年(1881)刻
本　二册　缺一卷(說文經字考一卷)

四川大學圖書館古籍普查登記目錄

510000－2741－0006582　6582

說文新坿考六卷　（清）鄭珍記　**說文經字考一卷**　（清）陳壽祺譔　清光緒七年（1881）刻本　三冊

510000－2741－0006583　6583

說文新坿考六卷　（清）鄭珍記　**說文經字考一卷**　（清）陳壽祺譔　清光緒七年（1881）刻本　三冊

510000－2741－0006584　6584

說文逸字辯證二卷　（清）鄭珍撰　（清）李楨辯證　清光緒十一年（1885）李楨畹蘭室刻本　二冊

510000－2741－0006585　6585

說文逸字二卷　（清）鄭珍撰　**附錄一卷**　（清）鄭知同輯　清光緒長沙章氏經濟書堂刻本　二冊

510000－2741－0006586　6586

說文逸字二卷　（清）鄭珍撰　**附錄一卷**　（清）鄭知同輯　清咸豐刻本　二冊

510000－2741－0006587　6587

說文引經考二卷　（清）吳玉搢撰　清光緒歸安姚氏咫進齋刻本　一冊

510000－2741－0006588　6588

說文引經考二卷補遺一卷　（清）吳玉搢撰　清刻本　二冊

510000－2741－0006589　6589

說文引經考證七卷說文引經互異說一卷　（清）陳瑑學　清同治十三年（1874）湖北崇文書局刻本　二冊

510000－2741－0006590　6590

說文引經考證七卷說文引經互異說一卷　（清）陳瑑學　清同治十三年（1874）湖北崇文書局刻本　八冊

510000－2741－0006591　6591

說文引經考證七卷說文引經互異說一卷　（清）陳瑑學　清同治十三年（1874）湖北崇文書局刻本　二冊

510000－2741－0006592　6592

說文引經證例二十四卷　（清）承培元撰　清光緒二十一年（1895）廣雅書局刻本　六冊

510000－2741－0006593　6593

說文韻譜校五卷　（清）王筠著　清光緒歸安姚氏咫進齋刻本　四冊

510000－2741－0006594　6594

說文字原一卷　（元）周伯琦編注　（明）胡正言訂篆　清刻本　一冊

510000－2741－0006595　6595

說疫全書　（清）劉奎著　清道光二十六年（1846）刻本　八冊

510000－2741－0006596　6596

說苑二十卷　（漢）劉向撰　清光緒元年（1875）湖北崇文書局刻本　四冊

510000－2741－0006597　6597

朔方備乘六十八卷首十二卷　（清）何秋濤撰　清末寶善書局石印本　八冊

510000－2741－0006598　6598

碩藹園全集十卷　（明）蒲秉權著　清光緒元年（1875）刻本　十冊

510000－2741－0006599　6599

司空表聖文集十卷　（唐）司空圖撰　清光緒三十一年（1905）仁和朱氏刻本　一冊

510000－2741－0006600　6600

司空詩品註釋一卷　（唐）司空表聖撰　**文品一卷**　（清）夏肇庸著　**詞品一卷**　（清）郭伯祥撰　**賦品一卷**　（□）□□撰　**書品一卷**　（清）黃鉞撰　**畫品一卷**　（□）□□撰　清光緒八年（1882）射洪墨香書屋刻本　二冊

510000－2741－0006601　6601

司馬氏書儀十卷　（宋）司馬光撰　清同治七年（1868）江蘇書局刻本　一冊

510000－2741－0006602　6602

司馬氏書儀十卷　（宋）司馬光撰　清同治七年（1868）江蘇書局刻朱印本　四冊

510000－2741－0006603　6603

四川大學圖書館古籍普查登記目錄

司馬溫公稽古録二十卷　（宋）司馬光撰　清
同治十一年(1872)湖北崇文書局刻本　四冊

510000－2741－0006604　6604

司馬溫公稽古録二十卷　（宋）司馬光撰　清
同治十一年(1872)湖北崇文書局刻本　四冊

510000－2741－0006605　6605

司馬溫公稽古録二十卷　（宋）司馬光撰　清
同治十一年(1872)湖北崇文書局刻本　四冊

510000－2741－0006606　6606

司馬溫公稽古録二十卷　（宋）司馬光撰　清
同治十一年(1872)湖北崇文書局刻本　四冊

510000－2741－0006607　6607

司馬溫公文集十四卷首一卷　（宋）司馬光撰
　（清）張伯行重訂　清光緒七年(1881)趙省
莪紅杏山房刻本　六冊

510000－2741－0006608　6608

司馬溫公文集十四卷首一卷　（宋）司馬光撰
　（清）張伯行重訂　清光緒七年(1881)趙省
莪紅杏山房刻本　六冊

510000－2741－0006609　6609

司馬溫公文集十四卷首一卷　（宋）司馬光撰
　（清）張伯行重訂　清光緒七年(1881)趙省
莪紅杏山房刻本　六冊

510000－2741－0006610　6610

司馬文正公傳家集八十卷目録二卷　（宋）司
馬光撰　（清）陳弘謀輯　清乾隆六年(1741)
培遠堂刻本　十冊　存七十四卷(一至七十
二、目録二卷)

510000－2741－0006611　6611

思辨録輯要前集二十二卷後集十三卷　（清）
陸世儀撰　清光緒三年(1877)江蘇書局刻本
八冊

510000－2741－0006612　6612

思辨録輯要前集二十二卷後集十三卷　（清）
陸世儀撰　清光緒三年(1877)江蘇書局刻本
八冊

510000－2741－0006613　6613

思誠堂集三卷　（清）劉鴻典著　永思堂賸稿
一卷　（清）顏懷清著　清宣統元年(1909)刻
本　四冊

510000－2741－0006614　6614

思理學揭要七章　（英國）卜道成編譯　（清）
周雲路筆述　（清）張欽纂修　清宣統二年
(1910)上海美華書館鉛印本　一冊

510000－2741－0006615　6615

思綺堂文集十卷　（清）章藻功撰　清刻本
十冊

510000－2741－0006616　6616

思綺堂文集十卷　（清）章藻功撰　清刻本
五冊

510000－2741－0006617　6617

思綺堂文集十卷　（清）章藻功撰　清康熙六
十一年(1722)刻本　十冊

510000－2741－0006618　6618

思適齋集十八卷儀鄭堂殘稿二卷　（清）顧廣
圻撰　清道光二十九年(1849)上海徐渭仁校
刻本　四冊

510000－2741－0006619　6619

思痛記二卷　（清）李圭撰　清光緒六年
(1880)師一齋刻本　一冊

510000－2741－0006620　6620

思益堂詩鈔六卷詞鈔一卷古文二卷日札十卷
　（清）周壽昌撰　清光緒十四年(1888)刻本
六冊

510000－2741－0006621　6621

思益堂日札十卷　（清）周壽昌撰　清光緒十
四年(1888)刻本　三冊

510000－2741－0006622　6622

斯未録二卷　（清）強望泰著　清同治四年
(1865)刻本　一冊

510000－2741－0006623　6623

斯未録二卷　（清）強望泰著　清同治四年
(1865)刻本　一冊

510000－2741－0006624　6624

四川大學圖書館古籍普查登記目録

317

巳畦集二十二卷附原詩四卷 （清）葉燮撰
清康熙葉氏二棄草堂刻本 四冊 存二十一
卷(巳畦集一至二十一)

510000－2741－0006625 6625

四川成都第一次商業勸工會調查表一卷
（□）□□編 清光緒三十二年(1906)刻本
一冊

510000－2741－0006626 6626

四川成武將軍行署赴皖招募補充隊簡章
（□）□□編 清末四川官印刷局鉛印本
一冊

510000－2741－0006627 6627

四川川漢鐵路公司大事紀略 川漢鐵路公司
輯 清宣統元年(1909)鉛印本 一冊

510000－2741－0006628 6628

四川督署會議廳宣統二年審查諮議局議案彙
編□□卷 （清）四川督署會議廳審查科編輯
清宣統三年(1911)刻本 一冊 存一卷
(四)

510000－2741－0006629 6629

四川高等學堂國文講義初編 （清）王昌麟撰
清末刻本 一冊

510000－2741－0006630 6630

四川官報 （清）四川官報社編 清光緒三十
一年(1905)鉛印本 二冊 存二卷(十一、十
四)

510000－2741－0006631 6631

四川官運鹽案類編二十七卷首一卷 （清）唐
炯編 清光緒七年(1881)成都刻本 十冊

510000－2741－0006632 6632

四川官運鹽案類編九十卷首一卷 （清）唐炯
編 （清）王季寅續輯 （清）夏時重訂
(清)華國英增輯 清光緒二十八年(1902)瀘
州總局刻本 二十四冊

510000－2741－0006633 6633

四川官運鹽案續編十五卷 （清）唐炯編 清
光緒七年(1881)成都刻本 四冊

510000－2741－0006634 6634

四川鹽道計岸官運鹽案彙輯(甲辰綱)八卷
(清)四川計岸官運總局文案所纂集 清光緒
三十年(1904)刻本 二冊

510000－2741－0006635 6635

四川鹽道計岸官運鹽案彙輯(癸卯綱)十卷
(清)四川計岸官運總局文案所纂輯 清光緒
二十九年(1903)刻本 八冊

510000－2741－0006636 6636

四川名勝記四卷 （明）何振卿選 清光緒十
六年(1890)刻本 二冊

510000－2741－0006637 6637

四川邛州大邑縣鄉土志不分卷 （清）紹曾修
（清）查體仁纂 清末民初抄本 四冊

510000－2741－0006638 6638

四川全省出產行銷價物表 （清）陸鍾岱編
清光緒三十年(1904)官報書局石印本 一冊

510000－2741－0006639 6639

四川全圖一百五十幅 （清）董邦達等繪 清
乾隆彩繪本 一冊

510000－2741－0006640 6640

四川商辦鐵路駐宜公司第二期報告冊 四川
商辦鐵路駐宜公司編 清末鉛印本 二冊

510000－2741－0006641 6641

四川省成都府雙流縣鄉土志不分卷 （清）
□□編 清末抄本 三冊

510000－2741－0006642 6642

四川省情實人犯招冊 （□）□□編 清末抄
本 二冊

510000－2741－0006643 6643

四川綏定府太平縣編錄鄉土志一卷 （清）
□□編 清末民初抄本 一冊

510000－2741－0006644 6644

與知錄一卷 （清）傅光弼撰 清光緒十八年
(1892)刻本 一冊

510000－2741－0006645 6645

四川鄉試試卷不分卷 （清）□□編 清光緒

四川大學圖書館古籍普查登記目錄

二十八年(1902)刻本　一册

510000 – 2741 – 0006646　6646

四川鄉試闈墨一卷　(清)□□編　清光緒二十九年(1903)衡文堂鉛印本　一册

510000 – 2741 – 0006647　6647

四川新設爐霍屯志略不分卷　(清)李之珂纂修　清光緒三十二年(1906)鉛印本　三册

510000 – 2741 – 0006648　6648

四川新設爐霍屯志略不分卷　(清)李之珂纂修　清光緒三十二年(1906)鉛印本　二册

510000 – 2741 – 0006649　6649

四川新設爐霍屯志略不分卷　(清)李之珂纂修　清光緒三十二年(1906)鉛印本　一册

510000 – 2741 – 0006650　6650

四川新設爐霍屯志略不分卷　(清)李之珂纂修　清光緒三十二年(1906)鉛印本　一册

510000 – 2741 – 0006651　6651

四川新設爐霍屯志略不分卷　(清)李之珂纂修　清光緒三十二年(1906)鉛印本　一册

510000 – 2741 – 0006652　6652

四川學務文件彙編四卷　(□)□□編　清末刻本　四册

510000 – 2741 – 0006653　6653

四川學務文件彙編四卷　(□)□□編　清末刻本　四册

510000 – 2741 – 0006654　6654

四川學政任内諮不分卷　(□)□□編　清末抄本　一册

510000 – 2741 – 0006655　6655

四川鹽道計岸官運鹽案彙輯(癸卯綱)十卷　(清)四川計岸官運總局文案所纂集　清光緒三十年(1904)四川計岸官運總局刻本　二册　存六卷(甲至丙、庚至壬)

510000 – 2741 – 0006656　6656

四川鹽法志四十卷首一卷　(清)丁寶楨總纂　(清)羅文彬編輯　(清)高啓文　(清)吳紹伯繪圖　清光緒刻本　二十册

510000 – 2741 – 0006657　6657

四川鹽法志四十卷首一卷　(清)丁寶楨總纂　(清)羅文彬編輯　(清)高啓文　(清)吳紹伯繪圖　清光緒刻本　二十册

510000 – 2741 – 0006658　6658

四川鹽法志四十卷首一卷　(清)丁寶楨總纂　(清)羅文彬編輯　(清)高啓文　(清)吳紹伯繪圖　清光緒刻本　十六册

510000 – 2741 – 0006659　6659

四川鹽法志四十卷首一卷　(清)丁寶楨總纂　(清)羅文彬編輯　(清)高啓文　(清)吳紹伯繪圖　清光緒刻本　二十册

510000 – 2741 – 0006660　6660

四川忠義總錄三十一卷附霆軍二卷續錄二卷　(清)吳慶坻等纂　清光緒二十五年(1899)刻本　二十四册

510000 – 2741 – 0006661　6661

四川忠義總錄三十一卷附霆軍二卷續錄二卷　(清)吳慶坻等纂　清光緒二十五年(1899)刻本　二十四册

510000 – 2741 – 0006662　6662

四川忠義總錄三十一卷附霆軍二卷續錄二卷　(清)吳慶坻等纂　清光緒二十五年(1899)刻本　四十册

510000 – 2741 – 0006663　6663

四川諮議局籌辦處第三次報告書　四川諮議局籌辦處輯　清末鉛印本　一册

510000 – 2741 – 0006664　6664

四川諮議局第一次議事錄　(□)□□編　清宣統二年(1910)鉛印本　三册

510000 – 2741 – 0006665　6665

四川諮議局籌辦處第三次報告書　四川諮議局籌辦處輯　清末鉛印本　一册

510000 – 2741 – 0006666　6666

四川諮議局籌辦處第三次報告書　四川諮議局籌辦處輯　清末鉛印本　一册

510000 – 2741 – 0006667　6667

四川大學圖書館古籍普查登記目錄

四川諮議局籌辦處第三次報告書　四川諮議
局籌辦處輯　清末鉛印本　一冊

510000－2741－0006668　6668
四川諮議局籌辦處第三次報告書　四川諮議
局籌辦處輯　清末鉛印本　一冊

510000－2741－0006669　6669
四川諮議局第一次議事録　四川諮議局輯
清末成都印書館鉛印本　二冊

510000－2741－0006670　6670
四川奏定警察章程　（□）□□編　清末刻本
一冊

510000－2741－0006671　6671
繡像漢宋奇書　□□輯　清刻本　二十冊

510000－2741－0006672　6672
四大奇書第一種六十卷　（明）羅貫中撰
（清）毛宗崗評　清同治二年（1863）刻本　十
六冊

510000－2741－0006673　6673
四分戒本一卷　（後秦）佛陀耶舍　（後秦）竺
佛念譯　清道光十八年（1838）四川成都刻本
一冊

510000－2741－0006674　6674
四家宮詞二卷　（明）楊慎批評　（明）朱萬選
校訂　明萬曆、崇禎刻本　一冊

510000－2741－0006675　6675
四家選集　（清）張懷泗選　清刻本　四冊

510000－2741－0006676　6676
四教考略八章　（英國）季理斐譯　清光緒三
十年（1904）上海商務印書館鉛印本　一冊

510000－2741－0006677　6677
四經合卷　（□）□□輯　元刻本　一冊

510000－2741－0006678　6678
四經精華　（清）魏朝俊輯　清光緒十一年
（1885）魏氏古香閣刻本　十三冊

510000－2741－0006679　6679
四科簡效方四卷　（清）王士雄選　清光緒十

一年（1885）越州徐氏刻本　二冊

510000－2741－0006680　6680
四科簡效方四卷　（清）王士雄選　清光緒十
一年（1885）越州徐氏刻本　二冊

510000－2741－0006681　6681
四庫簡明目録標註二十卷　（清）邵懿辰等撰
清宣統三年（1911）仁和邵氏刻本　六冊

510000－2741－0006682　6682
四庫全書書目表四卷附四庫未收書目表一卷
（清）李滋然編　清宣統三年（1911）京師京
華印書局鉛印本　四冊

510000－2741－0006683　6683
四庫未收書目提要五卷　（清）阮元撰　清光
緒九年（1883）成都御風樓刻本　三冊

510000－2741－0006684　6684
四禮初稿四卷　（明）宋纁撰　四禮約言四卷
（明）呂維祺撰　清康熙刻本　二冊

510000－2741－0006685　6685
四禮初稿四卷　（明）宋纁撰　四禮約言四卷
（明）呂維祺撰　清康熙刻本　一冊

510000－2741－0006686　6686
四禮初稿四卷　（明）宋纁撰　四禮約言四卷
（明）呂維祺撰　清康熙刻本　一冊

510000－2741－0006687　6687
四禮翼一卷　（明）呂坤撰　清道光二十八年
（1848）刻本　一冊

510000－2741－0006688　6688
四禮翼一卷　（明）呂坤撰　清光緒八年
（1882）津河廣仁堂校刻本　一冊

510000－2741－0006689　6689
四六叢話三十三卷選詩叢話一卷　（清）孫梅
輯　清光緒七年（1881）吳下刻本　十一冊
存三十二卷（一至三十二）

510000－2741－0006690　6690
四六叢話三十三卷選詩叢話一卷　（清）孫梅
輯　清光緒七年（1881）吳下刻本　十二冊

四川大學圖書館古籍普查登記目録

510000－2741－0006691　6691

四六叢話三十三卷選詩叢話一卷　（清）孫梅輯　清光緒七年(1881)吳下刻本　十二冊

510000－2741－0006692　6692

四六叢話三十三卷選詩叢話一卷　（清）孫梅輯　清光緒七年(1881)吳下刻本　十二冊

510000－2741－0006693　6693

四六法海十二卷　（明）王志堅輯　明天啓七年(1627)刻本　十六冊

510000－2741－0006694　6694

四六徽音集四卷後集四卷　（明）馮夢禎等評選　續集四卷徽集四卷　（明）湯賓尹選評　明刻本　八冊

510000－2741－0006695　6695

四聲切韻表一卷　（清）江永著　清刻本　一冊

510000－2741－0006696　6696

四聲易知錄四卷　（清）姚文田撰　清光緒八年(1882)廣州補刻本　二冊

510000－2741－0006697　6697

四書備考二十八卷　（明）陳仁錫增訂　明崇禎七年(1634)陳氏刻本　十六冊　存二十六卷(一至十、十三至二十八)

510000－2741－0006698　6698

四書辨疑十五卷　（元）陳天祥撰　清康熙刻通志堂經解本　四冊

510000－2741－0006699　6699

四書補註備旨十二卷首一卷　（明）鄧林撰（清）杜定基增訂　清光緒十二年(1886)魏氏古香閣刻本　十二冊

510000－2741－0006700　6700

四書補註備旨十二卷首一卷　（明）鄧林撰（清）杜定基增訂　清光緒十二年(1886)魏氏古香閣刻本　十一冊　存十一卷(二至十二)

510000－2741－0006701　6701

四書大成直講辨誤一卷　（清）李錫書撰　清道光七年(1827)刻本　一冊

510000－2741－0006702　6702

四書大全四十七卷　（明）胡廣（明）楊榮等撰（清）汪份增訂　清康熙汪氏遄喜齋刻本　二十冊

510000－2741－0006703　6703

四書典故覈八卷　（清）凌曙撰　清嘉慶十三年(1808)刻本　四冊

510000－2741－0006704　6704

四書反身錄十七卷　（清）李顒撰　清同治六年(1867)牛樹梅刻本　四冊

510000－2741－0006705　6705

四書反身錄十七卷　（清）李顒撰　清刻本　四冊

510000－2741－0006706　6706

四書反身錄五卷　（清）李顒口授（清）王心錄　清宣統二年(1910)成都國學研究會刻本　四冊

510000－2741－0006707　6707

四書反身錄五卷　（清）李顒口授（清）王心錄　清宣統二年(1910)成都國學研究會刻本　四冊

510000－2741－0006708　6708

四書恒解十卷　（清）劉沅輯註　清光緒十年(1884)刻本　九冊　缺一卷(下論下)

510000－2741－0006709　6709

四書集注十九卷　（宋）朱熹撰　清光緒三十二年(1906)上海商務印書館鉛印本　五冊　缺二卷(孟子四至五)

510000－2741－0006710　6710

四書集注十九卷　（宋）朱熹撰　清光緒三十二年(1906)上海商務印書館鉛印本　五冊　缺三卷(孟子一至三)

510000－2741－0006711　6711

四書集注十九卷　（宋）朱熹撰　清刻本　十一冊　缺一卷(大學一卷)

510000－2741－0006712　6712

四書集注十九卷　（宋）朱熹撰　清末四川刻

四川大學圖書館古籍善書登記目錄

本　六册

510000－2741－0006713　6713

四書集注十九卷　（宋）朱熹撰　（清）王賡言
圈點　**四書集字音義辨一卷**　清道光二十八
年(1848)萬青銓刻朱墨套印本　五册　缺五
卷(論語六至十)

510000－2741－0006714　6714

四書集注十九卷　（宋）朱熹撰　清同治十三
年(1874)江西書局刻本　五册　存十七卷
(大學一卷、中庸一卷、孟子一至五、論語一至
十)

510000－2741－0006715　6715

四書箋解十一卷　（清）王夫之撰　清光緒二
十年(1894)王之春鄂藩官廨刻本　三册　缺
二卷(三至四)

510000－2741－0006716　6716

四書經史摘證七卷　（清）宋繼種輯　清道光
二十四年(1844)四賢書屋刻本　五册

510000－2741－0006717　6717

四書經注集證十九卷孔子弟子考一卷　（清）
吳昌宗輯　清刻本　十二册

510000－2741－0006718　6718

四書考異七十二卷　（清）翟灝學　清精專閣
刻本　六册　存三十六卷(上編一至三十六)

510000－2741－0006719　6719

**四書釋地補一卷續補一卷又續補一卷三續補
一卷**　（清）閻若璩撰　（清）樊廷枚校補　清
嘉慶二十一年(1816)梅陽海涵堂刻本　六册

510000－2741－0006720　6720

四書釋地一卷續一卷又續一卷三續一卷
（清）閻若璩撰　清乾隆五十二年(1787)吳照
刻本　六册

510000－2741－0006721　6721

四書疏註撮言大全三十七卷　（清）胡蓉芝輯
（清）江春廷編　清刻本　二十册

510000－2741－0006722　6722

四書疏註撮言大全三十七卷　（清）胡蓉芝輯

（清）江春廷編　清刻本　二十册

510000－2741－0006723　6723

四書說約三十三卷認理提綱一卷　（明）鹿善
繼著　清道光二十八年(1848)刻本　四册

510000－2741－0006724　6724

四書說約三十三卷認理提綱一卷　（明）鹿善
繼著　清道光二十八年(1848)刻本　四册

510000－2741－0006725　6725

四書通二十六卷　（元）胡炳文撰　清抄本
八册

510000－2741－0006726　6726

四書訓義三十八卷　（宋）朱熹撰　（清）王夫
之訓義　清光緒十九年(1893)湖南宏達書局
刻本　三十六册

510000－2741－0006727　6727

四書約旨十九卷　（清）任啓運撰　清光緒二
十年(1894)浙江官書局刻本　十二册

510000－2741－0006728　6728

四書章句集注十九卷　（宋）朱熹章句　清末
四川同文堂刻本　六册

510000－2741－0006729　6729

四書章句集注十九卷　（宋）朱熹撰　清嘉慶
十年(1805)刻本　五册　缺二卷(孟子四至
五)

510000－2741－0006730　6730

四書正本十九卷　（宋）朱熹章句　清同治四
年(1865)童氏忠恕堂刻本　十二册

510000－2741－0006731　6731

四書正本十九卷　（宋）朱熹章句　清同治四
年(1865)童氏忠恕堂刻本　十二册

510000－2741－0006732　6732

四書朱子本義匯參四十三卷首四卷　（清）王
步青撰　（清）王士龍編　清刻本　三十册

510000－2741－0006733　6733

**四書朱子異同條辨大學三卷中庸三卷論語二
十卷孟子十四卷**　（清）李沛霖　（清）李禎訂
清康熙四十一年(1702)藜光樓刻本　四

四川大學圖書館古籍普查登記目錄

十冊

510000－2741－0006734　6734

四書字詁七十八卷檢字一卷　（清）段諤廷撰
（清）黃本驥編訂　清道光二十九年（1849）
刻本　二十冊

510000－2741－0006735　6735

四銅鼓齋論畫集刻　（清）張祥河輯　清宣統
元年（1909）北京會文齋刻本　四冊

510000－2741－0006736　6736

四銅鼓齋論畫集刻　（清）張祥河輯　清宣統
元年（1909）北京會文齋刻本　四冊

510000－2741－0006737　6737

四易貫一八卷　（清）梁春霖撰　清咸豐八年
（1858）刻本　四冊　存一卷（一）

510000－2741－0006738　6738

四裔編年表四卷　（美國）林樂知　（清）嚴良
勳譯　（清）李鳳苞彙編　清末江南製造總局
刻本　四冊

510000－2741－0006739　6739

四裔編年表四卷　（美國）林樂知　（清）嚴良
勳譯　（清）李鳳苞彙編　清末江南製造總局
刻本　四冊

510000－2741－0006740　6740

四裔編年表四卷　（美國）林樂知　（清）嚴良
勳譯　（清）李鳳苞彙編　清末江南製造總局
刻本　三冊　缺一卷（三）

510000－2741－0006741　6741

四裔編年表四卷　（美國）林樂知　（清）嚴良
勳譯　（清）李鳳苞彙編　清末江南製造總局
刻本　四冊

510000－2741－0006742　6742

四裔編年表四卷　（美國）林樂知　（清）嚴良
勳譯　（清）李鳳苞彙編　清末江南製造總局
刻本　四冊

510000－2741－0006743　6743

四裔編年表四卷　（美國）林樂知　（清）嚴良
勳譯　（清）李鳳苞彙編　清末江南製造總局

刻本　四冊

510000－2741－0006744　6744

四裔編年表四卷　（美國）林樂知　（清）嚴良
勳譯　（清）李鳳苞彙編　清光緒二十三年
（1897）石印本　四冊

510000－2741－0006745　6745

四憶堂詩集六卷　（清）侯方域撰　清同治十
二年（1873）繡谷趙氏紅杏山房刻本　二冊

510000－2741－0006746　6746

四友遺詩　（清）曾紀澤　（清）李鴻裔
（清）章永康　（清）高心夔撰　清光緒二十年
（1894）遵義黎庶昌川東使署刻本　五冊

510000－2741－0006747　6747

四友遺詩　（清）曾紀澤　（清）李鴻裔
（清）章永康　（清）高心夔撰　清光緒二十年
（1894）遵義黎庶昌川東使署刻本　四冊　缺
二卷（陶堂志微錄四、形景盦續錄一卷）

510000－2741－0006748　6748

四元釋例不分卷　（清）易之瀚撰　清末抄本
二冊

510000－2741－0006749　6749

**四元玉鑑細艸三卷四象細艸假令之圖一卷坿
增一卷**　（元）朱世傑編述　（清）羅士琳補草
清光緒十七年（1891）成都志古堂刻本
十冊

510000－2741－0006750　6750

**四元玉鑑細艸三卷四象細艸假令之圖一卷坿
增一卷**　（元）朱世傑編述　（清）羅士琳補草
清道光十六年（1836）刻本　十冊

510000－2741－0006751　6751

**四元玉鑑細艸三卷四象細艸假令之圖一卷坿
增一卷**　（元）朱世傑編述　（清）羅士琳補草
清道光十六年（1836）刻本　十冊

510000－2741－0006752　6752

四忠遺集　（清）□□輯　清光緒二十三年
（1897）湘南書局刻本　二十冊

510000－2741－0006753　6753

四川大學圖書館古籍普查登記目錄

四忠遺集　（清）□□輯　清光緒二十三年(1897)湘南書局刻本　二十八冊

510000－2741－0006754　6754

俟後編六卷　（明）王敬臣著　俟後編補錄一卷　（明）王敬臣著　（明）陳仁錫纂　仁孝先生事略附錄一卷　（清）彭定求輯　清同治八年(1869)蘇州王炳木活字印本　一冊

510000－2741－0006755　6755

俟命錄十卷　（清）方宗誠撰　清光緒三年(1877)刻本　四冊

510000－2741－0006756　6756

笥河文集十六卷首一卷　（清）朱筠撰　清光緒刻本　六冊

510000－2741－0006757　6757

松冠堂詩鈔八卷我簫詞三卷松冠山人自訂年譜一卷　（清）趙崇慶著　清光緒二十三年(1897)趙恩祐刻本　六冊

510000－2741－0006758　6758

松冠堂詩鈔八卷我簫詞三卷松冠山人自訂年譜一卷　（清）趙崇慶著　清光緒二十三年(1897)趙恩祐刻本　六冊

510000－2741－0006759　6759

松花菴全集　（清）吳鎮撰　清乾隆刻本　八冊

510000－2741－0006760　6760

松廬圖題詠錄一卷　（清）鄧元鏸輯　清光緒二十三年(1897)刻本　一冊

510000－2741－0006761　6761

松壽堂詩鈔十卷　（清）陳夔龍撰　清宣統三年(1911)京師刻本　四冊

510000－2741－0006762　6762

松圓浪淘集十八卷目錄三卷松圓偈菴集二卷　（明）程嘉燧撰　明天啓刻本　六冊

510000－2741－0006763　6763

松圓浪淘集十八卷目錄三卷松圓偈菴集二卷　（明）程嘉燧撰　清宣統順德鄧氏風雨樓鉛印本　六冊

510000－2741－0006764　6764

嵩厓尊生書十五卷　（清）景日昣著　清刻本　八冊

510000－2741－0006765　6765

宋百家詩存二十卷　（清）曹庭棟選輯　清乾隆六年(1741)嘉善曹氏二六書堂刻本　二十冊

510000－2741－0006766　6766

宋稗類鈔八卷　（清）潘永因編輯　清刻本　八冊

510000－2741－0006767　6767

宋本十三經注疏併經典釋文校勘記　（清）阮元撰　清嘉慶阮元文選樓刻本　四十八冊

510000－2741－0006768　6768

宋本十三經注疏併經典釋文校勘記　（清）阮元撰　清嘉慶阮元文選樓刻本　四十八冊

510000－2741－0006769　6769

宋本十三經注疏附校勘記　（清）阮元編錄　清光緒十三年(1887)石印本　四十冊

510000－2741－0006770　6770

宋博士唐先生文集三十卷　（宋）唐庚著　清抄本　四冊

510000－2741－0006771　6771

宋朝事實二十卷末一卷　（宋）李攸撰　清刻武英殿聚珍版叢書本　八冊

510000－2741－0006772　6772

宋朝事實二十卷末一卷　（宋）李攸撰　清刻武英殿聚珍版叢書本　八冊

510000－2741－0006773　6773

宋陳文節公詩集五卷文集十九卷首一卷末一卷　（宋）陳傅良撰　清道光十四年(1834)刻本　八冊

510000－2741－0006774　6774

宋大家歐陽文忠公文鈔三十二卷　（宋）歐陽修撰　（明）茅坤評　明萬曆茅氏刻唐宋八大家文抄本　八冊　存二十一卷(一至二十一)

510000－2741－0006775　6775

四川大學圖書館古籍普查登記目錄

宋大家歐陽文忠公文鈔三十二卷歐陽文忠公
新唐書鈔一卷 （宋）歐陽修撰 （明）茅坤評
明崇禎元年(1628)刻茅氏唐宋八大家文抄
本 十六冊

510000－2741－0006776 6776
宋大家蘇文忠公文鈔二十八卷 （宋）蘇軾撰
（明）茅坤評 明崇禎元年(1628)刻茅氏唐
宋八大家文抄本 十冊

510000－2741－0006777 6777
范文正公忠宣公全集七十三卷 （宋）范仲淹
（宋）范純仁撰 （清）范時崇 （清）范能
濬編 清康熙四十六年(1707)范氏歲寒堂刻
本 二十四冊

510000－2741－0006778 6778
宋范文正忠宣二公全集 （宋）范仲淹 （宋）
范純仁撰 （清）范時崇 （清）范能濬編 清
宣統二年(1910)鄒福保刻本 十六冊

510000－2741－0006779 6779
宋范文正忠宣二公全集 （宋）范仲淹 （宋）
范純仁撰 （清）范時崇 （清）范能濬編 清
宣統二年(1910)鄒福保刻本 十六冊

510000－2741－0006780 6780
宋洪魏公進萬首唐人絕句四十卷目錄四卷
(宋)洪邁輯 （明）趙宧光 （明）黃習遠增
補 明萬曆三十五年(1607)趙宧光刻本 十
八冊 存三十九卷(一至八、十一至十八、二
十一至四十,目錄一至三)

510000－2741－0006781 6781
宋黃文節公文集正集三十二卷外集二十四卷
別集十九卷首四卷 （宋）黃庭堅撰 清乾隆
三十年(1765)緝香堂刻本 二十二冊

510000－2741－0006782 6782
宋金元詩永二十卷補遺二卷 （清）吳綺輯
清康熙思永堂刻本 十冊

510000－2741－0006783 6783
宋李忠定公文集選二十九卷奏議選十五卷首
四卷 （宋）李綱撰 （明）左光先選 （明）
李春熙輯 清康熙八年(1669)李榮芳、李榮

英刻本 十六冊

510000－2741－0006784 6784
宋六十名家詞 （明）毛晉輯 清光緒十四年
(1888)錢塘汪氏刻本 二十九冊

510000－2741－0006785 6785
宋六十名家詞 （明）毛晉輯 清光緒十四年
(1888)錢塘汪氏刻本 二十一冊

510000－2741－0006786 6786
宋六十名家詞 （明）毛晉輯 清光緒十四年
(1888)錢塘汪氏刻本 二十四冊

510000－2741－0006787 6787
宋六十一家詞選十二卷 （清）馮煦輯 清宣
統二年(1910)埽葉山房石印本 四冊

510000－2741－0006788 6788
宋論十五卷 （清）王夫之譔 清道光二十七
年(1847)聽雨軒刻本 四冊

510000－2741－0006789 6789
宋論十五卷 （清）王夫之譔 清道光二十七
年(1847)聽雨軒刻本 五冊

510000－2741－0006790 6790
宋論十五卷 （清）王夫之譔 清光緒二十八
年(1902)志古堂刻本 四冊

510000－2741－0006791 6791
宋論十五卷 （清）王夫之譔 清光緒二十八
年(1902)志古堂刻本 六冊

510000－2741－0006792 6792
宋名家詞 （明）毛晉輯 明末虞山毛氏汲古
閣刻本 四冊 存六種六卷(蘆川詞一卷、洺
水詞一卷、歸愚詞一卷、龍州詞一卷、龍川詞
一卷、于湖詞一卷)

510000－2741－0006793 6793
宋七家詞選七卷 （清）戈載輯 清宣統三年
(1911)掃葉山房石印本 三冊

510000－2741－0006794 6794
宋七家詞選七卷附玉田先生樂府指迷一卷
(清)戈載輯 清光緒十一年(1885)刻本
三冊

四川大學圖書館古籍普查登記目錄

510000 – 2741 – 0006795　6795

宋潛溪先生祠墓防護録一卷 （清）孫鏘編輯
清末刻本　一冊

510000 – 2741 – 0006796　6796

宋人小說類編四卷補鈔一卷 （清）紅晚翠軒
餘叟編　清同治十年(1871)刻本　二冊

510000 – 2741 – 0006797　6797

宋儒學案約編二十二卷 （清）曾學傳撰　清
宣統鉛印本　一冊　存五卷(十一至十五)

510000 – 2741 – 0006798　6798

宋儒學案約編二十二卷 （清）曾學傳撰　清
宣統鉛印本　四冊

510000 – 2741 – 0006799　6799

宋儒學案約編二十二卷 （清）曾學傳撰　清
宣統鉛印本　四冊

510000 – 2741 – 0006800　6800

宋三人集 （宋）張景編　清光緒七年(1881)
巴陵方功惠刻本　六冊

510000 – 2741 – 0006801　6801

宋少保信國公文文山先生全集十六卷首一卷
　（宋）文天祥撰　清道光二十五年(1845)文
氏刻本　十冊

510000 – 2741 – 0006802　6802

宋詩鈔初集 （清）呂留良　（清）吳之振
（清）吳爾堯輯　清康熙十年(1671)吳氏鑑古
堂刻本　三十八冊

510000 – 2741 – 0006803　6803

宋詩鈔四集 （清）呂留良　（清）吳之振
（清）吳爾堯輯　清康熙十年(1671)吳氏鑑古
堂刻本　三十一冊　缺一卷(東坡詩鈔一卷)

510000 – 2741 – 0006804　6804

宋詩紀事一百卷 （清）厲鶚輯　清乾隆十一
年(1746)厲鶚樊榭山房刻本　三十二冊

510000 – 2741 – 0006805　6805

宋詩紀事一百卷 （清）厲鶚輯　清乾隆十一
年(1746)厲鶚樊榭山房刻本　四十八冊

510000 – 2741 – 0006806　6806

510000 – 2741 – 0006806　6806

宋十五家詩選 （清）陳訏輯　清康熙三十二
年(1693)刻本　十冊

510000 – 2741 – 0006807　6807

宋史紀事本末一百九卷 （明）馮琦原編
（明）陳邦瞻增訂　（明）張溥論正　清光緒二
十四年(1898)湖南思賢書局刻本　二十冊

510000 – 2741 – 0006808　6808

宋史紀事本末一百九卷 （明）馮琦原編
（明）陳邦瞻增訂　（明）張溥論正　清光緒二
十四年(1898)湖南思賢書局刻本　十五冊
缺十六卷(七十五至八十一、九十五至一百
三)

510000 – 2741 – 0006809　6809

宋史紀事本末一百九卷 （明）馮琦原編
（明）陳邦瞻增訂　（明）張溥論正　清同治十
三年(1874)江西書局刻本　二冊　存十二卷
(九十三至一百四)

510000 – 2741 – 0006810　6810

宋史紀事本末一百九卷 （明）馮琦原編
（明）陳邦瞻增訂　（明）張溥論正　清同治十
三年(1874)江西書局刻本　二十冊

510000 – 2741 – 0006811　6811

宋史四百九十六卷目録三卷 （元）脫脫等撰
　明成化七年至十六年(1471 – 1480)朱英刻
嘉靖、萬曆、清順治、康熙、乾隆遞修本　一百
二十冊

510000 – 2741 – 0006812　6812

宋史四百九十六卷目録三卷 （元）脫脫等撰
　明萬曆二十七年(1599)北京國子監刻本
九十七冊　存二百三十四卷(一至二百十二、
二百三十、三百六至三百二十三,目録三卷)

510000 – 2741 – 0006813　6813

宋史翼四十卷 （清）陸心源輯　清同治、光
緒間刻潛園總集本　十冊

510000 – 2741 – 0006814　6814

宋史翼四十卷 （清）陸心源輯　清同治、光
緒間刻潛園總集本　十冊

四川大學圖書館古籍普查登記目録

510000－2741－0006815　6815

宋史藝文志補一卷　（清）倪燦撰　清光緒二十四年(1898)晦齋刻本　一冊

510000－2741－0006816　6816

宋書一百卷　（南朝梁）沈約撰　明萬曆二十六年(1598)北京國子監刻本　四十八冊

510000－2741－0006817　6817

宋書一百卷　（南朝梁）沈約撰　明萬曆二十二年(1594)南京國子監刻清順治、康熙遞修本　二十八冊

510000－2741－0006818　6818

宋司馬文正公年譜一卷　（清）陳宏謀輯　清乾隆刻本　一冊

510000－2741－0006819　6819

宋四家詞選　（清）周濟輯　清道光十二年(1832)刻本　一冊

510000－2741－0006820　6820

宋四家詞選　（清）周濟輯　清道光十二年(1832)刻本　一冊

510000－2741－0006821　6821

宋四六選二十四卷　（清）曹振鏞編　清乾隆四十一年(1776)刻本　十二冊

510000－2741－0006822　6822

宋四六選二十四卷　（清）曹振鏞編　清同治四年(1865)刻本　八冊

510000－2741－0006823　6823

宋四名家詩二十七卷　（清）周之麟（清）柴升選輯　清康熙刻本　六冊

510000－2741－0006824　6824

宋四子抄釋　（明）呂柟撰　清道光二十六年(1846)宏道書院刻惜蔭軒叢書本　八冊

510000－2741－0006825　6825

宋瑣語不分卷　（清）郝懿行撰　清嘉慶二十一年(1816)曬書堂刻本　六冊

510000－2741－0006826　6826

宋王復齋鐘鼎款識不分卷　（清）阮元編錄　清嘉慶揚州阮氏刻本　一冊

510000－2741－0006827　6827

宋王黃州小畜集三十卷　（宋）王禹偁撰　清乾隆二十五年(1760)趙熟典愛日堂刻本　六冊

510000－2741－0006828　6828

宋王忠文公文集五十卷目錄四卷　（宋）王十朋撰　（清）唐傳鉎重編　**梅溪王忠文公年譜一卷**　（清）徐炯文編　清雍正七年(1729)唐傳鉎刻本　二十冊

510000－2741－0006829　6829

宋王忠文公文集五十卷目錄四卷　（宋）王十朋撰　（清）唐傳鉎重編　**梅溪王忠文公年譜一卷**　（清）徐炯文編　清光緒二年(1876)刻本　十五冊　缺五卷(五至九)

510000－2741－0006830　6830

宋王忠文公文集五十卷目錄四卷　（宋）王十朋撰　（清）唐傳鉎重編　**梅溪王忠文公年譜一卷**　（清）徐炯文編　清光緒二年(1876)刻本　二十冊

510000－2741－0006831　6831

宋王忠文公文集五十卷目錄四卷　（宋）王十朋撰　（清）唐傳鉎重編　**梅溪王忠文公年譜一卷**　（清）徐炯文編　清光緒二年(1876)刻本　二十冊

510000－2741－0006832　6832

宋文鑑一百五十卷目錄三卷　（宋）呂祖謙輯　明嘉靖五年(1526)晉藩養德書院刻本　四十冊

510000－2741－0006833　6833

宋文鑑一百五十卷目錄三卷　（宋）呂祖謙編　清光緒十二年(1886)江蘇書局刻本　二十四冊

510000－2741－0006834　6834

宋文鑑一百五十卷目錄三卷　（宋）呂祖謙編　清光緒十二年(1886)江蘇書局刻本　二十三冊　缺三卷(目錄三卷)

510000－2741－0006835　6835

宋文鑑一百五十卷目錄三卷　（宋）呂祖謙編

四川大學圖書館古籍普查登記目錄

清光緒十二年(1886)江蘇書局刻本　二十
四冊

510000－2741－0006836　6836

宋文鑑一百五十卷目録三卷　(宋)呂祖謙編
清光緒十二年(1886)江蘇書局刻本　二十
四冊

510000－2741－0006837　6837

宋文鑑一百五十卷目録三卷　(宋)呂祖謙編
清光緒十二年(1886)江蘇書局刻本　二十
四冊

510000－2741－0006838　6838

宋文鑑一百五十卷目録三卷　(宋)呂祖謙編
清光緒十二年(1886)江蘇書局刻本　二十
四冊

510000－2741－0006839　6839

宋文憲公全集□□卷　(明)宋濂撰　清宣統
三年至民國五年(1911－1916)四明孫氏成都
刻本(校勘樣本)　十六冊

510000－2741－0006840　6840

宋文憲公文集八十三卷首四卷　(明)宋濂撰
年譜一卷　清宣統三年至民國五年(1911－
1916)四明孫氏成都刻本　二十八冊

510000－2741－0006841　6841

宋學士全集三十二卷補遺八卷附録二卷
(明)宋濂撰　清同治胡氏退補齋刻本　四
十冊

510000－2741－0006842　6842

宋元舊本書經眼録三卷附録二卷　(清)莫友
芝撰　清同治刻本　二冊

510000－2741－0006843　6843

宋元舊本書經眼録三卷附録二卷　(清)莫友
芝撰　清同治刻本　一冊

510000－2741－0006844　6844

宋元舊本書經眼録三卷附録二卷　(清)莫友
芝撰　清同治十二年(1873)獨山莫氏刻本
一冊

510000－2741－0006845　6845

宋元名家詞　(清)江標輯　清光緒二十一年
(1895)湖南思賢書局刻本　四冊

510000－2741－0006846　6846

宋元名家詞　(清)江標輯　清光緒二十一年
(1895)湖南思賢書局刻本　四冊

510000－2741－0006847　6847

宋元名家詞　(清)江標輯　清光緒二十一年
(1895)湖南思賢書局刻本　四冊

510000－2741－0006848　6848

宋元通鑑一百五十七卷　(明)薛應旂撰　明
嘉靖四十五年(1566)刻本　四十冊

510000－2741－0006849　6849

宋元通鑑一百五十七卷　(明)薛應旂撰
(明)陳仁錫評閱　明天啓至崇禎陳仁錫刻通
鑑全書本　三十六冊

510000－2741－0006850　6850

宋元學案粹語一卷　(清)吳虞録　清光緒三
十三年(1907)文倫書局鉛印本　一冊

510000－2741－0006851　6851

宋元學案一百卷首一卷　(清)黃宗羲撰　清
光緒五年(1879)長沙寄廬刻本　四十冊

510000－2741－0006852　6852

宋元學案一百卷首一卷　(清)黃宗羲撰　清
光緒五年(1879)長沙寄廬刻本　四十冊

510000－2741－0006853　6853

宋元學案一百卷首一卷　(清)黃宗羲撰　清
光緒五年(1879)長沙寄廬刻本　四十二冊

510000－2741－0006854　6854

宋元學案一百卷首一卷　(清)黃宗羲撰　清
光緒五年(1879)長沙寄廬刻本　四十冊

510000－2741－0006855　6855

宋元學案一百卷首一卷　(清)黃宗羲撰　清
光緒五年(1879)長沙寄廬刻本　四十冊

510000－2741－0006856　6856

宋元學案一百卷首一卷　(清)黃宗羲撰　清
光緒五年(1879)長沙寄廬刻本　四十八冊

四川大學圖書館古籍普查登記目録

510000 - 2741 - 0006857　6857

宋元以來畫人姓氏錄三十六卷首一卷 （清）魯駿編輯　清道光元年(1821)刻本　十六冊

510000 - 2741 - 0006858　6858

宋宗忠簡公文集四卷補遺一卷首一卷年譜一卷遺事二卷 （宋）宗澤撰　清同治十二年(1873)三原劉質慧述荊堂刻本　四冊

510000 - 2741 - 0006859　6859

訟過齋日記六卷 （清）毛輝鳳著　清光緒九年(1883)眉州刻本　一冊　存三卷(一至三)

510000 - 2741 - 0006860　6860

誦芬室叢刊 （清）董康輯　清光緒至民國武進董氏刻本　五冊

510000 - 2741 - 0006861　6861

誦芬小榭詩草一卷 （清）梁清芬撰　清光緒二十四年(1898)刻本　一冊

510000 - 2741 - 0006862　6862

搜采異聞錄五卷 （宋）永亨撰　**閑窗括異志一卷** （宋）魯應龍撰　明萬曆會稽商氏半埜堂刻稗海本　一冊

510000 - 2741 - 0006863　6863

蘇盦文錄二卷駢文錄五卷詩錄八卷詞錄一卷 （清）楊葆光撰　清光緒九年(1883)杭州刻本　五冊

510000 - 2741 - 0006864　6864

蘇盦文錄二卷駢文錄五卷詩錄八卷詞錄一卷 （清）楊葆光撰　清光緒九年(1883)杭州刻本　五冊

510000 - 2741 - 0006865　6865

蘇長公小品四卷 （宋）蘇軾撰　（明）王聖俞評選　明凌啟康刻朱墨套印本　三冊　存三卷(二至四)

510000 - 2741 - 0006866　6866

蘇東坡詩集注三十二卷 （宋）蘇軾撰　清同治十年(1871)志實堂刻本　一冊　存二卷(二十九至三十)

510000 - 2741 - 0006867　6867

蘇東坡詩集注三十二卷 （宋）蘇軾撰 （宋）呂祖謙分編 （宋）王十朋纂輯　**年譜一卷** （宋）王宗稷撰　清刻本　十一冊　存十六卷(一至四、八至十、十四至十五、十九至二十一、二十七至三十)

510000 - 2741 - 0006868　6868

蘇東坡詩集註三十二卷 （宋）蘇軾撰 （宋）王十朋集註 （清）朱從延補註　**年譜一卷** （宋）王宗稷撰　清康熙三十七年(1698)文蔚堂刻本(每冊前後均有鈔配,全書均經修補)　十冊

510000 - 2741 - 0006869　6869

蘇東坡詩集註三十二卷 （宋）蘇軾撰 （宋）王十朋集註 （清）朱從延補註　**年譜一卷** （宋）王宗稷撰　**失編一卷** （清）顧嗣立編　清康熙三十七年(1698)文蔚堂刻本　十六冊

510000 - 2741 - 0006870　6870

蘇鄰遺詩續集一卷 （清）李鴻裔撰　清光緒十七年(1891)中江李氏石印本　一冊

510000 - 2741 - 0006871　6871

蘇米志林三卷 （明）毛晉輯　明崇禎毛氏綠君亭刻本　三冊

510000 - 2741 - 0006872　6872

蘇米志林三卷 （明）毛晉輯　明崇禎毛氏綠君亭刻本　三冊

510000 - 2741 - 0006873　6873

蘇沈內翰良方十卷 （宋）蘇軾 （宋）沈括撰　清刻知不足齋叢書本　一冊　存四卷(三至六)

510000 - 2741 - 0006874　6874

蘇沈內翰良方十卷 （宋）蘇軾 （宋）沈括撰 （清）程永培校　清刻本　四冊

510000 - 2741 - 0006875　6875

蘇詩查注補正四卷 （清）沈欽韓撰　清光緒十四年(1888)長洲蔣氏刻本　二冊　缺一卷(二)

510000 - 2741 - 0006876　6876

四川大學圖書館古籍普查登記目錄

蘇詩查注補正四卷 （清）沈欽韓撰 清光緒
十四年（1888）長洲蔣氏刻本 四冊

510000－2741－0006877 6877
蘇氏易傳九卷 （宋）蘇軾撰 明毛氏汲古閣
刻津逮秘書本 六冊

510000－2741－0006878 6878
蘇文忠公海外集四卷 （宋）蘇軾撰 清嘉慶
十九年（1814）刻本 四冊

510000－2741－0006879 6879
蘇文忠公詩編注集成四十六卷總案四十五卷
諸家雜綴酌存一卷蘇海識餘四卷箋詩圖一卷
 （宋）蘇軾撰 （清）王文誥輯注 清光緒十
四年（1888）浙江書局刻本 二十四冊

510000－2741－0006880 6880
蘇文忠公詩編注集成四十六卷總案四十五卷
諸家雜綴酌存一卷蘇海識餘四卷箋詩圖一卷
 （宋）蘇軾撰 （清）王文誥輯注 清光緒十
四年（1888）浙江書局刻本 二十四冊

510000－2741－0006881 6881
蘇文忠公詩集五十卷目錄二卷 （宋）蘇軾撰
 （清）紀昀評點 清同治八年（1869）韞玉山
房刻粵東省城翰墨園印本 十二冊

510000－2741－0006882 6882
蘇文忠公詩集五十卷目錄二卷 （宋）蘇軾撰
 （清）紀昀評點 清同治八年（1869）韞玉山
房刻朱墨套印本 十二冊

510000－2741－0006883 6883
蘇文忠公詩集擇粹十五卷 （宋）蘇軾撰
（清）紀昀批 （清）趙古農擇 清嘉慶二十二
年（1817）刻本 六冊

510000－2741－0006884 6884
蘇文忠公寓惠集四卷 （宋）蘇軾撰 （清）鄭
欽陛增定 清順治十五年（1658）刻本 八冊

510000－2741－0006885 6885
蘇文忠詩合注五十卷首一卷 （宋）蘇軾撰
（清）馮應榴輯訂 清乾隆六十年（1795）踵息
齋刻同治九年（1870）修補印本 十六冊

510000－2741－0006886 6886
蘇文忠詩合注五十卷首一卷 （宋）蘇軾撰
（清）馮應榴輯訂 清乾隆六十年（1795）踵息
齋刻同治九年（1870）修補印本 二十冊

510000－2741－0006887 6887
蘇文忠詩合註五十卷首一卷 （宋）蘇軾撰
（清）馮應榴輯訂 清乾隆六十年（1795）踵息
齋刻同治九年（1870）修補印本 十八冊

510000－2741－0006888 6888
蘇學士文集十六卷 （宋）蘇舜欽撰 清康熙
三十七年（1698）震澤徐氏白華書屋刻本
六冊

510000－2741－0006889 6889
蘇潁濱年表一卷 （宋）孫汝聽撰 清光緒、
宣統間江陰繆氏刻本 一冊

510000－2741－0006890 6890
蘇子美集十卷 （宋）蘇舜欽撰 清同治六年
（1867）刻本 四冊

510000－2741－0006891 6891
蘇子美集十卷 （宋）蘇舜欽撰 清同治六年
（1867）刻本 四冊

510000－2741－0006892 6892
蘇子美集十卷 （宋）蘇舜欽撰 清同治六年
（1867）刻本 四冊

510000－2741－0006893 6893
素書古本一卷三略古本一卷 （漢）黃石公撰
 文王官人一卷 清末觀象廬校刻本 一冊

510000－2741－0006894 6894
素問靈樞類纂約註三卷 （清）汪昂纂輯 清
光緒六年（1880）刻本 三冊

510000－2741－0006895 6895
素問靈樞類纂約註三卷 （清）汪昂纂輯 清
刻本 三冊

510000－2741－0006896 6896
涑水紀聞十六卷 （宋）司馬光撰 清刻武英
殿聚珍版叢書本 四冊

510000－2741－0006897 6897

涑水記聞十六卷　（宋）司馬光撰　清光緒三年(1877)湖北崇文書局刻本　四冊

510000－2741－0006898　6898

粟香二筆八卷　（清）金武祥撰　清光緒九年(1883)刻本　四冊

510000－2741－0006899　6899

粟香室叢書　（清）金武祥編　清光緒至民國江陰金氏刻本　二十七冊

510000－2741－0006900　6900

粟香隨筆八卷　（清）金武祥撰　清光緒七年(1881)刻本　四冊

510000－2741－0006901　6901

粟香隨筆八卷二筆八卷三筆八卷四筆八卷　（清）金武祥撰　清光緒七年至十七年(1881－1891)羊城刻本　十六冊

510000－2741－0006902　6902

遡園文集四卷　（清）賈開宗著　（清）何聚（清）程世英選　（清）賈發秀輯　清道光八年(1828)賈洪信刻本　三冊　缺一卷(卷一第一至二十一葉)

510000－2741－0006903　6903

遡園文集四卷　（清）賈開宗著　（清）何聚（清）程世英選　（清）賈發秀輯　清道光八年(1828)賈洪信刻本　四冊

510000－2741－0006904　6904

算迪八卷　（清）何夢瑤撰　清道光二十五年(1845)南海伍氏刻本　八冊

510000－2741－0006905　6905

算法須知六種共六卷　（□）□□輯　清光緒十三年至十四年(1887－1888)刻本　六冊

510000－2741－0006906　6906

算經十書　（清）孔繼涵輯　清光緒十六年(1890)滬上刻本　十二冊

510000－2741－0006907　6907

算經十書　（清）孔繼涵輯　清光緒十六年(1890)滬上刻本　十冊

510000－2741－0006908　6908

算式集要四卷　（英國）哈司韋輯　（英國）傅蘭雅口譯　（清）江衡筆述　（清）朱彝繪圖　清末江南製造局刻本　二冊

510000－2741－0006909　6909

算式解法十四卷　（美國）開奈利　（美國）好敦司撰　（英國）傅蘭雅口譯　（清）華蘅芳筆述　清光緒二十五年(1899)江南製造總局刻本　二冊

510000－2741－0006910　6910

算式解法十四卷　（美國）開奈利　（美國）好敦司撰　（英國）傅蘭雅口譯　（清）華蘅芳筆述　清光緒二十七年(1901)上海仿西法石印本　二冊

510000－2741－0006911　6911

算式解法十四卷　（美國）開奈利　（美國）好敦司撰　（英國）傅蘭雅口譯　（清）華蘅芳筆述　清光緒二十五年(1899)江南製造總局刻本　二冊

510000－2741－0006912　6912

算學揭要一卷　亞泉學館編輯　清光緒二十七年(1901)上海鍊石齋石印本　一冊

510000－2741－0006913　6913

算學精華　（清）黃炳垕　（清）謝家禾（清）陳昌齊撰　清光緒二十四年(1898)湖南新學書局刻本　六冊

510000－2741－0006914　6914

算學啟蒙三卷　（元）朱世傑撰　清光緒二十二年(1896)石印本　一冊

510000－2741－0006915　6915

算學啟蒙三卷　（元）朱世傑撰　清光緒十五年(1889)志古堂刻本　三冊

510000－2741－0006916　6916

算牖四卷　（清）許桂林撰　清光緒十五年(1889)成都志古堂刻本　二冊

510000－2741－0006917　6917

浮江詩鈔十二卷　（清）劉碩輔撰　清咸豐八年(1858)心書經齋刻本　四冊

四川大學圖書館古籍善書查登記目錄

510000－2741－0006918　6918

浧江詩鈔十二卷　（清）劉碩輔撰　清咸豐八年(1858)心書經齋刻本　四冊　存九卷（一至九）

510000－2741－0006919　6919

隋經籍志考證十三卷　（清）章宗源撰　清刻本　四冊

510000－2741－0006920　6920

隋經籍志考證十三卷　（清）章宗源撰　清刻本　四冊

510000－2741－0006921　6921

隋經籍志考證十三卷　（清）章宗源撰　清光緒三年(1877)湖北崇文書局刻本　四冊

510000－2741－0006922　6922

隋經籍志考證十三卷　（清）章宗源撰　清光緒三年(1877)湖北崇文書局刻本　四冊

510000－2741－0006923　6923

隋經籍志考證十三卷　（清）章宗源撰　清光緒三年(1877)湖北崇文書局刻本　四冊

510000－2741－0006924　6924

隋經籍志考證十三卷　（清）章宗源撰　清光緒三年(1877)湖北崇文書局刻本　四冊

510000－2741－0006925　6925

隋書八十五卷　（唐）長孫無忌等撰　明崇禎毛氏汲古閣刻十七史本　三冊　存十四卷（十四至二十一、二十七至三十二）

510000－2741－0006926　6926

隋書地理志考證九卷補遺一卷　（清）楊守敬撰　清光緒二十二年(1896)刻二十三年(1897)校刻印本　六冊

510000－2741－0006927　6927

隋書經籍志四卷　（唐）長孫無忌等撰　清光緒八年(1882)成都御風樓刻本　四冊

510000－2741－0006928　6928

隋書經籍志四卷　（唐）長孫無忌等撰　清光緒八年(1882)成都御風樓刻本　四冊

510000－2741－0006929　6929

隋息居重訂霍亂論四卷　（清）王士雄纂　清同治二年(1863)陳氏上海崇本堂刻本　二冊

510000－2741－0006930　6930

[道光]綏靖屯志十卷首一卷　（清）李涵元修　（清）潘時彤纂　清道光五年(1825)刻本　一冊

510000－2741－0006931　6931

綏寇紀略十二卷補遺三卷　（清）吳偉業纂輯　（清）張海鵬重校　清嘉慶九年(1804)刻本　六冊

510000－2741－0006932　6932

綏寇紀略十二卷補遺三卷　（清）吳偉業纂輯　（清）張海鵬重校　清嘉慶九年(1804)刻本　六冊

510000－2741－0006933　6933

綏寇紀略十二卷補遺三卷　（清）吳偉業纂輯　（清）張海鵬重校　清嘉慶九年(1804)刻本　四冊

510000－2741－0006934　6934

綏寇紀略十二卷補遺三卷　（清）吳偉業纂輯　（清）張海鵬重校　清嘉慶九年(1804)刻本　八冊

510000－2741－0006935　6935

綏寇紀略十二卷補遺三卷　（清）吳偉業纂輯　（清）張海鵬重校　清嘉慶九年(1804)刻本　八冊

510000－2741－0006936　6936

隨盦徐氏叢書十種續編十種　徐乃昌編　清光緒至民國南陵徐氏刻本　二十冊

510000－2741－0006937　6937

隨輦集六卷　（清）高士奇撰　清康熙朗潤堂刻本　二冊

510000－2741－0006938　6938

隋書地理志考證九卷補遺一卷　（清）楊守敬撰　清光緒二十二年(1896)刻二十七年(1901)校刻印本　六冊

510000－2741－0006939　6939

四川大學圖書館古籍普查登記目錄

隨息居飲食譜一卷　（清）王士雄纂　清刻本
　二冊

510000－2741－0006940　6940

隨軒金石文字　（清）徐渭仁雙鉤　清道光徐
渭仁刻同治七年(1868)徐大有補修本　八冊

510000－2741－0006941　6941

隨軒金石文字　（清）徐渭仁雙鉤　清道光徐
渭仁刻同治七年(1868)徐大有補修本　二冊

510000－2741－0006942　6942

隨軒金石文字　（清）徐渭仁雙鉤　清道光徐
渭仁刻同治七年(1868)徐大有補修本　四冊

510000－2741－0006943　6943

隨園駢文註十六卷　（清）袁枚著　（清）黎緒
堃註　清光緒五年(1879)長沙刻本　八冊

510000－2741－0006944　6944

隨園三十種　（清）袁枚撰　清同治五年
(1866)三讓睦記刻本　八十冊

510000－2741－0006945　6945

遂初堂詩集十六卷文集二十卷別集四卷
(清)潘耒撰　清康熙刻修補印本　十六冊

510000－2741－0006946　6946

遂甯張文端公全集七卷首一卷　（清）張鵬翮
撰　清光緒八年(1882)刻本　八冊

510000－2741－0006947　6947

遂甯張文端公全集七卷首一卷　（清）張鵬翮
撰　清光緒八年(1882)刻本　八冊

510000－2741－0006948　6948

碎金詞譜六卷附録一卷養默山房詩餘三卷碎
金詞一卷　（清）謝元淮撰　清道光二十四年
(1844)刻朱墨套印本　十冊

510000－2741－0006949　6949

碎金詞韻四卷首一卷　（清）謝元淮撰　清道
光二十八年(1848)刻本　四冊

510000－2741－0006950　6950

歲寒堂詩話二卷　（宋）張戒撰　清乾隆蘇州
刻武英殿聚珍版叢書本　一冊

510000－2741－0006951　6951

歲寒堂詩話二卷　（宋）張戒撰　碧溪詩話十
卷　（宋）黃徹撰　清刻武英殿聚珍版叢書本
　一冊

510000－2741－0006952　6952

邃懷堂文集箋註十六卷　（清）袁翼著　（清）
朱齡箋註　清咸豐八年(1858)古唐朱氏古懽
齋刻本　六冊

510000－2741－0006953　6953

邃懷堂文集四卷邃懷堂詩集前編六卷邃懷堂
詩集後編六卷小清容山館詞鈔二卷哀忠集三
卷　（清）袁翼撰　邃懷堂駢文箋註十六卷補
箋一卷　（清）袁翼撰　（清）朱齡箋註　清光
緒十三年至十四年(1887－1888)重校刻本
二十冊

510000－2741－0006954　6954

邃雅堂集十卷續編一卷　（清）姚文田撰　清
道光元年(1821)刻八年(1828)續刻本　八冊

510000－2741－0006955　6955

孫節愍公遺翰一卷附録一卷　（清）鄧元鏸輯
　清光緒二十一年(1895)無錫鄧元鏸刻本
一冊

510000－2741－0006956　6956

孫節愍公遺翰一卷附録一卷　（清）鄧元鏸輯
　清光緒二十一年(1895)無錫鄧元鏸刻本
一冊

510000－2741－0006957　6957

孫可之文集二卷　（唐）孫樵撰　清宣統二年
(1910)守政書局木活字印本　二冊

510000－2741－0006958　6958

孫氏祠堂書目外編三卷　（清）孫星衍撰　清
光緒九年(1883)德化李氏刻木犀軒叢書本
一冊

510000－2741－0006959　6959

孫文定公全集　（清）孫廷銓撰　清康熙十七
年(1678)師儉堂刻本　八冊

510000－2741－0006960　6960

四川大學圖書館古籍普查登記目録

孫文恭公遺書 (明)孫應鰲撰 清光緒六年(1880)獨山莫氏刻本 四冊

510000－2741－0006961 6961

孫谿朱氏金石叢書 (清)朱記榮輯 清光緒吳縣朱氏槐廬刻本 四十冊

510000－2741－0006962 6962

孫谿朱氏經學叢書初編 (清)朱記榮輯 清光緒吳縣朱氏槐廬刻本 十二冊

510000－2741－0006963 6963

孫夏峰全集 (清)孫奇逢撰 清康熙刻道光至光緒遞刻重印本 五冊

510000－2741－0006964 6964

孫淵如先生年譜二卷 (清)張紹南撰 清光緒、宣統間江陰繆氏刻藕香拾零本 一冊

510000－2741－0006965 6965

孫真人備急千金要方九十六卷 (唐)孫思邈著 清同治七年(1868)王培楨刻本 二十冊 存八十五卷(十二至九十六)

510000－2741－0006966 6966

孫真人備急千金要方九十六卷目錄二卷序一卷 (唐)孫思邈撰 清同治七年(1868)王培楨刻本 二十六冊

510000－2741－0006967 6967

孫真人備急千金要方九十三卷 (唐)孫思邈撰 (宋)林億等校正 明萬曆刻本 二冊 存十三卷(四十至四十五、六十五至七十一)

510000－2741－0006968 6968

孫真人千金方衍義三十卷 (清)張璐著 清埽葉山房刻本 二十四冊 缺一卷(六上)

510000－2741－0006969 6969

孫子十家註十三卷 (周)孫武撰 (宋)吉天保輯 (清)孫星衍 (清)吳騫人校 敍錄一卷 (清)畢以珣撰 遺說一卷 (宋)鄭友賢撰 清光緒三年(1877)浙江書局刻本 六冊

510000－2741－0006970 6970

孫子十家註十三卷 (周)孫武撰 (宋)吉天保輯 (清)孫星衍 (清)吳騫人校 敍錄一

卷 (清)畢以珣撰 遺說一卷 (宋)鄭友賢撰 清光緒三年(1877)浙江書局刻本 六冊

510000－2741－0006971 6971

所見集不分卷 (清)馮世璘編 清末抄本 二冊

510000－2741－0006972 6972

胎產集要三卷 (清)黃惕齋輯 清同治十三年(1874)刻本 一冊

510000－2741－0006973 6973

胎產輯萃四卷 (清)汪嘉謨纂輯 清乾隆刻本 六冊

510000－2741－0006974 6974

胎產秘書三卷首一卷 (□)□□輯 清道光二十八年(1848)刻本 二冊

510000－2741－0006975 6975

胎產秘書三卷首一卷 (□)□□輯 清道光二十八年(1848)刻宣統元年(1909)印本 一冊

510000－2741－0006976 6976

胎產秘書三卷首一卷 (□)□□輯 清宣統三年(1911)山陰蔣氏成都刻本 二冊

510000－2741－0006977 6977

胎產心法六卷 (清)閻純璽著 清咸豐五年(1855)西昌三官會刻本 六冊

510000－2741－0006978 6978

胎產心法三卷 (清)閻純璽著 清光緒四年(1878)長沙刻本 六冊

510000－2741－0006979 6979

胎產心法三卷 (清)閻純璽撰 清刻本 五冊

510000－2741－0006980 6980

胎產集要二卷 (清)黃惕齋輯 清同治七年(1868)海昌鍾峻刻本 一冊

510000－2741－0006981 6981

苔岑經義鈔六卷 (清)張鴻桷輯 清光緒八年(1882)蛟川張氏刻花雨樓叢抄本 六冊

四川大學圖書館古籍普查登記目錄

510000 - 2741 - 0006982　6982

苔石效顰集一卷　(宋)廖鑑著　清光緒十七年(1891)江陰繆氏刻朱印本　一冊

510000 - 2741 - 0006983　6983

臺山詩集十卷臺山文集二卷　(清)何人鶴著　清嘉慶十二年至十五年(1807 - 1810)達者堂刻本　六冊

510000 - 2741 - 0006984　6984

臺山詩集十卷臺山文集二卷　(清)何人鶴著　清嘉慶十二年至十五年(1807 - 1810)達者堂刻本　六冊

510000 - 2741 - 0006985　6985

臺灣外記三十卷　(清)江日昇撰　清光緒四年(1878)上海申報館鉛印本　六冊

510000 - 2741 - 0006986　6986

台州叢書　(清)宋世犖輯　清嘉慶、道光間臨海宋氏刻本　二十四冊

510000 - 2741 - 0006987　6987

太白兵備統宗寶鑑一百八十四卷目録二卷　(唐)李靖撰　(清)福康安增訂　清咸豐十年(1860)抄本　四十二冊

510000 - 2741 - 0006988　6988

太白山人槲葉集五卷附南遊草一卷補遺一卷附録一卷　(清)李柏著　清宣統三年至民國二年(1911 - 1913)郿邑李象先刻本　六冊

510000 - 2741 - 0006989　6989

太白山人槲葉集五卷附南遊草一卷補遺一卷附録一卷　(清)李柏著　清宣統三年至民國二年(1911 - 1913)郿邑李象先刻本　六冊

510000 - 2741 - 0006990　6990

李太白文集三十六卷　(唐)李白撰　(清)王琦輯注　清刻本　十一冊　缺一卷(一)

510000 - 2741 - 0006991　6991

太常因革禮一百卷　(宋)歐陽修撰　清光緒廣雅書局刻本　八冊

510000 - 2741 - 0006992　6992

太鶴山人集十三卷　(清)端木國瑚撰　清道光二十年(1840)瑞安洪坤刻本　六冊

510000 - 2741 - 0006993　6993

太湖備考十六卷附湖程紀略一卷　(清)金友理纂述　清乾隆十五年(1750)刻本　八冊

510000 - 2741 - 0006994　6994

太湖備考十六卷續編四卷附湖程紀略一卷　(清)金友理纂述　(清)鄭言紹續編　清乾隆十五年(1750)刻光緒二十九年(1903)續刻彙印本　十二冊

510000 - 2741 - 0006995　6995

太湖備考十六卷續編四卷附湖程紀略一卷　(清)金友理纂述　(清)鄭言紹續編　清乾隆十五年(1750)刻光緒二十九年(1903)續刻彙印本　十二冊

510000 - 2741 - 0006996　6996

太平廣記五百卷目録十卷　(宋)李昉等撰　清嘉慶十一年(1806)蘇州聚文堂刻道光二十六年(1846)重印本　四十八冊

510000 - 2741 - 0006997　6997

太平廣記五百卷目録十卷　(宋)李昉等撰　清嘉慶十一年(1806)蘇州聚文堂刻道光二十六年(1846)重印本　四十八冊

510000 - 2741 - 0006998　6998

太平寰宇記二百卷目録二卷　(宋)樂史撰　清光緒八年(1882)金陵書局刻本　三十六冊

510000 - 2741 - 0006999　6999

太平寰宇記二百卷目録二卷　(宋)樂史撰　清乾隆三十二年(1767)樂氏木活字印本　六十三冊　存一百九十一卷(一至三、五至一百一十二、一百二十至一百九十七,目録二卷)

510000 - 2741 - 0007000　7000

太平寰宇記二百卷目録二卷　(宋)樂史撰　清乾隆三十二年(1767)樂氏木活字印本　七十七冊　存一百八十四卷(一至三、五至一百一十、一百一十二、一百二十至一百四十一、一百四十八至一百九十八,目録一)

510000 - 2741 - 0007001　7001

四川大學圖書館古籍普查登記目録

太平寰宇記二百卷目録二卷　（宋）樂史撰
清刻本　四十冊

510000－2741－0007002　7002
太平寰宇記二百卷目録二卷　（宋）樂史撰
（清）樂之簇　（清）樂蕤賓校刊　清刻本　四
十六冊

510000－2741－0007003　7003
太平寰宇記二百卷目録二卷　（宋）樂史撰
補闕八卷　（清）陳蘭森補闕　清刻本　三
十冊

510000－2741－0007004　7004
太平寰宇記二百卷目録二卷　（宋）樂史撰
補闕七卷　（清）陳蘭森補闕　清刻本（首冊
係鈔配）　四十五冊

510000－2741－0007005　7005
太平寰宇記二百卷目録二卷　（宋）樂史撰
補闕七卷　（清）陳蘭森補闕　清刻本　三十
冊　缺四十九卷（一至四十七、目録二卷）

510000－2741－0007006　7006
太平寰宇記二百卷目録二卷　（宋）樂史撰
附紀元表一卷大清一統志表不分卷　清刻本
五十冊

510000－2741－0007007　7007
太平御覽一千卷目録十五卷　（宋）李昉等纂
清光緒十八年(1892)南海李氏刻本　一
百冊

510000－2741－0007008　7008
太平御覽一千卷目録十五卷　（宋）李昉等纂
清嘉慶十二年至十七年(1807－1812)歙縣
鮑氏刻本　一百冊

510000－2741－0007009　7009
太平御覽一千卷目録十五卷　（宋）李昉等纂
清光緒十八年(1892)南海李氏刻本　一百
二十冊

510000－2741－0007010　7010
太平御覽一千卷目録十五卷　（宋）李昉等纂
清嘉慶十二年至十七年(1807－1812)歙縣

鮑氏刻本　一百六十冊

510000－2741－0007011　7011
太平御覽一千卷目録十五卷　（宋）李昉等纂
清嘉慶十二年至十七年(1807－1812)歙縣
鮑氏刻本　一百二十冊

510000－2741－0007012　7012
太平御覽一千卷目録十五卷　（宋）李昉等纂
清嘉慶十二年至十七年(1807－1812)歙縣
鮑氏刻本　九十冊　缺二百二卷(二百八十
至三百十四、三百五十四至三百九十二、四百
二十五至五百五十二)

510000－2741－0007013　7013
太平御覽一千卷目録十五卷　（宋）李昉等纂
清光緒十八年(1892)南海李氏重刻本　一
百十七冊　缺二十九卷(五百六十三至五百
九十一)

510000－2741－0007014　7014
太平御覽一千卷目録十五卷　（宋）李昉等纂
清嘉慶十二年至十七年(1807－1812)歙縣
鮑氏刻本　一百二十冊

510000－2741－0007015　7015
太上道德經解不分卷　（漢）河上公章句　清
末刻本　一冊

510000－2741－0007016　7016
太上感應篇集傳四卷　（清）惠棟箋　（清）俞
樾纘義　（清）姚學塽注　清光緒二十六年
(1900)王氏刻本　二冊

510000－2741－0007017　7017
太師誠意伯劉文成公集二十卷　（明）劉基撰
清康熙劉孤嶼刻雍正八年(1730)補刻本
十六冊

510000－2741－0007018　7018
太史來矍唐先生年譜一卷　（明）古之賢等編
清光緒七年(1881)桂香書院刻本　二冊

510000－2741－0007019　7019
太史來矍唐先生年譜一卷　（明）古之賢等編
清光緒七年(1881)桂香書院刻本　一冊

四川大學圖書館古籍普查登記目録

510000－2741－0007020　7020

太史來瞿唐先生年譜一卷　（明）古之賢等編
清光緒七年(1881)桂香書院刻本　一冊

510000－2741－0007021　7021

太史升菴全集八十一卷目録二卷　（明）楊慎
撰　（明）楊有仁録　清乾隆六十年(1795)新
都周氏養拙山房刻本　二十冊

510000－2741－0007022　7022

太史升菴全集八十一卷目録二卷　（明）楊慎
撰　**升菴先生年譜一卷**　清乾隆六十年
(1795)新都周氏養拙山房刻本　四冊　存十
四卷(十八至三十、目録上)

510000－2741－0007023　7023

太史升菴全集八十一卷目録二卷　（明）楊慎
撰　**升菴先生年譜一卷**　清乾隆六十年
(1795)新都周氏養拙山房刻本　二十一冊
缺十卷(五至六、十至十七)

510000－2741－0007024　7024

太史升菴全集八十一卷目録二卷　（明）楊慎
撰　**升菴先生年譜一卷**　清乾隆六十年
(1795)新都周氏養拙山房刻本　十九冊　缺
一卷(目録上)

510000－2741－0007025　7025

太史升菴全集八十一卷目録二卷　（明）楊慎
撰　**升菴先生年譜一卷**　清乾隆六十年
(1795)新都周氏養拙山房刻本　二十冊

510000－2741－0007026　7026

太史升菴全集八十一卷目録二卷　（明）楊慎
撰　**升菴先生年譜一卷**　清乾隆六十年
(1795)新都周氏養拙山房刻本　三十三冊
缺十三卷(十八至三十)

510000－2741－0007027　7027

太史升菴全集八十一卷目録二卷　（明）楊慎
撰　**升菴先生年譜一卷**　清乾隆六十年
(1795)新都周氏養拙山房刻本　十八冊　缺
十五卷(一至三、六十一至六十四、七十一至
七十八)

510000－2741－0007028　7028

太史升菴全集八十一卷目録二卷　（明）楊慎
撰　**升菴先生年譜一卷**　清乾隆六十年
(1795)新都周氏養拙山房刻本　二十冊

510000－2741－0007029　7029

**太史升菴全集八十一卷目録二卷升菴外集一
百卷**　（明）楊慎撰　清乾隆至道光刻本　六
十冊

510000－2741－0007030　7030

太史升菴文集八十一卷目録四卷　（明）楊慎
撰　（明）楊有仁編輯　明萬曆十年(1582)刻
本　二十冊

510000－2741－0007031　7031

太史升菴遺集二十六卷　（明）楊慎撰　（明）
楊金吾輯　清道光二十四年(1844)刻本
四冊

510000－2741－0007032　7032

太史史例一百卷　（明）張之象輯　明嘉靖四
十四年(1565)長水書院刻本　三十冊

510000－2741－0007033　7033

太素齋詞鈔二卷　（清）勒方錡撰　清光緒十
年(1884)刻本　一冊

510000－2741－0007034　7034

太素張神仙脈訣玄微綱領宗統三卷　（明）張
太素述　（明）龔廷賢撰　清刻本　三冊

510000－2741－0007035　7035

太玄集注四卷　（漢）揚雄撰　（宋）司馬光集
注　清道光十一年(1831)岷陽孫氏刻本
二冊

510000－2741－0007036　7036

太玄集注四卷　（漢）揚雄撰　（宋）司馬光集
注　清道光十一年(1831)岷陽孫氏刻本
四冊

510000－2741－0007037　7037

太玄集注四卷　（漢）揚雄撰　（宋）司馬光集
注　清道光十一年(1831)岷陽孫氏刻本
二冊

510000－2741－0007038　7038

太玄經十卷　（漢）揚雄撰　（晉）范望註
（明）呂胤昌　（明）樂元聲編輯　明萬曆樂元
聲刻本　六冊

510000－2741－0007039　7039
太玄註十卷　（漢）揚雄撰　（清）吳汝綸註
清宣統二年（1910）鉛印本　一冊

510000－2741－0007040　7040
太學坊表八卷　（清）朱百穀撰　清咸豐七年
（1857）正安州刻本　四冊

510000－2741－0007041　7041
太乙舟文集八卷　（清）陳用光撰　清光緒二
十一年（1895）長沙陳承祖刻三十二年（1906）
重印本　七冊

510000－2741－0007042　7042
太乙舟文集八卷　（清）陳用光撰　清道光甘
泉黃氏刻清頌堂叢書本　四冊

510000－2741－0007043　7043
太乙舟文集八卷　（清）陳用光撰　**觀象居詩
鈔二卷**　（清）陳蘭瑞撰　清光緒二十一年
（1895）長沙陳承祖刻本　八冊

510000－2741－0007044　7044
太原傅科二卷　（清）傅山撰　清光緒三十一
年（1905）成都官報書局鉛印本　二冊

510000－2741－0007045　7045
太原傅科二卷　（清）傅山撰　清光緒三十一
年（1905）成都官報書局鉛印本　二冊

510000－2741－0007046　7046
泰律十二卷泰律外篇三卷　（明）葛中選著
清光緒二十八年（1902）經正書院刻本　八冊

510000－2741－0007047　7047
泰山道里記一卷　（清）聶鈫撰　清刻本
一冊

510000－2741－0007048　7048
泰西十八周史攬要十八卷　（英國）雅各偉德
撰　（英國）季理斐譯　（清）李鼎星述稿　清
光緒二十八年（1902）上海廣學會鉛印本
六冊

510000－2741－0007049　7049
泰雲堂集文集二卷駢體文集二卷詩集十八卷
詞集三卷　（清）孫爾準撰　清同治九年
（1870）刻本　四冊

510000－2741－0007050　7050
泰雲堂集文集二卷駢體文集二卷詩集十八卷
詞集三卷　（清）孫爾準撰　清同治九年
（1870）刻本　四冊

510000－2741－0007051　7051
談天十八卷首一卷附表一卷　（英國）侯失勒
原本　（英國）偉烈亞力口譯　（清）李善蘭刪
述　（清）徐建寅續述　清末江南機器製造總
局刻本　四冊

510000－2741－0007052　7052
談天十八卷首一卷附表一卷　（英國）侯失勒
原本　（英國）偉烈亞力口譯　（清）李善蘭刪
述　（清）徐建寅續述　清末江南機器製造總
局刻本　四冊

510000－2741－0007053　7053
談天十八卷首一卷附表一卷　（英國）侯失勒
原本　（英國）偉烈亞力口譯　（清）李善蘭刪
述　（清）徐建寅續述　清光緒二十二年
（1896）上海著易堂石印本　三冊

510000－2741－0007054　7054
談天十八卷首一卷附表一卷　（英國）侯失勒
原本　（英國）偉烈亞力口譯　（清）李善蘭刪
述　（清）徐建寅續述　清末江南機器製造總
局刻本　四冊

510000－2741－0007055　7055
談天十八卷首一卷附表一卷　（英國）侯失勒
原本　（英國）偉烈亞力口譯　（清）李善蘭刪
述　（清）徐建寅續述　清末江南機器製造總
局刻本　四冊

510000－2741－0007056　7056
談藝珠叢　（清）王啓原輯　清光緒十一年
（1885）長沙玉尺山房刻本　十二冊

510000－2741－0007057　7057
談瀛錄三卷　（清）王之春著　清光緒六年

(1880)上洋文藝齋刻本　二冊

510000－2741－0007058　7058

談瀛録四卷　（清）王之春著　清光緒六年
(1880)京口營次刻本　一冊　存二卷（一至
二）

510000－2741－0007059　7059

壇經一卷　（唐）釋惠能撰　清同治十一年
(1872)如皋刻經處刻本　一冊

510000－2741－0007060　7060

檀弓一卷　（□）□□撰　明萬曆四十四年
(1616)吳興閔氏刻朱墨套印本　一冊

510000－2741－0007061　7061

檀几叢書　（清）王晫　（清）張潮輯　清康熙
三十四年(1695)新安張氏霞舉堂刻本　十
六冊

510000－2741－0007062　7062

坦園全集　（清）楊恩壽撰　清光緒長沙楊氏
刻本　十冊

510000－2741－0007063　7063

探礦取金六卷續編一卷附編一卷　（英國）密
拉著　（清）舒高第譯　（清）汪振聲述　清光
緒三十年(1904)上海江南製造局譯書館刻本
二冊

510000－2741－0007064　7064

湯文正公全集　（清）湯斌撰　清同治九年
(1870)蘇廷魁等刻本　三十冊

510000－2741－0007065　7065

湯文正公全集　（清）湯斌撰　清同治九年
(1870)蘇廷魁等刻本　三十二冊

510000－2741－0007066　7066

湯液本草三卷　（元）王好古類集　（明）吳勉
學　（明）吳中珩校正　清光緒三十四年
(1908)成都肇經堂刻本　三冊

510000－2741－0007067　7067

湯液本草三卷　（元）王好古撰　明吳勉學刻
本　一冊　存二卷（上、中）

510000－2741－0007068　7068

湯子遺書節編十八卷　（清）湯斌著　清光緒
二十六年(1900)求實書院刻本　六冊

510000－2741－0007069　7069

唐昌攀轅集二卷　（清）曾福謙等撰　清光緒
三十一年(1905)鉛印本　一冊

510000－2741－0007070　7070

唐大家韓文公文鈔十六卷　（唐）韓愈撰
（明）茅坤輯　明萬曆七年(1579)茅一桂刻本
四冊

510000－2741－0007071　7071

唐大家柳柳州文鈔十二卷　（唐）柳宗元撰
（明）茅坤輯　明萬曆七年(1579)茅一桂刻本
二冊

510000－2741－0007072　7072

唐代叢書二十卷　（清）陳世熙輯　清刻本
四十冊

510000－2741－0007073　7073

唐代叢書二十卷　（清）陳世熙輯　清同治十
年(1871)刻本　二十冊

510000－2741－0007074　7074

唐二十家集　（□）□□輯　清光緒十年
(1884)遂寧書局刻本　二十三冊

510000－2741－0007075　7075

唐二十家集　（□）□□輯　清光緒十年
(1884)遂寧書局刻本　十五冊

510000－2741－0007076　7076

唐韓昌黎集四十卷外集十卷遺文一卷　（唐）
韓愈撰　（明）蔣之翹輯註　明崇禎六年
(1633)蔣氏三徑草堂刻韓柳全集本　十六冊

510000－2741－0007077　7077

唐黃御史集八卷　（唐）黃滔撰　（宋）黃公度
等輯　明崇禎十一年(1638)黃鳴喬刻清遞修
印本　四冊

510000－2741－0007078　7078

唐會要一百卷　（宋）王溥撰　清光緒十年
(1884)江蘇書局刻本　二十四冊

510000－2741－0007079　7079

四川大學圖書館古籍善本普查登記目録

唐會要一百卷 （宋）王溥撰 清光緒十年
（1884）江蘇書局刻本 二十四冊

510000－2741－0007080 7080
唐會要一百卷 （宋）王溥撰 清光緒十年
（1884）江蘇書局刻本 二十四冊

510000－2741－0007081 7081
唐荆川集六卷 （明）唐順之著 （清）張汝瑚
選 清刻本 四冊

510000－2741－0007082 7082
唐類函二百卷目録二卷 （明）俞安期輯 明
萬曆三十一年（1603）俞氏刻本 四十冊

510000－2741－0007083 7083
唐類函二百卷目録二卷 （明）俞安期輯 明
萬曆三十一年（1603）俞氏刻本 一百冊 存
二百卷（唐類函二百卷）

510000－2741－0007084 7084
唐六典三十卷 （唐）李隆基撰 （唐）李林甫
等注 清光緒二十一年（1895）刻本 四冊

510000－2741－0007085 7085
唐陸宣公集二十二卷 （唐）陸贄撰 清咸豐
元年（1851）刻本 四冊

510000－2741－0007086 7086
唐陸宣公集二十二卷 （唐）陸贄撰 清同治
五年（1866）楊氏問竹軒家塾刻本 六冊

510000－2741－0007087 7087
唐陸宣公集二十二卷 （唐）陸贄撰 清咸豐
元年（1851）刻本 六冊

510000－2741－0007088 7088
唐陸宣公集二十二卷 （唐）陸贄撰 清咸豐
元年（1851）刻本 八冊

510000－2741－0007089 7089
唐陸宣公集二十二卷 （唐）陸贄撰 清咸豐
元年（1851）刻本 四冊

510000－2741－0007090 7090
唐陸宣公集二十二卷 （唐）陸贄撰 清雍正
元年（1723）年龔堯刻乾隆五年（1740）雲林懷
德堂印本 八冊

510000－2741－0007091 7091
唐陸宣公集二十二卷 （唐）陸贄撰 清雍正
元年（1723）年龔堯刻乾隆五年（1740）雲林懷
德堂印本 四冊

510000－2741－0007092 7092
唐陸宣公奏議讀本四卷首一卷 （唐）陸贄撰
（清）汪銘謙編輯 （清）馬傳庚評點 清宣
統元年（1909）會稽馬氏石印本 二冊

510000－2741－0007093 7093
唐陸宣公奏議讀本四卷首一卷 （唐）陸贄撰
（清）汪銘謙編輯 （清）馬傳庚評點 清宣
統元年（1909）會稽馬氏石印本 二冊

510000－2741－0007094 7094
唐陸宣公奏議讀本四卷首一卷 （唐）陸贄撰
（清）汪銘謙編輯 （清）馬傳庚評點 清宣
統元年（1909）會稽馬氏石印本 二冊

510000－2741－0007095 7095
唐陸宣公奏議讀本四卷首一卷 （唐）陸贄撰
（清）汪銘謙編輯 （清）馬傳庚評點 清宣
統元年（1909）會稽馬氏石印本 二冊

510000－2741－0007096 7096
唐眉山文集十四卷詩集十卷 （宋）唐庚撰
清道光二十一年（1841）刻本 六冊

510000－2741－0007097 7097
唐皮日休文藪十卷 （唐）皮日休撰 清光緒
八年（1882）刻本 四冊

510000－2741－0007098 7098
唐皮日休文藪十卷 （唐）皮日休撰 清光緒
八年（1882）刻本 四冊

510000－2741－0007099 7099
唐皮日休文藪十卷 （唐）皮日休撰 清光緒
二十一年（1895）合肥李氏蘭雪堂刻本 二冊

510000－2741－0007100 7100
唐駢體文鈔十七卷 （清）陳均輯 清光緒二
十一年（1895）刻本 六冊

510000－2741－0007101 7101
唐駢體文鈔十七卷 （清）陳均輯 清同治十

四川大學圖書館古籍普查登記目録

二年(1873)譚宗浚刻本　五冊

510000－2741－0007102　7102

唐人三家集　(清)秦恩復輯　清道光十年(1830)江都秦氏石研齋據宋本影刻本　十二冊

510000－2741－0007103　7103

唐人三家集　(清)秦恩復輯　清宣統三年(1911)影印本　八冊

510000－2741－0007104　7104

唐人萬首絕句選七卷　(宋)洪邁輯　(清)王士禎選　清雍正刻本　二冊

510000－2741－0007105　7105

唐人萬首絕句選七卷　(宋)洪邁輯　(清)王士禎選　清光緒十七年(1891)刻本　二冊

510000－2741－0007106　7106

唐人萬首絕句選七卷　(宋)洪邁輯　(清)王士禎選　清江右同文堂刻本　二冊

510000－2741－0007107　7107

唐人五十家小集　(清)江標輯　清光緒二十一年(1895)元和江標湖南使院刻本　十六冊

510000－2741－0007108　7108

唐人五十家小集　(清)江標輯　清光緒二十一年(1895)元和江標湖南使院刻本　十六冊

510000－2741－0007109　7109

唐人五言長律清麗集六卷　(清)徐曰璉　(清)沈士駿輯　清乾隆刻本　一冊

510000－2741－0007110　7110

唐人選唐詩　(明)毛晉輯　明崇禎元年(1628)毛氏汲古閣刻本　三冊　存二種四卷(河岳英靈集三卷、搜玉小集一卷)

510000－2741－0007111　7111

唐詩百名家集　(清)席啓宇輯　清康熙四十一年(1702)洞庭席氏琴川書屋刻本　十九冊

510000－2741－0007112　7112

唐詩百名家集　(清)席啓宇輯　清康熙四十一年(1702)洞庭席氏琴川書屋刻本　十六冊　存三十六卷(李嘉祐臺閣集一卷、項斯詩集

一卷、李山甫詩集一卷、韓君平詩集一卷、許文化集一卷、李君虞詩集二卷、羅鄴詩集一卷、溫庭筠詩集七卷、別集一卷、外詩一卷、秦韜玉詩集一卷、於□詩集一卷、林寬詩集一卷、李昌符詩集一卷、唐任藩詩小集一卷、朱慶餘詩集一卷、姚少監詩集二卷、張□詩集一卷、韓翰林詩集一卷、唐英歌詩三卷、披沙集六卷)

510000－2741－0007113　7113

唐詩別裁集十卷　(清)沈德潛選　(清)陳培脈輯　清康熙五十六年(1717)碧梧書屋刻本　六冊

510000－2741－0007114　7114

唐詩別裁集引典備註二十卷　(清)沈德潛選　(清)俞汝昌增註　清刻本　十冊

510000－2741－0007115　7115

唐詩別裁集引典備註二十卷　(清)沈德潛選　(清)俞汝昌增註　清刻本　十冊

510000－2741－0007116　7116

唐詩別裁集引典備註二十卷　(清)沈德潛選　(清)俞汝昌增註　清刻本　十冊

510000－2741－0007117　7117

唐詩別裁集引典備註二十卷　(清)沈德潛選　(清)俞汝昌增註　清刻本　十二冊

510000－2741－0007118　7118

唐詩別裁集引典備註二十卷　(清)沈德潛選　(清)俞汝昌增註　清刻本　十冊

510000－2741－0007119　7119

唐詩別裁集引典備註二十卷　(清)沈德潛選　(清)俞汝昌增註　清刻本　五冊　缺三卷(六至八)

510000－2741－0007120　7120

唐詩鼓吹十卷　(金)元好問輯　(元)郝天挺註　(明)廖文炳解　清刻本　四冊　存八卷(一至八)

510000－2741－0007121　7121

唐詩觀瀾集二十四卷唐人小傳一卷　(清)李

四川大學圖書館古籍普查登記目錄

因培輯　（清）凌應曾註　清乾隆二十四年
(1759)刻本　八冊

510000－2741－0007122　7122
唐詩觀瀾集二十四卷唐人小傳一卷　（清）李
因培輯　（清）凌應曾註　清乾隆二十四年
(1759)刻本　四冊　存十三卷(九至十二、十
六至二十四)

510000－2741－0007123　7123
唐詩歸三十六卷　（明）鍾惺　（明）譚元春輯
明萬曆四十五年(1617)刻本　十冊

510000－2741－0007124　7124
唐詩歸三十六卷　（明）鍾惺　（明）譚元春輯
（明）林夢熊重訂　明末刻本　八冊

510000－2741－0007125　7125
唐詩紀事八十一卷　（宋）計有功撰　明崇禎
五年(1632)毛氏汲古閣刻本　三十六冊

510000－2741－0007126　7126
唐詩解五十卷詩人爵里一卷　（明）唐汝詢輯
清順治十六年(1659)趙孟龍萬笈堂刻本
十一冊　存三十四卷(一至三十三、詩人爵里
一卷)

510000－2741－0007127　7127
唐詩金粉十卷　（清）沈炳震纂輯　清光緒七
年(1881)古經閣校刻融經館叢書本　六冊

510000－2741－0007128　7128
唐詩品彙九十卷拾遺十卷詩人爵里詳節一卷
（明）高棅輯　明張恂刻本　二十冊

510000－2741－0007129　7129
唐詩品彙九十卷拾遺十卷詩人爵里詳節一卷
（明）高棅輯　明張恂刻文錦堂印本　四
十冊

510000－2741－0007130　7130
唐詩品彙九十卷拾遺十卷詩人爵里詳節一卷
（明）高棅輯　明嘉靖十六年(1537)姚芹泉
刻本　十七冊

510000－2741－0007131　7131
唐詩三百首補註八卷　（清）陳婉俊輯　清光

緒十一年(1885)四藤吟社刻本　四冊

510000－2741－0007132　7132
唐詩三百首續選一卷　（清）于慶元編　清刻
本　一冊

510000－2741－0007133　7133
唐詩三百首註釋六卷　（清）蘅塘退士(孫洙)
手編　（清）章燮註　**唐詩三百首續選一卷姓
氏小傳一卷**　（清）于慶元編　清光緒十年
(1884)湖南經濟書局刻本　四冊

510000－2741－0007134　7134
唐詩三百首註釋六卷　（清）蘅塘退士(孫洙)
手編　（清）章燮註　**唐詩三百首續選一卷姓
氏小傳一卷**　（清）于慶元編　清光緒十六年
(1890)石渠山房刻本　四冊

510000－2741－0007135　7135
唐詩三百首註疏六卷　（清）蘅塘退士(孫洙)
手編　（清）章燮註　**唐詩三百續選一卷**
（清）于慶元續選　清江右同文堂刻本　八冊

510000－2741－0007136　7136
唐詩三百首註疏六卷　（清）蘅塘退士(孫洙)
手編　（清）章燮註　**唐詩三百續選一卷**
（清）于慶元續選　清江右同文堂刻本　四冊

510000－2741－0007137　7137
唐詩三百首註疏六卷　（清）蘅塘退士(孫洙)
手編　（清）章燮註　**唐詩三百續選一卷**
（清）于慶元續選　清江右同文堂刻本　四冊

510000－2741－0007138　7138
唐詩諧律二卷　（清）沈寶青選　清光緒十六
年(1890)溧陽沈氏歸安官舍刻本　二冊

510000－2741－0007139　7139
唐詩選六卷附宮詞遊仙一卷　王闓運纂　清
光緒二年(1876)成都尊經書局刻本　六冊

510000－2741－0007140　7140
唐詩選六卷附宮詞遊仙一卷　王闓運纂　清
光緒二年(1876)成都尊經書局刻本　六冊

四川大學圖書館古籍普查登記目錄

510000－2741－0007141　7141

唐詩選六卷附宮詞遊仙一卷　王闓運纂　清
光緒二年(1876)成都尊經書局刻本　六冊

510000－2741－0007142　7142

唐詩選七卷　(明)李攀龍輯　(明)王穉登評
　明閔氏刻朱墨套印本　四冊

510000－2741－0007143　7143

唐石經校文十卷　(清)嚴可均撰　清光緒華
陽王氏元尚居校刻本　四冊

510000－2741－0007144　7144

唐石經校文十卷　(清)嚴可均撰　清光緒華
陽王氏元尚居校刻本　四冊

510000－2741－0007145　7145

唐石經校文十卷　(清)嚴可均撰　清光緒華
陽王氏元尚居校刻本　二冊

510000－2741－0007146　7146

唐書二百二十五卷　(宋)歐陽修　(宋)宋祁
等撰　明崇禎毛氏汲古閣刻十七史本　五十
六冊

510000－2741－0007147　7147

唐書二百二十五卷　(宋)歐陽修　(宋)宋祁
等撰　明崇禎毛氏汲古閣刻十七史本　四十
七冊　存二百二十二卷(四至二百二十五)

510000－2741－0007148　7148

唐書二百二十五卷　(宋)歐陽修　(宋)宋祁
等撰　明崇禎毛氏汲古閣刻十七史本　七冊
　存五十卷(七十一下至七十二上、八十二至
一百二十九)

510000－2741－0007149　7149

唐書二百二十五卷釋音二十五卷　(宋)歐陽
修　(宋)宋祁等撰　明南京國子監刻明清遞
修本　四十二冊　存二百三十五卷(唐書一
至一百四、一百二十至二百二十五,釋音二十
五卷)

510000－2741－0007150　7150

唐四家詩八卷　(清)汪立名輯　清康熙三十

四年(1695)汪立名刻本　四冊

510000－2741－0007151　7151

唐宋八大家文鈔一百四十四卷　(明)茅坤編
　明崇禎元年(1628)刻本　四十冊

510000－2741－0007152　7152

唐宋八家鈔八卷　(清)高嵣集評　清道光十
五年(1835)刻本　七冊　缺一卷(七)

510000－2741－0007153　7153

唐宋八家鈔八卷　(清)高嵣集評　清道光十
五年(1835)刻本　八冊

510000－2741－0007154　7154

唐宋八家鈔八卷　(清)高嵣集評　清光緒二
十六年(1900)成都書局刻本　七冊　缺一卷
(二)

510000－2741－0007155　7155

唐宋白孔六帖一百卷目録二卷　(唐)白居易
　(宋)孔傳輯　明嘉靖刻本　五十冊

510000－2741－0007156　7156

唐宋叢書　(明)鍾人傑　(明)張遂辰輯　明
刻清修補印本　二十四冊

510000－2741－0007157　7157

唐宋大家全集録十種五十二卷　(清)儲欣編
　清康熙四十四年(1705)刻本　三十九冊

510000－2741－0007158　7158

唐宋詩本七十六卷　(清)戴第元纂輯　清覽
珠堂刻本　三十六冊

510000－2741－0007159　7159

唐宋十大家全集録　(清)儲欣輯　清光緒八
年(1882)江蘇書局刻本　三十二冊

510000－2741－0007160　7160

唐宋四家詩鈔十八卷　(清)張懷溥讀本
(清)張懷泗補校　清道光十一年(1831)刻本
　二冊　存十二卷(一至十二)

510000－2741－0007161　7161

唐王燾先生外臺秘要方四十卷　(唐)王燾撰
　清同治十三年(1874)廣東翰墨園刻本　四
十冊

343

510000－2741－0007162　7162

唐王燾先生外臺秘要方四十卷　（唐）王燾撰
清同治十三年(1874)廣東翰墨園刻本　四十冊

510000－2741－0007163　7163

唐王燾先生外臺秘要方四十卷　（唐）王燾撰
清同治十三年(1874)廣東瀚墨園刻本　四十冊

510000－2741－0007164　7164

唐王燾先生外臺秘要方四十卷　（唐）王燾撰
清同治十三年(1874)廣東瀚墨園刻本　四十冊

510000－2741－0007165　7165

唐文粹補遺二十六卷　（清）郭麐輯　清光緒十一年(1885)江蘇書局刻本　四冊

510000－2741－0007166　7166

唐文粹一百卷　（宋）姚鉉撰　補遺二十六卷
（清）郭麐輯　清光緒九年(1883)江蘇書局刻本　二十冊

510000－2741－0007167　7167

唐文粹一百卷　（宋）姚鉉撰　補遺二十六卷
（清）郭麐輯　清光緒九年(1883)江蘇書局刻本　二十冊

510000－2741－0007168　7168

唐文粹一百卷　（宋）姚鉉撰　補遺二十六卷
（清）郭麐輯　清光緒九年(1883)江蘇書局刻本　二十冊

510000－2741－0007169　7169

唐文粹一百卷　（宋）姚鉉撰　補遺二十六卷
（清）郭麐輯　清光緒九年(1883)江蘇書局刻本　二十冊

510000－2741－0007170　7170

唐文粹一百卷　（宋）姚鉉撰　補遺二十六卷
（清）郭麐輯　清光緒九年(1883)江蘇書局刻本　二十冊

510000－2741－0007171　7171

唐文粹一百卷　（宋）姚鉉撰　清光緒九年

(1883)江蘇書局刻本　十六冊

510000－2741－0007172　7172

唐文拾遺七十二卷目録八卷唐文續拾十六卷
（清）陸心源輯　清同治、光緒間刻潛園總集本　二十六冊

510000－2741－0007173　7173

唐五代詞選三卷　（清）成肇麟輯　清光緒十三年(1887)刻本　一冊

510000－2741－0007174　7174

唐五代詞選三卷　（清）成肇麟輯　清光緒十三年(1887)刻本　一冊

510000－2741－0007175　7175

唐賢三體詩句法六卷　（宋）周弼選　（元）釋圓至註　（清）高士奇輯　（清）何焯評　清光緒十二年(1886)瀘州鹽局刻朱墨套印本　二冊

510000－2741－0007176　7176

唐寫本唐韻殘卷　（唐）孫愐撰　清光緒三十四年(1908)國粹學報館影印本　一冊

510000－2741－0007177　7177

唐音癸籤三十三卷　（明）胡震亨撰　清順治十五年(1658)刻本　四冊

510000－2741－0007178　7178

唐御史臺精舍題名考三卷附錄一卷　（清）趙鉞　（清）勞格撰　（清）丁寶書參證　清光緒苕溪丁氏刻本　三冊

510000－2741－0007179　7179

唐中丞遺文集二卷詩集一卷首一卷　（清）唐訓方撰　清光緒十七年(1891)刻本　三冊

510000－2741－0007180　7180

棠陰比事一卷　（宋）桂萬榮撰　清光緒三十年(1904)陳慶綏江西刻本　一冊

510000－2741－0007181　7181

倘湖樵書初編六卷　（明）來集之撰　清康熙文芸館刻本　六冊

510000－2741－0007182　7182

弢甫五嶽集　（清）桑調元撰　清乾隆修汲堂

四川大學圖書館古籍普查登記目錄

刻本　五册

510000－2741－0007183　7183

韜鈐拾慧録一卷　（清）恒衿輯録　清同治二
年(1863)刻本　一册

510000－2741－0007184　7184

匋齋藏石記四十四卷首一卷藏甎記二卷
（清）端方輯　清宣統二年(1910)上海商務印
書館石印本　十二册

510000－2741－0007185　7185

匋齋藏石記四十四卷首一卷藏甎記二卷
（清）端方輯　清宣統元年(1909)上海商務印
書館石印本　十二册

510000－2741－0007186　7186

桃花山館吟稿十四卷　（清）郎葆辰撰　清道
光刻本　四册

510000－2741－0007187　7187

桃花扇傳奇四卷首一卷　（清）雲亭山人編
清光緒三十三年(1907)蘭雪堂刻本　五册

510000－2741－0007188　7188

桃谿雪二卷　（清）黄燮清撰　清道光二十七
年(1847)刻本　一册

510000－2741－0007189　7189

陶庵全集首一卷文集七卷補遺一卷吾師録一
卷自監録四卷詩集八卷補遺一卷末一卷
（明）黄淳耀撰　清乾隆二十六年(1761)寶山
學刻本　六册

510000－2741－0007190　7190

陶庵全集首一卷文集七卷補遺一卷吾師録一
卷自監録四卷詩集八卷補遺一卷末一卷
（明）黄淳耀撰　清乾隆二十六年(1761)寶山
學刻本　六册

510000－2741－0007191　7191

陶庵全集首一卷文集七卷補遺一卷吾師録一
卷自監録四卷詩集八卷補遺一卷末一卷
（明）黄淳耀撰　清乾隆二十六年(1761)寶山
學刻本　六册

510000－2741－0007192　7192

陶節菴傷寒全生集四卷　（清）葉天士評　清
眉壽堂刻本　四册

510000－2741－0007193　7193

陶靖節詩集四卷總論一卷　（晉）陶潛撰
（清）蔣薫評閱　東坡和陶詩一卷　（宋）蘇軾
撰　律陶一卷　（明）王思任輯　律陶纂一卷
（明）黄槐開輯　清康熙周文焜刻乾隆二年
(1737)最樂堂修補印本　四册

510000－2741－0007194　7194

陶靖節先生集二卷　（晉）陶潛撰　蘇東坡先
生和陶詩一卷　（宋）蘇軾撰　清刻本　二册

510000－2741－0007195　7195

陶靖節先生年譜一卷　（宋）吳仁傑編　清光
緒二十四年(1898)貴陽陳氏刻本　一册

510000－2741－0007196　7196

陶靖節先生年譜一卷　（宋）吳仁傑編　清光
緒二十四年(1898)貴陽陳氏刻本　一册

510000－2741－0007197　7197

陶靖節先生年譜一卷　（宋）吳仁傑編　清光
緒二十四年(1898)貴陽陳氏刻本　一册

510000－2741－0007198　7198

陶靖節先生年譜一卷　（宋）吳仁傑編　清光
緒二十四年(1898)貴陽陳氏刻本　一册

510000－2741－0007199　7199

陶靖節先生年譜一卷　（宋）吳仁傑編　清光
緒二十四年(1898)貴陽陳氏刻本　一册

510000－2741－0007200　7200

陶靖節先生年譜一卷　（宋）吳仁傑編　清光
緒二十四年(1898)貴陽陳氏刻本　一册

510000－2741－0007201　7201

陶靖節先生年譜一卷　（宋）吳仁傑編　清光
緒二十四年(1898)貴陽陳氏刻本　一册

510000－2741－0007202　7202

陶靖節先生年譜一卷　（宋）吳仁傑編　清光
緒二十四年(1898)貴陽陳氏刻本　一册

510000－2741－0007203　7203

陶靖節先生年譜一卷　（宋）吳仁傑編　清光

四川大學圖書館古籍普查登記目録

緒二十四年(1898)貴陽陳氏刻本　一冊

510000－2741－0007204　7204

陶靖節先生年譜一卷　(宋)吳仁傑編　清光
緒二十四年(1898)貴陽陳氏刻本　一冊

510000－2741－0007205　7205

陶靖節先生年譜一卷　(宋)吳仁傑編　清光
緒二十四年(1898)貴陽陳氏刻本　一冊

510000－2741－0007206　7206

陶靖節先生詩四卷附錄一卷　(晉)陶潛撰
(宋)湯漢注　清刻本　二冊

510000－2741－0007207　7207

陶廬文集二卷陶廬箋牘四卷　(清)王樹枬撰
　清光緒至民國新城王氏刻陶廬叢刻本
三冊

510000－2741－0007208　7208

陶情樂府四卷　(明)楊慎撰　清宣統三年
(1911)嵋陽精舍刻本　一冊

510000－2741－0007209　7209

陶情樂府四卷　(明)楊慎撰　清宣統三年
(1911)嵋陽精舍刻本　一冊

510000－2741－0007210　7210

陶情樂府四卷　(明)楊慎撰　清宣統三年
(1911)嵋陽精舍刻本　一冊

510000－2741－0007211　7211

陶情樂府四卷　(明)楊慎撰　清宣統三年
(1911)嵋陽精舍刻民國十九年(1930)四川大
學中國文學院重校印本　一冊

510000－2741－0007212　7212

陶情樂府四卷　(明)楊慎撰　清宣統三年
(1911)嵋陽精舍刻本　一冊

510000－2741－0007213　7213

陶山集十六卷　(宋)陸佃撰　清刻武英殿聚
珍版叢書本　四冊

510000－2741－0007214　7214

陶詩彙評四卷　(晉)陶潛撰　(清)溫汝龍纂
訂　**東坡和陶合箋四卷**　(宋)蘇軾撰　(清)
溫汝龍纂訂　**附錄一卷**　清宣統二年(1910)

掃葉山房石印本　四冊

510000－2741－0007215　7215

陶詩彙評四卷　(晉)陶潛撰　(清)溫汝龍纂
訂　**東坡和陶合箋四卷**　(宋)蘇軾撰　(清)
溫汝龍纂訂　**附錄一卷**　清嘉慶十二年
(1807)刻本　四冊

510000－2741－0007216　7216

陶詩彙評四卷　(晉)陶潛撰　(清)溫汝龍纂
訂　**東坡和陶合箋四卷**　(宋)蘇軾撰　(清)
溫汝龍纂訂　**附錄一卷**　清嘉慶十二年
(1807)刻本(聽松閣藏版)　六冊

510000－2741－0007217　7217

陶說六卷　(清)朱琰述　清刻本　二冊

510000－2741－0007218　7218

陶晚聞先生集十卷首一卷補錄一卷自序一卷
　(清)陶正靖撰　清光緒七年(1881)海虞楊
同福貴池縣署刻本　四冊

510000－2741－0007219　7219

陶菴集二十二卷首一卷末一卷　(明)黃淳耀
撰　清光緒五年(1879)刻本　八冊

510000－2741－0007220　7220

陶菴集二十二卷首一卷末一卷　(明)黃淳耀
撰　清光緒五年(1879)刻本　八冊

510000－2741－0007221　7221

陶淵明集八卷首一卷末一卷　(晉)陶潛撰
清光緒五年(1879)廣州翰墨園刻本　四冊

510000－2741－0007222　7222

陶淵明集八卷首一卷末一卷　(晉)陶潛撰
清同治十三年(1874)樂山莫氏半畝園刻本
二冊

510000－2741－0007223　7223

陶淵明集八卷首一卷末一卷　(晉)陶潛撰
清同治十三年(1874)樂山莫氏半畝園刻本
二冊

510000－2741－0007224　7224

陶淵明集八卷首一卷末一卷　(晉)陶潛撰
清宣統三年(1911)上海文明書局鉛印本

四川大學圖書館古籍普查登記目錄

一册

510000 - 2741 - 0007225　7225

陶淵明文集十卷　（晉）陶潛撰　清嘉慶京江
魯氏仿宋刻本　二册

510000 - 2741 - 0007226　7226

陶淵明文集十卷　（晉）陶潛撰　清宣統元年
(1909)著易堂石印本　四册

510000 - 2741 - 0007227　7227

陶淵明文集十卷　（晉）陶潛撰　清光緒十三
年(1887)石印本　二册

510000 - 2741 - 0007228　7228

**陶園文集八卷陶園詩集二十四卷陶園詩餘二
卷**　（清）張九鉞撰　清道光二十三年(1843)
賜錦樓刻本　十册

510000 - 2741 - 0007229　7229

**陶園文集八卷陶園詩集二十四卷陶園詩餘二
卷六如亭傳奇二卷**　（清）張九鉞撰　清道光
二十三年(1843)賜錦樓刻本　十六册

510000 - 2741 - 0007230　7230

陶雲汀先生奏疏七十六卷　（清）陶澍撰　清
道光刻本　五十册

510000 - 2741 - 0007231　7231

陶齋吉金錄八卷　（清）端方輯　清光緒三十
四年(1908)金陵石印本　八册

510000 - 2741 - 0007232　7232

陶齋吉金錄八卷　（清）端方輯　清光緒三十
四年(1908)上海有正書局石印本　八册

510000 - 2741 - 0007233　7233

陶齋吉金續錄二卷　（清）端方輯　清宣統元
年(1909)金陵石印本　二册

510000 - 2741 - 0007234　7234

陶齋吉金續錄二卷　（清）端方輯　清宣統元
年(1909)金陵石印本　二册

510000 - 2741 - 0007235　7235

陶齋吉金續錄二卷　（清）端方輯　清宣統元
年(1909)上海有正書局石印本　二册

510000 - 2741 - 0007236　7236

**匋齋臧石記四十四卷首一卷附匋齋臧甎記二
卷**　（清）端方撰　清宣統元年(1909)上海商
務印書館石印　十二册

510000 - 2741 - 0007237　7237

**匋齋臧石記四十四卷首一卷附匋齋臧甎記二
卷**　（清）端方撰　清宣統元年(1909)上海商
務印書館石印　十二册

510000 - 2741 - 0007238　7238

檮杌閒評五十卷首一卷　（□）□□撰　清刻
本　十六册

510000 - 2741 - 0007239　7239

題鳳館稿八卷詞稿一卷文稿一卷　（清）朱鑑
成著　清同治十年(1871)成都刻本　六册

510000 - 2741 - 0007240　7240

題鳳館稿八卷詞稿一卷文稿一卷　（清）朱鑑
成著　清同治十年(1871)成都刻本　六册

510000 - 2741 - 0007241　7241

題江南曾文正公祠百詠一卷　（清）朱孔彰撰
清光緒十三年(1887)金陵刻民國二十四年
(1935)補刻本　一册

510000 - 2741 - 0007242　7242

題詠集錄二卷　（清）恒保撰　清同治八年
(1869)嘉樂堂刻本　二册

510000 - 2741 - 0007243　7243

天寶草本一卷　（清）龔錫麟撰　清光緒二年
(1876)刻本　一册

510000 - 2741 - 0007244　7244

天方典禮擇要解二十卷後編一卷　（清）劉智
纂述　清同治十年(1871)錦城寶真堂刻本
六册

510000 - 2741 - 0007245　7245

天方典禮擇要解二十卷後編一卷　（清）劉智
纂述　（清）俞楷點訂　清道光四年(1824)漢
南馬氏還淳堂刻本　六册

510000 - 2741 - 0007246　7246

天祿識餘十卷　（清）高士奇撰　清康熙二十

四川大學圖書館古籍普查登記目錄

九年(1690)刻本　四册

510000 – 2741 – 0007247　7247

天南同人集四卷　(清)姚文棟輯　清光緒刻本　一册

510000 – 2741 – 0007248　7248

天倪閣詞一卷　(清)胡薇元撰　清光緒、宣統間蜨龕舊隱刻本　一册

510000 – 2741 – 0007249　7249

天全石録一卷　(清)陳矩著　清光緒二十九年(1903)成都刻本　一册

510000 – 2741 – 0007250　7250

天全石録一卷　(清)陳矩著　清光緒二十九年(1903)成都刻本　一册

510000 – 2741 – 0007251　7251

天全石録一卷　(清)陳矩著　清光緒二十九年(1903)成都刻本　一册

510000 – 2741 – 0007252　7252

天全石録一卷　(清)陳矩著　清光緒二十九年(1903)成都刻本　一册

510000 – 2741 – 0007253　7253

天全石録一卷　(清)陳矩著　清光緒二十九年(1903)成都刻本　一册

510000 – 2741 – 0007254　7254

天全石録一卷　(清)陳矩著　清光緒二十九年(1903)成都刻本　一册

510000 – 2741 – 0007255　7255

天全石録一卷　(清)陳矩著　清光緒二十九年(1903)成都刻本　一册

510000 – 2741 – 0007256　7256

聲調譜彙刻　(清)王祖源　(清)王懿榮編　清同治、光緒間福山王氏刻民國四川成都存古書局覆校印本　一册

510000 – 2741 – 0007257　7257

天壤閣叢書　(清)王祖源　(清)王懿榮編　清同治、光緒間福山王氏刻彙印本　二十一册

510000 – 2741 – 0007258　7258

天人廬國文拾墜一卷　(清)車雲湘撰　清宣統元年(1909)刻本　一册

510000 – 2741 – 0007259　7259

天人廬文存一卷　(清)車雲湘撰　清宣統元年(1909)刻本　一册

510000 – 2741 – 0007260　7260

天臺四教儀註彙補輔宏記十卷首一卷　(宋)釋諦觀録　(元)釋蒙潤集注　(清)釋性權彙補　清光緒二十三年(1897)諦閑石印本　十一册

510000 – 2741 – 0007261　7261

天文揭要二卷　(美國)赫士口譯　(清)周文源筆述　清光緒二十四年至二十五年(1898 – 1899)上海華美書館鉛印本　二册

510000 – 2741 – 0007262　7262

天文略解二卷　(美國)李安德著　清光緒二十二年(1896)京都匯文書院鉛印本　一册

510000 – 2741 – 0007263　7263

天文算學纂要二十卷首一卷　(清)陳松撰　清光緒十三年(1887)樹德堂刻本　十八册

510000 – 2741 – 0007264　7264

天文圖說四卷　(英國)柯雅各撰　(美國)摩嘉立譯　(美國)薛承恩譯　清光緒九年(1883)益智書會刻本　一册

510000 – 2741 – 0007265　7265

天文問答四章　(清)佘賓王撰　清光緒二十九年(1903)上海徐家匯南首土山灣慈母堂印書館鉛印本　一册

510000 – 2741 – 0007266　7266

天聞閣琴譜集成十六卷首三卷　(清)唐彝銘纂集　(清)張合脩同修　清光緒二年(1876)成都葉氏刻本　十六册

510000 – 2741 – 0007267　7267

天下郡國利病書一百二十卷　(清)顧炎武輯　清道光龔萬育刻光緒五年(1879)蜀南桐華書屋修補印本　六十八册

510000－2741－0007268　7268

天下郡國利病書一百二十卷　（清）顧炎武輯
清道光成都龍萬育蠮堂刻本　八十冊

510000－2741－0007269　7269

天下郡國利病書一百二十卷　（清）顧炎武輯
清道光成都龍萬育蠮堂刻本　六十冊

510000－2741－0007270　7270

天下郡國利病書一百二十卷　（清）顧炎武輯
清道光龍萬育刻光緒五年（1879）蜀南桐華
書屋修補印本　六十冊

510000－2741－0007271　7271

天下郡國利病書一百二十卷　（清）顧炎武輯
清道光龍萬育刻光緒五年（1879）蜀南桐華
書屋修補印本　五十六冊

510000－2741－0007272　7272

天下郡國利病書一百二十卷　（清）顧炎武輯
清道光龍萬育刻光緒五年（1879）蜀南桐華
書屋修補印本　七十冊

510000－2741－0007273　7273

天下郡國利病書一百二十卷　（清）顧炎武輯
清道光龍萬育刻光緒五年（1879）蜀南桐華
書屋修補印本　七十五冊

510000－2741－0007274　7274

天下郡國利病書一百二十卷　（清）顧炎武輯
清道光龍萬育刻光緒五年（1879）蜀南桐華
書屋修補印本　五十四冊　缺五卷（一、六十
至六十二、一百二十）

510000－2741－0007275　7275

天下郡國利病書一百二十卷　（清）顧炎武輯
清道光龍萬育刻光緒五年（1879）蜀南桐華
書屋修補印本　五十六冊

510000－2741－0007276　7276

天下山河兩戒考十四卷附圖一卷　（唐）釋一
行撰　（清）徐文靖注　清雍正二年（1724）刻
本　八冊

510000－2741－0007277　7277

天下山河兩戒考十四卷附圖一卷　（唐）釋一
行撰　（清）徐文靖注　清雍正二年（1724）刻
本　四冊

510000－2741－0007278　7278

天演論二卷　（英國）赫胥黎著　清光緒二十
七年（1901）富文書局石印本　一冊

510000－2741－0007279　7279

天一閣見存書目四卷首一卷末一卷　（清）薛
福成編次　清光緒十五年（1889）刻本　四冊

510000－2741－0007280　7280

天一閣書目四卷天一閣碑目一卷　（清）阮元
輯　（清）范懋敏撰　清嘉慶十三年（1808）揚
州阮元文選樓刻本　十冊

510000－2741－0007281　7281

天一閣書目四卷天一閣碑目一卷　（清）阮元
輯　（清）范懋敏撰　清嘉慶十三年（1808）揚
州阮元文選樓刻本　九冊　缺一卷（卷三之
二）

510000－2741－0007282　7282

天傭子集二十卷首一卷末一卷　（明）艾南英
撰　（清）張符驤評點　清康熙二十七年
（1688）張符驤刻本　四冊

510000－2741－0007283　7283

天遊閣集五卷　（清）顧太清著　清宣統二年
（1910）鉛印本　一冊

510000－2741－0007284　7284

天岳山館文鈔四十卷　（清）李元度撰　清光
緒六年（1880）爽谿精舍刻本　十二冊

510000－2741－0007285　7285

天雲樓詞二卷　（清）胡薇元著　清光緒二十
八年（1902）刻本　一冊

510000－2741－0007286　7286

天眞閣集五十四卷外集六卷　（清）孫原湘撰
長眞閣詩集七卷詩餘一卷　（清）席佩蘭撰
清光緒十七年（1891）刻本　十六冊

510000－2741－0007287　7287

天眞閣集五十四卷外集六卷　（清）孫原湘撰
長眞閣詩集七卷詩餘一卷　（清）席佩蘭撰

四川大學圖書館古籍普查登記目錄

清光緒十七年(1891)刻本　十二冊

510000－2741－0007288　7288

天咫偶聞十卷　（清）震鈞著　清光緒三十三年(1907)甘棠轉舍刻本　八冊

510000－2741－0007289　7289

天咫偶聞十卷　（清）震鈞著　清光緒三十三年(1907)甘棠轉舍刻本　八冊

510000－2741－0007290　7290

天中記六十卷　（明）陳耀文纂　明刻本　四十八冊

510000－2741－0007291　7291

天中記六十卷　（明）陳耀文纂　清光緒四年(1878)閩侯林氏聽雨山房刻本　四十八冊

510000－2741－0007292　7292

天中記六十卷　（明）陳耀文纂　清光緒四年(1878)閩侯林氏聽雨山房刻本　六十冊

510000－2741－0007293　7293

天中記六十卷　（明）陳耀文纂　清光緒四年(1878)閩侯林氏聽雨山房刻本　六十冊

510000－2741－0007294　7294

天子肆獻裸饋食禮纂四卷　（清）任啓運著（清）張紀植録藏　清嘉慶十五年(1810)經綸堂刻本　四冊

510000－2741－0007295　7295

田間易學不分卷　（清）錢澄之撰　清同治二年(1863)桐城斟雉堂刻本　七冊

510000－2741－0007296　7296

填詞名解四卷　（清）毛先舒著並注　**填詞圖譜六卷續集三卷**　（清）賴以邠撰　（清）查繼超輯　**詞韻二卷**　（清）仲恆撰　清乾隆世德堂刻詞學全書本　八冊

510000－2741－0007297　7297

鐵笛詞一卷　（清）胡薇元撰　清光緒二十七年(1901)鳧山呂氏刻本　一冊

510000－2741－0007298　7298

鐵華館叢書　（清）蔣鳳藻輯　清光緒九年(1883)長洲蔣氏刻本　六冊

510000－2741－0007299　7299

鐵華館叢書　（清）蔣鳳藻輯　清光緒九年(1883)長洲蔣氏刻本　四冊　缺二種十三卷（字鑑五卷、列子八卷）

510000－2741－0007300　7300

鐵甲叢譚五卷　（英國）黎特著　（清）舒高第（清）鄭昌棪譯　清末江南製造總局鉛印本　二冊

510000－2741－0007301　7301

鐵路彙考十三卷　（美國）柯理集　（英國）傅蘭雅口譯　（清）潘松筆述　清光緒二十五年(1899)江南製造總局刻本　二冊

510000－2741－0007302　7302

鐵路彙考十三卷　（美國）柯理集　（英國）傅蘭雅口譯　（清）潘松筆述　清光緒二十五年(1899)江南製造總局刻本　二冊

510000－2741－0007303　7303

鐵路紀要三卷　（美國）柯理集　（清）潘松譯　清光緒二十年(1894)江南機器製造總局刻本　一冊

510000－2741－0007304　7304

鐵路紀要三卷　（美國）柯理集　（清）潘松譯　清光緒二十年(1894)江南機器製造總局刻本　一冊

510000－2741－0007305　7305

鐵橋漫稿八卷　（清）嚴可均撰　清光緒十一年(1885)長洲蔣氏刻本　四冊

510000－2741－0007306　7306

鐵橋漫稿八卷　（清）嚴可均撰　清光緒十一年(1885)長洲蔣氏刻本　四冊

510000－2741－0007307　7307

鐵琴銅劍樓藏書目録二十四卷　（清）瞿鏞輯　清光緒二十三年(1897)誦芬室刻本　六冊

510000－2741－0007308　7308

鐵琴銅劍樓藏書目録二十四卷　（清）瞿鏞撰　清光緒二十四年(1898)常熟瞿氏家塾刻本　十二冊

四川大學圖書館古籍普查登記目録

510000－2741－0007309　7309

鐵網珊瑚二十卷　（明）都穆撰　清乾隆二十三年(1758)刻本　八冊

510000－2741－0007310　7310

鐵網珊瑚二十卷　（明）都穆撰　清乾隆二十三年(1758)刻本　四冊

510000－2741－0007311　7311

鐵崖詩集三種　（元）楊維禎著　（清）樓卜瀍註　清光緒十四年(1888)諸暨樓氏崇德堂補刻本　六冊

510000－2741－0007312　7312

鐵厓咏史註八卷　（元）楊維禎著　（清）樓卜瀍註　清光緒十四年(1888)諸暨樓氏崇德堂補刻本　四冊

510000－2741－0007313　7313

鐵崖詩集三種　（元）楊維禎著　（清）樓卜瀍註　清光緒十四年(1888)諸暨樓氏崇德堂補刻本　六冊

510000－2741－0007314　7314

鐵園集蜀遊詩己丑一卷庚寅一卷辛卯一卷蜀遊園題詞一卷後蜀遊詩丁未一卷戊申一卷己酉一卷　（清）陸機著　清道光二十九年(1849)刻本　二冊

510000－2741－0007315　7315

鐵雲藏陶不分卷　（清）劉鶚編　清光緒抱殘守闕齋石印本　四冊

510000－2741－0007316　7316

聽蟬書屋文錄二卷駢文二卷尺牘一卷詩錄十二卷　（清）吳德純撰　清光緒十年(1884)味無味齋刻本　四冊

510000－2741－0007317　7317

聽花吟館詩稿五十二卷遊鑾華山詩草一卷（清）李德揚撰　清咸豐八年(1858)綿竹李氏聽雨山房刻本　二十四冊

510000－2741－0007318　7318

聽花吟館詩稿五十二卷遊鑾華山詩草一卷（清）李德揚撰　清咸豐八年(1858)綿竹李氏聽雨山房刻本　二十四冊

510000－2741－0007319　7319

聽秋聲館詞話二十卷　（清）丁紹儀撰　清同治八年(1869)刻本　四冊

510000－2741－0007320　7320

聽訓齋語二卷附恆產瑣言一卷飯有十二合說一卷　（清）張英纂　清光緒十一年(1885)成都志古堂刻本　一冊

510000－2741－0007321　7321

聽雨樓隨筆十卷　（清）王培荀輯　清道光二十五年(1845)刻本　一冊　存一卷(一)

510000－2741－0007322　7322

聽雨樓隨筆十卷　（清）王培荀輯　清道光二十五年(1845)刻　六冊　存六卷(一至六)

510000－2741－0007323　7323

聽園西疆雜述詩四卷　（清）蕭雄撰　清光緒二十三年(1897)邁槃徐氏刻本　四冊

510000－2741－0007324　7324

聽雲僊館西遊感懷吟草一卷三十六芙蓉吟館文集一卷歸雲草堂制藝一卷海隱盦試帖一卷　（清）湯成彥撰　清咸豐三年(1853)錦城浣花草堂刻本　一冊

510000－2741－0007325　7325

亭林集六種二十七卷　（清）顧炎武撰　清康熙刻本　六冊

510000－2741－0007326　7326

亭林文集六卷餘集一卷　（清）顧炎武著　清光緒崇川葛氏學古齋刻本　四冊

510000－2741－0007327　7327

亭林文集六卷餘集一卷　（清）顧炎武著　清光緒崇川葛氏學古齋刻本　二冊

510000－2741－0007328　7328

亭林先生補遺十種　（清）顧炎武撰　清光緒十一年(1885)吳縣朱氏刻本　八冊

510000－2741－0007329　7329

亭林先生遺書彙輯　（清）顧炎武撰　清光緒十一年至十四年(1885－1888)吳縣孫溪槐廬

四川大學圖書館古籍普查登記目錄

家塾校刻本　二十冊

510000 – 2741 – 0007330　7330
霆軍紀略十六卷　（清）陳昌編輯　清光緒上海申報館鉛印本　八冊

510000 – 2741 – 0007331　7331
通典二百卷　（唐）杜佑撰　明嘉靖刻本　四十冊

510000 – 2741 – 0007332　7332
通典二百卷　（唐）杜佑撰　清光緒二十八年(1902)上海鴻寶書局石印本　十二冊

510000 – 2741 – 0007333　7333
通典二百卷　（唐）杜佑撰　清光緒二十八年(1902)上海鴻寶書局石印本　十二冊

510000 – 2741 – 0007334　7334
通典二百卷　（唐）杜佑撰　清光緒二十七年(1901)上海圖書集成局鉛印本　十六冊

510000 – 2741 – 0007335　7335
通典二百卷　（唐）杜佑撰　清乾隆十二年(1747)武英殿刻本　四十八冊

510000 – 2741 – 0007336　7336
通甫類藁四卷續編二卷詩存四卷詩存之餘二卷　（清）魯一同撰　清咸豐九年(1859)刻本　八冊

510000 – 2741 – 0007337　7337
通行章程二卷續編一卷　（清）□□編　清光緒、宣統間擷華書局鉛印本　三冊

510000 – 2741 – 0007338　7338
通鑑地理通釋十四卷　（宋）王應麟撰　清光緒十年(1884)成都志古堂刻本　四冊

510000 – 2741 – 0007339　7339
通鑑綱目韻言二卷　（清）柯鳳彩編　清康熙六十年(1721)問心堂刻本　二冊

510000 – 2741 – 0007340　7340
通鑑紀事本末二百三十九卷　（宋）袁樞編輯　（明）張溥論正　清光緒二十四年(1898)湖南思賢書局刻本　六十三冊　缺六卷(一百六至一百十一)

510000 – 2741 – 0007341　7341
通鑑紀事本末二百三十九卷　（宋）袁樞編輯　（明）張溥論正　清光緒廣雅書局刻本　二十一冊　存一百十五卷(七至二十六、四十三至四十五、七十二至七十七、八十三至九十一、一百十一至一百十七、一百二十六至一百五十五、一百五十九至一百七十三、一百八十三至一百八十八、二百一至二百五、二百二十四至二百三十七)

510000 – 2741 – 0007342　7342
通鑑紀事本末二百三十九卷　（宋）袁樞編輯　（明）張溥論正　清同治十二年(1873)江西書局刻本　八十冊

510000 – 2741 – 0007343　7343
通鑑紀事本末二百三十九卷　（宋）袁樞編輯　（明）張溥論正　清同治十二年(1873)江西書局刻本　三十三冊　存八十二卷(一至二、二十四至三十二、三十八至四十五、四十八至五十八、七十五至七十七、八十一至一百八、一百十七至一百三十一、一百四十九至一百五十四)

510000 – 2741 – 0007344　7344
通鑑紀事本末二百三十九卷　（宋）袁樞編輯　（明）張溥論正　清同治十二年(1873)江西書局刻本　八十冊

510000 – 2741 – 0007345　7345
通鑑紀事本末前編十二卷　（明）沈朝陽編　清刻本　六冊

510000 – 2741 – 0007346　7346
宋史紀事本末十卷　（明）馮琦原編　（明）陳邦瞻纂輯　清刻本　十冊

510000 – 2741 – 0007347　7347
通鑑紀事本末正編四十二卷　（宋）袁樞編　清刻本　四十二冊

510000 – 2741 – 0007348　7348
通鑑釋文辯誤十二卷　（元）胡三省撰　清光緒十四年(1888)長沙楊氏刻本　三冊

510000 – 2741 – 0007349　7349

四川大學圖書館古籍普查登記目錄

通鑑釋文辯誤十二卷　（元）胡三省撰　清刻本　四冊

510000－2741－0007350　7350

通鑑釋文辯誤十二卷　（元）胡三省撰　清光緒十四年(1888)長沙楊氏刻本　四冊

510000－2741－0007351　7351

通鑑宋本校勘記五卷通鑑元本校勘記二卷　（清）張瑛撰　清光緒八年(1882)江蘇書局刻本　二冊

510000－2741－0007352　7352

通鑑彙鑰十卷　（□）□□撰　明嘉靖刻本　三冊　存八卷(一至五、八至十)

510000－2741－0007353　7353

資治通鑑外紀十卷目録五卷　（宋）劉恕撰　清同治十年(1871)江蘇書局刻本　十冊

510000－2741－0007354　7354

通介堂經說三十七卷　（清）徐灝撰　清咸豐四年(1854)刻本　十冊

510000－2741－0007355　7355

通介堂經說十二卷　（清）徐灝撰　清刻本　五冊

510000－2741－0007356　7356

通經表二卷　（清）洪亮吉撰　清光緒五年(1879)洪用懃授經堂刻本　一冊

510000－2741－0007357　7357

通經表一卷　（清）畢沅撰　清光緒五年(1879)華陽宏達堂刻本　一冊

510000－2741－0007358　7358

通商約章類纂三十五卷　（清）徐宗亮輯　清光緒十八年(1892)廣東善後局刻本　二十冊

510000－2741－0007359　7359

通俗編三十八卷　（清）翟灝撰　清乾隆十六年(1751)刻本　十二冊

510000－2741－0007360　7360

通俗編三十八卷　（清）翟灝撰　清乾隆十六年(1751)刻本　十冊

510000－2741－0007361　7361

通俗編三十八卷　（清）翟灝撰　清乾隆十六年(1751)刻本　十二冊

510000－2741－0007362　7362

通物電光四卷附圖一卷　（美國）莫耳登撰　（英國）傅蘭雅口譯　（清）王季烈筆述　清光緒二十五年(1899)江南製造總局刻本　一冊

510000－2741－0007363　7363

通物電光四卷附圖一卷　（美國）莫耳登撰　（英國）傅蘭雅口譯　（清）王季烈筆述　清光緒二十五年(1899)江南製造總局刻本　一冊

510000－2741－0007364　7364

通雅堂詩鈔十卷　（清）施山撰　清光緒元年(1875)荊州刻本　四冊

510000－2741－0007365　7365

通雅堂詩鈔十卷續集二卷　（清）施山撰　清光緒元年(1875)荊州刻本　二冊

510000－2741－0007366　7366

通雅五十二卷首三卷　（清）方以智撰　清刻本　二十冊

510000－2741－0007367　7367

通雅五十二卷首三卷附刊誤補遺一卷　（清）方以智撰　清光緒六年(1880)桐城方氏刻本　十六冊

510000－2741－0007368　7368

通藝録二十二種　（清）程瑤田撰　清嘉慶刻本　二十四冊

510000－2741－0007369　7369

通齋集五卷通齋外集一卷　（清）蔣超伯撰　清同治三年(1864)高涼郡齋刻本　二冊

510000－2741－0007370　7370

通齋文集二卷附南行紀程一卷　（清）蔣超伯著　清同治三年(1864)高涼郡齋刻本　二冊

510000－2741－0007371　7371

通志二百卷　（宋）鄭樵著　清末石印本　十四冊　缺一百三十一卷(一至一百三十一)

510000－2741－0007372　7372

通志二百卷　（宋）鄭樵撰　元大德三山郡庠刻元明遞修本　一百六十冊

510000－2741－0007373　7373

通志二百卷　（宋）鄭樵撰　清乾隆十二年(1747)武英殿刻本　一百四十四冊

510000－2741－0007374　7374

通志略五十二卷　（宋）鄭樵撰　明嘉靖二十九年(1550)陳宗夔等刻清乾隆金匱山房印本　二十冊

510000－2741－0007375　7375

通志略五十二卷　（宋）鄭樵撰　明嘉靖二十九年(1550)陳宗夔等刻清乾隆金匱山房印本　三十二冊

510000－2741－0007376　7376

通志堂經解　（清）納蘭成德輯　清同治十二年(1873)粵東書局刻本　四百三冊

510000－2741－0007377　7377

通志堂經解　（清）納蘭成德輯　清同治十二年(1873)粵東書局刻本　五百四十五冊

510000－2741－0007378　7378

通志堂經解　（清）納蘭成德輯　清康熙十九年(1680)通志堂刻本　四百八十三冊

510000－2741－0007379　7379

同安林次崖先生文集十八卷　（明）林希元撰　（清）陳臚聲重訂　清乾隆十八年(1753)詒燕堂刻本　八冊

510000－2741－0007380　7380

同人集十二卷　（清）冒襄輯　清光緒八年(1882)刻本　十二冊

510000－2741－0007381　7381

同人集十二卷　（清）冒襄輯　清光緒八年(1882)刻本　十二冊

510000－2741－0007382　7382

同人鍼灸二卷　（□）□□輯　清同治八年(1869)刻本　一冊

510000－2741－0007383　7383

同文算指前編二卷通編八卷別編一卷　（明）

李之藻撰　明萬曆刻本　五冊

510000－2741－0007384　7384

同菴史彙十卷　（清）蔣善撰　清康熙四十四年(1705)思永堂刻本　八冊

510000－2741－0007385　7385

同治中興京外奏議約編八卷　（清）陳弢輯　清光緒元年(1875)篋劍囊琴之室刻本　八冊

510000－2741－0007386　7386

同治中興京外奏議約編八卷　（清）陳弢輯　清光緒元年(1875)篋劍囊琴之室刻本　六冊

510000－2741－0007387　7387

同治中興京外奏議約編八卷　（清）陳弢輯　清光緒元年(1875)篋劍囊琴之室刻本　四冊

510000－2741－0007388　7388

桐城方氏詩輯六十七卷　（清）方于穀輯　清道光元年(1821)方于穀刻本　二十冊　存六十一卷(一至五、九至六十四)

510000－2741－0007389　7389

桐城馬太僕奏略四卷　（明）馬孟禎撰　清光緒六年(1880)馬氏刻本　二冊

510000－2741－0007390　7390

桐城耆舊傳十二卷　（清）馬其昶撰　清宣統三年(1911)刻本　六冊

510000－2741－0007391　7391

桐城錢飲光先生全書　（清）錢澄之撰　清同治二年(1863)桐城斠雉堂刻本　二十四冊

510000－2741－0007392　7392

桐城吳先生點勘諸子七種　（清）吳汝綸點勘　清宣統二年(1910)衍星社鉛印本　十二冊

510000－2741－0007393　7393

桐城吳先生點勘諸子七種　（清）吳汝綸點勘　清宣統二年(1910)衍星社鉛印本　十二冊

510000－2741－0007394　7394

桐城吳先生全書　（清）吳汝綸撰　清光緒三十年(1904)王恩綬等刻本　二十二冊

510000－2741－0007395　7395

四川大學圖書館古籍普查登記目録

桐城吳先生全書　（清）吳汝綸撰　清光緒三十年(1904)王恩綬等刻本　五冊　存三種六卷(桐城吳先生文集四卷、桐城吳先生詩集一卷、吳先生行狀一卷)

510000－2741－0007396　7396

桐城吳先生全書　（清）吳汝綸撰　清光緒三十年(1904)王恩綬等刻本　二十二冊

510000－2741－0007397　7397

桐城吳先生全書　（清）吳汝綸撰　清光緒三十年(1904)王恩綬等刻本　二十冊

510000－2741－0007398　7398

桐鳳集五言詩一卷雜言詩一卷　（清）曾彥撰　清光緒十五年(1889)蘇州書局刻本　二冊

510000－2741－0007399　7399

桐閣全書　（清）李元春撰　清道光、咸豐間刻本　四冊

510000－2741－0007400　7400

桐蔭論畫二卷附錄一卷　（清）黃祖永撰　清同治三年(1864)刻朱墨套印本　二冊

510000－2741－0007401　7401

桐蔭清話八卷　（清）倪鴻著　清同治十三年(1874)申江刻本　四冊

510000－2741－0007402　7402

銅鼓書堂遺稿三十二卷　（清）查禮撰　清乾隆查淳刻本　四冊

510000－2741－0007403　7403

銅鼓書堂遺稿三十二卷　（清）查禮撰　清乾隆查淳刻本　四冊

510000－2741－0007404　7404

銅梁山人詩集二十五卷芸籬偶存二卷銅梁山人詞四卷　（清）王汝璧撰　樓山詩集六卷（清）王恕撰　清光緒二十年(1894)京師刻本　七冊

510000－2741－0007405　7405

銅人針灸經七卷　（□）□□撰　校勘記一卷（清）馮一梅撰　清光緒九年(1883)錢塘丁氏當歸草堂刻本　一冊

510000－2741－0007406　7406

銅熨斗齋隨筆八卷　（清）沈濤撰　清光緒刻式訓堂叢書本　二冊

510000－2741－0007407　7407

投筆集箋註二卷　（清）錢謙益撰　（清）錢曾箋註　清宣統順德鄧氏鉛印本　一冊

510000－2741－0007408　7408

投壺儀節一卷　（明）汪禔編輯　清光緒十三年至二十年(1887－1894)石埭徐氏刻觀自得齋叢書本　一冊

510000－2741－0007409　7409

屠先生評釋謀野集四卷　（明）王穉登撰　明萬曆四十七年(1619)書林葉應祖刻本　二冊　存二卷(一至二)

510000－2741－0007410　7410

圖注八十一難經四卷　（戰國）秦越人述（明）張世賢注　清刻本　二冊

510000－2741－0007411　7411

圖注八十一難經四卷　（戰國）秦越人述（明）張世賢注　清刻本　二冊

510000－2741－0007412　7412

土耳其國志一卷　（清）吳宗濂　（清）郭家驥（清）張美翊譯　清光緒二十八年(1902)石印本　一冊

510000－2741－0007413　7413

推愛堂痘疹集驗□□卷　（清）傅霖補輯　痘疹補方一卷　清光緒六年(1880)刻本　一冊　存二卷(推愛堂痘疹集驗上、痘疹補方一卷)

510000－2741－0007414　7414

推測易知四卷　（清）陳松撰　清光緒十三年(1887)樹德堂刻本　四冊

510000－2741－0007415　7415

退經詩集一卷　（清）龔有融著　清咸豐二年(1852)刻本　一冊

510000－2741－0007416　7416

退學齋詩稿一卷知困書屋詩稿一卷半圜詩稿

四川大學圖書館古籍普查登記目錄

一卷西征詩稿一卷 （清）朱在勤撰 清同治
十二年(1873)刻本 一冊

510000－2741－0007417 7417
退學齋詩稿一卷知困書屋詩稿一卷半園詩稿
一卷 （清）朱在勤撰 清同治十二年(1873)
刻本 一冊

510000－2741－0007418 7418
退學齋詩稿一卷知困書屋詩稿一卷牛園詩稿
一卷 （清）朱在勤撰 清同治十二年(1873)
刻本 一冊

510000－2741－0007419 7419
退學齋詩稿一卷知困書屋詩稿一卷牛園詩稿
一卷 （清）朱在勤撰 清同治十二年(1873)
刻本 一冊

510000－2741－0007420 7420
退學齋詩稿一卷知困書屋詩稿一卷牛園詩稿
一卷 （清）朱在勤撰 清同治十二年(1873)
刻本 一冊

510000－2741－0007421 7421
退菴詩話十二卷 （清）何日愈撰 清光緒九
年(1883)何璟刻本 四冊

510000－2741－0007422 7422
退菴隨筆二十卷 （清）梁章鉅編 清道光十
六年(1836)刻本 六冊

510000－2741－0007423 7423
吞松閣集四十卷 （清）鄭虎文撰 清嘉慶刻
同治八年(1869)江蘇書局補刻本 十二冊

510000－2741－0007424 7424
託素齋文集六卷詩集四卷 （清）黎士弘撰
行述一卷 （清）劉元慧撰 清雍正三年
(1725)黎致遠刻本 八冊 存八卷(文集一
至四、詩集四卷)

510000－2741－0007425 7425
託素齋文集六卷詩集四卷 （清）黎士弘著
清道光二十五年(1845)刻本 十冊

510000－2741－0007426 7426
唾壺吟詩草一卷 （清）楊宗蔚撰 清光緒十

三年(1887)廣東刻本 二冊

510000－2741－0007427 7427
籌廊璅記九卷 （清）王濟宏撰 清咸豐四年
(1854)晉文齋刻本 六冊

510000－2741－0007428 7428
外科大成四卷 （清）祁坤輯著 清刻本
八冊

510000－2741－0007429 7429
外科正宗十二卷 （明）陳實功著 （清）徐大
椿評 清咸豐十年(1860)刻本 六冊

510000－2741－0007430 7430
外科症治全生集四卷 （清）王維德纂輯 清
光緒十年(1884)江西書局刻本 二冊

510000－2741－0007431 7431
外科症治全生集四卷 （清）王維德纂輯 新
增馬氏試驗秘方一卷 清光緒九年(1883)成
都六益文化會刻本 四冊

510000－2741－0007432 7432
外科證治全書五卷末一卷 （清）許克昌
（清）畢法輯 清同治六年(1867)刻本 五冊

510000－2741－0007433 7433
外科證治全書五卷末一卷 （清）許克昌
（清）畢法輯 清道光十一年(1831)刻本 四
冊 缺一卷(一)

510000－2741－0007434 7434
宛鄰文二卷宛鄰詩二卷 （清）張琦撰 蓬室
偶吟一卷 （清）湯瑤卿撰 清光緒十七年
(1891)鉛印本 二冊

510000－2741－0007435 7435
晚香草堂詩鈔四卷 （清）陳維著 清刻本
二冊

510000－2741－0007436 7436
晚香園十吟小草十二卷 （清）田其菀撰 清
光緒二十六年(1900)刻本 四冊

510000－2741－0007437 7437
晚笑堂竹莊畫傳不分卷 （清）上官周繪撰
清道光刻本 四冊

四川大學圖書館古籍普查登記目録

510000 – 2741 – 0007438　7438

晚學集八卷　（清）桂馥撰　清光緒會稽章氏刻式訓堂叢書本　二冊

510000 – 2741 – 0007439　7439

晚學齋文集十二卷　（清）姚椿撰　清咸豐二年(1852)刻本　三冊

510000 – 2741 – 0007440　7440

晚學齋文集十二卷　（清）姚椿撰　清咸豐二年(1852)刻本　三冊

510000 – 2741 – 0007441　7441

皖志便覽六卷　（清）李應珏纂　清光緒二十四年(1898)刻本　二冊

510000 – 2741 – 0007442　7442

萬充宗先生經學五書　（清）萬斯大撰　清乾隆四明萬福刻本　六冊

510000 – 2741 – 0007443　7443

萬國公法四卷　（美國）丁韙良譯　清刻本　一冊　存一卷(三)

510000 – 2741 – 0007444　7444

萬國公法四卷　（美國）丁韙良譯　清同治三年(1864)刻本　四冊

510000 – 2741 – 0007445　7445

萬國公史議二卷　（清）陳澹然撰　清末鉛印本　一冊

510000 – 2741 – 0007446　7446

萬國歷史彙編一百卷　（清）江子雲等編　清光緒二十九年(1903)鉛印本　十六冊

510000 – 2741 – 0007447　7447

萬國通史前編十卷中西年表一卷校勘記一卷　（英國）李思倫白輯譯　（清）蔡爾康紀述　清光緒二十六年(1900)上海廣學會鉛印本　十冊

510000 – 2741 – 0007448　7448

萬國憲法比較一卷　（日本）辰巳小二郎著　清光緒二十八年(1902)商務印書館鉛印本　一冊

510000 – 2741 – 0007449　7449

萬密齋書十類一百八卷　（明）萬全撰　清康熙五十一年(1712)視履齋刻乾隆四十三年(1778)修補本　二十六冊

510000 – 2741 – 0007450　7450

萬善花室文藳六卷　（清）方履籛撰　清道光刻本　六冊

510000 – 2741 – 0007451　7451

萬氏婦女科三卷　（明）萬全撰　清光緒十五年(1889)刻本　一冊

510000 – 2741 – 0007452　7452

萬氏家傳片玉痘疹十三卷　（明）萬全編著　清視履堂刻本　二冊

510000 – 2741 – 0007453　7453

萬氏家傳片玉心書五卷　（明）萬全編著　清視履堂刻本　二冊

510000 – 2741 – 0007454　7454

萬氏家傳幼科發揮二卷　（明）萬全編著　清視履堂刻本　一冊　存一卷(下)

510000 – 2741 – 0007455　7455

萬首唐人絕句一百一卷　（宋）洪邁輯　明嘉靖十九年(1540)陳敬學德星堂刻本　二十四冊

510000 – 2741 – 0007456　7456

萬物炊累室文乙集二卷　（清）沈同芳撰　清光緒二十二年(1896)廣州成文堂刻本　一冊

510000 – 2741 – 0007457　7457

萬縣團練戰守圖示一卷　（清）馮卓懷撰　清咸豐十年(1860)刻本　一冊

510000 – 2741 – 0007458　7458

萬縣志采訪事實　（清）張焜纂　抄本　四冊

510000 – 2741 – 0007459　7459

萬言肄雅不分卷　（清）屈曾發撰　清乾隆三十七年(1772)刻本　一冊

510000 – 2741 – 0007460　7460

萬邑西南山石刻記二卷附一卷　（清）況周頤撰錄　清光緒二十九年(1903)西巖講院刻本　一冊

四川大學圖書館古籍普查登記目錄

510000－2741－0007461　7461

飪春黃閣詩集四卷　（清）陳崇哲撰　清光緒
二十年(1894)刻本　二冊

510000－2741－0007462　7462

飪春黃閣詩集四卷文集五卷文集又二卷
（清）陳崇哲撰　清光緒二十年(1894)刻本
二冊

510000－2741－0007463　7463

飪春黃閣詩集四卷文集五卷文集又二卷
（清）陳崇哲撰　清光緒二十年(1894)刻本
二冊

510000－2741－0007464　7464

飪春黃閣詩録一卷　（清）陳崇哲撰　清光緒
二十年(1894)刻本　一冊

510000－2741－0007465　7465

汪本隸釋刊誤一卷　（清）黃丕烈撰　清同治
十一年(1872)皖南洪氏晦木齋刻本　一冊

510000－2741－0007466　7466

汪本隸釋刊誤一卷　（清）黃丕烈撰　清同治
十一年(1872)皖南洪氏晦木齋刻本　一冊

510000－2741－0007467　7467

汪龍莊先生遺書　（清）汪輝祖纂　清同治元
年(1862)盱眙吳棠刻本　六冊

510000－2741－0007468　7468

汪梅村先生集十二卷外集一卷　（清）汪士鐸
撰　清光緒七年(1881)江寧洪汝奎刻本
四冊

510000－2741－0007469　7469

汪氏醫書　（明）汪機編輯　明嘉靖刻本　十
八冊

510000－2741－0007470　7470

汪雙池先生叢書　（清）汪紱撰　清道光至光
緒刻光緒二十三年(1897)長安趙舒翹等彙印
本　八冊

510000－2741－0007471　7471

王漁洋遺書　（清）王士禎撰　清康熙刻本
七十二冊

510000－2741－0007472　7472

汪子全集　（清）汪縉著　清光緒八年(1882)
刻民國十五年(1926)彭清鵬補刻本　四冊
缺七卷(文録六至八、詩録一至四)

510000－2741－0007473　7473

汪子全集　（清）汪縉著　清光緒八年(1882)
刻民國十五年(1926)彭清鵬補刻本　六冊

510000－2741－0007474　7474

王洪緒先生外科證治全生一卷　（清）王維德
撰　清同治十二年(1873)山左陳介謀刻本
二冊

510000－2741－0007475　7475

王會篇箋釋三卷　（清）何秋濤著　清光緒十
七年(1891)江蘇書局刻本　三冊

510000－2741－0007476　7476

王荊公詩五十卷　（宋）王安石撰　（宋）李壁
箋註　清乾隆六年(1741)張宗松清綺齋刻本
六冊

510000－2741－0007477　7477

王荊公詩五十卷　（宋）王安石撰　（宋）李壁
箋註　清乾隆六年(1741)張宗松清綺齋刻本
八冊

510000－2741－0007478　7478

王葵園四種　（清）王先謙撰　清光緒至民國
長沙王氏刻本　十八冊

510000－2741－0007479　7479

王臨川全集一百卷目録二卷　（宋）王安石撰
清光緒九年(1883)聽香館刻本　十六冊

510000－2741－0007480　7480

王臨川全集一百卷目録二卷　（宋）王安石撰
清光緒九年(1883)聽香館刻本　十六冊

510000－2741－0007481　7481

王臨川全集一百卷目録二卷　（宋）王安石撰
清光緒九年(1883)聽香館刻本　二十冊

510000－2741－0007482　7482

王臨川全集一百卷目録二卷　（宋）王安石撰
清光緒九年(1883)聽香館刻本　十六冊

四川大學圖書館古籍普查登記目録

510000 – 2741 – 0007483　7483

王臨川文集四卷　(宋)王安石撰　清宣統二
年(1910)上海會文堂粹記石印本　四册

510000 – 2741 – 0007484　7484

王麓臺扁舟圖題詠錄一卷　(清)鄧元鏸輯
清光緒二十三年(1897)無錫鄧元鏸刻本
一册

510000 – 2741 – 0007485　7485

王孟詩評　(宋)劉辰翁評　(清)顧璘評　清
光緒五年(1879)巴陵方氏碧琳琅館刻朱墨套
印本　四册

510000 – 2741 – 0007486　7486

王孟詩評　(宋)劉辰翁評　(清)顧璘評　清
光緒五年(1879)巴陵方氏碧琳琅館刻朱墨套
印本　四册

510000 – 2741 – 0007487　7487

王氏四種　(清)王引之　(清)王念孫等撰
清光緒二年(1876)崇文書局刻本　四十四册

510000 – 2741 – 0007488　7488

王氏醫案二卷王氏醫案續編八卷　(清)王士
雄著　(清)周鑅輯錄　(清)張鴻等續輯　清
咸豐元年(1851)吟春書屋刻本　三册

510000 – 2741 – 0007489　7489

王氏醫存十七卷附新選驗方一卷　(清)王燕
昌述　清光緒元年(1875)刻本　四册

510000 – 2741 – 0007490　7490

王樹柟所著書　(清)王樹柟撰　清光緒文莫
室刻本　十五册

510000 – 2741 – 0007491　7491

王文成公傳習錄三卷　(明)王守仁撰　清宣
統二年(1910)成都國學研究會刻本　三册

510000 – 2741 – 0007492　7492

王文成公傳習錄三卷　(明)王守仁撰　清宣
統二年(1910)成都國學研究會刻本　三册

510000 – 2741 – 0007493　7493

王文成公傳習錄三卷　(明)王守仁撰　清宣
統二年(1910)成都國學研究會刻本　三册

510000 – 2741 – 0007494　7494

王文成公全集十六卷　(明)王守仁撰　清湖
南湘潭王文德刻本　十二册

510000 – 2741 – 0007495　7495

王文成公全書三十八卷　(明)王守仁撰　清
刻本　二十四册

510000 – 2741 – 0007496　7496

王文成公全書三十八卷　(明)王守仁撰　清
刻本　二十四册

510000 – 2741 – 0007497　7497

王文成公文選八卷　(明)王守仁撰　(明)王
畿選定　(明)鍾惺評點　明崇禎六年(1633)
金閶溪香館刻本　四册　存四卷(一至四)

510000 – 2741 – 0007498　7498

王文恪公集三十六卷　(明)王鏊撰　白社詩
草一卷鵑音一卷　(明)王禹聲撰　明萬曆震
澤王氏三槐堂刻本　十册

510000 – 2741 – 0007499　7499

王文敏公奏疏不分卷　(清)王懿榮撰　清宣
統三年(1911)江寧印刷廠鉛印本　一册

510000 – 2741 – 0007500　7500

王先生十七史蒙求十六卷　(宋)王令撰　清
光緒二年(1876)刻本　二册

510000 – 2741 – 0007501　7501

王先生十七史蒙求十六卷　(宋)王令撰　清
道光二十八年(1848)刻本　二册

510000 – 2741 – 0007502　7502

王小雲孝廉詞賸一卷　(清)王懷孟著　清咸
豐九年(1859)靜倪書屋刻本　一册

510000 – 2741 – 0007503　7503

王陽明先生全集二十二卷首一卷　(明)王守
仁撰　(清)俞嶙重編　清康熙十二年(1673)
從化俞氏自公堂刻本　二十四册

510000 – 2741 – 0007504　7504

王益吾所刻書十一種　(清)王先謙集　清光
緒九年(1883)長沙王氏刻本　六册　存五種
十二卷(魏鄭公諫錄五卷、魏鄭公諫續錄二

四川大學圖書館古籍普查登記目錄

卷、魏文貞公故事拾遺三卷、魏文貞公年譜一卷、唐書魏鄭公傳注一卷）

510000－2741－0007505　7505

王右丞集二十八卷首一卷末一卷　（唐）王維撰　（清）趙殿成箋註　清乾隆二年(1737)趙氏刻本　十二冊

510000－2741－0007506　7506

王右丞集二十八卷首一卷末一卷　（唐）王維撰　（清）趙殿成箋註　清乾隆二年(1737)趙氏刻本　十冊

510000－2741－0007507　7507

王制訂一卷　廖平撰　清光緒二十三年(1897)尊經書局刻本　一冊

510000－2741－0007508　7508

王制訂一卷王制集說一卷　廖平撰　清光緒刻民國存古書局重印本　一冊

510000－2741－0007509　7509

王忠勇公集二卷　（清）王家鼎輯　清光緒元年(1875)蜀州王氏刻本　一冊

510000－2741－0007510　7510

王壯武公遺集二十四卷　（清）王鑫撰　**王壯武公年譜二卷**　（清）羅正鈞纂　清光緒十八年(1892)湘鄉王氏江甯刻本　十二冊

510000－2741－0007511　7511

王子安集十六卷　（唐）王勃撰　清光緒五年(1879)華陽醉經閣刻本　四冊　缺四卷(十三至十六)

510000－2741－0007512　7512

王子安集註二十卷首一卷末一卷　（唐）王勃撰　（清）蔣清翊註　清光緒九年(1883)吳縣蔣氏雙唐碑館刻本　八冊

510000－2741－0007513　7513

網師園唐詩箋十八卷　（清）宋宗元撰　清乾隆尚絅堂刻本　六冊

510000－2741－0007514　7514

望炊樓叢書　（清）謝家福輯　清光緒吳縣謝氏刻民國十三年(1924)蘇州文學山房彙印本

八冊

510000－2741－0007515　7515

望堂金石文字不分卷　（清）楊守敬編　清光緒二年(1876)刻本　十七冊

510000－2741－0007516　7516

望溪先生文集十八卷集外文十卷補遺二卷　（清）方苞撰　**方望溪年譜一卷附錄一卷**　（清）蘇淳元輯　清咸豐元年(1851)刻本　十六冊

510000－2741－0007517　7517

望溪先生文集十八卷集外文十卷補遺二卷　（清）方苞撰　**方望溪年譜一卷附錄一卷**　（清）蘇淳元輯　清咸豐元年(1851)刻本　十六冊

510000－2741－0007518　7518

望溪先生文集十八卷集外文十卷補遺二卷　（清）方苞撰　**方望溪年譜一卷附錄一卷**　（清）蘇淳元輯　清咸豐元年(1851)刻本　十六冊

510000－2741－0007519　7519

危言四卷　（清）湯震撰　清光緒二十四年(1898)湖南興學書局刻本　一冊

510000－2741－0007520　7520

威信公詩集四卷　（清）岳鍾琪著　清光緒十年(1884)廣州刻本　一冊

510000－2741－0007521　7521

微波榭叢書　（清）孔繼涵輯　清乾隆曲阜孔氏刻本　六十冊

510000－2741－0007522　7522

微積溯源八卷　（英國）華里司輯　（英國）傅蘭雅口譯　（清）華蘅芳筆述　清末江南機器製造總局刻本　六冊

510000－2741－0007523　7523

微積溯源八卷　（英國）華里司輯　（英國）傅蘭雅口譯　（清）華蘅芳筆述　清光緒二十二年(1896)上海璣衡堂石印本　二冊

510000－2741－0007524　7524

四川大學圖書館古籍普查登記目錄

煨芋巖居詩集二十卷　（清）王善寶撰　清嘉
慶十八年（1813）刻本　四册

510000－2741－0007525　7525

煨芋巖居文集不分卷　（清）王善寶撰　清光
緒十三年（1887）刻本　一册

510000－2741－0007526　7526

薇省詞鈔十卷附錄一卷　（清）況周頤撰錄
清光緒二十四年（1898）廣陵刻本　四册

510000－2741－0007527　7527

薇軒詩草十卷　（清）江維斗撰　清光緒三十
年（1904）刻本　八册

510000－2741－0007528　7528

薇軒雜著六卷　（清）江維斗撰　清宣統元年
（1909）刻本　四册

510000－2741－0007529　7529

薇陰書屋瑣言二卷　（清）劉廷玉撰　清光緒
三十二年（1906）宜賓學署刻本　二册

510000－2741－0007530　7530

爲政忠告　（元）張養浩撰　清道光十一年
（1831）歷城尹濟源碧鮮齋刻本　二册

510000－2741－0007531　7531

唯識二十論述記四卷　（唐）釋窺基撰　清宣
統二年（1910）江西刻經處刻本　二册

510000－2741－0007532　7532

唯識二十論述記四卷　（唐）釋窺基撰　清宣
統二年（1910）江西刻經處刻本　二册

510000－2741－0007533　7533

唯識二十論述記四卷　（唐）釋窺基撰　清宣
統二年（1910）江西刻經處刻本　二册

510000－2741－0007534　7534

唯心五種　（□）智覺禪師等撰　清同治九年
（1870）至民國刻彙印本　一册

510000－2741－0007535　7535

爲學須知一卷　（清）黎在寅著　清光緒六年
（1880）渝州刻本　一册

510000－2741－0007536　7536

爲政忠告　（元）張養浩撰　清道光十一年
（1831）歷城尹濟源碧鮮齋刻本　一册

510000－2741－0007537　7537

維摩詰所說經註八卷　（後秦）鳩摩羅什譯
（後秦）僧肇註　清光緒十三年（1887）金陵刻
經處刻本　二册

510000－2741－0007538　7538

潙山警策句釋記二卷潙山警策句釋科文一卷
　（清）釋弘贊註　清咸豐三年（1853）刻本
一册

510000－2741－0007539　7539

味和堂詩集六卷　（清）高其倬撰　清乾隆五
年（1740）高氏家刻本　四册

510000－2741－0007540　7540

味經齋遺書　（清）莊存與撰　清道光莊綏甲
寶研堂刻本　五册

510000－2741－0007541　7541

味經齋遺書　（清）莊存與撰　清道光莊綏甲
寶研堂刻本　六册

510000－2741－0007542　7542

味無味齋詩鈔二卷　（清）朱騰撰　清同治九
年（1870）刻本　一册

510000－2741－0007543　7543

味無味齋詩鈔二卷　（清）朱騰撰　清同治九
年（1870）刻本　一册

510000－2741－0007544　7544

味無味齋詩鈔二卷　（清）朱騰撰　清同治九
年（1870）刻本　一册

510000－2741－0007545　7545

味餘書室全集定本四十卷味餘書室隨筆二卷
目錄四卷　（清）仁宗顒琰撰　清嘉慶五年
（1800）內府刻本　八册

510000－2741－0007546　7546

渭南文集五十卷　（宋）陸游撰　明末毛氏汲
古閣刻陸放翁全集本　十六册　存四十八卷
（一至四十八）

510000－2741－0007547　7547

衛藏通志十六卷首一卷 （清）和琳纂 清光
緒二十二年(1896)漸西邨舍刻本 八冊

510000－2741－0007548 7548

衛生寶鑑二十四卷補遺一卷 （元）羅天益著
清道光刻惜陰軒叢書本 八冊

510000－2741－0007549 7549

衛生鴻寶六卷 （清）祝補齋輯 （清）高味卿
增補 清咸豐七年(1857)刻本 四冊

510000－2741－0007550 7550

衛生鴻寶六卷 （清）祝補齋輯 （清）高味卿
增補 急救腹痛暴卒病解一卷 （清）華嶽纂
（清）金德鑑增删 清咸豐七年(1857)刻本
四冊

510000－2741－0007551 7551

魏稼孫先生全集四種 （清）魏錫曾撰 清光
緒九年(1883)羊城刻本 六冊

510000－2741－0007552 7552

魏稼孫先生全集四種 （清）魏錫曾撰 清光
緒九年(1883)羊城刻本 十冊

510000－2741－0007553 7553

魏書校勘記一卷 （清）王先謙輯 清光緒九
年(1883)長沙王氏刻本 一冊

510000－2741－0007554 7554

魏書校勘記一卷 （清）王先謙輯 清光緒九
年(1883)長沙王氏刻本 一冊

510000－2741－0007555 7555

魏書一百十四卷 （北齊）魏收撰 明崇禎毛
氏汲古閣刻十七史本 三十二冊

510000－2741－0007556 7556

魏塘竹枝詞一卷 （清）曹信賢著 清道光十
七年(1837)刻本 一冊

510000－2741－0007557 7557

魏文靖公史傳考略一卷邛州八賢史傳不分卷
（清）甯緗編 清光緒三十四年(1908)觀遇
樓成都刻本 一冊

510000－2741－0007558 7558

王益吾所刻書 （清）王先謙編 清光緒九年

(1883)長沙王氏刻本 六冊 存五種十二卷
（魏鄭公諫録五卷、魏鄭公諫續録二卷、魏文
貞公故事拾遺三卷、魏文貞公年譜一卷、唐書
魏鄭公傳注一卷）

510000－2741－0007559 7559

溫病淺說一卷 （清）溫存厚著 清光緒十三
年(1887)四川刻本 一冊

510000－2741－0007560 7560

溫病淺說一卷小兒急驚風治驗一卷 （清）溫
存厚著 清末刻本 一冊

510000－2741－0007561 7561

溫病條辨六卷首一卷 （清）吳瑭著 （清）朱
武曹點評 清宣統元年(1909)渭南嚴氏成都
刻本 四冊

510000－2741－0007562 7562

溫飛卿詩集七卷別集一卷集外詩一卷附録諸
家詩評一卷 （唐）溫庭筠撰 （明）曾益謙原
注 （清）顧予咸補注 （清）顧嗣立續注 清
刻本 四冊

510000－2741－0007563 7563

溫飛卿詩集七卷別集一卷集外詩一卷附録諸
家詩評一卷 （唐）溫庭筠撰 （明）曾益謙原
注 （清）顧予咸補注 （清）顧嗣立續注 清
刻本 二冊

510000－2741－0007564 7564

溫飛卿詩集七卷別集一卷集外詩一卷附録諸
家詩評一卷 （唐）溫庭筠撰 （明）曾益謙原
注 （清）顧予咸補注 （清）顧嗣立續注 清
刻本 二冊

510000－2741－0007565 7565

溫飛卿詩集七卷別集一卷集外詩一卷附録諸
家詩評一卷 （唐）溫庭筠撰 （明）曾益謙注
（清）顧予咸補注 （清）顧嗣立續注 清宣
統二年(1910)石印本 四冊

510000－2741－0007566 7566

溫飛卿詩集七卷別集一卷集外詩一卷附録諸
家詩評一卷 （唐）溫庭筠撰 （明）曾益謙注
（清）顧予咸補注 （清）顧嗣立續注 清宣

四川大學圖書館古籍普查登記目録

統二年(1910)石印本　四冊

510000－2741－0007567　7567

溫飛卿詩集七卷別集一卷集外詩一卷附錄諸家詩評一卷　(唐)溫庭筠撰　(明)曾益謙注　(清)顧予咸補注　(清)顧嗣立續注　清宣統二年(1910)石印本　四冊

510000－2741－0007568　7568

溫江縣鄉土志十二卷　(清)曾學傳輯　清宣統元年(1909)刻本　四冊

510000－2741－0007569　7569

溫江縣鄉土志十二卷　(清)曾學傳輯　清宣統元年(1909)刻本　四冊

510000－2741－0007570　7570

溫江縣鄉土志十二卷　(清)曾學傳輯　清宣統元年(1909)刻本　四冊

510000－2741－0007571　7571

溫熱經緯五卷　(清)王士雄纂　(清)楊照藜評　(清)汪曰楨評　清光緒八年(1882)刻本　四冊

510000－2741－0007572　7572

溫熱經緯五卷　(清)王士雄纂　(清)楊照藜評　(清)汪曰楨評　清光緒八年(1882)刻本　四冊

510000－2741－0007573　7573

溫熱經緯五卷　(清)王士雄纂　(清)楊照藜評　(清)汪曰楨評　清光緒八年(1882)刻本　四冊

510000－2741－0007574　7574

溫熱贅言一卷　(清)寄瓢子述　清刻本　一冊

510000－2741－0007575　7575

溫氏醫案一卷　(清)溫存厚著　清光緒十三年(1887)四川刻本　一冊

510000－2741－0007576　7576

溫氏醫案一卷　(清)溫存厚著　清光緒十三年(1887)四川刻本　一冊

510000－2741－0007577　7577

溫氏醫案一卷　(清)溫存厚著　清末刻本　一冊

510000－2741－0007578　7578

瘟病條辨醫方撮要二卷　(清)楊璿撰　(清)黃德濂纂　**遂生編一卷福幼編一卷**　(清)莊一夔著　清道光二十一年(1841)刻本　二冊

510000－2741－0007579　7579

瘟疫論類編五卷　(明)吳有性著　(清)劉奎訂正　(清)劉秉錦編釋　清咸豐五年(1855)刻本　二冊

510000－2741－0007580　7580

文昌帝君全書二十八卷　(清)劉體恕彙輯　(清)甘雨施增輯　清道光八年(1828)刻本　九冊　存二十三卷(一至二十三)

510000－2741－0007581　7581

文粹四卷　(清)徐炯選　清宣統三年(1911)成都昌福公司鉛印本　二冊

510000－2741－0007582　7582

文粹四卷　(清)徐炯選　清宣統三年(1911)成都昌福公司鉛印本　一冊　存二卷(三至四)

510000－2741－0007583　7583

文粹四卷　(清)徐炯選　清宣統三年(1911)成都昌福公司鉛印本　二冊

510000－2741－0007584　7584

文房肆考圖說八卷　(清)唐秉鈞纂　清乾隆四十三年(1778)唐氏竹映山莊刻本　八冊

510000－2741－0007585　7585

文公家禮儀節八卷　(宋)朱熹編　(明)楊慎輯　清咸豐六年(1856)刻本　四冊

510000－2741－0007586　7586

文恭集四十卷　(宋)胡宿撰　清刻武英殿聚珍版叢書本　十冊

510000－2741－0007587　7587

文家稽古編十卷首一卷　(清)王乾等輯　清乾隆二十年(1755)慎詒堂刻本　八冊

510000－2741－0007588　7588

四川大學圖書館古籍普查登記目錄

文瀾閣志二卷附錄一卷　（清）孫樹禮編　清光緒二十四年(1898)錢塘丁氏刻武林掌故叢編本　三冊

510000－2741－0007589　7589

文廟丁祭譜十卷首一卷　（清）藍鍾瑞等編　清同治七年(1868)醴陵縣尊經閣刻本　十冊

510000－2741－0007590　7590

文廟丁祭譜一卷　（清）□□編　清同治七年(1868)江蘇書局刻本　一冊

510000－2741－0007591　7591

文廟丁祭譜一卷　（清）黃貞吉　（清）陳鴻彬等輯　清光緒九年(1883)新都尊經閣刻本　一冊

510000－2741－0007592　7592

文廟祀典考五十卷　（清）龐鍾璐編輯　清光緒五年(1879)刻本　十二冊

510000－2741－0007593　7593

文廟通考錄六卷　（清）洪桂林增輯　清光緒十八年(1892)刻本　三冊

510000－2741－0007594　7594

文莫室詩八卷　（清）王樹枏撰　清光緒至民國新城王氏刻陶廬叢刻本　二冊

510000－2741－0007595　7595

文莫室詩三卷駢文一卷　（清）王樹枏撰　清光緒十三年(1887)刻本　一冊

510000－2741－0007596　7596

文清公薛先生文集二十四卷　（明）薛瑄撰　（明）張鼎編輯　清雍正十二年(1734)薛氏刻本　十二冊

510000－2741－0007597　7597

文清公薛先生文集二十四卷讀書錄十一卷續錄十二卷行實錄五卷　（明）薛瑄撰　（明）張鼎編輯　清雍正十二年(1734)薛氏刻本　二十四冊

510000－2741－0007598　7598

文史通義八卷　（清）章學誠撰　清道光十二年至十三年(1832－1833)章華紱刻本　四冊

510000－2741－0007599　7599

文史通義八卷　（清）章學誠撰　清光緒二十四年(1898)長沙經文書局刻本　七冊

510000－2741－0007600　7600

文史通義八卷　（清）章學誠撰　清光緒十九年(1893)粵東菁華閣刻本　七冊

510000－2741－0007601　7601

文史通義八卷　（清）章學誠撰　清光緒四年(1878)王秉恩貴陽刻本　四冊

510000－2741－0007602　7602

文史通義八卷校讎通義三卷　（清）章學誠撰　清光緒二十四年(1898)長沙經文書局刻本　八冊

510000－2741－0007603　7603

文史通義八卷校讎通義三卷　（清）章學誠撰　清宣統三年(1911)上海廣益書局鉛印本　四冊

510000－2741－0007604　7604

文獻通考輯要二十四卷　（清）湯壽潛輯　清末通雅堂鉛印本　八冊　存二十卷(五至二十四)

510000－2741－0007605　7605

文獻通考紀要二卷　（清）□□撰　清乾隆四年(1739)刻本　二冊

510000－2741－0007606　7606

文獻通考三百四十八卷　（元）馬端臨著　清光緒二十七年(1901)上海圖書集成局鉛印本　三十九冊　缺三十四卷(三百十五至三百四十八)

510000－2741－0007607　7607

文獻通考三百四十八卷　（元）馬端臨撰　明嘉靖三年(1524)司禮監刻本　一百一冊

510000－2741－0007608　7608

文獻通考三百四十八卷　（元）馬端臨撰　明末刻清映旭齋修補印本　一百二十冊

510000－2741－0007609　7609

文獻通考三百四十八卷　（元）馬端臨撰　清

四川大學圖書館古籍普查登記目錄

乾隆十二年(1747)武英殿刻本　一百二十七
冊　存三百三十八卷(九至一百七十三、一百
七十六至三百四十八)

510000－2741－0007610　7610
文獻通考三百四十八卷　(元)馬端臨撰　清
末石印本　五冊　存四十七卷(一至八、二十
九至六十七)

510000－2741－0007611　7611
文獻通考詳節二十四卷　(元)馬端臨著
(清)嚴虞惇節録　清光緒二十八年(1902)湖
南益友書莊刻本　十冊

510000－2741－0007612　7612
文獻通考詳節二十四卷　(元)馬端臨撰
(清)嚴虞惇節録　清乾隆二十九年(1764)刻
本　八冊

510000－2741－0007613　7613
文獻通考正續合編三十二卷首一卷　(清)盧
宣旬編　清嘉慶十年(1805)武寧盧氏略識字
齋刻本　二十四冊

510000－2741－0007614　7614
文獻徵存録十卷　(清)錢林輯　(清)王藻編
　清咸豐八年(1858)刻本　十冊

510000－2741－0007615　7615
文獻徵存録十卷　(清)錢林輯　(清)王藻編
　清咸豐八年(1858)刻本　四冊

510000－2741－0007616　7616
文獻徵存録十卷　(清)錢林輯　(清)王藻編
　清咸豐八年(1858)刻本　十冊

510000－2741－0007617　7617
文獻徵存録十卷　(清)錢林輯　(清)王藻編
　清咸豐八年(1858)刻本　十冊

510000－2741－0007618　7618
文獻徵存録十卷　(清)錢林輯　(清)王藻編
　清咸豐八年(1858)刻本　十冊

510000－2741－0007619　7619
文獻徵存録十卷　(清)錢林輯　(清)王藻編
　清咸豐八年(1858)刻本　十冊

510000－2741－0007620　7620
文心雕龍十卷　(南朝梁)劉勰著　清光緒三
年(1877)湖北崇文書局刻本　二冊

510000－2741－0007621　7621
文心雕龍十卷　(南朝梁)劉勰著　清刻增訂
漢魏叢書本　二冊

510000－2741－0007622　7622
文心雕龍十卷　(南朝梁)劉勰撰　(清)黃叔
琳注　(清)紀昀評　清道光十三年(1833)兩
廣節署刻粤東省城翰墨園印本　四冊

510000－2741－0007623　7623
文心雕龍十卷　(南朝梁)劉勰撰　(清)黃叔
琳注　(清)紀昀評　清道光十三年(1833)兩
廣節署刻朱墨套印本　三冊

510000－2741－0007624　7624
文心雕龍十卷　(南朝梁)劉勰撰　(清)黃叔
琳注　(清)紀昀評　清道光十三年(1833)兩
廣節署刻朱墨套印本　四冊

510000－2741－0007625　7625
文心雕龍十卷　(南朝梁)劉勰撰　(清)黃叔
琳注　(清)紀昀評　清光緒二十年(1894)石
印本　四冊

510000－2741－0007626　7626
文心雕龍十卷　(南朝梁)劉勰撰　(清)黃叔
琳注　(清)紀昀評　清光緒三年(1877)湖北
崇文書局刻本　二冊

510000－2741－0007627　7627
文心雕龍十卷　(南朝梁)劉勰撰　(清)黃叔
琳注　(清)紀昀評　清光緒十四年(1888)刻
本　四冊

510000－2741－0007628　7628
文選補遺四十卷首一卷　(宋)陳仁子輯誦
清道光二十五年(1845)琅嬛館刻本　十四冊

510000－2741－0007629　7629
文選補遺四十卷首一卷　(宋)陳仁子輯誦
清道光二十五年(1845)琅嬛館刻本　十二冊

510000－2741－0007630　7630

文選補遺四十卷首一卷　（宋）陳仁子輯誦
清刻本　十二冊

510000－2741－0007631　7631
文選古字通疏證六卷　（清）薛傳均撰　清刻
本　二冊

510000－2741－0007632　7632
文選古字通疏證六卷　（清）薛傳均撰　清刻
本　一冊

510000－2741－0007633　7633
文選古字通疏證六卷　（清）薛傳均撰　清刻
本　一冊

510000－2741－0007634　7634
文選古字通疏證六卷　（清）薛傳均撰　清刻
本　一冊

510000－2741－0007635　7635
文選古字通疏證六卷　（清）薛傳均撰　清刻
本　一冊

510000－2741－0007636　7636
文選古字通疏證六卷　（清）薛傳均撰　清刻
本　一冊

510000－2741－0007637　7637
文選古字通疏證六卷　（清）薛傳均撰　清刻
本　一冊

510000－2741－0007638　7638
文選古字通疏證六卷　（清）薛傳均撰　清刻
本　一冊

510000－2741－0007639　7639
文選古字通疏證六卷　（清）薛傳均撰　清刻
本　二冊

510000－2741－0007640　7640
文選箋證三十二卷　（清）胡紹瑛輯　清光緒
貴池劉氏刻聚學軒叢書本　八冊

510000－2741－0007641　7641
文選錦字九卷　（明）凌迪知輯　清光緒二十
二年(1896)上海鴻寶齋書局石印本　一冊

510000－2741－0007642　7642

文選考異十卷　（清）胡克家撰　清同治八年
(1869)湖北崇文書局刻本　四冊

510000－2741－0007643　7643
文選考異十卷　（清）胡克家撰　清同治八年
(1869)湖北崇文書局刻本　四冊

510000－2741－0007644　7644
文選課虛四卷　（清）杭世駿類次　清光緒十
年(1884)上海同文書局石印本　一冊

510000－2741－0007645　7645
文選李注補正四卷　（清）孫志祖輯　清末漢
州張氏刻本　二冊

510000－2741－0007646　7646
文選理學權輿八卷補一卷　（清）汪師韓撰
清末漢州張氏刻本　四冊

510000－2741－0007647　7647
文選理學權輿八卷補一卷　（清）汪師韓撰
文選考異四卷文選李注補正四卷　（清）孫志
祖撰　清光緒十五年(1889)刻本　八冊

510000－2741－0007648　7648
文選六十卷　（南朝梁）蕭統編　（唐）李善注
清光緒二十一年(1895)成都同文書局刻本
二十四冊

510000－2741－0007649　7649
文選六十卷　（南朝梁）蕭統撰　（唐）李善注
清光緒十九年(1893)上海寶善堂石印本
十冊

510000－2741－0007650　7650
文選六十卷　（南朝梁）蕭統撰　（唐）李善注
清光緒十一年(1885)上海同文書局石印本
十冊

510000－2741－0007651　7651
文選六十卷　（南朝梁）蕭統撰　（唐）李善注
清光緒十一年(1885)上海同文書局石印本
十冊

510000－2741－0007652　7652
文選六十卷　（南朝梁）蕭統撰　（唐）李善注
清刻本　二十六冊

四川大學圖書館古籍普查登記目録

510000－2741－0007653　7653
文選六十卷　（南朝梁）蕭統撰　（唐）李善注
　　清刻本　三十冊

510000－2741－0007654　7654
文選六十卷　（南朝梁）蕭統撰　（唐）李善注
　　清同治八年(1869)湖北崇文書局刻本　二
十冊

510000－2741－0007655　7655
文選六十卷　（南朝梁）蕭統撰　（唐）李善注
　　清光緒十一年(1885)郯郡于氏刻本　六冊
存十卷(一至十)

510000－2741－0007656　7656
文選六十卷　（南朝梁）蕭統撰　（唐）李善注
　　（清）何焯評點　清刻本　十一冊　缺六卷
(三十五至四十)

510000－2741－0007657　7657
文選六十卷　（南朝梁）蕭統撰　（唐）李善注
　　（清）何焯評點　清光緒元年(1875)尊經書
院刻本　十冊

510000－2741－0007658　7658
文選六十卷　（南朝梁）蕭統撰　（唐）李善注
　　（清）何焯評點　清光緒元年(1875)尊經書
院刻本　十冊

510000－2741－0007659　7659
文選六十卷　（南朝梁）蕭統撰　（唐）李善注
　　（清）何焯評點　清光緒元年(1875)尊經書
院刻本　十冊

510000－2741－0007660　7660
文選六十卷　（南朝梁）蕭統撰　（唐）李善注
　　（清）何焯評點　清光緒元年(1875)尊經書
院刻本　十冊

510000－2741－0007661　7661
文選六十卷　（南朝梁）蕭統撰　（唐）李善注
　　（清）何焯評點　清光緒元年(1875)尊經書
院刻本　十冊

510000－2741－0007662　7662
文選六十卷　（南朝梁）蕭統撰　（唐）李善注

（清）何焯評點　清光緒元年(1875)尊經書
院刻本　七冊　缺十八卷(一至六、四十三至
四十八、五十五至六十)

510000－2741－0007663　7663
文選六十卷　（南朝梁）蕭統撰　（唐）李善注
　　（清）何焯評點　清光緒元年(1875)尊經書
院刻本　七冊　缺十八卷(四十三至六十)

510000－2741－0007664　7664
文選六十卷　（南朝梁）蕭統撰　（唐）李善注
　　（清）何焯評點　清光緒元年(1875)尊經書
院刻本　九冊　缺七卷(六至十二)

510000－2741－0007665　7665
文選六十卷　（南朝梁）蕭統撰　（唐）李善注
　　（清）何焯評點　清光緒元年(1875)尊經書
院刻本　十冊

510000－2741－0007666　7666
文選六十卷　（南朝梁）蕭統撰　（唐）李善注
　　（清）何焯評點　清刻本　十冊

510000－2741－0007667　7667
文選六十卷　（南朝梁）蕭統撰　（唐）李善注
　　（清）何焯評點　清刻朱墨套印本　十二冊

510000－2741－0007668　7668
文選六十卷　（南朝梁）蕭統撰　（唐）李善注
　　（清）何焯評點　清光緒十一年(1885)珊城
胡氏雙桂堂刻朱墨套印本　十冊

510000－2741－0007669　7669
文選六十卷　（南朝梁）蕭統撰　（唐）李善注
　　（清）何焯評點　清刻本　十二冊

510000－2741－0007670　7670
文選六十卷　（南朝梁）蕭統撰　（唐）李善注
　　（清）何焯評點　清刻朱墨套印本　十六冊

510000－2741－0007671　7671
文選六十卷　（南朝梁）蕭統撰　（唐）李善注
　　（清）何焯評點　**文選考異十卷**　（清）胡克
家撰　**辨體集說一卷姓氏小傳一卷**　清光緒
十一年(1885)珊城胡氏雙桂堂刻朱墨套印本
　　十六冊

四川大學圖書館古籍普查登記目錄

510000－2741－0007672　7672

文選六十卷　（南朝梁）蕭統撰　（唐）李善注
（清）何焯評點　清刻朱墨套印本　十二冊

510000－2741－0007673　7673

文選六十卷　（南朝梁）蕭統撰　（唐）李善注
文選考異十卷　（清）胡克家撰　清光緒六
年(1880)四明林氏刻本　二十四冊

510000－2741－0007674　7674

文選六十卷　（南朝梁）蕭統撰　（唐）李善注
文選考異十卷　（清）胡克家撰　清嘉慶十
四年(1809)鄱陽胡氏刻本　二十四冊

510000－2741－0007675　7675

文選六十卷　（南朝梁）蕭統撰　（唐）李善注
文選考異十卷　（清）胡克家撰　清同治八
年(1869)湖北崇文書局刻本　二十四冊

510000－2741－0007676　7676

文選六十卷　（南朝梁）蕭統撰　（唐）李善注
文選考異十卷　（清）胡克家撰　清同治八
年(1869)湖北崇文書局刻本　二十四冊

510000－2741－0007677　7677

文選六十卷　（南朝梁）蕭統撰　（唐）李善注
文選考異十卷　（清）胡克家撰　清宣統三
年(1911)上海會文堂書局石印本　十六冊

510000－2741－0007678　7678

文選樓叢書　（清）藝林山房輯　清光緒七年
(1881)藝林山房刻本　十九冊

510000－2741－0007679　7679

文選旁證四十六卷　（清）梁章鉅撰　清光緒
八年(1882)許應鑅刻本　十二冊

510000－2741－0007680　7680

文選纂注評林十二卷　（南朝梁）蕭統輯
（明）張鳳翼纂注　明萬曆刻本　二十四冊

510000－2741－0007681　7681

文言約說一卷　（清）□□撰　清光緒八年
(1882)成都刻本　一冊

510000－2741－0007682　7682

文苑英華選六十卷　（清）宮夢仁選編　清康

熙四十一年(1702)刻本　三十二冊

510000－2741－0007683　7683

文苑英華一千卷　（宋）李昉等輯　明隆慶元
年(1567)胡維新、戚繼光刻萬曆六年(1578)、
三十六年(1608)遞修本　一百冊

510000－2741－0007684　7684

文章軌範七卷　（宋）謝枋得評選　清光緒十
七年(1891)成都王氏刻本　二冊

510000－2741－0007685　7685

文貞公集十二卷　（清）張玉書撰　清乾隆五
十七年(1792)張氏松蔭堂刻本　六冊

510000－2741－0007686　7686

文中子中說十卷　（隋）王通撰　（宋）阮逸注
清光緒二年(1876)浙江書局刻本　二冊

510000－2741－0007687　7687

文中子中說十卷　（隋）王通撰　（宋）阮逸注
清光緒十六年(1890)貴陽陳氏刻本　一冊

510000－2741－0007688　7688

文中子中說十卷　（隋）王通撰　（宋）阮逸注
清嘉慶九年(1804)刻本　二冊

510000－2741－0007689　7689

文子纘義十二卷　（元）杜道堅撰　清光緒三
年(1877)浙江書局刻本　二冊

510000－2741－0007690　7690

文字存真　（清）饒焌撰　清光緒三十年
(1904)達古軒刻本　五冊

510000－2741－0007691　7691

文字蒙求廣義四卷　（清）王筠撰　（清）蒯光
典補注　清光緒二十七年(1901)江楚書局刻
本　五冊

510000－2741－0007692　7692

文字蒙求四卷　（清）王筠撰　清光緒五年
(1879)會稽章氏刻本　一冊

510000－2741－0007693　7693

文宗顯皇帝聖訓一百十卷　（□）□□輯　清
刻本　二十四冊

四川大學圖書館古籍普查登記目錄

510000 – 2741 – 0007694　7694

問琴閣文二卷　（清）宋育仁撰　清末刻本
二冊

510000 – 2741 – 0007695　7695

問山詩鈔二卷問山儷體文鈔一卷問山賦鈔一
卷　（清）王光裕撰　清末刻本　二冊

510000 – 2741 – 0007696　7696

問齋醫桉五卷　（清）蔣寶素著　清道光三十
年(1850)鎮江蔣氏快志堂刻本　六冊

510000 – 2741 – 0007697　7697

問字堂集六卷　（清）孫星衍撰　閱問字堂集
贈言一卷　（清）錢大昕撰　清光緒十年
(1884)四明是亦軒刻本　二冊

510000 – 2741 – 0007698　7698

翁山詩外十九卷　（清）屈大均撰　清宣統二
年(1910)上海國學扶輪社鉛印本　十二冊

510000 – 2741 – 0007699　7699

翁山文外十六卷　（清）屈大均撰　清宣統二
年(1910)上海國學扶輪社鉛印本　五冊

510000 – 2741 – 0007700　7700

翁山文外十六卷　（清）屈大均撰　清宣統二
年(1910)上海國學扶輪社鉛印本　五冊

510000 – 2741 – 0007701　7701

翁仲仁先生痘科金鏡賦六卷　（清）俞茂鯤集
解　清乾隆五十二年(1787)刻本　四冊

510000 – 2741 – 0007702　7702

翁注困學紀聞二十卷首一卷　（宋）王應麟撰
（清）翁元圻輯　清光緒五年(1879)刻本
二十

510000 – 2741 – 0007703　7703

翁注困學紀聞二十卷首一卷　（宋）王應麟撰
（清）翁元圻輯　清光緒十三年(1887)上海
同文書局石印本　六冊

510000 – 2741 – 0007704　7704

甕天瑣錄一卷　（清）趙樹吉撰　清光緒八年
(1882)汗青簃刻本　一冊

510000 – 2741 – 0007705　7705

甕牖閒評八卷　（宋）袁文撰　清刻武英殿聚
珍版叢書本　一冊

510000 – 2741 – 0007706　7706

甕牖閒評八卷　（宋）袁文撰　清刻武英殿聚
珍版叢書本　二冊

510000 – 2741 – 0007707　7707

甕牖閒評八卷　（宋）袁文撰　清刻武英殿聚
珍版叢書本　二冊

510000 – 2741 – 0007708　7708

甕牖閒評八卷　（宋）袁文撰　清刻武英殿聚
珍版叢書本　二冊

510000 – 2741 – 0007709　7709

甕牖餘談八卷　（清）王韜撰　清光緒元年
(1875)申報館鉛印本　四冊

510000 – 2741 – 0007710　7710

倭文端公遺書八卷首二卷末一卷　（清）倭仁
撰　清光緒元年(1875)六安求我齋刻本
四冊

510000 – 2741 – 0007711　7711

倭文端公遺書八卷首二卷末一卷　（清）倭仁
撰　清光緒元年(1875)六安求我齋刻本
六冊

510000 – 2741 – 0007712　7712

我心錄一卷我心後錄一卷　（清）范泰衡撰
清光緒二十七年(1901)合州學署刻本　一冊

510000 – 2741 – 0007713　7713

臥雲草堂牘存不分卷　（清）張□□輯　清抄
本　四冊

510000 – 2741 – 0007714　7714

臥雲山館文鈔二卷　（清）孫桐生著　清光緒
刻本　二冊

510000 – 2741 – 0007715　7715

毋不敬齋全書　（清）方潛撰　清光緒十五年
(1889)方敦吉濟南刻本　十六冊

510000 – 2741 – 0007716　7716

毋欺錄一卷毋欺錄補一卷　　（清）朱用純著
（清）潘道根輯　清同治八年(1869)王炳木活

四川大學圖書館古籍普查登記目錄

字印本　一冊

510000－2741－0007717　7717
吾學録初編二十四卷　（清）吳榮光述　清道光十二年(1832)南海吳氏筠清館刻本　八冊

510000－2741－0007718　7718
吾學録初編二十四卷　（清）吳榮光述　清道光十二年(1832)南海吳氏筠清館刻本　十冊

510000－2741－0007719　7719
吾學録初編二十四卷　（清）吳榮光述　清同治九年(1870)江蘇書局刻本　六冊

510000－2741－0007720　7720
吾學録初編二十四卷　（清）吳榮光述　清道光十二年(1832)南海吳氏筠清館刻本　八冊

510000－2741－0007721　7721
吾炙集一卷　（清）錢謙益輯　清光緒二十八年(1902)大關唐氏怡蘭堂刻本　一冊

510000－2741－0007722　7722
吳地記一卷後集一卷　（唐）陸廣微撰　清同治十二年(1873)江蘇書局刻本　一冊

510000－2741－0007723　7723
吳地記一卷後集一卷　（唐）陸廣微撰　清同治十二年(1873)江蘇書局刻本　一冊

510000－2741－0007724　7724
吳耿尚孔四王合傳不分卷　（清）□□撰　清刻本　一冊

510000－2741－0007725　7725
吳郡圖經續記三卷　（宋）朱長文撰　**校勘記一卷**　（清）胡珽撰　清同治十二年(1873)江蘇書局刻本　一冊

510000－2741－0007726　7726
吳梅村詞一卷　（清）吳偉業撰　清宣統二年(1910)掃葉山房石印本　一冊

510000－2741－0007727　7727
吳梅村詞一卷　（清）吳偉業撰　清光緒十六年(1890)湖北官書處刻本　一冊

510000－2741－0007728　7728

吳梅村先生年譜四卷附吳梅村先生世系一卷　（清）顧師軾編　清道光二十五年(1845)顧師軾刻本　二冊

510000－2741－0007729　7729
吳門銷夏記三卷　（清）江瀚述　清光緒二十一年(1895)刻本　一冊

510000－2741－0007730　7730
吳門銷夏記三卷　（清）江瀚述　清光緒二十一年(1895)刻本　一冊

510000－2741－0007731　7731
吳門銷夏記三卷　（清）江瀚述　清光緒二十一年(1895)刻本　一冊

510000－2741－0007732　7732
吳門銷夏記三卷　（清）江瀚述　清光緒二十一年(1895)刻本　一冊

510000－2741－0007733　7733
吳山城隍廟志八卷首一卷　（清）覺羅琅玕（清）朱珪鑒定　（清）盧崧監修　清光緒五年(1879)馮一梅刻本　四冊

510000－2741－0007734　7734
吳詩集覽二十卷目録一卷　（清）吳偉業撰（清）靳榮藩輯　清刻本　十六冊

510000－2741－0007735　7735
吳詩集覽二十卷談藪二卷　（清）吳偉業撰（清）靳榮藩輯　清乾隆四十年(1775)凌雲亭刻本　二十冊

510000－2741－0007736　7736
吳詩集覽二十卷談藪二卷　（清）吳偉業撰（清）靳榮藩輯　清乾隆四十年(1775)凌雲亭刻本　十六冊

510000－2741－0007737　7737
吳詩集覽二十卷談藪二卷吳詩補注六卷（清）吳偉業撰　（清）靳榮藩輯　清乾隆四十年(1775)凌雲亭刻本　十六冊

510000－2741－0007738　7738
吳氏一家稿　（清）吳清鵬輯　清咸豐五年(1855)錢塘吳氏刻本　十六冊

四川大學圖書館古籍普查登記目録

510000－2741－0007739　7739

吳文正公三禮考註六十四卷首一卷　（元）吳
澄撰　清乾隆二年（1737）刻本　十六冊

510000－2741－0007740　7740

吳吳山三婦合評牡丹亭還魂記二卷　（明）湯
顯祖撰　清同治九年（1870）清芬閣刻本
二冊

510000－2741－0007741　7741

吳興合璧四卷首一卷　（清）陳文煜輯　清乾
隆五十二年（1787）刻本　四冊

510000－2741－0007742　7742

吳興記一卷　（宋）山謙之撰　（清）繆荃孫校
集　**吳興山墟名一卷**　（晉）張元之撰　（清）
繆荃孫校集　清光緒二十五年（1899）刻朱印
本　一冊

510000－2741－0007743　7743

吳學士詩集五卷　（清）吳藚撰　（清）梁肇煌
（清）薛時雨編訂　清光緒八年（1882）江甯
藩署刻本　二冊

510000－2741－0007744　7744

吳學士文集四卷詩集五卷　（清）吳藚撰
（清）梁肇煌　（清）薛時雨編訂　清光緒八年
（1882）江甯藩署刻本　六冊

510000－2741－0007745　7745

吳學士文集四卷詩集五卷　（清）吳藚撰
（清）梁肇煌　（清）薛時雨編訂　清光緒八年
（1882）江甯藩署刻本　六冊

510000－2741－0007746　7746

吳醫彙講十一卷　（清）唐大烈纂輯　清乾隆
五十七年（1792）刻嘉慶印本　二冊

510000－2741－0007747　7747

吳醫彙講十一卷　（清）唐大烈纂輯　清乾隆
五十七年（1792）刻嘉慶印本　四冊

510000－2741－0007748　7748

吳越所見書畫錄六卷　（清）□□撰　清宣統
二年（1910）鉛印本　六冊

510000－2741－0007749　7749

吳摯甫詩集一卷附錄聯語一卷　（清）吳汝綸
撰　清宣統二年（1910）上海國學扶輪社石印
本　一冊

510000－2741－0007750　7750

吳摯甫文集四卷　（清）吳汝綸撰　清宣統二
年（1910）上海國學扶輪社石印本　五冊

510000－2741－0007751　7751

吳中七家詞　（清）戈載等輯　清道光刻本
四冊

510000－2741－0007752　7752

吳子二卷　（周）吳起撰　**司馬法一卷**　（周）
司馬穰苴撰　清光緒二十四年（1898）成都志
古堂刻本　一冊

510000－2741－0007753　7753

梧生文鈔十卷詩鈔九卷詞鈔一卷　（清）傅桐
著　清同治三年至光緒七年（1864－1881）刻
本　六冊

510000－2741－0007754　7754

梧溪集七卷補遺一卷困學齋雜録一卷　（元）
王逢撰　清同治十三年（1874）武進盛氏思補
樓木活字印本　八冊

510000－2741－0007755　7755

**無近名齋文鈔四卷二編二卷外編一卷無近名
齋雜著二卷二編一卷**　（清）彭翊著　清光緒
十年（1884）刻本　四冊

510000－2741－0007756　7756

無量壽經起信論三卷　（清）彭際清撰　清刻
本　一冊

510000－2741－0007757　7757

無聲詩史七卷　（清）姜紹書輯　清同治、光
緒間古岡劉氏藏修書屋刻述古叢抄本　二冊

510000－2741－0007758　7758

無聲詩史七卷　（清）姜紹書撰　清錦江葉氏
刻本　三冊

510000－2741－0007759　7759

無聲詩史七卷　（清）姜紹書撰　清康熙五十
九年（1720）觀妙齋刻本　六冊

510000－2741－0007760　　7760

無聲詩史四卷外集一卷　（清）姜紹書撰　清宛委山堂刻本　　二冊

510000－2741－0007761　　7761

無聞堂稿十七卷附錄一卷　（明）趙鈫撰　明隆慶四年(1570)趙鴻賜玄對樓刻本　　六冊

510000－2741－0007762　　7762

無弦琴譜二卷　（元）仇遠撰　清光緒十一年(1885)錢塘丁氏刻西泠詞萃本　　一冊

510000－2741－0007763　　7763

無線電報一卷補編一卷　（英國）克爾撰（美國）衛理口譯　（清）范熙庸筆述　清光緒二十六年(1900)製造局刻本　　一冊

510000－2741－0007764　　7764

無邪堂答問五卷　（清）朱一新撰　清光緒二十八年(1902)成都知新書屋刻本　　五冊

510000－2741－0007765　　7765

無邪堂答問五卷　（清）朱一新撰　清光緒二十二年(1896)上海書局石印本　　四冊　缺一卷(二)

510000－2741－0007766　　7766

五百四峰堂詩鈔二十五卷　（清）黎簡撰　清同治十三年(1874)南海陳氏刻廣州儒雅堂修版印本　　八冊

510000－2741－0007767　　7767

五朝名臣言行錄十卷三朝名臣言行録十四卷　（宋）朱熹纂輯　**皇朝名臣言行錄八卷四朝名臣言行録別集上十三卷別集下十三卷皇朝道學名臣言行錄十七卷**　（宋）李幼武纂輯　清光緒二十九年(1903)播州刻本　　十二冊

510000－2741－0007768　　7768

五朝名臣言行録十卷三朝名臣言行録十四卷　（宋）朱熹纂輯　**皇朝名臣言行錄八卷四朝名臣言行録別集上十三卷別集下十三卷皇朝道學名臣言行錄十七卷**　（宋）李幼武纂輯　清嘉慶歙縣洪氏刻本　　十二冊

510000－2741－0007769　　7769

五朝名臣言行録十卷三朝名臣言行録十四卷　（宋）朱熹纂輯　**皇朝名臣言行録八卷四朝名臣言行録別集上十三卷別集下十三卷皇朝道學名臣言行外錄十七卷**　（宋）李幼武纂輯　清嘉慶歙縣洪氏刻本　　十二冊

510000－2741－0007770　　7770

五朝詩鐸三十一卷　（清）李壽萱編輯　清光緒穀詒堂刻本　　六冊

510000－2741－0007771　　7771

五朝詩鐸三十一卷　（清）李壽萱編輯　清光緒穀詒堂刻本　　六冊

510000－2741－0007772　　7772

五朝文鐸二十卷　（清）李壽萱編輯　清光緒十七年(1891)敘州府學署明倫堂刻本　　十二冊

510000－2741－0007773　　7773

五朝文鐸二十卷　（清）李壽萱編輯　清光緒十七年(1891)敘州府學署明倫堂刻本　　十二冊

510000－2741－0007774　　7774

五車韻瑞一百六十卷附洪武正韻一卷　（明）凌稚隆撰　明萬曆金閶葉瑤池刻本　　三十二冊

510000－2741－0007775　　7775

五代會要三十卷　（宋）王溥撰　清光緒十二年(1886)江蘇書局刻本　　六冊

510000－2741－0007776　　7776

五代會要三十卷　（宋）王溥撰　清光緒十二年(1886)江蘇書局刻本　　六冊

510000－2741－0007777　　7777

五代會要三十卷　（宋）王溥撰　清光緒十二年(1886)江蘇書局刻本　　六冊

510000－2741－0007778　　7778

五代會要三十卷　（宋）王溥撰　清光緒十二年(1886)江蘇書局刻本　　六冊

510000－2741－0007779　　7779

五代會要三十卷　（宋）王溥纂　清抄本

四川大學圖書館古籍普查登記目錄

八冊

510000－2741－0007780　7780

五代紀年表一卷　（清）周嘉猷撰　清光緒十七年(1891)廣雅書局刻本　一冊

510000－2741－0007781　7781

五代史記七十四卷　（宋）歐陽修撰　（宋）徐無黨注　明萬曆四年(1576)南京國子監刻清順治、康熙遞修本　四冊　存三十九卷(一至二十四、六十至七十四)

510000－2741－0007782　7782

五代史記七十四卷　（宋）歐陽修撰　（宋）徐無黨原注　（清）彭元瑞注　（清）劉鳳誥排次　清道光八年(1828)刻本　四十冊

510000－2741－0007783　7783

五代史記七十四卷　（宋）歐陽修撰　（宋）徐無黨原注　（清）彭元瑞注　（清）劉鳳誥排次　清道光八年(1828)刻本　四十冊

510000－2741－0007784　7784

五代史七十四卷　（宋）歐陽修撰　（宋）徐無黨注　清光緒元年(1875)成都書局刻本　十冊

510000－2741－0007785　7785

五代史七十四卷　（宋）歐陽修撰　（宋）徐無黨注　清光緒元年(1875)成都書局刻本　十冊

510000－2741－0007786　7786

五代史七十四卷　（宋）歐陽修撰　（宋）徐無黨注　清光緒元年(1875)成都書局刻本　十冊

510000－2741－0007787　7787

五燈會元二十卷　（宋）釋普濟撰　明嘉靖四十年(1561)嘉興徑山寺募刻本　二十冊

510000－2741－0007788　7788

五經四子書　（明）毛晉輯　明崇禎毛氏汲古閣刻本　三十二冊

510000－2741－0007789　7789

五經圖十二卷　（明）盧謙訂正　（清）盧雲英重編録　清刻本　五冊　存十卷(一至八、十一至十二)

510000－2741－0007790　7790

五經小學述二卷　（清）莊述祖著　清光緒十六年(1890)尊經書局刻本　一冊

510000－2741－0007791　7791

五經小學述二卷　（清）莊述祖著　清光緒十六年(1890)尊經書局刻本　一冊

510000－2741－0007792　7792

五經小學述二卷　（清）莊述祖著　清光緒十六年(1890)尊經書局刻本　一冊

510000－2741－0007793　7793

五經小學述二卷　（清）莊述祖著　清光緒十六年(1890)尊經書局刻本　一冊

510000－2741－0007794　7794

五經小學述二卷　（清）莊述祖著　清光緒十六年(1890)尊經書局刻本　一冊

510000－2741－0007795　7795

五經小學述二卷歷代載籍足徵録一卷　（清）莊述祖著　清道光十六年(1836)刻本　一冊

510000－2741－0007796　7796

五經要義　（宋）魏了翁撰　清光緒江蘇書局刻本　四十三冊

510000－2741－0007797　7797

五經注　（清）浙江書局輯　清光緒十九年(1893)浙江書局刻本　二十五冊　存四種四十八卷(周易本義一至二、書經一至六、禮記一至十、春秋左傳杜注一至三十)

510000－2741－0007798　7798

五禮通考二百六十二卷首四卷總目二卷　（清）秦蕙田編輯　清乾隆十八年(1753)秦氏刻本　九十冊

510000－2741－0007799　7799

五禮通考二百六十二卷首四卷總目二卷　（清）秦蕙田編輯　清光緒六年(1880)江蘇書局刻本　九十三冊　缺二十一卷(一百八十至二百)

四川大學圖書館古籍普查登記目録

510000－2741－0007800　7800

五禮通考二百六十二卷首四卷總目二卷
（清）秦蕙田編輯　清光緒二十二年（1896）新化三昧堂刻本　一百二十冊

510000－2741－0007801　7801

五禮通考二百六十二卷首四卷總目二卷
（清）秦蕙田編輯　清光緒二十二年（1896）新化三昧堂刻本　一百二十冊

510000－2741－0007802　7802

五禮通考二百六十二卷首四卷總目二卷
（清）秦蕙田編輯　清光緒二十二年（1896）新化三昧堂刻本　一百二十冊

510000－2741－0007803　7803

五禮通考二百六十二卷首四卷總目二卷
（清）秦蕙田編輯　清光緒六年（1880）江蘇書局刻本　九十九冊　缺三卷（一百六十八至一百七十）

510000－2741－0007804　7804

五禮通考二百六十二卷首四卷總目二卷
（清）秦蕙田編輯　清光緒六年（1880）江蘇書局刻本　一百冊

510000－2741－0007805　7805

五禮通考二百六十二卷首四卷總目二卷
（清）秦蕙田編輯　清光緒六年（1880）江蘇書局刻本　一百冊

510000－2741－0007806　7806

五塘雜俎二卷　（清）許印芳著　清光緒十三年（1887）刻本　一冊

510000－2741－0007807　7807

五星集腋四卷　（清）廖瀛海輯　清道光十二年（1832）萬卷樓刻本　四冊

510000－2741－0007808　7808

五雅　（明）郎奎金輯　（明）葉自本訂　明天啓六年（1626）郎氏堂策檻刻本　四冊

510000－2741－0007809　7809

五言今體詩鈔九卷七言今體詩鈔九卷　（清）姚鼐選　清同治五年（1866）金陵書局刻本

二冊

510000－2741－0007810　7810

五言詩十七卷七言詩歌行鈔十五卷　（清）王士禎選　清同治五年（1866）金陵書局刻本　八冊

510000－2741－0007811　7811

五知齋琴譜八卷　（清）徐祺輯　清乾隆十一年（1746）刻本　四冊　缺三卷（一下、二至三）

510000－2741－0007812　7812

五知齋琴譜八卷　（清）周魯封彙纂　清刻本　五冊　缺一卷（卷一歷代琴式以下）

510000－2741－0007813　7813

五種遺規　（清）陳弘謀撰　清光緒刻本　十二冊

510000－2741－0007814　7814

五子近思錄發明十四卷　（清）施璜纂註　清康熙雍正刻本　八冊

510000－2741－0007815　7815

午風堂叢談八卷　（清）鄒炳泰撰　清嘉慶五年（1800）刻本　四冊

510000－2741－0007816　7816

午亭文編五十卷　（清）陳廷敬撰　（清）林佶輯録　清康熙四十年（1701）林佶寫刻乾隆四十三年（1778）續修本　十六冊

510000－2741－0007817　7817

武備輯要六卷續編十卷　（清）許乃釗輯　清道光二十九年（1849）刻本　七冊

510000－2741－0007818　7818

武備輯要續編十卷　（清）許乃釗輯　清光緒二十四年（1898）四川團練總局刻本　二冊　存六卷（一至六）

510000－2741－0007819　7819

武備志二百四十卷　（明）茅元儀撰　清道光木活字印本　六十八冊　缺三卷（二百三十八至二百四十）

510000－2741－0007820　7820

四川大學圖書館古籍普查登記目録

武林掌故叢編　（清）丁丙輯　清光緒丁氏嘉
惠堂刻本　二百五冊

510000－2741－0007821　7821

武林掌故叢編　（清）丁丙輯　清光緒丁氏嘉
惠堂刻本　八十冊　存十集

510000－2741－0007822　7822

武陵山人遺書　（清）顧觀光撰　清光緒九年
(1883)獨山莫祥芝上海刻本　六冊

510000－2741－0007823　7823

武陵山人遺書　（清）顧觀光撰　清光緒九年
(1883)獨山莫祥芝上海刻本　四冊

510000－2741－0007824　7824

武夷山志二十四卷首一卷　（清）董天工撰
清道光二十六年(1846)刻本　八冊

510000－2741－0007825　7825

武英殿聚珍版書　（□）□□輯　清乾隆四十
二年(1777)福建刻道光、同治遞修光緒二十
一年(1895)增刻本　八百八冊

510000－2741－0007826　7826

物理學上編四卷中編四卷　（日本）飯盛挺造
編纂　（日本）藤田豐八譯　（日本）丹波敬三
（日本）柴田承桂校補　（清）王季烈重編
清光緒二十六年(1900)製造局刻本　八冊

510000－2741－0007827　7827

物理學上編四卷中編四卷下編四卷　（日本）
飯盛挺造編纂　（日本）藤田豐八譯　（日本）
丹波敬三　（日本）柴田承桂校補　（清）王季
烈重編　清光緒二十六年(1900)製造局刻本
十二冊

510000－2741－0007828　7828

物體遇熱改易記四卷　（英國）瓦特斯輯
(英國)傅蘭雅口譯　（清）徐壽筆述　清光緒
二十五年(1899)江南製造總局刻本　二冊

510000－2741－0007829　7829

物體遇熱改易記四卷　（英國）瓦特斯輯
(英國)傅蘭雅口譯　（清）徐壽筆述　清光緒
二十五年(1899)江南製造總局刻本　二冊

510000－2741－0007830　7830

悟蘭唫一卷滇游草一卷東瀛草一卷東游文薰
一卷　（清）陳矩撰　清光緒貴陽陳氏刻靈峰
草堂叢書本　一冊

510000－2741－0007831　7831

悟雪樓詩初集六卷二集六卷　（清）徐謙撰
清嘉慶十六年(1811)山陽汪廷珍刻本　四冊

510000－2741－0007832　7832

務民義齋算學十六卷　（清）徐有壬撰　清光
緒二十三年(1897)刻本　四冊

510000－2741－0007833　7833

西藏詩稿一卷　（清）唐金鑑著　（清）曾棣華
選　清道光二十三年(1843)刻本　一冊

510000－2741－0007834　7834

西藏十六章　（日本）太田保一郎纂述　（清）
四川西藏研究會譯　清光緒三十三年(1907)
鉛印本　一冊

510000－2741－0007835　7835

西藏通覽二編　（日本）山縣初男編　（清）四
川西藏研究會譯　清宣統元年(1909)四川西
藏研究會鉛印本　四冊

510000－2741－0007836　7836

西藏通覽二編　（日本）山縣初男編　（清）四
川西藏研究會譯　清宣統元年(1909)四川西
藏研究會鉛印本　四冊

510000－2741－0007837　7837

西藏宗教源流考一卷　（清）張其勤編輯　清
宣統二年(1910)官印刷局鉛印本　一冊

510000－2741－0007838　7838

西藏宗教源流考一卷　（清）張其勤編輯　清
宣統二年(1910)官印刷局鉛印本　一冊

510000－2741－0007839　7839

西藏宗教源流考一卷　（清）張其勤編輯　清
宣統二年(1910)官印刷局鉛印本　一冊

510000－2741－0007840　7840

西昌縣志二卷　（清）□□纂　清末抄本
二冊

四川大學圖書館古籍普查登記目録

510000 – 2741 – 0007841　7841

西充縣鄉土志不分卷　（清）李祺章纂　清末
抄本　一冊

510000 – 2741 – 0007842　7842

西充縣鄉土志不分卷　（清）李祺章纂　清末
抄本　一冊

510000 – 2741 – 0007843　7843

西陲要略四卷　（清）祁韻士纂　清光緒四年
(1878)同文館鉛印本　二冊

510000 – 2741 – 0007844　7844

西歸直指四卷首一卷　（清）周夢顏彙輯　清
光緒十二年(1886)金陵刻經處刻本　一冊

510000 – 2741 – 0007845　7845

西國近事彙編　（清）□□編輯　（清）蔡錫齡
等筆述　清光緒上海機器製造局鉛印本　九
十二冊

510000 – 2741 – 0007846　7846

西國近事彙編　（清）□□編輯　清光緒上海
機器製造局鉛印本　九十二冊

510000 – 2741 – 0007847　7847

西國近事彙編(光緒己丑)四卷　（美國）金楷
理口譯　（清）蔡錫齡等筆述　清光緒上海機
器製造局鉛印本　四冊

510000 – 2741 – 0007848　7848

西國近事彙編(光緒丙子)四卷　（美國）金楷
理口譯　（清）蔡錫齡筆述　清光緒二年
(1876)鉛印本　四冊

510000 – 2741 – 0007849　7849

西國近事彙編(光緒丁丑)四卷　（美國）金楷
理口譯　（清）蔡錫齡筆述　清光緒三年
(1877)鉛印本　四冊

510000 – 2741 – 0007850　7850

西國近事彙編(同治癸酉)四卷　（美國）金楷
理口譯　（清）姚棻　（清）蔡錫齡筆述　清同
治十二年(1873)刻本　四冊

510000 – 2741 – 0007851　7851

西國近事彙編(同治甲戌)四卷　（美國）金楷

理口譯　（清）蔡錫齡筆述　清同治十三年
(1874)刻本　四冊

510000 – 2741 – 0007852　7852

西國近事彙編(光緒戊寅)四卷　（美國）金楷
理口譯　（清）蔡錫齡筆述　清光緒四年
(1878)鉛印本　四冊

510000 – 2741 – 0007853　7853

西國近事彙編(光緒乙亥)四卷　（美國）金楷
理口譯　（清）蔡錫齡筆述　清光緒元年
(1875)刻本　四冊

510000 – 2741 – 0007854　7854

西漢會要七十卷　（宋）徐天麟撰　清光緒十
年(1884)江蘇書局刻本　十冊

510000 – 2741 – 0007855　7855

西漢會要七十卷　（宋）徐天麟撰　清光緒十
年(1884)江蘇書局刻本　十冊

510000 – 2741 – 0007856　7856

西漢會要七十卷　（宋）徐天麟撰　清光緒十
年(1884)江蘇書局刻本　十冊

510000 – 2741 – 0007857　7857

西漢會要七十卷　（宋）徐天麟撰　清光緒五
年(1879)嶺南學海堂刻本　八冊

510000 – 2741 – 0007858　7858

西漢會要七十卷　（宋）徐天麟撰　清光緒五
年(1879)嶺南學海堂刻本　十冊

510000 – 2741 – 0007859　7859

西漢文選四卷　（清）儲欣評　清刻本　一冊
　　存二卷(一至二)

510000 – 2741 – 0007860　7860

西湖佳話古今遺蹟十六卷　（清）墨浪子輯
清光緒十八年(1892)上海雲記書局石印本
四冊

510000 – 2741 – 0007861　7861

西湖志四十八卷　（清）李衛　（清）傅王露等
纂修　清光緒四年(1878)浙江書局刻本　二
十冊

510000 – 2741 – 0007862　7862

四川大學圖書館古籍普查登記目録

西湖志四十八卷 (清)李衛 (清)傅王露等
纂修 清光緒四年(1878)浙江書局刻本 二
十冊

510000－2741－0007863 7863

西湖志四十八卷 (清)李衛 (清)傅王露等
纂修 清刻本 二十冊

510000－2741－0007864 7864

西湖志四十八卷 (清)李衛 (清)傅王露等
纂修 清刻本 二十四冊

510000－2741－0007865 7865

西湖志四十八卷 (清)李衛 (清)傅王露等
纂修 清雍正十二年(1734)刻本 二十冊

510000－2741－0007866 7866

西湖志纂十五卷首一卷 (清)沈德潛 (清)
傅王露 (清)梁詩正撰 清乾隆二十年
(1755)賜經堂刻本 八冊

510000－2741－0007867 7867

西湖志纂十五卷首一卷 (清)沈德潛 (清)
傅王露 (清)梁詩正撰 清乾隆二十年
(1755)賜經堂刻本 九冊 存十五卷(二至
十五、首一卷)

510000－2741－0007868 7868

西京雜記二卷 (漢)劉歆撰 清光緒八年
(1882)刻本 一冊

510000－2741－0007869 7869

西京雜記二卷 (漢)劉歆撰 清光緒八年
(1882)刻本 一冊

510000－2741－0007870 7870

西京雜記二卷 (漢)劉歆撰 清光緒八年
(1882)刻本 一冊

510000－2741－0007871 7871

西京雜記二卷 (漢)劉歆撰 清光緒八年
(1882)刻本 一冊

510000－2741－0007872 7872

西京雜記二卷 (漢)劉歆撰 清光緒八年
(1882)刻本 一冊

510000－2741－0007873 7873

西泠酬倡二集五卷三集五卷 (清)□□輯
清光緒五年至九年(1879－1883)刻本 四冊

510000－2741－0007874 7874

西泠詞萃 (清)丁丙輯 清光緒十一年至十
三年(1885－1887)錢塘丁氏刻本 四冊

510000－2741－0007875 7875

西泠詞萃 (清)丁丙輯 清光緒十一年至十
三年(1885－1887)錢塘丁氏刻本 一冊

510000－2741－0007876 7876

西泠詞萃 (清)丁丙輯 清光緒十一年至十
三年(1885－1887)錢塘丁氏刻本 四冊

510000－2741－0007877 7877

西泠詞萃 (清)丁丙輯 清光緒十一年至十
三年(1885－1887)錢塘丁氏刻本 四冊

510000－2741－0007878 7878

西泠懷古集十卷 (清)陳文述著 (清)朱綬
(清)王嘉祿編 清光緒九年(1883)刻本
四冊

510000－2741－0007879 7879

西泠五布衣遺著 (清)丁丙輯 清同治、光
緒間錢塘丁氏當歸草堂刻本 八冊

510000－2741－0007880 7880

西廬文集四卷補錄一卷 (清)張儁著 清宣
統二年(1910)上海國學扶輪社鉛印本 二冊

510000－2741－0007881 7881

西漚全集十卷外集八卷 (清)李惺撰 清同
治七年(1868)眉州劉鴻典刻本 十六冊

510000－2741－0007882 7882

西漚全集十卷外集八卷 (清)李惺撰 清同
治七年(1868)眉州劉鴻典刻本 十六冊

510000－2741－0007883 7883

西漚全集十卷外集八卷 (清)李惺撰 清同
治七年(1868)眉州劉鴻典刻本 十六冊

510000－2741－0007884 7884

西漚全集十卷外集八卷 (清)李惺撰 清同
治七年(1868)眉州劉鴻典刻本 十六冊

四川大學圖書館古籍普查登記目錄

510000－2741－0007885　7885

西漚外集八卷　（清）李惺撰　清同治七年
(1868)眉州劉鴻典刻本　八冊

510000－2741－0007886　7886

西漚遺集不分卷　（清）李惺撰　清抄本
二冊

510000－2741－0007887　7887

西山唱和集一卷　（清）馮譽驄　（清）馮譽驤
著　清末刻本　一冊

510000－2741－0007888　7888

西山先生真文忠公文章正宗二十四卷　（宋）
真德秀輯　明嘉靖四十三年(1564)李豸、李
磐刻本　十二冊

510000－2741－0007889　7889

西山楊老先生彙輯失血證治一卷　（清）楊鳳
庭撰　清咸豐五年(1855)天彭惠林堂刻本
一冊

510000－2741－0007890　7890

西山真文忠公全集　（宋）真德秀撰　清刻本
一百冊

510000－2741－0007891　7891

西堂全集　（清）尤侗撰　清康熙刻本(有配
補)　五十二冊　缺六卷(西堂樂府一至六)

510000－2741－0007892　7892

西魏書二十四卷附錄一卷　（清）謝啟昆撰
清光緒九年(1883)樹經堂刻本　六冊

510000－2741－0007893　7893

西魏書二十四卷附錄一卷　（清）謝啟昆撰
清光緒廣雅書局刻本　六冊

510000－2741－0007894　7894

西溪詩鈔一卷　（清）王汝楫撰　清抄本
一冊

510000－2741－0007895　7895

西夏紀事本末三十六卷　（清）張鑑著　清光
緒十一年(1885)金陵刻本　四冊

510000－2741－0007896　7896

西夏經義　（清）何志高撰　清道光十八年

(1838)刻本　十冊

510000－2741－0007897　7897

西學大成十二編　（清）王西清輯　清光緒二
十一年(1895)上海醉六堂書坊石印本　十
二冊

510000－2741－0007898　7898

西學富強叢書　（清）張蔭桓編輯　清光緒二
十二年(1896)鴻文書局石印本　四十八冊

510000－2741－0007899　7899

西學輯存六種　（清）王韜輯撰　清光緒十六
年(1890)淞隱盧鉛印本　二冊

510000－2741－0007900　7900

西學啓蒙十六種　（英國）艾約瑟譯　清光緒
二十二年(1896)著易堂石印本　十一冊　存
六十七卷(西學略述一至十、格致總學啓蒙一
至三、格致質學一、地志啓蒙一至四、地理質
學啓蒙一至七、天文啓蒙一至七、辨學啓蒙
一、富國養民策一、希臘志略一至七、羅馬志
略一至十三、歐洲史略一至十三)

510000－2741－0007901　7901

西學書目表三卷附一卷　（清）梁啓超撰　清
末石印本　一冊

510000－2741－0007902　7902

西菴集八卷首一卷　（明）孫賁著　清道光刻
本　四冊

510000－2741－0007903　7903

西洋雜志八卷　（清）黎庶昌編　清光緒二十
六年(1900)遵義黎氏刻本　四冊

510000－2741－0007904　7904

西洋雜志八卷　（清）黎庶昌編　清光緒二十
六年(1900)遵義黎氏刻本　四冊

510000－2741－0007905　7905

西洋雜志八卷　（清）黎庶昌編　清光緒二十
六年(1900)遵義黎氏刻本　四冊

510000－2741－0007906　7906

西藥大成補編□□卷　（英國）哈來撰　（英
國)傅蘭雅口譯　（清）趙元益筆述　清光緒

四川大學圖書館古籍普查登記目錄

上海江南製造局刻本　二冊

510000－2741－0007907　7907

西藥大成十卷首一卷　（英國）來拉　（英國）
海得蘭撰　（英國）傅蘭雅口譯　（清）趙元益
筆述　清光緒十年（1884）上海江南機器製造
總局刻本　十六冊

510000－2741－0007908　7908

西藥畧釋四卷附總論一卷　（清）孔繼良譯撰
　清光緒十二年（1886）羊城博濟醫局刻本
四冊

510000－2741－0007909　7909

西醫略論三卷　（英國）合信氏　（清）管茂材
撰　清咸豐七年（1857）上海仁濟醫館刻本
一冊

510000－2741－0007910　7910

西醫內科全書　（清）孔慶高筆譯　清光緒八
年（1882）博濟醫局刻本　六冊

510000－2741－0007911　7911

西醫內科全書　（清）孔慶高筆譯　清光緒八
年（1882）博濟醫局刻本　六冊

510000－2741－0007912　7912

西醫內科全書　（清）孔慶高筆譯　清光緒八
年（1882）博濟醫局刻本　四冊

510000－2741－0007913　7913

西醫五種　（英國）合信氏著　清末民初鉛印
本　五冊

510000－2741－0007914　7914

西遊真詮一百回　（明）吳承恩撰　（清）陳士
斌詮解　清刻本　二十冊

510000－2741－0007915　7915

西輶日記四卷　（清）黃楙材著　清得一齋刻
本　一冊

510000－2741－0007916　7916

西輶日記四卷印度劄記二卷遊歷芻言一卷西
微水道考一卷　（清）黃楙材著　清光緒二十
三年（1897）成都志古堂刻本　二冊　缺三卷
（印度劄記二卷、遊歷芻言一卷）

510000－2741－0007917　7917

西輶日記四卷印度劄記二卷遊歷芻言一卷西
微水道考一卷　（清）黃楙材著　清光緒二十
三年（1897）成都志古堂刻本　四冊

510000－2741－0007918　7918

西輶日記四卷印度劄記二卷遊歷芻言一卷西
微水道考一卷　（清）黃楙材著　清光緒二十
三年（1897）成都志古堂刻本　四冊

510000－2741－0007919　7919

西域水道記五卷　（清）徐松撰　清道光三年
（1823）刻本　五冊

510000－2741－0007920　7920

西園詩鈔五卷　（清）李卿穀撰　清道光二十
二年（1842）刻本　二冊

510000－2741－0007921　7921

西齋偶得三卷附錄一卷　（清）博明撰　清光
緒二十六年（1900）杭州留垞刻本　一冊

510000－2741－0007922　7922

西招圖畧一卷　（清）松筠撰　清末抄本
一冊

510000－2741－0007923　7923

西征紀程四卷　（清）鄒代鈞撰　清光緒十七
年（1891）鉛印本　二冊

510000－2741－0007924　7924

西政叢書　（清）求自強齋主人輯　清光緒二
十三年（1897）慎記書莊石印本　三十二冊

510000－2741－0007925　7925

希臘史一卷　（日本）桑原啟一著　清光緒二
十九年（1903）上海商務印書館鉛印本　一冊

510000－2741－0007926　7926

希夷夢四十卷　（清）汪寄著　清刻本　二
十

510000－2741－0007927　7927

息柯雜著五卷　（清）楊翰撰　清同治十二年
（1873）九曜山房刻本　四冊

510000－2741－0007928　7928

息廬詩不分卷　（清）□□撰　清抄本　六冊

四川大學圖書館古籍普查登記目錄

510000－2741－0007929　7929

息影山房詩鈔四卷　（清）黎兆祺撰　清同治二年(1863)刻本　四冊

510000－2741－0007930　7930

晞髮集十卷遺集二卷補一卷　（宋）謝翱撰　**天地間集一卷**　（宋）謝翱錄　**登西臺慟哭記注一卷冬青樹引重註一卷**　（明）張丁註　清康熙四十二年(1703)陸大業刻本　五冊

510000－2741－0007931　7931

惜抱軒全集　（清）姚鼐撰　清同治五年(1866)省心閣刻光緒三十三年(1907)校經山房校印本　二十冊

510000－2741－0007932　7932

惜抱軒全集　（清）姚鼐撰　清同治五年(1866)省心閣刻本　十六冊

510000－2741－0007933　7933

惜陰書屋詩集四卷　（清）李毓恒撰　**清故誥授奉直大夫晉封朝議大夫候選員外郎加二級先考冬涵府君事略一卷**　（清）李繼璋撰　清抄本　五冊

510000－2741－0007934　7934

惜陰軒叢書　（清）李錫齡輯　清道光二十六年(1846)宏道書院刻本　八十八冊

510000－2741－0007935　7935

惜齋文錄一卷　（清）王昌麟撰　清光緒刻本　一冊

510000－2741－0007936　7936

熙朝紀政六卷　（清）王慶雲撰　清光緒二十七年(1901)上海天章書局石印本　三冊

510000－2741－0007937　7937

錫金識小錄十二卷　（清）黃印輯　清光緒二十二年(1896)木活字印本　六冊

510000－2741－0007938　7938

郎園論學書札一卷　（清）葉德輝撰　清末刻本　一冊

510000－2741－0007939　7939

習苦齋古文四卷詩集八卷　（清）戴熙撰　清

同治六年(1867)刻本　四冊

510000－2741－0007940　7940

習苦齋畫絮十卷　（清）戴熙撰　清光緒十九年(1893)刻本　四冊

510000－2741－0007941　7941

習苦齋畫絮十卷　（清）戴熙撰　清光緒十九年(1893)刻本　四冊

510000－2741－0007942　7942

習之先生文集二卷　（唐）李翱著　清宣統三年(1911)石印本　二冊

510000－2741－0007943　7943

洗冤錄表四卷　（宋）宋慈撰　（清）曾恒德編次　清光緒十一年(1885)刻本　一冊

510000－2741－0007944　7944

洗冤錄詳義四卷首一卷　（清）許槤編校　**洗冤錄撮遺二卷**　（清）葛元煦輯　**洗冤錄撮遺補一卷**　清光緒三年(1877)湖北藩署刻本　六冊

510000－2741－0007945　7945

洗冤錄詳義四卷首一卷　（清）許槤編校　清咸豐六年(1856)許槤刻本　四冊

510000－2741－0007946　7946

洗冤錄詳義四卷首一卷　（清）許槤編校　**洗冤錄撮遺二卷**　（清）葛元煦輯　清光緒二年(1876)葛氏嘯園刻本　五冊

510000－2741－0007947　7947

洗冤錄詳義四卷首一卷　（清）許槤編校　**洗冤錄撮遺二卷**　（清）葛元煦輯　清光緒十六年(1890)湖北官書處刻本　五冊

510000－2741－0007948　7948

隙光亭雜識六卷　（清）揆敘撰　清康熙謙牧堂刻本　六冊

510000－2741－0007949　7949

峽江救生船志二卷附圖考一卷行川必要一卷　（清）羅筹臣輯　清光緒水師新副中營刻本　二冊

510000－2741－0007950　7950

四川大學圖書館古籍普查登記目錄

峽江救生船志二卷附圖考一卷行川必要一卷
（清）羅笏臣輯　清光緒水師新副中營刻本
四冊

510000－2741－0007951　7951

峽江救生船志二卷附圖考一卷行川必要一卷
（清）羅笏臣輯　清光緒水師新副中營刻本
四冊

510000－2741－0007952　7952

峽江圖考一卷行川必要一卷　（清）羅笏臣輯
清光緒水師新副中營刻本　二冊

510000－2741－0007953　7953

峽中行紀日雜詩一卷附舟行雜詩一卷長古摘
四錄一卷虞山紀遊五十韻一卷　（清）宋相撰
清光緒十四年（1888）塗山宋氏刻本　一冊

510000－2741－0007954　7954

夏節愍全集十卷首一卷補遺一卷續補遺一卷
末一卷　（明）夏完淳撰　（清）莊師洛輯　清
光緒二十九年（1903）新津吳氏刻本　二冊

510000－2741－0007955　7955

夏節愍全集十卷首一卷補遺一卷續補遺一卷
末一卷　（明）夏完淳撰　（清）莊師洛輯　清
光緒二十九年（1903）新津吳氏刻本　二冊

510000－2741－0007956　7956

夏節愍全集十卷首一卷補遺一卷續補遺一卷
末一卷　（明）夏完淳撰　（清）莊師洛輯　清
光緒二十九年（1903）新津吳氏刻本　二冊

510000－2741－0007957　7957

夏小正一卷　王闓運注　清光緒十年（1884）
成都尊經書局刻本　一冊

510000－2741－0007958　7958

夏小正一卷　王闓運注　清光緒十年（1884）
成都尊經書局刻本　一冊

510000－2741－0007959　7959

夏小正一卷　王闓運注　清光緒十年（1884）
成都尊經書局刻本　一冊

510000－2741－0007960　7960

夏小正一卷　王闓運注　清光緒十年（1884）
成都尊經書局刻本　一冊

510000－2741－0007961　7961

夏小正一卷　王闓運注　清光緒十年（1884）
成都尊經書局刻本　一冊

510000－2741－0007962　7962

夏小正一卷　王闓運注　清光緒十年（1884）
成都尊經書局刻本　一冊

510000－2741－0007963　7963

夏紫笙算書　（清）夏鸞翔撰　清末烏程徐氏
刻本　二冊

510000－2741－0007964　7964

先聖生卒年月日考二卷　（清）孔廣牧述　清
光緒十九年（1893）浙江書局刻本　一冊

510000－2741－0007965　7965

先天易貫五卷附總論一卷　（清）劉元龍著
清雍正、乾隆間居易齋刻道光二十年（1840）
修補印本　五冊

510000－2741－0007966　7966

先正讀書訣一卷　（清）周永年輯　清光緒七
年（1881）馮朝楨刻本　一冊

510000－2741－0007967　7967

僊屏書屋初集詩錄十六卷後錄二卷　（清）黃
爵滋著　清道光二十九年（1849）刻本　五冊

510000－2741－0007968　7968

弦雪居重訂遵生八牋十九卷目錄一卷　（明）
高濂編次　（明）鍾惺校閱　清嘉慶八年
（1803）金閶書業堂刻本　十二冊

510000－2741－0007969　7969

弦雪居重訂遵生八牋十九卷目錄一卷　（明）
鍾惺校閱　清刻本　二十冊

510000－2741－0007970　7970

[咸淳]臨安志一百卷　（宋）潛說友輯　清道
光十年（1830）錢塘汪氏振綺堂刻本　四十冊

510000－2741－0007971　7971

咸豐初朝邑縣志三卷朝邑志例一卷志例後錄
一卷　（清）李元春纂修　清光緒七年（1881）
刻本　二冊

四川大學圖書館古籍普查登記目錄

510000－2741－0007972　7972

咸同以來中俄交涉記三卷　（清）江標譯　清末成都志古堂刻本　一冊

510000－2741－0007973　7973

閒窗寄興不分卷　（清）周如春撰　清道光十一年(1831)刻本　二冊

510000－2741－0007974　7974

閒錄嚴池南先生玉如意四卷　（□）□□撰　清同治六年(1867)抄本　四冊

510000－2741－0007975　7975

顯揚聖教論二十卷　（印度）無著菩薩造　（唐）釋玄奘譯　清宣統元年(1909)刻本　三冊　缺五卷(一至五)

510000－2741－0007976　7976

顯揚聖教論二十卷　（印度）無著菩薩造　（唐）釋玄奘譯　清宣統元年(1909)刻本　四冊

510000－2741－0007977　7977

顯志堂集十二卷附夢奈詩稿一卷　（清）馮桂芬著　清光緒二年(1876)馮氏校邠廬刻本　十冊

510000－2741－0007978　7978

顯志堂集十二卷附夢奈詩稿一卷　（清）馮桂芬著　清光緒二年(1876)馮氏校邠廬刻本　十冊

510000－2741－0007979　7979

憲法精理二卷　（清）周逵編譯　清光緒三十三年(1907)官班法政學堂鉛印本　一冊

510000－2741－0007980　7980

憲法精理二卷　（清）周逵編譯　清光緒三十三年(1907)官班法政學堂鉛印本　一冊

510000－2741－0007981　7981

相地探金石法四卷　（英國）喝爾勃特喀格司著　（清）王汝顆譯　清光緒二十九年(1903)江南製造總局刻本　四冊

510000－2741－0007982　7982

相地指迷十卷　（明）蔣大鴻著　（清）凌墪輯

清末安康張鵬飛刻本　二冊

510000－2741－0007983　7983

相臺書塾刊正九經三傳沿革例一卷　（宋）岳珂撰　清光緒成都瀹雅齋刻本　一冊

510000－2741－0007984　7984

相臺書塾刊正九經三傳沿革例一卷　（宋）岳珂撰　清光緒三年(1877)湖北崇文書局刻本　一冊

510000－2741－0007985　7985

相宗八要解八卷　（印度）天親菩薩等造　（唐）釋玄奘譯　（唐）釋窺基解　（明）釋明昱贅言　清光緒二十八年(1902)金陵刻經處刻本　三冊

510000－2741－0007986　7986

香囊記二卷四十二齣　（明）邵璨撰　明刻本　二冊

510000－2741－0007987　7987

香墅漫鈔四卷　（清）曾廷枚輯　清乾隆五十二年(1787)南城曾氏家刻本　四冊

510000－2741－0007988　7988

香樹齋詩集十八卷　（清）錢陳群撰　清乾隆刻本　六冊

510000－2741－0007989　7989

香蘇山館古體詩鈔十七卷　（清）吳嵩梁著　清刻本　八冊

510000－2741－0007990　7990

香亭文稿十二卷　（清）吳玉綸撰　清乾隆六十年(1795)滋德堂刻本　六冊

510000－2741－0007991　7991

香銷酒醒詞一卷香銷酒醒曲一卷　（清）趙慶熺撰　清同治七年(1868)西泠王氏刻本　一冊　缺一卷(香銷酒醒曲一卷)

510000－2741－0007992　7992

香銷酒醒詞一卷香銷酒醒曲一卷　（清）趙慶熺撰　清同治七年(1868)西泠王氏刻本　二冊

510000－2741－0007993　7993

四川大學圖書館古籍普查登記目錄

香屑集十八卷首一卷末一卷　（清）黃之雋撰
清同治十年（1871）刻本　四冊

510000－2741－0007994　7994

香豔叢書　（清）蟲天子輯　清宣統三年
（1911）上海國學扶輪社鉛印本　八十冊

510000－2741－0007995　7995

香祖筆記十二卷　（清）王士禎撰　清康熙刻
本　四冊

510000－2741－0007996　7996

香祖樓二卷　（清）藏園居士撰　（清）兩峰外
史評文　（清）种木山人訂譜　清刻本　二冊

510000－2741－0007997　7997

香祖詩集一卷　（清）何元普著　清光緒元年
（1875）刻本　一冊

510000－2741－0007998　7998

鄉黨圖考十卷　（清）江永著　清道光五年
（1825）刻本　四冊

510000－2741－0007999　7999

鄉賢商巖公［傅龔梅］事略三卷　（清）傅雲龍
編　清光緒石印本　一冊

510000－2741－0008000　8000

鄉賢商巖公［傅龔梅］事略三卷　（清）傅雲龍
編　清光緒石印本　一冊

510000－2741－0008001　8001

鄉賢商巖公［傅龔梅］事略三卷　（清）傅雲龍
編　清光緒石印本　一冊

510000－2741－0008002　8002

鄉賢商巖公［傅龔梅］事略三卷　（清）傅雲龍
編　清光緒石印本　一冊

510000－2741－0008003　8003

鄉賢商巖公［傅龔梅］事略三卷　（清）傅雲龍
編　清光緒石印本　一冊

510000－2741－0008004　8004

鄉賢商巖公［傅龔梅］事略三卷　（清）傅雲龍
編　清光緒石印本　一冊

510000－2741－0008005　8005

鄉園憶舊八卷　（清）王培荀輯　清道光二十
五年（1845）刻本　六冊　存六卷（一至六）

510000－2741－0008006　8006

湘谷吟稿四卷初稿八卷續稿六卷　（清）謝庭
蘭著　清光緒刻本　六冊

510000－2741－0008007　8007

湘管聯吟一卷續集二卷附錄一卷附稿一卷
（清）陳焯輯　清乾隆四十二年（1777）刻本
四冊

510000－2741－0008008　8008

湘軍記二十卷　（清）王定安撰　清光緒十五
年（1889）江南書局刻本　八冊

510000－2741－0008009　8009

湘軍記二十卷　（清）王定安撰　清光緒十五
年（1889）江南書局刻本　八冊

510000－2741－0008010　8010

湘軍記二十卷　（清）王定安撰　清光緒十五
年（1889）江南書局刻本　八冊

510000－2741－0008011　8011

湘軍志十六卷　王闓運撰　清光緒成都志古
堂刻本　一冊

510000－2741－0008012　8012

湘軍志十六卷　王闓運撰　清光緒成都志古
堂刻本　四冊

510000－2741－0008013　8013

湘軍志十六卷　王闓運撰　清光緒成都志古
堂刻本　四冊

510000－2741－0008014　8014

湘軍志十六卷　王闓運撰　清光緒成都志古
堂刻本　四冊

510000－2741－0008015　8015

湘軍志十六卷　王闓運撰　清光緒成都志古
堂刻民國十八年（1929）重印本　四冊

510000－2741－0008016　8016

湘軍志十六卷　王闓運撰　清光緒十二年
（1886）成都墨香書屋刻本　四冊

四川大學圖書館古籍普查登記目錄

510000－2741－0008017　8017

湘綺樓箋啓八卷　王闓運著　清宣統三年
(1911)成都志古堂刻本　四册

510000－2741－0008018　8018

湘綺樓全集三十卷　王闓運撰　清光緒三十
三年(1907)墨莊劉氏長沙刻本　十二册

510000－2741－0008019　8019

湘綺樓全書　王闓運撰　清光緒、宣統間刻
本　八十册

510000－2741－0008020　8020

湘綺樓全書　王闓運撰　清光緒、宣統間刻
本　九十八册

510000－2741－0008021　8021

湘綺樓詩八卷附夜雪集一卷　王闓運撰　清
光緒二十六年(1900)東州講舍刻本　四册

510000－2741－0008022　8022

湘綺樓詩鈔一卷　王闓運撰　清末抄本
一册

510000－2741－0008023　8023

湘綺樓詩集十四卷　王闓運撰　清光緒三十
三年(1907)長沙刻本　四册

510000－2741－0008024　8024

湘綺樓詩集十四卷　王闓運撰　清光緒三十
三年(1907)長沙刻本　四册

510000－2741－0008025　8025

湘綺樓自定本四卷　王闓運撰　清末成都鳳
鳴堂刻本　一册

510000－2741－0008026　8026

湘棨官遺稿[文]一卷[詩]一卷[詞]一卷
(清)高銘彤撰　清末刻本　一册

510000－2741－0008027　8027

湘棨官遺稿[文]一卷[詩]一卷[詞]一卷
(清)高銘彤撰　清光緒十一年(1885)刻本
一册

510000－2741－0008028　8028

詳解九章算法一卷　(宋)楊輝撰　**札記一卷
類纂一卷**　(清)宋景昌撰　清道光二十二年

(1842)宜稼堂刻本　二册

510000－2741－0008029　8029

詳解九章算法一卷　(宋)楊輝撰　**札記一卷
類纂一卷**　(清)宋景昌撰　清道光二十二年
(1842)宜稼堂刻本　二册

510000－2741－0008030　8030

詳注聊齋志異圖詠十六卷　(清)蒲松齡撰
(清)呂湛恩注　清光緒十二年(1886)上海同
文書局石印本　八册

510000－2741－0008031　8031

詳注聊齋志異圖詠十六卷　(清)蒲松齡撰
(清)呂湛恩注　清光緒十二年(1886)上海同
文書局石印本　七册　缺一卷(五)

510000－2741－0008032　8032

詳注聊齋志異圖詠十六卷　(清)蒲松齡撰
(清)呂湛恩注　清光緒十二年(1886)上海同
文書局石印本　八册

510000－2741－0008033　8033

詳注聊齋志異圖詠十六卷　(清)蒲松齡撰
(清)呂湛恩注　清光緒十四年(1888)知不足
齋石印本　八册

510000－2741－0008034　8034

象山先生全集三十六卷　(宋)陸九淵撰　清
宣統二年(1910)江左書林鉛印本　八册

510000－2741－0008035　8035

象數論六卷　(清)黃宗羲撰　清光緒廣雅書
局刻本　二册

510000－2741－0008036　8036

項城袁氏家集　(清)丁振鐸輯　清宣統三年
(1911)清芬閣鉛印本　五十五册

510000－2741－0008037　8037

消暑錄一卷　(清)趙紹祖學　清光緒十三年
(1887)南平官舍刻本　一册

510000－2741－0008038　8038

洨濱蔡先生文集十卷首一卷　(明)蔡靉撰
清光緒四年(1878)刻本　三册

510000 – 2741 – 0008039　8039

小倉山房詩集三十六卷補遺二卷　（清）袁枚撰　清刻本　十冊

510000 – 2741 – 0008040　8040

小倉山房文集三十一卷　（清）袁枚撰　清刻本　十冊

510000 – 2741 – 0008041　8041

小滄浪筆談四卷　（清）阮元撰　清光緒二十六年(1900)江蘇書局刻本　二冊

510000 – 2741 – 0008042　8042

小窗幽紀十二卷　（明）陳繼儒輯　清乾隆三十五年(1770)刻本　二冊

510000 – 2741 – 0008043　8043

小兒養育法四章　（日本）渡邊光次著　（清）周家樹筆譯　清光緒二十七年(1901)無錫丁氏疇隱廬石印本　一冊

510000 – 2741 – 0008044　8044

小方壺五釋　（清）課虛齋主人撰　清嘉慶二十五年(1820)刻本　一冊

510000 – 2741 – 0008045　8045

小方壺齋輿地叢鈔十二帙補編十二帙再補編十二帙　（清）王錫祺輯　清光緒十七年(1891)南清河王氏鉛印本　六十三冊

510000 – 2741 – 0008046　8046

小方壺齋輿地叢鈔十二帙補編十二帙再補編十二帙　（清）王錫祺輯　清光緒十七年(1891)南清河王氏鉛印本　六十一冊

510000 – 2741 – 0008047　8047

小方壺齋輿地叢鈔十二帙補編十二帙再補編十二帙　（清）王錫祺輯　清光緒十七年(1891)南清河王氏鉛印本　六十二冊

510000 – 2741 – 0008048　8048

小方壺齋輿地叢鈔十二帙補編十二帙再補編十二帙　（清）王錫祺輯　清光緒十七年至二十年(1891 – 1894)上海著易堂鉛印本　六十四冊

510000 – 2741 – 0008049　8049

小湖田樂府十卷　（清）吳蔚光撰　清嘉慶二年(1797)刻本　二冊

510000 – 2741 – 0008050　8050

小謨觴館詩集八卷續集二卷詩餘一卷續一卷文集四卷續集二卷　（清）彭兆蓀撰　清同治十三年(1874)吳縣潘氏滂喜齋刻本　六冊

510000 – 2741 – 0008051　8051

小鷗波館詩鈔十卷附詞鈔一卷　（清）潘曾瑩著　清道光二十五年(1845)刻本　二冊

510000 – 2741 – 0008052　8052

小蓬萊閣金石文字不分卷　（清）黃易撰　清嘉慶五年(1800)刻本　五冊

510000 – 2741 – 0008053　8053

小石帆亭著錄五卷　（清）翁方綱著　清光緒福山王氏刻天壤閣叢書本　一冊

510000 – 2741 – 0008054　8054

小石山房叢書三十八種　（清）顧湘輯　清道光刻同治十三年(1874)虞山顧氏補刻本　二十冊

510000 – 2741 – 0008055　8055

小石山房叢書三十八種　（清）顧湘輯　清道光刻同治十三年(1874)虞山顧氏補刻本　二十冊

510000 – 2741 – 0008056　8056

小書舟樂府三卷　（清）程定謨著　清道光十八年(1838)刻本　一冊

510000 – 2741 – 0008057　8057

小松圓閣雜著三卷　（清）程庭鷺撰　清同治二年(1863)刻本　一冊

510000 – 2741 – 0008058　8058

小檀欒室彙刻閨秀詞　徐乃昌輯　清光緒二十一年至二十二年(1895 – 1896)南陵徐氏刻本　二十八冊

510000 – 2741 – 0008059　8059

小檀欒室彙刻閨秀詞　徐乃昌輯　清光緒二十一年至二十二年(1895 – 1896)南陵徐氏刻本　二十八冊

四川大學圖書館古籍普查登記目錄

510000－2741－0008060　8060

小桃溪館詩鈔九卷文鈔不分卷　（清）陳崑撰
清同治十一年(1872)萬縣盛山書院刻本
七冊

510000－2741－0008061　8061

小萬卷樓叢書　（清）錢培名輯　清光緒四年
(1878)刻十四年(1888)印本　十六冊

510000－2741－0008062　8062

小萬卷樓叢書　（清）錢培名輯　清光緒四年
(1878)刻本　二十冊

510000－2741－0008063　8063

**小萬卷齋詩稿三十二卷詩續稿十二卷末一卷
經進稿四卷**　（清）朱琦撰　清光緒十一年
(1885)刻本　十二冊

510000－2741－0008064　8064

小萬卷齋文稿二十四卷首一卷　（清）朱琦撰
清光緒十一年(1885)刻本　十二冊

510000－2741－0008065　8065

小五義一百二十回　（清）石玉昆撰　清光緒
十六年(1890)善成堂刻本　十六冊

510000－2741－0008066　8066

小峴山人詩集十四卷文集六卷　（清）秦瀛撰
清刻本　四冊

510000－2741－0008067　8067

小學盦遺書四卷附錄一卷　（清）錢馥撰　清
光緒二十一年(1895)海甯錢氏清風室刻本
一冊

510000－2741－0008068　8068

小學答問一卷　（清）章炳麟撰　清末稿本
一冊

510000－2741－0008069　8069

小學答問一卷　（清）章炳麟撰　清宣統元年
(1909)刻本　一冊

510000－2741－0008070　8070

小學鉤沉十九卷　（清）任大椿輯　（清）王念
孫校　清光緒十年(1884)江都李氏刻半畝園
叢書本　一冊　存七卷(一至七)

510000－2741－0008071　8071

小學鉤沉十九卷　（清）任大椿輯　（清）王念
孫校　清光緒十年(1884)龍氏刻本　四冊

510000－2741－0008072　8072

小學鉤沉十九卷　（清）任大椿輯　（清）王念
孫校　清光緒十年(1884)龍氏刻本　二冊

510000－2741－0008073　8073

小學鉤沉十九卷　（清）任大椿輯　（清）王念
孫校　清光緒十年(1884)龍氏刻本　二冊

510000－2741－0008074　8074

小學鉤沉十九卷　（清）任大椿輯　（清）王念
孫校　清光緒十年(1884)龍氏刻本　四冊

510000－2741－0008075　8075

小學彙函　（清）鍾謙鈞輯　清刻本　三十
五冊

510000－2741－0008076　8076

小學彙函　（清）鍾謙鈞輯　清同治粵東書局
刻本　二冊　存四種七卷(干祿字書一卷、五
經文字三卷、新加九經字樣一卷、急就篇二
卷)

510000－2741－0008077　8077

小學彙函　（清）鍾謙鈞輯　清同治十二年
(1873)粵東書局刻本　八冊

510000－2741－0008078　8078

小學彙函　（清）鍾謙鈞輯　清同治十二年
(1873)粵東書局刻本　三十三冊

510000－2741－0008079　8079

小學集解六卷　（宋）朱熹撰　（清）張伯行輯
註　（清）李蘭校訂　清同治十年(1871)刻本
五冊

510000－2741－0008080　8080

小學集解六卷　（宋）朱熹撰　（清）張伯行輯
註　（清）李蘭校訂　清同治十年(1871)刻本
五冊

510000－2741－0008081　8081

小學集解六卷　（宋）朱熹撰　（清）張伯行纂
輯　（清）李蘭校訂　清道光三十年(1850)大

四川大學圖書館古籍普查登記目錄

梁學署刻本　四冊

510000－2741－0008082　8082

小學集解六卷　（宋）朱熹撰　（清）張伯行纂輯　（清）李蘭校訂　清同治六年（1867）楚北崇文書局刻本　二冊

510000－2741－0008083　8083

小學考五十卷　（清）謝啟昆撰　清光緒十四年（1888）浙江書局刻本　二十冊

510000－2741－0008084　8084

小學考五十卷　（清）謝啟昆撰　清光緒十四年（1888）浙江書局刻本　二十冊

510000－2741－0008085　8085

小學考五十卷　（清）謝啟昆撰　清光緒十四年（1888）浙江書局刻本　二十冊

510000－2741－0008086　8086

小學考五十卷　（清）謝啟昆撰　清光緒十四年（1888）浙江書局刻本　二十冊

510000－2741－0008087　8087

小學考五十卷　（清）謝啟昆撰　清光緒十四年（1888）浙江書局刻本　十五冊　缺三卷（一至三）

510000－2741－0008088　8088

小學考五十卷　（清）謝啟昆撰　清光緒十四年（1888）浙江書局刻本　十二冊

510000－2741－0008089　8089

小學考五十卷　（清）謝啟昆撰　清光緒十五年（1889）上海鴻文書局石印本　六冊

510000－2741－0008090　8090

小學類編　（清）李祖望輯　清咸豐至光緒江都李氏半畝園刻本　八冊

510000－2741－0008091　8091

小學六卷　（宋）朱熹撰　（清）陳選集註（清）高愈纂註　**爲學大指一卷**　（清）倭仁輯　清光緒二十九年（1903）成都志古堂刻本　四冊

510000－2741－0008092　8092

小酉腴山館詩集八卷文集十二卷附自著年譜二卷　（清）吳大廷撰　清光緒五年（1879）刻本　八冊

510000－2741－0008093　8093

小芋香館詩遺集十二卷　（清）李杭撰　清刻本　四冊

510000－2741－0008094　8094

小園經圖彙考三卷　（清）毛應觀著　清道光十九年（1839）刻本　四冊

510000－2741－0008095　8095

小重山房初稿［詩］十六卷［詞］三卷［賦］二卷［文］二卷試帖一卷　（清）張祥河撰　**附霞閣小稿一卷**　（清）張昌緒撰　清道光八年（1828）刻本　五冊

510000－2741－0008096　8096

小醉經室詩集六卷　（清）徐廷珍撰　清光緒十年（1884）江都徐氏刻本　二冊

510000－2741－0008097　8097

曉讀書齋初錄二卷二錄二卷三錄二卷四錄二卷　（清）洪亮吉撰　清光緒三年（1877）授經堂刻本　二冊

510000－2741－0008098　8098

曉讀書齋初錄二卷二錄二卷三錄二卷四錄二卷　（清）洪亮吉撰　清光緒三年（1877）授經堂刻本　二冊

510000－2741－0008099　8099

孝經或問一卷　（清）汪紱撰　清光緒二十一年（1895）刻本　一冊

510000－2741－0008100　8100

孝經集解一卷　（清）桂文燦撰　清咸豐、光緒間刻南海桂氏經學叢書本　一冊

510000－2741－0008101　8101

孝經衍義一百卷首二卷　（清）葉方藹　（清）張英　（清）韓菼撰　清刻本　二十四冊

510000－2741－0008102　8102

孝經一卷　（唐）玄宗李隆基注　（唐）陸德明音義　清光緒三十年（1904）四川存古書局刻本　一冊

四川大學圖書館古籍普查登記目錄

510000 - 2741 - 0008103　8103

孝經一卷　（唐）玄宗李隆基注　（唐）陸德明
音義　清刻本　一冊

510000 - 2741 - 0008104　8104

孝經一卷　（唐）玄宗李隆基注　（唐）陸德明
音義　清蜀秀山房刻本　一冊

510000 - 2741 - 0008105　8105

孝經一卷　（唐）玄宗李隆基注　（唐）陸德明
音義　清同治十一年（1872）山東書局刻本
一冊

510000 - 2741 - 0008106　8106

孝經疑問一卷　（清）姚舜牧著　清光緒歸安
姚氏刻咫進齋叢書本　一冊

510000 - 2741 - 0008107　8107

孝經章句一卷　（清）汪紱撰　清光緒二十一
年（1895）刻本　一冊

510000 - 2741 - 0008108　8108

孝經鄭氏注一卷附敘錄一卷　龔道耕校錄
清光緒二十四年（1898）刻本　一冊

510000 - 2741 - 0008109　8109

孝肅包公奏議十卷　（宋）包拯撰　（清）張純
修輯　清同治九年（1870）四明包芳國天禄閣
刻本　四冊

510000 - 2741 - 0008110　8110

孝肅奏議十卷　（宋）包拯撰　清同治二年
（1863）李瀚章刻本　四冊

510000 - 2741 - 0008111　8111

孝義真蹟珍珠塔二十四回　（清）周殊士撰
清同治六年（1867）刻本　四冊

510000 - 2741 - 0008112　8112

校邠廬抗議二卷　（清）馮桂芬著　清光緒二
十三年（1897）成都志古堂刻本　二冊

510000 - 2741 - 0008113　8113

校讎通義三卷　（清）章學誠撰　清光緒十九
年（1893）粵東菁華閣刻本　一冊

510000 - 2741 - 0008114　8114

校讎通義三卷　（清）章學誠撰　清光緒四年

（1878）王秉恩貴陽刻本　一冊

510000 - 2741 - 0008115　8115

校讎通義三卷　（清）章學誠撰　清光緒二十
四年（1898）長沙經文書局刻本　一冊

510000 - 2741 - 0008116　8116

校訂困學紀聞集證二十卷　（宋）王應麟撰
（清）屠繼序校補　清刻本　十二冊

510000 - 2741 - 0008117　8117

校經廎文槀十八卷　（清）李富孫撰　清道光
元年（1821）刻本　四冊

510000 - 2741 - 0008118　8118

校經廎文槀十八卷　（清）李富孫撰　清道光
元年（1821）刻本　六冊

510000 - 2741 - 0008119　8119

校經廎文槀十八卷　（清）李富孫撰　清道光
元年（1821）刻本　三冊　缺四卷（十五至十
八）

510000 - 2741 - 0008120　8120

校刊目經大成三卷首一卷　（清）黃庭鏡撰
清寶城述左堂刻本　六冊

510000 - 2741 - 0008121　8121

校刊目經大成三卷首一卷　（清）黃庭鏡撰
清兩儀堂刻本　六冊

510000 - 2741 - 0008122　8122

校刊史記集解索隱正義劄記五卷　（清）張文
虎撰　清同治十一年（1872）金陵書局刻本
二冊

510000 - 2741 - 0008123　8123

校刊史記集解索隱正義劄記五卷　（清）張文
虎撰　清同治十一年（1872）金陵書局刻本
二冊

510000 - 2741 - 0008124　8124

校刊資治通鑑全書　（清）胡元常輯　清光緒
十四年（1888）長沙楊氏刻本　四十冊　存一
百四十卷（通鑑一至八十八、一百至一百二、
一百六十一至一百六十六，目錄一至三十，釋
文二十七至三十，釋文辨誤一至六、十至十

四川大學圖書館古籍普查登記目錄

二)

510000 – 2741 – 0008125　8125

校刊資治通鑑全書　（清）胡元常輯　清光緒
十四年(1888)長沙楊氏刻本　一百十六冊

510000 – 2741 – 0008126　8126

校增金壺字考一卷附古體假借字一卷　（清）
郝普霖增訂　清光緒九年(1883)京都琉璃廠
懿文齋刻本　二冊

510000 – 2741 – 0008127　8127

校正古今人表一卷　（漢）班固撰　（唐）顏師
古注　（清）翟云升校正　清道光東萊翟氏五
經歲徧齋刻本　一冊

510000 – 2741 – 0008128　8128

嘯古堂詩集八卷　（清）蔣敦復撰　清宣統三
年(1911)廣益書局石印本　二冊

510000 – 2741 – 0008129　8129

嘯古堂文集八卷　（清）蔣敦復撰　清同治七
年(1868)上海刻本　二冊

510000 – 2741 – 0008130　8130

嘯亭雜録十卷續録三卷　（清）昭槤撰　清宣
統元年(1909)中國圖書公司鉛印本　四冊

510000 – 2741 – 0008131　8131

嘯亭雜録十卷續録三卷　（清）昭槤撰　清宣
統元年(1909)中國圖書公司鉛印本　八冊

510000 – 2741 – 0008132　8132

嘯園叢書五十七種　（清）葛元煦編　清光緒
二年至七年(1876 – 1881)仁和葛氏刻本　三
十五冊

510000 – 2741 – 0008133　8133

**嘯雲軒詩集六卷附録一卷附嘯雲軒避寇紀略
一卷**　（清）程畹撰　清同治刻本　四冊

510000 – 2741 – 0008134　8134

協律鈎元四卷外集一卷　（清）陳本禮箋注
清嘉慶十三年(1808)裛露軒刻本　二冊

510000 – 2741 – 0008135　8135

斜川集六卷　（宋）蘇過撰　清道光七年
(1827)眉山三蘇祠刻本　二冊

510000 – 2741 – 0008136　8136

斜川集六卷　（宋）蘇過撰　清道光七年
(1827)眉州三蘇祠刻本　三冊

510000 – 2741 – 0008137　8137

諧聲別部六卷　（清）喻士端撰　清乾隆刻本
一冊　存五卷(一至五)

510000 – 2741 – 0008138　8138

諧聲譜二卷　（清）丁顯撰　清光緒刻丁酉圃
叢書本　二冊

510000 – 2741 – 0008139　8139

諧史四卷　（清）程森泳輯　清嘉慶五年
(1800)刻本　二冊

510000 – 2741 – 0008140　8140

攜雪堂文集一卷詩集一卷時文一卷試帖一卷
（清）吳可讀著　清光緒十九年(1893)刻本
四冊

510000 – 2741 – 0008141　8141

攜雪堂文集一卷詩集一卷時文一卷試帖一卷
（清）吳可讀著　（清）楊慶生箋注　清光緒
二十六年(1900)浙江書局刻本　四冊

510000 – 2741 – 0008142　8142

屑玉叢談四集　（清）錢徵　（清）蔡爾康編
清光緒上海申報館鉛印本　六冊

510000 – 2741 – 0008143　8143

謝穀堂算學三種　（清）謝家禾撰　清末江南
製造總局刻本　一冊

510000 – 2741 – 0008144　8144

謝穀堂算學三種　（清）謝家禾撰　清末江南
製造總局刻本　一冊

510000 – 2741 – 0008145　8145

謝山存稿十卷　（明）陳吾德著　清同治九年
(1870)刻本　四冊

510000 – 2741 – 0008146　8146

心白日齋集六卷　（清）尹耕雲撰　清光緒二
十一年(1895)刻本　四冊

510000 – 2741 – 0008147　8147

心白日齋集六卷　（清）尹耕雲撰　清光緒二

四川大學圖書館古籍普查登記目録

十一年(1895)刻本　四冊

510000－2741－0008148　8148

心矩齋叢書 (清)蔣鳳藻輯　清光緒長洲蔣氏刻民國十四年(1925)文學山房印本　十六冊

510000－2741－0008149　8149

心嚮往齋詩集[用陶韻詩]二卷壬癸詩錄一卷于南詩錄二卷 (清)孔繼鑅撰　清道光二十九年至咸豐六年(1849－1856)刻本　四冊

510000－2741－0008150　8150

心眼指要四卷附元空秘旨一卷 (清)章仲山集　清宣統元年(1909)成都三味堂刻本二冊

510000－2741－0008151　8151

心齋十種 (清)任兆麟撰　清乾隆震澤任氏忠敏家塾刻本　四冊

510000－2741－0008152　8152

心知堂詩稿十八卷 (清)汪仲洋撰　清道光六年(1826)刻本　六冊

510000－2741－0008153　8153

辛丑銷夏記五卷 (清)吳榮光撰　清光緒刻本　五冊

510000－2741－0008154　8154

欣賞編 (明)沈津編　明萬曆刻本　二冊

510000－2741－0008155　8155

欣賞續編 (明)茅一相編　明萬曆刻本二冊

510000－2741－0008156　8156

新安志十卷 (宋)羅願撰　清光緒十四年(1888)黟邑李氏刻本　四冊

510000－2741－0008157　8157

新安志十卷 (宋)羅願撰　清光緒十四年(1888)黟邑李氏刻本　四冊

510000－2741－0008158　8158

新安志十卷 (宋)羅願撰　清光緒十四年(1888)黟邑李氏刻本　四冊

510000－2741－0008159　8159

新本萬年芳全集□□卷 (□)粲花主人撰清抄本　二十冊　存十六卷(一至十六)

510000－2741－0008160　8160

新編古今事文類聚前集六十卷後集五十卷續集二十八卷別集三十二卷 (宋)祝穆輯　**新集三十六卷外集十五卷** (元)富大用輯　**遺集十五卷** (元)祝淵輯　明萬曆三十二年(1604)書林唐富春德壽堂刻本　五十九冊

510000－2741－0008161　8161

新編古今事文類聚前集六十卷後集五十卷續集二十八卷別集三十二卷 (宋)祝穆輯　**新集三十六卷外集十五卷** (元)富大用輯　**遺集十五卷** (元)祝淵輯　明萬曆三十二年(1604)書林唐富春德壽堂刻清乾隆二十八年(1763)積秀堂補刻本　六十八冊

510000－2741－0008162　8162

新編目連救母勸善戲文三卷 (明)鄭之珍撰明萬曆十年(1582)鄭氏高石山房刻本三冊

510000－2741－0008163　8163

新編濃淡詞十卷首一卷 (清)張淡然輯　清道光十五年(1835)雅郡世盛堂刻本　三冊

510000－2741－0008164　8164

新編事文類聚翰墨全書甲集十二卷大全乙集十八卷大全丙集十二卷大全丁集十四卷全書戊集五卷大全己集十二卷全書庚集二十四卷全書辛集十卷全書壬集十二卷全書癸集十一卷 (元)劉應李輯　元刻本　六十六冊　存一百二十五卷(甲集二至十二，乙集一、三至九、十三至十八，丙集十二卷、丁集十四卷、戊集五卷、己集十二卷、庚集二十四卷、辛集十卷、壬集十二卷、癸集十一卷)

510000－2741－0008165　8165

新編算學啟蒙三卷 (元)朱世傑編撰　清光緒二十二年(1896)上海中西書局石印本一冊

510000－2741－0008166　8166

四川大學圖書館古籍普查登記目錄

新編算學啟蒙三卷識誤一卷 （元）朱世傑編撰　清道光十九年（1839）維揚羅士琳刻本　三冊

510000－2741－0008167　8167

新編算學啓蒙三卷識誤一卷 （元）朱世傑編撰　清光緒八年（1882）吳氏醉六堂刻本　二冊　缺一卷（中）

510000－2741－0008168　8168

新編玉鴛鴦初集四卷二集四卷三集四卷四集四卷五集四卷 （□）□□撰　清同治七年（1868）刻本　六冊

510000－2741－0008169　8169

新雕徂徠石先生文集二十卷末一卷 （宋）石介撰　清光緒九年（1883）濰縣張氏刻本　四冊

510000－2741－0008170　8170

新定三禮圖二十卷 （宋）聶崇義集注　清康熙刻通志堂經解本　二冊

510000－2741－0008171　8171

新定三禮圖二十卷 （宋）聶崇義集注　清刻本　二冊

510000－2741－0008172　8172

新定三禮圖二十卷 （宋）聶崇義集註　清同治十二年（1873）粵東書局刻本　二冊

510000－2741－0008173　8173

新訂解人頤廣集八卷 （清）胡澹菴定本（清）錢慎齋重增訂　清乾隆二十八年（1763）刻本　四冊

510000－2741－0008174　8174

新訂考據真實湘子全傳二卷 （□）性蓮居士著　清光緒二十九年（1903）刻本　一冊

510000－2741－0008175　8175

新訂四書補注備旨□□卷 （明）鄧林撰（清）鄧煜編次 （清）杜定基增訂　清末石印本　七冊　存八卷（論語一至四、孟子一至四）

510000－2741－0008176　8176

新訂王氏羅經透解二卷 （清）王道亨輯錄　清道光十五年（1835）刻本　四冊

510000－2741－0008177　8177

新都魏氏祠族譜十六卷首一卷 （清）魏鴻選撰　清光緒十八年（1892）刻本　十冊

510000－2741－0008178　8178

新都縣鄉土志不分卷 （清）張治新編　清末抄本　一冊

510000－2741－0008179　8179

新都縣鄉土志不分卷 （清）張治新編　清末抄本　一冊

510000－2741－0008180　8180

新爾雅十四卷 （清）葉瀾 （清）汪榮寶編纂　清光緒三十年（1904）刻本　二冊

510000－2741－0008181　8181

新繁詩畧六卷二編二卷 （清）楊昌翰輯　清光緒二十一年（1895）刻本　四冊

510000－2741－0008182　8182

新繁文廟祭譜録六卷首一卷 （清）周煜南輯　清光緒三十三年（1907）文廟樂庫刻本　四冊

510000－2741－0008183　8183

新繁縣鄉土志十卷 （清）余慎修 （清）陳彥升撰　清末抄本　四冊

510000－2741－0008184　8184

新繁縣鄉土志十卷 （清）余慎修 （清）陳彥升撰　清光緒三十三年（1907）鉛印本　四冊　存五卷（一至五）

510000－2741－0008185　8185

新繁縣鄉土志十卷 （清）余慎修 （清）陳彥升撰　清光緒三十三年（1907）鉛印本　二冊

510000－2741－0008186　8186

新繁縣鄉土志十卷 （清）余慎修 （清）陳彥升撰　清光緒三十三年（1907）鉛印本　二冊

510000－2741－0008187　8187

新薽詞九卷外集一卷 （清）張景祁撰　清光緒、宣統間刻本　二冊

四川大學圖書館古籍普查登記目録

510000－2741－0008188　8188

新化鄒氏敦萩齋遺書　（清）鄒漢勛撰　清光緒九年(1883)刻本　十六冊

510000－2741－0008189　8189

新節毛西河四種　（清）毛奇齡撰　清光緒四年(1878)成都刻本　一冊

510000－2741－0008190　8190

新箋決科古今源流至論前集十卷後集十卷續集十卷　（宋）林駧撰　明刻本　一冊　存二卷(前集一至二)

510000－2741－0008191　8191

新疆地理記□□卷　（清）□□撰　清抄本　一冊　存一卷(下)

510000－2741－0008192　8192

新疆賦一卷　（清）徐松撰　清末讀有用書齋刻本　一冊

510000－2741－0008193　8193

新疆建置志四卷　（清）宋伯魯撰　清末刻本　四冊

510000－2741－0008194　8194

新斠注地里志十六卷　（清）錢坫著　（清）徐松集釋　清同治十三年(1874)會稽章氏刻本　八冊

510000－2741－0008195　8195

新斠注地里志十六卷　（清）錢坫著　（清）徐松集釋　清同治十三年(1874)會稽章氏刻本　八冊

510000－2741－0008196　8196

新斠注地里志十六卷　（清）錢坫著　（清）徐松集釋　清同治十三年(1874)會稽章氏刻掃葉山房後印本　八冊

510000－2741－0008197　8197

新津縣鄉土志二卷　（清）□□纂　清末抄本　二冊

510000－2741－0008198　8198

新津縣鄉土志二卷　（清）祿勛編　清宣統元年(1909)鉛印本　一冊

510000－2741－0008199　8199

新津縣鄉土志二卷　（清）祿勛編　清宣統元年(1909)鉛印本　一冊

510000－2741－0008200　8200

新津縣鄉土志二卷　（清）祿勛編　清宣統元年(1909)鉛印本　二冊

510000－2741－0008201　8201

新舊唐書合鈔二百六十卷首一卷附唐書合鈔補正六卷唐書宰相世系表訂譌十二卷　（清）沈炳震撰　清同治十年(1871)吳氏清來堂刻本　五十五冊　存二百五十一卷(一至五、十一至一百、一百六至一百五十四、一百六十一至二百八、二百十三至二百四十二、二百四十九至二百五十八,首一卷,唐書合鈔補正六卷,唐書宰相世系表訂譌十二卷)

510000－2741－0008202　8202

新舊唐書互證二十卷　（清）趙紹祖撰　清光緒十七年(1891)廣雅書局刻本　四冊

510000－2741－0008203　8203

新鐫陳氏二十四山造葬吉凶起例藏書十二卷首一卷　（清）陳應選著　清刻本　六冊

510000－2741－0008204　8204

新鐫道書樵陽經二卷　（清）傅金銓校刊　清刻本　一冊

510000－2741－0008205　8205

新鐫古今大雅北宮詞紀六卷　（明）陳所聞粹選　明萬曆三十二年(1604)陳氏繼志齋刻本　六冊

510000－2741－0008206　8206

新鐫古今大雅南宮詞紀六卷新鐫古今大雅北宮詞紀六卷　（明）陳所聞粹選　明萬曆三十二年(1604)陳氏繼志齋刻本　二十冊

510000－2741－0008207　8207

新鐫批評出像通俗奇俠禪真逸史八集四十回　（明）方汝浩(原題清溪道人)撰　清初爽閣刻本　十六冊

510000－2741－0008208　8208

四川大學圖書館古籍普查登記目錄

新鐫笑林廣記四卷 （清）遊戲主人纂輯 清嘉慶十八年（1813）刻本 四冊

510000 – 2741 – 0008209 8209

新鐫性理奧旨十卷 （明）丁進纂 清怡怡書屋刻朱墨套印本 四冊

510000 – 2741 – 0008210 8210

新鐫異說五虎平西珍珠旗演義狄青前傳十四卷一百十二回 （□）□□撰 清刻本 四冊 缺三卷（四至六）

510000 – 2741 – 0008211 8211

新鐫玉茗堂批點按鑑參補楊家將傳十卷五十回 （清）研石山樵訂正 清刻本 五冊

510000 – 2741 – 0008212 8212

新鐫玉茗堂批評按鑑參補南宋志傳十卷五十回 （明）熊大木撰 清京都文錦堂刻本 六冊

510000 – 2741 – 0008213 8213

新刊補註銅人腧穴鍼灸圖經五卷 （宋）王惟一編修 清光緒三十三年（1907）貴池劉氏玉海堂刻本 二冊

510000 – 2741 – 0008214 8214

新刊補註銅人腧穴鍼灸圖經五卷 （宋）王惟一編修 清光緒三十三年（1907）貴池劉氏玉海堂刻本 二冊

510000 – 2741 – 0008215 8215

新刊古列女傳八卷 （漢）劉向編撰 （晉）顧凱之圖畫 清道光五年（1825）揚州阮氏文選樓摹刻南宋余氏本 四冊

510000 – 2741 – 0008216 8216

新刊古列女傳八卷 （漢）劉向編撰 （晉）顧凱之圖畫 清刻本 二冊

510000 – 2741 – 0008217 8217

新刊孔部元法題四六參語二卷 （明）孔貞運撰 明末王尚樂刻本 二冊

510000 – 2741 – 0008218 8218

新刊良朋彙集六卷 （清）孫偉輯 清善成堂刻本 五冊

510000 – 2741 – 0008219 8219

新刊良朋彙集五卷 （清）孫偉輯 清世榮堂刻本 五冊

510000 – 2741 – 0008220 8220

新刊趙田了凡袁先生編纂古本歷史大方綱鑑補三十九卷 （明）袁黃編纂 清光緒二十三年（1897）成都書局刻本 三十六冊

510000 – 2741 – 0008221 8221

新刊趙田了凡袁先生編纂古本歷史大方綱鑑補三十九卷 （明）袁黃編纂 清刻本 三十四冊 缺三卷（一、七至八）

510000 – 2741 – 0008222 8222

新刻伯孝曹先生蒐輯性理筆乘集要五卷首一卷 （明）曹學賜輯 明萬曆四十年（1612）刻本 五冊

510000 – 2741 – 0008223 8223

新刻古本劉成美忠節全傳二十五卷 （□）□□撰 清光緒四年（1878）維揚有德堂刻本 八冊

510000 – 2741 – 0008224 8224

新刻何氏類鎔三十五卷 （明）何三畏撰 明萬曆四十七年（1619）刻本 十冊

510000 – 2741 – 0008225 8225

新刻劍嘯閣批評西漢演義八卷 （明）鍾伯敬評 清善成堂刻本 八冊

510000 – 2741 – 0008226 8226

新刻類編蘇文忠公全集十卷 （宋）蘇軾撰 明刻本 二十冊

510000 – 2741 – 0008227 8227

新刻臨川王介甫先生詩文集一百卷目錄二卷 （宋）王安石撰 明萬曆四十年（1612）光啓堂刻本 十一冊 存三十七卷（一至三、二十四至二十八、四十五至四十八、七十三至九十七）

510000 – 2741 – 0008228 8228

新刻名公注釋全備墨莊白眉故事六卷 （明）許以忠輯 清同德堂刻本 五冊 存五卷

四川大學圖書館古籍普查登記目錄

（一、三至六）

510000－2741－0008229　8229

新刻彭氏類編雜說六卷　（明）彭好古輯　明萬曆十九年（1591）金亭毛氏五德堂刻本　六冊

510000－2741－0008230　8230

新刻天花藏批評玉嬌梨四卷　（□）□□撰　清末民初石印本　四冊

510000－2741－0008231　8231

新刻張太岳先生詩集六卷文集四十一卷　（明）張居正撰　清刻本　十六冊

510000－2741－0008232　8232

新刻張太岳先生詩集六卷文集四十一卷　（明）張居正撰　清刻本（有鈔配）　十六冊

510000－2741－0008233　8233

新刻註釋故事白眉十卷　（明）許以忠輯　（明）鄧志謨校　明崇禎書林崇文堂刻本　一冊　存二卷（一至二）

510000－2741－0008234　8234

新刻奏對合編　（清）□□輯　清光緒九年（1883）饒士騰等京都刻本　二冊

510000－2741－0008235　8235

新寧縣鄉土志一卷　（清）□□編　清末抄本　一冊

510000－2741－0008236　8236

新鍥雲林神彀四卷　（明）龔廷賢編著　清道光二十三年（1843）正古堂刻本　四冊

510000－2741－0008237　8237

新鍥雲林神彀四卷　（明）龔廷賢編著　清道光二十三年（1843）正古堂刻本　四冊

510000－2741－0008238　8238

新鍥雲林神彀四卷　（明）龔廷賢編著　清道光二十三年（1843）正古堂刻本　三冊　存三卷（二至四）

510000－2741－0008239　8239

新鍥葛稚川內篇四卷外篇四卷　（晉）葛洪撰　清柏筠堂刻本　八冊

510000－2741－0008240　8240

新鍥葛稚川內篇四卷外篇四卷　（晉）葛洪撰　（明）盧舜治評校　清刻本　二冊　存四卷（外篇四卷）

510000－2741－0008241　8241

新書十卷　（漢）賈誼撰　（清）盧文弨校　清光緒元年（1875）浙江書局刻本　一冊　存四卷（一至四）

510000－2741－0008242　8242

新說西遊記一百回　（清）張書紳註　清刻本　二十冊

510000－2741－0008243　8243

新唐書二百二十五卷　（宋）歐陽修　（宋）宋祁等撰　清光緒二十八年（1902）武林竹簡齋石印本　十六冊

510000－2741－0008244　8244

新序十卷　（漢）劉向撰　清光緒元年（1875）湖北崇文書局刻本　二冊

510000－2741－0008245　8245

新學偽經考十四卷　康有爲撰　清光緒十七年（1891）廣州康氏萬木艸堂刻本　六冊

510000－2741－0008246　8246

新學偽經考十四卷　康有爲撰　清光緒十七年（1891）廣州康氏萬木艸堂刻本　七冊

510000－2741－0008247　8247

新陽趙氏叢刊（高齋叢刻）十四種　（清）趙元益輯　清光緒十一年至二十八年（1885－1902）新陽趙氏刻本　四冊

510000－2741－0008248　8248

新譯日本法規大全二十五類附解字　（清）南洋公學譯書院初譯　商務印書館編譯所補譯校訂　清光緒三十三年（1907）上海商務印書館鉛印本　八十一冊

510000－2741－0008249　8249

新喻梁石門先生集十卷首一卷末一卷　（明）梁寅撰　清光緒十五年（1889）鍾體志刻本　六冊

四川大學圖書館古籍普查登記目錄

510000－2741－0008250　8250

新增都門紀略六卷　（清）楊靜亭編　清宣統元年(1909)刻本　六冊

510000－2741－0008251　8251

新增說文韻府羣玉二十卷　（元）陰時夫輯（元）陰中夫註　明刻本　六冊

510000－2741－0008252　8252

新增說文韻府羣玉二十卷　（元）陰時夫輯（元）陰中夫註　清乾隆刻本　二十冊

510000－2741－0008253　8253

新增幼學故事瓊林四卷首一卷　（明）程登吉撰　（清）鄒聖脈增補　清光緒二十九年(1903)刻本　四冊

510000－2741－0008254　8254

新增智囊補二十八卷　（明）馮夢龍輯　清乾隆五十九年(1794)刻本　十冊

510000－2741－0008255　8255

新政策一卷　（英國）李提摩太著　清光緒二十七年(1901)上海廣學會鉛印本　一冊

510000－2741－0008256　8256

新政應試必要初編八卷　（清）薛福成編輯清光緒二十八年(1902)石印本　四冊　存四卷(一至四)

510000－2741－0008257　8257

新政真詮六編　（清）何啟　（清）胡禮垣撰清光緒二十七年(1901)格致新報館鉛印本三冊　存三編(一至三)

510000－2741－0008258　8258

新註二度梅奇說全集四卷　（清）惜陰堂主人編輯　（清）繡虎堂主人評閱　清刻本　四冊

510000－2741－0008259　8259

新纂簡捷易明算法四卷附一卷　（清）沈士桂纂輯　清道光二十八年(1848)刻本　四冊

510000－2741－0008260　8260

新纂門目五臣音註揚子法言十卷　（漢）揚雄撰　（晉）李軌等註　（宋）司馬光等添註　清嘉慶九年(1804)刻本　二冊

510000－2741－0008261　8261

新纂門目五臣音註揚子法言十卷　（漢）揚雄撰　（晉）李軌等註　（宋）司馬光等添註　明顧氏世德堂刻本　四冊

510000－2741－0008262　8262

新纂氏族箋釋八卷　（清）熊峻運著　清刻本八冊

510000－2741－0008263　8263

新纂氏族箋釋八卷　（清）熊峻運著　清刻本四冊

510000－2741－0008264　8264

新纂氏族箋釋八卷　（清）熊峻運著　清刻本四冊

510000－2741－0008265　8265

信摭一卷　（清）章學誠著　清宣統順德鄧氏風雨樓鉛印本　一冊

510000－2741－0008266　8266

星階詩稿十二卷　（清）劉靖撰　清同治五年(1866)刻本　一冊

510000－2741－0008267　8267

星山詩草四卷　（清）楊庚撰　清道光十三年(1833)刻本　二冊

510000－2741－0008268　8268

星軺考轍四卷　（清）劉啟彤譯述　清光緒十五年(1889)同文書局石印本　二冊　存二卷(一、三)

510000－2741－0008269　8269

惺齋五種　（清）夏綸撰　（清）徐夢元評　清乾隆十六年(1751)夏氏世光堂刻本　六冊

510000－2741－0008270　8270

刑案匯覽續編□□卷　（□）□□編　清刻本十冊　存十六卷(八至二十三)

510000－2741－0008271　8271

形聲類篇五卷　（清）丁履恒撰　清光緒十五年(1889)刻國立北京大學出版組重印本一冊

510000－2741－0008272　8272

四川大學圖書館古籍普查登記目錄

形學備旨十卷　（美國）狄考文選譯　（清）鄒立文筆述　清光緒二十八年（1902）上海美華書館鉛印本　二冊

510000－2741－0008273　8273

形學習題解証八卷　（清）徐樹勳選輯　清光緒二十八年（1902）烏程徐氏刻本　一冊　存五卷（一至五）

510000－2741－0008274　8274

醒世姻緣傳一百回　（清）西周生輯著　清同治九年（1870）刻本　十六冊　存六十回（一至六十）

510000－2741－0008275　8275

醒心集二卷附定齋制藝一卷貴山書院學約一卷　（清）陳法撰　清嘉慶十七年（1812）刻本　三冊

510000－2741－0008276　8276

醒予山房文存十二卷　（清）劉愚著　清同治元年（1862）成都刻四年（1865）閬中孔廣燾續刻本　六冊

510000－2741－0008277　8277

醒予山房文存十二卷　（清）劉愚著　清同治元年（1862）成都刻四年（1865）閬中孔廣燾續刻本　六冊

510000－2741－0008278　8278

醒予山房文存十二卷　（清）劉愚著　清同治元年（1862）成都刻四年（1865）閬中孔廣燾續刻本　六冊

510000－2741－0008279　8279

醒予山房文存十二卷　（清）劉愚著　清同治元年（1862）成都刻四年（1865）閬中孔廣燾續刻本　五冊　存九卷（一至九）

510000－2741－0008280　8280

醒園録一卷　（清）李化楠輯　清刻本　一冊

510000－2741－0008281　8281

幸存録二卷　（明）夏允彝述　清刻本　一冊

510000－2741－0008282　8282

性理標題彙要二十二卷　（明）詹淮輯　明崇禎五年（1632）製錦堂刻本　四十冊

510000－2741－0008283　8283

性理大全七十卷　（明）胡廣等纂　明萬曆二十五年（1597）師古齋刻本　三十冊

510000－2741－0008284　8284

性理易讀不分卷　（清）□□輯　清刻本　一冊

510000－2741－0008285　8285

性命圭旨四集　（□）尹真人授　清刻本　四冊

510000－2741－0008286　8286

性命全旨四卷　（清）貞一子撰　清光緒十八年（1892）刻本　四冊

510000－2741－0008287　8287

性命微言二卷　（□）伯陽子著　清宣統三年（1911）槐蔭書屋刻本　一冊

510000－2741－0008288　8288

性命微言一卷　（□）伯陽子著　（□）清元居士註　清光緒五年（1879）刻本　一冊

510000－2741－0008289　8289

性命宗旨一卷　（清）周明德撰　清光緒二十四年（1898）成都敬畏堂周明德刻本　一冊

510000－2741－0008290　8290

性相通說一卷　（明）釋德清述　清光緒三十二年（1906）新都寶光寺刻本　一冊

510000－2741－0008291　8291

性相通說一卷　（明）釋德清述　清光緒三十二年（1906）新都寶光寺刻本　一冊

510000－2741－0008292　8292

性相通說一卷　（明）釋德清述　清光緒三十二年（1906）新都寶光寺刻本　一冊

510000－2741－0008293　8293

性相通說一卷　（明）釋德清述　清同治十二年（1873）金陵刻經處刻本　一冊

510000－2741－0008294　8294

性相通說一卷　（明）釋德清述　清同治十二

四川大學圖書館古籍普查登記目録

年(1873)金陵刻經處刻本　一冊

510000－2741－0008295　8295

姓氏急就篇二卷　（宋）王應麟纂　清光緒九年(1883)浙江書局刻玉海本　一冊

510000－2741－0008296　8296

姓氏急就篇二卷　（宋）王應麟纂　清光緒十年(1884)志古堂刻本　一冊

510000－2741－0008297　8297

姓氏尋源四十五卷　（清）張澍纂　清道光十八年(1838)棗華書屋刻本　十二冊

510000－2741－0008298　8298

熊襄愍公集十卷首一卷末一卷　（明）熊廷弼撰　清同治三年(1864)熊氏祠堂刻本　十冊

510000－2741－0008299　8299

熊襄愍公集十卷首一卷末一卷　（明）熊廷弼撰　（清）徐文檢輯　清嘉慶十七年(1812)刻本　十冊

510000－2741－0008300　8300

修西定課一卷　（清）鄭澄德等撰　清光緒二十四年(1898)金陵刻經處刻本　一冊

510000－2741－0008301　8301

修園三十種　（清）陳念祖撰　清光緒三十三年(1907)成都多文會刻本　三十五冊

510000－2741－0008302　8302

脩本堂叢書　（清）林伯桐撰　清道光五年至二十四年(1825－1844)番禺林世懋刻本　十冊

510000－2741－0008303　8303

脩本堂叢書　（清）林伯桐撰　清道光五年至二十四年(1825－1844)番禺林世懋刻同治增刻本　十四冊

510000－2741－0008304　8304

秀華百詠二卷　（清）馮譽驄　（清）馮譽驤著　清光緒十二年(1886)四川避喧園刻本　一冊

510000－2741－0008305　8305

秀華百詠二卷　（清）馮譽驄　（清）馮譽驤著　清光緒十二年(1886)四川避喧園刻本　一冊

510000－2741－0008306　8306

秀華百詠二卷　（清）馮譽驄　（清）馮譽驤著　清光緒十二年(1886)四川避喧園刻本　一冊

510000－2741－0008307　8307

秀山公牘五卷　（清）吳光耀撰　清光緒二十九年(1903)刻本　四冊

510000－2741－0008308　8308

秀巖集三十一卷　（清）胡世安撰　清順治刻康熙三十四年(1695)印本　八冊

510000－2741－0008309　8309

袖珍十三經註　（清）萬青銓校　清同治十二年(1873)江西饒氏雙峰書屋刻本　一百二十冊

510000－2741－0008310　8310

繡像第一才子書五十一卷　（明）羅貫中撰　（清）金聖嘆批　（清）毛宗崗評　清光緒東昌書業德刻本　十六冊

510000－2741－0008311　8311

繡像風箏誤八卷三十二回　（清）竹齋主人編　清刻本　六冊

510000－2741－0008312　8312

繡像京本雲合奇蹤玉茗英烈全傳十卷　（明）徐渭編　清刻本　十冊

510000－2741－0008313　8313

繡像落金扇全傳八卷五十回　（清）吹竽先生編　清道光十三年(1833)環春閣刻本　八冊

510000－2741－0008314　8314

繡像三國志演義六十卷首一卷　（清）毛宗崗評　清咸豐三年(1853)常熟顧氏小石山房刻本　二十四冊

510000－2741－0008315　8315

盱江先生全集三十七卷年譜一卷外集三卷　（宋）李覯撰　清康熙刻乾隆四十二年(1777)李夢桂修補印本　六冊

四川大學圖書館古籍普查登記目錄

510000－2741－0008316　8316

虛受堂文集十五卷　（清）王先謙撰　清光緒
二十六年(1900)陳毅校刻本　四冊

510000－2741－0008317　8317

虛直堂文集二十四卷首一卷　（清）劉榛撰
（清）田蘭芳選　清康熙二十七年(1688)刻本
六冊

510000－2741－0008318　8318

虛直軒文集十卷　（清）姚文然著　清刻本
四冊

510000－2741－0008319　8319

噓雲山館詩存二卷　（清）李炳靈撰　清光緒
二十六年(1900)刻本　一冊

510000－2741－0008320　8320

徐幹中論二卷　（漢）徐幹撰　明萬曆胡維新
刻兩京遺編本　一冊

510000－2741－0008321　8321

徐靈胎十二種全集　（清）徐大椿撰　清同治
三年(1864)彭樹萱善成堂刻本　三十冊

510000－2741－0008322　8322

徐靈胎十二種全集　（清）徐大椿撰　清同治
三年(1864)彭樹萱善成堂刻本　二十冊

510000－2741－0008323　8323

**徐騎省集三十卷校徐集札記一卷徐集補遺一
卷**　（宋）徐鉉撰　清光緒十七年(1891)李氏
刻本　六冊

510000－2741－0008324　8324

徐氏醫書八種　（清）徐大椿撰　清刻本　十
六冊

510000－2741－0008325　8325

徐氏醫書六種　（清）徐大椿撰　清同治十二
年(1873)湖北崇文書局刻本　九冊

510000－2741－0008326　8326

徐氏醫書六種　（清）徐大椿撰　清刻本
十冊

510000－2741－0008327　8327

徐文長文集三十卷　（明）徐渭撰　（明）袁宏

道評點　明讀書坊刻本　六冊　存二十四卷
(一至二十四)

510000－2741－0008328　8328

徐文長文集三十卷　（明）徐渭撰　（明）袁宏
道評點　明讀書坊刻本　九冊

510000－2741－0008329　8329

徐文長文集三十卷　（明）徐渭撰　（明）袁宏
道評點　明讀書坊刻本　六冊

510000－2741－0008330　8330

徐孝穆全集六卷　（南朝陳）徐陵撰　（清）吳
兆宜箋注　**徐孝穆備考一卷**　（清）徐文炳補
輯　清光緒二年(1876)廣東翰墨園刻本
四冊

510000－2741－0008331　8331

徐孝穆全集六卷　（南朝陳）徐陵撰　（清）吳
兆宜箋注　**徐孝穆備考一卷**　（清）徐文炳補
輯　清光緒二年(1876)廣東翰墨園刻本
三冊

510000－2741－0008332　8332

徐孝穆全集六卷　（南朝陳）徐陵撰　（清）吳
兆宜箋注　**徐孝穆備考一卷**　（清）徐文炳補
輯　清善化經濟書堂刻本　六冊

510000－2741－0008333　8333

徐孝穆全集六卷　（南朝陳）徐陵撰　（清）吳
兆宜箋注　**徐孝穆備考一卷**　（清）徐文炳補
輯　清善化經濟書堂刻本　四冊

510000－2741－0008334　8334

徐孝穆全集六卷　（南朝陳）徐陵撰　（清）吳
兆宜箋注　**徐孝穆備考一卷**　（清）徐文炳補
輯　清揚州藝古堂刻本　六冊

510000－2741－0008335　8335

徐孝穆全集六卷　（南朝陳）徐陵撰　（清）吳
兆宜箋注　清光緒二年(1876)廣東翰墨園刻
本　六冊

510000－2741－0008336　8336

徐州二遺民集十卷　（明）閻爾梅　（明）萬壽
祺撰　清光緒十九年(1893)刻本　五冊

四川大學圖書館古籍普查登記目錄

510000－2741－0008337　8337

鄘書微五卷　（清）張球撰　清末石印暨鉛印本　二冊

510000－2741－0008338　8338

鄘齋叢書二十種　徐乃昌編　清光緒二十六年(1900)南陵徐氏刻本　二十冊

510000－2741－0008339　8339

鄘齋叢書二十種　徐乃昌編　清光緒二十六年(1900)南陵徐氏刻本　十六冊

510000－2741－0008340　8340

旭華堂文集十四卷補遺一卷續編一卷　（清）王奐曾撰　（清）王何編輯　清乾隆十六年(1751)趙熟典刻本　四冊　存十卷(一至十)

510000－2741－0008341　8341

敘州府防夷備邊略言二卷　（清）李振祐撰　清刻本　四冊

510000－2741－0008342　8342

敘州集一卷附文一卷楹聯一卷悼亡草一卷　（清）文煥撰　清光緒二十九年(1903)敘州刻本　一冊

510000－2741－0008343　8343

續百川學海　（明）吳永輯　明刻本　四十冊

510000－2741－0008344　8344

續碑傳集八十六卷首二卷　（清）繆荃孫纂錄　清宣統二年(1910)江楚編譯書局刻本　二十四冊

510000－2741－0008345　8345

續藏書二十七卷　（明）李贄撰　明萬曆刻本　十三冊　存二十六卷(一至十、十二至二十七)

510000－2741－0008346　8346

續方言新校補二卷　（清）杭世駿原本　（清）張慎儀新校補　清光緒三十一年(1905)鉛印本　一冊

510000－2741－0008347　8347

續復古編四卷　（元）曹本撰　清光緒十二年(1886)歸安姚氏咫進齋刻本　四冊

510000－2741－0008348　8348

續改進口稅則善後章程不分卷　（清）呂海寰等修訂　清光緒二十九年(1903)成都官書局鉛印本　一冊

510000－2741－0008349　8349

續古文辭類纂二十八卷　（清）黎庶昌編　清光緒二十一年(1895)金陵狀元閣刻本　十二冊

510000－2741－0008350　8350

續古文辭類纂二十八卷　（清）黎庶昌編　清光緒三十三年(1907)上海商務印書館鉛印本　十二冊

510000－2741－0008351　8351

續古文辭類纂三十四卷　（清）王先謙編　清光緒長沙王氏刻本　六冊

510000－2741－0008352　8352

續古文苑二十卷　（清）孫星衍撰　清光緒九年(1883)江蘇書局刻本　六冊

510000－2741－0008353　8353

續古文苑二十卷　（清）孫星衍撰　清嘉慶十七年(1812)冶城山館刻蘇州振新書社印本　十冊

510000－2741－0008354　8354

續廣事類賦三十卷　（清）王鳳喈撰註　清刻本　十冊

510000－2741－0008355　8355

續廣雅三卷　（清）劉燦輯　（清）王塈訂　清道光二十五年(1845)鄞邑陸鑑刻本　一冊

510000－2741－0008356　8356

續漢志三十卷　（南朝梁）劉昭注補　清同治金陵書局刻本　四冊

510000－2741－0008357　8357

續漢志三十卷　（南朝梁）劉昭注補　清同治金陵書局刻本　二冊

510000－2741－0008358　8358

續弘簡錄元史類編四十二卷　（清）邵遠平撰　清康熙邵氏刻修補印本　二十冊

四川大學圖書館古籍普查登記目錄

399

510000－2741－0008359　8359

續弘簡録元史類編四十二卷 （清）邵遠平撰
清康熙邵氏刻修補印本　十六冊

510000－2741－0008360　8360

續金陵詩徵六卷首一卷 （清）陳作霖輯校
清光緒二十年(1894)刻本　六冊

510000－2741－0008361　8361

續刊青城山記二卷 （清）彭洵編輯　清光緒
三十二年(1906)成都二仙菴刻道藏輯要本
一冊

510000－2741－0008362　8362

續刊青城山記二卷 （清）彭洵編輯　清光緒
三十二年(1906)成都二仙菴刻道藏輯要本
一冊

510000－2741－0008363　8363

續刻讀史快編七十五卷 （明）趙維寰節
(清)李承薰校續　清光緒三年(1877)渝州李
承薰刻本　四十八冊

510000－2741－0008364　8364

續刻讀史快編七十五卷 （明）趙維寰節
(清)李承薰校續　清光緒三年(1877)渝州李
承薰刻本　六十冊

510000－2741－0008365　8365

續客窗閒話八卷 （清）吳熾昌撰　清光緒元
年(1875)學庫山房刻本　八冊

510000－2741－0008366　8366

續名醫類案三十六卷 （清）魏之琇編集　清
光緒二十二年(1896)畊餘堂鉛印本　十四冊

510000－2741－0008367　8367

續名醫類案三十六卷 （清）魏之琇編集　清
刻本　三十五冊

510000－2741－0008368　8368

續名醫類案三十六卷 （清）魏之琇編集　清
刻上海著易堂印本　三十四冊

510000－2741－0008369　8369

續明紀事本末十八卷首一卷 （清）倪在田輯
清光緒二十九年(1903)育英學社鉛印本

六冊

510000－2741－0008370　8370

續黔書八卷 （清）張澍著　清光緒十五年
(1889)貴陽熊湛英刻本　一冊

510000－2741－0008371　8371

續黔書八卷 （清）張澍著　清刻本　二冊

510000－2741－0008372　8372

**續泉匯元集三卷亨集三卷利集三卷貞集五卷
補遺二卷** （清）鮑康　（清）李佐賢編　清光
緒元年(1875)刻本　四冊

510000－2741－0008373　8373

**續泉匯元集三卷亨集三卷利集三卷貞集五卷
補遺二卷** （清）鮑康　（清）李佐賢編　清
緒元年(1875)刻本　四冊　存十二卷(元集
三卷、亨集三卷、利集三卷、貞集一至三)

510000－2741－0008374　8374

**續泉匯元集三卷亨集三卷利集三卷貞集五卷
補遺二卷** （清）鮑康　（清）李佐賢編　清光
緒元年(1875)刻本　五冊

510000－2741－0008375　8375

續山東考古録三十二卷首一卷 （清）葉圭綬
述　清光緒八年(1882)山東書局刻本　六冊

510000－2741－0008376　8376

續通鑑紀事本末一百一十卷 （清）李銘漢編
輯　清光緒二十九年至三十二年(1903－
1906)武威李氏刻本　三十二冊

510000－2741－0008377　8377

續文獻通考二百五十四卷 （明）王圻纂輯
明萬曆三十一年(1603)曹時聘、許維新等刻
本　九十三冊　存一百九十六卷(一至一百
十三、一百十六至一百二十、一百二十三至一
百二十四、一百二十八至一百二十九、一百三
十七至一百四十三、一百四十六至一百四十
八、一百五十一至一百六十二、一百六十五至
一百六十九、一百八十七至一百九十一、一百
九十五至一百九十七、二百二至二百二十二、
二百三十七至二百五十四)

四川大學圖書館古籍普查登記目録

510000－2741－0008378　8378

續文選二十八卷　（明）湯紹祖輯　明萬曆三十年(1602)希貴堂刻本　十六冊

510000－2741－0008379　8379

續西學大成　（清）□□輯　清末石印本一冊

510000－2741－0008380　8380

續修楓涇小志十卷首一卷　（清）程兼善纂修　清宣統三年(1911)鉛印本　四冊

510000－2741－0008381　8381

續醫方辨難大成□□卷首一卷　（□）□□撰　清光緒三十二年(1906)刻本　一冊　存一卷(首一卷)

510000－2741－0008382　8382

續夷堅志四卷　（金）元好問纂　清道光張穆陽泉山莊刻本　二冊

510000－2741－0008383　8383

續支那通史二卷　（日本）山峯晙藏著　中國漢陽青年編譯　清光緒三十年(1904)崇實書局石印本　八冊

510000－2741－0008384　8384

續指月録二十卷首一卷續指月録尊宿集一卷　（清）聶先編集　清光緒十二年(1886)金陵刻經處刻本　六冊

510000－2741－0008385　8385

續資治通鑑長編拾補六十卷　（清）秦緗業等輯　清光緒九年(1883)浙江書局刻本　十六冊

510000－2741－0008386　8386

續資治通鑑長編拾補六十卷　（清）秦緗業等輯　清光緒九年(1883)浙江書局刻本　十六冊

510000－2741－0008387　8387

續資治通鑑長編五百二十卷目録二卷　（宋）李燾撰　**續資治通鑑長編拾補六十卷**　（清）秦緗業等輯　清光緒七年至九年(1881－1883)浙江書局刻本　一百二十冊

510000－2741－0008388　8388

續資治通鑑長編五百二十卷目録二卷　（宋）李燾撰　清光緒七年(1881)浙江書局刻本一百二十冊

510000－2741－0008389　8389

續資治通鑑長編五百二十卷目録二卷　（宋）李燾撰　清光緒七年(1881)浙江書局刻本一百二十冊

510000－2741－0008390　8390

續資治通鑑長編五百二十卷目録二卷　（宋）李燾撰　清光緒七年(1881)浙江書局刻本一百三十六冊

510000－2741－0008391　8391

續資治通鑑二百二十卷　（清）畢沅編集　清光緒二十九年(1903)珠江同馨書局刻本　八十冊

510000－2741－0008392　8392

續資治通鑑二百二十卷　（清）畢沅編集　清刻本　四十二冊　存一百九卷(二十六至五十、九十六至一百七十九)

510000－2741－0008393　8393

續資治通鑑二百二十卷　（清）畢沅編集　清光緒二十九年(1903)珠江同馨書局刻本　八十冊

510000－2741－0008394　8394

續資治通鑑二百二十卷　（清）畢沅編集　清光緒二十九年(1903)珠江同馨書局刻本　一百冊

510000－2741－0008395　8395

續資治通鑑二百二十卷　（清）畢沅編集　清光緒十四年(1888)上海蜚英館石印本　二十冊

510000－2741－0008396　8396

續資治通鑑二百二十卷　（清）畢沅編集　清光緒十四年(1888)上海蜚英館石印本　十九冊　缺十卷(一百六十五至一百七十四)

510000－2741－0008397　8397

四川大學圖書館古籍普查登記目録

續資治通鑑二百二十卷 （清）畢沅編集 清
嘉慶畢沅刻馮集梧補刻同治六年（1867）永康
應氏修補八年（1869）江蘇書局修補本 六
十冊

510000－2741－0008398 8398

續資治通鑑二百二十卷 （清）畢沅編集 清
嘉慶畢沅刻馮集梧補刻同治六年（1867）永康
應氏修補八年（1869）江蘇書局修補本 六
十冊

510000－2741－0008399 8399

續資治通鑑二百二十卷 （清）畢沅編集 清
嘉慶六年（1801）馮氏德裕堂刻本 六十四冊

510000－2741－0008400 8400

續資治通鑑二百二十卷 （清）畢沅編集 清
光緒二十九年（1903）珠江同馨書局刻本 一
百冊

510000－2741－0008401 8401

續資治通鑑綱目二十七卷 （明）商輅等撰
（明）陳仁錫評 清刻本 二十七冊

510000－2741－0008402 8402

宣宗成皇帝聖訓一百三十卷 （清）宣宗旻寧
撰 清末石印本 七冊 存五十四卷（七至
三十、五十五至六十八、七十五至九十）

510000－2741－0008403 8403

選集漢印分韻二卷 （清）袁日省輯 （清）謝
雲生摹録 續集漢印分韻二卷 （清）謝景卿
輯并摹 清嘉慶二年至八年（1797－1803）漱
藝堂刻本 八冊

510000－2741－0008404 8404

選學彙函四種十五卷 （□）□□輯 清光緒
十五年（1889）刻本 八冊

510000－2741－0008405 8405

選學彙函四種十五卷 （□）□□輯 清末漢
州張氏刻本 八冊

510000－2741－0008406 8406

選學彙函四種十五卷 （□）□□輯 清末漢
州張氏刻本 八冊

510000－2741－0008407 8407

薛氏醫按二十四種 （明）吳琯輯 清末刻本
十三冊

510000－2741－0008408 8408

薛氏醫按二十四種 （明）吳琯輯 清嘉慶十
四年（1809）書業堂刻本 四十冊

510000－2741－0008409 8409

薛氏醫按二十四種 （明）吳琯輯 清刻本
十四冊 存八種四十卷（本草發揮四卷，平治
會萃三卷，内科摘要二卷，明醫雜著六卷，傷
寒鈐法一卷，敖氏傷寒金鏡録一卷，原機啓微
二卷、附録一卷，保嬰撮要二十卷）

510000－2741－0008410 8410

薛氏鐘鼎款識二十卷 （宋）薛尚功撰 清嘉
慶二年（1797）刻本 六冊

510000－2741－0008411 8411

薛氏鐘鼎款識二十卷 （宋）薛尚功撰 清嘉
慶二年（1797）刻本 四冊

510000－2741－0008412 8412

學案小識十四卷首一卷末一卷 （清）唐鑑撰
清光緒十年（1884）刻本 十二冊

510000－2741－0008413 8413

學案小識十四卷首一卷末一卷 （清）唐鑑撰
清光緒十年（1884）刻本 十二冊

510000－2741－0008414 8414

學案小識十四卷首一卷末一卷 （清）唐鑑撰
清光緒十年（1884）刻本 十二冊

510000－2741－0008415 8415

學古編一卷閒居録一卷 （元）吾丘衍撰 清
光緒二十二年（1896）錢塘嘉惠堂刻本 一冊

510000－2741－0008416 8416

學古堂藏書目五卷附學古堂捐藏書目一卷
（清）□□撰 清光緒刻本 一冊

510000－2741－0008417 8417

學古堂日記 （清）雷浚 （清）汪之昌輯 清
光緒十六年至二十二年（1890－1896）刻本
二十六冊

四川大學圖書館古籍普查登記目録

510000－2741－0008418　8418

學古齋金石叢書　（清）葛元煦輯　清光緒崇川葛氏學古齋刻本　二十四冊

510000－2741－0008419　8419

學古齋金石叢書　（清）葛元煦輯　清光緒崇川葛氏學古齋刻本　二十四冊

510000－2741－0008420　8420

學海堂叢刻　（清）□□輯　清光緒三年至十二年(1877－1886)刻本　二十冊

510000－2741－0008421　8421

學海堂叢刻　（清）□□輯　清光緒三年至十二年(1877－1886)刻本　十二冊

510000－2741－0008422　8422

學海堂叢刻　（清）□□輯　清光緒三年至十二年(1877－1886)刻本　十二冊

510000－2741－0008423　8423

學海堂集十六卷二集二十二卷三集二十四卷　（清）阮元等輯　清道光、光緒間啓秀山房刻本　三十六冊

510000－2741－0008424　8424

學海堂集十六卷二集二十二卷三集二十四卷四集二十八卷　（清）阮元等輯　清道光、光緒間啓秀山房刻本　五十冊

510000－2741－0008425　8425

學海堂三集二十四卷四集二十八卷　（清）阮元等輯　清道光、光緒間啓秀山房刻本　五十冊

510000－2741－0008426　8426

學彊恕齋筆算十卷　（清）梅啓照輯　（清）梅文埪繪圖校字　清光緒二十二年(1896)上海文盛堂石印本　五冊　缺五卷(六至十)

510000－2741－0008427　8427

學林十卷　（宋）王觀國撰　清嘉慶十四年(1809)蕭山陳氏湖海樓刻本　六冊

510000－2741－0008428　8428

學林十卷　（宋）王觀國撰　清刻本　八冊

510000－2741－0008429　8429

學仕録十六卷　（清）戴肇辰輯　清同治六年(1867)刻本　八冊

510000－2741－0008430　8430

學壽堂叢書　（清）徐紹楨撰　清咸豐至光緒番禺徐氏梧州刻本　二十五冊

510000－2741－0008431　8431

學算筆談六卷　（清）華蘅芳撰　清刻行素軒算稿本　三冊

510000－2741－0008432　8432

學統五十六卷　（清）熊賜履編　清刻本　十四冊

510000－2741－0008433　8433

學統五十三卷　（清）熊賜履編　清光緒十七年(1891)三餘草堂刻本　十二冊

510000－2741－0008434　8434

學易集八卷　（宋）劉跂撰　清刻武英殿聚珍版叢書本　二冊

510000－2741－0008435　8435

學吟草二卷　（清）楊論烜著　清光緒二十四年(1898)綏定學署刻本　二冊

510000－2741－0008436　8436

學治臆說二卷續說一卷重刻附記十二條附增畿輔事宜一卷摘録學治說贅一卷　（清）汪輝祖纂　清道光十七年(1837)刻本　二冊

510000－2741－0008437　8437

雪峰如幻禪師瘦松集八卷　（清）釋如幻撰　清末民初鴻寶齋書局石印本　四冊

510000－2741－0008438　8438

雪門詩草十四卷　（清）許瑤光著　清同治刻本　十二冊

510000－2741－0008439　8439

雪坡文集十二卷雪坡獨行詩集八卷雪坡醉吟詩集九卷　（明）萬節著　附刻一卷　清光緒三年(1877)萬覲清刻本　十二冊

510000－2741－0008440　8440

雪夜詩談三卷明人詩話補一卷國朝詩話補一卷　（清）彭端淑著　（清）蔡長耕集　清刻本

四川大學圖書館古籍普查登記目録

一冊

510000－2741－0008441　8441

雪杖山人詩集八卷　（清）鄭炎撰　（清）顧列
星選　附友濤居士詩集一卷　（清）鄭典著
秦濤居士詩集一卷　（清）鄭挺著　清嘉慶五
年(1800)刻本　八冊

510000－2741－0008442　8442

壎篪集十卷　（清）劉沅　（清）劉濖撰　清咸
豐二年(1852)豫誠堂刻本　四冊

510000－2741－0008443　8443

壎篪集十卷　（清）劉沅　（清）劉濖撰　清咸
豐二年(1852)豫誠堂刻本　四冊

510000－2741－0008444　8444

壎篪集十卷　（清）劉沅　（清）劉濖撰　清刻
本　四冊

510000－2741－0008445　8445

荀先詩草□□卷　（清）張維烺著　清宣統二
年(1910)刻本　一冊

510000－2741－0008446　8446

荀子二十卷　（周）荀況撰　（唐）楊倞註　明
顧氏世德堂刻本　十二冊

510000－2741－0008447　8447

荀子二十卷　（周）荀況撰　（唐）楊倞註　明
武林肯石居刻本　四冊

510000－2741－0008448　8448

荀子二十卷首一卷　（唐）楊倞注　（清）王先
謙集解　清光緒十七年(1891)思賢講舍刻本
六冊

510000－2741－0008449　8449

荀子二十卷附校勘補遺一卷　（周）荀況撰
（唐）楊倞注　（清）盧文弨　（清）謝墉校
清光緒二年(1876)浙江書局刻本　六冊

510000－2741－0008450　8450

荀子二十卷附校勘補遺一卷　（周）荀況撰
（唐）楊倞注　（清）盧文弨　（清）謝墉校
清光緒二年(1876)浙江書局刻本　六冊

510000－2741－0008451　8451

荀子二十卷附校勘補遺一卷　（周）荀況撰
（唐）楊倞註　清乾隆五十一年(1786)嘉善謝
墉刻本　八冊

510000－2741－0008452　8452

荀子二十卷附校勘補遺一卷　（周）荀況撰
（唐）楊倞註　清乾隆五十一年(1786)嘉善謝
墉刻本　四冊

510000－2741－0008453　8453

荀子二十卷首一卷　（唐）楊倞注　（清）王先
謙集解　清光緒十七年(1891)思賢講舍刻本
六冊

510000－2741－0008454　8454

荀子集解二十卷首一卷　（唐）楊倞注　（清）
王先謙集解　清光緒十七年(1891)思賢講舍
刻本　六冊

510000－2741－0008455　8455

荀子集解二十卷首一卷　（唐）楊倞注　（清）
王先謙集解　清光緒十七年(1891)思賢講舍
刻本　六冊

510000－2741－0008456　8456

潯谿紀事詩二卷　（清）范鍇撰　清道光十五
年(1835)刻本　二冊

510000－2741－0008457　8457

訓練操法詳晰圖說二十二卷　（清）袁世凱撰
清光緒二十八年(1902)昌言報館石印本
十二冊

510000－2741－0008458　8458

訓蒙條要四卷末一卷　（清）計良著　（清）計
恬輯録　清刻本　二冊

510000－2741－0008459　8459

遜學齋文鈔十二卷首一卷末一卷續鈔五卷詩
鈔十卷詩續鈔五卷　（清）孫衣言撰　清同治
十二年(1873)刻本　十二冊

510000－2741－0008460　8460

遜學齋文鈔十二卷首一卷末一卷遜學齋詩鈔
十卷　（清）孫衣言撰　清同治十二年(1873)
刻本　六冊

四川大學圖書館古籍普查登記目録

510000－2741－0008461　8461

逐志堂雜鈔十卷　（清）吳翌鳳著　清光緒十三年（1887）刻本　四冊

510000－2741－0008462　8462

逐志齋集二十四卷外紀一卷附錄一卷拾補一卷　（明）方孝孺著　（明）張紹謙纂　清道光二十六年（1846）刻本　十二冊

510000－2741－0008463　8463

顨軒孔氏所著書　（清）孔廣森撰　清嘉慶二十二年（1817）曲阜孔氏儀鄭堂刻本　十冊

510000－2741－0008464　8464

雅安縣鄉土志不分卷　（清）王安黻　（清）王安民編　清末抄本　一冊

510000－2741－0008465　8465

雅雨堂藏書　（清）盧見曾輯　清乾隆二十一年至二十五年（1756－1760）德州盧氏刻本　二十八冊

510000－2741－0008466　8466

雅雨堂藏書　（清）盧見曾輯　清乾隆二十一年至二十五年（1756－1760）德州盧氏刻本　二十冊

510000－2741－0008467　8467

亞剌伯史　（日本）北村三郎編著　（清）趙必振譯　清光緒二十九年（1903）上海廣智書局鉛印本　一冊

510000－2741－0008468　8468

咽喉脈證通論一卷　（□）□□撰　清同治十三年（1874）歸安姚氏刻本　一冊

510000－2741－0008469　8469

煙霞萬古樓文集六卷　（清）王曇撰　清道光二十年（1840）刻本　二冊

510000－2741－0008470　8470

延齡館菊花百咏一卷　（清）計恬著　（清）馮朝楨校　清咸豐五年（1855）綠萼梅齋刻本　一冊

510000－2741－0008471　8471

研六室文鈔十卷　（清）胡培翬撰　清道光十

七年（1837）涇川書院刻本　四冊

510000－2741－0008472　8472

研六室文鈔十卷補遺一卷　（清）胡培翬撰　清光緒四年（1878）世澤樓刻本　五冊

510000－2741－0008473　8473

揅經館詩二卷　（清）胡薇元撰　清光緒二十八年（1902）刻本　一冊

510000－2741－0008474　8474

揅經室一集十四卷二集八卷三集五卷四集二卷詩十一卷外集五卷續集九卷再續集六卷　（清）阮元撰　清道光阮氏文選樓刻本　三十冊

510000－2741－0008475　8475

揅經室一集十四卷二集八卷三集五卷四集二卷詩十一卷外集五卷續集九卷再續集六卷　（清）阮元撰　清道光阮氏文選樓刻本　二十四冊

510000－2741－0008476　8476

揅經室一集十四卷二集八卷三集五卷四集二卷詩十一卷外集五卷續集十一卷再續集六卷　（清）阮元撰　清道光阮氏文選樓刻本　二十四冊

510000－2741－0008477　8477

揅經室一集十四卷二集八卷三集五卷四集十一卷續集十一卷再續集六卷　（清）阮元撰　清道光阮氏文選樓刻本　二十二冊

510000－2741－0008478　8478

顏料篇三卷　（日本）江守襄吉郎編訂　（日本）藤田豐八譯　（清）汪振聲重編　（清）曹永清繪圖　清末上海江南製造局刻本　二冊

510000－2741－0008479　8479

顏魯公文集三十卷首一卷　（唐）顏真卿撰　（清）黃本驥編訂　顏魯公世系表一卷顏魯公年譜一卷　（清）黃本驥撰　清道光刻三長物齋叢書本　九冊

510000－2741－0008480　8480

閻潛丘先生年譜一卷　（清）張穆編　清道光

二十七年(1847)壽陽祁氏刻本　一冊

510000－2741－0008481　8481

顏山雜記四卷　（清）孫廷銓撰　清康熙十七年(1678)師儉堂刻本　二冊

510000－2741－0008482　8482

顏氏家訓七卷考證一卷　（北齊）顏之推撰　清光緒七年(1881)汗青簃刻本　二冊

510000－2741－0008483　8483

顏氏家訓二卷　（北齊）顏之推撰　清康熙刻朱文端公藏書本　二冊

510000－2741－0008484　8484

嚴侯官文集一卷國聞報論一卷　（清）嚴復著　清末刻本　一冊

510000－2741－0008485　8485

嚴太僕先生集十二卷　（清）嚴虞惇撰　清光緒九年(1883)常熟嚴氏西涇草堂刻本　四冊

510000－2741－0008486　8486

嚴州圖經八卷　（宋）陳公亮撰　清光緒二十二年(1896)刻漸西村舍叢書本　二冊　存三卷(一至三)

510000－2741－0008487　8487

簷曝雜記六卷　（清）趙翼撰　清光緒二年至三年(1876－1877)大關唐氏刻趙甌北全集本　二冊

510000－2741－0008488　8488

簷曝雜記六卷　（清）趙翼撰　清光緒二年至三年(1876－1877)大關唐氏刻趙甌北全集本　二冊

510000－2741－0008489　8489

嚴太僕先生集十二卷　（清）嚴虞惇撰　清乾隆元年(1736)嚴有禧繩武堂刻本　二冊

510000－2741－0008490　8490

鹽法議略二卷　（清）王守基纂　清光緒十九年(1893)上海廣百宋齋鉛印本　一冊

510000－2741－0008491　8491

鹽鐵論十二卷　（漢）桓寬著　清刻本　三冊

510000－2741－0008492　8492

鹽鐵論十卷　（漢）桓寬撰　校勘小識一卷（清）王先謙校　清光緒十七年(1891)思賢講舍刻本　二冊

510000－2741－0008493　8493

鹽鐵論十卷　（漢）桓寬撰　校勘小識一卷（清）王先謙校　清光緒十七年(1891)思賢講舍刻本　二冊

510000－2741－0008494　8494

鹽鐵論十卷　（漢）桓寬撰　校勘小識一卷（清）王先謙校　清光緒十七年(1891)思賢講舍刻本　二冊

510000－2741－0008495　8495

鹽亭縣鄉土志一卷　（清）□□編　清末抄本　一冊

510000－2741－0008496　8496

弇山堂別集一百卷　（明）王世貞撰　清光緒廣雅書局刻本　二十四冊

510000－2741－0008497　8497

弇山堂別集一百卷　（明）王世貞撰　清光緒廣雅書局刻本　二十

510000－2741－0008498　8498

弇州詩集五十二卷目錄八卷　（明）王世貞撰　清光緒三十三年(1907)渭南嚴氏刻明四子詩集本　十四冊

510000－2741－0008499　8499

弇州山人四部稿一百七十四卷目錄十二卷（明）王世貞撰　明萬曆五年(1577)世經堂刻本　二十六冊

510000－2741－0008500　8500

弇州詩集五十二卷目錄八卷　（明）王世貞撰　清光緒三十三年(1907)渭南嚴氏刻明四子詩集本　十六冊

510000－2741－0008501　8501

弇州詩集五十二卷目錄八卷　（明）王世貞撰　清光緒三十三年(1907)渭南嚴氏刻明四子詩集本　十四冊

四川大學圖書館古籍普查登記目錄

510000－2741－0008502　8502

剡源集三十卷札記一卷　（元）戴表元撰　清
道光二十年(1840)上海郁氏刻宜稼堂叢書本
十冊

510000－2741－0008503　8503

剡源佚文六卷　（元）戴表元撰　清光緒二十
一年(1895)孫氏刻本　一冊

510000－2741－0008504　8504

眼科百問二卷　（□）□□輯　清光緒十年
(1884)善成堂刻本　二冊

510000－2741－0008505　8505

眼科秘旨二卷　（□）□□輯　清紅杏山房刻
本　二冊

510000－2741－0008506　8506

晏子春秋七卷　（周）晏嬰撰　（清）蘇輿注
清光緒十八年(1892)思賢講舍刻本　二冊

510000－2741－0008507　8507

晏子春秋七卷　（周）晏嬰撰　（清）蘇輿注
清光緒十八年(1892)思賢講舍刻本　四冊

510000－2741－0008508　8508

晏子春秋七卷　（周）晏嬰撰　（清）蘇輿注
清光緒十八年(1892)思賢講舍刻本　二冊

510000－2741－0008509　8509

晏子春秋七卷　（周）晏嬰撰　（清）蘇輿注
清光緒十八年(1892)思賢講舍刻本　二冊

510000－2741－0008510　8510

雁門集六卷附補遺一卷倡和錄一卷別錄一卷
（元）薩都剌撰　清宣統二年至民國四年
(1910－1915)刻本　四冊

510000－2741－0008511　8511

雁門集十四卷附倡和錄一卷別錄一卷　（元）
薩都剌撰　（清）薩龍光編注　清嘉慶十二年
(1807)刻本　八冊

510000－2741－0008512　8512

燕川集十四卷　（清）范泰恒著　清嘉慶十四
年(1809)范照藜願起廬刻本　六冊

510000－2741－0008513　8513

燕下鄉脞錄(郎潛二筆)十六卷　（清）陳康祺
著　清光緒十一年(1885)刻本　四冊

510000－2741－0008514　8514

燕子樓傳奇二卷　（清）陳烺填詞　清光緒刻
本　一冊

510000－2741－0008515　8515

驗方新編十六卷　（清）鮑相璈編輯　清光緒
三十年(1904)刻本　七冊　存十五卷(一至
八、十至十六)

510000－2741－0008516　8516

驗方增輯二卷　（清）黃鈐增輯　清道光三十
年(1850)刻本　四冊

510000－2741－0008517　8517

灩澦囊五卷　（清）李馥榮撰　**歐陽遺書二卷**
（清）歐陽直撰　清光緒六年(1880)刻本
四冊

510000－2741－0008518　8518

羊城古鈔八卷首一卷　（清）仇池石輯　清嘉
慶十一年(1806)刻本　五冊

510000－2741－0008519　8519

洋防輯要二十四卷　（清）嚴如熤輯　清道光
十八年(1838)刻本　十冊

510000－2741－0008520　8520

洋槍淺言一卷　（清）顏邦固撰　清光緒十一
年(1885)上海江南機器製造總局刻本　一冊

510000－2741－0008521　8521

洋槍淺言一卷　（清）顏邦固撰　清光緒十一
年(1885)上海江南機器製造總局刻本　一冊

510000－2741－0008522　8522

陽安詩文鈔二卷　（清）傅爲霖輯　清光緒二
十年(1894)刻本　二冊

510000－2741－0008523　8523

陽明先生集要三編十五卷年譜一卷　（明）王
守仁撰　（明）施邦曜評輯　清光緒五年
(1879)黔南刻本　十冊

510000－2741－0008524　8524

陽明先生集要三編十五卷年譜一卷　（明）王

四川大學圖書館古籍普查登記目錄

守仁撰　（明）施邦曜評輯　清光緒五年
(1879)黔南刻本　十六冊

510000－2741－0008525　8525

陽明先生集要三編十五卷年譜一卷　（明）王
守仁撰　（明）施邦曜評輯　清光緒三十三年
(1907)明明學社鉛印本　十二冊

510000－2741－0008526　8526

揚州畫舫録十八卷　（清）李斗撰　清乾隆六
十年(1795)自然盦刻同治補修印本　四冊

510000－2741－0008527　8527

揚子法言十三卷　（漢）揚雄撰　（晉）李軌註
　　揚子法言音義一卷　（宋）□□撰　清嘉慶
二十三年(1818)秦氏石研齋影宋刻本　四冊

510000－2741－0008528　8528

揚子江籌防芻議一卷　（清）□□撰　清光緒
二十四年(1898)廣業書局刻本　一冊

510000－2741－0008529　8529

揚子太玄經十卷　（漢）揚雄撰　（明）趙如源
註　**說玄一卷**　（宋）司馬光撰　明天啓六年
(1626)武林書坊趙世楷刻本　二冊

510000－2741－0008530　8530

揚子太玄經十卷　（漢）揚雄撰　（明）趙如源
註　**說玄一卷**　（宋）司馬光撰　明天啓六年
(1626)武林書坊趙世楷刻本　二冊

510000－2741－0008531　8531

楊龜山先生集四十二卷首一卷　（宋）楊時撰
　　清康熙楊繩祖刻本　十冊

510000－2741－0008532　8532

楊國楨海梁氏自敘年譜一卷　（清）楊國楨撰
　　清刻本　一冊

510000－2741－0008533　8533

楊輝算法六卷札記一卷　（宋）楊輝撰　清道
光二十二年(1842)宜稼堂刻本　二冊

510000－2741－0008534　8534

楊輝算法六卷札記一卷　（宋）楊輝撰　清道
光二十二年(1842)宜稼堂刻本　二冊

510000－2741－0008535　8535

楊升菴先生長短句□□卷　（明）楊慎撰　明
刻本　一冊　存二卷(一至二)

510000－2741－0008536　8536

楊升菴先生批點文心雕龍十卷　（南朝梁）劉
勰撰　（明）梅慶生音注　（明）楊慎批點　明
萬曆刻天啓二年(1622)重修本　四冊

510000－2741－0008537　8537

楊忠節公文集四卷　（明）楊最著　清光緒十
年(1884)射洪楊氏刻本　二冊

510000－2741－0008538　8538

楊忠愍公全集三卷增輯楊忠愍公集二卷
（明）楊繼盛撰　（清）章鈺輯　（清）楊定遠
增編并校　清光緒二十年(1894)楊定遠木活
字印本　四冊

510000－2741－0008539　8539

楊忠武公記事録一卷　（清）楊永澍述　清宣
統三年(1911)楊永澍寶環堂鉛印本　一冊

510000－2741－0008540　8540

楊忠武公記事録一卷　（清）楊永澍述　清宣
統三年(1911)楊永澍寶環堂鉛印本　一冊

510000－2741－0008541　8541

楊忠武公記事録一卷　（清）楊永澍述　清宣
統三年(1911)楊永澍寶環堂鉛印本　一冊

510000－2741－0008542　8542

楊忠武公記事録一卷　（清）楊永澍述　清宣
統三年(1911)楊永澍寶環堂鉛印本　一冊

510000－2741－0008543　8543

楊子書繹六卷　（清）楊文彩撰　清光緒二年
(1876)仁和韓懿章刻本　十冊

510000－2741－0008544　8544

瘍科選粹八卷　（明）陳文治輯　明崇禎元年
(1628)刻本　八冊

510000－2741－0008545　8545

瘍醫大全四十卷　（清）顧世澄纂輯　清同治
九年(1870)刻本　三十六冊

510000－2741－0008546　8546

卬須集八卷續集六卷又續集六卷女士詩録一

四川大學圖書館古籍普查登記目録

卷　（清）吳翌鳳輯　清嘉慶十九年至二十二年(1814－1817)刻本　十冊

510000－2741－0008547　8547

卬須集八卷續集六卷又續集六卷女士詩錄一卷　（清）吳翌鳳輯　清嘉慶十九年至二十二年(1814－1817)刻本　十冊

510000－2741－0008548　8548

仰節堂集十四卷　（明）曹于汴撰　明天啓刻本　八冊

510000－2741－0008549　8549

仰視千七百二十九鶴齋叢書　（清）趙之謙輯　清光緒會稽趙之謙刻本　三十冊　缺三種十卷(第六集奇門金章一卷,南江札記四卷,墨妙亭碑目考四卷、附錄一卷)

510000－2741－0008550　8550

仰蕭樓文集一卷附國朝經學名儒記一卷　(清)張星鑑著　清光緒六年至八年(1880－1882)朱以增刻本　四冊

510000－2741－0008551　8551

養晦堂文集十卷詩集二卷　（清）劉蓉著　清光緒三年(1877)思賢講舍刻本　六冊

510000－2741－0008552　8552

養蒙正軌一卷　（英國）秀耀春　（清）汪振聲譯　清光緒鉛印本　一冊

510000－2741－0008553　8553

養默山房詩稿三十一卷　（清）謝元淮撰　清道光刻本　六冊

510000－2741－0008554　8554

養素堂文集三十五卷首一卷　（清）張澍撰　清道光十七年(1837)武威張氏棗華書屋刻本　十六冊

510000－2741－0008555　8555

養素堂文集三十五卷首一卷　（清）張澍撰　清道光十七年(1837)武威張氏棗華書屋刻本　十六冊

510000－2741－0008556　8556

養素堂文集三十五卷首一卷　（清）張澍撰

清道光十七年(1837)武威張氏棗華書屋刻本　十六冊

510000－2741－0008557　8557

養一齋詞三卷　（清）潘德輿撰　清咸豐三年(1853)刻本　一冊

510000－2741－0008558　8558

養一齋集二十六卷首一卷　（清）潘德輿撰　清道光二十九年(1849)刻本　八冊

510000－2741－0008559　8559

養一齋集二十六卷首一卷　（清）潘德輿撰　清道光二十九年(1849)刻同治八年(1869)校印本　四冊

510000－2741－0008560　8560

養一齋詩話十卷李杜詩話三卷　（清）潘德輿撰　清道光十七年(1837)刻本　三冊

510000－2741－0008561　8561

養一齋四書文一卷養一齋試帖一卷　（清）潘德輿撰　清道光十七年(1837)刻本　二冊

510000－2741－0008562　8562

養一齋文集二十卷　（清）李兆洛撰　清光緒四年(1878)刻本　八冊

510000－2741－0008563　8563

養一齋劄記九卷　（清）潘德輿撰　清同治十三年(1874)刻本　三冊

510000－2741－0008564　8564

養拙齋詩十四卷附錄一卷桂隱詩存一卷　(清)王必達撰　清光緒十六年至十九年(1890－1893)刻本　四冊

510000－2741－0008565　8565

養自然齋詩鈔不分卷八韻詩存不分卷　（清）鍾駿聲著　清同治刻本　三冊

510000－2741－0008566　8566

姚鏡塘先生全集　（清）姚學塽撰　清光緒九年(1883)東陽尊經閣刻本　六冊

510000－2741－0008567　8567

姚鏡塘先生全集　（清）姚學塽撰　清光緒九年(1883)東陽尊經閣刻本　六冊

四川大學圖書館古籍普查登記目錄

510000 – 2741 – 0008568　8568

姚牧庵集三十六卷附年譜一卷　（元）姚燧撰
　清刻廣州登雲閣後印本　十冊

510000 – 2741 – 0008569　8569

姚氏叢刻　（清）姚覲元輯　清光緒二年
(1876)川東官舍刻本　三十冊

510000 – 2741 – 0008570　8570

姚文敏公遺稿九卷補缺一卷　（明）姚夔撰
清光緒桐廬袁氏刻漸西村舍彙刻本　一冊

510000 – 2741 – 0008571　8571

藥言賸稿四卷　（清）拙修老人(李惺)補撰
清刻本　一冊

510000 – 2741 – 0008572　8572

藥言四卷　（清）李惺撰　清同治七年(1868)
眉山劉氏刻民國七年(1918)成都志古堂補刊
印本　一冊

510000 – 2741 – 0008573　8573

野鶴山房詩鈔四卷　（清）計恬著　清同治十
三年(1874)刻本　一冊

510000 – 2741 – 0008574　8574

野鶴山房文鈔五卷　（清）計恬著　清刻本
二冊

510000 – 2741 – 0008575　8575

野獲編三十卷補遺四卷　（明）沈德符撰
（清）錢枋輯　清道光七年(1827)錢塘姚氏扶
荔山房刻同治八年(1869)補刻印本　二十冊

510000 – 2741 – 0008576　8576

野記四卷　（明）祝允明撰　清同治十三年
(1874)元和祝氏刻本　二冊

510000 – 2741 – 0008577　8577

野記四卷　（明）祝允明撰　清同治十三年
(1874)元和祝氏刻本　二冊

510000 – 2741 – 0008578　8578

夜譚隨録十二卷　（清）霽園主人(和邦額)撰
　清同治六年(1867)刻本　十二冊

510000 – 2741 – 0008579　8579

夜雪集一卷　王闓運撰　清光緒九年(1883)

成都石室刻本　一冊

510000 – 2741 – 0008580　8580

夜雪集一卷　王闓運撰　清光緒九年(1883)
成都石室刻本　一冊

510000 – 2741 – 0008581　8581

夜雪集一卷　王闓運撰　清光緒九年(1883)
成都石室刻本　一冊

510000 – 2741 – 0008582　8582

夜雪集一卷　王闓運撰　清光緒九年(1883)
成都石室刻本　一冊

510000 – 2741 – 0008583　8583

夜雨秋燈録八卷　（清）宣鼎著　清光緒三年
(1877)申報館鉛印本　八冊

510000 – 2741 – 0008584　8584

觀古堂彙刻書　（清）葉德輝輯著　清光緒、
宣統至民國刻本　七十冊

510000 – 2741 – 0008585　8585

葉健菴[葉世倬]先生年譜二卷　（清）端木從
恒　（清）張鵬翂編次　清道光刻本　一冊

510000 – 2741 – 0008586　8586

**葉氏醫案存真三卷附馬氏醫案一卷祁氏王氏
一卷**　（清）葉桂撰　（清）葉杬輯　清刻本
四冊

510000 – 2741 – 0008587　8587

葉忠節公遺稿十二卷　（清）葉映榴撰　（清）
葉芳輯　清乾隆葉氏家刻後印本　四冊

510000 – 2741 – 0008588　8588

一八九八年之西美戰史不分卷　（法國）勃利
德著　（清）李景鎬譯　**華法獨名對勘表一卷**
　清光緒三十年(1904)江南機器製造總局鉛
印本　二冊

510000 – 2741 – 0008589　8589

一鐙精舍甲部藁五卷　（清）何秋濤撰　清光
緒五年(1879)淮南書局刻本　一冊

510000 – 2741 – 0008590　8590

一切經音義二十五卷　（唐）釋元應撰　清乾
隆五十一年(1786)莊氏刻本　四冊

四川大學圖書館古籍普查登記目録

510000－2741－0008591　8591

一切經音義二十五卷　（唐）釋元應撰　補訂新譯大方廣佛華嚴經音義二卷　（唐）釋慧苑述　華嚴經音義敘錄一卷刻華嚴經音義校勘記一卷　清同治八年(1869)武林張氏寶晉齋刻本　四冊

510000－2741－0008592　8592

一切經音義二十五卷　（唐）釋元應撰　補訂新譯大方廣佛華嚴經音義二卷　（唐）釋慧苑述　華嚴經音義敘錄一卷刻華嚴經音義校勘記一卷　清同治八年(1869)武林張氏寶晉齋刻本　四冊

510000－2741－0008593　8593

一切經音義二十五卷　（唐）釋元應撰　補訂新譯大方廣佛華嚴經音義二卷　（唐）釋慧苑述　華嚴經音義敘錄一卷刻華嚴經音義校勘記一卷　清同治八年(1869)武林張氏寶晉齋刻本　四冊

510000－2741－0008594　8594

一切經音義二十五卷　（唐）釋元應撰　補訂新譯大方廣佛華嚴經音義二卷　（唐）釋慧苑述　華嚴經音義敘錄一卷刻華嚴經音義校勘記一卷　清同治八年(1869)武林張氏寶晉齋刻本　四冊

510000－2741－0008595　8595

一切經音義二十五卷　（唐）釋元應撰　補訂新譯大方廣佛華嚴經音義二卷　（唐）釋慧苑述　華嚴經音義敘錄一卷刻華嚴經音義校勘記一卷　清同治八年(1869)武林張氏寶晉齋刻本　四冊

510000－2741－0008596　8596

一切經音義二十五卷　（唐）釋元應撰　補訂新譯大方廣佛華嚴經音義二卷　（唐）釋慧苑述　華嚴經音義敘錄一卷刻華嚴經音義校勘記一卷　清同治八年(1869)武林張氏寶晉齋刻本　四冊

510000－2741－0008597　8597

一樹梅花書屋詩鈔四卷文稿一卷　（清）楊學煊撰　清同治七年(1868)刻本　四冊

510000－2741－0008598　8598

一統志案說十六卷　（清）顧炎武撰　（清）徐乾學纂　（清）吳兆宜鈔　清道光七年(1827)順德張青選清芬閣木活字印本　六冊

510000－2741－0008599　8599

弌名雷火鍼一卷　（□）□□撰　清光緒四年(1878)刻本　一冊

510000－2741－0008600　8600

伊川草堂詩一卷　（清）胡薇元撰　清光緒二十七年(1901)旌德呂氏斠刻本　一冊

510000－2741－0008601　8601

伊川草堂詩一卷　（清）胡薇元撰　清光緒二十七年(1901)旌德呂氏斠刻本　一冊

510000－2741－0008602　8602

伊川擊壤集二十卷　（宋）邵雍撰　明刻本　十冊

510000－2741－0008603　8603

伊蒿室文集三卷詩集二卷詩餘一卷　（清）王效成撰　清咸豐五年(1855)望三益齋本　四冊

510000－2741－0008604　8604

伊洛淵源續錄六卷　（明）謝鐸撰　明嘉靖八年(1529)高賁亨刻本　二冊

510000－2741－0008605　8605

醫案□□卷　（明）孫一奎輯　明末刻本　四冊　存四卷(一至四)

510000－2741－0008606　8606

醫案□□卷　（明）孫一奎輯　明萬曆刻本　四冊　存四卷(一至四)

510000－2741－0008607　8607

醫案五卷　（明）孫一奎輯　清刻本　五冊

510000－2741－0008608　8608

醫案一卷　（明）孫一奎輯　明萬曆刻清修本　一冊

510000－2741－0008609　8609

醫醇賸義四卷　（清）費伯雄著　（清）費應蘭編次　清光緒三年(1877)刻本　四冊

四川大學圖書館古籍普查登記目錄

411

510000 - 2741 - 0008610　8610

醫燈續焰二十一卷 （宋）崔嘉彥撰 （明）潘楫注　清刻本　十二冊

510000 - 2741 - 0008611　8611

醫法心傳一卷附醫家四要 （清）程芝田著　清光緒十三年(1887)養鶴山房刻本　一冊

510000 - 2741 - 0008612　8612

醫法圓通四卷 （清）鄭壽全編輯　清同治十三年(1874)刻本　四冊

510000 - 2741 - 0008613　8613

醫法圓通四卷 （清）鄭壽全編輯　清同治十三年(1874)刻本　四冊

510000 - 2741 - 0008614　8614

醫法圓通四卷 （清）鄭壽全編輯　清同治十三年(1874)刻本　二冊

510000 - 2741 - 0008615　8615

醫法徵驗錄二卷 （清）李文庭著　清光緒二十年(1894)四川資州官廨刻本　二冊

510000 - 2741 - 0008616　8616

醫方辨難大成二百七卷 （清）□□撰　清刻本　十九冊　存九十八卷(上集一至九十八)

510000 - 2741 - 0008617　8617

醫方叢話八卷 （清）徐士鑾輯　清光緒十五年(1889)津門徐氏蝶園刻本　四冊

510000 - 2741 - 0008618　8618

醫方彙編四卷首一卷 （英國）梅滕更口譯 （清）劉廷楨筆述　清光緒二十八年(1902)上海商務印書館鉛印本　五冊

510000 - 2741 - 0008619　8619

醫方彙編四卷首一卷 （英國）梅滕更口譯 （清）劉廷楨筆述　清光緒二十八年(1902)上海商務印書館鉛印本　五冊

510000 - 2741 - 0008620　8620

醫方捷徑指南全書二卷 （明）王宗顯輯　**李東垣珍珠囊藥性賦一卷**新刻校正大字李東垣先生珍珠囊二卷　題（金）李杲撰　清刻本　四冊

510000 - 2741 - 0008621　8621

醫方捷徑指南全書二卷 （明）王宗顯輯　**新刻校正大字李東垣先生珍珠囊二卷**　題（金）李杲撰　清刻本　四冊

510000 - 2741 - 0008622　8622

醫方論四卷 （清）費伯雄著 （清）費應蘭編次　清光緒三年(1877)刻本　二冊

510000 - 2741 - 0008623　8623

醫方十種彙編 （清）費伯雄鑑定 （清）文晟輯　清同治十年(1871)刻上海千頃堂書局印本　五冊

510000 - 2741 - 0008624　8624

醫方易簡新編六卷 （清）龔自璋輯　清咸豐六年(1856)正文堂刻本　六冊

510000 - 2741 - 0008625　8625

醫方易簡新編六卷 （清）龔自璋輯　清同治三年(1864)刻本　四冊

510000 - 2741 - 0008626　8626

醫方易簡新編六卷 （清）龔自璋輯　清同治十二年(1873)刻本　六冊

510000 - 2741 - 0008627　8627

醫綱提要八卷 （清）李宗源纂集論註　清光緒二十三年(1897)李光明莊刻本　四冊

510000 - 2741 - 0008628　8628

醫貫砭二卷 （清）徐大椿著　清乾隆半松齋刻徐氏醫書六種本　一冊

510000 - 2741 - 0008629　8629

醫貫六卷 （明）醫無閭子（趙獻可）著 （清）呂醫山人（呂留良）評　清刻本　六冊

510000 - 2741 - 0008630　8630

醫貫六卷 （明）醫無閭子（趙獻可）著 （清）呂醫山人（呂留良）評　清刻本　四冊　存四卷(一至四)

510000 - 2741 - 0008631　8631

醫家四要四卷 （清）江誠 （清）程曦 （清）雷大震纂　清光緒十二年(1886)刻本　四冊

510000－2741－0008632　8632

醫經原旨六卷　（清）薛雪集註　清宣統元年
(1909)同文會刻本　六冊

510000－2741－0008633　8633

醫經原旨六卷　（清）薛雪集註　清宣統元年
(1909)同文會刻本　六冊

510000－2741－0008634　8634

醫經原旨十四卷　（清）薛雪集註　清刻本
六冊

510000－2741－0008635　8635

醫理大概約說一卷　（清）劉沅著　清光緒三
十二年(1906)成都守經堂刻本　一冊

510000－2741－0008636　8636

醫理大概約說一卷　（清）劉沅著　清光緒三
十二年(1906)成都守經堂刻本　一冊

510000－2741－0008637　8637

醫林改錯二卷　（清）王清任著　清道光五年
(1825)刻本　一冊

510000－2741－0008638　8638

醫林指月十二種　（清）王琦輯　清光緒二十
二年(1896)上海圖書集成印書局鉛印本
八冊

510000－2741－0008639　8639

醫林纂要探源十卷附錄一卷　（清）汪紱輯
清光緒二十三年(1897)江蘇書局刻本　十冊

510000－2741－0008640　8640

醫門棒喝四卷醫門棒喝二集傷寒論本旨九卷
　（清）章楠著　（清）田晉元評點　清同治六
年(1867)刻本　十冊

510000－2741－0008641　8641

醫門棒喝四卷醫門棒喝二集傷寒論本旨九卷
　（清）章楠著　（清）田晉元評點　清同治六
年(1867)刻本　十冊

510000－2741－0008642　8642

醫門棒喝四卷醫門棒喝二集傷寒論本旨九卷
　（清）章楠著　（清）田晉元評點　清同治六
年(1867)刻本　十五冊

510000－2741－0008643　8643

醫門法律六卷　（清）喻昌著　清刻本　十冊

510000－2741－0008644　8644

醫門總訣二卷　（□）□□輯　清光緒九年
(1883)刻本　二冊

510000－2741－0008645　8645

醫書十二種　（清）王琦輯　清乾隆三十二年
(1767)寶笏樓刻本(有抄補)　十冊

510000－2741－0008646　8646

醫述□□卷　（清）程文囿輯　清刻本　三冊
　存三卷(五、七、九)

510000－2741－0008647　8647

醫效秘傳三卷　（清）葉桂述　清道光十一年
(1831)刻本　二冊

510000－2741－0008648　8648

醫效秘傳三卷　（清）葉桂述　清道光十一年
(1831)刻本　一冊

510000－2741－0008649　8649

醫學初階　（清）嚴嶽蓮輯　清光緒、宣統間
渭南嚴氏刻民國十三年(1924)校補印本　十
二冊

510000－2741－0008650　8650

醫學初階　（清）嚴嶽蓮輯　清光緒、宣統間
渭南嚴氏刻民國十三年(1924)校補印本　十
六冊

510000－2741－0008651　8651

醫學從衆錄八卷　（清）陳念祖著　清刻本
四冊

510000－2741－0008652　8652

醫學從衆錄八卷　（清）陳念祖著　清刻本
四冊

510000－2741－0008653　8653

醫學集成四卷　（清）劉仕廉纂輯　清刻本
三冊　存三卷(二至四)

510000－2741－0008654　8654

醫學集成四卷　（清）劉仕廉纂輯　清刻本
二冊

四川大學圖書館古籍普查登記目錄

510000 – 2741 – 0008655　8655

醫學捷要四卷　（清）尹樂渠輯　清同治十年
(1871)刻本　四冊

510000 – 2741 – 0008656　8656

醫學金鍼八卷　（清）陳念祖原本　（清）潘霨
輯　清光緒刻本　六冊

510000 – 2741 – 0008657　8657

醫學精要八卷　（清）黃巖著　清同治六年
(1867)刻本　九冊

510000 – 2741 – 0008658　8658

醫學考辨十二卷　（清）羅紹芳纂輯　（清）羅
文溥編次　清咸豐五年(1855)羅氏粹白齋刻
本　三冊　存八卷(一至八)

510000 – 2741 – 0008659　8659

閩蜀醫學三字經合編　（清）陳念祖　（清）胥
紫來撰　清刻本　一冊　存三卷(下冊卷一
至二、又下冊卷一)

510000 – 2741 – 0008660　8660

醫學三字經四卷　（清）陳念祖著　清光緒二
十一年(1895)刻本　二冊

510000 – 2741 – 0008661　8661

醫學三字經四卷　（清）陳念祖著　清光緒十
三年(1887)多文會刻本　二冊

510000 – 2741 – 0008662　8662

醫學十書　（□）□□輯　清光緒七年(1881)
羊城雲林閣刻本　十二冊

510000 – 2741 – 0008663　8663

醫學實在易八卷　（清）陳念祖著　清刻本
四冊

510000 – 2741 – 0008664　8664

醫學實在易八卷　（清）陳念祖著　清刻本
七冊　存七卷(一、三至八)

510000 – 2741 – 0008665　8665

醫學心悟六卷　（清）程國彭著　清光緒二十
一年(1895)學庫山房刻二十八年(1902)重校
本　四冊

510000 – 2741 – 0008666　8666

醫學心悟六卷　（清）程國彭著　清光緒六年
(1880)掃葉山房刻本　四冊

510000 – 2741 – 0008667　8667

醫學源流論二卷　（清）徐大椿著　清刻本
二冊

510000 – 2741 – 0008668　8668

醫驗錄□□卷　（清）吳楚著　清刻本　五冊
存五卷(一至五)

510000 – 2741 – 0008669　8669

醫藥家根六卷　（清）王銓撰　清光緒二年
(1876)文莫室刻本　四冊

510000 – 2741 – 0008670　8670

醫原三卷　（清）石壽棠撰　**醫學舉要六卷**
（清）徐鏞輯　清光緒十七年(1891)鉛印本
四冊

510000 – 2741 – 0008671　8671

醫旨緒餘二卷　（明）孫一奎撰　明刻本
二冊

510000 – 2741 – 0008672　8672

醫旨緒餘二卷　（明）孫一奎撰　明刻本
二冊

510000 – 2741 – 0008673　8673

醫宗必讀十卷　（明）李中梓著　清善成堂刻
本　五冊

510000 – 2741 – 0008674　8674

醫宗必讀十卷　（明）李中梓著　清宏道堂刻
本　六冊

510000 – 2741 – 0008675　8675

**夷堅甲志二十卷乙志二十卷丙志二十卷丁志
二十卷**　（宋）洪邁撰　（清）陸心源校　清光
緒歸安陸氏刻十萬卷樓叢書本　十二冊

510000 – 2741 – 0008676　8676

夷堅志十集二十卷　（宋）洪邁輯　清乾隆四
十三年(1778)周榘耕煙草堂刻涇縣洪氏修補
印本　十冊

510000 – 2741 – 0008677　8677

夷牢溪廬詩鈔八卷　（清）黎汝謙撰　清光緒

四川大學圖書館古籍普查登記目錄

二十五年(1899)遵義黎氏廣州刻本　八冊

510000－2741－0008678　8678

夷牢溪廬文鈔六卷　(清)黎汝謙撰　清光緒
二十七年(1901)遵義黎氏廣州刻本　六冊

510000－2741－0008679　8679

怡怡樓遺稿一卷　(清)高以莊撰　清光緒元
年(1875)西充官廨刻本　一冊

510000－2741－0008680　8680

怡雲山館詩存八卷　(清)楊柄錕撰　清光緒
九年(1883)刻本　一冊　存二卷(蜀棧停雲
草一卷、蒼洱歸雲草一卷)

510000－2741－0008681　8681

怡志堂文初編六卷詩初編八卷　(清)朱琦撰
　清同治七年(1868)刻本　四冊

510000－2741－0008682　8682

宜稼堂叢書七種　(清)郁松年輯　清道光上
海郁氏刻本　六十六冊

510000－2741－0008683　8683

宜稼堂叢書七種　(清)郁松年輯　清道光上
海郁氏刻本　六十四冊

510000－2741－0008684　8684

宜稼堂叢書七種　(清)郁松年輯　清道光上
海郁氏刻本　八十冊　缺一卷(郝經撰續後
漢書四下)

510000－2741－0008685　8685

宜稼堂叢書七種　(清)郁松年輯　清道光上
海郁氏刻本　六十四冊　缺一卷(郝經撰續
後漢書六十三)

510000－2741－0008686　8686

移華館駢體文二卷　(清)董基誠撰　清咸豐
九年(1859)蓉城刻本　二冊

510000－2741－0008687　8687

移芝室古文十三卷續一卷詩鈔三卷尺牘二卷
　(清)楊彝珍著　清光緒十一年(1885)刻本
六冊

510000－2741－0008688　8688

貽思齋古文一卷　(清)饒滌夫著　(清)李清

彙刻　清同治五年(1866)刻本　一冊

510000－2741－0008689　8689

詒經堂叢書　(清)金長春輯　清嘉慶十八年
(1813)當塗金氏刻本　六冊

510000－2741－0008690　8690

飴山詩集二十卷　(清)趙執信撰　清乾隆十
七年(1752)因園刻本　八冊

510000－2741－0008691　8691

飴山詩集二十卷　(清)趙執信撰　清乾隆十
七年(1752)因園刻本　四冊

510000－2741－0008692　8692

飴山文集十二卷附錄一卷禮俗權衡二卷
(清)趙執信撰　清乾隆刻本　四冊

510000－2741－0008693　8693

遺山詩鈔三卷　(金)元好問撰　清光緒九年
(1883)敘州汗青簃刻本　三冊

510000－2741－0008694　8694

遺山詩鈔三卷　(金)元好問撰　清光緒九年
(1883)敘州汗青簃刻本　三冊

510000－2741－0008695　8695

遺山先生詩集二十卷　(金)元好問撰　清宣
統二年(1910)山陰周肇祥刻本　六冊

510000－2741－0008696　8696

遺山先生詩集二十卷　(金)元好問撰　清宣
統二年(1910)山陰周肇祥刻本　六冊

510000－2741－0008697　8697

遺山先生詩集二十卷　(金)元好問撰　考異
一卷　(清)黎維樅輯　清光緒六年(1880)南
海黎氏刻本　六冊

510000－2741－0008698　8698

儀顧堂集二十卷題跋十六卷續跋十六卷
(清)陸心源撰　清光緒二十四年(1898)刻本
十四冊

510000－2741－0008699　8699

儀顧堂集十二卷　(清)陸心源撰　清刻本
四冊

四川大學圖書館古籍普查登記目錄

510000－2741－0008700　8700

儀顧堂集十六卷　（清）陸心源撰　清同治十三年（1874）福州刻本　八冊

510000－2741－0008701　8701

儀顧堂集十六卷　（清）陸心源撰　清同治十三年（1874）福州刻本　四冊

510000－2741－0008702　8702

儀顧堂集十六卷　（清）陸心源撰　清同治十三年（1874）福州刻本　四冊

510000－2741－0008703　8703

儀顧堂續跋十六卷　（清）陸心源撰　清光緒刻本　四冊

510000－2741－0008704　8704

儀禮初學讀本十七卷　（清）萬廷蘭編　清光緒二年（1876）張之洞四川學院衙門刻本　二冊

510000－2741－0008705　8705

儀禮初學讀本十七卷　（清）萬廷蘭編　清光緒二年（1876）張之洞四川學院衙門刻本　二冊

510000－2741－0008706　8706

儀禮古今文疏義十七卷　（清）胡承珙撰　清光緒三年（1877）湖北崇文書局刻本　四冊

510000－2741－0008707　8707

儀禮古今文疏義十七卷　（清）胡承珙撰　清光緒三年（1877）湖北崇文書局刻本　四冊

510000－2741－0008708　8708

儀禮恒解十六卷　（清）劉沅撰　清光緒十二年（1886）刻本　六冊

510000－2741－0008709　8709

儀禮節畧二十卷　（清）朱軾輯　清康熙五十八年（1719）高安朱氏刻雍正、乾隆修補印本　十冊

510000－2741－0008710　8710

儀禮經傳通解三十七卷續二十九卷　（宋）朱熹傳　清刻本　二十二冊

510000－2741－0008711　8711

儀禮喪服經傳并記一卷　（漢）鄭玄注　（清）張爾岐句讀　清宣統元年（1909）學部圖書局石印本　一冊

510000－2741－0008712　8712

儀禮十七卷　（漢）鄭玄注　（唐）陸德明音義　清同治七年（1868）崇文書局刻本　四冊

510000－2741－0008713　8713

儀禮十七卷　（漢）鄭玄注　附嚴本儀禮鄭氏注校錄一卷嚴本儀禮鄭氏注續校一卷　清嘉慶二十年（1815）吳門黃氏讀未見書齋刻本　二冊

510000－2741－0008714　8714

儀禮十七卷　（漢）鄭玄注　（清）張爾岐句讀　儀禮石本誤字一卷儀禮監本正誤一卷　清末刻本　六冊

510000－2741－0008715　8715

儀禮十七卷　（漢）鄭玄注　（清）張爾岐句讀　儀禮石本誤字一卷儀禮監本正誤一卷　清光緒八年（1882）錦江書局刻本　六冊

510000－2741－0008716　8716

儀禮十七卷　（漢）鄭玄注　（清）張爾岐句讀　儀禮石本誤字一卷儀禮監本正誤一卷　清光緒十七年（1891）尚德書局刻本　六冊

510000－2741－0008717　8717

儀禮十七卷　（漢）鄭玄注　（清）張爾岐句讀　儀禮石本誤字一卷儀禮監本正誤一卷　清嘉慶三年（1798）刻本　三冊

510000－2741－0008718　8718

儀禮十七卷　（漢）鄭玄注　（清）張爾岐句讀　儀禮石本誤字一卷儀禮監本正誤一卷　清嘉慶三年（1798）刻本　四冊

510000－2741－0008719　8719

儀禮十七卷　（漢）鄭玄註　清同治十二年（1873）粵東書局刻通志堂經解本　二冊

510000－2741－0008720　8720

儀禮釋官九卷首一卷　（清）胡匡衷著　清同治八年（1869）續豀胡肇智刻本　四冊

四川大學圖書館古籍普查登記目錄

510000 – 2741 – 0008721　8721

儀禮釋官九卷首一卷 （清）胡匡衷著　清同
治八年(1869)續谿胡肇智刻本　四冊

510000 – 2741 – 0008722　8722

儀禮疏五十卷 （漢）鄭玄注　（唐）賈公彥疏
清道光十年(1830)汪氏藝芸書舍刻本
六冊

510000 – 2741 – 0008723　8723

儀禮述註十九卷 （清）李光坡撰　清乾隆三
十二年(1767)李氏清白堂刻本　六冊

510000 – 2741 – 0008724　8724

儀禮圖六卷 （清）張惠言述　清同治九年
(1870)楚北崇文書局刻本　四冊

510000 – 2741 – 0008725　8725

儀禮圖六卷 （清）張惠言述　清同治九年
(1870)楚北崇文書局刻本　三冊

510000 – 2741 – 0008726　8726

儀禮紃解十七卷 （清）王士讓述　清乾隆刻
道光二年(1822)修補印本　八冊

510000 – 2741 – 0008727　8727

儀禮要義五十卷 （宋）魏了翁撰　清光緒十
年(1884)江蘇書局刻本　十二冊

510000 – 2741 – 0008728　8728

儀禮要義五十卷 （宋）魏了翁撰　清光緒十
年(1884)江蘇書局刻本　十二冊

510000 – 2741 – 0008729　8729

儀禮要義五十卷 （宋）魏了翁撰　清光緒十
年(1884)江蘇書局刻本　十二冊

510000 – 2741 – 0008730　8730

儀禮易讀十七卷 （清）馬駉撰　清乾隆二十
年(1755)刻本　四冊

510000 – 2741 – 0008731　8731

儀禮正義四十卷 （漢）鄭玄注　（清）胡培翬
學　（清）楊大堉補　清咸豐二年(1852)陸建
瀛刻同治七年(1868)胡肇智修補印本　十五
冊　缺二卷(一至二)

510000 – 2741 – 0008732　8732

儀禮正義四十卷 （漢）鄭氏注　（清）胡培翬
學　（清）楊大堉補　清咸豐二年(1852)陸建
瀛刻同治七年(1868)胡肇智修補印本　二
十冊

510000 – 2741 – 0008733　8733

儀禮註疏十七卷 （漢）鄭玄註　（唐）賈公彥
疏　清刻本　十冊

510000 – 2741 – 0008734　8734

儀衛軒文集十二卷附録一卷詩集五卷 （清）
方東樹撰　**儀衛軒遺書一卷** （清）方宗誠編
輯　清同治七年(1868)刻本　六冊

510000 – 2741 – 0008735　8735

頤身集不分卷 （元）丘處機等著　清咸豐二
年(1852)廣東撫署刻本　一冊

510000 – 2741 – 0008736　8736

頤志齋叢書 （清）丁晏撰　清咸豐至同治山
陽丁氏六藝堂刻同治元年(1862)彙印本　二
十冊

510000 – 2741 – 0008737　8737

彝軍紀略一卷 （清）彭洵纂輯　清光緒十二
年(1886)崇陽刻本　一冊

510000 – 2741 – 0008738　8738

乙巳年交涉要覽上篇二卷下篇三卷 （清）北
洋洋務局纂輯　清光緒鉛印本　一冊　存二
卷(上篇二卷)

510000 – 2741 – 0008739　8739

乙巳占十卷 （唐）李淳風撰　清光緒三年
(1877)吳興陸氏十萬卷樓刻本　四冊

510000 – 2741 – 0008740　8740

亦囂囂堂稿十卷 （清）鍾琦撰　清光緒、宣
統間刻本　六冊

510000 – 2741 – 0008741　8741

亦有生齋集樂府二卷 （清）趙懷玉撰　清光
緒十三年(1887)木活字印本　一冊

510000 – 2741 – 0008742　8742

抑齋日記鈔不分卷 （清）武謙撰　清末抄本
一冊

四川大學圖書館古籍普查登記目録

510000－2741－0008743　8743

佚存叢書　（日本）林衡輯　清光緒八年(1882)黃氏木活字印本　三十二冊

510000－2741－0008744　8744

佚存叢書　（日本）林衡輯　清光緒八年(1882)黃氏木活字印本　三十二冊

510000－2741－0008745　8745

佚禮扶微五卷　（清）丁晏輯　清光緒十四年(1888)刻南菁書院叢書本　一冊

510000－2741－0008746　8746

易傳燈四卷　（宋）徐總幹撰　**鄭氏古文尚書十卷**　（宋）王應麟輯　清刻函海本　一冊

510000－2741－0008747　8747

易傳集解十七卷　（唐）李鼎祚撰　清刻本　三冊　存十卷(一至十)

510000－2741－0008748　8748

易簡齋詩鈔四卷　（清）和瑛撰　清道光刻本　二冊

510000－2741－0008749　8749

易經辨疑七卷　（清）張問達撰　清康熙十九年(1680)金閶陳君美刻本　八冊

510000－2741－0008750　8750

易經詁要四卷　（清）龍萬育輯　清道光四年(1824)成都龍萬育敷文閣本　三冊

510000－2741－0008751　8751

易經詮義十四卷首一卷　（清）汪烜撰　清同治十二年(1873)曲水書局木活字印本　十二冊　缺二卷(十三至十四)

510000－2741－0008752　8752

易經如話十二卷首一卷　（清）汪烜撰　清同治十二年(1873)曲水書局木活字印本　六冊

510000－2741－0008753　8753

易經十二卷易經五贊一卷筮儀一卷　（宋）朱熹本義　清同治四年(1865)金陵書局刻本　二冊

510000－2741－0008754　8754

易經遵孔八皙類稿十二卷首一卷　（清）何焴撰　清光緒七年(1881)刻本　十二冊

510000－2741－0008755　8755

易理正旨十卷　（清）沈鳴佩撰　清咸豐五年(1855)刻本　七冊

510000－2741－0008756　8756

易林釋文二卷　（清）丁晏撰　清光緒十六年(1890)廣雅書局刻本　一冊

510000－2741－0008757　8757

易筌五卷　（清）趙大烜撰　清稿本　五冊

510000－2741－0008758　8758

易守三十二卷易卦總論一卷　（清）葉佩蓀撰　清嘉慶十五年(1810)慎餘齋本　八冊

510000－2741－0008759　8759

易說六卷　（清）惠士奇撰　清嘉慶十五年(1810)璜川吳氏刻真意堂經說本　二冊

510000－2741－0008760　8760

易說六卷　（清）惠士奇撰　清嘉慶十五年(1810)璜川吳氏刻真意堂經說本　二冊

510000－2741－0008761　8761

易說旁通十卷　（清）吳岳撰　清刻本　十冊

510000－2741－0008762　8762

易說醒四卷首一卷　（明）洪守美撰　清同治十一年(1872)洪氏刻本　六冊

510000－2741－0008763　8763

易堂九子文鈔　（清）彭玉雯輯　清道光十七年(1837)刻民國十四年(1925)重印本　十二冊

510000－2741－0008764　8764

易象意言一卷　（宋）蔡淵撰　清刻武英殿聚珍版叢書本　一冊

510000－2741－0008765　8765

易學啟蒙不分卷　（宋）朱熹撰　清咸豐六年(1856)刻本　一冊

510000－2741－0008766　8766

易學探源二卷易象顯微十卷　（清）鍾瑞廷撰　清光緒刻本　八冊

四川大學圖書館古籍普查登記目録

510000 – 2741 – 0008767　8767

易纂一說曉九卷末一卷　（清）劉中理纂註
清咸豐三年(1853)刻本　六冊

510000 – 2741 – 0008768　8768

弈潛齋集譜不分卷　（清）鄧元鏸集　清光緒
弈潛齋刻本　十冊

510000 – 2741 – 0008769　8769

弈萃一卷　（清）卞文恒著　清嘉慶二十一年
(1816)味書堂刻本　二冊

510000 – 2741 – 0008770　8770

弈理指歸圖三卷　（清）錢長澤繪圖　清光緒
七年(1881)刻本　六冊

510000 – 2741 – 0008771　8771

挹爽軒遺集十四卷首一卷　（清）張瑞撰
（清）莫鳴岐選編　清同治十二年(1873)刻本
十二冊

510000 – 2741 – 0008772　8772

益都金石記四卷　（清）段松苓著録　清光緒
九年(1883)益都知縣李溁刻本　四冊

510000 – 2741 – 0008773　8773

益都金石記四卷　（清）段松苓著録　清光緒
九年(1883)益都知縣李溁刻本　二冊

510000 – 2741 – 0008774　8774

益都先正詩叢鈔八卷補一卷附編一卷　（清）
段松苓纂　清光緒十年(1884)益都知縣李溁
刻本　十冊

510000 – 2741 – 0008775　8775

[光緒]益都縣圖志五十四卷首一卷　（清）張
承燮等修　清光緒三十三年(1907)刻本　十
六冊

510000 – 2741 – 0008776　8776

逸園畫說一卷　（清）黃潤著　清光緒三年
(1877)鄂渚拳石山房刻本　一冊

510000 – 2741 – 0008777　8777

逸園印輯不分卷　（清）葉爲銘輯　清宣統鈐
印本　四冊

510000 – 2741 – 0008778　8778

瘍醫大全四十卷　（清）顧世澄纂輯　清光緒
二十年(1894)刻本　四十冊

510000 – 2741 – 0008779　8779

瘍醫大全四十卷　（清）顧世澄纂輯　清同治
九年(1870)刻本　三十六冊

510000 – 2741 – 0008780　8780

義大利蠶書一卷　（義大利）丹吐魯撰　（英
國）傅蘭雅　（英國）傅紹蘭口譯　（清）汪振
聲筆述　清光緒二十四年(1898)江南製造局
刻本　一冊

510000 – 2741 – 0008781　8781

意林五卷補遺一卷　（唐）馬總撰　清光緒三
年(1877)湖北武昌崇文書局刻本　二冊

510000 – 2741 – 0008782　8782

意苕山館詩稿十六卷　（清）陸嵩著　清光緒
十八年(1892)京師刻本　四冊

510000 – 2741 – 0008783　8783

義大利蠶書一卷　（義大利）丹吐魯著　（英
國）傅蘭雅　（英國）傅紹蘭口譯　（清）汪振
聲筆述　清光緒二十四年(1898)江南製造局
刻本　一冊

510000 – 2741 – 0008784　8784

義門讀書記五十八卷　（清）何焯撰　清乾隆
刻光緒六年(1880)苕溪吳氏修補印本　十
六冊

510000 – 2741 – 0008785　8785

義門讀書記五十八卷　（清）何焯撰　清乾隆
刻光緒六年(1880)苕溪吳氏修補印本　十
四冊

510000 – 2741 – 0008786　8786

義門讀書記五十八卷　（清）何焯撰　清乾隆
刻光緒六年(1880)苕溪吳氏修補印本　九冊

510000 – 2741 – 0008787　8787

義門讀書記五十八卷　（清）何焯撰　（清）蔣
維鈞編　清乾隆三十四年(1769)刻本　十
六冊

510000 – 2741 – 0008788　8788

四川大學圖書館古籍普查登記目録

義門讀書記五十八卷 （清）何焯撰 清乾隆
三十四年（1769）刻本 八冊 存二十二卷
（四書四至六、前漢書一至三、後漢書一至五、
元豐類稿四至五、河東集二至三、歐陽文忠公
文上下、文選一至五）

510000－2741－0008789 8789

義門規範一卷 （元）鄭太和等撰 清宣統二
年（1910）成都文倫書局鉛印本 一冊

510000－2741－0008790 8790

義門規範一卷 （元）鄭太和等撰 清宣統二
年（1910）成都文倫書局鉛印本 一冊

510000－2741－0008791 8791

義門規範一卷 （元）鄭太和等撰 清宣統二
年（1910）成都文倫書局鉛印本 一冊

510000－2741－0008792 8792

義門先生集十二卷附錄一卷義門弟子姓氏錄
一卷何義門先生家書四卷 （清）何焯撰
（清）韓崇等編 清宣統元年（1909）平江吳氏
廣州刻本 六冊

510000－2741－0008793 8793

義停山館集 （清）王景賢撰 清同治十三年
（1874）三山王氏刻本 四冊

510000－2741－0008794 8794

義烏朱氏論學遺札一卷 （清）朱一新撰 清
末刻本 一冊

510000－2741－0008795 8795

瘞鶴銘考一卷 （清）汪士鋐編 清光緒刻本
一冊

510000－2741－0008796 8796

瘞鶴銘考補一卷 （清）翁方綱撰 清光緒三
十四年（1908）刻本 一冊

510000－2741－0008797 8797

憶雲詞甲藁一卷乙藁一卷丙藁一卷丁藁一卷
剩存一卷 （清）項廷紀撰 清光緒十九年
（1893）仁和許氏榆園刻本 一冊

510000－2741－0008798 8798

翼梅八卷 （清）江永著 清光緒七年（1881）

群玉山房校刻本 四冊

510000－2741－0008799 8799

翼駉稗編八卷 （清）湯用中著 （清）徐廷華
評 清末刻本 八冊

510000－2741－0008800 8800

藝風藏書記八卷 （清）繆荃孫撰 清光緒二
十六年（1900）刻本 二冊

510000－2741－0008801 8801

藝風藏書記八卷續記八卷 （清）繆荃孫撰
清光緒二十六年至民國二年（1900－1913）刻
本 六冊

510000－2741－0008802 8802

藝風堂金石文字目十八卷 （清）繆荃孫撰
清光緒三十二年（1906）刻本 六冊

510000－2741－0008803 8803

藝風堂文集七卷外篇一卷 （清）繆荃孫撰
清光緒二十六年至二十七年（1900－1901）刻
本 四冊

510000－2741－0008804 8804

藝槩六卷 （清）劉熙載撰 清光緒二十九年
（1903）成都官書局鉛印本 二冊

510000－2741－0008805 8805

藝槩六卷 （清）劉熙載撰 清刻本 二冊

510000－2741－0008806 8806

藝海珠塵 （清）吳省蘭編 （清）錢熙輔增編
清嘉慶南匯吳氏聽彝堂刻本 六十四冊

510000－2741－0008807 8807

藝海珠塵 （清）吳省蘭編 （清）錢熙輔增編
清嘉慶南匯吳氏聽彝堂刻本 十八冊 存
三十種五十六卷（孔氏談苑五卷，讀書偶見一
卷，學福齋雜著一卷，岳忠武王集一卷附宋史
本傳，丁孝子詩集三卷，圭塘欸乃集一卷，刻
燭集一卷，鄭敷文書說一卷，舜典補亡一卷，
論語筆解二卷，論語絕句一卷，孟子外書四篇
四卷，駁五經異義一卷、補遺一卷，駢字分箋
二卷，武宗外紀一卷，勝朝彤史拾遺記六卷，
蜀檮杌二卷，東南防守利便三卷，炳燭偶鈔一

四川大學圖書館古籍普查登記目錄

卷,讀史論畧一卷,異魚圖贊四卷,龜經一卷,古算器考一卷,半村野人閒談一卷,抱樸簡記一卷,一樱居詩稿二卷,春秋傳說例一卷,饗禮補亡一卷,魯齋述得一卷,唐史論斷三卷)

510000－2741－0008808　8808

藝菊志八卷　(清)陸廷燦撰　清康熙五十七年(1718)刻本　八冊

510000－2741－0008809　8809

藝談錄二卷　(清)張維屏撰　清粵東省城西湖街富文齋刻本　二冊

510000－2741－0008810　8810

藝文類聚一百卷　(唐)歐陽詢撰　(明)王元貞校　清光緒五年(1879)四川華陽宏達堂刻本　四十冊

510000－2741－0008811　8811

藝文通覽一百二十卷檢字一卷　(清)沙木集注　清嘉慶刻本　九冊　缺二十六卷(辰集一至二、午集一至十、申集一至二、酉集一至四、戌集一至四、亥集七至十)

510000－2741－0008812　8812

藝苑捃華　(清)顧之逵輯　清同治七年(1868)刻本　二十冊

510000－2741－0008813　8813

藝苑捃華　(清)顧之逵輯　清同治七年(1868)刻本　十五冊

510000－2741－0008814　8814

藝舟雙楫不分卷　(清)包世臣撰　清光緒八年(1882)蒲圻但氏校刻本　一冊

510000－2741－0008815　8815

繹史一百六十卷世系圖一卷年表一卷　(清)馬驌撰　清光緒三十年(1904)浙江書局刻本　五十冊

510000－2741－0008816　8816

繹史一百六十卷世系圖一卷年表一卷　(清)馬驌撰　清光緒十五年(1889)金匱浦氏刻本　四十八冊

510000－2741－0008817　8817

繹史一百六十卷世系圖一卷年表一卷　(清)馬驌撰　清同治七年(1868)姑蘇亦西齋刻本　四十冊

510000－2741－0008818　8818

繹史一百六十卷世系圖一卷年表一卷　(清)馬驌撰　清同治七年(1868)姑蘇亦西齋刻本　三十冊

510000－2741－0008819　8819

繹志十九卷　(清)胡承諾撰　清同治十一年(1872)浙江書局刻本　八冊

510000－2741－0008820　8820

繹志十九卷　(清)胡承諾撰　清同治十一年(1872)浙江書局刻本　八冊

510000－2741－0008821　8821

因寄軒文初集十卷二集六卷補遺一卷　(清)管同著　附刻小異遺文一卷　(清)管嗣復著　清光緒五年(1879)刻本　四冊

510000－2741－0008822　8822

因寄軒文初集十卷二集六卷補遺一卷　(清)管同著　附刻小異遺文一卷　(清)管嗣復著　清光緒五年(1879)刻本　二冊

510000－2741－0008823　8823

因寄軒文初集十卷二集六卷補遺一卷　(清)管同著　附刻小異遺文一卷　(清)管嗣復著　清光緒五年(1879)刻本　四冊

510000－2741－0008824　8824

因明入正理論疏八卷因明疏總科一卷　(唐)釋窺基撰　清光緒二十二年(1896)金陵刻經處刻本　二冊

510000－2741－0008825　8825

因明入正理論疏八卷因明疏總科一卷　(唐)釋窺基撰　清光緒二十二年(1896)金陵刻經處刻本　二冊

510000－2741－0008826　8826

因樹屋書影十卷　(清)周亮工撰　清雍正三年(1725)因樹屋刻本　四冊　存五卷(一至五)

四川大學圖書館古籍普查登記目錄

510000－2741－0008827　8827

因樹屋書影十卷　（清）周亮工撰　清雍正三年(1725)因樹屋刻本　四冊　存五卷(一至五)

510000－2741－0008828　8828

因樹屋書影十卷　（清）周亮工撰　清雍正三年(1725)因樹屋刻本　四冊　存五卷(一至五)

510000－2741－0008829　8829

音學五書　（清）顧炎武撰　清康熙六年(1667)符山堂刻本　十六冊

510000－2741－0008830　8830

音學五書　（清）顧炎武撰　清初刻本　十冊

510000－2741－0008831　8831

音韻闡微十八卷韻譜一卷　（清）李光地等修　清光緒七年(1881)淮南書局刻本　五冊

510000－2741－0008832　8832

音韻闡微十八卷韻譜一卷　（清）李光地等修　清光緒七年(1881)淮南書局刻本　五冊

510000－2741－0008833　8833

陰符經發隱一卷道德經發隱一卷沖虛經發隱一卷南華經發隱一卷　（清）楊文會註　清光緒金陵刻經處刻本　一冊

510000－2741－0008834　8834

陰證略例不分卷　（元）王好古撰　醫經正本書一卷　（宋）程迥撰　清光緒五年(1879)吳興陸氏十萬卷樓刻本　四冊

510000－2741－0008835　8835

陰隲彙編六卷　（清）莫組紳輯　清光緒五年(1879)長沙莫組紳四川刻本　六冊

510000－2741－0008836　8836

吟香室詩草二卷續刻一卷附刻一卷　（清）楊藴輝撰　清光緒刻民國四年(1915)印本　三冊

510000－2741－0008837　8837

吟香堂曲譜長生殿二卷　（清）馮起鳳輯　清乾隆五十四年(1789)馮氏吟香堂刻本　二冊

510000－2741－0008838　8838

吟香堂曲譜二種四卷　（清）馮起鳳定　清乾隆五十四年(1789)刻本　八冊

510000－2741－0008839　8839

吟雲仙館詩稿一卷　（清）曾詠撰　清光緒十七年(1891)刻本　一冊

510000－2741－0008840　8840

欽定八旗氏族通譜輯要不分卷　（清）阿桂（清）和珅撰　清乾隆五十七年(1792)武英殿刻本　二冊

510000－2741－0008841　8841

欽定春秋傳說彙纂三十八卷首二卷　（清）王掞等撰　清光緒三十年(1904)上海育文書局石印本　三冊

510000－2741－0008842　8842

欽定春秋傳說彙纂三十八卷首二卷　（清）王掞等撰　清光緒十四年(1888)江南書局刻十九年(1893)湖南省城漱芳閣重校刻本　二十一冊

510000－2741－0008843　8843

欽定春秋傳說彙纂三十八卷首二卷　（清）王掞等撰　清刻本　二十四冊

510000－2741－0008844　8844

欽定春秋傳說彙纂三十八卷首二卷　（清）王掞等撰　清道光十八年(1838)刻本　二十三冊

510000－2741－0008845　8845

欽定春秋傳說彙纂三十八卷首二卷　（清）王掞等撰　清道光十八年(1838)刻本　二十四冊

510000－2741－0008846　8846

欽定春秋傳說彙纂三十八卷首二卷　（清）王掞等撰　清道光十八年(1838)刻本　二十一冊　缺三卷(一至三)

510000－2741－0008847　8847

欽定春秋傳說彙纂三十八卷首二卷　（清）王掞等撰　清同治九年(1870)浙江刻本　十

四川大學圖書館古籍普查登記目錄

六冊

510000－2741－0008848　8848

欽定春秋傳說彙纂三十八卷首二卷 （清）王
掞等撰　清同治九年(1870)浙江刻本　二
十冊

510000－2741－0008849　8849

欽定春秋左傳讀本三十卷 （清）英和等編
清同治十一年(1872)山東書局刻本　十六冊

510000－2741－0008850　8850

欽定大清會典八十卷 （清）托津等修　清刻
本　三十九冊　缺二卷(二至三)

510000－2741－0008851　8851

欽定大清會典事例九百二十卷目錄八卷　清
嘉慶六年敕修　清刻本　三百五十九冊　缺
十二卷(二百二十三至二百三十四)

510000－2741－0008852　8852

**欽定大清會典事例一千二百二十卷目錄八卷
首一卷**　（清）李鴻章等修　清宣統元年
(1909)上海商務印書館石印本　一百十一冊
　缺三百八十七卷(七十八至九十一、一百一
至一百七、一百十五至一百五十一、二百五十
六至二百六十二、三百九至五百十七、五百八
十三至六百六、七百六至七百二十二、七百六
十至七百六十八、七百七十九至七百八十七、
八百二十五至八百三十四、八百九十至八百
九十九、九百二十九至九百三十九、九百六十
三至九百八十五)

510000－2741－0008853　8853

**欽定大清會典事例一千二百二十卷目錄八卷
首一卷**　（清）李鴻章等修　清光緒三十四年
(1908)上海商務印書館石印本　一百五十冊

510000－2741－0008854　8854

**欽定大清會典事例一千二百二十卷目錄八卷
首一卷**　（清）李鴻章等修　清宣統元年
(1909)上海商務印書館石印本　一百五十冊

510000－2741－0008855　8855

欽定大清會典圖□□卷　（□）□□輯
清末抄本　四冊　存十四卷(天文七十三至八十
六)

510000－2741－0008856　8856

欽定大清會典圖□□卷　（□）□□輯　清末
抄本　四冊　存十四卷(天文七十三至八十
六)

510000－2741－0008857　8857

欽定大清會典圖一百三十二卷目錄二卷
（清）托津等修　清刻本　四十二冊

510000－2741－0008858　8858

欽定大清會典圖一百三十二卷目錄二卷
（清）托津等修　清刻本　四十冊

510000－2741－0008859　8859

欽定大清會典一百卷首一卷　（清）崑岡等總
裁　（清）吳中欽等纂修　清光緒三十四年
(1908)石印本　十冊

510000－2741－0008860　8860

欽定大清會典一百卷　（清）崑岡等總裁
（清）吳中欽等纂修　清光緒三十四年(1908)
石印本　十冊

510000－2741－0008861　8861

欽定大清會典一百卷首一卷　（清）崑岡等總
裁　（清）吳樹梅等纂修　清宣統元年(1909)
上海商務印書館石印本　十冊

510000－2741－0008862　8862

欽定大清會典一百卷首一卷　（清）崑岡等總
裁　（清）吳樹梅等纂修　清宣統三年(1911)
上海商務印書館石印本　十冊

510000－2741－0008863　8863

欽定大清會典一百卷首一卷　（清）允祹
（清）傅恒等纂　清刻本　二十四冊

510000－2741－0008864　8864

欽定大清會典一百卷首一卷　（清）允祹
（清）傅恒等纂　清刻本　十九冊　缺二卷
(一至二)

510000－2741－0008865　8865

欽定大清會典一百卷首一卷　（清）允祹
（清）傅恒等纂　清刻本　二十四冊

四川大學圖書館古籍普查登記目錄

510000－2741－0008866　8866

東華録三十二卷　（清）蔣良騏纂　清善成堂
刻本　六冊　缺四卷（十五至十八）

510000－2741－0008867　8867

欽定國朝詩別裁集三十二卷　（清）沈德潛纂
評　清刻本　十六冊

510000－2741－0008868　8868

欽定國朝詩別裁集三十二卷　（清）沈德潛纂
評　清刻本　十六冊

510000－2741－0008869　8869

欽定皇輿全覽□□卷　（清）錢名世等撰　清
康熙內府寫樣待刻本　一冊

510000－2741－0008870　8870

欽定剿平捻匪方略三百二十卷　（清）朱學勤
撰　清同治十一年（1872）鉛印本　八十冊

510000－2741－0008871　8871

欽定剿平粵匪方略四百二十卷首一卷　（清）
朱學勤等總纂　清同治十一年（1872）鉛印本
一百八冊　存四百十八卷（一至二百六十
二、二百六十四至二百八十一、二百八十三至
四百二十）

510000－2741－0008872　8872

欽定科場條例六十卷續增科場條例（光緒十
一至十九年）不分卷　（□）□□編　清刻本
四十九冊　缺一卷（一）

510000－2741－0008873　8873

欽定禮記義疏八十二卷首一卷　（清）允祿等
撰　清道光十八年（1838）刻本　五十冊

510000－2741－0008874　8874

欽定禮記義疏八十二卷首一卷　（清）允祿等
撰　清道光十八年（1838）刻本　五十冊

510000－2741－0008875　8875

欽定禮記義疏八十二卷首一卷　（清）允祿等
撰　清道光十八年（1838）刻本　四十八冊
缺三卷（八十至八十二）

510000－2741－0008876　8876

欽定禮記義疏八十二卷首一卷　（清）允祿等

撰　清光緒三十年（1904）上海育文書局石印
本　五冊

510000－2741－0008877　8877

欽定禮記義疏八十二卷首一卷　（清）允祿等
撰　清刻本　十二冊　存二十二卷（十九至
四十）

510000－2741－0008878　8878

欽定禮記義疏八十二卷首一卷　（清）允祿等
撰　清光緒十四年（1888）江南書局刻十九年
（1893）湖南省城漱芳閣重校刻本　三十九冊
缺三十卷（一至二十九、首一卷）

510000－2741－0008879　8879

欽定明鑑二十四卷首一卷　（清）胡敬撰　清
嘉慶二十三年（1818）兩淮鹽署刻本　十二冊

510000－2741－0008880　8880

欽定明鑑二十四卷首一卷　（清）胡敬撰　清
同治九年（1870）湖北崇文書局刻本　十冊

510000－2741－0008881　8881

欽定明鑑二十四卷首一卷　（清）胡敬撰　清
同治九年（1870）湖北崇文書局刻本　十冊

510000－2741－0008882　8882

欽定明鑑二十四卷首一卷　（清）胡敬撰　清
同治九年（1870）湖北崇文書局刻本　十冊

510000－2741－0008883　8883

欽定平苗紀略五十二卷首四卷　（清）鄂輝等
撰　清嘉慶武英殿聚珍版印本　三十二冊

510000－2741－0008884　8884

欽定錢録十六卷　（清）梁詩正等編　清刻本
四冊

510000－2741－0008885　8885

欽定錢録十六卷　（清）梁詩正等編　清光緒
二十年（1894）上海積山書局石印本　二冊

510000－2741－0008886　8886

欽定錢録十六卷　（清）梁詩正等編　清光緒
二十年（1894）上海積山書局石印本　四冊

510000－2741－0008887　8887

欽定錢録十六卷　（清）梁詩正等編　清刻本

四川大學圖書館古籍普查登記目録

八冊

510000－2741－0008888　8888

欽定錢録十六卷　(清)梁詩正等編　清紅杏
山房刻本　四冊

510000－2741－0008889　8889

欽定全唐文一千卷總目三卷　(清)董誥等編
清刻本　三百冊

510000－2741－0008890　8890

欽定全唐文一千卷總目三卷　(清)董誥等編
清光緒二十七年(1901)廣雅書局刻本　二
百四十冊

510000－2741－0008891　8891

欽定全唐文一千卷總目三卷　(清)董誥等編
清刻本　三百二十冊

510000－2741－0008892　8892

欽定三通考證　(□)□□輯　清浙江書局刻
本　六冊

510000－2741－0008893　8893

欽定勝朝殉節諸臣録十二卷首一卷　(清)紀
昀　(清)陸錫熊等撰　清嘉慶二年(1797)刻
本　八冊

510000－2741－0008894　8894

欽定詩經傳說彙纂二十一卷首二卷詩序二卷
　(清)王鴻緒等纂　清光緒三十年(1904)上
海育文書局石印本　二冊

510000－2741－0008895　8895

欽定詩經傳說彙纂二十一卷首二卷詩序二卷
　(清)王鴻緒等纂　清道光十八年(1838)刻
本　十八冊

510000－2741－0008896　8896

欽定詩經傳說彙纂二十一卷首二卷詩序二卷
　(清)王鴻緒等纂　清道光十八年(1838)刻
本　十六冊　缺四卷(六至九)

510000－2741－0008897　8897

欽定詩經傳說彙纂二十一卷首二卷詩序二卷
　(清)王鴻緒等纂　清道光十八年(1838)刻
本　十八冊

510000－2741－0008898　8898

欽定詩經傳說彙纂二十一卷首二卷詩序二卷
　(清)王鴻緒等纂　清道光十八年(1838)刻
本　十三冊　缺六卷(一至二、四至七)

510000－2741－0008899　8899

欽定詩經傳說彙纂二十一卷首二卷詩序二卷
　(清)王鴻緒等纂　清道光十八年(1838)刻
本　七冊　缺十一卷(一至十、十八)

510000－2741－0008900　8900

欽定詩經傳說彙纂二十一卷首二卷詩序二卷
　(清)王鴻緒等纂　清道光十八年(1838)刻
本　二十冊

510000－2741－0008901　8901

欽定授時通考七十八卷　(清)鄂爾泰等纂
清道光六年(1826)成都文三鳳刻本　二十
四冊

510000－2741－0008902　8902

欽定授時通考七十八卷　(清)鄂爾泰等纂
清道光六年(1826)成都文三鳳刻本　二十
四冊

510000－2741－0008903　8903

欽定授時通考七十八卷　(清)鄂爾泰等纂
清道光六年(1826)成都文三鳳刻本　十九冊
　存六十二卷(一至六十二)

510000－2741－0008904　8904

欽定授時通考七十八卷　(清)鄂爾泰等纂
清道光六年(1826)成都文三鳳刻本　十九冊
　缺五卷(一至五)

510000－2741－0008905　8905

欽定書經傳說彙纂二十一卷書序一卷首二卷
　(清)王頊齡等撰　清道光十八年(1838)刻
本　十四冊

510000－2741－0008906　8906

欽定書經傳說彙纂二十一卷書序一卷首二卷
　(清)王頊齡等撰　清道光十八年(1838)刻
本　十四冊

510000－2741－0008907　8907

四川大學圖書館古籍普查登記目録

欽定書經傳說彙纂二十一卷書序一卷首二卷
　（清）王頊齡等撰　清道光十八年(1838)刻
本　十二冊

510000－2741－0008908　8908
欽定書經傳說彙纂二十一卷書序一卷首二卷
　（清）王頊齡等撰　清光緒三十年(1904)上
海育文書局石印本　二冊

510000－2741－0008909　8909
欽定書經傳說彙纂二十一卷書序一卷首二卷
　（清）王頊齡等撰　清光緒十四年(1888)江
南書局刻十九年(1893)湖南省城漱芳閣重校
刻本　十六冊

510000－2741－0008910　8910
欽定書經傳說彙纂二十一卷書序一卷首二卷
　（清）王頊齡等撰　清道光十八年(1838)刻
本　十四冊

510000－2741－0008911　8911
欽定書經傳說彙纂二十一卷書序一卷首二卷
　（清）王頊齡等撰　清刻本　一冊　存一卷
（十）

510000－2741－0008912　8912
欽定書經傳說彙纂二十一卷書序一卷首二卷
　（清）王頊齡等撰　清刻本　八冊　存十四
卷（五至十四、十七至二十）

510000－2741－0008913　8913
欽定書經傳說彙纂二十一卷書序一卷首二卷
　（清）王頊齡等撰　清刻本　七冊　存十三
卷（九至二十一）

510000－2741－0008914　8914
欽定書經圖說五十卷　（清）孫家鼐等修　清
光緒三十一年(1905)石印本　十六冊

510000－2741－0008915　8915
欽定書經圖說五十卷　（清）孫家鼐等修　清
光緒三十一年(1905)石印本　十六冊

510000－2741－0008916　8916
欽定書經圖說五十卷　（清）孫家鼐等修　清
光緒三十一年(1905)石印本　十二冊

510000－2741－0008917　8917
欽定書經圖說五十卷　（清）孫家鼐等修　清
光緒三十一年(1905)京師大學堂編書局石印
本　十六冊

510000－2741－0008918　8918
欽定書經圖說五十卷　（清）孫家鼐等修　清
光緒三十一年(1905)石印本　十六冊

510000－2741－0008919　8919
欽定四庫全書附存目錄十卷　（清）紀昀等編
　清光緒十年(1884)廣東學海堂刻本　十冊

510000－2741－0008920　8920
欽定四庫全書附存目錄十卷　（清）紀昀等編
　清光緒十年(1884)廣東學海堂刻本　六冊

510000－2741－0008921　8921
欽定四庫全書簡明目錄二十卷　（清）紀昀撰
　清刻本　十二冊

510000－2741－0008922　8922
欽定四庫全書簡明目錄二十卷　（清）紀昀撰
　清光緒二年(1876)刻本　十一冊　缺二卷
（十九至二十）

510000－2741－0008923　8923
欽定四庫全書簡明目錄二十卷　（清）紀昀撰
　清光緒二年(1876)刻本　十二冊

510000－2741－0008924　8924
欽定四庫全書簡明目錄二十卷　（清）紀昀撰
　清同治廣州經韻樓刻本　十冊

510000－2741－0008925　8925
欽定四庫全書簡明目錄二十卷　（清）紀昀撰
　清光緒二年(1876)刻本　十二冊

510000－2741－0008926　8926
欽定四庫全書簡明目錄二十卷　（清）紀昀撰
　清同治七年(1868)廣東書局刻本　十六冊

510000－2741－0008927　8927
欽定四庫全書簡明目錄二十卷　（清）紀昀撰
　清同治七年(1868)廣東書局刻本　十六冊

510000－2741－0008928　8928
欽定四庫全書簡明目錄二十卷　（清）紀昀撰

四川大學圖書館古籍普查登記目錄

清同治七年(1868)廣東書局刻本 二十冊

510000－2741－0008929 8929

欽定四庫全書考證一百卷 （清）王太岳等纂
清刻本 八十九冊 缺十一卷(十六至十
七、二十九、三十三、六十一、六十三、七十四
至七十六、九十九至一百)

510000－2741－0008930 8930

欽定四庫全書總目二百卷首一卷 （清）紀昀
等編 清同治七年(1868)廣東書局刻本 九
十六冊 缺七卷(四十五至四十八、一百三至
一百五)

510000－2741－0008931 8931

欽定四庫全書總目二百卷首一卷 （清）紀昀
等編 清同治七年(1868)廣東書局刻本 一
百六冊 缺十九卷(三十七至四十九、一百六
至一百九、一百六十至一百六十一)

510000－2741－0008932 8932

欽定四庫全書總目二百卷首一卷 （清）紀昀
等編 清同治七年(1868)廣東書局刻本 一
百冊

510000－2741－0008933 8933

欽定四庫全書總目二百卷首一卷 （清）紀昀
等編 清同治七年(1868)廣東書局刻本 一
百三十冊

510000－2741－0008934 8934

欽定四庫全書總目二百卷首一卷 （清）紀昀
等編 清同治七年(1868)廣東書局刻本 一
百二十冊

510000－2741－0008935 8935

欽定四庫全書總目二百卷首一卷 （清）紀昀
等編 清同治七年(1868)廣東書局刻本 一
百十二冊

510000－2741－0008936 8936

欽定四庫全書總目二百卷首一卷 （清）紀昀
等編 清同治七年(1868)廣東書局刻本 一
百八冊 缺八卷(一百三十九至一百四十五、
一百四十八)

510000－2741－0008937 8937

欽定四庫全書總目二百卷首一卷 （清）紀昀
等編 清同治七年(1868)廣東書局刻本 一
百四冊 缺二十九卷(一百十七至一百四十
五)

510000－2741－0008938 8938

欽定四庫全書總目二百卷首一卷 （清）紀昀
等編 清乾隆浙江刻本 一百十一冊 缺二
卷(一百八十八至一百八十九)

510000－2741－0008939 8939

欽定四庫全書總目二百卷首一卷 （清）紀昀
等編 清同治七年(1868)廣東書局刻本 一
百九冊 缺一卷(一百七十五)

510000－2741－0008940 8940

欽定四書文四十一卷 （清）方苞輯 清刻本
二十四冊

510000－2741－0008941 8941

欽定四言韻文不分卷 （清）趙大煊釋 清稿
本 一冊

510000－2741－0008942 8942

欽定臺規四十卷首一卷 （清）松筠 （清）姚
文田等撰 清刻本 十六冊

510000－2741－0008943 8943

欽定天祿琳琅書目十卷後編二十卷 （清）彭
元瑞等編 清光緒十年(1884)長沙王氏刻本
十冊

510000－2741－0008944 8944

欽定天祿琳琅書目十卷後編二十卷 （清）彭
元瑞等編 清光緒十年(1884)長沙王氏刻本
十冊

510000－2741－0008945 8945

欽定武場條例十六卷 （清）景清 （清）陳昌
言等撰 清光緒刻本 六冊 存十二卷(一
至十二)

510000－2741－0008946 8946

欽定西清古鑑四十卷附錢錄十六卷 （清）梁
詩正等編纂 清光緒三十四年(1908)集成圖

書公司石印本　二十四冊

510000－2741－0008947　8947

欽定熙朝雅頌集一百六卷餘集二卷　（清）鐵
保纂輯　清嘉慶九年(1804)浙江刻本　二十
四冊

510000－2741－0008948　8948

欽定協紀辨方書三十六卷　（清）允祿總理
（清）李廷耀纂修　清光緒二十五年(1899)上
海書局石印本　八冊

510000－2741－0008949　8949

欽定續通志六百四十卷　（清）嵇璜　（清）曹
仁虎纂修　清光緒二十七年(1901)上海圖書
集成局鉛印本　六十冊

510000－2741－0008950　8950

欽定續文獻通考二百五十卷　（清）嵇璜
（清）曹仁虎纂修　清光緒二十七年(1901)上
海圖書集成局鉛印本　二十六冊

510000－2741－0008951　8951

欽定學政全書八十六卷首一卷　（清）童璜等
纂　清刻本　二十四冊

510000－2741－0008952　8952

欽定學政全書八十六卷首一卷　（清）童璜等
纂　清刻本　二十冊

510000－2741－0008953　8953

欽定學政全書八十六卷首一卷　（清）童璜等
纂　清刻本　二十四冊

510000－2741－0008954　8954

欽定儀禮義疏四十八卷首二卷　（清）允祿等
撰　清道光十八年(1838)刻本　三十二冊

510000－2741－0008955　8955

欽定儀禮義疏四十八卷首二卷　（清）允祿等
撰　清道光十八年(1838)刻本　三十六冊

510000－2741－0008956　8956

欽定儀禮義疏四十八卷首二卷　（清）允祿等
撰　清光緒三十年(1904)上海育文書局石印
本　二冊

510000－2741－0008957　8957

欽定儀禮義疏四十八卷首二卷　（清）允祿等
撰　清刻本　三十二冊

510000－2741－0008958　8958

欽定儀禮義疏四十八卷首二卷　（清）允祿等
撰　清光緒十四年(1888)江南書局刻十九年
(1893)湖南省城漱芳閣重校刻本　三十一冊

510000－2741－0008959　8959

欽定儀象考成三十卷首二卷　（清）戴進賢等
撰　清乾隆內府刻本　十二冊

510000－2741－0008960　8960

欽定元史語解二十四卷　（清）高宗弘曆敕撰
　清光緒四年(1878)江蘇書局刻本　六冊

510000－2741－0008961　8961

欽定重修兩浙鹽法志三十卷首二卷　（清）馮
培　（清）潘庭筠總纂　清同治十三年(1874)
刻本　二十四冊

510000－2741－0008962　8962

欽定周官義疏四十八卷首一卷　（清）允祿等
撰　清道光十八年(1838)刻本　三十冊

510000－2741－0008963　8963

欽定周官義疏四十八卷首一卷　（清）允祿等
撰　清道光十八年(1838)刻本　二十四冊

510000－2741－0008964　8964

欽定周官義疏四十八卷首一卷　（清）允祿等
撰　清道光十八年(1838)刻本　二十九冊
缺二卷(二十五至二十六)

510000－2741－0008965　8965

欽定周官義疏四十八卷首一卷　（清）允祿等
撰　清光緒三十年(1904)上海育文書局石印
本　四冊

510000－2741－0008966　8966

欽定周官義疏四十八卷首一卷　（清）允祿等
撰　清光緒十四年(1888)江南書局刻十九年
(1893)湖南省城漱芳閣重校刻本　二十九冊

510000－2741－0008967　8967

欽定周官義疏四十八卷首一卷　（清）允祿等
撰　清同治七年(1868)浙江刻本　二十四冊

四川大學圖書館古籍普查登記目錄

510000－2741－0008968　8968

欽定篆文六經四書　（清）李光地　（清）王掞
輯　清光緒九年（1883）上海同文書局石印本
十册

510000－2741－0008969　8969

欽定篆文六經四書　（清）李光地　（清）王掞
輯　清光緒九年（1883）上海同文書局石印本
二册　存二種二卷（周易一卷、毛詩一卷）

510000－2741－0008970　8970

銀海精微四卷　（唐）孫思邈輯　清刻本
二册

510000－2741－0008971　8971

銀礦指南一卷　（美國）亞倫著　（英國）傅蘭
雅口譯　（清）應祖錫筆述　清光緒十七年
（1891）江南製造總局刻本　一册

510000－2741－0008972　8972

尹文端公詩集十卷　（清）尹繼善撰　清刻本
六册

510000－2741－0008973　8973

飲冰室文集十六卷補遺二卷　（清）梁啟超撰
清光緒二十八年（1902）廣智書局鉛印本
十八册

510000－2741－0008974　8974

飲杜詩集二卷　（清）張問彤著　清道光刻本
一册

510000－2741－0008975　8975

飲水詞鈔二卷　（清）納蘭性德著　（清）袁通
選錄　**三家詞選一卷**　（清）袁通選定　清道
光袁氏刻本　一册

510000－2741－0008976　8976

隱居通議三十一卷　（元）劉壎撰　（清）劉冠
寰輯　清嘉慶六年（1801）刻本　十四册

510000－2741－0008977　8977

隱秀軒集三十三卷　（明）鍾惺撰　明天啓二
年（1622）沈春澤刻本　六册

510000－2741－0008978　8978

印度札記二卷　（清）黃楙材撰　清光緒得一

齋刻本　一册

510000－2741－0008979　8979

英俄印度交涉書一卷續編一卷　（英國）馬文
撰　（英國）羅亨利　（清）瞿昂來譯　清同
治、光緒間江南製造總局刻本　一册

510000－2741－0008980　8980

英俄印度交涉書一卷續編一卷　（英國）馬文
撰　（英國）羅亨利　（清）瞿昂來譯　清同
治、光緒間江南製造總局刻本　一册

510000－2741－0008981　8981

英藩政概四卷　（清）劉啓彤譯編　清光緒刻
本　一册

510000－2741－0008982　8982

英國定準軍藥書四卷附編二卷附表　（英國）
陸軍水師部編纂　（清）舒高第譯　（清）汪振
聲述　清末江南製造總局刻本　二册

510000－2741－0008983　8983

英國水師考不分卷　（英國）巴那比　（美國）
克理撰　（英國）傅蘭雅　（清）鍾天緯譯　清
末江南製造總局鉛印本　二册

510000－2741－0008984　8984

英國水師考不分卷　（英國）巴那比　（美國）
克理撰　（英國）傅蘭雅　（清）鍾天緯譯　清
末江南製造總局鉛印本　二册

510000－2741－0008985　8985

英國水師律例四卷　（英國）德麟　（英國）極
福德纂　（清）舒高第　（清）鄭昌棪譯　清光
緒三年（1877）上海江南製造總局鉛印本
二册

510000－2741－0008986　8986

英國續議通商行船條約不分卷　（清）呂海寰
（清）盛宣懷　（英國）馬凱修訂　清光緒二
十九年（1903）成都官書局鉛印本　一册

510000－2741－0008987　8987

英興記二卷首一卷末一卷　（英國）鄧理槎著
（美國）林樂知　（清）任廷旭譯　清光緒二
十四年（1898）上海圖書集成局鉛印本　二册

四川大學圖書館古籍普查登記目錄

510000－2741－0008988　8988

英軺日記十二卷　（清）載振撰　清光緒瀘州開智書局鉛印本　四冊

510000－2741－0008989　8989

楹聯叢話十二卷　（清）梁章鉅輯　清道光二十年(1840)梁章鉅桂林署齋刻本　三冊

510000－2741－0008990　8990

楹書隅錄五卷續編四卷　（清）楊紹和編　清光緒二十年(1894)刻民國元年(1912)武進董康補刻本　八冊

510000－2741－0008991　8991

楹書隅錄五卷續編四卷　（清）楊紹和編　清光緒二十年(1894)刻民國元年(1912)武進董康補刻本　八冊

510000－2741－0008992　8992

營城揭要二卷　（英國）儲意比撰　（英國）傅蘭雅口譯　（清）徐壽筆述　清末江南製造總局刻本　二冊

510000－2741－0008993　8993

營城揭要二卷　（英國）儲意比撰　（英國）傅蘭雅口譯　（清）徐壽筆述　清末江南製造總局刻本　二冊

510000－2741－0008994　8994

營工要覽四卷　（英國）傅蘭雅　（清）汪振聲譯　清末江南製造總局鉛印本　二冊

510000－2741－0008995　8995

營工要覽四卷　（英國）傅蘭雅　（清）汪振聲譯　清末江南製造總局鉛印本　二冊

510000－2741－0008996　8996

營壘圖說一卷圖一卷　（比利時）伯里牙芒著　（美國）金楷理口譯　（清）李鳳苞筆述　清末江南製造總局刻本　一冊

510000－2741－0008997　8997

營壘圖說一卷圖一卷　（比利時）伯里牙芒著　（美國）金楷理口譯　（清）李鳳苞筆述　清末江南製造總局刻本　一冊

510000－2741－0008998　8998

510000－2741－0008999　8999

瀛寰譯音異名記十二卷　（清）杜宗預編　清光緒三十年(1904)鄂城刻本　六冊

510000－2741－0008999　8999

瀛寰譯音異名記十二卷　（清）杜宗預編　清光緒三十年(1904)鄂城刻本　六冊

510000－2741－0009000　9000

瀛環志畧十卷　（清）徐繼畬輯著　清光緒二十一年(1895)上海寶文局石印本　四冊

510000－2741－0009001　9001

瀛環志畧十卷　（清）徐繼畬輯著　清同治十二年(1873)揆雲樓刻本　五冊

510000－2741－0009002　9002

瀛奎律髓刊誤四十九卷　（元）方回原選　（清）紀昀批點　清光緒六年(1880)懺華盦刻本　十冊

510000－2741－0009003　9003

瀛奎律髓刊誤四十九卷　（元）方回原選　（清）紀昀批點　清光緒六年(1880)懺華盦刻本　十冊

510000－2741－0009004　9004

瀛奎律髓刊誤四十九卷　（元）方回原選　（清）紀昀批點　清嘉慶五年(1800)侯官李氏刻本　十二冊

510000－2741－0009005　9005

瀛奎律髓四十九卷　（元）方回輯　清康熙五十一年(1712)吳寶芝黃葉邨莊刻本　十二冊

510000－2741－0009006　9006

瀛奎律髓四十九卷　（元）方回輯　清康熙五十一年(1712)吳寶芝黃葉邨莊刻本　十二冊

510000－2741－0009007　9007

潁濱先生詩集傳十九卷　（宋）蘇轍撰　明萬曆三十九年(1611)顧氏刻兩蘇經解本　四冊

510000－2741－0009008　9008

映旭齋增訂北宋三遂平妖全傳十八卷　（明）羅貫中撰　清刻本　八冊

510000－2741－0009009　9009

映旭齋增訂北宋三遂平妖全傳十八卷　（明）

四川大學圖書館古籍普查登記目錄

羅貫中撰　清刻本　六冊

510000－2741－0009010　9010

庸庵文編四卷續編二卷外編二卷海外文編四卷　（清）薛福成撰　清光緒二十四年(1898)四川志強學會刻本　十二冊

510000－2741－0009011　9011

庸盦全集六種　（清）薛福成撰　清光緒二十三年(1897)上海醉六堂石印本　十二冊

510000－2741－0009012　9012

庸盦全集十種　（清）薛福成撰　清光緒無錫薛氏刻本　四十四冊

510000－2741－0009013　9013

庸盦尚書奏議十六卷　（清）陳夔龍撰　清宣統三年(1911)鉛印本　八冊

510000－2741－0009014　9014

庸行編八卷　（清）牟允中撰　清康熙三十年(1691)刻本　八冊

510000－2741－0009015　9015

庸吏庸言不分卷　（清）劉衡輯　清咸豐五年(1855)劉良駟臨潼縣署刻本　二冊

510000－2741－0009016　9016

庸書內篇二卷外篇二卷　（清）陳熾撰　清光緒二十四年(1898)成都志古堂刻本　四冊

510000－2741－0009017　9017

庸閒齋筆記八卷　（清）陳其元撰　清末鉛印本　四冊

510000－2741－0009018　9018

庸閒齋筆記十二卷自敘一卷　（清）陳其元撰　清光緒十五年(1889)檢古齋石印本　五冊

510000－2741－0009019　9019

永川公牘十卷　（清）吳光耀撰　清光緒、宣統間刻本　八冊

510000－2741－0009020　9020

永川公牘十卷　（清）吳光耀撰　清光緒、宣統間刻本　十冊

510000－2741－0009021　9021

永定三費章程一卷　（清）□□撰　清光緒元年(1875)江油縣刻本　一冊

510000－2741－0009022　9022

永嘉叢書　（清）孫衣言輯　清同治、光緒間瑞安孫氏詒善祠塾刻本　三十八冊

510000－2741－0009023　9023

永甯縣鄉土志不分卷　（清）□□撰　清末抄本　一冊

510000－2741－0009024　9024

詠古名臣詩注八卷　（清）潘泰行著　（清）楊爲翰注　清同治十一年(1872)刻本　四冊

510000－2741－0009025　9025

詠古詩鈔十八卷目錄四卷　（清）邵璧輯　清嘉慶邵璧自刻本　十二冊

510000－2741－0009026　9026

猶太史　（日）北村三郎編著　（清）趙必振譯　清光緒二十九年(1903)鉛印本　一冊

510000－2741－0009027　9027

遊宦紀聞十卷　（宋）張世南撰　清乾隆至道光長塘鮑氏刻知不足齋叢書本　一冊

510000－2741－0009028　9028

遊記十冊　（明）徐宏祖著　**遊記補編一卷**（清）葉廷甲輯　清光緒七年(1881)瘦影山房木活字印本　十冊

510000－2741－0009029　9029

遊歷芻言一卷　（清）黃楙材撰　清光緒得一齋刻本　一冊

510000－2741－0009030　9030

游歷古巴圖經二卷　（清）傅雲龍述　清光緒鉛印本　一冊

510000－2741－0009031　9031

游記彙刊八種　（清）曾紀澤輯　清光緒二十三年(1897)湖南新學書局刻本　十六冊

510000－2741－0009032　9032

游歷巴西圖經十卷　（清）傅雲龍述　清光緒二十七年(1901)石印本　二冊

四川大學圖書館古籍普查登記目錄

510000－2741－0009033　9033

游歷加納大圖經八卷 （清）傅雲龍述　清光緒二十八年(1902)石印本　二冊

510000－2741－0009034　9034

游歷美利加圖經三十二卷 （清）傅雲龍述　清光緒十五年(1889)鉛印本　十一冊

510000－2741－0009035　9035

游歷秘魯圖經四卷 （清）傅雲龍述　清光緒二十七年(1901)石印本　二冊

510000－2741－0009036　9036

輶軒語不分卷 （清）張之洞撰　清光緒刻本　一冊

510000－2741－0009037　9037

輶軒語不分卷 （清）張之洞撰　清光緒刻本　一冊

510000－2741－0009038　9038

輶軒使者絕代語釋別國方言箋疏十三卷 （清）錢繹撰集　清刻本　二冊　存七卷(七至十三)

510000－2741－0009039　9039

輶軒使者絕代語釋別國方言箋疏十三卷 （清）錢繹撰集　清光緒十六年(1890)紅蝠山房刻本　六冊

510000－2741－0009040　9040

輶軒使者絕代語釋別國方言箋疏十三卷 （清）錢繹撰集　清光緒十六年(1890)紅蝠山房校刻本　六冊

510000－2741－0009041　9041

輶軒使者絕代語釋別國方言十三卷 （漢）揚雄撰　清光緒福山王氏天壤閣刻本　二冊

510000－2741－0009042　9042

輶軒使者絕代語釋別國方言十三卷 （漢）揚雄撰　清光緒福山王氏天壤閣刻本　二冊

510000－2741－0009043　9043

輶軒使者絕代語釋別國方言十三卷 （漢）揚雄撰　（晉）郭璞注　**續方言二卷** （清）杭世駿纂輯　**續方言補一卷** （清）程際盛補纂

清光緒十七年(1891)思賢講舍刻本　三冊

510000－2741－0009044　9044

輶軒使者絕代語釋別國方言十三卷 （漢）揚雄撰　（清）戴震疏證　**續方言二卷** （清）杭世駿搜輯　清光緒華陽傅氏刻本　二冊

510000－2741－0009045　9045

輶軒使者絕代語釋別國方言十三卷 （漢）揚雄撰　（清）戴震疏證　清光緒華陽傅氏刻本　三冊

510000－2741－0009046　9046

輶軒使者絕代語釋別國方言十三卷 （漢）揚雄撰　（清）戴震疏證　**續方言二卷** （清）杭世駿搜輯　清光緒華陽傅氏刻本　一冊　存十卷(一至十)

510000－2741－0009047　9047

輶軒使者絕代語釋別國方言十三卷 （清）戴震疏證　清光緒八年(1882)汗青簃刻本　四冊

510000－2741－0009048　9048

輶軒使者絕代語釋別國方言十三卷 （漢）揚雄撰　（清）戴震疏證　**續方言二卷** （清）杭世駿搜輯　清光緒華陽傅氏刻本　二冊

510000－2741－0009049　9049

輶軒使者絕代語釋別國方言十三卷 （漢）揚雄撰　（晉）郭璞注　**續方言二卷** （清）杭世駿纂輯　**續方言補一卷** （清）程際盛補纂　清光緒十七年(1891)湖南思賢講舍本　二冊

510000－2741－0009050　9050

輶軒使者絕代語釋別國方言十三卷 （漢）揚雄撰　（清）戴震疏證　**續方言二卷** （清）杭世駿搜集　清光緒華陽傅氏刻本　二冊

510000－2741－0009051　9051

輶軒語不分卷 （清）張之洞撰　清光緒刻本　一冊

510000－2741－0009052　9052

輶軒語不分卷 （清）張之洞撰　清光緒刻本　一冊

四川大學圖書館古籍普查登記目録

510000 – 2741 – 0009053　9053

輶軒語不分卷　（清）張之洞撰　清光緒刻本
　一冊

510000 – 2741 – 0009054　9054

輶軒語不分卷　（清）張之洞撰　清光緒刻本
　一冊

510000 – 2741 – 0009055　9055

輶軒語不分卷四川省城尊經書院記一卷
（清）張之洞撰　清光緒刻本　一冊

510000 – 2741 – 0009056　9056

友于興感錄不分卷　（清）李德潛著　清末鉛
印本　一冊

510000 – 2741 – 0009057　9057

友竹山房會課詩選不分卷　（清）張繼等著
清光緒十年(1884)刻本　一冊

510000 – 2741 – 0009058　9058

有恆心齋集　（清）程鴻詔撰　清同治刻本
十二冊

510000 – 2741 – 0009059　9059

有懷堂文藁二十二卷詩稿六卷　（清）韓菼撰
　清康熙四十二年(1703)刻本　六冊

510000 – 2741 – 0009060　9060

有懷堂文稿二十二卷詩稿六卷　（清）韓菼撰
　清康熙四十二年(1703)刻本　六冊

510000 – 2741 – 0009061　9061

有所思軒詩集一卷　（清）魏用之著　清光緒
二十四年(1898)桂香書屋刻本　一冊

510000 – 2741 – 0009062　9062

有所思軒詩集一卷　（清）魏用之著　清光緒
二十四年(1898)桂香書屋刻本　一冊

510000 – 2741 – 0009063　9063

有所思軒詩集一卷　（清）魏用之著　清光緒
二十四年(1898)桂香書屋刻本　一冊

510000 – 2741 – 0009064　9064

有所思軒詩集一卷　（清）魏用之著　清光緒
二十四年(1898)桂香書屋刻本　一冊

510000 – 2741 – 0009065　9065

有正味齋駢體文二十四卷　（清）吳錫麒著
（清）王廣業箋　清咸豐九年(1859)青箱塾刻
本　八冊

510000 – 2741 – 0009066　9066

有正味齋駢文十六卷　（清）吳錫麒著　（清）
葉聯芬箋注　清同治七年(1868)刻本　六冊

510000 – 2741 – 0009067　9067

有正味齋駢文十六卷　（清）吳錫麒著　（清）
葉聯芬箋注　清同治七年(1868)刻本　六冊

510000 – 2741 – 0009068　9068

有正味齋駢文十六卷　（清）吳錫麒著　（清）
葉聯芬箋註　清同治七年(1868)刻本　八冊

510000 – 2741 – 0009069　9069

有正味齋詩集十六卷外集五卷詞集八卷駢體
文二十四卷　（清）吳錫麒撰　清刻本　十三
冊　缺三卷(有正味齋詩集十一至十三)

510000 – 2741 – 0009070　9070

有正味齋詩集十六卷外集五卷駢體文二十四
卷　（清）吳錫麒撰　清刻本　八冊　缺十七
卷(詩集九至十六、駢體文十六至二十四)

510000 – 2741 – 0009071　9071

有正味齋詩十二卷駢體文二十四卷詞七卷曲
一卷律賦一卷試帖四卷駢體文刪餘十二卷
（清）吳錫麒撰　清咸豐五年(1855)吳氏刻同
治九年(1870)錢塘吳安業、吳官業補刻本
十二冊

510000 – 2741 – 0009072　9072

有竹石軒經句說二十二卷　（清）吳英學　清
嘉慶刻本　七冊　存十四卷(一至十四)

510000 – 2741 – 0009073　9073

有竹石軒經句說二十二卷　（清）吳英學　清
嘉慶刻本　二十冊

510000 – 2741 – 0009074　9074

酉陽雜俎二十卷續集十卷　（唐）段成式撰
清光緒三年(1877)湖北崇文書局刻本　六冊

510000 – 2741 – 0009075　9075

四川大學圖書館古籍普查登記目錄

西陽雜俎二十卷續集十卷 （唐）段成式撰
清光緒元年(1875)湖北崇文書局刻本　三冊

510000－2741－0009076　9076

又其次齋詩集七卷 （清）吳世涵撰　清刻本
一冊　存二卷(二至三)

510000－2741－0009077　9077

右台仙館筆記十六卷 （清）俞樾著　清刻本
六冊

510000－2741－0009078　9078

幼科鐵鏡六卷 （清）夏鼎撰　清光緒二十一
年(1895)貴池劉氏唐石簃刻本　二冊

510000－2741－0009079　9079

幼科鐵鏡六卷 （清）夏鼎撰　清宣統元年
(1909)土山灣慈母堂鉛印本　一冊

510000－2741－0009080　9080

幼科銕鏡六卷 （清）夏鼎撰　清刻本　二冊

510000－2741－0009081　9081

幼童衛生編 （英國）傅蘭雅譯　清光緒二十
年(1894)上海格致書室鉛印本　一冊

510000－2741－0009082　9082

幼幼集成六卷 （清）陳復正輯　清光緒三十
四年(1908)漢文堂刻本　六冊

510000－2741－0009083　9083

於越先賢像傳贊二卷高士傳三卷 （清）王齡
撰　清咸豐七年(1857)刻光緒三年(1877)修
補印本　八冊

510000－2741－0009084　9084

于湖小集六卷金陵襍事詩一卷漚簃擬墨一卷
（清）袁昶著　清光緒刻本　三冊

510000－2741－0009085　9085

余註傷寒論翼四卷 （清）柯琴著　（清）能靜
居士評閱　清光緒十九年(1893)刻本　四冊

510000－2741－0009086　9086

余註傷寒論翼四卷 （清）柯琴著　（清）能靜
居士評閱　清光緒十九年(1893)刻本　二冊

510000－2741－0009087　9087

俞天池先生痧痘集解六卷 （清）俞茂鯤集解
清光緒二年(1876)刻本　四冊

510000－2741－0009088　9088

俞俞齋文稿初集四卷 （清）史念祖撰　清光
緒三十二年(1906)廣陵校刻本　四冊

510000－2741－0009089　9089

俞俞齋文稿初集四卷俞俞齋詩稿初集二卷
（清）史念祖撰　清光緒十八年(1892)滇南刻
本　六冊

510000－2741－0009090　9090

榆塞紀行錄四卷 （清）李嘉績撰　清光緒十
二年(1886)李氏代耕堂刻本　一冊

510000－2741－0009091　9091

榆園叢刻十五種附一種 （清）許增編　清同
治、光緒間刻本　十五冊

510000－2741－0009092　9092

虞初新志二十卷 （清）張潮輯　虞初續志十
二卷 （清）鄭澍編　清咸豐元年(1851)刻本
十二冊

510000－2741－0009093　9093

虞氏易變表二卷 （清）江承之撰　清道光十
二年(1832)閩中王懷佩刻本　一冊

510000－2741－0009094　9094

虞文靖公道園全集[文]四十四卷虞文靖公道
園全集[詩]八卷遺稿詩八卷 （元）虞集撰
清光緒元年(1875)陵陽書局刻本　十六冊

510000－2741－0009095　9095

虞文靖公道園全集[文]四十四卷虞文靖公道
園全集[詩]八卷遺稿詩八卷 （元）虞集撰
清光緒元年(1875)陵陽書局刻本　十六冊

510000－2741－0009096　9096

虞文靖公道園全集[文]四十四卷虞文靖公道
園全集[詩]八卷遺稿詩八卷 （元）虞集撰
清光緒元年(1875)陵陽書局刻本　十五冊

510000－2741－0009097　9097

虞文靖公道園全集[文]四十四卷虞文靖公道
園全集[詩]八卷遺稿詩八卷 （元）虞集撰

四川大學圖書館古籍普查登記目錄

清道光十七年(1837)岷陽孫氏刻本　十六冊

510000－2741－0009098　9098

虞文靖公道園全集[文]四十四卷虞文靖公道園全集[詩]八卷遺稿詩八卷　（元）虞集撰
清道光十七年(1837)岷陽孫氏古棠書屋刻民國元年(1912)存古書局修補印本　十六冊

510000－2741－0009099　9099

虞文靖公道園全集[文]四十四卷虞文靖公道園全集[詩]八卷遺稿詩八卷　（元）虞集撰
清道光十七年(1837)岷陽孫氏古棠書屋刻民國元年(1912)存古書局修補印本　十六冊

510000－2741－0009100　9100

虞文靖公道園全集[文]四十四卷虞文靖公道園全集[詩]八卷遺稿詩八卷　（元）虞集撰
清道光十七年(1837)岷陽孫氏古棠書屋刻民國元年(1912)存古書局修補印本　十冊　存四十二卷(文一至二十三、三十五至四十四,詩一至三、七至八,遺稿詩一至四)

510000－2741－0009101　9101

虞夏贖金釋文一卷　（清）劉師陸述　清同治十二年(1873)鮑氏觀古閣刻本　一冊

510000－2741－0009102　9102

愚千堂文集三卷　（清）簡伯璋撰　清末抄本(部分為稿本)　三冊

510000－2741－0009103　9103

愚一録十二卷　（清）鄭獻甫撰　清光緒二年(1876)黔南薇署刻本　六冊

510000－2741－0009104　9104

漁山詩草二卷　（清）邊汝元撰　清乾隆四十年(1775)刻本　二冊

510000－2741－0009105　9105

漁洋感舊集小傳四卷附補遺　（清）盧見曾輯
清宣統二年(1910)上海國學扶輪社鉛印本　二冊

510000－2741－0009106　9106

漁洋山人古詩選三十二卷　（清）王士禛選
清同治七年(1868)湘鄉曾氏刻本　八冊

510000－2741－0009107　9107

漁洋山人古詩選三十二卷惜抱軒今體詩選十八卷　（清）王士禛　（清）姚鼐選　清同治五年(1866)金陵書局刻本　十二冊

510000－2741－0009108　9108

漁洋山人精華録箋注十二卷補一卷年譜一卷　（清）金榮箋注　（清）徐淮纂輯　清刻本　六冊

510000－2741－0009109　9109

漁洋山人精華録箋注十二卷補一卷年譜一卷　（清）金榮箋注　（清）徐淮纂輯　清乾隆鳳翽堂刻本　十冊

510000－2741－0009110　9110

漁洋山人精華録箋注十二卷補一卷年譜一卷　（清）金榮箋注　（清）徐淮纂輯　清刻本　八冊

510000－2741－0009111　9111

漁洋山人精華録十卷　（清）王士禛撰　（清）林佶編　清康熙三十九年(1700)林佶寫刻本　四冊

510000－2741－0009112　9112

漁洋山人精華録訓纂十卷目録二卷漁洋山人精華録訓纂補十卷　（清）王士禛撰　（清）惠棟訓纂　**金氏精華録箋註辯訛一卷漁洋山人自撰年譜二卷**　（清）惠棟撰　清光緒十七年(1891)會稽徐氏述史樓刻本　二十四冊

510000－2741－0009113　9113

漁洋山人精華録訓纂十卷目録二卷漁洋山人精華録訓纂補十卷　（清）王士禛撰　（清）惠棟訓纂　**金氏精華録箋註辯訛一卷**　（清）惠棟撰　清光緒十七年(1891)會稽徐氏述史樓刻本　十四冊

510000－2741－0009114　9114

漁洋山人詩問二卷　（清）王士禛撰　（清）王祖肅校訂　清乾隆刻本　一冊

510000－2741－0009115　9115

漁洋詩話二卷　（清）王士禛撰　清刻本　一冊　存一卷(上)

四川大學圖書館古籍普查登記目録

510000 – 2741 – 0009116　9116

漁隱叢話前集六十卷後集四十卷　（宋）胡仔
纂集　清乾隆五年至六年(1740－1741)楊佑
啓耘經樓刻本　八冊

510000 – 2741 – 0009117　9117

漁隱叢話前集六十卷後集四十卷　（宋）胡仔
纂集　清乾隆五年至六年(1740－1741)楊佑
啓耘經樓刻本　十冊

510000 – 2741 – 0009118　9118

漁隱叢話前集六十卷後集四十卷　（宋）胡仔
纂集　清乾隆五年至六年(1740－1741)楊佑
啓耘經樓刻本　十冊

510000 – 2741 – 0009119　9119

漁舟記談二卷　（清）彭崧毓述　清同治刻本
二冊

510000 – 2741 – 0009120　9120

餘冬録六十一卷　（明）何孟春輯　清同治三
年(1864)大興邵綏名刻本　十二冊

510000 – 2741 – 0009121　9121

餘墨偶談八卷　（清）孫橒撰　清同治十二年
(1873)雙峰書屋刻本　八冊

510000 – 2741 – 0009122　9122

輿地廣記三十八卷　（宋）歐陽忞撰　**校勘輿
地廣記札記二卷**　（清）黃丕烈撰　清光緒六
年(1880)金陵書局刻本　四冊

510000 – 2741 – 0009123　9123

輿地廣記三十八卷　（宋）歐陽忞撰　**校勘輿
地廣記札記二卷**　（清）黃丕烈撰　清嘉慶十
七年(1812)士禮居刻本　十冊

510000 – 2741 – 0009124　9124

輿地廣記三十八卷　（宋）歐陽忞撰　**校勘輿
地廣記札記二卷**　（清）黃丕烈撰　清光緒二
十一年(1895)刻本　八冊

510000 – 2741 – 0009125　9125

輿地紀勝二百卷首一卷　（宋）王象之編　清
咸豐五年(1855)粵雅堂刻本　二十四冊

510000 – 2741 – 0009126　9126

輿地紀勝二百卷首一卷　（宋）王象之編　清
咸豐五年(1855)粵雅堂刻本　二十四冊

510000 – 2741 – 0009127　9127

輿地沿革表四十卷首一卷　（清）楊丕復撰
清光緒十四年(1888)刻本　二十四冊

510000 – 2741 – 0009128　9128

輿地沿革表四十卷首一卷　（清）楊丕復撰
清光緒十四年(1888)刻本　二十冊

510000 – 2741 – 0009129　9129

輿地沿革表四十卷首一卷　（清）楊丕復撰
清光緒十四年(1888)刻本　二十冊

510000 – 2741 – 0009130　9130

輿圖要覽四卷　（清）顧祖禹撰　清抄本
四冊

510000 – 2741 – 0009131　9131

雨村詩話十六卷　（清）李調元撰　清刻本
八冊

510000 – 2741 – 0009132　9132

雨帆詩草二卷　（清）陳韶湘撰　清道光三十
年(1850)刻本　一冊

510000 – 2741 – 0009133　9133

禹貢班義述三卷附漢糜水入尚龍谿考一卷
（清）成孺撰　清光緒十一年(1885)刻本
二冊

510000 – 2741 – 0009134　9134

禹貢匯解六卷首一卷　（清）洪兆雲纂輯　清
光緒二十八年(1902)洪良猷刻本　四冊

510000 – 2741 – 0009135　9135

禹貢圖說一卷　（清）馬俊良撰　清乾隆五十
四年(1789)端溪書院刻本　二冊

510000 – 2741 – 0009136　9136

禹貢指南四卷　（宋）毛晃撰　清光緒九年
(1883)成都刻本　二冊

510000 – 2741 – 0009137　9137

禹貢指南四卷　（宋）毛晃撰　清光緒九年
(1883)成都刻本　二冊

四川大學圖書館古籍普查登記目録

510000－2741－0009138　9138

禹貢指南四卷　（宋）毛晃撰　清光緒九年
(1883)成都刻本　二冊

510000－2741－0009139　9139

庾子山集十六卷　（北周）庾信撰　（清）倪璠
註　年譜一卷總釋一卷　（清）倪璠撰　清刻
本　十二冊

510000－2741－0009140　9140

庾子山集十六卷　（北周）庾信撰　（清）倪璠
註　年譜一卷總釋一卷　（清）倪璠撰　清康
熙二十六年(1687)崇岫堂刻本　十二冊

510000－2741－0009141　9141

庾子山集十六卷　（北周）庾信撰　（清）倪璠
註　年譜一卷總釋一卷　（清）倪璠撰　清刻
本　十冊

510000－2741－0009142　9142

庾子山集十六卷　（北周）庾信撰　（清）倪璠
註　年譜一卷總釋一卷　（清）倪璠撰　清刻
本　十冊

510000－2741－0009143　9143

庾子山集十六卷　（北周）庾信撰　（清）倪璠
註　年譜一卷總釋一卷　（清）倪璠撰　清刻
本　十二冊

510000－2741－0009144　9144

語石十卷　（清）葉昌熾撰　清宣統元年
(1909)刻本　四冊

510000－2741－0009145　9145

語石十卷　（清）葉昌熾撰　清宣統元年
(1909)刻本　四冊

510000－2741－0009146　9146

語石十卷　（清）葉昌熾撰　清宣統元年
(1909)刻本　四冊

510000－2741－0009147　9147

玉海　（宋）王應麟撰　清嘉慶十一年(1806)
江寧藩署刻本　一百二十冊

510000－2741－0009148　9148

玉海　（宋）王應麟撰　清嘉慶十一年(1806)

江寧藩署刻本　六十四冊

510000－2741－0009149　9149

玉海　（宋）王應麟撰　清光緒九年(1883)浙
江書局刻本　一百冊

510000－2741－0009150　9150

玉函山房輯佚書　（清）馬國翰輯　清光緒九
年(1883)長沙娜嬛館刻本　一百六十冊

510000－2741－0009151　9151

玉合記二卷四十齣　（明）梅鼎祚撰　明刻本
四冊

510000－2741－0009152　9152

玉皇心印妙經真解一卷　（清）覺真子注　清
刻本　一冊

510000－2741－0009153　9153

玉機微義五十卷　（明）徐用誠撰　（明）劉純
續增　清刻本　二十冊

510000－2741－0009154　9154

玉簡齋叢書　（清）羅振玉輯　清宣統二年
(1910)上虞羅氏刻本　八冊　存十一種三十
卷(濮陽蒲汀李先生家藏目錄一卷,也是園藏
書目錄十卷,內閣大庫檔冊一卷,內閣小志一
卷、內閣故事一卷,湟中雜記一卷,硯林拾遺
一卷,龍瑞觀禹穴陽明洞天圖經一卷,脈望館
書目一卷,山中聞見錄六至十一,洛陽城內伽
藍記五卷,楊監筆記一卷)

510000－2741－0009155　9155

玉津閣叢書甲集　（清）胡薇元撰　清光緒至
民國刻本　十二冊

510000－2741－0009156　9156

玉津閣文集□□卷　（清）胡薇元撰　清末刻
本　一冊　存四卷(五至八)

510000－2741－0009157　9157

玉津閣文類二卷　（清）胡薇元撰　清刻本
一冊

510000－2741－0009158　9158

玉津閣文略九卷　（清）胡薇元撰　清光緒十
四年(1888)刻本　二冊

四川大學圖書館古籍普查登記目錄

510000－2741－0009159　9159

玉井山館詩十五卷詩餘一卷文略五卷文續二卷西行日記一卷筆記一卷　（清）許宗衡撰　清同治四年至十三年（1865－1874）刻本　六冊

510000－2741－0009160　9160

玉茗堂集選十五卷　（明）湯顯祖撰　（明）姜鴻緒校　明刻本　一冊　存二卷（二十至二十一）

510000－2741－0009161　9161

玉茗堂全集文集十六卷賦六卷詩十八卷尺牘六卷　（明）湯顯祖撰　明刻清修本　十四冊　存三十三卷（文集一至五、賦六卷、詩十六卷、尺牘六卷）

510000－2741－0009162　9162

玉茗堂全集文集十六卷賦六卷詩十八卷尺牘六卷　（明）湯顯祖撰　清康熙竹林堂刻本　八冊　存二十八卷（文集十六卷、賦六卷、尺牘六卷）

510000－2741－0009163　9163

玉篇三十卷　（南朝梁）顧野王撰　（唐）孫強加字　（宋）陳彭年等重修　清康熙張士俊刻澤存堂五種本　六冊

510000－2741－0009164　9164

玉篇三十卷　（南朝梁）顧野王著　玉篇校勘劄記一卷廣韻校勘劄記一卷　（清）鄧顯鶴述　清道光三十年（1850）新化鄧氏刻本　四冊

510000－2741－0009165　9165

玉篇三十卷　（南朝梁）顧野王著　玉篇校勘札記一卷廣韻校勘札記一卷　（清）鄧顯鶴述　清道光三十年（1850）新化鄧氏刻本　四冊

510000－2741－0009166　9166

玉篇三十卷　（南朝梁）顧野王撰　清同治粵東書局刻本　三冊

510000－2741－0009167　9167

玉坡先生奏議六卷附錄一卷　（明）張原著　清道光十八年（1838）宏道書院刻本　二冊

510000－2741－0009168　9168

玉笙樓詩録十二卷　（清）沈壽榕撰　清光緒八年（1882）刻本　六冊

510000－2741－0009169　9169

玉臺畫史五卷別録一卷　（清）湯漱玉輯　清道光十一年（1831）錢塘汪氏振綺堂刻本　一冊

510000－2741－0009170　9170

玉臺新詠考異十卷　（清）紀容舒撰　清光緒五年（1879）定州王氏謙德堂刻本　二冊

510000－2741－0009171　9171

玉臺新詠十卷　（南朝陳）徐陵撰　明崇禎六年（1633）趙均翻宋刻本　四冊

510000－2741－0009172　9172

玉臺新詠十卷　（南朝陳）徐陵撰　（清）吳兆宜原注　（清）程際盛刪補　清乾隆刻本　六冊

510000－2741－0009173　9173

玉臺新詠十卷　（南朝陳）徐陵撰　（清）吳兆宜原注　（清）程琰刪補　清光緒五年（1879）宏達堂刻本　六冊

510000－2741－0009174　9174

玉臺新詠十卷　（南朝陳）徐陵撰　（清）吳兆宜原注　（清）程琰刪補　清光緒五年（1879）宏達堂刻本　六冊

510000－2741－0009175　9175

玉堂才調集三十一卷　（清）于朋舉編　清同治十三年（1874）紅杏山房刻本　二冊　存八卷（侵、尤、蒸、青、元、寒、刪、先）

510000－2741－0009176　9176

玉堂才調集三十卷　（清）于朋舉編　清同治十三年（1874）紅杏山房刻本　十二冊

510000－2741－0009177　9177

玉堂才調集三十卷　（清）于朋舉編　清同治十三年（1874）紅杏山房刻本　八冊　存十八卷（清、蒸、尤、寒、刪、灰、元、庚、虞、齊、魚、陽、先、蕭、肴、豪、歌、麻）

四川大學圖書館古籍普查登記目錄

510000－2741－0009178　9178

玉堂校傳如崗陳先生二經精解全編九卷
(明)陳懿典撰　明萬曆二十二年(1594)熊雲
濱刻本　八冊

510000－2741－0009179　9179

玉溪生詩意八卷附錄諸家詩評　(清)屈復著
　清乾隆四年(1739)揚州藝古堂刻本　六冊

510000－2741－0009180　9180

**玉谿生詩詳註三卷首一卷樊南文集詳註八卷
首一卷**　(唐)李商隱撰　(清)馮浩編　清刻
本　八冊

510000－2741－0009181　9181

**玉谿生詩詳註三卷首一卷樊南文集詳註八卷
首一卷**　(唐)李商隱撰　(清)馮浩編　清刻
本　十二冊

510000－2741－0009182　9182

**玉谿生詩詳註三卷首一卷樊南文集詳註八卷
首一卷**　(唐)李商隱撰　(清)馮浩編　清刻
本　八冊

510000－2741－0009183　9183

玉芝堂談薈三十六卷　(明)徐應秋撰　明徐
氏舊園刻清康熙四十二年(1703)靳治荊修補
印本　十八冊

510000－2741－0009184　9184

**玉芝堂文集六卷詩集三卷附昭文邵氏聯珠集
五種**　(清)邵齊燾撰　清光緒五年(1879)湘
南節署刻本　四冊

510000－2741－0009185　9185

欝華閣遺集四卷　(清)盛昱撰　清光緒三十
一年(1905)刻本　一冊

510000－2741－0009186　9186

喻林一葉二十四卷　(清)王蘇刪纂　清刻本
　八冊

510000－2741－0009187　9187

喻氏醫書三種　(清)喻昌撰　清刻本　二
十冊

510000－2741－0009188　9188

喻氏醫書三種　(清)喻昌撰　清竹秀山房刻
本　十二冊

510000－2741－0009189　9189

**御定歷代賦彙一百四十卷外集二十卷逸句二
卷補遺二十二卷目錄三卷**　(清)陳元龍輯
清康熙刻本　六十四冊

510000－2741－0009190　9190

**御定歷代賦彙一百四十卷外集二十卷逸句二
卷補遺二十二卷目錄三卷**　(清)陳元龍輯
清康熙刻本　四十四冊

510000－2741－0009191　9191

御定歷代題畫詩類一百二十卷　(清)陳邦彥
輯　清康熙四十六年(1707)內府刻本　五
十冊

510000－2741－0009192　9192

御定駢字類編二百四十卷　(清)吳士玉等撰
　清光緒十三年(1887)上海同文書局石印本
四十八冊

510000－2741－0009193　9193

御定全唐詩錄一百卷　(清)徐倬輯　清康熙
四十五年(1706)揚州詩局刻本　二十四冊

510000－2741－0009194　9194

御定萬年書不分卷　(清)高宗弘曆編　清乾
隆刻本　一冊

510000－2741－0009195　9195

御定韻府拾遺一百十二卷　(清)聖祖玄燁撰
　清康熙內府刻本　二十冊

510000－2741－0009196　9196

御訂全金詩增補中州集七十二卷首二卷
(金)元好問輯　(清)郭元釪補輯　清康熙五
十年(1711)內府刻本　十六冊

510000－2741－0009197　9197

御風要術三卷　(英國)白爾特撰　(美國)金
楷理口譯　(清)華蘅芳筆述　清同治十二年
(1873)上海江南製造總局刻本　二
冊

510000－2741－0009198　9198

御覽闕史二卷　(唐)高彥休撰　清光緒三年

四川大學圖書館古籍普查登記目錄

（1877）湖北武昌崇文書局刻本　一冊

510000－2741－0009199　9199

御批歷代通鑑輯覽一百二十卷　（清）傅恒等撰　清光緒二十五年（1899）新化三味堂刻本　六十冊

510000－2741－0009200　9200

御批歷代通鑑輯覽一百二十卷　（清）傅恒等撰　清光緒三十年（1904）上海宏文閣石印本　二十四冊

510000－2741－0009201　9201

御批歷代通鑑輯覽一百二十卷　（清）傅恒等撰　清刻本　四十三冊　存七十七卷（四十三至九十、九十二至一百二十）

510000－2741－0009202　9202

御批歷代通鑑輯覽一百二十卷　（清）傅恒等撰　清刻本　三十冊　存六十卷（二十二至八十一）

510000－2741－0009203　9203

御批歷代通鑑輯覽一百二十卷　（清）傅恒等撰　清同治十三年（1874）湖南書局刻本　六十冊

510000－2741－0009204　9204

御批歷代通鑑輯覽一百二十卷　（清）傅恒等撰　清同治十一年（1872）湖北崇文書局刻本　六十冊

510000－2741－0009205　9205

御批歷代通鑑輯覽一百二十卷　（清）傅恒等撰　清刻本　四十一冊　存六十七卷（十八至七十一、七十四至七十五、九十六至一百六）

510000－2741－0009206　9206

御批續資治通鑑綱目二十七卷　（清）聖祖玄燁纂　清刻本　二十七冊

510000－2741－0009207　9207

御批資治通鑑綱目五十九卷首一卷御批資治通鑑綱目前編十八卷舉要三卷首一卷御批資治通鑑綱目一百九卷御批續資治通鑑綱目二

十七卷　（清）聖祖玄燁纂　清康熙宋犖刻本　五十冊

510000－2741－0009208　9208

御批資治通鑑綱目一百九卷　（清）聖祖玄燁纂　清光緒十三年（1887）上海同文書局石印本　二十四冊

510000－2741－0009209　9209

御選歷代詩餘一百二十卷　（清）沈辰垣等編纂　清康熙四十六年（1707）內府刻本　六十四冊

510000－2741－0009210　9210

御選唐詩三十二卷目錄三卷　（清）聖祖玄燁輯　（清）陳廷敬等注　清康熙五十二年（1713）內府刻朱墨套印本　十五冊

510000－2741－0009211　9211

御選唐宋詩醇四十七卷目錄二卷　（清）高宗弘曆編　清乾隆二十七年（1762）遺安堂朱墨套印本　二十四冊

510000－2741－0009212　9212

御選唐宋詩醇四十七卷目錄二卷　（清）高宗弘曆編　清四川敘府鴻章堂刻本　二十冊　存四十五卷（一至三十一、三十四至四十七）

510000－2741－0009213　9213

御選唐宋詩醇四十七卷目錄二卷　（清）高宗弘曆編　清咸豐木活字五色套印本　二十冊

510000－2741－0009214　9214

御選唐宋詩醇四十七卷目錄二卷　（清）高宗弘曆編　清光緒三年（1877）刻本　十八冊　存三十七卷（一至三十、四十三至四十七,目錄二卷）

510000－2741－0009215　9215

御選唐宋詩醇四十七卷目錄二卷　（清）高宗弘曆編　清光緒三年（1877）刻本　二十冊

510000－2741－0009216　9216

御選唐宋文醇五十八卷　（清）高宗弘曆編　清咸豐木活字五色套印本　二十冊

510000－2741－0009217　9217

御選唐宋文醇五十八卷 （清）高宗弘曆編
清光緒六年(1880)浙江書局刻本 二十冊

510000－2741－0009218 9218

御選唐宋文醇五十八卷 （清）高宗弘曆編
清光緒六年(1880)浙江書局刻本 二十四冊

510000－2741－0009219 9219

御選唐宋文醇五十八卷 （清）高宗弘曆編
清刻本 十六冊

510000－2741－0009220 9220

御製避暑山莊詩一卷御製圓明園詩一卷
（清）聖祖玄燁撰 清末大同書局石印本
二冊

510000－2741－0009221 9221

御製數理精蘊上編五卷下編四十卷表八卷
（清）聖祖玄燁撰 清光緒十四年(1888)上海
慎記書局石印本 二十三冊 缺一卷(表四)

510000－2741－0009222 9222

御製數理精蘊上編五卷下編四十卷表八卷
（清）聖祖玄燁撰 清同治、光緒間江南製造
局刻本 三冊 存四卷(御製數理精蘊上編
一至四)

510000－2741－0009223 9223

御製數理精蘊上編五卷下編四十卷表八卷
（清）聖祖玄燁撰 清刻本 四十冊

510000－2741－0009224 9224

御製數理精蘊上編五卷下編四十卷表八卷
（清）聖祖玄燁撰 清光緒八年(1882)江寧藩
署刻本 四十冊

510000－2741－0009225 9225

御製數理精蘊上編五卷下編四十卷表八卷
（清）聖祖玄燁撰 清光緒八年(1882)廣東藩
司刻本 三十二冊

510000－2741－0009226 9226

御撰資治通鑑綱目三編二十卷 （清）張廷玉
等編次 清光緒二十三年(1897)成都書局刻
本 四冊

510000－2741－0009227 9227

御撰資治通鑑綱目三編二十卷 （清）張廷玉
等編次 清光緒二十三年(1897)成都書局刻
本 三冊 存十六卷(一至十六)

510000－2741－0009228 9228

御撰資治通鑑綱目三編二十卷 （清）張廷玉
等編次 清刻本 六冊

510000－2741－0009229 9229

御撰資治通鑑綱目三編二十卷 （清）張廷玉
等編次 清刻本 四冊

510000－2741－0009230 9230

御纂七經 （□）□□輯 清同治十年(1871)
湖北崇文書局刻本 一百十六冊

510000－2741－0009231 9231

御纂詩義折中二十卷 （清）傅恒等撰 清道
光十八年(1838)刻本 十冊

510000－2741－0009232 9232

御纂詩義折中二十卷 （清）傅恒等撰 清道
光十八年(1838)刻本 九冊 缺三卷(二至
四)

510000－2741－0009233 9233

御纂詩義折中二十卷 （清）傅恒等撰 清道
光十八年(1838)刻本 七冊 缺三卷(十二
至十四)

510000－2741－0009234 9234

御纂詩義折中二十卷 （清）傅恒等撰 清光
緒十二年(1886)敬業堂刻本 十二冊

510000－2741－0009235 9235

御纂詩義折中二十卷 （清）傅恒等撰 清刻
本 六冊

510000－2741－0009236 9236

御纂性理精義十二卷 （清）李光地等撰 清
康熙內府刻本 五冊

510000－2741－0009237 9237

御纂性理精義十二卷 （清）李光地等撰 清
刻本 五冊

510000－2741－0009238 9238

御纂性理精義十二卷 （清）李光地等撰 清

刻本　五册

510000 - 2741 - 0009239　9239

御纂醫宗金鑑九十卷首一卷　（清）吳謙等輯
清光緒九年（1883）掃葉山房刻本　三十
八册

510000 - 2741 - 0009240　9240

御纂醫宗金鑑九十卷首一卷　（清）吳謙等輯
清光緒二年（1876）江西書局刻本　六十册

510000 - 2741 - 0009241　9241

**御纂醫宗金鑑六十卷首一卷編輯外科心法要
訣十六卷首一卷御纂醫宗金鑑續編十四卷首
一卷**　（清）吳謙等輯　清光緒九年（1883）上
海刻本　六十四册

510000 - 2741 - 0009242　9242

**御纂醫宗金鑑七十四卷首一卷編輯外科心法
要訣十六卷**　（清）吳謙等撰　清刻本　二十
四册　缺二十五卷（二十三至四十七）

510000 - 2741 - 0009243　9243

御纂周易述義十卷　（清）傅恒等撰　清道光
十八年（1838）刻本　六册

510000 - 2741 - 0009244　9244

御纂周易述義十卷　（清）傅恒等撰　清道光
十八年（1838）刻本　六册

510000 - 2741 - 0009245　9245

御纂周易述義十卷　（清）傅恒等撰　清刻本
八册

510000 - 2741 - 0009246　9246

御纂周易述義十卷　（清）傅恒等撰　清刻本
六册

510000 - 2741 - 0009247　9247

御纂周易折中二十二卷首一卷　（清）李光地
等纂　清光緒二十年（1894）湖北書局刻本
十册

510000 - 2741 - 0009248　9248

御纂周易折中二十二卷首一卷　（清）李光地
等纂　清光緒四年（1878）廣州翰墨園刻本
十六册

510000 - 2741 - 0009249　9249

御纂周易折中二十二卷首一卷　（清）李光地
等纂　清刻本　十二册

510000 - 2741 - 0009250　9250

御纂周易折中二十二卷首一卷　（清）李光地
等纂　清刻本　十二册

510000 - 2741 - 0009251　9251

御纂周易折中二十二卷首一卷　（清）李光地
等纂　清刻本　十二册

510000 - 2741 - 0009252　9252

御纂朱子全書六十六卷　（宋）朱熹撰　清刻
本　四十册

510000 - 2741 - 0009253　9253

寓意草一卷　（清）喻昌著　清刻本　二册

510000 - 2741 - 0009254　9254

寓意草一卷　（清）喻昌著　清刻本　二册

510000 - 2741 - 0009255　9255

愈愚録六卷　（清）劉寶楠撰　清光緒十四年
（1888）廣州廣雅書局刻本　二册

510000 - 2741 - 0009256　9256

愈愚録六卷　（清）劉寶楠撰　清光緒十四年
（1888）廣州廣雅書局刻本　二册

510000 - 2741 - 0009257　9257

預籌中外大勢議一卷　（清）趙大烜撰　清稿
本　一册

510000 - 2741 - 0009258　9258

毓麟芝室玉髓摘要二卷附痘疹玉髓方一卷
（□）□□撰　清刻本　二册

510000 - 2741 - 0009259　9259

豫醫雙璧　（清）吳重憙輯　清宣統元年
（1909）海豐吳氏鉛印本　八册

510000 - 2741 - 0009260　9260

豫醫雙璧　（清）吳重憙輯　清宣統元年
（1909）海豐吳氏鉛印本　八册

510000 - 2741 - 0009261　9261

鬻嬰提要説一卷附音釋一卷　（清）張振鋆輯

四川大學圖書館古籍普查登記目録

清光緒十五年(1889)刻本　一冊

510000－2741－0009262　9262

淵鑒齋御纂朱子全書六十六卷　(宋)朱熹撰
清同治八年(1869)成都書局刻本　三十冊

510000－2741－0009263　9263

淵鑒齋御纂朱子全書六十六卷　(宋)朱熹撰
清同治八年(1869)成都書局刻本　三十二冊

510000－2741－0009264　9264

淵鑒齋御纂朱子全書六十六卷　(宋)朱熹撰
清同治八年(1869)成都書局刻本　三十冊

510000－2741－0009265　9265

淵鑒齋御纂朱子全書六十六卷　(宋)朱熹撰
清同治八年(1869)成都書局刻本　四十冊

510000－2741－0009266　9266

淵鑑類函四百五十卷目錄四卷　(清)張英等修　清康熙四十九年(1710)內府刻本　一百四十冊

510000－2741－0009267　9267

淵鑑類函四百五十卷目錄四卷　(清)張英等修　清光緒十三年(1887)上海同文書局石印本　四十八冊

510000－2741－0009268　9268

淵鑑類函四百五十卷目錄四卷　(清)張英等修　清光緒十三年(1887)上海同文書局石印本　四十八冊

510000－2741－0009269　9269

淵鑑類函四百五十卷目錄四卷　(清)張英等修　清康熙高士奇清吟堂刻本　一百四十冊

510000－2741－0009270　9270

淵雅堂編年詩藁二十卷　(清)王芑孫撰　清嘉慶二十年(1815)刻本　四冊　存六卷(一至二、六至九)

510000－2741－0009271　9271

鴛鴦鏡傳奇二十齣　(清)傅玉書填詞　清光緒二十一年(1895)蓉城刻本　一冊

510000－2741－0009272　9272

元白長慶集一百四十一卷　(唐)元稹　(唐)白居易撰　(明)馬元調輯　明萬曆松江馬元調寶儉堂刻本　二十四冊

510000－2741－0009273　9273

元白長慶集一百四十一卷　(唐)元稹　(唐)白居易撰　(明)馬元調輯　明萬曆松江馬元調寶儉堂刻本　二十四冊

510000－2741－0009274　9274

元朝祕史十五卷首一卷　(元)忙豁侖紐察脫察安撰　(清)李文田注　清光緒二十二年(1896)通隱堂刻本　四冊

510000－2741－0009275　9275

元朝祕史十五卷首一卷　(元)忙豁侖紐察脫察安撰　(清)李文田注　清末石印本　四冊

510000－2741－0009276　9276

元朝祕史十五卷首一卷　(元)忙豁侖紐察脫察安撰　(清)李文田注　清光緒二十二年(1896)通隱堂刻本　四冊

510000－2741－0009277　9277

元朝祕史十五卷首一卷　(元)忙豁侖紐察脫察安撰　(清)李文田注　清光緒二十二年(1896)通隱堂刻本　四冊

510000－2741－0009278　9278

元朝秘史十卷續集二卷　(元)忙豁侖紐察脫察安撰　清光緒三十四年(1908)葉氏觀古堂刻本　六冊

510000－2741－0009279　9279

元朝名臣事略十五卷　(元)蘇天爵撰　清乾隆武英殿聚珍版印本　四冊

510000－2741－0009280　9280

元豐九域志十卷　(宋)王存等撰　清光緒八年(1882)金陵書局刻本　四冊

510000－2741－0009281　9281

元豐類藁五十卷首一卷末一卷　(宋)曾鞏撰　清光緒十六年(1890)慈利漁浦書院刻本　十冊

510000－2741－0009282　9282

四川大學圖書館古籍普查登記目錄

元豐類藁五十卷首一卷末一卷　（宋）曾鞏撰
清光緒十六年(1890)慈利漁浦書院刻本
十冊

510000－2741－0009283　9283

元豐類藁五十卷首一卷末一卷　（宋）曾鞏撰
清光緒十六年(1890)慈利漁浦書院刻本
十冊

510000－2741－0009284　9284

元豐類藁五十卷首一卷末一卷　（宋）曾鞏撰
清光緒十六年(1890)慈利漁浦書院刻本
十二冊

510000－2741－0009285　9285

元和郡縣補志九卷　（清）嚴觀輯　清光緒八
年(1882)金陵書局刻本　二冊

510000－2741－0009286　9286

元和郡縣補志九卷　（清）嚴觀輯　清光緒八
年(1882)金陵書局刻本　二冊

510000－2741－0009287　9287

元和郡縣圖志四十卷　（唐）李吉甫撰　清光
緒六年(1880)金陵書局刻本　十冊

510000－2741－0009288　9288

元和郡縣圖志四十卷　（唐）李吉甫撰　清乾
隆、嘉慶間蘭陵孫氏刻岱南閣叢書本　七冊

510000－2741－0009289　9289

元和郡縣圖志四十卷　（唐）李吉甫撰　補志
九卷　（清）嚴觀輯　清光緒六年(1880)金陵
書局刻本　八冊

510000－2741－0009290　9290

元和姓纂十卷　（唐）林寶撰　清光緒六年
(1880)金陵書局刻本　四冊

510000－2741－0009291　9291

元和姓纂十卷　（唐）林寶撰　（清）孫星衍
(清)洪瑩校　清嘉慶七年(1802)洪氏刻本
八冊

510000－2741－0009292　9292

元亨療牛集二卷　（明）喻本元　（明）喻本亨
集　清敍府本立堂刻本　一冊

510000－2741－0009293　9293

元經薛氏傳十卷　（隋）王通撰　（唐）薛收傳
（宋）阮逸注　明萬曆程榮刻漢魏叢書本
四冊

510000－2741－0009294　9294

元穆日記三卷　（清）杜俞著　清光緒十二年
(1886)成都刻本　一冊

510000－2741－0009295　9295

元穆文鈔一卷　（清）杜俞撰　清光緒十四年
(1888)成都刻本　一冊

510000－2741－0009296　9296

元人集十種六十二卷　（明）毛晉編　明崇禎
十一年(1638)毛氏汲古閣刻清初增補本　五
冊　存二十二卷(南村詩集四卷、句曲外史集
三卷補遺三卷張伯雨集外詩一卷附一卷、霞
外詩集十卷)

510000－2741－0009297　9297

元詩選癸集十卷　（清）顧嗣立輯　清嘉慶南
沙席世臣刻光緒十四年(1888)席素威修補印
本　十六冊

510000－2741－0009298　9298

元史紀事本末二十七卷　（明）陳邦瞻編輯
(明)臧懋循補　（明）張溥論正　清光緒二十
四年(1898)湖南思賢書局刻本　四冊

510000－2741－0009299　9299

元史紀事本末二十七卷　（明）陳邦瞻編輯
(明)臧懋循補　（明）張溥論正　清光緒二十
四年(1898)湖南思賢書局刻本　四冊

510000－2741－0009300　9300

元史紀事本末二十七卷　（明）陳邦瞻編輯
(明)臧懋循補　（明）張溥論正　清同治十三
年(1874)江西書局刻本　四冊

510000－2741－0009301　9301

元史紀事本末四卷　（明）陳邦瞻撰　（明）臧
懋循補　明萬曆三十四年(1606)刻本　四冊

510000－2741－0009302　9302

元史類編四十二卷　（清）邵遠平學　清乾隆

六十年(1795)掃葉山房刻本　十八冊

510000－2741－0009303　9303
元史類編四十二卷　(清)邵遠平學　清乾隆
六十年(1795)掃葉山房刻本　十六冊

510000－2741－0009304　9304
元史類編四十二卷　(清)邵遠平學　清乾隆
六十年(1795)掃葉山房刻本　十六冊

510000－2741－0009305　9305
元史氏族表三卷　(清)錢大昕補纂　清同治
十三年(1874)江蘇書局刻本　二冊

510000－2741－0009306　9306
元史新編九十五卷　(清)魏源著　清光緒三
十一年(1905)邵陽魏氏愼微堂刻本　三十
二冊

510000－2741－0009307　9307
元史新編九十五卷　(清)魏源著　清光緒三
十一年(1905)邵陽魏氏愼微堂刻本　三十
二冊

510000－2741－0009308　9308
元史藝文志四卷元史氏族表三卷　(清)錢大
昕補纂　清同治十三年(1874)江蘇書局刻本
三冊

510000－2741－0009309　9309
元史譯文證補三十卷　(清)洪鈞撰　清光緒
二十六年(1900)廣雅書局刻本(原闕卷七至
八、十三、十六至十七、十九至二十一、二十
五、二十八)　四冊

510000－2741－0009310　9310
元史譯文證補三十卷　(清)洪鈞撰　清光緒
二十六年(1900)廣雅書局刻本(原闕卷七至
八、十三、十六至十七、十九至二十一、二十
五、二十八)　六冊

510000－2741－0009311　9311
元史譯文證補三十卷　(清)洪鈞撰　清光緒
二十六年(1900)廣雅書局刻本(原闕卷七至
八、十三、十六至十七、十九至二十一、二十
五、二十八)　四冊

510000－2741－0009312　9312
元史譯文證補三十卷　(清)洪鈞撰　清末石
印本(原闕卷七至八、十三、十六至十七、十九
至二十一、二十五、二十八)　四冊

510000－2741－0009313　9313
元史譯文證補三十卷　(清)洪鈞撰　清末石
印本(原闕卷七至八、十三、十六至十七、十九
至二十一、二十五、二十八)　四冊

510000－2741－0009314　9314
元書一百二卷首一卷　(清)曾廉撰　清宣統
三年(1911)刻本　二十冊

510000－2741－0009315　9315
元書一百二卷首一卷　(清)曾廉撰　清宣統
三年(1911)刻本　二十冊

510000－2741－0009316　9316
元書一百二卷首一卷　(清)曾廉撰　清宣統
三年(1911)刻本　二十冊

510000－2741－0009317　9317
元文類七十卷目錄三卷　(元)蘇天爵編　清
光緒十五年(1889)江蘇書局刻蘇州振新書社
印本　十冊

510000－2741－0009318　9318
元文類七十卷目錄三卷　(元)蘇天爵編　清
光緒十五年(1889)江蘇書局刻本　十冊

510000－2741－0009319　9319
元文類七十卷目錄三卷　(元)蘇天爵編　清
光緒十五年(1889)江蘇書局刻本　十冊

510000－2741－0009320　9320
元文類七十卷目錄三卷　(元)蘇天爵編　清
光緒十五年(1889)江蘇書局刻本　十冊

510000－2741－0009321　9321
元文類七十卷目錄三卷　(元)蘇天爵編　清
光緒十五年(1889)江蘇書局刻本　十冊

510000－2741－0009322　9322
元文類七十卷目錄三卷　(元)蘇天爵編　清
光緒十五年(1889)江蘇書局刻本　十冊

510000－2741－0009323　9323

元憲集三十六卷 （宋）宋庠撰 清刻武英殿
聚珍版叢書本 八冊

510000－2741－0009324 9324

元遺山先生全集 （金）元好問撰 清光緒七
年(1881)讀書山房刻本 十七冊

510000－2741－0009325 9325

袁氏世範三卷 （宋）袁采撰 集事詩鑒一卷
（宋）方昕撰 清乾隆五十九年(1794)大興
吳裕德刻本 二冊

510000－2741－0009326 9326

袁王綱鑑合編三十九卷首一卷 （明）袁黃輯
（明）王世貞編 御撰明紀綱目二十卷
(清)張廷玉等輯 清光緒三十一年(1905)上
海育文書局石印本 六冊 存二十四卷(袁
王綱鑑合編一至六、十至十五、三十四至三十
六,首一卷,御撰明紀綱目一至八)

510000－2741－0009327 9327

袁文箋正十六卷補注一卷 （清）袁枚著
(清)石韞玉箋 清嘉慶十七年(1812)刻本
六冊

510000－2741－0009328 9328

袁文箋正十六卷補注一卷 （清）袁枚著
(清)石韞玉箋 清嘉慶十七年(1812)刻本
六冊

510000－2741－0009329 9329

袁文箋正十六卷補注一卷 （清）袁枚著
(清)石韞玉箋 清嘉慶十七年(1812)刻本
六冊

510000－2741－0009330 9330

原本茶經二卷 （唐）陸羽撰 續茶經三卷附
錄一卷 （清）陸廷燦撰 清雍正十三年
(1735)刻本 四冊

510000－2741－0009331 9331

原富五集附中西年表一卷 （英國）斯密亞丹
撰 （清）嚴復譯 清光緒二十八年(1902)上
海南洋公學譯書院鉛印本 八冊

510000－2741－0009332 9332

原富五集附中西年表一卷 （英國）斯密亞丹
撰 （清）嚴復譯 清光緒二十八年(1902)上
海南洋公學譯書院鉛印本 八冊

510000－2741－0009333 9333

原人論一卷 （唐）釋宗密撰 清同治十三年
(1874)雞園刻經處刻本 一冊

510000－2741－0009334 9334

讀史及幼編一卷 （清）鄭德暉著 清末刻民
國二年(1913)四川存古書局印本 一冊

510000－2741－0009335 9335

援鶉堂筆記五十卷刊誤一卷刊誤補遺一卷
(清)姚範撰 清道光十五年(1835)姚瑩刻本
十六冊

510000－2741－0009336 9336

援黔錄十二卷 （清）唐炯撰 清末刻本
四冊

510000－2741－0009337 9337

援守井研紀畧一卷 （清）董貽清撰 清末刻
本 一冊

510000－2741－0009338 9338

圓覺經略疏之鈔二十五卷 （唐）釋宗密撰
清宣統三年(1911)刻本 五冊

510000－2741－0009339 9339

遠郘嗿藁一卷 （清）陳鑑撰 清同治十三年
(1874)刻本 一冊

510000－2741－0009340 9340

院本名目一卷雜劇待考一卷琴曲萃覽一卷
(清)汪汲撰 清乾隆、嘉慶間古愚山房刻本
一冊

510000－2741－0009341 9341

約章成案匯覽甲篇十卷乙篇四十二卷 （清）
顏世清輯 清光緒三十一年(1905)上海點石
齋石印本 四十六冊

510000－2741－0009342 9342

約章分類輯要三十八卷首一卷 （清）蔡乃煌
總纂 （清）王士芬等編校 清光緒二十七年
(1901)湖南商務局石印本 三十二冊

四川大學圖書館古籍普查登記目錄

510000－2741－0009343　9343

月河精舍叢鈔五種　（清）丁寶書編　清光緒四年至十二年(1878－1886)茗溪丁氏刻本二十冊

510000－2741－0009344　9344

月令粹編二十四卷圖說一卷首一卷　（清）秦嘉謨輯　清嘉慶十七年(1812)江都秦嘉謨琳琅仙館刻本　八冊

510000－2741－0009345　9345

月令粹編二十四卷圖說一卷首一卷　（清）秦嘉謨輯　清嘉慶十七年(1812)江都秦嘉謨琳琅仙館刻本　六冊

510000－2741－0009346　9346

月令廣義二十四卷首一卷　（明）馮應京纂輯　（明）戴任增釋　明萬曆三十年(1602)陳邦泰校刻本　四冊　存十四卷(一至十四)

510000－2741－0009347　9347

岳氏家集　（清）岳淩雲　（清）岳森著　清光緒刻本　六冊

510000－2741－0009348　9348

岳忠武王文集八卷首一卷末一卷　（宋）岳飛撰　清乾隆三十四年(1769)黃邦寧刻嘉慶二十二年(1817)修補本　四冊

510000－2741－0009349　9349

岳忠武王文集八卷首一卷末一卷　（宋）岳飛撰　清同治十二年(1873)述荊堂刻本　四冊

510000－2741－0009350　9350

悅親樓詩集三十卷外集二卷　（清）祝德麟撰　清嘉慶三年(1798)刻本　四冊

510000－2741－0009351　9351

悅心集四卷　（清）世宗胤禛輯　清乾隆武英殿聚珍版印本　二冊

510000－2741－0009352　9352

越絕書十五卷　（漢）袁康撰　明嘉靖三十三年(1554)張佳胤雙柏堂刻本　四冊

510000－2741－0009353　9353

越縵堂駢體文四卷散體文一卷　（清）李慈銘撰　清光緒二十三年(1897)刻本　四冊

510000－2741－0009354　9354

越南地輿圖說六卷首一卷　（清）盛慶紱纂輯　清光緒九年(1883)求忠堂刻本　四冊

510000－2741－0009355　9355

越事備考五卷首一卷　（清）劉名譽編輯　清光緒二十一年(1895)慕盦氏桂林刻本　二冊

510000－2741－0009356　9356

越諺三卷越諺賸語二卷　（清）范寅撰　清光緒八年(1882)谷應山房刻本　三冊

510000－2741－0009357　9357

粵西筆述一卷　（清）張祥河輯　清光緒桂林蔣氏存遠堂刻本　一冊

510000－2741－0009358　9358

粵西詞見二卷　（清）況周儀撰　清光緒二十二年(1896)金陵刻二十三年(1897)印本　一冊

510000－2741－0009359　9359

粵西金石略十五卷　（清）謝啓昆撰　清嘉慶六年(1801)銅鼓亭刻本　四冊

510000－2741－0009360　9360

粵東金石略九卷首一卷附二卷　（清）翁方綱恭錄　清乾隆、嘉慶間刻本　一冊

510000－2741－0009361　9361

粵東省例新纂八卷　（清）黃恩彤等撰　清道光二十六年(1846)廣東刻本　四冊

510000－2741－0009362　9362

粵牘一卷　（清）景澄清著　清末刻本　一冊

510000－2741－0009363　9363

粵雅堂叢書　（清）伍崇曜編輯　清道光二十九年至光緒十一年(1849－1885)南海伍氏刻彙印本　三百十八冊

510000－2741－0009364　9364

閱藏隨筆二卷　（清）釋元度撰語　（清）太穆節解　清光緒四年(1878)刻本　二冊

510000－2741－0009365　9365

四川大學圖書館古籍普查登記目錄

447

閱藏知津四十四卷總目四卷 （明）釋智旭彙
輯 清光緒十八年（1892）金陵刻經處刻本
九冊

510000－2741－0009366 9366
閱微草堂筆記二十四卷 （清）紀昀撰 清刻
本（四至六、二十二至二十四爲 1954 年仲賓
抄配） 十冊

510000－2741－0009367 9367
閱微草堂筆記二十四卷 （清）紀昀撰 清嘉
慶五年（1800）北平盛氏刻本 十冊

510000－2741－0009368 9368
閱微草堂筆記五種 （清）觀弈道人（紀昀）撰
清咸豐羊城同文堂刻本 十冊

510000－2741－0009369 9369
樂府標源二卷 （清）汪汲撰 清乾隆、嘉慶
間古愚山房刻本 一冊

510000－2741－0009370 9370
樂府詩集一百卷目録二卷 （宋）郭茂倩編次
明崇禎毛氏汲古閣刻本 十六冊

510000－2741－0009371 9371
樂府詩集一百卷目録二卷 （宋）郭茂倩編次
明崇禎毛氏汲古閣刻本 三十二冊

510000－2741－0009372 9372
樂府詩集一百卷目録二卷 （宋）郭茂倩編次
明崇禎毛氏汲古閣刻本 二十冊

510000－2741－0009373 9373
樂府詩集一百卷目録二卷 （宋）郭茂倩編次
清同治十三年（1874）湖北崇文書局刻本
十六冊

510000－2741－0009374 9374
樂府遺聲一卷 （清）汪汲撰 清乾隆、嘉慶
間古愚山房刻本 一冊

510000－2741－0009375 9375
樂經或問三卷 （清）汪紱著 清光緒二十二
年（1896）刻本 三冊

510000－2741－0009376 9376
樂經律呂通解五卷 （清）汪烜輯 清光緒九

年（1883）刻本 五冊

510000－2741－0009377 9377
樂律考二卷 （清）徐灝學 清光緒十三年
（1887）刻本 一冊

510000－2741－0009378 9378
樂律全書 （明）朱載堉撰 明萬曆三十四年
（1606）內府刻本 十六冊

510000－2741－0009379 9379
樂書二百卷 （宋）陳暘撰 清光緒二年至三
年（1876－1877）廣州刻本 二十三冊

510000－2741－0009380 9380
樂書二百卷 （宋）陳暘撰 清光緒二年至三
年（1876－1877）廣州刻本 二十一冊

510000－2741－0009381 9381
樂餘靜廉齋詩稿初集一卷二集一卷三集二卷
續集一卷文稿一卷絳河笙詞稿一卷蜀桐弦詞
一卷海風簫詞一卷 （清）顧復初著 清同治
六年至光緒四年（1867－1878）成都刻本
六冊

510000－2741－0009382 9382
樂餘靜廉齋文稿一卷詩稿初集一卷二集一卷
（清）顧復初著 清同治六年（1867）成都刻
本 三冊

510000－2741－0009383 9383
樂園詩稿六卷 （清）嚴如熤撰 清刻本 三
冊 缺一卷（三）

510000－2741－0009384 9384
樂志堂文鈔八卷 （清）喻元鴻著 （清）李祖
陶評選 清光緒六年（1880）刻本 四冊

510000－2741－0009385 9385
樂志堂文略四卷詩略二卷 （清）譚瑩撰 清
光緒四年（1878）刻本 三冊

510000－2741－0009386 9386
嶽雪樓書畫録五卷 （清）孔廣陶編 清光緒
三年（1877）廣東南海孔氏三十有三萬卷堂刻
本 五冊

510000－2741－0009387 9387

四川大學圖書館古籍普查登記目録

雲谷詩鈔八卷　（清）張邦伸著　清嘉慶七年(1802)刻本　六冊

510000－2741－0009388　9388

雲海樓詩槀四卷　（清）王治模撰　清光緒元年(1875)長沙荷池書局刻本　二冊

510000－2741－0009389　9389

雲南初勘緬界記不分卷　（清）姚文棟纂修　清光緒刻本　一冊

510000－2741－0009390　9390

雲南勘界籌邊記二卷　（清）姚文棟著　清光緒二十三年(1897)湖南新學書局刻本　二冊

510000－2741－0009391　9391

雲南勘界籌邊記二卷　（清）姚文棟著　清光緒刻本　二冊

510000－2741－0009392　9392

雲棲法彙　（明）釋袾宏撰　清光緒二十三年(1897)金陵刻經處刻本　三十四冊

510000－2741－0009393　9393

雲起軒詞鈔不分卷　（清）文廷式撰　清光緒三十三年(1907)刻本　一冊

510000－2741－0009394　9394

雲臥山莊詩集八卷首一卷末一卷　（清）郭崑燾撰　清光緒十一年(1885)湘陰郭氏岵瞻堂刻本　四冊

510000－2741－0009395　9395

雲陽縣鄉土志二卷　（清）武丕文等采編　（清）甘桂森等纂修　清光緒三十二年(1906)抄本　二冊

510000－2741－0009396　9396

雲棧紀程八卷　（清）張邦伸撰　清乾隆五十九年(1794)敦彝堂刻本　二冊

510000－2741－0009397　9397

雲中集一卷　（清）劉淳撰　清道光二十三年(1843)刻本　一冊

510000－2741－0009398　9398

雲自在龕叢書　（清）繆荃孫輯　清光緒江陰繆氏刻本　二十四冊

510000－2741－0009399　9399

雲自在龕叢書　（清）繆荃孫輯　清光緒江陰繆氏刻本　二十四冊

510000－2741－0009400　9400

運規約指三卷　（英國）白起德輯　（英國）傅蘭雅口譯　（清）徐建寅筆述　清同治、光緒間江南製造總局刻本　一冊

510000－2741－0009401　9401

運規約指三卷　（英國）白起德輯　（英國）傅蘭雅口譯　（清）徐建寅筆述　清同治、光緒間江南製造總局刻本　一冊

510000－2741－0009402　9402

韻辨附文五卷　（清）沈兆霖撰　清同治十二年(1873)東川書院刻本　五冊

510000－2741－0009403　9403

韻辨附文五卷　（清）沈兆霖撰　清道光二十三年(1843)宏道書院刻本　四冊

510000－2741－0009404　9404

韻辨附文五卷　（清）沈兆霖撰　清同治十二年(1873)東川書院刻本　四冊

510000－2741－0009405　9405

韻辨附文五卷　（清）沈兆霖撰　清同治十二年(1873)東川書院刻本　五冊

510000－2741－0009406　9406

韻補五卷附補正一卷　（宋）吳棫撰　清光緒九年(1883)邵武徐氏刻本　二冊

510000－2741－0009407　9407

韻補五卷附補正一卷　（宋）吳棫撰　清光緒九年(1883)邵武徐氏刻本　二冊

510000－2741－0009408　9408

韻法十便十二卷　（清）楊得春撰　清光緒二十年(1894)天彭敖場正興堂刻本　十二冊

510000－2741－0009409　9409

韻府拾遺一百六卷　（清）聖祖玄燁撰　清刻本　二十一冊

510000－2741－0009410　9410

韻母十五卷首一卷附疊文補遺一卷　（清）張

四川大學圖書館古籍普查登記目錄

富垣輯　清道光二十三年(1843)刻本　八冊

510000－2741－0009411　9411

韻歧五卷　（清）江昱輯　清光緒七年(1881)刻本　二冊

510000－2741－0009412　9412

韻歧五卷　（清）江昱輯　清光緒七年(1881)刻本　二冊

510000－2741－0009413　9413

韻史二卷附韻史補一卷　（清）許遯翁著　（清）朱玉岑著補　清光緒十年(1884)上海同文書局石印本　一冊

510000－2741－0009414　9414

韻學蠡言舉要五卷　（清）丁顯撰　清光緒二十六年(1900)刻本　一冊

510000－2741－0009415　9415

韻學驪珠二卷　（清）沈乘麐撰　清嘉慶元年(1796)枕流居刻本　四冊

510000－2741－0009416　9416

韻徵十六卷　（清）安吉纂輯　清道光十八年(1838)刻本　四冊

510000－2741－0009417　9417

韻綜不分卷　（清）陳詒厚撰　清刻本　四冊

510000－2741－0009418　9418

再生緣全傳二十卷　（清）陳端生撰　清刻本　二十冊

510000－2741－0009419　9419

在陸草堂文集六卷　（清）儲欣著　清光緒十七年(1891)儲汝翼祠堂刻本　六冊

510000－2741－0009420　9420

在陸草堂文集六卷　（清）儲欣撰　清雍正元年(1723)儲掌文淑慎堂刻本　四冊

510000－2741－0009421　9421

葬經內篇一卷　（晉）郭璞撰　黃帝宅經二卷　（□）□□注　清光緒三年(1877)湖北崇文書局刻本　一冊

510000－2741－0009422　9422

臟腑圖說症治合璧三卷末一卷　（清）羅定昌述　清光緒十二年(1886)刻本　四冊

510000－2741－0009423　9423

臟腑圖說症治合璧三卷末一卷　（清）羅定昌述　清光緒十二年(1886)刻本　二冊　存二卷(上、中)

510000－2741－0009424　9424

臟腑證治圖說人鏡經八卷附錄二卷鍾奇氏續錄二卷　（明）張俊英纂述　（清）張吾瑾重輯　清刻本　四冊　缺二卷(鍾奇氏續錄二卷)

510000－2741－0009425　9425

臟腑證治圖說人鏡經八卷附錄二卷鍾奇氏續錄二卷　（明）張俊英纂述　（清）張吾瑾重輯　清刻本　六冊

510000－2741－0009426　9426

棗林詩集一卷　（明）談遷著　清宣統三年(1911)上海國學扶輪社鉛印本　一冊

510000－2741－0009427　9427

棗強縣志補正五卷　（清）方宗誠撰　清光緒二年(1876)刻本　二冊

510000－2741－0009428　9428

棗強縣志補正五卷　（清）方宗誠撰　清光緒二年(1876)刻本　四冊

510000－2741－0009429　9429

澡雪堂文鈔十卷首一卷　（清）鍾體志撰　清光緒二十年(1894)灌城刻本　四冊

510000－2741－0009430　9430

則古昔齋算學十三種二十四卷　（清）李善蘭撰　清同治六年(1867)金陵刻本　六冊

510000－2741－0009431　9431

則古昔齋算學十三種二十四卷　（清）李善蘭撰　清光緒二十二年(1896)上海積山書局石印本　二冊　存十三卷(一至十三)

510000－2741－0009432　9432

擇是居叢書初集　（清）張鈞衡編　清光緒至民國刻民國十五年(1926)吳興張氏彙印本　五十三冊

四川大學圖書館古籍普查登記目錄

510000 - 2741 - 0009433　9433

澤存堂五種　（清）張士俊輯　清光緒十四年
(1888)上海蜚英館據清康熙本景印本　八冊

510000 - 2741 - 0009434　9434

澤存堂五種　（清）張士俊輯　清光緒十四年
(1888)上海蜚英館據清康熙本景印本　八冊

510000 - 2741 - 0009435　9435

澤存堂五種　（清）張士俊輯　清光緒十四年
(1888)上海蜚英館景印本　五冊　存四種二
十一卷(廣韻五卷、雙聲疊韻法一卷,佩觿三
卷,群經音辨七卷,字鑑五卷)

510000 - 2741 - 0009436　9436

澤山詩鈔二卷　（清）王再咸著　清光緒十五
年(1889)刻本　二冊

510000 - 2741 - 0009437　9437

澤山詩鈔二卷　（清）王再咸著　清光緒十五
年(1889)刻本　二冊

510000 - 2741 - 0009438　9438

蘀石齋詩集五十卷　（清）錢載撰　清光緒四
年(1878)蘇州府署刻本　八冊

510000 - 2741 - 0009439　9439

蘀石齋文集二十六卷　（清）錢載撰　清刻本
四冊

510000 - 2741 - 0009440　9440

蘀石齋文集二十六卷　（清）錢載撰　清刻本
四冊

510000 - 2741 - 0009441　9441

增補本草備要醫方集解合編十四卷　（清）汪
昂撰　清乾隆五十二年(1787)登雲堂刻本
四冊

510000 - 2741 - 0009442　9442

增補大生要旨五卷　（清）唐千頃纂　（清）馬
振蕃續增　清光緒十四年(1888)刻本　二冊

510000 - 2741 - 0009443　9443

增補都門紀略不分卷　（清）李虹若撰　清光
緒五年(1879)京都刻本　十冊

510000 - 2741 - 0009444　9444

增補齊省堂儒林外史六十回　（清）吳敬梓撰
清光緒十四年(1888)鴻寶齋石印本　八冊

510000 - 2741 - 0009445　9445

增補醫方一盤珠十卷首一卷　（清）洪金鼎纂
清光緒十三年(1887)刻本　二冊

510000 - 2741 - 0009446　9446

增訂本草附方二卷　（□）□□撰　清刻本
四冊

510000 - 2741 - 0009447　9447

增訂二酉英華二十四卷　（清）馮世瀛輯　清
光緒元年(1875)夏承勳、夏繼光刻本　十
二冊

510000 - 2741 - 0009448　9448

增訂漢魏叢書　（清）王謨輯　清光緒二年
(1876)紅杏山房刻民國四年(1915)蜀南馬湖
盧樹枏修補印本　一百冊

510000 - 2741 - 0009449　9449

增訂漢魏叢書　（清）王謨輯　清光緒二十年
(1894)湖南藝文書局刻本　一百二十冊

510000 - 2741 - 0009450　9450

增訂漢魏叢書　（清）王謨輯　清光緒六年
(1880)練江三餘堂刻本　七十五冊

510000 - 2741 - 0009451　9451

增訂漢魏叢書　（清）王謨輯　清乾隆五十六
年(1791)金溪王氏刻本　六十八冊

510000 - 2741 - 0009452　9452

增訂漢魏叢書　（清）王謨輯　清宣統三年
(1911)上海大通書局石印本　二十八冊

510000 - 2741 - 0009453　9453

增訂合聲簡字譜一卷　（清）勞乃宣撰　清光
緒三十二年(1906)江寧刻朱印本　一冊

510000 - 2741 - 0009454　9454

增訂合聲簡字譜一卷　（清）勞乃宣撰　清光
緒三十二年(1906)江寧刻本　一冊

510000 - 2741 - 0009455　9455

增訂經驗良方十四卷　（清）沈肇元重訂　清
光緒十八年(1892)宏道堂刻本　四冊

四川大學圖書館古籍普查登記目錄

451

510000－2741－0009456　9456

增訂精忠演義說本全傳二十卷八十回　（清）
錢彩等撰　清刻本　二十冊

510000－2741－0009457　9457

增訂盛世危言新編十四卷　（清）鄭觀應撰
清光緒二十三年(1897)成都刻本　九冊

510000－2741－0009458　9458

增訂一夕話新集六卷　（清）咄咄夫原本
（清）嘻嘻子增訂　清刻本　二冊

510000－2741－0009459　9459

增訂治疗彙要三卷補遺一卷　（清）過鑄輯
清光緒三十年(1904)成都官報書局鉛印本
二冊

510000－2741－0009460　9460

增訂治疗彙要三卷補遺一卷　（清）過鑄輯
清光緒三十年(1904)成都官報書局鉛印本
二冊

510000－2741－0009461　9461

增廣本草綱目五十二卷瀕湖脈學一卷奇經八
脈考一卷脈訣考證一卷圖三卷　（明）李時珍
撰　附藥品總目一卷本草萬方鍼線八卷
（清）蔡烈先輯　本草綱目拾遺十卷正誤一卷
　（清）趙學敏輯　清光緒十四年(1888)上海
鴻寶書局石印本　二十四冊

510000－2741－0009462　9462

增廣尚友錄統編二十二卷　（清）應祖錫編
清光緒二十八年(1902)鴻寶齋石印本　八冊

510000－2741－0009463　9463

增輯傷寒類方四卷　（清）潘霨輯　清光緒九
年(1883)江西書局刻本　四冊

510000－2741－0009464　9464

增輯傷寒類方四卷　（清）潘霨輯　清同治五
年(1866)刻本　四冊

510000－2741－0009465　9465

增輯傷寒類方四卷　（清）潘霨輯　清同治五
年(1866)刻本　四冊

510000－2741－0009466　9466

增輯傷寒類方四卷　（清）潘霨輯　清同治五
年(1866)刻本　四冊

510000－2741－0009467　9467

增兩朝御批正續通鑑類纂二十卷　（清）松椿
纂　清光緒二十八年(1902)上海和記書莊石
印本　五冊　存十三卷(一至四、七下至八
上、十一下至十五、十九上至二十)

510000－2741－0009468　9468

增批歷史綱鑑補註三十九卷首一卷　（明）王
世貞編　御撰資治通鑑綱目三編六卷　（清）
張廷玉等編　清宣統元年(1909)上海久敬齋
公記書局石印本　十二冊

510000－2741－0009469　9469

增評補圖石頭記一百二十卷　（清）曹霑著
（清）護花主人評　（清）大某山民加評　清末
鉛印本　十六冊

510000－2741－0009470　9470

增評補圖石頭記一百二十卷　（清）曹霑著
（清）護花主人評　（清）大某山民加評
（清）海角居士校正　清光緒二十四年(1898)
石印本　十六冊

510000－2741－0009471　9471

增評補像全圖金玉緣一百二十回首一卷
（清）曹雪芹著　清光緒十五年(1889)上海石
印本　十六冊

510000－2741－0009472　9472

增評加批金玉緣圖說十六卷一百二十回卷首
一卷　（清）曹霑撰　清末石印本　十六冊

510000－2741－0009473　9473

增刪算法統宗十一卷校算記一卷　（明）程大
位撰　（清）梅瑴成增刪　（清）梅鏐繪圖
（清）賈步緯覆校　清光緒三年(1877)上海江
南機器製造局刻本　四冊

510000－2741－0009474　9474

增刪算法統宗十一卷校算記一卷　（明）程大
位原編集　（清）梅瑴成增刪　清光緒二十二
年(1896)上海璣衡堂石印本　二冊

四川大學圖書館古籍普查登記目錄

510000 – 2741 – 0009475　9475

增修籌餉事例條款不分卷附增修現行常例一卷 （□）□□撰　清同治刻本　四冊

510000 – 2741 – 0009476　9476

增修河東鹽法備覽八卷首一卷 （清）張元鼎等纂　清光緒刻本　十冊

510000 – 2741 – 0009477　9477

增註醫宗己任編八卷 （清）楊乘六輯　（清）王汝謙補註　清光緒十七年(1891)南京李光明莊刻本　四冊

510000 – 2741 – 0009478　9478

札樸十卷 （清）桂馥撰　清光緒九年(1883)長洲蔣氏心矩齋刻本　十冊

510000 – 2741 – 0009479　9479

札樸十卷 （清）桂馥撰　清光緒九年(1883)長洲蔣氏心矩齋刻本　四冊

510000 – 2741 – 0009480　9480

札樸十卷 （清）桂馥撰　清光緒九年(1883)長洲蔣氏心矩齋刻本　八冊

510000 – 2741 – 0009481　9481

札樸十卷 （清）桂馥撰　清光緒九年(1883)長洲蔣氏心矩齋刻本　五冊

510000 – 2741 – 0009482　9482

札迻十二卷 （清）孫詒讓撰　清光緒二十年(1894)籀膏刻二十一年(1895)重校本　四冊

510000 – 2741 – 0009483　9483

札迻十二卷 （清）孫詒讓撰　清光緒二十年(1894)刻本　四冊

510000 – 2741 – 0009484　9484

札迻十二卷 （清）孫詒讓撰　清光緒二十年(1894)刻本　四冊

510000 – 2741 – 0009485　9485

摘星樓治痘全書十八卷 （明）朱一麟著（清）朱法訂補　清道光六年(1826)耕樂堂刻本　十冊

510000 – 2741 – 0009486　9486

蒼葍花館詩集二卷補遺一卷 （清）徐鴻謨撰

清光緒仁和徐氏刻香海庵叢書本　一冊

510000 – 2741 – 0009487　9487

瞻麓齋古印徵不分卷 （清）龔心釗編　清光緒鈐印本　十二冊

510000 – 2741 – 0009488　9488

湛然堂詩稿不分卷 （明）陳汝瑒撰　（明）陳起元選　明崇禎陳邦編刻本　二冊

510000 – 2741 – 0009489　9489

湛園未定藁六卷 （清）姜宸英撰　清慈溪鄭氏二老閣刻本　四冊

510000 – 2741 – 0009490　9490

戰國策三十三卷 （漢）高誘注　清乾隆德州盧見曾雅雨堂刻本　四冊

510000 – 2741 – 0009491　9491

戰國策三十三卷 （漢）高誘注　**札記三卷**（清）黃丕烈撰　清光緒二年(1876)成都尊經書院刻本　四冊

510000 – 2741 – 0009492　9492

戰國策三十三卷 （漢）高誘注　**札記三卷**（清）黃丕烈撰　清光緒二年(1876)成都尊經書院刻本　五冊

510000 – 2741 – 0009493　9493

戰國策三十三卷 （漢）高誘注　**札記三卷**（清）黃丕烈撰　清光緒二年(1876)成都尊經書院刻本　五冊

510000 – 2741 – 0009494　9494

戰國策三十三卷 （漢）高誘注　**札記三卷**（清）黃丕烈撰　清光緒二年(1876)成都尊經書院刻本　六冊

510000 – 2741 – 0009495　9495

戰國策三十三卷 （漢）高誘注　**札記三卷**（清）黃丕烈撰　清光緒二年(1876)成都尊經書院刻本　五冊

510000 – 2741 – 0009496　9496

戰國策三十三卷 （漢）高誘注　**札記三卷**（清）黃丕烈撰　清同治八年(1869)湖北崇文書局刻本　五冊

四川大學圖書館古籍普查登記目錄

510000－2741－0009497　9497

戰國策三十三卷 （漢）高誘注　**札記三卷**
（清）黃丕烈撰　清光緒二年(1876)成都尊經
書院刻本　五冊

510000－2741－0009498　9498

戰國策三十三卷 （漢）高誘注　**札記三卷**
（清）黃丕烈撰　清末影印本　四冊

510000－2741－0009499　9499

戰國策三十三卷 （漢）高誘注　**札記三卷**
（清）黃丕烈撰　清光緒二年(1876)成都尊經
書院刻本　五冊

510000－2741－0009500　9500

戰國策三十三卷 （清）吳汝綸點勘　清末鉛
印本　二冊

510000－2741－0009501　9501

戰國策三十三卷札記三卷 （清）李錫齡注
清光緒二十二年(1896)長沙刻惜陰軒叢書本
七冊　存八卷(一至八)

510000－2741－0009502　9502

戰國策十二卷 （明）閔齊伋裁注　明萬曆閔
氏刻清補修印本　四冊

510000－2741－0009503　9503

戰國策釋地二卷 （清）張琦撰　清刻菜香室
叢書本　二冊

510000－2741－0009504　9504

戰國紀年六卷附戰國地輿一卷戰國年表一卷
（清）林春溥纂　清道光十八年(1838)竹柏
山房刻本　二冊　存四卷(四至六、戰國年表
一卷)

510000－2741－0009505　9505

戰國紀年六卷附戰國地輿一卷戰國年表一卷
（清）林春溥纂　清道光十八年(1838)竹柏
山房刻本　四冊

510000－2741－0009506　9506

戰略考三十一卷 （明）茅元儀撰　（清）潘鐸
編　清咸豐八年(1858)刻本　八冊

510000－2741－0009507　9507

章邱縣鄉土志二卷 （清）楊學淵修　清光緒
三十三年(1907)石印本　二冊

510000－2741－0009508　9508

章太炎文鈔四卷 （清）章絳撰　清宣統二年
(1910)國學扶輪社鉛印本　四冊

510000－2741－0009509　9509

張皋文箋易詮全集 （清）張惠言撰　清嘉
慶、道光間刻本　十六冊

510000－2741－0009510　9510

張廉卿先生文集八卷 （清）張裕釗撰　（清）
查燕緒編　清宣統元年(1909)五色古文山房
刻本　四冊

510000－2741－0009511　9511

張廉卿先生文集八卷 （清）張裕釗撰　（清）
查燕緒編　清宣統元年(1909)五色古文山房
刻本　二冊

510000－2741－0009512　9512

張廉卿先生文集八卷 （清）張裕釗撰　（清）
查燕緒編　清宣統元年(1909)五色古文山房
刻本　二冊

510000－2741－0009513　9513

張廉卿先生文集八卷 （清）張裕釗撰　（清）
查燕緒編　清宣統元年(1909)五色古文山房
刻本　四冊

510000－2741－0009514　9514

張龍湖先生文集十五卷 （明）張治撰　（清）
彭思睿編輯　清雍正四年(1726)彭思睿刻本
四冊

510000－2741－0009515　9515

張三丰先生全集 （明）張三丰撰　（清）李涵
虛編輯　清末刻本　四冊

510000－2741－0009516　9516

張氏適園叢書初集七種 （清）張鈞衡編　清
宣統三年(1911)上海國學扶輪社鉛印本
十冊

510000－2741－0009517　9517

張叔未解元所藏金石文字不分卷 （清）張廷

濟藏　清光緒十年（1884）四會嚴氏鶴緣齋石印本　二冊

510000－2741－0009518　9518

張淑威著述　（清）張慎儀撰　清末至民國刻本　八冊

510000－2741－0009519　9519

張太岳文集四十七卷　（明）張居正著　清刻本　十六冊

510000－2741－0009520　9520

遂寧張文端公全集七卷首一卷　（清）張鵬翮撰　清光緒八年（1882）刻本　八冊

510000－2741－0009521　9521

張文端集六種　（清）張英撰　清光緒二十三年（1897）桐城張氏刻本　二十冊

510000－2741－0009522　9522

張文襄公詩集不分卷　（清）張之洞撰　清宣統二年（1910）四川官印刷局鉛印本　二冊

510000－2741－0009523　9523

張宣公全集　（宋）張栻撰　清道光二十九年（1849）縣邑洗墨池刻本　十二冊

510000－2741－0009524　9524

張宣公全集　（宋）張栻撰　清道光二十九年（1849）縣邑洗墨池刻咸豐四年（1854）重校印本　十二冊

510000－2741－0009525　9525

張學院奏東鄉案一摺稿不分卷　（清）張之洞撰　清光緒六年（1880）刻本　一冊

510000－2741－0009526　9526

張楊園先生全集　（清）張履祥撰　清乾隆初朱芬刻四十七年（1782）屈橋年修補嘉慶印本　八冊

510000－2741－0009527　9527

張楊園先生全集六卷　（清）張履祥撰　清道光二十一年（1841）獨山莫氏影山草堂刻本　五冊

510000－2741－0009528　9528

張楊園先生全集六卷　（清）張履祥撰　（清）

李文耕輯　清咸豐八年（1858）昆陽李文耕刻本　四冊

510000－2741－0009529　9529

張楊園先生全集六卷　（清）張履祥撰　（清）李文耕輯　清咸豐八年（1858）昆陽李文耕刻本　六冊

510000－2741－0009530　9530

張楊園先生全集六卷　（清）張履祥撰　（清）李文耕輯　清咸豐八年（1858）昆陽李文耕刻本　六冊

510000－2741－0009531　9531

張允隨奏疏稿不分卷　（清）張允隨撰　清乾隆抄本　十冊

510000－2741－0009532　9532

張仲景金匱要略論註二十四卷　（清）徐彬著　清刻本　六冊

510000－2741－0009533　9533

張仲景金匱要畧論方七卷首一卷　（漢）張機撰　（清）許宗正合解　清宣統三年（1911）射洪許氏刻本　四冊

510000－2741－0009534　9534

張仲景傷寒論方六卷首一卷　（漢）張機撰（清）許宗正合解　清宣統三年（1911）射洪許氏刻本　四冊

510000－2741－0009535　9535

張仲景傷寒論貫珠集八卷　（清）尤怡註　清刻蘇州綠蔭堂印本　四冊

510000－2741－0009536　9536

張仲景傷寒論原文點精二卷　（清）孟承意著　清同治十三年（1874）覃懷董氏刻本　一冊

510000－2741－0009537　9537

張仲景傷寒論原文淺註六卷　（清）陳念祖集註　清光緒二十四年（1898）刻本　三冊

510000－2741－0009538　9538

張仲景傷寒論原文淺註六卷　（清）陳念祖集註　清光緒二十四年（1898）刻本　三冊

510000－2741－0009539　9539

四川大學圖書館古籍普查登記目錄

張仲景傷寒論原文淺註六卷　（清）陳念祖集註　清光緒十五年（1889）刻本　三冊

510000－2741－0009540　9540
張仲景傷寒論原文淺註六卷　（清）陳念祖集註　清刻本　三冊

510000－2741－0009541　9541
張子全書十五卷　（宋）張載撰　清光緒二十三年（1897）刻本　七冊

510000－2741－0009542　9542
張子全書十五卷　（宋）張載撰　清康熙朱軾刻本　六冊

510000－2741－0009543　9543
張子全書十五卷　（宋）張載撰　清康熙朱軾刻本　四冊

510000－2741－0009544　9544
彰明縣鄉土志二卷　（清）楊光炯編　清光緒三十二年（1906）抄本　三冊

510000－2741－0009545　9545
昭代叢書合刻　（清）張潮　（清）張漸輯（清）楊復吉　（清）沈楙悳續輯　清道光吳江沈氏世楷堂刻本　一百七十二冊

510000－2741－0009546　9546
昭代經濟言十四卷　（明）陳子壯撰　清道光三十年（1850）南海伍氏刻嶺南遺書本　六冊

510000－2741－0009547　9547
昭代名人尺牘二十四卷　（清）吳修輯　清末民初石印本　十一冊　缺二卷（一至二）

510000－2741－0009548　9548
昭代名人尺牘小傳二十四卷　（清）吳修輯　清末民初石印本　二冊

510000－2741－0009549　9549
昭德先生郡齋讀書志二十卷　（宋）晁公武撰　（宋）姚應績編　（清）王先謙校證　清光緒十年（1884）長沙王氏刻本　十冊

510000－2741－0009550　9550
昭德先生郡齋讀書志二十卷　（宋）晁公武撰　（宋）姚應績編　（清）王先謙校證　清光緒十年（1884）長沙王氏刻本　十冊

510000－2741－0009551　9551
昭德先生郡齋讀書志二十卷首一卷　（宋）晁公武撰　（宋）姚應績編　清光緒六年（1880）會稽章氏刻本　八冊

510000－2741－0009552　9552
昭德先生郡齋讀書志二十卷首一卷　（宋）晁公武撰　（宋）姚應績編　清光緒六年（1880）會稽章氏刻本　十冊

510000－2741－0009553　9553
昭德先生郡齋讀書志二十卷首一卷　（宋）晁公武撰　（宋）姚應績編　清光緒六年（1880）會稽章氏刻本　八冊

510000－2741－0009554　9554
昭德先生郡齋讀書志二十卷首一卷　（宋）晁公武撰　（宋）姚應績編　清光緒六年（1880）會稽章氏刻本　六冊　存十七卷（一至十六、首一卷）

510000－2741－0009555　9555
昭覺寺志八卷首一卷　（清）釋中恂主修（清）羅用霖纂修　清光緒二十二年（1896）刻本　四冊

510000－2741－0009556　9556
昭覺丈雪禪師青松集一卷　（清）釋丈雪（通醉）撰　丈雪禪師里中行一卷　（清）釋丈雪（通醉）撰　（清）釋徹雲録　清康熙刻本　一冊

510000－2741－0009557　9557
昭覺丈雪醉禪師語録十卷　（清）釋丈雪（通醉）撰　（清）釋徹綱等編　清康熙九年（1670）刻本　四冊

510000－2741－0009558　9558
昭烈忠武陵廟志十卷首一卷　（清）潘時彤纂輯　清道光十年（1830）刻本　七冊　缺三卷（一至二、首一卷）

510000－2741－0009559　9559
趙恭毅公剩稿八卷　（清）趙申喬撰　趙裒萼

四川大學圖書館古籍普查登記目録

公剩稿四卷 （清）趙熊詔撰 清乾隆六年
(1741)趙氏刻本 五冊

510000－2741－0009560 9560

趙李合璧八卷 （□）□□輯 清光緒三十四
年(1908)張興龍刻本 四冊

510000－2741－0009561 9561

趙甌北全集 （清）趙翼撰 清光緒二年至三
年(1876－1877)大關唐氏壽考堂刻宣統元年
(1909)四川官書局重印本 三十冊 存四種
八十六卷(甌北詩鈔二十卷、甌北詩話十二
卷、甌北先生年譜一卷、甌北集五十三卷)

510000－2741－0009562 9562

趙清獻公文集十卷 （宋）趙抃撰 明成化七
年(1471)閻鐸刻本 六冊 存五卷(一至五)

510000－2741－0009563 9563

趙氏聲調譜前譜一卷續譜一卷後譜一卷談龍
錄一卷 （清）趙執信撰 清光緒四年(1878)
刻本 一冊

510000－2741－0009564 9564

趙氏淵源集 （清）趙紹祖輯 清光緒十三年
(1887)小古墨齋刻本 五冊

510000－2741－0009565 9565

趙氏族譜十卷 （清）趙可和等重修 （清）趙
榮誥等校修 清道光九年(1829)刻本 八冊

510000－2741－0009566 9566

趙文敏公松雪齋全集十卷外集一卷續集一卷
（元）趙孟頫撰 清光緒八年(1882)洞庭楊
氏刻本 六冊

510000－2741－0009567 9567

趙文肅公全集二十三卷 （明）趙貞吉撰 清
光緒十七年(1891)刻本 十冊

510000－2741－0009568 9568

趙文肅公全集二十三卷 （明）趙貞吉撰 清
光緒十七年(1891)刻本 八冊

510000－2741－0009569 9569

趙文肅公文集二十三卷 （明）趙貞吉撰 清
光緒十七年(1891)刻本 十冊

510000－2741－0009570 9570

趙文肅公文集二十三卷 （明）趙貞吉撰 清
光緒十七年(1891)刻本 八冊

510000－2741－0009571 9571

趙文肅公文集二十三卷 （明）趙貞吉撰 清
木活字印本 十六冊

510000－2741－0009572 9572

趙忠節公遺墨一卷 （清）趙景賢撰 附溫次
言先生詩一卷 （清）溫汝超撰 清光緒二十
三年(1897)趙權增補刻本 一冊

510000－2741－0009573 9573

趙子常選杜律五言註三卷 （唐）杜甫撰
（元）趙汸註 （清）查弘道 （清）金集補註
虞伯生選杜律七言註三卷 （唐）杜甫撰
（元）虞集註 （清）查弘道 （清）金集補註
清查弘道亦山草堂本 四冊

510000－2741－0009574 9574

折肱漫錄七卷 （明）黃承昊撰 清刻本
二冊

510000－2741－0009575 9575

折疑論集註二卷 （元）釋子成撰 （明）釋師
子註 清光緒四年(1878)刻本 二冊

510000－2741－0009576 9576

浙東課士錄四卷 （清）薛福成輯 清光緒二
十年(1894)無錫薛氏甬上崇實書院刻本
四冊

510000－2741－0009577 9577

浙江全省輿圖並水陸道里記 （清）宗源瀚編
清末輿圖總局石印本 二十冊

510000－2741－0009578 9578

浙西六家詞 （清）龔翔麟輯 清康熙錢塘龔
氏玉玲瓏閣刻本 十冊

510000－2741－0009579 9579

浙西水利備考不分卷 （清）王鳳生編 清光
緒四年(1878)浙江書局刻本 四冊

510000－2741－0009580 9580

浙西水利備考不分卷 （清）王鳳生編 清光

四川大學圖書館古籍普查登記目錄

緒四年(1878)浙江書局刻本　一冊

510000－2741－0009581　9581

浙志便覽七卷　（清）李應珏著　清光緒十七年(1891)刻本　四冊

510000－2741－0009582　9582

珍埶宦遺書　（清）莊述祖撰　清嘉慶、道光間武進莊氏脊令舫刻本　二十冊

510000－2741－0009583　9583

珍珠囊指掌補遺藥性賦四卷　（金）李杲撰　清刻本　二冊

510000－2741－0009584　9584

貞定先生遺集四卷附錄一卷　（清）莫與儔撰　清咸豐至光緒獨山莫氏刻影山草堂六種本　一冊

510000－2741－0009585　9585

貞定先生遺集四卷附錄一卷　（清）莫與儔撰　清咸豐至光緒獨山莫氏刻影山草堂六種本　二冊

510000－2741－0009586　9586

貞觀政要十卷　（唐）吳兢撰　（元）戈直集論　明成化十二年(1476)崇府刻本　六冊

510000－2741－0009587　9587

貞一齋集十卷　（清）李重華撰　清乾隆刻本　四冊

510000－2741－0009588　9588

真西山全集　（宋）真德秀撰　清康熙真氏家祠刻同治印本　七十冊

510000－2741－0009589　9589

偵探記二卷　（清）姚文棟編　清光緒刻本　一冊

510000－2741－0009590　9590

鍼灸大成十卷　（明）楊繼洲撰　明萬曆刻清順治十四年(1657)補修本(卷七補配)　八冊　存八卷(一至三、五至八、十)

510000－2741－0009591　9591

鍼灸大成十卷　（明）楊繼洲撰　清道光二十九年(1849)刻本　十冊

510000－2741－0009592　9592

鍼灸大成十卷　（明）楊繼洲撰　清道光二十九年(1849)刻本　十冊

510000－2741－0009593　9593

鍼灸大成十卷　（明）楊繼洲撰　清刻本　九冊

510000－2741－0009594　9594

鍼灸大成十卷　（明）楊繼洲原編　（清）章廷珪重修　清刻本　十冊

510000－2741－0009595　9595

鍼灸甲乙經十二卷　（晉）皇甫謐撰　清初步月樓刻本　六冊

510000－2741－0009596　9596

鍼灸甲乙經十二卷　（晉）皇甫謐撰　清光緒十一年(1885)四明存存軒刻本　六冊

510000－2741－0009597　9597

鍼灸甲乙經十二卷　（晉）皇甫謐撰　清刻本　五冊

510000－2741－0009598　9598

鍼灸甲乙經十二卷　（晉）皇甫謐撰　清刻本　六冊

510000－2741－0009599　9599

鍼灸甲乙經十二卷　（晉）皇甫謐撰　清刻本　四冊

510000－2741－0009600　9600

鍼灸甲乙經十二卷　（晉）皇甫謐撰　清刻本　四冊

510000－2741－0009601　9601

鍼灸甲乙經十二卷　（晉）皇甫謐撰　清刻本　六冊

510000－2741－0009602　9602

鍼灸擇日編集一卷　（明）全循義　（明）金義孫等編　清光緒十八年(1892)海甯鍾氏刻本　一冊

510000－2741－0009603　9603

鍼灸擇日編集一卷　（明）全循義　（明）金義孫等編　清光緒十八年(1892)海甯鍾氏刻本

四川大學圖書館古籍普查登記目錄

一冊

510000－2741－0009604　9604

枕經堂文集摘錄四卷　（清）劉景伯撰　清咸
豐三年(1853)刻本　二冊

510000－2741－0009605　9605

診家正眼二卷　（明）李中梓著　（清）尤乘增
訂　清刻本　二冊

510000－2741－0009606　9606

振振堂文稿二卷振振堂詩稿二卷振振堂聯稿
二卷振振堂聯稿續二卷　（清）鍾祖芬著
（清）鄭壎輯註　清光緒三十二年(1906)四川
江津刻本　五冊

510000－2741－0009607　9607

震川先生集三十卷別集十卷附錄一卷　（明）
歸有光著　（清）歸玠編輯　清光緒六年
(1880)常熟歸氏刻本　十六冊

510000－2741－0009608　9608

震川先生集三十卷別集十卷附錄一卷　（明）
歸有光著　（清）歸玠編輯　清宣統二年
(1910)上海集成圖書公司鉛印本　十冊

510000－2741－0009609　9609

震川先生集三十卷別集十卷附錄一卷　（明）
歸有光著　（清）歸玠編輯　清光緒六年
(1880)常熟歸氏刻本　十二冊

510000－2741－0009610　9610

震川先生集三十卷別集十卷附錄一卷　（明）
歸有光著　（清）歸玠編輯　清光緒六年
(1880)常熟歸氏刻本　十六冊

510000－2741－0009611　9611

整頓保甲章程不分卷　（□）□□撰　清宣統
元年(1909)鉛印本　一冊

510000－2741－0009612　9612

正覺樓叢刻二十九種　（清）崇文書局編　清
光緒崇文書局刻本　三十三冊

510000－2741－0009613　9613

正誼堂全集　（清）董沛撰　清光緒刻本　二
十冊

510000－2741－0009614　9614

正誼堂全書　（清）張伯行輯　（清）楊浚重輯
清同治福州正誼書院刻本　一百六十冊

510000－2741－0009615　9615

正誼堂全書　（清）張伯行輯　（清）楊浚重輯
清同治福州正誼書院刻本　二百二十冊

510000－2741－0009616　9616

政藝叢書　（清）上海政藝通報社輯　清光緒
二十九年(1903)石印本　六冊

510000－2741－0009617　9617

政治官報　（□）□□編　清光緒三十四年
(1908)鉛印本　一冊

510000－2741－0009618　9618

鄭端簡公全集　（明）鄭曉撰　明萬曆刻本
二十八冊

510000－2741－0009619　9619

鄭少谷全集二十四卷首一卷　（明）鄭善夫撰
清道光四年(1824)桑苧古園本　十冊

510000－2741－0009620　9620

鄭氏瘡略一卷附錄一卷　（清）鄭啟壽著　清
同治九年(1870)刻本　一冊

510000－2741－0009621　9621

鄭氏爻辰補六卷圖一卷　（清）戴棠撰　清道
光二十九年(1849)燕山書屋刻本　二冊

510000－2741－0009622　9622

鄭氏佚書　（漢）鄭玄撰　（清）袁鈞輯　清光
緒十四年(1888)浙江書局刻本　十冊

510000－2741－0009623　9623

鄭氏佚書　（漢）鄭玄撰　（清）袁鈞輯　清光
緒十四年(1888)浙江書局刻本　十冊

510000－2741－0009624　9624

鄭氏佚書　（漢）鄭玄撰　（清）袁鈞輯　清光
緒十四年(1888)浙江書局刻本　八冊

510000－2741－0009625　9625

鄭學錄四卷　（清）鄭珍撰　清同治四年
(1865)成山唐鄂生刻本　二冊

四川大學圖書館古籍普查登記目錄

510000 - 2741 - 0009626　9626

鄭齋漢學文編六卷　（清）孫雄譔　清光緒三十四年(1908)鉛印師鄭叢書本　二冊

510000 - 2741 - 0009627　9627

鄭志三卷附錄一卷　（三國魏）鄭小同撰　清光緒十年(1884)常熟鮑氏據汗筍齋叢書書板修補印本　一冊

510000 - 2741 - 0009628　9628

鄭子尹遺書　（清）鄭珍撰　清咸豐、同治間刻本　十冊

510000 - 2741 - 0009629　9629

鄭子尹遺書　（清）鄭珍撰　清咸豐、同治間刻本　十冊

510000 - 2741 - 0009630　9630

證學編十卷附錄一卷　（清）額勒精額撰　清光緒二十年(1894)廣東皋署刻本　二冊

510000 - 2741 - 0009631　9631

證治彙補八卷　（清）李惺菴著　清光緒九年(1883)刻本　六冊

510000 - 2741 - 0009632　9632

支那疆域沿革略說一卷　（日本）河田羆著（日本）重野安繹　清光緒、宣統間輿地學會刻本　二冊

510000 - 2741 - 0009633　9633

支那教案論一卷　（英國）宓克撰　（清）嚴復譯　清光緒、宣統間南洋公學譯書院鉛印本　一冊

510000 - 2741 - 0009634　9634

支那教案論一卷　（英國）宓克撰　（清）嚴復譯　清光緒、宣統間南洋公學譯書院鉛印本　一冊

510000 - 2741 - 0009635　9635

支那通史七卷　（日本）那珂通世編　清光緒二十五年(1899)上海東文學社石印本　五冊　存四卷(一至四)

510000 - 2741 - 0009636　9636

支雅二卷　（清）劉燦編　（清）王埜訂　清道

光六年(1826)刻本　一冊

510000 - 2741 - 0009637　9637

芝龕記六卷　（清）董榕撰　清光緒十五年(1889)資中刻本　六冊

510000 - 2741 - 0009638　9638

卮林十卷補遺一卷　（明）周嬰纂　清嘉慶二十年(1815)蕭山陳氏刻湖海樓叢書本　四冊

510000 - 2741 - 0009639　9639

知不足齋叢書　（清）鮑廷博輯　清乾隆、道光間長塘鮑氏知不足齋刻本　二百四十冊

510000 - 2741 - 0009640　9640

知聖篇二卷　廖平撰　清末刻本　二冊

510000 - 2741 - 0009641　9641

知聖篇二卷　廖平撰　清末刻本　二冊

510000 - 2741 - 0009642　9642

知止堂詞錄三卷　（清）朱綬撰　清光緒二十年(1894)湖南思賢書局刻本　一冊

510000 - 2741 - 0009643　9643

知足齋詩集二十卷　（清）朱珪撰　清嘉慶十年(1805)刻本　八冊

510000 - 2741 - 0009644　9644

知足齋詩集二十卷詩續集四卷進呈文稿二卷文集六卷　（清）朱珪撰　清嘉慶十年(1805)刻本　十四冊

510000 - 2741 - 0009645　9645

知足齋詩集二十卷詩續集四卷進呈文稿二卷文集六卷　（清）朱珪撰　清嘉慶十年(1805)刻本　十四冊

510000 - 2741 - 0009646　9646

直木齋全集十三卷　（清）任繩隗著　清光緒十四年(1888)刻本　三冊

510000 - 2741 - 0009647　9647

直省釋奠禮樂記六卷首一卷　（清）應寶時輯　清光緒十七年(1891)廣東藩署刻本　四冊

510000 - 2741 - 0009648　9648

直齋書錄解題二十二卷　（宋）陳振孫撰　清

四川大學圖書館古籍普查登記目錄

光緒九年(1883)江蘇書局刻本　六冊

510000－2741－0009649　9649

直齋書錄解題二十二卷　(宋)陳振孫撰　清末刻本　四冊　存六卷(十二、十五至十六、十八至二十)

510000－2741－0009650　9650

植物圖說四卷　(英國)傅蘭雅著　清光緒二十一年(1895)刻本　一冊

510000－2741－0009651　9651

止堂集十八卷　(宋)彭龜年撰　清乾隆武英殿聚珍版印本　四冊

510000－2741－0009652　9652

止園叢書　(清)史夢蘭撰　清道光至光緒止園刻本　八冊

510000－2741－0009653　9653

止齋先生文集五十二卷　(宋)陳傅良撰　清光緒四年(1878)孫衣言江寧刻永嘉叢書本　八冊

510000－2741－0009654　9654

指月錄三十二卷　(明)瞿汝稷集　(明)嚴澂道較　清同治十一年(1872)刻本　十冊

510000－2741－0009655　9655

咫進齋叢書　(清)姚覲元輯　清光緒九年(1883)歸安姚氏刻本　三十八冊

510000－2741－0009656　9656

咫進齋叢書　(清)姚覲元輯　清光緒九年(1883)歸安姚氏刻本　三十冊

510000－2741－0009657　9657

咫進齋叢書　(清)姚覲元輯　清光緒九年(1883)歸安姚氏刻本　二十三冊

510000－2741－0009658　9658

徵君孫先生[孫奇逢]年譜二卷　(清)趙御眾等編次　(清)方苞訂正　清光緒十三年(1887)成都高繼善堂刻本　二冊

510000－2741－0009659　9659

徵息齋遺詩二卷補遺一卷徵息齋詞錄一卷　(清)潘慎生撰　清光緒十三年(1887)杭州刻

本　一冊

510000－2741－0009660　9660

志學編八種　(清)呂調陽述　清刻本　四冊

510000－2741－0009661　9661

志學錄八卷　(清)方宗誠撰　清光緒三年(1877)刻本　四冊

510000－2741－0009662　9662

志學齋集　(清)徐壽基撰　清光緒武進徐氏刻本　十冊

510000－2741－0009663　9663

豸華堂文鈔十二卷　(清)金應麟撰　清道光三十年(1850)刻本　八冊

510000－2741－0009664　9664

制義叢話二十四卷　(清)梁章鉅撰　清咸豐九年(1859)知足知不足齋刻本　六冊

510000－2741－0009665　9665

炙硯瑣談三卷　(清)湯大奎撰　清乾隆亦有生齋刻本　三冊

510000－2741－0009666　9666

治疗彙要二卷補遺一卷　(清)過鑄輯　清光緒二十二年(1896)梁溪華氏文苑閣木活字印本　二冊

510000－2741－0009667　9667

治經堂集二十卷　(清)朱錦琮撰　清道光十八年至三十年(1838－1850)刻本　八冊

510000－2741－0009668　9668

治痢仙方一卷　(清)王成章著述　清咸豐六年(1856)刻本　一冊

510000－2741－0009669　9669

治平署增定全書三十二卷　(明)朱健　(明)朱徽著　清道光二十九年(1849)安康張氏來鹿堂刻本　十冊

510000－2741－0009670　9670

致遠堂訂補釋義千家詩二卷　(明)鍾惺註　清刻本　一冊

510000－2741－0009671　9671

四川大學圖書館古籍普查登記目錄

461

智囊補二十八卷　（明）馮夢龍輯　清初刻本
十四冊

510000－2741－0009672　9672
製屬金法二卷　（日本）橋本奇策著　（清）王
季點譯　清光緒二十七年（1901）上海製造局
刻本　二冊

510000－2741－0009673　9673
製屬金法二卷　（日本）橋本奇策著　（清）王
季點譯　清光緒二十七年（1901）上海製造局
刻本　二冊

510000－2741－0009674　9674
製火藥法三卷　（英國）利稼孫　（英國）華得
斯輯　（英國）傅蘭雅口譯　（清）丁樹棠筆述
清同治、光緒間江南製造總局刻本　一冊

510000－2741－0009675　9675
誌銘廣例二卷　（清）梁玉繩著　清光緒四年
（1878）會稽章氏刻式訓堂叢書本　一冊

510000－2741－0009676　9676
質盦集二卷　（清）白作霖撰　清光緒二十四
年（1898）鉛印本　二冊

510000－2741－0009677　9677
質顧一卷　（清）吳光耀撰　清宣統刻本
二冊

510000－2741－0009678　9678
中川遺藁三十三卷　（明）王教撰　（明）王在
阡編　明嘉靖三十九年（1560）清白堂刻清乾
隆修補印本　八冊

510000－2741－0009679　9679
中等教育日本歷史二卷歷代表略一卷附錄一
卷　（日本）萩野由之撰　（清）劉大猷譯　清
光緒二十七年（1901）教育世界社石印本
一冊

510000－2741－0009680　9680
中等教育日本歷史二卷歷代表略一卷附錄一
卷　（日本）萩野由之撰　（清）劉大猷譯　清
光緒二十七年（1901）教育世界社石印本
五冊

510000－2741－0009681　9681
中東戰紀本末八卷　（美國）林樂知著譯　清
光緒二十三年（1897）上海廣學會鉛印本
八冊

510000－2741－0009682　9682
中東戰紀本末八卷續編四卷三編四卷　（美
國）林樂知著譯　（清）蔡爾康纂輯　文學興
國策二卷　（美國）林樂知著譯　清光緒二十
三年至二十六年（1897－1900）上海廣學會鉛
印本　十六冊

510000－2741－0009683　9683
中俄界記二編　（清）鄒代鈞著　（清）曾寅校
訂補圖　清宣統三年（1911）湖北武昌亞新地
學社鉛印本　二冊

510000－2741－0009684　9684
中俄界約斠注七卷首一卷　（清）錢恂編　清
光緒二十年（1894）蘇城謝文翰齋刻本　二冊

510000－2741－0009685　9685
中復堂全集　（清）姚瑩撰　清同治六年
（1867）姚濬昌安福縣署刻本　三十六冊

510000－2741－0009686　9686
中復堂全集　（清）姚瑩撰　清同治六年
（1867）姚濬昌安福縣署刻本　二十八冊

510000－2741－0009687　9687
中國江海險要圖志二十二卷首一卷圖五卷補
編五卷　（英國）海軍海圖官局原本　（清）陳
壽彭譯　清光緒經世文社石印本　十三冊
存二十九卷（中國江海險要圖志二十二卷、首
一卷，圖一至二、四至五，補編一至二）

510000－2741－0009688　9688
中國江海險要圖志二十二卷首一卷圖五卷補
編五卷　（英國）海軍海圖官局原本　（清）陳
壽彭譯　清光緒經世文社石印本　十冊

510000－2741－0009689　9689
中國歷代疆域沿革考一卷　（日本）重野安繹
（日本）河田羆著　（清）滌盦居士譯　清光
緒二十八年（1902）上海商務印書館鉛印本
一冊

510000 – 2741 – 0009690　9690

中國歷代疆域沿革考一卷　（日本）重野安繹
（日本）河田羆著　（清）滁盦居士譯　清光
緒二十八年(1902)上海商務印書館鉛印本
一冊

510000 – 2741 – 0009691　9691

中國四千年開化史九章歷代大事年表一卷
（清）中國少年編譯　清光緒三十二年(1906)
成都局刻本　二冊

510000 – 2741 – 0009692　9692

中日議和紀略不分卷　（□）□□輯　清光緒
刻本　一冊

510000 – 2741 – 0009693　9693

中說十卷　（隋）王通撰　（宋）阮逸註　明初
刻本　二冊

510000 – 2741 – 0009694　9694

中說十卷　（隋）王通撰　（宋）阮逸註　清光
緒十六年(1890)貴陽陳矩刻本　一冊

510000 – 2741 – 0009695　9695

中說十卷　（隋）王通撰　（宋）阮逸註　清嘉
慶九年(1804)湖南寶慶經綸堂刻本　二冊

510000 – 2741 – 0009696　9696

中外地輿圖說集成一百三十卷首三卷圖一卷
（清）同康廬主人輯　清光緒二十年(1894)
上海積山書局石印本　二十七冊　缺四卷
（一百二十七至一百三十）

510000 – 2741 – 0009697　9697

中外地輿圖說集成一百三十卷首三卷圖一卷
（清）同康廬主人輯　清光緒二十年(1894)
上海積山書局石印本　二十四冊

510000 – 2741 – 0009698　9698

中外地輿圖說集成一百三十卷首三卷圖一卷
（清）同康廬主人輯　清光緒二十年(1894)
上海積山書局石印本　二十四冊

510000 – 2741 – 0009699　9699

中外豪傑史讀本一卷　（清）施崇恩編　清光
緒三十一年(1905)上海彪蒙書室石印本
一冊

510000 – 2741 – 0009700　9700

中外條約易檢錄十四類　（清）褚蘭生等輯
清末刻本　一冊

510000 – 2741 – 0009701　9701

中外醫書八種合刻　（□）□□輯　清光緒三
十年(1904)文匯堂刻本　八冊　缺一種一卷
（醫案類錄一卷）

510000 – 2741 – 0009702　9702

中外醫書四種合刻　（□）□□輯　清光緒二
十五年至二十七年(1899 – 1901)四川成都正
字山房刻本　六冊

510000 – 2741 – 0009703　9703

中晚唐詩叩彈集十二卷續集三卷　（清）杜詔
（清）杜庭珠輯　清康熙四十三年(1704)采
山亭刻本　六冊

510000 – 2741 – 0009704　9704

中西骨格辯正七卷　（清）劉廷楨輯　清光緒
二十九年(1903)上海廣學會鉛印本　二冊

510000 – 2741 – 0009705　9705

中西骨格辯正七卷　（清）劉廷楨輯　清光緒
二十九年(1903)上海廣學會鉛印本　二冊

510000 – 2741 – 0009706　9706

中西匯通醫書五種　（清）唐宗海撰　清光緒
三十四年(1908)上海千頃堂書局石印本　十
二冊

510000 – 2741 – 0009707　9707

中西匯通醫書五種　（清）唐宗海撰　清光緒
三十四年(1908)上海千頃堂書局石印本　四
冊　存二種十卷(中西匯通醫經精義二卷、血
證論八卷)

510000 – 2741 – 0009708　9708

中西紀事二十四卷首一卷　（清）夏燮撰　清
光緒二十四年(1898)黎照書屋刻本　八冊

510000 – 2741 – 0009709　9709

中西紀事二十四卷首一卷　（清）夏燮撰　清
光緒二十四年(1898)黎照書屋刻本　六冊

四川大學圖書館古籍普查登記目錄

510000－2741－0009710　9710

中西紀事二十四卷首一卷　（清）夏燮撰　清光緒七年(1881)木活字印本　六册

510000－2741－0009711　9711

中西紀事二十四卷首一卷　（清）夏燮撰　清同治七年(1868)刻本　六册

510000－2741－0009712　9712

中西紀事二十四卷首一卷　（清）夏燮撰　清光緒二十四年(1898)藜照書屋刻本　八册

510000－2741－0009713　9713

中西時務經濟策論要訣不分卷　（清）張之洞輯　清光緒二十八年(1902)碎文山房刻本　一册

510000－2741－0009714　9714

中興將帥別傳三十卷　（清）朱孔彰撰　清光緒二十三年(1897)江甯刻本　十册

510000－2741－0009715　9715

中興小紀四十卷　（宋）熊克撰　清抄本　二十册

510000－2741－0009716　9716

中庸衍義十七卷　（明）夏良勝撰　清同治十年(1871)江西撫署刻本　十册

510000－2741－0009717　9717

中庸注一卷　康有爲著　清光緒二十七年(1901)上海中國圖書公司鉛印本　一册

510000－2741－0009718　9718

中州集十卷首一卷　（金）元好問集　明末毛氏汲古閣刻清古松堂印本　六册　存六卷（卷首、一至五）

510000－2741－0009719　9719

中州集一卷　（清）程含章撰　清廣東九曜坊信古齋刻本　一册

510000－2741－0009720　9720

中州金石記五卷　（清）畢沅撰　清乾隆刻經訓堂叢書本　四册

510000－2741－0009721　9721

中州名賢文表三十卷　（明）劉昌輯　清康熙

四十五年(1706)錢塘汪立名刻本　八册

510000－2741－0009722　9722

中州人物考八卷　（清）孫奇逢輯　（清）王元鑣　（清）孫立雅編　清道光二十四年(1844)孫家秀刻本　八册

510000－2741－0009723　9723

忠告全書　（元）張養浩著　清光緒三年(1877)刻本　一册

510000－2741－0009724　9724

忠介公集十三卷首一卷　（明）楊爵撰　清光緒十九年(1893)張履誠堂刻三原同文齋印本　四册

510000－2741－0009725　9725

忠介公集十三卷首一卷末一卷　（明）楊爵著　附録五卷　（清）楊昱輯　清光緒十九年(1893)張履誠堂刻三原同文齋印本　六册

510000－2741－0009726　9726

忠武祠墓志七卷首一卷末一卷　（清）虛白道人(李復心)輯　清同治五年(1866)沔署刻本　四册

510000－2741－0009727　9727

忠武祠墓志七卷首一卷末一卷　（清）虛白道人(李復心)輯　清同治五年(1866)沔署刻本　四册

510000－2741－0009728　9728

忠武祠墓志七卷首一卷末一卷　（清）虛白道人(李復心)輯　清同治五年(1866)沔署刻本　四册

510000－2741－0009729　9729

忠武公[楊遇春]年譜一卷　（清）楊國佐　（清）楊國楨編　清刻本　一册

510000－2741－0009730　9730

忠武公[楊遇春]年譜一卷　（清）楊國佐　（清）楊國楨編　清刻本　一册

510000－2741－0009731　9731

忠雅堂評選四六法海八卷　（清）蔣士銓評選　清刻本　六册　存六卷(二至五、七至八)

四川大學圖書館古籍普查登記目録

510000 – 2741 – 0009732　9732

忠雅堂評選四六法海八卷　（清）蔣士銓評選
清同治十一年(1872)刻朱墨套印本　八冊

510000 – 2741 – 0009733　9733

忠雅堂評選四六法海八卷　（清）蔣士銓評選
清同治十一年(1872)刻朱墨套印本　八冊

510000 – 2741 – 0009734　9734

忠雅堂詩集二十七卷補遺二卷　（清）蔣士銓
撰　清同治九年(1870)蔣志章成都刻本
十冊

510000 – 2741 – 0009735　9735

忠雅堂詩集二十七卷補遺二卷詞二卷　（清）
蔣士銓撰　清刻本　八冊

510000 – 2741 – 0009736　9736

忠雅堂詩集二十七卷補遺二卷詞二卷　（清）
蔣士銓撰　清刻本　八冊

510000 – 2741 – 0009737　9737

忠雅堂文集十二卷　（清）蔣士銓撰　清嘉慶
二十一年(1816)鉛山蔣氏刻本　八冊

510000 – 2741 – 0009738　9738

楚辭六卷首一卷餘論二卷說韻一卷　（清）蔣
驥注　清雍正五年(1727)蔣氏山帶閣刻本
六冊

510000 – 2741 – 0009739　9739

忠正德文集十卷附錄一卷　（宋）趙鼎撰　清
道光十一年(1831)會稽吳氏刻本　六冊

510000 – 2741 – 0009740　9740

衷聖齋文集一卷　（清）劉光第撰　清光緒二
十年(1894)儷峰書屋刻本　一冊

510000 – 2741 – 0009741　9741

鐘鼎字源五卷附錄一卷　（清）汪立名輯　清
光緒二年(1876)刻本　二冊

510000 – 2741 – 0009742　9742

鍾氏閩蜀贈言五卷　（清）鍾毓撰　清光緒二
十二年(1896)江東刻本　一冊

510000 – 2741 – 0009743　9743

鐘鼎款識一卷　（清）葉志洗撰　清道光二十

八年(1848)漢陽葉氏刻本　一冊

510000 – 2741 – 0009744　9744

冢緟四十八卷　（清）杜大恒撰　清光緒二十
二年(1896)儷峰書屋刻本　八冊

510000 – 2741 – 0009745　9745

冢緟四十八卷　（清）杜大恒撰　清光緒二十
二年(1896)儷峰書屋刻本　八冊

510000 – 2741 – 0009746　9746

種痘新書十二卷　（清）張琰編輯　清掃葉山
房刻本　六冊

510000 – 2741 – 0009747　9747

種福堂續選臨證指南四卷　（清）葉桂撰　清
光緒十四年(1888)蒲圻但氏刻本　二冊

510000 – 2741 – 0009748　9748

仲景存真集二卷附一卷　（清）吳蓬萊編輯
清刻本　二冊

510000 – 2741 – 0009749　9749

仲景全書　（漢）張機等撰　清光緒二十年
(1894)成都鄧氏崇文齋刻本　十冊

510000 – 2741 – 0009750　9750

仲景全書　（漢）張機等撰　清光緒二十年
(1894)成都鄧氏崇文齋刻本　十冊

510000 – 2741 – 0009751　9751

仲景全書　（漢）張機等撰　清光緒二十年
(1894)成都鄧氏崇文齋刻本　十冊

510000 – 2741 – 0009752　9752

仲景全書　（漢）張機等撰　清光緒二十年
(1894)成都鄧氏崇文齋刻本　十冊

510000 – 2741 – 0009753　9753

仲景全書　（漢）張機等撰　清光緒二十年
(1894)成都鄧氏崇文齋刻本　一冊　存三種
七卷(傷寒類證三卷、仲景全書運氣掌訣錄一
卷、傷寒明理論三卷)

510000 – 2741 – 0009754　9754

仲景傷寒補亡論二十卷　（宋）郭雍撰次　清
宣統三年(1911)武昌醫館刻本　四冊

四川大學圖書館古籍普查登記目錄

510000－2741－0009755　9755

重定金石契不分卷　（清）張燕昌撰　清乾隆
四十三年(1778)刻本　四冊

510000－2741－0009756　9756

重訂廣事類賦四十卷　（清）華希閔撰　清嘉
慶六年(1801)刻本　八冊

510000－2741－0009757　9757

重訂活幼新編九卷　（明）聶尚恒著　（清）胡
壽昌纂輯　清同治十年(1871)刻本　二冊
存五卷(一至五)

510000－2741－0009758　9758

重訂教乘法數十二卷　（清）釋超海等重訂
清光緒三十年(1904)刻本　五冊　缺一卷
(三)

510000－2741－0009759　9759

重訂教乘法數十二卷　（清）釋超海等重訂
清光緒三十年(1904)刻本　六冊

510000－2741－0009760　9760

重訂教乘法數十二卷　（清）釋超海等重訂
清光緒四年(1878)杭州昭慶寺刻本　六冊

510000－2741－0009761　9761

重訂教乘法數十二卷　（清）釋超海等重訂
清光緒四年(1878)杭州昭慶寺刻本　六冊

510000－2741－0009762　9762

六書通十卷首一卷　（清）畢弘述篆訂　清光
緒十九年(1893)校經山房石印本　五冊

510000－2741－0009763　9763

重訂事類賦三十卷　（宋）吳淑撰註　清嘉慶
六年(1801)刻本　四冊

510000－2741－0009764　9764

重訂唐詩別裁集二十卷　（清）沈德潛選　清
教忠堂刻本　十冊

510000－2741－0009765　9765

重訂唐詩別裁集二十卷　（清）沈德潛選　清
教忠堂刻本　五冊　存十二卷(六至九、十三
至二十)

510000－2741－0009766　9766

重訂西青散記八卷　（清）史震林手定　清嘉
慶十年(1805)刻本　八冊

510000－2741－0009767　9767

重訂楊園先生全集　（清）張履祥撰　清同治
十年(1871)江蘇書局刻本　十六冊

510000－2741－0009768　9768

重訂袁了凡註釋群書備考八卷　（明）袁黃撰
（明）葉世儼註　明金閶葉崑池刻本　六冊

510000－2741－0009769　9769

重訂越南圖說六卷　（清）盛慶紱纂輯　清光
緒葉長高刻觀象廬叢書本　三冊

510000－2741－0009770　9770

重訂越南圖說六卷　（清）盛慶紱纂輯　穆天
子傳一卷　清光緒葉長高刻觀象廬叢書本
二冊

510000－2741－0009771　9771

重訂證治準繩全書　（明）王肯堂輯　清乾隆
十四年(1749)帶月樓刻本　十二冊　存二種
十二卷(瘍醫準繩六卷、類方準繩一至六)

510000－2741－0009772　9772

重訂證治準繩全書　（明）王肯堂輯　清嘉興
九思堂刻本　六十四冊

510000－2741－0009773　9773

重訂直音篇七卷　（明）章黼撰　（明）吳道長
重訂　（清）余敏補輯　清刻本　八冊

510000－2741－0009774　9774

重訂周易二閭記三卷　（清）茹敦和撰　（清）
李慈銘訂　清光緒刻本　三冊

510000－2741－0009775　9775

重訂周易二閭記三卷　（清）茹敦和撰　（清）
李慈銘訂　清光緒刻本　一冊

510000－2741－0009776　9776

重訂周易小義二卷　（清）茹敦和撰　（清）李
慈銘訂　清光緒刻本　一冊

510000－2741－0009777　9777

重鐫本草醫方合編六卷　（清）汪昂著輯　清
光緒十四年(1888)刻本　六冊

四川大學圖書館古籍普查登記目錄

510000－2741－0009778　9778

重鐫丹溪心法附餘　（元）朱震亨撰　（明）戴元禮撰　清尚德堂刻本　十冊　存七種二十八卷(丹溪先生心法五卷、附録一卷,新刻校定脈訣指掌病式圖說一卷,丹溪先生金匱鈎玄三卷,醫學發明一卷,活法機要一卷,秘傳證治要訣十二卷,證治要訣類方四卷)

510000－2741－0009779　9779

重刊補註洗冤録集證六卷　（宋）宋慈撰（清）王又槐增輯　（清）李觀瀾補輯　（清）阮其新補註　（清）張錫蕃重訂加丹　清道光二十四年(1844)刻四色套印本　五冊

510000－2741－0009780　9780

重刊補註洗冤録集證六卷　（宋）宋慈撰（清）王又槐增輯　（清）李觀瀾補輯　（清）阮其新補註　清道光二十四年(1844)刻四色套印本　五冊

510000－2741－0009781　9781

重刊補註洗冤録集證六卷　（宋）宋慈撰（清）王又槐增輯　（清）李觀瀾補輯　（清）阮其新補註　清道光二十四年(1844)刻四色套印本　五冊

510000－2741－0009782　9782

重刊補註洗冤録集證六卷　（宋）宋慈撰（清）王又槐增輯　（清）李觀瀾補輯　（清）阮其新補註　清光緒三十年(1904)北直文昌會刻四色套印本　五冊

510000－2741－0009783　9783

重刊道藏輯要　（清）賀龍驤編　（清）閻永和增　清光緒三十二年(1906)成都二仙庵刻本　二百四十冊

510000－2741－0009784　9784

重刊道藏輯要　（清）賀龍驤編　（清）閻永和增　清光緒三十二年(1906)成都二仙庵刻本　二百四十二冊　缺十三卷(太上無極大道自然真一五稱符上經一卷、下經一卷,太上黃庭内景玉經三卷,黃庭内景經一卷、黃庭外景經三卷,太上黃庭内景玉經一卷,太上黃庭外景經一卷,太上黃庭中景經一卷,水雲集一卷)

510000－2741－0009785　9785

重刊道藏輯要　（清）賀龍驤編　（清）閻永和增　清光緒三十二年(1906)成都二仙庵刻本　二百四十冊　缺七卷(太上玄元道德經解一卷、仙佛合宗語録六卷)

510000－2741－0009786　9786

重刊二十四史　（□）□□編　清同治八年(1869)嶺南葄古堂刻本　八百四十五冊　缺十八卷(史記三十一至四十二、陳書一至六)

510000－2741－0009787　9787

重刊經史證類大全本草三十一卷　（宋）唐慎微撰　明萬曆二十八年(1600)籍山書院刻三十八年(1610)彭端吾重修本　二十二冊

510000－2741－0009788　9788

重刊救荒補遺書二卷　（宋）董煟編著　（元）張光大新增　（明）朱熊補遺　清同治八年(1869)楚北崇文書局刻本　二冊

510000－2741－0009789　9789

重刊麻姑山志十二卷首一卷　（清）黃家駒編訂　清同治五年(1866)黃家駒刻本　六冊

510000－2741－0009790　9790

重栞宋本十三經注疏附校勘記　（清）阮元撰校勘記　（清）盧宣旬摘録　清光緒十八年(1892)湖南寶慶務本書局刻本　一百六十冊

510000－2741－0009791　9791

重刊宋本十三經注疏附校勘記　（清）阮元撰校勘記　（清）盧宣旬摘録　清嘉慶刻本　一百六十冊

510000－2741－0009792　9792

重刊五百家注音辯昌黎先生文集四十卷（唐）韓愈撰　清經綸堂刻本　十六冊

510000－2741－0009793　9793

重刊五百家注音辯昌黎先生文集四十卷（唐）韓愈撰　清刻本　十二冊

510000－2741－0009794　9794

重刊校正唐荆川先生文集十二卷荆川集補遺

四川大學圖書館古籍普查登記目録

五卷新刊荆川先生外集三卷附録一卷　（明）
唐順之撰　清光緒三十年(1904)江南書局刻
本　十冊

510000－2741－0009795　9795
宜興荊溪舊志五種附一種　（清）□□輯　清
光緒八年(1882)刻本　三十二冊

510000－2741－0009796　9796
重刊宜興縣志四卷首一卷　（清）阮昇基修
清嘉慶二年(1797)刻本　四冊

510000－2741－0009797　9797
重栞宋本十三經注疏附校勘記　（清）阮元撰
校勘記　（清）盧宣旬摘録　清光緒十八年
(1892)湖南寶慶務本書局刻本　一百二十冊

510000－2741－0009798　9798
重刻禪要集三卷　（明）西傳居士輯　明萬曆
三十七年(1609)刻本　一冊

510000－2741－0009799　9799
重刻活幼心法大全二卷　（明）聶尚恒著　清
刻本　二冊

510000－2741－0009800　9800
重刻活幼心法大全二卷　（明）聶尚恒著　清
刻本　一冊

510000－2741－0009801　9801
山谷詩外集注十七卷　（宋）黃庭堅撰　（宋）
史容注　山谷詩別集注二卷　（宋）黃庭堅撰
（宋）史季溫注　重刻山谷先生年譜十四卷
（宋）黃㽙編　山谷詩外集補四卷　清刻本
六冊

510000－2741－0009802　9802
重刻傷寒論翼緒論合編　（□）□□輯　清道
光十五年(1835)刻本　八冊

510000－2741－0009803　9803
重刻萬季野歷代史表五十三卷續刻六卷
（清）萬斯同編　清乾隆、嘉慶間丁小山、孫樹
潤寧波刻本　八冊

510000－2741－0009804　9804
重刻張太岳先生文集四十八卷　（明）張居正

撰　附浩氣吟一卷　（明）張同敞撰　清道光
八年(1828)刻本　八冊

510000－2741－0009805　9805
南溪縣鄉土志不分卷　（清）□□纂　清末抄
本　二冊

510000－2741－0009806　9806
重樓玉鑰二卷首一卷　（清）鄭梅潤著　清末
刻本　二冊

510000－2741－0009807　9807
重樓玉鑰二卷首一卷　（清）鄭梅潤著　清末
刻本　一冊　存一卷(下)

510000－2741－0009808　9808
重慶新釐科則一卷　（清）新釐總局編輯　清
光緒三十一年(1905)廣益書局鉛印本　一冊

510000－2741－0009809　9809
重修南嶽志二十六卷　（清）李元度重修　清
光緒刻本　十六冊

510000－2741－0009810　9810
重修宣和博古圖録三十卷　（宋）王黼等撰
明刻本　十八冊　缺一卷(十二)

510000－2741－0009811　9811
重修伊陽縣志四卷　（清）李章埥編　清乾隆
三十一年(1766)刻本　四冊

510000－2741－0009812　9812
重修昭覺寺志八卷首一卷　（清）羅用霖纂修
清光緒二十二年(1896)刻本　四冊

510000－2741－0009813　9813
重修昭覺寺志八卷首一卷　（清）羅用霖纂修
清光緒二十二年(1896)刻本　四冊

510000－2741－0009814　9814
重修昭覺寺志八卷首一卷　（清）羅用霖纂修
清光緒二十二年(1896)刻本　四冊

510000－2741－0009815　9815
重修昭覺寺志八卷首一卷　（清）羅用霖纂修
清光緒二十二年(1896)刻本　九冊

510000－2741－0009816　9816

四川大學圖書館古籍普查登記目録

重修政和經史證類備用本草三十卷　（宋）唐慎微撰　明嘉靖十六年（1537）楚府崇本書院刻本　二十冊

510000－2741－0009817　9817

重學二十卷　（英國）艾約瑟口譯　（清）李善蘭筆述　圜錐曲線說三卷　（英國）艾約瑟口譯　清光緒十四年（1888）上海大同書局石印本　二冊

510000－2741－0009818　9818

重學二十卷　（英國）艾約瑟口譯　（清）李善蘭筆述　圜錐曲線說三卷　（英國）艾約瑟口譯　清光緒二十二年（1896）上海積山書局石印本　二冊

510000－2741－0009819　9819

重學二十卷　（英國）艾約瑟口譯　（清）李善蘭筆述　圜錐曲線說三卷　（英國）艾約瑟口譯　清末石印本　一冊　存十三卷（重學十一至二十、圜錐曲線說三卷）

510000－2741－0009820　9820

重學須知不分卷　（□）□□撰　清刻本　一冊

510000－2741－0009821　9821

重遊泮水唱和詩草一卷　（清）盧秉鈞輯　清光緒二十七年（1901）紅杏山房刻本　一冊

510000－2741－0009822　9822

重梓歸元直指集三卷　（明）釋一元編　（清）樸堂居士等重編　（清）與楷增補　清嘉慶二十二年（1817）刻本　三冊

510000－2741－0009823　9823

州縣提綱四卷　（宋）陳襄撰　清道光張日晸成都刻本　一冊

510000－2741－0009824　9824

州縣學校謀始一卷　（清）方旭著　清光緒二十九年（1903）成都官書局鉛印本　一冊

510000－2741－0009825　9825

周給事垂光集一卷　（明）周璽撰　清光緒元年（1875）合肥張氏毓秀堂刻本　一冊

510000－2741－0009826　9826

周恭節公集　（明）周怡撰　明萬曆二年（1574）周恪刻清乾隆二年（1737）周元鎬增修本　十冊

510000－2741－0009827　9827

周官經六卷　王闓運撰　清光緒二十二年（1896）東州講舍刻本　六冊

510000－2741－0009828　9828

周官聯事表一卷　（清）甯緗述　清光緒三十四年（1908）刻本　一冊

510000－2741－0009829　9829

周季編略九卷　（清）黃式三撰　清同治十二年（1873）浙江書局刻儆居遺書本　四冊

510000－2741－0009830　9830

周季編略九卷　（清）黃式三纂　清同治十二年（1873）浙江書局刻儆居遺書本　四冊

510000－2741－0009831　9831

周禮補注六卷　（清）呂飛鵬撰　清道光二十九年（1849）旌德呂氏立誠軒刻本　四冊

510000－2741－0009832　9832

周禮述註二十四卷　（清）李光坡述註　清乾隆八年（1743）李氏清白堂刻本　八冊

510000－2741－0009833　9833

周禮軍賦說四卷　（清）王鳴盛撰　清乾隆頤志堂刻本　二冊

510000－2741－0009834　9834

周禮六卷　（漢）鄭玄注　（唐）陸德明音義　清同治十一年（1872）山東書局刻本　六冊

510000－2741－0009835　9835

周禮六卷　（漢）鄭玄注　（唐）陸德明音義　校勘記一卷　清光緒八年（1882）錦江書局刻本　六冊

510000－2741－0009836　9836

周禮六卷　（漢）鄭玄注　（唐）陸德明音義　校勘記一卷　清光緒八年（1882）錦江書局刻本　六冊

510000－2741－0009837　9837

四川大學圖書館古籍普查登記目錄

周禮六卷　（漢）鄭玄注　（唐）陸德明音義
校勘記一卷　清光緒八年（1882）錦江書局刻
本　六冊

510000－2741－0009838　9838

周禮十二卷　（清）姜兆錫詳解　清道光九年
（1829）聯墨堂刻本　六冊

510000－2741－0009839　9839

周禮折衷四卷　（宋）魏了翁著　清同治十三
年（1874）望三益齋刻本　一冊

510000－2741－0009840　9840

周禮折衷四卷　（宋）魏了翁著　清同治十三
年（1874）望三益齋刻本　一冊

510000－2741－0009841　9841

周禮折衷四卷師友雅言一卷　（宋）魏了翁著
　清同治十三年（1874）望三益齋刻本　二冊

510000－2741－0009842　9842

周禮折衷四卷師友雅言一卷　（宋）魏了翁著
　清同治十三年（1874）望三益齋刻本　二冊

510000－2741－0009843　9843

周禮正義八十六卷　（清）孫詒讓撰　清光緒
三十一年（1905）鉛印本　二十冊

510000－2741－0009844　9844

周禮政要二卷　（清）孫詒讓撰　清光緒二十
八年（1902）刻本　二冊

510000－2741－0009845　9845

周禮直音六卷首一卷末一卷　（清）孫倜撰
清嘉慶十八年（1813）刻本　二冊

510000－2741－0009846　9846

周禮注疏四十二卷附考證　（漢）鄭玄注
（唐）賈公彥疏　（唐）陸德明音義　清刻本
十四冊

510000－2741－0009847　9847

周氏醫學叢書　（清）周學海輯　清光緒十七
年至宣統三年（1891－1911）池陽周氏福慧雙
修館刻宣統三年（1911）彙印本　七十冊

510000－2741－0009848　9848

周書斠補四卷　（清）孫詒讓撰　清光緒二十

六年（1900）籀膏刻本　二冊

510000－2741－0009849　9849

周書斠補四卷　（清）孫詒讓撰　清光緒二十
六年（1900）籀膏刻本　二冊

510000－2741－0009850　9850

周書斠補四卷　（清）孫詒讓撰　清光緒二十
六年（1900）籀膏刻本　二冊

510000－2741－0009851　9851

周書十卷附錄一卷　（清）朱右曾集訓校釋
清光緒三年（1877）湖北崇文書局刻本　一冊

510000－2741－0009852　9852

周書五十卷　（唐）令狐德棻等撰　明崇禎毛
氏汲古閣刻十七史本　六冊

510000－2741－0009853　9853

周文歸二十卷　（明）鍾惺選　（明）陳湶子輯
　明崇禎十三年（1640）刻本　十二冊

510000－2741－0009854　9854

周易八卷　（宋）蘇軾撰　王輔嗣論易一卷
（三國魏）王弼撰　明閔氏刻朱墨套印本
八冊

510000－2741－0009855　9855

周易本義辯證五卷　（清）惠棟撰　清乾隆常
熟蔣氏刻省吾堂四種本　二冊

510000－2741－0009856　9856

周易本義闡旨四卷　（清）胡方撰　（清）盧觀
恒編　清嘉慶十七年（1812）刻本　九冊

510000－2741－0009857　9857

周易本義十二卷易圖一卷五贊一卷筮儀一卷
　（宋）朱熹撰　清康熙內府刻本　二冊

510000－2741－0009858　9858

周易本義十二卷易圖一卷五贊一卷筮儀一卷
　（宋）朱熹撰　清康熙內府刻本　五冊

510000－2741－0009859　9859

周易參同契分章註解三卷　（漢）魏伯陽撰
（元）陳致虛註解　清末民初石印本　一冊

510000－2741－0009860　9860

四川大學圖書館古籍普查登記目錄

周易傳義十卷易說綱領一卷　（宋）程頤
（宋）朱熹撰　易圖集録一卷易五贊一卷筮儀
一卷　（宋）朱熹撰　上下篇義一卷　（宋）程
頤撰　明正統司禮監刻本　十八冊　存十三
卷（周易傳義十卷、易五贊一卷、筮儀一卷、上
下篇義一卷）

510000－2741－0009861　9861

周易傳註七卷附周易筮考一卷　（清）李塨撰
　清康熙五十二年（1713）刻本　四冊

510000－2741－0009862　9862

周易函書約存十五卷首三卷周易函書約註十
八卷周易函書別集十六卷卜法詳考四卷
（清）胡煦撰　清乾隆三十八年（1773）胡季堂
葆璞堂刻本　二十三冊　存四十五卷（周易
函書約存七至十三、周易函書約註十八卷、周
易函書別集十六卷、卜法詳考四卷）

510000－2741－0009863　9863

周易集解補箋四卷　（唐）李鼎祚集解　（清）
林慶炳補箋　清光緒刻本　四冊

510000－2741－0009864　9864

周易集解十七卷　（唐）李鼎祚集解　清同治
十三年（1874）刻本　二冊

510000－2741－0009865　9865

周易集解十七卷　（唐）李鼎祚集解　周易集
解略例一卷　（唐）邢璹注　明汲古閣刻本
六冊

510000－2741－0009866　9866

周易集解十七卷　（唐）李鼎祚輯　清光緒十
五年（1889）湖南書局刻本　五冊

510000－2741－0009867　9867

周易兼義九卷　（三國魏）王弼注　（唐）孔穎
達正義　清刻本　六冊

510000－2741－0009868　9868

周易口訣義五卷　（唐）史徵撰　清乾隆、嘉
慶間蘭陵孫氏刻岱南閣叢書本　二冊

510000－2741－0009869　9869

周易明報三卷首一卷末一卷　（清）陳懋侯撰

清光緒八年（1882）刻本　三冊

510000－2741－0009870　9870

周易詮義十四卷首一卷　（清）汪烜撰　清同
治十三年（1874）安徽敷文書局刻本　十四冊

510000－2741－0009871　9871

周易十二卷首一卷末一卷　（清）姜國伊撰
清光緒刻本　四冊

510000－2741－0009872　9872

周易十二卷首一卷末一卷　（清）姜國伊撰
清光緒刻本　四冊

510000－2741－0009873　9873

周易思半録二卷　（清）方鑄學　清光緒二十
七年（1901）桐城方氏達縣刻本　一冊

510000－2741－0009874　9874

周易四卷　（宋）朱熹本義　清同治七年
（1868）楚北崇文書局刻本　二冊

510000－2741－0009875　9875

周易四卷　（宋）朱熹本義　清同治七年
（1868）楚北崇文書局刻本　一冊

510000－2741－0009876　9876

周易通義二十二卷首一卷　（清）蘇秉國學
清嘉慶二十一年（1816）南清河蘇氏刻本
六冊

510000－2741－0009877　9877

周易通義十六卷　（清）莊忠棫撰　清光緒六
年（1880）冶城山館刻本　二冊

510000－2741－0009878　9878

周易圖說述四卷首一卷　（清）王弘撰　清光
緒三十三年（1907）敬義堂刻本　四冊

510000－2741－0009879　9879

周易姚氏學十六卷首一卷　（清）姚配中撰
清光緒三年（1877）湖北崇文書局刻本　六冊

510000－2741－0009880　9880

周易要義十卷首一卷　（宋）魏了翁撰　清光
緒十二年（1886）江蘇書局刻本　四冊

510000－2741－0009881　9881

四川大學圖書館古籍普查登記目録

周易引經通釋十卷 （清）李鈞簡輯註 清嘉慶黃岡李氏鶴陰書屋刻本 十冊

510000－2741－0009882 9882

周易虞氏義九卷周易虞氏消息二卷 （清）張惠言撰 清嘉慶八年(1803)揚州阮氏琅嬛僊館刻本 二冊

510000－2741－0009883 9883

周易擇言六卷 （清）鮑作雨撰 清同治三年(1864)瑞安項傅梅刻本 六冊

510000－2741－0009884 9884

周益國文忠公集二百卷附錄五卷 （宋）周必大著 清光緒二十五年(1899)周氏日新堂刻本 四十冊

510000－2741－0009885 9885

周子全書 （宋）周敦頤撰 （清）董榕輯 清乾隆二十一年(1756)刻本 八冊

510000－2741－0009886 9886

朱九江先生集十卷首四卷 （清）朱次琦撰 清光緒二十三年(1897)刻本 四冊

510000－2741－0009887 9887

朱氏羣書 （清）朱駿聲撰 清光緒八年(1882)朱氏臨嘯閣刻本 八冊

510000－2741－0009888 9888

朱文端公藏書 （清）朱軾撰 清光緒二十三年(1897)朱衡等刻本 一百冊

510000－2741－0009889 9889

朱文端公遺札一卷 （清）朱鳳標撰 清光緒十年(1884)刻本 一冊

510000－2741－0009890 9890

朱文公集□□卷 （宋）朱熹撰 清刻本 三十冊 存四十九卷(政績一至九,碑文十,封事奏札上、下,雜著一至十五,書札一至十四,序文十、十六至二十二)

510000－2741－0009891 9891

朱文公校昌黎先生文集四十卷外集十卷集傳一卷遺文一卷 （唐）韓愈撰 （宋）朱熹考異 （宋）王伯大音釋 明萬曆三十三年(1605)

朱崇沐刻本 八冊

510000－2741－0009892 9892

朱子古文讀本六卷 （宋）朱熹撰 清道光二十三年(1843)刻本 六冊

510000－2741－0009893 9893

朱子集一百四卷 （宋）朱熹撰 清刻本 三十六冊 存九十六卷(四至九十九)

510000－2741－0009894 9894

朱子家禮八卷 （宋）朱熹撰 （明）丘濬輯 清康熙四十年(1701)汪鑑刻本 五冊

510000－2741－0009895 9895

朱子家禮五卷 （清）郭嵩燾校訂 清光緒十七年(1891)思賢講舍刻本 二冊

510000－2741－0009896 9896

朱子年譜四卷 （清）王懋竑纂訂 清乾隆十六年(1751)寶應王氏白田草堂刻本 二冊

510000－2741－0009897 9897

朱子年譜四卷考異四卷附朱子論學切要語二卷 （清）王懋竑纂訂 清乾隆十六年(1751)寶應王氏白田草堂刻光緒浙江書局修補印本 四冊

510000－2741－0009898 9898

朱子年譜四卷考異四卷附朱子論學切要語二卷 （清）王懋竑纂訂 清乾隆十六年(1751)寶應王氏白田草堂刻本 四冊 存五卷(朱子年譜二、四,考異一至二,朱子論學切要語二)

510000－2741－0009899 9899

朱子年譜四卷考異四卷附朱子論學切要語二卷 （清）王懋竑纂訂 清乾隆十六年(1751)寶應王氏白田草堂刻本 四冊

510000－2741－0009900 9900

朱子年譜四卷考異四卷附朱子論學切要語二卷 （清）王懋竑纂訂 清乾隆十六年(1751)寶應王氏白田草堂刻本 四冊

510000－2741－0009901 9901

朱子儀禮經傳通解六十九卷 （清）梁萬方考

四川大學圖書館古籍普查登記目錄

訂 清刻本 四十冊

510000－2741－0009902 9902
朱子語類一百四十卷 （宋）朱熹撰 清同治
十一年(1872)刻本 四十冊

510000－2741－0009903 9903
**朱子原訂近思錄集註十四卷附考訂朱子世家
一卷** （清）江永集註 清同治三年(1864)刻
本 四冊

510000－2741－0009904 9904
朱子原訂近思錄十四卷 （清）江永集注 清
同治七年(1868)楚北崇文書局刻本 四冊

510000－2741－0009905 9905
朱子原訂近思錄十四卷 （清）江永集注 清
同治七年(1868)楚北崇文書局刻本 四冊

510000－2741－0009906 9906
朱子原訂近思錄十四卷 （清）江永集注 清
咸豐二年(1852)刻咸豐七年(1857)重校印本
四冊

510000－2741－0009907 9907
朱子原訂近思錄十四卷 （清）江永集注 清
咸豐二年(1852)刻咸豐七年(1857)重校印本
四冊

510000－2741－0009908 9908
朱子原訂近思錄十四卷 （清）江永集註 清
刻本 四冊

510000－2741－0009909 9909
硃批諭旨不分卷 （清）鄂爾泰等編次 清光
緒十三年(1887)上海點石齋石印本 六十冊

510000－2741－0009910 9910
硃批諭旨不分卷 （清）鄂爾泰等編次 清刻
朱墨套印本 一百十二冊

510000－2741－0009911 9911
諸葛忠武侯兵法四卷首一卷文集一卷 （三
國蜀)諸葛亮撰 （清）張澍纂輯 清末鉛印
本 六冊

510000－2741－0009912 9912
諸葛忠武侯文集六卷首一卷 （三國蜀）諸葛

亮撰 （清）張澍纂輯 **故事五卷** （清）張澍
纂輯 清光緒三十四年(1908)金谿周氏刻民
國四年(1915)重校本 四冊 缺四卷(文集
一至四)

510000－2741－0009913 9913
諸葛忠武侯文集六卷首一卷 （三國蜀）諸葛
亮撰 （清）張澍纂輯 **故事五卷** （清）張澍
纂輯 清光緒三十四年(1908)金谿周氏刻民
國四年(1915)重校本 六冊

510000－2741－0009914 9914
諸葛忠武侯文集六卷首一卷 （三國蜀）諸葛
亮撰 （清）張澍纂輯 **故事五卷** （清）張澍
纂輯 清光緒三十四年(1908)金谿周氏刻民
國四年(1915)重校本 六冊

510000－2741－0009915 9915
諸家畫說 （清）葉宗祺輯 清光緒二年
(1876)成都葉氏書林刻本 十二冊 存十四
種十九卷(東莊論畫一卷,山靜居畫論二卷,
繪事發微一卷,畫筌一卷,山南論畫一卷,苦
瓜和尚畫語録一卷,雨窗漫筆一卷,畫訣一
卷,畫學鉤元一卷,強恕齋圖畫精意識一卷,
浦山論畫一卷,二十四畫品一卷,傳神祕要一
卷,國朝畫徵録三卷、續二卷)

510000－2741－0009916 9916
諸子彙函二十六卷 （明）歸有光輯 明天啓
五年(1625)立達堂刻本 三十二冊

510000－2741－0009917 9917
諸子彙函二十六卷 （明）歸有光輯 明天啓
五年(1625)立達堂刻本 二十六冊

510000－2741－0009918 9918
諸子品節五十卷 （明）陳深輯 明萬曆十八
年(1590)刻本 十冊

510000－2741－0009919 9919
諸子平議三十五卷 （清）俞樾撰 清同治十
年(1871)刻本 八冊

510000－2741－0009920 9920
竹柏山房十五種附刻四種 （清）林春溥撰
清嘉慶、咸豐間刻本 三十六冊

四川大學圖書館古籍普查登記目録

510000 – 2741 – 0009921　9921

竹柏山房十五種附刻四種　（清）林春溥撰
清嘉慶、咸豐間刻本　二十八冊

510000 – 2741 – 0009922　9922

竹窗隨筆一卷二筆一卷三筆一卷　（明）釋袾
宏著　清刻本　三冊

510000 – 2741 – 0009923　9923

竹筠山房詩鈔五卷　（清）雷瑑著　清光緒八
年(1882)刻本　一冊

510000 – 2741 – 0009924　9924

竹筠山房詩鈔五卷　（清）雷瑑著　清光緒八
年(1882)刻本　一冊

510000 – 2741 – 0009925　9925

竹林女科證治四卷　（□）□□撰　清光緒十
七年(1891)皖江節署刻本　六冊

510000 – 2741 – 0009926　9926

竹林女科證治四卷　（□）□□撰　清光緒十
七年(1891)皖江節署刻本　六冊

510000 – 2741 – 0009927　9927

竹書紀年二卷　（南朝梁）沈約注　（清）洪頤
煊校　清嘉慶十一年(1806)蘭陵孫氏刻平津
館叢書本　二冊

510000 – 2741 – 0009928　9928

竹書紀年統箋十二卷前編一卷雜述一卷
（南朝梁）沈約注　（清）徐文靖統箋　清光緒
三年(1877)浙江書局刻本　四冊

510000 – 2741 – 0009929　9929

竹書紀年校正十四卷通考一卷　（清）郝懿行
撰　清光緒五年(1879)東路廳署刻郝氏遺書
本　四冊

510000 – 2741 – 0009930　9930

竹書紀年統箋十二卷前編一卷雜述一卷
（南朝梁）沈約注　（清）徐文靖統箋　清光緒
三年(1877)浙江書局刻本　四冊

510000 – 2741 – 0009931　9931

竹素山房集三卷補遺一卷附錄一卷　（元）吾
衍撰　清光緒二十一年(1895)錢塘丁氏四明

刻本　一冊

510000 – 2741 – 0009932　9932

行素軒算稿　（清）華蘅芳撰　清光緒八年
(1882)梁谿華氏刻本　二冊　存三種四卷
（開方別術一卷、數根術解一卷、開方古義二
卷）

510000 – 2741 – 0009933　9933

竹汀先生日記鈔三卷　（清）錢大昕撰　（清）
何元錫編次　清刻本　一冊

510000 – 2741 – 0009934　9934

竹汀先生日記鈔三卷　（清）錢大昕撰　（清）
何元錫編次　清光緒會稽章氏刻式訓堂叢書
本　一冊

510000 – 2741 – 0009935　9935

竹嘯軒詩鈔十八卷　（清）沈德潛撰　清乾隆
刻本　二冊

510000 – 2741 – 0009936　9936

竹崦盦金石目錄五卷　（清）趙魏輯　清宣統
元年(1909)吳士鑑長沙刻本　四冊

510000 – 2741 – 0009937　9937

竹巖詩草二卷　（清）邊中寶撰　清乾隆四十
年(1775)刻本　二冊

510000 – 2741 – 0009938　9938

竹葉亭雜記八卷　（清）姚元之撰　清光緒十
九年(1893)刻本　二冊

510000 – 2741 – 0009939　9939

竹葉亭雜記八卷　（清）姚元之撰　清光緒十
九年(1893)刻本　二冊

510000 – 2741 – 0009940　9940

竹葉亭雜記四卷　（清）姚元之撰　清宣統二
年(1910)上海掃葉山房石印本　二冊

510000 – 2741 – 0009941　9941

助字辨略五卷　（清）劉淇撰　清咸豐五年
(1855)刻本　五冊

510000 – 2741 – 0009942　9942

續漢志三十卷　（南朝梁）劉昭注補　清同
治、光緒間金陵書局刻本　二冊

510000－2741－0009943　9943

注疏本大學一卷中庸一卷　（□）□□撰　清刻本　一冊

510000－2741－0009944　9944

著菴先生[唐吉漢]年譜一卷　（□）□□撰　清末民初刻本　一冊

510000－2741－0009945　9945

註解傷寒論十卷　（漢）張仲景述　（晉）王叔和撰次　（金）成無己註解　**傷寒明理論四卷**　（金）成無己撰　清光緒二十二年(1896)湖南書局刻本　六冊

510000－2741－0009946　9946

鑄鼎餘聞四卷　（清）姚福均輯　清光緒二十五年(1899)刻本　二冊

510000－2741－0009947　9947

鑄金論略六卷　（英國）司布勒村撰　（英國）傅蘭雅口譯　（清）汪振聲筆述　清光緒二十八年(1902)上海江南製造局刻本　六冊

510000－2741－0009948　9948

鑄錢工藝三卷附圖一卷　（英國）傅蘭雅（清）鍾天緯譯　清同治、光緒間江南機器製造總局鉛印本　二冊

510000－2741－0009949　9949

鑄錢工藝三卷附圖一卷　（英國）傅蘭雅（清）鍾天緯譯　清同治、光緒間江南機器製造總局鉛印本　二冊

510000－2741－0009950　9950

鑄史駢言十二卷　（清）孫玉田撰　清末民初鑄記書局石印本　四冊

510000－2741－0009951　9951

篆學瑣著　（清）顧湘輯　清道光二十年(1840)海虞顧氏刻本　十六冊

510000－2741－0009952　9952

篆學瑣著　（清）顧湘輯　清抄本　四冊

510000－2741－0009953　9953

篆字彙十二集　（清）佟世男撰　清多山堂刻本　六冊

510000－2741－0009954　9954

篹喜廬詩藁初集一卷　（清）傅雲龍撰　清光緒石印本　一冊

510000－2741－0009955　9955

篹喜廬詩藁初集一卷　（清）傅雲龍撰　清光緒十三年(1887)鴻文書局石印本　一冊

510000－2741－0009956　9956

篹喜廬詩藁初集一卷　（清）傅雲龍撰　清光緒十三年(1887)鴻文書局石印本　一冊

510000－2741－0009957　9957

篹喜廬詩藁初集一卷　（清）傅雲龍撰　清光緒十三年(1887)鴻文書局石印本　一冊

510000－2741－0009958　9958

轉情集二卷　（明）費元祿撰　明萬曆刻本　六冊

510000－2741－0009959　9959

轉注本義考二卷　（清）王金城撰　清光緒二十一年(1895)南川書院刻本　一冊

510000－2741－0009960　9960

轉注古義考一卷　（清）曹仁虎纂　清光緒四年(1878)宏達堂刻本　一冊

510000－2741－0009961　9961

莊靖先生遺集十卷　（金）李俊民撰　清光緒十六年(1890)吳重憙刻本　六冊

510000－2741－0009962　9962

莊遊集二卷初官集一卷出山集一卷棲碧集二卷鄂跑集二卷　（清）張開霽著　清同治元年(1862)刻本　四冊

510000－2741－0009963　9963

莊子獨見二十四卷　（清）胡文英評釋　（清）武啓圖同訂　清文淵堂刻本　三冊

510000－2741－0009964　9964

莊子故八卷　（清）馬其昶撰　清光緒三十一年(1905)集虛草堂刻本　四冊

510000－2741－0009965　9965

莊子郭註十卷　（晉）郭象撰　（唐）陸德明音義　明萬曆三十三年(1605)鄒之峰刻本

五冊

510000 – 2741 – 0009966　9966
莊子集解八卷　（清）王先謙撰　清宣統元年
(1909)思賢書局刻本　四冊

510000 – 2741 – 0009967　9967
莊子集解八卷　（清）王先謙撰　清宣統元年
(1909)思賢書局刻本　四冊

510000 – 2741 – 0009968　9968
莊子集解八卷　（清）王先謙撰　清宣統元年
(1909)思賢書局刻本　三冊

510000 – 2741 – 0009969　9969
莊子集解八卷　（清）王先謙撰　清宣統元年
(1909)思賢書局刻本　四冊

510000 – 2741 – 0009970　9970
莊子集解八卷　（清）王先謙撰　清宣統元年
(1909)思賢書局刻本　四冊

510000 – 2741 – 0009971　9971
莊子集解八卷　（清）王先謙撰　清宣統元年
(1909)思賢書局刻本　四冊

510000 – 2741 – 0009972　9972
莊子集解八卷　（清）王先謙撰　清宣統元年
(1909)思賢書局刻本　四冊

510000 – 2741 – 0009973　9973
莊子集釋十卷　（清）郭慶藩輯　清光緒二十
年(1894)思賢講舍刻本　八冊

510000 – 2741 – 0009974　9974
莊子集釋十卷　（清）郭慶藩輯　清光緒二十
年(1894)思賢講舍刻本　十冊

510000 – 2741 – 0009975　9975
莊子集釋十卷　（清）郭慶藩輯　清光緒二十
年(1894)思賢講舍刻本　九冊　缺一卷(一)

510000 – 2741 – 0009976　9976
莊子集釋十卷　（清）郭慶藩輯　清光緒二十
年(1894)思賢講舍刻本　十冊

510000 – 2741 – 0009977　9977
莊子集釋十卷　（清）郭慶藩輯　清光緒二十

年(1894)思賢講舍刻本　八冊

510000 – 2741 – 0009978　9978
莊子集釋十卷　（清）郭慶藩輯　清光緒二十
年(1894)思賢講舍刻本　八冊

510000 – 2741 – 0009979　9979
莊子集釋十卷　（清）郭慶藩輯　清光緒二十
年(1894)思賢講舍刻本　十冊

510000 – 2741 – 0009980　9980
莊子集釋十卷　（清）郭慶藩輯　清光緒二十
年(1894)思賢講舍刻本　一冊　存二卷(三
至四)

510000 – 2741 – 0009981　9981
莊子集釋十卷　（清）郭慶藩輯　清光緒二十
年(1894)思賢講舍刻本　七冊　存七卷(二
至六、九至十)

510000 – 2741 – 0009982　9982
莊子南華真經四卷　（唐）陸德明音義　明閔
齊伋刻三子合刊朱墨套印本　四冊

510000 – 2741 – 0009983　9983
莊子內篇注四卷　（明）釋德清注　清光緒十
四年(1888)金陵刻經處刻本　二冊

510000 – 2741 – 0009984　9984
莊子內篇注四卷　（明）釋德清注　清光緒十
四年(1888)金陵刻經處刻本　二冊

510000 – 2741 – 0009985　9985
莊子內篇注四卷　（明）釋德清注　清光緒十
四年(1888)金陵刻經處刻本　二冊

510000 – 2741 – 0009986　9986
莊子十卷　（晉）郭象注　（唐）陸德明音義
清光緒二年(1876)浙江書局刻本　四冊

510000 – 2741 – 0009987　9987
莊子雪三卷　（清）陸樹芝輯註　清刻本
三冊

510000 – 2741 – 0009988　9988
莊子因六卷　（清）林雲銘評　（清）楊攀梅重
訂　清嘉慶二年(1797)刻本　四冊

四川大學圖書館古籍普查登記目錄

510000－2741－0009989　9989

莊子約解四卷　（清）劉鴻典輯註　清同治五年(1866)刻本　四冊

510000－2741－0009990　9990

莊子約解四卷　（清）劉鴻典輯註　清同治五年(1866)刻本　四冊

510000－2741－0009991　9991

壯悔堂文集十卷遺稿一卷　（明）侯方域著　清同治十二年(1873)繡谷趙氏紅杏山房刻光緒四年(1878)印本　六冊

510000－2741－0009992　9992

壯悔堂文集十卷遺稿一卷四憶堂詩集六卷遺稿一卷　（明）侯方域著　清同治十二年(1873)繡谷趙氏紅杏山房刻本　八冊

510000－2741－0009993　9993

壯悔堂文集十卷遺稿一卷四憶堂詩集六卷遺稿一卷　（明）侯方域著　清宣統元年(1909)上海掃葉山房石印本　六冊

510000－2741－0009994　9994

壯學齋文集十二卷　（清）周樹槐撰　清咸豐二年(1852)刻周玉麟修補印本　四冊

510000－2741－0009995　9995

佳山堂詩集十卷二集九卷　（清）馮溥撰　清康熙刻本　五冊　存八卷(詩集四、七至十，二集四至六)

510000－2741－0009996　9996

綴白裘十二集四十八卷　（清）玩花主人輯（清）錢德蒼增輯　清乾隆四十六年(1781)共賞齋刻同治十年(1871)藻文堂印本　二十四冊

510000－2741－0009997　9997

拙修集十卷　（清）吳廷棟撰　清同治十年(1871)六安涂氏求我齋刻本　四冊

510000－2741－0009998　9998

拙尊園叢稿六卷　（清）黎庶昌撰　清光緒二十一年(1895)金陵狀元閣刻本　四冊

510000－2741－0009999　9999

拙尊園叢稿六卷　（清）黎庶昌撰　清光緒十九年(1893)上海醉六堂石印本　二冊

510000－2741－0010000　10000

拙尊園叢稿六卷　（清）黎庶昌撰　清光緒十九年(1893)上海醉六堂石印本　二冊

510000－2741－0010001　10001

拙尊園收存翰一冊　（清）黎班生藏　寫本　一冊

510000－2741－0010002　10002

卓吾先生批評龍溪王先生語録鈔八卷　（明）王畿撰　（明）李贄評　明萬曆刻本　八冊

510000－2741－0010003　10003

資治通鑑補二百九十四卷　（明）嚴衍撰　清光緒二年(1876)思補樓木活字印本　八十冊

510000－2741－0010004　10004

資治通鑑地理今釋十六卷　（清）吳熙載撰　清光緒八年(1882)江蘇書局刻本　四冊

510000－2741－0010005　10005

資治通鑑地理今釋十六卷　（清）吳熙載撰　清光緒二十三年(1897)廣東經史閣刻本　四冊

510000－2741－0010006　10006

資治通鑑地理今釋十六卷　（清）吳熙載撰　清光緒二十三年(1897)廣東經史閣刻本　四冊

510000－2741－0010007　10007

資治通鑑地理今釋十六卷　（清）吳熙載撰　清光緒二十三年(1897)廣東經史閣刻本　四冊

510000－2741－0010008　10008

資治通鑑地理今釋十六卷　（清）吳熙載撰　清光緒二十三年(1897)廣東經史閣刻本　四冊

510000－2741－0010009　10009

資治通鑑二百九十四卷　（宋）司馬光編　清咸豐七年(1857)邛州伍氏刻本　八十冊

510000－2741－0010010　10010

四川大學圖書館古籍普查登記目録

資治通鑑二百九十四卷 （宋）司馬光編
（元）胡三省音注 清刻本 二十三冊 存七
十四卷（二十五至三十一、五十一至六十八、
八十二至九十八、一百八至一百一十六、一百二
十至一百二十五、二百七十八至二百九十四）

510000－2741－0010011 10011

校刊資治通鑑全書 （清）胡元常審校 清光
緒長沙楊氏刻本 四十五冊

510000－2741－0010012 10012

資治通鑑二百九十四卷 （宋）司馬光編集
（元）胡三省音注 通鑑釋文辨誤十二卷
（元）胡三省撰 清嘉慶二十一年（1816）鄱陽
胡克家刻同治八年（1869）江蘇書局續刻本
一百冊

510000－2741－0010013 10013

資治通鑑二百九十四卷 （宋）司馬光編集
（元）胡三省音注 通鑑釋文辨誤十二卷
（元）胡三省撰 清嘉慶二十一年（1816）鄱陽
胡克家刻同治八年（1869）江蘇書局續刻本
一百冊

510000－2741－0010014 10014

資治通鑑二百九十四卷 （宋）司馬光編集
（元）胡三省音注 通鑑釋文辨誤十二卷
（元）胡三省撰 清嘉慶二十一年（1816）鄱陽
胡克家刻同治八年（1869）江蘇書局續刻本
一百九冊 缺二十五卷（一至二十二、一百九
十至一百九十二）

510000－2741－0010015 10015

資治通鑑二百九十四卷 （宋）司馬光編集
（元）胡三省音注 通鑑釋文辨誤十二卷
（元）胡三省撰 清同治十年（1871）湖北崇文
書局刻本 一百四冊

510000－2741－0010016 10016

資治通鑑二百九十四卷 （宋）司馬光編集
（元）胡三省音注 通鑑釋文辨誤十二卷
（元）胡三省撰 清同治十年（1871）湖北崇文
書局刻本 九十九冊 缺十五卷（資治通鑑
一至十五）

510000－2741－0010017 10017

資治通鑑二百九十四卷 （宋）司馬光編集
（元）胡三省音注 通鑑釋文辨誤十二卷
（元）胡三省撰 清同治十年（1871）湖北崇文
書局刻本（首冊係鈔配） 一百冊

510000－2741－0010018 10018

資治通鑑二百九十四卷 （宋）司馬光編集
（元）胡三省音注 通鑑釋文辨誤十二卷
（元）胡三省撰 清嘉慶二十一年（1816）鄱陽
胡克家刻同治八年（1869）江蘇書局續刻本
一百冊

510000－2741－0010019 10019

資治通鑑二百九十四卷 （宋）司馬光編集
（元）胡三省音注 資治通鑑目録三十卷
（宋）司馬光編集 資治通鑑釋例圖譜一卷
（明）陳仁錫刊 資治通鑑問疑一卷 （宋）劉
羲仲纂集 資治通鑑外紀十卷目録五卷
（宋）劉恕編集 資治通鑑釋文辨誤十二卷
（元）胡三省輯著 清光緒三十一年（1905）成
都官書局石印本 一百五十二冊 缺九卷
（資治通鑑二百八十六至二百九十四）

510000－2741－0010020 10020

資治通鑑二百九十四卷 （宋）司馬光編集
（元）胡三省音注 資治通鑑目録三十卷
（宋）司馬光編集 資治通鑑釋例圖譜一卷
（明）陳仁錫刊 資治通鑑問疑一卷 （宋）劉
羲仲纂集 資治通鑑外紀十卷目録五卷
（宋）劉恕編集 資治通鑑釋文辨誤十二卷
（元）胡三省輯著 清光緒三十一年（1905）成
都官書局石印本 一百五十九冊 缺二卷
（資治通鑑十七至十八）

510000－2741－0010021 10021

資治通鑑二百九十四卷 （宋）司馬光編集
（元）胡三省音注 資治通鑑目録三十卷
（宋）司馬光編集 資治通鑑釋例圖譜一卷
（明）陳仁錫刊 資治通鑑問疑一卷 （宋）劉
羲仲纂集 資治通鑑外紀十卷目録五卷
（宋）劉恕編集 資治通鑑釋文辨誤十二卷
（元）胡三省輯著 清光緒三十一年（1905）成
都官書局石印本 一百五十冊 缺二十九卷

四川大學圖書館古籍普查登記目録

（資治通鑑一百四十至一百四十二、一百九十九至二百一、二百七十二至二百九十四）

510000－2741－0010022　10022
資治通鑑二百九十四卷　（宋）司馬光編集
（元）胡三省音注　資治通鑑目録三十卷
（宋）司馬光編集　資治通鑑釋例圖譜一卷
（明）陳仁錫刊　資治通鑑問疑一卷　（宋）劉義仲纂集　資治通鑑外紀十卷目録五卷
（宋）劉恕編集　資治通鑑釋文辨誤十二卷
（元）胡三省輯著　清光緒三十一年（1905）成都官書局石印本　一百六十冊

510000－2741－0010023　10023
資治通鑑二百九十四卷　（宋）司馬光編集
（元）胡三省音注　資治通鑑目録三十卷
（宋）司馬光編集　資治通鑑釋例圖譜一卷
（明）陳仁錫刊　資治通鑑問疑一卷　（宋）劉義仲纂集　資治通鑑外紀十卷目録五卷
（宋）劉恕編集　資治通鑑釋文辨誤十二卷
（元）胡三省輯著　清光緒三十一年（1905）成都官書局石印本　一百五十八冊　缺五卷
（二十六至二十八、七十五至七十六）

510000－2741－0010024　10024
資治通鑑二百九十四卷　（宋）司馬光編集
（元）胡三省音註　清刻本　四十五冊

510000－2741－0010025　10025
資治通鑑二百九十四卷　（宋）司馬光編集
（元）胡三省音註　通鑑釋文辯誤十二卷
（元）胡三省撰　清刻本　三十五冊　存七十七卷（五十六至五十八、七十八至八十、一百十九至一百三十三、二百九至二百二十一、二百五十一至二百八十、二百八十四至二百九十四，通鑑釋文辯誤十二卷）

510000－2741－0010026　10026
資治通鑑二百九十四卷　（宋）司馬光編集
（元）胡三省音註　新校資治通鑑敍録三卷
（清）胡元常撰　清光緒長沙楊氏刻本　一百二十四冊

510000－2741－0010027　10027
資治通鑑二百九十四卷　（宋）司馬光編集

（元）胡三省音註　清刻本　三十一冊　存九十二卷（一百二十六至一百六十八、一百七十一至二百、二百五十六至二百七十四）

510000－2741－0010028　10028
資治通鑑二百九十四卷　（宋）司馬光撰　明嘉靖二十三年至二十四年（1544－1545）孔天胤刻萬曆十四年（1586）蘇浚重修本　八十冊

510000－2741－0010029　10029
資治通鑑二百九十四卷　（宋）司馬光撰
（元）胡三省音注　（明）陳仁錫評　明天啓至崇禎陳仁錫刻通鑑全書本　一百二十冊

510000－2741－0010030　10030
資治通鑑二百九十四卷　（宋）司馬光撰
（元）胡三省音注　（明）吳勉學續校　明萬曆二十年（1592）吳勉學刻本　十二冊　存三十五卷（一百二至一百七、二百十九至二百四十七）

510000－2741－0010031　10031
資治通鑑二百九十四卷資治通鑑目録三十卷　（宋）司馬光編　（元）胡三省音註　續資治通鑑二百二十卷　（清）畢沅編集　清光緒十四年（1888）上海蜚英館石印本　五十九冊存五百三十七卷（資治通鑑八至二百九十四、資治通鑑目録三十卷、續資治通鑑二百二十卷）

510000－2741－0010032　10032
資治通鑑綱目前編二十五卷正編五十九卷首一卷續編二十七卷　（宋）朱熹等撰　明崇禎三年（1630）刻本　一百二十冊

510000－2741－0010033　10033
資治通鑑綱目四編合刻　（清）丁寶楨輯　清光緒山東書局刻本　一百三十一冊

510000－2741－0010034　10034
資治通鑑綱目四編合刻　（清）□□輯　清刻本　一百二十冊

510000－2741－0010035　10035
資治通鑑後編校勘記十五卷　（清）夏震武撰　清光緒二十四年（1898）刻本　四冊

四川大學圖書館古籍普查登記目録

510000 - 2741 - 0010036　10036

資治通鑑後編一百八十四卷　（清）徐乾學編集　清光緒刻本　四十八冊

510000 - 2741 - 0010037　10037

資治通鑑考異三十卷　（宋）司馬光撰　清光緒十四年(1888)長沙楊氏刻本　十四冊

510000 - 2741 - 0010038　10038

資治通鑑目録三十卷　（宋）司馬光編集　清同治八年(1869)江蘇書局刻本　十冊

510000 - 2741 - 0010039　10039

資治通鑑目録三十卷　（宋）司馬光編集　清同治八年(1869)江蘇書局刻本　十冊

510000 - 2741 - 0010040　10040

資治通鑑目録三十卷　（宋）司馬光編集　清光緒十四年(1888)長沙楊氏刻本　十冊

510000 - 2741 - 0010041　10041

西京雜記二卷　（漢）劉歆撰　清光緒八年(1882)刻本　一冊

510000 - 2741 - 0010042　10042

資治通鑑目録三十卷　（宋）司馬光編集　清光緒十四年(1888)長沙楊氏刻本　六冊　存二十三卷(八至三十)

510000 - 2741 - 0010043　10043

資治通鑑釋文三十卷　（宋）史炤著　清光緒十四年(1888)長沙楊氏刻本　三冊　存十四卷(一至十四)

510000 - 2741 - 0010044　10044

資治通鑑外紀十卷目録五卷　（宋）劉恕編集　（清）胡克家補注　清同治十年(1871)江蘇書局刻本　十冊

510000 - 2741 - 0010045　10045

資治通鑑外紀十卷目録五卷　（宋）劉恕編集　（清）胡克家補注　清同治十年(1871)江蘇書局刻本　十冊

510000 - 2741 - 0010046　10046

資治通鑑外紀十卷目録五卷　（宋）劉恕編集　（清）胡克家補注　清光緒三十一年(1905)成都官書局石印本　八冊

510000 - 2741 - 0010047　10047

資治通鑑外紀十卷目録五卷　（宋）劉恕編集　（清）胡克家補注　清同治十年(1871)江蘇書局刻本　十冊

510000 - 2741 - 0010048　10048

資治通鑑外紀十卷目録五卷　（宋）劉恕編集　（清）胡克家補注　清同治十年(1871)江蘇書局刻本　十冊

510000 - 2741 - 0010049　10049

[嘉慶]資州直隸州志三十卷首四卷　（清）劉炯纂修　清嘉慶刻本　二十冊

510000 - 2741 - 0010050　10050

[光緒]資州直隸州志三十卷首四卷　（清）羅廷權續修　（清）何袞續纂　清嘉慶二十年(1815)刻同治三年(1864)增刻光緒二年(1876)續增刻本　二十四冊

510000 - 2741 - 0010051　10051

子史精華一百六十卷　（清）吳士玉　（清）吳襄等纂修　清刻本　二十四冊

510000 - 2741 - 0010052　10052

子史精華一百六十卷　（清）吳士玉　（清）吳襄等纂修　清刻本　四十冊

510000 - 2741 - 0010053　10053

子史精華一百六十卷　（清）吳士玉　（清）吳襄等纂修　清乾隆刻本　四十八冊

510000 - 2741 - 0010054　10054

子史精華一百六十卷　（清）吳士玉　（清）吳襄等纂修　清刻本　四十冊

510000 - 2741 - 0010055　10055

子史精華一百六十卷　（清）吳士玉　（清）吳襄等纂修　清刻本　四十冊

510000 - 2741 - 0010056　10056

子史精華一百六十卷　（清）吳士玉　（清）吳襄等纂修　清刻本　四十冊

510000 - 2741 - 0010057　10057

子書百家　（清）□□輯　清光緒元年(1875)

四川大學圖書館古籍普查登記目録

湖北崇文書局刻本　一百九冊　缺五卷（淮南鴻烈解十二至十六）

510000－2741－0010058　10058

子書百家　（清）□□輯　清光緒元年（1875）湖北崇文書局刻本　七十七冊　缺一百六十六卷（孔子家語十卷，孔子集語二卷，荀子一，申鑑五卷，中論二卷，傅子一卷，續孟子二卷，文中子中說一卷，伸蒙子三卷，素履子三卷，胡子知言六卷、附錄一卷、疑義一卷，薛子道論三卷，海樵子一卷，風后握奇經一卷、附握奇經續圖一卷、八陣綜述一卷，六韜三卷，孫子三卷，吳子二卷，司馬法一卷，尉繚子二卷，素書一卷，心書一卷，何博士備論二卷，宋丞相李忠定公輔政本末一卷，晏子春秋八卷，商子五卷，鶡子一卷、補一卷，計倪子一卷，於陵子一卷，子華子二卷，墨子十六卷、附篇目考一卷，尹文子一卷，慎子一卷，公孫龍子一卷，鬼谷子一卷，淮南鴻烈解二十一卷，顏氏家訓二卷，搜神後記十卷，博物志十卷，續博物志十卷，述異記二卷，陰符經一卷，關尹子一卷，老子道德經二卷，道德真經註四卷，列子二卷）

510000－2741－0010059　10059

子書百家　（清）□□輯　清光緒元年（1875）湖北崇文書局刻本　三十八冊　缺二百九十五卷（新語二卷，忠經一卷，鹽鐵論下，說苑二十卷，方言十三卷，揚子法言一卷，潛夫論十卷，風后握奇經一卷、附握奇經續圖一卷、八陣綜述一卷，六韜三卷，孫子三卷，吳子二卷，司馬法一卷，尉繚子二卷，素書一卷，心書一卷，管子六至二十四，鄧子一卷，尸子二卷，韓非子一至十，齊民要術十卷，雜說一卷，墨子一至十五，鶡冠子三卷，呂氏春秋二十六卷，淮南鴻烈解二十一卷，金樓子六卷，劉子二卷，顏氏家訓二卷，獨斷一卷，論衡三十卷，白虎通德論四卷，古今注三卷，牟子一卷，聲隅子歔欷瑣微論二卷，嬾真子五卷，叔苴子八卷，郁離子一卷，空洞子一卷，海沂子五卷，山海經十八卷，山海經圖讚一卷，山海經補注一卷，陰符經一卷，關尹子一卷，老子道德經二卷，道德真經註四卷，莊子三卷，莊子闕誤一

卷，列子二卷，抱朴子內篇四卷、外篇四卷，亢倉子一卷，玄真子一卷，天隱子一卷，无能子三卷，胎息經一卷，胎息經疏一卷，至游子二卷）

510000－2741－0010060　10060

子書百家　（清）□□輯　清光緒元年（1875）湖北崇文書局刻本　三十二冊　缺三百八十三卷（孔子家語十卷，孔叢子二卷，新語二卷，新書十卷，鹽鐵論二卷，方言十三卷，揚子法言一卷，申鑑五卷，中論二卷，傅子一卷，續孟子二卷，風后握奇經一卷、附握奇經續圖一卷、八陣綜述一卷，六韜三卷，孫子三卷，吳子二卷，司馬法一卷，尉繚子二卷，素書一卷，心書一卷，何博士備論二卷，宋丞相李忠定公輔政本末一卷，管子二十四卷，晏子春秋八卷，商子五卷，鄧子一卷，尸子二卷，韓非子二十卷，齊民要術十卷、雜說一卷，太玄經十卷，焦氏易林四卷，鶡子一卷、補一卷，計倪子一卷，於陵子一卷，子華子二卷，墨子十六卷、附篇目考一卷，尹文子一卷，慎子一卷，公孫龍子一卷，鬼谷子一卷，鶡冠子三卷，呂氏春秋二十六卷，淮南鴻烈解二十一卷，金樓子六卷，劉子二卷，顏氏家訓二卷，獨斷一卷，論衡三十卷，白虎通德論四卷，風俗通義十卷，牟子一卷，古今注三卷，聲隅子歔欷瑣微論二卷，嬾真子五卷，廣成子解一卷，叔苴子八卷，郁離子一卷，空洞子一卷，海沂子五卷，燕丹子三卷，玉泉子一卷，金華子雜編二卷，山海經十八卷，山海經圖讚一卷，山海經補注一卷，神異經一卷，海內十洲記一卷，別國洞冥記四卷，穆天子傳六卷，拾遺記十卷，搜神記二十卷，至游子二卷）

510000－2741－0010061　10061

子書百家　（清）崇文書局輯　清光緒元年（1875）湖北崇文書局刻本　一百十冊

510000－2741－0010062　10062

子思子內篇五卷　（漢）鄭玄注　（清）黃以周輯解　**外篇二卷**　（清）黃以周輯　清光緒二十二年（1896）南菁書院刻本　二冊

510000－2741－0010063　10063

四川大學圖書館古籍普查登記目錄

子思子內篇五卷　（漢）鄭玄注　（清）黃以周
輯解　外篇二卷　（清）黃以周輯　清光緒二
十二年(1896)南菁書院刻本　二冊

510000－2741－0010064　10064

子思子內篇五卷　（漢）鄭玄注　（清）黃以周
輯解　外篇二卷　（清）黃以周輯　清光緒二
十二年(1896)南菁書院刻本　二冊

510000－2741－0010065　10065

梓水弦歌錄四卷　（清）□□輯　清光緒二十
五年(1899)刻本　一冊

510000－2741－0010066　10066

梓溪文鈔內集八卷外集十卷　（明）舒芬撰
（明）舒璨伯　（明）舒瑔季輯　明萬曆四十八
年(1620)刻本　八冊

510000－2741－0010067　10067

紫釵記二卷五十三齣　（明）湯顯祖撰　明刻
本　一冊

510000－2741－0010068　10068

紫石泉山房文集十二卷　（清）吳定著　清光
緒十三年(1887)黟縣李宗煝刻本　四冊

510000－2741－0010069　10069

紫石泉山房文集十二卷詩鈔三卷　（清）吳定
著　清光緒十三年(1887)黟縣李宗煝刻本
五冊

510000－2741－0010070　10070

紫微斗數四卷　（宋）陳希夷撰　（明）潘希尹
補輯　清同治十二年(1873)刻本　四冊

510000－2741－0010071　10071

紫陽叢書　（□）□□輯　清刻本　二冊　存
三種九卷(易學啟蒙四卷、大學或問二卷、中
庸或問三卷)

510000－2741－0010072　10072

紫竹山房詩集十二卷　（清）陳兆崙撰　年譜
一卷　（清）陳玉繩撰　清乾隆刻本　六冊

510000－2741－0010073　10073

自流井風物名實說不分卷　（清）吳鼎立纂
清同治十年(1871)刻本　一冊

510000－2741－0010074　10074

自強軍西法類編十八卷附摘要　（清）沈敦和
纂輯　清光緒二十四年(1898)上海順成書局
石印本　十八冊

510000－2741－0010075　10075

自強學齋治平十議　（清）自強學齋主人編
清光緒石印本　十二冊

510000－2741－0010076　10076

自西徂東五卷　（德國）花之安撰　清光緒十
九年(1893)上海廣學會鉛印本　五冊

510000－2741－0010077　10077

自西徂東五卷　（德國）花之安撰　清光緒二
十八年(1902)上海廣學會鉛印本　五冊

510000－2741－0010078　10078

自遠堂琴譜十二卷　（清）吳灯彙輯　清嘉慶
七年(1802)刻本　十二冊

510000－2741－0010079　10079

字辨證篆十七卷　（清）易本烺纂　清同治八
年(1869)京山易氏刻本　六冊

510000－2741－0010080　10080

字觸補六卷　（清）桑霮直編　清光緒十七年
(1891)嬭嬡書庫刻本　四冊

510000－2741－0010081　10081

字典考證十二集三十六卷　（清）奕繪撰　清
光緒二年(1876)崇文書局刻本　六冊

510000－2741－0010082　10082

字彙十二卷首一卷末一卷　（明）梅膺祚音釋
清嘉慶五年(1800)經綸堂刻本　十四冊

510000－2741－0010083　10083

字林考逸八卷附錄一卷　（清）任大椿學　字
林考逸補本一卷補附錄一卷　（清）陶方琦學
清光緒十六年(1890)江蘇書局刻本　四冊

510000－2741－0010084　10084

字林考逸八卷附錄一卷　（清）任大椿學　字
林考逸校誤一卷　龔道耕輯　字林一卷
（晉）呂忱撰　字林考逸補遺一卷　（清）陶方
琦輯　龔道耕補訂　清光緒二十三年(1897)

四川大學圖書館古籍普查登記目錄

成都龔氏刻本　四冊

510000－2741－0010085　10085

字林考逸八卷附錄一卷　（清）任大椿學　**字林考逸校誤一卷**　龔道耕輯　**字林一卷**（晉）呂忱撰　**字林考逸補遺一卷**　（清）陶方琦輯　龔道耕補訂　清光緒二十三年（1897）成都龔氏刻本　四冊

510000－2741－0010086　10086

字林考逸八卷附錄一卷　（清）任大椿學　**字林考逸校誤一卷**　龔道耕輯　**字林一卷**（晉）呂忱撰　**字林考逸補遺一卷**　（清）陶方琦輯　龔道耕補訂　清光緒二十三年（1897）成都龔氏刻本　四冊

510000－2741－0010087　10087

字說一卷　（清）吳大澂撰　清光緒十九年（1893）思賢講舍刻本　一冊

510000－2741－0010088　10088

字學輯要不分卷　（清）李廷鈺撰　清道光二十四年（1844）刻本　一冊

510000－2741－0010089　10089

字孶補二卷　（清）易鏡清輯　（清）易本烺補　清同治九年（1870）京山易氏刻本　一冊

510000－2741－0010090　10090

宗派類一卷　廖平撰　清刻本　一冊

510000－2741－0010091　10091

宗忠簡公集七卷首一卷　（宋）宗澤撰　清刻本　四冊

510000－2741－0010092　10092

棕亭古文鈔十卷駢體文鈔八卷詞鈔七卷（清）金兆燕撰　清道光十六年（1836）贈雲軒刻本　八冊

510000－2741－0010093　10093

棕亭古文鈔十卷駢體文鈔八卷詩鈔十八卷詞鈔七卷　（清）金兆燕撰　清道光十六年（1836）贈雲軒刻本　十六冊

510000－2741－0010094　10094

鄒徵君遺書六種附刻七種　（清）鄒伯奇撰

清同治十二年（1873）刻本　十冊

510000－2741－0010095　10095

鄒徵君遺書六種附刻七種　（清）鄒伯奇撰清同治十二年（1873）刻本　四冊

510000－2741－0010096　10096

鄒徵君遺書六種附刻七種　（清）鄒伯奇撰清同治十二年（1873）刻本　六冊

510000－2741－0010097　10097

鄒徵君遺書六種附刻七種　（清）鄒伯奇撰清同治十二年（1873）刻本　六冊

510000－2741－0010098　10098

鄒徵君遺書六種附刻七種　（清）鄒伯奇撰清同治十二年（1873）刻本　五冊

510000－2741－0010099　10099

鄒徵君遺書六種附刻七種　（清）鄒伯奇撰清同治十二年（1873）刻本　二冊　存六種六卷（少廣縋鑿一卷、洞方術圖解一卷、致曲圖解一卷、造各表簡法一卷、截球解義一卷、橢圓求周術一卷）

510000－2741－0010100　10100

奏定學堂章程二十種　（清）張百熙　（清）張之洞等輯　清光緒三十年（1904）成都官報書局鉛印本　一冊　存一種（大學堂章程）

510000－2741－0010101　10101

奏定學堂章程二十種　（清）張百熙　（清）張之洞等輯　清光緒三十年（1904）成都官報書局鉛印本　六冊

510000－2741－0010102　10102

奏謝摺子一卷　（清）吳棠撰　清同治十三年（1874）刻本　一冊

510000－2741－0010103　10103

纂集通覽湘山志二卷　（清）張澹煙撰　清咸豐三年（1853）刻本　二冊

510000－2741－0010104　10104

纂釋天方性理本經註釋五卷　（清）黑鳴鳳註釋　清光緒元年（1875）廣邑馬思芳瀛洲氏刻本　一冊

510000－2741－0010105　10105

最近揚子江之大勢六章附勘誤記　（日本）國府犀東著　清光緒二十八年(1902)上海廣智書局鉛印本　一冊

510000－2741－0010106　10106

最新日本教育法規二十八編　（日本）文部省撰　（清）直隸學務公所譯並增補　清宣統二年(1910)奉天學務公所鉛印本　十二冊

510000－2741－0010107　10107

最樂堂文集六卷　（清）喬光烈撰　清乾隆二十一年(1756)刻本　四冊

510000－2741－0010108　10108

醉墨山房僅存稿一卷　（清）李璠撰　清光緒十三年(1887)李氏成都刻本　一冊

510000－2741－0010109　10109

醉墨山房僅存稿一卷　（清）李璠撰　清光緒十三年(1887)李氏成都刻本　一冊

510000－2741－0010110　10110

尊經書院初集十二卷　王闓運閱定　清光緒十年(1884)四川省城刻本　十二冊

510000－2741－0010111　10111

尊經書院初集十二卷　王闓運閱定　清光緒十年(1884)四川省城刻本　十二冊

510000－2741－0010112　10112

尊經書院初集十二卷　王闓運閱定　清光緒十年(1884)四川省城刻本　十一冊　缺一卷（二）

510000－2741－0010113　10113

尊經書院初集十二卷　王闓運閱定　清光緒十年(1884)四川省城刻本　十二冊

510000－2741－0010114　10114

尊經書院初集十二卷　王闓運閱定　清光緒十年(1884)四川省城刻本　十二冊

510000－2741－0010115　10115

尊經書院二集八卷　（清）伍肇齡閱選　清光緒十七年(1891)尊經書局刻本　六冊

510000－2741－0010116　10116

尊經書院二集八卷　（清）伍肇齡閱選　清光緒十七年(1891)尊經書局刻本　六冊

510000－2741－0010117　10117

尊經書院二集八卷　（清）伍肇齡閱選　清光緒十七年(1891)尊經書局刻本　六冊

510000－2741－0010118　10118

尊經書院二集八卷　（清）伍肇齡閱選　清光緒十七年(1891)尊經書局刻本　六冊

510000－2741－0010119　10119

尊經書院課藝三集八卷　（清）劉嶽雲輯　清光緒二十三年(1897)刻本　六冊

510000－2741－0010120　10120

尊水園集略十二卷補遺二卷　（清）盧世潅撰　（清）程先貞輯　清順治十七年(1660)刻盧孝餘增修本　八冊

510000－2741－0010121　10121

尊聞居士集八卷　（清）羅有高著　（清）彭紹升錄　清光緒八年(1882)長洲彭祖賢刻本　四冊

510000－2741－0010122　10122

尊聞居士集八卷　（清）羅有高著　（清）彭紹升錄　清光緒八年(1882)長洲彭祖賢刻本　四冊

510000－2741－0010123　10123

遵輯四川潼川府中江縣鄉土志二卷　（清）游夔一纂　清末抄本　一冊

510000－2741－0010124　10124

遵義沙灘黎氏家譜一卷　（清）黎庶昌撰　清光緒二年(1876)刻本　一冊

510000－2741－0010125　10125

左傳杜解補正三卷附九經誤字一篇　（清）顧炎武撰　清光緒十四年(1888)校經山房刻本　一冊

510000－2741－0010126　10126

左傳紀事本末五十三卷　（清）高士奇編著　清光緒二十四年(1898)湖南思賢書局刻本　十四冊

四川大學圖書館古籍普查登記目錄

510000－2741－0010127　10127

左傳紀事本末五十三卷　（清）高士奇編著
清光緒二十四年(1898)湖南思賢書局刻本
十二冊

510000－2741－0010128　10128

左傳紀事本末五十三卷　（清）高士奇編著
清同治十二年(1873)江西書局刻本　十二冊

510000－2741－0010129　10129

左傳紀事本末五十三卷　（清）高士奇編著
清同治十二年(1873)江西書局刻本　十二冊

510000－2741－0010130　10130

左傳舊疏考正八卷　（清）劉文淇撰　清光緒
三年(1877)湖北崇文書局刻本　四冊

510000－2741－0010131　10131

左傳事緯十二卷　（清）馬驌撰　清末鉛印本
十一冊　存十一卷(二至十二)

510000－2741－0010132　10132

左傳事緯十二卷附錄八卷　（清）馬驌撰　清
嘉慶九年(1804)刻本　十冊

510000－2741－0010133　10133

左傳事緯十二卷附錄八卷　（清）馬驌撰　清
嘉慶九年(1804)刻道光二十六年(1846)管慶
祺刻本　五冊　存十卷(一至十)

510000－2741－0010134　10134

左傳事緯十二卷左傳字釋一卷　（清）馬驌編
論　清光緒四年(1878)潘氏敏德堂刻本　十
二冊

510000－2741－0010135　10135

左傳事緯十二卷左傳字釋一卷　（清）馬驌編
論　清光緒四年(1878)潘氏敏德堂刻本
八冊

510000－2741－0010136　10136

左海經辨二卷　（清）陳壽祺撰　清道光刻本
三冊　缺一卷(卷上第一至六十葉)

510000－2741－0010137　10137

左海全集　（清）陳壽祺撰　清嘉慶、道光間
刻陳紹墉補刻本　三十六冊

510000－2741－0010138　10138

左海文集十卷　（清）陳壽祺撰　清道光刻本
六冊

510000－2741－0010139　10139

左海文集十卷絳跗草堂詩集六卷　（清）陳壽
祺撰　清道光刻本　十二冊

510000－2741－0010140　10140

左海文集乙編二卷　（清）陳壽祺撰　清道光
刻本　二冊

510000－2741－0010141　10141

左海續集　（清）陳壽祺撰　清道光至同治間
刻本　三十六冊

510000－2741－0010142　10142

左通補釋三十二卷　（清）梁履繩撰　清道光
九年(1829)錢塘汪氏振綺堂刻光緒元年
(1875)錢塘汪曾唯補刻本　十六冊

510000－2741－0010143　10143

左文襄公[左宗棠]年譜十卷　（清）羅正鈞纂
清光緒二十三年(1897)湘陰左氏刻本
十冊

510000－2741－0010144　10144

左文襄公文集五卷詩集一卷聯語一卷　（清）
左宗棠撰　清光緒二十七年(1901)刻本
二冊

510000－2741－0010145　10145

左文襄公咨札不分卷告示不分卷說帖不分卷
（清）左宗棠撰　清光緒二十七年(1901)刻
本　二冊

510000－2741－0010146　10146

左繡三十卷　（清）馮李驊評輯　（清）陸浩評
輯　清末刻本　一冊　存二卷(二十七至二
十八)

510000－2741－0010147　10147

佐治芻言一卷　（英國）傅蘭雅口譯　（清）應
祖錫筆述　清光緒二十四年(1898)湖南實學
書局刻本　三冊

510000－2741－0010148　10148

佐治芻言一卷 （英國）傅蘭雅口譯 （清）應祖錫筆述 清同治、光緒間江南製造總局鉛印本 三冊

510000－2741－0010149 10149

佐治芻言一卷 （英國）傅蘭雅口譯 （清）應祖錫筆述 清同治、光緒間江南製造總局鉛印本 三冊

510000－2741－0010150 10150

安吳四種 （清）包世臣撰 清同治十一年（1872）湖北包氏注經堂刻本 十六冊

510000－2741－0010151 10151

八代文粹二百二十卷目錄十八卷 （清）簡燊 （清）陳崇哲編 清光緒十一年（1885）富順考雋堂刻本 八十冊

510000－2741－0010152 10152

白鶴堂晚年自訂詩稿二卷文稿一卷古文一卷詩話三卷詩話補一卷 （清）彭端淑撰 清同治六年（1867）彭效宗刻本 四冊

510000－2741－0010153 10153

白虎通疏證十二卷 （清）陳立撰 清光緒元年（1875）淮南書局刻本 四冊

510000－2741－0010154 10154

白華絳柎閣詩集十卷 （清）李慈銘撰 清光緒十六年（1890）刻本 二冊

510000－2741－0010155 10155

白沙子古詩教解二卷 （明）陳獻章撰 清乾隆三十六年（1771）碧玉樓刻本 二冊

510000－2741－0010156 10156

白香山詩長慶集二十卷後集十七卷別集一卷補遺二卷 （唐）白居易撰 （清）汪立名編訂 清宣統三年（1911）石印本 十一冊 缺三卷（後集一至三）

510000－2741－0010157 10157

百柱堂全集三十四卷外集十九卷 （清）王柏心著 清光緒二十四年（1898）成山唐氏貴陽刻本 十九冊

510000－2741－0010158 10158

柏梘山房文集十六卷續集一卷詩集十卷駢體文二卷 （清）梅曾亮撰 清咸豐六年（1856）聊城楊氏刻本 八冊

510000－2741－0010159 10159

拜經樓藏書題跋記五卷附錄一卷 （清）吳壽暘撰 清道光二十七年（1847）海昌蔣氏宜年堂刻本 四冊

510000－2741－0010160 10160

拜經樓藏書題跋記五卷附錄一卷 （清）吳壽暘撰 清光緒校經山房刻本 二冊

510000－2741－0010161 10161

半巖廬遺集不分卷 （清）邵懿辰撰 清光緒三十四年（1908）刻本 一冊

510000－2741－0010162 10162

柈湖文集十二卷首一卷 （清）吳敏樹撰 清光緒十九年（1893）思賢講舍刻本 四冊

510000－2741－0010163 10163

柈湖文集十二卷首一卷 （清）吳敏樹撰 清光緒十九年（1893）思賢講舍刻本 四冊

510000－2741－0010164 10164

保赤三書 （□）□□輯 清光緒七年（1881）刻本 一冊

510000－2741－0010165 10165

褧遺草堂詩鈔八卷 （清）楊翰著 清同治十年（1871）五筭籤園刻本 四冊

510000－2741－0010166 10166

碑版文廣例十卷 （清）王芑孫輯 清道光二十一年（1841）桐涇橋吳學圃刻本 六冊

510000－2741－0010167 10167

碑傳集一百六十卷首二卷末二卷 （清）錢儀吉纂錄 （清）黃彭年編訂 清光緒十九年（1893）江蘇書局刻本 六十冊

510000－2741－0010168 10168

北夢瑣言二十卷 （宋）孫光憲撰 清乾隆德州盧見增雅雨堂刻本 三冊

510000－2741－0010169 10169

北堂書鈔一百六十卷首一卷 （隋）虞世南撰

四川大學圖書館古籍普查登記目錄

（清）孔廣陶校注　清光緒十四年（1888）南海孔氏三十三萬卷堂刻本　二十冊

510000－2741－0010170　10170
本事方釋義十卷　（清）葉桂撰　清刻本
六冊

510000－2741－0010171　10171
避諱録五卷　（清）黃本驥編輯　清刻本
一冊

510000－2741－0010172　10172
冰泉唱和集一卷續和一卷再續和一卷附録一卷書後一卷　（清）金武祥著　清光緒十五年（1889）刻粟香室叢書本　一冊

510000－2741－0010173　10173
冰泉唱和集一卷續和一卷再續和一卷附録一卷書後一卷　（清）金武祥著　清光緒十五年（1889）刻粟香室叢書本　一冊

510000－2741－0010174　10174
炳燭編四卷　（清）李賡芸撰　清光緒四年（1878）宏達堂刻本　二冊

510000－2741－0010175　10175
炳燭齋文集初刻一卷續刻一卷　（明）顧大韶著　清宣統元年（1909）上海國學扶輪社鉛印本　一冊

510000－2741－0010176　10176
炳燭齋文集初刻一卷續刻一卷　（明）顧大韶著　清宣統元年（1909）上海國學扶輪社鉛印本　二冊

510000－2741－0010177　10177
三古圖　（清）黃晟輯　明萬曆刻清乾隆十七年（1752）天都黃氏亦政堂修補印本　三十二冊

510000－2741－0010178　10178
補蹉跎齋詩鈔十五卷　（清）沈芝林撰　清同治十三年（1874）刻本　二冊

510000－2741－0010179　10179
補寰宇訪碑録五卷失編一卷　（清）趙之謙撰　刊誤一卷　羅振玉撰　清光緒十二年

（1886）吳縣朱氏刻本　二冊

510000－2741－0010180　10180
補續漢書藝文志一卷　（清）錢大昭撰　清光緒十四年（1888）廣雅書局刻本　一冊

510000－2741－0010181　10181
補學軒文集四卷　（清）鄭獻甫撰　清光緒八年（1882）黔南節署刻本　四冊

510000－2741－0010182　10182
倉頡篇三卷　（清）孫星衍輯　續本一卷（清）任大椿輯　補本二卷　（清）陶方琦輯　清光緒江蘇書局刻本　二冊

510000－2741－0010183　10183
曹集銓評十卷逸文一卷年譜一卷附録一卷（清）丁晏撰　清同治十一年（1872）金陵書局刻本　二冊

510000－2741－0010184　10184
草莽私乘一卷　（明）陶宗儀鈔輯　清光緒十五年（1889）新陽趙氏校刊刻本　一冊

510000－2741－0010185　10185
曾文正公手書日記不分卷　（清）曾國藩撰　清宣統元年（1909）上海中國圖書公司影印本　三十九冊　缺一冊（二十）

510000－2741－0010186　10186
曾文正公文集四卷　（清）曾國藩撰　清光緒二年（1876）傳忠書局刻本　四冊

510000－2741－0010187　10187
茶香室叢鈔二十三卷續鈔二十五卷　（清）俞樾撰　清光緒九年至十一年（1883－1885）吳下春在堂刻本　十六冊

510000－2741－0010188　10188
巢經巢遺文五卷詩鈔後集四卷附鳧氏爲鐘圖說一卷　（清）鄭珍撰　清光緒十九年至二十年（1893－1894）貴筑高氏資州官廨刻本四冊

510000－2741－0010189　10189
陳刻二種　（清）陳世修輯　清光緒元年至二年（1875－1876）陳氏庸閒齋刻本　四冊

四川大學圖書館古籍普查登記目録

510000 – 2741 – 0010190   10190

陳刻二種 （清）陳世修輯 清光緒元年至二年(1875 – 1876)陳氏庸閒齋刻本   四冊

510000 – 2741 – 0010191   10191

陳氏毛詩五種 （清）陳奐撰 清道光、咸豐間吳門南園陳氏掃葉山莊刻本   十五冊   存三十二卷(毛詩傳疏三十卷、毛詩傳義類一、鄭氏箋考徵一卷)

510000 – 2741 – 0010192   10192

陳嚴野先生全集四卷 （明）陳邦彦撰 清嘉慶十年(1805)刻本   四冊

510000 – 2741 – 0010193   10193

稱謂錄三十二卷 （清）梁章鉅撰 清光緒元年至十年(1875 – 1884)梁恭辰刻本   八冊

510000 – 2741 – 0010194   10194

池北偶談二十六卷 （清）王士禎著 清宣統二年(1910)上海震東學社石印本   六冊

510000 – 2741 – 0010195   10195

赤溪雜志二卷書後一卷霞城唱和集一卷 （清）金武祥著 清光緒十七年(1891)刻粟香室叢書本   一冊

510000 – 2741 – 0010196   10196

崇川書香錄不分卷 （清）袁景星 （清）劉長華輯 清同治、光緒間崇川劉氏刻本   四冊

510000 – 2741 – 0010197   10197

疇人傳四十六卷 （清）阮元撰 清刻本   十四冊

510000 – 2741 – 0010198   10198

初學記三十卷 （唐）徐堅撰 校勘記三十卷 （清）黃加焜撰 清光緒十四年(1888)黃氏刻蘊石齋叢書本   十六冊

510000 – 2741 – 0010199   10199

楚辭燈四卷 （清）林雲銘編述 清刻本   六冊

510000 – 2741 – 0010200   10200

楚辭二卷 （戰國）屈原等著 明萬曆四十八年(1620)烏程閔氏三色套印本   二冊

510000 – 2741 – 0010201   10201

傳經表一卷通經表一卷 （清）畢沅撰 清光緒四年(1878)會稽章氏刻本   三冊

510000 – 2741 – 0010202   10202

吹網錄六卷 （清）葉廷琯撰 清同治八年(1869)刻本   三冊

510000 – 2741 – 0010203   10203

吹網錄六卷 （清）葉廷琯撰 清同治八年(1869)刻本   三冊

510000 – 2741 – 0010204   10204

吹網錄六卷 （清）葉廷琯撰 清同治八年(1869)刻本   三冊

510000 – 2741 – 0010205   10205

春暉堂叢書 （清）徐渭仁輯 清道光、咸豐間上海徐渭仁刻本   十一冊   存六種三十卷(來齋金石刻考略三卷、寓意録四卷、煙霞萬古樓詩選二卷、秋紅丈室遺詩一卷、思適齋集十八卷、儀鄭堂殘稿二卷)

510000 – 2741 – 0010206   10206

春秋比二卷 （清）郝懿行輯 清光緒八年(1882)譚氏刻本   二冊

510000 – 2741 – 0010207   10207

春秋大事表六十六卷輿圖一卷 （清）顧棟高撰 清光緒十四年(1888)南菁書院刻皇清經解續編本   十八冊

510000 – 2741 – 0010208   10208

春秋大事表摘要四卷 （清）顧棟高輯 （清）邱東陽校 清光緒二十九年(1903)曉雲山房刻本   四冊

510000 – 2741 – 0010209   10209

春秋董氏學八卷附傳一卷 康有爲撰 清末上海大同譯書局刻本   六冊

510000 – 2741 – 0010210   10210

春秋繁露義證十七卷首一卷考證一卷 （漢）董仲舒撰 （清）蘇輿學 清宣統二年(1910)刻本   四冊

510000 – 2741 – 0010211   10211

四川大學圖書館古籍普查登記目録

春秋繁露義證十七卷首一卷考證一卷　（漢）董仲舒撰　（清）蘇輿學　清宣統二年（1910）刻本　四冊

510000－2741－0010212　10212

春秋公羊經傳解詁十二卷　（漢）何休學（唐）陸德明音義　清道光四年（1824）揚州汪氏問禮堂刻本　二冊

510000－2741－0010213　10213

春秋穀梁經傳補註二十四卷首一卷末一卷（清）鍾文烝撰　清光緒二年（1876）刻本八冊

510000－2741－0010214　10214

春秋三卷　（□）□□撰　清光緒七年（1881）尊經書局刻本　一冊

510000－2741－0010215　10215

春秋世族譜一卷　（清）陳厚耀撰　（清）徐幹校刊　清光緒十二年（1886）邵武徐氏刻本一冊

510000－2741－0010216　10216

春秋左傳杜註三十卷首一卷　（清）姚培謙撰　清同治十三年（1874）湖南書局刻本　十二冊

510000－2741－0010217　10217

靈峰草堂叢書　（清）陳矩輯　清光緒貴陽陳氏刻本　一冊　存二種五卷（春秋左傳杜註校勘記一卷、孟子外書補註四卷）

510000－2741－0010218　10218

春秋左傳詁二十卷　（清）洪亮吉撰　清光緒四年（1878）授經堂刻本　十冊

510000－2741－0010219　10219

春秋左氏傳賈服註輯述二十卷　（清）李貽德撰　清光緒八年（1882）江蘇書局刻本　六冊

510000－2741－0010220　10220

春秋左傳精義旁訓十八卷　（清）魏朝俊輯清光緒十年（1884）新都墨耕堂刻本　十冊

510000－2741－0010221　10221

春秋左氏古經十二卷五十凡一卷　（清）段玉裁撰　清光緒九年（1883）常熟鮑氏刻後知不足齋叢書本　二冊

510000－2741－0010222　10222

此君軒漫筆八卷　（清）李心衡撰　清刻本四冊

510000－2741－0010223　10223

從古堂款識學十六卷　（清）徐同柏撰　清光緒三十二年（1906）蒙學報館石印本　八冊

510000－2741－0010224　10224

從古堂款識學十六卷　（清）徐同柏撰　清光緒三十二年（1906）蒙學報館石印本　六冊

510000－2741－0010225　10225

叢睦汪氏遺書二十種九十九卷　（清）汪篯輯清光緒十二年（1886）錢塘汪氏長沙刻本九冊　存二十一卷（徵信錄二卷、上湖文編補鈔二卷、上湖分類文編十卷、遠春樓四史筆存四卷、遠春樓讀經筆存二卷、韓門綴學一）

510000－2741－0010226　10226

存素堂文集四卷　（清）法式善著　清嘉慶十二年（1807）程氏揚州刻本　二冊

510000－2741－0010227　10227

存研樓文集十六卷　（清）儲大文著　清光緒元年（1875）靜遠堂刻本　十冊

510000－2741－0010228　10228

大戴禮記補注十三卷序錄一卷　（清）孔廣森撰　清同治十三年（1874）淮南書局刻本四冊

510000－2741－0010229　10229

大戴禮記十三卷　（漢）戴德撰　（北周）盧辯注　清刻武英殿聚珍版叢書本　四冊

510000－2741－0010230　10230

大能寒軒詩鈔八卷續鈔一卷課孫詩鈔一卷續鈔一卷附小隱山房詩鈔一卷　（清）吳爲楫撰清同治四年（1865）刻本　五冊

510000－2741－0010231　10231

大清史略十一卷　（日本）佐藤楚材編輯　清光緒二十八年（1902）益元書局刻本　十冊

四川大學圖書館古籍普查登記目錄

510000 – 2741 – 0010232　10232

大日本維新史二卷　（日本）重野安繹著　清光緒二十五年(1899)上海商務印書館鉛印本　二冊

510000 – 2741 – 0010233　10233

大雲山房文稿初集四卷二集四卷　（清）惲敬撰　清光緒十四年(1888)官書處刻本　八冊

510000 – 2741 – 0010234　10234

代耕堂雜著四卷　（清）李嘉績撰　清光緒三十二年(1906)刻本　一冊

510000 – 2741 – 0010235　10235

代耕堂中橐二十五卷　（清）李嘉績撰　清光緒刻本　五冊　存二十四卷(一至二十四)

510000 – 2741 – 0010236　10236

戴褐夫集一卷補遺一卷續補遺一卷附紀行一卷紀略一卷年譜一卷戴刻戴褐夫集目録一卷　（清）戴名世撰　清宣統元年(1909)國學保存會鉛印本　三冊

510000 – 2741 – 0010237　10237

淡墨録十六卷　（清）李調元撰　清刻本　一冊

510000 – 2741 – 0010238　10238

澹齋集六卷　（清）傅爲霖著　清宣統二年(1910)刻本　一冊　存二卷(澹齋記年一卷、水程隨筆一卷)

510000 – 2741 – 0010239　10239

憺園全集三十六卷　（清）徐乾學撰　清刻本　九冊　缺四卷(二十二至二十五)

510000 – 2741 – 0010240　10240

島居續録十卷　（清）楊浚輯　清光緒十三年(1887)刻本　一冊　存四卷(一至四)

510000 – 2741 – 0010241　10241

導古堂文集二卷　（清）胡薇元撰　清光緒二十九年(1903)石印本　二冊

510000 – 2741 – 0010242　10242

道援堂詩集十二卷詞一卷　（清）屈大均撰　清刻本　六冊

510000 – 2741 – 0010243　10243

訓纂堂叢書　（清）黎庶昌撰　清光緒四年(1878)貴筑楊氏刻訓纂堂叢書本　一冊　存二種十四卷(帝王世紀十卷、補遺一卷、附録一卷,帝王世紀續補一卷、考異一卷)

510000 – 2741 – 0010244　10244

丁文誠公奏稿二十六卷首一卷　（清）丁寶楨撰　清刻本　二十五冊　缺一卷(十九)

510000 – 2741 – 0010245　10245

定山堂詩集四十三卷詩餘四卷　（清）龔鼎孳撰　清光緒九年(1883)聖彝書屋刻本　六冊

510000 – 2741 – 0010246　10246

定香亭筆談四卷　（清）阮元記　（清）吳文溥録　清光緒二十五年(1899)浙江書局刻本　二冊

510000 – 2741 – 0010247　10247

東都事略一百三十卷　（宋）王偁撰　清光緒九年(1883)淮南書局刻本　八冊　缺二卷(一百二十九至一百三十)

510000 – 2741 – 0010248　10248

東觀餘論二卷　（宋）黃伯思撰　清光緒刻邵武徐氏叢書本　二冊

510000 – 2741 – 0010249　10249

東郭記二卷　（明）孫鍾齡填詞　（清）夢漚居士填詞　（明）覺海釣徒正譜　清刻本　四冊

510000 – 2741 – 0010250　10250

東漢會要四十卷　（宋）徐天麟撰　清光緒五年(1879)嶺南學海堂刻本　八冊

510000 – 2741 – 0010251　10251

東湖叢記六卷　（清）蔣光煦撰　清光緒九年(1883)蔣氏別下齋刻本　三冊

510000 – 2741 – 0010252　10252

東華録三十二卷　（清）蔣良騏撰　清刻本　八冊

510000 – 2741 – 0010253　10253

東南紀事十二卷　（清）邵廷采撰　清光緒刻邵武徐氏叢書本　二冊

四川大學圖書館古籍普查登記目録

510000 – 2741 – 0010254　10254

東塾集六卷　（清）陳澧撰　清光緒十八年
(1892)羊城富文齋刻本　三冊

510000 – 2741 – 0010255　10255

東洲草堂詩鈔三十卷詩餘一卷　（清）何紹基
撰　清同治六年(1867)長沙蘇園刻本　八冊

510000 – 2741 – 0010256　10256

東洲草堂文鈔二十卷　（清）何紹基撰　眠琴
閣遺文一卷眠琴閣遺詩二卷　（清）何慶涵撰
　浣月樓遺詩二卷　（清）李榗撰　清光緒刻
本　六冊

510000 – 2741 – 0010257　10257

董方立遺書　（清）董祐誠撰　清同治八年
(1869)四川成都刻本　四冊

510000 – 2741 – 0010258　10258

竇存四卷　（清）胡式鈺撰　清道光二十一年
(1841)刻本　二冊

510000 – 2741 – 0010259　10259

讀杜心解六卷首二卷　（清）浦起龍撰　清雍
正二年(1724)甯我齋刻本　五冊　存六卷
(一之一至二、三之三至四、五至六,首二卷)

510000 – 2741 – 0010260　10260

讀杜心解六卷首二卷　（清）浦起龍撰　清雍
正二年至三年(1724 – 1725)浦氏寧我齋刻本
　十一冊　缺一卷(卷一之一至二)

510000 – 2741 – 0010261　10261

讀孟子記三卷　（清）董鴻勳撰　清光緒二十
七年(1901)合州刻本　三冊

510000 – 2741 – 0010262　10262

讀書紀數略五十四卷　（清）宮夢仁編纂　清
光緒六年(1880)懺花盦刻本　十六冊

510000 – 2741 – 0010263　10263

讀書雜識十二卷　（清）勞格著　（清）丁寶書
述　清光緒四年(1878)吳興丁氏刻月河精舍
叢抄本　五冊

510000 – 2741 – 0010264　10264

讀書雜志八十二卷餘編二卷　（清）王念孫撰

清同治九年（1870）金陵書局刻本　二十
四冊

510000 – 2741 – 0010265　10265

讀書雜志八十二卷餘編二卷　（清）王念孫撰
　清光緒二十年(1894)上海醉六堂鉛印本
八冊

510000 – 2741 – 0010266　10266

杜工部集二十卷首一卷　（唐）杜甫撰　（明）
王世貞評　（清）邵長蘅等評　清光緒二年
(1876)廣東翰墨園刻六色套印本　十冊

510000 – 2741 – 0010267　10267

杜詩鏡銓二十卷　（清）楊倫輯　本傳一卷年
譜一卷附錄二卷　清同治十一年(1872)望三
益齋刻本　十冊

510000 – 2741 – 0010268　10268

杜詩詳註二十五卷首一卷　（清）仇兆鰲輯註
　清刻本　十三冊

510000 – 2741 – 0010269　10269

杜主開明前志四卷　（清）孫澍輯　清道光十
四年(1834)鵝溪村舍孫氏刻古棠書屋叢書本
　一冊

510000 – 2741 – 0010270　10270

度隴記四卷　（清）董醇撰　清咸豐元年
(1851)刻本　四冊

510000 – 2741 – 0010271　10271

對策六卷　（清）陳鱣撰　清光緒五年(1879)
刻本　一冊

510000 – 2741 – 0010272　10272

峨秀堂詩鈔四卷　（清）朱世重撰　（清）李嘉
績選　清光緒二十八年(1902)刻本　一冊

510000 – 2741 – 0010273　10273

蛾術編八十二卷　（清）王鳴盛撰　清道光二
十一年(1841)吳江沈氏世楷堂刻本　十六冊

510000 – 2741 – 0010274　10274

噩夢一卷　（清）王夫之著　清宣統二年
(1910)成都寓廬刻本　一冊

510000 – 2741 – 0010275　10275

四川大學圖書館古籍普查登記目錄

爾雅郭注義疏三卷　（清）郝懿行學　清光緒
十四年（1888）湖北官書局刻本　八冊

510000－2741－0010276　10276

爾雅義疏十九卷　（清）郝懿行學　清同治四
年（1865）沛上刻本　五冊　缺一卷（上之一
至二）

510000－2741－0010277　10277

爾雅正義二十卷　（清）邵晉涵撰　釋文三卷
（唐）陸德明撰　清乾隆五十三年（1788）面
水層軒刻餘姚邵氏家塾本　八冊

510000－2741－0010278　10278

二家詞鈔五卷二家詠古詩一卷二家試帖一卷
（清）李慈銘　（清）樊增祥撰　清光緒二十
八年（1902）刻本　二冊

510000－2741－0010279　10279

二林居集二十四卷　（清）彭紹升撰　清光緒
七年（1881）刻蘇州振新書社印本　六冊

510000－2741－0010280　10280

二酉堂叢書　（清）張澍輯　清道光元年
（1821）武威張氏二酉堂刻本　八冊

510000－2741－0010281　10281

二知軒詩續鈔二十二卷　（清）方濬頤撰　清
光緒四年（1878）刻本　十冊

510000－2741－0010282　10282

樊川詩集四卷補遺一卷外集一卷別集一卷
（唐）杜牧撰　（清）馮集梧注　清光緒十六年
（1890）湘南書局刻本　四冊

510000－2741－0010283　10283

樊南文集詳注八卷　（唐）李商隱撰　（清）馮
浩編　清乾隆四十五年（1780）德聚堂刻同治
七年（1868）桐鄉馮氏重修本　四冊

510000－2741－0010284　10284

玉谿生詩詳註三卷首一卷樊南文集詳註八卷
首一卷　（唐）李商隱撰　（清）馮浩編　清乾
隆四十五年（1780）德聚堂刻同治七年（1868）
桐鄉馮氏重修本　八冊

510000－2741－0010285　10285

樊山公牘三卷　（清）樊增祥撰　清光緒二十
年（1894）西安臬署刻本　二冊

510000－2741－0010286　10286

樊山集二十四卷　（清）樊增祥撰　清光緒十
九年（1893）渭南縣署刻本　六冊

510000－2741－0010287　10287

樊山批判十五卷　（清）樊增祥撰　清光緒二
十三年（1897）西安臬署刻本　五冊

510000－2741－0010288　10288

樊山時文一卷　（清）樊增祥撰　清光緒二十
年（1894）渭南官舍刻本　一冊

510000－2741－0010289　10289

樊榭山房集十卷續集十卷文集八卷集外詩一
卷集外詞一卷集外文一卷　（清）厲鶚撰　清
光緒十年（1884）錢塘汪氏振綺堂刻本　十冊

510000－2741－0010290　10290

望溪先生文集十八卷集外文十卷補遺二卷
（清）方苞撰　方望溪年譜一卷附錄一卷
（清）蘇淳元輯　清咸豐元年（1851）刻本
十冊

510000－2741－0010291　10291

玉篇三十卷　（南朝梁）顧野王著　玉篇校勘
劄記一卷廣韻校勘劄記一卷　（清）鄧顯鶴述
清道光三十年（1850）新化鄧氏刻本　三冊

510000－2741－0010292　10292

廣韻五卷　（宋）陳彭年等撰　清道光三十年
（1850）新化鄧氏刻本　五冊

510000－2741－0010293　10293

仿唐寫本說文解字木部箋異一卷　（清）莫友
芝撰　清同治二年（1863）刻本　一冊

510000－2741－0010294　10294

分撰兩戴記章句凡例一卷　廖平撰　清光緒
十二年（1886）刻本　一冊

510000－2741－0010295　10295

封泥考略十卷　（清）吳式芬　（清）陳介祺輯
清光緒三十年（1904）滬上石印本　八冊

510000－2741－0010296　10296

四川大學圖書館古籍普查登記目錄

風俗通姓氏篇二卷 （漢）應劭纂 （清）張澍輯注 清道光元年(1821)武威張氏刻二酉堂叢書本 一冊 缺一卷(下篇)

510000－2741－0010297 10297

浮湘訪學集九種 （清）浮湘客輯 清光緒三年(1877)長沙刻本 四冊

510000－2741－0010298 10298

撫吳公牘五十卷 （清）丁日昌撰 清光緒三年(1877)鉛印本 六冊

510000－2741－0010299 10299

簠齋傳古別錄一卷 （清）陳介祺撰 清同治、光緒間吳縣潘氏八囍齋刻本 一冊

510000－2741－0010300 10300

復初齋文集三十五卷首一卷 （清）翁方綱撰 清道光十六年(1836)刻光緒三年至四年(1877－1878)李以烜重校補刻本 十冊

510000－2741－0010301 10301

復堂類集文集四卷詩集九卷詞集二卷日記六卷 （清）譚獻撰 清光緒十一年(1885)刻本 十冊

510000－2741－0010302 10302

陔南池館遺集二卷 （清）喬重禧撰 清咸豐元年(1851)徐渭仁刻春暉堂叢書本 一冊

510000－2741－0010303 10303

陔餘叢考四十三卷 （清）趙翼撰 清光緒二年至三年(1876－1877)大關唐氏刻趙甌北全集本 十六冊

510000－2741－0010304 10304

陔餘叢考四十三卷 （清）趙翼撰 清乾隆五十五年(1790)刻本 十冊

510000－2741－0010305 10305

甘泉鄉人稿二十四卷餘稿二卷 （清）錢泰吉撰 皇清敕授修職郎誥封朝議大夫顯考警石府君(錢泰吉)年譜一卷 （清）錢應溥述 四水子遺著一卷 （清）錢友泗撰 邠農偶吟稿一卷 （清）錢炳森撰 清同治十一年(1872)刻本 六冊

510000－2741－0010306 10306

高給諫庚子日記四卷 （清）高柟撰 清光緒三十年(1904)鉛印本 三冊

510000－2741－0010307 10307

高西園詩畫錄不分卷 （清）高鳳翰撰 （清）鄧元鏸編 清光緒刻本 一冊

510000－2741－0010308 10308

各省程限一卷 （清）□□撰 清同治四年(1865)刻本 一冊

510000－2741－0010309 10309

根心寄草 （清）黃紹仁著 清光緒二十五年(1899)刻本 一冊

510000－2741－0010310 10310

更生齋文乙集四卷 （清）洪亮吉著 清光緒三年至四年(1877－1878)刻本 三冊

510000－2741－0010311 10311

龔安節公野古集三卷 （明）龔詡著 清光緒二十八年(1902)新陽趙氏刻本 一冊

510000－2741－0010312 10312

龔定盦別集一卷 （清）龔自珍撰 清宣統順德鄧氏鉛印風雨樓叢書本 一冊

510000－2741－0010313 10313

龔端毅公奏疏八卷附一卷 （清）龔鼎孳撰 清光緒七年(1881)刻本 六冊

510000－2741－0010314 10314

古歡堂集二十二卷 （清）田雯著 清刻本 五冊

510000－2741－0010315 10315

古今錢略三十二卷首一卷末一卷 （清）倪模述 清光緒三年至五年(1877－1879)望江倪氏兩強勉齋刻本 十六冊

510000－2741－0010316 10316

古今偽書考一卷 （清）姚際恆著 清光緒三年(1877)廣漢張氏刻本 一冊

510000－2741－0010317 10317

古今夏時表一卷附易通卦驗節候校文一卷 （清）葉德輝撰 清光緒二十九年(1903)長沙

葉氏刻本　一冊

510000－2741－0010318　10318

古今韻考四卷附記一卷　（清）李因篤撰
（清）楊傳第撰附記　清光緒六年(1880)福山
王氏天壤閣刻本　一冊

510000－2741－0010319　10319

古今注三卷　（晉）崔豹撰　清光緒元年
(1875)湖北崇文書局刻本　零冊

510000－2741－0010320　10320

**古泉匯首集四卷元集十四卷亨集十四卷利集
十八卷貞集十四卷續泉匯首集一卷元集三卷
亨集三卷利集三卷貞集五卷補遺二卷**　（清）
李佐賢編輯　清同治三年(1864)利津李氏石
泉書屋刻本　二十冊

510000－2741－0010321　10321

**古泉匯首集四卷元集十四卷亨集十四卷利集
十八卷貞集十四卷續泉匯首集一卷元集三卷
亨集三卷利集三卷貞集五卷補遺二卷**　（清）
李佐賢編輯　清同治三年(1864)利津李氏石
泉書屋刻本　二十冊

510000－2741－0010322　10322

古詩箋[五言詩]十七卷[七言歌行鈔]十五卷
　（清）王士禎選　（清）聞人倓箋　清乾隆三
十一年(1766)芑蘭堂刻松江文萃堂後印本
八冊　缺十一卷(五言六至七,七言四下、五、
九下至十五)

510000－2741－0010323　10323

古詩箋[七言歌行鈔]十五卷　（清）王士禎選
　（清）聞人倓箋　清乾隆三十一年(1766)芑
蘭堂刻松江文萃堂後印本　十四冊

510000－2741－0010324　10324

古微堂集內集二卷外集八卷　（清）魏源著
清宣統元年(1909)上海國學扶輪社鉛印本
六冊

510000－2741－0010325　10325

古微堂集內集三卷外集七卷　（清）魏源撰
清光緒四年(1878)淮南書局刻本　二冊　存
六卷(內集三卷、外集三至五)

510000－2741－0010326　10326

古文尚書冤詞平議二卷　（清）皮錫瑞撰　清
光緒二十二年(1896)思賢書局刻師伏堂叢書
本　一冊

510000－2741－0010327　10327

古音類表九卷首一卷　（清）傅壽彤撰　清光
緒二年(1876)刻澹勤室著述本　四冊

510000－2741－0010328　10328

古玉圖考不分卷　（清）吳大澂編　清光緒十
五年(1889)上海同文書局石印本　二冊

510000－2741－0010329　10329

古玉圖考不分卷　（清）吳大澂編　清光緒十
五年(1889)上海同文書局石印本　四冊

510000－2741－0010330　10330

古韻通說二十卷　（清）龍啟瑞撰　清光緒九
年(1883)四川尊經書局刻本　二冊

510000－2741－0010331　10331

古籀拾遺三卷附宋政和禮器文字考一卷
（清）孫詒讓記　清光緒十六年(1890)刻本
二冊

510000－2741－0010332　10332

穀詒堂集十卷　（清）李壽萱著　清光緒八年
(1882)戎州學署刻本　三冊

510000－2741－0010333　10333

顧氏音學五書　（清）顧炎武撰　清光緒十六
年(1890)思賢講舍刻本　十二冊

510000－2741－0010334　10334

官印不分卷　（清）□□輯　清末鈐印本
一冊

510000－2741－0010335　10335

觀古閣叢稿二卷　（清）鮑康著　清同治十二
年(1873)潘祖蔭刻本　一冊

510000－2741－0010336　10336

觀古閣叢稿三編二卷　（清）鮑康著　清光緒
二年(1876)觀古閣刻本　一冊

510000－2741－0010337　10337

郋園先生全書　（清）葉德輝編　清光緒二十

四川大學圖書館古籍普查登記目錄

八年(1902)湘潭葉氏印行刻本　三冊　存五種七卷(天文本單經論語校勘記一卷、孟子章句一卷、釋人疏證二卷、藏書十約一卷、遊藝卮言二卷)

510000 – 2741 – 0010338　10338

管子二十四卷　(周)管仲撰　(唐)房玄齡注　(明)劉績增注　清光緒二年(1876)浙江書局刻本　六冊

510000 – 2741 – 0010339　10339

管子校正二十四卷　(清)戴望撰　清同治十一年(1872)劉履芬刻本　四冊

510000 – 2741 – 0010340　10340

灌江定考一卷　(清)王來通輯　清刻本　一冊

510000 – 2741 – 0010341　10341

光緒財政通纂五十四卷　(清)杜翰藩編　清光緒三十一年(1905)成都文倫書局鉛印本　二十冊

510000 – 2741 – 0010342　10342

廣西通志輯要十五卷續刻二卷廣西昭忠錄八卷平桂記畧四卷股匪總錄三卷堂匪總錄十二卷廣西道里表一卷　(清)蘇宗經輯　(清)蘇鳳文撰　清光緒十五年(1889)刻本　二十一冊

510000 – 2741 – 0010343　10343

廣雅書局叢書　(清)廣雅書局輯　清光緒中廣雅書局刊民國九年(1920)番禺徐紹棨彙編重印本　五百二十冊　缺四十冊

510000 – 2741 – 0010344　10344

廣雅疏證十卷博雅音十卷　(清)王念孫學　清光緒五年(1879)淮南書局刻本　八冊

510000 – 2741 – 0010345　10345

廣雅疏證十卷博雅音十卷　(清)王念孫學　清光緒五年(1879)淮南書局刻本　八冊

510000 – 2741 – 0010346　10346

廣雅疏證十卷博雅音十卷　(清)王念孫學　清光緒五年(1879)淮南書局刻本　八冊

510000 – 2741 – 0010347　10347

廣雅疏證十卷博雅音十卷　(清)王念孫學　清光緒五年(1879)淮南書局刻本　八冊

510000 – 2741 – 0010348　10348

歸樸齋詩鈔戊集二卷己集二卷　(清)曾紀澤著　清光緒石印本　一冊

510000 – 2741 – 0010349　10349

鬼谷子三卷附錄一卷篇目考一卷　(南朝梁)陶弘景註　清嘉慶十年(1805)江都秦氏石研齋刻本　一冊

510000 – 2741 – 0010350　10350

癸巳存稿十五卷　(清)俞正燮撰　清光緒十年(1884)刻本　六冊

510000 – 2741 – 0010351　10351

癸巳類稿十五卷　(清)俞正燮撰　清道光十三年(1833)求日益齋刻本　八冊

510000 – 2741 – 0010352　10352

國朝貢舉考略三卷　(清)黃崇蘭編　清刻本　一冊　缺二卷(二至三)

510000 – 2741 – 0010353　10353

國朝古文所見集十三卷　(清)陳兆麒輯　清光緒十四年(1888)植桂軒刻本　四冊

510000 – 2741 – 0010354　10354

國朝古文選不分卷　(清)孫澍輯　清道光十四年(1834)刻本　二冊

510000 – 2741 – 0010355　10355

國朝漢學師承記八卷國朝經師經義目錄一卷國朝宋學淵源記二卷附記一卷　(清)江藩纂　清光緒二十二年(1896)成都志古堂刻本　四冊

510000 – 2741 – 0010356　10356

國粹叢書　(清)□□輯　清光緒三十三年至三十四年(1907 – 1908)鉛印本　十一冊

510000 – 2741 – 0010357　10357

國粹叢書　(清)□□輯　清光緒、宣統間鉛印本　十三冊

510000 – 2741 – 0010358　10358

四川大學圖書館古籍普查登記目録

國史儒林傳二卷文苑傳二卷 （清）阮元撰
清刻本 四冊

510000－2741－0010359 10359

國語二十一卷 （三國吳）韋昭注 國語考異
四卷 （清）汪遠孫撰 國語札記一卷 （清）
黃丕烈撰 清光緒二年(1876)尊經書院刻本
五冊

510000－2741－0010360 10360

國語正義二十一卷 （清）董增齡撰集 清光
緒六年(1880)會稽章氏式訓堂刻本 八冊

510000－2741－0010361 10361

國語正義二十一卷 （清）董增齡撰集 清光
緒六年(1880)會稽章氏式訓堂刻本 八冊

510000－2741－0010362 10362

過庭錄十六卷 （清）宋翔鳳撰 清光緒七年
(1881)會稽章氏刻本 四冊

510000－2741－0010363 10363

海峰文集八卷海峰詩集十一卷劉海峰稿一卷
（清）劉大櫆撰 清同治十三年(1874)劉繼
邢邱刻本 十二冊

510000－2741－0010364 10364

海峰先生精選八家文鈔不分卷 （清）劉大櫆
輯 清光緒二年(1876)劉繼邢邱刻本 二冊

510000－2741－0010365 10365

海國圖志一百卷首一卷 （清）魏源撰 海國
圖志續集二十五卷首一卷 （英國）麥高爾等
輯 清光緒二十四年(1898)文賢閣石印本
十六冊

510000－2741－0010366 10366

海國圖志一百卷首一卷 （清）魏源撰 海國
圖志續集二十五卷首一卷 （英國）麥高爾等
輯 清光緒二十四年(1898)文賢閣石印本
十六冊

510000－2741－0010367 10367

亥白詩草八卷 （清）張問安撰 清刻本
二冊

510000－2741－0010368 10368

寒松堂全集十二卷 （清）魏象樞撰 寒松老
人年譜一卷 （清）魏象樞口述 （清）魏學誠
等錄 清嘉慶十五年(1810)刻本 十六冊

510000－2741－0010369 10369

寒夜叢談三卷 （清）沈赤然撰 清光緒十一
年(1885)新陽趙氏刻本 一冊

510000－2741－0010370 10370

韓非子二十卷 （周）韓非撰 識誤三卷
（清）顧廣圻撰 清光緒元年(1875)浙江書局
刻本 六冊

510000－2741－0010371 10371

韓非子集解二十卷首一卷 （清）王先慎撰
清光緒二十二年(1896)刻本 六冊

510000－2741－0010372 10372

韓非子集解二十卷首一卷 （清）王先慎撰
清光緒二十二年(1896)刻本 六冊

510000－2741－0010373 10373

韓詩外傳十卷 （漢）韓嬰撰 （清）周廷寀
（清）周宗沅校注 韓詩外傳補逸一卷校注拾
遺一卷 清光緒元年(1875)望三益齋刻本
四冊

510000－2741－0010374 10374

漢晉迄明謚彙考十卷首一卷皇朝謚彙考五卷
（清）劉長華纂輯 清同治、光緒間崇川劉
氏刻本 四冊

510000－2741－0010375 10375

漢律類纂不分卷 （清）張鵬一纂 清光緒三
十三年(1907)鉛印本 一冊

510000－2741－0010376 10376

漢儒通義七卷 （清）陳澧撰集 清咸豐八年
(1858)粵東富文齋刻番禺陳氏東塾叢書本
二冊

510000－2741－0010377 10377

漢書地理志水道圖說七卷附考正德清胡氏禹
貢圖一卷 （清）陳澧撰 清末番禺陳氏刻本
二冊

510000－2741－0010378 10378

四川大學圖書館古籍普查登記目錄

漢書一百卷首一卷　（漢）班固撰　（唐）顏師古注　（清）王先謙補注　清光緒二十六年(1900)長沙王氏刻本　三十二冊

510000－2741－0010379　10379
漢書注校補五十六卷　（清）周壽昌撰　清光緒十年(1884)長沙周氏小對竹軒刻本　十六冊

510000－2741－0010380　10380
漢唐事箋十二卷後集八卷　（元）朱禮著　清道光二年(1822)山陰李漟刻本　四冊

510000－2741－0010381　10381
漢學商兌四卷　（清）方東樹撰　遜志堂雜鈔二卷　（清）吳翌鳳著　（清）朱記榮校訂　清光緒孫溪朱氏刻本　三冊

510000－2741－0010382　10382
何大復先生集三十八卷附錄一卷　（明）何景明撰　清光緒十九年(1893)豫南書院刻本　十二冊

510000－2741－0010383　10383
鶴山文鈔三十二卷　（宋）魏了翁著　清同治十三年(1874)望三益齋刻宣統二年(1910)官印刷局重修本　十冊

510000－2741－0010384　10384
恒軒所見所藏吉金錄不分卷　（清）吳大澂編　清同治、光緒間吳縣吳大澂刻本　二冊

510000－2741－0010385　10385
洪度集一卷　（唐）薛濤撰　清光緒三十二年(1906)貴陽陳矩刻靈峯草堂叢書本　一冊

510000－2741－0010386　10386
紅杏山房聞見隨筆二十八卷　（清）盧秉鈞纂述　清光緒十八年(1892)刻本　六冊

510000－2741－0010387　10387
上今上皇帝萬言書一卷　（清）嚴復撰　清光緒二十七年(1901)南昌讀有用書之齋校印本　一冊

510000－2741－0010388　10388
後漢郡國令長考一卷　（清）錢大昕著　清刻本　一冊

510000－2741－0010389　10389
後漢書補表八卷　（清）錢大昭撰　清光緒八年(1882)後知不足齋刻本　四冊

510000－2741－0010390　10390
後漢書補表八卷　（清）錢大昭撰　清光緒八年(1882)後知不足齋刻本　四冊

510000－2741－0010391　10391
後漢書注補正八卷　（清）周壽昌學　清光緒九年(1883)長沙周氏小對竹軒刻本　二冊

510000－2741－0010392　10392
湖海樓叢書　（清）陳春輯　清嘉慶蕭山陳氏湖海樓刻本　二十六冊　存十一種一百四卷(周易鄭注十二卷,論語類考二十卷,學林十卷,厄林十卷、補遺一卷,訂偽雜錄十卷,龍筋鳳髓判四卷,永嘉先生八面鋒十三卷,會稽三賦一卷,尸子尹文子合刻三卷,列子八卷、沖虛至德真經釋文二卷,潛夫論十卷)

510000－2741－0010393　10393
花甲閒談十六卷　（清）張維屏撰　清光緒十年(1884)上海同文書局石印本　三冊　存十二卷(一至五、十至十六)

510000－2741－0010394　10394
華陽國志十二卷　（晉）常璩撰　附補華陽國志三州郡縣目錄一卷　（清）廖寅撰　清嘉慶十九年(1814)鄰水廖氏題襟館刻本　四冊

510000－2741－0010395　10395
淮南鴻烈閒詁二卷　（漢）許慎記　（清）葉德輝輯刊　清光緒二十一年(1895)長沙葉氏郎園刻本　一冊

510000－2741－0010396　10396
淮南萬畢術二卷　（漢）劉安纂　山海經圖贊二卷　（晉）郭璞撰　清光緒二十一年(1895)長沙葉氏郎園刻本　一冊

510000－2741－0010397　10397
槐廬叢書　（清）朱記榮編　清光緒朱氏槐廬家塾校刊本　三十八冊

四川大學圖書館古籍普查登記目錄

510000－2741－0010398　10398

槐廬叢書　（清）朱記榮編　清光緒二十五年（1899）朱氏行素草堂刻本　三十七冊

510000－2741－0010399　10399

槐廳載筆二十卷　（清）法式善撰　清刻本　六冊

510000－2741－0010400　10400

槐軒雜著　（清）劉沅撰　清豫誠堂刻本　四冊

510000－2741－0010401　10401

懷星堂全集三十卷　（明）祝允明撰　清宣統二年（1910）中國書畫會影印本　八冊

510000－2741－0010402　10402

寰宇貞石圖六卷　（清）楊守敬輯　清光緒宜都楊氏飛青閣石印本　六冊

510000－2741－0010403　10403

宦游紀略二卷　（清）高廷瑤書　清同治十二年（1873）高培穀成都刻本　一冊

510000－2741－0010404　10404

皇朝經籍志六卷　（清）黃本驥輯　清道光二十五年（1845）刻本　二冊

510000－2741－0010405　10405

皇清開國方略三十二卷首一卷　（清）彭紹觀等纂　清光緒十三年（1887）廣百宋齋鉛印本　六冊

510000－2741－0010406　10406

皇朝瑣屑録四十四卷　（清）鍾琦撰　清光緒二十三年（1897）刻本　八冊

510000－2741－0010407　10407

皇清經解續編一千四百三十卷　（清）王先謙輯　清光緒十四年（1888）南菁書院刻本　三百十三冊

510000－2741－0010408　10408

皇清經解一百八十種一千四百卷　（清）阮元輯　清光緒十八年（1892）上海古香閣石印本　六十四冊

510000－2741－0010409　10409

皇清開國方略三十二卷首一卷　（清）彭紹觀等纂　清光緒十三年（1887）廣百宋齋鉛印本　六冊

510000－2741－0010410　10410

黃梨洲先生年譜三卷　（清）黃炳垕編輯　清同治十二年（1873）刻本　一冊

510000－2741－0010411　10411

悔翁詩鈔十五卷補遺一卷詩餘五卷　（清）汪士鐸撰　清光緒九年（1883）合肥張氏味古齋刻本　三冊

510000－2741－0010412　10412

彙纂詩法度鍼三十三卷首一卷　（清）徐文弼輯　清刻本　四冊　存二十六卷（四至二十九）

510000－2741－0010413　10413

蕙榜雜記一卷　（清）嚴元照撰　清光緒十一年（1885）新陽趙氏刻本　一冊

510000－2741－0010414　10414

積古齋鐘鼎彝器款識十卷　（清）阮元　（清）朱爲弼撰　清刻本　四冊

510000－2741－0010415　10415

積古齋鐘鼎彝器款識十卷　（清）阮元　（清）朱爲弼撰　清刻本　四冊

510000－2741－0010416　10416

積學齋叢書　徐乃昌輯　清光緒南陵徐氏積學齋刻本　十七冊

510000－2741－0010417　10417

雞窗叢話一卷　（清）蔡澄撰　清光緒十二年（1886）新陽趙氏刻本　一冊

510000－2741－0010418　10418

吉堂文稿十二卷　（清）欽善撰　清嘉慶二十五年（1820）刻本　四冊

510000－2741－0010419　10419

汲古録不分卷　（清）龔禮著　（清）楊玉堂核定　（清）李世彬評選　清咸豐五年（1855）刻本　一冊

510000－2741－0010420　10420

四川大學圖書館古籍普查登記目録

集古録跋尾十卷　(宋)歐陽修撰　清道光湘陰蔣瓛刻三長物齋叢書本　三冊

510000－2741－0010421　10421
集虛齋學古文十二卷附離騷經解畧一卷　(清)方棻如撰　清光緒十年(1884)淳安縣署刻本　四冊

510000－2741－0010422　10422
集韻十卷　(宋)丁度等修定　清光緒二年(1876)歸安姚覲元川東官舍刻本　十冊

510000－2741－0010423　10423
紀公[紀大奎]行述一卷　(清)紀運鼜等撰　清同治刻本　一冊

510000－2741－0010424　10424
紀元編三卷末一卷　(清)李兆洛　(清)六承如編　清同治十年(1871)合肥李氏刻本　三冊

510000－2741－0010425　10425
寄圃詩草初集二卷　(清)王庚著　(清)王衢編次　清同治十三年(1874)刻本　一冊

510000－2741－0010426　10426
寄圃詩草次集二卷　(清)王庚著　清同治十三年(1874)刻本　一冊

510000－2741－0010427　10427
駱公[秉章]年譜不分卷　(清)□□輯　清同治六年(1867)刻本　一冊

510000－2741－0010428　10428
駱文忠公奏稿十卷　(清)駱秉章撰　清刻本　十冊　存九卷(一至九)

510000－2741－0010429　10429
駱文忠公奏議湘中稿十六卷　(清)駱秉章撰　清光緒刻本　十五冊　缺一卷(二)

510000－2741－0010430　10430
簡學齋詩存四卷簡學齋詩刪四卷　(清)陳沆撰　清咸豐二年(1852)刻本　一冊

510000－2741－0010431　10431
建炎以來朝野雜記四十卷　(宋)李心傳撰　清光緒十九年(1893)四川井研蕭氏刻本

八冊

510000－2741－0010432　10432
江上草堂前稿四卷　(清)李嘉績撰　清光緒二十六年(1900)刻本　一冊

510000－2741－0010433　10433
焦氏遺書　(清)焦循撰　清嘉慶、道光間江都焦氏雕菰樓刻光緒二年(1876)衡陽魏氏補刻民國受古書店印本　三十八冊　缺一卷(李翁醫記一卷)

510000－2741－0010434　10434
今悔庵詩一卷補錄一卷文一卷詞一卷　(清)張慎儀著　清末至民國刻本　一冊

510000－2741－0010435　10435
今水經一卷表一卷　(清)黃宗羲撰　清光緒六年(1880)會稽章氏刻本　一冊

510000－2741－0010436　10436
今文尚書考證三十卷　(清)皮錫瑞撰　清光緒二十三年(1897)師伏堂刻本　六冊

510000－2741－0010437　10437
今文尚書三十卷　(清)孫星衍注　清光緒五年(1879)成都刻官報書局印本　二冊

510000－2741－0010438　10438
金陵待徵錄十卷　(清)金鰲輯　清光緒二年(1876)刻本　一冊

510000－2741－0010439　10439
金樓子六卷　(南朝梁)蕭繹撰　清光緒元年(1875)湖北崇文書局刻本　二冊

510000－2741－0010440　10440
金石萃編一百六十卷　(清)王昶撰　清嘉慶十年(1805)清浦王氏經訓堂刻本　八十冊

510000－2741－0010441　10441
金石存十五卷　(清)吳玉搢纂　清嘉慶二十四年(1819)山陽李氏聞妙香室刻本　四冊

510000－2741－0010442　10442
金石屑不分卷　(清)鮑昌熙摹　(清)吳怡生鉤　清光緒二年(1876)刻本　四冊

四川大學圖書館古籍普查登記目錄

510000－2741－0010443　10443

金石苑補目一卷　（清）周其懇撰　清道光二十四年(1844)刻本　一冊

510000－2741－0010444　10444

金文雅十六卷　（清）莊仲方編　清光緒十七年(1891)江蘇書局刻本　四冊

510000－2741－0010445　10445

荆南萃古編一卷　（清）周懋琦輯　清光緒二十年(1894)鴻寶署齋刻本　一冊

510000－2741－0010446　10446

經典釋文三十卷　（唐）陸德明撰　清同治八年(1869)湖北崇文書局刻本　十二冊

510000－2741－0010447　10447

經讀考異八卷補一卷附句讀敍述二卷補一卷瞿清江四書考異内句讀一卷　（清）武億編　清道光二十三年(1843)偃師武氏刻授堂遺書本　四冊

510000－2741－0010448　10448

經籍跋文一卷　（清）陳鱣撰　溉亭述古録二卷　（清）錢塘撰　清光緒校經山房刻本　一冊

510000－2741－0010449　10449

經籍籑詁一百六卷首一卷附補遺　（清）阮元譔集　清光緒二十年(1894)上海鴻寶齋石印本　五冊

510000－2741－0010450　10450

經書字音辨要九卷　（清）楊名颺編輯　清道光二十七年(1847)令德堂刻本　二冊

510000－2741－0010451　10451

經學不厭精二卷　（德國）花之安撰　清光緒二十四年(1898)上海鴻寶齋石印本　二冊

510000－2741－0010452　10452

孫溪朱氏經學叢書初編十三種　（清）朱記榮輯　清光緒十二年(1886)行素草堂刻本　十二冊

510000－2741－0010453　10453

經學歷史一卷　（清）皮錫瑞撰　清光緒三十二年(1906)思賢書局刻本　一冊

510000－2741－0010454　10454

經學通論五卷　（清）皮錫瑞撰　清光緒三十三年(1907)思賢書局刻本　四冊

510000－2741－0010455　10455

經訓比義三卷　（清）黃以周述　清光緒二十二年(1896)南菁講舍刻本　二冊　缺一卷（下）

510000－2741－0010456　10456

經訓堂叢書一百四十一卷　（清）畢沅輯　清光緒十三年(1887)大同書局石印本　二十冊

510000－2741－0010457　10457

經義雜記三十卷　（清）臧琳著　清嘉慶四年(1799)武進臧氏拜經堂刻本　六冊

510000－2741－0010458　10458

經韻樓集十二卷　（清）段玉裁撰　清光緒十年(1884)秋樹根齋刻戴段合刻本　九冊

510000－2741－0010459　10459

敬孚類稿十六卷　（清）蕭穆撰　清光緒三十二年至三十三年(1906－1907)刻本　六冊

510000－2741－0010460　10460

敬孚類稿十六卷　（清）蕭穆撰　清光緒三十二年至三十三年(1906－1907)刻本　六冊

510000－2741－0010461　10461

敬吾心室彝器款識不分卷　（清）朱善旂輯　清光緒三十四年(1908)石印本　二冊

510000－2741－0010462　10462

敬義堂家譜二卷　（清）紀大奎述録　清同治十一年(1872)刻本　一冊

510000－2741－0010463　10463

靖康要録十六卷　（宋）□□輯　清光緒十二年(1886)歸安陸氏刻十萬卷樓叢書本　六冊

510000－2741－0010464　10464

九旗古義述一卷　（清）孫詒讓撰　清光緒二十八年(1902)籀廎刻本　一冊

510000－2741－0010465　10465

四川大學圖書館古籍普查登記目録

舊五代史一百五十卷目錄二卷　（宋）薛居正等撰　清光緒二十九年(1903)五州同文書局石印本　二十四冊

510000－2741－0010466　10466

聚學軒叢書　（清）劉世珩校刊　清光緒貴池劉氏刻本　十三冊　存三種四十六卷(文選箋證三十二卷、古經天象考十二卷、國志蒙拾二卷)

510000－2741－0010467　10467

劇話二卷　（清）李調元撰　清刻本　一冊

510000－2741－0010468　10468

郡齋話舊圖序目一卷　（清）高培穀撰　清光緒十一年(1885)資州官廨刻本　一冊

510000－2741－0010469　10469

攈古錄金文三卷　（清）吳式芬撰　清光緒刻本　九冊

510000－2741－0010470　10470

開縣李尚書政書八卷首一卷　（清）李宗羲撰　清光緒十一年(1885)武昌刻本　四冊　缺二卷(七至八)

510000－2741－0010471　10471

開有益齋讀書志六卷續志一卷　（清）朱緒曾述　清刻本　五冊

510000－2741－0010472　10472

考辨隨筆二卷　（清）黃定宜著　清道光二十七年(1847)萍鄉文晟刻本　一冊

510000－2741－0010473　10473

恪靖侯盾鼻餘瀋一卷附聯語　（清）左宗棠撰　清光緒七年(1881)刻本　一冊

510000－2741－0010474　10474

孔子編年四卷附孟子編年四卷　（清）狄子奇撰　清光緒十三年(1887)浙江書局刻本　二冊

510000－2741－0010475　10475

孔子集語十七卷　（清）孫星衍編　清光緒三年(1877)浙江書局刻本　四冊

510000－2741－0010476　10476

匡謬正俗八卷　（唐）顏師古撰　清乾隆德州盧氏刻雅雨堂叢書本　一冊

510000－2741－0010477　10477

困學紀聞二十卷　（宋）王應麟撰　清乾隆馬氏叢書樓刻本　六冊

510000－2741－0010478　10478

困學紀聞注二十卷　（宋）王應麟撰　（清）翁元圻注　清光緒十三年(1887)上海同文書局石印本　五冊

510000－2741－0010479　10479

來齋金石刻考略三卷　（清）林侗纂輯　清道光二十一年(1841)刻本　三冊

510000－2741－0010480　10480

賴古堂集二十四卷附錄一卷附賴古堂藏書　（清）周亮工撰　清刻本　十冊

510000－2741－0010481　10481

郎潛紀聞初筆七卷二筆八卷三筆六卷　（清）陳康祺著　清宣統二年(1910)掃葉山房石印本　十冊

510000－2741－0010482　10482

郎潛紀聞十四卷　（清）陳康祺著　清光緒十年(1884)陳康祺刻民國三十一年(1942)校印本　四冊

510000－2741－0010483　10483

浪跡叢談十一卷浪跡續談八卷　（清）梁章鉅撰　清刻本　七冊

510000－2741－0010484　10484

老子道德經二卷　（周）李耳撰　（三國魏）王弼注　老子道德音義一卷　（唐）陸德明撰　清光緒元年(1875)浙江書局刻本　一冊

510000－2741－0010485　10485

老子二卷附音義　（三國魏）王弼注　（唐）陸德明釋文　清光緒二十三年(1897)新化三味書室刻本　一冊

510000－2741－0010486　10486

雷塘庵主弟子記八卷　（清）張鑑錄　清刻本　二冊

四川大學圖書館古籍普查登記目錄

510000－2741－0010487　10487

類篇十五卷　（宋）司馬光修纂　清光緒二年(1876)川東官舍刻本　十四冊

510000－2741－0010488　10488

李氏焚書六卷　（明）李贄撰　清光緒三十四年(1908)國學保存會鉛印本　二冊

510000－2741－0010489　10489

李氏蒙求集注八卷　（唐）李瀚撰　（清）楊迦懌集注　清刻本　八冊

510000－2741－0010490　10490

李氏詩鈔四種　（清）□□輯　清刻本　二冊

510000－2741－0010491　10491

李氏五種合刊　（清）李兆洛撰　清刻本　十冊

510000－2741－0010492　10492

禮記訓纂四十九卷　（清）朱彬輯　清咸豐元年(1851)寶應朱氏宜祿堂刻本　八冊

510000－2741－0010493　10493

禮經箋十七卷　（漢）鄭玄注　王闓運箋　清光緒十一年(1885)成都尊經書局刻本　六冊

510000－2741－0010494　10494

禮書通故五十卷　（清）黃以周述　清光緒十九年(1893)定海黃氏試館刻本　三十二冊

510000－2741－0010495　10495

歷代籌邊略八十四卷奏議二卷　（清）陳麟圖撰　清光緒二十三年(1897)四川廣安州學署刻本　四十冊

510000－2741－0010496　10496

歷代地理沿革圖一卷　（清）馬徵麟識　清同治十年(1871)刻本　一冊

510000－2741－0010497　10497

歷代紀元彙考八卷　（清）萬斯同編　（清）孫鑣校補　續編一卷　（清）李哲濬撰　清光緒二十三年(1897)瀘洲李氏刻本　二冊

510000－2741－0010498　10498

歷代史論十二卷　（明）張溥論正　清光緒十

九年(1893)都城蒼松山房刻朱墨套印本　四冊

510000－2741－0010499　10499

歷代同姓名錄二十三卷　（清）劉長華纂輯　清同治、光緒間崇川劉氏刻本　六冊

510000－2741－0010500　10500

歷代輿地沿革險要圖一卷　（清）楊守敬（清）饒敦秩撰　清光緒五年(1879)東湖饒氏刻本　一冊

510000－2741－0010501　10501

歷代職官表六卷　（清）黃本驥校　清刻本一冊　存三卷(四至六)

510000－2741－0010502　10502

歷代鐘鼎彝器款識法帖十九卷附札記　（宋）薛尚功撰　清光緒二十九年(1903)貴池劉氏玉海堂刻本　四冊

510000－2741－0010503　10503

隸篇十五卷隸篇續十五卷隸篇再續十五卷（清）翟云升撰　清道光十七年(1837)刻本十冊

510000－2741－0010504　10504

隸釋二十七卷隸續二十一卷　（宋）洪适撰汪本隸釋刊誤一卷　（清）黃丕烈撰　清同治十年(1871)刻本　八冊

510000－2741－0010505　10505

隸𪾢表不分卷　（清）徐鄂編　清光緒稿本一冊

510000－2741－0010506　10506

蓮村焚草　（清）白鶴山樵(李炳元)待定稿清道光稿本　一冊

510000－2741－0010507　10507

梁公九諫一卷　（唐）狄仁傑撰　清嘉慶十年(1805)吳縣黃氏士禮居刻本　一冊

510000－2741－0010508　10508

兩當軒集二十二卷　（清）黃景仁著　清光緒二年(1876)黃氏家塾刻本　六冊

510000－2741－0010509　10509

四川大學圖書館古籍普查登記目録

兩漢金石記二十二卷　（清）翁方綱撰　清乾隆五十四年(1789)翁氏刻本　六冊

510000－2741－0010510　10510

兩罍軒印考漫存九卷　（清）吳雲編　清光緒刻本　四冊

510000－2741－0010511　10511

兩罍軒彝器圖釋十二卷　（清）吳雲撰　清同治十二年(1873)刻本　六冊

510000－2741－0010512　10512

聊園詩存再續十二卷　（清）王增祺著　清光緒二十八年(1902)成都聊園惜花居刻本　一冊

510000－2741－0010513　10513

聊齋文集二卷　（清）蒲松齡著　清宣統二年(1910)國學扶輪社鉛印本　二冊

510000－2741－0010514　10514

列子八卷　（周）列御寇撰　（晉）張湛注　（唐）殷敬順釋文　清光緒二年(1876)浙江書局刻本　一冊　缺四卷(五至八)

510000－2741－0010515　10515

列子八卷　（唐）盧重元解　清嘉慶八年(1803)秦氏石研齋刻本　二冊

510000－2741－0010516　10516

靈峰草堂集四卷　（清）陳矩撰　清光緒十八年(1892)貴陽陳氏刻本　一冊

510000－2741－0010517　10517

靈檀碎金六十八卷　（清）郎玉銘著　清光緒八年(1882)上海申報館仿聚珍版鉛印本　六冊

510000－2741－0010518　10518

六合內外瑣言二十卷　（清）屠紳(黍餘裔孫)撰　清宣統三年(1911)國學扶輪社石印本　六冊

510000－2741－0010519　10519

六書舊義一卷　廖平撰　清光緒十三年(1887)刻本　一冊

510000－2741－0010520　10520

六書通十卷　（明）閔齊伋撰　（清）畢弘述篆訂　清刻本　五冊

510000－2741－0010521　10521

六藝論語證一卷尚書中候疏證一卷　（清）皮錫瑞撰　清光緒二十五年(1899)刻本　一冊

510000－2741－0010522　10522

龍文鞭影二卷　（明）蕭良有著　（明）楊臣諍增訂　清同治十二年(1873)刻本　二冊

510000－2741－0010523　10523

魯齋聞筆一卷　（□）□□撰　清光緒九年(1883)新都曾氏刻本　一冊

510000－2741－0010524　10524

陸天隨詩集十四卷　（唐）陸龜蒙撰　清光緒十年(1884)遂甯書局刻本　一冊

510000－2741－0010525　10525

鹿洲公案二卷　（清）藍鼎元著　清光緒七年(1881)江州官舍刻本　二冊

510000－2741－0010526　10526

論校邠廬抗議不分卷　（清）劉光第著　（清）董士佐校　清光緒三十年(1904)儷峰書屋刻本　一冊

510000－2741－0010527　10527

論印絕句一卷　（清）吳騫輯　清光緒五年(1879)仁和葛元煦刻本　一冊

510000－2741－0010528　10528

論語戴氏注二十卷　（清）戴望注　清同治十年(1871)刻本　一冊

510000－2741－0010529　10529

論語古訓十卷　（清）陳鱣述　清光緒九年(1883)浙江書局刻本　二冊

510000－2741－0010530　10530

論語古注集箋十卷附考　（清）潘維城學　清光緒七年(1881)江蘇書局刻本　六冊

510000－2741－0010531　10531

論語後案二十卷　（清）黃式三學　清光緒九年(1883)浙江書局刻本　十冊

四川大學圖書館古籍普查登記目錄

510000 – 2741 – 0010532　10532

論語後案二十卷　（清）黃式三學　清光緒九年(1883)浙江書局刻本　九冊　缺二卷（十五至十六）

510000 – 2741 – 0010533　10533

論語異文考證十卷　（清）馮登府纂　清道光十四年(1834)粵東學海堂刻本　五冊

510000 – 2741 – 0010534　10534

論語正義二十四卷　（清）劉寶楠學　（清）劉恭冕述　清同治五年(1866)刻本　六冊

510000 – 2741 – 0010535　10535

羅忠節公遺集八卷　（清）羅澤南撰　清咸豐、同治間長沙刻本　三冊

510000 – 2741 – 0010536　10536

洛陽伽藍記五卷　（北魏）楊衒之著　清刻本　一冊

510000 – 2741 – 0010537　10537

呂氏春秋二十六卷附考一卷　（秦）呂不韋撰　（漢）高誘注　（清）畢沅校　清光緒二十三年(1897)文瑞樓石印本　二冊

510000 – 2741 – 0010538　10538

呂子校補二卷　（清）梁玉繩撰　清光緒四年(1878)會稽章氏刻本　一冊

510000 – 2741 – 0010539　10539

郘亭詩鈔六卷　（清）莫友芝撰　清咸豐三年(1853)湘川講舍刻同治五年(1866)江寧三山客舍修補印本　一冊

510000 – 2741 – 0010540　10540

郘亭詩鈔六卷郘亭遺詩八卷　（清）莫友芝撰　清咸豐三年(1853)湘川講舍刻同治五年(1866)江寧三山客舍修補印本　二冊

510000 – 2741 – 0010541　10541

郘亭知見傳本書目十六卷　（清）莫友芝撰　清宣統三年(1911)上海國學扶輪舍鉛印適園叢書本　六冊

510000 – 2741 – 0010542　10542

郘亭知見傳本書目十六卷　（清）莫友芝撰

清宣統三年(1911)上海國學扶輪舍鉛印適園叢書本　六冊

510000 – 2741 – 0010543　10543

履園叢話二十四卷　（清）錢泳輯　清道光三年(1823)虞山錢氏刻本　八冊

510000 – 2741 – 0010544　10544

綠天蘭若詩鈔不分卷　（清）釋含澈撰　清光緒刻本　五冊

510000 – 2741 – 0010545　10545

綠雪堂古文鈔二卷　（清）敖冊賢著　清光緒十三年(1887)京師刻本　二冊

510000 – 2741 – 0010546　10546

綠雪堂古文鈔二卷　（清）敖冊賢著　清光緒十三年(1887)京師刻本　一冊　存一卷（一）

510000 – 2741 – 0010547　10547

綠漪艸堂文集三十卷首一卷詩集二十卷首一卷首一卷綠漪艸堂外集二卷首一卷別集二卷首一卷研花館詞三卷　（清）羅汝懷著　清光緒九年(1883)長沙刻本　十六冊

510000 – 2741 – 0010548　10548

蠡頤山樵存稿二卷　（清）傅懷焜撰　清光緒二十年(1894)刻本　一冊

510000 – 2741 – 0010549　10549

蠻書十卷　（唐）樊綽撰　清光緒桐廬袁氏刻漸西村舍彙刻本　一冊

510000 – 2741 – 0010550　10550

饅飯亭集三十二卷後集十二卷　（清）祁寯藻撰　清咸豐七年(1857)刻本　六冊

510000 – 2741 – 0010551　10551

毛詩傳箋異義解十六卷　（清）沈鎬撰　清咸豐六年(1856)沈鎬棣鄂堂刻本　四冊

510000 – 2741 – 0010552　10552

毛詩訂詁八卷附錄二卷　（清）顧棟高撰　清光緒二十二年(1896)江蘇書局刻本　四冊

510000 – 2741 – 0010553　10553

毛詩古音考四卷附一卷　（明）陳第撰　清武昌張氏刻本　二冊

四川大學圖書館古籍普查登記目錄

510000－2741－0010554　10554

梅莊雜著十二卷　（清）謝濟世著　清光緒十年(1884)寄生草堂刻本　四冊

510000－2741－0010555　10555

門存倡和詩鈔十卷續刻三卷　（清）陳銳編　清光緒刻本　二冊

510000－2741－0010556　10556

蒙齋年譜一卷附蒙齋生志一卷　（清）田雯撰　清刻本　一冊

510000－2741－0010557　10557

孟塗前集十卷後集二十二卷文集十卷駢體文二卷　（清）劉開撰　清道光六年(1826)姚氏檗山草堂刻本　八冊

510000－2741－0010558　10558

孟塗前集十卷後集二十二卷文集十卷駢體文二卷　（清）劉開撰　清道光六年(1826)姚氏檗山草堂刻本　八冊

510000－2741－0010559　10559

孟子年譜二卷　（清）曹之升著　清刻本　二冊

510000－2741－0010560　10560

孟子外書補注四卷　（宋）劉攽原本　（清）陳矩補注　**孟子弟子考補正一卷**　（清）朱彝尊原本　（清）陳矩補正　清光緒貴陽陳氏刻靈峰草堂叢書本　一冊

510000－2741－0010561　10561

夢甦齋詩集六卷　（清）江國霖撰　清咸豐十年(1860)廣東刻本　一冊　存三卷(一至三)

510000－2741－0010562　10562

夢溪筆談二十六卷補筆談三卷續筆談一卷　(宋)沈括撰　清光緒十一年(1885)詒痴簃刻本　四冊

510000－2741－0010563　10563

夢溪筆談二十六卷補三卷續一卷　（宋）沈括撰　清光緒十一年(1885)詒痴簃刻本　四冊

510000－2741－0010564　10564

夢園叢說內篇八卷外篇八卷　（清）方濬頤撰

清同治十三年(1874)刻本　四冊

510000－2741－0010565　10565

岷陽古帝墓祠後志八卷　（清）孫鋷輯　清道光十二年(1832)鵝溪村舍刻本　一冊

510000－2741－0010566　10566

敏果齋七種　（清）許乃釗編　清道光十二年至二十九年(1832－1849)錢塘許氏刻彙印本　二十冊

510000－2741－0010567　10567

名賢手札不分卷　（清）郭慶藩輯　清光緒十年(1884)郭氏岵瞻堂刻本　三冊

510000－2741－0010568　10568

名原二卷　（清）孫詒讓撰　清光緒千頃堂書局刻本　一冊

510000－2741－0010569　10569

名原二卷　（清）孫詒讓撰　清光緒三十一年(1905)刻本　一冊

510000－2741－0010570　10570

明朝紀事本末八十卷　（清）谷應泰撰　清刻本　二十冊

510000－2741－0010571　10571

明臣奏議十二卷首一卷　（清）孫桐生輯　清光緒十七年(1891)刻本　八冊

510000－2741－0010572　10572

明大司馬盧公集十二卷首一卷　（明）盧象昇撰　清光緒元年(1875)刻本　八冊

510000－2741－0010573　10573

明宮雜詠二十卷　（清）饒智元撰　清光緒十九年(1893)湘潯館刻本　四冊

510000－2741－0010574　10574

明貢舉考畧二卷　（清）黃崇蘭輯　清刻本　二冊

510000－2741－0010575　10575

明季北略二十四卷明季南略十八卷　（清）計六奇編輯　清都城琉璃廠半松居士刻本　二十冊

四川大學圖書館古籍普查登記目錄

510000－2741－0010576　10576

明季南都殉難記不分卷　（清）屈大鈞著
（清）陳鳳藻參訂　清光緒三十三年（1907）國
學叢書社鉛印本（初版）　一冊

510000－2741－0010577　10577

明季五藩實錄七卷　（清）南沙三餘氏撰　清
京都琉璃廠異史氏厲齋刻本　七冊

510000－2741－0010578　10578

明紀六十卷　（清）陳鶴纂　清同治十年
（1871）江蘇書局刻本　二十冊

510000－2741－0010579　10579

明三十家詩選初集八卷二集八卷　（清）汪端
輯　清刻本　十冊

510000－2741－0010580　10580

明史紀事本末八十卷　（明）谷應泰編著　清
刻本　十六冊

510000－2741－0010581　10581

明史三百三十二卷　（清）張廷玉等修　清光
緒十八年（1892）武林竹簡齋石印本　二十
三冊

510000－2741－0010582　10582

明通鑑九十卷前編四卷附編六卷首一卷
（清）夏燮編輯　清光緒二十三年（1897）湖北
官書處刻本　四十冊

510000－2741－0010583　10583

明通鑑九十卷首一卷前編四卷附編六卷
（清）夏燮編輯　清光緒三十一年（1905）四川
珠江同聲書局刻本　四十冊

510000－2741－0010584　10584

明通鑑九十卷首一卷前編四卷附編六卷
（清）夏燮編輯　清光緒二十三年（1897）湖北
官書處刻本　四十冊

510000－2741－0010585　10585

明賢遺翰二卷　（清）謝苦農輯　清光緒十三
年（1887）漢皋文淵書局刻本　二冊

510000－2741－0010586　10586

明刑管見錄一卷　（清）穆翰著　清光緒二十

八年（1902）邠州官舍刻本　一冊

510000－2741－0010587　10587

茗柯文初編一卷二編二卷三編一卷四編一卷
　（清）張惠言撰　（清）董士錫編　清光緒七
年（1881）刻本　二冊

510000－2741－0010588　10588

茗柯文初編一卷二編二卷三編一卷四編一卷
　（清）張惠言撰　（清）董士錫編　清光緒七
年（1881）刻本　二冊

510000－2741－0010589　10589

鳴鶴堂文集十卷詩集十一卷　（清）任源祥著
　（清）瞿源洙集評　清光緒十五年（1889）刻
本　六冊

510000－2741－0010590　10590

秣陵集六卷　（清）陳文述撰　清刻本　四冊

510000－2741－0010591　10591

墨池編二十卷　（宋）朱長文纂次　清刻本
四冊

510000－2741－0010592　10592

墨林今話十八卷續編一卷　（清）蔣寶齡撰
清咸豐二年（1852）刻本　六冊

510000－2741－0010593　10593

墨妙亭碑目考二卷附考一卷　（清）張鑑撰
清光緒十年（1884）江蘇書局刻本　二冊

510000－2741－0010594　10594

墨商三卷補遺一卷　（清）王景義撰　清宣統
二年（1910）刻本　二冊

510000－2741－0010595　10595

墨子經說解二卷　（清）張惠言述　清宣統元
年（1909）國學保存會影印本　一冊

510000－2741－0010596　10596

墨子閒詁十五卷目錄一卷附錄一卷後語二卷
　（清）孫詒讓撰　清宣統二年（1910）刻本
八冊

510000－2741－0010597　10597

牟子一卷　（漢）牟融撰　清光緒元年（1875）
湖北崇文書局刻本　一冊

四川大學圖書館古籍普查登記目錄

510000－2741－0010598　10598

牧齋尺牘三卷外編一卷　（清）錢謙益撰　清
宣統二年(1910)上海時中書局鉛印本　四冊

510000－2741－0010599　10599

穆天子傳六卷附錄一篇　（晉）郭璞注　（清）
洪頤煊校　清嘉慶十一年(1806)蘭陵孫氏刻
平津館叢書本　一冊

510000－2741－0010600　10600

南川公業圖說十二卷首一卷　（清）張濤修
清光緒十五年(1889)刻本　八冊

510000－2741－0010601　10601

南邨草堂文鈔二十卷　（清）鄧顯鶴撰　清刻
本　十二冊

510000－2741－0010602　10602

南漢春秋十三卷　（清）劉應麟編輯　清道光
七年(1827)含章書屋刻本　四冊

510000－2741－0010603　10603

南疆繹史勘本三十卷首二卷　（清）溫睿臨撰
　（清）李瑤勘定　**繹史摭遺十八卷繹史卹諡
考八卷**　（清）李瑤輯　清刻本　十冊　存三
十三卷(南疆繹史勘本一至二十四、繹史摭遺
一至九)

510000－2741－0010604　10604

南雷餘集一卷　（清）黃宗羲撰　清宣統三年
(1911)順德鄧氏鉛印風雨樓叢書本　一冊

510000－2741－0010605　10605

南山全集十六卷　（清）戴潛虛著　清道光三
十年(1850)秀野軒木活字印本　八冊

510000－2741－0010606　10606

南士遺吟錄一卷　（清）鍾朝煦等輯　清宣統
三年(1911)刻本　一冊

510000－2741－0010607　10607

南宋文錄錄二十四卷　（清）董兆熊輯　清光
緒十七年(1891)蘇州書局刻本　六冊

510000－2741－0010608　10608

逆臣傳四卷　（清）國史館編　清道光都城琉
璃廠半松居士刻本　二冊

510000－2741－0010609　10609

廿二史劄記三十六卷附補遺一卷　（清）趙翼
撰　清光緒二年至三年(1876－1877)大關唐
氏壽考堂刻四川官書局印本　十冊

510000－2741－0010610　10610

廿一史彈詞註十卷　（明）楊慎編著　（清）張
三異增定　**明紀彈詞注二卷類聚數考一卷**
清道光富平楊浚刻本　七冊　缺二卷(廿一
史彈詞註一至二)

510000－2741－0010611　10611

廿一史四譜五十四卷　（清）沈炳震鈔　清同
治十年(1871)武林吳氏清來堂刻本　二十冊

510000－2741－0010612　10612

廿一史約編八卷首一卷　（清）鄭元慶述　清
刻本　八冊

510000－2741－0010613　10613

凝齋先生遺集十卷末一卷　（清）陳道撰　清
嘉慶四年(1799)善餘堂刻本　二冊

510000－2741－0010614　10614

歐陽氏遺書一卷　（清）歐陽直記　清道光二
十年(1840)刻本　一冊

510000－2741－0010615　10615

歐陽書考十二卷首一卷末一卷　（清）袁繼翰
纂　（清）王啓原訂　清光緒二十年(1894)述
歐之室刻本　四冊

510000－2741－0010616　10616

鷗陂漁話六卷　（清）葉廷琯撰　清同治八年
至九年(1869－1870)刻本　三冊

510000－2741－0010617　10617

鷗陂漁話六卷　（清）葉廷琯撰　清同治八年
至九年(1869－1870)刻本　三冊

510000－2741－0010618　10618

鷗陂漁話六卷　（清）葉廷琯撰　清同治八年
至九年(1869－1870)刻本　三冊

510000－2741－0010619　10619

潘少白先生文集八卷詩集五卷常語二卷
（清）潘諮著　清道光二十四年(1844)瞻園刻

四川大學圖書館古籍普查登記目録

本　六冊

510000－2741－0010620　10620

攀古廔彝器款識不分卷　（清）潘祖蔭輯　清同治十一年(1872)京師滂喜齋刻本　一冊

510000－2741－0010621　10621

攀古廔彝器款識不分卷　（清）潘祖蔭輯　清同治十一年(1872)京師滂喜齋刻本　二冊

510000－2741－0010622　10622

平定粵匪紀略十八卷附記四卷　（清）杜文瀾撰　清同治十年(1871)京都聚珍齋刻本　七冊

510000－2741－0010623　10623

平津館叢書　（清）孫星衍輯　清嘉慶蘭陵孫氏平津館刻本　三十二冊　缺十四卷(琴操二卷,穆天子傳六卷,渚宮舊事五卷、補遺一卷)

510000－2741－0010624　10624

平平言四卷　（清）方大湜撰　清光緒十八年(1892)資洲官廨刻本　四冊

510000－2741－0010625　10625

平養堂文編十卷　（清）王龍文輯　清宣統三年(1911)思賢書局刻本　六冊

510000－2741－0010626　10626

缾水齋詩集十六卷附錄一卷別集二卷　（清）舒位撰　清宣統三年(1911)鉛印本　四冊

510000－2741－0010627　10627

七修類藁五十一卷續藁七卷　（明）郎瑛撰　清光緒六年(1880)廣州翰墨園刻本　十二冊

510000－2741－0010628　10628

七硯齋集聯一卷　（清）馮譽驄撰　清光緒十四年(1888)避喧園刻本　一冊

510000－2741－0010629　10629

奇觚室吉金文述二十卷首一卷　（清）劉心源學　清光緒二十八年(1902)嘉魚劉氏石印本　十冊

510000－2741－0010630　10630

奇觚室樂石文述二卷　（清）劉心源學　清光

緒貴陽陳矩刻本　二冊

510000－2741－0010631　10631

齊雲山人文集一卷　（清）洪符孫撰　清光緒九年(1883)雲自在龕刻本　一冊

510000－2741－0010632　10632

汧陽述古編二卷　（清）李嘉績纂輯　清光緒十五年(1889)青門寓廬刻本　一冊

510000－2741－0010633　10633

前漢書八表八卷　（清）夏燮校　清光緒十六年(1890)當塗夏氏江城公所刻來青閣印本　六冊

510000－2741－0010634　10634

鈐山堂集四十卷　（明）嚴嵩撰　清嘉慶十一年(1806)嚴氏刻本　十冊

510000－2741－0010635　10635

潛書二篇　（清）唐甄撰　清光緒三十二年(1906)山東全省官印書局刻本　二冊

510000－2741－0010636　10636

潛西偶存一卷　（清）釋含澈撰　清光緒刻本　一冊

510000－2741－0010637　10637

潛西隨筆二卷　（清）釋含澈纂述　清光緒十九年(1893)刻本　一冊

510000－2741－0010638　10638

黔語二卷　（清）吳振棫撰　清光緒貴陽陳氏刻靈峰草堂叢書本　一冊

510000－2741－0010639　10639

杜工部集二十卷　（唐）杜甫撰　（清）錢謙益箋註　**年譜一卷諸家詩話一卷唱酬題詠附錄一卷附錄一卷**　清宣統三年(1911)時中書局石印本　八冊

510000－2741－0010640　10640

錢南園先生遺集五卷　（清）錢灃撰　清同治十一年(1872)刻本　二冊

510000－2741－0010641　10641

樵說十二卷　（清）蜀西樵也(王增祺)撰　清光緒十八年(1892)石泉刻本　二冊

四川大學圖書館古籍書查登記目録

510000－2741－0010642　10642

樵說續十二卷　（清）蜀西樵也（王增祺）撰
清光緒二十七年（1901）成都聊園刻本　一冊

510000－2741－0010643　10643

琴操二卷附補遺一卷　（漢）蔡邕撰　（清）孫
星衍校並輯補遺　清嘉慶十一年（1806）蘭陵
孫氏刻平津館叢書本　一冊

510000－2741－0010644　10644

青藤書屋文集三十卷補遺一卷　（明）徐渭著
（清）袁宏道編　清道光二十六年（1846）刻
本　六冊

510000－2741－0010645　10645

青藤書屋文集三十卷　（明）徐渭撰　清宣統
三年（1911）石印本　八冊

510000－2741－0010646　10646

清暉閣贈貽尺牘二卷　（清）王翬撰　清宣統
三年（1911）上海神州國光社鉛印風雨樓叢書
本　一冊

510000－2741－0010647　10647

清秘述聞十六卷　（清）法式善撰　清嘉慶四
年（1799）刻本　六冊

510000－2741－0010648　10648

秋笳集八卷附補遺一卷　（清）吳兆騫撰　清
宣統三年（1911）順德鄧氏鉛印風雨樓叢書本
三冊

510000－2741－0010649　10649

屈宋古音義三卷　（明）陳第撰　清武昌張氏
刻本　一冊

510000－2741－0010650　10650

全謝山文鈔十六卷　（清）全祖望撰　清宣統
二年（1910）國學扶輪社鉛印本　八冊

510000－2741－0010651　10651

泉史十六卷　（清）盛大士編　清道光十四年
（1834）金陵鄧文進齋刻本　四冊

510000－2741－0010652　10652

勸學篇二卷　（清）張之洞撰　清光緒二十四
年（1898）兩湖書院刻本　一冊

510000－2741－0010653　10653

羣經宮室圖二卷　（清）焦循撰　清嘉慶五年
（1800）揚州焦氏半九書塾刻本　二冊

510000－2741－0010654　10654

羣學肄言十六卷　（英國）斯賓塞爾造論
（清）嚴復翻譯　清光緒二十九年（1903）上海
文明書局鉛印本　四冊

510000－2741－0010655　10655

人海記二卷　（清）查慎行撰　清宣統二年
（1910）掃葉山房石印本　二冊

510000－2741－0010656　10656

日本源流考二十二卷　（清）王先謙撰　清光
緒二十八年（1902）思賢書局刻本　十冊

510000－2741－0010657　10657

日知錄集釋三十二卷　（清）顧炎武著　（清）
黃汝成集釋　刊誤二卷續刊誤二卷　（清）黃
汝成譔　清光緒元年（1875）湖北崇文書局刻
本　十冊

510000－2741－0010658　10658

日知錄集釋三十二卷刊誤二卷續刊誤二卷
（清）顧炎武著　（清）黃汝成集釋　清光緒十
二年（1886）上海點石齋石印本　四冊

510000－2741－0010659　10659

容齋隨筆十六卷續筆十六卷三筆十六卷四筆
十六卷五筆十卷　（宋）洪邁撰　清刻本　十
六冊

510000－2741－0010660　10660

容齋隨筆十六卷續筆十六卷三筆十六卷四筆
十六卷五筆十卷　（宋）洪邁撰　清光緒二十
年（1894）衣江官廨刻本　二十冊

510000－2741－0010661　10661

儒林瑣記三卷　（清）朱克敬著　附記一卷
餐霞館輯　清光緒五年（1879）長沙刻本
二冊

510000－2741－0010662　10662

入蜀文稿一卷　（清）陳矩撰　清宣統元年
（1909）貴陽陳氏鉛印本　一冊

四川大學圖書館古籍普查登記目錄

510000－2741－0010663　10663

三藩紀事本末四卷　（清）楊陸榮編　清康熙
五十六年(1717)刻本　二冊

510000－2741－0010664　10664

三國志六十五卷　（晉）陳壽撰　（南朝宋）裴
松之注　清光緒二十八年(1902)史學會社石
印本　四冊

510000－2741－0010665　10665

三國志證聞三卷　（清）錢儀吉撰　清光緒十
一年(1885)江蘇書局刻本　一冊

510000－2741－0010666　10666

三禮義證十二卷　（清）武億撰　清刻本
二冊

510000－2741－0010667　10667

商君書五卷附考一卷　（戰國）商鞅撰　（清）
嚴萬里撰　清光緒二年(1876)浙江書局刻本
一冊

510000－2741－0010668　10668

尚書表注二卷　（宋）金履祥撰　清刻通志堂
經解本　一冊

510000－2741－0010669　10669

尚書大傳七卷　鄭玄注　王闓運補注　清光
緒十二年(1886)成都尊經書院刻本　一冊

510000－2741－0010670　10670

尚書古文疏證八卷附朱子古文書疑一卷
（清）閻若璩撰　清乾隆眷息堂刻同治六年
(1867)錢塘汪氏振綺堂補刻本　八冊

510000－2741－0010671　10671

尚書今古文注疏三十卷　（清）孫星衍撰　清
嘉慶二十年(1815)蘭陵孫氏刻平津館叢書本
十二冊

510000－2741－0010672　10672

尚書孔傳參正三十六卷　（清）王先謙參正
清光緒三十年(1904)虛受堂刻本　六冊

510000－2741－0010673　10673

邵武徐氏叢書　（清）徐幹輯　清光緒刻邵武

徐氏叢書本　三十八冊

510000－2741－0010674　10674

聲律通考十卷　（清）陳澧撰　清刻本　二冊

510000－2741－0010675　10675

省齋全集十二卷附家言類纂　（清）牛樹梅撰
清同治刻本　七冊

510000－2741－0010676　10676

勝朝殉揚録三卷　（清）劉寶楠輯　清同治十
年(1871)淮南書局刻本　一冊

510000－2741－0010677　10677

聖宋文選全集三十二卷　（宋）□□撰　清光
緒八年(1882)鄖城于氏影宋刻本　八冊

510000－2741－0010678　10678

聖武記二編二卷　（清）魏源撰　清光緒十五
年(1889)成都志古堂刻本　一冊

510000－2741－0010679　10679

聖武記十四卷　（清）魏源撰　清道光二十六
年(1846)古微堂刻本　十二冊

510000－2741－0010680　10680

聖證論補評二卷　（清）皮錫瑞撰　清光緒元
年(1875)刻本　一冊

510000－2741－0010681　10681

尸子二卷存疑一卷　（清）汪繼培輯　清光緒
三年(1877)浙江書局刻本　一冊

510000－2741－0010682　10682

施愚山先生全集　（清）施閏章撰　清宣統二
年(1910)上海國學扶輪影印本　二十冊

510000－2741－0010683　10683

師友雅言一卷　（宋）魏了翁撰　清同治十三
年(1874)吳棠望三益齋刻本　一冊

510000－2741－0010684　10684

詩經原始十八卷首二卷　（清）方玉潤撰　清
同治十年(1871)刻鴻濛室叢書本　十冊

510000－2741－0010685　10685

詩緣樵說拾遺六卷正編十卷前編四卷前編續
四卷　（清）王增祺輯　清光緒成都聊園刻本

四川大學圖書館古籍普查登記目錄

八册

510000－2741－0010686　10686

十朝聖訓九百二十二卷　（清）□□撰　清光緒石印本　一百冊

510000－2741－0010687　10687

十國春秋一百十四卷　（清）吳任臣撰　清刻本　十二冊

510000－2741－0010688　10688

十駕齋養新録二十卷附餘録三卷　（清）錢大昕撰　錢辛楣先生年譜一卷　清光緒二年(1876)浙江書局刻本　八冊

510000－2741－0010689　10689

十七史商榷一百卷　（清）王鳴盛述　清光緒二十九年(1903)點石齋石印本　四冊

510000－2741－0010690　10690

十七史商榷一百卷　（清）王鳴盛述　清乾隆五十二年(1787)洞涇草堂刻本　二十冊

510000－2741－0010691　10691

十七史商榷一百卷　（清）王鳴盛述　清乾隆五十二年(1787)洞涇草堂刻本　二十冊

510000－2741－0010692　10692

十三峰書屋全集九卷　（清）李榕撰　清光緒十六年(1890)龍州書局刻本　八冊

510000－2741－0010693　10693

十三經札記二十二卷　（清）朱亦棟學　清光緒四年(1878)武林竹簡齋刻本　四冊

510000－2741－0010694　10694

十三經註疏附校勘記　（□）□□輯　清光緒三十年(1904)上海點石齋石印本　三十冊

510000－2741－0010695　10695

石鼓文定本十卷地名考一卷　（清）古華山蕘(沈梧)述　清光緒十六年(1890)古華山館刻本　五冊

510000－2741－0010696　10696

石鼓文釋存一卷補注一卷　（清）張燕昌述　清光緒二十八年(1902)貴池劉氏刻本　一冊

510000－2741－0010697　10697

石經彙函　（清）王秉恩輯　清光緒華陽王氏元尚居刻十六年(1890)四川尊經書局印本　十六冊

510000－2741－0010698　10698

石經彙函　（清）王秉恩輯　清光緒華陽王氏元尚居刻十六年(1890)四川尊經書局印本　八冊

510000－2741－0010699　10699

石渠餘紀六卷　（清）王慶雲撰　清光緒十六年(1890)龍氏刻本　六冊

510000－2741－0010700　10700

石筍山房文集六卷詩集十二卷補遺二卷續補遺二卷　（清）胡天游著　清宣統二年(1910)上海國學扶輪社鉛印本　十冊

510000－2741－0010701　10701

食舊德齋雜著不分卷　（清）劉嶽雲撰　清光緒二十二年(1896)四川尊經書院刻本　二冊

510000－2741－0010702　10702

史論五種　（清）李祖陶撰　清光緒二十七年(1901)上海古香閣石印本　一冊

510000－2741－0010703　10703

史略六卷　（宋）高似孫撰　清光緒九年(1883)虞山鮑氏刻本　四冊

510000－2741－0010704　10704

史目表二卷　（清）洪飴孫撰　清光緒四年(1878)宏達堂刻本　一冊

510000－2741－0010705　10705

史目表二卷　（清）洪飴孫撰　清光緒三年(1877)授經堂刻本　一冊

510000－2741－0010706　10706

史目表二卷　（清）洪飴孫撰　清光緒四年(1878)啟秀山房刻本　一冊

510000－2741－0010707　10707

史闕十四卷　（清）張岱撰　（清）鄭佶編　清道光刻本　六冊

510000－2741－0010708　10708

四川大學圖書館古籍普查登記目録

使琉球記六卷 （清）李鼎元撰 清同治五年(1866)刻本 二冊

510000－2741－0010709 10709
士禮居藏書題跋記六卷 （清）黃丕烈著 清刻本 四冊

510000－2741－0010710 10710
世本五卷 （清）張澍輯 清道光元年(1821)武威張氏刻二酉堂叢書本 三冊

510000－2741－0010711 10711
世本五卷 （清）張澍輯 清道光元年(1821)武威張氏刻二酉堂叢書本 一冊

510000－2741－0010712 10712
世說新語三卷 （南朝宋）劉義慶撰 （南朝梁）劉孝標註 （清）李錫齡校刊 清光緒二十二年(1896)刻惜陰軒叢書本 四冊

510000－2741－0010713 10713
事友錄五卷 （清）潘相撰 清嘉慶五年(1800)安鄉汲古閣刻本 三冊

510000－2741－0010714 10714
釋毛詩音四卷 （清）陳奐撰 清咸豐元年(1851)蘇州漱芳齋刻本 一冊

510000－2741－0010715 10715
釋名疏證補八卷附續釋名一卷釋名補遺一卷釋名疏證補坿一卷 （漢）劉熙撰 （清）王先謙譔集 清光緒二十二年(1896)刻本 四冊

510000－2741－0010716 10716
書古微十二卷 （清）魏源撰 清光緒四年(1878)淮南書局刻本 四冊

510000－2741－0010717 10717
書古文訓十六卷 （宋）薛季宣撰 清刻通志堂經解本 四冊

510000－2741－0010718 10718
書學拾遺一卷 （清）姚配中撰 清刻本 一冊

510000－2741－0010719 10719
舒藝室詩存七卷索笑詞二卷 （清）張文虎撰 清光緒七年(1881)刻本 三冊

510000－2741－0010720 10720
舒藝室隨筆六卷續筆一卷餘筆三卷 （清）張文虎撰 清光緒七年(1881)刻本 三冊

510000－2741－0010721 10721
舒藝室雜著甲編二卷乙編二卷賸稿一卷 （清）張文虎撰 清光緒五年(1879)刻本 四冊

510000－2741－0010722 10722
蜀碑記補十卷 （清）李調元撰 清光緒八年(1882)廣漢樂道齋刻函海本 一冊

510000－2741－0010723 10723
蜀碑記十卷 （宋）王象之撰 清光緒八年(1882)廣漢樂道齋刻函海本 一冊

510000－2741－0010724 10724
蜀碧四卷 （清）彭遵泗編述 清末肇經堂刻本 一冊

510000－2741－0010725 10725
蜀典十二卷 （清）張澍輯 清道光十四年(1834)安懷堂刻本 四冊

510000－2741－0010726 10726
蜀龜鑑七卷首一卷 （清）劉景伯輯 清咸豐八年(1858)刻本 四冊

510000－2741－0010727 10727
蜀鑑十卷 （宋）郭允蹈撰 附札記一卷 （清）吳文昇撰 清光緒五年(1879)吳氏詒穀堂刻七年(1881)吳文昇存仁堂補刻本 六冊

510000－2741－0010728 10728
蜀詩十五卷 （清）費經虞輯 清道光鶯溪孫氏古棠書屋刻本 四冊

510000－2741－0010729 10729
蜀詩十五卷 （清）費經虞輯 清道光鶯溪孫氏古棠書屋刻本 四冊

510000－2741－0010730 10730
蜀秀集九卷 （清）譚宗浚編 清光緒二十三年(1897)尊經書院刻本 十冊

510000－2741－0010731 10731
蜀雅二十卷 （清）李調元輯 清光緒七年

四川大學圖書館古籍普查登記目錄

(1881)廣漢樂道齋刻本　二冊　存十一卷
(一至十一)

510000－2741－0010732　10732
蜀中名勝記三十卷　（明）曹學佺撰　清宣統
二年(1910)四川官印刷局刻本　七冊　缺三
卷(一至三)

510000－2741－0010733　10733
蜀中名勝記三十卷　（明）曹學佺撰　清宣統
二年(1910)四川官印刷局刻本　八冊

510000－2741－0010734　10734
霜紅龕集四十卷　（清）傅山撰　（清）丁寶銓
排類　附錄三卷傅青主先生年譜一卷　（清）
丁寶銓輯　清宣統三年(1911)山陽丁氏刻本
十二冊

510000－2741－0010735　10735
雙池先生年譜四卷　（清）盧葆辰撰　（清）余
龍光編次　清光緒二十二年(1896)刻本
二冊

510000－2741－0010736　10736
雙清公餞一卷　（清）楊熹撰　清宣統二年
(1910)刻本　一冊

510000－2741－0010737　10737
雙梧山館文鈔二十四卷　（清）鄧瑤撰　清咸
豐十年(1860)南邨草堂刻本　六冊

510000－2741－0010738　10738
水經注匯校四十卷首一卷　（北魏）酈道元撰
　（清）楊希閔匯校　水經注釋附錄二卷
(清)趙一清錄　清光緒七年(1881)福州刻本
十冊

510000－2741－0010739　10739
水經五種　（□）□□輯　清光緒六年(1880)
會稽章氏刻本　三十冊

510000－2741－0010740　10740
水經注疏要刪補遺四十卷　（清）楊守敬纂
清宣統元年(1909)刻本　六冊

510000－2741－0010741　10741
水經注疏要刪四十卷補遺一卷　（清）楊守敬

篡　清光緒三十一年（1905)觀海堂刻本
六冊

510000－2741－0010742　10742
水經注四十卷首一卷附錄一卷　（北魏）酈道
元撰　清光緒十八年(1892)思賢講舍刻本
十六冊

510000－2741－0010743　10743
水經注圖說殘稿四卷　（清）董祐誠撰　清光
緒六年(1880)會稽章氏刻本　一冊

510000－2741－0010744　10744
廣雅書局叢書　（清）廣雅書局輯　清光緒刻
本　二冊　存四種八卷(水經注西南諸水考
三卷、弧三角平視法一卷、摹印述一卷、三統
術詳說三卷)

510000－2741－0010745　10745
水南文集二卷　（清）許儒龍著　（清）許天祿
重訂　清咸豐五年(1855)刻本　二冊

510000－2741－0010746　10746
睡餘偶筆二卷　（清）雷浚撰　清光緒二十一
年(1895)吳縣雷氏刻雷刻八種本　一冊

510000－2741－0010747　10747
說文古本考十四卷　（清）沈濤篡　清光緒十
年(1884)吳縣潘氏滂喜齋刻本　八冊

510000－2741－0010748　10748
說文古籀補十四卷附錄一卷　（清）吳大澂撰
　清光緒二十四年(1898)刻本　二冊

510000－2741－0010749　10749
說文古籀補十四卷附錄一卷　（清）吳大澂撰
　清光緒二十四年(1898)刻本　二冊

510000－2741－0010750　10750
說文古籀補十四卷附錄一卷　（清）吳大澂撰
　清光緒七年(1881)刻本　二冊　缺三卷
(八至十)

510000－2741－0010751　10751
說文解字義證五十卷　（清）桂馥撰　清同治
九年(1870)湖北崇文書局刻本　三十二冊

510000－2741－0010752　10752

四川大學圖書館古籍普查登記目錄

說文解字斠銓十四卷　（清）錢坫撰　清光緒九年(1883)淮南書局刻本　十四冊

510000－2741－0010753　10753
說文解字句讀三十卷　（漢）許氏記　（清）王筠撰集　清咸豐王彥侗刻本　十四冊

510000－2741－0010754　10754
說文解字十五卷　（漢）許慎記　清光緒十二年(1886)吳縣朱氏家塾刻本　三冊

510000－2741－0010755　10755
說文解字注箋十四卷附檢字　（漢）許慎記　（清）段玉裁注　（清）徐灝箋　清刻本　二十九冊

510000－2741－0010756　10756
說文蠡箋十四卷　（清）潘奕雋述　清同治十三年(1874)三松堂刻本　二冊

510000－2741－0010757　10757
許學叢刻第二集　（清）許頌鼎輯　清光緒十三年(1887)海寧許氏古均閣刻本　一冊

510000－2741－0010758　10758
說文染指二卷　（清）吳楚撰　清光緒十四年(1888)寄硯山房刻本　二冊

510000－2741－0010759　10759
說文聲系十四卷末一卷　（清）姚文田述　清嘉慶九年(1804)刻本　一冊

510000－2741－0010760　10760
說文通檢十四卷首一卷末一卷　（清）黎永椿編　清刻本　二冊

510000－2741－0010761　10761
說文通訓定聲十八卷分部檢韻一卷古今韻準一卷說雅十九篇　（清）朱駿聲撰　行述一卷（清）朱孔彰撰　清道光二十八年(1848)黟縣學舍刻同治九年(1870)朱孔彰修補印本　二十四冊

510000－2741－0010762　10762
說文通訓定聲十八卷分部檢韻一卷古今韻準一卷說雅十九篇　（清）朱駿聲撰　行述一卷（清）朱孔彰撰　清光緒十三年(1887)上海

積山書局石印本　八冊

510000－2741－0010763　10763
金峩山館叢書(望三益齋叢書)　（清）郭傳樸輯　清光緒八年(1882)刻本　一冊　存二種二卷(說文統釋自序一卷、音同義異辨一卷)

510000－2741－0010764　10764
說文外編十六卷　（清）雷浚撰　清光緒吳縣雷氏刻雷刻八種本　四冊

510000－2741－0010765　10765
雷刻八種　（清）雷浚撰　清光緒吳縣雷氏刻雷刻八種本　八冊　存四種二十一卷(說文外編十五卷、補遺一卷,說文辨疑一卷,說文引經例辨三卷,韻府鉤沈一)

510000－2741－0010766　10766
說文新坿考六卷　（清）鄭珍記　說文經字考一卷　（清）陳壽祺譔　清刻本　三冊　缺一卷(說文經字考一卷)

510000－2741－0010767　10767
說文新附考六卷附說文續考一卷　（清）鈕樹玉撰　清同治七年(1868)非石居刻本　二冊

510000－2741－0010768　10768
說文逸字辨證二卷　（清）鄭珍原本　（清）李楨辨證　清光緒十一年(1885)善化李氏畹蘭室刻本　二冊

510000－2741－0010769　10769
說文逸字辨證二卷　（清）鄭珍原本　（清）李楨辨證　清光緒十一年(1885)善化李氏畹蘭室刻本　二冊

510000－2741－0010770　10770
說文逸字二卷　（清）鄭珍記　附錄一卷（清）鄭知同輯　清刻本　一冊

510000－2741－0010771　10771
說文引經考證七卷說文引經互異說一卷（清）陳瑑學　清同治十三年(1874)湖北崇文書局刻本　二冊

510000－2741－0010772　10772
司馬法一卷　（清）張澍編輯　清道光元年

四川大學圖書館古籍普查登記目錄

(1821)武威張氏刻二酉堂叢書本　一冊

510000－2741－0010773　10773

思無邪齋文存六卷　(清)宮爾鐸撰　清光緒
十四年(1888)刻本　四冊

510000－2741－0010774　10774

思益堂詩鈔六卷詞鈔一卷古文二卷日札十卷
　(清)周壽昌撰　清光緒十四年(1888)長沙
王先謙刻本　八冊

510000－2741－0010775　10775

四川新設鑪霍屯志略不分卷　(清)李之珂纂
修　清光緒三十二年(1906)鉛印本　一冊

510000－2741－0010776　10776

四川學務文件彙編四卷　(□)□□編　清末
刻本　一冊

510000－2741－0010777　10777

四川鹽法志四十卷首一卷　(清)丁寶楨總纂
　(清)羅文彬編輯　(清)高啓文　(清)吳
紹伯繪圖　清光緒刻本　二十冊

510000－2741－0010778　10778

氾南詩鈔四卷　(清)張邦伸評選　清抄本
四冊

510000－2741－0010779　10779

松聲池館詩存四卷　(清)汪璐撰　清光緒十
五年(1889)錢塘汪氏振綺堂刻本　一冊

510000－2741－0010780　10780

宋稗類鈔三十六卷　(清)潘永因編　清宣統
三年(1911)上海藜光社石印本　十二冊

510000－2741－0010781　10781

宋論十五卷　(清)王夫之撰　清刻本　四冊

510000－2741－0010782　10782

宋史四百九十六卷　(元)脫脫等撰　清光緒
二十九年(1903)五州同文書局石印本　一百
二十四冊

510000－2741－0010783　10783

宋元舊本書經眼錄三卷附錄二卷　(清)莫友
芝撰　清刻本　一冊

510000－2741－0010784　10784

隋經籍志考證十三卷　(清)章宗源撰　清光
緒元年(1875)湖北崇文書局刻本　四冊

510000－2741－0010785　10785

樂府新編陽春白雪五卷　(元)楊朝英選集
清光緒至民國南陵徐氏刻本　一冊

510000－2741－0010786　10786

隨軒金石文字　(清)徐渭仁雙鉤　清道光徐
渭仁刻同治七年(1868)徐大有補修本　四冊

510000－2741－0010787　10787

孫山甫督學文集四卷　(明)孫應鼇撰　清光
緒十九年(1893)川東巡署刻本　四冊

510000－2741－0010788　10788

太平廣記五百卷目錄十卷　(宋)李昉等編
(明)談愷校刊　清嘉慶十一年(1806)蘇州聚
文堂刻道光二十六年(1846)印本　三十二冊

510000－2741－0010789　10789

太玄集註四卷　(漢)揚雄撰　(宋)司馬光集
註　清道光十一年(1831)岷陽孫氏刻本
四冊

510000－2741－0010790　10790

唐六典三十卷　(唐)李隆基撰　(唐)李林甫
等注　清光緒二十一年(1895)刻本　四冊

510000－2741－0010791　10791

唐人萬首絕句選七卷　(宋)洪邁輯　(清)王
士禎選　清光緒十七年(1891)刻本　一冊

510000－2741－0010792　10792

唐詩選六卷　王闓運纂　清光緒二年(1876)
成都尊經書局刻本　四冊　存三卷(一至三)

510000－2741－0010793　10793

唐石經校文十卷　(清)嚴可均纂　清光緒華
陽王氏元尚居校刻本　四冊

510000－2741－0010794　10794

唐文粹一百卷　(宋)姚鉉撰　唐文粹補遺二
十六卷　(清)郭麐纂　清光緒九年(1883)江
蘇書局刻本　二十冊

四川大學圖書館古籍普查登記目錄

510000 – 2741 –0010795　10795

唐賢三昧集三卷　（清）王阮亭選本　（清）吳
煊　（清）胡棠輯注　清光緒九年（1883）翰墨
園刻本　三冊

510000 – 2741 –0010796　10796

陶情樂府四卷　（明）楊慎撰　清宣統三年
（1911）嶰陽精舍刻本　一冊

510000 – 2741 –0010797　10797

題鳳館稿八卷　（清）朱鑑成著　清同治十年
（1871）成都刻本　六冊

510000 – 2741 –0010798　10798

天涯聞見録四卷　（清）魏祝亭著　清咸豐三
年（1853）刻本　四冊

510000 – 2741 –0010799　10799

天演論二卷　（英國）赫胥黎造論　（清）嚴復
譯　清光緒二十八年（1902）成都書局刻本
一冊

510000 – 2741 –0010800　10800

鐵華館叢書　（清）蔣鳳藻輯　清光緒長洲蔣
氏刻本　六冊

510000 – 2741 –0010801　10801

鐵華館叢書　（清）蔣鳳藻輯　清光緒長洲蔣
氏刻本　十冊　存五種三十七卷（通玄真經
十二卷、新序十卷、群經音辨七卷、佩觿三卷、
字鑑五卷）

510000 – 2741 –0010802　10802

聽蟬書屋文録二卷駢文一卷尺牘一卷詩録十
二卷　（清）吳德純撰　清光緒十年（1884）吳
氏味無味齋刻本　四冊

510000 – 2741 –0010803　10803

聽雨樓隨筆十卷　（清）王培荀輯　清道光二
十五年（1845）刻本　十冊

510000 – 2741 –0010804　10804

亭林詩稿六卷　（清）顧炎武撰　清末幽光閣
鉛印本　二冊

510000 – 2741 –0010805　10805

亭林文集六卷詩集五卷　（清）顧炎武著　清

宣統元年（1909）掃葉山房石印本　四冊

510000 – 2741 –0010806　10806

通典二百卷考證一卷　（唐）杜佑撰　清光緒
二十七年（1901）上海圖書集成局鉛印本　十
六冊

510000 – 2741 –0010807　10807

通鑑地理通釋十四卷　（宋）王應麟撰　清光
緒十年（1884）成都志古堂刻本　二冊

510000 – 2741 –0010808　10808

通介堂經説十二卷　（清）徐灝撰　清刻本
五冊

510000 – 2741 –0010809　10809

通雅齋叢稿八卷　（清）成本璞撰　清宣統元
年（1909）刻本　四冊

510000 – 2741 –0010810　10810

同治中興京外奏議約編八卷　（清）陳弢輯
清光緒元年（1875）篋劍囊琴之室刻本　八冊

510000 – 2741 –0010811　10811

桐城吳先生文集四卷詩集一卷傳狀一卷
（清）吳汝綸撰　清光緒三十年（1904）王恩綬
等刻本　五冊

510000 – 2741 –0010812　10812

桐城先生點勘管子讀本二十四卷　（清）吳汝
綸註　清宣統二年（1910）衍星社鉛印本
二冊

510000 – 2741 –0010813　10813

退菴隨筆二十二卷　（清）梁章鉅編　清刻本
八冊

510000 – 2741 –0010814　10814

輓言録一卷　（清）陳光鉞輯　清同治十年
（1871）刻本　一冊

510000 – 2741 –0010815　10815

萬善堂詩集十卷李石亭文集六卷　（清）李化
楠撰　（清）李調元編纂　清光緒十年（1884）
廣漢樂道齋刻函海本　四冊

510000 – 2741 –0010816　10816

王先生十七史蒙求十六卷　（宋）王令撰　清

四川大學圖書館古籍普查登記目録

光緒四年(1878)刻本　二冊

510000－2741－0010817　10817

薇軒詩草十卷　(清)江維斗撰　清光緒三十年(1904)刻本　四冊

510000－2741－0010818　10818

百子全書　(清)崇文書局輯　清光緒元年(1875)湖北崇文書局刻本　一冊　存三種四卷(尉繚子二卷、素書一卷、心書一卷)

510000－2741－0010819　10819

魏書校勘記一卷　(清)王先謙撰　清光緒九年(1883)長沙王氏刻本　一冊

510000－2741－0010820　10820

文選古字通疏證六卷　(清)薛傳均撰　清光緒華陽傅氏益雅堂叢書本　一冊

510000－2741－0010821　10821

文選六十卷　(南朝梁)蕭統撰　(唐)李善注　清光緒十一年(1885)上海同文書局石印本　十冊

510000－2741－0010822　10822

文中子中說十卷　(隋)王通撰　(宋)阮逸注　清光緒十六年(1890)貴陽陳氏刻本　一冊

510000－2741－0010823　10823

文子纘義十二卷　(元)杜道堅撰　清刻本　四冊

510000－2741－0010824　10824

文字蒙求四卷　(清)王筠撰　清光緒五年(1879)會稽章氏刻本　一冊

510000－2741－0010825　10825

問月樓詩鈔四卷續集三卷　(清)趙敦彝撰　清光緒二年(1876)刻本　六冊

510000－2741－0010826　10826

芳茂山人文集十二卷詩錄九卷　(清)孫星衍撰　清光緒十一年(1885)長沙王氏刻本　十冊

510000－2741－0010827　10827

吳門銷夏記三卷　(清)江瀚述　清光緒二十一年(1895)刻本　三冊

510000－2741－0010828　10828

吳學士文集四卷詩集五卷　(清)吳鼐撰　(清)梁肇煌　(清)薛時雨編訂　清光緒八年(1882)江甯藩署刻本　六冊

510000－2741－0010829　10829

無爲齋文集十二卷　(清)張昭潛著　清光緒四年(1878)郭恩孚刻本　四冊

510000－2741－0010830　10830

五代史記注七十四卷　(宋)歐陽修撰　(清)彭元端注　清道光八年(1828)刻本　四十冊

510000－2741－0010831　10831

五代史記纂誤補五卷　(清)吳蘭庭著　清光緒十四年(1888)江夏吳氏刻本　二冊

510000－2741－0010832　10832

西藏通覽二編　(日本)山縣初男編　(清)四川西藏研究會譯　清宣統元年(1909)四川西藏研究會鉛印本　四冊

510000－2741－0010833　10833

西藏宗教源流考一卷　(清)梁詩正　(清)蔣溥等編纂　清宣統二年(1910)官印刷局鉛印本　一冊

510000－2741－0010834　10834

西清續鑑甲編二十卷附錄一卷恭跋一卷乙編二十卷　(清)王傑編　清宣統三年(1911)商務印書館石印本　四十一冊

510000－2741－0010835　10835

西堂全集文集二十四卷詩集三十一卷附湘中草六卷　(清)尤侗著　清刻本　二十四冊

510000－2741－0010836　10836

熙朝新語十六卷　(清)余金輯　清道光刻本(有金堂藏板)　六冊

510000－2741－0010837　10837

夏節愍全集十卷首一卷末一卷補遺一卷續補遺一卷　(明)夏完淳撰　清嘉慶十二年(1807)刻本　二冊

510000－2741－0010838　10838

夏小正箋疏四卷　(清)馬徵麟述　清光緒十

四川大學圖書館古籍普查登記目錄

四年(1888)德清俞氏刻本　一册

510000－2741－0010839　10839

夏小正正義一卷　（清）王筠撰　清光緒七年(1881)福山王氏刻天壤閣叢書本　一册

510000－2741－0010840　10840

仙源書院書目六卷續四卷首一卷　（清）□□輯　清光緒五年(1879)啟元堂、景元堂刻本　二册　缺三卷(四至六)

510000－2741－0010841　10841

香祖筆記十二卷　（清）王士禛撰　清宣統二年(1910)掃葉山房石印本　四册

510000－2741－0010842　10842

鄉園憶舊八卷　（清）王培荀撰　清道光二十五年(1845)刻本　八册　存七卷(一至七)

510000－2741－0010843　10843

湘軍志十六卷　王闓運撰　清光緒成都志古堂刻本　三册　存十三卷(四至十六)

510000－2741－0010844　10844

湘綺樓全集三十卷　王闓運撰　清光緒三十三年(1907)墨莊劉氏長沙彙刻本　十二册

510000－2741－0010845　10845

湘綺樓全集三十卷　王闓運撰　清宣統二年(1910)上海國學扶輪社石印本　十二册

510000－2741－0010846　10846

湘綺樓詩集八卷　王闓運撰　清光緒二十六年(1900)東州講舍刻本　四册

510000－2741－0010847　10847

湘綺樓文集八卷　王闓運撰　清光緒三十三年(1907)刻本　四册

510000－2741－0010848　10848

小滄浪筆談四卷　（清）阮元撰　清光緒二十六年(1900)江蘇書局刻本　二册

510000－2741－0010849　10849

小蓬萊閣金石文字不分卷　（清）黃易撰　清道光十四年(1834)刻本　五册

510000－2741－0010850　10850

小書舟樂府三卷　（清）程定謨著　清刻本　一册

510000－2741－0010851　10851

小腆紀傳六十五卷　（清）徐鼒撰　清光緒十三年(1887)金陵刻本　十八册

510000－2741－0010852　10852

小學考五十卷　（清）謝啟昆撰　清光緒十四年(1888)浙江書局刻本　十六册

510000－2741－0010853　10853

小學類編　（清）李祖望輯　清咸豐元年至二年(1851－1852)江都李氏半畝園刻本　二册　存六種二十一卷(惠氏讀說文記十五卷、說文苔問一卷、說文經字考一卷、六書說一卷、說文釋例二卷、說文舊音一卷)

510000－2741－0010854　10854

小學類編　（清）李祖望輯　清咸豐元年至二年(1851－1852)江都李氏半畝園刻本　六册　存七種三十六卷(惠氏讀說文記十五卷、說文校議十五卷、說文苔問一卷、說文經字考一卷、六書說一卷、說文釋例二卷、說文舊音一卷)

510000－2741－0010855　10855

小學韻語一卷　（清）羅澤南撰　清咸豐六年(1856)刻本　一册

510000－2741－0010856　10856

孝經鄭氏注疏一卷　（漢）鄭玄注　（清）皮錫瑞學　清光緒二十一年(1895)師伏堂刻本　一册

510000－2741－0010857　10857

校邠廬抗議不分卷　（清）馮桂芬撰　清光緒十一年(1885)弢園老民刻本　二册

510000－2741－0010858　10858

校經廎文藁十八卷　（清）李富孫撰　清道光元年(1821)刻本　四册

510000－2741－0010859　10859

嘯亭雜錄十卷續錄三卷　（清）昭槤撰　清宣

四川大學圖書館古籍普查登記目錄

統元年(1909)中國圖書公司鉛印本 四冊

510000－2741－0010860 10860

嘯笑齋存草八卷 (清)劉肇春撰 清光緒二十三年(1897)刻本 一冊 存五卷(一至五)

510000－2741－0010861 10861

寫定尚書二十八篇 (清)吳汝綸寫定 清光緒十八年(1892)桐城吳氏家塾石印本 一冊

510000－2741－0010862 10862

辛丑銷夏記五卷 (清)吳榮光撰 清光緒刻本 五冊

510000－2741－0010863 10863

新定三禮圖二十卷 (宋)聶崇義集註 清光緒上海同文書局石印本 一冊 缺十卷(十一至二十)

510000－2741－0010864 10864

新斠注地里志十六卷 (清)錢坫撰 (清)徐松集釋 清同治十三年(1874)會稽章氏刻本 八冊

510000－2741－0010865 10865

新斠注地里志十六卷 (清)錢坫撰 (清)徐松集釋 清同治十三年(1874)會稽章氏刻本 六冊 存十二卷(五至十六)

510000－2741－0010866 10866

新舊唐書合鈔二百六十卷首一卷附唐書合鈔補正六卷唐書宰相世系表訂譌十二卷 (清)沈炳震撰 清同治十年(1871)吳氏清來堂刻本 六十四冊

510000－2741－0010867 10867

新書十卷 (漢)賈誼撰 清光緒元年(1875)湖北崇文書局刻本 一冊

510000－2741－0010868 10868

[光緒二十四年春季]新增爵秩全覽不分卷 (清)□□輯 清光緒二十四年(1898)刻本 四冊

510000－2741－0010869 10869

形聲類編五卷 (清)丁履恒著 清光緒十五年(1889)虎林刻本 一冊

510000－2741－0010870 10870

虛受堂文集十五卷 (清)王先謙撰 清光緒二十六年(1900)刻本 四冊

510000－2741－0010871 10871

虛直軒文集十卷 (清)姚文然著 清道光九年(1829)刻本 四冊

510000－2741－0010872 10872

徐氏醫書八種 (清)徐大椿撰 清光緒十九年(1893)上海圖書集成印書局鉛印本 二冊

510000－2741－0010873 10873

徐位山六種 (清)徐文靖撰 清光緒二年(1876)刻本 二十四冊

510000－2741－0010874 10874

續方言新挍補二卷 (清)杭世駿原本 (清)張慎儀新挍補 清光緒三十一年(1905)鉛印本 一冊

510000－2741－0010875 10875

續後漢書札記四卷 (清)郁松年撰 清道光二十二年(1842)刻宜稼堂叢書本 四冊

510000－2741－0010876 10876

續刻三水關紀事和詩一卷 (清)高維寅輯 清光緒三十一年(1905)刻本 一冊

510000－2741－0010877 10877

續黔書八卷 (清)張澍撰 清光緒二十三年(1897)貴陽書局刻本 二冊

510000－2741－0010878 10878

續泉說一卷續叢稿一卷 (清)鮑康著 清同治十三年(1874)刻本 一冊

510000－2741－0010879 10879

續資治通鑑二百二十卷 (清)畢沅編集 清嘉慶畢沅刻馮集梧補刻同治六年(1867)永康應氏修補八年(1869)江蘇書局修補本 六十冊

510000－2741－0010880 10880

續資治通鑑二百二十卷 (清)畢沅編集 清光緒二十九年(1903)珠江同馨書局刻本 八十冊

四川大學圖書館古籍善本查登記目錄

510000 – 2741 – 0010881　10881

續資治通鑑二百二十卷　（清）畢沅編集　清嘉慶畢沅刻馮集梧補刻同治六年（1867）永康應氏修補八年（1869）江蘇書局修補本　八冊　存三十卷（一百九十一至二百二十）

510000 – 2741 – 0010882　10882

壎篪集十卷　（清）劉沅　（清）劉澤撰　清咸豐二年（1852）豫誠堂刻本　四冊

510000 – 2741 – 0010883　10883

壎篪集十卷　（清）劉沅　（清）劉澤撰　清咸豐二年（1852）豫誠堂刻本　四冊

510000 – 2741 – 0010884　10884

荀子二十卷首一卷　（唐）楊倞注　（清）王先謙集解　清光緒十七年（1891）思賢講舍刻本　六冊

510000 – 2741 – 0010885　10885

遜學齋文鈔十二卷首一卷末一卷續鈔五卷詩鈔十卷詩續鈔五卷　（清）孫衣言撰　清同治十二年（1873）刻本　十二冊

510000 – 2741 – 0010886　10886

研六室文鈔十卷補遺一卷　（清）胡培翬撰　清光緒四年（1878）世澤樓刻本　四冊

510000 – 2741 – 0010887　10887

簷曝雜記六卷　（清）趙翼撰　清刻本　二冊

510000 – 2741 – 0010888　10888

簷曝雜記六卷甌北年譜一卷附墓誌銘　（清）趙翼撰　清光緒二年至三年（1876–1877）大關唐氏刻趙甌北全集本　一冊

510000 – 2741 – 0010889　10889

鹽鐵論十卷　（漢）桓寬撰　**校勘小識一卷**　（清）王先謙校　清光緒十七年（1891）湖南思賢講舍刻本　二冊

510000 – 2741 – 0010890　10890

晏子春秋七卷　（周）晏嬰撰　（清）蘇輿注　清光緒十八年（1892）思賢講舍刻本　二冊

510000 – 2741 – 0010891　10891

燕下鄉脞録（郎潛二筆）十六卷　（清）陳康祺著　清光緒十一年（1885）刻本　四冊

510000 – 2741 – 0010892　10892

仰視千七百二十九鶴齋叢書第一輯　（清）趙之謙輯　清光緒六年（1880）刻本　六冊

510000 – 2741 – 0010893　10893

養蒙針度五卷　（清）潘子聲撰　清刻本　二冊

510000 – 2741 – 0010894　10894

養默山房詩藁三十二卷　（清）謝元淮撰　清光緒元年（1875）刻本（養默山房藏板）　八冊

510000 – 2741 – 0010895　10895

養素堂文集三十五卷首一卷　（清）張澍撰　清道光十七年（1837）武威張氏棗華書屋刻本　八冊

510000 – 2741 – 0010896　10896

養一齋集二十六卷首一卷　（清）潘德輿撰　清道光二十九年（1849）南豐刻本　八冊

510000 – 2741 – 0010897　10897

養一齋文集二十卷　（清）李兆洛撰　清光緒四年（1878）刻本　八冊

510000 – 2741 – 0010898　10898

養一齋文集二十卷詩集四卷　（清）李兆洛撰　清光緒四年（1878）刻本　十二冊

510000 – 2741 – 0010899　10899

野獲編三十卷補遺四卷　（明）沈德符撰　清道光七年（1827）錢塘姚氏扶荔山房刻本　十九冊　缺一卷（補遺四）

510000 – 2741 – 0010900　10900

野獲編三十卷補遺四卷　（明）沈德符撰　清道光七年（1827）錢塘姚氏扶荔山房刻同治八年（1869）重印本　二十冊

510000 – 2741 – 0010901　10901

一鐙精舍甲部藁五卷　（清）何秋濤撰　清光緒五年（1879）淮南書局刻本　一冊

510000 – 2741 – 0010902　10902

詒煒集五卷侍香集一卷　（清）許振禕輯　清光緒二十三年（1897）廣州節署刻本　二冊

四川大學圖書館古籍普查登記目錄

510000 - 2741 - 0010903　10903

柈華館駢體文二卷　（清）董基誠撰　清咸豐
九年(1859)蓉城刻本　一冊

510000 - 2741 - 0010904　10904

飴山詩集二十卷　（清）趙執信撰　清乾隆十
七年(1752)因園刻本　四冊

510000 - 2741 - 0010905　10905

儀禮圖六卷　（清）張惠言述　清同治九年
(1870)楚北崇文書局刻本　三冊

510000 - 2741 - 0010906　10906

儀鄭堂殘稿二卷　（清）曹墀撰　清道光二十
四年(1844)刻春暉堂叢書本　一冊

510000 - 2741 - 0010907　10907

易經初學讀本一卷　（清）萬廷蘭編　清光緒
二年(1876)四川學院衙門刻本　一冊

510000 - 2741 - 0010908　10908

逸周書集訓校釋十卷逸文一卷　（清）朱右曾
撰　清光緒三年(1877)湖北崇文書局刻本
二冊

510000 - 2741 - 0010909　10909

義門讀書記五十八卷　（清）何焯撰　清乾隆
刻光緒六年(1880)苕溪吳氏修補印本　十
六冊

510000 - 2741 - 0010910　10910

義門先生集十二卷附錄一卷　（清）何焯撰
清宣統三年(1911)中華圖書館影印本　一冊

510000 - 2741 - 0010911　10911

藝風堂藏書記八卷　（清）繆荃孫撰　清光緒
二十六年至二十七年(1900 - 1901)刻本
二冊

510000 - 2741 - 0010912　10912

藝風堂文集七卷外篇一卷續集八卷外集一卷
　（清）繆荃孫撰　清光緒二十六年至宣統二
年(1900 - 1910)刻民國二年(1913)重印本
八冊

510000 - 2741 - 0010913　10913

繹史一百六十卷　（清）馬驌撰　清刻本　二

十五冊　存七十二卷(八十六至一百五十七)

510000 - 2741 - 0010914　10914

因樹屋書影五卷　（清）周亮工撰　清刻本
四冊

510000 - 2741 - 0010915　10915

殷商貞卜文字考一卷　羅振玉撰　清宣統二
年(1910)玉簡齋石印本　一冊

510000 - 2741 - 0010916　10916

欽定春秋傳說彙纂三十八卷首二卷　（清）王
掞等撰　清刻本　二十四冊

510000 - 2741 - 0010917　10917

欽定滿州源流考二十卷首一卷　（清）阿桂等
撰　清光緒十九年(1893)杭州便益書局石印
本　四冊

510000 - 2741 - 0010918　10918

欽定滿州源流考二十卷首一卷　（清）阿桂等
撰　清光緒十九年(1893)杭州便益書局石印
本　八冊

510000 - 2741 - 0010919　10919

欽定七經綱領不分卷　（清）□□輯　清宣統
元年(1909)學部書局鉛印本　一冊

510000 - 2741 - 0010920　10920

欽定授時通考七十八卷　（清）鄂爾泰等纂
清道光六年(1826)四川刻本　二十四冊

510000 - 2741 - 0010921　10921

欽定四庫全書總目二百卷首一卷　（清）紀昀
等編　清同治七年(1868)廣東書局刻本　一
百二十冊

510000 - 2741 - 0010922　10922

舟齋文集八卷詩集四卷　（清）張穆撰　清咸
豐八年(1858)刻本　四冊

510000 - 2741 - 0010923　10923

飲冰室詩話五卷　（清）梁啟超著　清宣統二
年(1910)上海書局石印本　五冊

510000 - 2741 - 0010924　10924

飲冰室文集十八卷　（清）梁啟超著　清光緒
二十九年(1903)上海廣智書局鉛印本　十

四川大學圖書館古籍普查登記目錄

八冊

510000－2741－0010925　10925
瀛環志略十卷續集四卷末一卷續補一卷
（清）徐繼畬撰　清光緒二十四年(1898)掃葉山房石印本　八冊

510000－2741－0010926　10926
永川公牘十卷　（清）吳光耀撰　清光緒、宣統間刻本　十冊

510000－2741－0010927　10927
永曆實錄二十五卷　（清）王夫之撰　清同治四年(1865)湘鄉曾氏金陵節署刻船山遺書本　六冊　缺一卷(十六)

510000－2741－0010928　10928
幽夢影二卷　（清）張潮撰　清同治十三年(1874)遲雲樓主人刻本　二冊

510000－2741－0010929　10929
游志續編一卷　（元）陶宗儀輯　清光緒十二年(1886)新陽趙氏刻本　一冊

510000－2741－0010930　10930
輶軒使者絕代語釋別國方言箋疏十三卷
（清）錢繹撰集　清光緒十六年(1890)紅蝠山房校刻本　三冊

510000－2741－0010931　10931
輶軒使者絕代語釋別國方言箋疏十三卷
（清）錢繹撰集　清光緒十六年(1890)紅蝠山房校刻本　六冊

510000－2741－0010932　10932
友竹草堂文集一卷　（清）蔣慶第撰　清刻本　一冊

510000－2741－0010933　10933
有不爲齋隨筆十卷　（清）光聰諧撰　清光緒十四年(1888)蘇州藩署刻本　二冊

510000－2741－0010934　10934
有懷堂文藁二十二卷詩稿六卷　（清）韓菼撰　清刻本　八冊

510000－2741－0010935　10935
榆塞紀行錄四卷　（清）李嘉績撰　清光緒十

二年(1886)李氏代耕堂刻本　一冊

510000－2741－0010936　10936
虞氏易禮二卷　（清）張惠言撰　清光緒九年(1883)蛟川張氏花雨樓刻本　一冊

510000－2741－0010937　10937
虞夏贖金釋文一卷　（清）劉師陸述　清同治十二年(1873)鮑氏觀古閣刻本　一冊

510000－2741－0010938　10938
漁洋山人精華錄訓纂十卷目錄二卷漁洋山人精華錄訓纂補十卷漁洋山人自撰年譜二卷
（清）王士禛撰　（清）惠棟訓纂　金氏精華錄箋註辯訛一卷　（清）惠棟撰　清光緒十七年(1891)會稽徐氏述史樓刻本　十四冊

510000－2741－0010939　10939
語石十卷　（清）葉昌熾撰　清宣統元年(1909)長洲葉氏刻蘇州振新書舍印本　四冊

510000－2741－0010940　10940
玉函山房輯佚書　（清）馬國翰輯　清光緒九年(1883)長沙娜嬛館刻本　一百二冊

510000－2741－0010941　10941
玉谿生詩詳註三卷年譜一卷詩話一卷　（唐）李商隱撰　（清）馮浩編　清刻本　四冊

510000－2741－0010942　10942
玉芝堂文集六卷　（清）邵齊燾撰　清光緒八年(1882)刻本　三冊

510000－2741－0010943　10943
裕靖節公遺書十二卷首一卷　（清）裕謙撰　清刻本　四冊

510000－2741－0010944　10944
元豐九域志十卷　（宋）王存等撰　清光緒八年(1882)金陵書局刻本　四冊

510000－2741－0010945　10945
靈鶼閣叢書　（清）江標輯　清光緒元和江氏湖南使院刻本　四十八冊

510000－2741－0010946　10946
元和郡縣圖志四十卷　（唐）李吉甫撰　補志九卷　（清）嚴觀輯　清光緒六年(1880)金陵

四川大學圖書館古籍普查登記目錄

書局刻本　八冊

510000 – 2741 – 0010947　10947

元和郡縣圖志四十卷闕卷逸文一卷　（唐）李吉甫撰　（清）孫星衍校　清乾隆、嘉慶間蘭陵孫氏刻岱南閣叢書本　四冊

510000 – 2741 – 0010948　10948

元和姓纂十卷　（唐）林寶撰　清光緒六年（1880）金陵書局刻本　四冊

510000 – 2741 – 0010949　10949

元史類編四十二卷　（清）邵遠平學　清乾隆六十年（1795）掃葉山房刻本　十二冊

510000 – 2741 – 0010950　10950

元史新編九十五卷　（清）魏源著　清光緒三十一年（1905）邵陽魏愼微堂刻本　三十二冊

510000 – 2741 – 0010951　10951

元史譯文證補三十卷　（清）洪鈞撰　清光緒二十六年（1900）廣雅書局刻本（原闕卷七至八、十三、十六至十七、十九至二十一、二十五、二十八）　四冊

510000 – 2741 – 0010952　10952

原富五集附中西年表一卷　（英國）斯密亞丹撰　（清）嚴復譯　清光緒二十八年（1902）上海南洋公學譯書院鉛印本　一冊　存一集（戊集上）

510000 – 2741 – 0010953　10953

援鶉堂筆記五十卷　（清）姚範撰　清道光十五年（1835）姚瑩刻本　十二冊

510000 – 2741 – 0010954　10954

粵西筆述一卷　（清）張祥河輯　清光緒桂林蔣氏存遠堂刻本　一冊

510000 – 2741 – 0010955　10955

樂府詩集一百卷目錄二卷　（宋）郭茂倩編次　清同治十三年（1874）湖北崇文書局刻本　十五冊　缺九卷（二十二至三十）

510000 – 2741 – 0010956　10956

樂餘靜廉齋詩鈔續集一卷　（清）顧復初著　清同治六年至光緒四年（1867 – 1878）成都刻

本　一冊

510000 – 2741 – 0010957　10957

樂志堂文略四卷詩略二卷　（清）譚瑩撰　清光緒四年（1878）刻本　三冊

510000 – 2741 – 0010958　10958

筠清館金石文字五卷　（清）吳榮光撰　清道光二十二年（1842）南海吳氏刻本　五冊

510000 – 2741 – 0010959　10959

筠清館金石文字五卷　（清）吳榮光撰　清道光二十二年（1842）南海吳氏刻本　五冊

510000 – 2741 – 0010960　10960

澡雪堂文鈔十卷首一卷　（清）鍾體志撰　清光緒二十年（1894）灌城刻本　五冊

510000 – 2741 – 0010961　10961

增補幼學瓊林四卷　（清）程登吉撰　（清）鄒聖脉增補　清光緒六年（1880）京都聚珍堂書坊刻本　四冊

510000 – 2741 – 0010962　10962

增注字詁義府合按不分卷　（清）黃生撰　清光緒三年（1877）歙西黃氏刻本　四冊

510000 – 2741 – 0010963　10963

札迻十二卷　（清）孫詒讓撰　清光緒二十年（1894）刻本　四冊

510000 – 2741 – 0010964　10964

戰國策三十三卷　（漢）高誘注　清乾隆二十一年（1756）德州盧氏刻雅雨堂叢書刻本　六冊

510000 – 2741 – 0010965　10965

張廉卿先生文集八卷　（清）張裕釗撰　清宣統元年（1909）五色古文山房刻本　二冊

510000 – 2741 – 0010966　10966

張氏適園叢書　（清）張鈞衡編　清宣統三年（1911）上海國學扶輪社鉛印本　七冊　存棗林雜組智集、仁集、中集、和集、義集、聖集,尖陽叢筆一至十

510000 – 2741 – 0010967　10967

昭德先生郡齋讀書志二十卷　（宋）晁公武撰

四川大學圖書館古籍普查登記目錄

（宋）姚應績編　（清）王先謙校證　清光緒
十年(1884)長沙王氏刻本　十冊

510000－2741－0010968　10968

趙恭毅公賸稿八卷　（清）趙申喬撰　清光緒
十八年(1892)浙江書局刻本　四冊

510000－2741－0010969　10969

趙裘萼公剩稿四卷　（清）趙熊詔撰　（清）趙
侗敎編　清刻本　一冊

510000－2741－0010970　10970

趙氏淵源集　（清）趙紹祖輯　清光緒十三年
(1887)小古墨齋刻本　五冊

510000－2741－0010971　10971

謫麐堂遺集四卷　（清）戴望撰　清宣統三年
(1911)會稽趙氏鉛印本　一冊

510000－2741－0010972　10972

鍼灸甲乙經十二卷　（晉）皇甫謐撰　清光緒
十三年(1887)行素草堂刻本　四冊

510000－2741－0010973　10973

鄭學錄四卷　（清）鄭珍撰　清同治四年
(1865)成山唐鄂生刻本　二冊

510000－2741－0010974　10974

鄭學錄四卷　（清）鄭珍撰　清同治四年
(1865)成山唐鄂生刻本　二冊

510000－2741－0010975　10975

鄭齋漢學文編六卷　（清）孫雄撰　清光緒三
十四年(1908)據師鄭叢書本鉛印　二冊

510000－2741－0010976　10976

鄭志疏證八卷考證一卷附答臨孝存周禮難一
卷　（清）皮錫瑞撰　清光緒元年(1875)刻本
二冊

510000－2741－0010977　10977

證俗文十九卷首一卷　（清）郝懿行著　清光
緒十年(1884)東路廳署刻郝氏遺書本　六冊

510000－2741－0010978　10978

直齋書錄解題二十二卷　（宋）陳振孫撰　清
光緒九年(1883)江蘇書局刻本　六冊

510000－2741－0010979　10979

咫進齋叢書　（清）姚覲元輯　清光緒九年
(1883)歸安氏刻本　二十四冊

510000－2741－0010980　10980

中國歷史教科書七卷　商務印書館編輯　清
光緒三十二年(1906)上海商務印書館鉛印本
(第六版)　二冊

510000－2741－0010981　10981

中外地輿圖說集成一百三十卷　（清）同康廬
主人輯　清光緒二十年(1894)上海積山書局
石印本　二十四冊

510000－2741－0010982　10982

中外地輿圖說集成一百三十卷　（清）同康廬
主人輯　清光緒二十年(1894)上海積山書局
石印本　二十四冊

510000－2741－0010983　10983

中亞洲俄屬遊記二卷　（英國）蘭士德著
(清)莫鎮藩譯　清光緒二十八年(1902)成都
志古堂刻本　二冊　存二卷(上、下之上)

510000－2741－0010984　10984

鐘鼎字源五卷附錄一卷　（清）汪立名撰　清
光緒二年(1876)刻本　三冊

510000－2741－0010985　10985

鐘鼎字源五卷附錄一卷　（清）汪立名撰　清
光緒二年(1876)刻本　二冊

510000－2741－0010986　10986

衆妙談塵一卷　（清）黃英撰　清光緒三十四
年(1908)京師鉛印本　一冊

510000－2741－0010987　10987

周季編略九卷　（清）黃式三纂　清同治十二
年(1873)浙江書局刻儆居遺書本　四冊

510000－2741－0010988　10988

周季編略九卷　（清）黃式三纂　清同治十二
年(1873)浙江書局刻儆居遺書本　四冊

510000－2741－0010989　10989

周禮折衷四卷　（宋）魏了翁著　清同治十三
年(1874)望三益齋刻本　一冊

四川大學圖書館古籍普查登記目錄

510000－2741－0010990　10990

周禮正義八十六卷　（清）孫詒讓撰　清光緒
三十一年(1905)鉛印本　二十冊

510000－2741－0010991　10991

周書斠補四卷　（清）孫詒讓撰　清光緒二十
六年(1900)籀庼刻本　二冊

510000－2741－0010992　10992

周書斠補四卷　（清）孫詒讓撰　清光緒二十
六年(1900)籀庼刻本　二冊

510000－2741－0010993　10993

朱子年譜四卷考異四卷附朱子論學切要語二
卷　（清）王懋竑纂訂　清乾隆十六年(1751)
寶應王氏白田草堂刻光緒浙江書局修補印本
　四冊

510000－2741－0010994　10994

竹葉亭雜記四卷　（清）姚元之撰　清宣統二
年(1910)上海掃葉山房石印本　二冊

510000－2741－0010995　10995

莊子集解八卷　（清）王先謙撰　清宣統元年
(1909)思賢書局刻本　三冊

510000－2741－0010996　10996

莊子集釋十卷　（清）郭慶藩輯　清光緒二十
年(1894)思賢講舍刻本　九冊

510000－2741－0010997　10997

莊子內篇注四卷　（明）釋德清注　清光緒十
四年(1888)金陵刻經處刻本　二冊

510000－2741－0010998　10998

莊子雪三卷　（清）陸樹芝輯註　清嘉慶四年
(1799)刻本　六冊

510000－2741－0010999　10999

壯悔堂文集十卷遺稿一卷四憶堂詩集六卷遺
稿一卷　（清）侯方域著　清宣統二年(1910)
掃葉山房石印本　六冊

510000－2741－0011000　11000

拙尊園叢稿六卷　（清）黎庶昌撰　清光緒十
九年(1893)上海醉六堂石印本　二冊

510000－2741－0011001　11001

拙尊園叢稿六卷　（清）黎庶昌撰　清光緒二
十一年(1895)金陵狀元閣刻本　四冊

510000－2741－0011002　11002

資治通鑑地理今釋十六卷　（清）吳熙載撰
清光緒二十三年(1897)廣東經史閣刻本
四冊

510000－2741－0011003　11003

校刊資治通鑑全書　（清）胡元常審校　清光
緒十四年至二十七年(1888－1901)長沙楊氏
刻本　一百冊

510000－2741－0011004　11004

資治通鑑釋文三十卷　（宋）史炤撰　清光緒
五年(1879)吳興陸氏十萬卷樓刻本　四冊

510000－2741－0011005　11005

字林考逸八卷附錄一卷　（清）任大椿學　字
林考逸校誤一卷　龔道耕輯　字林一卷
（晉）呂忱撰　字林考逸補遺一卷　（清）陶方
琦輯　龔道耕補訂　清光緒二十三年(1897)
成都龔氏校本　四冊

510000－2741－0011006　11006

字林考逸八卷附錄一卷　（清）任大椿學　字
林考逸補本一卷補附錄一卷　（清）陶方琦學
　清光緒十六年(1890)江蘇書局刻本　四冊

510000－2741－0011007　11007

左傳紀事本末五十三卷　（清）高士奇編著
清光緒二十四年(1898)湖南思賢書局刻本
十四冊

510000－2741－0011008　11008

左傳事緯十二卷　（清）馬驌編論　清光緒四
年(1878)吳縣潘霨敏德堂刻本　十冊

510000－2741－0011009　11009

左氏傳說二十卷首一卷　（宋）呂祖謙撰
（清）胡鳳丹校梓　清同治八年(1869)永康胡
氏刻金華叢書本　四冊

510000－2741－0011010　11010

左通補釋三十二卷　（清）梁履繩撰　清道光
九年(1829)錢塘汪氏振綺堂刻光緒元年

四川大學圖書館古籍普查登記目錄

(1875)錢塘汪曾唯補刻本　十二冊

510000－2741－0011011　11011

白茅堂集四十六卷　(清)顧景星撰　**耳提録
一卷**　(清)顧昌述　清刻本　二十冊

510000－2741－0011012　11012

唐人三家集二十六卷　(清)秦恩復輯　清宣
統三年(1911)據石研齋本石印影印本　八冊

510000－2741－0011013　11013

匋齋臧石記四十四卷首一卷　(清)端方撰
清宣統元年(1909)上海商務印書館石印本
十二冊

510000－2741－0011014　11014

陶齋吉金續録二卷　(清)端方撰　清宣統元
年(1909)金陵石印本　二冊

510000－2741－0011015　11015

詞科掌録十七卷附舉目一卷　(清)杭世駿編
清乾隆仁和道古堂刻本　六冊

510000－2741－0011016　11016

太平寰宇記二百卷目録二卷　(宋)樂史撰
清刻本(紅杏山房藏板)　三十九冊

510000－2741－0011017　11017

熊襄愍公集十卷首一卷末一卷　(明)熊廷弼
撰　清同治永康胡氏退補齋刻本　四冊　存
六卷(一至三、六至七,首一卷)

510000－2741－0011018　11018

當塗吳熙伯先生遺訓一卷附箋釋遺訓跋言一
卷　(清)吳熙伯撰　(清)吳騫箋釋　(清)
施閏章跋　清雍正刻本(澹靜齋藏板)　二冊

510000－2741－0011019　11019

典裘購書唫一卷　(清)吳騫撰　清刻本
一冊

510000－2741－0011020　11020

粵東懷古二卷　(清)吳騫撰　清雍正懷野亭
刻本　二冊

510000－2741－0011021　11021

鐵橋漫稿八卷　(清)嚴可均撰　清光緒十一
年(1885)長洲蔣氏心矩齋刻本　四冊

510000－2741－0011022　11022

左傳地名補注十二卷　(清)沈欽韓著　清光
緒長洲蔣氏心矩齋刻本　四冊

510000－2741－0011023　11023

鮚埼亭集三十八卷首一卷　(清)全祖望撰
(清)史夢蛟校　清嘉慶史夢蛟借樹山房刻本
十冊

510000－2741－0011024　11024

忠雅堂詩集二十七卷補遺二卷詞二卷　(清)
蔣士銓撰　清刻本　六冊

510000－2741－0011025　11025

括地志八卷　(清)孫星衍輯　清嘉慶二年
(1797)刻本　二冊

510000－2741－0011026　11026

讀詩鈔說四卷　(清)張澍著　清光緒十三年
(1887)成都刻本　一冊　存二卷(三至四)

510000－2741－0011027　11027

新定三禮圖二十卷　(宋)聶崇義集注　清末
上海同文書局石印本　二冊

510000－2741－0011028　11028

玉津閣文集□□卷　(清)胡薇元撰　清末刻
本　一冊　存四卷(五至八)

510000－2741－0011029　11029

安序堂文鈔三十卷　(清)毛際可撰　(清)林
雲銘　(清)嚴允肇評　清康熙刻本　十冊

510000－2741－0011030　11030

白茅堂集四十六卷　(清)顧景星撰　**耳提録
一卷**　(清)顧昌述　清康熙四十三年(1704)
曹棟亭刻乾隆二十年(1755)補刻光緒二十八
年(1902)續刻本　二十冊

510000－2741－0011031　11031

安靜子集　(清)安致遠撰　清康熙蘭雪堂刻
本　六冊

510000－2741－0011032　11032

唐堂集五十卷補遺二卷續八卷冬録一卷
(清)黃之雋撰　清乾隆刻本　十冊

510000－2741－0011033　11033

四川大學圖書館古籍普查登記目録

唐堂集五十卷補遺二卷續八卷冬錄一卷
（清）黃之雋撰　清乾隆刻本　十二冊　存四
十一卷（唐堂集一至三十、補遺二卷、續八卷、
冬錄一卷）

510000－2741－0011034　11034

子史精華一百六十卷　（清）吳士玉　（清）吳
襄等纂修　清中後期刻本　一冊　存六卷
（三十九至四十四）

510000－2741－0011035　11035

月齋文集八卷詩集四卷　（清）張穆撰　（清）
吳履敬　（清）吳式訓編次　清咸豐八年
（1858）壽陽祁雋藻刻本　六冊

510000－2741－0011036　11036

月齋文集八卷詩集四卷　（清）張穆撰　（清）
吳履敬　（清）吳式訓編次　清咸豐八年
（1858）壽陽祁雋藻刻本　四冊

510000－2741－0011037　11037

東華錄天命四卷天聰十卷崇德八卷順治三十
六卷康熙一百十卷雍正二十六卷　（清）王先
謙編　清末上海圖書集成印書局鉛印本　三
十二冊

510000－2741－0011038　11038

東華續錄光緒二百二十卷　（清）朱壽朋編
清宣統元年（1909）上海集成圖書公司鉛印本
六十四冊

510000－2741－0011039　11039

古今圖書集成一萬卷　（清）陳夢雷等編　清
光緒十六年（1890）同文書局石印本　五千四
十三冊

510000－2741－0011040　11040

漢魏六朝百三名家集　（明）張溥輯　清光緒
三年（1877）大關唐氏壽考堂刻本　一百十
二冊

510000－2741－0011041　11041

［光緒］洪雅縣志七卷首一卷　（清）郭世榮纂
修　清光緒十年（1884）刻本　四冊

510000－2741－0011042　11042

玉津閣叢書甲集　（清）胡薇元撰　清光緒至
民國刻本　九冊

510000－2741－0011043　11043

增訂漢魏叢書　（清）王謨輯　清刻本　六十
四冊

510000－2741－0011044　11044

與知錄一卷　（清）傅光弼著　清光緒十八年
（1892）刻本　一冊

510000－2741－0011045　11045

保赤三書　（□）□□輯　清同治二年（1863）
刻本　一冊

510000－2741－0011046　11046

［光緒］山西通志一百八十四卷首一卷　（清）
曾國荃　（清）張煦等修　（清）王軒　（清）
楊篤等纂　清光緒十八年（1892）刻本　九十
六冊

510000－2741－0011047　11047

［康熙］山東通志六十四卷　（清）趙祥星修
（清）錢江等纂　清康熙十七年（1678）刻本
十六冊

510000－2741－0011048　11048

［雍正］山東通志三十六卷首一卷　（清）岳浚
（清）法敏修　（清）杜詔　（清）顧瀛纂
清乾隆元年（1736）刻本　四十二冊

510000－2741－0011049　11049

［乾隆］甘肅通志五十卷首一卷　（清）許容修
（清）李迪等纂　清乾隆元年（1736）刻本
三十六冊

510000－2741－0011050　11050

［乾隆］四川通志四十七卷首一卷　（清）黃廷
桂等修　（清）張晉生等纂　清乾隆元年
（1736）刻本　四十七冊　存四十六卷（一至
三十八、四十至四十七）

510000－2741－0011051　11051

［乾隆］四川通志四十七卷首一卷　（清）黃廷
桂等修　（清）張晉生等纂　清乾隆元年
（1736）增刻本　四十一冊　存四十一卷（七

四川大學圖書館古籍普查登記目錄

至四十七）

510000－2741－0011052　11052

[嘉慶]四川通志二百四卷首二十二卷　（清）
常明等修　（清）楊芳燦　（清）譚光祜等纂
清嘉慶二十一年(1816)刻本　一百六十冊

510000－2741－0011053　11053

[嘉慶]四川通志二百四卷首二十二卷　（清）
常明等修　（清）楊芳燦　（清）譚光祜等纂
清嘉慶二十一年(1816)刻本　一百二十冊

510000－2741－0011054　11054

[嘉慶]四川通志二百四卷首二十二卷　（清）
常明等修　（清）楊芳燦　（清）譚光祜等纂
清嘉慶二十一年(1816)刻本　一百五十冊
存一百八十八卷(一至七十三、七十六至九十
五、一百十至二百四)

510000－2741－0011055　11055

[嘉慶]四川通志二百四卷首二十二卷　（清）
常明等修　（清）楊芳燦　（清）譚光祜等纂
清嘉慶二十一年(1816)刻本　一百十二冊
存二百一卷(一至四、七至二十二、二十四至
二百四)

510000－2741－0011056　11056

[道光]安徽通志二百六十卷首六卷　（清）陶
澍　（清）鄧廷楨修　（清）李振庸　（清）韓
玖纂　清道光十年(1830)刻本　八十五冊
存二百二十卷(一至一百五十八、一百九十三
至二百三十八、二百四十五至二百六十)

510000－2741－0011057　11057

[光緒]江西通志一百八十卷首五卷　（清）劉
坤一等修　（清）劉鐸　（清）趙之謙等纂　清
光緒七年(1881)刻本　一百二十冊

510000－2741－0011058　11058

[乾隆]衛藏圖識四卷附蠻語一卷　（清）馬揭
修　（清）盛繩祖纂　清乾隆五十七年(1792)
刻本　四冊

510000－2741－0011059　11059

[嘉慶]衛藏通志十六卷首一卷　（清）和琳纂
清光緒二十一年(1895)刻本　七冊

510000－2741－0011060　11060

西招圖略一卷　（清）松筠纂　清嘉慶三年
(1798)刻本　一冊

510000－2741－0011061　11061

西招圖略一卷　（清）松筠纂　清道光二十七
年(1847)刻本　二冊

510000－2741－0011062　11062

[光緒]西藏圖考八卷首一卷　（清）黃沛翹纂
清光緒刻本　四冊

510000－2741－0011063　11063

[光緒]西藏圖考八卷首一卷　（清）黃沛翹纂
清光緒刻本　六冊

510000－2741－0011064　11064

[光緒]西藏圖考八卷首一卷　（清）黃沛翹纂
清光緒刻本　六冊

510000－2741－0011065　11065

[光緒]西藏圖考八卷首一卷　（清）黃沛翹纂
清光緒刻本　四冊

510000－2741－0011066　11066

[光緒]西藏圖考八卷首一卷　（清）黃沛翹纂
清光緒刻本　四冊

510000－2741－0011067　11067

[光緒]西藏圖考八卷首一卷　（清）黃沛翹纂
清光緒刻本　四冊

510000－2741－0011068　11068

[光緒]西藏圖考八卷首一卷　（清）黃沛翹纂
清光緒刻本　六冊

510000－2741－0011069　11069

[同治]畿輔通志三百卷首一卷　（清）李鴻章
等修　（清）黃彭年等纂　清光緒十年(1884)
刻本　二百三十九冊　存二百九十九卷(一
至七十一、七十三至三百)

510000－2741－0011070　11070

[乾隆]續河南通志八十卷首四卷　（清）阿思
哈　（清）嵩貴纂修　清乾隆三十二年(1767)
刻本　二十四冊

510000－2741－0011071　11071

四川大學圖書館古籍普查登記目錄

[雍正]陝西通志一百卷首一卷 （清)劉於義
修 （清)沈青崖纂 清雍正十三年(1735)刻
本 一百冊

510000－2741－0011072 11072

[雍正]陝西通志一百卷首一卷 （清)劉於義
修 （清)沈青崖纂 清雍正十三年(1735)刻
本 一百冊

510000－2741－0011073 11073

[道光]陝西志輯要六卷首一卷 （清)王志沂
纂 清道光七年(1827)朝阪謝氏賜書堂刻本
三冊

510000－2741－0011074 11074

[雍正]湖廣通志一百二十卷首一卷 （清)邁
柱修 （清)夏力恕纂 清雍正十一年(1733)
刻本 四十二冊 存一百六卷(一至二十八、
三十、三十三至三十七、四十至八十一、八十
三、八十七至一百七、一百十三至一百二十)

510000－2741－0011075 11075

[嘉慶]湖南通志二百十九卷首三卷末六卷
（清)巴哈布 （清)翁元圻等修 （清)王煦
（清)黃本驥纂 清嘉慶二十五年(1820)刻
本 八十冊

510000－2741－0011076 11076

[光緒]湖南通志二百八十八卷首八卷末十九
卷 （清)卞寶第 （清)李瀚章等修 （清)
曾國荃 （清)郭嵩燾等纂 清光緒十一年
(1885)刻本 一百六十九冊

510000－2741－0011077 11077

[光緒]續雲南通志稿一百九十四卷首六卷
（清)王文韶 （清)魏光燾修 （清)唐炯等
纂 清光緒二十七年(1901)四川岳池刻本
十冊 存二十三卷(八至三十)

510000－2741－0011078 11078

[嘉慶]滇繫四十卷 （清)師範纂 清光緒十
三年(1887)雲南通志局刻本 四十冊

510000－2741－0011079 11079

[乾隆]貴州通志四十六卷首一卷 （清)鄂爾
泰 （清)張廣泗修 （清)靖道謨 （清)杜

詮纂 清乾隆六年(1741)刻本 二十四冊

510000－2741－0011080 11080

[乾隆]貴州通志四十六卷首一卷 （清)鄂爾
泰 （清)張廣泗修 （清)靖道謨 （清)杜
詮纂 清乾隆六年(1741)刻本 二十冊

510000－2741－0011081 11081

[嘉慶]黑龍江外紀八卷 （清)西清纂 清光
緒桐廬袁氏刻漸西村舍彙刻本 二冊

510000－2741－0011082 11082

[乾隆]欽定皇輿西域圖志四十八卷首四卷
（清)傅恒等修 （清)褚廷璋等纂 （清)英
廉等增纂 清光緒十九年(1893)杭州便益書
局石印本 十二冊

510000－2741－0011083 11083

[乾隆]欽定皇輿西域圖志四十八卷首四卷
（清)傅恒等修 （清)褚廷璋等纂 （清)英
廉等增纂 清光緒十九年(1893)杭州便益書
局石印本 十二冊

510000－2741－0011084 11084

[乾隆]欽定新疆識略十二卷首一卷 （清)徐
松原著 （清)松筠纂 清光緒二十年(1894)
刻本 四冊

510000－2741－0011085 11085

[嘉慶]廣西通志二百七十九卷首一卷 （清)
謝啟昆修 （清)胡虔纂 清嘉慶二十五年
(1820)刻本 七十九冊

510000－2741－0011086 11086

[嘉慶]廣西通志二百七十九卷首一卷 （清)
謝啟昆修 （清)胡虔纂 清嘉慶二十五年
(1820)刻本 八十冊

510000－2741－0011087 11087

[道光]廣東通志三百三十四卷首一卷 （清）
阮元修 （清)陳昌齊等纂 清同治三年
(1864)刻本 一百二十八冊 存三百三十三
卷(一至三百二十八、三百三十至三百三十
四)

510000－2741－0011088 11088

四川大學圖書館古籍普查登記目錄

[康熙]福建通志六十四卷　（清）金鉉修
（清）鄭開極　（清）陳軾纂　清康熙二十三年
（1684）刻本　三十二冊

510000－2741－0011089　11089
[乾隆]山西志輯要十卷首一卷　（清）雅德修
（清）汪本直纂　清乾隆四十五年（1780）刻
本　十冊

510000－2741－0011090　11090
[嘉慶]納谿縣志十卷　（清）趙炳然等總纂
清康熙五十四年（1715）刻本　六冊

510000－2741－0011091　11091
安岳縣鄉土志不分卷　（清）高銘箴修　（清）
張光溥　（清）康映奎等纂　清末抄本　一冊

510000－2741－0011092　11092
江北廳鄉土志不分卷　（清）□□編　清光緒
末抄本　四冊

510000－2741－0011093　11093
樂至縣鄉土志不分卷　（清）□□編　清末抄
本　一冊

510000－2741－0011094　11094
[乾隆]簡州志八卷　（清）劉如基修　（清）
楊泗纂　清乾隆五十八年（1793）刻本　六冊

510000－2741－0011095　11095
[乾隆]灌縣志十二卷首一卷　（清）孫天寧纂
修　清乾隆五十一年（1786）刻本　六冊

510000－2741－0011096　11096
[乾隆]灌縣志十二卷首一卷　（清）孫天寧纂
修　清乾隆五十一年（1786）刻本　七冊

510000－2741－0011097　11097
[乾隆]灌縣志十二卷首一卷　（清）孫天寧纂
修　清乾隆五十一年（1786）刻本　六冊

510000－2741－0011098　11098
[乾隆]潼川府志十二卷首一卷　（清）張松孫
等纂修　清乾隆五十一年（1786）刻本　十
二冊

510000－2741－0011099　11099
[道光]綦江縣志十二卷首一卷　（清）宋灝修

（清）羅星纂　清道光六年（1826）刻本
七冊

510000－2741－0011100　11100
[康熙]西充縣志十二卷　（清）李棠等修
（清）李昭治纂　清康熙六十一年（1722）刻本
四冊

510000－2741－0011101　11101
[乾隆]直隸綿州志十九卷　（清）屠用謙修
（清）何雄裔等纂　清乾隆三年（1738）刻本
十二冊

510000－2741－0011102　11102
[乾隆]合州志十六卷首一卷　（清）周澄修
（清）張乃孚等纂　清乾隆五十四年（1789）刻
本　十八冊

510000－2741－0011103　11103
[雍正]劍州志二十四卷　（清）李梅賓纂修
（清）楊端編輯　清雍正五年（1727）刻本
四冊

510000－2741－0011104　11104
[雍正]劍州志二十四卷　（清）李梅賓纂修
（清）楊端編輯　清雍正五年（1727）刻本
四冊

510000－2741－0011105　11105
[雍正]劍州志二十四卷　（清）李梅賓纂修
（清）楊端編輯　清雍正五年（1727）刻本
四冊

510000－2741－0011106　11106
[雍正]劍州志二十四卷　（清）李梅賓纂修
（清）楊端編輯　清雍正五年（1727）刻本　四
冊　存二十三卷（一至二十三）

510000－2741－0011107　11107
[乾隆]榮經縣志九卷首一卷末一卷　（清）勞
世沅纂修　清乾隆十年（1745）刻本　六冊

510000－2741－0011108　11108
[乾隆]彰明志略十卷　（清）陳謀纂修　清乾
隆二十八年（1763）刻本　四冊

510000－2741－0011109　11109

四川大學圖書館古籍普查登記目錄

[乾隆]蒲江縣志四卷　（清）紀曾蔭修
（清）黎攀桂　（清）馬道亨纂　清乾隆四十九年(1784)刻本　八冊

510000－2741－0011110　11110

[乾隆]涪州志十二卷　（清）多澤厚修
（清）陳于宣纂　清乾隆五十一年(1786)刻本
　十冊

510000－2741－0011111　11111

[咸豐]簡州志十四卷　（清）濮瑗修　（清）
黃樸等纂　清咸豐三年(1853)刻本　十冊

510000－2741－0011112　11112

[光緒]簡州續志十四卷　（清）易家霖修
（清）傅爲霖等纂　清光緒二十三年(1897)刻
本　二冊

510000－2741－0011113　11113

[乾隆]巴縣志十七卷首一卷　（清）王爾鑑纂
修　清乾隆二十六年(1761)刻本　十一冊
存十五卷(一至九、十二至十七)

510000－2741－0011114　11114

[嘉慶]中江縣志六卷　（清）陳此和修
（清）戴文奎纂　清嘉慶十七年(1812)刻本
六冊

510000－2741－0011115　11115

[乾隆]威遠縣志八卷首一卷　（清）李南暉修
　（清）張翼儒纂　清乾隆四十年(1775)刻本
八冊

510000－2741－0011116　11116

[乾隆]威遠縣志八卷首一卷　（清）李南暉修
　（清）張翼儒纂　清乾隆四十年(1775)刻本
六冊

510000－2741－0011117　11117

[道光]鄰水縣誌四卷首一卷　（清）廖寅
（清）李嘉祐修　（清）蔣夢蘭等纂　清道光元
年(1821)刻本　四冊

510000－2741－0011118　11118

[乾隆]四川保寧府廣元縣志十三卷首一卷
（清）張賡謨等纂修　清乾隆二十二年(1757)

刻本　八冊

510000－2741－0011119　11119

[乾隆]四川保寧府廣元縣志十三卷首一卷
（清）張賡謨等纂修　清乾隆二十二年(1757)
刻本　八冊

510000－2741－0011120　11120

[嘉慶]資陽縣志八卷　（清）宋潤等修
（清）陳鳳廷等纂　清嘉慶二十二年(1817)刻
本　六冊

510000－2741－0011121　11121

[嘉慶]資陽縣志八卷　（清）宋潤等修
（清）陳鳳廷等纂　清嘉慶二十二年(1817)刻
本　六冊

510000－2741－0011122　11122

[乾隆]遂寧縣志十二卷首一卷　（清）張松孫
　（清）李培峘修　（清）寇賽言等纂　清乾隆
五十二年(1787)刻本　十一冊　存十一卷
(一至十一)

510000－2741－0011123　11123

[乾隆]遂寧縣志十二卷首一卷　（清）張松孫
　（清）李培峘修　（清）寇賽言等纂　清乾隆
五十二年(1787)刻本　十冊

510000－2741－0011124　11124

[乾隆]巴縣志十七卷首一卷　（清）王爾鑑纂
修　清乾隆二十六年(1761)刻本　五冊　存
七卷(一至六、十四)

510000－2741－0011125　11125

[雍正]樂至縣志不分卷　（清）楊佐龍修
（清）舒華等纂　清雍正六年(1728)刻本
一冊

510000－2741－0011126　11126

[乾隆]安岳縣志八卷首一卷　（清）張松孫修
　（清）朱紉蘭纂　清乾隆五十一年(1786)刻
本　八冊

510000－2741－0011127　11127

[乾隆]鹽亭縣志八卷首一卷　（清）張松孫等
修　（清）雷懋德　（清）胡光琦纂　清乾隆五

四川大學圖書館古籍普查登記目錄

十一年(1786)刻本　八冊

510000－2741－0011128　11128

[乾隆]巴縣志十七卷首一卷　（清）王爾鑑纂修　清乾隆二十六年(1761)刻本　十二冊

510000－2741－0011129　11129

[嘉慶]郫縣志四十四卷首一卷　（清）朱鼎臣等修　（清）盛大器等纂　清嘉慶十七年(1812)刻道光二十四年(1844)補刻本　十二冊

510000－2741－0011130　11130

[乾隆]珙縣志十五卷首一卷　（清）王聿修纂修　清乾隆三十八年(1773)刻本　六冊

510000－2741－0011131　11131

[乾隆]大邑縣志四卷　（清）宋載纂修　清乾隆十七年(1752)刻本　四冊

510000－2741－0011132　11132

[康熙]酆都縣志八卷補遺一卷　（清）王廷獻纂修　（清）朱象鼎續修　清康熙四十九年(1710)刻本　四冊

510000－2741－0011133　11133

[嘉慶]酆都縣志四卷　（清）瞿頡纂修　清嘉慶十五年(1810)刻本　三冊　存三卷(二至四)

510000－2741－0011134　11134

[乾隆]崇慶州志四卷首一卷　（清）楊長森纂修　清乾隆五十六年(1791)刻本　四冊

510000－2741－0011135　11135

[嘉慶]安陽縣志二十八卷首一卷　（清）貴泰修　（清）武穆淳纂　清嘉慶二十四年(1819)刻本　十冊

510000－2741－0011136　11136

[嘉慶]安康縣志二十卷　（清）鄭謙修　（清）王森文纂　清嘉慶二十年(1815)刻本　八冊

510000－2741－0011137　11137

[正德]武功縣志三卷首一卷　（明）康海撰　（清）孫景烈評註　（清）瑪星阿參訂　清安康

張鵬翮刻本民國七年(1918)存古書局重印本　一冊

510000－2741－0011138　11138

安南志略十九卷首一卷　（元）黎崱編　清光緒十年(1884)上海樂善堂鉛印本　八冊

510000－2741－0011139　11139

[光緒]重修廣平府志六十三卷首一卷　（清）吳中彥修　（清）胡景桂纂　清光緒二十年(1894)刻本　二十四冊

510000－2741－0011140　11140

安雅堂未刻稿八卷入蜀集二卷　（清）宋琬撰　清乾隆三十一年(1766)刻本　四冊　缺二卷(入蜀集二卷)

510000－2741－0011141　11141

離騷集傳一卷　（宋）錢杲之撰　清光緒三年(1877)湖北崇文書局刻本　一冊

510000－2741－0011142　11142

離騷箋二卷　（清）龔景瀚撰　清光緒三年(1877)湖北崇文書局刻本　一冊

510000－2741－0011143　11143

離騷草木疏四卷　（宋）吳仁傑撰　清光緒三年(1877)湖北崇文書局刻本　一冊

510000－2741－0011144　11144

路史餘論十卷　（宋）羅泌纂　（宋）羅苹註　清光緒二年(1876)紅杏山房修補印本　二冊

510000－2741－0011145　11145

大統春秋公羊補正十一卷　廖平撰　清光緒三十二年(1906)則柯軒刻本　六冊

510000－2741－0011146　11146

阿毗達磨俱舍論三十卷　天竺世親(天親)菩薩造　（唐）釋玄奘譯　清宣統三年(1911)常州天寧寺刻本　六冊

510000－2741－0011147　11147

[江楚會奏變法三摺]不分卷　（清）劉坤一（清）張之洞撰　清末木活字印本　三冊

510000－2741－0011148　11148

李西漚先生藥言四卷　（清）李惺輯　清同治

四川大學圖書館古籍普查登記目錄

七年(1868)眉山劉氏刻民國七年(1918)成都志古堂補刊印本　一冊

510000 – 2741 – 0011149　11149

藥言勝稿四卷　（清）李惺輯　清同治七年(1868)眉山劉氏刻民國七年(1918)成都志古堂補刊印本　一冊

510000 – 2741 – 0011150　11150

經典釋文三十卷　（唐）陸德明撰　清同治十三年(1874)成都尊經書院刻民國二年(1913)存古書局修補印本　十二冊

510000 – 2741 – 0011151　11151

今文尚書三十卷　（清）孫星衍撰注　清光緒五年(1879)成都刻民國元年(1912)四川成都存古書局印本　四冊

510000 – 2741 – 0011152　11152

虞文靖公道園全集[文]四十四卷虞文靖公道園全集[詩]八卷遺稿詩四卷　（元）虞集撰　清道光十七年(1837)岷陽孫氏古棠書屋刻民國元年(1912)存古書局修補印本　十六冊

510000 – 2741 – 0011153　11153

埃及史　（日本）北村三郎編著　（清）趙必振譯　清光緒二十九年(1903)鉛印本　一冊

510000 – 2741 – 0011154　11154

郁鄔山房詩存八卷疏草二卷駢文二卷　（清）趙樹吉撰　清光緒十年至十一年(1884 – 1885)汗青簃刻本　五冊

510000 – 2741 – 0011155　11155

郁鄔山房詩存八卷疏草二卷駢文二卷　（清）趙樹吉撰　清光緒十年至十一年(1884 – 1885)汗青簃刻本　五冊

510000 – 2741 – 0011156　11156

洪度集一卷　（唐）薛濤撰　清光緒三十二年(1906)貴陽陳矩刻靈峯草堂叢書本　一冊

510000 – 2741 – 0011157　11157

李太白全集十六卷　（唐）李白撰　（清）李調元　（清）鄧在珩編訂　清乾隆二十九年(1764)刻民國十三年(1924)修補印本　十冊

510000 – 2741 – 0011158　11158

續方言新校補二卷　（清）杭世駿原本　（清）張慎儀新校補　清光緒三十一年(1905)鉛印本　一冊

510000 – 2741 – 0011159　11159

漢魏六朝百三家集　（明）張溥輯　清光緒十八年(1892)刻本　八十六冊

510000 – 2741 – 0011160　11160

漢魏六朝百三家集　（明）張溥輯　清刻本　一百十三冊

510000 – 2741 – 0011161　11161

漢魏六朝百三家集　（明）張溥輯　清光緒三年(1877)大關唐氏壽考堂刻本　九十四冊

510000 – 2741 – 0011162　11162

漢魏六朝百三家集　（明）張溥輯　清光緒三年(1877)大關唐氏壽考堂刻民國七年(1918)四川官印刷局重印本　二十五冊

510000 – 2741 – 0011163　11163

大清一統志五百卷　（清）蔣廷錫　（清）陳悳華等總裁　（清）王安國　（清）梁詩正等纂修　清光緒二十三年(1897)杭州竹簡齋石印本　五十九冊

510000 – 2741 – 0011164　11164

讀書雜釋十四卷　（清）徐鼐撰　清光緒十二年(1886)扶桑使廨鉛印本　四冊

510000 – 2741 – 0011165　11165

易一貫六卷　（清）呂調陽撰　清光緒十四年(1888)葉長高刻觀象廬叢書本　二冊　存二卷(下之上、下)

510000 – 2741 – 0011166　11166

鏡花緣二十卷一百回　（清）李汝珍著　清刻本　二十冊

510000 – 2741 – 0011167　11167

少廣縋鑿一卷　（清）夏鸞翔著　清光緒二年(1876)刻本　一冊

510000 – 2741 – 0011168　11168

潛邱劄記六卷　（清）閻若璩撰　左汾近薹一

卷　(清)閻詠撰　清乾隆十三年(1748)眷西堂刻本　六册

510000－2741－0011169　11169
蜀詩鈔不分卷　(清)張懷洵撰　清抄本　一册

510000－2741－0011170　11170
東坡和陶合箋四卷　(晉)陶淵明撰　(清)溫汝能纂訂　清嘉慶中溫氏家刻本　二册

510000－2741－0011171　11171
安陽集五十卷附别録三卷遺事一卷　(宋)韓琦撰　清康熙刻修補印本　十二册

510000－2741－0011172　11172
安陽集五十卷附家傳十卷别録三卷遺事一卷　(宋)韓琦撰　清乾隆三十五年(1770)黄邦寧刻本　十册

510000－2741－0011173　11173
[雍正]上諭内閣一百五十九卷　(清)允祿　(清)弘晝等輯　清雍正九年(1731)内府刻乾隆六年(1741)武英殿續刻本　三十二册

510000－2741－0011174　11174
安雅堂全集八種二十卷　(清)宋琬撰　清順治十七年至乾隆三十一年(1660－1766)刻本　八册

510000－2741－0011175　11175
安雅堂全集八種二十卷　(清)宋琬撰　清順治十七年至乾隆三十一年(1660－1766)刻本　十六册

510000－2741－0011176　11176
安雅堂文集二卷　(清)宋琬撰　清康熙五年(1666)刻本　二册

510000－2741－0011177　11177
安雅堂文集二卷　(清)宋琬撰　清康熙五年(1666)刻本　四册

510000－2741－0011178　11178
貴池吴氏叢刊六種　(清)吴孟堅等撰　清刻本　四册

510000－2741－0011179　11179
莫氏四種　(清)莫與儔　(清)莫友芝撰　清光緒刻本　八册

510000－2741－0011180　11180
槐軒全書　(清)劉沅撰　清咸豐至民國刻本　一百六册

510000－2741－0011181　11181
安吴四種　(清)包世臣撰　清同治十一年(1872)湖北包氏注經堂刻光緒十四年(1888)校印本　十六册

510000－2741－0011182　11182
郁郿山房集　(清)趙樹吉撰　清光緒汗青簃刻本　六册

510000－2741－0011183　11183
蔆園叢書　(清)張慎儀撰　清光緒至民國刻本　九册

510000－2741－0011184　11184
山海經　(清)汪紱撰　清光緒二十一年(1895)刻本　四册　存九卷

510000－2741－0011185　11185
國朝文録　(清)李祖陶輯　清道光十七年(1837)瑞州府鳳儀書院刻本　三十九册

510000－2741－0011186　11186
楚辭五種　(清)□□輯　清光緒三年(1877)湖北崇文書局刻本　六册

510000－2741－0011187　11187
論語偶記一卷(皇清經解第一千三百二十七卷)　(清)方庶常著　清光緒七年(1881)成都瀹雅齋刻民國三年(1914)存古書局補修印本　一册

510000－2741－0011188　11188
聊齋詞一卷　(清)蒲松齡撰　清宣統三年(1911)上海國學扶輪社鉛印本　一册

510000－2741－0011189　11189
繆篆分韻五卷補一卷　(清)桂馥撰　清光緒歸安姚氏咫進齋刻蘇州觀西振新書社重印本　二册

510000－2741－0011190　11190

分撰兩戴記章句凡例一卷　廖平撰　清光緒十二年(1886)刻本　一冊

510000－2741－0011191　11191
康熙字典十二集附備考補遺　(清)淩紹雯等纂修　清光緒十三年(1887)上海同文書局石印本　六冊

510000－2741－0011192　11192
愛日精廬藏書志三十六卷續志四卷　(清)張金吾撰　清光緒十三年(1887)吳縣徐氏靈芬閣木活字印本　十冊

510000－2741－0011193　11193
安陽縣金石録十二卷　(清)武億著　清嘉慶二十四年(1819)刻本　四冊

510000－2741－0011194　11194
大唐開元禮一百五十卷　(唐)蕭嵩等撰　清光緒十二年(1886)公善堂刻本　十六冊

510000－2741－0011195　11195
揚子江流域現勢論四編　(日本)林繁撰　清光緒二十八年(1902)上海廣智書局鉛印本　一冊

510000－2741－0011196　11196
東華續録[同治朝]一百卷　(清)王先謙編　清光緒二十四年(1898)文瀾書局石印本　二十四冊

510000－2741－0011197　11197
東華録三十二卷　(清)蔣良騏編　清刻本　八冊

510000－2741－0011198　11198
讀書雜釋十四卷　(清)徐鼒撰　清光緒十二年(1886)扶桑使廨鉛印本　四冊

510000－2741－0011199　11199
哀生閣集　(清)王大經撰　清光緒十一年(1885)刻本　六冊

510000－2741－0011200　11200
璚琈山房詩稿八卷補遺一卷附唱和詩一卷　(清)王志湉撰　清嘉慶二十三年至道光七年(1818－1827)刻本　八冊

510000－2741－0011201　11201
㬐齋文集八卷詩集四卷　(清)張穆撰　清咸豐八年(1858)壽陽祁雋藻刻本　四冊

510000－2741－0011202　11202
樊山續集十七卷　(清)樊增祥撰　清光緒二十八年(1902)西安臬署刻本　四冊

510000－2741－0011203　11203
郁鄢山房集四種　(清)趙樹吉輯　清光緒十年至十一年(1884－1885)汗青簃刻本　五冊

510000－2741－0011204　11204
唐詩選六卷　王闓運纂　清光緒二年(1876)成都尊經書局刻本　六冊

510000－2741－0011205　11205
重訂唐詩別裁集二十卷　(清)沈德潛選　清光緒、宣統間上海鴻章書局石印本　八冊

510000－2741－0011206　11206
藥言四卷藥言賸稿四卷　(清)李惺撰　清同治七年(1868)眉山劉氏刻民國七年(1918)成都志古堂補刊印本　二冊

510000－2741－0011207　11207
李鴻章十二章　(清)梁啓超著　清末鉛印本　一冊

510000－2741－0011208　11208
薇省詞鈔十卷附録一卷　(清)況周頤撰録　清光緒二十四年(1898)廣陵刻本　四冊

510000－2741－0011209　11209
東華續録[光緒朝]二百二十卷　(清)朱壽朋編　清宣統元年(1909)上海集成圖書公司鉛印本　六十四冊

510000－2741－0011210　11210
陶廬文集四卷　(清)王樹枏撰　清光緒至民國新城王氏刻陶廬叢刻本　二冊

510000－2741－0011211　11211
陶廬文集七卷陶廬箋牘四卷陶廬外篇一卷　(清)王樹枏撰　清光緒至民國新城王氏刻陶廬叢刻本　六冊

510000－2741－0011212　11212

題江南曾文正公祠百詠一卷　（清）朱孔彰撰
清光緒十三年(1887)金陵刻民國二十四年
(1935)補刻本　一冊

510000－2741－0011213　11213

郋冰壑先生全書　（清）郋成撰　清光緒十一
年(1885)東雍書院刻本　二冊

510000－2741－0011214　11214

安吳四種　（清）包世臣著　清同治十一年
(1872)湖北包氏注經堂刻光緒十四年(1888)
校印本　十六冊

510000－2741－0011215　11215

安邦誌二十卷　（清）□□撰　清刻本　二十
四冊

510000－2741－0011216　11216

小謨觴館全集　（清）彭兆蓀撰　（清）孫長熙
注　清光緒東倉書庫刻民國十一年(1922)蘇
州振新書社印本　十二冊

510000－2741－0011217　11217

漢魏六朝百三名家集　（明）張溥輯　清光緒
三年(1877)大關唐氏壽考堂刻民國七年
(1918)四川官印局印本　一百二十冊

510000－2741－0011218　11218

天方字母解義不分卷　（清）劉一齊著　清同
治二年(1863)刻本　一冊

510000－2741－0011219　11219

雲英吟卷一卷　（清）唐貞撰　清光緒鉛印本
　一冊

510000－2741－0011220　11220

竹翠軒遺稿　（清）康介眉等著　清古歙棠樾
鮑氏刻本　一冊

510000－2741－0011221　11221

王氏醫學五種　（清）王孟英著　清光緒十八
年(1892)上海醉六堂刻本　十二冊

510000－2741－0011222　11222

適可齋記言四卷記行六卷　（清）馬建忠撰
清光緒二十二年(1896)刻本　四冊

510000－2741－0011223　11223

安吳四種　（清）包世臣撰　清道光二十六年
(1846)白門倦游閣木活字印本　十六冊

510000－2741－0011224　11224

安吳四種　（清）包世臣撰　清咸豐元年
(1851)刻本　十四冊

510000－2741－0011225　11225

義學章程不分卷　（清）□□輯　清光緒三年
(1877)刻本　一冊

510000－2741－0011226　11226

春秋公羊傳十一卷　（漢）何休學　（唐）陸德
明音義　清同治七年(1868)楚北崇文書局刻
本　四冊

510000－2741－0011227　11227

春秋穀梁傳十二卷　（晉）范甯集解　（唐）陸
德明音義　清同治七年(1868)楚北崇文書局
刻本　四冊

510000－2741－0011228　11228

[道光]金谿縣志二十六卷　（清）胡釗等纂修
清道光刻本　十冊

510000－2741－0011229　11229

太平御覽一千卷目錄十五卷　（宋）李昉等編
清嘉慶崇城鮑氏刻本　一百六十冊

510000－2741－0011230　11230

周易兼義九卷附音義一卷附註疏校勘記九卷
釋文校勘記一卷　（三國魏）王弼　（晉）韓康
伯注　（唐）孔穎達正義　清嘉慶刻本　六冊

510000－2741－0011231　11231

監本附釋音春秋公羊注疏二十八卷附校勘記
二十八卷　（漢）何休學　（唐）徐彥疏
（唐）陸德明音義　清嘉慶刻本　十冊

510000－2741－0011232　11232

附釋音毛詩註疏七十卷附校勘記七十卷
（漢）毛亨傳　（漢）鄭玄箋　（唐）陸德明音
義　（唐）孔穎達疏　清嘉慶刻本　十九冊

510000－2741－0011233　11233

惜抱軒今體詩選　（清）姚鼐輯　清同治五年
(1866)金陵書局刻本　四冊

四川大學圖書館古籍普查登記目錄

510000－2741－0011234　11234

英皇肥扡唎阿聖德記一卷　（英國）華立熙輯
（清）張文彬述　清末廣學會鉛印本　一冊

510000－2741－0011235　11235

作戰糧食給養法概意　（日本）陸軍經理學校
原本　（清）楊志洵譯述　清末南洋公學譯書
院鉛印本　一冊

510000－2741－0011236　11236

古歡室詩集三卷詞集一卷　（清）曾懿撰　清
光緒刻本　二冊

510000－2741－0011237　11237

借箸篇一卷　（清）傅光彌著　清光緒二十二
年(1896)鄂垣書局刻本　一冊

510000－2741－0011238　11238

康熙字典十二集附康熙字典備考一卷康熙字
典補遺一卷　（清）凌紹雯等纂修　清光緒十
三年(1887)上海同文書局石印本　六冊

510000－2741－0011239　11239

大學衍義補輯要十二卷首一卷　（清）陳宏謀
纂　清刻本　七冊

510000－2741－0011240　11240

宣宗成皇帝聖訓一百三十卷　（□）□□輯
清刻本　三十六冊

510000－2741－0011241　11241

老子翼八卷首一卷　（明）焦竑輯　清光緒二
十一年(1895)桐廬袁氏刻漸西村舍彙刻本
四冊

510000－2741－0011242　11242

詩經初學讀本　（清）萬廷蘭輯　清光緒二年
(1876)四川學院衙門刻本　一冊

510000－2741－0011243　11243

史記一百三十卷　（漢）司馬遷撰　（南朝宋）
裴駰集解　（唐）司馬貞索隱　（唐）張守節正
義　清同治十年(1871)成都書局刻本　二十
六冊

510000－2741－0011244　11244

重刊校正笠澤叢書四集補遺一卷續補遺一卷

（唐）陸龜蒙撰　清大疊山房刻本　四冊

510000－2741－0011245　11245

聲調譜彙刻　（□）□□輯　清光緒福山王氏
刻天壤閣叢書本　四冊

510000－2741－0011246　11246

[同治]德興縣志十卷首一卷末一卷　（清）孟
慶雲主修　（清）楊重雅總纂　（清）李錫圭等
人纂修　清同治十一年(1872)刻本　十二冊

510000－2741－0011247　11247

御纂性理精義十二卷　（清）李光地撰　清刻
本　四冊

510000－2741－0011248　11248

闕里文獻考一百卷首一卷末一卷　（清）孔繼
汾述　清光緒十七年(1891)湘陰李氏刻本
十二冊

510000－2741－0011249　11249

[嘉慶]丹徒縣志四十七卷首四卷　（清）貴中
孚總纂　（清）蔣宗海纂修　清嘉慶十年
(1805)刻本　十六冊

510000－2741－0011250　11250

[光緒]崑新兩縣續修合志五十二卷首一卷末
一卷　（清）金吳瀾　（清）李福沂修　（清）
汪堃　（清）朱成熙纂　清光緒六年(1880)刻
本　二十二冊　存四十九卷(三至三十八、四
十一至五十二,末一卷)

510000－2741－0011251　11251

[雍正]硃批諭旨不分卷　（清）世宗胤禛纂
清乾隆三年(1738)內府刻朱墨套印本　一百
十一冊

510000－2741－0011252　11252

三朝北盟會編二百五十卷　（宋）徐夢莘撰
清光緒三十四年(1908)清苑許涵度成都刻本
四十冊

510000－2741－0011253　11253

竹書紀年集證五十卷　（清）陳逢衡撰　清嘉
慶十八年(1813)裛露軒刻本　二十冊

510000－2741－0011254　11254

四川大學圖書館古籍普查登記目錄

曝書亭刪餘詞一卷手稿原目一卷校勘記一卷
（清）朱彝尊撰　清光緒二十九年（1903）長沙葉氏刻本　一冊

510000－2741－0011255　11255

陶齋吉金錄八卷　（清）端方撰　清光緒三十四年（1908）上海有正書局石印本　八冊

510000－2741－0011256　11256

文心雕龍十卷　（南朝梁）劉勰撰　（清）黃叔琳注　（清）紀昀評　清道光十三年（1833）兩廣節署刻朱墨套印本　四冊

510000－2741－0011257　11257

文心雕龍十卷　（南朝梁）劉勰撰　（清）黃叔琳注　（清）紀昀評　清道光十三年（1833）兩廣節署刻朱墨套印本　二冊

510000－2741－0011258　11258

經典釋文三十卷　（唐）陸德明撰　清刻通志堂經解本　九冊

510000－2741－0011259　11259

四明古文一卷　（清）張錫路撰　清咸豐刻本　一冊

四川大學圖書館古籍普查登記目錄

書名筆畫字頭索引

十三畫

十四畫

十七畫

554

555

556

書名筆畫索引

三畫

四畫

569

五畫

578

582

594

七畫

八畫

611

九畫

626

十畫

639

十一畫

648

十二畫

659

十三畫

十四畫

683

686

十五畫

十六畫

十八畫

708

二十畫

二十一畫

二十二畫

716

二十五畫

二十六畫

二十七畫

三十畫